半导体物理学

（第二版） 上册

■叶良修　编著

Semiconductor Physics

(Second Edition)

Part One

高等教育出版社·北京

内容提要

本书共十六章，分上下两册出版。上册主要涉及一些比较基本的内容，包括结构和结合性质，半导体中的电子状态，载流子的平衡统计，过剩载流子，接触现象，半导体表面层和MIS结构，微结构和超晶格，半导体的光吸收，半导体的光发射等十章。下册则收入一些专题，包括载流子的散射，热现象，复杂能带输运，强电场下的热电子，强磁场和磁共振现象，非晶态半导体等六章。本书可供已学过固体物理的大学生、研究生以及有关方面的研究人员阅读、参考。

图书在版编目(CIP)数据

半导体物理学．上册/叶良修编著．—2版．—北京：高等教育出版社，2007.10（2024.8重印）

ISBN 978－7－04－022507－5

Ⅰ．半…　Ⅱ．叶…　Ⅲ．半导体物理学－高等学校－教材　Ⅳ．O47

中国版本图书馆CIP数据核字(2007)第129479号

策划编辑　王　超　　责任编辑　王　超　　封面设计　杨立新　　责任绘图　尹　莉
版式设计　张　岚　　责任校对　姜国萍　　责任印制　高　峰

出版发行	高等教育出版社	网　址	http://www.hep.edu.cn
社　址	北京市西城区德外大街4号		http://www.hep.com.cn
邮政编码	100120	网上订购	http://www.landraco.com
印　刷	固安县铭成印刷有限公司		http://www.landraco.com.cn
开　本	787×1092　1/16		
印　张	41.5	版　次	1983年11月第1版
字　数	780 000		2007年10月第2版
购书热线	010－58581118	印　次	2024年8月第5次印刷
咨询电话	400－810－0598	定　价	65.00元

物 料 号　22507－00

第二版前言

大约在去年这个时候，高等教育出版社的编辑给我打来电话，建议再版我二十多年前的《半导体物理学》。我感到为难，因为由于种种原因，我已有很多年未接触过这个领域了，我不想让这本书按二十多年前的原貌和读者见面。编辑同志从多方面说明了应该再版的理由，我还是被说服了。这不能不说到写这本书的初衷。当“科学的春天”来到的时候，我感到我们这一代能做的最有效的工作首先莫过于为后来者当个铺垫，或者说就是当个“肩膀”。对此我是十分认真的。这些年来，我还是真实地感到了这本书确实起到了一定的铺垫作用。这是让我一直感到欣慰的事。既然我现在还有一些精力，那就再扛一次吧。

至于本书的内容和特点，已故黄昆院士对本书上册第一版的书稿曾作过如下概括：

“和过去编写的半导体物理，如我和谢希德合写的书相比，有以下几方面最显著的发展：

1. 在大部分章节上，对理论都作了更为深入的阐述。如果说，过去的书主要限于最基本的原理、概念和方法的介绍，这个稿子则对问题进行了更为深入的具体的处理，使之更为切合把理论实际用于分析问题的需要。最明显是在统计理论和输运过程的处理上。

2. 这个稿子重视联系实际半导体，阐述它们的基本性质和资料。过去我们写的那本书侧重阐述一般的概念，这个稿子则注意了适当阐述各类主要半导体材料的性质和特征。

3. 在各个部分，都作了努力，反映近年来的新发展，如混晶、异质结、深能级的研究等等许多方面。

在阐述的科学水平上，我认为，总的来说，阐述是正确的，表达上是准确和精炼的。这一点我认为是很重要的。

我想，按这个稿子写成书，作为大学的教材，分量可能是太重了；但是，作为教学参考书将是合适的，和很有作用的。”

黄昆先生说这本书“表达上是准确和精炼的”，对我个人来说这是过奖了，我只是把它看成是一种鼓励。因为正如我在本书第一版前言中说过的，“由黄昆教授和谢希德教授合写的《半导体物理学》是大家公认的一本好书”；“在编写本书时作者力图吸取这本书的精华”。

黄昆先生这里说到“准确和精炼”，我想是因为他对“准确和精炼”的特别的重视，尤其是对于面对学生的教科书和教学参考书。我想，不管是物理内容的阐述还是数学推导，都应该通过深入的思考，提炼出其中的精华和关键，使用准确的语言和简练的步骤，符合逻辑地把它们表达出来，并努力使物理和数学这两者密切结合。

本书上册的第二版大体保持了第一版的基本风貌。作者仍把“准确和精炼”作为最主要的指导思想之一。根据二十多年来的发展，作者对本书作了全面的审定，并对内容作了幅度相当大的调整和补充，但力争做到结构上的合理和内容上的严谨。

第二版上册中较大的变动是由原来的八章调整为十章。

原书第6章pn结和第8章金属半导体接触和异质结合并为第6章：接触现象。这样做不仅有利于对篇幅作适当的压缩，而且有利于通过比较对同质pn结、异质结和金属半导体接触这三者的同、异有更深入的认识。

原书下册中的光的吸收和反射及半导体中的发光现象这两章移入上册作为第9章和第10章。

新增加的内容大部分集中在微结构和超晶格上，以反映近年来这个领域的相当集中而又迅速的发展。大部分内容放在第8章中。这一章比较大，篇幅大约相当于两个大章的大小。一小部分，如微结构和超晶格的光谱现象等，则放在第10章。

作者特别感谢李荫远院士对本书的支持。朱邦芬院士、李树深教授和章蓓教授对第二版的内容提出了不少宝贵的建议。在编写过程中还得到了郑捷女士、王兆林先生、张斌女士以及张绮香女士的宝贵帮助。在此一并感谢。由于时间过于仓促，错误和不妥之处在所难免，欢迎指正。

作者

2007.5.27

第一版前言

在从事教学的过程中，深感需要有一本较多反映近年来半导体物理发展的教学参考书，这就是作者编写本书的意图。

1958 年出版的由黄昆教授和谢希德教授合写的《半导体物理学》是大家公认的一本好书。它以对物理概念的清楚、准确和精辟的阐述吸引着读者。因此在编写本书时作者力图吸取这本书的精华。

由于本书所涉及的内容比较广泛，分上下两册出版。上册包括一般教学中所涉及的比较基本的内容(参看本书目录)，而下册则收入一些专题，包括载流子的散射、热现象、复杂能带输运、强电场下的热电子、光的吸收和反射、强磁场和磁共振现象、光发射、非晶态半导体等方面的有关内容。但是，这种划分也并不是绝对的，像热电子现象及光的吸收和发射等也具有基本内容性质，至于各章内容的处理，为了便于教学上的选择，一般把更基本的内容安排在一个章、节的较前面的部分。当然，这只是作者个人的考虑，读者还可以根据需要加以调整。

本书采用国际单位制，但保留习惯使用的单位。重要的公式一般都写成了便于计算的形式。由公式本身一般可以立刻得到有关物理量的数量级的概念。

本书是作者在北京大学讲课所用的讲义的基础上编写的、本书在编写过程中始终得到了黄昆教授的关怀，他不仅审阅了本书，而且进行了具体的指导并作了若干重要修改。作者在此表示衷心的感谢。

作者在编写本书的过程中和韩汝琦、武国英同志进行了很多有益的讨论。他们在本书的内容选取和组织上都提出了许多宝贵意见，和李志坚、甘子钊、秦国刚、李瑞伟、刘文明、杨顺华、张绮香、江丕桓、虞丽生、梅良模、杨楚良、林彰达、黄培忠、王子滨等同志就有关问题进行了有益的讨论。这些对于本书的编写也有很大帮助，在此一并表示感谢。

限于作者的水平，本书难免有许多错误和不妥之处。希望得到有关方面的专家和读者的指正。

叶良修
1983 年 3 月 14 日

第一版前言

目　　录

重要符号表

$\boldsymbol{a}$	晶格常量；$\tau = a\epsilon^{r}$ 中的常数因子；玻尔半径
α	基矢
A	面积
A^*	里查孙常量
$\boldsymbol{b}$	基矢；倒格子基矢；滑移矢量
b	迁移率比；宽度
B	磁感应强度
$\boldsymbol{B}$	磁感应强度
c	真空光速；俄歇系数
$\boldsymbol{c}$	基矢
C	俘获速率；电容；态密度 $C\epsilon^{1/2}$ 的常数系数；离子性对成键态和反成键态能量间隙的贡献
C_A	积累层电容
C_D	耗尽层电容
C_{Dm}	耗尽层电容最小值
C_{FB}	平带电容
C_i	绝缘层电容
C_{it}	界面态电容
C_I	反型层电容
C_s	半导体表面层电容
d	厚度
d_i	绝缘层厚度
d_s	半导体空间电荷层厚度
D	扩散系数；态密度
D_n	电子扩散系数
D_p	空穴扩散系数
e	电子电荷绝对值

E 电子能量；电场强度；激发速率

E_A 受主电子态能量

E_C 导带边能量

E_D 施主电子态能量

E_F 费米能级

E_{Fe} 电子准费米能级

E_{Fh} 空穴准费米能级

E_{Fi} 本征费米能级

E_{Fn} n 型半导体费米能级

E_{Fp} p 型半导体费米能级

E_i 陷阱能级

E_V 价带边能量

$\mathscr{E}$ 电场强度

f 分布函数；占有概率

f_A 受主能级占有概率

f_D 施主能级占有概率

f_i 离子性

f_p 空穴占有概率

f_0 零场分布函数

F 自由能；力

$\boldsymbol{F}$ 力

F_j 费米积分

g 杂质能级自旋简并度；态密度；朗德因子

G 产生速率；电导

h 普朗克常量

$\hbar$ $\hbar = h/2\pi$

H 哈密顿算符；焓

I 电流强度

I_q 产生电流

I_{ph} 光电流

I_P 峰值电流

I_{PM} 光磁电流

j 电流密度

$\boldsymbol{j}$ 电流密度

j_n 电子电流密度

j_p 空穴电流密度
j_o 饱和电流密度
J 光子流密度
J_n 电子流密度
J_p 空穴流密度
k_B 玻尔兹曼常量
k 消光系数；电子波矢
$\boldsymbol{k}$ 电子波矢
K 反应平衡常量
l 长度
L 扩散长度；长度
L_D 德拜长度
L_n 电子扩散长度
L_p 空穴扩散长度
m 有效质量
m_d 态密度有效质量
m_l 纵向有效质量
m_n 电子有效质量
m_p 空穴有效质量
m_{ph} 重空穴有效质量
m_{pl} 轻空穴有效质量
m_t 横向有效质量
m_0 自由电子质量
n 电子浓度；振动量子数；实折射率
n_D 施主上电子浓度
n_i 本征载流子浓度
n_s 表面电子浓度
n_t 陷阱上电子浓度
n_0 平衡电子浓度
N 原子密度
N_A 受主浓度
N_C 导带等效态密度
N_{depl} 耗尽层电离杂质面密度
N_D 施主浓度
N_{it} 界面态面密度

N_I 电离杂质浓度；间隙原子浓度；界面荷电中心面密度
N_{inv} 反型载流子面密度
N_q 波矢为 q 的声子数
N_s 肖特基缺陷浓度
N_V 价带等效态密度
N^* 约化浓度
p 空穴浓度，平衡空穴浓度
p_h 重空穴浓度
p_l 轻空穴浓度
p_s 表面空穴浓度
p_t 陷阱上空穴浓度
p_0 平衡空穴浓度
P 动量；蒸气压；散射概率；吸收概率
P_H 平面霍尔系数
q 声子波矢
$\boldsymbol{q}$ 声子波矢
Q 电荷面密度
Q_B 耗尽层电荷面密度
Q_{BM} 耗尽层最大电荷面密度
Q_f 固定电荷面密度
Q_{it} 界面态电荷面密度
Q_{ox} 氧化层电荷面密度
Q_s 半导体表面层电荷面密度
r 原子半径；直接复合系数；$\tau \infty \varepsilon^r$ 中的指数
r_D 扩散等效电阻
r_g 产生复合等效电阻
r_H 霍尔因子
r_n 电子俘获系数
r_p 空穴俘获系数
R 霍尔系数；电阻；复合速率
R_B 磁场下的电阻
R_C 接触电阻
R_s 表面复合速度；饱和区霍尔系数
R_0 零磁场电阻率
s 等价能谷数；位移；描准距离；激发概率；距离

S　熵；表面复合速度；黄－李因子

t　时间

T　温度；隧道穿透概率；渡越时间

T_M　磁阻系数

u　布洛赫波的周期性调制函数

U　内能

v　速度

$\boldsymbol{v}$　速度

v_d　漂移速度

v_D　扩散速度

v_s　声速

v_{st}　饱和速度

v_T　热运动速度

V　晶体体积；电压；电势；势能

V_c　转变电压

V_D　自建势

V_{FB}　平带电压

V_H　霍尔电压

V_t　绝缘层上的压降

V_{ms}　半导体金属间接触电势差

V_P　平面霍尔电压

V_{PM}　光磁电压

V_s　表面势

w　宽度

W　宽度；热力学概率；能量；功函数；跃迁概率

x　空间电荷区宽度，化合物的组成成分

X　负电性

Z　以 e 为单位的电荷数

α　输运系数；吸收系数

β　输运系数

δ　间隙宽度

ε　相对界电常数

ε_i　绝缘体的相对介电常量

ε_S　半导体的相对介电常量

ε_0　真空电容率

ϵ	相对带边的载流子能量
ϵ_A	受主电离能
ϵ_D	施主电离能
ϵ_F	参考带边的费米能
ϵ_g	禁带宽度
ϵ_i	电离能
ζ	相对带边的费米能
η	约化费米能，$\eta=(E_F-E_c)/kT$；比例分数
θ	角度；霍尔角；散射角
θ_n	电子霍尔角
θ_p	空穴霍尔角
λ	波长
Λ	牵引长度
μ	迁移率；有效质量比 m_n/m_p；化学势
μ_H	霍尔迁移率
μ_n	电子迁移率
μ_p	空穴迁移率
ν	频率
ξ	约化电子能量 $\xi=\varepsilon/kT$
ρ	电阻率；电荷密度
ρ_B	磁场下电阻率
ρ_0	零磁场电阻率
σ	电导率
σ_0	零磁场电导率
$\sigma^{(1)}$	含磁场一次项的电导率张量
$\sigma^{(2)}$	含磁场二次项的电导率张量
τ	寿命，弛豫时间，时间常量
τ_d	介电弛豫时间
φ	方位角；分布函数改变量，电子波函数
ϕ	势垒高度；角度
χ	电子亲和能
ψ	电子波函数，角度
ω	振动的角频率
ω_C	回旋角频率
Ω	立体角；原胞体积

第 1 章

晶格结构和结合性质

本书以半导体中的电子性质为主要的讨论对象. 但对晶格结构和结合性质有适当的具体的了解也是十分必要的. 在固体物理学教科书中, 对这些内容都有详细的一般讨论, 因此在这一章中只就常见半导体的晶格结构和结合性质的特点做更多一点的介绍, 并适当介绍晶格缺陷和表面再构.

§1.1 晶格的周期性[1]

晶体可定义为由周期性排列的原子(离子或分子)构成的物质. 图 1.1 为由同一种原子构成的晶体的二维示意图. 图中的圆点代表原子. 常把相应的周期性的结构称为晶格.

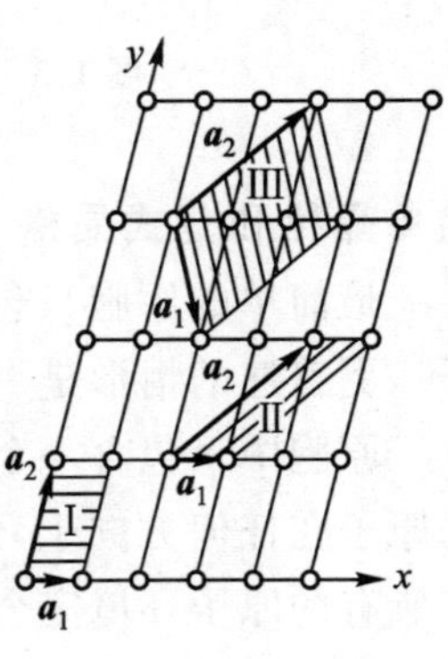

图 1.1 晶格的二维示意图

晶胞和原胞

任何三维的晶格都可以由适当的平行六面体单元作为基本单元, 沿不平行的三个边作周期性的堆砌得到. 例如, 简单立方晶格、体心立方晶格和面心立方晶格可分别由图 1.2(a), (b), (c)所示的基本单元周期重复得到. 这种基本单元被称为晶胞.

如图 1.1 所示, 晶胞的划分有一定的任意性. 有实际意义的选取方法有两种: 一种是选取最小的重复单元, 即使晶胞中包含的原子最少. 我们把这种最小的周期重复单元称为原胞. 图 1.2(a)所示的简单立方晶格的晶胞同时也是这种晶格的一种原胞. 另一种是选取能够最大限度反映晶体对称性的最小周期重复单元, 称为晶体学晶胞. 图 1.2(a), (b), (c)都是这样的晶胞. 这些具有立方对称性的晶格构成

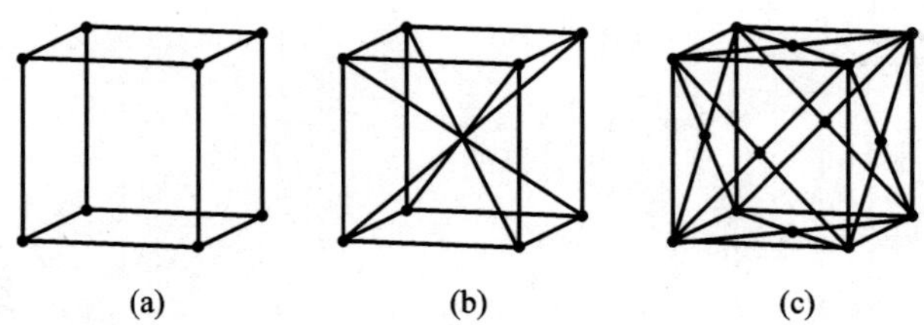

图 1.2 简单立方(a)、体心立方(b)和面心立方(c)的晶体学晶胞

立方晶系. 晶体学晶胞的各个边的实际长度称为晶格常量. 对于立方晶系,晶格常量只有一个,通常用 a 表示. 六方晶系则有两个常量: a—六方晶胞的边长, c—六方晶胞的高度. 显然晶格常量并不一定等于近邻原子间的间距.

图 1.2 中的(b),(c)并不是面心立方晶格和体心立方晶格的原胞. 但可按图 1.3(a),(b)的方式选取原胞. 实线所示的单元只包含一个格点.

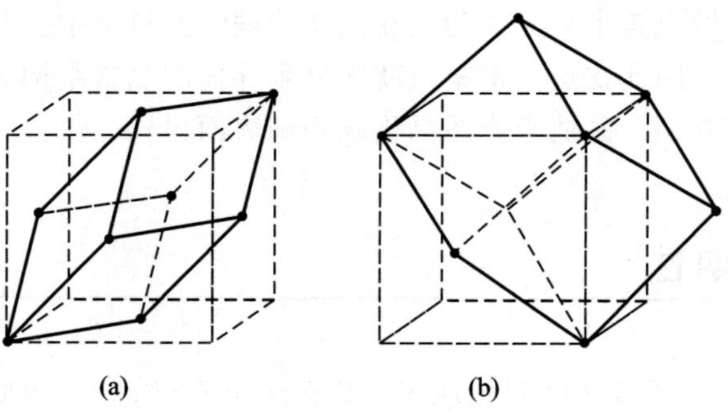

图 1.3 面心立方(a)和体心立方晶格(b)的原胞

简单晶格和复式晶格

最简单的原胞只包含一个原子,但并不总能使原胞选取得只包含一个原子. 更普遍的情形是一个原胞中包含两个以上的原子或离子.

原胞中只包含一个原子的晶格称为简单晶格. 在无限的简单晶格中,所有的原子在任何方向上环境完全相同. 换句话说,每个原子都是等价的. 反之,若所有的原子环境完全相同,则必为简单晶格. 具有简单晶格的晶体只能是原子晶体.

原胞中包含两个或两个以上原子(离子或分子)的晶格称为复式晶格. 在复式晶格中总是包含不等价的原子或离子. 图 1.4(a),(b)的 NaCl 晶格和 CsCl 晶格就是这种情形. 在 NaCl 的晶格中, Na 离子和 Cl 离子是不等价的. 显然,由离子组成的晶体(离子晶体)一定具有复式晶格,但原子晶体也可具有复式晶格,后面要介绍的金刚石结构就属于这种情形.

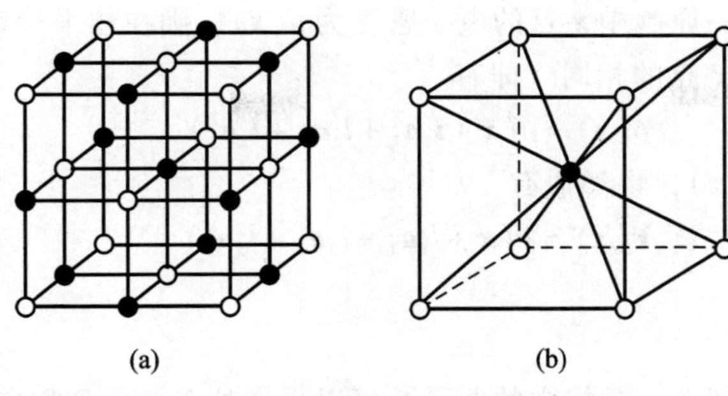

图 1.4 NaCl 晶格(a)和 CsCl 晶格(b)

任何复式晶格可由空间排布完全相同的若干简单格子套构而成. 每一种子晶格中的原子或离子是等价的. 相应地存在若干种等价原子或离子. 例如 NaCl 晶格可由 Na 离子的面心立方晶格和 Cl 离子的面心立方晶格(简单晶格)沿立方晶胞的体对角线错开其长度的 1/2 得到.

平移对称性

显然, 任何复式晶格的周期性都可用一个抽象的简单晶格来体现. 例如我们只要把图 1.5(b)中所示的原胞通过平移重复堆砌在(a)的简单晶格的格点上就可以得到(c)的实际晶格. 这种体现晶格周期性的简单格子称为布拉维格子. 布拉维格子不代表实际晶格, 其每一格点对应一个原胞. 简单格子的实际晶格在几何上和它的布拉维格子完全相同. 构成复式晶格的每一简单晶格在几何上也和布拉维格子完全相同. 显然, CsCl 晶格的布拉维格子为简单立方晶格, 而 NaCl 晶格的布拉维格子则是面心立方晶格. 如前所述, 它们都是简单晶格.

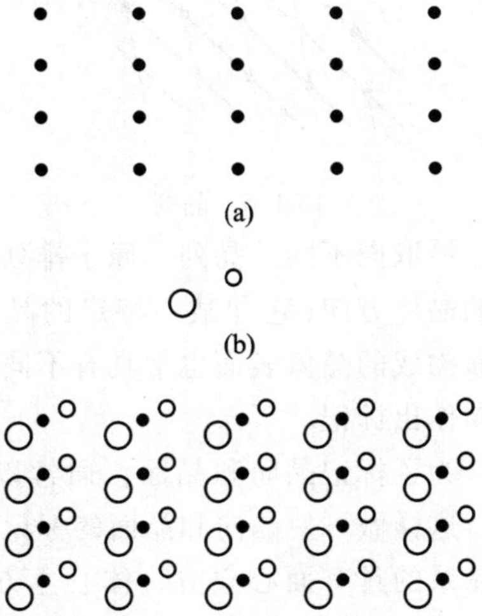

(a)

(b)

(c)

图 1.5 实际晶格和布拉维格子的关系
(a) 布拉维格子 (b) 原胞 (c) 实际晶格

作为简单格子的布拉维格子, 可用格矢量 $\boldsymbol{a}_l$ 表示为

$$\boldsymbol{a}_l = l_1\boldsymbol{a}_1 + l_2\boldsymbol{a}_2 + l_3\boldsymbol{a}_3 \qquad (1-1-1)$$

式中 l_1, l_2, l_3 为整数, $\boldsymbol{a}_1$, $\boldsymbol{a}_2$, $\boldsymbol{a}_3$ 为由原胞的共顶点的三个边作成的矢量, 称为基矢. 若整个晶体按任意格矢 $\boldsymbol{a}_l$ 作平移, 晶格自身重合. 这个性质称为平移对称性. 所谓晶格的周期性, 从数学上看就是这种平移对称性. 在无限晶体中, 一般物理量都具有这种平移对称

性. 例如，若在某一原胞中 $\boldsymbol{x}$ 点的电子密度为 $\rho(\boldsymbol{x})$，则在作平移 $\boldsymbol{a}_l$ 后，在 $\boldsymbol{x}+\boldsymbol{a}_l$ 点，电子密度与 $\boldsymbol{x}$ 点的相同. 即有

$$\rho(\boldsymbol{x})=\rho(\boldsymbol{x}+l_1\boldsymbol{a}_1+l_2\boldsymbol{a}_2+l_3\boldsymbol{a}_3) \tag{1-1-2}$$

对于晶体中的势 $V(\boldsymbol{x})$，也类似有

$$V(\boldsymbol{x})=V(\boldsymbol{x}+l_1\boldsymbol{a}_1+l_2\boldsymbol{a}_2+l_3\boldsymbol{a}_3) \tag{1-1-3}$$

晶向和晶面

由于晶格的周期性，晶格中的原子总可以看作处在一系列方向相同的直线上，形成所谓晶列，如图 1.6 所示. 容易看出，在同一晶体中可以存在方向不同的许多晶列. 每一晶列又可组成各种取向不同的平行的晶面系，如图 1.7 所示.

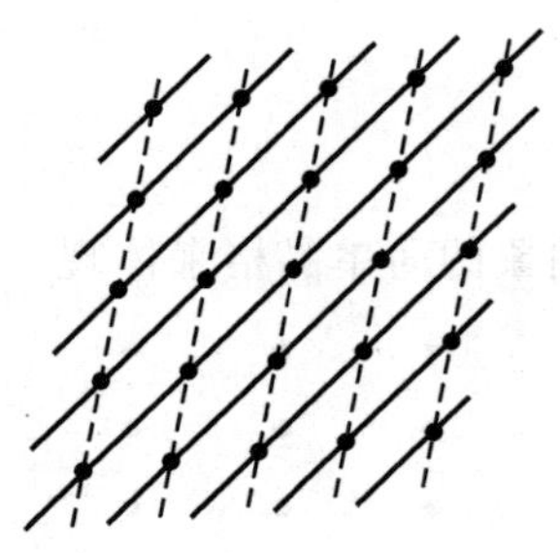

图 1.6 晶列

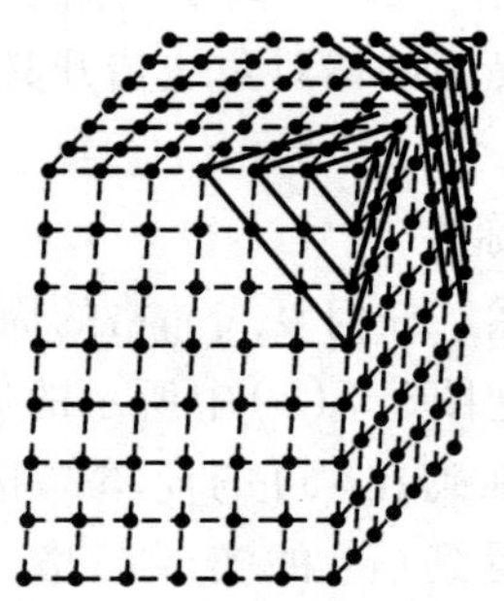

图 1.7 不同的晶面系

沿取向不同的晶列，原子排列情况一般不同. 晶体的许多性质常常和所涉及的晶体方向(它和某一特定的晶列相联系)有关. 与此相似，由不同取向的晶面构成的晶体表面也常具有不同的性质. 因此有必要对晶体的方向和晶面的取向作出标记.

为了标记晶向和晶面，通常以所属晶系的最简单的布拉维格子作参考格子. 这样做可使晶向和晶面的标记能清楚地反映出晶体的对称性. 对于属于立方晶系的具有面心立方、体心立方、NaCl 结构、CsCl 结构、金刚石结构和闪锌矿等结构的晶体，参考格子可取为简单立方格子.

原则上，晶向可由参考格子的相应晶列中连接相邻格点的矢量来描述. 上述矢量可用参考格子的基矢 $\boldsymbol{a}_1$，$\boldsymbol{a}_2$，$\boldsymbol{a}_3$ 表示为

$$\boldsymbol{a}_m=m_1\boldsymbol{a}_1+m_2\boldsymbol{a}_2+m_3\boldsymbol{a}_3 \tag{1-1-4}$$

式中 m_1，m_2，m_3 必为整数. 对于已知晶格，$\boldsymbol{a}_1$，$\boldsymbol{a}_2$，$\boldsymbol{a}_3$ 为已知，晶向就可以用这三个整数来标记，记作 $[m_1m_2m_3]$，称为晶向指数. 容易证明 m_1，m_2，m_3 是互质的.

对于立方晶系，常见的[100]，[110]和[111]晶向标在图 1.8 中. [100]，

[010]，[001]，[$\bar{1}$00]，[0$\bar{1}$0]，[00$\bar{1}$]等六个晶向是对称的，称为等效晶向，组成等效晶向族．和[110]及[111]等效的晶向分别有 12 个和 8 个(参看图 1.8)．上述等效晶向族可分别记作⟨100⟩⟨110⟩⟨111⟩．

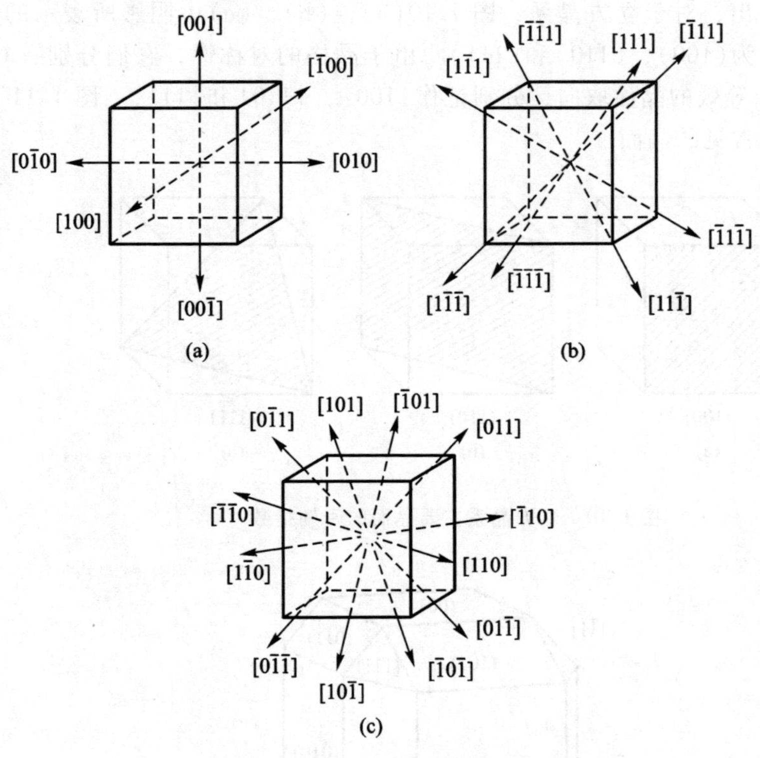

图 1.8 立方晶系中的常见晶向

参考图 1.9 可见，对于任一给定取向的晶面系，在参考格子的任一格点上都会通过一个晶面．在由基矢 $\boldsymbol{a}_1$，$\boldsymbol{a}_2$，$\boldsymbol{a}_3$ 所连接的三对格点之间，必有整数个晶面通过．相邻的两个平行晶面在基矢 $\boldsymbol{a}_1$，$\boldsymbol{a}_2$，$\boldsymbol{a}_3$ 上的截距可表示为a_1/h_1，

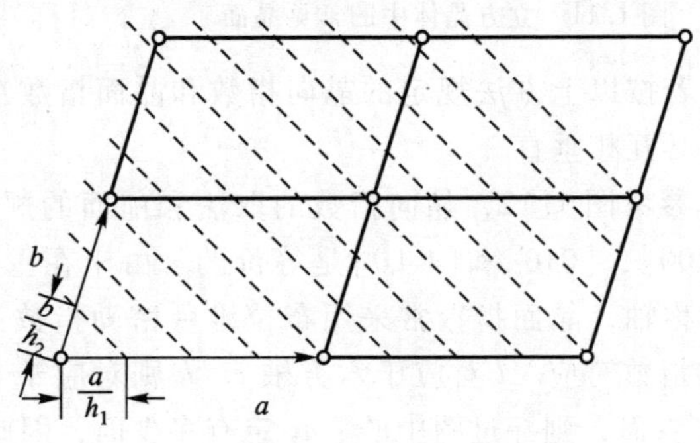

图 1.9 晶面指数的确定

a_2/h_2，a_3/h_3，其中 h_1，h_2，h_3 为整数．对于不同取向的晶面这一组整数必定是不同的．因此就可以用它们来标记晶面取向，记作$(h_1h_2h_3)$，称为**晶面指数**（密勒指数）．可以证明，h_1，h_2，h_3 也是互质的．

不难看出，对于立方晶系，图 1.10(a)，(b)，(c)中阴影所表示的晶面可分别表示为(100)，(110)和(111)．由于晶格的对称性，它们分别有 6 个，12 个和 8 个等效的晶面取向，分别记作{100}，{110}和{111}．图 1.11 给出了上述几种常见的晶面．

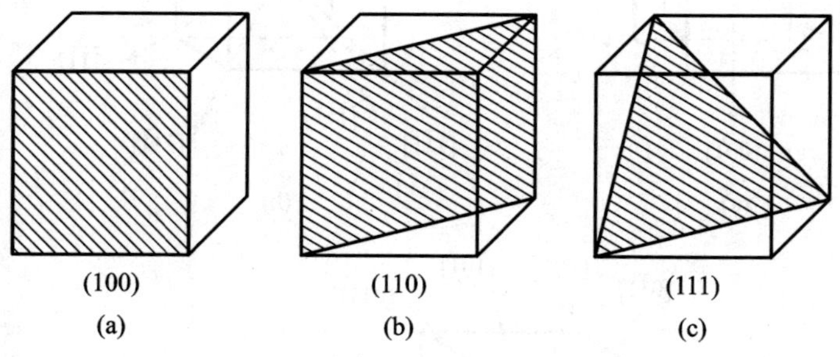

图 1.10 立方晶系主要晶面的密勒指数

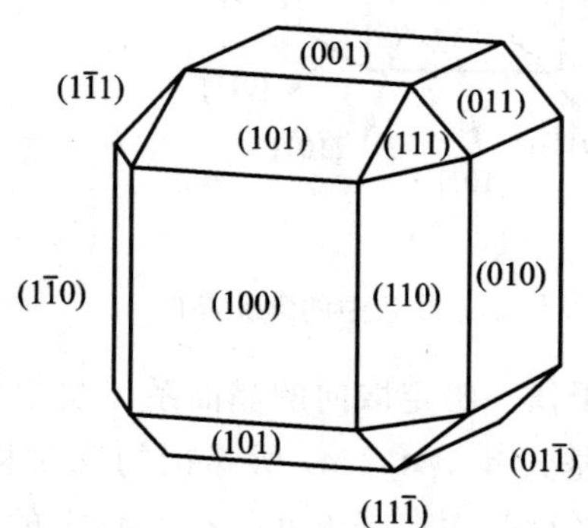

图 1.11 立方晶体中的常见晶面

在立方晶系中，若按以上方法规定的晶向指数和晶面指数在数值上相同，则相应的晶向和晶面必互相垂直．

对于六方晶系，参考图 1.12，晶向指数的取法和前面的规定相同．由于六方对称性，晶向[100]，[010]和$[\bar{1}\,\bar{1}0]$是等价的．由于在垂直六方轴的平面内有三个等价的对称轴，晶面指数常采用布拉维－密勒指数：$(ijkl)$．其中 i，j，l 和普通的密勒指数对应．l 对应于六方轴 c．k 则对应于 a_3 轴．由于穿过 $\boldsymbol{a}_1$，$\boldsymbol{a}_2$ 基矢共有多少面，则穿过图中的 $-\boldsymbol{a}_3$ 定有多少面，因此有 $k=-i-j$．参看图 1.12 不难看出，(a)中的阴影面和(b)中的加粗线所表示的平行于 c 轴

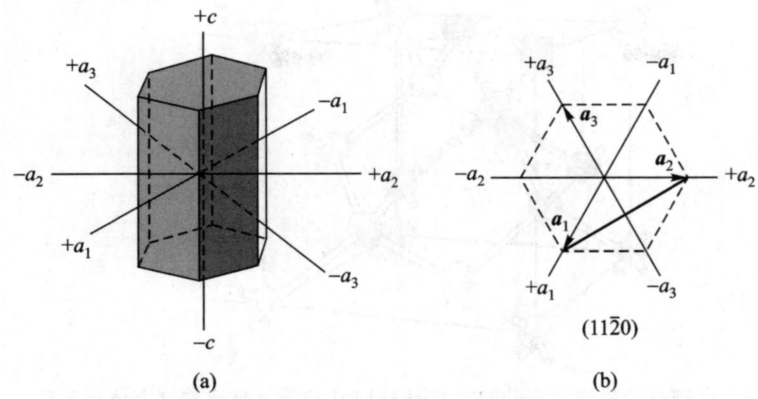

图 1.12　六方晶体的晶向指数和晶面指数

的面，在 a_1，a_2，a_3，c 轴上的截距分别为 a_1，a_2，$-a_3/2$，c/∞，因而晶面指数可表示为$(11\bar{2}0)$．如前所述，六方晶体有两个晶格常量：a 和 c.

§1.2　常见半导体的晶格结构

金刚石结构

如图 1.13 所示，金刚石，Ge，Si 和半金属灰锡(α－Sn)都以金刚石结构结晶．金刚石结构是一种由相同原子构成的复式晶格，是原子晶体的一种结晶形式．它由两个由相同原子构成的面心立方晶格，沿立方的体对角线错开 1/4 长度套构而成．其布拉维格子为面心立方，其原胞与图 1.3 所示的面心立方的原胞取法相同．如图 1.13 所示，这种结构的晶体学晶胞具有立方对称性，属立方晶系．

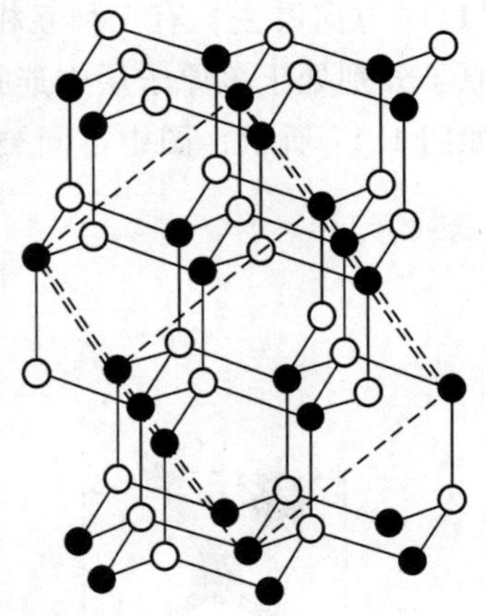

图 1.13　金刚石结构．图中的白球黑球代表同一种原子，但属于不同的面心立方晶格

在金刚石结构中，两个不同面心立方格子中的不等价原子，虽然环境不完全相同，但有一共同特点：每一原子都具有四个最近邻原子，它们都处于一个正四面体的顶点上．图 1.13 强调了金刚石结构中的四面体结构．此外，也不难看出，所有连接近邻原子的联线的中点都是晶体的中心对称点(即反演中心)．

图 1.14 则强调了金刚石结构具有立方对称性．通常按简单立方的方式来规定它的晶向和晶

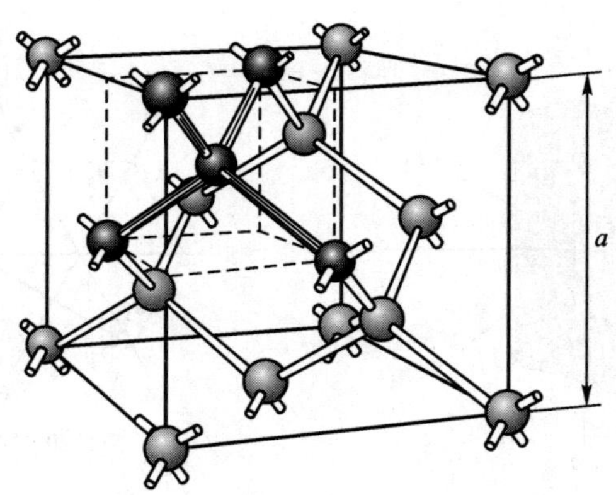

图 1.14　金刚石结构的立方晶胞，与图 1.13 中虚线所标出的立方体相对应

面. 在图 1.14 中，在用虚线标出的小立方体中，包含一个四面体结构. 易于参考四面体来辨认晶向和晶面. 由图 1.15 容易看出，四面体顶点和中心的连线沿〈111〉方向；四面体的任两个顶点联线(即棱)沿〈110〉方向；四面体的不相邻的两个棱的中点的联线的方向沿〈100〉.

由上面的讨论可见，金刚石结构的配位数为 4，而体心立方和面心立方晶体的配位数分别为 8 和 12，CsCl 结构和 NaCl 结构为 6 和 8. 和它们相比，金刚石结构的配位数最低.

对结构作进一步分析是有益的. 参考图 1.16 的面心立方的晶体学晶胞. 可见，沿{111}晶面的原子都按六方密排的方式排列. 所有原子均排列在正六角形的中心和顶点上. 在每个原子层中，原子的排列方式完全相同. 但从〈111〉方向看去，有三种互相错开的原子层. 若以一层原子为参考，则另两层原子分别处于该原子层中连接近邻原子的诸正置三角形和倒置三角形的中央. 如图 1.17 所示，图中不同类型的原子层标为 A，B，C.

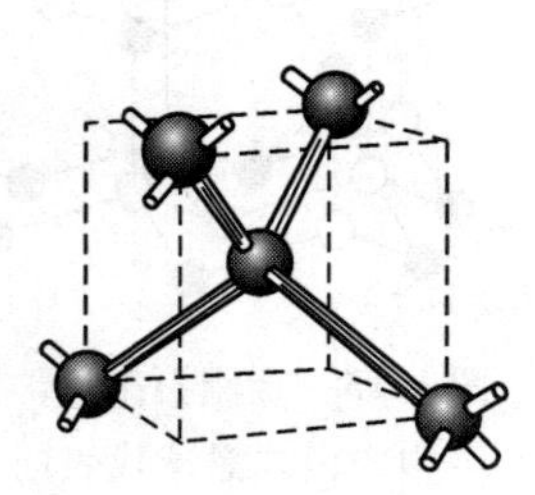

图 1.15　置于立方体中的四面体结构

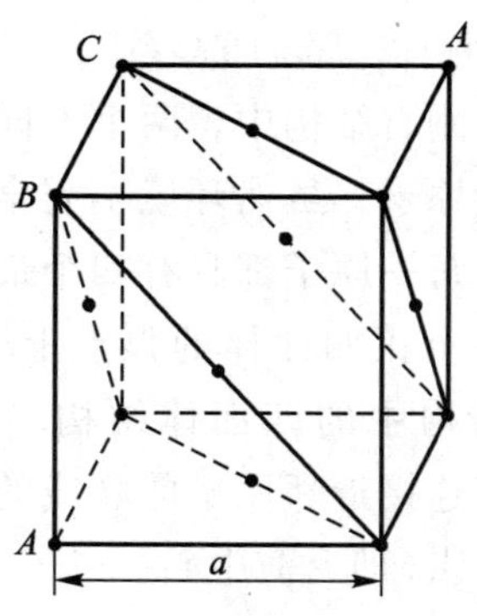

图 1.16　沿面心立方结构{111}面的原子排列

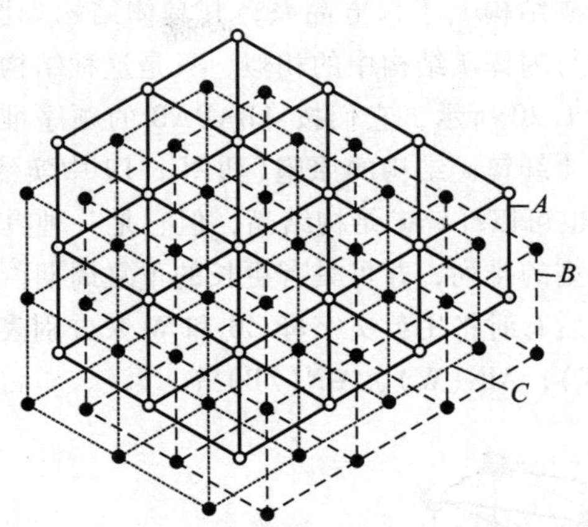

图 1.17 金刚石结构中三种不同类型的{111}双原子层

和面心立方晶格相比，在金刚石结构中，存在另一沿〈111〉错开 1/4 对角线长度(即错开一个键长)的面心立方. 因此，在金刚石结构中，上述互相错开的三种六方密排原子层都是双原子层，也可将其分别标为 A，B，C. 金刚石结构就是按 ABCABCABC 的顺序周期重复得到. 可见，在金刚石结构中，和相邻的两个原子形成共价键的，上、下两组，两组共六个原子. 它们在空间上不是对准的，而是互相错开的.

闪锌矿结构和纤锌矿结构

许多重要的化合物半导体，如Ⅲ－Ⅴ化合物 GaAs，InP，AlAs，InSb 和Ⅱ－Ⅵ化合物 CdTe，HgTe，CdSe 等以闪锌矿结构结晶. Ⅲ－Ⅴ化合物 GaN，AlN 等也可以闪锌矿结构结晶.

由图 1.18 可见，闪锌矿结构和金刚石结构极为相似，只是它是由两个不同原子的面心立方，沿立方的体对角线错开其长度的 1/4 套构而成. 布拉维格子也是面心立方，也具有四面体结构，但四面体中心的原子与顶角的原子相异，例如对于 GaAs，若中心为 As，则顶角上为 Ga. 结构中六方双原子层由两种不同原子的原子层构成. 对于 GaAs，若一层为 As，则另一层为 Ga. 沿〈111〉方向双原子层的排列方式和金刚石结构中的相同. 容易看出，在闪锌矿结构中不再存在反演中心.

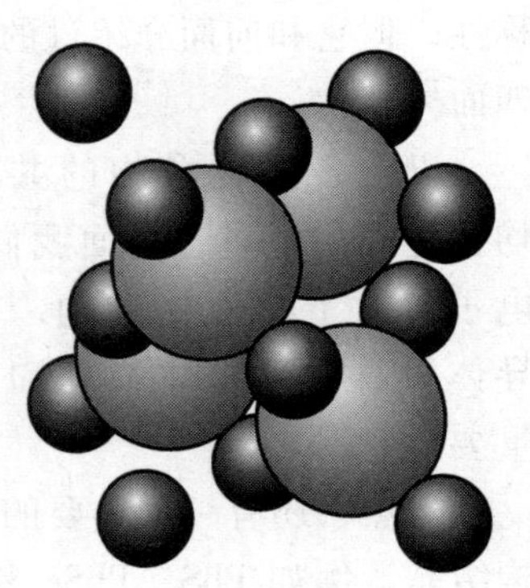

图 1.18 闪锌矿结构

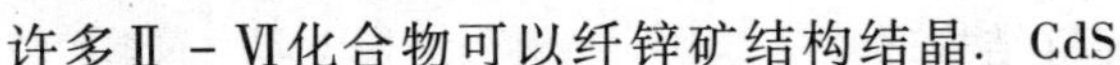

许多Ⅱ－Ⅵ化合物可以纤锌矿结构结晶. CdS

和 ZnS 等以及有些Ⅲ－Ⅴ化合物 GaN，AlN 等既可以闪锌矿结构结晶，也可以纤锌矿结构结晶. 纤锌矿结构属于六方晶系，其具体结构如图 1.19 所示. 可见，其中的四面体结构与闪锌矿结构中的相似，只是这种结构只具有两种类型的六方双原子层，如图 1.20 所示，它们按 ABABAB 的顺序堆叠. 因而，这种结构失去了立方对称性. 纤锌矿结构的原胞(如图 1.19 中实线所示)包含四个原子. Ⅳ族化合物 SiC 也可以纤锌矿结构结晶，但它是一种具有多型结构的化合物，还可以采取混合型的排列，并可具有更长的重复周期[2]，有时甚至可以形成自然的超晶格. 以后有时将用英文字母 ZB 和 W 来分别表示闪锌矿结构和纤锌矿结构，如 CdS(W)，AlN(W)，AlN(ZB)等.

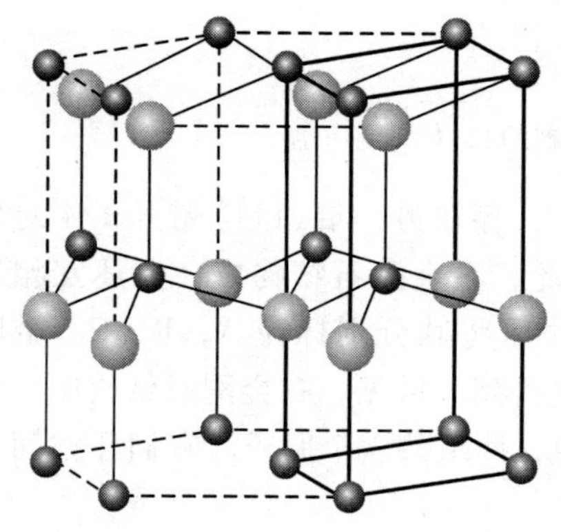

图 1.19 纤锌矿结构

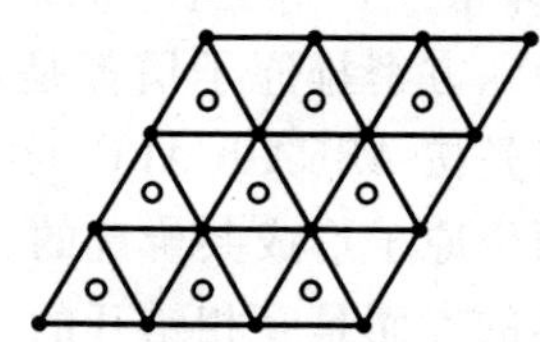

图 1.20 纤锌矿结构中的两种六方双原子层

其它具有四面体结构的晶体

还有一些化合物，如Ⅰ Ⅲ $Ⅵ_2$ 化合物和Ⅱ Ⅳ $Ⅴ_2$ 化合物，按图 1.21 所示的黄铜矿结构结晶[3]. 尽管这种结构也不再具有立方对称性，但它和前面介绍过的其它几种结构一样，也具有四面体结构.

以上各种化合物的共同特点是：每个原子的平均价电子数为 4. 后面我们将会看到，正是这 4 个价电子导致了四面体结构. 具有四面体结构的许多半导体材料在半导体物理和半导体技术中占据了极为重要的地位.

当然，还有一些重要的半导体材料不是以四面体结构结晶，例如 PbS，PbSe 和 PbTe 以氯化钠结构结晶. Te 则具有图 1.22 所示的螺旋链结构.

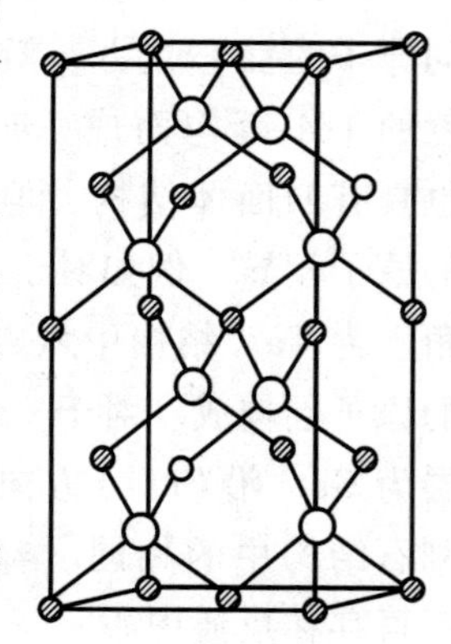

图 1.21 黄铜矿结构

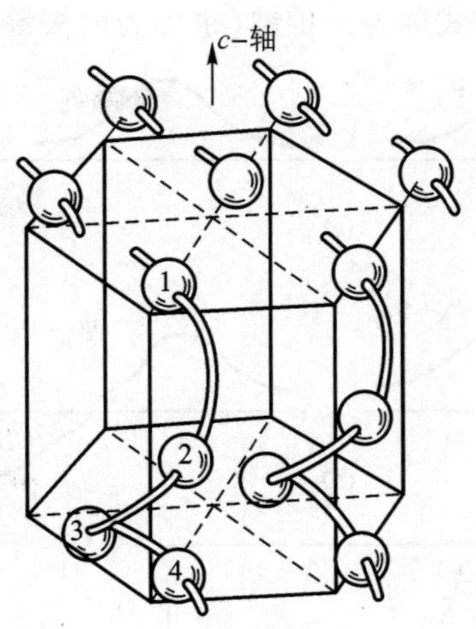

图 1.22 Te 的晶格结构

§1.3 结合性质

分散的原子(离子、分子)依赖其间的一定相互作用力结合成为固体. 在固体中存在四种基本结合形式:共价结合、离子结合、金属结合和范德瓦尔斯结合. 晶体的性质最终取决于构成晶体的各个元素的性质. 周期律反映了原子中外层电子数量随电子数量(原子序)周期性变化的规律. 由于价电子在原子间相互作用中的特殊地位,这个周期性必然导致元素性质的周期性的变化. 在元素形成晶体时,不同元素在结合性质上的表现是对周期律的很好的注解. 周期律也必将有助于认识形成各种结合的规律.

不同的结合通常具有不同的物性. 对于同一种结合,视其强弱不同,晶体性质也会有规律性的变化. 因此,认识物质的结合性质变化规律,有助于认识金属、半导体和绝缘体之间的区别;也有助于认识某一类晶体在性质上变化的规律,甚至可对某些性质作出半定量的预言.

共价结合和离子结合

常见的半导体通常以共价结合为基础,但在化合物中常常含有不同程度的离子结合成分,因此只着重介绍共价结合和离子结合.

(1) 共价结合

在共价晶体中,相邻的两个原子各贡献一个价电子为两者所共有,共有的电子在两个原子之间形成大的电子云密度,通过它们对原子实的引力把两个原子结合在一起．这种结合方式称为共价键(也称为同极键)．

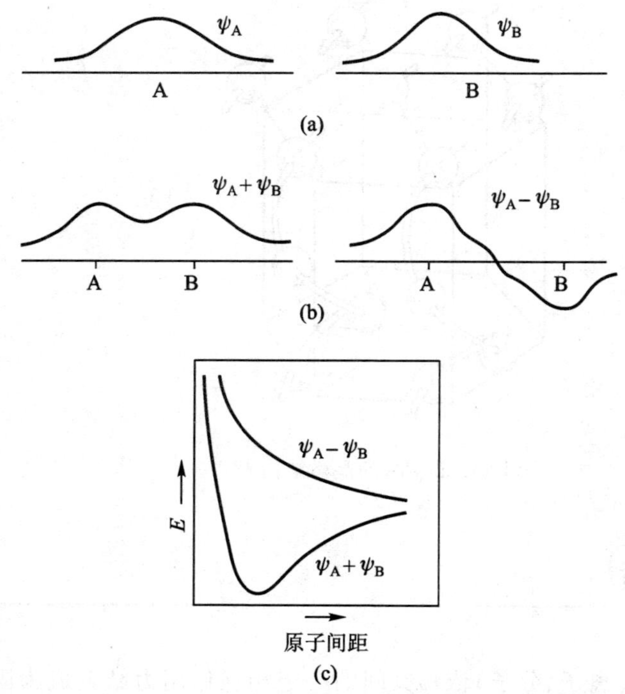

图 1.23 (a)孤立氢原子的波函数(b)成键态和反成键态的波函数(c)成键态和反成键态中系统能量随原子间距的变化

氢分子是共价结合的一个典型例子．每个氢原子各具有自旋方向相反的两个1s轨道，但每个1s轨道上只有一个电子，是不配对的．孤立氢原子的电子波函数如图 1.23(a)所示．当两个氢原子互相接近时，可以形成两种电子状态：$\psi_{\text{I}}=\psi_A+\psi_B$ 和 $\psi_{\text{II}}=\psi_A-\psi_B$．当两个电子自旋反平行地处于第一种状态 ψ_{I} 中时，在两个氢原子实之间会形成较大的电子云密度(参看图 1.23(b))，系统有较低的能量，这种状态称为成键态．在另一种状态 ψ_{II} 中，两个氢原子之间的电子云密度很低，相应于较高的系统的能量，这种状态称为反成键态．两种状态下的系统能量随原子间距的变化如图 1.23(c)所示．对于成键态，存在一能量最小值，它对应于稳定的分子状态．

共价键只在不配对的电子间形成，因而只能在具有不满壳层的原子之间形成．这是因为泡利不相容原理的限制．

因此，在共价晶体中，每个原子所能形成的共价键的数目受到其中不配对的价电子数的限制．当价电子数少于满壳层的一半，即少于4个价电子时，所有的价电子都可以是不配对的．能够形成的共价键的数目就等于价电子数．但在少于3个价电子的元素之间，通常并不形成共价晶体．若价电子数 N 等于或大于满壳层的一半(即4)，则能够形成的共价键的数目等于 $8-N$，称为 $8-N$ 定则. 因此，共价结合具有所谓饱和性.

与共价结合具有所谓饱和性相对应，共价晶体的配位数最低. Ⅵ族元素Te，Se可以形成两个共价键，可结合成原子链或原子环；Ⅴ族原素As则可以三个共价键结合成原子层. Ⅳ族原素C，Si，Ge，Sn则可以四个共价键结合成三维晶体. 近年发现的 C_{60} 分子[4]——一种纳米球，C以及Ⅲ族和Ⅴ族元素化合物的纳米管[5]也是依靠共价键形成的，分别如图1.24(a)、(b)所示.

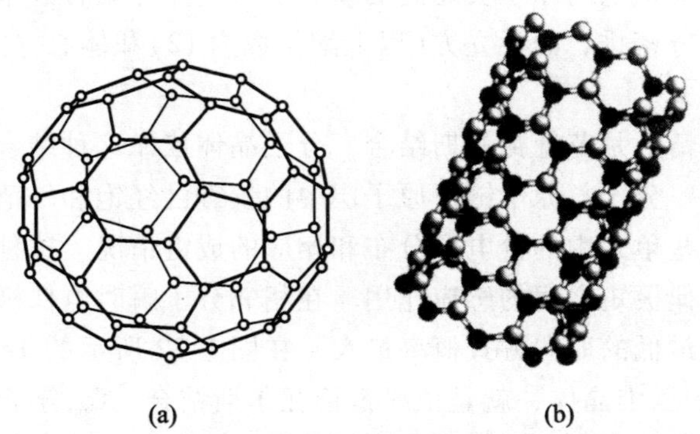

图1.24 以共价结合形成的(a) C_{60} 和(b)GaN纳米管

共价结合具有方向性，是因为形成共价键的电子轨道在空间的方位不是任意的. 共价键只能在价电子密度最大的方向上形成，例如Te以两个p电子形成两个共价键，而p态波函数比较集中地分布在两个互相垂直的方向上，因此Te的两个共价键大体互相垂直. 这样，在图1.22所示的Te晶体中，Te原子依靠共价键形成原子链.

金刚石和重要的半导体Si，Ge都是共价晶体. Ⅲ－Ⅴ化合物和Ⅱ－Ⅵ化合物等也都以共价结合为主. 其中的四面体结构正是共价键的饱和性和方向性所决定的. 下面对此还要作进一步的讨论. 在 C_{60} 分子和纳米管中，共价键近似在同一个平面内，互成120°. C_{60} 和许多纳米管是半导体[6].

共价结合是一种比较强的结合. 特别是键强度高的晶体，如金刚石，SiC，AlN和GaN等，通常都有高的硬度、高的熔点、高的热导和高的化学稳定性.

(2) 离子结合

在离子晶体中，结合成晶体的基本单元是离子. 在这种晶体中，一种原子上的价电子转移到另一种价电子壳层不满的原子的轨道上，相应地形成正、负离子. 正、负离子相间排列，依赖其间的静电引力将离子结合成晶体. NaCl

和 CsCl 晶体为典型的离子晶体，其中，每种离子的外壳层都形成满壳层，十分稳定．由于离子对外壳层电子束缚很强，电子很难摆脱离子的束缚形成能自由运动的导电电子．因此，典型的离子晶体是绝缘体．

结合的离子性要求每个离子的周围有尽可能多的异性离子．因此离子晶体有较高的配位数．但由于晶体中正负离子必须相间排列，离子晶体的配位数不超过 8．

不同于共价结合和离子结合，金属结合的基本特点是价电子脱离原子实的束缚，可在整个晶体中自由运动．这使金属具有良好的导电性．分布在整个晶体中的价电子云和荷正电的原子实之间的库仑引力使晶体结合起来．这导致金属的配位数高．六方密排、面心立方(以上配位数为 12)和体心立方(配位数为 8)是常见的结晶形式．

另一种极端的情形是范德瓦尔斯结合．分子晶体依靠这种结合形成．组成晶体的单元：原子、分子、原子链或原子层中的价键已经饱和．范德瓦尔斯结合并不根本改变这些单元中的价电子分布和相应的成键情况．这种结合的键力来源于分子瞬时电偶极矩之间的感应作用．在相邻分子瞬时电偶极矩的各种取向中，以系统位能最低的取向方式概率最大．在图 1.22 所示的 Te 晶体中，Te 原子链结合成 Te 的三维晶体，就是依靠范德瓦尔斯结合．C_{60}分子(是大分子)也可依靠范德瓦尔斯结合形成晶体或分子团．

结合性质和负电性

由上可见，在不同的结合形式中，结合力实质上都来源于电的相互作用．不同的结合形式之间的差别和价电子的不同的状态相联系．在共价晶体中，价电子为相邻的原子所共有，形成共价键的原子不易于失去价电子，又倾向于得到价电子．在离子晶体中，一种原子易于失去价电子，而另一种原子倾向于得到价电子，于是价电子由一个原子转移到另一个原子．在金属中，价电子易于脱离原子实的束缚，而为整个晶体所共有．而在分子晶体中，形成晶体时价电子状况不再发生根本改变．

可见，结合性质和形成晶体的原子得到和保持价电子的能力有密切联系．原子的负电性直接和上述性质相关．负电性可定义为

$$负电性 = 常量(电离能 + 亲和能) \qquad (1-3-1)$$

电离能指中性原子发生第一次电离所需要的能量；亲和能则指中性原子获得一个电子所释放的能量．因此由上式定义的负电性综合了原子得到和保持电子的能力．表 1.1 给出了一些常见元素的负电性．不带括号的是按 Pauling 的尺度[7]得到的，括号中的是按 Phillips 的尺度得到的[8]．

表 1.1 一些元素的负电性

Li 1.00	Be 1.50	B 2.00	C 2.50	N 3.00	O 3.50	F 4.00
Na 0.9(0.72)	Mg 1.2(0.95)	Al 1.5(1.18)	Si 1.8(1.41)	P 2.1(1.64)	S 2.5(1.87)	Cl 3.0(2.10)
Cu 1.9(0.79)	Zn 1.6(0.91)	Ga 1.6(1.13)	Ge 1.8(1.35)	As 2.0(1.57)	Se 2.4(1.79)	Br 2.8(2.10)
Ag 1.9(0.57)	Cd 1.7(0.83)	In 1.7(0.99)	Sn 1.8(1.15)	Sb 1.9(1.31)	Te 2.1(1.47)	I 2.5(1.63)
Au 2.4(0.64)	Hg 1.9(0.79)	Tl 1.8(0.94)	Pb 1.8(1.09)	Bi 1.9(1.24)		

由表 1.1 可见，在同一周期中，从左到右负电性逐渐增强．而对同一族元素，由上到下负电性逐渐减弱．负电性弱的元素由于易于失去电子，通常以金属的形式存在，这些元素主要集中在表的左下方．负电性大的元素，分布在表的右上方．这些元素由于较难失去电子，又倾向于得到电子，通常以共价结合形成分子，原子链，原子层；有时伴以范德瓦尔斯结合，把以共价键形成的分子、原子链、原子层结合成三维晶体，具有半导体或绝缘体的性质．对于同一族元素，由上至下金属性逐渐增强．对于四族元素，这种变化最为典型．由上到下，按 C，Si，Ge，Sn，Pb 的顺序，共价结合的强度随负电性的减弱而逐渐减弱．金刚石有较强的绝缘性，Si，Ge 是典型的半导体，Sn 是半金属(灰锡，即 α－Sn)或金属(白锡)，铅则是金属，它以面心立方结构结晶．

就化合物而言，在负电性弱的元素和负电性强的元素之间倾向于形成离子晶体．在负电性接近的两种元素间，如在Ⅲ族元素(如 Ga)和Ⅴ族元素(如 As)之间，Ⅱ族元素和Ⅵ族元素之间，可形成共价晶体，它们大多是典型的半导体．在共价结合的化合物晶体中，原子所能形成的共价键的数目仍服从 $8-N$ 定则，但这里 N 应理解为平均价电子数．如在 GaAs 中，平均价电子数为 4，Ga 和 As 原子各可形成 4 个共价键．在具有黄铜矿结构的三元化合物中也具有类似的情况．

负电性不仅对于认识形成各种结合的规律性，而且对于了解涉及原子实和价电子之间的相互作用的其它相关问题也是很有帮助的．

共价四面体结构和杂化轨道

在金刚石结构、闪锌矿结构、纤锌矿结构、黄铜矿结构的晶体中，每个原子的平均价电子数均为4. 正是这4个价电子决定了其中的四面体结构，每个原子可以4个共价键和4个近邻原子结合.

在这类共价晶体中，共价键并不是以孤立原子的电子波函数为基础形成的. 一般说，在价电子壳层中，有一个s态轨道，三个p态轨道. 处于p态轨道中的电子形成的共价键应是互相垂直的. 但四面体结构中的4个共价键之间的夹角互为109°28′. 这4个共价键实际上是以s态和p态波函数的线性组合为基础：

$$
\begin{aligned}
\psi_{\mathrm{I}} &= \frac{1}{2}(\psi_s + \psi_{p_x} + \psi_{p_y} + \psi_{p_z}) \\
\psi_{\mathrm{II}} &= \frac{1}{2}(\psi_s + \psi_{p_x} - \psi_{p_y} - \psi_{p_z}) \\
\psi_{\mathrm{III}} &= \frac{1}{2}(\psi_s - \psi_{p_x} + \psi_{p_y} - \psi_{p_z}) \\
\psi_{\mathrm{IV}} &= \frac{1}{2}(\psi_s - \psi_{p_x} - \psi_{p_y} + \psi_{p_z})
\end{aligned}
\tag{1-3-2}
$$

即发生了“轨道杂化”，称为sp^3杂化. 以上述杂化轨道为基础形成共价键，系统的能量最低. 对于一个Ⅳ族元素的原子来说，尽管电子处于杂化轨道上比该原子处于基态时的能量高，但这样形成的共价键所多释放出的能量足以补偿轨道杂化所需要的能量. 在上述杂化轨道中，价电子云比较集中于四面体的四个顶角的方向上，如图1.25所示. 这说明了以上列举的各种共价晶体为什么具有四面体结构.

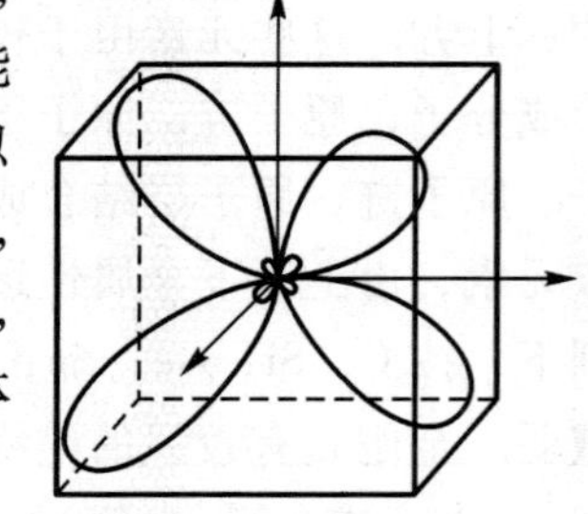

图1.25 sp_3轨道杂化

图1.26(a)为根据由赝势理论得到的波函数计算出的通过两个相邻的Ge原子中心的(110)截面上的价电荷的密度分布[9]. 图中的斜方形与右下角所示Ge晶格的原胞中虚线所示的截面相对应. 图中的曲线为等电荷密度线，所标数值为以单个原胞中的价电荷为单位的电子密度值. 可见，在两个Ge原子联线的中点附近电子密度最大. 用同样方法计算得到的α-Sn中的电子密度分布[10]情况和Ge中的十分相似，但在成键方向上的电子密度比Ge中的小. 这说明α-Sn中的共价键比Ge中的弱.

人们很早就发现，在具有相同配位数的同一类共价晶体中，相邻原子的间距可以表示为两个原子的半径之和：

$$L_{AB} = r_A + r_B \tag{1-3-3}$$

r_A和r_B分别为A原子和B原子的共价半径. 表1.2为Pauling所给出的四面体结构中各元素的共价半径[11].

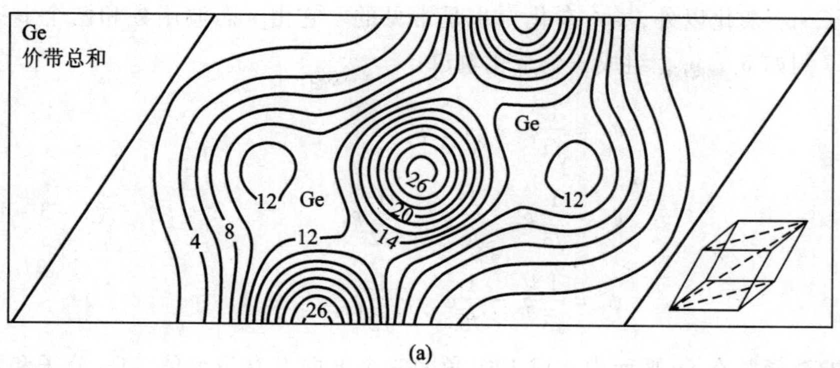

(a)

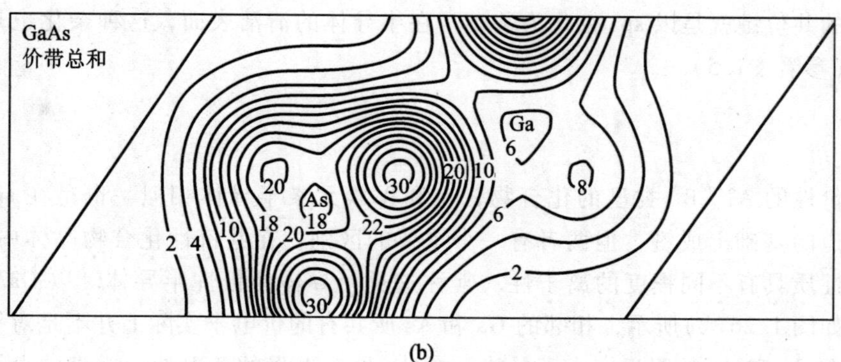

(b)

图 1.26 Ge 和 GaAs 通过相邻原子的(110)面上的价电荷的分布. 曲线为等电荷密度线. 图中的数值以单个原胞中的电荷为单位

表 1.2 四面体共价半径/Å

	Be 1.06	B 0.88	C 0.77	N 0.70	O 0.66	F 0.64
	Mg 1.40	Al 1.26	Si 1.17	P 1.10	S 1.04	Cl 0.99
Cu 1.35	Zn 1.31	Ga 1.26	Ge 1.22	As 1.18	Se 1.14	Br 1.11
Ag 1.52	Cd 1.48	In 1.44	Sn 1.40	Sb 1.36	Te 1.32	I 1.28
	Hg 1.48					

除了 sp^3 杂化以外，sp^2 杂化[7]也是常见的. 它由 s 态波函数和两个 p 态波函数，例如 p_x，p_y，组成三个杂化轨道：

$$\psi_1 = \frac{1}{\sqrt{3}}\varphi_s + \sqrt{\frac{2}{3}}\varphi_{p_x}$$

$$\psi_2 = \frac{1}{\sqrt{3}}\varphi_s - \frac{1}{\sqrt{6}}\varphi_{p_x} + \frac{1}{\sqrt{2}}\varphi_{p_y} \tag{1-3-4}$$

$$\psi_3 = \frac{1}{\sqrt{3}}\varphi_s - \frac{1}{\sqrt{6}}\varphi_{p_x} - \frac{1}{\sqrt{2}}\varphi_{p_y}$$

新组成的波函数在 xy 平面内互成 120°角的三个方向上有最大值. C_{60}分子和纳米管中的共价键就是以 sp^2 杂化为基础. 在半导体的清洁表面，这种杂化也是常见的(参看 §1.5).

混合键

共价性的 $A^{8-N}B^N$ 类型的化合物，也和Ⅳ族元素半导体相似，也是在 sp^3 杂化轨道的基础上成键，但两者有一个重要的区别：在共价性化合物晶体中，结合的性质具有不同程度的离子性. 常称这类半导体为极性半导体. 以 GaAs 为例，如图 1.26(b)所示，相邻的 Ga 和 As 所共有的价电子实际上并不是对等地分配在 Ga 和 As 的附近. 由于Ⅴ族元素 As 具有更强的负电性，成键的电子更多地分布在 As 附近. 在图 1.27 中沿成键方向的电子分布[11]情况更清楚地说明了这个问题. 因此，负电性弱的元素带有正电，而负电性强的元素则带有

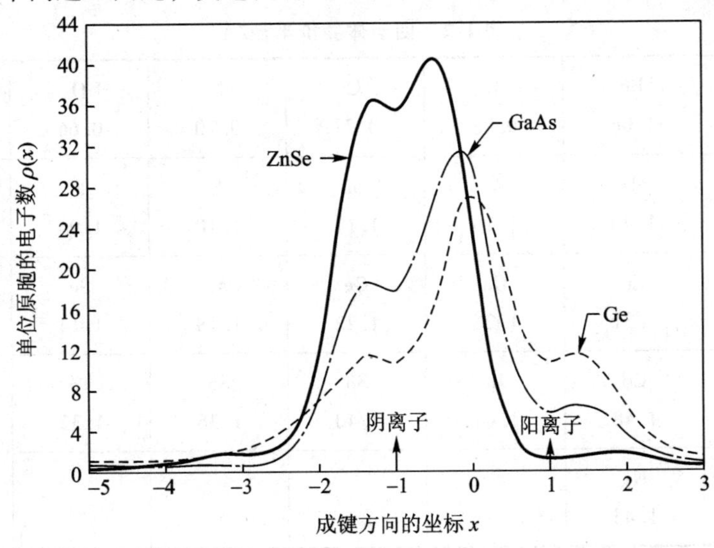

图 1.27　Ge，GaAs 和 ZnSe 中沿成键方向的价电荷分布

负电. 正负电荷之间的库仑相互作用对于结合能也有一定的贡献. 这种情形又和离子结合相似. 在组分的负电性相差很大的Ⅲ-Ⅴ化合物如GaN、AlN等中，以及Ⅱ-Ⅵ化合物中，这种情况更为突出. 例如在图1.27中，ZnSe(Ge和Ga,As,Zn,Se属于同一周期)中的电子云更加集中于Se的附近. 一个例外是BAs. B，As之间的电子云的分配几乎和Si-Si键中的相同.[12] 这是因为B和As的Pauling负电性大小相同.

由于这种离子性，在由负电性差别较大的两元素形成具有四面体结构的$A^{8-N}B^{N}$化合物时，常常倾向于形成纤锌矿结构. 在共价结合占优势的情况下，$A^{8-N}B^{N}$倾向于形成闪锌矿结构. 这是因为在闪锌矿结构中，由相邻的两个原子连结的其它原子在空间上互相错开了60°，如图1.28(a)所示. 这种组合方式称为**交错构型**. 相互错开有利于减少上下两组共价键之间的排斥作用. 而在纤锌矿结构中，在沿六方对称轴的方向上，由相邻的异类原子连结的上下各三个异类原子是相互对准的，如图1.28(b)所示，上下异类原子间的距离比情形(a)的要更小. 这种情形称为**重叠构型**. 若结合的离子性较强，则这种结构相应于晶体更低的能量. 在纤锌矿结构中，这种组合方式占1/4. 在其它方向上，相邻原子仍按交错方式组合，占3/4(参看图1.19). Ⅱ-Ⅵ化合物中的ZnO以纤锌矿结构结晶. SiC，Ⅲ-Ⅴ化合物中的AlN，GaN，InN；Ⅱ-Ⅵ化合物中的ZnS，ZnSe，CdS和CdSe，离子性都较强，在不同条件下既可以闪锌矿结构结晶，又可以纤锌矿结构结晶.

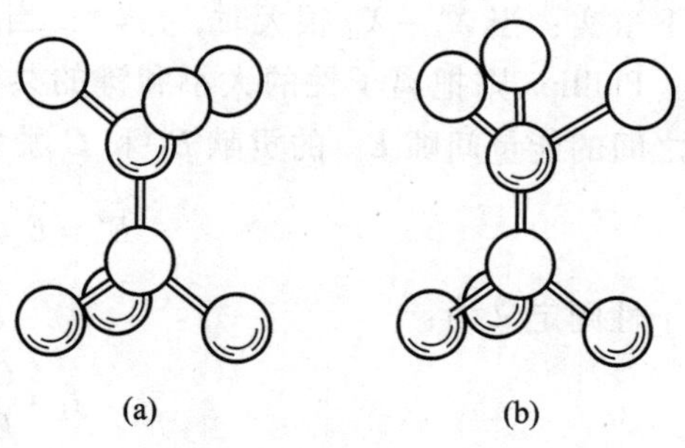

图1.28 在闪锌矿结构和纤锌矿结构中由相邻原子连接的两种原子的相对位置

晶体的离子性对于晶体的力学性质也有重要影响. 原子晶体Ge和Si通常沿(111)面解理. 这是因为(111)面的双原子层的两层原子之间的键密度最低. 但是对于Ⅲ-Ⅴ化合物，上下两层沿(111)面的异类原子所带的电荷可使这种原子层之间的结合得到加强. 相比之下，沿(110)面的原子层包含等量的异性电荷，层与层之间的库仑相互作用显著减弱. 因此Ⅲ-Ⅴ化合物通常沿(110)面解理.

对于具有闪锌矿结构的Ⅲ-Ⅴ化合物和Ⅱ-Ⅵ化合物，其(111)表面可以有两种不同的原子层，例如Ga原子层和As原子层. 通常习惯于把由负电性弱的原子构成的表面标为(111)或(111)A(如GaAs中Ga原子表面). 负电性强的原子构成的表面(如GaAs中As原子表面)标为$(\bar{1}\bar{1}\bar{1})$或(111)B. (001)面等也具有两种不同的极性，也可分别标为(001)A和(001)B. 这两种表面具有不同的物理和化学性质. 例如，在(111)A原子面上不易于生长晶体，也不易于由化学腐蚀得到位错坑. 又如(111)A原子面的硬度高于B原子面等. 纤锌矿结构的晶体的(0001)面也应有类似的情况.

部分离子性还可以对半导体的其它许多性质产生影响，例如晶体的离子性和晶体的压电性质有密切的联系.

有不同的方法来反映离子性的大小. 目前较为广泛采用的有Pauling的离子性尺度[13]. Pauling的尺度主要依据组成晶体的负电性差的大小. 离子性由下式给出：

$$f_{\mathrm{i}} = 1 - \exp[-(X_{\mathrm{A}} - X_{\mathrm{B}})^2/4] \tag{1-3-5}$$

实际上，负电性差 $X_{\mathrm{A}} - X_{\mathrm{B}}$ 本身也可以看作离子性的一种尺度. 但上式考虑到以下事实：当 $X_{\mathrm{A}} - X_{\mathrm{B}}$ 很大时，$f_{\mathrm{i}} = 1$；当 $X_{\mathrm{A}} - X_{\mathrm{B}} = 0$ 时；$f_{\mathrm{i}} = 0$.

Phillips则把离子性的大小和键的共价成分和离子成分对成键态和反成键态之间的能量间隙 E_{g}^* 的贡献 E_{h} 和 C 联系起来. E_{g} 和 E_{h} 及 C 有以下联系：

$$E_{\mathrm{g}}^2 = E_{\mathrm{h}}^2 + C^2 \tag{1-3-6}$$

离子性则定义为：

$$f_{\mathrm{i}} = \frac{C^2}{E_{\mathrm{g}}^2} \tag{1-3-7}$$

按Phillips关于负电性的定义，对六十多种 $\mathrm{A}^{8-N}\mathrm{B}^N$ 类型的化合物的统计结果表明：当 $f_{\mathrm{i}} > 0.785$ 时，以NaCl结构结晶；当 $f_{\mathrm{i}} < 0.785$ 时，或以纤锌矿结构结晶，或以闪锌矿结构结晶.

Garcia和Cohen则直接根据价电荷分布的反对称部分 s_{a} 和对称部分 s_{s} 的比值定义负电性：[14]

$$f_{\mathrm{i}} = \sqrt{\frac{s_{\mathrm{a}}}{s_{\mathrm{s}}}} \tag{1-3-8}$$

s_{a}，s_{s} 则根据价电荷分布 $\rho_{\mathrm{s,a}}(\boldsymbol{r})$ 定义为

$$s_{\mathrm{s,a}} = (1/\Omega)\int_{\Omega}\rho_{\mathrm{s,a}}^2(\boldsymbol{r})\,\mathrm{d}\boldsymbol{r} \tag{1-3-9}$$

式中 Ω 表示原胞体积. 图1.29所示为由计算得到的GaAs沿成键方向价电荷密度及其反对称和对称部分，并给出了Ge的价电荷分布作为比较. 价电荷的

---

* 这里的 E_{g} 并不是第二章中要介绍的禁带宽度. 它代表导带电子态平均能量和价带电子平均能量的差值.

反对称部分显然直接和离子性相联系.

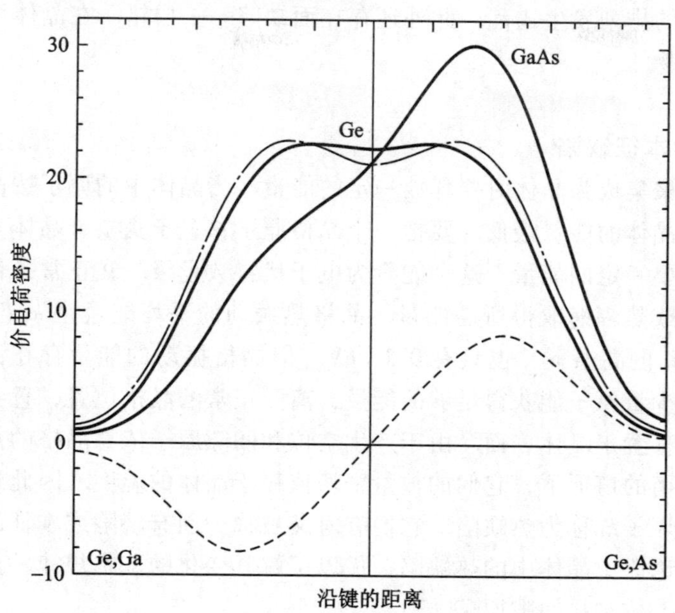

图 1.29 GaAs 沿成键方向价电荷密度及其反对称和对称部分.
图中点线为对称部分，虚线为反对称部分

离子性的强弱也可以从有效电荷得到反映，详见 §11.6(第一版 §9.6).

§1.4 晶格缺陷

在半导体科学和技术中，在较多的情形下，采用的是所谓单晶体，即在整块晶体中，原子或离子是周期性地排列的. 这样说，我们强调了原子排列的规则性的一面，这是它的基本方面. 这一点使它区别于非晶体. 但在实际晶体中总是存在着各种原子排列上的不完整性，即所谓晶格缺陷. 这些晶格缺陷可对半导体的性质产生重要的影响. 所谓的多晶则由单晶的晶粒组成.

晶体中的缺陷大致可分为三种类型：点缺陷，线缺陷和面缺陷.

点缺陷是指原子尺度的缺陷. 例如，各种外来杂质原子，它们可以是代位式的或间隙式的；除了外来杂质以外，晶格本身还可以存在空位和自间隙原子(即处于晶格间隙中的主晶格原子)，例如处于 Si 晶格间隙的 Si 原子和处于 GaAs 晶格间隙的 Ga 原子等. 有时点缺陷专指这种晶格空位和自间隙原子. 在各种类型的点缺陷之间还可以发生相互作用，形成所谓复合物. 例如两种不同类型的杂质结合成为杂质对，杂质和空位结合成为杂质空位对等.

位错是晶体中常常出现的另外一种类型的缺陷，它是一种线缺陷．沿位错线，晶格原子的排列发生错乱．此外还存在面缺陷——层错．在晶体中还可以存在各种析出物．

原子晶体中的本征缺陷

孤立原子聚集成为晶体时要释放一定的能量．当晶体中的原子按晶格的周期性排列时，晶体的能量最低．要把一个晶格原子移置于真空、晶体表面或晶格间隙时，需要一定的能量．这个能量为电子伏特数量级．在正常条件下只能从晶格热振动或热辐射取得所需能量．晶格热振动的平均能量是 $k_B T$ 数量级，即使在 2 000 K 的高温下，也只有 0.17 eV．但晶格振动的能量存在涨落，因此晶体中总有少量原子能获得足够的能量，离开正常的晶格位置，置身于晶格间隙之中，或移置于晶体表面．由于产生空位和间隙原子依靠晶格的热振动提供能量，在平衡的情形下，它们的数量密切依赖于晶体的温度．因此通常也把空位和自间隙原子统称为**热缺陷**．它们有时又被称为**固有缺陷**或**本征缺陷**．下面我们首先讨论原子晶体中的热缺陷，借以了解其变化的基本规律．然后再讨论化合物中的空位和自间隙原子．

空位和自间隙原子可以通过不同的方式产生．设想把图 1.30(a)中的一个晶格原子移置于足够远的晶格间隙之中．这样，便同时产生了一个空位和一个间隙原子．这样产生的一对空位和间隙原子称为**弗仑克尔缺陷**．空位也可通过另外一种途径单独产生，如图 1.30(b)所示：一个晶格原子由体内移至表面．这样就在体内产生了一个晶格空位．这种缺陷称为**肖特基缺陷**．间隙原子也可按类似的方式产生．但产生肖特基缺陷所需的能量较低(例如，根据测量，在 Si 中产生一个肖特基缺陷所需的能量为 2.79 eV[15]，在 Ge 中所需能量与此相近[16])．因此，空位可有相对较高的浓度．

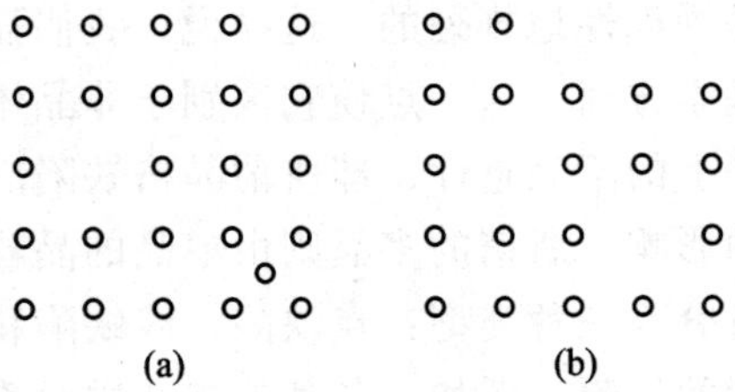

(a) (b)

图 1.30 弗仑克尔缺陷(a)和肖特基缺陷(b)

可以通过统计热力学的方法计算热平衡时肖特基缺陷的数目．热平衡时系统的自由能 $F = U - TS$ 最小．U 和 S 分别为单位体积内的内能和熵．由于缺陷的存在系统的自由能要发生变化．变化量 ΔF 可表示为：

$$\Delta F = \Delta U - T\Delta S \tag{1-4-1}$$

ΔU 和 ΔS 分别表示单位体积内能和熵的改变量. 若形成一个肖特基缺陷所需的能量为 W_S，则内能 ΔU 的改变量为

$$\Delta U = N_S W_S \tag{1-4-2}$$

N_S 为肖特基缺陷的密度. 由于缺陷的存在，熵的改变量可表示为

$$\Delta S = k_B \ln W \tag{1-4-3}$$

通常称为位形熵. W 为 N_S 个空位排列在 $N+N_S$ 个晶格位置上的可能方式数，称为热力学概率. 容易求出 W 为：

$$W = \frac{(N+N_S)!}{N!N_S!} \tag{1-4-4}$$

当 N_S 和 N 足够大时，利用斯特林公式

$$N! = N\ln N - N \tag{1-4-5}$$

可得

$$\Delta S = k_B[(N+N_S)\ln(N+N_S) - N\ln N - N_S\ln N_S] \tag{1-4-6}$$

由热平衡条件 $\partial\Delta F/\partial N_S = 0$，可得

$$W_S = k_B T\ln\frac{N+N_S}{N_S} \tag{1-4-7}$$

由于一般 $N_S \ll N$，可得*

$$N_S = N e^{-\frac{W_S}{k_B T}} \tag{1-4-8}$$

用同样的方法可以计算其它类型的热缺陷. 例如，自间隙原子也可以单独地在表面产生. 一个表面原子挤进晶格间隙就形成一个自间隙原子. 若所需的能量为 W_I，则有

$$N_I = N' e^{-\frac{W_I}{k_B T}} \tag{1-4-9}$$

N_I为间隙原子浓度，N'为晶格间隙位置的总数.

若取 $W_S = 2.8$ eV，则 1 700 K 时的平衡肖特基缺陷的浓度可达 $3\times10^{14}\,\mathrm{cm}^{-3}$量级.

在实际晶体中，在由结晶温度降温时，缺陷数目随之下降，直到缺陷被冻结时，其密度已远比晶体生长温度下的低. 在 Ge，Si 中空位所产生的直接影响较小，但它们为代位式杂质的扩散提供了途径. 此外在 Si 中，当由生长温度降温时，空位可以凝聚，产生所谓“微缺陷”. 这是一种有害的缺陷.

由式(1-4-8)和式(1-4-9)可以得到

---

* 这里我们略去了和晶格振动相联系的热熵的变化. 缺陷的存在将通过改变振动频率而改变热熵. 考虑热熵的改变将在式(1-4-8)中引入一修正系数.

$$N_S N_I = NN' e^{-\frac{W_F}{k_B T}} \tag{1-4-10}$$

式中 W_F 为 W_S 和 W_I 之和，它等于产生一个弗仑克尔缺陷所需的能量. 上式说明，不管产生空位和自间隙原子的机制如何，在热平衡的一定温度下，空位浓度和自间隙原子浓度的乘积是恒定的.

以上的结果只适用于热平衡情形. 热平衡的建立依赖于缺陷在晶体中的自由移动，通常只在高温下才是如此. 在较低温度下，缺陷被冻结.

我们也可以从化学反应的角度来得到式(1-4-10). 把空位和间隙原子看作是反应物，晶格原子和晶格间隙位置看成是生成物. 根据质量作用定律，反应物浓度乘积和生成物浓度乘积之比应为常量，即有：

$$N_S N_I = NN' f(T) = K(T) \tag{1-4-11}$$

在反应中，N 和 N' 可看作不变. 若将上式和式(1-4-10)作一比较，可见 $K(T)$ 可写作：

$$K(T) = e^{-\frac{W_F}{k_B T}} \tag{1-4-12}$$

这里 W_F 可以看作反应所放出的能量. 从化学反应的角度来认识化合物中的点缺陷更为方便.

间隙原子和空位也可以在下面要介绍的位错处独立地产生. 在此过程中，位错发生移动.

化合物中的本征缺陷

化合物中的点缺陷要比原子晶体中的要复杂得多. 例如在化合物 AB(B 表示负电性较强的元素)中，可以存在 A 原子空位，B 原子空位，A 的间隙原子和 B 的间隙原子，如图 1.31 所示. 它们的浓度分别用 $[V_A]$，$[V_B]$，$[A_I]$ 和 $[B_I]$ 表示. 它们可以是弗仑克尔型的：A 晶格原子产生 A 晶格空位和 A 间隙原子；或 B 晶格原子产生 B 晶格空位和 B 间隙原子. 若以 W_{FA} 和 W_{FB} 分别表示形成 A 原子和 B 原子弗仑克尔缺陷所需要的能量，则由质量作用定律有：

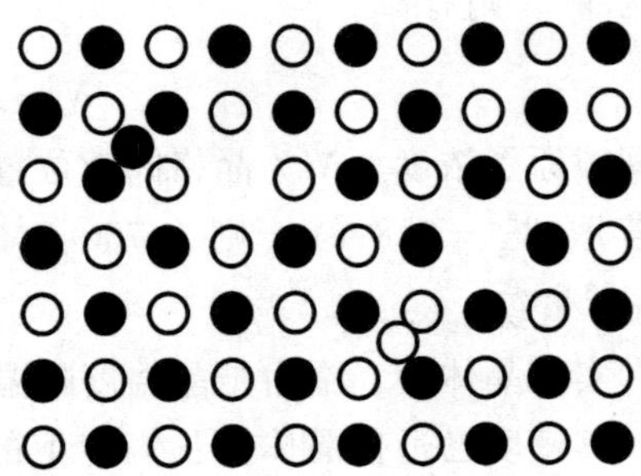
图 1.31 化合物中的空位和间隙原子示意图

$$[V_A][A_I] = C_{FA} e^{-\frac{W_{FA}}{k_B T}} = K_{FA} \tag{1-4-13}$$

$$[V_B][B_I] = C_{FB} e^{-\frac{W_{FB}}{k_B T}} = K_{FB} \tag{1-4-14}$$

缺陷也可以是肖特基型的：一对表面空位产生一个 A 晶格空位和 B 晶格空位；或者是反肖特基型的：表面一对 A 原子和 B 原子产生一个 A 间隙原子和 B 间

隙原子. 在反应中表面的原子密度和空位密度不会发生显著的变化. 应有

$$[V_A][V_B]=C_s e^{-\frac{W_s}{k_B T}}=K_s \tag{1-4-15}$$

$$[A_I][B_I]=C_{as} e^{-\frac{W_{as}}{k_B T}}=K_{as} \tag{1-4-16}$$

式中 W_s 和 W_{as} 分别为形成肖特基缺陷和反肖特基缺陷所需的能量. 以上四式中实际上只有三个是独立的. 例如由式(1-4-13)式(1-4-14)相乘再除以式(1-4-15)就可得到式(1-4-16), 并且一定有

$$K_{as}=\frac{K_{FA}K_{FB}}{K_s} \tag{1-4-17}$$

三个独立的方程不能完全确定四个量, 但在晶体和组成元素的蒸气处于热平衡的条件下, 改变元素的蒸气压将可改变晶体中的点缺陷数量. 例如若晶体处于 A 原子的气氛中, 气体中的 A 原子 A_G 应可和晶体间隙中的 A_I 互换

$$A_G \Leftrightarrow A_I \tag{1-4-18}$$

因而晶体中 A 间隙原子的浓度 $[A_I]$ 受 A 元素的蒸气压 P_A 控制

$$[A_I]=K_A P_A \tag{1-4-19}$$

由以上诸式可见, 增加 P_A 可使 A_I 和 V_B 增加, 而使 B_I 和 V_A 减少, 从而可在一定范围内改变晶体中 A, B 两种原子的比例, 使化合物 AB 偏离 1∶1 严格的化学比. 人们很早就利用这种方法, 通过控制化学比, 来控制半导体的电学性质. 例如若将 PbS 置于 Pb 的蒸气中加热, 则晶体中 S 的空位增加; 置于 S 的蒸气中加热, 则晶体中 Pb 的空位增加. PbS 中对严格的化学配比的偏离可达到 10^{-3}.

通常认为形成间隙原子所需要的能量比形成空位所需要的能量高. 因此易于出现的点缺陷是空位. Van Vechten 估算了许多Ⅲ-Ⅴ和Ⅱ-Ⅵ化合物中形成两种原子的空位所需要的能量[16]. 在表 1.3 中给出了其中的一部分. $\Delta H(V_A)$ 和 $\Delta H(V_B)$ 和式(1-4-15)中的 W_S 的关系是*

$$W_S=\Delta H(V_B)+\Delta H(V_A) \tag{1-4-20}$$

参照表 1.3 可见, 在同一种化合物中, 共价半径大的原子有较大的空位形成能. 作者认为计算值比实验值约高 5%~20%.

表 1.3 一些化合物中形成空位需要的能量

化 合 物	r_{cA}/r_{cB}	$\Delta H(V_A)/eV$	$\Delta H(V_B)/eV$
GaP	1.09	2.98	2.64
GaAs	1	2.59	2.59

* 这里的 ΔH 是空位的形成焓, 但它与形成能的差异不大.

续表

化合物	r_{cA}/r_{cB}	$\Delta H(V_A)$/eV	$\Delta H(V_B)$/eV
GaSb	0.87	2.03	2.25
InP	1.25	3.04	2.17
InAs	1.15	2.61	2.07
InSb	1	2.12	2.12
ZnO	1.81	5.41	3.00
ZnS	1.09	3.47	3.13
ZnSe	1	3.09	3.09
ZnTe	0.87	2.54	3.60
Cds	1.25	3.56	2.69
CdSe	1.15	3.18	2.65
CdTe	1	2.75	2.75

但在有些情形下，如在 AlN 中 Al_I 的形成能可小于 V_N 的形成能.[17] 在 p 型 ZnSe 中 Zn 的间隙原子，Zn_I比 Se 空位 V_{Se}有更高的浓度.[18]

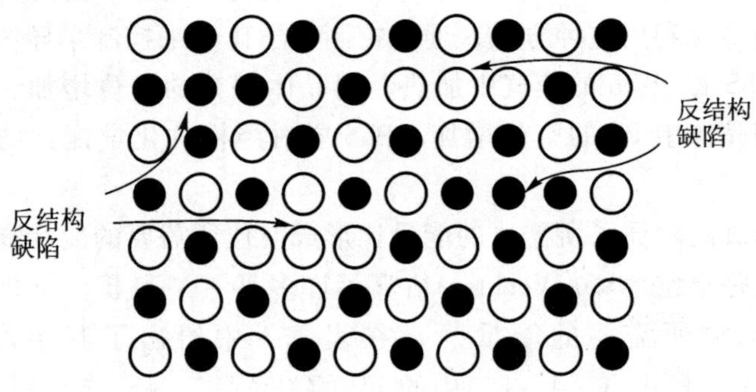

图 1.32 反结构缺陷

除了间隙原子和空位以外，在化合物中还可以存在显著数量的所谓反结构缺陷(或反位缺陷)[19]. 有些Ⅲ－Ⅴ化合物的组成元素之间的负电性差异较小，应较易于形成反位缺陷. 例如在 GaAs 中 As 原子占据 Ga 原子的位置，用 As_{Ga} 表示，如图 1.32 所示. 也可存在反结构缺陷对[20]. 实际上，和空位和自间隙原子一样，反位缺陷也是热缺陷，也是固有缺陷，也可称为本征缺陷. 电子和中子照射可导致反位缺陷浓度的增加. Van Vechten 等估算了许多Ⅲ－Ⅴ和Ⅱ－Ⅵ化合物中形成反结构缺陷所需要的能量[21].

上述各种点缺陷还可以处于不同的电离状态. 因此，可存在以下类型的反应

$$A_I^+ + e^- \Leftrightarrow A_I(+\epsilon_{A_I}) \quad (1-4-21)$$

e^-代表晶体中的自由电子，ϵ_{A_I}代表电子由 A_I 电离所需要的能量．在这种情形下，A 的蒸气压不仅可影响 A_I 的浓度，也会影响自由电子的浓度．化合物中的点缺陷可使有些化合物具有“自补偿”的能力(参看§3.8)．

位错和层错

位错是晶体中很常见的缺陷．它可以通过范性形变或在异质界面产生．

晶体中有两种类型的位错：刃位错和螺位错，如图 1.33 所示意．当晶体沿某一晶面发生部分滑移时产生位错．发生滑移后两部分晶体重新吻合．在发生滑移的晶面中，在滑移部分和未滑移部分的交界处形成位错．可用一矢量 ***b*** 来描述滑移量的大小和方向，称为滑移矢量(或 Burgers 矢量)．当滑移矢量和位错线垂直时，形成刃位错．当其与位错线平行时，形成螺位错．

容易看出位错线不可能终止于晶体内部．它们或者在晶体表面露头，或者在晶体内部形成封闭的环．由于这个原因，在晶体生长中，籽晶或衬底中的位错会延伸到新生长的晶体中(熔体生长法)或晶体的外延层中(外延生长法)．

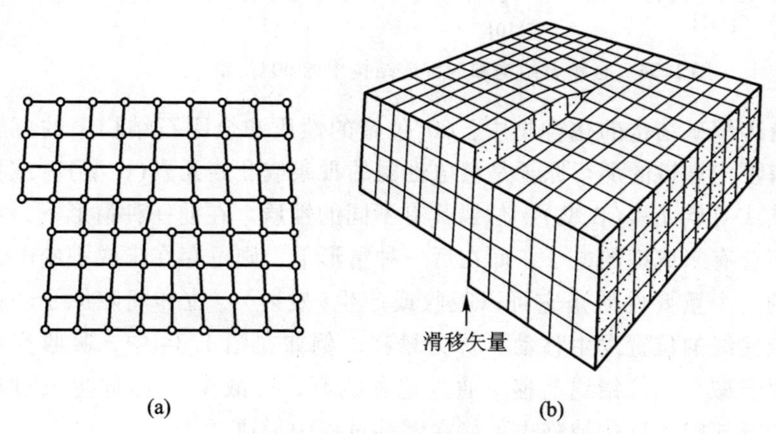

图 1.33　位错模型(a)刃位错(b)螺位错

在金刚石结构中，沿{111}面的双原子层的两原子层间的键密度最低．因此滑移易于沿{111}面发生，位错线和滑移矢量常常在{111}面内．由于滑移后滑移面两侧晶体重新吻合的需要，滑移矢量通常沿〈100〉方向．当位错线沿{111}面内一个与滑移矢量垂直的〈112〉方向时，为典型的刃位错，称为〈112〉位错．而当位错线沿另一个〈100〉方向时，它与滑移矢量成60°角，称为60°角位错．图 1.34 为金刚石结构中的60°角位错的示意图．这种位错是一种混合型位错，它也具有刃位错的特点．由图可见，在滑移面的上方，沿另一个{111}面多楔入了一个双原子层．沿刃位错线的一行原子各具有一个未饱和的键，称为悬挂键. 悬挂键可以通过向晶体提供一个电子或者从晶体接受一个电子，对晶体的电学性质产生影响.

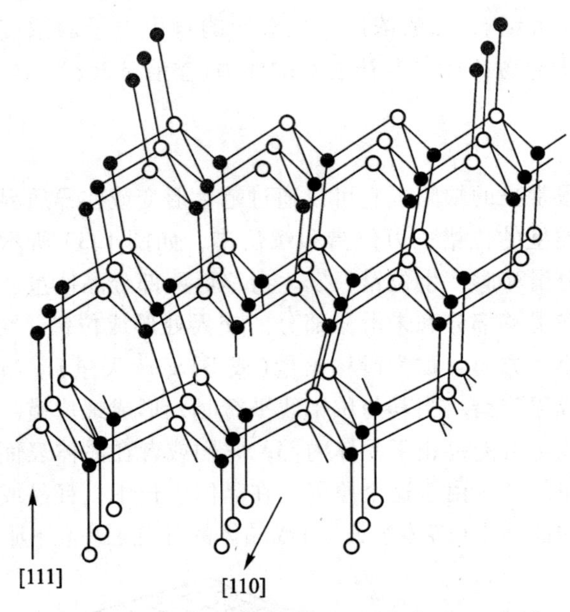

图 1.34 金刚石结构和闪锌矿结构中的60°位错

在具有闪锌矿结构的化合物中，60°位错的性质和金刚石结构中的有所不同. 视具有不饱和键的那行原子是负电性弱的Ⅲ族或Ⅱ族元素(α 型)，或负电性强的Ⅴ族或Ⅵ族元素(β 型)，位错具有不同的性质. 在前一种情形下，在这行原子上不会有未成键的电子；而在后一种情形下，则可存在未成键的电子.

位错的一个重要性质是它可以吸收或产生(发射)空位和间隙原子. 在此过程中，位错线的位置发生移动，称为攀移. 例如在图 1.34 中，吸收空位可使刃上的原子减少，位错线上移. 通过这种机制，可减少 Si 晶体生长过程中形成有害的微缺陷. 反位缺陷也可能在攀移过程中形成.[22]

位错附近是一个形变区. 例如对于刃位错，在滑移面的一侧为压缩形变区，而在另一侧则是伸张形变区. 半径比主晶格原子大的代位杂质倾向于在伸张形变区聚集；而半径较小的则倾向于在压缩区聚集. 一些重金属原子倾向于在位错附近淀积. 螺位错的周围则是一个切变区.

除了通过范性形变可产生位错外，晶格失配也可引起位错. 例如若在晶体的一部分，例如表面层中，掺入数量较多的外来杂质，则这部分晶体的晶格常量可能发生改变. 在此情形下，在晶体的掺杂部分和未掺杂部分的界面附近可能产生数量较多的失配位错，以减少因晶格失配所产生的应力. 失配位错应具有刃位错的性质. 这种类型的位错最早在掺 B 的 Ge 中观察到[23]. 显然，掺入和主晶格原子的半径接近的杂质有利于减少这种失配位错．在晶格常量不同但结构准连续的两种晶体的界面（异质界面）附近也可存在上述失配位错．这种情形首先在 PbS 和 PbSe 的界面附近观察到[24]．在用外延法生长晶体时，若衬底和所生长的晶体的晶格常量有较显著差异，会在界面附近的外延层中产生失配位错．

通常用位错密度来量度晶体中位错的多少．它可定义为单位体积内位错线的总长度．常用单位为［$1/cm^2$］，它大致等于在表面单位面积内露头的位错数．例如在位错垂直于某晶体表面时，在该表面单位面积内露头的位错数，就等于单位体积内的位错总长度．

在具有四面体结构的半导体中，六方双原子层的堆叠顺序可能发生错乱，形成面缺陷：层错，即原子层排列上的错乱．在共价性立方晶体中，严格的 ABCABC 堆叠顺序在某原子层附近可遭到破坏．若在 CA 之间多夹入一个 B 层，变为 ABCBABC；或在 AC 之间少了一个 B 层，变为 ABCACA．对于以上两种情形，出现以下的错误堆叠顺序：BCB，BAB，CAC，ACA．我们容易看出，这几种情形都引入了高能量的重叠构型．以上第一种层错称为非本征层错，后者则称为本征层错．

要强调指出的是，在半导体材料和器件的制造过程中，晶体中的各种缺陷不是静止不变的．晶体的加工过程，包括机械加工和热加工（外延、氧化、扩散等）通常伴随着缺陷的产生、运动和相互作用．[25]有些变化是有益的（如热加工过程中，富含位错的粗糙表面层对重金属原子的提取，硅晶体生长过程中位错对空位的吸收等），有的变化则是有害的（如位于 pn 结结区的位错淀积有金属）．甚至在器件的工作过程中，也会有缺陷的变化和发展，并导致器件的老化．因此认识各种缺陷在各种过程中的产生和发展的规律，具有重要的实际意义．

§1.5 半导体表面的再构

尽管人们早就能通过 X 射线的衍射来确定各种晶体的体结构，但对于“清洁”晶体表面结构的认识却要晚得多．这有赖于超高真空技术的发展．处于大气中的固体表面通常都覆盖有一层通过和周围的气体的化学反应而形成的表面薄层．视衬底材料和气氛的不同，它们可以是氧化物、硫化物或其它化合物．即使在低真空下，刚刚断裂的固体表面也会很快就吸附上其它的原子．在超高真空（$<1.33\times10^{-7}$ 以至 1.33×10^{-10} Pa）条件下，上述过程将大为减慢，从而有可能在不被显著沾污的条件下对表面进行适当的处理并进行研究．

表面原子的结构和一系列物理和化学的性质，如表面电子状态、功函数、氧化、催化性质等有着密切的联系，和晶体生长更具有相当直接的联系*．因而纯净表面的研究一直为人们所关注．

研究表面结构的主要实验方法之一是能量约在 10 ~ 500 eV 范围内的低能电子衍射(简称 LEED,它由英文名称的第一个字母缩写而成)．这不仅是因为这种电子的波长和晶格常量相近

$$\lambda = \frac{h}{\sqrt{2m_0E}} = 3.87\left(\frac{10\ \text{eV}}{E}\right)^{1/2}[\text{Å}] \tag{1-5-1}$$

(E 为入射电子能量)而且更主要的是在该能量范围内的电子在晶体中的穿透深度约为 10 Å 左右，因此只有紧靠表面的几层原子所散射的电子能够透射出表面并产生衍射图案．因而这种衍射图案主要包含着表面结构的信息．

20 世纪 80 年代初发展了扫描隧穿显微术(STM)[26]．这个方法利用可作三维移动的细的金属尖端扫描半导体表面，金属尖端通过若干 Å 的真空隙缝和表面之间形成隧道电流．扫描过程中金属尖端可在垂直表面方向移动以保持隧穿电流恒定．扫描隧穿显微术第一次使表面几何结构以高分辨率成像，从而使在实空间直接确定表面的结构，包括其中的某些缺陷，成为可能．还可以在特定地点测定能谱，并在表面移动单个原子．

其它用于表面结构研究的实验手段还有高分辨电子显微镜(HREM)、透射电子衍射(TED)、氦原子衍射、反射高能电子衍射(RHEED)、角分辨 X 射线光电子谱术(ARXPS)、俄歇电子谱术(AES)、X 射线光电子衍射(XPD)、表面 X 射线衍射(SXRD)等许多技术．

对许多半导体表面的研究表明，表面原子的排列并不简单是体内原子排列的简单延伸[27]．内部的晶体可以看作是由完全相同的，平行于表面的原子层作周期性的堆砌而构成．原子层中的原子的排列具有一定的周期性，并可由二维的布拉维格子描述[28]，但表面附近的原子层中的原子排列情况通常与体内相应的原子层并不相同．如果体内原子层的平移对称性可用基矢 $\boldsymbol{\tau}_1$，$\boldsymbol{\tau}_2$ 描述，那么表面原子层则一般由 $n\boldsymbol{\tau}_1$，$m\boldsymbol{\tau}_2$ 描述，记作($n \times m$)．这种现象称为表面再构(或重构)．

再构的表面应使系统的吉布斯自由能 G 具有最小值

$$G = U - TS + pV \tag{1-5-2}$$

U 为系统的内能，S 为熵．在真空下第三项可以略去．通常结构变化引起的能量变化是主要的．因此表面结构的变化应使系统的能量更低．

---

* 为了实现对所生长的晶体的更精确的控制和得到更平的界面等．对于生长纳米半导体结构来说，半导体表面常常是理想的出发点．这方面的一个重要研究领域就是自织结构的形成．

设想将一块共价晶体截成两块，需要提供能量使共价键断开成为悬挂键．因此没有发生再构的表面具有高的能量，是不稳定的．为降低结构的能量，悬挂键上的电子或从邻近的原子得到一个电子重新配对，形成悬挂电子对和悬挂空态；或者和邻近的原子形成新的共价键，最终使表面悬挂键的数量尽量减少．这是一个普遍性的现象．电子结构的变化伴随着表面原子结构的畸变，表现为键角和键长的改变．变化常涉及到几个表面原子层．在此情形下，若再构前的原胞中包含 j 个原子，则再构的原胞包含 jmn 个原子．但在有些情形下，在再构的表面可出现原子数量的改变．

视不同的表面处理条件以及对不同外来原子的吸附，可以发生不同的表面再构．例如，几乎周期表上各种不同的原子都曾经在 Si 的表面淀积和研究过，关于 Si 的表面就曾报道过 300 种以上的表面再构．[29]各种表面缺陷引起的应力也可使表面的结构发生局部的改变．

确定再构表面的具体原子结构比确定平移对称性要困难得多．从低能电子衍射的图样就可以确定平移对称性．因为衍射斑点和二维布拉维格子的倒格子相对应．但要确定表面原子的具体位置则要分析衍射束的强度随入射电子能量的变化，通常还要配合以其它实验技术[30]和理论计算(如由所得到的结构模型计算出的表面电子态应与实验测得的一致或由计算得到的模型结构的总能量最低)．

研究得较多的半导体表面有 Si(111)，(001)，GaAs(110)，(111)，(001)等．Si(111)表面和 GaAs 等的(110)表面是自然解理面，最早得到研究．GaAs 等的(110)表面，情况较为简单，最早得到明确的结论．Si(111)表面的(7×7)，GaAs(001)A 表面的(2×2)等许多结构也已经得到肯定的结论．有些表面，如 Si(001)的(2×1)的具体结构的研究则花费了漫长的时间．下面介绍几种在某方面有一定代表性的表面再构．从中可以看出某些规律性．

GaAs 和其它具有闪锌矿结构的极性化合物的中性(110)表面都具有(1×1)结构．图 1.35(a)为未发生变化的 GaAs(110)表面的原子排列情形．在最外面的原子层中，等量的 Ga 原子和 As 原子相间排列成锯齿形，它们各具有一个悬挂键．虽然(1×1)表面的平移对称性和体内原子层的相同，但原胞中两个原子的具体位置却发生了变化．通常把这种变化称为弛豫．弛豫后的 GaAs(110)表面如图 1.35(b)所示．和弛豫前相比，As 原子向外移动了 0.1～0.2 Å，而 Ga 原子则向内移动了约 0.5 Å．原来处于(110)面内的 Ga－As 键在弛豫后和(110)面约成 30°角[31,35]．内移的 Ga 原子和第一及第二层的 As 原子大致在同一个倾斜的平面内．第二层 As 原子略往内移．第二层 Ga 原子则略往外移．InP[32,35]，InSb[32]，GaP[34,35] InAs[36]，ZnS，ZnSe，ZnTe[36]，CdTe[37]等许多闪锌矿结构化合物的(110)表面与 GaAs 的接近．但立方晶型的三族氮

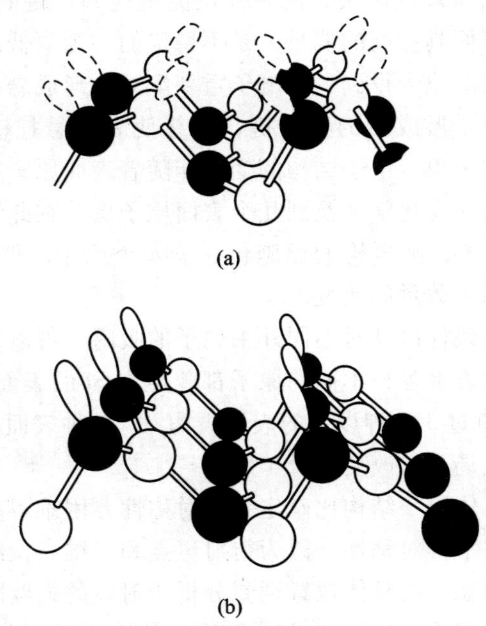

图 1.35 (a)弛豫前(b)弛豫后的 GaAs(110)表面

化物的Ⅲ-N键在弛豫后和(110)面的夹角要小得多，平均只有约15°.[38]

表面原子的移动，通常伴随着电子在悬挂键上的转移和成键轨道的变化，以达到系统能量最低. 关于 GaAs 和其它一些极性化合物的(110)表面的电子自旋共振测量表明，表面的电子是配对的，Ga 悬挂键上电子转移到 As 上. As 原子和近邻的 Ga 呈金字塔形，键角接近于90°，即以 s^2p^3 配位方式成键，3个共价键以 p 态波函数为基础. 弛豫后的 Ga 原子和相邻的 As 原子处于同一平面这一事实表明，Ga 的价电子成键轨道与体内并不相同. 在体内是 sp^3 杂化，这里应基本上是另一种常见的 sp^2 杂化.[7]

GaAs 的(111)A 面的 2×2 再构也有明确的结论. 1984 年 Tong 等提出的坎入-空位模型[39]和许多实验和理论计算有良好的一致[40]. 按照这个模型，四分之三的 Ga 原子下移，坎入与之成键的三个 As 原子之间，大体在一个平面内. 这就是说，Ga 以 sp^2 杂化轨道和 As 成键. 另外四分之一的 Ga 缺失，成为空位，以容纳上述三个 Ga 原子的坎入. 而 As 原子则形成三个近 90°的 p 型键和一个 s 型轨道. 坎入-空位模型如图 1.36 所示. 表面的 Ga 原子和 As 原子的成键情形和附近的局部结构和 GaAs(110)表面的情形十分相似. 可见表面的 Ga 原子和 As 原子的上述电子结构和相应的几何位形在能量上是最有利的.

Si 的(111)表面可具有多种表面再构. 室温或低温真空解理的(111)面具有(2×1)再构. 它是一种亚稳结构. 如果将它在 350℃—450℃之间进行适当

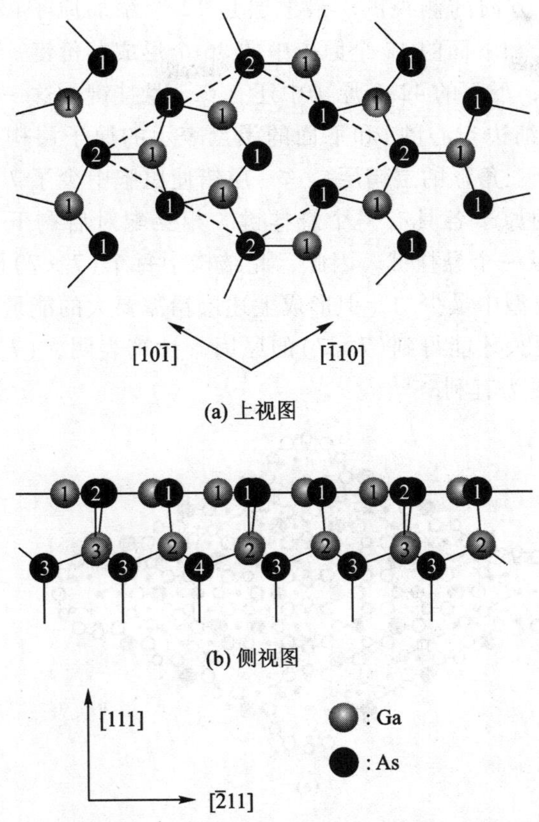

图 1.36　GaAs(111)A 面 2×2 再构的坎入 - 空位模型

的退火可得到(7×7)稳定结构[41]，如果加热到 800℃ 进行淬火，则可得到(1×1)结构[42]. 如将(7×7)表面加热到 900℃，转变为(1×1)，再加少量的 Cl，可以获得在室温下稳定的(1×1)结构. (7×7)结构是目前人们认识到的最复杂的表面结构之一. 图 1.37 Si(111)表面(7×7)再构的图像，是由扫描隧穿显微术得到的最早的图像之一.[43]

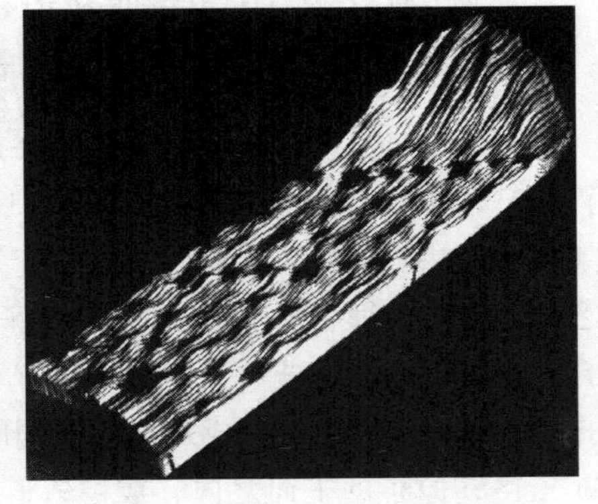

图 1.37　由扫描隧穿显微镜得到的最早的 Si(111)表面(7×7)再构的像

自从 1959 年发现这种结构以来[44]，曾提出过许多结构模型，并经历了长期的争论，其中 1985 年在透射电子衍射(TED)实验数据基础上提出的二聚物 - 添加原子 - 层错模型(DAS 模型)[45]得到了许多实验和理论分析的支持和肯定. 这个模型示于图 1.38. 图中 a 和 b 分别为上视图和自[$\bar{1}$01]方向的侧视图. 最上层是12个添加原子(粗边空心圈),它们各以3个价电子和下面的42个原子中的36个形成共价键. 添加原子自身还具有12个悬挂键,下面的42个原子中还有6个悬挂键. 这一层原子左面的一半(共21个原子,细边空心圈)和下面的黑点表示的原子层构成了重叠构型(参看b),形成一个三角形的层错层. 这一层错使原胞中少了7个原子,并使周围下一原子层中的原子各具有一个悬挂键. 相互配对后剩下一个原子空位(顶角的空位),贡献一个悬挂键. 因此,此结构中每个(7×7)原胞共包含19个悬挂键,是各种模型中最少的,但形成上述层错需要大的能量. 这正是需要在较高温度下进行退火才能得到(7×7)的原因. 计算表明,(7×7)再构在能量上比(2×1)再构更为有利.[46]

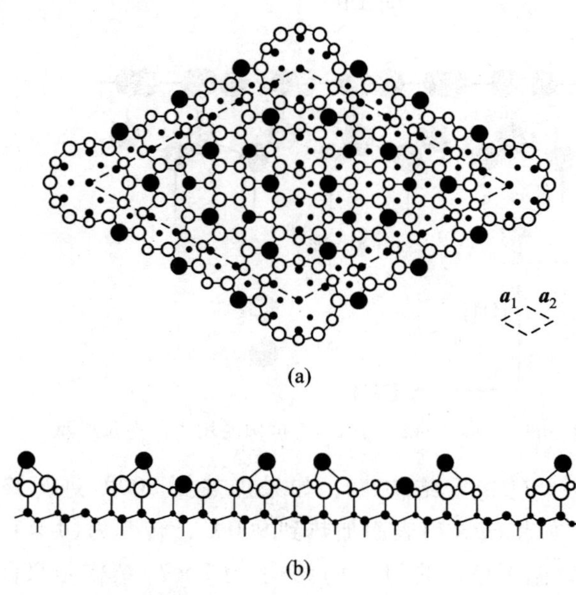

图1.38　Si的(111)表面结构的DAS模型. (a)和(b)分别为上视图和侧视图. 由上至下(a)和由远至近(b)表示Si原子的圆圈和黑点由大变小

最后我们提一下Si(001)面的(2×1)再构. 半个世纪前Schilier等[42]发表了关于Si(001)面的(2×1)再构的LEED测量结果,并提出了配对模型:沿(110)方向相邻的Si原子列相互靠近并配对成键. 这一模型得到理论和实验广泛的认可. 但每一个已配对的Si原子仍具有一个悬挂键. 一种模型认为,电子结构和几何结构进一步调整的最有利的方式是:其中一个原子悬挂键上的电子转移到另一悬挂键上成对. 与此同时该原子自身从表面下移,坎入与之成键的三个Si原子的平面之内,成键轨道改取sp^2杂化. 与之配对的原子则被推出表面. 于是配对的两个Si原子变成一高一低的不对称位形.[47]这一模型曾相当广泛地被接受. 但对称配对模型论者则提出，二聚物中自旋的反铁磁性的排列可使对称配对位形成为最稳定的位形.[48] 而在实验上，由隧道扫描显微术，在不同温度下，既观察到了对称的(2 ×1)再构，也观察到了不对称的(2 ×1)再构.[49] 直至现在，这一问题仍在为人们所关注.[50]

第 1 章参考文献

[1] 黄昆. 固体物理学. 北京：人民教育出版社，1966.

[2] Choyke W J, Hamilton D R, Patrick L. *Phy. Rev.*, 1965, 139: A1262.

[3] Shay J L, Wermick J H. *Ternary Chalcopyrite Semiconductors: Growth, Electronic Properties and Applications*. Oxford: Pergamon, 1974.

[4] Kroto H W, Heath J R, O'Brien S C, et al. *Nature*, 1985, 318: 162.

[5] Iijima S. *Nature*, 1991, 354: 56.

[6] Saito S, Oshiama A. *Phys. Rev. Lett.*, 1991, 66: 2637.

[7] Pauling L. *The Nature of Chemical Bond*. Ithaca, NY: Cornell Univ. Press, 1960.

[8] Phillips J C. *Bonds and Bands in Semiconductors*. New York: Academic Press, 1973: 143.

[9] Walter J C, Cohen M L. *Phys. Rev.*, 1971, B4: 1877.

[10] Chelikowsky J, Cohen M L. *Phys. Rev.*, 1976, B14: 556.

[11] Phillips J C. *Bonds and Bands in Semiconductors*. New York: Academic Press, 1973.

[12] Hart G L W, Zunger A. *Phys. Rev.*, 2000, 62: 13522.

[13] Mott N F, Gurney R W. *Electronic Processes in Ionic Crystals*. Oxford: Oxford Univ. Press, 1953: chap. 2.

[14] Garcia A, Cohen M L. *Phys. Rev.*, 1993, B47: 4215.

[15] Soma T, Morita A. *J. Phys. Soc. Japan*, 1972, 32: 357.

[16] Van Vechten J A. *J. Electrochem. Soc.*, 1975, 122: 419.

[17] Stampfl C, Van de Walle C G. *Phys. Rev.*, 2002, 65: 155202.

[18] Laks D B, Van de Walle C G, Neumark G F, et al. *Phys. Rev Lett.*, 1991, 66: 648.

[19] Reid F J, Baxter R D, Miller S E. *J. Electrochem Soc.*, 1966, 113: 713.
Van der Meulen Y J. *J. Phys. Chem. Solids*, 1967, 28: 225.
Kaufmann U, Schneider J, Räuber A. *Appl. Phys Lett*, 1976, 29: 312.

Kennedy T A, Wilsey N S. Proc. Int. Conf. on Defects in Semicond. Phys. Soc. Conf. Ser., 1979, 46: 375.

Wagner R J, Krebs J J, Strauss G H, et al. *Solid State Commun.*, 1981, 40: 473.

[20] Goldstein B, Almeleh N. *Appl. Phys. Letters*, 1963, 2: 130.

Blanc J, Bube R H, Weisberg L R. *J. Phys. Chem. Solids*, 1964, 25: 225.

[21] Van Vechten J A. *J. Electrochem. Soc.*, 1975, 122: 423.

Dobson T W, Wager J F. *J. Appl. Phys.*, 1989, 66: 1997.

[22] Weber E R, Ennen H, Kaufmann U, et al. *J. Appl. Phys.*, 1982, 53: 6140.

[23] Goss A J, Benson K E, Pfann W G. *Acta Mat.*, 1956, 4: 238.

[24] Matthews J W. *Phil. Mag.*, 1961, 6: 1347.

[25] 黄昆, 韩汝琦. 半导体物理基础. 北京: 科学出版社, 1979: 第五章.

Queisser H J, Haller E E. *Science*, 1998, 281: Issue 5379.

[26] Binning G, Rohrer H, Gerber Ch, et al. *Phys. Rev. Lett.*, 1982, 49: 57.

Tersoff J, Hamann D R. *Phys. Rev. B*, 1985, 31: 805.

Becker R S, Golovchenko J A, Hamann D R, et al. *Phys. Rev. Lett.*, 1985, 55: 2032.

Feenstra R M, Thompson W A, Fein A P. *Phys. Rev. Lett.*, 1986, 56: 608.

Hamers R J, Tromp R M, Demuth J E. *Phys. Rev. Lett.*, 1986, 56: 1972.

[27] Farnsworth H E, Schlier R E, George T H, et al. *J. Appl. Phys.*, 1958, 29: 1150.

[28] 方俊鑫, 陆栋主编. 固体物理学(上册). 上海: 上海科学技术出版社, 1981: 第十五章.

[29] Lifshits V G, Saranin A A, Zotov A V. *Surface phases on silicon Preparation, Structures, and Properties*. Chichester: Wiley, 1994.

[30] Haneman D. *Surface Physics of Phosphors and Semiconductors*. Ed. by Scott C G, Reed C E. Academic Press, 1975. 中译本: 廖显伯等译. 磷光体和半导体的表面物理. 北京: 科学出版社, 1982.

Mönch W. *Semiconductor Surfaces and Interfaces*. Berlin: Springer, 1995.

Srivastova G P. *Reports on Progress in Physics*, 1997, 60: 561.

[31] Tong S Y, Lubinsky A R, Mrstik B J, et al. *Phys. Rev.* B, 1978, 17: 3303.

Kahn A, Cisneros G, Bonn M, et al. *Surface Sci.* 1978, 71: 387.

Chadi D J. *Phys. Rev. B*, 1978, 15: 1800.

[32] Kahn A, So E, Mark P, et al. *J. Vacuum Sci. Technol.* 1978, 15: 580.

[33] Duke C B, Meyer R T, Mark P. *J. Vacuum Sci. Technol.* 1980, 17: 971.

[34] Allen R E, Hjalmarson H P, Dew J D. *Surface Sci.*, 1981, 110: L625.

[35] Alves J L A, Hebenstreit J, Scheffler M. *Phys. Rev. B*, 1991, 44: 6188.

[36] Watari K, Ferraz A C. *Solid State Commun*. 1993, 87: 1001 -1004.

[37] Duke C B, Paton A, Lazarides A, Vasumathi D, et al. *Phys. Rew. B*, 1997, 55: 7181 -7189.

[38] Miottoa R, Ferraza A C, Srivastavab G P. *Solid State Commun*. 2000, 115: 67.

Filippetti A, Fiorentini V, Cappellini G, et al. *Phys. Rev. B*, 1999, 59: 8026.

Grossner U, Furthmuller J, Bechstedt F. *Phys. Rev. B*, 1998, 58: R1722.

[39] Tong S Y, Xu G, Mei W N. *Phys. Rev. Lett.*, 1984, 52: 1693.

[40] Komura T, Hanada T, Yao T. *Phys. Rev. B*, 2001, 64: 045318.

[41] Lander J J, Morrison J. *J. Chem. Phys.*, 1962, 37: 729.

Rowe J E, Phillips J C. *Phys. Rev. Lett.*, 1974, 32: 1315.

[42] Panday K C, Sakurai T, Hagstrum H D. *Phys. Rev. Lett.*, 1975, 35: 1728.

[43] Binnig G, Rohrer H, Gerber Ch, et al. *Phys. Rev. Lett.*, 1983, 50: 120.

[44] Schlier R E, Farnsworth H E. *Semiconductor Surface Physics*. Philadelphia: University of Pennysylvania Press, 1957: p. 3. R. E.

Schlier, Farnsworth H E. *J. Chem. Phys.*, 1959, 30: 917.

[45] Takayanagi K, Tanishiro Y, Takahashi M, et al. *J. Vac. Sci. Technol.*, 1985, A3: 1502.

Takayanagi K, Tanishiro Y, Takahashi S, et al. *Surf. Sci.*, 1985, 164: 367.

Bengu E, Plass R, Marks L D, et al. *Phys. Rev. Lett.*, 1996, 77: 4226.

[46] Brommer K D, Needles M, Larson B E, et al. *Phys. Rev. Lett.*, 1992, 68: 1355.

[47] Pollmann J, Kruger P, Mazur A. *J. Vac. Sci. Technol.*, 1987, B5: 945.
Chadi D J. *J. Vac. Sci. Technol.*, 1979, 16: 1290.

[48] Artacho E, Ynduráin F. *Phys. Rev. Lett.*, 1989, 62: 2491.

[49] Tromp R M, Hamers R J, Demuth J E. *Phys. Rev. Lett.*, 1985, 55: 1303.
Hamers R J, Tromp R M, Demuth J E. *Phys. Rev. B*, 1986, 24: 5343.
Munz A W, Ziegler Ch, Göpel W. *Phys. Rev. Lett.*, 1995, 74: 2244.
Wiesendanger R, Bürgler D, Tarrach G, et al. *Surf. Sci.*, 1992, 274: 93.

[50] Kondo Y, Amakusa T, Iwatsuki M, et al. *Surf. Sci.*, 2000, 453: L318.

第 2 章

半导体中的电子状态

§2.1 晶体中的能带

量子力学阐明了微观粒子运动的普遍规律. 自量子力学出现以来，人们对微观世界的认识发生了质的变化. 它不仅说明了在微观系统中电子只能取某些确定的能值，而且对于简单的原子，能极为精确地求出其能值和相应的波函数. 对复杂的原子也能阐明其能级结构的主要特征. 量子力学还阐明了发生在原子和分子中的大量的现象. 可以说在量子力学的基础上人们认识粒子微观运动的规律不存在原则的困难.

但用量子力学处理包括数量很多的粒子的系统，例如复杂的原子和固体时，却存在实际的困难. 在氢原子的情形下，描述其中电子运动的方程，只涉及一个粒子的坐标，但在复杂的原子中，所涉及的坐标可达 10^2. 困难在于这些粒子的运动是互相联系的. 从严格的意义上说，不可能将涉及多粒子坐标的量子力学方程分离为只包含单个粒子坐标的方程. 系统所包含的粒子数量越大，困难也越大. 固体中包含的粒子数高达 $10^{23}/cm^3$. 我们几乎完全不可能用严格的量子力学来处理这样的系统.

尽管有上述困难，人们还是可以从不同的途径来认识固体中的电子状态. 这一节我们将从不同的角度来说明固体中能带的形成，并说明晶体中能级结构和波函数的特点.

原子中的能级和固体中的能带

固体中的电子状态不同于原子中的电子状态. 但固体由分立的原子凝聚而成，因此两者的电子状态之间必定存在某种联系. 原子在形成分子时能级的变化可以给人们以启示．考虑几个相距很远的相同的原子．这时它们之间的相互作用可以忽略．每个原子都可以看作是孤立的．它们有完全相同的能级结构．如果将这几个原子看作一个系统，那么每一个电子能级都是简并的．如果将这几个原子相互靠近，它们之间的相互作用就会逐渐增强．首先是最外层的电子的波函数将发生交叠．这时相应于孤立原子的能级的简并就要解除．原来几个具有相同能值的能级就会分裂为具有不同能值的几个能级．原子间的间距愈小，电子波函数的交叠愈大，则分裂出来的能级的能量间距愈大，如图 2.1 所示意．当大量的相同的原子凝聚成为固体时，也会发生类似的情况．由 N 个原子聚集而成固体时，相应于孤立原子的每个能级将分裂成 N 个能级．由于固体中所包含的原子的数量 N 很大，分裂出来的能级将是十分密集的．它们将形成一能量上准连续的能带，称为**允许能带**．由不同的原子能级所形成的允许带之间一般隔着一个**禁止能带**．

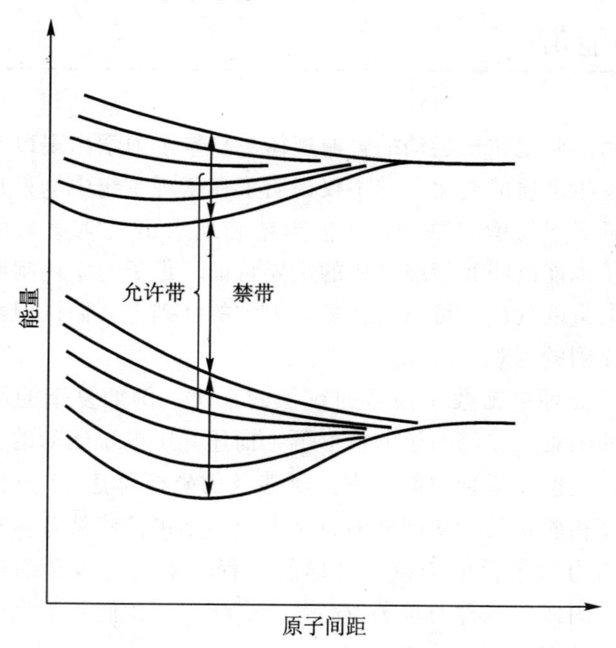

图 2.1　能带的形成

以上的讨论并不依赖于原子所形成的是否是晶态固体．对于液体，非晶态和晶态固体都是适用的．对于气体，由于原子间距很大，与孤立原子情况接近．

通常内层电子的波函数交叠很小，相应的能级分裂亦将很小，可近似认为不受干扰．因此一般来说，固体和孤立原子性质上的差异(如光谱性质,电学性质等)主要是由于外层电子状态的变化所引起．在孤立原子中，和外层电子状态相联系的电子跃迁所产生的光谱(包括吸收光谱和发射光谱)通常表现为分立谱线. 而在固体中涉及外层电子状态的跃迁的光谱则应表现为连续谱. 这些早已为实验所证明. 从导电性质说，孤立的中性原子(气体原子)是不导电的，但在形成固体以后，却可表现出电学性质上的差异. 在不同情形下可以表现出金属导电性、半导电性和绝缘性. 这显然应该从固体中和外层电子状态相应的能带的差异去找原因. 相应地，应该从原子中外层电子结构的差异去找原因. 只有当所形成的能带中有的能带被部分占据时，外电场才能使电子的运动状态发生改变从而产生导电性.

如上所述，形成固体后，孤立原子中的每一个能级将形成一个能带. 如果有关原子能级是非简并的，那么由它形成的能带将包含 N 个能级. 根据泡利不相容原理，每个电子能级最多只能容纳自旋相反的两个电子. 即该能带只能容纳 $2N$ 个电子. 由 s 能级形成的能带就属于这种情况. 在碱金属(如钠、钾)中，每个原子只有一个价电子. 因此在该种金属中，相应的能带只被 N 个电子占据，即为半满. 因此它们表现出良好的导电性.

但实际情况比上面所说的简单的对应关系要更为复杂. 例如对于碱土金属钙、镁等，存在两个 s 电子. 这些电子照讲正好填满相应的能带，似应为绝缘体. 但实际上在这些金属中，该能带和较高的能带发生了交叠. 在这些带中电子仍是部分占据的，因此仍表现出金属的导电性.

在金刚石和 Ge，Si 中，情形就更为复杂一些(如图 2.2). 它们的原子都具有 4 个价电子. 在原子状态中，2 个处于 s 态，2 个处于 p 态. 在形成晶体以后，似应形成两个与 s 态和 p 态相对应的带. 一个包含 N 个状态；另一个和三重 p 态对应的带则包含 $3N$ 个状态，该带应是部分占据的. 它们似应为导体. 但实际上金刚石近于绝缘，而 Ge，Si 则是典型的半导体. 这是因为，如在

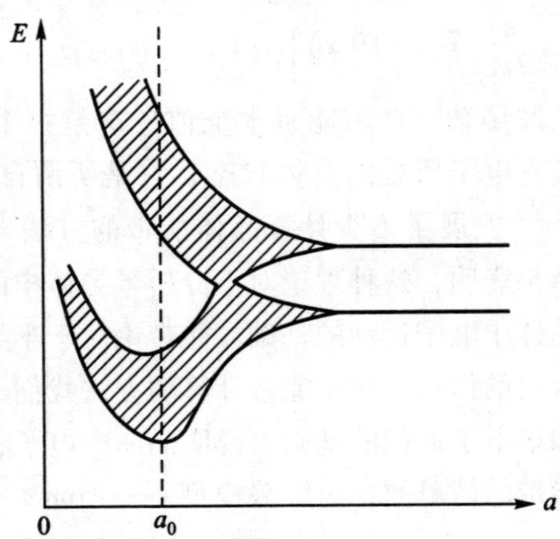

图 2.2　金刚石结构的晶体中 s 态和 p 态的重新组合

§1.2中已经说明的，发生了轨道杂化．由杂化轨道重新组合成的两个带中各包含 $2N$ 个状态．较低的一个能带正好容纳 $4N$ 个电子．这个带通常称为价带．它和成键态相对应．而上面的带则是一个空带．通常称为导带，相应于反成键态．因此，在具有共价四面体结构的半导体中，和价电子相联系的能带中的电子状态仍具有相当程度的s态和p态波函数的特征．在金刚石中对应成键态和反成键态的两个带之间的间隙很大，导带中基本上没有电子，因此表现出绝缘性．而在Ge，Si中，禁带较窄，在较高温度下可以有少量电子从价带激发到导带，表现出半导电性．

晶体中的电子状态

上面我们得到的关于原子能级分裂为固体能带的一般图像并不能代替我们对物体中具体电子状态的认识：这些状态取什么样的能值；取不同能值的电子如何运动（电子波函数）等．要从理论上进一步认识晶体中的电子状态就不能撇开具体的量子力学计算．但如前所述，对固体系统严格求解量子力学方程是不可能的．不过，对它作近似描述却是可能的．

关于晶态固体的能带论就是这种近似理论．能带论建立在单电子近似的基础上．这一近似把晶体中电子的运动看作是相互独立的：把其它电子对某一电子的相互作用简单看成是叠加在原子实的周期势场上的等效平均势场，这就是说，归结为产生一个固定的电荷分布和与之相联系的附加电势分布．这样，便把一个多电子问题简化为一个单电子问题．*

为了计算具体晶体中的本征电子态和相应的能量本征值，必须得到包括和原子实及其它价电子的相互作用在内的周期势场 $U(\boldsymbol{x})$，并对单个电子求解薛定谔方程

$$\left[-\frac{\hbar^2}{2m_0}\nabla^2+U(\boldsymbol{x})\right]\psi(\boldsymbol{x})=E\psi(\boldsymbol{x}) \qquad (2-1-1)$$

式中 $\psi(\boldsymbol{x})$ 为电子的本征波函数，E 为能量本征值．这是一个自洽问题．因为势 $U(\boldsymbol{x})$ 依赖于晶体中其它电子所处的具体状态，它是所谓自洽势．

在上述单电子近似下，发展了不少计算晶体能带的方法[1]，对许多固态晶体的能带进行了计算．结果表明，这种理论对于分析半导体中的大量实验结果十分成功，可以作为描述晶体中电子运动的基础．能带论对于半导体物理和半导体技术的发展起到了极为重要的作用．对于能带计算的方法我们不作具体介绍．这里我们将在晶格周期性和单电子近似的基础上说明晶体中电子状态的几个主要性质．然后介绍一个关于能带的简单的、一维势模型——Kronig－Penney模型．这

---

* 当然，这样做也带来了它的局限性．这种理论的直接结果并不能包含有些多粒子效应．

个势模型虽然简单，但却能给出周期势场中电子运动的主要性质.

布洛赫波

可以证明，在周期势场中，电子波函数具有以下形式

$$\psi(\boldsymbol{x}) = e^{i\boldsymbol{k}\cdot\boldsymbol{x}} u_{\boldsymbol{k}}(\boldsymbol{x}) \tag{2-1-2}$$

称为布洛赫函数. 与自由电子波函数 $C\exp(i\boldsymbol{k}\cdot\boldsymbol{x})$ 相比，常数 C 被一具有晶格周期性的因子 $u_{\boldsymbol{k}}(\boldsymbol{x}) = u_{\boldsymbol{k}}(\boldsymbol{x}+\boldsymbol{a}_l)$ 所代替. $\boldsymbol{a}_l$ 为由式(1-1-1)给出的格矢量；$\boldsymbol{k}$ 称为波矢，它的各个分量为实数. 这不难由式(2-1-1)得到证明.

为了简化，考虑一维情形. 方程(2-1-1)可化为

$$\left(-\frac{\hbar^2}{2m_0}\frac{d^2}{dx^2} + U(x)\right)\psi(x) = E\psi(x) \tag{2-1-3}$$

由于势 $U(x)$ 的周期性，若以 $x+a$（a 为一维晶格基矢长度）代替方程中的 x，方程仍可得到满足. 即 $\psi(x+a)$ 也是方程的解，它具有和 $\psi(x)$ 相同的能量本征值 E，两者代表的实际上是同一状态. 因此必定有

$$|\psi(x)|^2 = |\psi(x+a)|^2 \tag{2-1-4}$$

可见 $\psi(x+a)$ 和 $\psi(x)$ 应只相差一个模数为 1 的因子 A

$$\psi(x+a) = A\psi(x) \tag{2-1-5}$$

A 可写作

$$A = e^{iB} = e^{ika} \tag{2-1-6}$$

式中 B 为任意实数，可写作 ka. 于是有

$$\psi(x+a) = e^{ika}\psi(x) \tag{2-1-7}$$

现在若把 $\psi(x)$ 写作

$$\psi(x) = e^{ikx}u_k(x) \tag{2-1-8}$$

则可证明，$u_k(x)$ 是以 a 为周期的函数. 事实上，由上式 $u_k(x)$ 可写作

$$\begin{aligned} u_k(x) &= e^{-ikx}\psi(x) \\ &= e^{-ik(x+a)}e^{ika}\psi(x) \\ &= e^{-ik(x+a)}\psi(x+a) \\ &= u_k(x+a) \end{aligned} \tag{2-1-9}$$

第三步利用了式(2-1-7).

对于无限晶体 k 只能取实数. 这是容易理解的. 若 k 为复数，则在 $x\to\infty$ 或 $-\infty$ 时，$\psi(x)$ 将趋向 ∞. *

---

* 在具有表面的实际晶体中，k 取复数是允许的. 相应的波函数从表面到晶体内部逐渐衰减，对应于局域于表面的电子态.（参看 §2.8）

如上所述，式(2-1-2)或(2-1-8)的布洛赫波，与自由电子波函数C exp(ikx)相比只差一个周期因子$u_k(x)$. C exp(ikx)代表平面波，布洛赫波则是被周期函数$u_k(x)$调制的平面波.

在整体上，布洛赫函数因子$u_k(x)$的周期性反映了晶格势场的周期性. 而在局部上，因子$u_k(x)$在原胞中的变化则反映原子实附近的势场对电子运动的影响，类似于在单个原子中电子波函数反映原子实的势场对电子运动的影响一样. 例如，在Si中导带底的电子波函数具有Si中s态波函数的特点；价带顶的波函数则具有p态波函数的特点. 在化合物GaAs中，价带顶的波函数也是类p态的，由于部分离子性，具有As中p态波函数的特点；而导带底的电子波函数也是类s态的，但具有Ga中s态波函数的特点.

包含平面波exp(ikx)因子和周期因子$u_k(x)$的布洛赫函数表明，晶体中电子的运动扩展于整个晶体中. 事实上，由于有$|\psi(x)|^2=|\psi(x+a)|^2$，在晶体中各原胞的等价点上，电子出现的概率相同.

布洛赫波函数和自由电子波化数具有相同的因子exp(ikx)表明，这两者会具有一些共性. 设想晶体中势场极端微弱的情形，这时布洛赫波应以自由电子的波函数为极限，即$u_k(x)$趋向于常数C. 对于自由电子，波矢为$\boldsymbol{k}$的状态具有确定的动量$\boldsymbol{P}=\hbar\boldsymbol{k}$. 在晶体中，以后可以看到，$\hbar\boldsymbol{k}$仍具有类似于动量性质，通常把

$$\boldsymbol{P}=\hbar\boldsymbol{k} \tag{2-1-10}$$

称为晶体动量或准动量. 但对于晶体中的电子，布洛赫函数的形式说明，波矢为$\boldsymbol{k}$的状态不再具有确定的动量，因此$\hbar\boldsymbol{k}$不再具有严格义意下的动量含意.

$E-k$ 关系

可以证明，对于无限晶体，波矢$\boldsymbol{k}$可以连续取值；对于某一确定的$\boldsymbol{k}$，方程(2-1-1)存在一系列分立的能量本征值E_{nk}和相应的本征函数$\psi_{nk}(\boldsymbol{x})$；能量本征值$E_{nk}$随波矢$\boldsymbol{k}$是连续变化的，可以写作$E_n(\boldsymbol{k})$. 可以用$n$和$\boldsymbol{k}$来表征电子状态.

但由于晶体的平移对称性，可以用来表征某一确定电子状态的波矢$\boldsymbol{k}$并不是唯一的. 容易证明，下式给出的波矢$\boldsymbol{k}'$

$$\boldsymbol{k}'=\boldsymbol{k}+\boldsymbol{K}_l \tag{2-1-11}$$

同样可以用来表征由$\boldsymbol{k}$所表征的电子状态. 上式中$\boldsymbol{K}_l$为所谓倒格矢

$$\boldsymbol{K}_l=l_1\boldsymbol{b}_1+l_2\boldsymbol{b}_2+l_3\boldsymbol{b}_3 \tag{2-1-12}$$

式中l_1，l_2，l_3为整数，$\boldsymbol{b}_1$，$\boldsymbol{b}_2$，$\boldsymbol{b}_3$为倒格子基矢量，它们根据基矢$\boldsymbol{a}_1$，$\boldsymbol{a}_2$，$\boldsymbol{a}_3$定义为

$$b_1 = 2\pi \frac{a_2 \times a_3}{a_1 \cdot a_2 \times a_3}, \quad b_2 = 2\pi \frac{a_3 \times a_1}{a_1 \cdot a_2 \times a_3}$$

$$b_3 = 2\pi \frac{a_1 \times a_2}{a_1 \cdot a_2 \times a_3} \tag{2-1-13}$$

容易证明，$\boldsymbol{a}_i \cdot \boldsymbol{b}_j = \delta_{ij}$. 倒格子和正格子具有相同的对称性.

为了简单起见，我们还是考察一维情形. 这时式(2-1-11)可改写作

$$k' = k + \frac{2\pi n}{a} \tag{2-1-14}$$

我们总可以把式(2-1-8)的布洛赫函数用波矢 $k' = k + 2\pi n/a$ 表示为

$$\psi(x) = \exp\left[\mathrm{i}\left(k + \frac{2\pi n}{a}\right)x\right]\left[u_k(x)\exp\left(-\frac{\mathrm{i}2\pi n x}{a}\right)\right] \tag{2-1-15}$$

第二个方括号中的函数仍是以晶格常量 a 为周期的函数，只要以 $x + la$(l 为整数)代替其中的 x 就可证明这一点.*

这样，在晶体中，电子能量 E 随波矢 $\boldsymbol{k}$ 周期性地变化. 对应于不同的 n，电子状态的能量被限制在一定能量间隔内，分别属于不同的能带. 相邻的能带之间可能存在一定的间隙，在其中不存在电子状态，为禁止带或**禁带**，或称为**带隙**.

应该指出，$E-\boldsymbol{k}$ 关系总是中心对称的. 即对于每一个能带应有：

$$E(\boldsymbol{k}) = E(-\boldsymbol{k}) \tag{2-1-16}$$

事实上，如对式(2-1-1)取复共轭，则哈密顿量保持不变，但式中的布洛赫函数由 $\exp(\mathrm{i}\boldsymbol{k}\cdot\boldsymbol{x})u_k(\boldsymbol{x})$ 变为 $\exp(-\mathrm{i}\boldsymbol{k}\cdot\boldsymbol{x})u_k^*(\boldsymbol{x})$，两者均为方程的本征函数，具有相同的能量本征值. 但后者的波矢为 $-\boldsymbol{k}$，并有 $u_k^*(\boldsymbol{x}) = u_{-k}(\boldsymbol{x})$.

考虑到 $E-\boldsymbol{k}$ 关系的周期性和中心对称性，E 随 $\boldsymbol{k}$ 的变化如图 2.3 所示意. 实际晶体的 $E-\boldsymbol{k}$ 关系取决于其中具体的周期势. 但作为一般讨论，我们仍可预料，当组成晶体的原子的间距变得很大，电子的共有化运动变得不明显时，各能带应以孤立原子中的分立能级为极限；另一方面，当晶体中周期势很微弱时，$E-\boldsymbol{k}$ 关系又应以自由电子的 $E-\boldsymbol{k}$ 关系为极限，如图 2.3 所示.

布里渊区

如前所述，由式(2-1-11)和式(2-1-14)所给出的波矢 $\boldsymbol{k}$ 可用来表征同一电子状态. 显然，这些 $\boldsymbol{k}$ 值分别处在倒格子不同原胞的等价点上. 因此为了表征晶体中不同的电子状态，我们只需把 $\boldsymbol{k}$ 值限制在 $\boldsymbol{k}$ 空间的一个倒格子原胞的范围内. 这时，对于某一确定的电子状态，$\boldsymbol{k}$ 值将是唯一的. 例如，对于

---

* 对于三维情形，利用倒格子基矢的性质：$\boldsymbol{a}_i \cdot \boldsymbol{b}_j = \delta_{ij}$，容易得到同样的结论.

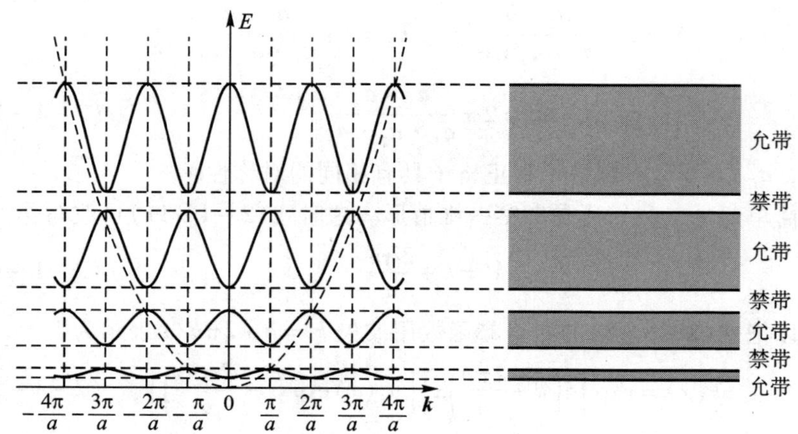

图 2.3 晶体中电子的 $E-\boldsymbol{k}$ 关系示意图(一维情形).
虚线代表自由电子的 $E-\boldsymbol{k}$ 关系

一维情形，可把 k 值限制在 $-\pi/a\sim\pi/a$ 范围内(对于一维情形,倒格子原胞的“体积”为 $2\pi/a$)，称为**简约布里渊区**，有时也被简单称为布里渊区.

对于三维的金刚石结构，闪锌矿结构和氯化钠结构，布拉维格子都是面心立方. 容易证明，由式(2-1-12)所定义的倒格子是体心立方格子. 可以选取图 2.4 所示的中心位于 $\boldsymbol{k}=0$ 的对称多面体——截角八面体——作为简约布

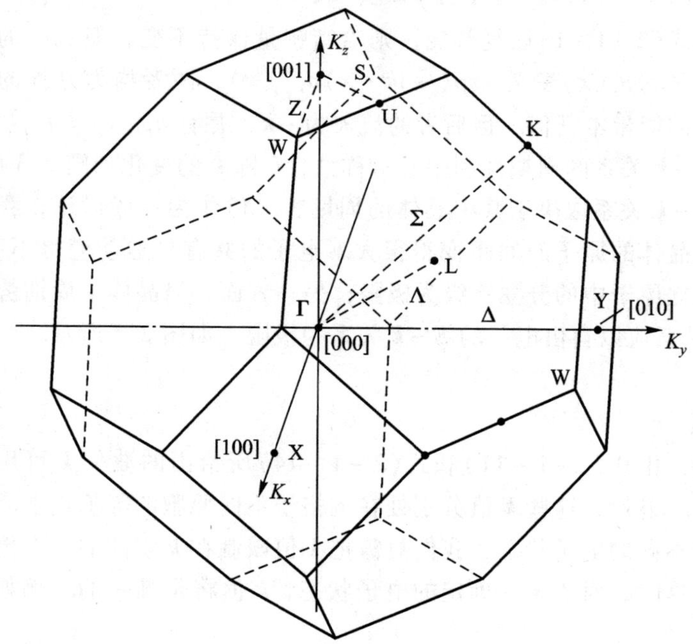

图 2.4 金刚石结构、闪锌矿结构和氯化钠结构晶体的简约布里渊区

里渊区．由图 2.5 可见，中心位于体心立方格点上的适当的截角八面体的周期性排列，正好可以占满整个 $\boldsymbol{k}$ 空间．这种原胞称为维格纳－塞茨原胞．它充分反映了立方晶体的对称性．容易看出，由于式(2－1－11)，处于简约布里渊区相对的两个界面上的等价点代表同一电子状态．

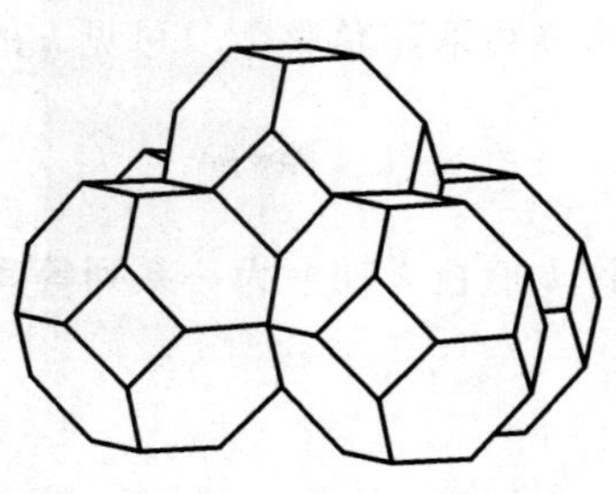

图 2.5　维格纳－塞茨原胞的堆砌

图 2.4 中标出了简约布里渊区中的点和线的符号．例如 $\boldsymbol{k}=0$ 的点用 Γ 表示，布里渊区⟨111⟩和⟨100⟩方向在边界的点标为 L 和 X 等．

图 2.6 给出了六方晶格的简约布里渊区．

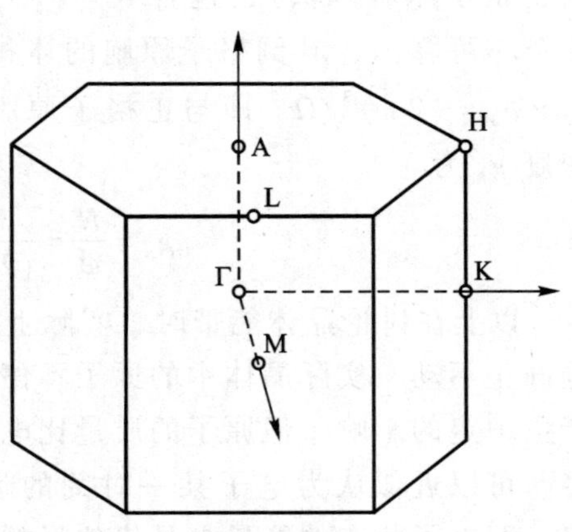

图 2.6　六方晶格的简约布里渊区

能带中的状态数 $\boldsymbol{k}$ 空间状态密度

下面我们来计算每个能带所包含的电子状态数．实际晶体的体积和它所包含的原子数，都是有限的．因此每个能带所包含的状态数也是有限的．有限的体积给方程(2－1－1)的解带来一定的限制．例如一根两端固定的有限长度的弦只允许这样的波的存在：其半波长的整数倍必须等于弦长．有限的晶体体积也给 $\boldsymbol{k}$ 值(它和波长联系着)带来一定的限制．可由不同的边界条件来得到允许的 $\boldsymbol{k}$ 值．但由于实际晶体的线度为单个原子的$10^7\sim10^8$ 倍，因此与晶体表面相联系的边界条件的差异，对大块晶体的性质不会产生本质的影响．通常由所谓的周期性边界条件来得到允许 $\boldsymbol{k}$ 值．

考虑一维情形．设一维晶格的总长度为 $L=Na$，N 为所包含的原胞总数．周期边界条件要求波函数在两个端点，即在 0 和 L 处有相同的值．设想把长度为 L 的原子链围成环，只有满足上述边界条件的波才是稳定的．周期性边界条件可以写作

$$\psi_k(0)=\psi_k(L) \tag{2－1－17}$$

将 $x=0$ 和 $x=L$ 代入式(2－1－8)的布洛赫函数，可以得到 k 的允许值为

$$k=\frac{n}{N}\frac{2\pi}{a} \tag{2－1－18}$$

式中 n 可取正负整数. 可见 k 的取值的间隔 Δk 为

$$\Delta k=\frac{2\pi}{Na}=\frac{2\pi}{L} \tag{2-1-19}$$

允许 k 值在 k 轴上为一系列等间距的点. 取值密度 g_k 为

$$g_k=\frac{Na}{2\pi}=\frac{L}{2\pi} \tag{2-1-20}$$

简约布里渊区的长度为 $2\pi/a$. 因此可以求得在简约布里渊区内的允许 k 值数为 N, 和以上每个 k 值对应的状态可有不同的电子自旋.

对于三维晶体, 情形类似. 在体积为 $V=N_1\boldsymbol{a}_1\cdot N_2\boldsymbol{a}_2\times N_3\boldsymbol{a}_3=N\Omega$($\Omega$ 为正格子原胞体积), 包含 $N=N_1N_2N_3$ 个原胞的晶体中, 允许 $\boldsymbol{k}$ 值共有 N 个. 可算出, 其倒格子原胞的体积, 即简约布里渊区的体积 ω 为 $\boldsymbol{b}_1\cdot\boldsymbol{b}_2\times\boldsymbol{b}_3=(2\pi)^3/\Omega$, 即与正格子原胞体积 Ω 成反比. 可得 $\boldsymbol{k}$ 空间的状态密度 g_k 为

$$g_k=\frac{N}{\omega}=\frac{N\Omega}{(2\pi)^3}=\frac{V}{(2\pi)^3} \tag{2-1-21}$$

以上在讨论晶体能带时, 实际上我们是假设晶体中的原子处于平衡位置静止不动. 实际晶体中的原子不停地进行着热振动. 这对电子的运动可产生一定的影响. 但原子的质量比电子的要大得多, 其运动比电子要慢得多. 可以近似认为电子某一时刻的运动状态只由当时的原子实的位形决定, 即电子状态的能量是晶格位形的函数. 这样我们就可以把晶格振动对电子运动的影响作为高一级的效应来处理. 在第四章中要引入的所谓形变势就是这种处理的体现.

Kronig - Penney 模型

下面我们再通过一个简单的一维势模型——Kronig - Penney 模型[2]——来导出电子在周期势场中运动的一些基本性质. 所得结果可应用于简单情形的超晶格能带的计算. 该模型的周期势, 示于图 2.7, 可由方形势阱周期性地重复得到. 对于一维情形, 可以从含有一维周期势 $U(x)$ 的波动方程, 式(2-1-3)出发. 如前所述, 在周期势场中, 波函数具有(2-1-2)的布洛赫函数的形式. 将布洛赫函数带入上式并进行微商后, 可以得到一个关于 $u(x)$ 的方程:

$$\frac{\mathrm{d}^2u}{\mathrm{d}x^2}+2\mathrm{i}k\frac{\mathrm{d}u}{\mathrm{d}x}-\left(k^2-\alpha^2+\frac{2mU(x)}{\hbar^2}\right)u(x)=0 \tag{2-1-22}$$

式中 α 为

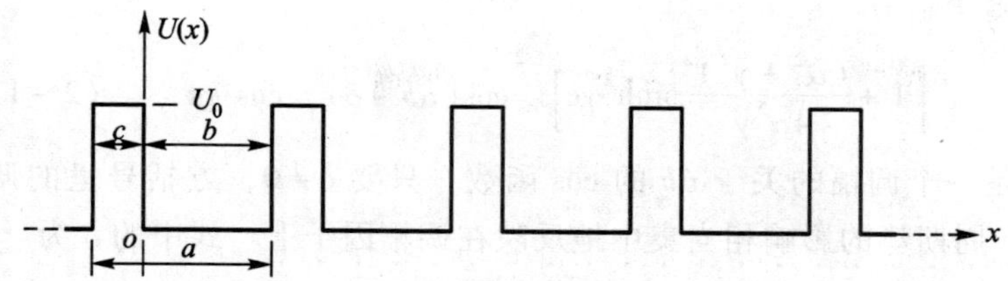

图 2.7 说明周期势场中电子的量子力学行为的 Kronig – Penney 势模型

$$\alpha=\left(\frac{2mE}{\hbar^2}\right)^{1/2} \qquad (2-1-23)$$

根据图 2.7 的势模型，可得到势阱区和势垒区的两个方程

$$\frac{\mathrm{d}^2u_1}{\mathrm{d}x^2}+2\mathrm{i}k\frac{\mathrm{d}u_1}{\mathrm{d}x}-(k^2-\alpha^2)u(x)=0 \qquad (0<x<b) \qquad (2-1-24)$$

$$\frac{\mathrm{d}^2u_2}{\mathrm{d}x^2}+2\mathrm{i}k\frac{\mathrm{d}u_2}{\mathrm{d}x}-(k^2-\beta^2)u(x)=0 \qquad (-c<x<0) \qquad (2-1-25)$$

式中 β 为

$$\beta=\left(\frac{2m(E-U_0)}{\hbar^2}\right)^{1/2} \qquad (2-1-26)$$

当 $E>U_0$，β 为实数；当 $E<U_0$，β 为虚数．在势垒区和势阱区，式(2-1-24)和式(2-1-25)有以下形式的通解：

$$u_1(x)=A\mathrm{e}^{\mathrm{i}(\alpha-k)x}+B\mathrm{e}^{-\mathrm{i}(\alpha+k)x} \qquad (0<x<b) \qquad (2-1-27)$$

$$u_2(x)=C\mathrm{e}^{\mathrm{i}(\beta-k)x}+D\mathrm{e}^{-\mathrm{i}(\beta+k)x} \qquad (-c<x<0) \qquad (2-1-28)$$

$u_1(x)$和 $u_2(x)$在各分界点 $x=-c$，$x=0$，$x=b$ 处函数本身及其微商应保持连续，即 $u_1(0)=u_2(0)$，$\mathrm{d}u_1/\mathrm{d}x\big|_{x=0}=\mathrm{d}u_2/\mathrm{d}x\big|_{x=0}$，$u_1(b)=u_2(-c)$，和 $\mathrm{d}u_1/\mathrm{d}x\big|_{x=b}=\mathrm{d}u_2/\mathrm{d}x\big|_{x=-c}$．后两个条件来自 $u(x)$的周期性的要求．这导致关于未知系数 A，B，C，D 的四个齐次方程．存在解的条件是 A，B，C，D 的系数的行列式为零．通过颇为繁杂的计算可得到以下的方程：

$$-\frac{\alpha^2+\beta^2}{2\alpha\beta}\sin\beta c\sin\alpha b+\cos\beta c\cos\alpha b=\cos ka \qquad (2-1-29)$$

这个方程是我们下面的讨论的依据．可适当加以改写．我们感兴趣的情形是 $E<U_0$，它对应于电子在晶体中运动，β 为虚数．可通过 β 引入实数 γ

$$\beta=\mathrm{i}\gamma \qquad (2-1-30)$$

可将上面的方程改写为

$$\frac{\gamma^2-\alpha^2}{2\alpha\gamma}\sinh\gamma c\sin\alpha b+\cosh\gamma c\cos\alpha b=\cos ka \qquad (2-1-31)$$

它还可改写为[3]

$$\left[1+\frac{(\alpha^2+\gamma^2)^2}{4\alpha^2\gamma^2}\sinh^2\gamma c\right]^{1/2}\cos(\alpha b-\delta)=\cos ka \qquad (2-1-32)$$

上式的左面是一个调幅的关于 αb 的 cos 函数. 只要 $c\neq 0$，方括号里的调幅因子总大于 1. 周期势的影响相当集中地反映在调幅因子上. 式中的 δ 为

$$\tan\delta=\frac{\alpha^2+\gamma^2}{2\alpha\gamma}\tan\gamma c \qquad (2-1-33)$$

在一般情形下，可把上式的右侧定义为一个函数 P

$$P=\left[1+\frac{(\alpha^2+\gamma^2)^2}{4\alpha^2\gamma^2}\sinh^2\gamma c\right]^{1/2}\cos(\alpha b-\delta) \qquad (2-1-34)$$

对于给定的 b，c 和 U_0，P 是电子能量 E 的函数. 它随 E 的变化如图 2.8 所示. 由于式(2-1-32)右侧的 $\cos ka$ 应有 $|\cos ka|\leqslant 1$，在 $|P|>1$ 的能量范围内，对于给定的能量 E，k 没有实解. 这些能量范围在图 2.7 中用斜线标示，它们对应于禁止能带.

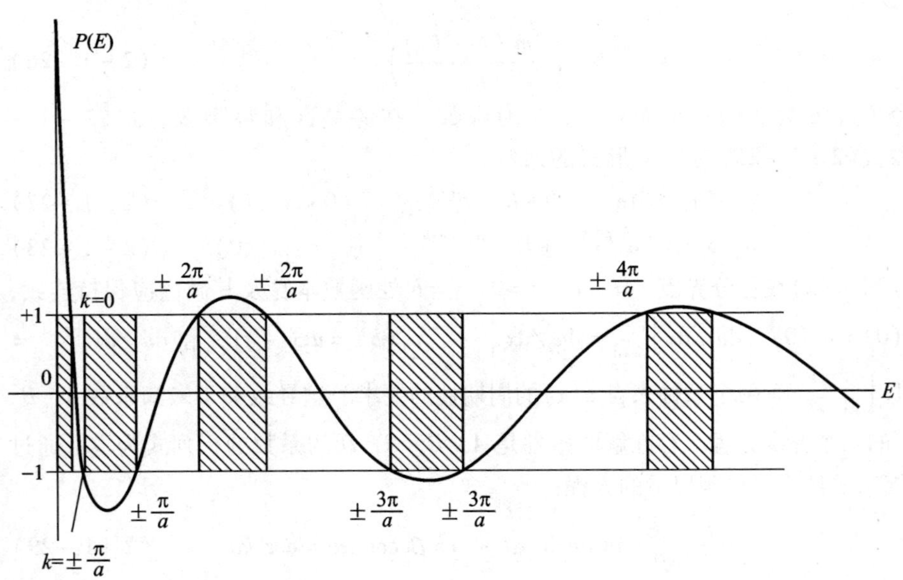

图 2.8 函数 P 随电子能量 E 的变化. 在对应于阴影的 $P>1$ 的能区内，k 没有实解

一个特殊情况是势垒区宽度为零：$c=0$，调幅因子等于 1，$\delta=0$. 函数 P 约化为 $\cos\alpha b$，方程(2-1-32)约化为

$$\cos\alpha b=\cos ka \qquad (2-1-35)$$

上式右面的 k 是布洛赫函数中的波矢. 因此，对于给定的 E，可得到 $k=\alpha=(2mE/\hbar^2)^{1/2}$. 我们得到的显然就是自由电子的 $E-k$ 关系.

另一种极端的情形是势垒很厚，即 c 很大的情形. 这时函数 P 的振幅因子

远远大于 1. 各允许能带被宽的禁止带压缩成能级. 这对应于孤立原子的情形.

对于一般情形，由式(4－1－32)和(4－1－34)，在 $|P|\leqslant 1$ 的能量范围内，可由下式得到 E 和 k 的对应关系

$$k=\frac{\arccos P}{a} \tag{2-1-36}$$

现在我们再来考察方程(2－1－32)的右侧的 $\cos ka$. 它是 k 的周期性函数

$$\cos ka=\cos(ka\pm 2n\pi) \tag{2-1-37}$$

式中 n 为整数. 即 k 和 $k\pm 2n\pi/a$ 有能量为 E 的相同的解. 换句话说，$E-k$ 关系具有周期性. 在前面，从布洛赫函数出发我们也得到了相同的结论. 按此得到的 $E-k$ 关系和图 2.3 所示的情形是相似的.

原则上，由允许的 E 和相应的 k，可通过关于系数的方程组及波函数的归一化条件得到系数和 A，B，C，D，因而可得到 $u_1(x)$ 和 $u_2(x)$.

§2.2 晶体中电子的运动 有效质量和有效质量近似

电子的群速度和波包

可以证明，对于波数为 $\boldsymbol{k}$ 的电子，其平均速度 $\boldsymbol{v}$ 可表示为[4]

$$\boldsymbol{v}=\frac{1}{\hbar}\nabla_k E \tag{2-2-1}$$

对于晶体中的电子，上述关系式仍然成立. 下面证明由 $\boldsymbol{k}$ 附近的布洛赫波组成的波包的群速度也由上式给出. 波矢为 $\boldsymbol{k}$ 的含时间的波函数可写作

$$\psi_{\boldsymbol{k}}(\boldsymbol{x},t)=\mathrm{e}^{\mathrm{i}\left(\boldsymbol{k}\cdot\boldsymbol{x}-\frac{E}{\hbar}t\right)}u_{\boldsymbol{k}}(\boldsymbol{x}) \tag{2-2-2}$$

由 $\boldsymbol{k}$ 附近的布洛赫波所组成的波包可由下面的积分表示为：

$$\Psi(\boldsymbol{x},t)=\int_{-\infty}^{\infty}C(\boldsymbol{\xi})\mathrm{e}^{\mathrm{i}\left[\boldsymbol{x}\cdot(\boldsymbol{k}+\boldsymbol{\xi})-\frac{E(\boldsymbol{k}+\boldsymbol{\xi})}{\hbar}t\right]}u_{\boldsymbol{k}+\boldsymbol{\xi}}(\boldsymbol{x})\mathrm{d}\boldsymbol{\xi} \tag{2-2-3}$$

式中 $C(\boldsymbol{\xi})$ 只在 $\boldsymbol{\xi}=0$ 附近显著不为零. 由于 $\boldsymbol{\xi}$ 实际很小，上式中的 $u_{\boldsymbol{k}+\boldsymbol{\xi}}(\boldsymbol{x})$ 可用 $u_{\boldsymbol{k}}(\boldsymbol{x})$ 代替，并可置于积分号外. $E(\boldsymbol{k}+\boldsymbol{\xi})$ 可以在 $\boldsymbol{k}$ 附近展开为

$$E(\boldsymbol{k}+\boldsymbol{\xi})=E(\boldsymbol{k})+\nabla_k E(\boldsymbol{k})\cdot\boldsymbol{\xi}+\cdots \tag{2-2-4}$$

由于 $\boldsymbol{\xi}$ 很小，可以略去高次项. 于是式(2－2－3)可写为：

$$\psi(\boldsymbol{x},t)=u_{\boldsymbol{k}}(\boldsymbol{x})\mathrm{e}^{\mathrm{i}\left[\boldsymbol{k}\cdot\boldsymbol{x}-\frac{E(\boldsymbol{k})}{\hbar}t\right]}\int_{-\infty}^{\infty}C(\boldsymbol{\xi})\,\mathrm{e}^{\mathrm{i}\boldsymbol{\xi}\cdot\left[\boldsymbol{x}-\frac{\nabla_k E(\boldsymbol{k})}{\hbar}t\right]}\mathrm{d}\boldsymbol{\xi} \tag{2-2-5}$$

上式中积分前面的系数是式(2－2－2)的布洛赫波. 积分代表一个波包. 波包的中心位于

$$\boldsymbol{x} = \frac{1}{\hbar}\nabla_k Et \tag{2-2-6}$$

波包的中心以速度$\boldsymbol{v}$运动

$$\boldsymbol{v} = \frac{1}{\hbar}\nabla_k E \tag{2-2-7}$$

为了对式(2-2-5)所代表的波包的有一个具体的概念，我们考虑一维的情形. 设组成波包的布洛赫波的波矢 k 的变化范围为$(k-\Delta k)\sim(k+\Delta k)$. 在上述范围内 C 为常数. 在此范围以外，$C=0$. 这样，式(2-2-5)可写作

$$\Psi(x,t) = Cu_k(x)\,\mathrm{e}^{\mathrm{i}\left[kx-\frac{E(k)}{\hbar}t\right]}\int_{-\Delta k}^{\Delta k}\mathrm{e}^{\mathrm{i}\xi\left[x-\frac{1}{\hbar}\frac{\mathrm{d}E(k)}{\mathrm{d}k}t\right]}\mathrm{d}\xi \tag{2-2-8}$$

积分后可得

$$\Psi(x,t) = Cu_k(x)\,\mathrm{e}^{\mathrm{i}\left[kx-\frac{E(k)}{\hbar}t\right]}\frac{\sin\left[\Delta k\left(x-\frac{1}{\hbar}\frac{\mathrm{d}E(k)}{\mathrm{d}k}t\right)\right]}{\Delta k\left(x-\frac{1}{\hbar}\frac{\mathrm{d}E(k)}{\mathrm{d}k}t\right)}(2\Delta k) \tag{2-2-9}$$

于是可得$|\Psi(x,t)|^2$为

$$|\Psi(x,t)|^2 \propto |u_k(x)|^2\left\{\frac{\sin\left[\Delta k\left(x-\frac{1}{\hbar}\frac{\mathrm{d}E(k)}{\mathrm{d}k}t\right)\right]}{\left[\Delta k\left(x-\frac{1}{\hbar}\frac{\mathrm{d}E(k)}{\mathrm{d}k}t\right)\right]}\right\}^2 \tag{2-2-10}$$

对于某一给定的时间 t，括号中的分子是 x 的周期函数. 分母中的 $x-t\,\mathrm{d}E/\hbar\mathrm{d}k$ 使括号内的整个函数以 $x=t\mathrm{d}E/\hbar\mathrm{d}k$ 为中心衰减. $|\Psi(x,t)|^2$ 随 $x-t\mathrm{d}E/\hbar\,\mathrm{d}k$ 的变化如图2.9所示. 图中略去了$|u_k(x)|^2$对$|\Psi(x,t)|^2$的调制. 中央的峰在 $x-t\,\mathrm{d}E/\hbar=\pm\pi/\Delta k$ 处下降为零. 换句话说，峰的半宽度 Δx 和 Δk 的乘积满足

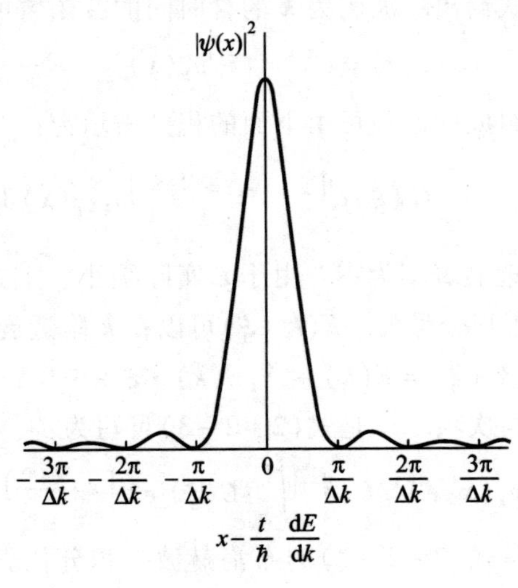

图2.9 波包

$$\Delta x \Delta k = \pi \tag{2-2-11}$$

上式正是测不准关系所要求的. 波包在实空间的扩展 Δx 反比于波包中的波矢在 k 空间的扩展 Δk. 对实空间的扩展为晶格常量 a 量级的波包，k 的扩展范围将是 π/a. 即 k 的扩展遍及简约布里渊区. 这就是说，k 将是完全不确定的.

但对于空间扩展较大，$\Delta x >> a$ 的波包，Δk 可以很小. 若在所讨论的问题中，Δx 和 Δk 都相应地远小于 x 和 k 的变化范围，则我们可以同时赋予该波包以确定的波矢值和坐标值. 这时我们可以把晶体中电子的运动看作**准经典**的.

外场下电子状态的变化 有效质量

在外力作用下，晶体中电子的状态要发生变化. 外力 $\boldsymbol{F}$ 对电子所作的功可表示为:

$$\mathrm{d}E = \boldsymbol{F} \cdot \mathrm{d}\boldsymbol{s} \tag{2-2-12}$$

式中的位移 $\mathrm{d}\boldsymbol{s}$ 可表示为 $\mathrm{d}\boldsymbol{s} = \boldsymbol{v}\mathrm{d}t$. 因此在 $\mathrm{d}t$ 时间内，外力对电子所作的功为

$$\mathrm{d}E = \boldsymbol{F} \cdot \boldsymbol{v}\, \mathrm{d}t = \boldsymbol{F} \cdot \frac{1}{\hbar} \nabla_k E\, \mathrm{d}t \tag{2-2-13}$$

既然外力使电子的能量发生改变，其 k 值必发生相应的改变

$$\mathrm{d}E = \nabla_k E \cdot \mathrm{d}\boldsymbol{k} = \nabla_k E \cdot \frac{\mathrm{d}\boldsymbol{k}}{\mathrm{d}t}\mathrm{d}t \tag{2-2-14}$$

可以得到

$$\frac{\mathrm{d}\boldsymbol{P}}{\mathrm{d}t} = \hbar\frac{\mathrm{d}\boldsymbol{k}}{\mathrm{d}t} = \boldsymbol{F} \tag{2-2-15}$$

式中的 $\boldsymbol{P}$ 为由式(2-1-10)定义的准动量. 正是上式说明了 $\boldsymbol{P} = \hbar \boldsymbol{k}$ 具有类似于自由电子动量的性质. 以后我们还会看到，当电子在能带的不同状态间跃迁时，必须保持准动量守恒(参看 §4.2).

由式(2-2-1)和式(2-2-16)可以导出晶体中的电子加速度为

$$\begin{aligned}\frac{\mathrm{d}\boldsymbol{v}}{\mathrm{d}t} &= \frac{1}{\hbar}\frac{\mathrm{d}}{\mathrm{d}t}(\nabla_k E)\\ &= \frac{1}{\hbar}\left(\frac{\mathrm{d}\boldsymbol{k}}{\mathrm{d}t} \cdot \nabla_k\right)\nabla_k E\\ &= \frac{1}{\hbar^2}(\boldsymbol{F} \cdot \nabla_k)\nabla_k E\end{aligned} \tag{2-2-16}$$

可以把上式写成张量的形式

$$\frac{\mathrm{d}\boldsymbol{v}}{\mathrm{d}t} = \left(\frac{1}{m}\right)\boldsymbol{F} \tag{2-2-17}$$

式中$(1/m)$表示一张量，称为倒有效质量张量，它由下式给出

$$\left(\frac{1}{m}\right)=\frac{1}{\hbar^2}\begin{pmatrix}\dfrac{\partial^2 E}{\partial k_x^2} & \dfrac{\partial^2 E}{\partial k_x\partial k_y} & \dfrac{\partial^2 E}{\partial k_x\partial k_z}\\ \dfrac{\partial^2 E}{\partial k_y\partial k_x} & \dfrac{\partial^2 E}{\partial k_y^2} & \dfrac{\partial^2 E}{\partial k_y\partial k_z}\\ \dfrac{\partial^2 E}{\partial k_z\partial k_x} & \dfrac{\partial^2 E}{\partial k_z\partial k_y} & \dfrac{\partial^2 E}{\partial k_z^2}\end{pmatrix} \tag{2-2-18}$$

与牛顿第二定律相比，这里只是用有效质量张量$(1/m)$代替了$1/m_0$. 一般来说，该张量是$\boldsymbol{k}$的函数. 它是一个对称张量，总可以选择适当的坐标系，使之在$\boldsymbol{k}$空间给定的点对角化. 因此式(2-2-17)总可以写成以下分量的形式

$$m_\alpha\frac{\mathrm{d}v_\alpha}{\mathrm{d}t}=F_\alpha \tag{2-2-19}$$

由上可见，一般来说，代替电子质量的有效质量具有复杂的形式. 但在半导体中，许多问题只涉及导带底和价带顶的状态. 例如，导带中的电子通常主要分布在带底$k_{\mathrm{B}}T$量级的能量范围内. 能带的宽度一般为若干电子伏特. 而室温下的$k_{\mathrm{B}}T$值只有0.026 eV. 因此，我们着重考察带底和带顶的$E-\boldsymbol{k}$关系和有效质量.

考虑能量最小值在$\boldsymbol{k}=0$的导带底. 我们可以在$\boldsymbol{k}=0$处把$E(\boldsymbol{k})$展开成级数. 在$E(\boldsymbol{k})$的极值处，E对$\boldsymbol{k}$的一次微商等于零. 如上所述，可取适当坐标使二次微商中$\partial^2E/\partial k_x\partial k_y$类型的交叉项为零；再则，在极值附近小能量范围内，可以略去级数中的高次项. 这样我们便可得到以下的$E-\boldsymbol{k}$关系：

$$\begin{aligned}E(\boldsymbol{k})&=E_{\mathrm{C}}(0)+\frac{1}{2}\left(\frac{\partial^2E}{\partial k_x^2}k_x^2+\frac{\partial^2E}{\partial k_y^2}k_y^2+\frac{\partial^2E}{\partial k_z^2}k_z^2\right)\\&=E_{\mathrm{C}}(0)+\frac{\hbar^2}{2}\left(\frac{k_x^2}{m_x}+\frac{k_y^2}{m_y}+\frac{k_z^2}{m_z}\right)\end{aligned} \tag{2-2-20}$$

式中$E_{\mathrm{C}}(0)$为$\boldsymbol{k}=0$处的带底能量. 在带底$\partial^2E/\partial k_x^2$等和相应的有效质量$m_x$，$m_y$，$m_z$均有正值，并可视为常量. 显然，以上的抛物性$E-\boldsymbol{k}$关系只是在带底有限的能量范围内成立.

对于立方晶体，在$\boldsymbol{k}=0$附近应有$m_x=m_y=m_z$. 把它们统一表示为m，则上式可进一步约化为

$$\begin{aligned}E(\boldsymbol{k})&=E_{\mathrm{C}}(0)+\frac{\hbar^2}{2m}(k_x^2+k_y^2+k_z^2)\\&=E_{\mathrm{C}}(0)+\frac{\hbar^2k^2}{2m}\end{aligned} \tag{2-2-21}$$

对于这种简单情形，式(2-2-19)可写作

$$m\frac{\mathrm{d}\boldsymbol{v}}{\mathrm{d}t}=\boldsymbol{F} \tag{2-2-22}$$

上式和式(2-2-21)的形式和自由电子的完全相同，只是用有效质量 m 代替了 m_0. 于是可以得到v 为

$$v=\frac{1}{\hbar}\nabla_k E=\hbar\boldsymbol{k}/m \tag{2-2-23}$$

这时，类似于自由电子，处于能带极值附近的电子的晶体动量也可用有效质量表示为：

$$\hbar\boldsymbol{k}=mv \tag{2-2-24}$$

对于处于 $\boldsymbol{k}=0$ 的价带的带顶，在立方对称的情形下，也可类似地得到

$$E(\boldsymbol{k})=E_V(0)+\frac{\hbar^2k^2}{2m'} \tag{2-2-25}$$

所不同的是，对于带顶，$\partial^2E/\partial k^2<0$，因而电子的有效质量 m'具有负值.

图 2.10 示意地画出了由式(2-2-21)和式(2-2-25)给出的抛物性 $E-\boldsymbol{k}$ 关系. 有效质量的大小可由 $E-\boldsymbol{k}$ 曲线的曲率大小得到反映. 图中导带的曲率较大，相应的有效质量较小.

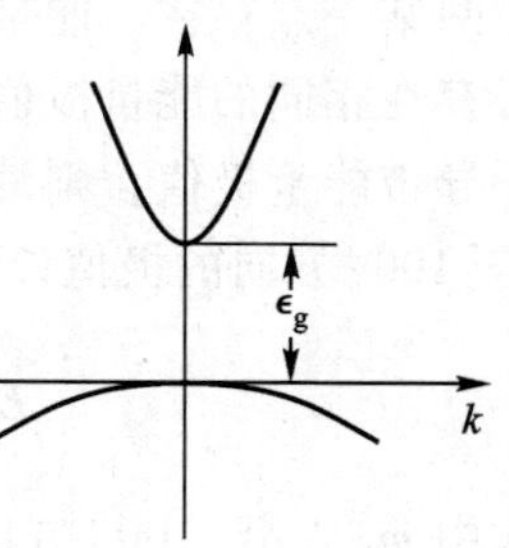

图 2.10 简单能带的 $E-\boldsymbol{k}$ 关系示意图

能带的宽窄和有效质量的大小有密切的关系. 因为能带的宽窄直接和$\partial E/\partial k$，$\partial^2E/\partial k^2$ 联系着. 能带愈窄，平均来说$\partial E/\partial k$，$\partial^2E/\partial k^2$ 都愈小. 这意味着有较小的电子速度，同时也有较大的电子有效质量，因此在外场作用下将难于被加速. 对于内壳层上的电子来说，原子实对它们的束缚很强，和相邻原子的电子波函数交叠很小，相应地能带很窄. 这些电子实际上难于作共有化运动.

如上所述，与自由电子的质量 m_0 相比，晶体中电子的有效质量要复杂得多. 当我们考虑外力作用于电子上时，晶体势场同时也作用在该电子上. 电子运动状态的变化实际上是这两者共同作用的结果. 因此，有效质量概括了晶体势场对电子的作用.

要指出的是，表示晶体中电子加速度和外力间关系的式(2-2-17)只是对缓变力场才成立. 即要求 $F=-\partial U/\partial x$ 在原子尺度内的变化不显著. 因为，在原子尺度内，不可能同时有确定的$\boldsymbol{k}$和确定的$\boldsymbol{x}$，因此式(2-2-17)将是没有意义的. 我们把式(2-2-17)能够成立的情况称为准经典近似.

等能面

由上面的讨论可见，晶体中电子的准经典运动主要取决于 $E-\boldsymbol{k}$ 关系. 通

常把具体晶体的 $E-\boldsymbol{k}$ 关系称为能带结构. 能带结构对于半导体的各种性质有极为重要的影响. 实际晶体的能带结构往往比较复杂. 为了表示出这种复杂关系，通常给出几个主要方向上的 $E-\boldsymbol{k}$ 关系. 例如可以把图 2.10 看作是两个特定方向上的 $E-\boldsymbol{k}$ 关系. 由于我们实际上不可能用三维图像表示出 E 和三维的 $\boldsymbol{k}$ 的关系，作为上述方法的补充，常常用等能面从另一个侧面来反映 $E-\boldsymbol{k}$ 关系. 所谓等能面是指由 $\boldsymbol{k}$ 空间能量相同的各点构成的曲面. 我们关心的常常仍是能带极值附近的等能面.

对于极值在 $\boldsymbol{k}=0$，有效质量各向同性的简单能带（$E-\boldsymbol{k}$ 关系由式(2-2-21)和式(2-2-25)给出），等能面显然是球形. 对于由式(2-2-20)给出的有效质量各向异性的能带，等能面则为椭球.

在更为一般的情形下，能带极值可以不在 $\boldsymbol{k}=0$. 在这种情形下，如果在 $\boldsymbol{k}$ 空间某一点存在一能带极值，那么在由晶体的对称性决定的 $\boldsymbol{k}$ 空间各等价点上必存在相同的能量极值. 例如对于立方晶体，若在 $\boldsymbol{k}$ 空间[100]方向某一点有一导带能量极值，则沿六个等价的〈100〉方向的等价点上都存在类似的极值. 若[100]方向的极值位于(k_{x0},0,0)，则该极值点附近的 $E-\boldsymbol{k}$ 关系可表示为

$$E(\boldsymbol{k})=E_{\mathrm{C}}+\frac{\hbar^2}{2}\left(\frac{(k_x-k_{x0})^2}{m_{\mathrm{l}}}+\frac{k_y^2+k_z^2}{m_{\mathrm{t}}}\right) \tag{2-2-26}$$

式中 m_{l} 为沿[100]方向的有效质量——纵向有效质量；m_{t} 则表示垂直于[100]方向的有效质量——横向有效质量. 由于晶体的立方对称性，在该极值处沿 x 方向和沿 y 方向的有效质量应相等，即由上式给出的等能面是旋转椭球，如图 2.11 所示. Si 的导带就是这种情形.

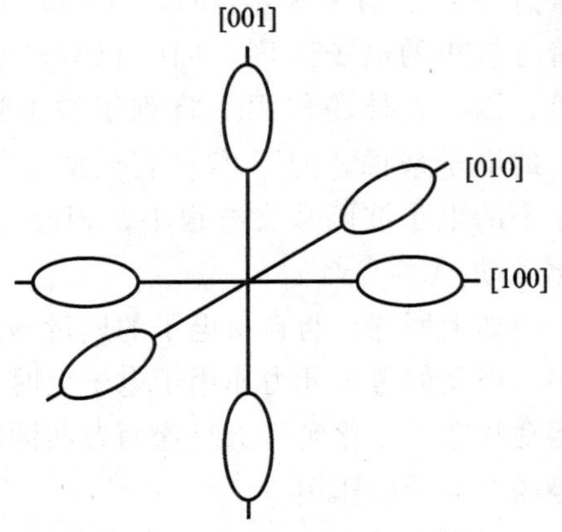

图 2.11　Si 中导带底的椭球等能面

由等能面的形状我们可以形象地了解有效质量各向异性的情况. 对于由图 2.11 所示的情况，在沿椭球的旋转对称轴的方向 E 随 $\boldsymbol{k}$ 的变化缓慢，相应于较大的纵向有效质量. 换句话说，对于长椭球，纵向有效质量大于横向有效质量；对于扁椭球则相反.

有效质量近似

在半导体物理中，有效质量是一个极为重要的概念. 有效质量不仅可用于描述电子的准经典运动，而且在一定条件下，也可用于近似描述存在宏观的附

加势场的晶体中的电子的量子力学行为. 这就是瓦尼尔很早就提出的有效质量近似的方法.[5] 严格的理论可以证明，只要晶体中附加势 $V(\boldsymbol{x})$ 在原胞尺度内变化足够缓慢；和 $V(\boldsymbol{x})$ 相比，电子所在的能带极值与其它能带间的带隙足够大；则电子在晶体中的量子力学行为就可以用电子所在能带的有效质量加以描述，遵守类似于自由电子所遵守的量子力学方程：

$$\left[-\frac{\hbar^2}{2m}\nabla^2+V(\boldsymbol{x})\right]f(\boldsymbol{x})=Ef(\boldsymbol{x}) \tag{2-2-27}$$

式中 m 为电子有效质量，如前所述，它概括了周期势场的作用. $V(\boldsymbol{x})$ 代表变化足够缓慢的势，而晶体的周期势并不出现于上式之中. 波函数 $f(\boldsymbol{x})$ 是实际电子波函数的包络. 上述近似描述又称为包络函数方法. 它是一种应用得相当广泛的近似方法.

实际上各个能带的所有的布洛赫函数形式的本征函数 $\psi_{n\boldsymbol{k}}(\boldsymbol{x})$ 构成一个完备的正交的函数系集. 总可以借助于完备的函数系集把同时含周期势和微扰势的波动方程的严格和完整的解写成

$$F(\boldsymbol{x})=\sum_{n}\sum_{\boldsymbol{k}}\Phi_n(\boldsymbol{k})\psi_{n\boldsymbol{k}}(\boldsymbol{x}) \tag{2-2-28}$$

在电子所在的能带极值与其它能带间的带隙足够大条件下，其它能带的贡献可以略去(即不存在带间耦合). 波函数 $F(\boldsymbol{x})$ 可由该能带极值附近 $\boldsymbol{k}$ 空间较小范围内的布洛赫波所组成. 例如对于极值在 $\boldsymbol{k}=0$ 的情形，完整的波函数 $F(\boldsymbol{x})$ 可近似写作

$$F(\boldsymbol{x})=\left(\sum_{\boldsymbol{k}}\Phi(\boldsymbol{k})\mathrm{e}^{\mathrm{i}\boldsymbol{k}\cdot\boldsymbol{x}}\right)u_0(\boldsymbol{x})=f(\boldsymbol{x})u_0(\boldsymbol{x}) \tag{2-2-29}$$

$u_0(\boldsymbol{x})$ 是 $\boldsymbol{k}=0$ 处布洛赫波的周期性因子. 可以证明，在上述适当的条件下，式中的包络函数 $f(\boldsymbol{x})$ 就是有效质量方程的解. 可见，有效质量近似把势场分解为周期势场和缓变的附加势场，把电子波函数分解为原子尺度的波函数和缓变的包络函数，而通过有效质量把缓变势场直接和包络函数联系起来.

这种方法最早应用于求解类氢杂质的电离能、激子[6]以及磁场下的电子状态[7]等类问题，以后又被用于含有异质界面以及变化的有效质量等情形，[7]可用于计算有关量子阱、量子线、量子点、超晶格[8]等情形的能量本征值问题. 和其它计算方法相比，有效质量近似较易应用于存在电场、磁场和应力场等各种实际情形.

最初的理论只适用于极值位于 $\boldsymbol{k}=0$ 的简单能带的情形. Luttinger 等对瓦尼尔的理论作了推广，使之适用于多极值的导带以及在 $\boldsymbol{k}=0$ 简并的价带.[9] 在金刚石结构和闪锌矿结构的半导体中，价带通常具有复杂结构：在 $\boldsymbol{k}=0$ 简并，且达到极大值. 在价带顶以下，还存在因自旋－轨道耦合而分裂出来的

带，如图 2.12 所示意. 因此，处理涉及价带的问题比较复杂. 简并的价带中的电子状态的总角动量为 $J=3/2$. 分裂带对应于总角动量为 $J=1/2$. 对于简并的价带，如果和分裂带相距很远，则可忽略和分裂带之间的耦合. 这时，对于杂质电子态问题，有效质量近似将涉及对应于轻重空穴带的 J_z 为 3/2，1/2，-1/2，-3/2四种状态，它由四个耦合的微分方程组成[9]

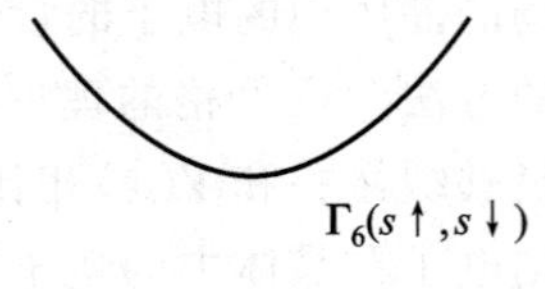

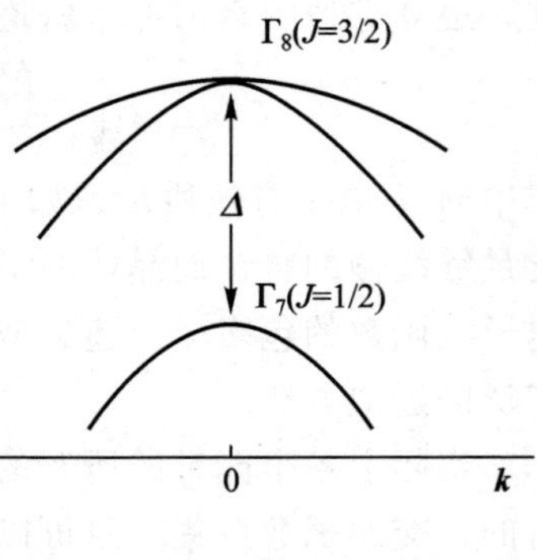

图 2.12 金刚石结构和闪锌矿结构的半导体中价带结构示意图

$$\{\boldsymbol{D}+[V(\boldsymbol{x})-E]\boldsymbol{I}\}\begin{bmatrix}f_1(\boldsymbol{x})\\f_2(\boldsymbol{x})\\f_3(\boldsymbol{x})\\f_4(\boldsymbol{x})\end{bmatrix}=0 \tag{2-2-30}$$

f_1，f_2，f_3，f_4 是 J_z 为 3/2，1/2，-1/2，-3/2 四种状态的波函数. 式中 $V(\boldsymbol{x})$ 仍表示杂质微扰势，E 为能量本征值，$\boldsymbol{I}$ 为对角矩阵，$\boldsymbol{D}$ 为

$$\boldsymbol{D}=\begin{pmatrix}1/2P(-\mathrm{i}\nabla) & L(-\mathrm{i}\nabla) & M(-\mathrm{i}\nabla) & 0\\ L^*(-\mathrm{i}\nabla) & 1/6P(-\mathrm{i}\nabla)+2/3Q(-\mathrm{i}\nabla) & 0 & M(-\mathrm{i}\nabla)\\ M^*(-\mathrm{i}\nabla) & 0 & 1/6P(-\mathrm{i}\nabla)+2/3Q(-\mathrm{i}\nabla) & L(-\mathrm{i}\nabla)\\ 0 & M^*(-\mathrm{i}\nabla) & L^*(-\mathrm{i}\nabla) & 1/2P(-\mathrm{i}\nabla)\end{pmatrix} \tag{2-2-31}$$

其中的 P，Q，L，M 分别由以下诸式定义

$$\begin{aligned}P(\boldsymbol{k})&=(A+B)(k_x^2+k_y^2)+2Bk_z^2\\ Q(\boldsymbol{k})&=B(k_x^2+k_y^2)+Ak_z^2\\ L(\boldsymbol{k})&=-(\mathrm{i}C/\sqrt{3})(k_x-\mathrm{i}k_y)k_z\\ M(\boldsymbol{k})&=[(A-B)(k_z^2-k_y^2)-2\mathrm{i}Ck_zk_y]/\sqrt{12}\end{aligned} \tag{2-2-32}$$

诸式中的 A，B，C 为价带的能带参数(参看§2.4)，可由实验测量得到. 完整的波函数可写作

$$F(\boldsymbol{x})=\sum_{i=1}^{4}f_i(\boldsymbol{x})u_i(0) \tag{2-2-33}$$

方程的解是四重简并的.

如果有关问题需将自旋-轨道耦合分裂带的影响包含在内，则需求解类似的六个耦合的方程组. 求解窄禁带半导体的有关问题有时还要求解包括一个导

带在内的八个耦合的方程组.

在成分随位置变化的混合晶体中，有效质量及带边能量为位置的函数，例如坐标 z 的函数. 对于导带，有效质量方程可写作：[10]

$$\left[-\frac{\hbar^2}{2}\nabla\left(\frac{1}{m(z)}\nabla\right)+V(x)+E_{\mathrm{C}}(z)\right]f(\boldsymbol{x})=Ef(\boldsymbol{x}) \tag{2-2-34}$$

式中 $V(\boldsymbol{x})+E_{\mathrm{C}}(z)$ 合起来代替原来的 $V(\boldsymbol{x})$ 成为有效势.

在异质界面处，带边如 $E_{\mathrm{C}}(z)$ 通常发生突变. 在这里，有效质量近似当然不适用，但在界面两边仍可求解有效质量方程，只要在界面处满足适当的边界条件.[11] 所得的解仍具有物理意义. 若半导体 A 和半导体 B 的界面坐标设为 $z=0$，则边界条件可写作

$$f^{\mathrm{A}}(0)=f^{\mathrm{B}}(0)$$

$$\frac{1}{m_{\mathrm{A}}}\frac{\partial f^{\mathrm{A}}}{\partial z}\bigg|_{z=0}=\frac{1}{m_{\mathrm{B}}}\frac{\partial f^{\mathrm{B}}}{\partial z}\bigg|_{z=0} \tag{2-2-35}$$

在异质结构的应用中，有效质量近似是一个非常有效的方法. 它的重要的局限是，不适用于处于夹心中的异质原子层的厚度过薄的情形.

§2.3 导电电子和空穴

前面已经看到，晶体中的电子可以一定的速度在其中运动. 运动着的每个电子都产生一定的电流，但这并不意味着晶体都具有良好的导电性. 因为晶体中在总体上是否存在电流并不取决于单个电子的行为，而是取决于晶体中所有电子所贡献的电流的总和. 下面我们要说明，被电子完全占满的能带——称为满带——不具有导电性. 只有被电子部分填充的能带才具有导电性. 因此，晶体的导电性取决于电子填充能带的情况.

满带不导电

先考虑不存在外电场. 在满带中，若有一电子占据状态 $\boldsymbol{k}$，则必有另一电子占据状态 $-\boldsymbol{k}$. 由于能带的对称性，这两个状态具有相同的能量：$E(\boldsymbol{k})=E(-\boldsymbol{k})$. 由此可得

$$\nabla_k E(\boldsymbol{k})=-\nabla_k E(-\boldsymbol{k}) \tag{2-3-1}$$

对一维情形可得

$$\frac{\mathrm{d}E(k)}{\mathrm{d}k}=-\frac{\mathrm{d}E(-k)}{\mathrm{d}k} \tag{2-3-2}$$

即处于 $\boldsymbol{k}$ 空间对称位置上的两个电子的速度 v 总是大小相等方向相反(参看图2.13)，从而两者对电流的贡献互相抵消．因此，满带中所有电子产生的电流总和为零．

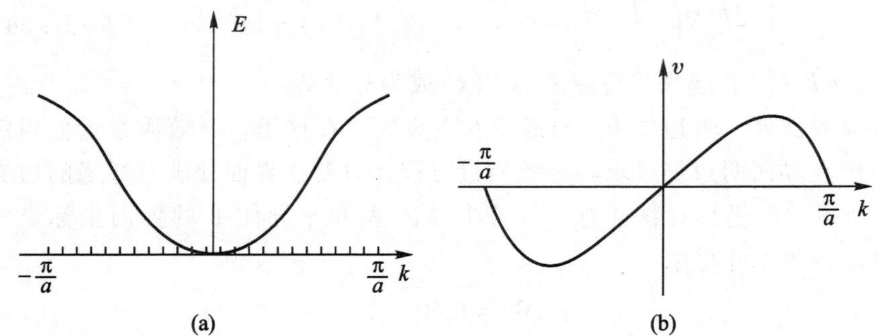

图2.13　(a) $E-\boldsymbol{k}$ 的对称性(b)对称状态中的电子速度大小相等方向相反

外加电场的存在并不会改变上述状况．电场使满带中所有电子按式(2-2-15)在 $\boldsymbol{k}$ 空间以相同的速度运动．在一维情形下，所有电子逆电场方向沿 k 轴平移．即电子要陆续由简约布里渊区左边界流出．但由于处于简约布里渊区左右边界上电子状态的等价性，从一侧流出的电子又从另一侧流了进来，占据腾空出来的状态．结果是：电子对能带中状态的占据情况并不发生变化．总电流仍为零．

导电电子

但在被电子部分占据的能带中，外电场将可改变电子在能带中分布的对称性，从而产生电流．考虑图2.14(a)的被部分填充的能带．无外场时，电子对称地占据能量较低的状态，总电流仍为零．但在外电场作用下，电子可逆电场方向在 $\boldsymbol{k}$ 空间移动，倾向于形成电子在能带中的不对称分布，如图2.14(b)所示意．容易看出，这时在电场方向上将出现电流．可见，被部分填充的能带具有导电性．

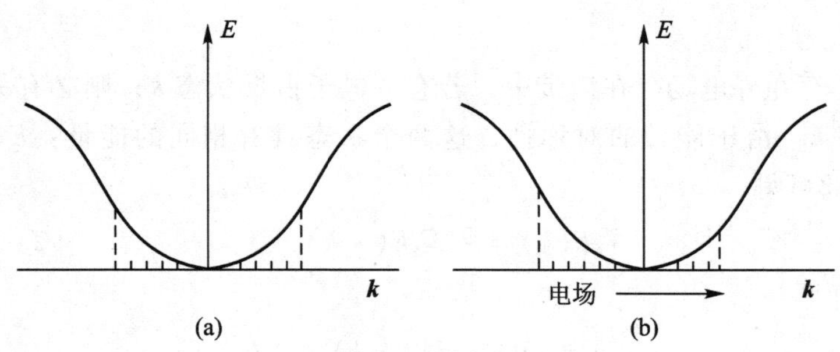

图2.14　(a)无电场时电子的对称分布(b)电场导致电子的不对称分布

在半导体中，部分填充的能带有两种：一种是具有少量电子的导带，另一种是出现少量空状态的价带. 在热平衡的条件下，它们大多分布在导带底和价带顶大约一个 $k_B T$ 能量宽度的范围内.

空穴

现在要进一步说明，价带中的一个空状态相当于一个荷正电的粒子. 设状态 $\boldsymbol{k}_h$ 未被填充. 价带贡献的电流可由对除 $\boldsymbol{k}_h$ 态以外的所有的电子求和得到：

$$\boldsymbol{j}=\sum{}'[-e\boldsymbol{v}(\boldsymbol{k})] \tag{2-3-3}$$

$\sum'$表式求和不包括 $\boldsymbol{k}_h$ 态. 它应等价于价带全部被占时的电流 $\boldsymbol{j}=\sum[-e\boldsymbol{v}(\boldsymbol{k})]$(它实际为零)减去波矢为 $\boldsymbol{k}_h$ 上电子的电流，即有

$$\boldsymbol{j}=\sum[-e\boldsymbol{v}(\boldsymbol{k})]+e\boldsymbol{v}(\boldsymbol{k}_h)=e\boldsymbol{v}(\boldsymbol{k}_h) \tag{2-3-4}$$

即这时价带电子贡献的总电流等价于一个具有 $\boldsymbol{k}_h$ 态电子速度 $\boldsymbol{v}(\boldsymbol{k}_h)$ 的荷正电的粒子的运动效果.

下面考虑外电场的作用. 由上式，电流的变化为

$$\frac{\mathrm{d}\boldsymbol{j}}{\mathrm{d}t}=e\frac{\mathrm{d}\boldsymbol{v}}{\mathrm{d}t}\bigg|_{\boldsymbol{v}=\boldsymbol{v}(\boldsymbol{k})} \tag{2-3-5}$$

代入式(2-2-19)的 $\mathrm{d}\boldsymbol{v}/\mathrm{d}t$ 可得

$$\frac{\mathrm{d}\boldsymbol{j}}{\mathrm{d}t}=\frac{e}{m'}\boldsymbol{F}=-\frac{e^2}{m'}\boldsymbol{E} \tag{2-3-6}$$

空状态通常存在于能带的顶部. 在能带顶部，电子有效质量 m' 具有负值. 可用 m' 定义一正有效质量 m

$$m=-m' \tag{2-3-7}$$

于是式(2-3-6)的 $\mathrm{d}\boldsymbol{j}/\mathrm{d}t$ 可写作

$$\frac{\mathrm{d}\boldsymbol{j}}{\mathrm{d}t}=e\frac{\mathrm{d}\boldsymbol{v}(\boldsymbol{k})}{\mathrm{d}t}=\frac{e^2}{m}\boldsymbol{E} \tag{2-3-8}$$

上式中略去了下标 h.

以上结果说明，价带顶的一个空电子状态等价于一个带有正电荷 e，具有正有效质量的导电粒子. 这种假想的粒子被称为空穴. 空穴的引入使得对价带电子运动的描述大为简化. 导带的电子和价带的空穴除了电荷符号不同和有效质量数值可不同外，两者的行为十分相似，都是可以荷载电流的所谓**载流子**. 后面关于导带电子所得到的结果一般都容易推广于价带空穴.

很容易证明，处在状态 $\boldsymbol{k}$ 处的空穴的准动量为 $-\hbar\boldsymbol{k}$.

空穴通常处于价带的顶部. 这是因为空穴所处的电子状态越高，系统的能量越低. 把一个空穴由价带顶移至下面的电子状态的过程，就是将电子从下面的电子状态激发至价带顶的过程，需要一定的能量补偿. 因此，**在能级高低对**

应电子能量高低的电子能带图中，空穴能量的高低正好相反．空穴所处能级越低，能量越高．

金属、半导体和绝缘体

有了以上认识，可以对金属、半导体和绝缘体之间的区别作进一步的讨论．

如前所述，金属的良好的导电性来源于被电子部分填充的能带，其中的电子数为金属中价电子总数的数量级．导电电子的数量不会因外界条件而显著改变．

在绝缘体中，被电子占据的最高能带为满带．它的带顶和上面的空带带底之间为禁止能带，其能量间距称为禁带宽度．绝缘体的禁带宽度很大，通常在3eV以上．虽然原则上可通过热激发把价带电子激发至导带中，同时在导带中产生导电电子和在价带中产生空穴，但由于禁带宽度很大，在热平衡条件下，热激发的电子和空穴数量微乎其微，对电导的贡献可忽略不计．因此，绝缘体具有良好的绝缘性．

在纯净的半导体中，在0 K时，其价带和导带的电子填充状况和绝缘体相同，即价带全满，导带全空．但半导体的禁带宽度通常只有1eV上下．视禁带宽度的大小，在常温下，依靠热激发，在导带和价带中或多或少有一些电子和空穴，从而产生一定的导电能力．然而，在半导体中，这些载流子的数量要远比价电子的总数少得多．它们所产生的导电能力界乎金属和绝缘体之间．不过由于能带上的相似性，在半导体和绝缘体之间原则上并不存在截然的界限．近年来，随着GaN，AlN等宽禁带化合物在短波长发光二极管、激光器以及高温大功率电子器件上的日益广泛的开发和应用，甚至历来被看作绝缘体的金刚石，也和GaN，AlN，SiC，ZnO等一起被看作宽禁带的半导体．

相比于金属，半导体在能带上的特点使半导体具有一系列独特的性质．存在两种载流子是半导体的一个重要特性，半导体的许多重要的应用都和两种载流子相联系．由于带隙的存在，杂质和缺陷可在其中引入能级．有些杂质的能级离能带很近，易于向有关能带提供载流子．由于半导体本身的（本征的）载流子数量很少，杂质提供的载流子对半导体的导电性质可具有支配性的作用，杂质还会影响半导体的其它很多性质，因此半导体是杂质灵敏的．这一点对于半导体的技术应用有极大的重要性．另外，和金属相比，半导体中低得多的载流子浓度导致了丰富的界面现象，即所谓接触现象．它和半导体的许多重要应用相联系．由于其禁带宽度在1eV上下，可见光、紫外光或红外光可激发电子空穴对，因此电导具有光敏性．其逆过程则和半导体发光相联系．这导致了许多重要的光电子学的应用．半导体中热激发的载流子的数量也可因温度而改变，这可导致半导体电导的热敏性．此外，应力、磁场等都可以显著影响半导体中的电子状态．因此在半导体中和电子相联系的现象十分丰富．

在金属和半导体之间存在一种中间情况：导带底和价带顶或发生交叠或具有相同的能量．在此情形下，或因能带的部分填充或因易于本征激发，晶体中总会存在数量很多的电子和空穴．这种情形称为半金属．此外，重掺杂的半导体在性质上和金属也有相似之处．

§2.4　常见半导体的能带结构

早在20世纪50年代，通过回旋共振和磁阻实验，人们已逐渐认识到各种半导体能带结构的复杂性和多样性．数十年来，由于研究能带结构的计算方法和实验技术的发展，对各类半导体的能带结构取得了相当系统的认识．由于了解能带结构对于认识半导体的各种性质的极端重要性，这一节我们介绍常见半导体的能带结构的主要特征．

常见半导体

Ⅳ族元素晶体锗和硅是最早得到广泛应用的半导体．早期的半导体器件是用锗制造的．这主要是因为Ge的熔点比Si低，较易于得到高纯的和高质量单晶．但对于制造电子器件来说，Si的某些性质(主要是Si的禁带宽度略大于Ge)更优于Ge．由于Si的单晶制造技术的迅速进步，Ge的地位很快就被Si所代替．更因为Si-SiO_2界面具有高的化学稳定性和其它的优良的性质，在Si-SiO_2系统基础上发展起来的平面工艺，更使Si在集成电路的发展上占有独特的地位．时至今日，Si已经成为包含数以亿计的电子器件的大规模集成电路的同意语．

Ⅲ-Ⅴ化合物，继Ge，Si之后，是从20世纪50年代开始发展起来的一类重要的半导体．由于能带结构上的一些特点，这类材料在性质上有许多优越性．其中，GaAs及其相关的混合晶体AlGaAs等成为制造许多高性能电子器件、发光器件以及半导体激光器的重要材料．其它一些Ⅲ-Ⅴ化合物，由于能带结构上的特点，各自获得了不同程度的应用．其中，窄禁带的InSb在红外探测方面获得了应用；宽禁带的GaN，AlN等，在短波长的发光二极管、激光器方面有重要的应用．到目前为止，GaN是唯一能用于制作商业蓝光发光器件的半导体．它们在高温高功率电子器件等方面，也有很好的前景．

近年来GaN，AlN，连同Ⅳ族的金刚石、SiC以及Ⅱ-Ⅵ化合物ZnO等都受到人们较多的关注．它们共同的特点是强的共价键，大的禁带宽度，高的热导率，高的熔点以及良好的化学稳定性．由于现代外延技术的发展，早年制备这些高熔点半导体的技术困难逐渐得到了缓解．

此外，Ⅱ－Ⅵ化合物，如 CdTe，HgTe 及其混合晶体，在技术上也有重要的应用．其中一些早就为人们所关注的宽禁带的成员，如 ZnSe，ZnTe 等，在技术上已突破单极性的限制，实现了双极性掺杂并制成了光电子器件．

可以说具有金刚石结构，闪锌矿和纤锌矿结构的半导体在半导体技术的舞台上占据了支配地位．下面的介绍主要涉及以上几类半导体．

在了解一个半导体的能带结构时，特别重要的是了解以下几点：禁带宽度；能带在极值附近的性质，特别是有效质量；导带极小和价带极大是否在 $\boldsymbol{k}$ 空间同一点；导带底上面的次高能带极小离开导带底有多远．前面三点对大多数应用都是重要的，最后一点关系到能量较高的电子的性质．

Ⅳ族元素晶体及化合物

Si 和 Ge 的能带结构如图 2.15 和 2.16 所示．Si 的导带的极小值在空间〈100〉方向，与 Γ 点之间的距离约为 Γ 点和 X 点之间间距的 5/6[12]．通常把导带极小值附近的那部分能带形象地称为能谷．由于晶格的对称性，Si 中导带共有 6 个等价的能谷．Ge 的导带的极小值在 $\boldsymbol{k}$ 空间沿〈111〉方向的 L 点，有 8 个等价点，共有 4 个等价能谷（只应计算处于简约布里渊区以内的部分），如图

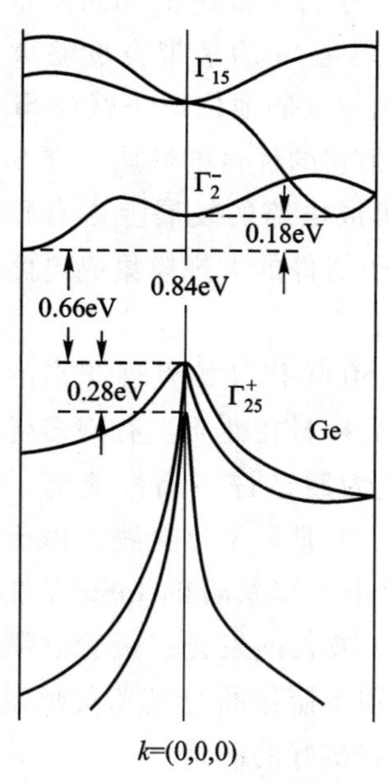

图 2.15　Ge 的能带结构示意图

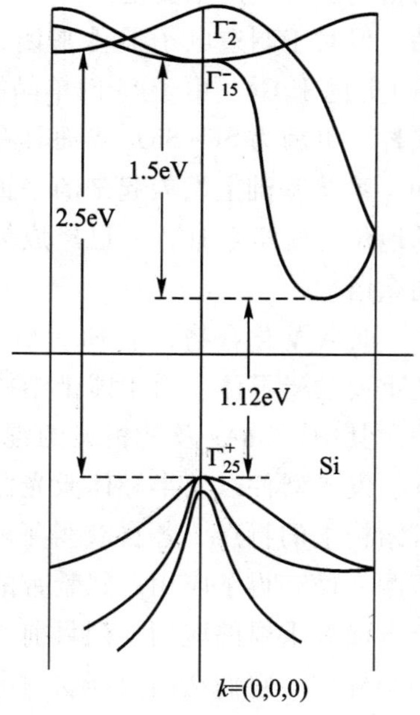

图 2.16　Si 的能带结构示意图

2.17 所示．由图 2.11 和 2.17 可见，Si 和 Ge 的导带能谷附近的等能面都是长旋转椭球；相应地，纵向有效质量 m_l 都大于横向有效质量 m_t，它们和自由电子质量 m_0 的比值和比值 m_l/m_t 分别为

	m_l/m_0	m_t/m_0	m_l/m_t
Ge	1.64	0.082	20
Si	0.98	0.19	5.1

在 Si 和 Ge 中，实际上在 Γ 点都存在能谷．Si 中有 L 谷，Ge 中在〈100〉方向也有 X 谷，只是它们的位置高低不同．Si 中上面的诸能谷距最下面的〈100〉甚远，通常并不重要．但在 Ge 中，Γ 谷和 X 谷距最下面的 L 谷却很近．

Si 和 C 之间的化合物 SiC 也可以闪锌矿结构结晶：β－SiC．但由于 Si 和 C 之间较大的负电性差，SiC 更易于以纤锌矿结构结晶：α－SiC．在金刚石和 β－SiC 中，X 极值也是导带最低的极值．

Si 和 Ge 的价带结构也比较复杂，由 4 个带组成．在价带顶附近有 3 个带．这 3 个带来源于原子中的 p 态．由于自旋轨道耦合，分裂为总角动量为 $J=3/2$ 和 1/2 的 $p_{3/2}$ 和 $p_{1/2}$ 态．两个最高的带对应于 $p_{3/2}$，在 Γ 点简并，并具有极大值．它们在 Γ 点附近的 $E-\boldsymbol{k}$ 关系可表示为

$$E=E_{\mathrm{V}}-\frac{\hbar^2}{2m_0}\left\{Ak^2\pm\left[B^2k^4+C^2\left(k_x^2k_y^2+k_y^2k_z^2+k_z^2k_x^2\right)\right]^{1/2}\right\} \quad (2-4-1)$$

式中 E_{V} 为价带顶能量，＋号和－号分别对应于轻空穴和重空穴．上式给出的等能面都是扭曲球面（只有当其中 $C=0$ 时，等能面才是球面），如图 2.18 所示．通常采用球形等能面近似，即采用各向同性的标量有效质量对价带顶作近似描述，轻空穴和重空穴的有效质量 m_{pl} 和 m_{ph} 可近似写作

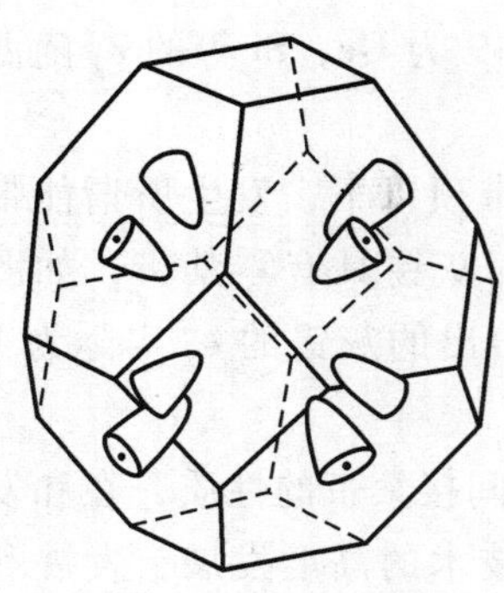

图 2.17 Ge 中〈111〉能谷等能面示意图

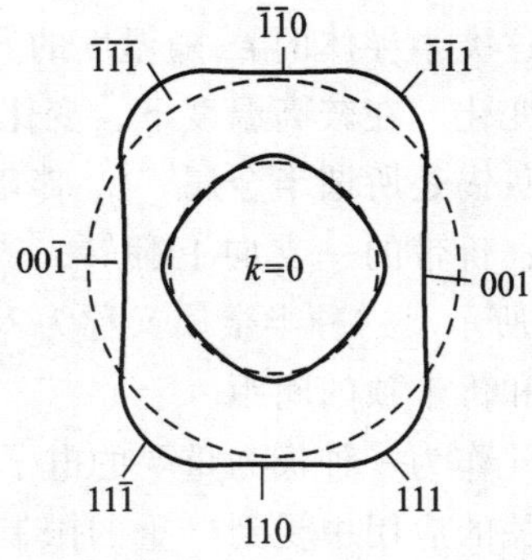

图 2.18 Ge 中价带附近的等能面与$(1\bar{1}0)$面的交线

$$m_{pl}=\frac{m_0}{A+(B^2+C^2/6)^{1/2}}$$

$$m_{ph}=\frac{m_0}{A-(B^2+C^2/6)^{1/2}} \quad (2-4-2)$$

因自旋轨道耦合而分裂出来的下面的一个带对应于 $p_{1/2}$. 带顶附近具有球形等能面，$E-\boldsymbol{k}$ 关系可表示为

$$E=E_V-\Delta-\frac{\hbar^2}{2m_0}Ak^2 \quad (2-4-3)$$

式中 Δ 为自旋轨道耦合分裂值. 晶体中的自旋轨道耦合分裂值和原子中的有一定联系，但由于晶体中原子的相互作用，这两者又有所不同. Si 和 Ge 的 A, B, C, Δ, m_{pl}, m_{ph}分别为

	A	B	C	Δ/eV	m_{pl}/m_0	m_{ph}/m_0
Ge	13.1	8.3	12.5	0.29	0.044	0.30
Si	4.0	1.1	4.1	0.044	0.167	0.50

金刚石和 β－SiC 的价带结构和 Si, Ge 的相似.

这类半导体的能带结构的一个重要特点是导带底和价带顶不在 $\boldsymbol{k}$ 空间同一点，具有所谓间接带隙，称为间接禁带半导体.

由金刚石经过 β－SiC, Si, Ge 到灰锡，导带中都有 X 极值，Γ 极值和 L 极值；相对价带顶，这三个极值都在下降，但 Γ 极值和 L 极值比⟨100⟩极值下降得更快. 金刚石的 X 导带极值距离价带顶约 5.5 eV. 在 Si 中 X 极值仍最低. 但在 Ge 中，L 极值已变到 X 以下. 在灰锡中，Γ 极值更进一步下降至 L 极值和价带顶以下.

由金刚石到灰锡，诸导带极小值的下降伴随着禁带宽度 ϵ_g 的减小(300 K).

	金刚石	β－SiC	Si	Ge	灰锡
ϵ_g/eV	5.47	2.4	1.11	0.66	(0.08)

这类半导体的 ϵ_g 随温度的升高而下降[13]. 图 2.19 为 Ge, Si 等的 ϵ_g 随温度的变化. 在较高温度下，变化接近于线性.

灰锡是所谓半金属[14]. 伴随导带 Γ 极值变至价带顶以下，发生所谓能带翻转：价带的一支向上翻转，成为导带的一支，因而灰锡具有零禁带，如图 2.20 所示. 这种半金属又称为零禁带半导体. 上面给出的灰锡的 ϵ_g 实际为 L 极值和价带顶的间距.

Si 作为一种极为重要的电子器件的材料，由于其间接禁带的性质，在和发光相关的应用中受到严重的限制. 由于 Si 的微加工技术的高度发展，发展和 Si 技术相容的 Si 基发光材料和应用长期以来为人们所高度关注. 近年来，和 Si 的微晶和掺铒硅的研究相联系，在这方面取得了重要的进展(参看 §10.4).

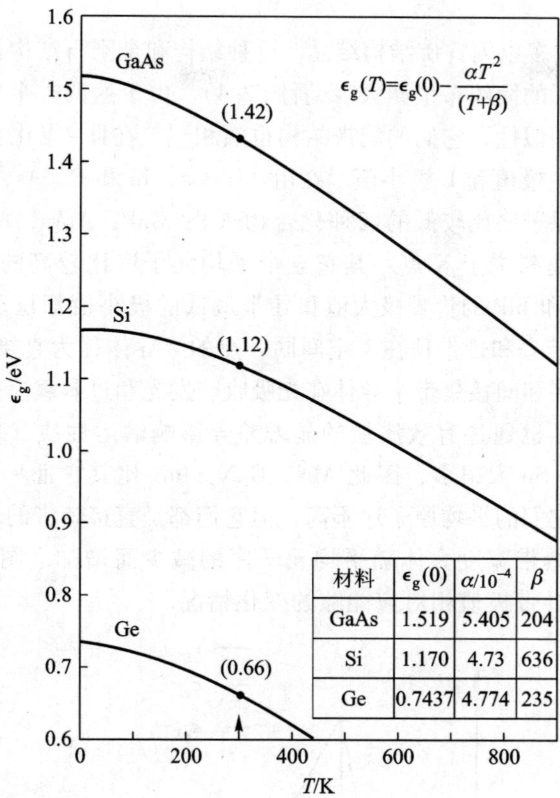

材料	$\epsilon_g(0)$	$\alpha/10^{-4}$	β
GaAs	1.519	5.405	204
Si	1.170	4.73	636
Ge	0.7437	4.774	235

图 2.19 Ge，Si，GaAs 的禁带宽度随温度的变化

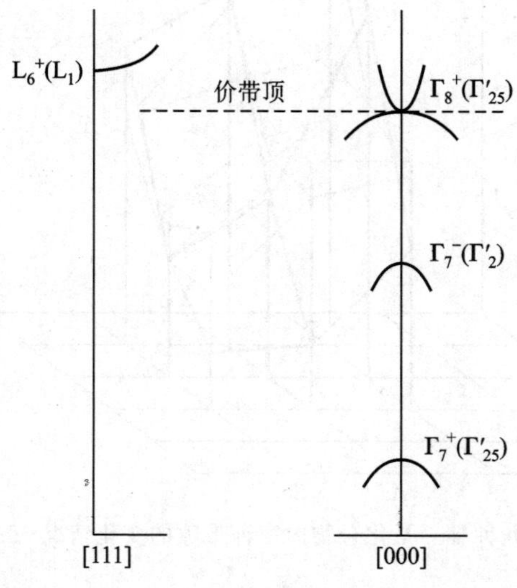

图 2.20 灰锡的能带结构示意图

Ⅲ－Ⅴ化合物

Ⅲ－Ⅴ化合物大多以闪锌矿结构结晶，这种结构和金刚石结构具有相同的平移对称性，具有相同的简约布里渊区(参看图 2.4)．由于这两类半导体在晶格结构和价键性质上的相似性，它们的能带结构也颇相似．在Ⅲ－Ⅴ化合物的导带中也都具有 X 极值，Γ 极值和 L 极小值．在由 Al，Ga，In 和 P，As，Sb 组成的九种化合物中，平均原子序比较低的四种化合物 AlP，GaP，AlAs，AlSb 是间接禁带的．它们的导带底都位于 X 点．其它五个平均元子序比较高的化合物 InSb，GaSb，InAs，GaAs 和 InP 的价带极大值和导带最低的极小值都位于 $\boldsymbol{k}$ 空间的同一点 Γ 点．这种导带底和价带顶在 $\boldsymbol{k}$ 空间同一点的半导体称为直接禁带半导体．以后可以看到，直接和间接禁带半导体在光吸收、发光和过剩载流子复合等行为上都有明显的区别，也通过有效质量的显著差异影响输运性质．我们注意到 N 的负电性比 P，As，Sb 大很多，因此 AlN，GaN，InN 比其它Ⅲ－Ⅴ化合物有更强的离子性．虽然它们的平均原子序不高，但它们都是直接禁带的．

这些化合物的禁带宽度大体随平均元子序的减少而增加．图 2.21 给出了九种化合物和不同导带极值相对应能隙的变化情况．

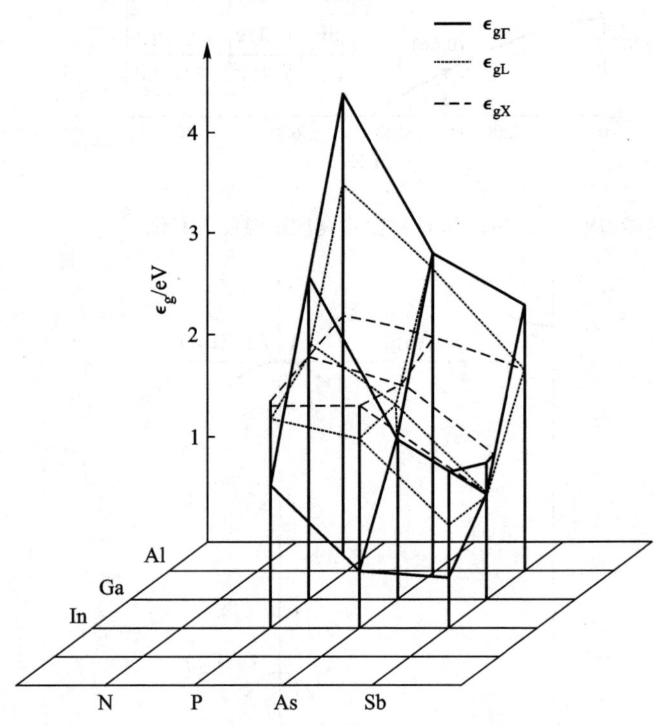

图 2.21　九种Ⅲ－Ⅴ化合物的三种带隙的变化情况

禁带宽度最窄的是 InSb．室温禁带宽度为 0.18 eV．与之对应的光子波长约为 7 μm. 这一点使 InSb 在红外光电应用中占有一定的地位. 间接禁带的 GaP 的禁带宽度为 2.26 eV，对应的波长为 0.55 μm，在可见光范围内. 这使它和它的混合晶体在发光器件中曾占有重要地位，是第一个在发光器件上得到大规模应用的半导体.

在具有直接禁带的Ⅲ－Ⅴ化合物中，电子有效质量很小. 其大小随禁带宽度的增加而增加(参看表 2.1). Ⅲ－Ⅴ化合物的价带和Ⅳ族半导体的相似. 不同材料的重空穴有效质量的变化不很显著. 轻空穴的有效质量大多和电子有效质量接近. 和Ⅵ族元素半导体相比，Ⅲ－Ⅴ化合物结构上不具有反演对称性，给能带结构带来的差异之一是Ⅲ－Ⅴ化合物的价带顶并不严格位于 Γ 点，但该最大值与 Γ 处的能量值相差很小. 在 InSb 中只有 meV 数量级. 自旋轨道分裂的大小主要决定于负电性强的Ⅴ族元素. 例如，InSb，GaSb 和 AlSb 的自旋轨道耦合分裂值相近.

表 2.1　Ⅲ－Ⅴ化合物的某些能带参数

化合物	$\overline{Z}$	ϵ_g/eV	禁带性质	m_n/m_0	m_{ph}/m_0	m_{pl}/m_0	Δ/eV	$d\epsilon_g/dT$/ 10^{-4}eV·K^{-1}
InSb	50	0.17	直接	0.014	0.44	0.016	0.9	−3.6
InAs	41	0.356	直接	0.023	0.41	0.025	0.38	−4.0
GaSb	41	0.70	直接	0.047	0.33	0.056	0.80	−3.7
InP	32	1.34	直接	0.077	0.8	0.012	0.11	−4.2
GaAs	32	1.411	直接	0.063	0.51	0.082	0.34	−4.2 ~ −4.6
AlSb	32	1.62	间接〈100〉	0.39	0.5	0.11	0.75	−3.5
InN(w)	28	<0.9*	直接	0.11	1.63	0.27	0.003	−2.45
AlAs	23	2.13	间接〈100〉	0.11		0.22	0.29	−4
GaP	23	2.272	间接〈100〉	0.35	0.86	0.14	0.13	−5.4
GaN(w)	19	3.39	直接	0.20	1.4		0.008	−5.08
AlP	14	2.4	间接〈100〉				0.06	−2.58
AlN(w)	10	6.026	直接	0.40	6.31	0.36	0.019	
BN	6	6.1 ~ 6.4	间接〈100〉	1.2(l) 0.26(t)				

各种Ⅲ－Ⅴ化合物中研究得最充分的是 GaAs. GaAs 的能带结构如图 2.22 所示[15]. X 极值和 L 极值在能量上靠得很近. 这两种能谷具有较大的电子有效质量. L 极值在 Γ 极值以上约 0.3 eV. 在强电场下当电子获得了足够的能量时，可以从 Γ 的能谷转移到上面的诸能谷中，产生所谓转移电子效应. 在 GaSb 中 L 极值和 Γ 极值靠得更近，只高约 0.08 eV. 由于这个原因，虽然 GaSb 中电子有效

* 参看第 10 章参考文献[94]

质量比 GaAs 中的要小，但 GaSb 中的电子输运性质却不如 GaAs 的.

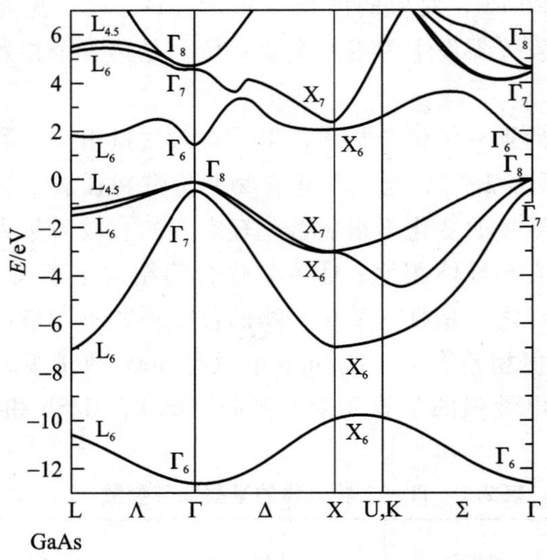

图 2.22 GaAs 的能带结构

在禁带宽度较小的化合物如 InSb，InAs 中，由于导带和价带之间的相互作用，在离导带底不远的地方就偏离抛物性 $E-\boldsymbol{k}$ 关系．在许多问题中我们常不能把它们的有效质量看作常量．常把这种带称作**非抛物性带**.

纤锌矿结构的 GaN 的能带结构示于图 2.23.[16]

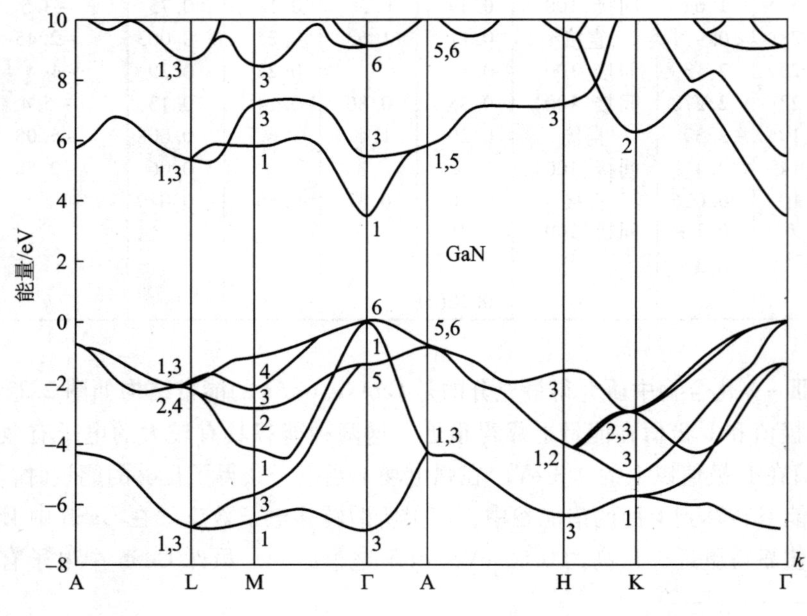

图 2.23 GaN(w)的能带结构

Ⅱ－Ⅵ化合物

Ⅱ－Ⅵ化合物比Ⅲ－Ⅴ化合物有更高的离子性．它们都是直接禁带半导体．闪锌矿结构的Ⅱ－Ⅵ化合物的能带极值位于Γ点．表2.2给出了一些Ⅱ－Ⅵ化合物的能带参数．CdTe的能带结构如图2.24所示[15]．HgSe和HgTe的能带结构和灰锡类似，均为半金属，如图2.25所示意．导带的一支Γ_6变到Γ_8以下成为价带的一支．$\epsilon_0 = E_{\Gamma_6} - E_{\Gamma_8}$分别为－260 meV(10K)和－300 meV(4.2 K)．

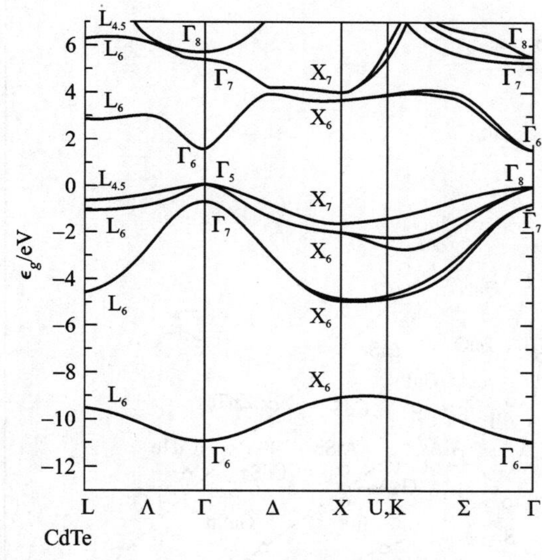

图2.24 CdTe的能带结构

表2.2 Ⅱ－Ⅵ化合物的某些能带参数

材　料	ϵ_0/eV	m_n/m_0	m_p/m_0	Δ/eV
ZnO	3.25			
ZnS	3.8	0.27		0.07(0.09)
ZnSe	2.82	0.16	0.6	0.43(0.42)
ZnTe	2.56	0.15		0.93(0.86)
CdS	2.48			
CdTe	1.50	0.11	0.35	0.92(0.99)
HgS	－0.15			(0.13)
HgSe	－0.24	0.045	0.3	(0.48)
HgTe	－0.30	0.029		(0.96)

图2.25给出了以上三类半导体的禁带宽度随平均元子序的变化情况．由图中可以看到禁带宽度都大体随平均原子序的上升而下降这一共同规律外，还可以看到平均原子序相同的晶体禁带宽度随离子性的增加而增加．Ⅱ－Ⅵ化合物的最大，Ⅳ族半导体的最小．

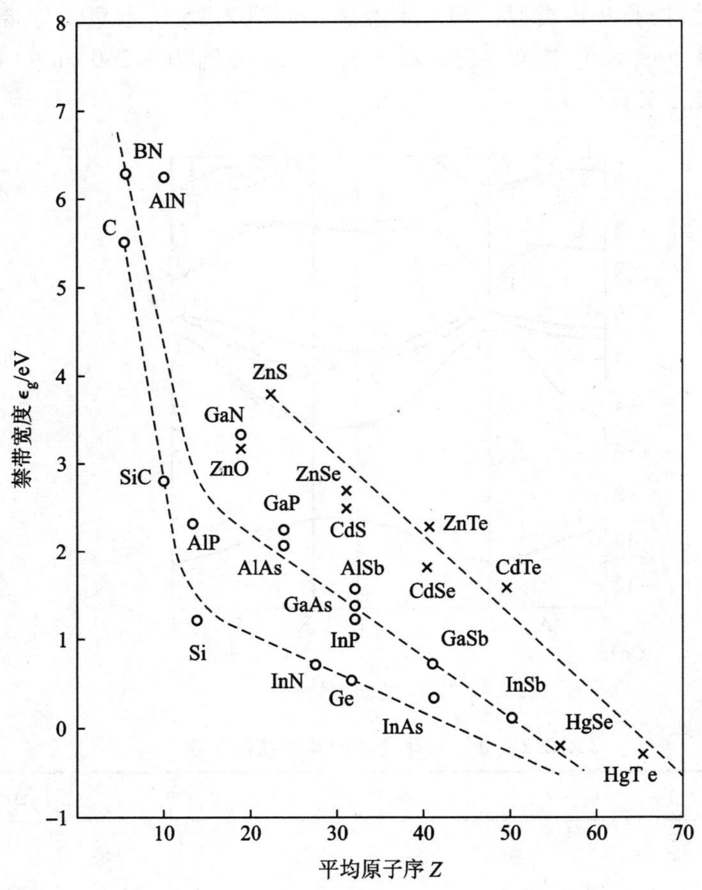

图2.25 四面体结构半导体的禁带宽度随平均原子序的变化

其它化合物

Ⅳ－Ⅵ化合物也得到了一定的应用．SnTe，PbS，PbSe和PbTe的禁带宽度都比较窄，都是直接禁带的[17]．不过导带底和价带顶不在Γ处，而在L点，等能面为旋转椭球．PbTe的能带结构示于图2.26．在SnTe和PbTe中最高的价带和最低的导带发生了反转．但两者都不是半金属．两者的禁带宽度的温度系数的符号相反．

有人曾对于黄铜矿结构的Ⅱ－Ⅳ－V_2和Ⅰ－Ⅲ－VI_2三元化合物的能带

结构进行过计算，了解其某些主要特征.[18]

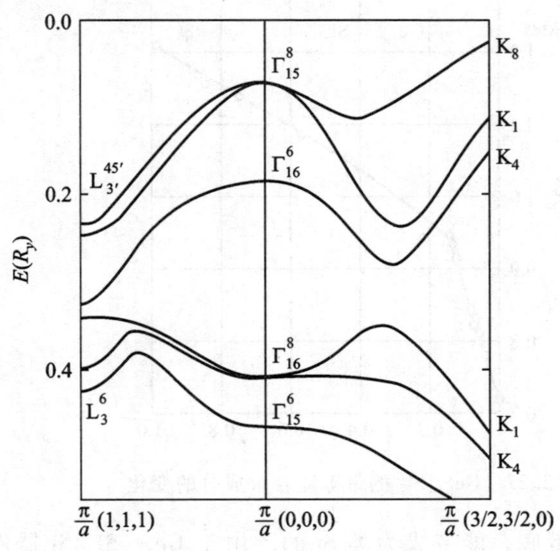

图 2.26 PbTe 的能带结构

混合晶体的能带结构

在Ⅳ族元素晶体之间，在Ⅲ－Ⅴ化合物之间以及在Ⅱ－Ⅵ之间大多可以形成连续固溶体——混合晶体．它们实质上是赝晶．这些混合晶体有很多重要的性质，在技术上已经得到许多重要应用．对于所谓带隙工程，混合晶体具有重要的意义．现在混合晶体应用得越来越广泛．

据估计在各种元素之间可形成基于共价四面体结构的三元系可达三百余种，四元系近万种[19].

混合晶体一般仍具有确定的能带结构．这说明其中的势可看作是平均的周期势和合金的无序势的叠加．混合晶体能带结构随合金成分的变化而连续改变是它的一个重要的性质．但混合晶体 A_xB_{1-x} 的带隙随成分 x 的变化一般不是完全线性的，可表示为：

$$E_g(x)=xE_{gA}+(1-x)E_{gB}-bx(1-x) \tag{2-4-4}$$

式中 b 称为弯曲参数（系数）．当 $b>0$ 时，$E_g(x)-x$ 曲线向下弯曲．显然上式只适用于同一性质的带隙．

$Ge_{1-x}Si_x$ 的禁带宽度随成分 x 的变化示于图 2.27[20]．这是对混合晶体的禁带宽度所作的最早的系统的测量．在 $x=0.15$ 处，ϵ_g 的斜率发生改变．这是因为当 x 增加时，导带的 L 极值和 X 极值以不同的速率相对价带顶上升．L 极值上升得更快．在 $x=0.15$ 处，两者达到同一水平．而当 $x>0.15$ 时，X 能谷

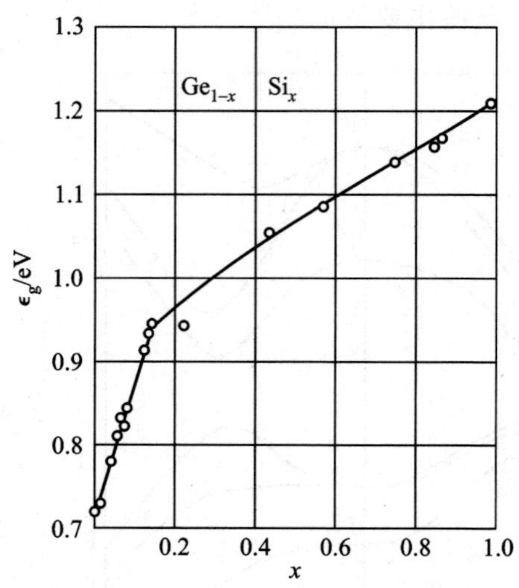

图 2.27　$Ge_{1-x}Si_x$ 的带隙随合金成分的变化

代替 L 能谷成为导带底，能带成为类 Si 的．由于 $Ge_{1-x}Si_x$/Si 器件和高度发展的 Si 技术的兼容性，特别是高性能的 $Ge_{1-x}Si_x$ 异质结双极晶体管出现以来，$Ge_{1-x}Si_x$ 更加受到人们的关注．

$GaAs_{1-x}P_x$ 是一种由直接禁带晶体和间接禁带晶体组成的混合晶体．其禁带宽度的变化可参看图 2.28．在室温下，在 $x=0.49$ 发生由直接禁带向间接禁带的转变．$x<0.49$ 时，晶体是类 GaAs 的，是直接禁带的；$x>0.49$ 时，晶体是类 GaP 的，是间接接禁带的．用这种方法可以得到 ϵ_g 接近 2 eV 的直接禁带材料．

四元系在技术上也受到了相当的重视．[21] 图 2.28 为 $In_{1-x}Ga_xP_{1-z}As_z$ 的禁带宽度随 x 和 z 的变化[22]．实线为等禁带宽度线；虚线为等晶格常量线．可见，四元系的一个重要优点是：对于给定的晶格常量，禁带宽度可以适当变化；或相反．这有利于在异质结构中实现晶格之间的匹配．

在 GaAs 和 GaN 之间也可形成合金 $GaAs_{1-x}N_x$．其弯曲系数 b 大于两者的禁带宽度，且依赖于成分 x．[23] 向 GaAs 中加少量 GaN，可使 GaAs 的禁带宽度"红移"．ZnSTe 的弯曲系数也大于 ZnTe 的禁带宽度．[24]

在由半导体和半金属形成的混合晶体中，由改变成分可以得到由半导体向半金属的过渡．在由半金属 HgTe 和半导体 CdTe 构成的混合晶体 $Hg_{1-x}Cd_xTe$[25] 中，当 $x=0.14$ 时，发生这种过渡[26]，如图 2.29 所示意．左侧和右侧分别是 HgTe 和 CdTe 的能带示意图．当 x 由 $x=1$(CdTe)减小时，导带 Γ_6 与价带 Γ_8 的间距逐渐减小，最后变到 Γ_8 以下，成为半金属．Γ_6 与 Γ_8 的能量间距 ϵ_0 随成分 x 的变化如图 2.30 所示[27]．在半导体的范围内，改变成分可以得

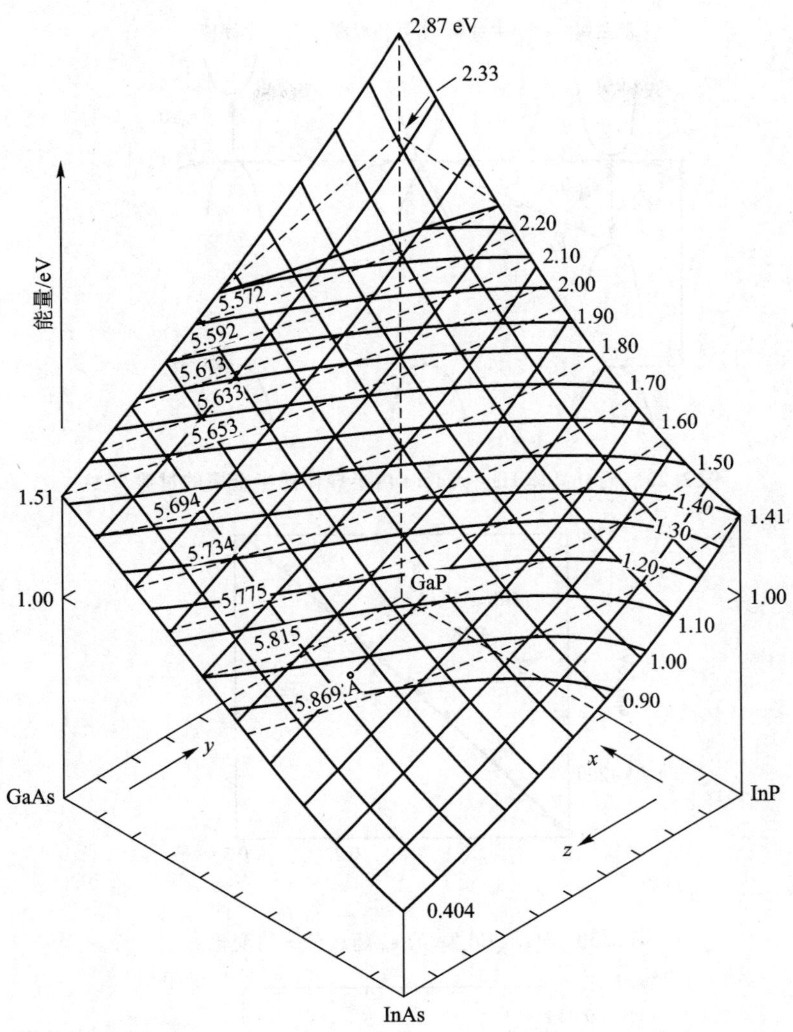

图 2.28 $In_{1-x}Ga_xP_{1-z}As_z$ 的带隙和晶格常量随成分 x 和 z 的变化．实线为等禁带宽度线．虚线为等晶格常量线

到 ϵ_g 大小不同的窄禁带半导体．因而，这种混合晶体在远红外光检测方面获得了应用．

在发生半导体半金属过渡时，有许多异常现象．导带电子的有效质量很小（见图 2.31）；朗德因子 g（参看本书下册第二版 §15.1）和介电常量 ε 都可达到很大的值．

在混合晶体 $Pb_{1-x}Sn_xTe$ 中，当 x 由 1 变到 0，能带结构由 SnTe 型经过零禁带转变为 PbTe 型[28]．除临界点外两边都是半导体．这不同于 $Hg_{1-x}Cd_xTe$.

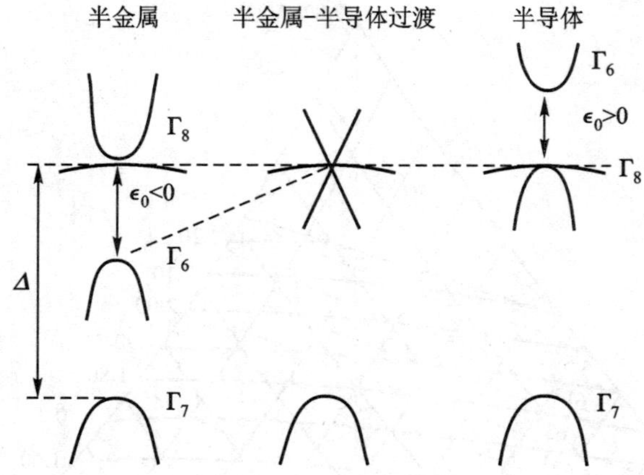

图2.29　混合晶体 $Hg_{1-x}Cd_xTe$ 由半导体向半金属的过渡

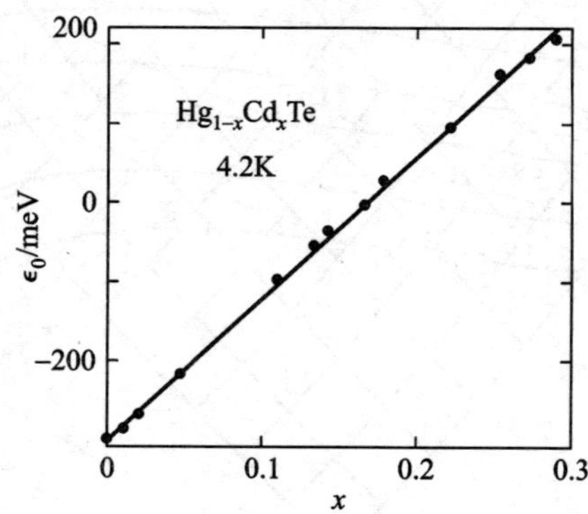

图2.30　$Hg_{1-x}Cd_xTe$ 的 ϵ_0 随成分 x 的变化

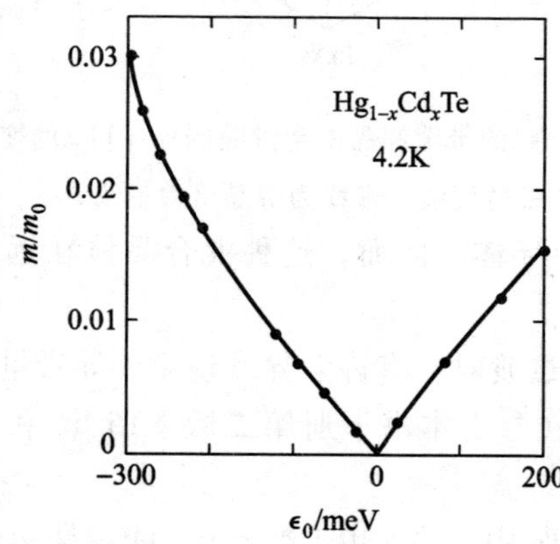

图2.31　$Hg_{1-x}Cd_xTe$ 的电子有效质量随成分 x 的变化

§2.5 杂质和缺陷能级

在完整的周期晶格中，电子只能处于由禁带隔开的诸能带之中，在禁带中不存在电子状态．能带中的电子态的波函数扩展于整个晶体之中．但严格的周期晶格并不存在．实际晶体总在不同程度上含有各种杂质和缺陷．它们使严格的周期势场受到破坏：在严格的周期势场之上叠加了由它们引起的附加势场．这些附加势场一方面可使载流子在运动过程中遭受散射(将在第4章和第11章中讨论)．另一方面，杂质和缺陷的附加势还可能使电子或空穴束缚在它们的周围，产生局域化的电子态．这些局域电子态的能量通常处于禁带之中．

杂质和缺陷的电子态可对半导体的电学性质产生重要影响．在理想的纯净和完整的半导体(可称为本征半导体)中，只能通过把价带电子激发到导带，即通过本征激发，产生导电能力．在常温下，在 ϵ_g 为 1 eV 上下的半导体中，通过热激发产生的载流子很少．例如在 Si 中，只有 $10^{10}/cm^3$ 量级，相应的电阻率约为 $2\times10^5\ \Omega\cdot cm$ 量级．设想在离价带顶不远的禁带中存在空电子状态，价带中的电子就很容易被激发到这些空状态中，从而产生相当数量的空穴，使晶体的导电能力显著增加．实际利用的半导体大多是通过人为地掺入杂质来控制材料的导电性质．为了实际的目的，Si 中的电子浓度可通过掺杂控制在 $10^{13}/cm^3$ 到 $10^{20}/cm^3$ 之间．

此外，杂质和缺陷的电子态对超过平衡的过剩载流子的复合有重要作用．它们还可以对半导体的光吸收和光发射产生重要影响．因此半导体的许多性质都是杂质灵敏的．半导体中的杂质是个极为重要的课题．

通常根据电子态的能量引入适当水平的能级来描述杂质电子态和能带之间的电子交换．这一节主要就是介绍杂质和缺陷所引进的能级．首先通过讨论Ⅲ族元素和Ⅴ族元素杂质在Ⅳ族元素半导体中的作用来介绍施主和受主的概念．然后再对其它类型的杂质，化合物中的杂质，以及缺陷能级作扼要介绍．

施主杂质和受主杂质 n 型半导体和 p 型半导体

设在 Si 的晶格中存在一个代位的 P 原子，如图 2.32 所示．P 原子将以其 5 个价电子中的 4 个和其 4 个近邻 Si 原子形成共价键．与纯净的 Si 相比，多出一个电子．这个多余的电子应填充在导带之中，可以在晶体中运动．但这个 P 原子的引入还会在 Si 晶体中产生另一变化：它使 Si 晶格的周期势遭到破坏．

粗粗看来，就像在P占据的格点上增加了一个正电荷(失去一个电子的P原子带正电)，但Si中原有的晶格保持不变. 这就是说，在晶格的周期势上叠加了一个由正电荷产生的，对电子具有吸引性的库仑势. 当上述多余的电子的能量较高，足以克服正电中心的吸引时，它可以在晶体中自由运动. 若能量较低则可被正电中心束缚. 这种情况就像电子可以在自由空间处于自由态，也可以束缚于质子而形成氢原子一样. 束缚于上述正电中心的电子是不能参与导电的.

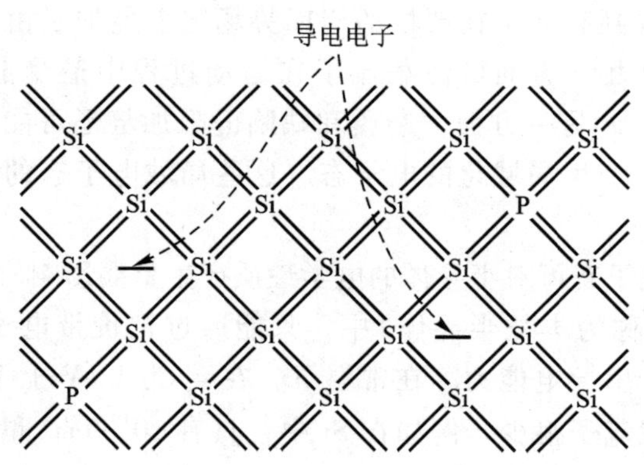

图 2.32 Si中的代位施主杂质

能够向晶体提供电子同时自身变成带正电的离子的杂质称为**施主杂质**. 当电子被束缚于施主中心时，其能量显然低于导带底的能量，相应的能级称为**施主能级**. 在能带图中杂质能级通常用间断的横线表示，以此表明它所代表的电子状态的局域性质. 施主向导带释放电子所需的最低能量称为**施主电离能**. 如图2.33所示，若用 E_C 和 E_D 分别表示导带底和施主能级的位置，则施主电离能 ϵ_D 为

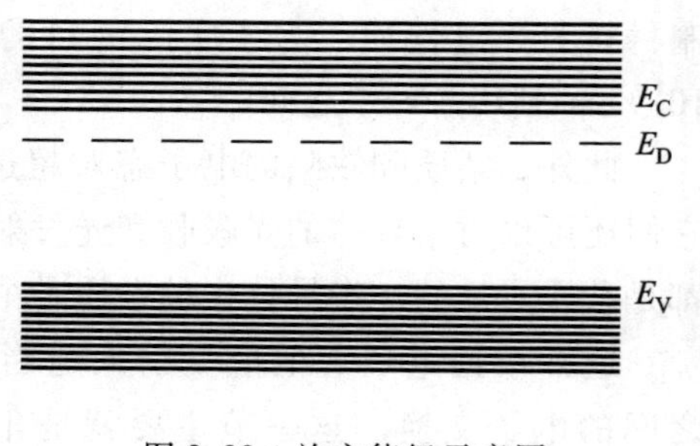

图 2.33 施主能级示意图

$$\epsilon_D = E_C - E_D \tag{2-5-1}$$

在Ge，Si中V族施主杂质的电离能很小，只在0.01~0.04 eV的范围内. 与室温下的 $k_B T$ 值具有相同数量级. 因此在室温下这些施主的绝大部分是电离的. 若在Si中掺入极少量的施主杂质，例如 $10^{16}/cm^3$ (只占Si原子总数的 10^{-7})就可使Si的电阻率下降至约 $3\Omega\cdot cm$. 我们称这种主要依靠电子导电的半导体为n型半导体.

下面讨论受主杂质．它和施主类似．设想一个 B 原子占据了 Si 的格点．B 的 3 个价电子只能和 4 个近邻 Si 原子形成 3 个共价键．在另外一个键位上出现了一个电子空位．这个电子空位可以从邻近的原子的共价键上获得一个电子(如图 2.34 所示)，依此方式它可以在晶体中运动．这相当于在价带中出现了一个空穴．但 B 在接受一个电子后，也在晶格中引入了一个带负电的中心．在空穴能量较低时，该负电中心将空穴束缚自己的周围，形成空穴的束缚态，就像施主中心能够束缚导带中一个电子一样．空穴的电离就是中性的 B 从远处的 Si 原子接受一个价电子的过程．这种能够接受电子，即能够向价带提供空穴，并使自身带负电的杂质称为受主杂质．被受主杂质所接受的电子的能量显然高于价带顶，相应的能级称为**受主能级**，如图 2.35 所示．

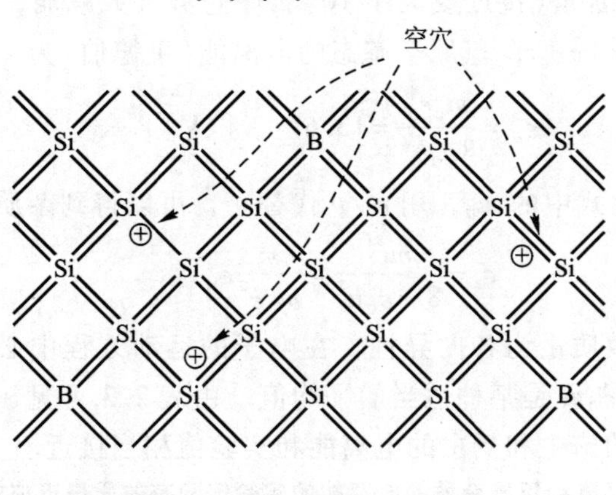

图 2.34 Si 中的代位受主杂质

图 2.35 受主能级示意图

受主电离能 ϵ_D 为受主能级 E_A 和价带顶能量 E_V 之差

$$\epsilon_A = E_A - E_V \qquad (2-5-2)$$

在 Ge，Si 中，Ⅲ族元素受主的电离能也很小(Si 中的 In 和 Tl 除外．参看图 2.37)．掺入少量这类受主杂质就可使空穴浓度显著增加．这种主要依靠空穴导电的半导体称为 p 型半导体．

类氢模型

上面我们已经说明，当有一个V族原子占据Si原子的格点时，Si中的势场就像在严格的周期势场上叠加了一个正电中心产生的库仑势场. 有效质量近似最早用于研究类氢杂质的电离能. 环绕电离施主运动的电子遵守有效质量方程：[6]

$$\left[-\frac{\hbar^2}{2m}\nabla^2+V(r)\right]f(r)=Ef(r) \tag{2-5-3}$$

式中$V(r)$为电离施主的附加势场，m为电子有效质量，它概括了晶体势场的作用. 波函数$f(r)$是实际电子波函数的包络. 在有效质量各向同性的情形下，电子围绕正电中心的运动与围绕氢原子核的运动完全相似. 但在半导体中，由于通常有较大的介电常量(接近或大于10)，库仑势大大减弱，由$-e^2/4\pi\varepsilon_0\varepsilon r$代替了真空中的$-e^2/4\pi\varepsilon_0 r$. 氢原子基态的电离能(里德伯)为

$$\epsilon_{\rm H}=\frac{m_0e^4}{8\varepsilon_0^2h^2}=13.6 \qquad [\text{eV}] \tag{2-5-4}$$

用有效质量m代替上式中的m_0，用e^2/ε代替e^2，可以得到杂质的电离能为

$$\epsilon_{\rm i}=\frac{me^4}{8\varepsilon^2\varepsilon_0^2h^2}=\frac{m}{m_0\varepsilon^2}\epsilon_{\rm H} \tag{2-5-5}$$

但Ge，Si中电子有效质量为各向异性，在电子的运动方程中必须计入. 相应地，式(2-5-5)中的m是某种适当的平均值. 由表2.3可见，用有效质量近似得到的Ge，Si中的施主和受主的电离能和实验值相当接近.

表2.3 Ge，Si中V族和Ⅲ族杂质的电离能的实验值和有效质量近似的计算值/eV

(1) V族施主杂质

	P	As	Sb		有效质量近似
Ge	0.0120	0.0127	0.0096		0.0092
Si	0.044	0.049	0.039		0.029

(2) Ⅲ族受主杂质

	B	Al	Ge	In	有效质量近似
Ge	0.01	0.01	0.011	0.011	0.0089
Si	0.045	0.057	0.065	0.16	0.034

在半导体中，由于正电中心对电子的束缚大为减弱，电子具有较大的轨道半径(参看图2.36). 氢原子的玻尔半径为

$$a=\frac{h^2\varepsilon_0}{\pi e^2m_0}=0.53 \qquad [\text{Å}] \tag{2-5-6}$$

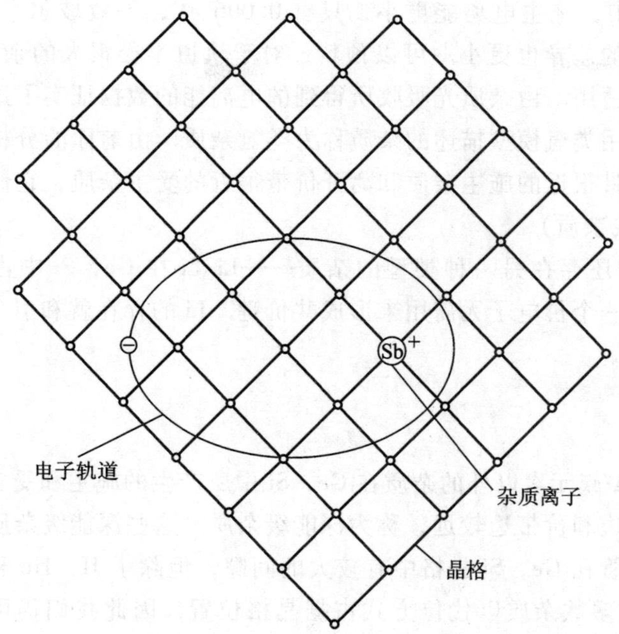

图 2.36 类氢杂质示意图

类似地可得到杂质的等效玻尔半径 a^*

$$a^* = \frac{h^2 \varepsilon\varepsilon_0}{\pi e^2 m} = \frac{\varepsilon m_0}{m} a \qquad (2-5-7)$$

也可利用杂质的电离能把它表示为

$$a^* = \frac{e^2}{8\pi\varepsilon\varepsilon_0 \epsilon_i} = 7.20\left(\frac{\mathrm{eV}}{\epsilon_i}\right)\left(\frac{1}{\varepsilon}\right) \quad [\text{Å}] \qquad (2-5-8)$$

代入 Ge 和 Si 的介电常量 16 和 12，施主电离能 0.01eV 和 0.04 eV(约)，可估算得 a^*分别约为 45 Å 和 15 Å.

上述类氢模型和晶体中的实际杂质相比还是相当粗糙的. 事实上 Ge，Si 中的施主和受主的电离能并不完全相同，在 Si 中表现得尤为明显(参看表 2.3). 这是因为每一种具体杂质的势场在离杂质中心很近的地方并不完全相同. 不同的杂质可引起周围晶体不同程度的畸变；杂质的电子结构和晶格原子的也不尽相同，简单的长程的库仑势并不能计入杂质所带来的全部影响. 有些情形下，杂质的应力场似乎能够解释杂质电离能小的差异[29]. 但不少情形下，负电性的差异可导致电离能的显著差异. 负电性的差异和短程相互作用有关. 对此在下面关于 GaP 中的类氢能级的讨论中还要涉及. 不过可以预期，当电子的轨道半径较大时，中心附近势场的差异对电子运动的影响就会相对比较小. 与 Si 相比，Ge 中的电子轨道较大，不同杂质的差异表现得较小. 在下面要讨论的 GaAs 中，施主电离能更小，只有 0.006 eV，等效玻尔半径达 90Å，施主电离能之间的差异也更小．可以预料，对于轨道半径很大的杂质激发态，类氢模型会更为适用．由杂质光吸收所得到的电离能的数据证实了这一点[30]．

通常把能够用类氢模型描述的杂质称为类氢杂质．由前面的分析可知，它们是一些离开导带很近的施主杂质和离开价带很近的受主杂质，它们都是浅能级杂质(或简称浅杂质)．

在 Ge，Si 中还存在另一种类型的杂质——Li. Li 在 Ge，Si 中占据晶格间隙的位置．它的一个价电子无需用来形成共价键．Li 的存在就和引入一个代位的 V 族原子相似．

深能级杂质

ⅢA 族和 VA 族元素以外的杂质在 Ge，Si 中所产生的施主和受主能级一般都分别距离导带边和价带边较远，称为深能级杂质．这些深能级杂质大多能产生多重能级．尽管在 Ge，Si 晶格中有较大的间隙，但除了 H，He 和前面已经提到的 Li 外，大多数杂质以代位方式占据晶格位置．因此我们仍可从共价键的角度来认识许多杂质的作用．

已经查明，Ⅵ族元素 Se 和 Te 在 Ge，Si 中产生两重施主能级．占据晶格位置的 Se 或 Te 除了以 4 个价电子完成共价键以外，多余两个电子．它们环绕带有两个正电荷的中心运动，很粗略地看就像一个氦原子．但正电中心对每一个电子的束缚都比类氢杂质中的更强．这是因为每个电子平均受到大于一个电子电荷的正电中心的作用，因为处于同一壳层上的另一个电子对正电中心的屏蔽是不完全的*．因此深能级杂质的轨道半径更小，属于同一类的杂质之间的差异会更加明显．在一个电子电离以后，剩下的一个电子会受到两个电子电荷的正电中心的作用，因此这个电子的电离通常就需要更大的能量．于是可以用深浅不同的两个能级来描述先后的两次电离．第二个电子的电离通常与较深的能级相对应．由以上的讨论，还可以指出，第二个较深的能级的存在，以第一个电子的电离为条件．在两个电子都未电离前，第一次电离都将以较小的电离能发生，而不是对应于更深的能级．

和以上的讨论类似，Ⅱ族杂质一般也能产生两重受主能级．

I 族元素原则上可以产生三重受主能级．已经查明，在 Ge 中，Cu，Ag，Au 产生三重受主能级；Cu 在 Si 也产生三重受主能级．

但并不是按价键的图像所预言的施主或受主能级都已观察到．有些杂质可

---

* 这里的情形和价电子的数量和负电性的强弱之间的关系很相似．

能研究得不充分，也可能有些对应高重电离的能级已越过禁带能量进入能带之中成为准束缚态(或共振态)，也有可能有关杂质并不是简单的代位杂质.

有一些杂质在同一半导体中既可起施主作用，又可起受主作用，称为两性杂质. 杂质的两性行为可以有不同的起因. 一种情况是杂质在晶体中只有一种晶格形态，但既可给出电子，也可接受电子. 对于这种情形，一般是受主能级在施主能级之上，相应的两重能级必定都是深能级. 因为杂质只是在尚未给出电子的中性状态才可以作为受主接受电子；也只是在尚未接受电子的中性状态才可以作为施主给出电子. 因而，从其受主能级上(对应于由中性的中心)向导带给出一个电子，比随后从吸引性库仑中心再电离一个电子需要更少的能量. 另一种情形是，同一种杂质在晶体中可占据不同的位置. 下面要介绍的Ⅳ族元素在Ⅲ-Ⅴ化合物中的行为就是如此. 例如 Si 在 GaAs 中可占据Ⅲ族位和Ⅴ族位，分别起施主和受主作用. 对于这种情形，不存在两者在能量上的相互制约，施主能级和受主能级都是浅能级.

在 Ge，Si 中 Au 是一种研究得比较多的杂质. 对于 Si 器件来说，常掺入适量的金以获得过剩载流子的适当的短寿命. 在 Si 中，Au 产生一个受主能级和一个施主能级，并且是受能级在施主能级之上. 实验上可以肯定，它们都由代位的 Au 所产生.[31]

各种杂质在 Ge，Si 和 GaAs 中产生的能级如图 2.37 所示[32].

化合物中的杂质能级

杂质在Ⅲ-Ⅴ化合物中和Ⅱ-Ⅵ化合物中的作用，和在 Ge，Si 中的类似，可从成键的角度进行分析. 但由于化合物中存在两种格位，情况略微复杂.

如前所述，在Ⅲ-Ⅴ化合物中，当Ⅳ族元素占Ⅲ族元素位或Ⅴ族元素位时，分别起施主或受主的作用. Si 在 GaAs 中的施主能级和受主能级分别在导带以下 0.006 eV 和价带以上 0.03 eV 处. 但掺 Si 的 GaAs 一般为 n 型. 这是因为 Si 在 GaAs 中一般占据 Ga 的位置. 如图 2.38[33] 所示，当 Si 的浓度小于约 $10^{18}/\mathrm{cm}^3$ 时，电子浓度大致与 Si 的浓度相等；但当 Si 的浓度更高时，电子浓度低于 Si 的浓度，且电子浓度有饱和的倾向. 这说明有相当一部分 Si 占据了 As 的位置，起受主作用. Ge 和 Sn 在 GaAs 中主要起施主作用，是常用的 n 型掺杂剂.

在 GaAs 中，Ⅱ族杂质和Ⅵ族杂质的表现和Ⅲ族杂质和Ⅴ族杂质在 Ge，Si 中的作用相似. 因为Ⅱ族元素的负电性与Ⅲ族元素相近，倾向于占据 Ga 的位置. 而Ⅵ族元素的负电性与Ⅴ族元素相近，倾向于占据 As 的位置.

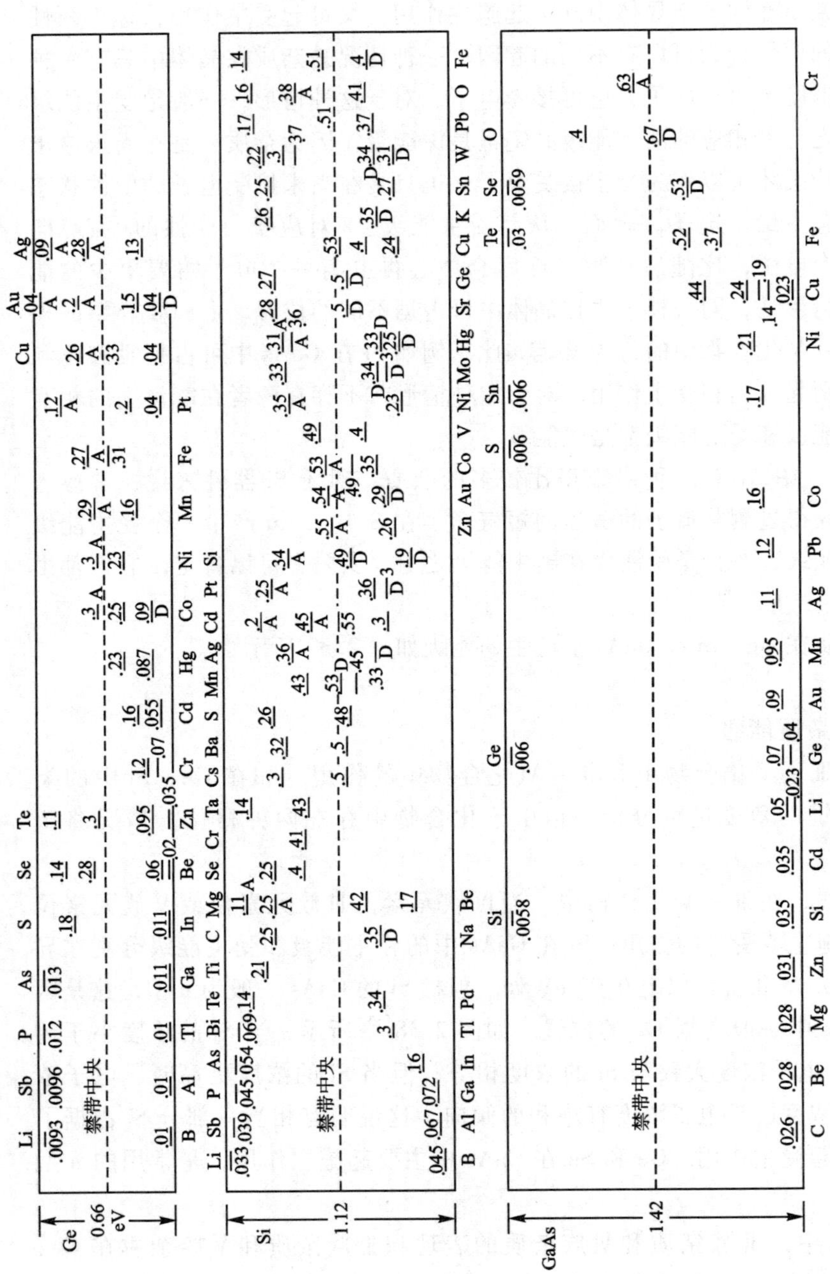

图 2.37 Ge，Si 和 GaAs 中各种杂质的能级．禁带下半部的能级以价带顶为基准量度，除注有 D 的为施主能级外均为受主能级．在禁带上半部的能级以导带底为基准量度，除注有 A 的为受主能级外，均为施主能级．

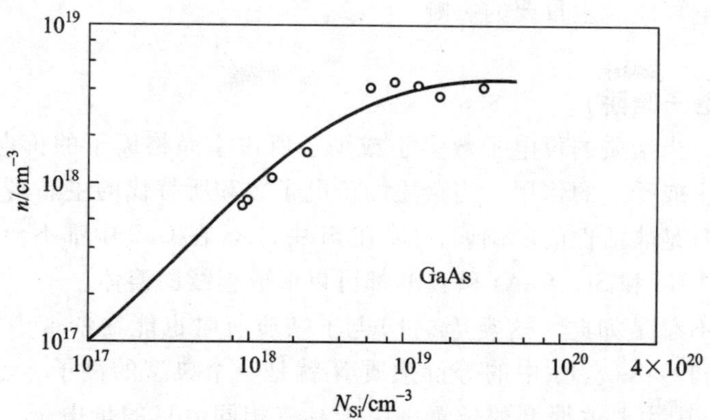

图 2.38 GaAs 中的电子浓度 n 和所掺 Si 的浓度 N_{Si} 的关系

在Ⅱ－Ⅵ化合物中Ⅲ族元素和Ⅶ族元素可分别占据晶体中Ⅱ族元素和Ⅵ族元素位，起施主作用．例如 Ga 和 Cl 在许多Ⅱ－Ⅵ化合物中就是如此．在 CdTe 中，In，Al，Cl 产生的施主的电离能为 0.014 eV[34]．Ⅰ族元素和Ⅴ族元素可分别占据晶体中Ⅱ族元素和Ⅵ族元素位，起受主作用．Li，Na，P 在 CdTe 中产生的受主的电离能为 0.03 eV[34]．

在上述诸化合物中，由于直接禁带的晶体的电子有效质量较小，施主电离能一般很小．但在间接禁带的 GaP 中施主电离能较大，相应地，不同杂质的施主电离能有较大的差异．这与 GaP 较大的电子有效质量和较小的介电常量有关．表 2.4 给出了由施主－受主对发射谱和束缚激子发射谱得到的 GaP 中各种杂质的电离能(参看 §10.2)．可见，占Ⅴ族位的 O，S，Se，Te 比占Ⅲ族位的 Si，Sn 有更大的电离能．另外，O，S，Se，Te 中负电性大者，明显有大得多的电离能．

表 2.4 GaP 中施主和受主电离能

施 主	O	S	Se	Te	Si	Sn	
电离能/meV	895.5	104.1	102.7	89.8	82.1	65	
受 主	Be	Mg	Zn	Cd	C	Si	Ge
电离能/meV	50	53.5	64	96.5	48	203	300

和在 Ge，Si 中相似，化合物中的浅受主电离能也较大，且不同的杂质也有较大的差异．这和空穴较大的有效质量有关．在 GaP 中，占据Ⅴ族格位的 Si 和 Ge 有大的电离能．负电性大的 C 的电离能仅为 40 meV；负电性小的 Ge 的电离能却可达到 300 meV．在 GaN 中占据Ⅲ族位的Ⅱ族元素受主表现出类似的倾向，负电性愈大，电离能愈小．[35] 这些说明，杂质原子的负电性的大小可对

施主和受主的电离能产生重要的影响.

等价陷阱(等电子陷阱)

以上看到，当杂质的价电子数多于或少于所占主晶格原子的价电子数时，杂质分别起施主或受主的作用. 当杂质的价电子数和所替代的主晶格原子的相等时，它们有时是非活性的. 例如，Ge 在 Si 中，As 在 GaP 中都不会在禁带中产生局部能级. Ge 和 Si，GaAs 和 GaP 都可以形成连续固溶体.

但情况并不总是如此. 这类等(价)电子杂质有时也能在禁带中产生局域电子态. GaP 和 $GaAs_{1-x}P_x$ 中的等价杂质 N 就是一个典型的例子. 已经查明，N 在 $GaAs_{1-x}P_x$ 中主要占据 P 的位置. 由于具有相同数目的价电子，N 占据 P 的位置后没有多余的电子提供，因而不会成为具有长程库仑势的中心. 但按 Pauling 的尺度，N 和 P 的负电性分别为 3.0 和 2.1，有明显的差异. 和 P 相比 N 有获得电子的倾向. 从另一个角度说，由于 P 和 N 的电子结构的差异，在 N 中心处存在对电子的短程作用势. 结果可以形成电子的束缚态[36]. 在 GaP 中，N 能级在导带以下 10 meV. 显然这种杂质不是施主. 它是受主性的，但不是典型的受主，通常称之为等电子陷阱. 由于等电子陷阱势场的短程性质，被陷电子的波函数十分集中于等电子杂质附近的范围内. GaP 中的 Bi 也是等电子陷阱[37]. Bi 的负电性小于 P 的，起空穴陷阱的作用. 此外，O 在 ZnTe 中[38]，Te 在 CdS [39] 和 ZnS [40] 中也起等电子陷阱作用.

除了元素以外，某些复合物的行为也类似于等电子陷阱. GaP 中处于最近邻的 Zn，O 对就是这种复合物的典型[41]. Zn 和 O 分别代替 Ga 和 P. 显然它们已经不再是独立的受主和施主. 两者的价电子总数正好等于 Ga 和 P 的价电子总数. 因此它们的引入并不破坏原有的共价键，而且从远处看，Zn，O 处并不存在长程库仑势. 但由于 Zn，O 复合物和 GaP 电子结构的差异较大(特别是 O 和 P 的负电性分别为 3.5 和 2.1)，这种复合物对于电子来说也是一个短程的势阱. 能级在导带以下 0.3 eV.

等电子陷阱 N 和 Zn，O 复合物等在提高 $GaAs_{1-x}P_x$ 和 GaP 发光二极管的发光效率中起着重要的作用. 对此在第 10 章中还要作进一步讨论.

还要提到的是，在 Si 和 $Si_{1-x}Ge_x$ 中，一共具有 4 个价电子的 Be 的代位－间隙原子对也起等电子陷阱的作用[42].

以上在关于各种杂质电子态的讨论中，实际上并未涉及这些电子态的波函数. 杂质上的电子波函数可以看作一个静止的波包，可由能带极值附近不同波矢的布洛赫波组成(能带极值附近的布洛赫波的群速度为零). 类氢杂质的波函数在坐标空间的扩展较大，相应地它们在 **k** 空间的扩展就较小. 对于上述等电子陷阱，由于波包在实空间的扩展仅为晶格常量的量级，其所包含的布洛赫

波的波矢在 $\boldsymbol{k}$ 空间的扩展将可遍及整个简约布里渊区.

缺陷能级

首先来考察离子晶体 M^+X^- 中的点缺陷，正负离子空位的作用. 如图 2.39 所示，在正离子空位处，由于失去正离子，和正常情形相比，该处带有负电荷. 该负电中心可以束缚一个空穴，起受主的作用. 在 NaCl 晶体中，Na^+空位正是起这种作用. 又如在 AgBr 中，Ag^+空位在价带以上 0.1 eV 处产生一个受主能级[43]. 类似地一个负离子空位将作为正电中心起作用，可以束缚电子，行为像一个施主. 在 NaCl 晶体中，Cl^-的空位起这种作用. 若正负离子各带有两个电子电荷，则其离子空位原则上可以产生两重施主能级和两重受主能级. 而处于间隙中的正负离子应可分别起施主和受主的作用.

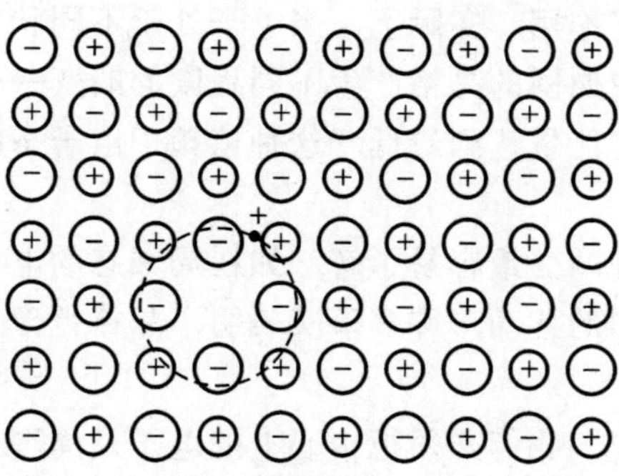

图 2.39　正离子空位作为受主起作用

在离子性较强的化合物半导体中，应可期望存在类似的情况. 在含有过量的 Cd 的 CdS 中观察到了和点缺陷相联系的可二重电离的施主[44,45]. 第二重能级离导带边约 0.14 eV[45]. 关于 Cd 原子和 S 原子的放射性示踪自扩散的研究表明，在含有过量 Cd 的 CdS 中，主要的点缺陷是 S 空位. 在 CdTe 中，和点缺陷相联系，存在两重受主能级. 一个离价带约 0.07 eV；另一个约在禁带中央[46]. 这两重受主能级可能是由 Cd 空位引起的.

GaAs 中的反位缺陷 As_{Ga}在导带以下约 0.75 eV，即靠禁带中央处，产生施主性能级.[47] GaP 中的反位缺陷 P_{Ga}产生两重施主能级. 第二重施主的电离能为约 1.1 eV.[48]

除了点缺陷以外，位错也可以引入局域态能级. 在 §1.4 中已经说明，在Ⅳ族元素晶体中，沿刃位错的位错线存在悬挂键. 这些悬挂键既可给出电子起施主作用，又可接受电子起受主作用，从而可产生深能级. 对于上述刃位错，相邻悬挂键之间的间距只有原子线度的数量级，相邻的电子态波函数应有一定交叠. 代替形成两重能级，原则上应形成两个一维能带. 这得到了实验上的支持[49]. 但是在位错附近可能有其它杂质凝聚. 这增加了位错问题的复杂性.

简单的分析表明，当位错密度不十分高时，位错对晶体导电能力的影响不会十分显著. 若以每 5Å 存在一个悬挂键来计算，当位错密度为$10^5/cm^2$时，位错引入的电子态的体密度只约为 $2\times10^{12}/cm^3$. 但许多实验结果都表明，位错的存在可对过剩载流子的复合产生重要影响.

§2.6 局域态的晶格弛豫

晶格弛豫和位形坐标图

在前面关于杂质电子态的讨论中，我们忽略了杂质和缺陷的局域态电子和周围晶格之间存在的相互作用. 实际上，当电子处于不同状态时，电子云在周围的分布不同，从而可使周围的晶格产生不同程度的畸变——晶格原子不同程度的位移，从而使系统的能量达到最低. 这种依赖于电子态的晶格畸变称为晶格弛豫.

在离子性晶体中这种畸变最容易了解. 如在局域态的电场的作用下，两种不同的离子可作相反方向的移动. 许多事实表明，晶格弛豫现象是固体中局域电子态的一个基本特征.

考虑到晶格弛豫效应，我们必须把中心上的电子及周围与之耦合着的原子看作一个系统. 系统的能量不仅与电子的状态有关，而且与周围的晶格原子的位形有关. 由于电子质量和原子质量相差悬殊，电子在其定态中的运动比原子的运动要快得多. 因此对于周围晶格原子位形的变化，电子的运动状态能迅速作出响应. 这样，耦合系统的能量将可看成是原子位形的函数(绝热近似). 这种情况通常利用所谓位形坐标图示意地加以描述，[50]如图 2.40 所示. 纵坐标 E 表示系统的能量，横坐标为位形坐标，描述缺陷及其附近的原子的位形. 图中的两条曲线分别对应于两个不同的电子状态 i 和 j. 每一条曲线表示电子处于相应的状态时，系统的能量随原子位形的变化. 两条曲线的不同的最小值位置表明，当电子处于不同状态时晶格原子有不同的平衡位形.

利用图 2.40 的位形坐标图，加上弗兰克 - 康登原理，可以说明固体中局域中心与晶格弛豫相联系的一些现象，诸如发射谱的峰相对于吸收峰的斯托克斯移动，谱带增宽，以及通过和晶格交换能量实现电子态之间的无辐射跃迁的可能性(参看 §5.8)等.

按照弗兰克 - 康登原理，当电子在不同状态之间发生光跃迁时，原子位形不发生改变. 这就是说，在位形坐标图中，跃迁竖直地进行. 因此，跃迁中所涉及的光子能量依赖于原子的位形. 例如，由激发态向基态的跃迁(图中由

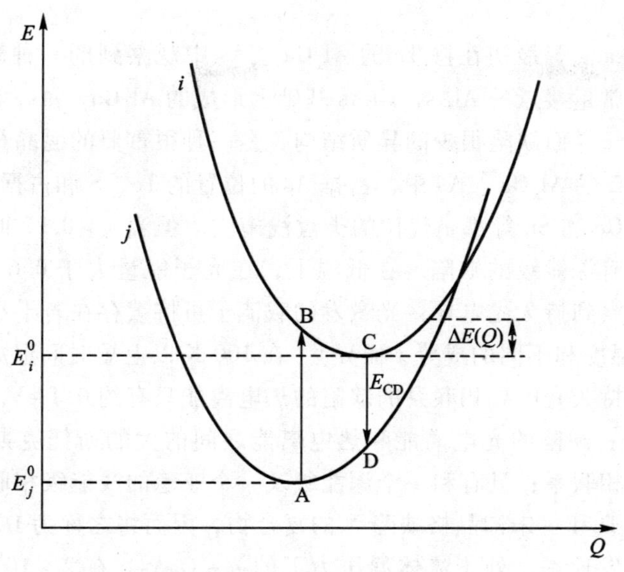

图 2.40 位形坐标图

C→D)所发射的光子能量将小于由基态向激发态的跃迁(图中由 A→B)所吸收的光子能量(斯托克斯移动). 由于晶格弛豫，热电离能 $E_i^0-E_j^0$ 通常也小于光电离能. 即使是类氢杂质也会表现出上述差异，深能级更为明显.

利用位形坐标图，很容易理解谱线增宽现象. 考虑由 C 向 D 的辐射跃迁. 由于晶格振动，系统在平衡点 C 附近位有一定的概率出现. 位形坐标为 Q 的某一点出现的概率正比于 $\exp(-\Delta E(Q)/k_BT)$. $\Delta E(Q)$ 愈大，出现的概率愈小. 这将导致宽度为 k_BT 量级的谱线增宽，如图 2.41 所示意. 峰值的能量对应于 CD 间的跃迁的能量

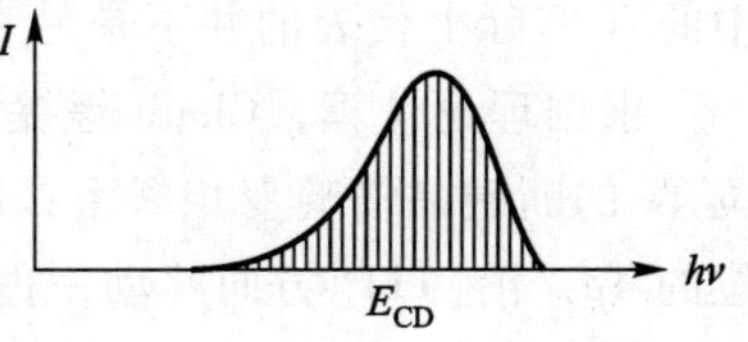

图 2.41 晶格弛豫导致的谱带增宽

在晶格畸变很强的情形下，向中心增加一个电荷导致的畸变能的减少可以超过库仑排斥能，以致可改变正常的电荷填充顺序. 这种情形称为负 U 行为[51].

DX 中心和 EL2 缺陷是化合物半导体中性质颇为怪异的缺陷，它们和强的晶格畸变相联系. 人们对这一类缺陷的兴趣已持续了近 30 年. 这一方面是因为这些化合物半导体应用上的需要，需要确认这类缺陷的存在是否会对应用产生危害. 另一方面则是因为这类和强的晶格弛豫相联系的缺陷，具有难于揭示的性质. 近年来对这类缺陷的兴趣重新兴起则是因为这类缺陷的双稳性质有应用于全息存储的前景.[52]

DX 中心

DX 中心是 Lang 等最初在掺 Te 的 $Al_xGa_{1-x}As$ 中观察到的一种缺陷.[53] 众所周知，在晶格常量接近的 AlAs，GaAs 基础上形成的 $Al_xGa_{1-x}As$ 可以和 GaAs 形成晶格匹配的、界面缺陷很少的异质结构，是一种很重要的混晶材料. 实验表明，在 $x<0.22$ 的 $Al_xGa_{1-x}As$ 中，占据 As 的位置的 Te，S 和占据 Ga 的位置的Ⅳ族元素 Si，Ge 和 Sn 等都是代位的类氢浅施主. 但当 $x>0.22$ 时，同样的杂质却变成了具有深能级的缺陷. 在低温下，在光子能量大于 0.6 eV 的光的照射下，还可观察到持久光电导：光激发的载流子可持续存在若干小时甚至若干天(视不同的温度和不同的成分 x 而异). 在 100 K 以上短时间退火，则持久光电导消失. 和持久光电导相联系的缺陷的热电离能只有约 0.1 eV.

Lang 等提出：缺陷的光电离能和热电离能之间的大的斯托克斯移动应和很强的晶格弛豫相联系；具有和一个深能级及一个亚稳的浅能级相联系的双稳性；可能是施主 D 和一未知晶格缺陷 X 的复合物，因而将之称为 DX 中心.

一个重要的发现是，处于流体静压力下的 n - GaAs，在 2×10^9 Pa 左右的压力下，失去了其电导.[54] 研究表明，在 GaAs 和 $x<0.22$ 的 $Al_xGa_{1-x}As$ 中，与施主杂质相联系，都存在对应于深能级的状态，只是此时该状态高于浅施主能级零点几个电子伏，作为共振态存在. 施加流体静压力可以使共振态能级下移，变为比类氢浅能级更为稳定的深能级. 压力实验说明，这两个能级都和施主杂质自身联系着，而不是施主杂质和某种晶格缺陷的复合物. 因此 DX 中心中的 X 实际上代表的并不是另一种缺陷，而应理解为施主的另外一种位形.

根据理论计算，Chadi 等提出以下缺陷模型:[55] 对应于深能级的基态和代位 Te 的断键晶格畸变相联系：原来占据 As 位的、具有 4 个共价键、四面体配位的 Te，沿[111]方向移动，占据间隙位置，保留 3 个共价键，在其后留下一个空位，如图 2.42 所示. 处于基态时，中心带负电. 亚稳态则对应于杂质处于“正常”位置. 这时 Te 和 Ga 正常成键，空位消失. 它对应于类氢的施主.

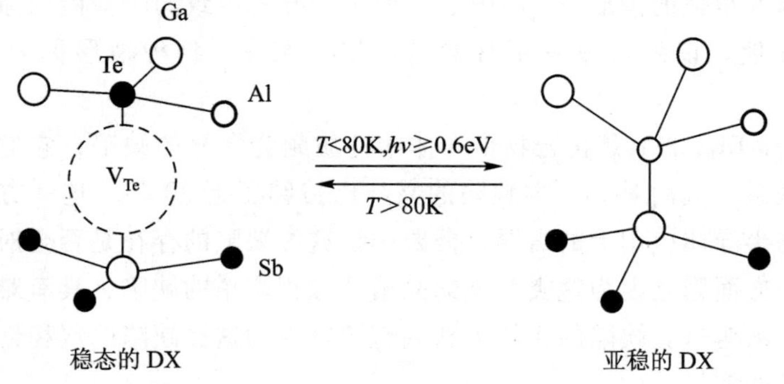

图 2.42 DX 中心的结构位形

DX 中心的基态和亚稳态的位形坐标图示于图 2.43. 正像 Lang 等在用此类型的位形坐标图来说明 DX 中心的性质时指出的，这种位形坐标图不同于图 2.40 所示的普通的杂质或缺陷的位形坐标图，在那里 i 态和 j 态平衡点的位形坐标只是稍稍错开，由 j 态激发到 i 态的电子仍可通过自发的光发射回到 j 态. 而在图 2.43 中，基态和亚稳态的平衡位置错开很远，两者之间间隔着一个所谓振动势垒；以至一旦通过光激发使基态转变为亚稳态，亚稳态不能通过自发的光发射回到基态. 依据上述模型，亚稳态伴随着持久光电导.

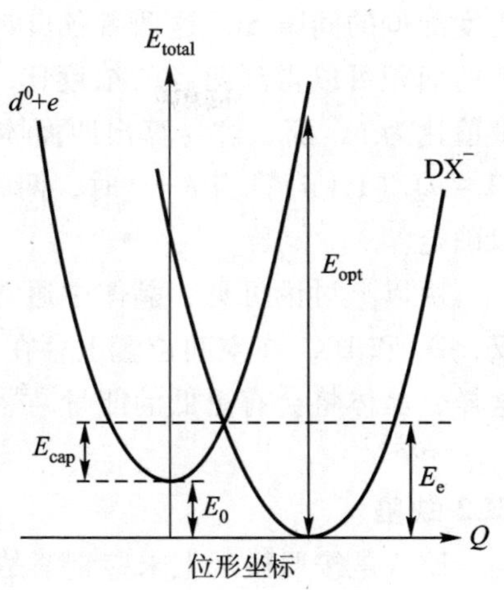

图 2.43 DX 中心的基态(DX^-)和亚稳态的位形坐标图

在上面的位形坐标图中，基态平衡位置的位形坐标对应于断键位形. DX 中心的上述断键模型得到正子湮没实验的证实. 当缺陷处于基态时，由正子湮没实验得到的空位浓度和用其它方法得到的该缺陷的浓度接近.[56]另一方面，在出现持久光电导的同时空位消失. Chadi 等的缺陷模型由于解释了大多数实验现象而被人们所接受，也得到了其它理论工作的支持.[57]

在 Chadi 等的模型中，基态和亚稳态的荷电状态及能级的相对位置表明了中心的负 U 性质. 这一点也得到了其它理论工作的支持.[58]可以用下面几个反应方程来描述负 U 性的 DX 中心的变化：

$$D^0 \to D^+ + e^- \qquad (2-6-1)$$

D^0 代表正常状态的中性施主. 在 AlGaAs 中这步反应只需要约 7meV. 另一个反应是：一个中性施主俘获一个电子同时释放更大的能量形成 DX^-(DX^- 用来代表 DX 中心的基态)：

$$D^0 + e^- \to DX^- \qquad (2-6-2)$$

这一步反应表明了 DX 中心的负 U 性质. 以上两步合起来构成以下的反应

$$2D^0 \to D^+ + DX^- \qquad (2-6-3)$$

上式说明，在电中性条件下，如果没有本身稳定的其它施主提供电子，顶多只有一半的施主原子转变为 DX^-. 即相关杂质的一半起深受主的作用，接受另一半浅施主上的电子. 但若存在本身稳定的其它施主，则 D^+ 可以吸收其电子转变为 DX^-，直至全部转变为 DX^- 为止.

DX 中心的负 U 性质已经通过对掺 Si 的 GaAs 红外局域振动吸收谱的观测得到证明.[59]在适当的流体静压力的条件下，一部分四面体配位的 Si_{Ga} 转变为三度配位的间隙 Si. 这两者各自具有自己的特征振动频率. 通过两者吸收谱带下的面积可以得到两者的浓度比. 若样品中含有受主，并且其浓度和 Si 的浓度值比为 θ，那么容易算出四面体配位的 Si_{Ga} 和三度配位的间隙 Si 的浓度比为 $(1-\theta)/(1+\theta)$；当 $\theta=0$ 时，两者的比值为 1. θ 可以通过霍尔效应的测量加以确定.

由以上讨论可见，晶体中通常同时存在 D^+ 和 DX^-. 由于它们所带电荷相反，D^+ 和 DX^- 在空间位置上存在相关性. 它们倾向于相间分布，形成偶极子. 这样，晶体将会有更低的能量.[60]

EL2 缺陷

EL2 是按照微观上未鉴别清楚的深缺陷的分类方法命名的一种缺陷.[61] 它在 GaAs 能隙的中央附近，导带以下约 0.75 eV 处，产生深施主能级. 可利用它来补偿浅受主，从而可不经掺杂得到在技术上颇具重要性的半绝缘的 GaAs. 在低于 100 K 的温度下，利用 1 ~ 1.3 eV 的光子的激发可使 EL2 进入亚稳态.[61,62] 在亚稳态，它的荷电状态保持不变. 亚稳态在带隙中没有能级. 加热到 110 K 以上又可回到基态. 这时又可重新观测到相应的光吸收. 两个状态之间相隔一个约 0.34 eV 的势垒. 这些性质使它成为人们研究得最多的一种缺陷. 现在，在理论上[63,64] 和实验上[65] 都已弄清楚，它和孤立的反位缺陷 As_{Ga} 相联系. 由基态到亚稳态发生的显著的晶格弛豫，也是通过断键实现的，如图 2.44 所示.

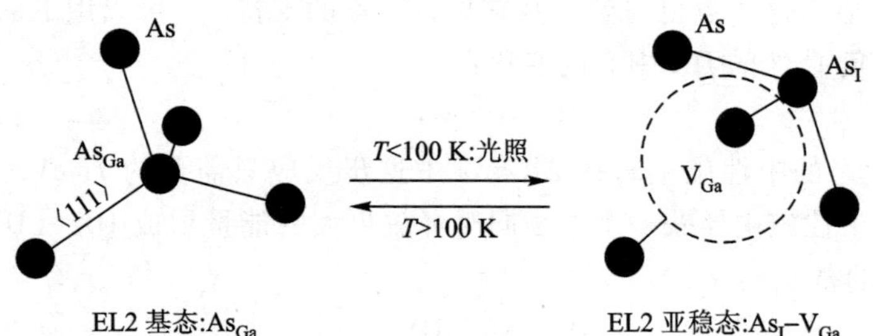

图 2.44 GaAs 中的 EL2 缺陷. As_{Ga} 在断键以后沿⟨111⟩反方向外移，成为一个间隙的 As_I，在 Ga 位处留下一个 Ga 空位 V_{Ga}

Dabrowski 等计算了 EL2 缺陷中电子处于不同状态时系统(包括畸变的晶格在内)的总能量随 As 的位移的变化，如图 2.45 所示.[63] 图中的零位移相当于 As 位于 Ga 的位置. F 态对应于基态，M 态对应于亚稳态.

对于 DX 中心和 EL2 缺陷的认识是关于杂质和缺陷的电子态研究的一个重要的进展. DX 中心的存在具有相当的普遍性. 除了 $x>0.22$ 的 $Al_xGa_{1-x}As$ 以

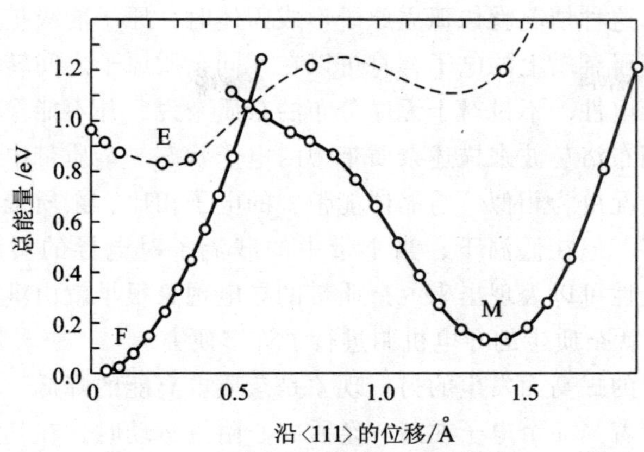

图 2.45 电子处于不同状态时 EL2 缺陷的总能量随 As 位移的变化

外，在掺杂浓度很高的 $Al_xGa_{1-x}As$ 中，在 $x>0.2$ 的 $Al_xGa_{1-x}Sb$ 中，$x>0.27$ 的 $Al_xGa_{1-x}N$ 中[66]以及其它一些化合物中[67]也存在类似的 DX 中心. 另外，相当大量的实验表明，断键机制是晶体中缺陷双稳性的一个带有普遍性的机制.[68]这类缺陷既可存在于共价晶体中，[69]也可存在于离子晶体中.[70]值得注意的是，在有些离子晶体中，双稳性出现的低温比较接近于室温.[71]

§2.7 重掺杂半导体

上面基于理想晶格所得到的能带图像中，允许能带和禁带之间是界限分明的，存在明确的带边. 带边 E_C 以下或 E_V 以上，电子的状态密度为零. 前面在含有杂质的半导体中，我们没有考虑杂质的存在对于能带的影响. 在讨论杂质上的电子状态时，我们假定了杂质之间是相互独立的不存在相互影响，杂质在禁带中形成能量确定的局部能级.

但以上的图像只是对掺杂浓度较低的情形才是正确的. 当杂质浓度较高时，无论是杂质上的电子状态，还是带边的情况都要发生变化.

对于高掺杂半导体中的电子状态已经进行了很长时间的研究. 但主要的结果还是定性的. 下面我们分别就中等掺杂情形和重掺杂情形作简单介绍.

中等掺杂情形

当晶体中杂质浓度很低时，杂质之间平均来说相距很远. 每个杂质都可近似看成是孤立的. 但随着杂质浓度的提高，相邻杂质上的基态电子轨道将发生交叠. 这时杂质能级将逐渐扩展为一个杂质能带. 随着杂质浓度的增加，杂质能带也逐渐变宽．这种情况就像孤立原子形成固体时，原子能级扩展为能带一样．这意味着束缚于杂质上的电子，将可以在不同杂质原子之间转移．杂质带将表现出一定的导电性．不过对于无序分布的杂质来说，并不能像晶体能带中的电子态那样，用布洛赫波来描述杂质带中的电子状态．杂质带中的情况和非晶态半导体中的情况更为相似．与晶体能带中的电子相比，杂质带中的电子运动当然要因难得多．但在低温下，当主带中的载流子对电导的贡献变得很小时，杂质带的导电性可以表现出来．杂质带的导电现象很早就由洪潮生等观察到，[72]后来人们曾就杂质带的导电机制进行了许多研究．[73]

随着杂质浓度的提高而发生的另一现象是杂质电离能的降低．杂质电子轨道发生交叠这意味着当一个电子在某一杂质中心附近运动时，在其轨道范围内还可以出现在其它中心附近运动的电子．它们将对该中心的势场产生屏蔽作用，使杂质中心对电子的束缚减弱，其结果是电离能随杂质浓度的升高而下降．当然这种现象只是在杂质浓度超过一定值以后才是显著的．很早就已观察到，在 Ge 中的施主浓度大于约 10^{14} cm^{-3}时，电离能开始下降[74]．载流子有效质量愈小，电离能开始下降的载流子浓度愈低．载流子的屏蔽作用对于电离能的影响还可以通过人为地注入过剩载流子来进行观察，结果是肯定的[75]．

随着杂质浓度的进一步增加，杂质中心将不再能够束缚电子(或空穴)，电离能将过渡为零．我们可以把电离能开始下降直到下降为零这个杂质浓度范围称为中等掺杂情形．

在 Ge 中，电离能下降为零的类氢施主和受主浓度分别约为$(2\sim3)\times 10^{17}cm^{-3}$和$\sim1.5\times10^{18}cm^{-3}$[73,74]．对 Si 中的受主约为$\sim7\times10^{18}cm^{-3}$．在 CdTe 中，由于小的电子有效质量，类氢施主电离能下降为零的浓度只约为$5\times 10^{16}cm^{-3}$[76]．图 2.46 所示为 Ge 中类氢施主电离能随杂质浓度的变化[77]．

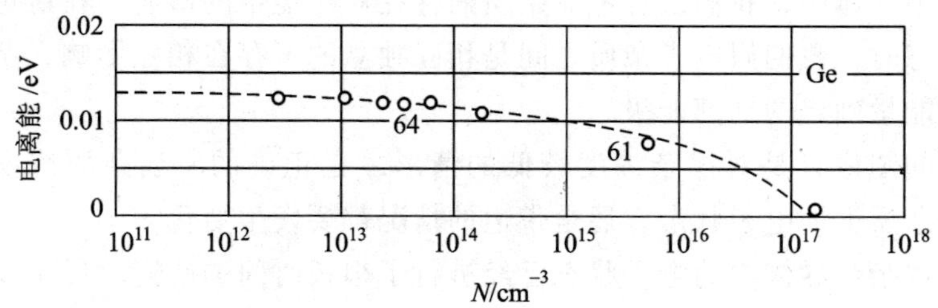

图 2.46 Ge 中类氢施主电离能随杂质浓度的变化

重掺杂情形

当杂质电离能下降为零时，杂质带和主带显然已经在能量上发生交叠，这时不再能区别杂质带和主带．

大量杂质的存在对于晶体中的能带也要发生影响．杂质中心可以和主带中的载流子发生相互作用．例如电离施主对导带电子的吸引作用可导致它们的能量降低，结果将使禁带宽度有所降低．[78] 图 2.47 所示为重掺杂所引起的 Si 的禁带宽度的变化和掺杂浓度的函数关系[79]．但这并不是唯一的效果．许多理论计算表明，杂质和主带中电子相互作用的结果会使靠近带边的电子状态在禁带中形成所谓**带尾**．[80] 带尾的存在可以从重掺杂 pn 结的发光光谱（参看§6.6），重掺杂半导体的吸收光谱以及金属－半导体隧道实验观察到．图 2.48(a) 为重掺杂半导体能态密度分布的示意图．虚线表示不含杂质时的态密度分布．图 2.48(b) 为由隧道实验测得的 p 型 GaAs 的态密度分布[81]．

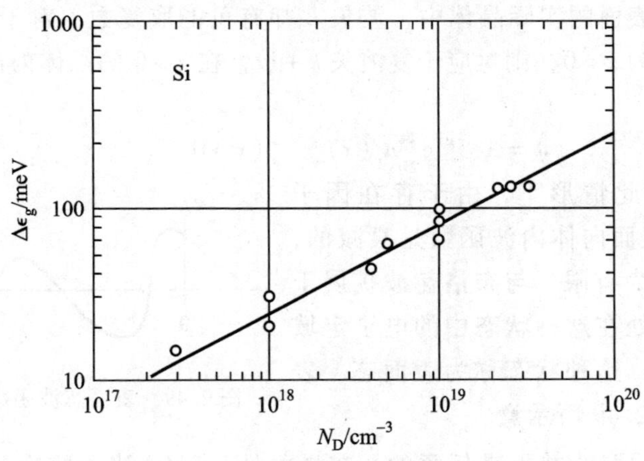

图 2.47 杂质引起的 Si 的禁带宽度的变化

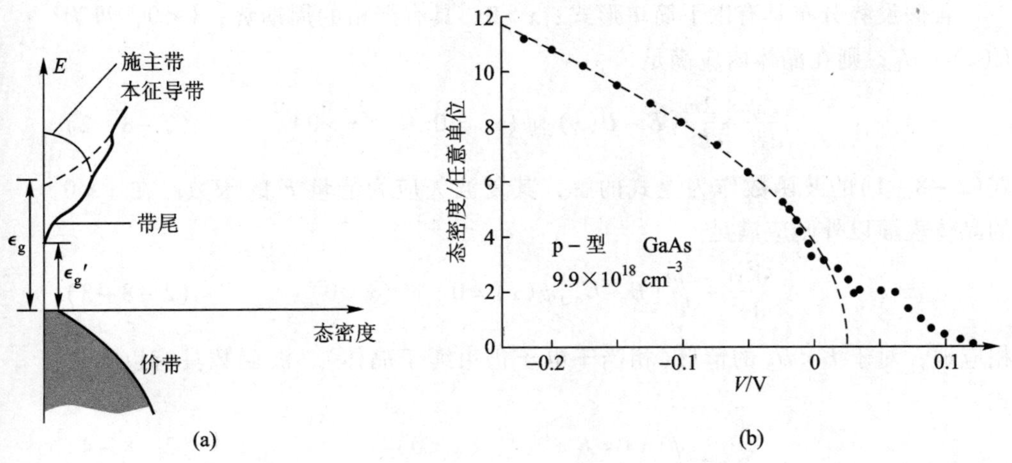

图 2.48 (a) 重掺杂半导体中能带边缘附近电子状态密度的分布

(b) 由实验测得的 p 型 GaAs 中的态密度

§2.8 表面态

塔姆表面态

塔姆最先指出，由于晶格周期性在表面处中断，在实际晶体中有可能出现定域在晶格表面附近的电子态.[82]

前面我们看到，在无限晶体中，电子波函数具有布洛赫波的形式(式(2-1-2))．波矢 $\boldsymbol{k}$ 的各分量必须为实数．这是因为在无穷远处波函数必须保持有限．但在具有表面的实际晶体中，波矢 $\boldsymbol{k}$ 却有可能取复数．对于一维情形，若把晶体表面取为 $x=0$，则对应于复波矢 $k+\mathrm{i}\mu$，在 $x>0$ 的晶体内部波函数有以下形式

$$\psi = A\mathrm{e}^{-\mu x}\mathrm{e}^{\mathrm{i}kx}u_k(x) \qquad (x>0) \qquad (2-8-1)$$

μ 为正实数．在此情形下，由于存在因子 $\exp(-\mu x)$，由表面向体内波函数是衰减的，仍可保持波函数为有限．与布洛赫波扩展于整个晶体相比，处在这种状态中的电子定域在晶体表面附近．这种状态称为表面态．表面态波函数如图2.49所示意.

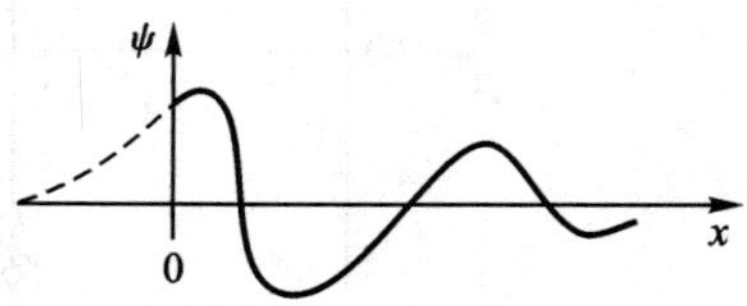

图2.49 表面态波函数示意图

但复波矢 k 的取值并不是任意的．在界面处($x=0$)波函数应是连续变化的．这将会限制 k 的取值.

若假设势分布具有以下简单形式：$x>0$，具有严格的周期势；$x<0$，势为 $U(x)=U_0$；则在晶体内应满足

$$\frac{\mathrm{d}^2\psi}{\mathrm{d}x^2}+\frac{2m}{\hbar^2}[E-U(x)]\psi(x)=0 \qquad (x>0) \qquad (2-8-2)$$

式(2-8-1)的波函数作为上式的解，其复波矢应为能量 E 的函数．在 $x<0$ 的晶体表面以外则应满足

$$\frac{\mathrm{d}^2\psi}{\mathrm{d}x^2}+\frac{2m}{\hbar^2}[E-U_0]\psi(x)=0 \qquad (x<0) \qquad (2-8-3)$$

相应地，对于 $E<U_0$ 的情形(相当于电子仍束缚于晶体)，波函数具有以下形式

$$\psi(x)=B\,\mathrm{e}^{\alpha x} \qquad (x<0) \qquad (2-8-4)$$

式中 α 为

$$\alpha=\frac{[2m(U_0-E)]^{1/2}}{\hbar} \qquad (2-8-5)$$

在 α 取正值时，上述波函数在 $x<0$ 的范围内是指数衰减的，从而保持波函数有限．但作为完整的波函数，式(2－8－1)和(2－8－4)的 ψ 必须是匹配的，即要求波函数本身及其一阶导数在 $x=0$ 是连续的：

$$Au_k(x)=B \tag{2-8-6}$$

$$A[\mathrm{i}ku_k(0)+u_k'(0)]=\alpha B \tag{2-8-7}$$

系数 A，B 有非零解的条件为

$$\begin{vmatrix} u_k(0) & 1 \\ \mathrm{i}ku_k(0)+u_k'(0) & \alpha \end{vmatrix}=\alpha B \tag{2-8-8}$$

$u_k(0)$，$u_k'(0)$，α 均为电子能量 E 的函数．上式实际上是确定允许 E 值的方程，它可化为

$$\mathrm{i}k+\frac{u'_k(0)}{u_k(0)}=\alpha \tag{2-8-9}$$

可以证明，在有限晶体中波矢为实数的状态仍然是允许的，且和无限晶体有相同的 $E-k$ 关系．这样，在存在晶体表面的情形下，引入了新的能量本征值．在适当的条件下，该能值可以在禁带之中．塔姆利用 Penny－Kronig 势模型[83]进行了计算．结果表明，在每两个允许带之间可能存在一个表面态．

对于三维半无限晶体，沿晶体表面的势场仍具有周期性．因此电子沿表面的运动仍应是非定域的．与一维情形的一个表面态相对应，应形成一个二维的表面能带．应可期望每个表面能带所包含的电子状态数等于表面所包含的原胞数．

在塔姆以后陆续有人通过各种简化的势模型，用各种方法对表面态的起源进行探讨[84]，尽管在不同条件下得到的存在表面态的条件并不相同，但都说明有可能存在表面态．多年来还发展了不少能够用于计算实际晶体表面态的方法．[85]

各种情形下的计算表明，表面态对于具体的表面势场分布是敏感的．认真的表面态计算要求得到正确的表面势场分布．这种势场分布显然与表面各原子实的具体位置和价电荷分布有关，即依赖于表面的再构和弛豫．这种势还应该是自洽的．因为表面的势场分布和价电荷分布也是相互依赖的．表面态对于表面势场分布的依赖就像三维晶体中的电子状态对于具体的晶格周期势的依赖一样．

表面悬挂键和表面能带

我们也可以从另一个角度来认识表面能带的存在．就像在形成晶体时，原子原来的一个能级将形成一个三维的能带一样，某种类型的悬挂键或表面某种重组的键都会形成一个表面能带．在弛豫后的表面，原胞中有几种类型的悬挂

键和重组键，相应地就有几个表面能带，如图 2.50 所示意. 图中只画出了两个表面能带，实际上可存在多个表面能带. 其中有的带也可以是部分占据的. 对应于不同的表面再构，表面能带应具有不同的结构.

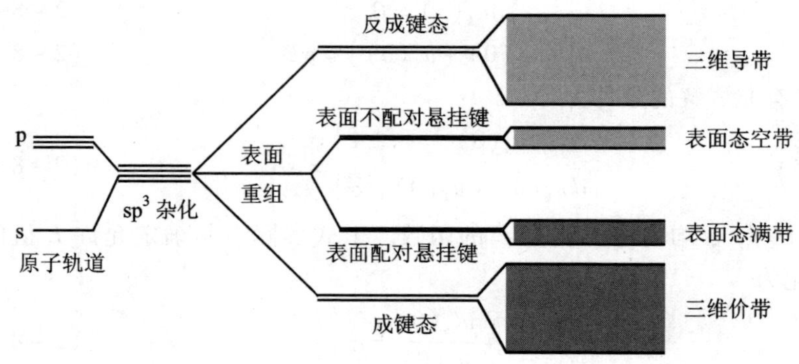

图 2.50 再构表面的悬挂键和相应的表面能带示意图

根据表面能带结构及填充情况的不同，可将表面区分为半导体性的或金属性的. 金属性的表面具有部分填充的表面能带.

表面能带中的电子构成所谓二维电子气. 带中电子的波函数同样可用二维的布洛赫函数描述，电子的群速度仍可写作

$$\boldsymbol{v} = \frac{1}{\hbar}\nabla_k E \tag{2-8-10}$$

在有些情形下，表面能带的带底或带顶具有抛物性的 $E-\boldsymbol{k}$ 关系：

$$E = E_0 + \frac{\hbar^2 k^2}{2m} \tag{2-8-11}$$

式中 $\boldsymbol{k}$ 为沿表面方向的波矢，$k^2 = k_x^2 + k_y^2$；E_0 为带底或带顶的能量；m 为表面带的有效质量，它和体内的有效质量没有直接的联系.

在 §2.5 中讨论过的 GaAs 的(110)面的(1×1)结构中，对应于 Ga 和 As 的悬挂键，各存在一个总状态数相同的表面能带. 由于 Ga 悬挂键能带的能量比 As 悬挂键能带的能量高，其中的电子全部转移到 As 悬挂键的能带中，并正好将该能带填满. 可见，GaAs 和其它许多类似的化合物的(110)(1×1)表面都是半导体性的. 实验上现已弄清，GaAs[86] 和大多数Ⅲ－Ⅴ化合物的(110)面在禁带中不存在表面态.[87] 关于 GaAs 的(110)面的(1×1)结构的表面态的经验赝势方法的计算结果和实验结果有相当好的一致.[88] 理论研究表明，弛豫通常使两个带的间距增大，多数情形下使它们由禁带中移出，分别进入导带和价带. GaAs 的这两个表面能带如图 2.51 所示意. 在Ⅲ－Ⅴ化合物中 GaP 是一个例外，实验表明，GaP 的(110)表面在禁带中存在空带[89]. 理论计算得到了同样的结论[90].

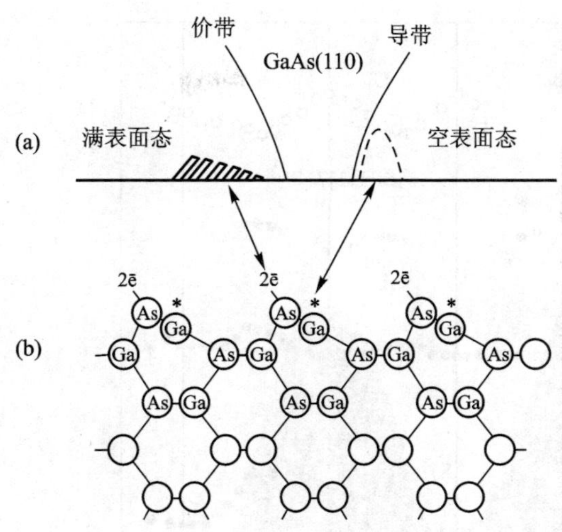

图 2.51 弛豫的 GaAs(110)面的表面态示意图

对于 GaAs 的(111)A 面的(2×2)再构，三个坎入的 Ga 原子，具有三个等价的悬挂键；Ga 空位周围的三个 As 原子也具有三个等价的悬挂键. 它们也形成总状态数相等的两个能带. Ga 悬挂键上的电子会转移到能量较低的 As 悬挂键上，于是能带结构也是半导体性的.

在我们讨论过的表面中，类似的情形还可能有 Si(001)(2×1)再构等表面等. 广而言之，完全消灭了悬挂键的表面一般都应该是半导体性的.

表面能带的电导

存在未饱和悬挂键的表面可能会导致部分填充的表面能带和金属性导电性. 金属性的表面能带未必由吸附于表面的金属原子构成；反之，吸附于表面的金属原子未必形成金属性表面能带.

在§1.5 中介绍的 Si(111)面(7×7)再构中，每个原胞具有 17 个未配对的悬挂键. 因此这种表面应是金属性的. 用角分辨光电子发射技术测得的表面能带结构示于图 2.52.[85] 分析表明，S_1 带和空带 U_1 来自添加原子的悬挂键，S_2 带来自其它原子的悬挂键；S_3 带则来自添加原子的背向键.[91] 由于这些悬挂键原先被部分被占据，S_1 带应为部分填充的，因而表面呈金属性.

从上世纪 60 年代开始人们就试图直接从实验上观测和表面能带相联系的电导，但未获成功. 直到近年来，人们并未放弃这方面的努力.[92] 金属性的 Si(111)面(7×7)再构表面是测量和研究的一个对象，有些研究组合曾宣称自己第一次测量到了表面能带的电导，但结果却存在相当大的分歧. 但有一点可以肯定：Si(111)面(7×7)再构表面的电导十分小. 因为 S_1 带的色散很不显著

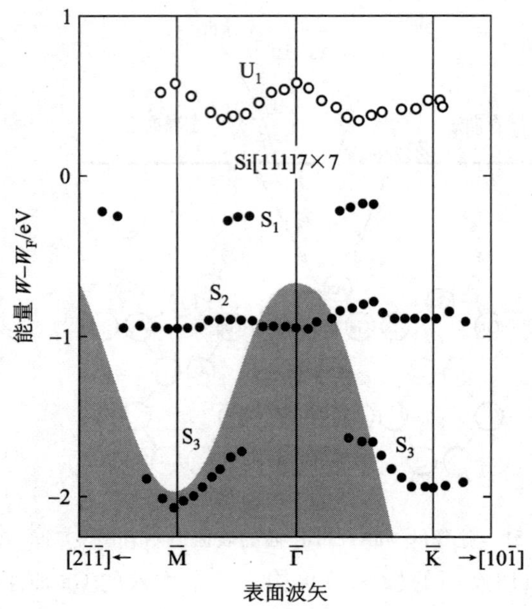

图 2.52 用角分辨光电子发射技术测得的 Si(111) 面(7×7)再构表面的能带结构

(对应很大的有效质量). 考虑到 S_1 带对应于添加原子的悬挂键, 而各(7×7)原胞中的添加原子之间有大的空间间隔, 在此能带中的电子带有很强的局域化性质. 此外 Si(111)($\sqrt{3}\times\sqrt{3}$)Ag 等表面也是研究的对象.[93]

第 2 章参考文献

[1] Callaway J. *Quantum Theory of the Solid State*. New York: Academic Press, 1976: chap. 3, 4.

Madelung O. *Introduction to Solid State Theory*. Berlin: Springer - Verlag, 1976.

[2] Kronig R de L, Penney W G. *Proc. Roy. Soc.* ABO, 1931: 499.

[3] McKelvey J P. *Solid State and Semiconductor Physics*. New York: Happer & Row Publishers, 1966: 215.

[4] 布洛欣采夫. 量子力学原理, 上册. 叶蕴理, 金星南译. 北京: 高等教育出版社, 1956: 25.

[5] Wannier G. *Phy. Rev.*, 1937, 52: 191.

Slater J C. *Phys. Rev.*, 1949, 76: 1592.

Smith R A. *Wave Mechanics of Crystalline Solids*. London: Chaman and Hall, 1961: 350.

[6] Elliott R J. *Phys. Rev.*, 1957, 108: 1384.

[7] Ben Daniel D J, Duke C B. *Phys. Rev.*, 1966, 152: 683.

[8] Barstard. *Phys. Rev. B*, 1982, 15: 7584.

[9] Luttinger J M, Kohn M. *Phys. Rev.*, 1955, 97: 869.

[10] Bastard G, Brum J A. *IEEE J. Quantum Electon.*, 1986, QE-22: 1625.

Bastard G. Wave Mechanics Applied to Semiconductor Heterostructures. Les Ulis: Les Editions de Physique, 1988.

[11] Altarelli. Proceedings of the School of Physics "ENRICO FERMI" Course CXVII. Horthholland. 1991: 217.

[12] Feher G. *Phys. Rev.*, 1959, 114: 1219.

Herman F, Ckorum R, Kuglin C D, et al. *QuantumTheory of Atoms, Molecules and Solids*. Ed. by Löwdin D O. New York: Academic Press, 1966: 381.

[13] Macfarlane G G, Mclean T P, Quarrington J E, et al. *Phys. Rev.*, 1957, 108: 1377. Macfarlane G G, Mclean T P, Quarrington J E, et al. *Phys. Rev.*, 1958, 111: 1245.

[14] Groves S, Paul W. *Phys. Rev. Lett.*, 1963, 11: 194.

Pidgeon C R. *Etectronic Structure in Solids*. Ed. by Haidemenakis E D. New York: Plenum Press, 1969: 47.

[15] Chelikowski J, Cohen M L. *Phys. Rev. B*, 1976, 14: 556.

Aspnes D E. *Phys. Rev. B*, 1976, 14: 5331.

[16] Rezaei B, Asgari A, Kalafi M. *Physica B*, 2006, 371: 107.

Min B J, Chan C T, Ho K M. *Phys. Rev. B*, 1992, 45: 1195.

[17] Conklin J B, Johnson L E, Pratt G W. *Phys. Rev.*, 1965, 137: A1282.

Lin P T, Kleinman L. *Phys. Rev.*, 1966, 142: 478.

Dalven R. *Electronic Structure of* PbS PbSe *and* PbTe. *Solid State Physics*, 1973, 28: 179.

[18] Shileika A. *Surf. Sci.*, 1973, 37: 730.

[19] Goryunova N A. *The Chemistry of Diamond-like Semiconductors*. Cambridge, MA: MIT Press, 1965.

[20] Johnson E R, Christian S M. *Phys. Rev.*, 1954, 95: 560.

[21] Hayes R E, Raymond R M. *Appl. Phys. Lett.*, 1977, 31: 300.

[22] Coleman J J, Holonyak N, Ludowise M I Jr., et al. *IEEE Semicond. Laser Conf.* 4th. Atlanta: *IEEE T. Quantum Electron*, 1974, QE－11 (1975): 471.

[23] Weyers M, Sato M, Ando H. *Japan. J. Appl. Phys.*, 1992, 31: L853. Bi W G, Tu C W. *Appl. Phys. Lett.*, 1997, 70: 1608.

[24] Hill R. *J. Phys. C: Solid State Phys.* 1974, 7: 521－526.

[25] 可参看关于 HgCdTe 的专集 *Semiconductors and Semimetals*. Ed. by Willardson R K, Beer A C. New York: Academic Press, 1981, Vol. 18.

[26] Vérié C. *Advances in Solid State Physics*. Ed. by Madelung O. Pergamon, Oxford: Vieveg, Braunschweig, 1970, Vol. X.

[27] Bastard G. *Physics of Narrow Gap Semiconductors*. In: Proc. of IIIth Int. Conf. 1977. PWN, Warszawa, 1978.

[28] Dimmock J O, Melngailis I, Strauss A J. *Phys. Rev. Lett.*, 1966, 16: 1193.

[29] Morgan T N. *Proc. Of the 11th Int. Conf. Phys. Semicond.*, *Warsaw*, 1972. Ed. by Miasek. PWN, Warsw, 1972: 989.
Morgan T N, Maier H. *Phys. Rev. Lett.*, 1971, 27: 1200.

[30] Kohn W. *Solid State Physics*, Vol. 5. Ed. by Seitz F, Turnbull D. New York: Academic Press, 1957: 257.

[31] Van Vechten J A, Thurmond C D. *Phys. Rev. B*, 1976, 14: 3539.
Petersen J W, Nielsen J. *Appl. Phys. Lett.*, 1990, 56: 1122.

[32] Sze S M. *Physics of Semiconductor Devices*. New York: John Wiley and Sons, 1981: 21.

[33] Whelan J M, Struthers J D, Ditzenberger J A. *Proc. Int. Conf. Semicond. Physic*, *Prague*, 1960. Prague: Publishing House of the Czechoslovak Academy of Sciences, 1961: 943.

[34] Zanio K. *Semiconductors and Semimetals*, Vol. 13. New York: Academic Press, 1978.

[35] Pödör B. *Semicond. Sci. Technol.*, 1996, 11: 827.

[36] Thomas D G, Hopfield J J, Frosch C J. *Phys. Rev. Letters*, 1965, 15: 857.

[37] Dean P J, Faulkner R A. *Phys. Rev.*, 1969, 185: 1064.

[38] Hopfield J J, Thomas D G, Lynch R T. *Phys. Rev. Lett.*, 1966, 17: 312.

[39] Cuthbert J D, Thomas D G. *Bull. Am. Phys. Soc.*, 1967, 12: 364.

[40] Goede O, Hennig D. *Phys. Status Solidi B*, 1986, 119: 261.
Goede O, Hennig D. *Fiz. i Tekh. Poluprovodn.*, 1988, 22: 1163.

[41] Henry C H, Dean P J, Cuthbert J D. *Phys. Rev.*, 1968, 166: 754.

[42] Henry M O, Lightowlers E C, Killoran N, et al. *J. Phys. C*. 1981, 14: L225.
Modavis R A, Hall D G, Bevk J, et al. *Appl. Phys. Lett.*, 1990, 57: 954.
Modavis R A, Hall D G, Bevk J, et al. *Appl. Phys. Lett.*, 1991, 59: 1230.
Iyer S S, Xie Y H. *Science*, 1993, 260: 40.
Moore K L, King O, Hall D G, et al. *Appl. Phys. Lett.*, 1994, 65: 2705.

[43] Phipps P B P, Kröger F A. *J. Phys. Chem. Solids*. 1969, 30: 1435.

[44] Boyn R. *Phys. Status Solidi.*, 1968, 29: 307.

[45] Hershman G H, Kröger F A. *J. Solid State Chem.*, 1970, 2: 483.

[46] Lorenz M R, Segall B. *Phys. Letters*, 1963, 7: 18.

[47] Weber E R, Ennen H, Kaufmann U, et al. *J. Appl. Phys.*, 1982, 53: 6140.

[48] Kaufmannt U, Schneidert J, Wornert R, et al. *J. Phys. C: Solid State Phys.*, 1981, 14: L951.

[49] Grazhulis V A, Kveder V V, Mukhina V Yu. *Phys. Status Solidi* (a), 1977, 44: 107.
Wosinski T, Figielski T. *Phys. Status Solidi*(b), 1975, 71: K73.

[50] Mott N F. *Proc. R. Soc. London Ser.* 1938, A146: 151.
Mott N F. *Proc. R. Soc. London Ser.* 1938, A167: 384.

[51] Anderson P W. *Phys. Rev. Lett.*, 1975, 34: 953.

[52] Ryskin A I, et al. *Appl. Phys. Lett.*, 1995, 67: 31.
Linke R A, Redmond I, Thio T, et al. *J. Appl. Phys.*, 1998, 83: 661.
Thio T, et al. *Appl. Phys. Lett.*, 1994, 65: 1802.
MacDonald R L, et al. *Optics Letters*, 1994, 16: 2131.

[53] Lang D V, Logan R A. *Phys. Rev. Lett.*, 1977, 39: 635.
Lang D V, Logan R A, Jaros M A. *Phys. Rev. B*, 1979, 19: 1015.

[54] Mizuta M, et al. *Jpn. J. Appl. Phys.*, 1985, 24: L143.

[55] Chadi D J, Chang K J. *Phys. Rev. Lett.*, 1988, 61: 873.

Chadi D J, Chang K J. *Phys. Rev. B*, 1989, 39: 10063.

[56] Mäkinen J, Laine T, Saarinen K, et al. *Phys. Rev. Lett.*, 1993, 71: 3154.

Krause - Rehberg R, Drost Th, Polity A, et al. *Phys. Rev. B*, 1993, 48: 11723.

[57] Dabbrawski J, Scheffler M, Strehlow R. In: *Proceedings of the international Conference on the Physics of Semiconductors*. Thessaloniki, Greece. Edited by Anastassakis E M, Joannopoulos J D. Singapore: World Scientific, 1990. 489.

Saito M, Oshiyama A, Sugino O. *Phys. Rev. B*, 1992, 45: 13745.

[58] Khachaturyan K A, Weber E R, Kaminska M. *Defects in Semiconductors, 15*. Switzerland: Trans. Tech., 1989: 1067.

[59] Wolk J, Kruger M B, Neyman J N, et al. *Phys. Rev. Lett.*, 1991, 66: 774.

[60] O'Reilly E P. *Appl. Phys. Lett.*, 1989, 55: 1409.

Suski T, Wisniewski P, Litwinstaszewska E. *Semicond. Sci. Technol.*, 1990, 5: 261.

[61] Martin G M. *Appl. Phys. Lett.*, 1981, 39: 747.

[62] Kaminska M, Skowronski M, Lagowski J, et al. *Appl. Phys. Lett.*, 1983, 43: 302.

[63] Dabrowski J, Scheffler M. *Phys. Rev. Lett.*, 1988, 60: 2183.

[64] Chadi D J, Chang K J. *Phys. Rev. Lett.*, 1988, 60: 2187.

[65] Krause R, Saarinen K, Hautojärvi P, et al. *Phys. Rev. Lett.*, 1990, 65: 3329.

[66] McCluskey M D, Johnson N M, Van de Walle G G, et al. *Phys. Rev. Lett.*, 1998, 80: 4008.

[67] Park C H, Chadi D J. *Phys. Rev. B*, 1995, 52: 11884.

[68] Nissilä J, Saarinen K, Hautojärvi P, et al. *Phys. Rev. Lett.*, 1999, 82: 3276.

[69] Mooney P M. *J. Appl. Phys.*, 1990, 67: R1.

[70] Piekara U, Langer J M, Krukowska - Fulde B. *Solid State Commun.*, 1977, 23: 583.

Dmochowski J E, Langer J M, Kalinski Z. *Phys. Rev. Lett.*, 1986, 56: 1735.

Dmochowski J E, Jantsch W, Dobosz D, et al. *Acta Phys. Pol.*, 1988,

A73: 247.

[71] Suchocki A, Koziarska B, Langer T, et al. *Appl. Phys. Lett.*, 1997, 70: 2934.
Koziarska - Glinka B, Langer J M, Suchocki A, et al. *Opt. Mater.*, 1998, 10: 313.

[72] Hung C S, Gleissman J R. *Phys. Rev.*, 1950, 79: 726.

[73] Fritzsche H, Cuevas M. *Phys. Rev.*, 1960, 119: 1238.
Fritzsche H, Cuevas M. In: *Proc. Int. Conf. Semicond. Phys.*, *Prague*, 1960. Prague: Publishing House of Czechoslovak Academy of Sciences, 1961: 222.
Mott N F, Davis E A. *Electronic Processes in Non-Crystalline Materials*. Oxford: Clarendon Press, 1979: 111.

[74] Pearson G L, Badeen J. *Phys. Rev.*, 1949, 75: 865.

[75] Glasko V B, Mironov A G. *Soviet Phys. Solid State*, 1962, 4: 241.
Bonch - Bruevich V I. *Soviet Phys. Solid State*, 1961, 3: 558.

[76] Woodbury H H, Aven M. *Phys. Rev. B*, 1974, 9: 5195.

[77] Debye P P, Conwell E M. *Phys. Rev.*, 1954, 93: 693.

[78] Cnowell E M, Lovinger B W. In: *Proc. of 6th Int. Conf. Phys. of Semicond.* London: Phys. Soc., 1962.

[79] Lanyon H P D, Tuft R A. *IEEE Tech. Dig.*, *Int. Electron Device Meet*, 1978: 316.

[80] Aigrain P. *Physica*, 1954, 20: 978.
Kane E O. *Phys. Rev.*, 1961, 131: 79.
Bonch - Bruevich V I. *Semiconductors and Semimetals*, Vol. 1. Ed. by Willardson R K, Beer A C. New York: Academic Press, 1966: 132.
Halperin B I, Lax M. *Phys. Rev.*, 1966, 148: 722.

[81] Mahan G D, Conley J W. *Appl. Phys. Letters*, 1967, 11: 29.

[82] Tamm I. *Z. Physik*, 1932, 94: 849; *Phys. Z. Sowjet.* 1932, 1: 733.

[83] 方俊鑫，陆栋主编. 固体物理学，下册. 上海：上海科学技术出版社，1981: 373.

[84] Maue A W. *Z. Physik*, 1935, 94: 717.
Goodwin E T. *Proc. Cambridge Phil. Soc.*, 1939, 35: 205, 221, 232.
Shockley W. *Phys. Rev.*, 1939, 56: 317.

[85] Mönch W. *Semiconductor Surfaces and Interfaces*. Berlin: Springer, 1995.

[86] Knapp J A, Lapeyre G J. *J. Vac. Sci. Technol.*, 1976, 13: 831.

Kahn A, So E, Mark P, et al. *J. Vac. Sci. Technol.*, 1978, 15: 580.

Yong S Y, Lubinsky A R, Marstik B J, et al. *Phys. Rev. B*, 1978, 17: 3303.

[87] 关于这方面的发展可参看化合物半导体界面物理会议文集 *J. Vac. Sci, Technol.*, 13(4)(1976), 14(4)(1977), 15(4)(1978), 16(4)(1979), 17(5)(1980).

[88] Chelikowski J R, Cohen M L. *Phys. Rev. B*, 1979, 20: 4150.

[89] Huijser A, van Laar J. *Surface Sci.*, 1975, 52: 202.

Cuichar G M, Sebanne C A, Thault C D. *J. Vac. Sci. Technol.*, 1979, 16: 1212.

[90] Bertoni C M, Manghi F, Calandra C. In: Physical Society of Japan. 15th Intern. Canf. Phys.

Semicond., Kyoto, 1980. J. Phys. Soc. Japan 1980, 49, Supplemant A: 1097.

Bertoni C M, Bisi O, Manghi F, et al. *J. Vac. Sci Technol.*, 1978, 15: 1256.

[91] Hamers R J, Tromp R M, Demuth J E. *Surf. Sci.*, 1987, 181: 346.

[92] Hasegawa Y, Lyo I W, Avouris P. *Surf. Sci.*, 1996, 32: 357-358.

Heike S, Watanabe S, Wada Y, et al. *Phys. Rev. Lett.*, 1998, 81: 890.

[93] Hasegawa Y, Grey F. *Surf. Sci.*, 2002, 500: 80.

第 3 章

电子和空穴的统计平衡分布[1,2]

半导体的电导率直接依赖于导带中电子* 和价带中的空穴的多少. 因此, 电子在半导体中各能级上如何分布的问题是个很基本的问题.

在热平衡的半导体中, 电子和空穴依赖于热激发产生. 热激发可以从晶格的热振动和晶体中的热辐射获得能量. 温度愈高热激发愈频繁. 因此电子和空穴的多少与温度有密切关系. 平衡时电子在各能级上的分布服从一定的统计规律, 它与激发电子和空穴的具体过程无关.

平衡分布是动态平衡的结果: 例如, 一方面, 由于热激发不断产生电子空穴对; 另一方面, 电子又不断跃迁回价带的空状态, 即进行着电子空穴的复合. 在热平衡的条件下, 一切微观过程都在统计平均的意义上保持着细致平衡: 任何方向相反的两个微观过程, 都以相等的速率进行着, 从而各能级上的电子分布保持不变. 相应地, 在宏观上电子和空穴保持一定的平衡浓度.

这一章就是要讨论在包括有杂质在内的平衡的半导体中电子和空穴的数目及其随温度的变化.

§3.1 费米分布函数

电子的自旋角动量为$\hbar/2$, 是费米子, 受泡利不相容原理的制约, 遵守费米－狄拉克统计: 能量为 E 的电子态被电子占据的概率 f 为

$$f = \frac{1}{1 + e^{\frac{E - E_F}{k_B T}}} \tag{3-1-1}$$

---

* 在后面的讨论中电子常常就是指导带中的电子.

E_F 称为费米能级，是平衡电子系统的一个重要参量，k_B 为玻尔兹曼常量. $f(E)$可了解为能量为 E 的状态中的平均电子数.

费米分布函数的性质

在这一节中，我们先不去导出费米分布函数式(3-1-1)，也不去讨论式中所包含的物理参量 E_F 的物理意义. 这些将放在§3.7 中进行. 这一节将主要讨论费米分布函数的性质. 这将有助于我们得到电子如何在不同能级上分布的清楚的图像.

由式(3-1-1)可见，能量为 E 的状态被占的概率 f 决定于该状态能级和费米能级之差 $E-E_F$ 和 k_BT 的比值：$(E-E_F)/k_BT$. 随着$(E-E_F)/k_BT$ 的增加，式(3-1-1)中的 $\exp[(E-E_F)/k_BT]$总是单调地上升，因而 f 总是单调地下降.

具体考察 f 的变化规律. 若 E 和 E_F 具有同一水平，即$(E-E_F)/k_BT=0$，则 $f=1/2$. 若能级 E 高于 E_F，即$(E-E_F)>0$，则有 $f(E)<1/2$；进一步，若能级 E 比 E_F 高出若干 k_BT，即$(E-E_F)/k_BT>>1$，则占有概率 $f<<1$. 若能级 E 在 E_F 以下，即$(E_F-E)>0$，则有 $f(E)>1/2$；进一步，若能级 E 低于 E_F 若干 k_BT，即$(E_F-E)/k_BT>>1$，则式(3-1-1)中的 $\exp[(E-E_F)/k_BT]\approx 0$，因而 f 接近于1. 这是 f 能够达到的最大的值. 即每个状态最多只能容纳一个电子. 这一点正是费米-狄拉克统计的出发点.

总结起来有

$$
\begin{aligned}
&(E-E_F)/k_BT>>1 \quad f\approx 0\\
&(E-E_F)/k_BT=0 \quad f=1/2\\
&(E_F-E)/k_BT>>1 \quad f\approx 1
\end{aligned}
\tag{3-1-2}
$$

在 T 趋于绝对零度时，情况最为简单：

$$
\begin{aligned}
&E>E_F \qquad f=0\\
&E<E_F \qquad f=1
\end{aligned}
\tag{3-1-3}
$$

如图3.1中的曲线1所示. 就是说，E_F 以上的能级全是空的，E_F 以下的能级全被填满. 这时 E_F 就代表电子填充能级的水平. 但在 $T\neq 0$ 的一般情形下，在 E_F 以上若干 k_BT 的能量范围内的状态被电子部分占据，而 E_F 以下若干 k_BT 内的状态，则有一部分是空的. 这显然是热激发的结果：E_F 以下 k_BT 量级能量范围内的电子被热激发到 E_F 以上. 于是，在 E_F 以上和以下若干 k_BT 的能量范围内存在一个 f 从0变为1的过渡区. k_BT 越大，过渡区越宽，如图3.1中的曲线2，3所示.

有时我们需要了解能量为 E 的能级上的平均空穴数，即被空穴占据的概率 f_h. 它应等于能级不被电子占据的概率 $1-f(E)$. 容易求得 f_h 为

$$
f_h(E)=1-f(E)=\frac{1}{1+e^{\frac{E_F-E}{k_BT}}}
\tag{3-1-4}
$$

和式(3-1-1)相比，上式中只是用 E_F-E 代替了 $E-E_F$. 因此，f_h 的性质类似于 f，只是在电子的能带图中，空穴的能量高低和电子的相反，空穴所处的能级愈低，能量愈高. 考虑到这一点，前面关于 f 的讨论对于 f_h 都是适用的. 图 3.2 表示 f_h 随空穴所处能级的能量的变化. 可见，能级的能量愈低，f_h 越小.

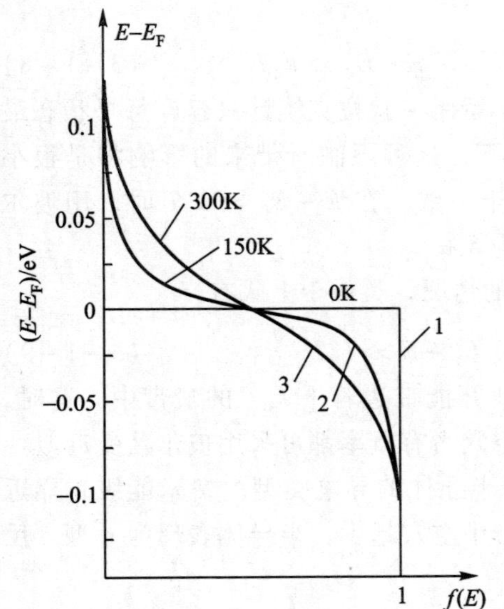

图 3.1 分布函数 f 随温度的变化. 不同曲线对应不同温度

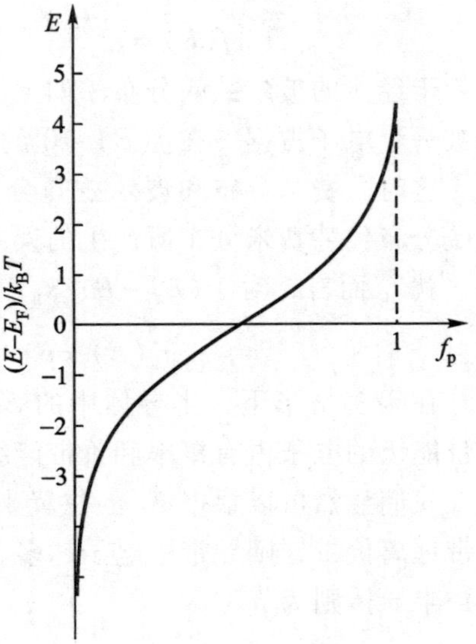

图 3.2 空穴占有概率随能级位置的变化

有些计算可能涉及分布函数 f 的微商. 由式(3-1-1)对能量 E 求微商，很容易得到

$$\frac{\mathrm{d}f}{\mathrm{d}E}=-\frac{1}{k_B T}f(1-f) \tag{3-1-5}$$

它对能量的积分必为 -1：

$$\int\frac{\mathrm{d}f}{\mathrm{d}E}\mathrm{d}E=-\int\frac{f(1-f)}{k_B T}\mathrm{d}E=-1 \tag{3-1-6}$$

f 对费米能 E_F 的微商为

$$\frac{\mathrm{d}f}{\mathrm{d}E_F}=\frac{1}{k_B T}f(1-f) \tag{3-1-7}$$

当 $|E-E_F|/k_B T \gg 1$ 时，$f(1-f)/k_B T\approx 0$. 在 $E=E_F$ 处 $f(1-f)/k_B T$ 有最大值. 因此当 $T\to 0$ 时，$f(1-f)/k_B T$ 表现为准 δ 函数. 这时只有 $E=E_F$ 的很窄的范围内 f 的变化显著，其它地方 f 的变化率都为零.

玻尔兹曼近似

以上我们大致了解了$f(E)$的变化情况．但是我们说E_F以上若干k_BT的能级$f(E)\approx 0$，并不是说这种情况下有关能级中的电子数就可以忽略不计了．我们常常正是需要求出这些能级中的电子数．在$(E-E_F)/k_BT>>1$时，分布函数分母中的$\exp[(E-E_F)/k_BT]>>1$，与之相比，1可以忽略．因而$f(E)$可近似为

$$f(E)=e^{-\frac{E-E_F}{k_BT}} \qquad E-E_F>>k_BT \qquad (3-1-8)$$

即趋于经典的玻尔兹曼分布．如上所述，费米－狄拉克统计只容许每个状态最多被一个电子占据．在$f(E)\approx 0$的情况下，这种限制所带来的影响将是很小的．这时，费米分布和玻尔兹曼分布趋于一致．在$E-E_F=3k_BT$时，用玻尔兹曼分布代替费米分布所产生的误差约为5%．

就f_h而言，对于$(E_F-E)/k_BT>>1$的情况，类似于上式有

$$f_h(E)=e^{-\frac{E_F-E}{k_BT}} \qquad E_F-E>>k_BT \qquad (3-1-9)$$

在很多情形下，半导体中的E_F在离开能带边若干k_BT的禁带中．这时，导带能级的电子占有概率和价带能级的空穴占有概率都可采用玻尔兹曼近似．

我们显然可以根据E_F的位置来判断半导体的导电类型．费米能级越靠近导带远离价带，则导带中电子越多，价带中空穴越少，半导体表现为n型．反之，半导体则为p型．

杂质能级的占有概率

式(3－1－1)给出的分布函数适用于相互独立的状态．所谓相互独立指的是当有一个电子占据某一状态后，不影响其它状态的存在．能带中的电子状态属于这种情形．但杂质上的电子状态并非如此．前面我们在讨论杂质的多重能级时已经看到，多重能级之间相互并不独立．

对于类氢施主来说，当有一个电子去占据空的施主态时，有两种状态可供选择：取正自旋或反自旋．然而一旦有一个电子以某种自旋占据了该能级，便不再可能有第二个电子以相同能量占据另一种自旋状态，因为要占据该状态需要很高的能量．由于上述由自旋引起的简并，电子占据施主能级的概率将和式(3－1－1)略有不同，有以下形式：

$$f_D=\frac{1}{1+\frac{1}{2}e^{\frac{E_D-E_F}{k_BT}}} \qquad (3-1-10)$$

f_D的性质与式(3－1－1)的分布函数的性质大致相同．但对于相同的$(E-E_F)/k_BT$比值，f_D略高于f．例如，在$E_D=E_F$时，f_D是2/3而不是1/2．这是因为中性状态比电离状态有更大的统计权重：2∶1．

上面说的是简单的类氢施主的情形．在更为一般的情形下，f_D 可表示为

$$f_D = \frac{1}{1 + \frac{1}{g_D} e^{\frac{E_D - E_F}{k_B T}}} \qquad (3-1-11)$$

施主能级被空穴占据，即不被电子占据的概率为

$$1 - f_D = \frac{1}{1 + g_D e^{\frac{E_F - E_D}{k_B T}}} \qquad (3-1-12)$$

式中 g_D 为施主的自旋简并度．

对于简单的类氢受主，情形也类似．空穴可按两种自旋方式占据基态．若以 $1 - f_A$ 表示空穴占据受主态的概率，则有

$$1 - f_A = \frac{1}{1 + \frac{1}{2} e^{\frac{E_F - E_A}{k_B T}}} \qquad (3-1-13)$$

式中 E_A 为受主基态能量．在更一般的情形下有

$$1 - f_A = \frac{1}{1 + \frac{1}{g_A} e^{\frac{E_F - E_A}{k_B T}}} \qquad (3-1-14)$$

式中 g_A 为受主基态简并度．容易得到受主能级被电子占据的概率 f_A 为

$$f_A = \frac{1}{1 + g_A e^{\frac{E_A - E_F}{k_B T}}} \qquad (3-1-15)$$

对于价带在 $\boldsymbol{k} = 0$ 简并的 Ge，g_A 是 4[3]，这得到了实验上的支持[4]．

§3.2　载流子浓度对费米能的依赖关系

对于给定的半导体，在给定的温度下，E_F 总是确定的．若已知 E_F，则可求出单位体积晶体中导带的电子浓度 n 和价带空穴浓度 p

$$n = \sum_j f(E_j), \quad p = \sum_i f_h(E_i) \qquad (3-2-1)$$

式中的求和分别对单位体积晶体中导带和价带的各状态进行．n 和 p 都是 E_F 的函数．由 §2.5 的讨论可知，向晶体中掺入施主或受主杂质，可以改变能带中的电子数量，从而改变费米能级的位置．

在这一节中我们暂时不涉及在各种情形下如何确定 E_F，而是假定 E_F 为以知，以求出电子浓度和空穴浓度．它们显然依赖于 E_F 的位置．计算主要针对导带电子进行．所得结果容易推广到价带空穴．

由于能带中的能级密度很高，在 E 到 $E + dE$ 的能量间隔内包含了大量的

电子状态. 因此可以引入态密度 $g(E)$ 来描述能带中电子状态的分布. $g(E)$ 表示在单位能量间隔内单位体积晶体中的状态数. 于是, 在 E 到 $E+\mathrm{d}E$ 内的状态数 $\mathrm{d}N$ 可表示为:

$$\mathrm{d}N = g(E)\,\mathrm{d}E \tag{3-2-2}$$

在此能量间隔内的电子数 $\mathrm{d}n$ 为

$$\mathrm{d}n = f(E,E_F)\,g(E)\,\mathrm{d}E \tag{3-2-3}$$

这样, 式(3-2-1)的求和可化为下面的积分

$$n = \int f(E,E_F)\,g(E)\,\mathrm{d}E \tag{3-2-4}$$

积分中包含 E_F 作为参量. 下面我们先求出态密度 $g(E)$, 再根据上式求出电子浓度 n 作为 E_F 的函数.

态密度

在第二章中已求出单位体积晶体 $\boldsymbol{k}$ 空间的状态密度, 它是均匀分布的. 计入了自旋相反的两个状态后, 应为 $2/(2\pi)^3$. 这里我们的任务是由 $\boldsymbol{k}$ 空间的态密度得到以能量为尺度的态密度 $g(E)$. 为此目的, 我们必须就 $E-\boldsymbol{k}$ 关系作出具体假定. 由于在平衡的导带中, 电子绝大部分处于导带底, 我们只需着重考察导带底附近的 $E-\boldsymbol{k}$ 关系和 $g(E)$.

设导带可用简单能带模型描述, 即导带底在 $\boldsymbol{k}=0$, 等能面为球形, 并具有抛物性的 $E-\boldsymbol{k}$ 关系:

$$\epsilon = E - E_C = \frac{\hbar^2}{2m_n}k^2 \tag{3-2-5}$$

ϵ 为由导带底 E_C 开始计算的电子能量, 它代表导带电子的动能. m_n 为电子有效质量. 容易求出动能小于 ϵ 的状态数 $N(\epsilon)$. 它等于动能小于 ϵ 的 $\boldsymbol{k}$ 空间的体积乘以 $2/(2\pi)^3$. 动能小于 ϵ 的 $\boldsymbol{k}$ 空间的体积就是能量为 ϵ 的球形等能面所包围的体积, 由式(3-2-5)可知, 它的半径为 $\sqrt{2m\epsilon}/\hbar$. 于是可得到 $N(\epsilon)$ 为

$$N(\epsilon) = \frac{8\pi}{3}\frac{(2m)^{3/2}}{(2\pi\hbar)^3}\epsilon^{3/2} = \frac{8\pi}{3}\frac{(2m)^{3/2}}{h^3}\epsilon^{3/2} \tag{3-2-6}$$

对上式求微商并与式(3-2-2)比较可得

$$g(\epsilon) = 4\pi\frac{(2m)^{3/2}}{h^3}\epsilon^{1/2} \tag{3-2-7}$$

如把 m 了解为空穴有效质量, ϵ 了解为 $E_V - E$ 则上式也适用于具有简单能带结构的价带顶.

由上式可见, 对抛物性带, $g(\epsilon)$ 随 $\epsilon^{1/2}$ 变化, 如图 3.3 所示. 这里要特别指出的是: 态密度依赖于有效质量. 有效质量大的带, 态密度也大.

对于由式(2-2-20)描述的, 具有各向异性有效质量的能带, 可按类似

于上面的方法，求出等能面椭球的半长轴 a，b，c，并进而求出椭球的体积$(4\pi/3)abc$. 对于等能面为旋转椭球的情形，可以得到：

$$g(\epsilon)=4\pi\frac{s(8m_1m_t^2)^{1/2}}{h^3}\epsilon^{1/2} \qquad (3-2-8)$$

上面假设了导带具有 s 个能谷. m_1，m_t 分别为纵向和横向有效质量. 可将上式改写为类似于式(3-2-7)的形式：

$$g(\epsilon)=4\pi\frac{(2m_d)^{3/2}}{h^3}\epsilon^{1/2} \qquad (3-2-9)$$

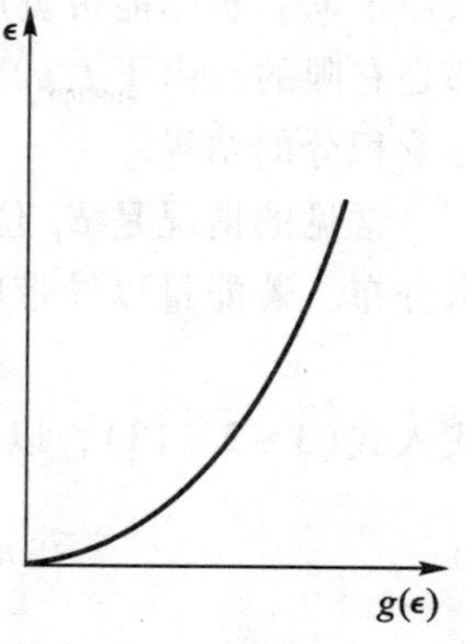

图 3.3 状态密度 $g(\epsilon)$随电子动能 ϵ 的变化

m_d 称为态密度有效质量，可表示为

$$m_d=(s^2m_1m_t^2)^{1/3} \qquad (3-2-10)$$

对于简单能带显然有 $m_d=m$.

在存在轻空穴带和重空穴带时，价带态密度应为两带态密度之和. 其态密度有效质量 m_d 和重空穴及轻空穴有效质量 m_{ph} 及 m_{pl} 的关系为

$$m_d^{3/2}=m_{ph}^{3/2}+m_{pl}^{3/2} \qquad (3-2-11)$$

因此，空穴按 $m_{ph}^{3/2}$ 和 $m_{pl}^{3/2}$ 之比，分配在重空穴带和轻空穴带之中，实际上空穴主要分布在重空穴带之中. 例如对于 Si，$m_{ph}=0.59m_0$，$m_{pl}=0.16m_0$，重空穴超过 80%.

载流子浓度

求得了态密度，就可根据式(3-2-4)计算电子浓度 n. $f(\epsilon)g(\epsilon)$代表电子按能量的分布，如图 3.4 中的阴影部分所示. 图中还给出了 $f(\epsilon)$和 $g(\epsilon)$作为参考.

我们先把 f 中的 E 和 E_F 改作以带边能量 E_C 作基准计算：$\zeta_n=E_F-E_C$. 于是分布函数可写作

$$f(\epsilon)=\frac{1}{1+e^{\frac{\epsilon-\zeta_n}{k_BT}}} \qquad (3-2-12)$$

n 可写为

$$n=\int_0^\infty 4\pi\left(\frac{2m_n}{h^2}\right)^{3/2}\frac{1}{1+e^{\frac{\epsilon-\zeta_n}{k_BT}}}\varepsilon^{1/2}\mathrm{d}\varepsilon \qquad (3-2-13)$$

式中 m_n 为电子有效质量. 上式中把积分上限

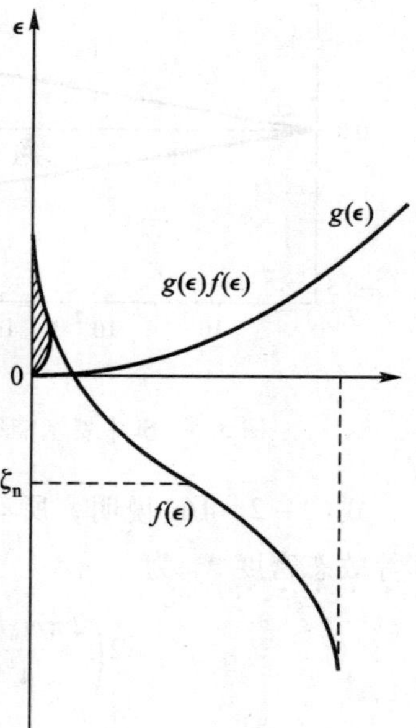

图 3.4 导带电子分布示意图

取作了∞. 实际能带宽度，特别是能作抛物性近似的那部分能带的宽度，当然都是有限的. 由于$f(\epsilon)$随ϵ的衰减十分迅速，因此积分上限取作∞并不会显著影响积分的结果.

常见的情况是E_F位于E_C以下若干k_BT. 我们可以用玻尔兹曼分布代替费米分布. 若能量以导带底为基准，则有

$$f(\epsilon) = e^{\zeta_n/k_BT}e^{-\epsilon/k_BT} \tag{3-2-14}$$

代入式(3-2-13)，以ξ代替ϵ/k_BT后，可得

$$n = 4\pi\left(\frac{2m_n k_B T}{h^2}\right)^{3/2} e^{\frac{\zeta_n}{k_BT}}\int_0^\infty \xi^{1/2}e^{-\xi}d\xi \tag{3-2-15}$$

上式中的定积分值为$\sqrt{\pi}/2$. 考虑到$\zeta_n = E_F - E_C$，可得到电子浓度n为

$$n = 2\left(\frac{2\pi m_n k_B T}{h^2}\right)^{3/2} e^{-\frac{E_C - E_F}{k_BT}}$$
$$= N_C e^{-\frac{E_C - E_F}{k_BT}} \tag{3-2-16}$$

上式适用于$E_C - E_F >> k_BT$的情形，称为非简并情形. 电子浓度n取决于$E_C - E_F$的大小. 可见，如上节已指出，E_F愈高，靠导带愈近，电子浓度愈高. 浓度的常用单位为cm^{-3}. Si中费米能级和电子、空穴浓度n，p之间的关系如图3.5所示.

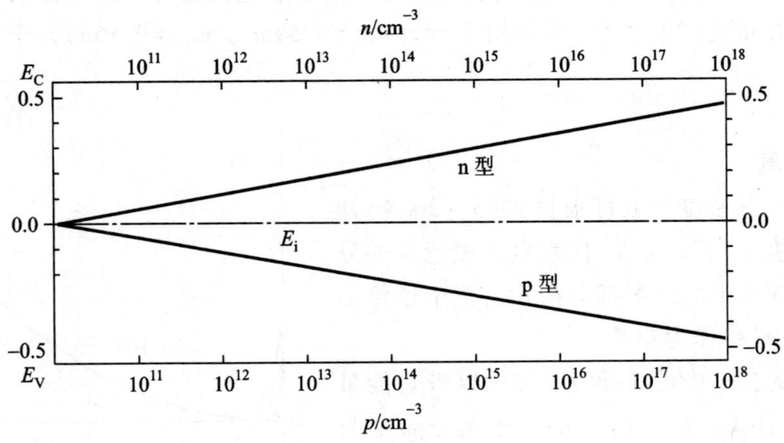

图3.5 Si中费米能级和电子、空穴浓度n，p之间的关系

式(3-2-16)说明，所有导带能级的作用可看作是集中在导带边E_C处，其等效态密度N_C为

$$N_C = 2\left(\frac{2\pi m_n k_B T}{h^2}\right)^{3/2}$$
$$= 2.509\times10^{19}\left(\frac{m_n}{m_0}\right)^{3/2}\left(\frac{T}{300K}\right)^{3/2}[cm^{-3}] \tag{3-2-17}$$

类似地，在非简并情形下，可以求得价带空穴浓度对 E_F 的依赖关系为

$$p=2\left(\frac{2\pi m_p k_B T}{h^2}\right)^{3/2} e^{-\frac{E_F-E_V}{k_BT}}$$

$$=N_V e^{-\frac{E_F-E_V}{k_BT}} \tag{3-2-18}$$

$$N_V=2\left(\frac{2\pi m_p k_B T}{h^2}\right)^{3/2} \tag{3-2-19}$$

等效态密度 N_C，N_V 是温度的函数，随温度的增加而增加．这一方面因为温度愈高载流子分布范围愈宽，$\propto k_BT$；另一方面，温度愈高，载流子分布的能量重心愈高，因而态密度愈大，$\propto \epsilon^{1/2}$．于是导致了 N_C，N_V 的 $T^{3/2}$ 关系．几种常见半导体的态密度有效质量和等效态密度给在表 3.1 中．

表 3.1 几种半导体的等效态密度和态密度有效质量(300K)

	N_C/cm^{-3}	N_V/cm^{-3}	m_n/m_0	m_p/m_0
Si	2.6×10^{19}	1.04×10^{19}	1.08	0.56
GaAs	4.7×10^{17}	7×10^{18}	0.067	0.48
Ge	1.08×10^{19}	6×10^{18}	0.55	0.37
GaN(W)	2.23×10^{18}	4.6×10^{19}		

至此，我们完全没有涉及半导体中 E_F 的具体位置及其如何变化．只有具体知道了 E_F 的位置及其随温度的变化，我们才能最后知道在不同温度下载流子的浓度．但到这一步，我们还可以指出下面的一个重要结论：对于任何给定的半导体材料，在非简并情形下，不管费米能级的具体位置如何，电子空穴浓度的乘积 np 的温度关系是确定的．事实上，由式(3-2-16)和(3-2-18)立刻可以得到

$$np=N_CN_Ve^{-\frac{E_C-E_V}{k_BT}}=N_CN_V\exp\left(-\frac{\epsilon_g}{k_BT}\right) \tag{3-2-20}$$

$$=6.30\times10^{38}\left(\frac{m_nm_p}{m_0^2}\right)^{3/2}\left(\frac{T}{300\text{K}}\right)^3\exp\left(-\frac{\epsilon_g}{k_BT}\right)\ [\text{cm}^{-3}]$$

式中 $\epsilon_g=E_C-E_V$ 为禁带宽度．

§3.3 本征载流子浓度

从这一节开始，在以下的几节中，我们将针对几种典型的情况分析和讨论

半导体中费米能级和载流子浓度的变化规律．在所有的讨论中都假设半导体保持电中性．实际上在平衡的均匀半导体的内部，不会存在电场，总是电中性的．

如在上一节已经说明，系统中的电子数随费米能级的升高而升高．因此，若 E_F 由很低向上变化，半导体将可由缺少电子(带正电)，向有过多的电子，即带负电，过渡．在 E_F 具有某一能值时，半导体中体电荷密度为零，即为电中性．以下我们讨论载流子浓度及相应的费米能级时，就是对应于这种电中性情形．

在包括含有外来杂质的一般情形下，半导体中费米能级的位置，载流子浓度以及它们随温度的变化，都和外加杂质的种类和数量有关．但在理想完整和纯净的半导体中，载流子只能通过本征激发产生．载流子的数量由晶体自身的性质决定．通常把这种半导体称为本征半导体．

这种情形下的电子、空穴的统计分布问题最为简单．统计只涉及导带和价带．如能得到电中性情形的 E_F 的位置，即可求得电子浓度 n 和空穴浓度 p．这里，电中性条件显然可直接写成

$$n = p \tag{3-3-1}$$

把上节得到的 n 和 p 的含 E_F 的表示式代入上式，可得

$$N_C e^{-\frac{E_C - E_F}{k_B T}} = N_V e^{-\frac{E_B - E_V}{k_B T}} \tag{3-3-2}$$

可解出 E_F．我们把这一特定情形下的 E_F 表示为 E_i，称为本征费米能级：

$$\begin{aligned} E_i &= \frac{E_C + E_V}{2} + \frac{k_B T}{2} \ln \frac{N_V}{N_C} \\ &= \frac{E_C + E_V}{2} + \frac{3 k_B T}{4} \ln \frac{m_p}{m_n} \end{aligned} \tag{3-3-3}$$

第一项的能量在禁带中央．第二项具有 $k_B T$ 量级，可使 E_i 相对禁带中央发生偏离．偏离的方向和大小与 m_p 和 m_n 比值有关．显然，m_p 和 m_n 应了解为态密度有效质量．对于 $N_V > N_C$，即 $\ln(N_V/N_C) > 0$的情形，在较高温度下，E_i 偏向导带一边，如图 3.6 所示．

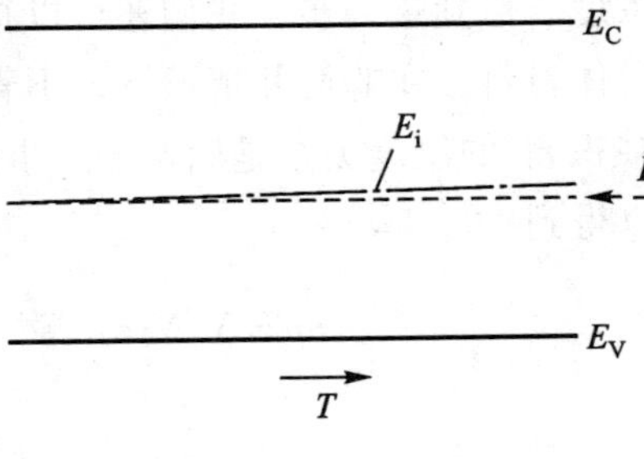

图 3.6 本征费米能级随温度变化示意图($m_p > m_n$)

将所得 E_i 代替 n 和 p 的式(3-2-16)和(3-2-18)中的 E_F，可得 n 和 p．但它们应是相等的，可统一表示为 n_i，称为本征载流子浓度：

$$\begin{aligned} n = p = n_i &= (N_C N_V)^{1/2} e^{-\frac{E_C - E_V}{2 k_B T}} \\ &= (N_C N_V)^{1/2} \exp\left(-\frac{\epsilon_g}{2 k_B T}\right) \end{aligned} \tag{3-3-4}$$

图 3.7 给出了 Ge，Si，GaAs 的 n_i 值随 $1/T$ 的变化[5]. n_i 取为对数坐标，横坐标取为$10^3/T$. 如由上式可预料的，$\ln n_i$ 与 $1/T$ 近似有线性关系. 由上式和图 3.6 都可看出，ϵ_g 愈大，曲线斜率愈大，n_i 值愈小. 表 3.2 给出了几种半导体的室温 n_i 值.

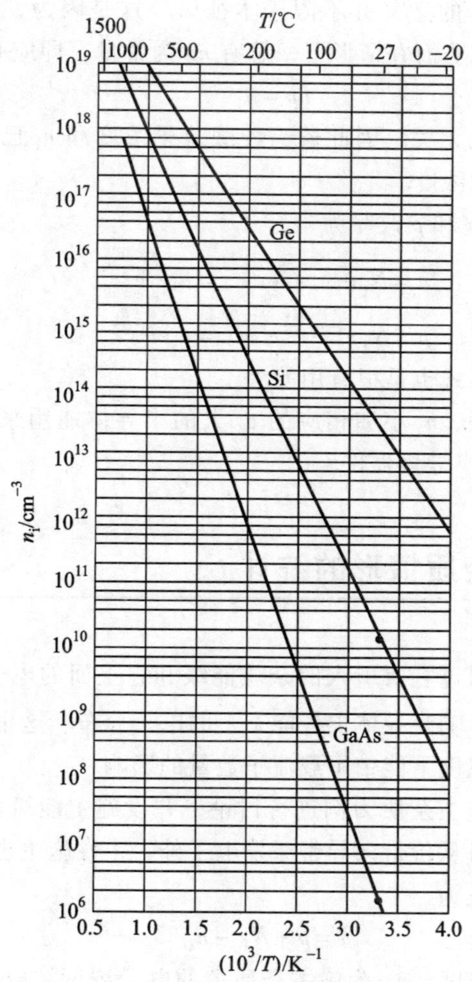

图 3.7 Ge，Si，GaAs 的本征载流子浓度随温度的变化

表 3.2 几种半导体的室温本征载流子浓度

材料	GaP	InP	CdTe	GaAs	Si	Ge	InAs	InSb
n_i/cm^{-3}	2.7	8.2×10^6	2.7×10^7	1.8×10^6	1.5×10^{10}	2.4×10^{13}	8.6×10^{14}	1.6×10^{16}

在实际半导体中总含有少量杂质. 在较低温度下，本征激发很弱，由杂质

提供的载流子往往远远超过本征激发. 例如，在 Si 和 GaAs 中，只要含有数量级为$10^{14}/cm^3$ 的浅能级杂质，室温下的载流子浓度就会远超过 n_i. 但在较高的温度下，本征激发仍将占优势. 这时，载流子浓度仍可由 n_i 给出. 我们把这一温度范围称为**本征区**.

但本征载流子浓度的意义并不限于本征区. 这是因为，如在上节已得到的，对任一半导体，在非简并情形下，总有 np 为常量，即应有

$$np = n_i^2 \tag{3-3-5}$$

而与半导体是否为本征无关. 因此若一种载流子浓度和 n_i 已知，则可根据上式求出另一种载流子的浓度.

利用 n_i 我们可把 n 和 p 改写为

$$n = N_C e^{-\frac{E_C - E_i}{k_B T}} e^{\frac{E_F - E_i}{k_B T}} = n_i e^{\frac{E_F - E_i}{k_B T}} \tag{3-3-6}$$

$$p = N_V e^{-\frac{E_i - E_V}{k_B T}} e^{\frac{E_i - E_F}{k_B T}} = n_i e^{\frac{E_i - E_F}{k_B T}} \tag{3-3-7}$$

在有些情形下，以上两式也是很有用的.

以后我们还将看到，n_i 小和相应的 ϵ_g 大的半导体能用来制造能在高温下工作的 pn 结和相关的半导体器件.

§3.4 含单一能级杂质情形的统计

杂质的引入将可通过它所引入的杂质能级和它上面的电子，影响 E_F 的位置，当然也会相应地影响半导体中各能态上的电子分布. 这里我们主要关心的是杂质的存在对不同温度下能带中载流子数量的影响.

为确定起见，以施主杂质为例进行讨论，并设施主能级位于禁带上半部. 由于在此情形下，除可从价带向导带激发电子外，中性施主也可向导带提供电子，电中性条件应修改为

$$n = p + N_D - n_D \tag{3-4-1}$$

式中 N_D 为施主杂质浓度，n_D 为施主杂质上的电子浓度. $(N_D - n_D)$ 给出施主向导带提供的电子的浓度. 它们都是 E_F 的函数，可以由上式求得 E_F，并进而得到电子浓度 n. 下面按不同电离程度分几种情形进行讨论.

弱电离情形

指杂质大部分没有电离的情形，即有 $N_D - n_D \ll N_D$. 在施主能级基本被电子占满的情形下，E_F 必定在 E_D 以上. 在此情形下，空穴浓度必远低于电子浓度，因而上式中的 p 可以略去. 这就是说由价带向导带的电子激发，即本征激

发，可以略去，导带电子是由施主杂质提供的．这相应于低温情形．电中性条件(3-4-1)变为

$$n = N_D - n_D \tag{3-4-2}$$

这和本征情形下的式(3-3-1)很相似，($N_D - n_D$)可看作施主上的空穴．(对于以下式(3-4-5)—(3-4-7)都可作类似对比).

利用式(3-1-1)，$N_D - n_D$ 可表示为

$$N_D - n_D = (1-f_D)N_D = \frac{N_D}{1+g_D e^{\frac{E_F - E_D}{k_B T}}} \tag{3-4-3}$$

弱电离条件下，由于 E_F 在 E_D 以上，上式分母必远大于1，因此上式可进一步近似为

$$N_D - n_D = \frac{N_D}{g_D} e^{-\frac{E_F - E_D}{k_B T}} \tag{3-4-4}$$

将上式和式(3-2-16)的 n 代入电中性条件(3-4-2)，可得

$$N_C e^{-\frac{E_C - E_F}{k_B T}} = \frac{N_D}{g_D} e^{-\frac{E_F - E_D}{k_B T}} \tag{3-4-5}$$

这又类似于式(3-3-2)．可解出 E_F 为

$$E_F = \frac{E_C + E_D}{2} + \frac{k_B T}{2} \ln \frac{N_D}{g_D N_C} \tag{3-4-6}$$

将所得 E_F 代入 n 的表示式(3-2-16)可得

$$n = \left(\frac{N_D N_C}{g_D} \right)^{1/2} e^{-\frac{\epsilon_D}{2k_B T}} \tag{3-4-7}$$

在得到上式时已用 ϵ_D 代替了 $E_C - E_D$．以上两式就是我们的主要结果．上式说明，在弱电离范围内，载流子浓度随温度的增加指数式地增加．若 n 取为对数坐标，相对 $1/T$ 作的曲线近似为直线，斜率为 $-\epsilon_D/2k_B$．利用此式，可由测量载流子浓度的温度关系确定杂质的电离能.

对于只含一种单能级受主的情形，可得类似结果

$$E_F = \frac{E_A + E_F}{2} - \frac{k_B T}{2} \ln \frac{N_A}{g_A N_V} \tag{3-4-8}$$

$$p = \left(\frac{N_A N_V}{g_A} \right)^{1/2} e^{-\frac{\epsilon_A}{2k_B T}} \tag{3-4-9}$$

显然，上述弱电离情形相当于 E_F 高于 E_D 或 E_A 高于 E_F 若干 $k_B T$ 的情形.

由式(3-4-6)可以了解 E_F 随温度 T 的变化趋势．在该式中，除第二项包含系数 $k_B T$ 外，对数项中的 N_C 也随温度变化．当 T 趋于零时，该式中第二项为零，E_F 位于 E_C 和 E_D 间的正中央．在很低温度下，$g_D N_C < N_D$，$\ln(N_D/g_D N_C) > 0$，因此温度升高，E_F 上升．当温度较高，因而 $g_D N_C$ 超过 N_D 时，

$\ln(N_D/g_D N_C)$具有负值．这时，温度升高，E_F 下降．显然，这是导带等效态密度随温度上升的结果．在更高的温度下，E_F 将可接近 E_D，以至于变到 E_D 以下．这时将进入下面我们要讨论的中等电离和强电离情形．

中等电离和强电离

在 E_C 接近 E_D 的中等电离及 E_C 远在 E_D 以下的强电离情形下，$(N_D - n_D)$ 的近似表示式(3－4－4)不能再使用，必须用采用费米分布的式(3－4－3)代替式(3－4－4)．于是，代替(3－4－5)我们得到：

$$\frac{N_D}{1+g_D e^{\frac{E_F-E_D}{k_B T}}}=N_C e^{-\frac{E_C-E_F}{k_B T}} \tag{3-4-10}$$

令

$$\chi=\left(\frac{N_C}{g_D N_D}\right)^{1/2} e^{-\frac{\epsilon_D}{2k_B T}} \tag{3-4-11}$$

上式可化为

$$\frac{1}{1+g_D e^{\frac{E_F-E_D}{k_B T}}}=\chi^2 g_D e^{-\frac{E_F-E_D}{k_B T}} \tag{3-4-12}$$

解关于 $y=g_D\exp[(E_F-E_D)/k_B T]$的二次方程：$\chi^2 y^2+\chi^2 y-1=0$，并将得到的结果取对数，可得

$$E_F=E_D+k_B T\ln\left[\frac{\sqrt{4+\chi^2}-\chi}{2g_D\chi}\right] \tag{3-4-13}$$

将上式代入式(3－2－16)可得

$$n=N_D\left[\frac{\chi}{2}(\sqrt{4+\chi^2}-\chi)\right] \tag{3-4-14}$$

由计算每个具体温度的χ值，可得 E_F 和 n 随温度的变化．

容易看出，在$\chi \ll 1$ 时，式(3－4－13)约化为

$$E_F=E_D+k_B T\ln\frac{1}{g_D\chi} \tag{3-4-15}$$

由上式可见，$\chi \ll 1$ 意味着 E_F 在 E_D 之上若干 $k_B T$，对应于弱电离．若代入χ的定义式，可得弱电离条件下的 E_F：式(3－4－6)．在弱电离区，参量χ实际上是电子浓度 n(式(3－4－7))和 N_D 的比值，就代表电离度．由此可见，χ的大小可用作弱电离和强电离的判据．在$\chi \gg 1$ 的条件下，上式化为

$$E_F=E_D+k_B T\ln\frac{1}{g_D\chi^2} \tag{3-4-16}$$

由于$\chi \gg 1$，等式右侧第二项小于零，即费米能级在 E_D 以下若干 $k_B T$，E_D 上的电子应已基本电离，对应于强电离．事实上，如将上式的 E_F 代入式(3－2－16)

可得

$$n = N_D \tag{3-4-17}$$

此时杂质全部电离．由χ的定义，式(3-4-11)，可将强电离条件写作

$$\left(\frac{N_C}{g_D N_D}\right)^{1/2} \gg \exp\left(\frac{\epsilon_D}{2k_B T}\right) \tag{3-4-18}$$

可借此式考察室温下浅杂质是否能达到强电离．设$\epsilon_D = 50$ meV，$2k_BT$为52 meV；可得右面指数项的值约为2.7．另一方面，Si在室温N_C值约为$10^{19}/\text{cm}^3$左右．可见在掺杂浓度为$10^{16} \sim 10^{17}/\text{cm}^3$时，强电离条件能很好地得到满足．至于更高掺杂浓度的情形，我们应考虑其电离能会逐步降低为零(参看§2.7)这一事实．对于GaAs，N_C虽然只有$5\times10^{17}/\text{cm}^3$量级，但其施主电离能更小．室温下强电离条件也易于得到满足．对于掺杂较高的情形，由于其有效质量小，有效玻尔半径大，在更低掺杂浓度下电离能已下降为零．因此对于常见的情形，可认为有$n = N_D$．

若将χ的值代入式(3-4-16)，可得

$$E_F = E_C + k_B T \ln \frac{N_D}{N_C} \tag{3-4-19}$$

在强电离区，由上式可得到E_F．由于必定有$N_C > N_D$，E_F随温度T近似有线性下降的关系，直至接近E_i，向本征情形过渡．不同掺杂浓度的Si的E_F随温度的变化情况示于图3.8[6]．

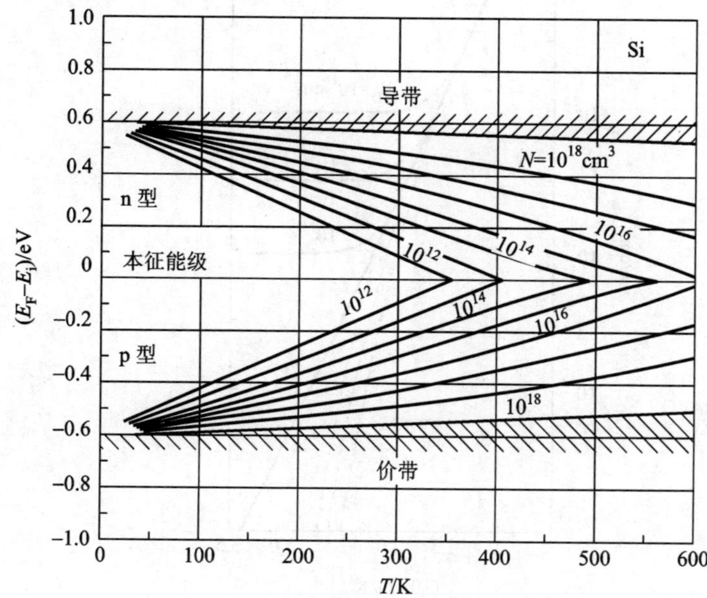

图3.8 不同掺杂浓度的Si中的E_F随温度T的变化

向本征过渡

以上讨论中略去了 p，即假定了本征激发可以忽略．但当 E_F 接近 E_i 时，本征激发不再能够忽略．这时由于杂质已完全电离，$n_D \approx 0$，于是，式(3-4-1)电中性条件化为

$$n = p + N_D \tag{3-4-20}$$

利用 $np = n_i^2$，可得关于 n 的方程

$$n^2 - N_D n - n_i^2 = 0 \tag{3-4-21}$$

可得 n 为

$$n = \frac{1}{2}N_D\left[1 + \left(1 + \frac{4n_i^2}{N_D^2}\right)^{1/2}\right] \tag{3-4-22}$$

在 $n_i/N_D \ll 1$ 时，上式约化为 $n = N_D$；而当 $n_i/N_D \gg 1$ 时，则约化为 $n = n_i$.

图 3.9 为由强电离区向本征区过渡的温度范围内载流子浓度随温度的变化．图中实线表示主要载流子(即由施主或受主杂质提供的那种载流子)的浓度，由于它比另一种载流子的浓度大得多，通常称为多数载流子；虚线则代表另一种载流子——少数载流子——的浓度．可见在低温下两者相差悬殊，但在高温下两者逐渐接近，并趋于 n_i．由图可见，掺杂浓度愈高，向本征过渡的温

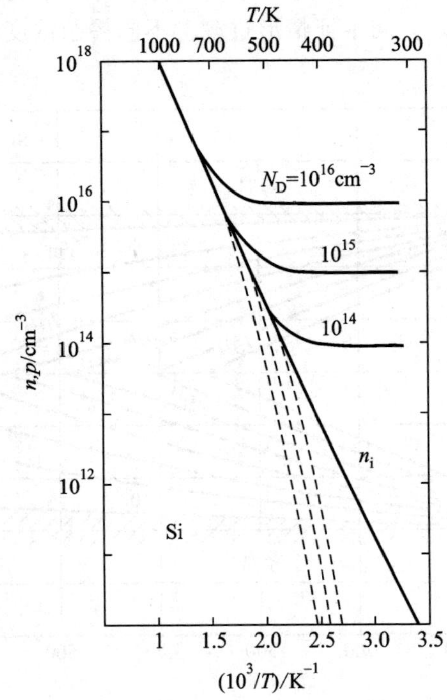

图 3.9 施主含量不同的 n 型硅中多子浓度和少子浓度随温度的变化

度愈高．转变温度大致可由

$$n_i = N_D \tag{3-4-23}$$

来确定．常把 n（或 p）$>> n_i$ 的情形称为非本征情形．

图 3.10 示意地画出了非本征半导体中多数载流子浓度在很宽的温度范围内的变化情况，图中横坐标为 $1/T$，右端对应于低温．

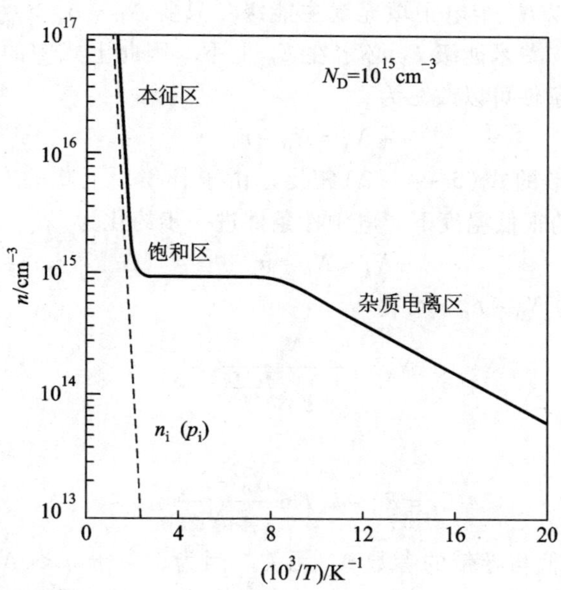

图 3.10　施主浓度 $N_D = 10^{15}\,cm^{-3}$ 的 n 型 Si 中的电子浓度在宽阔的温度范围内的变化

§3.5　补偿及多重能级情形的统计

在半导体中同时含有施主杂质和受主杂质时，在低温下载流子浓度随温度变化的情况和仅含单一单能级杂质的情形有所不同．

单能级施主和单能级受主的情形

为确定起见，设施主浓度 N_D 大于受主浓度 N_A．低温下，施主上的电子将首先填充受主能级，如图 3.11 所示．这种情形称为补偿．补偿的结果，施主最多只能向导带提供 $N_D - N_A$ 个电子．

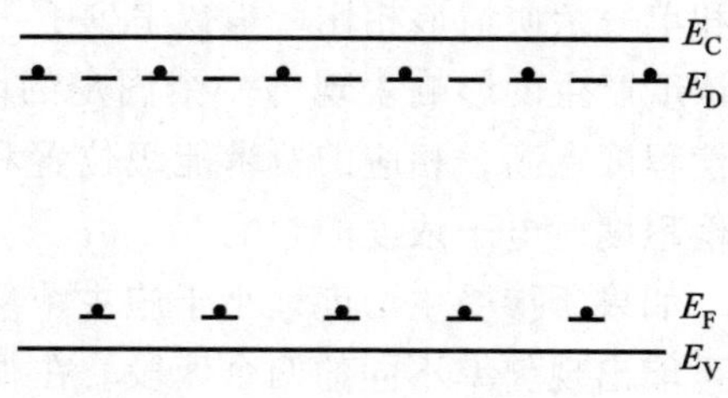

图 3.11　施主杂质和受主杂质间的补偿作用

在此情形下，价带和施主是提供电子的一方，所提供的电子数可表示为$p+N_D-n_D$，n_D表示施主上的电子数．导带和受主是接受电子的一方，所接受的电子数可表示为$n+N_A-p_A$，p_A表示受主上的空穴数．为保持电中性，这两方必须相等．这导致以下的电中性条件：

$$n+N_A-p_A=p+N_D-n_D \tag{3-5-1}$$

在低温下，施主要以N_A个电子填充受主能级．只要$N_D-N_A>N_A$，则施主最多只是部分电离的，费米能级E_F必定在E_D上下．因此上式中的p和p_A都可忽略．于是电中性条件可以改写为

$$n+N_A=N_D-n_D \tag{3-5-2}$$

和上节单一杂质情形的式(3-4-2)相比，由于补偿，上式的右面多了一项N_A．而在$n \ll N_A$的很低温度下，电中性条件进一步约化为

$$N_A=N_D-n_D \tag{3-5-3}$$

代入式(3-4-3)的N_D-n_D，可得

$$N_A=\frac{N_D}{1+g_D e^{\frac{E_F-E_D}{k_B T}}} \tag{3-5-4}$$

可解出E_F为

$$E_F=E_D+k_B T\ln\frac{N_D-N_A}{g_D N_A} \tag{3-5-5}$$

上式表明，E_F的高低与导带的参数N_C无关．因为，由于$n \ll N_A$，施主提供的电子主要只在施主和受主间分配．上式第二项代表E_F对E_D的偏离．其中，N_D-N_A为施主上的电子数，也就是中性的施主数；N_A代表无电子占据的施主数，即电离的施主数．可见E_F对E_D的偏离的符号和大小取决于未电离施主数和已电离施主数的比值，即$(N_D-N_A)/N_A$．在固定的温度和N_D下，N_A愈大，施主上电子愈少，E_F愈低．

将上式代入关于电子浓度的式(3-2-16)，可得

$$n=\frac{N_D-N_A}{g_D N_A}N_C e^{-\frac{\epsilon_D}{k_B T}} \tag{3-5-6}$$

上式的电子浓度的温度关系如图3.12所示．这里仍有指数型的$n-1/T$关系，但和单一杂质情形相比，指数中少了一个1/2的因子．E_F相对E_D的偏离对电子浓度产生的影响表现为一个固定的因子$(N_D-N_A)/g_D N_A$．该比值愈低，即补偿程度愈高，相应的费米能级位置和电子浓度也愈低．图3.12中还给出了补偿程度对电子浓度的影响[7]．

如果所掺受主浓度远小于施主浓度，$N_A \ll N_D$，则低温下在$n-1/T$曲线上可能出现斜率不同的两个区段．在很低温度下当$n \ll N_A$时，为补偿型，E_F和n由补偿情形的式(3-5-5)和(3-5-6)给出．在$n \gg N_A$的情形下，为非

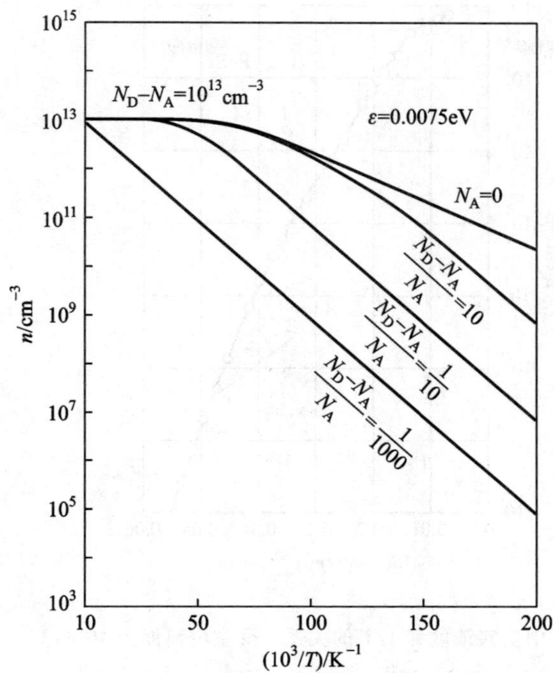

图 3.12 在不同补偿的情形下载流子浓度的温度关系

补偿型，受主的补偿作用可以忽略，E_F 和 n 由单一杂质情形的式(3-4-6)和(3-4-7)给出. 图 3.13 为掺杂浓度为 $7.4\times10^{14}/\text{cm}^3$ 的 p 型 Si 的实际测量结果[8]. 1 段对应于非补偿区，2 段对应于补偿区. 由发生转折的空穴浓度，可以对其中所含施主的浓度作出估计：约为 $10^{11}/\text{cm}^3$.

在 N_A 和 n 都不可忽略的一般情形下，用 N_A+n 代替 N_A，可将式(3-5-6)可改写成

$$\frac{n(N_A+n)}{N_D-N_A-n}=\frac{N_C}{g_D}e^{-\frac{\epsilon_D}{k_BT}} \tag{3-5-7}$$

在 $n\ll N_A$ 时，它约化为补偿型的式(3-5-6). 而在 $n\gg N_A$ 时则约化为非补偿型的式(3-4-7).

含多能级杂质的补偿统计

如在第二章中介绍的，许多杂质在半导体中产生多重能级，它们一般是深能级. 这里，我们要说明反型杂质的存在如何影响深能级杂质的统计，以及如何利用这种影响来确定和多重电离相联系的能级的位置.

对于具有两重能级的施主或受主，在 $\ln n-1/T$ 曲线上，通常可以清楚地观察到对应第一重能级的电离的直线部分，但更深的第二重电离却只能在对应

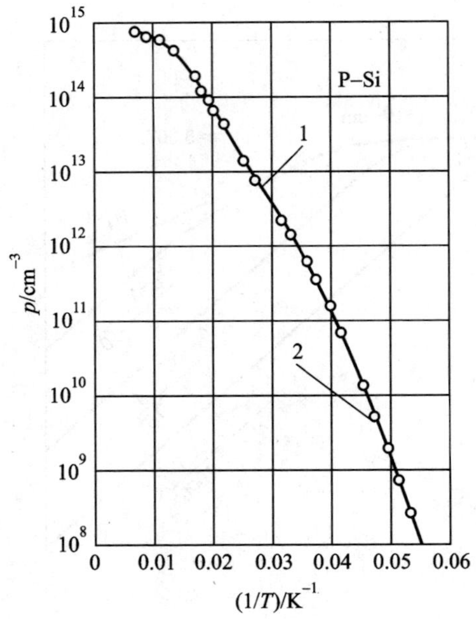

图 3.13 Si 中空穴浓度和 $1/T$ 的关系. 受主电离能为 46 meV. $N_A=7.4\times10^{14}\text{cm}^{-3}$. $N_D=10^{11}\text{cm}^{-3}$

较高温度的一小段曲线上观察到，如图 3.14 中的曲线 1 所示，可见，很难由之确定第二重电离能.

下面通过具有两重施主能级的杂质，说明适当的补偿产生的影响. 设两重施主能级都位于禁带上半部. 施主和受主的浓度分别为 N_D 和 N_A，它们之间满足以下关系：

$$N_D < N_A < 2N_D \tag{3-5-8}$$

$2N_D$ 对应施主的两重电离可提供的电子总数. 根据以上条件，第一重电离的全部 N_D 个电子和第二重电离的部分电子落入受主能级之中，如图 3.15 所示. 由于第二重施主能级是部分填充的，电离将从此能级开始，就像不存在第一重能级一样. 容易看出 E_{D2} 上的电子数，为 $2N_D-N_A$；E_{D2} 未被占据的施主数，为 N_A-N_D. 类似与前面讨论过的简单补偿情形，这里的比值 $(2N_D-N_A)/(N_A-N_D)$ 对应于式(3-5-6)中的 $(N_D-N_A)/N_A$. 因此，在 $n\ll(2N_D-N_A)$ 的条件下，若假设自旋简并因子为 1，可直接得到 n 为：

$$n=\frac{2N_D-N_A}{N_A-N_D}N_C e^{-\frac{\epsilon_{D2}}{k_BT}} \tag{3-5-9}$$

式中 ϵ_{D2} 为第二重电离能

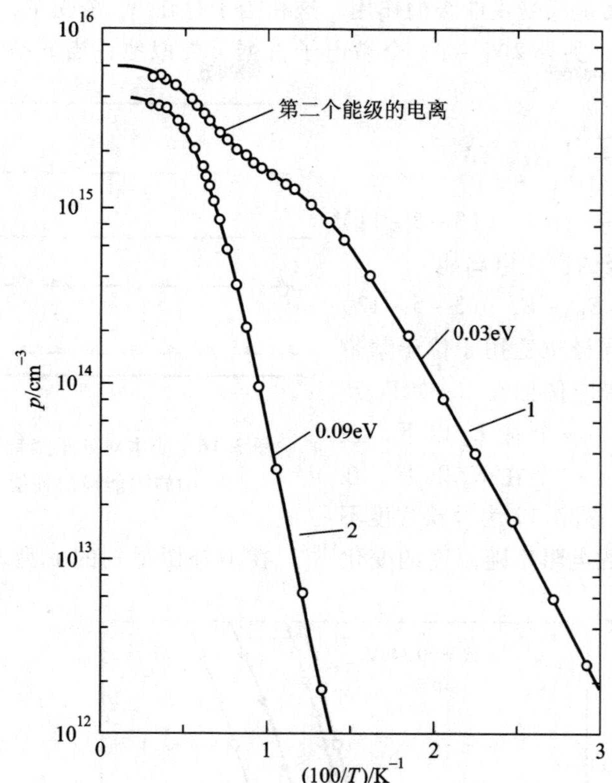

图 3.14 掺 Zn 的 Ge 中，空穴浓度随 $1/T$ 的变化

$$\epsilon_{D2} = E_C - E_{D2} \tag{3-5-10}$$

用上述方法，由实验的 $n-1/T$ 曲线可得到 ϵ_{D2}.

以上分析显然也适用于能级位于禁带下半部的两重受主. 图 3.14 中掺 Zn 的 p 型 Ge 低温下的 $p-1/T$ 曲线[9]中的曲线 1 对应于 $N_D < N_A$. 曲线 2 则对应于 $N_A < N_D < 2N_A$，在此样品中受主浓度 p 的变化对应于受主第二重电离.

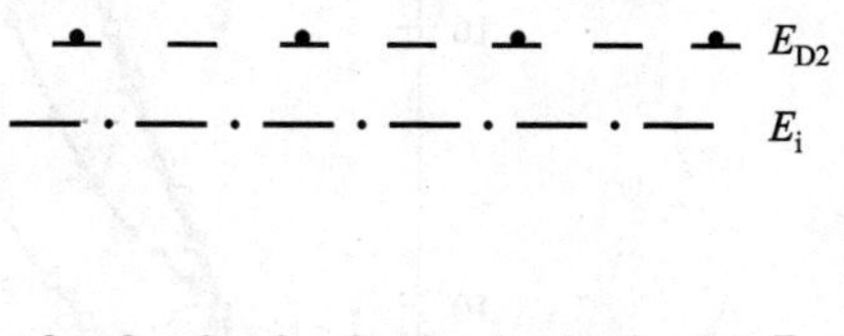

图 3.15 受主对两重施主的适当补偿，施主能级位于禁带上半部

位于禁带下半部的施主能级

如果两重施主能级杂质的第二重施主能级位于禁带下半部，则情况有所不同. 在式(3-5-8)的补偿条件下，两个能级上的电子填充情况和前面的相同，如图 3.16 所示. 不过由于被部分填充的 E_{D2} 位于禁带下半部，它将不起施

主能级的作用，而是起受主能级的作用．这相当于存在 N_D 个受主，其中 $N_A - N_D$ 个被空穴所占，另外 $2N_D - N_A$ 个被电子占据．类似地，当 $p \ll (N_A - N_D)$ 时，可将 p 写作

$$p = \frac{N_A - N_D}{2N_D - N_A} N_V e^{-\frac{\epsilon_i}{k_B T}} \tag{3-5-11}$$

式中 ϵ_i 为 E_{D2} 能级的空穴电离能

$$\epsilon_i = E_{D2} - E_V \tag{3-5-12}$$

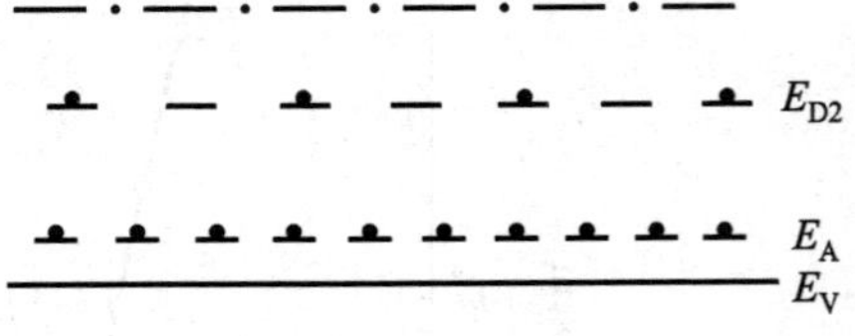

图 3.16 受主对处于禁带下半部的施主能级的补偿

以上的分析同样也适用于位于禁带上半部的受主能级．例如在 Ge 中 Fe 产生两重受主能级．一个在 E_i 以下，在 E_V 以上 0.35 eV；一个在 E_i 以上，在 E_C 以下 0.27 eV．图 3.17 为补偿程度不同的掺 Fe 的 Ge 的电阻率随温度的变化[10]．在由补偿得到的 n 型样品中，Fe

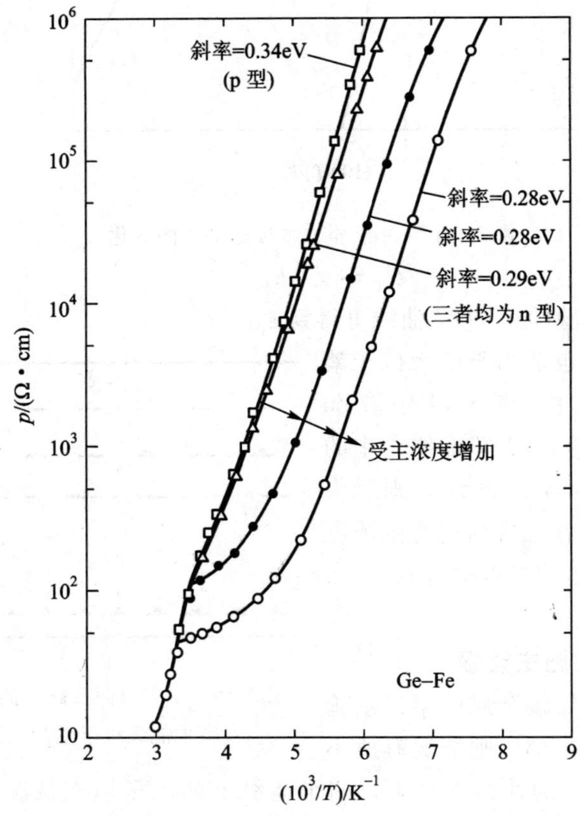

图 3.17 补偿程度不同的掺 Fe 的 Ge 的电阻率随温度的变化

的第二重受主能级起施主作用.

补偿性高阻——半绝缘的半导体

在掺有浅杂质的禁带较宽的半导体中，适当数量的深能级杂质或缺陷的存在可导致高阻.

在 Si 中，金是一种两性杂质：所产生的受主能级在导带边以下 0.54 eV，施主能级则在价带以上 0.29 eV. 在 n 型 Si 和 p 型 Si 中都能起补偿作用. 在掺浅施主的 Si 中，若金的浓度低于浅施主浓度，则浅施主上的电子部分地转移到金的受主能级上. 这和一般的补偿情况相同. 但若金的浓度高于浅施主浓度，则浅施主上的电子将全部转移到金的受主能级，从而 E_F 将被钳制在金的受主能级附近. 如上所述，该能级位于禁带上半部，但很深，因此 Si 表现为 n 型、高阻. 图 3.18 所示为掺有不同浓度浅施主的 n 型 Si 的电阻率随金的浓度的变化. 可见，当金的浓度超过浅施主浓度时，硅的电阻率迅速上升几个数量级. 在掺 Au 的 p 型 Si 中也存在类似的现象.

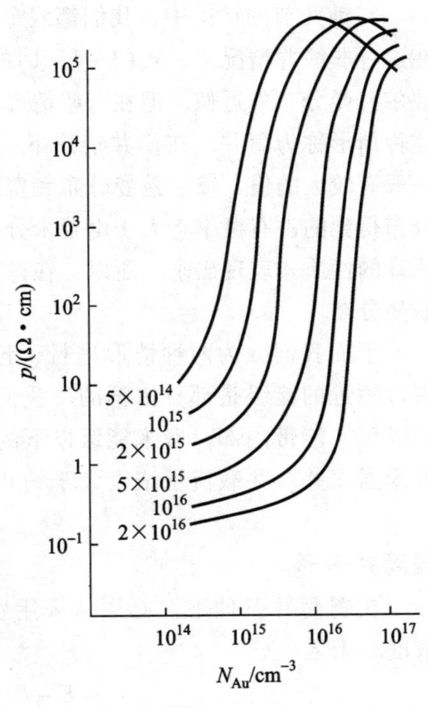

图 3.18 掺有 Au 和不同浓度浅施主的 n 型 Si 的电阻率随 Au 的浓度的变化

与上述现象类似，O 和 Cr 在 GaAs 中产生靠近 E_i 的深施主能级和深受主能级（O：导带以下约 0.75 eV，Cr：价带以上 0.79 eV）. 由于它们的补偿作用，可以得到性质近于绝缘的 GaAs. 由反位缺陷 AsGa 产生的导带边以下约 0.75 eV 处的深能级的补偿也可得到半绝缘的 GaAs. 在 InP 中，Fe 也产生深能级[11]. 半绝缘半导体在异质结构光电子器件中有所应用.[11,12]

要指出的是，对于多能级杂质的统计，上面我们实际上把多重能级当作互相独立的能级处理了. 但如前所述，由同一晶格形态的杂质所产生的多重能级并不是互相独立的. 例如当某施主中心的第一重能级上有电子占据时，第二重能级必定还没有电离，不可能有被空穴占据的概率. 因此，严格地说，我们并不能将各能级的数量视为恒定不变，并单独对于其中的一个应用费米分布函数. 不过，只要这些能级的间距足够大（ $\gg k_BT$），对于各能级的填充实际上是逐个进行的，因此仍可近似把它们当作独立的能级处理.

§3.6 简并情形的统计

在前几节的讨论中，我们都假定了费米能级位于离开带边较远的禁带之中. 在这种非简并情况下，式(3-1-1)的费米分布可由式(3-1-8)和(3-1-9)的玻尔兹曼分布来近似. 但在有些情形下，费米能级可以接近带边甚至进入带内. 这种情形称为简并. 在简并情形下，由于在靠近 E_F 的那些能级上，占有概率 f 一般有较大的值，玻尔兹曼分布和费米分布之间的区别将变得显著. 由玻尔兹曼分布得到的占有概率将大于由费米分布得到的. 正是在这种情形下，电子的量子统计的性质才表现出来. 所以，在计算载流子浓度时，必须用费米分布代替玻尔兹曼分布.

下面我们分为两种情形进行讨论. 一种情形是费米能级在带边上下不远，带边附近的能级是部分占据的. 我们称这种情形为弱简并. 另一种情形是费米能级深入能带内部，费米能级以下的各状态大部分被完全占据. 我们称这种情形为强简并. 在载流子浓度大于约 $0.8N_C$ 时，费米能级 E_F 开始进入能带.

弱简并情形

在弱简并条件下，必须从采用费米分布的式(3-2-13)出发计算载流子浓度. 引入

$$\xi = \frac{E - E_C}{k_B T}, \qquad \eta = \frac{E_F - E_C}{k_B T} \tag{3-6-1}$$

可将该式可改写为

$$n = N_C \frac{2}{\sqrt{\pi}} \int_0^{\infty} \frac{\xi^{1/2}}{1 + \exp(\xi - \eta)} d\xi = N_C F_{1/2}(\eta) \tag{3-6-2}$$

其中 $F_{1/2}(\eta)$ 为费米积分，表示下面的定积分：

$$F_{1/2}(\eta) = \frac{2}{\sqrt{\pi}} \int_0^{\infty} \frac{\xi^{1/2}}{1 + \exp(\xi - \eta)} d\xi \tag{3-6-3}$$

该定积分的值可由查表得到[13]. 但在 $\eta > 1.25$ 的情形下，可以由下式近似：

$$F_{1/2}(\eta) = \frac{4\eta^{3/2}}{3\sqrt{\pi}} \left(1 + \frac{\pi^2}{8\eta^2}\right) \tag{3-6-4}$$

图 3.19 中的曲线 1 和 3 分别为按经典统计和按费米统计的式(3-6-2)得到的载流子浓度 n 随 $\eta = (E_F - E_C)/k_B T$ 的变化情况. 图中的纵坐标以 N_C 为单位. 由图可见，在 $E_F - E_C > -3k_B T$ 时，两者的差别逐渐显著. 按玻尔兹曼分布得

到的电子浓度显著高于实际电子浓度.

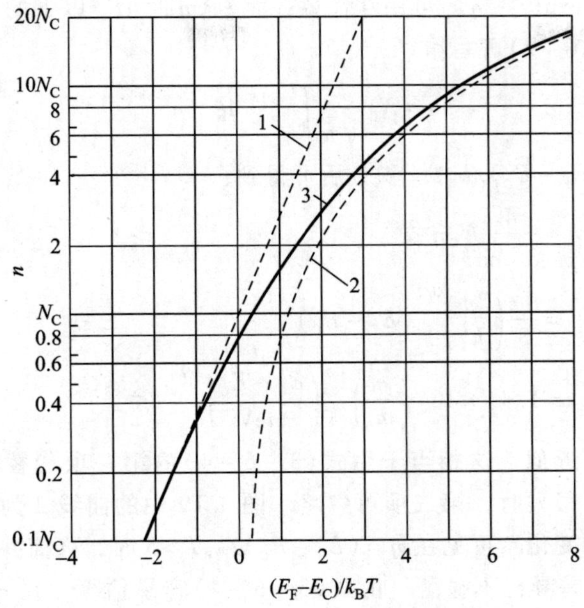

图 3.19 载流子浓度随$(E_F-E_C)/k_BT$的变化

曲线 1：玻尔兹曼近似；曲线 2：强简并近似；曲线 3：精确值

强简并情形

在$(E_F-E_C)/k_BT>>1$的强简并情形下，带内载流子分布的情形与金属中的电子分布接近：在E_F以下的大部分能量范围内，能级被电子占满，只是在E_F上下k_BT量级的能量范围内能级是被部分占据的，如图 3.20 所示. 可以近似认为E_F以下的能级全部被占满，而E_F以上的能级全部是空的. 由以上近似

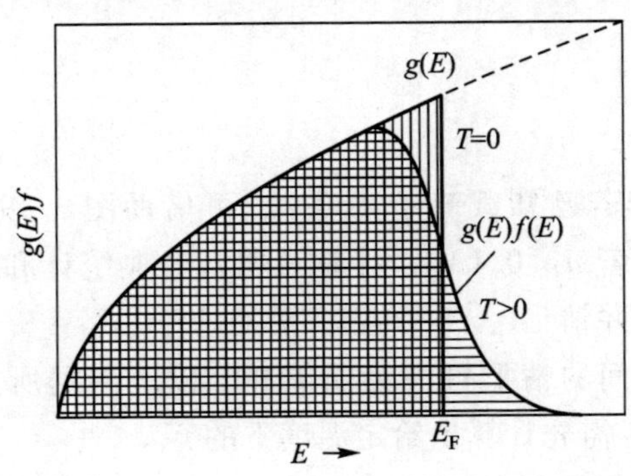

图 3.20 强简并情形下电子的能量分布

得到的电子浓度不会有太大误差．这样，在 $\xi>\eta$ 时（相当于 $E>E_F$），式(3－6－1)中的 $1/[1+\exp(\xi-\eta)]$ 可用0代替；而 $\xi<\eta$ 时（E_F 以下的能级）可用1代替．于是式(3－6－2)可写作

$$n\approx N_C\frac{2}{\sqrt{\pi}}\int_0^\eta\xi^{1/2}\mathrm{d}\xi \tag{3-6-5}$$

式中的 η 为比值 $(E_F-E_C)/k_BT$．积分后可得到：

$$\begin{aligned}n&\approx\frac{4}{3\sqrt{\pi}}N_C\eta^{3/2}\\&=\frac{8\pi}{3}\left(\frac{2m}{h^2}\right)^{3/2}(E_F-E_C)^{3/2}\\&=1.44\times10^{17}\left(\frac{m}{m_0}\right)^{3/2}\left(\frac{E_F-E_C}{\mathrm{meV}}\right)^{3/2}\quad[\mathrm{cm}^{-3}]\end{aligned} \tag{3-6-6}$$

可把它称为强简并近似．这相当于用式(3－6－4)的第一项代替了 $F_{1/2}(\eta)$，由该式可见，当 η 很大时，第二项可忽略．图3.19中的曲线2为按上式求得的电子浓度随 η 的变化．可见在 $\eta=(E_F-E_C)/k_BT>5$ 时，强简并近似和按严格计算所得结果的差异已不显著．由式(3－6－4)容易估算，在 $\eta=5$ 时所产生的误差不超过5%．

在强简并条件下，若已知电子浓度 n，则可按下式估算费米能级的位置：

$$E_F-E_C=16.9\left(\frac{m_0}{m}\right)\left(\frac{n}{10^{19}/\mathrm{cm}^3}\right)^{2/3}\quad[\mathrm{meV}] \tag{3-6-7}$$

显然，在上面诸式中，m 都是状态密度有效质量，并且是基于抛物性能带的假设．对于相同的电子浓度，m 愈小，E_F 深入导带愈深．上面的讨论虽然是针对导带进行的，但只要把 n 换成 p，用 η 代表 $(E_V-E_F)/k_BT$，m 了解为空穴状态密度有效质量，则所有的结果同样可用于空穴．

在窄禁带和零禁带半导体中，导带是非抛物性的，有效质量不是恒定的．有关统计可参看[14]．

简并的具体判据

在给定的温度下，若已知载流子浓度 n，可借助图3.19来区分非简并、弱简并或强简并．例如若 $n<0.1N_C$，计算表明，经典统计和费米统计的结果可视为一致，属于非简并情形．$n>10N_C$，约对应于 $(E_F-E_C)/k_BT>5$，可按强简并处理．在两者之间的情形可视为弱简并．以上判据所容许的误差约为5%．为进行上述判断，需先计算出给定温度下的 N_C．

对于不同半导体，在同样的载流子浓度下，有效质量较小者容易发生简并，这是因为 $N_C\propto m^{3/2}$，有效质量小者意味着有较大的 n/N_C 比值．例如对于

$m=0.8m_0$ 的情形，室温下的 N_C 值可由式(3-2-17)计算出约为 $1.8\times10^{19}/cm^3$；在 $n>1.8\times10^{18}/cm^3$ 时，才进入弱简并. 但对于 InSb，$m_n=0.014m_0$，室温下的 N_C 值约为 $4.16\times10^{16}/cm^3$；因此在 $n\approx5\times10^{15}/cm^3$ 时已进入弱简并范围.

窄禁带材料，容易发生简并. 这一方面因为大体有 $m_n\propto\epsilon_g$，禁带宽度愈小，N_C 愈小. 有时在不很高的电子浓度下就可以进入强简并. 另一方面，则因为即使在本征情形下，也有较高的载流子浓度. 零禁带半导体则总是简并的. 常见的情形是导带的有效质量远小于价带的，即使对于本征情形，E_F 也在导带之中.

§3.7 化学势和费米能

现在我们来导出式(3-1-1)的费米分布函数. 我们预先说明，如果把电子系统看作一个热力学系统，费米能 E_F 实际上就是系统的化学势 μ. 它是平衡系统的热力学参量. 下面先求出电子系统的最概然分布，求出系统的化学势，从而说明化学势就是费米能. 最后对准平衡状态作简单讨论.

能带中的电子分布和化学势

在下面的讨论中，我们只考虑单一能带，但结果易于推广于所有的能带.

考虑导带. 按能量 $E_1,E_2,E_3,\cdots,E_i,\cdots$ 把导带能级划分为若干个组，每组分别具有 $N_1,N_2,N_3,\cdots,N_i,\cdots$ 个能级，各被 $n_1,n_2,n_3,\cdots,n_i,\cdots$ 个电子所占据. 若把导带看作一个孤立系统，则应有总电子数和总能量保持不变：

$$n=\sum_i n_i \qquad (3-7-1)$$

$$E=\sum_i n_iE_i \qquad (3-7-2)$$

平衡时系统的热力学概率 W 应具有最大值. 热力学概率 W 为 $n_1,n_2,n_3,\cdots,n_i,\cdots$ 个电子在 $N_1,N_2,N_3,\cdots,N_i,\cdots$ 个能级上不同占据方式的总数. 它可写作 n_i 个电子在 N_i 个能级上不同占据方式数 W_i 的乘积

$$W=\prod_i W_i \qquad (3-7-3)$$

对于作为费米子的电子来说，泡利不相容原理要求每个能级中的电子数最多为 1，即每个能级中的电子数或者为 1 或者为 0. 考虑到全同粒子的不可分辨性，W_i 就是从 N_i 个能级中取 n_i 个的组合方式问题，无需进一步区别 n_i 个电子如何占据 n_i 个能级. 容易得到 W_i 为

$$W_i=\frac{N_i!}{(N_i-n_i)!\ n_i!} \qquad (3-7-4)$$

代替求 W 的最大值，求 $\ln W$ 的最大值

$$\ln W = \sum_i \ln W_i \tag{3-7-5}$$

当 N_i 和 n_i 足够大时，可以利用斯特林公式

$$\ln N! = N\ln N - N \tag{3-7-6}$$

将 $\ln W_i$ 表示为

$$\ln W_i = N_i \ln N_i - n_i \ln n_i - (N_i - n_i)\ln(N_i - n_i) \tag{3-7-7}$$

对于最概然分布，即使 $\ln W$ 最大的电子分布，应有

$$\begin{aligned}\delta\ln W &= \sum_i \delta\ln W_i \\ &= \sum_i \ln\frac{N_i - n_i}{n_i}\delta n_i = 0\end{aligned} \tag{3-7-8}$$

但是各 n_i 的改变量并不是任意的，它们必须受到条件(3-7-1)和(3-7-2)的限制，即应有

$$\delta n = \sum_i \delta n_i = 0 \tag{3-7-9}$$

$$\delta E = \sum_i E_i \delta n_i = 0 \tag{3-7-10}$$

分别乘以 α，β，对最概然分布应有

$$\sum_i \left[\ln\frac{N_i - n_i}{n_i} - \alpha - \beta E_i\right]\delta n_i = 0 \tag{3-7-11}$$

根据拉格朗日乘子法的原理，上式每一改变量的系数都应为零(这时,考虑到式(3-7-9),(3-7-10),式(3-7-8)得到满足,即有 $\ln W$ 为最大)，于是有

$$\ln\frac{N_i - n_i}{n_i} - \alpha - \beta E_i = 0 \tag{3-7-12}$$

从而得到最可概然布为

$$f_i = \frac{n_i}{N_i} = \frac{1}{1 + e^{\alpha + \beta E_i}} \tag{3-7-13}$$

当能级占有概率 $f_i \ll 1$ 时，上式应约化为玻尔兹曼分布

$$f_i = e^{-\alpha - \beta E_i} \tag{3-7-14}$$

即应有

$$\beta = \frac{1}{k_B T} \tag{3-7-15}$$

下面我们来证明 α 和化学势 μ 之间有以下关系

$$\alpha = -\frac{\mu}{k_B T} \tag{3-7-16}$$

平衡系统的化学势 μ 定义为

$$\mu = \left(\frac{\partial F}{\partial n}\right)_T \qquad (3-7-17)$$

式中 F 为系统的自由能

$$\begin{aligned} F &= E - TS \\ &= \sum_i n_i E_i - k_B T \ln W \end{aligned} \qquad (3-7-18)$$

S 为系统的熵

$$S = k_B \ln W \qquad (3-7-19)$$

对于温度为 T 的平衡分布，改变量 δn_i 引起的自由能 F 的变化为

$$\begin{aligned} \delta F &= \sum_i \left(E_i \delta n_i - k_B T \delta \ln W_i\right) \\ &= \sum_i \left(E_i - k_B T \ln \frac{N_i - n_i}{n_i}\right) \delta n_i \end{aligned} \qquad (3-7-20)$$

第一步利用了式(3－7－5)，第二步利用了式(3－7－7)．式中的 W_i，$(N_i - n_i)/n_i$ 和最概然分布相对应．由式(3－7－12)解出 $\ln[(N_i - n_i)/n_i] = \alpha + \beta E_i$，代入上式．考虑到 $\beta = 1/k_B T$，得到

$$\delta F = -\sum \alpha k_B T \delta n_i = -\alpha k_B T \delta n \qquad (3-7-21)$$

与化学势的定义式(3－7－17)相比，可见式(3－7－16)成立．于是，可把关于分布概率的式(3－7－13)改写作

$$f = \frac{1}{1 + e^{\frac{E-\mu}{k_B T}}} \qquad (3-7-22)$$

上式中略去了下标 i．和式(3－1－1)的分布函数相比，可见化学势 μ 就是该式中的费米能 E_F．

杂质能级上的电子分布概率

考虑由 N_D 单一施主能级 E_D 构成的施主系统．设其中的电子数为 n_D．系统的自由能 F_D 为

$$F_D = n_D - k_B \ln W_D \qquad (3-7-23)$$

式中的 W_D 为系统的热力学概率．在求 W_D 时，必须注意到施主能级和能带中能级的区别．对于施主能级，虽然每个能级也只能容纳一个电子，但由于自旋简并，占据施主的电子却可以取两种不同的自旋状态：正自旋或反自旋．对于一般情形，可把可取的不同状态数记作 g_D．系统的热力学概率可表示为

$$W_D = \frac{N_D!}{(N_D - n_D)!\, n_D!} g_D^{n_D} \qquad (3-7-24)$$

和式(3－7－4)的 W_i 相比多了一个 $g_D^{n_D}$ 因子．于是得到

$$\ln W_D = N_D \ln N_D - n_D \ln n_D - (N_D - n_D)\ln(N_D - n_D) + n_D \ln g_D \quad (3-7-25)$$

系统的自由能可写作

$$F_D = n_D E_D - k_B T[N_D \ln N_D - n_D \ln n_D - (N_D - n_D)\ln(N_D - n_D) + n_D \ln g_D] \quad (3-7-26)$$

由化学势的定义可得

$$\mu_D = E_D - k_B T \ln \frac{g_D(N_D - n_D)}{n_D} \quad (3-7-27)$$

略加整理，可得分布概率为

$$\frac{n_D}{N_D} = f_D = \frac{1}{1 + \frac{1}{g_D} e^{\frac{E_D - \mu_D}{k_B T}}} \quad (3-7-28)$$

可见式中的 μ_D 就是式(3-1-11)中的 E_F.

空穴占据受主能级的概率可由类似的方法得到.

子系间的平衡

设系统由导带、价带、施主和受主组成，各子系的化学势分别用 μ_C，μ_V，μ_D 和 μ_A 表示. 若整个系统处于热平衡，则系统的自由能应达到最小值，这时系统必定具有统一的化学势，即有

$$\mu_C = \mu_V = \mu_D = \mu_A = \mu \quad (3-7-29)$$

在有些情形下、导带、价带、施主和受主各自与晶格之间作用较强，可分别与晶格达到平衡，各具有自己的化学势；但子系之间相互作用较弱，各子系化学势可以并不相等. 这是一种准平衡状态. 这时，包括各子系在内的整个系统的自由能并未达到最小值，整个系统并未达到平衡. 若有电子在各子系之间转移，系统的自由能的改变量 δF 可表示为

$$\delta F = \mu_C \delta n_C + \mu_V \delta n_V + \mu_D \delta n_D + \mu_A \delta n_A \quad (3-7-30)$$

例如若导带化学势高于价带的化学势，那么若有电子自导带转移到价带，必导致系统自由能的降低. 这种转移的另一个后果是：导带化学势有所降低，而价带化学势有所升高，使两者相互接近. 如无外界的作用，电子在子系之间的再分配要持续到各子系的化学势相等. 这时，由于

$$\delta n = \delta n_C + \delta n_V + \delta n_D + \delta n_A = 0 \quad (3-7-31)$$

必定有

$$\delta F = \mu(\delta n_C + \delta n_V + \delta n_D + \delta n_A) = 0 \quad (3-7-32)$$

于是，自由能达到最小值，系统达到平衡. 可见，在准平衡的条件下，系统达到平衡的过程就是电子由化学势高的子系向化学势低的子系转移的过程，直至具有统一的费米能级.

这一结论对于分析不同子系间的电子转移是十分有用的. 对于和晶格处于热平衡的各子系来说，子系间费米能级的差异可看作驱动电子在不同子系间转移的动力.

以上的分析是对晶体中同一地点的不同子系进行的. 我们也可以把晶体的不同部分看作不同的子系. 不同部分之间化学势的差异，将会导致电子在不同部位之间的转移，由化学势较高的部分流向化学势较低的部分. 一直到晶体各部分的化学势相同，即在能带图中费米能级保持水平，否则电子的流动不会停止.

§3.8 宽禁带半导体的掺杂问题和自补偿

许多半导体既能掺杂为 n 型，又能掺杂为 p 型. Ge，Si 和大多数Ⅲ－V化合物属于这种情形. 这类半导体称为双极性半导体. 双极性质对于实际应用来说是十分重要. 许多半导体器件都是通过把半导体的不同部分掺杂为不同导电类型制成的，但如人们早已知道的，一些宽禁带的半导体，例如不少Ⅱ－Ⅵ化合物，如 CdS，CdSe，ZnS，ZnSe，ZnTe，ZnO，还有一些宽禁带的Ⅲ－V化合物如 AlN 和 GaN 以及金刚石等常常只易于掺杂成一种导电类型：n 型或 p 型.

自补偿

Kröger 最先提出[15]对于这种现象的解释：半导体中的某种本征缺陷对一种类型的杂质，施主杂质或受主杂质有自发的补偿作用，称为自补偿. 设想某Ⅱ－Ⅵ化合物 AB 难于被掺杂为 n 型. 用自补偿的原理作定性的说明[16]. 设 A 的空位在 AB 中作为二重受主起作用，设想在 AB 中形成 A 的空位需要较小的能量，为 ΔH_V^A. 在高温下生长晶体时，这种缺陷可以较自由地移动，在数量上可以达到平衡. 掺入浅施主杂质，例如 D. 每形成一个中性 A 空位，则将有两个 D 施主的电子落入 A 空位的两重受主能级，并释放 $2\epsilon_g-(\epsilon_{D1}+\epsilon_{D2})$ 的能量. 如果所释放的能量超过形成 A 空位所需要的能量 ΔH_V^A，则产生 A 空位对 D 施主进行补偿的结果是释放能量 ΔE

$$\Delta E=2\epsilon_g-\Delta H_V^A-(\epsilon_{D1}+\epsilon_{D2}) \qquad (3-8-1)$$

在这种情形下，在掺入施主 D 的同时，总会自动产生适当数量的 A 空位对其进行补偿，使晶体处于更低的能量状态. 因此，AB 将难于掺杂为 n 型半导体.

自补偿自然不单纯是载流子的统计问题，还要涉及热缺陷的性质和相关的统计. 下面我们仍假设在AB型化合物中掺有浅施主D，引起补偿的是A空位. 将从化学反应的角度，在质量作用定律的基础上进行统计分析.[17]我们关注的主要的对象是电子浓度.

这里分析的对象涉及电子、空穴、施主(受主)、间隙原子和空位. 在生长晶体的高温下，施主(受主)等以电离的形式存在. 在分析中，我们把电子和空穴也看作是缺陷，把电子和空穴的产生过程也看作化学反应过程. 用$[e^-]$，$[e^+]$分别表示电子和空穴的浓度，按质量作用定律应有

$$[e^-][e^+]=K_{np} \tag{3-8-2}$$

事实上，在非简并统计情形下，电子和空穴浓度的乘积等于常量(式(3-2-20))，是满足质量作用定律的要求的. 由比较式(3-2-20)式(3-8-2)可得K_{np}为

$$K_{np}=N_C N_V e^{-\frac{\epsilon_g}{k_B T}} \tag{3-8-3}$$

设存在A原子的空位V_A和间隙原子A_I. 为简单起见，设空位V_A和间隙原子A_I各具有单重受主能级和施主能级，电离能分别为ϵ_{V_A}和ϵ_{A_I}. 在较高的温度下，只涉及电离状态的V_A^-和A_I^+. 它们的浓度应满足质量作用定律：

$$[A_I^+][V_A^-]=K'_{FA}=C'_{FA}\exp\left(\frac{W_{FA}+\epsilon_{I_A}+\epsilon_{V_A}-\epsilon_g}{k_B T}\right) \tag{3-8-4}$$

式中W_{FA}是形成一对A原子的弗仑克尔缺陷所需要的能量. ($W_{FA}+\epsilon_{I_A}+\epsilon_{V_A}-\epsilon_g$)则为形成一对$V_A^-$和$A_I^+$所需的能量.

设晶体被置于A原子的蒸气中，并且蒸气中的A原子可以进入晶体并产生A_I^+和e^-，因此存在以下的平衡方程：

$$[A_I^+][e^-]=P_A K_r \tag{3-8-5}$$

式中P_A为A原子的蒸气压. 设在所考虑的较高温度下，晶体中的施主都是电离的，浓度为$[D^+]$，为常量. 电中性要求

$$[A_I^+]+[D^+]+[e^+]=[V_A^-]+[e^-] \tag{3-8-6}$$

$[A_I^+]$，$[V_A^-]$，$[e^+]$，$[e^-]$四个量可由式(3-8-2)，式(3-8-4)，式(3-8-5)和式(3-8-6)四个方程完全确定. 若改变蒸气压P_A，则其它诸量将随之变化，如图3.21所示. 能正常进行施主掺杂的条件是$[e^-]/[D^+]=1$.

由图可见，当A原子蒸气压增加时，总的趋势是，电子浓度$[e^-]$，A间隙原子浓度$[A_I^+]$逐渐增加，而空穴浓度$[e^+]$和A空位浓度$[V_A^-]$逐渐降低. 问题是何时所掺杂质开始不被自补偿，即达到$[D^+]=[e^-]$(图中的Ⅱ区和Ⅲ区的交界处). 在Ⅱ区，由于$[D^+]=[V_A^-]$，容易得到

$$[e^-]/[D^+]=P_A K_r/K'_{FA}$$

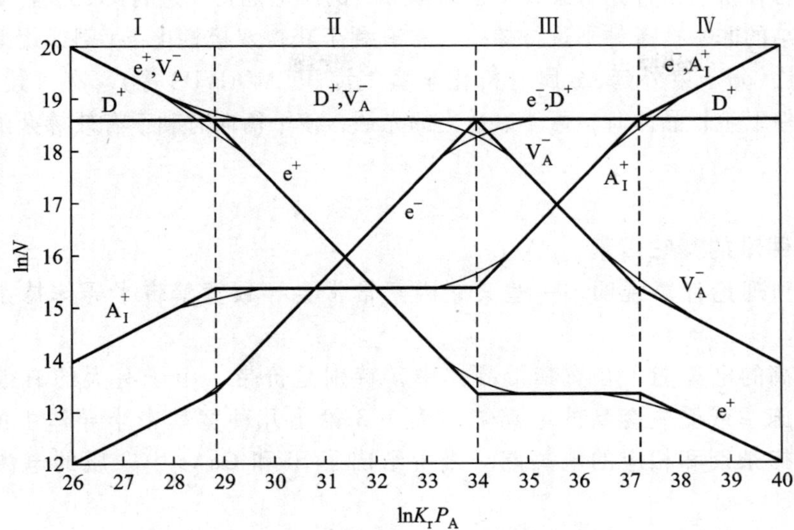

图 3.21 在含有施主杂质 D 的情形下电子、空穴和 V_A^-，A_I^+ 随 A 原子蒸气压的变化

$$\propto P_A \exp\left[-\frac{\epsilon_g - \Delta H_{V_A}}{k_B T}\right] \tag{3-8-7}$$

第二步是因为 K_r 和 K'_{FA}（式(3-8-4)）中都含有因子 $\exp(-\Delta H_{A_I}/k_B T)$. 可见，若 ϵ_g 大，ΔH_{V_A} 小，则难于达到 $[e^-]/[D^+]=1$ 所需要的蒸气压 P_A. 这意味着易于出现自补偿.

若对前面列举的诸化合物如 ZnO，GaN，AlN 等进行考察，则实验上除了 ZnTe 难于掺杂为 n 型以外，其它都难于被掺杂成 p 型. 另一方面，根据粗略估算[18]，共价半径较小的原子形成空位所需能量较小，这些化合物中将易于形成 O，N，Se，Te 等阴离子的施主性空位，它们将对掺入的受主杂质进行自补偿. 上面的推测和实际颇为一致. 在 Kröger 以后，有不少作者就自补偿作进一步的探讨.[19]

虽然有些理论工作说明空位并不总是浓度最高的本征缺陷，但是某种本征缺陷引起自补偿仍是关于掺杂的单极性的最流行的解释. 也有理论工作说明，在有些化合物中，本征缺陷有重要的自补偿作用. 例如在 AlGaN 中 N 空位对 p 型杂质可能有重要的自补偿作用.[20] 又如在 GaN 中，限制 p 型电导的一个因素可能是 $V_N - Mg_{Ga}$ 施主-受主对的形成所导致对所掺 Mg 的自补偿.[21] 但要确认在化合物中都是本征缺陷引起了自补偿，至今还没有充分的有说服力的实验数据. 而且有些计算表明，在有些化合物中，如 ZnSe 和 ZnTe 中，空位等初级本征缺陷的形成能过大，不会导致有效的自补偿.[22]

发生自补偿的条件是有某种本征缺陷参与的反应能正常进行．在该种本征缺陷被冻结的非平衡条件下进行掺杂，将有利于获得双极性电导（例如用离子注入的方法、分子束外延、金属有机化学蒸气淀积（MOCVD）等）．有人建议，在平衡条件下生长晶体时，可伴以适当的光照，使平衡向有利于有效掺杂的方向倾斜[23]．

导致掺杂困难的其它因素

实验和理论计算说明，一些其它因素常常会导致宽禁带半导体掺杂的困难．

（1）高的电离能 在宽禁带晶体中，特别是价带，由于有大的有效质量，因此施主或受主有高的电离能．表3.3给出几种宽禁带半导体中的n型和p型掺杂剂和相应的电离能．表中给出了Si和GaAs中杂质的电离能作为对比．

表3.3 几种宽禁带半导体中的n型和p型掺杂剂和相应的电离能

	GaN	SiC	ZnO	金刚石	Si	GaAs
n型掺杂剂	Si: 15meV	N: 85meV	B: 30～60meV	N: 1.7 eV	P: 45meV	Si: 6meV
p型掺杂剂	Mg: 160meV Zn: 210meV	Al: 260meV B: 740meV	N: 170～200meV	B: 370meV	B: 45meV	Zn: 25meV

（2）掺杂剂小的溶解度[24] 在宽禁带半导体中，杂质常常有较小的溶解度．例如，在CdS中，K，Rb，Se由于大的离子半径导致高的畸变能，溶解度很低．另一方面，溶解度通常随温度迅速增加，但能够达到的掺杂浓度取决于杂质被冻结时的溶解度．在Ⅱ－Ⅵ化合物中，原子扩散系数常高于Ⅲ－Ⅴ化合物中的．因此在Ⅱ－Ⅵ化合物中，杂质在较低温度下被冻结，因而能够达到的掺杂浓度就会比较低．由于实际能达到的溶解度的限制，非平衡条件的生长和掺杂有利于获得较高的掺杂浓度．

（3）施主成为DX中心引起自补偿 例如，ZnTe中的Ga，Al，Cl等n型杂质以及$Cd_xZn_{1-x}Te$，$Cd_xMn_{1-x}Te$和$Cd_xMg_{1-x}Te$中的一些施主[25]形成具有负U行为的DX中心．在$x>0.3$的$Al_xGa_{1-x}N$中，O也是DX中心[26]．这些DX中心具有自补偿的性质．我们把§2.6中的关于DX中心的式（2－6－3）重写在下面

$$2D^0 \rightarrow D^+ + DX^- \tag{3-8-8}$$

上式表示的是一个中性施主D^0把一个电子给另一个中性施主使之变为DX^-，

而自身变为 D^+. 具有负 U 行为的 DX 中心在上述反应中释放能量.

(4) 杂质占据不同晶格位置分别起施主和受主作用　例如, 在 CdS 中, 掺 Li 和 Na 虽能达到轻度 p 型掺杂, 但空穴浓度比所掺杂质的浓度要低得多. 分析表明, 它们可能被作为浅施主的间隙的 Li 和 Na 所补偿.[27] 就像 Si 在 GaAs 中, Si_{Ga} 和 Si_{As} 分别起施主和受主的作用相似.

(5) 氢的钝化作用　氢在许多半导体中是具有负 U 性质的两性杂质, 在 n 型半导体中起受主作用, 而在 p 型半导体中则起施主作用.[28]

由于短波长光电子器件的需要, 宽禁带半导体一直是人们关注的对象. 在探讨如何克服掺杂困难方面, 先后取得了一些重要的进展: 1989 年在 GaN 上用 MOCVD 法实现了用 Mg 作为受主的 p 型掺杂. Akasaki 发现掺 Mg 的原为绝缘性的 GaN 样品在扫描电镜下进行观察时出现了蓝色的阴极荧光, 而且绝缘性的 GaN 变成了 p 型的.[29] Van Vetchen 提出, GaN 中原来的 Mg 被 H 所钝化, 电子射线提供了能量使 H 分解, 把 Mg 转变成了自由的受主.[30] 随后, Nakamura 通过在高于 700°C 的温度下退火, 使 H 和 Mg 分解, 实现了对 GaN 的 p 型掺杂, 掺杂浓度达到 $10^{18}\ cm^{-3}$ 量级.[31] 图 3.22 为在不同温度下退火, GaN: Mg的电阻率的变化. Mg 是 GaN 中最浅的受主, 在价带以上 0.14 ~ 0.21 eV处产生受主能级.[32] 1991 年用分子束外延法在 ZnSe 上实现了用 N 作为受主的高浓度掺杂, 并制成了蓝绿光量子阱激光二极管[33]. 以后又在 ZnTe 上实现了发绿光的发光二极管[34]. 这些成就又进一步刺激了这方面研究的兴趣.

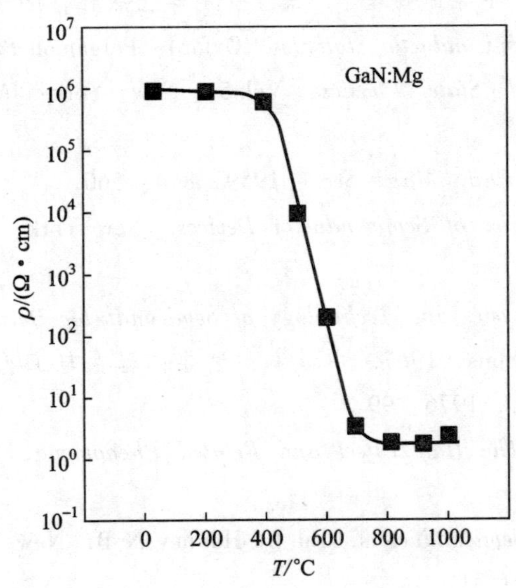

图 3.22　在不同温度下退火的 GaN: Mg 的电阻率

附录3.1 若干半导体的等效态密度(300K)[5]

	$N_C/10^{19}cm^{-3}$	$N_V/10^{19}cm^{-3}$		$N_C/10^{19}cm^{-3}$	$N_V/10^{19}cm^{-3}$
Ge	1.54	1.9	InSb	0.004 3	0.62
Si	2.8	1.02	CdS	0.224	2.5
GaAs	0.043	0.81	CdSe	0.11	0.74
GaP	1.83	1.14	CdTe	0.13	0.55
GaSb	0.021	0.62	ZnSe	0.31	0.87
InAs	0.0056	0.62	ZnTe	0.22	0.078
InP	0.052	1.26			

第3章参考文献

[1] 黄昆，谢希德．半导体物理学．北京：科学出版社，1958：第二章．

[2] Blackmore J. *Semiconductor Statistics*. Oxford: Pergamon Press, 1962.

[3] Kohn W. *Solid State Physics*, Vol. 5. New York: Academic Press, 1957: 258.

[4] Blackmore J S. *Phil. Mag. Ser.*, 1959, 8.4: 560.

[5] Sze S M. *Physics of Semiconductor Devices*. New York: John Wiley and Sons, 1981: 19.

[6] Grove A S. *Physics and Technology of Semiconductor Devices*. New York: John Wiley and Sons, 1967. 中译本，半导体器件与工艺．齐建 译．北京：科学出版社，1976: 99

[7] Putley E H. *The Hall Effect and Related Phenomena*. London: Butterworths, 1960.

[8] Hanney N B. *Semiconductors*. Ed. by Hanney N B. New York: Rain-hold Publ. Co., 1959: 31.

[9] Tyler W W, Woodbery H H. *Phys. Rev.*, 1956, 102: 647.

[10] Tyler W W, Woodbery H H. *Phys. Rev.*, 1954, 96: 874.

[11] Nolte D D. *J. Appl. Phys.*, 1999, 85: 6259.

[12] Hahn S, Dornich K, Hahn T. *Mater. Res. Soc. Symp. Proc.*, 2005, 864: E9.21.1.

[13] 文献[2]附录 B.

[14] Nag B R. *Electron Transport in Compound Semiconductors*. Berlin Heidelberg: Springer-Verlag, 1980: 78.

[15] Kröger F A, Vink H J. *Solid State Physics*, *Vol.* 3. Ed. by Seitz F, Turnbull D. New York: Academic Press, 1956: 310.

Kröger F A, Vink H J, Van den Boomgaard J. *Z. Phys. Chem.* 1954, 203: 1.

Kröger F A. *The Chemistry of Imperfect Crystals*. Amsterdam: North-Holland Pub. Co., 1973, 1974.

[16] Phillips J C. *Bonds and Bands*. New York: Academic Press, 1973: 244.

[17] Thomas D G. *Semiconductors*. Ed. by Hanney N B. New York: Rain-hold Publ. Co., 1959: 277.

[18] Van Vechten J A. *J. Electrochem. Soc.*, 1975, 122: 419.

[19] Mandel G. *Phys. Rev.*, 1964, 134: A1073.

Mandel G. *Phys. Rev.*, 1964, 135: A826.

Mandel G. *Phys. Rev.*, 1964, 136: A1073.

Mandel G, Morehead F F, Wagner P R. *Phys. Rev.*, 1964, 136: A826.

Jansen R W, Sankey O F. *Phys. Rev. B*, 1989, 39: 3192.

Maier J. *Angew. Chem. Int. Ed. Engl.*, 1993, 32: 313.

Tsur Y, Riess I. *Phys. Rev. B*, 1999, 60: 8138.

Faschinger W, Ferreira S, Sitter J. *J. Cryst. Growth*, 1995, 151: 267.

Faschinger W. *J. Cryst. Growth*, 1996, 159: 221.

[20] Stampfl C, Van de Walle C G. *Phys. Rev. B*, 2002, 65: 155202.

[21] Kaufmann U, Kunzer M, Maier M, et al. *Appl. Phys. Lett.*, 1998, 72: 1326.

Pankove J I, Torvik J T, Qiu C H, et al. *Appl. Phys. Lett.*, 1999, 74: 416.

[22] Jasen R W, Sankey O F. *Phys. Rev. B*, 1989, 39: 3192.

Sasaki T, Oguchi T, Katuyama-Yoshida H. *Phys. Rev. B*, 1991, 43: 9362.

Laks D B, Van de Walle C G, Neumark G F, et al. *Phys. Rev Lett.*, 1991, 66: 648.

[23] Ichimura M, Wada T, Fujita S, et al. *Jpn. J. Appl. Phys.*, 1991, 30:

3475.
[24] Neumark G F. *Phys. Rev. Lett.*, 1989, 62: 1800.
[25] Chadi D J. *Phys. Rev. Lett.*, 1994, 72: 534.
Park C H, Chadi D J. *Phys. Rev. B*, 1995, 52: 11884.
[26] McCluskey M D, Johnson N M, Van de Walle C G, et al. *Phys. Rev. Lett.*, 1998, 80: 4008.
[27] Henry C H, Nassau K, Shiever J W. *Phys. Rev. B*, 1971, 4: 2453.
[28] Van de Walle C G. Neugebauer J. *Nature*, 2003, 423: 626.
[29] Amano H, Akasaki I, Kozawa T, et al. *J. Lumin.*, 1988, 40-41: 121.
Amano H, Kito M, Hiramatsu K, et al. *Jpn. J. Appl. Phys.*, 1989, Part2(28): L2112.
[30] Van Vechten J A, Zook J D, Hornig R D, Goldenberg B. *Jpn. J. Appl. Phys.*, 1992, 31: 3662.
[31] Nakamura S, Iwasa N, Senoh M, et al. *Jpn. J. Appl. Phys.*, 1992, Part1(31): 1258.
[32] Strite S, Morkoc H. *J. Vac. Sci. Technol. B*, 1992, 10: 1237.
[33] Haase M A, Cheng H, DePuydt J M, et al. *J. Appl. Phys.*, 1990, 67: 448.
Haase M A, Qiu J, DePuydt J M, et al. *Appl. Phys. Lett.*, 1991, 59: 1272.
Qiu J, DePuydt J M, Cheng H, et al. *Appl. Phys. Lett.*, 1991, 59: 2992.
Jeon H, Ding J, Patterson W, et al. *Appl. Phys. Lett.*, 1991, 59: 3619.
[34] Sato K, Hanafusa M, Noda A, et al. *Journal of Crystal Growth*, 2000, 214/215: 1080.

第 4 章

电荷输运现象[1]

一般来说，输运现象(迁移现象)所讨论的对象是在电场、磁场以及温度场(或相应的温度梯度)作用下电荷和能量的输运问题，它具有广泛的实际意义. 理论上，这是一个涉及内容相当广泛的非平衡统计问题. 通过输运现象的研究可以了解载流子和晶格以及晶格缺陷相互作用的性质.

但在这一章中我们主要讨论弱电场和弱磁场下半导体中的电荷输运问题：电导、霍尔效应和磁阻. 只限于讨论具有球形等能面的抛物性带的简单情形. 也适当介绍强电场输运现象.

这里的理论是一种半经典的理论：载流子在两次散射之间的运动被看作是准经典的，而散射则用量子力学处理.

存在温度梯度、具有复杂能带结构、强电场以及强磁场情形下的输运问题将分别在第 12 章、第 13 章、第 14 章和第 15 章中进行讨论.

近三十多年来，随着超小尺寸的器件及微结构的研究的发展，低维结构中的输运问题越来越受人们关注，在第 8 章中将对有关问题作初步的讨论.

§4.1 电导和霍尔效应的分析

为了认识晶体中的电导和其它的输运现象，必须对晶体中电子的运动有进一步的了解.

在第二章中讨论电子状态时，我们假想了理想的周期晶格. 我们看到，在严格的周期势场中，载流子不会改变自己的速度和运动方向(即保持 $\boldsymbol{k}$ 值和相应的晶体动量 $\hbar\boldsymbol{k}$ 不变). 就是说，理想晶格并不散射电子. 这是量子力学的结果，是经典理论所不能理解的. 按照上述图像，若某一时刻晶体中的电子处于某一状态，则它将在这一状态下长期保持下去.

但在实际晶体中存在各种晶格缺陷，晶格本身也在不停地进行着热振动．它们使实际的晶格势场偏离理想的周期势．这相当于在严格的周期势场上叠加了附加的微扰势．这个附加的势作用于载流子，将可改变载流子的运动状态，即引起载流子的散射．例如一个荷电的杂质或缺陷可通过库仑相互作用使载流子的运动方向发生偏折．载流子和晶格振动的相互作用则不但可以改变载流子的运动方向，而且可以改变它的能量．我们也常把散射事件称作碰撞．

散射使载流子的运动紊乱化．设想某一时刻，晶体中的某一些载流子的速度都沿某一特定方向．由于碰撞，在经过一段时间以后，它们的速度将会机会均等地分布在各个方向．与它们具有沿某一方向的初始动量相比，散射使它们失去原有的动量．这种现象称为动量弛豫．在实际晶体中，载流子和各种晶格缺陷之间的散射进行得十分频繁，每秒可发生大约 $10^{12} \sim 10^{14}$ 次．正是散射导致平衡分布的确立．在平衡分布下，载流子的总动量为零，在晶体中不存在电流．

我们将在上述实际图像下来分析各种输运问题．

电导率和迁移率

现在来考虑晶体中存在电场的情况．电场的作用在于使载流子在两次散射的时间间隔内获得动量（$\mathrm{d}\hbar \boldsymbol{k}/\mathrm{d}t = \boldsymbol{F}$）．每个载流子在单位时间内自电场获得的动量为 $\pm e\boldsymbol{E}$．但由于散射，载流子的动量不会无限增加．它们一方面由电场获得动量，另一方面又通过碰撞失去动量．因此，在一定的电场强度下，平均来说载流子最终只能保持确定的动量．这时载流子由电场获得动量的速率与通过碰撞失去动量的速率保持平衡．

可见，在一定的电场下，载流子可获得一个和其平均动量相对应的平均速度，用 $\boldsymbol{v}_\mathrm{d}$ 表示，称为漂移速度．漂移速度通常取为其绝对值．这样，若载流子浓度为 n，通过晶体的电流密度 $\boldsymbol{j}$ 可表示为

$$\boldsymbol{j} = ne\,\boldsymbol{v}_\mathrm{d} \tag{4-1-1}$$

图 4.1 示意地表示了 j 和 v_d 之间的关系．实验表明在弱电场的范围内，v_d 正比于电场强度 E，即有

$$v_\mathrm{d} = \mu \boldsymbol{E} \tag{4-1-2}$$

μ 为一常量，称为迁移率．它在数值上等于单位电场强度所产生的漂移速度．漂移速度和电场强度的常用单位分别为［cm/s］和［V/cm］．从而迁移率的常用单位为 $\mathrm{cm^2/V \cdot s}$．利用迁移率可把电流密度表示为：

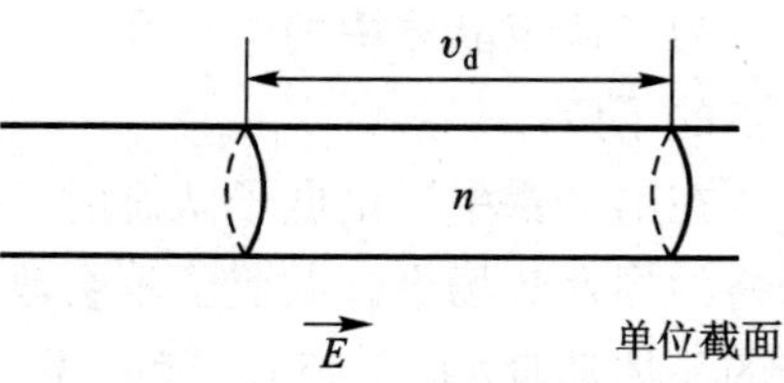

图 4.1 电流密度 j 与载流子浓度 n 和漂移速度 v_d 的关系

$$\boldsymbol{j} = ne\mu\boldsymbol{E} \tag{4-1-3}$$

上式所代表的是微分形式的欧姆定律：

$$\boldsymbol{j} = \sigma\boldsymbol{E} \tag{4-1-4}$$

式中 σ 为电导率．由比较以上两式，可得

$$\sigma = ne\mu \tag{4-1-5}$$

可见电导率取决于载流子浓度和迁移率．在不同晶体中，迁移率可在很大范围内变化，可从 10 到 $10^6 \mathrm{cm^2/V \cdot s}$ 数量级(例如在低温下的零禁带的 $\mathrm{Hg_{1-x}Cd_xTe}$ 中)以至 $10^7 \mathrm{cm^2/V \cdot s}$(在极低温下的调制掺杂异质结构中)．在常见半导体中，迁移率通常在 $10^2 \sim 10^4 \mathrm{cm^2/V \cdot s}$ 范围内．表 4.1 给出了几种常见的半导体的室温电子迁移率 μ_n 和空穴迁移率 μ_p．图 4.2 给出了 Ge，Si 和 GaAs 中 μ_n 和 μ_p 随掺杂浓度的变化[2]．在上一章中我们已讨论了载流子浓度的变化规律．下面我们将采用动量平衡的方法，通过简单的散射模型，对迁移率作初步的分析．

表 4.1　几种常见半导体的室温迁移率

材　　料	Si	Ge	InSb	GaAs	GaN
$\mu_n/(\mathrm{cm^2/V \cdot s})$	1 350	3 900	78 000	8 800	~400
$\mu_p/(\mathrm{cm^2/V \cdot s})$	500	1 900	750	400	~100

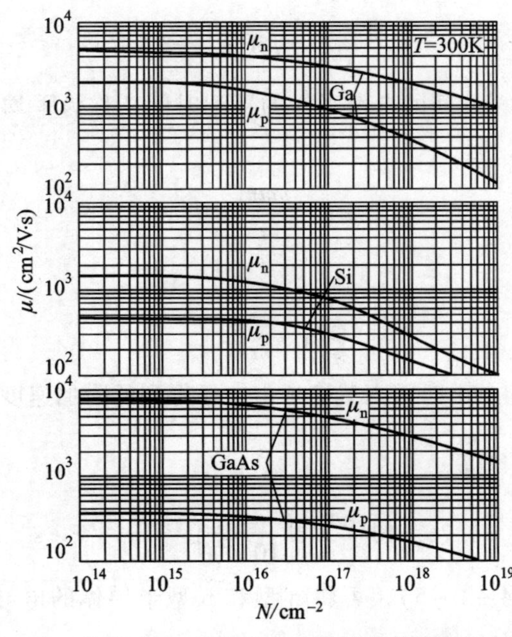

图 4.2　Ge，Si 和 GaAs 的电子和空穴迁移率随掺杂浓度的变化

漂移速度是和载流子系统的总动量相联系的．考查一 p 型半导体．设 v_i 为

第 i 个空穴沿电场方向的速度分量. 系统沿电场方向的总动量和漂移速度可表示为

$$m\sum_i v_i = pmv_{\rm d} \quad 或 \quad v_{\rm d} = \sum_i v_i/p \tag{4-1-6}$$

式中 m 为有效质量. 能引起系统动量变化的有两个因素: 电场 E 馈给系统以动量; 散射则导致系统动量的损失. 对此下面作进一步分析.

就某一具体载流子而言散射是随机的, 何时发生散射, 被散射到什么方向, 具有偶然性. 但对大量载流子的大量散射来说, 每个载流子在单位时间内发生多少次散射——称为散射率, 散射后速度方向如何分布等却具有统计规律性. 在下面的分析中我们假设散射是各向同性的, 即散射后的速度在各个方向的分布概率相同. 在此情形下, 对于大量碰撞事件而言, 可以认为, 平均来说每一次散射都使载流子失去了其全部动量. 下面引入散射率 λ 来描述散射发生的频率. 假设各种能量的载流子都具有相同的散射率 λ. 借助于 λ, 我们可把单位时间内因碰撞而导致的动量损失写为 $\lambda pmv_{\rm d}$.

于是, 考虑到电场馈给载流子动量的速率为 peE, 我们可把载流子总动量随时间的变化写作:

$$\begin{aligned}\frac{{\rm d}(pmv_{\rm d})}{{\rm d}t} &= peE - \lambda pmv_{\rm d}\\ &= peE - \frac{pmv_{\rm d}}{\tau}\end{aligned} \tag{4-1-7}$$

式中 $\tau = 1/\lambda$ 为两次碰撞间的自由飞行的平均时间, 称为平均自由时间. 在稳态情形下 ${\rm d}v_{\rm d}/{\rm d}t = 0$, 有

$$peE - \frac{pmv_{\rm d}}{\tau} = 0 \tag{4-1-8}$$

于是可得到

$$v_{\rm d} = \frac{e\tau}{m}E \tag{4-1-9}$$

在数值上它等于平均自由时间内载流子由电场得到的附加速度. 于是可得

$$\begin{aligned}\mu &= \frac{e\tau}{m}\\ &= 1.76\times 10^3\left(\frac{m_0}{m}\right)\left(\frac{\tau}{10^{-12}{\rm s}}\right) \quad [{\rm cm^2/V\cdot s}]\end{aligned} \tag{4-1-10}$$

将上式的 μ 代入式(4-1-5), 可将 n 型和 p 型半导体的电导率 $\sigma_{\rm n}$, $\sigma_{\rm p}$ 分别表示为

$$\sigma_{\rm n} = \frac{ne^2\tau_{\rm n}}{m_{\rm n}}, \quad \sigma_{\rm p} = \frac{ne^2\tau_{\rm p}}{m_{\rm p}} \tag{4-1-11}$$

式中 m_n 和 m_p 分别为电子和空穴的有效质量；τ_n 和 τ_p 为电子和空穴的动量弛豫时间.

下面我们说明，在各向同性散射的情形下，上面的平均自由时间 τ 也就是电场发生改变时，描述载流子动量从一个稳定值变为另一个稳定值的时间常量，即所谓动量弛豫时间. 设在某一时刻 $t=0$ 取消电场. 把这时的漂移速度表示为 $v_d(0)$. 由式(4-1-7)，载流子漂移动量的变化遵守以下的方程：

$$\frac{\mathrm{d}mv_d}{\mathrm{d}t}=-\frac{mv_d}{\tau} \qquad (4-1-12)$$

容易得到解为

$$mv_d(t)=mv_d(0)\mathrm{e}^{-\frac{t}{\tau}} \qquad (4-1-13)$$

可见，在各向同性散射的情形下，平均自由时间就是动量弛豫时间. 在各向异性散射的一般情形下，在关于载流子动量变化的式(4-1-7)中，我们可以用动量弛豫率来代替散射率，它的倒数仍具有动量弛豫时间的含意. 关于动量弛豫率，将在后面做进一步讨论. 一般来说，平均自由时间不等于动量弛豫时间.

霍尔效应

霍尔效应是一种电流的磁场效应. 如图 4.3 所示，若沿 x 方向通以电流，密度为 j_x；沿垂直于电流的 z 方向施加磁场 B_z；那么在垂直于电流和磁场的 y 方向将出现横向电场，称为霍尔电场. 实验表明，在弱电场范围内，霍尔电场 E_y 正比于电流密度 j_x 和磁感应强度 B_z

$$E_y=R_H j_x B_z \qquad (4-1-14)$$

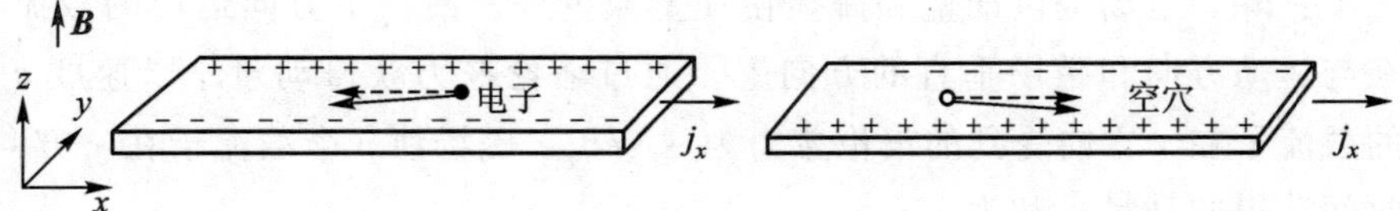

图 4.3 霍尔效应示意图

比例常量 R_H 称为霍尔系数. 上式又可写为便于测量应用的形式：

$$V_H=R_H\frac{I_x B_z}{d} \qquad (4-1-15)$$

$$=10^{-4}\left(\frac{R}{\mathrm{cm^3/C}}\right)\left(\frac{B_z}{\mathrm{kG}}\right)\left(\frac{I}{\mathrm{mA}}\right)\left(\frac{\mathrm{mm}}{d}\right)[\mathrm{mV}]$$

式中 V_H 为样品两侧边之间的电压，称为霍尔电压，d 为样品的厚度，I_x 为通过样品的电流. 对于半导体，霍尔效应的重要性在于可以通过该效应的测量了解半导体的一些重要的性质.

产生霍尔效应的原因是，作漂移运动的载流子在垂直磁场的作用下，因受洛伦兹力而发生偏转，结果在样品的两侧造成电荷的积累，由此产生霍尔电场. 霍尔电场引起的漂移电流应正好抵消洛伦兹力产生的偏转电流. 也可以简单地把霍尔效应看成是洛伦兹力和霍尔电场的静电力之间的平衡的结果.

对于 n 型和 p 型半导体，若电流的方向相同，则其中电子和空穴的运动方向相反. 由于它们所带的电荷的符号相反，所受到的洛伦兹力的方向相同，即会向同一方向偏转. 参看图 4.3 容易看出，p 型样品的霍尔系数为正，n 型样品的霍尔系数为负. 因此，由霍尔系数的符号可以判别半导体的导电类型.

为了导出霍尔系数，就需要对载流子在电场和垂直磁场下的行为进行分析. 在霍尔效应中，虽然存在洛伦兹力和霍尔电场的静电力之间在总体上的平衡，但由于载流子的速度各不相同，所受到的洛伦兹力大小并不相同. 因此就个别载流子而言，一般并不存在洛伦兹力和霍尔电场的静电力之间的平衡. 载流子在垂直于磁场的平面内，作回旋运动，但频繁地被碰撞所打断. 在下面的分析中，我们避开分析单个载流子运动的复杂性，来分析载流子系统在电场和磁场作用下的动量平衡.

在霍尔实验的条件下，在平行于磁场的方向上，载流子的运动并不受磁场的影响，因此可以不予考虑. 在垂直于磁场的平面内，我们先一般假设 j_x，j_y，E_x，E_y 均不为零. 设载流子沿 x，y 方向的平均速度分别为 v_{dx} 和 v_{dy}. 仍然假设散射是各向同性的.

考虑 p 型半导体中的空穴. 现在，在 x 和 y 方向上，引起动量变化的因素有三个：除了电场提供动量和碰撞使动量减少外，沿一个方向运动的载流子，将在与运动方向和磁场垂直的方向上，通过洛伦兹力获得动量. 以速度 v_x 运动的载流子在 y 方向受到的洛伦兹力为 $-v_x eB_z$. 磁场使 p 个载流子在 y 方向单位时间获得的动量总和为

$$-eB_z\sum_i v_{xi} = -peB_z v_{dx} \qquad (4-1-16)$$

通过具体分析，不难对 x 和 y 方向分别写出稳定条件下的动量平衡方程：

$$peE_x + peB_z v_{dy} = \frac{pmv_{dx}}{\tau} \qquad (4-1-17a)$$

$$peE_y - peB_z v_{dx} = \frac{pmv_{dy}}{\tau} \qquad (4-1-17b)$$

上面两式中，第一项和第二项分别是电场和洛伦兹力提供的动量. 右边的一项是散射引起的动量损失. 对于 n 型半导体，以 $-e$ 代替上面的 e，以 $-v_d$ 代替

v_d(电子的漂移速度和实际的漂移方向符号相反)，可类似得到关于电子的动量平衡方程：

$$neE_x - neB_z v_{dy} = \frac{nmv_{dx}}{\tau} \tag{4-1-18a}$$

$$neE_y + neB_z v_{dx} = \frac{nmv_{dy}}{\tau} \tag{4-1-18b}$$

在霍尔效应的实验条件下，沿 y 方向的电流为零，即有 $v_{dy}=0$. 于是对 p 型半导体和 n 型半导体可分别得到

$$E_y = \pm B_z v_{dx} \begin{cases} \text{p 型} \\ \text{n 型} \end{cases} \tag{4-1-19}$$

可用 j_x 把 v_{dx}表示为 $v_{dx}=j_x/pe$ 或 $v_{dx}=j_x/ne$，上式可改写作

$$E_y = \begin{cases} +\dfrac{1}{pe}j_x B_z \\ -\dfrac{1}{ne}j_x B_z \end{cases} \begin{cases} \text{p 型} \\ \text{n 型} \end{cases} \tag{4-1-20}$$

于是可得霍尔系数为

$$R_H = \begin{cases} +\dfrac{1}{pe} \\ -\dfrac{1}{ne} \end{cases} \begin{cases} \text{p 型} \\ \text{n 型} \end{cases} \tag{4-1-21}$$

可见霍尔系数直接和载流子浓度相联系，反比于 p 或 n. 这是因为霍尔电场的大小和引起洛伦兹力的 v_{dx}成正比. 对于同样的电流 j_x，p 或 n 愈小，v_{dx} 愈大. 霍尔系数的常用单位是[C^{-1}]. 以 n 型半导体为例，霍尔效应也可用横向的霍尔电动势 V_H 来描述

$$V_H = -\frac{1}{ne}\frac{I_x B_z}{d} \tag{4-1-22}$$

$$= -6.24\times 10^{-1}\left(\frac{10^{15}/\text{cm}^3}{n}\right)\left(\frac{B_z}{\text{kG}}\right)\left(\frac{I}{\text{mA}}\right)\left(\frac{\text{mm}}{d}\right)[\text{mV}]$$

我们注意到，在有垂直磁场的情形下，由于在 y 方向存在电场分量，电流和电场并不在同一方向上，如图 4.4 所示. 令 $v_{dy}=0$，由式(4-1-17)和式(4-1-18)解出 $v_{dx}=(e\tau/m)E_x$ 可得

$$E_y = \pm\frac{e\tau}{m}B_z E_x \quad \begin{cases} \text{p 型} \\ \text{n 型} \end{cases} \tag{4-1-23}$$

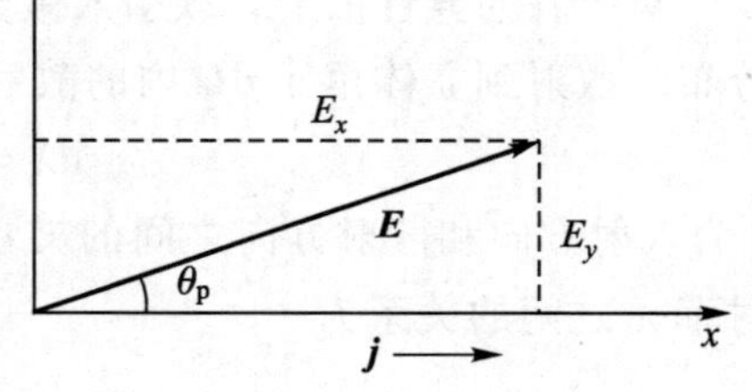

图 4.4　在磁场中空穴电流方向和电场方向的相对偏转

考虑到电流沿 x 方向，电场相对于电流的

偏角 θ_p（p 型）和 θ_n（n 型）由下式确定：

$$\tan\theta_p = \frac{eB_z}{m_n}\tau \quad \text{p 型} \tag{4-1-24a}$$

$$\tan\theta_n = -\frac{eB_z}{m_n}\tau \quad \text{n 型} \tag{4-1-24b}$$

θ_p 和 θ_n 分别称为空穴和电子的霍尔角．可见两者有不同的符号．上式又可表示为

$$\tan\theta = \pm\omega_C\tau \quad \begin{cases}\text{p 型}\\ \text{n 型}\end{cases} \tag{4-1-25}$$

式中 ω_C 为

$$\omega_C = \frac{eB_z}{m} \tag{4-1-26}$$

它是载流子在磁场作用下作回旋运动的角频率，称为回旋频率．在有关载流子在磁场中运动的问题中，回旋频率 ω_C 是个重要的量．在 $\omega_C\tau \ll 1$ 的情形下，近似有

$$\theta = \pm\omega_C\tau \quad \begin{cases}\text{p 型}\\ \text{n 型}\end{cases} \tag{4-1-27}$$

即电场相对于电流旋转了 $\pm\omega_C\tau$．或者说电流相对于电场旋转了 $\mp\omega_C\tau$．它正好是在 τ 时间内，载流子由于回旋运动引起的运动方向的偏角．可见电流相对于电场的偏角正是这种回旋运动的产物．我们可以把磁场下垂直于电场和磁场方向的电流看作是磁场所引起的偏转电流．

各向异性散射

在上面的分析中，我们用一个各向同性散射的散射率 λ 描述了所有载流子的散射行为．但实际情况是，在不少情形下，散射是各向异性的，而且在多数情形下，散射率和载流子的能量有关．下面就分别针对这两点进行适当的修正．

对于各向异性散射，须引入微分散射率 $\lambda(\theta,\varphi)$ 来描述载流子的散射的角分布．散射到立体角元 $d\Omega$ 内的散射对于散射率的贡献 $d\lambda$ 可表示为

$$d\lambda = \lambda(\theta,\varphi)\,d\Omega \tag{4-1-28}$$

θ 为入射方向和散射方向之间的夹角，称为散射角．微分散射率 $\lambda(\theta,\varphi)$ 和散射率 λ 之间的关系为

$$\lambda = \int \lambda(\theta,\varphi)\,d\Omega \tag{4-1-29}$$

就一次散射而言，散射后载流子沿入射方向的动量损失决定于散射角．例如，

$\theta \approx 0$ 时，散射前后动量基本不变；但 $\theta = \pi/2$ 时，一次散射就使沿入射方向的动量全部失去. 载流子的动量损失的比例可用散射角 θ 表示为 $(1-\cos\theta)$（参看图 4.5）. 可根据不同散射角 θ 的散射对动量损失的实际贡献，就 $\lambda(\theta,\varphi)$ 进行积分

$$\lambda_m = \int \lambda(\theta,\varphi)(1-\cos\theta)\,\mathrm{d}\Omega \tag{4-1-30}$$

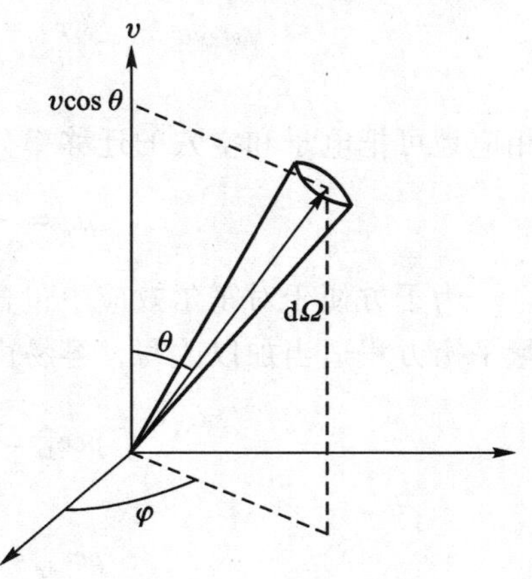

图 4.5 在角度为 θ 的散射中，沿入射方向速度的损失

λ_m 称为动量弛豫率. 不难看出 $n\lambda_m m v_d$ 给出了碰撞引起的动量损失的速率. 因此，一般来说，在动量平衡方程中，应该用 λ_m 代替 λ，用来描述动量损失. 而 $1/\lambda_m$ 就是动量弛豫时间. 在各向同性散射的情形下，由于 $\lambda(\theta,\varphi)$ 为常量，上式中对 $\cos\theta$ 的积分为零. 这时散射率就等于动量弛豫率. 在以后的讨论中，若不特别说明，λ 和 τ 就用来表示动量弛豫率和动量弛豫时间. 由于微分散射率通常只是散射角和能量的函数，代替 $\lambda(\theta,\varphi)$，常用 $\lambda(\epsilon,\theta)$ 表示.

τ 与能量有关的情形

在实际问题中，不同能量的载流子常常具有不同的动量弛豫时间. 式(4-1-10)假设了所有的载流子具有相同的动量弛豫时间. 对于 τ 依赖于能量的情形，可把该式看作只是针对某一能量的某些载流子，并改写为 $\mathrm{d}\sigma = e^2\tau(\epsilon)\,\mathrm{d}n/m$，考虑到 $\mathrm{d}n = g(\epsilon)f(\epsilon)\,\mathrm{d}\epsilon$，对抛物性带可将 σ 写为

$$\begin{aligned}\sigma &= \frac{e^2}{m}\int \tau(\epsilon)g(\epsilon)f(\epsilon)\,\mathrm{d}\epsilon \\ &= \frac{ne^2}{m}\frac{\int \tau(\epsilon)g(\epsilon)f(\epsilon)\,\mathrm{d}\epsilon}{\int g(\epsilon)f(\epsilon)\,\mathrm{d}\epsilon} \\ &= \frac{ne^2\langle\tau\rangle}{m}\end{aligned} \tag{4-1-31}$$

第二步在分子分母中各乘以 n，$n = \int g(\epsilon)f(\epsilon)\,\mathrm{d}\epsilon$. 与式(4-1-10)相比，这里以 $\langle\tau\rangle$ 代替了 τ. $\langle\tau\rangle$ 为 τ 关于能量的平均值：

$$\langle\tau\rangle=\frac{\int\tau(\epsilon)\epsilon^{1/2}f(\epsilon)\,\mathrm{d}\epsilon}{\int\epsilon^{1/2}f(\epsilon)\,\mathrm{d}\epsilon} \tag{4-1-32}$$

相应地可把电子和空穴的迁移率分别写作：

$$\mu_{\mathrm{n}}=\frac{e\langle\tau\rangle}{m_{\mathrm{n}}},\quad \mu_{\mathrm{p}}=\frac{e\langle\tau\rangle}{m_{\mathrm{p}}} \tag{4-1-33}$$

为了方便于对霍尔效应中包含 τ 的量进行平均，我们把式(4-1-17)的能量平衡方程适当加以改写，容易由之解出 $v_{\mathrm{d}x}$ 和 $v_{\mathrm{d}y}$

$$pev_{\mathrm{d}x}=\frac{pe^2}{m}\left(\frac{\tau E_x+\omega_{\mathrm{C}}\tau^2E_y}{1+\omega_{\mathrm{C}}^2\tau^2}\right) \tag{4-1-34a}$$

$$pev_{\mathrm{d}y}=\frac{pe^2}{m}\left(\frac{\tau E_y-\omega_{\mathrm{C}}\tau^2E_x}{1+\omega_{\mathrm{C}}^2\tau^2}\right) \tag{4-1-34b}$$

式中用回旋角频率 ω_{C} 代替了 eB_z/m．上式代表的是沿 x，y 方向的电流．但结果仍属于 τ 和能量无关的情形．这里对磁场未作任何限制．

原则上，可以在上式的基础上对 τ 进行平均．但不难看出这样得到的霍尔系数将包含 $\langle\tau/(1+\omega_{\mathrm{C}}^2\tau^2)\rangle$，$\langle\tau^2/(1+\omega_{\mathrm{C}}^2\tau^2)\rangle$ 一类的量．这意味着，一般来说霍尔系数与磁场有关．不过，在弱磁场和强磁场下霍尔系数与磁场无关．

弱磁场条件可写作：

$$\omega_{\mathrm{C}}\tau\ll1 \tag{4-1-35}$$

考虑到 $\mu\approx e\tau/m$ 和 $\omega_{\mathrm{C}}=eB_z/m$，上面的弱磁场条件又可以借助于 μ 表示为

$$\mu B\ll1 \tag{4-1-36}$$

或

$$B\ll\frac{10^5\,\mathrm{cm^2/V\cdot s}}{\mu}\quad[\mathrm{kG}] \tag{4-1-37}$$

可见弱磁场条件和迁移率的大小联系着．对于 InSb 一类的具有高电子迁移率的化合物，在 kG 量级的磁场下，弱磁场条件已不能很好地满足．

对于弱磁场，可以略去式(4-1-34)分母中的 $\omega_{\mathrm{C}}^2\tau^2$ 项．由式(4-1-34)对 τ 进行平均后，可得到

$$j_x=\frac{pe^2\langle\tau\rangle}{m}E_x+\frac{pe^2\langle\tau^2\rangle}{m}\omega_{\mathrm{C}}E_y \tag{4-1-38a}$$

$$j_y=\frac{pe^2\langle\tau\rangle}{m}E_y-\frac{pe^2\langle\tau^2\rangle}{m}\omega_{\mathrm{C}}E_x \tag{4-1-38b}$$

上式中 $\langle\tau\rangle$，$\langle\tau^2\rangle$ 的含意与式(4-1-32)中的相同．式中第二项为霍尔偏转电流．由霍尔实验的条件 $j_y=0$，可得霍尔角

$$\theta_p \approx \frac{E_y}{E_x} = \omega_C \frac{\langle \tau^2 \rangle}{\langle \tau \rangle} \qquad (4-1-39)$$

与式(4-1-27)相比，这里用$\langle \tau^2 \rangle / \langle \tau \rangle$代替了$\tau$. 由于$E_y \propto \omega_C \tau$，式(4-1-38a)中的第二项是含$\omega_C^2$的项，在弱磁场条件下，可以略去. 解出$E_x = j_x m / pe^2 \langle \tau \rangle$，带入上式后，可得霍尔系数为

$$R_H = \frac{1}{pe} \frac{\langle \tau^2 \rangle}{\langle \tau \rangle^2} = \frac{r_H}{pe} \qquad (4-1-40)$$

r_H称为**霍尔因子**. r_H的大小和τ对ϵ的依赖关系有关. 当τ和能量无关时，r_H显然等于1. 在§4.4中，我们将对不同的$\epsilon-\tau$关系计算r_H值. 在§13.1中，将考虑有效质量各向异性对r_H的影响，但一般来说r_H在1上下.

电导和霍尔效应的实验研究

通过电导和霍尔效应的研究，可以了解半导体的一些重要性质. 除了可由霍尔系数的符号判断载流子的类型以外，由式(4-1-40)可见，由霍尔系数的测量，可确定载流子浓度

$$n = \frac{r_H}{|R_H| e} = 6.24 \times 10^{18} \left(\frac{\mathrm{cm^3/C}}{|R_H|} \right) r_H \quad [\mathrm{cm^{-3}}] \qquad (4-1-41)$$

在饱和区，n直接给出掺杂浓度. 图4.6为由霍尔效应测量得到的掺As的Si中的电子浓度随温度的变化[3]. 由$\ln n - 1/T$的关系，可以根据式(3-4-7)或式(3-5-6)确定杂质的电离能.

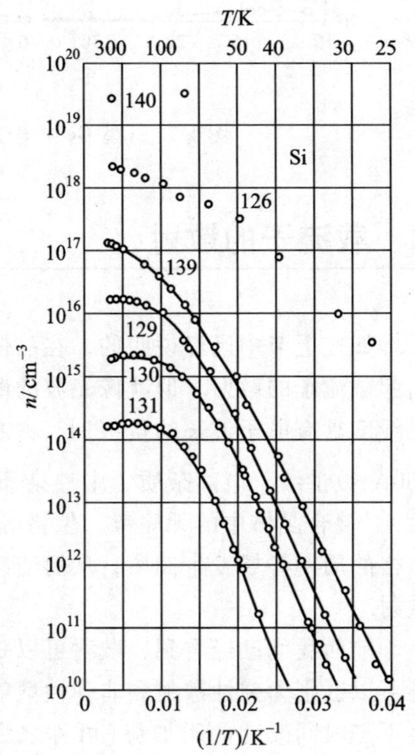

图4.6 掺As的Si中电子浓度随温度的变化

由霍尔系数和电导的同时测量，还可以得到载流子的迁移率. 由式(4-1-5)和式(4-1-40)，可得

$$|R_H \sigma| = r_H \mu = \mu_H \qquad (4-1-42)$$

$\mu_H = r_H \mu$称为**霍尔迁移率**. 它和实际迁移率μ相差一个霍尔因子. 实际上半导体迁移率的数据大多是通过霍尔效应和电导率的同时测量得到的. 用这种方法得到的n型Ge中的电子迁移率示于图4.7中[4].

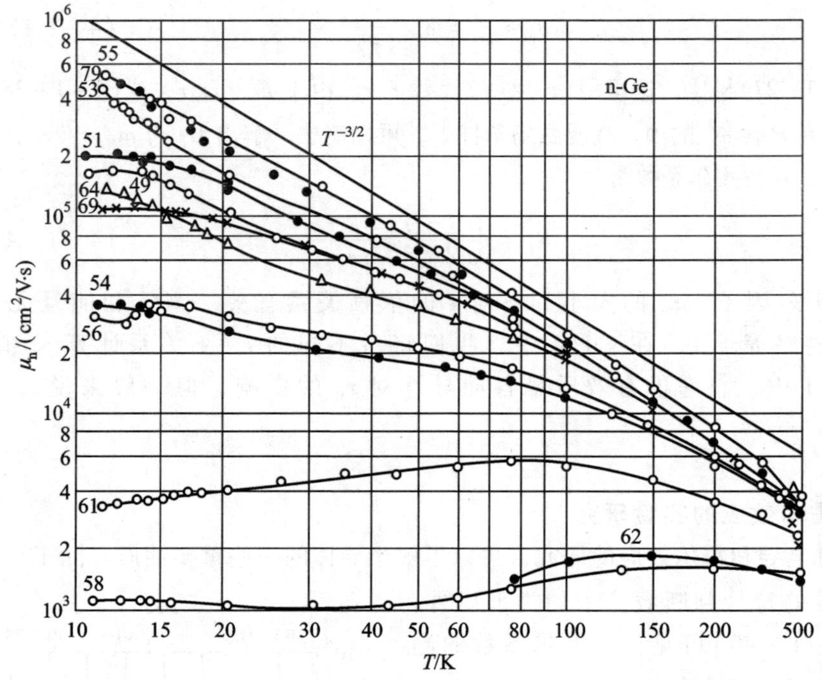

图 4.7 n 型 Ge 中电子迁移率的温度依赖关系

§4.2 载流子的散射

如在上节中已经说明的，在晶体中，任何破坏严格周期势场的因素都可以引起载流子的散射．但就像光波的散射一样，只有当散射中心所产生的附加势的线度具有电子波长的量级时，才能有效地散射电子．室温下电子的波长为 100Å 数量级．电离杂质、中性杂质(浅能级杂质的电子波函数扩展范围也较大)、混合晶体中的无序势、位错等都可以引起载流子的散射．晶格振动也使严格的周期势场发生偏离，从而使载流子发生散射．载流子彼此之间也会引起散射．

前面我们已经看到，散射可以是各向同性的，也可以是各向异性的．散射还可以区别为弹性散射和非弹性散射．电离杂质、混合晶体中的无序势等，产生不随时间改变的附加势(可称之为静态势)，一般引起弹性散射．在弹性散射中载流子的能量不发生改变，只有在非弹性散射中载流子才和晶格交换能量．

散射还可以是谷内散射或谷间散射．在谷内散射中，载流子在散射前后保持在同一能谷内；而在谷间散射中，载流子由一个能谷被散射到另一个能谷，即散射伴随着载流子在不同能谷之间的转移. 在弱电场下，在近平衡的单能谷半导体，如 GaAs 中，只会发生谷内散射. 但在具有多个等价能谷的半导体，如 Si 中，则既可发生谷内散射，也可发生谷间散射. 在谷内散射中载流子的波矢通常只发生小的变化，但在谷间散射中载流子的波矢改变量可和简约布里渊区的线度比拟.

我们将在第 11 章中全面讨论半导体中的各种散射机制，并导出相应的动量弛豫时间或散射率. 在这里我们在对晶格振动和决定散射率的一些重要因素作简单介绍后，对其中最常见的几种机制作初步的讨论，其中包括声学波散射、光学波散射和谷间散射、电离杂质散射以及合金散射.

晶格振动　声子

在晶体中存在原子间作用力. 原子的振动将通过原子间的相互作用在晶体中传播，表现为晶格振动波，简称格波.

格波也可用波矢来描述. 我们用 $\boldsymbol{q}$ 来表示格波的波矢. 对于一定的 $\boldsymbol{q}$，可以有不同的振动模式. 对于同一种振动方式，振动的频率随波矢 $\boldsymbol{q}$ 连续变化，而且类似于布洛赫波，$\boldsymbol{q}$ 和 $\boldsymbol{q}+\boldsymbol{K}_n$ 描述同一格波. 因此也可把格波的波矢 $\boldsymbol{q}$ 限制在简约布里渊区范围内. 利用周期性边界条件，类似于电子波矢，也可以证明允许 $\boldsymbol{q}$ 值数等于晶体中所包含的原胞的总数 N.

在每个原胞只包含一个原子的简单晶格中，和每一个 $\boldsymbol{q}$ 值相对应的有三种振动模式：一个纵波，两个横波. 它们都是声学波. 在金刚石和闪锌矿结构的晶体中，每个原胞含有两个原子. 对应于每一个 $\boldsymbol{q}$ 值有六种振动模式：三个为声学波，三个为光学波，分别具有一个纵波和两个横波. 在长波极限下，在声学波中，原胞中的两个不等价原子的振动方向相同；而在光学波中，它们的振动方向相反(参看图 4.8). 一般来说，若一个原胞有 n 个原子，则同一波矢 $\boldsymbol{q}$ 的格波具有 $3n$ 个不同的振动模式，其中 $3(n-1)$ 个为光学波. 可见晶体中共有 $3nN$ 个振动模式，一个振动模式对应于原子的一个平移自由度.

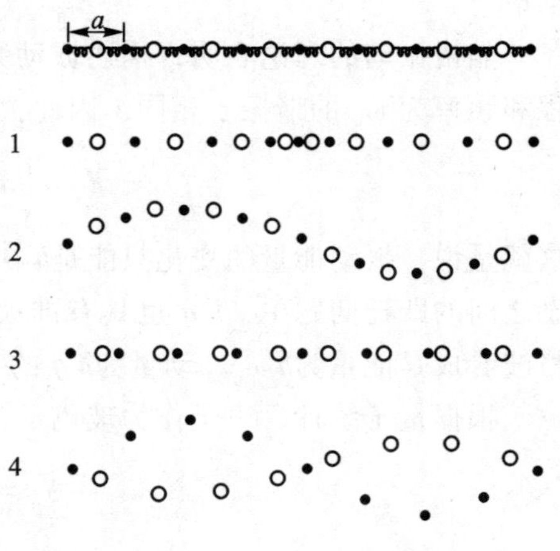

图 4.8　各种格波中原子的位移示意图

同一波矢的不同振动方式一般具有不同的振动频率. 图 4.9 所示为 Ge, Si, GaAs 沿[100]方向传播的不同格波的振动频率 ν 和波矢 $\boldsymbol{q}$ 的函数关系[5]，称为晶格振动谱．图中 TO，LO，TA 和 LA 分别指横光学支、纵光学支、横声学支和纵声学支．光学波通常有较高的频率，它随 q 的变化比较平缓，在涉及波矢范围较小的问题中，可以近似认为它们有相同的频率(能量)．在极性晶体 GaAs 中，$q=0$ 处的纵光学波比横波有更高的频率(参看 §11.6)．在长波范围内，声学波的角频率 $\omega_q=2\pi\nu$ 和波矢 q 近似有正比关系，比值为波的传播速度 v_s

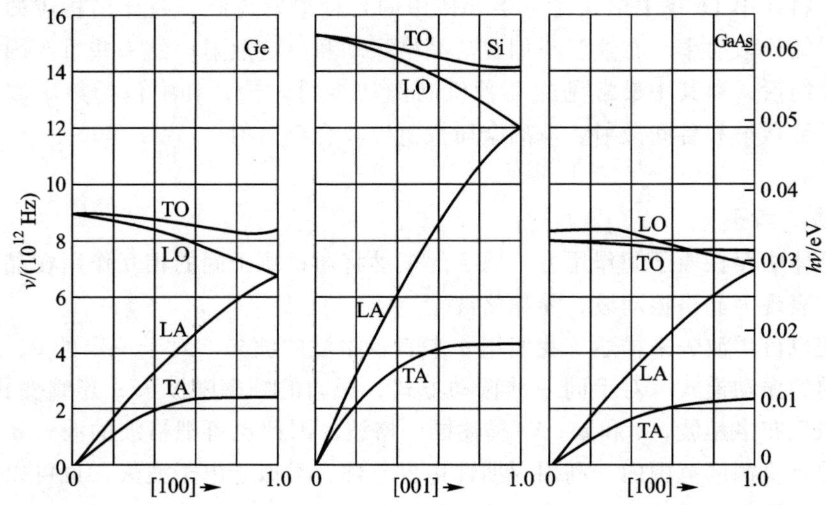

图 4.9 Ge，Si，GaAs 沿[100]方向的晶格振动谱

$$\frac{\omega_q}{q}=v_s \tag{4-2-1}$$

纵声学波和横声学波一般有不同的速度．实验上还测量了许多半导体的晶格振动谱．[6]

晶格振动的理论表明，描述振动频率为 ω_q 的振动的简正坐标所遵守的方程和频率为 ω_q 的谐振子相同．因此，每个振动模式的振动能量是量子化的

$$E_n=\left(n+\frac{1}{2}\right)\hbar\,\omega_q \tag{4-2-2}$$

这就是说，振动能量的变化只能是 $\hbar\,\omega_q$ 的整数倍．以后我们还会看到，在量子态之间的跃迁问题中，$\hbar\boldsymbol{q}$ 也具有准动量的性质．因此，可以把量子数为 n 的格波看成是能量为 $\hbar\,\omega_q$，动量为 $\hbar\boldsymbol{q}$ 的 n 个准粒子——声子．

根据量子统计，声子作为玻色子，每一模式所包含的声子数为

$$N_q=\frac{1}{e^{\frac{\hbar\omega_q}{k_BT}}-1} \tag{4-2-3}$$

如果略去零点振动能 $\hbar\,\omega_q/2$，则频率为 ω_q 的振动的平均振动能为

$$\overline{E}=\frac{\hbar\omega_q}{e^{\frac{\hbar\omega_q}{k_BT}}-1} \tag{4-2-4}$$

容易证明，当声子能量$\hbar\omega_q \ll k_BT$时，$\exp(\hbar\omega_q/k_BT)\simeq 1+\hbar\omega_q/k_BT+\cdots$，有

$$\overline{E}=k_BT \tag{4-2-5}$$

这和经典统计的能量均分定律一致．对于谐振子，平均动能等于平均位能．因此每个自由度，包括动能和位能在内，平均能量为 k_BT，而不是 $k_BT/2$．长波声学声子的能量很小，波矢和室温下电子波矢有相同数量级的声子的能量为 meV 量级．室温下这种格波每个模式可包含几十个声子．但光学声子能量较高，为几十 meV，和室温电子能量具有同一数量级．在室温下声子数较少．对于$\hbar\omega_q \gg k_BT$的情形，平均光学声子数将很少，N_q 可表示为

$$N_q\simeq e^{-\frac{\hbar\omega_q}{k_BT}} \tag{4-2-6}$$

由于声子能量及相应的声子数的不同，在散射中声学声子和光学声子有不同的表现．

在电子和格波的相互作用中，声子可以被吸收（相应于有关振动模式的量子数 n 减少）或发射（相应于 n 增加），就像电子和光子之间的相互作用相似．电子和声子在相互作用过程中，遵守能量守恒和动量守恒．相应于声子的吸收和发射，应有

$$\frac{\hbar^2}{2m}(\boldsymbol{k}'^2-\boldsymbol{k}^2)=\pm\hbar\omega_q \tag{4-2-7}$$

$$\hbar\boldsymbol{k}'-\hbar\boldsymbol{k}=\hbar\boldsymbol{q}+\hbar\boldsymbol{K}_n \tag{4-2-8}$$

式中 $\boldsymbol{k}'$和 $\boldsymbol{k}$ 是散射初态和散射终态的波矢，± 号相应于吸收或发射声子．$\boldsymbol{K}_n$ 为倒格矢．在格波对电子的散射中，能量守恒和动量守恒完全决定了散射前后电子波矢和能量的改变，但散射的强弱则决定于电子和格波之间的耦合的强弱，即相互作用的强弱．这种耦合表现为晶格振动产生某种附加势作用于载流子．下面在讨论不同格波的散射时，首先要了解格波的振动情况以及它和电子的相互作用的性质．对于每个原胞包含两个原子的情形，各种格波中原子位移的情况如图 4.8 所示．

晶格振动的散射比其它各种散射更为基本．这是因为晶格振动是晶体本身所固有的．尤其是在高温下，当晶格振动变得更强烈时，某一种或几种晶格散射会占支配地位．此外各种缺陷的散射大多是弹性的，载流子主要通过晶格散射和晶格交换能量．

影响散射率的若干因素

我们先引入由初态 $\boldsymbol{k}$ 向终态 $\boldsymbol{k}'$跃迁的跃迁率 $W(\boldsymbol{k},\boldsymbol{k}')$（参看附录 4.1）[7]

$$W(\boldsymbol{k},\boldsymbol{k}')=\frac{2\pi}{\hbar}|M_{\boldsymbol{k}',\boldsymbol{k}}|^2\delta(E_f-E_i\mp\hbar\omega_q) \tag{4-2-9}$$

E_f 和 E_i 为对应于 $\boldsymbol{k}'$ 和 $\boldsymbol{k}$ 态的能量，$\hbar\omega_q$ 为参与散射的声子能量．上式中的 δ 函数体现了跃迁中的能量守恒．对于弹性散射，$\hbar\omega_q=0$．式中 $M_{\boldsymbol{k}',\boldsymbol{k}}$ 为跃迁矩阵元．

就一种散射机制而言，处于 $\boldsymbol{k}$ 态的载流子的散射率 λ 可由 $W(\boldsymbol{k},\boldsymbol{k}')$ 对所有可能的散射终态 $\boldsymbol{k}'$ 求和得到

$$\begin{aligned}\lambda(\boldsymbol{k})&=\sum_{\boldsymbol{k}'}W(\boldsymbol{k},\boldsymbol{k}')\\&=\frac{V}{(2\pi)^3}\int W(\boldsymbol{k},\boldsymbol{k}')\mathrm{d}\boldsymbol{k}'\end{aligned} \tag{4-2-10}$$

在把求和变为积分时，$\boldsymbol{k}$ 空间的态密度取为 $V/(2\pi)^3$，而不是 $2V/(2\pi)^3$ 是因为散射通常不改变自旋．

散射率 λ 的大小都正比于散射终态的态密度．因为实际上只有那些能满足能量守恒和动量守恒的状态能对上面的积分作出贡献．这些状态的多少决定于散射终态态密度的大小．用 ϵ_i 和 ϵ_f 分别表示载流子在散射初态和终态中的动能．在弹性散射中 $\epsilon_i=\epsilon_f$，因而有

$$\lambda\propto\frac{g(\epsilon_f)}{2}=2\pi\frac{(2m)^{3/2}}{h^3}\epsilon_i^{1/2},\quad \epsilon_i>0 \tag{4-2-11}$$

在吸收或发射声子的非弹性散射中，$\epsilon_f=\epsilon_i\pm\hbar\omega_q$，因而有

$$\lambda\propto\frac{g(\epsilon_f)}{2}=2\pi\frac{(2m)^{3/2}}{h^3}(\epsilon_i\pm\hbar\omega_q)^{1/2},\quad \epsilon_i\pm\hbar\omega_q>0 \tag{4-2-12}$$

式中 m 为态密度有效质量．通过仔细观察以上两式，我们可以作以下几点结论：态密度有效质量越大，载流子的终态态密度越大，散射越强；多谷带(如 Si 的导带)有大的终态态密度，其中的载流子通常会受到较强的散射；载流子的能量越高，散射越强．初态能量 ϵ_i 小于相关声子能量 $\hbar\omega_q$ 的载流子不能发生发射这种声子的散射．这些结论对于认识许多输运现象都是十分有用的．

在各种散射中，散射的强弱还决定于载流子和散射势之间的耦合的强弱．它反映在散射矩阵元上．经过散射势 $V(\boldsymbol{x})$ 的作用，由初态 $\boldsymbol{k}$ 向终态 $\boldsymbol{k}'$ 跃迁的跃迁矩阵元 $M_{\boldsymbol{k}'\boldsymbol{k}}$ 由下式给出

$$M_{\boldsymbol{k}'\boldsymbol{k}}=\int\psi_{\boldsymbol{k}'}^*(\boldsymbol{x})V(\boldsymbol{x})\psi_{\boldsymbol{k}}(\boldsymbol{x})\mathrm{d}\boldsymbol{x} \tag{4-2-13}$$

这里的 $\psi_{\boldsymbol{k}}(\boldsymbol{x})$ 是布洛赫函数．

对于晶格散射，代入布洛赫函数和散射势，可以证明，只有当晶体动量守恒(式(4-2-8))得到满足时，$M_{\boldsymbol{k}'\boldsymbol{k}}$ 才不为零(参看附录4.1)．$|M_{\boldsymbol{k}'\boldsymbol{k}}|^2$ 中将包含声子数 N_q．声子数直接反映了振动的强度．因此，散射率还和声子数 N_q 有

关．关于跃迁的量子力学理论表明，对于吸收和发射声子的散射分别有

$$\lambda \propto N_q \quad \text{吸收声子} \tag{4-2-14}$$

$$\lambda \propto N_q + 1 \quad \text{发射声子} \tag{4-2-15}$$

发射声子散射的 N_q+1 中的"1"的作用类似于辐射的自发发射，对应于声子的自发发射．在室温以下的较低温度下，N_q 和 N_q+1 有较大的差异．如果假设 $\hbar\omega_q \approx 50$ meV，那么室温下 N_q 约为 0.13，发射声子的 $N_q+1=1.13$ 要比它大得多．不过在接近热平衡的条件下，能发射相应声子的载流子数也很少．但在强电场下，若大部分载流子的能量都大于 $\hbar\omega_q$，则和吸收声子的散射相比，发射声子的散射将占明显的优势．

声学波散射

在纵声学波（图 4.8 中的 1）中，原子的位移引起原子疏密相间的变化．这将会改变能带扩展的情况：在波的传播方向上，带边的能量将发生周期性的起伏，如图 4.10 所示．对于载流子来说，这是一种附加势能．这种和晶格形变相联系的势能被称为形变势．在中等偏低的温度下，声学波形变势散射通常有重要的作用．

对于单极值的能带，散射载流子的是长纵声学波．这是因为电子的平均能量只有 $k_B T$ 量级，它们分布在简约布里渊区中极值附近很小的波矢范围内．由于声子能量的限制，在散射前后载流子的能量不会发生很大的变化，仍在简约布里渊区中极值附近．因此补偿载流子散射前后动量变化的是长波声子，其能量只有 meV 量级．这种散射常被看作是准弹性散射．由于所涉及的声子能量较小，这种散射对于电子能量耗散的贡献相对也较小．

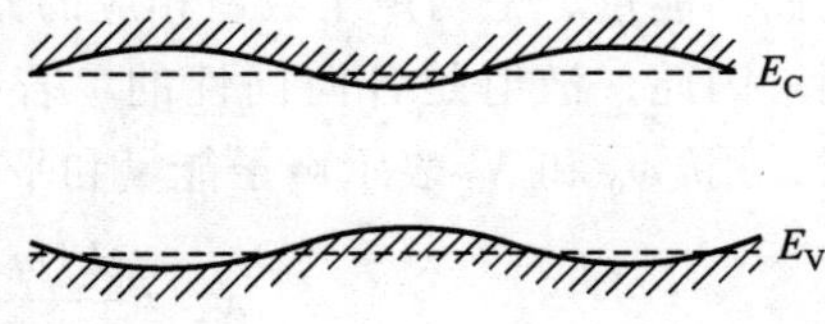

图 4.10 纵声学波引起的形变势示意图

在涉及不同声子的各个方向的散射中，散射势的强度都正比于有关振动模的平均能量 $k_B T$．因此散射是各向同性的．对于动量弛豫来说是一种效率高的散射机制．从前面的讨论可知，动量弛豫率应正比于 $m^{3/2}k_B T\epsilon^{1/2}$．由较认真的计算可得到

$$\lambda = \frac{\sqrt{2}m^{3/2}k_B T\epsilon_D^2}{\pi\hbar^4 c_1}\epsilon^{1/2} \tag{4-2-16}$$

式中 ϵ_D 为形变势常量，c_1 为纵弹性模量．对 $\tau = 1/\lambda$ 就载流子能量进行平均，可得

$$\mu = \frac{2\sqrt{2\pi}\hbar^4 e c_1}{3m^{5/2}\epsilon_D^2(k_B T)^{3/2}} \tag{4-2-17}$$

我们注意到μ正比于$T^{-3/2}$，其中T^{-1}来自晶格振动，$T^{-1/2}$来自终态态密度．可见迁移率随温度的升高而下降．另外，迁移率对有效质量有相当强的依赖关系，$\propto m^{-5/2}$．有效质量减小一倍，迁移率增加至六倍．

在较纯净的非极性晶体中，在较低温度下，当和能量较高的声子(光学声子和谷间声子)相联系的诸散射过程尚未开始起作用之前，它可起支配作用．

在缺少反演中心的极性晶体如Ⅲ－Ⅴ化合物和Ⅱ－Ⅵ化合物中，特别是对称性较低的纤锌矿结构的化合物，如ZnO(W)，AlN(W)，GaN(W)中，有较强的压电效应，声学波可因压电效应引起极化，并通过极化产生的静电势散射电子(见§11.6)．这种散射势所决定的迁移率μ正比于$T^{-1/2}$．因此，在这些极性晶体中，在低温下，声学波压电散射可有重要作用．

光学波形变势散射和谷间散射

在原子晶体中，光学波中不等价原子间的相对移动——称为光学位移——也可产生形变势．纵、横光学波都可通过产生形变势散射电子．这种散射称为光学波形变势散射．在光学波谷内散射中，各个方向的散射所涉及的光学声子的波矢$\boldsymbol{q}=\boldsymbol{k}'-\boldsymbol{k}$分布在布里渊区中心附近很小的范围内，也属于长波声子．它们的能量、平均声子数、相应的光学位移的振幅以及形变势的振幅都基本相同．因此，散射是各向同性的．若把吸收和发射光学声子的散射看作两种散射，用$\hbar\omega_0$和N_0表示声子能量和平均声子数，由计算可得

$$\lambda_+=\frac{D^2m^{3/2}N_0}{\sqrt{2}\pi\rho\hbar^3\omega_0}(\epsilon+\hbar\omega_0)^{1/2} \tag{4-2-18}$$

$$\lambda_-=\frac{D^2m^{3/2}(N_0+1)}{\sqrt{2}\pi\rho\hbar^3\omega_0}(\epsilon-\hbar\omega_0)^{1/2} \tag{4-2-19}$$

式中D为光学形变势常量，ρ为晶体的密度．在较低的温度下，当N_0很小时，吸收声子的散射很弱，即λ_+很小；另一方面，在较低温度下，能发射能量为$\hbar\omega_0$的声子的电子的数量也很少，因而λ_-也很小．因此低温下光学形变势散射很弱，对于动量弛豫来说通常并不重要．但由于光学声子大的能量，在较低温度下，光学声子散射在电子的能量耗损中仍可有显著的作用．

λ_-中的N_q+1说明，即使$N_q\approx 0$，只要载流子的能量大于光学声子能量，仍会有较大的散射率．在原子晶体中，特别是对于热电子，这是一种重要的动量弛豫和能量耗散的机制．

谷间散射所涉及的声子——称为谷间声子——的情况和谷内散射的光学声子的情况基本相同．谷间声子波矢的大小决定于两个等价能谷中心的波矢的差值，通常有大波矢值．散射所涉及的声子能量和形变势常量都可近似看作恒定．因此这种散射也是各向同性的．前面关于谷内光学声子散射的讨论在这里

都适用．引入谷间形变势常量 D_{I}，并假设有 s 个等价能谷，可把吸收和发射声子的散射率表示为

$$\lambda_{+}=\frac{(s-1)D_{\mathrm{I}}^{2}m^{3/2}N_{\mathrm{I}}}{\sqrt{2}\pi\rho\hbar^{3}\omega_{\mathrm{I}}}(\epsilon+\hbar\omega_{\mathrm{I}})^{1/2} \tag{4-2-20}$$

$$\lambda_{-}=\frac{(s-1)D_{\mathrm{I}}^{2}m^{3/2}(N_{\mathrm{I}}+1)}{\sqrt{2}\pi\rho\hbar^{3}\omega_{\mathrm{I}}}(\epsilon-\hbar\omega_{\mathrm{I}})^{1/2} \tag{4-2-21}$$

式中 $\hbar\omega_{\mathrm{I}}$ 和 N_{I} 为谷间声子的能量和平均声子数．

人们很早就对 Ge，Si 中的电子迁移率进行了研究．Ge 中电子和空穴在 77 K 以下，Si 中的电子在 100 K 以下，迁移率都遵守声学波形变势散射的 $T^{-3/2}$ 关系．但在较高温度下会发生偏离，光学声子或谷间声子的散射是引起偏离的原因．图 4.11 所示为 Si 中的电子迁移率随温度的变化．[8] 为使实验结果得到说明，需假设存在 54.3 meV 和 16.4 meV 的谷间声子（在 Si 中存在两种类型的谷间声子：f 型和 g 型）．

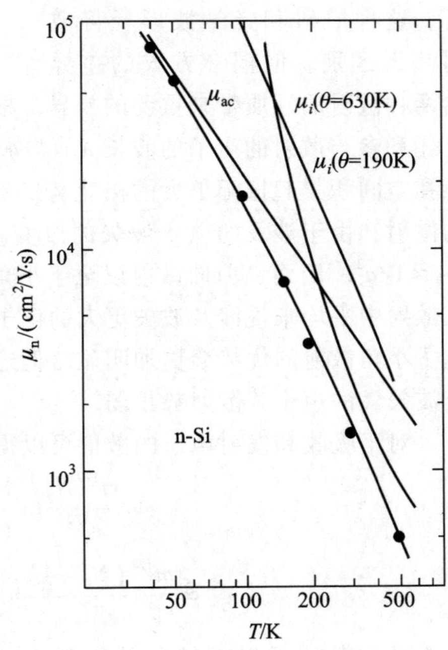

图 4.11 Si 中的电子迁移率随温度的变化

在几种散射同时作用的情形下，若弛豫时间分别为 τ_1，τ_2，τ_3 等（并不是每一种散射都可严格定义弛豫时间），则合成的弛豫时间 τ 可表示为

$$\lambda=\frac{1}{\tau}=\frac{1}{\tau_1}+\frac{1}{\tau_2}+\frac{1}{\tau_3}+\cdots \tag{4-2-22}$$

在 τ_1，τ_2，τ_3 等一般有不同能量依赖关系的情形下，求 $\langle\tau\rangle$ 是件复杂的事．有时采用以下的近似进行分析

$$\frac{1}{\mu}=\frac{1}{\mu_1}+\frac{1}{\mu_2}+\frac{1}{\mu_3}+\cdots \tag{4-2-23}$$

称为马西森定则，是针对金属提出的．只是对于强简并情形，它才严格成立（参看 §4.3），但上式可用于进行近似分析．

光学波极化势散射

对于纵光学波，如果单看其中一种等价原子，则原子的移动情况与纵声学波中的相似．但由于两种原子的振动相位相反，在一种原子密的地方，另一种原子疏（参看图 4.8 中的 3）．在极性晶体，如Ⅱ－Ⅴ化合物和Ⅲ－Ⅴ化合物晶

体中，这将引起极化：在一个半波长的范围内正电荷密度大；而在另一半负电荷密度大，如图 4.12 所示. 正负电荷之间的静电场将产生附加的势. 因此在离子性晶体如 GaAs，GaN，CdTe 中，纵光学波有强的散射作用，可称为光学波极化势散射.

就散射中声子能量的大小及所遵守的能量守恒和动量守恒而言，这种散射和光学波形变势散射并无区别. 但耦合方式的差异给两种散射的性质带来重要的差异. 极化势的强弱不仅依赖于振动的振幅，而且还和参与散射的声子的波长 $\lambda=1/q$ 有关. 波矢 q 小的，即长波长的光学波能在空间积累起振幅更大的极化势的起伏，$|M_{k'k}|^2\propto 1/q^2$，散射将更强. θ 小的散射，由于涉及的电子波矢的改变量小，参与散射的声子波矢 q 小，$\lambda(\theta,\phi)\propto 1/q^2$. 因而，前向散射以至于小角散射是占优势的. 另外，高能量的电子在散射中平均来说涉及波矢更大的声子，受到相对较弱的散射，而且高能量的电子小角散射的优势会更加明显. 但这种散射对谷间散射并不重要，因为它涉及波矢大的声子，散射势很弱.

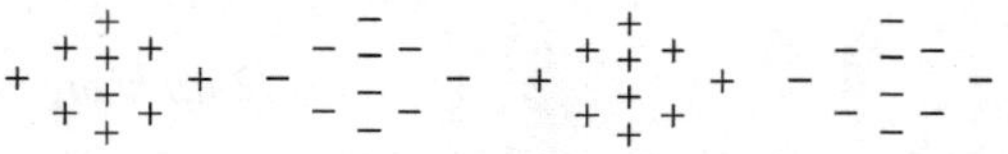

图 4.12 纵光学波引起的极化示意图

对于吸收和发射声子的散射可以得到

$$\lambda_+\propto\frac{m^{1/2}N_0}{\epsilon^{1/2}}\ln\frac{(1+\hbar\omega_0/\epsilon)^{1/2}+1}{(1+\hbar\omega_0/\epsilon)^{1/2}-1}\tag{4-2-24}$$

$$\lambda_-\propto\frac{m^{1/2}(N_0+1)}{\epsilon^{1/2}}\ln\frac{1+\mathrm{Re}(1-\hbar\omega_0/\epsilon)^{1/2}}{1-\mathrm{Re}(1-\hbar\omega_0/\epsilon)^{1/2}}\tag{4-2-25}$$

高能量的载流子经受较弱的散射体现在分母中的 $\epsilon^{1/2}$ 上. 图 4.13 对于光学波的两种散射的迁移率的比较[9]应能说明这一点.

对于光学波极化势散射一般不能定义弛豫时间.[10] 图 4.14 用来说明 GaAs 中各种散射机制的相对作用[11]，其中 μ_{op}，μ_{ac}，μ_{pz}，μ_i 分别表示光学波极化势散射、声学波形变势散射、声学波压电散射和电离杂质散射所单独决定的电子迁移率.

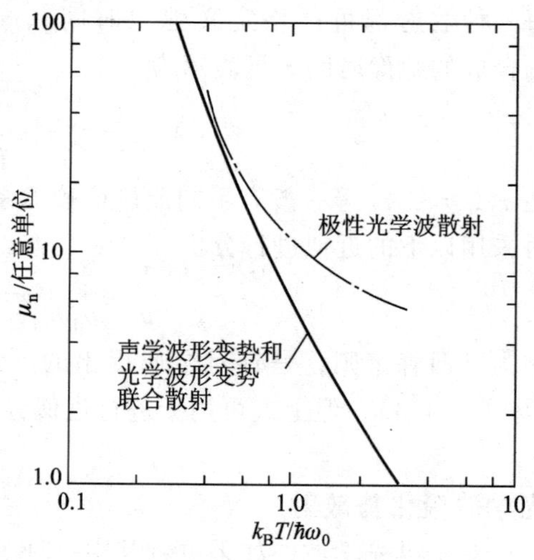

图 4.13 声学波和光学波形变势联合散射的迁移率和光学波极化势散射迁移率的温度关系的比较

横光学波并不引起两种原子的疏密变化，不会引起显著的极化，因此和电子之间的相互作用较弱.

电离杂质散射

在常温下，浅施主和浅受主大部分处于电离状态. 载流子在经过这些电离中心时，将受到库仑引力或斥力的作用，运动方向发生偏折，如图 4.15 所示. 通常将电离杂质散射和其它库仑中心引起的散射统称为库仑散射. 库仑散射一般并不改变电子的能量，是弹性散射. 这种散射的一个重要特点是，高速度的载流子在电离中心附近经历的时间平均较短，受到的散射较弱.

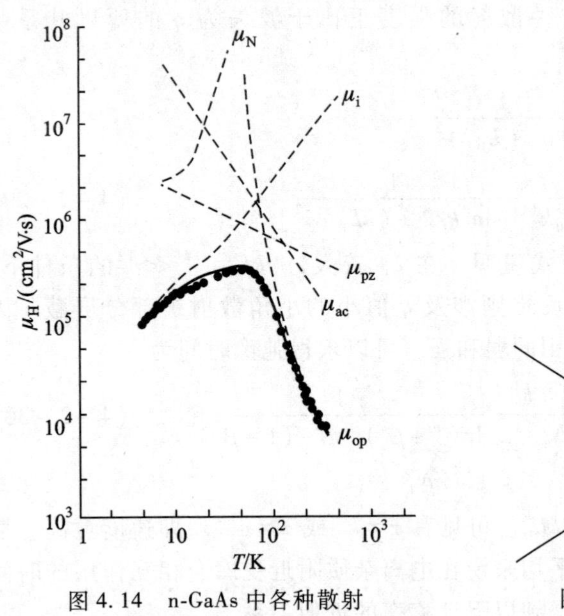

图 4.14 n-GaAs 中各种散射机制的相对作用

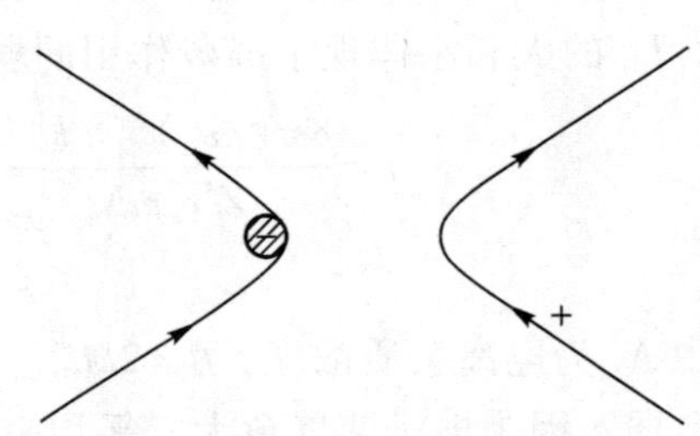

图 4.15 载流子在电离杂质附近的运动轨迹

电离杂质的库仑势可表示为

$$V(r)=\frac{Ze^2}{4\pi\varepsilon\varepsilon_0 r} \tag{4-2-26}$$

式中 r 为和中心的间距，Z 为中心所带的元电荷数. 但载流子可对库仑势产生屏蔽作用. 例如，在 n 型半导体中，在荷正电的库仑中心附近，平均来说有较高的电子密度. 因此在离开库仑中心较远的地方，库仑势就逐渐被完全屏蔽. 代替库仑势的是屏蔽库仑势 $\widetilde{V}(r)$

$$\widetilde{V}(r)=\frac{Ze^2}{4\pi\varepsilon\varepsilon_0 r}e^{-\frac{r}{L_D}} \tag{4-2-27}$$

相对于式(4-2-26)的裸势，这里多了一个衰减因子. 式中 L_D 为德拜屏蔽长度

$$L_{\mathrm{D}}=\left(\frac{\varepsilon\varepsilon_0 k_{\mathrm{B}}T}{ne^2}\right)^{1/2} \tag{4-2-28}$$

德拜长度我们以后还会多次遇到. 这里我们要指出, 在载流子浓度较高时, 原则上它们对于各种散射势都有一定的屏蔽作用. 但是对于小角散射占优势的静电性的散射势屏蔽作用更为显著.

电离杂质散射也是一种小角散射占优势的散射. 对于由初态 $\boldsymbol{k}$ 向终态 $\boldsymbol{k}'$ 的散射, 电子波矢改变量为 $\boldsymbol{q}=\boldsymbol{k}'-\boldsymbol{k}$. 对于弹性散射 $k=k'$, 因而在散射角 θ 和声子波矢 q 之间的关系为 $q=2k\sin\theta/2$. 对散射矩阵元的计算结果表明, 若对屏蔽库仑势作傅里叶展开, 这种散射的强度正比于波矢为 q 的傅里叶系数 $A(q)$ 的平方.

$$\begin{aligned}|A(q)|^2&=\frac{Z^2e^4}{V^2\varepsilon^2\varepsilon_0^2}\frac{1}{(q^2+L_{\mathrm{D}}^{-2})^2}\\&=\frac{Z^2e^4}{16V^2\varepsilon^2\varepsilon_0^2k^4}\frac{1}{[\sin^2\theta/2+(kL_{\mathrm{D}})^{-2}]^2}\end{aligned} \tag{4-2-29}$$

式中 V 为晶体体积. 第二个等式说明, 在 L_{D} 较大, $(kL_{\mathrm{D}})^{-2}\ll 1$ 的条件下, 这种散射中小角散射占优势. 反之则涉及 q 值小的小角散射被部分屏蔽. 因而, L_{D} 的大和小体现了屏蔽作用的弱和强. 可以求得弛豫时间为

$$\begin{aligned}\tau&=\frac{8\pi(\varepsilon\varepsilon_0)^2(\hbar k)^3}{Z^2e^4mN_{\mathrm{I}}}\frac{1}{\ln(1+\beta^2)-\beta^2/(1+\beta^2)}\\&\propto\epsilon^{3/2}/N_{\mathrm{I}}\end{aligned} \tag{4-2-30}$$

式中 N_{I} 为电离杂质浓度, $\beta=2kL_{\mathrm{D}}$. 可见有 $\tau\propto k^3$ 或 $\tau\propto\epsilon^{3/2}$. 即速度愈高, 散射愈弱. 因为电子速度愈大, 平均来说在电离杂质附近受库仑相互作用的时间愈短, 偏离入射方向愈小. 可得到以下迁移率的近似关系

$$\mu\propto\frac{T^{3/2}}{m^{3/2}N_{\mathrm{I}}} \tag{4-2-31}$$

$T^{3/2}$ 来自 $\epsilon^{3/2}$. 在较低温度下由于载流子的能量低, 电离杂质有强的散射作用. 在各种晶格散射很微弱的低温下, 电离杂质散射可以是支配性的. 由于高能量的载流子受到的散射作用弱, 这种散射对于强电场下的热电子通常并不重要.

图 4.16 所示为 InP 中电子迁移率的温度关系[13]. 这是很典型的迁移率的温度关系. 可见, 在 200K 以下, 电离杂质散射逐渐占主导地位. 不同的曲线反映了不同的电离杂质含量.

由式(4-2-29)的第一个等式可见, 单纯的库仑势对涉及大的波矢改变量的散射, 如谷间散射的作用是微弱的. 但在 §2.5 中讨论杂质电离能时已看到, 类氢杂质原子实的势并不能由纯粹的库仑势加以描述. 对类氢电离杂质散射的认真处理也要作中心原胞修正.[12] 但中心原胞修正所对应的附加势是原子

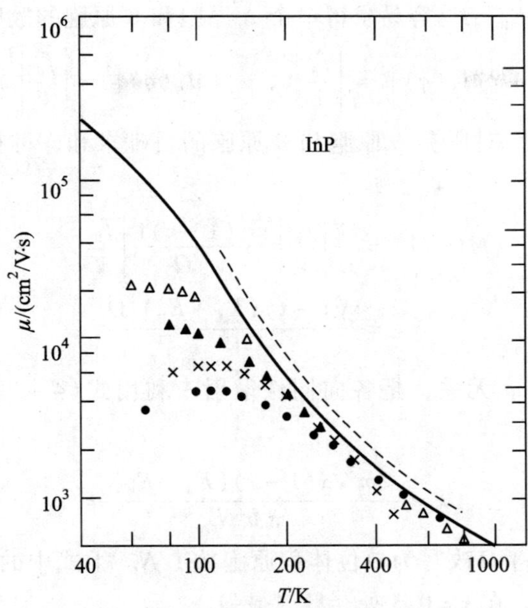

图 4.16 InP 的迁移率随温度的变化. 较低温度下的迁移率由电离杂质散射决定

线度的短程势. 就像下面要讨论的合金无序势一样，短程势对于涉及大波矢改变的谷间散射也是有效的.

合金散射

鉴于混合晶体的实际重要性，对合金散射作扼要的介绍. 混合晶体，作为赝晶，具有晶体的一些性质，如具有确定的 $E-\boldsymbol{k}$ 关系. 这说明混合晶体中的势可看作严格的周期势和无规分布的合金原子所产生的势的叠加. 例如在 AlGaAs 中，在Ⅲ族位上无规分布的 Al 和 Ga 会导致这种散射势，它们也导致弹性散射.

合金无序势的来源是不同原子的原子实的电子结构的差异，所贡献的散射势是短程势. 混合晶体 A_xB_{1-x} 的带边能量 $E(x)$ 可用 A 和 B 的带边能量 E_A 和 E_B 近似表示为

$$E(x)=x(E_A-E_B)+E_B \tag{4-2-32}$$

按照虚晶体模型，[14] A 原胞和 B 原胞处相对虚晶体势的平均偏离为

$$\Delta E_A=E_A-x(E_A-E_B)-E_B=(1-x)(E_A-E_B) \tag{4-2-33}$$

$$\Delta E_B=E_B-x(E_A-E_B)-E_B=-x(E_A-E_B) \tag{4-2-34}$$

由于势的短程性质，可将位于 A 原子和 B 原子处的势看作 δ 函数性质的势. 若用 Ω 表示原胞体积，则 δ 函数的强度可分别表示为 $f_A=(1-x)(E_A-E_B)\Omega$

和$f_B = -x(E_A - E_B)\Omega$. 容易求得单个A原胞和B原胞的散射矩阵元平方为

$$|M_A(q)|^2 = \left|\frac{f_A}{V}\right|^2, \quad |M_B(q)|^2 = \left|\frac{f_B}{V}\right|^2 \tag{4-2-35}$$

式中$q = |\boldsymbol{k}' - \boldsymbol{k}|$. 对所有A原胞和B原胞的贡献求和，可得有效散射矩阵元平方

$$\begin{aligned}|M(q)|^2 &= \frac{xV}{\Omega}\left|\frac{f_A}{V}\right|^2 + \frac{(1-x)V}{\Omega}\left|\frac{f_B}{V}\right|^2 \\ &= \frac{x(1-x)(E_A - E_B)^2\Omega}{V}\end{aligned} \tag{4-2-36}$$

可见$|M(q)|^2$与q无关，是各向同性散射. 利用式(4-2-10)可得到散射率为

$$\lambda = \frac{\sqrt{2}m^{3/2}x(1-x)(E_A - E_B)^2}{\pi\hbar^4 N}\epsilon^{1/2} \tag{4-2-37}$$

在得到上式时已将Ω改写为单位体积原胞数$1/N$. 上式中的$\epsilon^{1/2}$来自终态态密度. 按上述模型，在$x=0.5$处，散射最强.

由于$|M(q)|^2$不随q衰减，因此合金的无序势可引起谷间散射. 对于具有s个等价能谷的情形，式(4-2-37)的散射率应增加至s倍.

但这里有个重要的问题有待解决. 有些作者将导带的$(E_A - E_B)$取为电子亲和能之差，有的建议在负电性理论[15]的基础上得到$(E_A - E_B)$，[16]有的将$(E_A - E_B)$取为带隙之差. 不同的取法可导致颇大的差异.[16]因此，有些作者直接通过实验提取$(E_A - E_B)$.

§4.3 电导统计理论

在§4.1中的分析虽然也就τ依赖于电子能量的情形作了修正，但对动能为ϵ的电子来说，在电场中在两次碰撞之间，其动能ϵ和相应的τ值就不是固定的. 严格的处理方法是求解在外场下载流子的分布函数$f(\boldsymbol{k},\boldsymbol{x})$，它代表在空间$\boldsymbol{x}$点、$\boldsymbol{k}$状态载流子的分布概率. 它将不同于平衡分布函数$f_0(\boldsymbol{k},\boldsymbol{x})$. 对于电子，在外电场$\boldsymbol{E}$下，沿电场方向的分布概率将略小于逆电场方向的分布，如图4.17所示意. 分布函数的改变量可表示为

$$\varphi(\boldsymbol{k},\boldsymbol{x}) = f(\boldsymbol{k},\boldsymbol{x}) - f_0(\boldsymbol{k},\boldsymbol{x}) \tag{4-3-1}$$

由$f(\boldsymbol{k},\boldsymbol{x})$，可按下式直接得到电流密度$\boldsymbol{j}$

$$\boldsymbol{j} = -\frac{2e}{(2\pi)^3}\int v f(\boldsymbol{k},\boldsymbol{x})\,\mathrm{d}\boldsymbol{k} \tag{4-3-2}$$

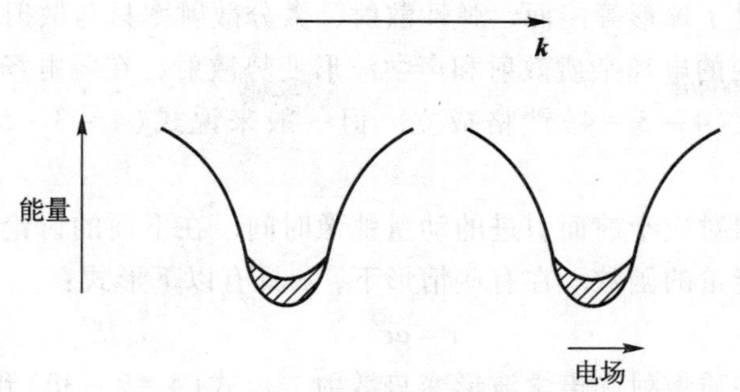

图 4.17 电场引起的载流子的不对称分布

式中 $2f\mathrm{d}\boldsymbol{k}/(2\pi)^3$ 代表 $\boldsymbol{k}$ 空间体元 $\mathrm{d}\boldsymbol{k}$ 中包含的电子数. 也可改写作

$$\boldsymbol{j}=-\frac{2e}{(2\pi)^3}\int \boldsymbol{v}\,\varphi(\boldsymbol{k},\boldsymbol{x})\,\mathrm{d}\boldsymbol{k} \qquad (4-3-3)$$

上式考虑到平衡分布函数 $f_0(\boldsymbol{k},\boldsymbol{x})$ 对电流没有贡献. 在输运现象的统计理论中，中心问题就是求解外场下的分布函数的改变量 $\varphi(\boldsymbol{k},\boldsymbol{x})$.

弛豫时间近似

如前所述，在外力作用下，分布函数将发生改变，由平衡时的 f_0 改变为一新的稳定分布 f. 分布 f 可通过求解玻尔兹曼积分－微分方程得到(参看附录 4.2).

$$\nabla_k f\cdot\frac{\boldsymbol{F}}{\hbar}+\nabla f\cdot\boldsymbol{v}=\left(\frac{\mathrm{d}f}{\mathrm{d}t}\right)_{\mathrm{C}} \qquad (4-3-4)$$

新的分布 f 体现了外力和碰撞间的平衡. 方程右侧的碰撞项 $(\mathrm{d}f/\mathrm{d}t)_{\mathrm{C}}$ 为一积分，描述散射对分布变化的贡献.

另一方面，在外场取消以后，通过碰撞，分布 f 又将逐渐趋向平衡分布 f_0，即改变量 $\varphi(\boldsymbol{k},\boldsymbol{x})$ 逐渐趋于零. 这是一种由不平衡趋向平衡的弛豫过程. 弛豫时间近似假设碰撞项 $(\mathrm{d}f/\mathrm{d}t)_{\mathrm{C}}$ 可表述为:

$$\left(\frac{\mathrm{d}f}{\mathrm{d}t}\right)_{\mathrm{C}}=-\frac{\varphi}{\tau} \qquad (4-3-5)$$

从而，取消外场后的弛豫过程可由以下方程描述:

$$\frac{\mathrm{d}\varphi}{\mathrm{d}t}=-\frac{\varphi}{\tau} \qquad (4-3-6)$$

即分布函数改变量 $\varphi(\boldsymbol{k},\boldsymbol{x})$ 将按指数方式衰减: $\varphi(\boldsymbol{x},\boldsymbol{k},t)=\varphi(\boldsymbol{x},\boldsymbol{k},0)\mathrm{e}^{-\frac{t}{\tau}}$. 可见 τ 就是弛豫过程的时间常量. 于是，稳态的弛豫时间近似的玻尔兹曼方程可写作

$$\nabla_k f\cdot\frac{\boldsymbol{F}}{\hbar}+\nabla f\cdot\boldsymbol{v}=-\frac{\varphi}{\tau} \qquad (4-3-7)$$

可以证明，对于球形等能面，弹性散射，微分散射率只与散射角 θ 有关的情形下，如Γ谷内的电离杂质散射和声学波形变势散射，在弱电场下，存在上述弛豫时间，即式(4－3－4)严格成立．但一般来说式(4－3－5)只是一种近似．

上述弛豫时间对应于前面引进的动量弛豫时间．在下面的讨论中，我们将假设 τ 为载流子能量的函数．在有些情形下，τ 具有以下形式：

$$\tau = a\epsilon^{r} \tag{4-3-8}$$

例如，对于电离杂质散射和声学波形变势散射，由式(4－2－30)和式(4－2－16)，r 分别为3/2和－1/2．在后面的讨论中，有时假设 τ 具有上面的形式，但我们应注意到它的局限性．

弱电场下的分布函数

以下的讨论假设半导体具有简单能带，并假设 τ 是能量的函数．考虑电子导电的均匀半导体，有 $\nabla f = 0$；力 $\boldsymbol{F}$ 可用电场 $\boldsymbol{E}$ 表示为 $-e\boldsymbol{E}$．于是由式(4－3－7)可得 $\varphi = f - f_0$ 为

$$\varphi(\boldsymbol{k}) = \frac{e\tau}{\hbar}\nabla_k(f_0 + \varphi)\cdot\boldsymbol{E} \tag{4-3-9}$$

在弱电场条件下，$\varphi \ll f_0$，上式右侧的 φ 可以略去．于是可得

$$\varphi(\boldsymbol{k}) = \frac{e\tau}{\hbar}\frac{\partial f_0}{\partial\epsilon}\nabla_k\epsilon\cdot\boldsymbol{E}$$

$$= e\tau\frac{\partial f_0}{\partial\epsilon}v\cdot\boldsymbol{E} \tag{4-3-10}$$

第二步考虑到 $\nabla_k\epsilon/\hbar = v$．当电场沿 x 方向时，考虑到 v 和 k 之间的正比关系，上式又可写成

$$\varphi(\boldsymbol{k}) = k_x\left(\frac{e\tau\hbar}{m}\frac{\partial f_0}{\partial\epsilon}E\right) \tag{4-3-11}$$

式中 $\partial f_0/\partial\epsilon$ 只与能量有关，因而 $\varphi(\boldsymbol{k})$ 具有 $k_x\phi(k)$ 的形式．若将式(4－3－9)中的 $\varphi(\boldsymbol{k})$ 用式(4－3－11)迭代，则可得含 $\boldsymbol{E}$ 的二次项，这时 $\varphi(\boldsymbol{k})$ 不再具有 $k_x\phi(k)$ 的形式．

在非简并情形下，$\partial f_0/\partial\epsilon = -f_0/k_{\mathrm{B}}T$，式(4－3－11)可改写为

$$\varphi(\boldsymbol{k}) = -\frac{\dfrac{eE\tau}{m}}{\dfrac{k_{\mathrm{B}}T}{mv_x}}f_0 \tag{4-3-12}$$

$eE\tau/m$ 为漂移速度 v_{d} 数量级，$k_{\mathrm{B}}T/mv_x$ 则具有热运动速度 v_{T} 的数量级．在 $\varphi(\boldsymbol{k})$ 的电场的高次项中，含有上述比值的高次幂．在该比值远小于1时，可

略去关于 E 的高次项. 因此, 弱电场条件可归结为

$$v_{\mathrm{d}} \ll v_{\mathrm{T}} \tag{4-3-13}$$

在室温下 $v_{\mathrm{T}} \sim 10^7\,\mathrm{cm/s}$, 对于 $\mu = 1\,000\,\mathrm{cm^2/V\cdot s}$ 的情形, $E \sim 10^2 \sim 10^3\,\mathrm{V/cm}$ 时, 弱场条件可以得到满足.

在由式(4-3-10)的 $\varphi(\boldsymbol{k})$ 求电流之前, 我们对 $\varphi(\boldsymbol{k})$ 作进一步的考察. $\varphi(\boldsymbol{k})$ 虽然使得 f 不再具有球对称, 但由式(4-3-11)可见, $\varphi(\boldsymbol{k})$ 仍是轴对称的. 式中的因子 k_x 说明, 对称轴沿电场方向. 对于同一能量, 速度沿电场方向和逆电场方向的状态的占有概率的改变量大小相等符号相反, 两者互相抵消. 因此, 式(4-3-10)的分布函数改变量并不改变载流子按能量的分布, 只是改变了沿电场和逆电场方向的各状态的分布比重.

电导率

将式(4-3-10)的分布函数改变量代入式(4-3-3), 可把电流密度表示为

$$\boldsymbol{j} = \frac{2e^2}{(2\pi)^3}\int \tau \frac{\partial f_0}{\partial \epsilon}\boldsymbol{v}\boldsymbol{v}\cdot\boldsymbol{E}\,\mathrm{d}\boldsymbol{k} \tag{4-3-14}$$

它具有张量的形式

$$j_i = \sum_{j=1}^{3}\sigma_{ij}E_j \tag{4-3-15}$$

张量元 σ_{ij} 为

$$\sigma_{ij} = -\frac{2e^2}{(2\pi)^3}\int \tau \frac{\partial f_0}{\partial \epsilon}v_i v_j\,\mathrm{d}\boldsymbol{k} \tag{4-3-16}$$

当 $i \neq j$ 时, 由于被积函数中 $v_i v_j$ 为奇函数, σ_{ij} 为零. $i=j$ 的对角元相等, 为

$$\begin{aligned}
\sigma = \sigma_{ii} &= -\frac{2e^2}{(2\pi)^3}\int \tau \frac{\partial f_0}{\partial \epsilon}v_i^2\,\mathrm{d}\boldsymbol{k} \qquad i=1,2,3 \\
&= -\frac{1}{3}\frac{2e^2}{(2\pi)^3}\int \tau \frac{\partial f_0}{\partial \epsilon}v^2\,\mathrm{d}\boldsymbol{k} \\
&= -\frac{2}{3}\frac{ne^2}{m}\frac{\int \tau \frac{\partial f_0}{\partial \epsilon}\epsilon^{3/2}\,\mathrm{d}\epsilon}{\int f_0 \epsilon^{1/2}\,\mathrm{d}\epsilon} \\
&= \frac{ne^2}{m}\langle \tau \rangle
\end{aligned} \tag{4-3-17}$$

第二步是因为 $v^2 = v_1^2 + v_2^2 + v_3^2$. 第三步是因为 $\mathrm{d}\boldsymbol{k} \propto \epsilon^{1/2}\mathrm{d}\epsilon$. 利用分部积分, 容易证明

$$-(j+1)\int f_0 \epsilon^j\,\mathrm{d}\epsilon = \int (\partial f_0/\partial \epsilon)\epsilon^{j+1}\,\mathrm{d}\epsilon \tag{4-3-18}$$

利用上式可将式(4-3-17)中的$\langle\tau\rangle$表示为

$$\langle\tau\rangle=\frac{\int\tau\frac{\partial f_0}{\partial\epsilon}\epsilon^{3/2}\mathrm{d}\epsilon}{\int\frac{\partial f_0}{\partial\epsilon}\epsilon^{3/2}\mathrm{d}\epsilon}\tag{4-3-19}$$

或利用式(3-1-5)将$\partial f_0/\partial\epsilon$表示为$-f_0(1-f_0)/k_\mathrm{B}T$，可将$\langle\tau\rangle$改写为

$$\langle\tau\rangle=\frac{\int\tau f_0(1-f_0)\epsilon^{3/2}\mathrm{d}\epsilon}{\int f_0(1-f_0)\epsilon^{3/2}\mathrm{d}\epsilon}\tag{4-3-20}$$

在非简并情形下$f_0\approx 0$，$(1-f_0)$可用1来近似，由玻尔兹曼分布可得

$$\langle\tau\rangle=\frac{\int\tau f_0\epsilon^{3/2}\mathrm{d}\epsilon}{\int f_0\epsilon^{3/2}\mathrm{d}\epsilon}=\frac{\int\tau\mathrm{e}^{-\frac{\epsilon}{k_\mathrm{B}T}}\epsilon^{3/2}\mathrm{d}\epsilon}{\int\mathrm{e}^{-\frac{\epsilon}{k_\mathrm{B}T}}\epsilon^{3/2}\mathrm{d}\epsilon}\tag{4-3-21}$$

和式(4-1-32)的$\langle\tau\rangle$相比，这里得到的$\langle\tau\rangle$，在求平均时增加了ϵ作为权重.

这里我们指出，对于不同的散射机制，荷载电流的载流子的平均能量一般不同. ϵ大时，τ大($r>0$的情形，例如对于电离杂质散射$\tau\propto\epsilon^{3/2}$)的情形，比$\epsilon$大，$\tau$小($r<0$的情形，如长声学波散射有$\tau\propto\epsilon^{-1/2}$)的情形能量高的载流子对电流有更大的贡献. 换句话说，前者荷载电流的载流子的平均能量比后者高. 在后面关于磁阻的分析中以及第12章关于热现象的讨论中，应该注意到不同的具体电流中，荷载电流的载流子的能量组成的差异.

设τ具有$a\epsilon^r$的形式，令$\xi=\epsilon/k_\mathrm{B}T$，在求$\langle\tau\rangle$时只涉及以下形式的定积分：

$$\begin{aligned}\int_0^\infty\epsilon^j\exp\left(-\frac{\epsilon}{k_\mathrm{B}T}\right)\mathrm{d}\epsilon&=(k_\mathrm{B}T)^{j+1}\int_0^\infty\xi^j\mathrm{e}^{-\xi}\mathrm{d}\xi\\&=(k_\mathrm{B}T)^{j+1}\Gamma(j+1)\end{aligned}\tag{4-3-22}$$

式中$\Gamma(j+1)$为Γ函数：

$$\Gamma(j+1)=\int_0^\infty\xi^j\mathrm{e}^{-\xi}\mathrm{d}\xi\tag{4-3-23}$$

于是$\langle\tau\rangle$可表示为

$$\langle\tau\rangle=a(k_\mathrm{B}T)^r\frac{\Gamma(5/2+r)}{\Gamma(5/2)}\tag{4-3-24}$$

Γ函数具有以下性质：$\Gamma(j+1)=j\Gamma(j)$；$\Gamma(1/2)=\sqrt{\pi}$；若j为整数n，$\Gamma(1)=1$，$\Gamma(n+1)=n\Gamma(n)=n!$.

在一般情形下，对于$\tau=a\epsilon^r$的情形，由式(4-3-18)，可将式(4-3-19)改写为

$$\langle \tau \rangle = a \frac{r+3/2}{3/2} \frac{\int f_0 \epsilon^{r+3/2} \mathrm{d}\epsilon}{\int f_0 \epsilon^{3/2} \mathrm{d}\epsilon} \tag{4-3-25}$$

代入费米分布函数，令 $\xi = \epsilon / k_B T$，$\xi = (E_F - E_C)/k_B T$，可将上式改写为：

$$\langle \tau \rangle = a(k_B T)^r \frac{\Gamma(r+5/2)}{\Gamma(5/2)} \frac{F_{r+1/2}(\eta)}{F_{1/2}(\eta)} \tag{4-3-26}$$

式中 $F_j(\eta)$ 为费米积分：

$$F_j(\eta) = \frac{1}{\Gamma(j+1)} \int_0^{\infty} \frac{\xi^j \mathrm{d}\xi}{1+\mathrm{e}^{\xi-\eta}} \tag{4-3-27}$$

在非简并情形下，上式中的积分约化为式(4-3-23)的形式，于是 $F_j(\eta)$ 约化为 e^{η}.

在强简并情形下，$-\partial f_0/\partial\epsilon = f_0(1-f_0)/k_B T$ 可用 δ 函数 $\delta(\epsilon - \epsilon_F)$ 近似．ϵ_F 为从导带底计算的费米能(参看图 4.18)．由适用于一般情形的关于 $\langle\tau\rangle$ 的式(4-3-19)，可以得到 $\langle\tau\rangle$

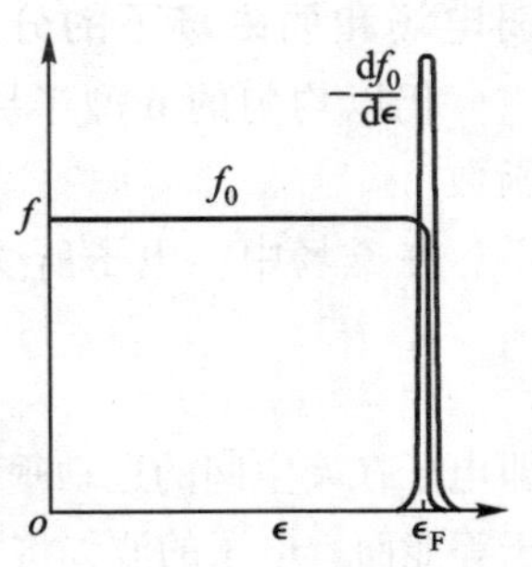

图 4.18　强简并情形下，f_0 和 $-\partial f_0/\partial\epsilon$ 随 ϵ 的变化

$$\langle \tau \rangle = \frac{\int \tau(\epsilon) \epsilon^{3/2} \delta(\epsilon - \epsilon_F) \mathrm{d}\epsilon}{\int \epsilon^{3/2} \delta(\epsilon - \epsilon_F) \mathrm{d}\epsilon} = \tau(\epsilon_F) \tag{4-3-28}$$

可见，在强简并情形下，电导由费米能处的载流子的散射性质决定．这时，由式(4-2-23)给出的马西森定则对半导体来说才是好的近似．[17] 这里对 $\tau(\epsilon)$ 的形式并未作任何假设．

对于强简并的半导体，可以把和费米能对应的等能面称为费米面．它代表 $\boldsymbol{k}$ 空间被占据和不被占据的电子态的界面．这种半导体的许多性质决定于费米面上的电子的性质．

虽然在强简并情形下，带边附近的电子状态要发生重要变化(§2.7)，但在高掺杂范围内，只要考虑到统计的简并性质，迁移率的结果仍大体可由关于电离杂质散射的理论(§4.2)加以说明[18]．这可能是由于占据带边附近状态的电子对电导的贡献比占据较高能态的电子的贡献小得多[19]．在简并情形下，能量较高的电子状态变化不大．但理论与实验间的更好符合要求理论计入中心原胞修正[12]，杂质电荷相关性[20]等．

但是对于重补偿的重掺杂半导体，带尾的存在可以产生重要影响．在上述补偿条件下，电子浓度很小，电子主要分布在带尾附近的能态上，在低温下尤其如此．在此情形下，电阻率随温度的倒数指数性地减小．上述特性可由电子由一个杂质到另一个杂质的跳跃过程加以解释[21]．

§4.4 霍尔效应的统计理论

这一节除了讨论霍尔效应的统计理论外，还介绍两种载流子霍尔效应的一些典型的例子并扼要讨论强磁场霍尔效应.

弱电场和弱磁场下的分布函数

仍以均匀的n型半导体为例，设为简单能带；动量弛豫时间只是能量ϵ的函数.

在磁场中，电子所受作用力$\boldsymbol{F}$为$-e\boldsymbol{v}\times\boldsymbol{B}$，动量$\hbar\boldsymbol{k}$的变化速度为

$$\frac{\mathrm{d}\hbar\boldsymbol{k}}{\mathrm{d}t}=-e\,\boldsymbol{v}\times\boldsymbol{B} \tag{4-4-1}$$

即电子在$\boldsymbol{k}$空间的运动垂直于其速度$\boldsymbol{v}$和磁场$\boldsymbol{B}$. 考虑到电子的速度$\boldsymbol{v}=\nabla_k\epsilon/\hbar$垂直于等能面，电子的波矢将垂直于磁场在等能面上旋转. 在无电场的平衡条件下，在等能面上f_0恒定，这种旋转并不改变电子在$\boldsymbol{k}$空间的分布. 若以$\boldsymbol{F}=-e\boldsymbol{v}\times\boldsymbol{B}$代入弛豫时间近似玻尔兹曼方程，可得到$\varphi(\boldsymbol{k})=(e^2\tau/\hbar)\,\nabla_k f_0(\boldsymbol{k})\cdot\boldsymbol{v}\times\boldsymbol{B}=0$. 因为$\nabla_k f_0=\hbar(\partial f_0/\partial\epsilon)\boldsymbol{v}$和$\boldsymbol{v}$平行. 事实上容易证明，对于任何能量的函数$Q(\epsilon)$有

$$\nabla_k Q(\epsilon)\cdot\boldsymbol{v}\times\boldsymbol{B}=0 \tag{4-4-2}$$

在同时存在电场和磁场的情形下，电场将使电子分布变得不对称：在$\boldsymbol{k}$空间沿电场和逆电场方向的电子分布分别比平衡时减少和增加. 下面将看到在弱磁场条件下，磁场将使上述分布进一步环绕磁场产生$\omega_C\tau$的旋转. 这时分布函数的对称轴不再沿电场方向，而是相对电场偏转了$\omega_C\tau$.

将电子在电场和磁场下所受的力

$$\boldsymbol{F}=-e\boldsymbol{E}-e\,\boldsymbol{v}\times\boldsymbol{B} \tag{4-4-3}$$

代替单一的电场力$\boldsymbol{E}$，由弛豫时间近似可得

$$\varphi(\boldsymbol{k})=\frac{e\tau}{\hbar}\nabla_k f(\boldsymbol{k})\cdot\boldsymbol{E}+\frac{e\tau}{\hbar}\nabla_k f(\boldsymbol{k})\cdot\boldsymbol{v}\times\boldsymbol{B} \tag{4-4-4}$$

第一项中的f可由平衡分布f_0代替. 以$f=f_0+\varphi(\boldsymbol{k})$代入第二项，由于式(4-4-2)，来自$f_0$的贡献为零，可得

$$\varphi(\boldsymbol{k})=e\tau\frac{\partial f_0(\boldsymbol{k})}{\partial\epsilon}\boldsymbol{v}\cdot\boldsymbol{E}+\frac{e\tau}{\hbar}\nabla_k\varphi(\boldsymbol{k})\cdot\boldsymbol{v}\times\boldsymbol{B} \tag{4-4-5}$$

将磁场下$\varphi(\boldsymbol{k})$的零级近似$\varphi^{(0)}(\boldsymbol{k})=e\tau(\partial f_0(\boldsymbol{k})/\partial\epsilon)\boldsymbol{v}\cdot\boldsymbol{E}$(式4-3-10)代入上式，可得$\varphi(\boldsymbol{k})$的一级近似：

$$\varphi^{(1)}(\boldsymbol{k})=e\tau\frac{\partial f_0}{\partial\epsilon}\boldsymbol{v}\cdot\boldsymbol{E}+e\tau\,\nabla_k\left(\frac{\partial f_0}{\partial\epsilon}\boldsymbol{v}\cdot\boldsymbol{E}\right)\boldsymbol{v}\times\frac{e\tau}{\hbar}\boldsymbol{B}$$

$$= e\tau \frac{\partial f_0}{\partial \epsilon} \boldsymbol{v} \cdot \boldsymbol{E} + e\tau \frac{\partial f_0}{\partial \epsilon} \nabla_k (\boldsymbol{k} \cdot \boldsymbol{E}) \boldsymbol{v} \times \frac{e\tau}{m} \boldsymbol{B}$$

$$= e\tau \frac{\partial f_0}{\partial \epsilon} \boldsymbol{v} \cdot \boldsymbol{E} + e\tau \frac{\partial f_0}{\partial \epsilon} \boldsymbol{E} \cdot \boldsymbol{v} \times \frac{e\tau}{m} \boldsymbol{B} \qquad (4-4-6)$$

第二步因为 $\nabla \partial f_0 / \partial \epsilon \cdot \boldsymbol{v} \times \boldsymbol{B} = 0$，并考虑到 $\hbar \boldsymbol{k} = m\boldsymbol{v}$. 利用 $\boldsymbol{E} \cdot \boldsymbol{v} \times \boldsymbol{B} = -\boldsymbol{v} \cdot \boldsymbol{E} \times \boldsymbol{B}$ 最后可得到

$$\varphi^{(1)}(\boldsymbol{k}) = e\tau \frac{\partial f_0(\boldsymbol{k})}{\partial \epsilon} \boldsymbol{v} \cdot \left(\boldsymbol{E} - \boldsymbol{E} \times \frac{e\tau}{m} \boldsymbol{B} \right) \qquad (4-4-7)$$

把上式给出的 $\varphi^{(1)}(\boldsymbol{k})$ 与单纯电场下的 $\varphi^{(0)}(\boldsymbol{k})$（上式中的第一项）相比，分布函数的旋转对称轴不再沿 $\boldsymbol{E}$，而是沿矢量 $\boldsymbol{E} - \boldsymbol{E} \times (e\tau/m)\boldsymbol{B}$ 的方向，如图 4.19 所示. 若 $\boldsymbol{E}$ 垂直于磁场 $\boldsymbol{B}$（霍尔位形），该矢量可由矢量 $\boldsymbol{E}$ 垂直于磁场 $\boldsymbol{B}$ 旋转 $-\omega_C \tau$ 得到. 分布函数的上述旋转，显然将在垂直于 $\boldsymbol{E}$ 和 $\boldsymbol{B}$ 的方向产生电流，这就是霍尔偏转电流. 由于 τ 一般是 ϵ 的函数，不同能量载流子的分布的旋转角大小不同. 若 $\tau = a\epsilon^r$，$r > 0$，则能量愈高的电子旋转角愈大；因此，在霍尔偏转电流中，能量较高的载流子对电流的贡献，比在漂移电流中的要更大.

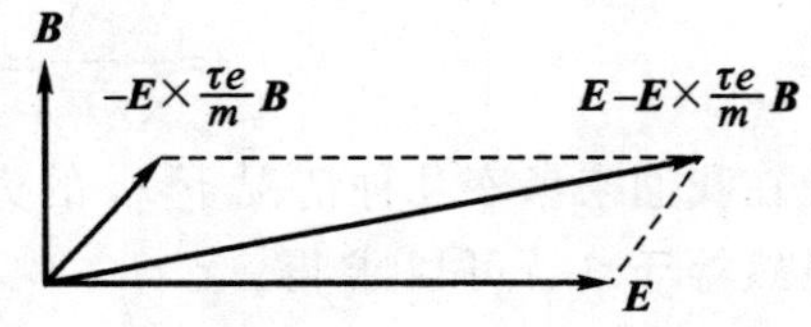

图 4.19 在霍尔效应中，电场下的分布函数的对称轴相对于电场方向的偏转

一种载流子的霍尔效应

将上面得到的 $\varphi^{(1)}(\boldsymbol{k})$，式(4-4-7)，代入式(4-3-3)，通过和上一节中由 $\varphi(\boldsymbol{k})$ 得到的 $\boldsymbol{j}$ 对比，立即可得 $\boldsymbol{j}$ 为

$$\boldsymbol{j} = \boldsymbol{\sigma}^{(1)} \boldsymbol{E} \qquad (4-4-8)$$

式中的 $\boldsymbol{\sigma}^{(1)}$ 为一含磁场一次项的张量：

$$\boldsymbol{\sigma}^{(1)} = \begin{pmatrix} \sigma_0 & \alpha B_z & -\alpha B_y \\ -\alpha B_z & \sigma_0 & \alpha B_x \\ \alpha B_y & -\alpha B_x & \sigma_0 \end{pmatrix} \qquad (4-4-9)$$

上式中的 σ_0 为无磁场时的电导率. α 为

$$\alpha = \mp \frac{ne^3}{m^2} \langle \tau^2 \rangle \qquad (4-4-10)$$

式中 $\mp$ 分别对应于电子和空穴. 式(4-4-8)也可改写作

$$\boldsymbol{j} = \sigma_0 \boldsymbol{E} + \alpha \boldsymbol{E} \times \boldsymbol{B} \qquad (4-4-11)$$

若令 B 沿 z，并与 $\boldsymbol{j}$ 垂直($E_z = 0$)，则由式(4-4-8)得到的 j_x 和 j_y 与 $\boldsymbol{E}$ 和 B_z 的关系式. 它们和在 §4.1 中所得到的结果在形式上完全相同，只是 $\langle \tau^2 \rangle$ 和

$\langle\tau\rangle$有不同的含义．容易证明霍尔系数 R_{H} 可表示为

$$R_{\mathrm{H}}=\frac{\alpha}{\sigma_0^2}=-\frac{1}{ne}\frac{\langle\tau^2\rangle}{\langle\tau\rangle^2}=-\frac{r_{\mathrm{H}}}{ne} \tag{4-4-12}$$

霍尔角可表示为

$$\theta=\frac{\alpha}{\sigma_0}B_z=R_{\mathrm{H}}\sigma_0B_z=r_{\mathrm{H}}\mu B_z \tag{4-4-13}$$

我们主要关注的是霍尔因子 r_{H}．它仍然和式(4-1-40)给出的相同．对于 $\tau=a\epsilon^r$ 的情形，参考式(4-3-22)不难得到一般情形下的 r_{H} 值．在非简并情形下，可将霍尔因子 r_{H} 表示为

$$r_{\mathrm{H}}=\frac{\langle\tau^2\rangle}{\langle\tau\rangle^2}=\frac{\Gamma(2r+5/2)\Gamma(5/2)}{[\Gamma(r+5/2)]^2} \tag{4-4-14}$$

现在我们来考察几种情况下 r_{H} 的大小．对于 τ 和能量无关的情形，$r=0$，r_{H} 显然等于1．可以求得：$r=-1/2$ 时，$r_{\mathrm{H}}=3\pi/8=1.18$；$r=3/2$ 时，$r_{\mathrm{H}}=315\pi/512=1.93$．对于与椭球等能面的情形，$r_{\mathrm{H}}$ 中还包含一个和有效质量各向异性有关的因子（§11.3），其大小也接近于1．在强简并情形下，参考式(4-3-25)，可知$\langle\tau^2\rangle$和$\langle\tau\rangle$分别等于 $\tau^2(\epsilon_{\mathrm{F}})$，$\tau(\epsilon_{\mathrm{F}})$，因而也有 $r_{\mathrm{H}}=1$．

综合以上各种情况，r_{H} 约在1上下，因此 $1/|R_{\mathrm{H}}e|$ 和 $|R_{\mathrm{H}}\sigma|$ 至少能分别给出载流子浓度和迁移率的近似值．

两种载流子的霍尔效应

在存在两种载流子的情形下，漂移电流和霍尔偏转电流应分别对两种载流子求和．式(4-4-9)和(4-4-11)中的 σ_0 和 α 分别可表示为

$$\sigma=\sigma_1+\sigma_2 \tag{4-4-15}$$

$$\alpha=\alpha_1+\alpha_2 \tag{4-4-16}$$

两种载流子可以属于不同类型的能谷或不同的能带．对于导带的电子和价带的空穴，利用 r_{H} 可将 α_{n}，α_{p} 写作 $\alpha_{\mathrm{n}}=-ner_{\mathrm{H}}\mu_{\mathrm{n}}^2$；$\alpha_{\mathrm{p}}=ner_{\mathrm{H}}\mu_{\mathrm{p}}^2$．可得

$$R_{\mathrm{H}}=\frac{r_{\mathrm{H}}}{e}\frac{p\mu_{\mathrm{p}}^2-n\mu_{\mathrm{n}}^2}{(p\mu_{\mathrm{p}}+n\mu_{\mathrm{n}})^2} \tag{4-4-17}$$

上式中的分子来自 $\alpha=\alpha_{\mathrm{n}}+\alpha_{\mathrm{p}}$，它们是和电子及空穴的霍尔偏转电流相联系的，互相抵消的．

考察由非本征向本征过渡时，霍尔系数 R_{H} 的变化．利用电子和空穴迁移率之比 $b=\mu_{\mathrm{n}}/\mu_{\mathrm{p}}$ 将上式改写为

$$R_{\mathrm{H}}=\frac{r_{\mathrm{H}}}{e}\frac{p-nb^2}{(p+nb)^2} \tag{4-4-18}$$

b 通常大于1．在 $n=p$ 的本征情形下，分子大于零，霍尔系数为负值．因为这

时电子对霍尔效应的贡献超过空穴．在 n，p 大小发生变化时，R_H 可能改变符号．对于 n 型晶体，当电子浓度由 $n \gg p$ 变到 $n=p$，由于 $b>1$，R_H 不会改变符号．但对 p 型晶体，由 $p \gg n$ 变到 $n=p$，R_H 则会经历符号的改变：先由 $R_H \approx 1/pe$，降为 0；在改变符号后，随着分子中 nb^2 的上升，$|R_H|$增加；但随后由于分母中的$(nb)^2$，$|R_H|$随 n 的增加而下降，如图 4.20 所示.[22]若以电中性条件 $p=n+N_A$ 代入式(4-4-18)．可由令 R_H 对 n 的微商为零，求得当 $n=N_A/(b-1)$时，$|R_H|$达最大值：

$$|R_H|_M = \frac{r_H}{N_A e}\frac{(b-1)^2}{4b} \tag{4-4-19}$$

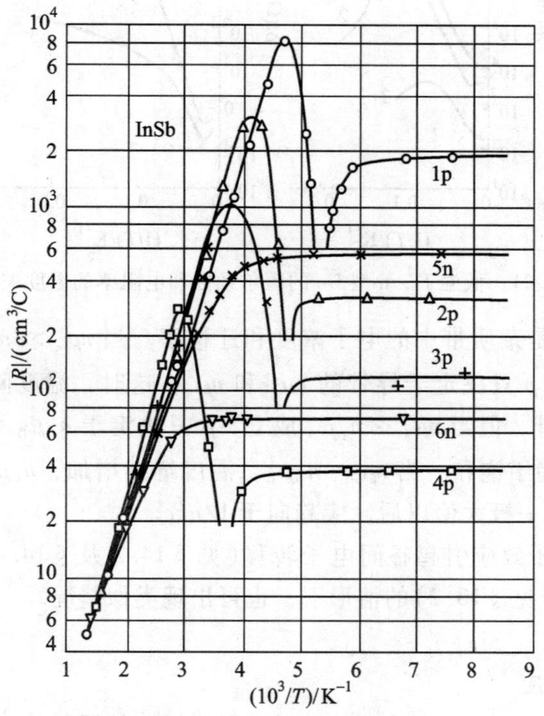

图 4.20 n 型和 p 型的 InSb 的霍尔系数随 $1/T$ 的变化

式中的 $r_H/N_A e$ 为饱和区的霍尔系数值．由$|R_H|_M$ 可以得到迁移率比值.

两种载流子也可以是导带中和杂质带中的电子．在§2.6 中曾经提到，在低温下，当能带中的载流子极稀少时，杂质带中载流子的导电性将表现出来．图 4.21 为在 10K 以下测得的 n 型 Ge 的电导和霍尔系数的温度关系[23]．若仅从导带电子导电性来分析实验结果，那么 ρ 和 R_H 随 $1/T$ 的变化是反常的：由于 n 随 $1/T$ 指数式地下降，在半对数坐标中，R_H 和 ρ 随 1/T 都应线性上升．但由图可见，在低于一定温度以后，R_H 随 $1/T$ 下降，ρ 则有饱和的趋势．若

假设同时还存在杂质带电导，则上述反常可以得到解释．考虑两种载流子的存在，略去霍尔因子，可将 R_H 写作

$$R_H = -\frac{1}{e}\frac{n\mu_n^2 + n_D\mu_D^2}{(n\mu_n + n_D\mu_D)^2} \tag{4-4-20}$$

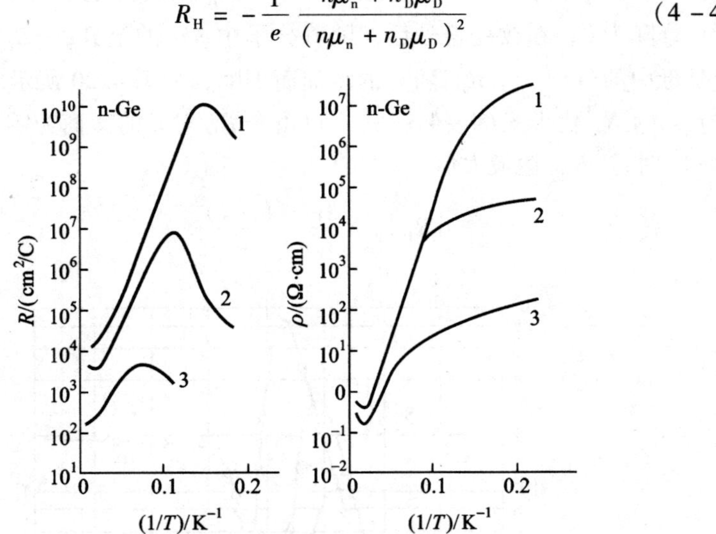

图 4.21 低温下，n 型 Ge 的霍尔系数和电阻率的温度关系

式中 n_D 和 μ_D 是杂质带中的电子浓度和迁移率．当 $n\mu_n \gg n_D\mu_D$ 和 $n\mu_n^2 \gg n_D\mu_D^2$ 成立时，R_H 和 ρ 只决定于导带的 $n\mu_n$ 和 $n\mu_n^2$；这时，温度降低时，R_H 和 ρ 随 $1/T$ 正常地上升．但当 $n\mu_n \ll n_D\mu_D$ 成立，ρ 只决定于 $n_D\mu_D$．温度下降 n_D 趋于恒定，ρ 因而趋于饱和．当 $n\mu_n^2 \approx n_D\mu_D^2$，温度继续增加，$n_D\mu_D^2$ 分子中逐渐占主导，R_H 在经历一极大值以后，应趋向于 $1/n_De$.

在因热电子效应引起谷间电子转移（见 §14.2 及 §14.4）及压力效应引起谷间电子转移（见 §13.2）的情形下，也可出现类似情况．

强磁场霍尔效应

可以在式(4-1-34)的基础上讨论强磁场下的霍尔效应．将该式中的 p 换为 n，ω_C 改为 $-\omega_C$，对各种能量的载流子平均以后，对 n 型半导体可以得到

$$j_x = \frac{ne^2}{m}\left\langle \frac{\tau}{1+\omega_C^2\tau^2}\right\rangle E_x - \frac{ne^2\omega_C}{m}\left\langle \frac{\tau^2}{1+\omega_C^2\tau^2}\right\rangle E_y \tag{4-4-21}$$

$$j_y = \frac{ne^2}{m}\left\langle \frac{\tau}{1+\omega_C^2\tau^2}\right\rangle E_y + \frac{ne^2\omega_C}{m}\left\langle \frac{\tau^2}{1+\omega_C^2\tau^2}\right\rangle E_x \tag{4-4-22}$$

在强磁场极限下，$\omega_C^2 \gg 1$，平均号分母中的 1 可以忽略，于是得到

$$j_x = \frac{ne^2}{m\omega_C}\left(\frac{1}{\omega_C}\left\langle \frac{1}{\tau}\right\rangle E_x - E_y\right) \tag{4-4-23}$$

$$j_x = \frac{ne^2}{m\omega_C}\left(\frac{1}{\omega_C}\left\langle \frac{1}{\tau} \right\rangle E_y + E_x\right) \quad (4-4-24)$$

我们首先指出，在 $\omega_C\tau \gg 1$ 的强磁场下，霍尔角 $\approx \pi/2$（对于电子为 $-\pi/2$，即电流相对电场旋转 $\mp\pi/2$）为了看清这一点，可先假设 $E_x=0$. 由以上两式可以看出，E_y 在 x 方向产生的霍尔偏转电流要比在 y 方向产生的漂移电流大 $\approx \omega_C\tau$ 倍，电流主要是沿 x 方向流动. 换句话说，在强磁场下，电场主要在垂直于电场和磁场的方向上产生电流.

可以借助于图 4.22 来了解上述现象. 在强磁场中，电子由电场获得的附加速度不断改变方向（在磁场中其热运动速度部分对电流无贡献，可以不予考虑）. 在 E_x 作用下积累起来附加速度的在磁场作用下逐渐偏向 y 方向，以至变得和开始的附加速度方向相反，并可下降为零. 然后又重新重复上述过程. 在 $\omega_C\tau \gg 1$ 的条件下，在两次碰撞之间上述过程可以重复多次. 由图可见，这种运动并不会在 x 方向产生显著的位移. 相对来说，它在 y 方向产生的位移却要大得多. 实际上，在 x 方向，只有发生碰撞时，才能产生位移. 图 4.22 中运动轨迹上的圆圈表示碰撞，每次碰撞后电子失去其附加速度.

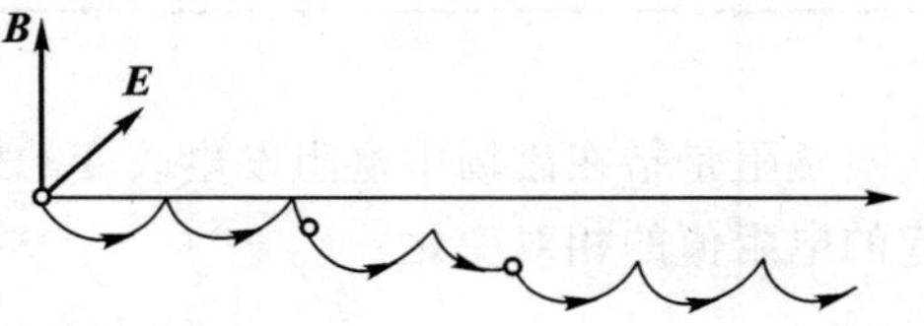

图 4.22 载流子在强磁场中的运动轨迹（略去热运动）

下面来分析霍尔效应. 在霍尔效应的实验条件下 $j_y=0$，由此可得

$$E_y = -\left\langle \frac{1}{\omega_C\tau} \right\rangle^{-1} E_x \quad (4-4-25)$$

y 方向霍尔场的绝对值要比 x 方向所施加的电场大 $\approx \omega_C\tau$ 倍. 因此 j_x 主要由 E_y 引起

$$j_x = \frac{ne^2}{m\omega_C}E_y = \frac{ne^2}{m}\left\langle \frac{1}{\tau} \right\rangle^{-1} E_x \quad (4-4-26)$$

由上式解出 E_x，代入式(4-4-26)可得

$$E_y = -\frac{1}{ne}j_x B_z \quad (4-4-27)$$

可见霍尔因子为 1，和散射机制无关. 尽管强磁场霍尔效应有上述明显的优点，但在迁移率不很高的半导体中，强磁场条件 $\mu B \gg 1$ 并不容易得到满足. 只有在迁移率很高的半导体如 InSb，$Cd_xHg_{1-x}Te$ 等中才易于实现. 例如，InSb 中的电子迁移率达 $10^5 cm^2/V\cdot s$ 量级. 若以 $(\mu B)^2>10$ 作为强场条件则仅要求 $B>3\ 300$ G.

容易证明，在同时存在几种载流子的情形下，若对于每种载流子强场条件

都得到满足，则有

$$\frac{1}{R_{\mathrm{H}}}=\sum\frac{1}{R_{\mathrm{H}i}} \tag{4-4-28}$$

其中 $R_{\mathrm{H}i}=-1/n_ie$，n_i 为第 i 种载流子的浓度．在电子空穴混合导电情形下有

$$R_{\mathrm{H}}=\frac{1}{(p-n)e} \tag{4-4-29}$$

§4.5 磁阻

磁阻是指在磁场中电阻发生改变的效应．低磁场磁阻值通常定义为磁场引起的电阻值的相对变化：

$$\frac{\Delta\rho}{\rho_{\mathrm{B}}}=\frac{\rho_{\mathrm{B}}-\rho_0}{\rho_{\mathrm{B}}} \tag{4-5-1}$$

式中 ρ_0 和 ρ_{B} 分别为无磁场和有磁场时的电阻率．

磁场与电流方向垂直时的磁阻称为横向磁阻，磁场与电流方向平行时，则称为纵向磁阻．对于球形等能面的情形，当 $\boldsymbol{j}/\!/\boldsymbol{B}$ 时，磁场对载流子的分布没有影响，纵向磁阻为零．对于椭球等能面的多谷能带，将在第13章中讨论．这一节只通过讨论简单能带的磁阻来了解磁阻现象的本质．也可作为讨论多谷能带磁阻的准备．平面霍尔效应也是一种磁场中的横向电压效应，但其本质与磁阻相同，也放在这一节讨论．讨论主要限于弱磁场情形．

包含磁场二次项的分布函数和电导率张量

磁阻效应是和磁场二次项相联的效应．计算磁阻必须得到包含磁场二次项的分布函数改变量．产生磁阻效应的原因，将在后面讨论．

上节中我们得到的磁场中分布函数的改变量(式(4-4-5))为

$$\varphi(\boldsymbol{k})=e\tau\frac{\partial f_0(\boldsymbol{k})}{\partial\epsilon}v\cdot\boldsymbol{E}+\frac{e\tau}{\hbar}\nabla_k\varphi(\boldsymbol{k})\cdot v\times\boldsymbol{B} \tag{4-5-2}$$

以上节得到的弱磁场中含磁场一次项的分布函数改变量，式(4-4-7)

$$\varphi^{(1)}(\boldsymbol{k})=e\tau\frac{\partial f_0(\boldsymbol{k})}{\partial\epsilon}v\cdot\left(\boldsymbol{E}-\boldsymbol{E}\times\frac{e\tau}{m}\boldsymbol{B}\right) \tag{4-5-3}$$

代入式(4-5-2)右边的 $\varphi(\boldsymbol{k})$ 可得分布函数的二级近似：

$$\varphi^{(2)}(\boldsymbol{k})=e\tau\frac{\partial f_0(\boldsymbol{k})}{\partial\epsilon}v\cdot\left[\boldsymbol{E}-\boldsymbol{E}\times\frac{e\tau}{m}\boldsymbol{B}+\left(\boldsymbol{E}\times\frac{e\tau}{m}\boldsymbol{B}\right)\times\frac{e\tau}{m}\boldsymbol{B}\right] \tag{4-5-4}$$

上式中的第二项来自 $\varphi^{(1)}(\boldsymbol{k})$ 括号中的第一项 $\boldsymbol{E}$，我们已在§4.4中计算过．第三项来自 $\varphi^{(1)}(\boldsymbol{k})$ 括号中的第二项 $\boldsymbol{E}\times(e\tau/m)\boldsymbol{B}$，它和第一项 $\boldsymbol{E}$ 的地位相同．

因此上式中的第二和第三项可通过对 $\varphi^{(1)}(\boldsymbol{k})$ 括号中的第一项和第二项进行相同的数学操作得到.

在§4.3和§4.4中我们已就第一和第二项的物理意义作过讨论，它们分别对应于电场漂移电流和相应的霍尔偏转电流. 至于第三项，就其形式来说，它可看作第二项霍尔偏转电流的偏转电流. 它是对磁场下运动轨道的弯曲所作的修正. 这种弯曲使载流子沿电场方向的漂移距离缩短，从而使沿电场方向的电流减小. 但不能由此断言磁阻只是因为载流子运动轨道弯曲而产生. 在霍尔效应的测量条件下，还存在另外的因素使沿电场方向的电流得到加强. 关于这个问题在后面我们还要讨论.

将 $\varphi^{(2)}(\boldsymbol{k})$ 代入式(4-3-3)，就可得 $\boldsymbol{j}$ 对 $\boldsymbol{B}$ 和 $\boldsymbol{E}$ 的依赖关系. 类似于引入 σ_0 和 α，对应于第三项，可引入 β

$$\beta = -\frac{ne^4}{m^2}\langle \tau^3 \rangle \tag{4-5-5}$$

于是由 $\varphi^{(2)}(\boldsymbol{k})$ 可得到

$$\begin{aligned}\boldsymbol{j} &= \sigma_0\boldsymbol{E} + \alpha\boldsymbol{E}\times\boldsymbol{B} - \beta(\boldsymbol{E}\times\boldsymbol{B})\times\boldsymbol{B} \\ &= \sigma_0\boldsymbol{E} + \alpha\boldsymbol{E}\times\boldsymbol{B} + \beta[B^2\boldsymbol{E} - (\boldsymbol{E}\cdot\boldsymbol{B})\boldsymbol{B}]\end{aligned} \tag{4-5-6}$$

第二步利用了矢量积公式 $(\boldsymbol{A}\times\boldsymbol{B})\times\boldsymbol{C} = (\boldsymbol{A}\cdot\boldsymbol{C})\boldsymbol{B} - (\boldsymbol{B}\cdot\boldsymbol{C})\boldsymbol{A}$. 在得到上式时并未对 $\boldsymbol{B}$ 和 $\boldsymbol{E}$ 的相对取向做任何假设. 容易看出，当 $\boldsymbol{E}/\!/\boldsymbol{B}$ 时，磁场一次项和二次项都为零，纵向磁阻为零. 当 $\boldsymbol{E}\perp\boldsymbol{B}$ 时，含磁场二次的项只剩下 $\beta B^2\boldsymbol{E}$，由 β 的定义式(4-5-5)可见，$\sigma_0\boldsymbol{E}$ 和 $\beta B^2\boldsymbol{E}$ 的电流相反.

可把式(4-5-6)表示为电流和电场之间的张量关系. 由式(4-5-6)，可直接得到计入磁场二次项的电导率张量 $\sigma^{(2)}$ 为

$$\sigma^{(2)} = \begin{pmatrix} \sigma_0 + \beta(B_y^2 + B_z^2) & \alpha B_z - \beta B_x B_y & -\alpha B_y - \beta B_x B_z \\ -\alpha B_z - \beta B_y B_x & \sigma_0 + \beta(B_z^2 + B_x^2) & \alpha B_x - \beta B_y B_z \\ \alpha B_y - \beta B_z B_x & -\alpha B_x - \beta B_z B_y & \sigma_0 + \beta(B_x^2 + B_y^2) \end{pmatrix} \tag{4-5-7}$$

一种载流子的磁阻

现在我们来计算横向磁阻. 仍令磁场沿 z 方向. 由 $\boldsymbol{j} = \sigma^{(2)}\boldsymbol{E}$ 得到

$$j_x = (\sigma_0 + \beta B_z^2)E_x + \alpha B_z E_y \tag{4-5-8a}$$

$$j_y = -\alpha B_z E_x + (\sigma_0 + \beta B_z^2)E_y \tag{4-5-8b}$$

由 $j_y = 0$，可以给出霍尔电场 E_y. 代入式(4-5-8a)的 j_x 中可得

$$\begin{aligned}j_x &= (\sigma_0 + \beta B_z^2)E_x + \frac{\alpha^2 B_z^2}{\sigma_0 + \beta B_z^2}E_x \\ &= \sigma_0\left[1 + \left(\frac{\beta}{\sigma_0} + \frac{\alpha^2}{\sigma_0^2}\right)B_z^2\right]E_x\end{aligned} \tag{4-5-9}$$

第二步考虑到弱磁场条件，略去了第三项分母中的 βB_z^2. 可在式(4－5－8)和(4－5－9)的基础上讨论产生磁阻的原因. 式(4－5－9)中与 β 相联系的 $\beta B_z^2 E_x$ 项为由霍尔偏转电流产生的二级磁偏转电流. 第三项与 α^2 相联系，它是霍尔电场产生的横向漂移电流引起的. 横向的霍尔偏转电流和霍尔电场漂移电流虽然在表观上互相抵消，但在这两股电流中，不同能量的载流子对电流的贡献不同，因此除了某一能量的载流子的两种电流可完全抵消以外，低于或高于该能量的载流子的电流均不为零. 例如在 $\tau = a\epsilon^r$，$r>0$ 的情形下，高能量的载流子对霍尔电流的贡献($\propto \omega^2\tau^2$)比在漂移电流中的($\propto \omega\tau$)贡献大. 结果沿样品的横向，实际存在高能量的载流子和低能量的载流子的相对流动，形成环流. 这两股大小相等方向相反、但能量不同的载流子流，在 B_z 作用下沿 x 方向的偏转电流一般将不能抵消. 通过具体分析不难说明，其效果总是削弱沿电场方向的电流.

将由式(4－5－9)解出的 $\rho_B = E_x/j_x$，$\rho_0 = 1/\sigma_0$ 代入式(4－5－1)，可得

$$\frac{\Delta\rho}{\rho_B} = -\left(\frac{\beta}{\sigma_0} + \frac{\alpha^2}{\sigma_0^2}\right)B_z^2 \tag{4-5-10}$$

上式中左边为量纲为 1 的量，因此右边括号中的量具有 μ^2 的量纲(μB_z 的量纲为 1)，可将上式表示为

$$\frac{\Delta\rho}{\rho_B} = T_M(\mu B_z)^2 \tag{4-5-11}$$

$$= 10^{-2} T_M\left(\frac{\mu}{10^3\,\mathrm{cm^2/V\cdot s}}\right)^2\left(\frac{B_z}{T}\right)^2$$

式中的 T_M 为量纲为 1 的磁阻系数：

$$T_M = -\frac{1}{\mu^2}\left(\frac{\beta}{\sigma_0} + \frac{\alpha^2}{\sigma_0^2}\right) = \frac{\langle\tau^3\rangle\langle\tau\rangle - \langle\tau^2\rangle^2}{\langle\tau\rangle^4} \tag{4-5-12}$$

T_M 的数值决定于统计分布的性质及散射机制. 若假设 $\tau = a\epsilon^r$，参考式(4－3－24)容易求得非简并情形的 T_M 为

$$T_M = [\Gamma(5/2)]^2 \frac{\Gamma(3r+5/2)\Gamma(r+5/2) + [\Gamma(2r+5/2)]^2}{[\Gamma(r+5/2)]^4} \tag{4-5-13}$$

对于声学波形变势散射 $r = -1/2$，可算得 $T_M = 0.38$. 对于电离杂质散射 $r = 3/2$，可得 $T_M = 2.15$. 可见磁阻系数 T_M 比 r_H 对散射机制的依赖性更强. 若动量弛豫时间与能量无关，横向磁阻为零. 这种情形下，各种能量的载流子的横向电流都是零.

对于强简并情形，$\langle\tau\rangle$，$\langle\tau^2\rangle$，$\langle\tau^3\rangle$ 分别为 $\tau(\epsilon_F)$，$[\tau(\epsilon_F)]^2$，$[\tau(\epsilon_F)]^3$，由式(4－5－12)，T_M 应为零. 但实际上参与导电的载流子分布在 E_F 附近大小为 k_BT 的能量范围内，并不能真正地把 τ 看作常量. 但这个结果却可定性说明

强简并半导体中磁阻很小.

在强磁场极限下，由式(4-4-26)可得

$$\sigma_\infty = \frac{ne^2}{m}\left\langle \frac{1}{\tau} \right\rangle^{-1} \tag{4-5-14}$$

即磁阻将趋向饱和：

$$\frac{\Delta\rho}{\rho_0} = \frac{\sigma_0 - \sigma_\infty}{\sigma_\infty} = \langle \tau \rangle \left\langle \frac{1}{\tau} \right\rangle \tag{4-5-15}$$

对于声波形势散射，$r = -1/2$，$\langle \tau \rangle \langle 1/\tau \rangle = 1.131$，对于电离杂质散射 $r = 3/2$，$\langle \tau \rangle \langle 1/\tau \rangle = 3.395$.

两种载流子的磁阻

存在两种载流子时，应分别用$(\sigma_1 + \sigma_2)(\alpha_1 + \alpha_2)$和$(\beta_1 + \beta_2)$代替式(4-5-10)中的 σ_0，α 和 β，得到

$$\frac{\Delta\rho}{\rho_B} = -\left[\frac{\beta_1 + \beta_2}{\sigma_1 + \sigma_2} + \left(\frac{\alpha_1 + \alpha_2}{\sigma_1 + \sigma_2}\right)^2\right] B_z^2 \tag{4-5-16}$$

考虑同时存在电子和空穴，向本征情形过渡. 设两者的散射机制相同，电子空穴迁移率比为 $\mu_n/\mu_p = b$，将式(4-3-17)(4-4-11)和(4-5-5)的 σ_0，α 和 β 代入上式可得

$$\frac{\Delta\rho}{\rho_B} = -\left[\frac{\langle \tau^2 \rangle}{b^2 \langle \tau \rangle^2}\frac{b^3 n + p}{bn + p} - \frac{\langle \tau^2 \rangle^2}{b^2 \langle \tau \rangle^4}\frac{(b^2 n - p)^2}{(bn + p)^2}\right]^2 \mu_n^2 B_z^2 \tag{4-5-17}$$

图 4.23 所示为 p 型和 n 型 InSb 的磁阻随温度的变化[24]. 在低温非本征区，p 型和 n 型半导体的磁阻的差异主要由两者迁移率的差异引起；在进入本征区后，由于 $b > 1$ 甚至 $b \gg 1$，p 型和 n 型样品中的磁阻均由电子的行为支配. 高温下磁阻的下降由电子迁移率下降引起. 对于 p 型样品，在电子浓度上升向本

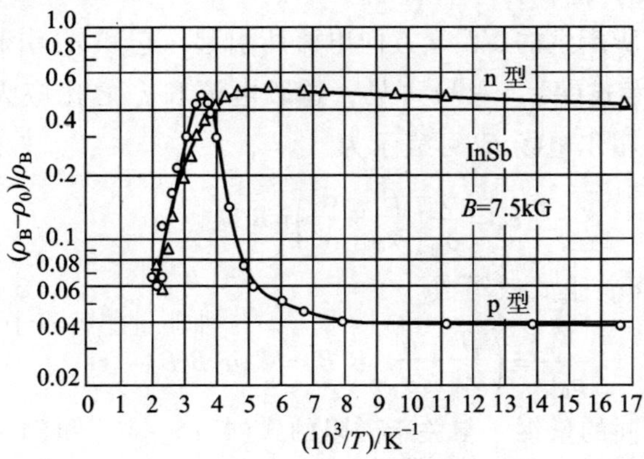

图 4.23 p 型和 n 型 InSb 的磁阻随 $1/T$ 的变化

征过渡时，第二项的分子中的 b^2n-p 互相抵消，这会导致磁阻的上升. 磁阻达到极大值的温度比霍尔系数经过零($b^2n-p=0$)的温度更高. 而在 n 型样品中，电子在第一第二两项中，始终占主导地位，不会经历上述变化.

两种载流子可以是轻空穴和重空穴. 轻空穴有效质量小，在空穴总数中所占比例小(例如在 p 型 Ge 中只占百分之几)，但由于其迁移率显著大于重空穴的(例如在 p 型 Ge 中 $b\approx7.5$)，它在磁阻中的作用可以十分重要[25].

平面霍尔效应

若电流沿 x 的方向，但在 xz 平面内，电流方向和磁场方向不是互相垂直，而是成一角度：$B=(B_x,0,B_z)$(如图 4.24 所示)，则除了在垂直于电流和磁场方向产生常规的霍尔电场以外，还会在包含电流和磁场的 xz 平面内，在垂直于电流的 z 方向上产生电场. 这个效应称为平面霍尔效应. E_z 与 j_x，B_x，B_z 的关系是

$$E_z=P_{\mathrm{H}}\,j_xB_xB_z \tag{4-5-18}$$

P_{H} 称为平面霍尔系数. 虽然这也是电流和磁场产生的横向电场效应，但其起因类似于磁阻，也是磁场的二级效应. 在条形样品中，当电流沿 x 方向，磁场 B_z 在 y 方向引起互相抵消的、霍尔偏转电流和霍尔场漂移电流. 磁阻是上述两个电流在同一磁场分量 B_z 作用下，所产生的沿原电流方向，即 x 方向的电流所引起. 而平面霍尔效应则是由同样的两个 y 方向的电流，但在另一垂直磁场分量 B_x 的作用下所产生的、沿 z 方向电流所引起. 它和 E_z 引起的漂移电流 σ_0E_z 相互抵消. 参考式(4-5-9)可见，这股电流和 j_x 之比应为$(\beta/\sigma_0+\alpha^2/\sigma_0^2)B_xB_z$. 因此平面霍尔电场 E_z 可表示为

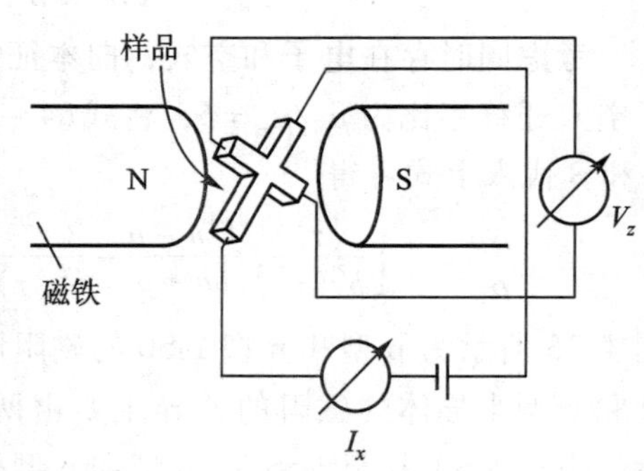

图 4.24 平面霍尔效应示意图

$$E_z=\frac{1}{\sigma_0}\left(\frac{\beta}{\sigma_0}+\frac{\alpha^2}{\sigma_0^2}\right)j_xB_xB_z \tag{4-5-19}$$

利用式 $\sigma_0=1/\rho_0$，可将上式改写成

$$\frac{E_z}{\rho_0j_x}=\left(\frac{\beta}{\sigma_0}+\frac{\alpha^2}{\sigma_0^2}\right)B_xB_z=T_{\mathrm{M}}\mu^2B_zB_x \tag{4-5-20}$$

式中 E_z/j_x 和 ρ 有相同的量纲. 与关于磁阻的式(4-5-10)和(4-5-11)相比较，此两效应的相似性更为明显. 由于它是二级效应，平面霍尔电压 V_{P} 与霍尔电压 V_{H} 的比值应为 μB 数量级.

在研究复杂能带时，平面霍尔效应和磁阻可同时加以利用.

几何磁阻

样品的几何形状可以影响其中的霍尔电场的大小，从而可对磁阻产生重要影响. 图 4.25(a)中的条形样品要比图 4.25(b)中的扁平样品的磁阻值大. 这个效应称为几何磁阻效应.

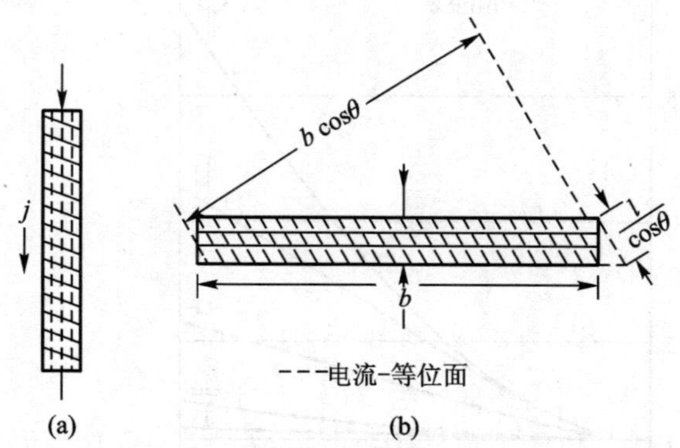

图 4.25 在磁场中(a)条形样品和(b)扁平样品中的电流和等位面

在常规磁阻测量所用的条形样品中，存在横向霍尔电场. 它的作用是抵消磁偏转. 结果是样品中的电流与样品的侧边平行，如图 4.25(a)所示. 但在扁平样品中，两个端电极对应于两个等位面. 这保证了在样品中大部分地区的电场垂直于端电极，不存在横向的霍尔电场. 在磁场作用下电流将相对于电场发生偏转，如图 4.25(b)所示. 电流偏转的直接后果是增加了电流所流过的路程. 如果把扁平样品按电流方向分割为许多窄的细条，那么每个细条中的电流和电场情况和条形样品相同. 如果样品的长度是 l，电流的偏转角是 θ，那么电流流过的长度不是 l 而是 $l' = l/\cos\theta$；另一方面，由于电流改变了方向，样品在垂直于电流方向上的有效宽度也变窄了，由原来的 b 变为 $b' = b\cos\theta$. 如果在条形样品中，磁场中的电阻与零场电阻的比值为 ρ_B/ρ_0，那么在扁平样品中，还要乘一个 $1/\cos^2\theta = 1 + \tan^2\theta$ 的因子

$$\frac{R_B}{R_0} = \frac{\rho_B}{\rho_0}(1 + \tan^2\theta) \tag{4-5-21}$$

考虑到 $\tan\theta$ 对应于条形样品中的 E_y/E_x，把 E_x 表示为 $\rho_B j_x$，把 E_y 表示为 $E_y = R_H j_x B_z = \rho_0 j_x \mu_H B_z$，可得到

$$\frac{R_B}{R_0} = \frac{\rho_B}{\rho_0}\left(1 + \frac{\rho_0^2}{\rho_B^2}\mu_H^2 B_z^2\right) \tag{4-5-22}$$

由上式可见，不同于常规磁阻，在强磁场下几何磁阻不会饱和. 在强磁场极限

下，$\rho_B \to m\langle 1/\tau \rangle / ne^2$，趋向饱和．$\mu_H \to \mu$，$R_B/R_0$ 将随 B_z^2 增加．当 $\mu_H^2 B_z^2 \gg 1$ 时，R_B/R_0 正比于 B_z^2，可以比 ρ_B/ρ_0 大得多．例如，在室温下，$B_z = 10$ kG 时，n 型 InSb 的 $\rho_B/\rho_0 = 1.48$，但 R_B/R_0 却可达 18.7.

图 4.26 所示为不同样品的 R_B/R_0 随磁场强度的变化[26]．在宽长比 b/l 为有限值的样品中，b/l 越的大，霍尔电场的影响愈小，R_B/R_0 越大.

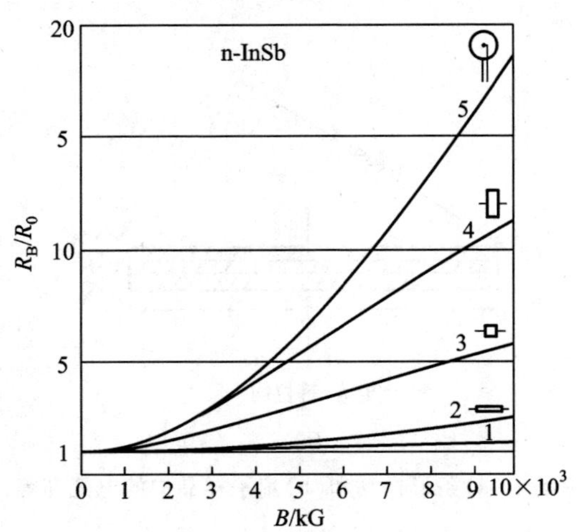

图 4.26 不同几何形状的 InSb 样品的 R_B/R_0 随磁场强度的变化

图中的圆盘，称为科宾诺圆盘，示于图 4.27．其电极做在中心以及边缘上．盘中的等位面是一系列同心圆．电场方向总是沿径向．在两个距离很近的等位面之间的电流和电场分布和扁平样品相同，相当于 $b/l \to \infty$ 的极限情况.

几何磁阻可用于测量霍尔迁移率．也可用于测量强磁场．由式(4－5－22)，可以解出 μ_H 为

$$\mu_H = \sqrt{\frac{\rho_B}{\rho_0}\left(\frac{R_B}{R_0} - \frac{\rho_B}{\rho_0}\right)}\,\frac{1}{B_z} \qquad (4-5-23)$$

$$= 10^5 \sqrt{\frac{\rho_B}{\rho_0}\left(\frac{R_B}{R_0} - \frac{\rho_B}{\rho_0}\right)}\left(\frac{\mathrm{kG}}{B_z}\right) \quad [\mathrm{cm^2/V \cdot s}]$$

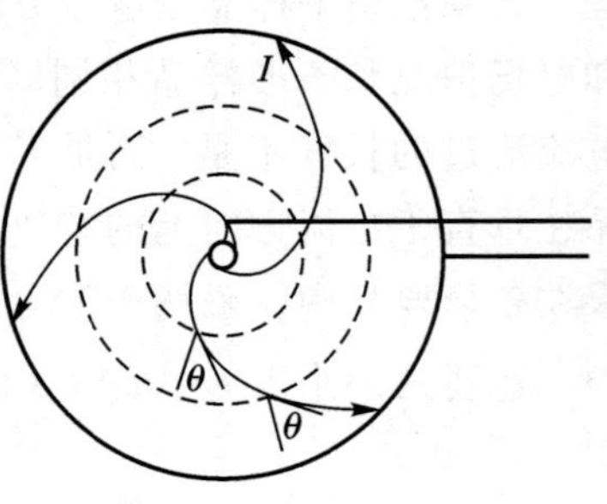

图 4.27 在垂直磁场中，科宾诺圆盘中的电流和等位面

由前面给出的关于 InSb 的 R_B/R_0，ρ_B/ρ_0 和 B_z 的值，可以得到 $\mu_H = 5.05 \times 10^4 \mathrm{cm^2/V \cdot s}$．但在 10 kG 量级的磁场中，只有 $\mu > 10^4 \mathrm{cm^2/V \cdot s}$ 的材料的几何磁阻才会很显著．在 n 型 InAs 中，在上述磁场下，R_B/R_0 可达 5．在 n-GaAs 中，磁场为 2 kG 时 R_B 只增加约 2%．但仍可用来估测迁移率[27].

§4.6 强电场下的载流子输运

在强电场下，载流子单位时间自电场获得的能量平均为 $eEv_d \approx e\mu E^2$，它随电场迅速增加．另一方面，载流子把自电场获得的能量通过碰撞(准确地说，通过发射声子,特别是发射光学声子)传递给晶格，而传递能量的速率随载流子平均动能的增加而增加．在稳定情形下，这两者要相互抵消．可借助于图 4.28 来加以说明．因此，在有外加电场时，载流子的平均动能总会高于其平衡值．不过在弱电场下，载流子动能的增加不显著．而在强电场下载流子能量的增加不再能忽略．人们把平均动能显著高于平衡值的载流子称为热载流子．

强电场分布函数

在强场的条件下，我们需要解决的问题仍然是得到电子的分布函数．知道了分布，就能计算出输运性质．虽然原则上这可求助于直接求解玻尔兹曼积分微分方程，但在实际上这常常是难于做到的．

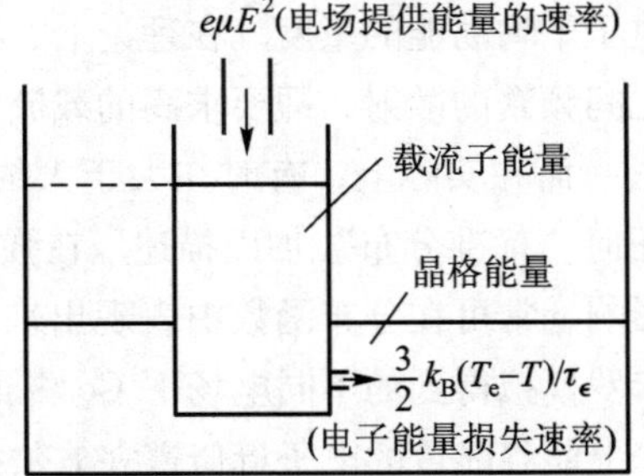

图 4.28　在强电场下，热载流子的能量平衡示意图

在弱电场下，电子的分布并不发生大的改变，电子的平均能量也不发生值得关注的变化．我们面对的只是动量平衡问题．对于给定的电场 $\boldsymbol{E}$ 和已知的弛豫时间 τ，我们较易于得到外场引起的载流子分布相对于平衡分布的偏离．前面几节关于输运的讨论都是针对这一情形．

但强电场下的问题不同于弱电场情形．在强电场下，载流子既存在动量的变化，又存在能量的变化．强电场下的载流子的分布必须要同时满足动量的平衡和能量的平衡．

为了得到分布函数，有时引入电子温度 T_e，假设电子的分布可用电子温度 T_e 的玻尔兹曼分布描述．电子的温度 T_e 高于晶格的 T，所以我们说它是“热”的．在此基础上，借助能量平衡和动量平衡来求解分布．在考虑能量获得和能量损失的基础上可以建立以下能量平衡方程：

$$e\mu E^2 = -\left\langle \frac{d\epsilon}{dt} \right\rangle_{\text{碰撞}} \qquad (4-6-1)$$

如果能量损失正比于过剩能量，则可引入能量弛豫时间 τ_ϵ 来描述能量弛豫

$$e\mu E^2 = \left(\frac{3k_B}{2}\right)\frac{T_e - T}{\tau_\epsilon} \qquad (4-6-2)$$

可用下式描述动量得失之间的平衡

$$eE = -\left\langle \frac{\mathrm{d}\hbar k_{\mathrm{E}}}{\mathrm{d}t} \right\rangle_{\text{碰撞}} \tag{4-6-3}$$

但要在式(4－6－1)和(4－6－3)的能量平衡和动量平衡的基础上求解分布函数，我们必须要预先假设一个分布函数的形式．有时人们将§4.3中求解弱场分布函数的方法推广于采用电子温度的情形．有时在强场输运的解析理论中假设移位的麦克斯韦－玻尔兹曼分布：

$$f \propto \exp\left(\frac{\hbar^2(\boldsymbol{k}^2 - \boldsymbol{k}_0^2)}{2mk_{\mathrm{B}}T_{\mathrm{e}}}\right) \tag{4-6-4}$$

其中所包含的两个待定参量 T_{e} 和 $\boldsymbol{k}_0$，可由上述两个方程来确定．但只是在有限的一些情形下，可以在较严格的意义上定义电子温度 T_{e} 和 τ_{ϵ}．我们应注意到，在强电场下，载流子的分布可严重偏离玻尔兹曼分布，这时只应把电子温度 T_{e} 看作对电子平均动能的量度．在理论上，存在移位的麦克斯韦－玻尔兹曼分布要求载流子之间频繁的散射，即要求高的载流子浓度，这一条件并不是总能得到满足．

而在实际上，有时在大于大约 $\approx 10^3$ V/cm 的电场下，载流子的分布就难以用任何“标准分布”加以描述．在强电场下，较高能量处的能带结构对电子行为的影响，常可在分布函数中表现出来．作为例子，在图4.29中，我们给出了由蒙特卡罗模拟得到的不同电场下Ge中最低能谷的分布函数．[29] 由图可见，虽然能量低于上能谷能量的电子近似遵守玻尔兹曼分布，但高能量的电子则不然．图中较高电场下分布函数中的转折点对应于L谷和上面的X谷之间的能量间距．

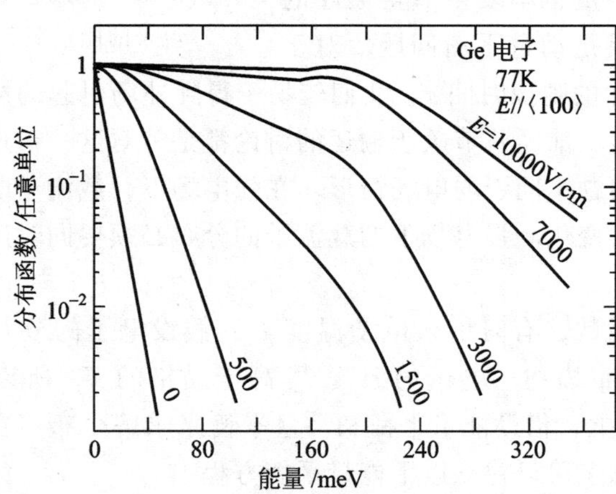

图4.29　由蒙特卡罗模拟得到的77 K下不同电场的Ge中最低能谷的分布函数

由于和强电场下实际分布之间可存在大的差异，基于某种先验的特定分布的解析理论所取得的成功是有限的．另一方面，蒙特卡罗方法在热电子问题上所取得的成功则是显著的．这种方法完全不依赖于先验的分布，而是在第一原理的基础上，通过模拟载流子在外场下的运动来得到输运性质的解．与此同时人们还可得到给定场强下的分布函数．因此它也可视为一种求解分布函数的方法．由于计算机的快速发展，这种看似繁杂、计算量大的方法愈来愈易于被人们采用和接受．下面在有关问题的讨论中，常常借助于由蒙特卡罗模拟得到的一些结果．图 4.30 给出了强电场下电子分布的另一个例子：1.5×10^4 V/cm 电场下，由蒙特卡罗模拟得到的 GaAs 中心谷在 $\boldsymbol{k}$ 空间沿电场和垂直电场方向的分布．[29]可见，和零电场的分布相比，由于小角散射占优势的光学波极化势散射的作用，它们已面目全非．

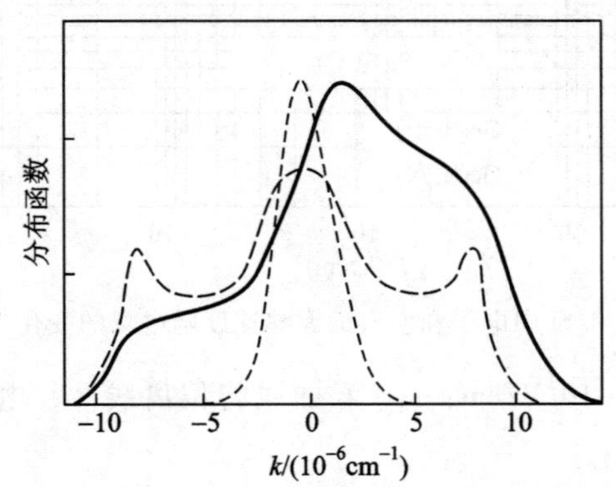

图 4.30　由蒙特卡罗模拟得到的 GaAs 中心谷中的电子分布．实线为 $k_{\perp}=0$ 时沿电场方向的分布．虚线为 $k_{/\!/}=0$ 时垂直电场方向的分布．点线为零电场分布

就散射机制而言，在§4.2 中我们已说明，在热电子问题中，库仑散射通常可不予考虑．但各种晶格散射对热电子都有更强的作用．不过它们各自的表现并不相同．对于声学波形变势散射，高能量的电子面对更高的终态态密度，散射会得到加强；作为各向同性的散射，它仍然是有效的动量弛豫机制；而就能量损失而言，它并不很有效．由于涉及大的声子能量，各种光学波散射及谷间散射，对于能量弛豫都很有效．但光学波极化势散射和形变势散射，在动量弛豫上的表现又很不相同．我们将在后面适当的地方加以说明．§4.2 中对于各种散射的特点的讨论，在这里是有用的．

强电场的输运性质有多方面的表现．这一节，我们将主要讨论其中两个典型的稳态输运的表现：在 Ge，Si 中的漂移速度饱和，以及在许多化合物半导体中的转移电子效应．它们都是热电子的效应．

漂移速度饱和

图 4.31 所示为 Ge，Si 中电子、空穴的漂移速度 v_{d} 随电场强度 E 的变化．[30]

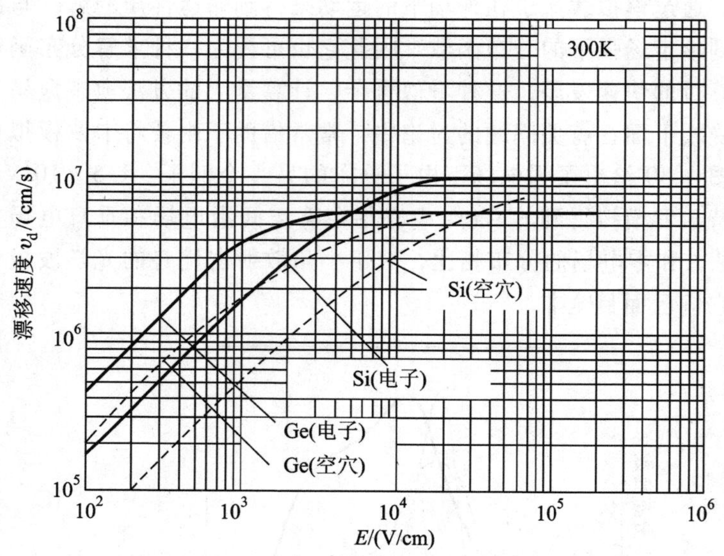

图 4.31 Ge 和 Si 中电子和空穴的漂移速度随电场的变化

当电场强度超过 $\approx 10^2 \sim 10^3$ V/cm，$v_d - E$ 曲线将偏离线性，电场继续增加，v_d 趋于饱和.

热载流子的性质之所以不同于热平衡的载流子，最明显的一点是，会经受更强的散射. 这是因为热载流子自身具有较高能量，散射终态具有较高的态密度. 而且有更多的高于光学声子能量的电子会经受发射光学声子和谷间声子的散射，这种散射对于能量和动量损失都是很有效的. 由于热载流子会遭受更强的散射，强电场下的迁移率会随电场的增加而下降（$v_d - E$ 曲线斜率降低）.

在 Ge，Si 等非极性半导体中，漂移速度的饱和与逐渐占优势的发射光学声子和谷间声子的散射有关. 当电场使足够多的电子具有光学声子能量时，发射光学声子和谷间声子的散射可成为占优势的. 电子一旦自电场获得大于光学声子的能量，就有较大的机会发射一个光学声子或谷间声子，失去所获得的能量和相应的速度. 因此，漂移速度会受到光学声子能量的限制，从而导致漂移速度饱和. 下面通过一个简单的理论模型来说明这一点：设发射光学声子的散射是唯一的散射机制；散射率为 $1/\tau$. 稳定时，自电场获得动量的速率 eE 应等于因碰撞损失动量的速率 mv_d/τ

$$eE = mv_d/\tau \tag{4-6-5}$$

如在 §4.2 中已说明的，这里的光学声子的散射是各向同性的. 自电场获得能量的速率 eEv_d 应等于因碰撞损失能量的速率 $\hbar\omega_0/\tau$

$$eEv_d = \hbar\omega_0/\tau \tag{4-6-6}$$

这里的 $\hbar\omega_0$ 为光学声子能量. 结合二式，可得

$$v_d = \left(\frac{\hbar \omega_0}{m} \right)^{1/2} \tag{4-6-7}$$

v_d 对应于饱和漂移速度. 当然，认真的理论还应计入其它散射机制的影响.

图 4.32 所示为由蒙特卡罗模拟得到的 Ge 的最低能谷中，各种散射机制的能量损失速率和动量损失速率随电场的变化. 可见，就能量损失速率而言，不仅是强场下，即使在 77 K 在弱场下，光学声子和谷间声子的散射也是占优势的. 就动量损失而言，77 K 下，在强场范围内，光学声子和谷间声子散射的作用和声学声子的作用大体相当. 在室温下它们应有更强的作用. 但在弱电场下，它们的作用并不重要. 这一模拟结果可用来说明上面的简单理论模型的合理性.

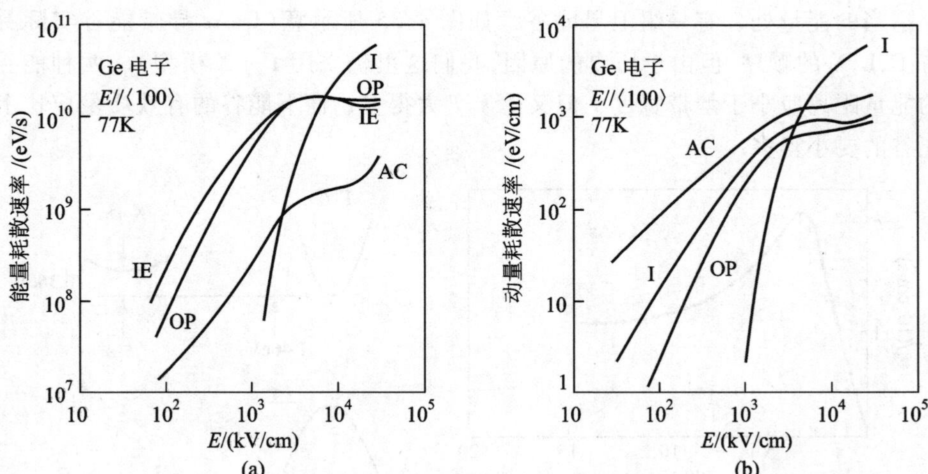

图 4.32 由蒙特卡罗模拟得到的 77 K 下 Ge 的最低能谷中各种散射机制的(a)能量损失速率和(b)动量损失速率随电场的变化. AC－声学波散射，OP－光学波散射，IE－等价谷间散射，I－不等价谷间散射

图 4.33 给出了 300 K 下 n－Ge 中 μ/μ_0-E 曲线理论和实验的比较[31] 如果

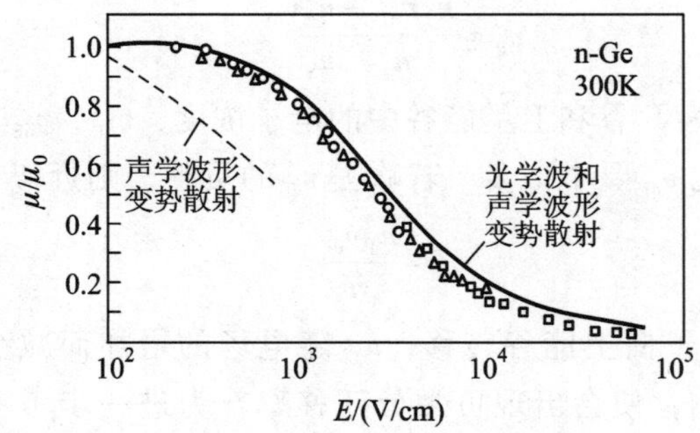

图 4.33 300 K 下 n－Ge 中 μ/μ_0-E 曲线理论和实验的比较

只计入声学声子的散射，不能解释实验结果．这是因为声学声子散射在能量弛豫中的作用很微弱．只考虑这种散射，必然导致电子平均能量随电场迅速增加．这意味着迁移率的迅速下降，如图中虚线所表明的．如果同时考虑声学声子和光学声子的散射，则可得到理论和实验之间的一致．

负微分迁移率 不等价谷间电子转移

强电场下，GaAs 电子的 v_d-E 曲线如图 4.34 所示．[32] 不同于 Ge，Si 的 v_d-E 特性，在 GaAs，InP 等的电子 v_d-E 曲线上，存在负微迁移率的区域．这也是一种热电子效应——转移电子效应．这种效应的出现和上述半导体的具体能带结构有密切联系：在这些半导体中，在最低导带能谷(通常是 Γ 谷)以上适当的能量处，有一组卫星能谷，如图 4.35 所示意(GaAs 导带能谷实际具有 Γ,L,X 的顺序．但由于历史的原因,我们这里仍采用 Γ - X 模型)．两种能谷的能量距离应小于禁带宽度，但又比 k_BT 大得多；而下能谷的有效质量应比上能谷的要小得多．

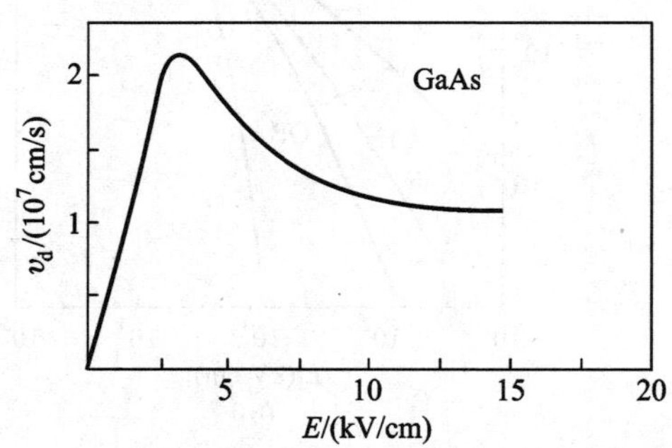

图 4.34 GaAs 中电子的漂移速度随电场的变化

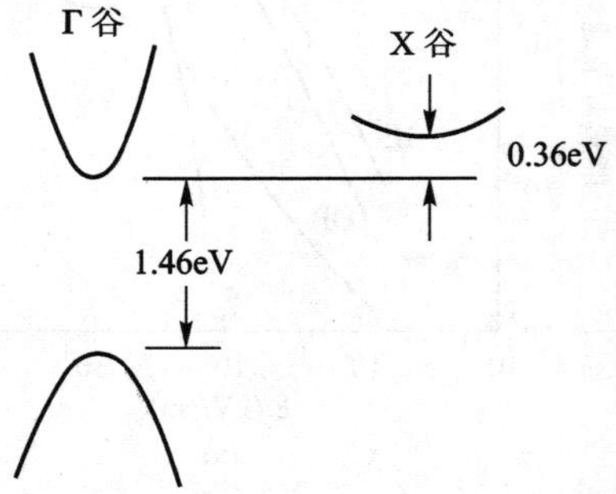

图 4.35 GaAs 的 Γ 谷和 X 谷示意图

在低电场下，电子处于迁移率高的下能谷中，v_d 随 E 增加；而在较高电场下，能量足够高的电子将转移到迁移率很低的上能谷中．这时，v_d 将是上、下能谷电子漂移速度的平均值：

$$v_d=\frac{n_\Gamma v_{d\Gamma}+n_S v_{dS}}{n_\Gamma+n_S} \tag{4-6-8}$$

式中，n_Γ 和 n_S 分别为 Γ 谷和卫星能谷中的电子浓度，$v_{d\Gamma}$，v_{dS} 分别为两者的电子漂移速度．但 v_{dS} 比 $v_{d\Gamma}$ 要小得多．若略去 v_{dS} 的贡献，则近似有

$$v_d\approx\frac{n_\Gamma v_{d\Gamma}}{n} \tag{4-6-9}$$

在强电场下，伴随电子向上能谷转移，n_Γ 随电场的增加而减少．它的减小若能抵消 $v_{d\Gamma}$ 增加的影响，便会出现负微分迁移率．为进一步考察负微分迁移率的出现条件，我们来考察 $\mathrm{d}v_d/\mathrm{d}E$．考虑到 n_Γ 和 $v_{d\Gamma}$ 都可能随电场变化，$\mathrm{d}v_d/\mathrm{d}E$

可写作：

$$\frac{\mathrm{d}v_{\mathrm{d}}}{\mathrm{d}E}=\frac{1}{n}\left(n_{\Gamma}\frac{\mathrm{d}v_{\mathrm{d}\Gamma}}{\mathrm{d}E}+v_{\mathrm{d}\Gamma}\frac{\mathrm{d}n_{\Gamma}}{\mathrm{d}E}\right)\qquad(4-6-10)$$

当下能谷电子开始向上转移时，括号中的第二项 $v_{\mathrm{d}\Gamma}\mathrm{d}n_{\Gamma}/\mathrm{d}E$ 自然小于零. 疑问在于和 $\mathrm{d}v_{\mathrm{d}\Gamma}/\mathrm{d}E$ 相联系的第一项. 但实际上，在谷间转移开始后，Γ 谷中愈来愈多的高能量的电子会经受频繁的谷间散射(电子在 Γ 谷和卫星谷间发生散射. 在散射中电子失去全部动量)，这种散射抑制了 $v_{\mathrm{d}\Gamma}$ 的增加，使 $v_{\mathrm{d}\Gamma}$ 趋向于饱和，甚至可导致 $\mathrm{d}v_{\mathrm{d}\Gamma}/\mathrm{d}E<0$. 了解了这一点，负微迁移率的出现就具有了必然性. 图 4.36 所示为由蒙特卡罗方法得到的 GaAs 中心谷和卫星谷电子漂移速度随电场强度的变化.[33] 可见在谷间转移开始后，Γ 谷中的电子漂移速度随电场的增加逐渐趋于饱和，以至随后有所下降.

除了 GaAs，InP 以外，在 CdTe，[34,36] InAs，[35] ZnSe，[36] 混合晶体 GaInSb，[37] InGaPAs[38] 等类 GaAs 材料中，都观察到了类似的效应.

但在禁带宽度为 0.17 eV 的 InSb 中，导带的两类能谷的能量间距却达到 0.5 eV. 因此，在发生谷间转移之前，电子由价带向导带的碰撞电离已经发生.

在谷间间距接近于 $k_{\mathrm{B}}T$ 的情形下，也观察不到负微分迁移率. 因为，这种情形下，即使在低电场下，上能谷中已经存在显著数量的电子，电子转移产生的效应将不显著. 如果对 GaAs 施加流体静压力，可使两类能谷的能量间距缩小，最后转移电子效应消失.[39]

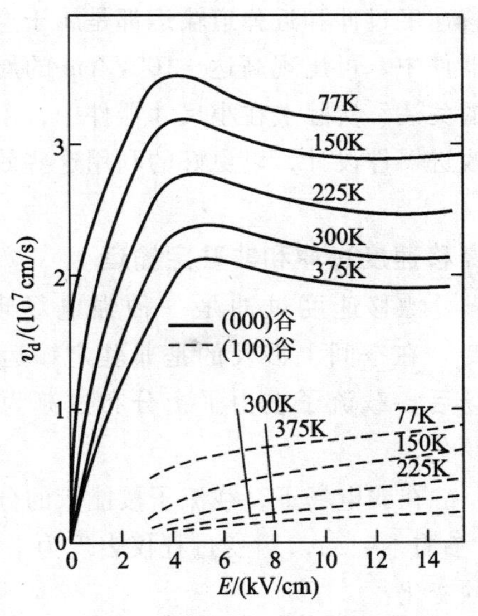

图 4.36 由蒙特卡罗模拟得到的 GaAs 的 Γ 谷和 X 谷漂移速度随电场强度的变化

若将适当的 n 型 GaAs 的薄片偏置于 $\mathrm{d}v_{\mathrm{d}}/\mathrm{d}E<0$ 的负微分迁移率的区段内，则如果样品的厚度 L 和 n 乘积足够大，一旦在某处出现偶极层，则在其向阳极运动的过程中会不断长大(参看 §5.10)，形成所谓高场畴. 畴随后在阳极被吸收. 高场畴的产生、长大和被吸收的过程会反复地进行，这将伴随着微波振荡，称为 Gunn 效应.[40] Gunn 效应在技术上有重要应用.

以上讨论的是 $\boldsymbol{k}$ 空间的转移电子效应. 转移电子效应也可以发生在实空间. 在 AlGaAs - GaAs 界面处，AlGaAs 的导带边的能量高于 GaAs 的. 在强电场下，处于沟道中的能量足够高的电子，也可由 GaAs 的 Γ 谷转移到 AlGaAs

的⟨100⟩谷，其中的电子具有很低的迁移率. 类似于 $\boldsymbol{k}$ 空间的转移电子效应，电子在实空间转移也可导致负位分迁移率.[41]

§4.7 漂移速度过冲和近弹道输运

到目前为止，我们讨论过的输运问题都是属于稳态的和驻定的，即每一时刻每一地点，漂移速度或其它输运性质都可看作该点电场的函数. 但在存在局部强电场的情形下，载流子在通过强场区时，常常来不及在其中各点建立起和各点电场相对应的稳态分布以及相应的平均速度和平均能量. 这时，载流子的输运性质不取决于本地的电场，而是和它们的历史密切相关. 下面要讨论的漂移速度过冲和近弹道输运都是属于这种类型，可称之为非驻定输运. 在亚微米器件中，可出现高达≈10^5 V/cm 的局部强电场，有关热电子效应受到人们广泛的关注. 实际上在小尺寸器件中，不同程度地存在速度过冲现象. 人们可通过改进器件设计，以更好的利用这些效应.

漂移速度过冲和非驻定输运

漂移速度过冲是一种强电场现象. 在时间上涉及的是输运性质的瞬变. 在空间上涉及的是非驻定输运. 输运性质的瞬变讨论的对象是施加电场后，载流子在由平衡分布过渡为一新的稳定分布的过程中，输运性质的变化.

在弱电场下，载流子按能量的分布和相应的平均能量的变化都可忽略不计(参看§4.3). 瞬变过程仅表现为平均速度的积累. 可通过下式描述漂移速度的变化：

$$\frac{\mathrm{d}\bar{v}}{\mathrm{d}t}=\frac{F}{m}-\frac{\bar{v}}{\tau} \tag{4-7-1}$$

右边第二项代表碰撞引起的速度损失. 如果从 $t=0$ 起施加电场，上式的解为

$$\bar{v}=\frac{F\tau}{m}(1-\mathrm{e}^{-\frac{t}{\tau}}) \tag{4-7-2}$$

平均速度随时间单调上升，最后达到一稳定值 $\bar{v}=F\tau/m$. 瞬变时间为动量弛豫时间 τ 的量级.

在强电场下，情况将有所不同. 既涉及动量的瞬变，又涉及能量的瞬变. 最早的关于漂移速度过冲的预言是在图 4.37[42] 的物理图像的基础上得到的. 它隐含的假设是单一的声学声子散射(在较早的研究中,光学声子的散射似乎相当普遍地被忽视). 由于声学声子散射在能量弛豫中作用很

弱，能量弛豫时间比动量弛豫时间长了近百倍．在瞬变的初始阶段，载流子的平均能量小（在图中对应于小的圆），对应着较弱的散射，可以获得高的漂移速度．以后随着载流子的平均能量的提高（在图中对应于大的圆），散射加强．于是漂移速度会经历一个峰值，然后又下降，最后达到和稳定分布相对应的稳定值——该电场下的漂移速度 $v_d(E)$．这个现象称为漂移速度过冲．

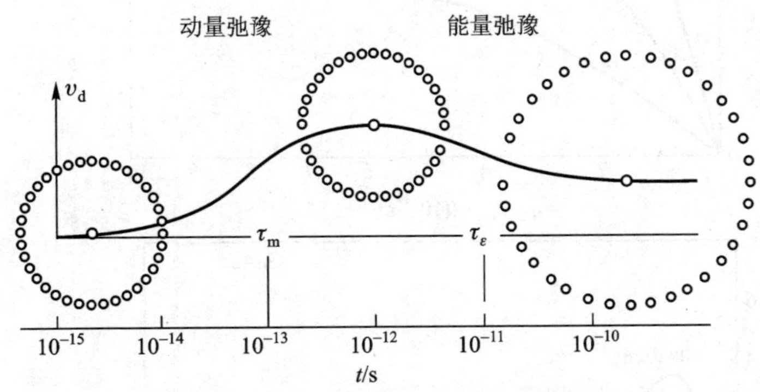

图 4.37　强电场下载流子的能量弛豫和动量弛豫示意图

在实际情形下，能量弛豫时间和动量弛豫时间的差别并不像单纯声学声子散射情形那么大．瞬变过程中，动量和能量几乎同步地增加．我们说不清楚某一时刻在某一能量下能达到多大的漂移速度．但我们可以通过下面两种情形的对比，来理解过冲的出现．一开始总动量都为零．一种情形是：一开始电子集合的平均能量不是较低的 $k_B T$ 量级，而是已达到后来的高的稳定能量，那么在瞬变过程中将没有显著的能量瞬变，而只有类似式(4－7－2)的动量弛豫过程，因而不会有过冲．另一种情形是：一开始平均能量显著小于后来的稳定能量，但由于在能量较低的速度上升段有较大的动量弛豫时间，可以比上面的情形积累更多的动量，因而可能出现过冲．

Ruch 最早用多粒子蒙特卡罗模拟的方法对 Si 和 GaAs 中输运性质的瞬变进行了模拟．图 4.38 所示是他由蒙特卡罗模拟得到的 Si 和 GaAs 中的 v_d-t 特性[43]．尽管在此以前已有人认识到过冲现象的存在，但由模拟得到的 GaAs 中过冲的幅度之大引起了人们更为广泛的注意．在更高的电场下，能达到的峰值速度甚至更高．

在 Si 中，漂移速度过冲和光学声子散射有密切联系．一开始载流子达到光学声子能量之前，经受相对较弱的散射，可以被加速到较高的速度；当越来越多的载流子的能量达到光学声子能量，相继经受发射光学声子的散射，速度逐渐紊乱化．因此在经历一极大值以后，漂移速度将下降并逐渐趋于稳定．这一稳定速度就是饱和漂移速度．

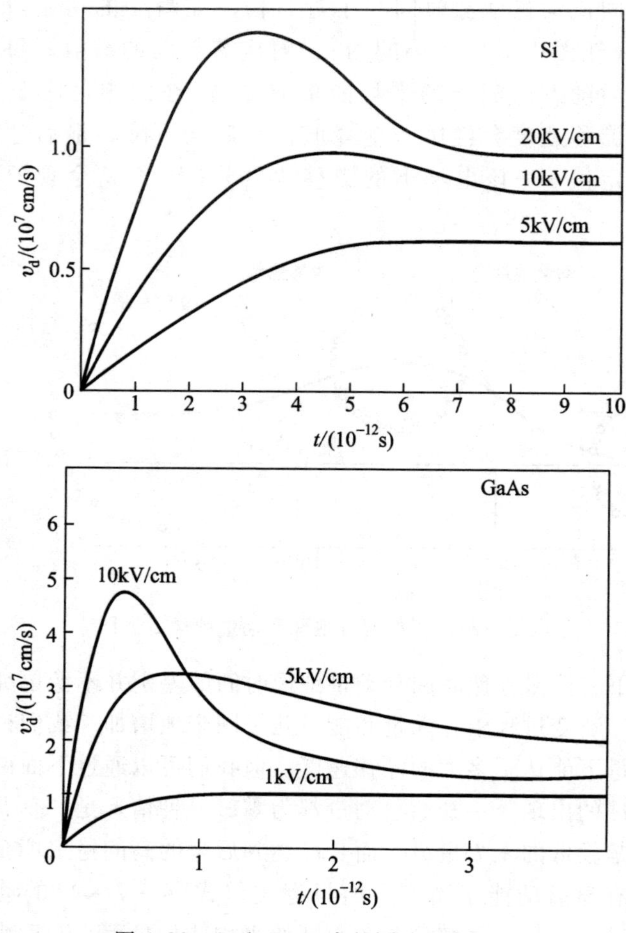

图 4.38 Si 和 GaAs 中的漂移速度过冲

在 GaAs 中，参看图 4.39(a)，(b)，(c)[44] 不难看出，显著的过冲现象和载流子在中心谷被有效地加速，以及部分载流子向较高的卫星能谷的转移有密切的联系. 卫星谷中电子大的有效质量，导致大的散射率和小的漂移速度(参看图 4.36). 作为参考，图 4.40 示出了 GaAs 的 Γ 谷中的电子的散射率随电子能量的变化.[45,46] 由图可见，当电子能量大于上能谷能量时，由于谷间散射，散射率迅速上升.

上面讨论过的漂移速度过冲，虽然具体表现有所不同，但是它们的共同点是：在强电场下，载流子在达到最终的高的平均能量和对应稳态分布的稳定速度之前，经受较弱的散射，可被加速到更高的速度，即可出现漂移速度过冲.

现在我们来考察时间上的速度过冲在空间的表现. 设想电子由弱场区进入突然出现的强场区. 从进入强场区开始，上述时间上的速度过冲，将在载流子

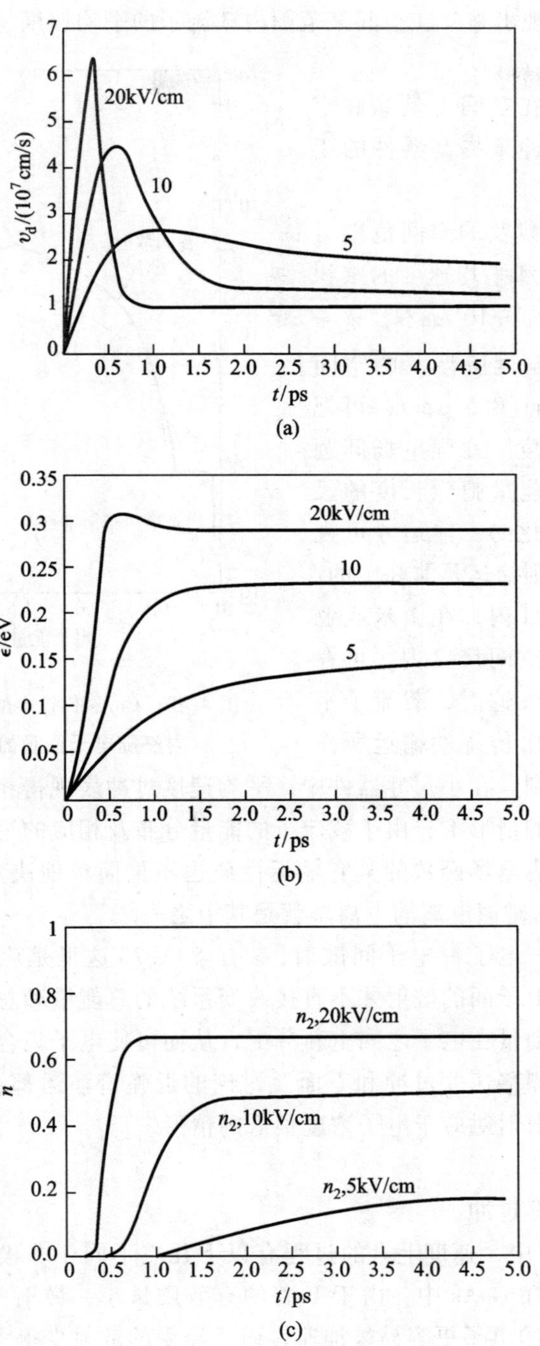

图 4.39 不同强度的阶跃电场下(a)GaAs 中漂移速度的瞬变(b)相应电子平均能量的瞬变和(c)卫星谷电子分布的瞬变

所流经的空间中表现出来．在空间某范围内载流子的平均速度将可显著超过稳定的电场所对应的 $v_d(E)$．可见，在这种情形下，输运在空间上是非驻定的．可利用速度过冲来提高器件的工作频率和开关速度．

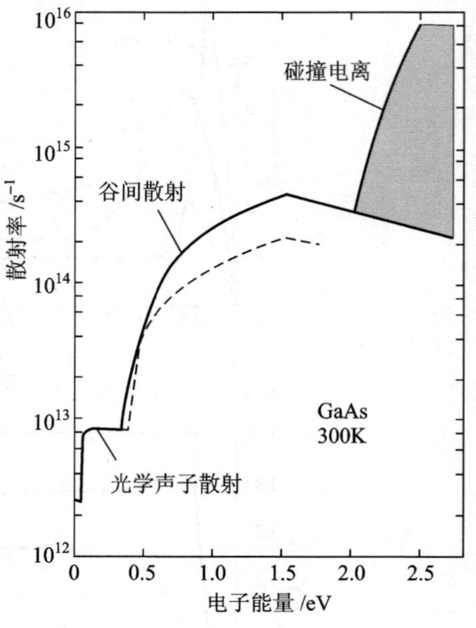

图 4.40 GaAs Γ 谷中的电子的散射率随电子能量的变化

非驻定输运所涉及的空间范围可由能量弛豫时间 τ_ϵ 和平均速度的乘积作出粗略估计．设 $\bar{v} \approx 10^7$ cm/s，$\tau_\epsilon \approx 10^{-12}$ s，则非驻定输运所涉及的空间尺度约为 5×10^{-5} cm（0.5 μm），可把它称为能量弛豫长度．在强电场问题中，只有当电场在能量弛豫长度的尺度上不发生显著变化时，输运才可视为驻定的；相反，则输运是非驻定的．在小尺寸半导体器件内，在微米或亚微米量级或更小的空间尺度内，可存在电场的强烈变化．这时，载流子平均速度的变化将和由传统的输运所作的描述有重要的区别．在小尺寸器件中，平均速度过冲表现得相当广泛．

在非驻定输运的情形下，由于载流子的能量分布及相应的平均能量不再决定于本地电场，作为电场函数的其它输运性质也不再简单地决定于本地电场．在 §6.8 中要介绍的碰撞电离的电离率就是其中之一．

有一种散射——电子－电子间散射（参看 §11.7）这里是应该说到的．对于电子集合来说，电子间的散射并不直接改变系统的总能量和总动量，但是这种散射可使能量和动量在电子之间重新分配，从而可使电子集合的定向运动更快地无规化．对于漂移速度过冲和下面要讨论的近弹道输运都会有一定影响．忽略电子－电子间散射对应于电子浓度很低的情形．

GaAs 中的漂移速度过冲

在极性的 GaAs 中，速度上升的过程有以下几点不同于非极性的、具有多能谷导带的 Si．(1) 在 GaAs 中，由于 Γ 谷的有效质量小，散射的终态密度小，其中的电子比 Si 中的电子更容易被加速，而且经受的散射少得多．(2) 由于占优势的是光学波极化势散射，其散射率随电子能量的增加有所下降（参看式(4-2-24)，(4-2-25)）．相比之下，在 Si 中，形变势散射的散射率总随电子能量的增加而增加．(3) 在 GaAs 中，在占优势的光学波极化势散射中，小角散射占优势．在发射光学声子的小角散射中，除失去相应于声子能量的那部分动量外，电子并不会失去沿电场的全部动量．而且随着电子能量的增加，小角散射的优势更为突出．

图 4.41 给出了不同能量的电子在发射光学声子的散射中的角分布 $g(\theta)$ [47]（这里的 $g(\theta)$ 对应于微分散射率 $\lambda(\theta,\varphi)$ 和 $\sin\theta$ 的乘积）．在图 4.41 中，当电子能量 ϵ 为 1.1 倍长波光学声子能量 $\hbar\omega_0$ 时，散射的角分布只是略呈各向异性．但随着电子能量的增加，小角散射的特点愈来愈显著．相比之下，Si 中的电子所经受的几乎都是各向同性的散射．

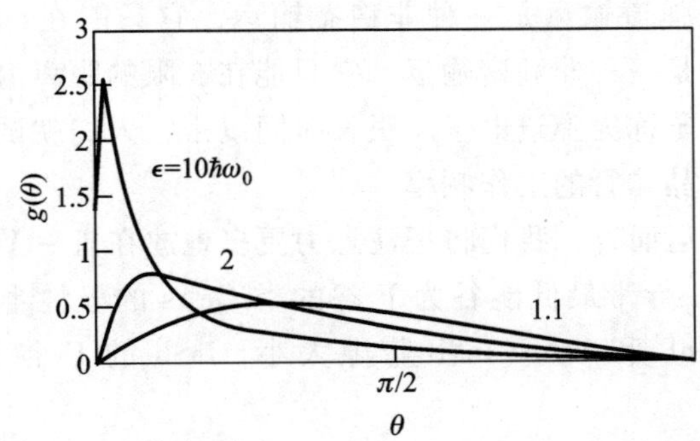

图 4.41　不同能量的电子在极性光学波散射中的小角散射的优势

可见，在 GaAs 的 Γ 谷中，不仅电子更易于被加速，而且电子能量愈高，不仅经受更弱的散射，而且更多的散射是小角散射．GaAs Γ 谷中电子的这些特点显然有利于电子在强电场下的瞬变过程中获得高的漂移速度．

在 GaAs 中电子加速过程中，当能量较低时，散射接近于各向同性，能有效地使速度和能量的分布紊乱化，电子较难于自电场获得定向速度和能量．强的电场有利于载流子在更短的时间内达到更高的能量，进入动量损失小的小角散射占优势的阶段，从而能更有效地被加速到更高的速度．

图 4.39 关于 GaAs 的模拟结果可用来说明上面的结论．我们应记住，模拟得到的曲线描述的不是一个电子的行为，而是一群为数很多的电子的行为的平均结果．通过考察 5 kV/cm 和 20 kV/cm 电场下电子平均能量的瞬变（图 4.39(b)），以及相应的卫星谷中电子所占比例 n_2 的瞬变（图 4.39(c)），可以得到上面的物理图像．模拟假设 Γ 谷和上面的 L 谷的能量间距为 0.33 eV．对于 5 kV/cm 的情形，当电子的平均能量还未达到上、下能谷间距的 1/3 时，由 Γ 谷向 L 谷的转移已经开始．由此可见，在此情形下，Γ 谷中的电子能量分布有很大的分散性．再看 20 kV/cm 的情形：在电子平均能量很接近上、下能谷间距时才发生谷间转移，并且转移在相

当短的时间内就完成．这些说明电子能量和速度较小的分散性．

近弹道输运

所谓近弹道输运，或准弹道输运，是指载流子集合以弹道运动的方式，即以几乎不受碰撞的方式实现的电荷输运．上面讨论过的施加电场后的漂移速度瞬变的上升的陡削的初始段，载流子就是以近弹道输运的方式被加速的．在平均自由时间量级的一小段时间内，多数的载流子并不经受碰撞或只经受少量的散射．

从时间上看，近弹道输运是一种非稳态输运，它只能在有限的时段内实现．从空间上看，它是一种非驻定输运，它只能在有限的距离内实现．常把飞行中不经受散射的电子称为弹道电子．很长时间以来，人们就试图利用近弹道输运来提高各种类型晶体管的工作频率．

就实现近弹道输运而言，我们将把注意力更多地放在Ⅲ－Ⅴ化合物，主要是以 GaAs 为代表的、导带最低能谷为 Γ 谷的类 GaAs 的极性半导体上．这实际上主要是 GaAs，InP 和 InAs（InSb 带隙太小，GaSb 的 Γ 谷和卫星谷过于接近）．

由前面在关于漂移速度过冲的讨论中已看到，与 Si 相比，GaAs 有诸多优点．Ⅲ－Ⅴ化合物Γ谷中的电子主要受到极性光学波的散射．能量较高、作高速定向运动的电子集合，所经受的大多为发射光学声子的小角散射．每次散射虽然失去一定的能量和定向速度，但运动方向基本保持不变．在有限的距离内的运动可视为近弹道性的．如果能同时施加适当的加速场，则因发射光学声子所失去的能量和速度还可得到补偿．依此方式应可延长近弹道飞行的距离．但散射终将会使集合逐渐失去近弹道运动性质：速度和能量会表现出越来越大的分散性．如果开始有电子转移到卫星谷，则漂移速度会更快地下降．

Γ 谷中的电子的最大弹道速度决定于卫星谷的能量的高低．卫星谷能量愈高，能达到的最大弹道速度越高．在 GaAs 中，极限速度大约为 1×10^{8} cm/s，InP 和 InAs 有较高的谷间能量间距，相应地有较高的弹道速度的上限．

但在接近弹道速度上限的条件下应用弹道输运是不适当的．无论是因电场导致的电子能量增加，还是因散射导致的电子能量的分散，都可使部分电子更快地达到卫星谷的能量，而发生谷间转移．因此，对于一定的卫星谷能量，采用多大的弹道速度和多大的加速场应有所权衡．

人们通过蒙特卡罗模拟对弹道输运进行了研究．[48—51]下面我们对两个计算结果作一些的分析，以期能对近弹道输运有较为具体的认识．

图 4.42 所示为在 GaAs 中电子的平均速度随飞行距离的变化[50]．电子以不同初始能量和相应的速度发射到 GaAs 中．其中存在一大小为 10 kV/cm 的

加速场. 模拟中所采用的谷间距为 0.33 eV. 由图可见，对于发射能量高于 0.21 eV 的情形，曲线中存在明显的转折，这些转折是由电子向 L 谷的转移引起的. 对于上述情形，向 L 谷的转移要求增加 0.12 eV 的能量. 在 10 kV/cm 的电场下，电子通过 120 nm 的飞行就可获得此能量. 另一方面，对于初始能量为 0.16 eV 以下的诸曲线，在 150 nm 的距离内观察不到转折. 实际上，如果不考虑电子可有经受吸收光学声子的散射(机会较少)，在上述飞行距离内电子只能获得 0.15 eV 的能量，不足以发生谷间转移.

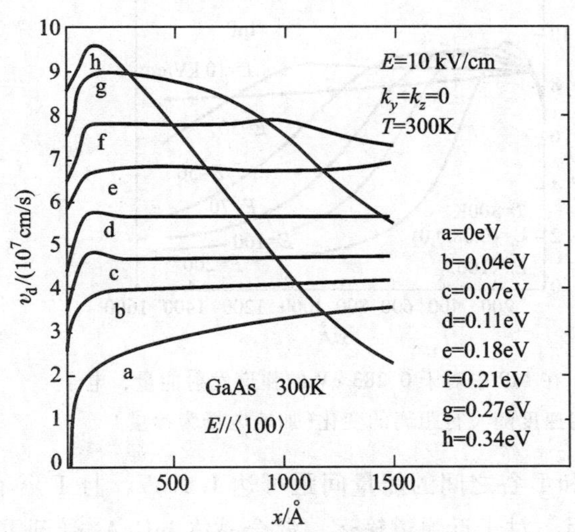

图 4.42 以不同初始能量弹道发射到 GaAs 中的电子的平均速度随飞行距离的变化

对于图 4.42 中，初始能量为 0.16 eV 的情形，我们再进一步作一点分析. 飞行 150 nm 的距离所需时间约为 0.2 ps. 若按此能量下 GaAs 的散射率计算，在 0.2 ps 的飞行时间内，电子可以平均发生约两次散射. 如果散射是各向同性的，则足以使电子的平均速度减少 85% 以上. 但实际上，在上述飞行距离内，平均速度没有减少，还略有上升. 这是因为，对于上述电子能量，小角散射的优势应十分明显(参看图 4.41)，因而运动的方向基本保持不变. 但在每次散射中，电子要失去一个光学声子的能量(在 GaAs 中,它的能量约为 0.035 ~ 0.036 eV)，不过发射两个声子只消耗约 0.07 eV，而从电场却可以获得 0.15 eV 的能量，应可支持电子速度的适当上升.

图 4.43 所示为由 InP 得到的类似曲线[51]，但弹道发射的初始能量都取为 0.283 eV. Γ 和 L 谷之间的能量间距取为 0.54 eV. 图中曲线的一般特点与 GaAs 中的相同. 这里我们感兴趣的是电场为 10 kV/cm 的曲线. 在其它加速电场更高的诸曲线中，都存在由谷间转移引起的曲线的转折. 而在 10 kV/cm 的

曲线中，平均速度的缓慢下降不是由谷间转移引起的，而是和谷内散射相联系的. 具体分析表明，在上述电场下，能量平衡大体得到保持. 上述电场值大体等于由同一蒙特卡罗模拟得到的 InP 的 v_d-E 特性的阈电场值. 可以预料，在上述电场下，随着距离的推移，平均速度将平滑下降，直至最后达到 v_d-E 特性的峰值速度. v_d 随时间的下降主要是因为：散射使能量的涨落不断增大，并使分布逐渐趋向最终的稳定分布.

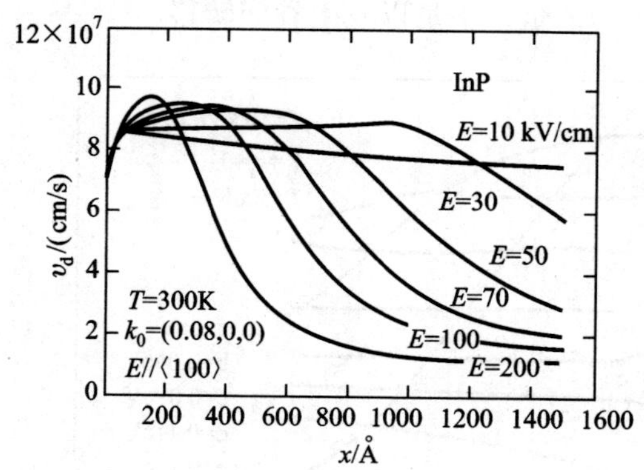

图 4.43 在 InP 中对于 0.283 eV 的弹道发射能量，电子平均速度随飞行距离的变化(加速电场为参量)

在 InAs 中，Γ 和 L 谷之间的能量间距可达 1.1 eV，且 Γ 谷有更小的有效质量. 由于这些原因，对于近弹道输运，混合晶体 InGaAs 受到重视.

1985 年 Hayes[52] 等 Heiblum[53] 等分别用平面掺杂势垒晶体管和 THETA 器件作为热电子谱计，得到了近弹道输运的直接证据.

如前所述，人们期望实现各种弹道输运晶体管. 图 4.44 所示为弹道输运双基晶体管示意图. 宽禁带的半导体用作发射极. 异质结界面处电子能量的阶跃，可用来向基区发射高速度的电子，[54] 称为弹道注入. 注入的电子以近弹道的方式越过基区. 以 InP 作为发射极区，InGaAs 作为基区制作的晶体管

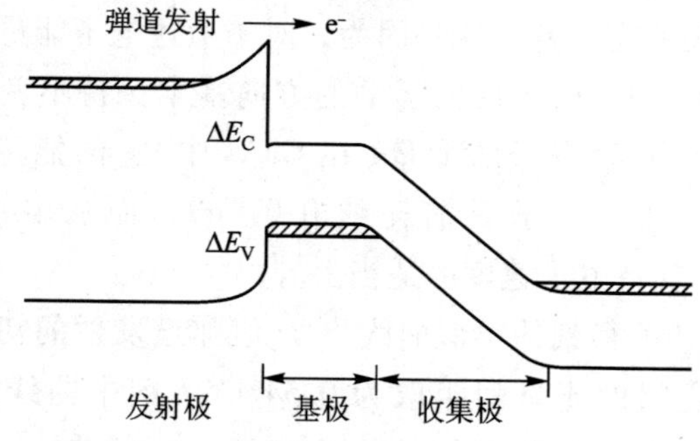

图 4.44 异质结弹道输运双极晶体管示意图. 基区厚度约 30 ~ 50 nm

(1989) 的截止频率达到了 165GHz[55].

前面我们说明，由于 Si 中载流子经受强的散射，难于实现近弹道输运. 但实际上 Si 的 MOS 晶体管的沟道长度越来越短，越来越接近 Si 的 MOS 沟道中电子的平均自由程. [56] 在液氮温度下可达几十 nm. 因此，在硅的 MOS 器件中实现近弹道输运应可成为现实.

在 §8.6 中将会看到，在很低温度下，在尺寸很小的微结构中可观察到认真意义上的弹道输运.

附录 4.1　微扰势引起的状态之间的跃迁

偏离理想周期势的微扰势 $\boldsymbol{V}(x,t)$ 可引起载流子由一个状态 $\boldsymbol{k}$ 向另一状态 $\boldsymbol{k}'$ 的跃迁. $W(\boldsymbol{k},\boldsymbol{k}')$ 代表单位时间内由 $\boldsymbol{k}$ 向 $\boldsymbol{k}'$ 跃迁的平均次数. 对于散射问题和光谱问题来说，常常都要从跃迁率开始.

下面通过解含时间的薛定谔方程得到在微扰势 $\boldsymbol{V}(x,t)$ 的作用下载流子由一个状态 $\boldsymbol{k}$ 跃迁到另一状态 $\boldsymbol{k}'$ 的跃迁率 $W(\boldsymbol{k},\boldsymbol{k}')$

$$H\Psi(\boldsymbol{x},t) = \mathrm{i}\hbar\frac{\mathrm{d}}{\mathrm{d}t}\Psi(\boldsymbol{x},t) \tag{4-A1-1}$$

式中哈密顿量 H 可表示为

$$H = H_0 + V(\boldsymbol{x},t) \tag{4-A1-2}$$

其中 H_0 为无微扰时的哈密顿量，设 $\psi_k(\boldsymbol{x})$ 为 H_0 的能量本征值为 $\hbar\omega_k$ 的本征函数，即有

$$H_0\psi_k(\boldsymbol{x}) = \hbar\omega_k\psi_k(\boldsymbol{x}) \tag{4-A1-3}$$

可把含时间的波函数 $\Psi(\boldsymbol{x},t)$ 表示为本征函数的叠加

$$\Psi(\boldsymbol{x},t) = \sum_k a_k\psi_k(\boldsymbol{x})\mathrm{e}^{-\mathrm{i}\omega_k t} \tag{4-A1-4}$$

我们先考虑微扰势不随时间变化的情形，适用于晶格缺陷的散射（假设在散射过程中缺陷的状态不发生改变），将上式代入式(4-A1-1)并利用(4-A1-2)和(4-A1-3)，可得

$$\sum_k a_k V(\boldsymbol{x})\psi_k(\boldsymbol{x})\mathrm{e}^{-\mathrm{i}\omega_k t} = \mathrm{i}\hbar\sum_k \frac{\mathrm{d}a_k}{\mathrm{d}t}\psi_k(\boldsymbol{x})\mathrm{e}^{-\mathrm{i}\omega_k t} \tag{4-A1-5}$$

上式两边各乘以 $\psi_{k'}^*\mathrm{e}^{\mathrm{i}\omega_{k'}t}$，对 $\boldsymbol{x}$ 积分，利用 $\psi_k(\boldsymbol{x})$ 的正交性可得

$$\mathrm{i}\hbar\frac{\mathrm{d}a_{k'}}{\mathrm{d}t} = \sum_k a_k\int\psi_{k'}^* V(\boldsymbol{x})\psi_k\mathrm{d}\boldsymbol{x}\,\mathrm{e}^{-\mathrm{i}(\omega_{k'}-\omega_k)t} \tag{4-A1-6}$$

对 $\mathrm{d}a_{k'}/\mathrm{d}t$ 求积分，可得

$$a_{k'}(t) = -\frac{\mathrm{i}}{\hbar}\sum_{k} M_{k'k}\int_0^t a_k \mathrm{e}^{\mathrm{i}(\omega_{k'}-\omega_k)t}\mathrm{d}t \tag{4-A1-7}$$

式中矩阵元 $M_{k'k}$ 为

$$M_{k'k} = \int \psi_{k'}^* H\psi_k \mathrm{d}\boldsymbol{x} = \int \psi_{k'}^* V(\boldsymbol{x})\psi_k \mathrm{d}\boldsymbol{x} \tag{4-A1-8}$$

第二步利用了(4-A1-2)和(4-A1-3)并考虑到 ψ_k 的正交性. 对于入射电子波矢为 $\boldsymbol{k}$ 的情形, 可令(4-A1-6)中 $a_k=1$, 其余系数为零. 可以求得

$$a_{k'}(t) = -\frac{1}{\hbar}M_{k'k}\frac{\mathrm{e}^{-\mathrm{i}(\omega_{k'}-\omega_k)t}-1}{\omega_{k'}-\omega_k} \tag{4-A1-9}$$

$|a_{k'}(t)|^2$ 代表 t 时电子处于状态 $\boldsymbol{k'}$ 的概率. 跃迁概率 $W(\boldsymbol{k},\boldsymbol{k'})$ 可表示为$\mathrm{d}|a_{k'}(t)|^2/\mathrm{d}t$:

$$W(\boldsymbol{k},\boldsymbol{k'}) = \frac{\mathrm{d}|a_{k'}(t)|^2}{\mathrm{d}t} = -\frac{2}{\hbar^2}|M_{k'k}|\frac{\sin(\omega_{k'}-\omega_k)t}{\omega_{k'}-\omega_k} \tag{4-A1-10}$$

当 t 为有限值时, 如 $\omega_{k'}-\omega\to 0$, 函数 $\sin(\omega_{k'}-\omega_k)t/(\omega_{k'}-\omega_k)\to t$. 当$(\omega_{k'}-\omega_k)t=\pm\pi$ 时, 函数下降为零. 函数 $\sin(\omega_{k'}-\omega_k)t/(\omega_{k'}-\omega_k)$ 的能量宽度 $\Gamma = h/t$. 当 t 足够长时它具有 δ 函数的性质. 可以证明

$$\int_{-\infty}^{\infty}\frac{\sin(\omega_{k'}-\omega_k)t}{\omega_{k'}-\omega_k}\mathrm{d}(\omega_{k'}-\omega_k) = \pi \tag{4-A1-11}$$

即在 t 足够大时, $\sin\omega t/\pi\omega$ 可以看作 δ 函数. 于是式(4-A1-10)可以改写作

$$\begin{aligned} W(\boldsymbol{k},\boldsymbol{k'}) &= \frac{2\pi}{\hbar^2}|M_{k'k}|\delta(\omega_{k'}-\omega_k) \\ &= \frac{2\pi}{\hbar}|M_{k'k}|\delta(\hbar\omega_{k'}-\hbar\omega_k) \end{aligned} \tag{4-A1-12}$$

第二步利用了 δ 函数的性质 $\delta(ax)=\delta(x)/a$. 上式称为费米第二黄金法则. 如上所述, 只是在 t 足够大(对于散射即碰撞之间的自由时间足够长时), 上式才能成立. 上式说明, 跃迁前后能量不发生变化, 即为弹性散射.

另一种重要的情形是微扰势以简谐的方式依赖于时间. 例如, 在格波散射的情形下, 波矢为 $\boldsymbol{q}$ 的格波所产生的附加势具有以下的形式

$$V(\boldsymbol{x},t) = A_+(\boldsymbol{q})\mathrm{e}^{\mathrm{i}(\boldsymbol{q}\cdot\boldsymbol{x}-\omega_q t)} + A_-(\boldsymbol{q})\mathrm{e}^{-\mathrm{i}(\boldsymbol{q}\cdot\boldsymbol{x}-\omega_q t)} \tag{4-A1-13}$$

式中

$$A_+(\boldsymbol{q}) = A_-^*(\boldsymbol{q}) \tag{4-A1-14}$$

该微扰势以角频率 ω_q 随时间变化, 将该附加势代入式(4-A1-5), 重复式(4-A1-6)-(4-A1-7)的计算, 代替式(4-A1-7), 得到

$$a_{k'}(t) = -\frac{\mathrm{i}}{\hbar}\sum_{k} M_{k'k}\int_0^t a_k \mathrm{e}^{-\mathrm{i}(\omega_{k'}-\omega_k\mp\omega_q)t}\mathrm{d}t \tag{4-A1-15}$$

与式(4-A1-7)相比, 只是用因子 $\exp[\mathrm{i}(\omega_{k'}-\omega_k\mp\omega_q)t]$代替了 $\exp[\mathrm{i}(\omega_{k'}-\omega_k)t]$, $M_{k'k}$仍由式(4-A1-8)给出, 其中 $V(\boldsymbol{x})$为(4-A1-13)中不含时间的

部分. 可以得到

$$W(\boldsymbol{k},\boldsymbol{k}') = -\frac{2\pi}{\hbar}|M_{k'k}|\delta(\hbar\omega_{k'} - \hbar\omega_k \pm \hbar\omega_q) \qquad (4-\text{A}1-16)$$

跃迁矩阵元 $M_{k'k}$

由式(4-A1-8)可见，矩阵元 $M_{k'k}$ 取决于波函数和微扰势 $V(\boldsymbol{x})$. 对于与时间无关的 $V(\boldsymbol{x})$，可将其展开为傅里叶级数

$$V(\boldsymbol{x}) = \sum_q [A(\boldsymbol{q})\exp(\mathrm{i}\boldsymbol{q}\cdot\boldsymbol{x})] \qquad (4-\text{A}1-17)$$

波矢为 $\boldsymbol{q}$ 的傅里叶系数 $A(\boldsymbol{q})$ 可由下式得到

$$A(\boldsymbol{q}) = \frac{1}{V}\int V(\boldsymbol{x})\mathrm{e}^{-\mathrm{i}\boldsymbol{q}\cdot\boldsymbol{x}}\mathrm{d}\boldsymbol{x} \qquad (4-\text{A}1-18)$$

式中 V 为晶体体积. 将式(4-A1-17)的 $V(\boldsymbol{x})$ 及 $\psi_k(\boldsymbol{x}) = \mathrm{e}^{\mathrm{i}\boldsymbol{k}\cdot\boldsymbol{x}}u_k(\boldsymbol{x})$ 代入式(4-A1-8)可得

$$\begin{aligned} M_{k'k} &= A(\boldsymbol{q})\int \mathrm{e}^{\mathrm{i}(\boldsymbol{k}+\boldsymbol{q}-\boldsymbol{k}')\cdot\boldsymbol{x}}u_k^*(\boldsymbol{x})u_k(\boldsymbol{x})\mathrm{d}\boldsymbol{x} \\ &= A(\boldsymbol{k}'-\boldsymbol{k})\int u_k^*(\boldsymbol{x})u_k(\boldsymbol{x})\mathrm{d}\boldsymbol{x} \\ &= A(\boldsymbol{k}'-\boldsymbol{k})I_{k'k} \end{aligned} \qquad (4-\text{A}1-19)$$

第二步考虑到了 $\exp[\mathrm{i}(\boldsymbol{k}+\boldsymbol{q}-\boldsymbol{k}')\cdot\boldsymbol{x}]$ 的周期性，只有当 $\boldsymbol{k}+\boldsymbol{q}-\boldsymbol{k}'=0$，即 $\boldsymbol{k}'-\boldsymbol{k}=\boldsymbol{q}$ 时，积分不为零. 式中 $I_{k'k}$ 为

$$I_{k'k} = \int u_k^*(\boldsymbol{x})u_k(\boldsymbol{x})\mathrm{d}\boldsymbol{x} \qquad (4-\text{A}1-20)$$

称为重叠积分，对于抛物性带，在带底附近通常 $u_{k'}(\boldsymbol{x})$，$u_k(\boldsymbol{x})$ 差异很小，波函数可用平面波近似，$u_{k'} = u_k = 1/\sqrt{V}$，可得 $I_{k'k}=1$，* 于是有

$$M_{k'k} = A(\boldsymbol{k}'-\boldsymbol{k}) \qquad (4-\text{A}1-21)$$

即等于微扰势的波矢为 $\boldsymbol{q}=\boldsymbol{k}'-\boldsymbol{k}$ 的傅里叶分量的系数. 我们看到，在 §4.2 中一开始提到的有效的散射对附加势线度的要求(～电子波长的数量级)正体现在与电子波矢 $\boldsymbol{k}$ 具有相同数量级的 $\boldsymbol{q}$ 的傅里叶分量的系数的大小上.

对于随时间简谐变化的微扰[式(4-A1-13)]可以得到

$$M_{k'k} = A_{\pm}(\boldsymbol{q})I_{k'k}\delta_{k',k\pm q} \qquad (4-\text{A}1-22)$$

式(4-A1-16)和式(4-A1-22)说明，只有当

$$\boldsymbol{k}' = \boldsymbol{k} + \boldsymbol{q} \qquad (4-\text{A}1-23)$$

$$\hbar\omega_{k'} = \hbar\omega_k \pm \hbar\omega_q \qquad (4-\text{A}1-24)$$

---

* 对于非抛物性显著的带，$I_{k'k} < 1$.

满足时，跃迁率才不为零．体现了动量守恒和能量守恒的要求．两式说明在载流子和与之相互作用的振动系统之间要发生动量和能量交换．对于格波的情形，这意味着载流子在跃迁过程中吸收（“+”号）或发射（“-”号）声子．考虑到所有振动模，式(4-A1-22)可写作

$$|M_{k'k}| = |A_{\pm}(\boldsymbol{k}' - \boldsymbol{k})| \tag{4-A1-25}$$

式(4-A1-12)，(4-A1-16)，(4-A1-21)和(4-A1-25)是计算散射率的基础．

附录 4.2 玻尔兹曼积分-微分方程和弛豫时间的存在性

外界的作用可使系统的分布偏离平衡．在许多情形下，寻找新的稳定分布是输运问题的中心．玻尔兹曼方程提供了一种求解外场作用下的分布函数的方法．

有以下几种因素可以引起分布函数的变化：

(1) 载流子在坐标空间的移动．例如，若载流子的分布在坐标空间是不均匀的，那么这种不均匀分布将以速度 $\boldsymbol{v}$ 在坐标空间移动，从而引起载流子的空间分布随时间的变化．

(2) 载流子的 $\boldsymbol{k}$ 波矢在外场作用下，在 $\boldsymbol{k}$ 空间的移动．若载流子在 $\boldsymbol{k}$ 空间的分布是不均匀的，这种移动会引起载流子的 $\boldsymbol{k}$ 空间分布随时间的变化．

(3) 载流子的散射．处在状态 $\boldsymbol{k}$ 的电子可以被散射到具有其它波矢值的状态，使波矢为 $\boldsymbol{k}$ 的状态的分布概率减小；具有其它波矢的载流子也可能散射到状态 $\boldsymbol{k}$，使波矢为 $\boldsymbol{k}$ 的状态分布概率增加．

为了得到支配分布函数变化的方程，我们考察分布函数在相空间的变化．在 $t+\mathrm{d}t$ 时，在相空间 $(\boldsymbol{x},\boldsymbol{k})$ 点的分布 $f(\boldsymbol{x},\boldsymbol{k},t+\mathrm{d}t)$，来自 t 时相空间的 $(\boldsymbol{x}-\boldsymbol{v}\mathrm{d}t,\boldsymbol{k}-\boldsymbol{F}\mathrm{d}t/\hbar)$ 点．可把 $\mathrm{d}f(\boldsymbol{x},\boldsymbol{k}) = f(\boldsymbol{x},\boldsymbol{k},t+\mathrm{d}t) - f(\boldsymbol{x},\boldsymbol{k},t)$ 写作 $f(\boldsymbol{x}-\boldsymbol{v}\mathrm{d}t,\boldsymbol{k}-\boldsymbol{F}\mathrm{d}t/\hbar,t) - f(\boldsymbol{x},\boldsymbol{k},t)$，或

$$\mathrm{d}f(\boldsymbol{x},\boldsymbol{k}) = (-\boldsymbol{v}\cdot\nabla f - \boldsymbol{F}\cdot\nabla_k f/\hbar)\,\mathrm{d}\boldsymbol{t} \tag{4-A2-1}$$

考虑到散射的贡献，把它的贡献表示为 $(\partial f/\partial t)_{\mathrm{C}}$，可得

$$\frac{\mathrm{d}f(\boldsymbol{x},\boldsymbol{k})}{\mathrm{d}t} = -\boldsymbol{v}\cdot\nabla f - \frac{\boldsymbol{F}}{\hbar}\cdot\nabla_k f + \left(\frac{\partial f}{\partial t}\right)_{\mathrm{C}} \tag{4-A2-2}$$

利用由状态 $\boldsymbol{k}'$ 散射到 $\boldsymbol{k}$ 态的跃迁率 $W(\boldsymbol{k}',\boldsymbol{k})$ 及 $\boldsymbol{k}$ 态散射到 $\boldsymbol{k}'$ 态的 $W(\boldsymbol{k},\boldsymbol{k}')$，可将碰撞项 $(\partial f/\partial t)_{\mathrm{C}}$ 写作

$$\left(\frac{\partial f}{\partial t}\right)_{\mathrm{C}} = \frac{V}{(2\pi)^3}\int\{W(\boldsymbol{k}',\boldsymbol{k})f(\boldsymbol{k}')[1-f(\boldsymbol{k})] - W(\boldsymbol{k},\boldsymbol{k}')f(\boldsymbol{k})[1-f(\boldsymbol{k}')]\}\,\mathrm{d}\boldsymbol{k}' \tag{4-A2-3}$$

式中花括号中的第一项描述由状态 $\boldsymbol{k}'$ 散射到 $\boldsymbol{k}$ 态的跃迁，第二项则描述由状态 $\boldsymbol{k}$ 到 $\boldsymbol{k}'$ 态的跃迁. 这里 $\boldsymbol{k}$ 空间态密度写成了 $V/(2\pi)^3$ 而不是 $2V/(2\pi)^3$ 是因为一般的散射不改变自旋. 对 $\boldsymbol{k}'$ 的积分对整个 $\boldsymbol{k}$ 空间进行. 将上式代入式(4-A2-2)，就得到原型的玻尔兹曼方程，称为玻尔兹曼积分-微分方程. 这是半经典输运理论的一个基本方程，它容许粒子同时具有确定的坐标 $\boldsymbol{x}$ 和动量 $\hbar\boldsymbol{k}$，但跃迁率 $W(\boldsymbol{k}',\boldsymbol{k})$ 需要由量子力学得到.

但是，由于碰撞项 $(\mathrm{d}f/\mathrm{d}t)_{\mathrm{C}}$ 的实际复杂性，除少数简单情形以外，通常不能得到方程的解析解. 由于计算机的发展，现在人们已可利用所谓蒙特卡罗方法，甚至可在 PC 机上，通过对载流子半经典运动的模拟，来得到方程的解.

弛豫时间存在性的问题就是碰撞项 $(\mathrm{d}f/\mathrm{d}t)_{\mathrm{C}}$ 是否能写成以下形式的问题：

$$\left(\frac{\partial f}{\partial t}\right)_{\mathrm{C}}=\frac{f-f_0}{\tau} \qquad (4-\mathrm{A}2-4)$$

可以证明，在满足以下条件时：球形等能面；散射率只是散射角 θ 的函数即，散射为轴对称；弹性散射及弱电场，存在由上式所定义的弛豫时间. 平衡时，$(\partial f/\partial t)_{\mathrm{C}}=0$；且对于球形等能面和弹性散射，$f(\boldsymbol{k}')[1-f(\boldsymbol{k})]$ 和 $f(\boldsymbol{k})[1-f(\boldsymbol{k}')]$ 都可写作 $f(k)[1-f(k)]$. 由式(4-A2-3)，可得 $W(\boldsymbol{k}',\boldsymbol{k})=W(\boldsymbol{k},\boldsymbol{k}')$. 于是式(4-A2-3)可改写为

$$\left(\frac{\partial f}{\partial t}\right)_{\mathrm{C}}=\frac{V}{(2\pi)^3}\int W(\boldsymbol{k}',\boldsymbol{k})[f(\boldsymbol{k}')-f(\boldsymbol{k})]\mathrm{d}\boldsymbol{k}' \qquad (4-\mathrm{A}2-5)$$

设电场沿 x 方向. 若 $\varphi(\boldsymbol{k})$ 可以写作 $\varphi(\boldsymbol{k})=k_x\phi(k)$，则有 $f(\boldsymbol{k}')-f(\boldsymbol{k})=(k_x'-k_x)\phi(k)$. 这里假设 $\phi(k)$ 只与 $\boldsymbol{k}$ 的绝对值有关. 对于弹性散射和球形等能面，$\phi(k')=\phi(k)$. 于是上式可写作

$$\left(\frac{\partial f}{\partial t}\right)_{\mathrm{C}}=\frac{V\phi(k)}{(2\pi)^3}\int W(\boldsymbol{k}',\boldsymbol{k})[k_x'-k_x]\mathrm{d}\boldsymbol{k}' \qquad (4-\mathrm{A}2-6)$$

在弱电场条件下，当电场沿 x 方向时，由式(4-3-11)可见，$\varphi(\boldsymbol{k})$ 确可写作 $\varphi(\boldsymbol{k})=k_x\phi(k)$. 因此，此式成立并不需要看作附加条件.

参看图 4.45，在以 $\boldsymbol{k}$ 为极轴的极坐标中，若将 x 轴和 $\boldsymbol{k}'$ 的极角分别用 Θ，Φ 和 θ，φ 的表示，则 k_x' 可由 $\boldsymbol{k}'=k'(\cos\theta,\sin\theta\cos\varphi,\sin\theta\sin\varphi)$ 和沿 x 轴的单位矢量 $(\cos\Theta,\sin\Theta\cos\Phi,\sin\Theta\sin\Phi)$ 的点积得到，可将 k_x' 写作

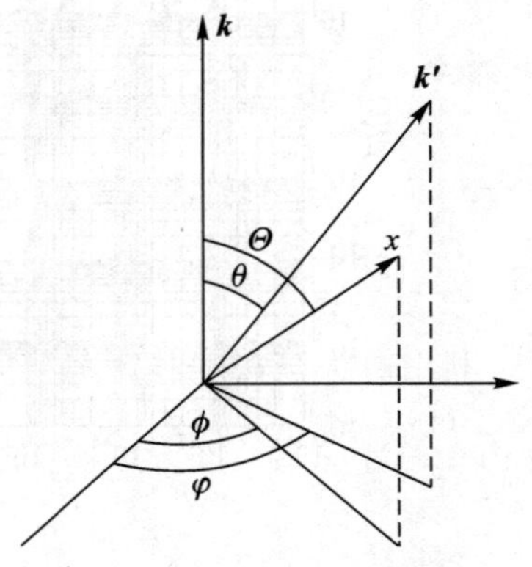

图 4.45 $\boldsymbol{k}$、$\boldsymbol{k}'$ 和 x 轴之间的相对取向

$$k'_x = k[\cos\theta\cos\Theta + \sin\theta\sin\Theta\cos(\varphi - \Phi)] \quad (4-A2-7)$$

带入式(4 - A2 - 6)，并利用 $\boldsymbol{k}'$ 相对于 $\boldsymbol{k}$ 的极角 θ，φ 将 $d\boldsymbol{k}'$ 改写为 $k^2\sin\theta d\theta d\varphi dk'$，考虑到散射的轴对称性质，将 $W(\boldsymbol{k}',\boldsymbol{k})$ 改写为 $W(k,\theta)$，考虑到 $k_x = k\cos\Theta$，式(4 - A2 - 6)化为

$$\left(\frac{\partial f}{\partial t}\right)_C = -\frac{k_x\phi(k)V}{(2\pi)^3}\int W(k,\theta)(1-\cos\theta)k'^2\sin\theta d\theta d\varphi dk' \quad (4-A2-8)$$

得到上式时，考虑到的第二项对积分的贡献为零. 引入微分散射率 $\lambda(\epsilon,\theta)$

$$\lambda(\epsilon,\theta) = \frac{V}{(2\pi)^3}\int W(k,\theta)k'^2 dk' \quad (4-A2-9)$$

令

$$\frac{1}{\tau} = \int \lambda(\epsilon,\theta)(1-\cos\theta)d\Omega \quad (4-A2-10)$$

则 $(df/dt)_C$ 可表示为

$$\left(\frac{\partial f}{\partial t}\right)_C = -\frac{k_x\phi(k)}{\tau} \quad (4-A2-11)$$

注意到 $f(\boldsymbol{k}') - f(\boldsymbol{k}) = k_x\phi(k)$，可见 τ 正是式(4 - 3 - 5)所定义的弛豫时间. 对比式(4 - A2 - 10)和式(4 - 1 - 30)可见，这里的弛豫时间就是动量弛豫时间.

附录 4.3 电阻率和杂质浓度的对应关系[2]

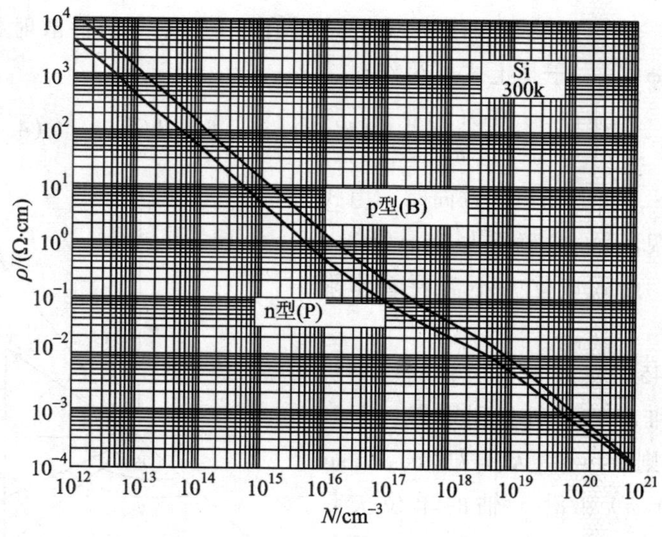

图 4.46 室温下 Si 的电阻率随掺杂浓度的变化

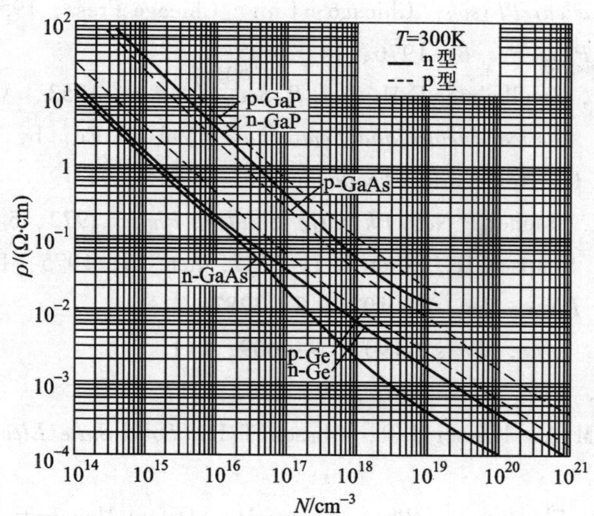

图 4.47 室温下 Ge，GaAs，GaP 的电阻率和掺杂浓度的对应关系

第 4 章参考文献

[1] Seeger K. *Semiconductor Physics*. Wien：Springer-Verlang，1973. 中译本，半导体物理学. 徐乐，钱建业 译. 北京：人民教育出版社，1980.

[2] Szc S M. *Physics of Semiconductor Devices*. New York：John Wiley and Sons, Inc., 1981：29.

[3] Morin F J，Maita J P. *Dhys. Rev.*, 1954，93：28.

[4] Debye P P，Conwell E M. *Phys. Rev.*, 1954，93：693.

[5] Kothari L S，Singwi K S. *Solid State Physics*，Vol. 8. Ed. by Seitz F，Turnbull D. New York：Academic Press，1959：110.

[6] Ge：Blackhouse B N，Iycngar P K. *Phys Rev.*，1957，108：894；1958，111：747.

Si：Blackhouse B N. *Phys. Rev. Lett.*，1959，2：256.

GaAs：Waugh J L T，Dolling G. *Phys. Rev.*，1963，132：2410. 在 Slake G A. *Solid State Physics*，Vol. 33. Ed. by Ehren riech H，Seitz F，et al. New York：Academic Press，1979：9. 中给出了金刚石，Ge，Si，GaP，GaAs，InP，InSb，ZnS，ZnSe，ZnTe 和 CdTe 的晶格振动谱的实验测量的文献和 SiC，AlSb 和 InAs 晶格振动谱理论计算的文献.

[7] Fermi E. *Nuclear Physics*. Chicago: Univ. Chicago Press, 1950: 142.
[8] Ferry D K. *Phys. Rev. B*, 1976, 14: 1605.
[9] Howarth D J, Sondheimer E H. *Proc. R. Soc*, *London*. 1953, A219: 53.
[10] Wiley J D. *Semiconductors and Semimetals*, Vol. 10. Ed. by Willardson R K, Beer A C. New York: Academic Press, 1975: 91.
[11] Fletcher K, Butcher P N. *J. Phys. C*: *Solid St. Phys*. 1972, 5: 212.
[12] Ralph H I, Simpson G, Elliott R J. *Phys*, *Rev. B*, 1975, 11: 2948.
[13] Rode D L. *Phys. Rev. B*, 1971, 3: 3287.
[14] Nordheim L. *Ann. Phys.*, 1931, 9: 609, 641.
[15] Philips J C. *Rev. Mod. Phys.*, 1970, 42: 317.
[16] Littlejohn M A, Hauser J R, Glisson T H. *Solid-State Electron.*, 1978, 21: 107.
[17] Ziman J M. *Electrons and Phonons*. London: Oxford University Press, 1960: 434. 或[1]
[18] Rode D L, Knight S. *Phys. Rev. B*, 1971, 3: 2534.
[19] Bonch-Bruevich V L. *Semiconductors and Semimeltals*, Vol. 1. Ed. by Willardson R K, Beer A C. New York: Academic Press, 1966: 141.
[20] Falicov L M, Cuevas M. *Phys. Rev.*, 1967, 164: 1025.
[21] Mikoshiba N. *Phys Rev.*, 1962, 127: 1962.
Halbo L, Sladek R J. *J. Non-Cryst. Solids.*, 1970, 4: 192.
Lemoine D, Pelletier C, Rolland S, et al. *Phys. Lett. A*, 1976, 56A: 493.
[22] Madelung O, Weiss H. Z. *Naturf.*, 1954, 9a: 527.
[23] Hung C S, Gliessman G R. *Phys. Rev.*, 1950, 79: 727; ibid, 1954, 96: 1226.
[24] Weiss H. Z. *Naturf.*, 1953, 8a: 463.
[25] Willardson R K, Harman T, Beer A C. *Phys. Rev.*, 1954, 96: 1512.
Beer C, Willardson R K. *Phys. Rev.*, 1958, 110: 1286.
[26] Weiss H, Walker H. *Zs. Phys.*, 1954, 138: 332.
[27] Poth H. *Solid-St*, *Electron*. 1978, 21: 801.
[28] Jacoboni C, Nava F, Canali C. *Phys. Rev. B*, 1981, 24: 1014.
[29] Fawcett W, Boardman A D, Swain S. *J. Phys. Chem. Solids*, 1963, 31: 1970.
[30] Sze S M. *Physics of Semiconductor Devices*. New York: John Wiley and Sons, 1969.
[31] Conwell E M. *J. Phys. Chem. Solids.*, 1959, 8: 234.
[32] Ruch J G, Kino G S. *Appl. Phys. Lett.*, 1967, 10: 40.
[33] Ruch J G, Fawcett W. *J. Appl. Phys.*, 1970, 41: 3843.

[34] Ludwig G W. *IEEE-Trans.*, 1967, ED-14: 547.
Canali C, Martini M, Ottoviani G, et al. *Phys. Lett.*, 1970, 33A: 241. [CdTe]

[35] Allen J W, Shyam M, Pearson G L. *Appl. Phys. Lett.*, 1967, 11: 253. [InAs]

[36] Ludwig G W, Halsted R E, Aven M S. *IEEE Trans*, 1966, *ED*-13: 671. [ZnSe]

[37] McGroddy J C, Lorenz M R, Plaskett T S. *Solid State Commun*. 1969, 7: 901. [GaInSb]

[38] Littlejohn M A, Hauser T R, Glisson T H. *Appl. Phys. Lett.*, 1976, 29: 153.
Houston B, Restorff J B, Allgaier R S, et al. *Solid-St. Electron.*, 1978, 21: 91.
Hayes R E, Raymond R M. *Appl. Phys. Lett.*, 1977, 31: 300. [InGaPAs]

[39] Hutson A R, Jayaraman A, Chynoweth A G, et al. *Phys. Rev. Lett.*, 1965, 14: 639.

[40] Gunn J B. *Solid State Commun.*, 1963, 1: 88.
Kroemer H. *Proc. IEEE*, 1964, 52: 1736.

[41] Hess K, Morkoc H, Shichijo H, et al. *Appl. Phys. Lett.*, 1979, 35: 493.
Hess K. *Physica*, 1983, ll7B: 723.
Kastalsky. *High Speed Electronics*. Kiillbiick B, Bencking H, Eds. Berlin Heidelberg, New York: Springer, 1986: 62.

[42] Schmidt-Tiedeman K J. *Festkörperprobleme* Vol. 1. Sauter F Ed. Braun-Schweig: Vieweg, 1962: 122.

[43] Ruch J G. *IEEE Trans. Electr. Dev.*, 1972, ED-19: 652.

[44] 叶良修. 小尺寸半导体器件的蒙特卡罗模拟. 北京: 科学出版社, 1997: §2.2.3.

[45] Littlejohn M A, Hauser J R, Glisson T H. *J. Appl. Phys.*, 1977, 4: 4587.

[46] Vinson P J, Pickering C, Adams A R, et al. *Proc. 13th Int. Conf: Physics of Semiconductors*. Rome, Italy, 1976: 1243 - 1246.

[47] 参看[45]p. 373.

[48] Kroemer H. *J. Vac. Sci. Technol.*, 1983, 1: 126.

[49] Tang J Y, Hess K. *IEEE Trans. Electr. Dev.*, 1982, ED - 29: 1906.

[50] Brennen K, Hess K. *Solid-State Electron*, 1984, 27: 347.

[51] Brennen K, Hess K, Tang J Y, et al. *IEEE Trans. Electr. Dev.*, 1983, ED - 30: 1759.

[52] Levi A F J, Hayes R J, Platzman P M, et al. *Phys. Rev. Lett.*, 1985, 55: 2071.

[53] Heiblum M, Nathan M J, Thomas D C, et al. *Phys. Rev. Lett.*, 1985, 55: 2200.
[54] Kroemer H. *Proc. IEEE*, 1983, 70: 13.
[55] Chen Y K, Nottenburgm R N, Panish B, et al. *IEEE Electron. Device Lett.*, 1989, 10: 267.
[56] Natori K. *Journal of Applied Physics*, 1994, 76: 4879.

第 5 章

过剩载流子[1]

5.1 过剩载流子及其产生和复合

半导体中，许多重要的现象，如 pn 结注入、晶体管放大、光电导、发光等都是和过剩载流子相联系的．这一章主要介绍过剩载流子的变化和运动的规律．§5.7，§5.8 介绍复合机制．§5.10 介绍空间电荷的弛豫．

过剩载流子及其产生

在平衡情形下，如不考虑统计涨落（统计涨落是极其微小的，约为$\sqrt{n}$量级），载流子浓度具有确定的值．但在外因作用下，这种情形可以被破坏．例如若用$\hbar\omega > \epsilon_g$的光子照射半导体，则可将价带的电子激发至导带，使电子浓度和空穴浓度由平衡值 n_0 和 p_0 分别增加 Δn 和 Δp，变为：

$$n = n_0 + \Delta n \qquad (5-1-1)$$

$$p = p_0 + \Delta p \qquad (5-1-2)$$

在图 5.1 中，虚线框内的表示超过平衡的那部分载流子，称为过剩载流子．在电中性条件适用通常条件下，应有

$$\Delta n = \Delta p \qquad (5-1-3)$$

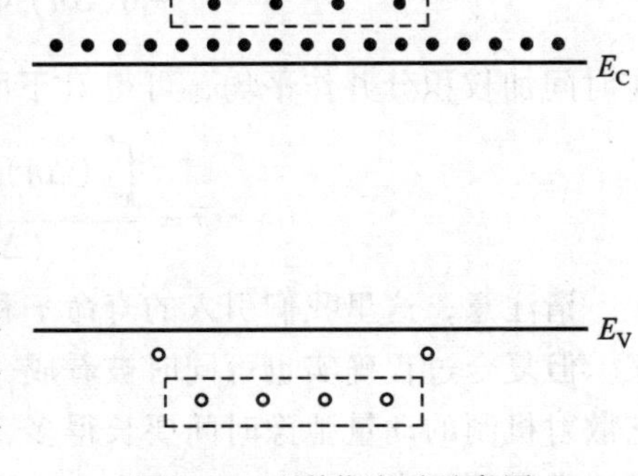

图 5.1　过剩载流子示意图

过剩载流子在数量上对多子和少子的影响显然不相同．多子的数量一般很大，过剩载流子通常不会对它的数量产生显著影响．但它对少子数量的影响常常十分显著．例如室温下，在 $n_0 = 2 \times$

$10^{15}\,\mathrm{cm}^{-3}$的 n 型 Si 中，空穴浓度只有约 $10^5\,\mathrm{cm}^{-3}$. 若引入 $10^{10}\,\mathrm{cm}^{-3}$的过剩载流子，虽然多子电子浓度的变化微不足道，但少子空穴的浓度却增加了好几个数量级.

用光产生过剩载流子的方法称为光注入. 注入的过剩载流子使样品的电导增加，使之由平衡值 σ_0 增至 $\sigma=\sigma_0+\Delta\sigma$. 光电导 $\Delta\sigma$ 可表示为

$$\Delta\sigma = e\mu_n\Delta n + e\mu_p\Delta p \tag{5-1-4}$$

在 $\Delta n=\Delta p$ 的情形下，可得

$$\Delta\sigma = (e\mu_n + e\mu_p)\Delta p \tag{5-1-5}$$

除光注入以外，还有种种电注入的方法. 其中探针注入在实验上常常应用，其原理将在§6.4 中介绍. 此外高能粒子也可激发电子空穴对.

过剩载流子的复合　寿命

存在过剩载流子的情形是一种非平衡情形：当产生过剩载流子的因素撤除以后，过剩载流子将逐渐消失，即导带中的过剩电子将逐渐回到价带之中. 这个过程称为复合，也是一种由不平衡趋向平衡的弛豫过程.

复合是一种统计性的过程. 即使是在平衡的半导体中，产生和复合的微观过程也在不断地进行. 只是两者的速率相等，互相抵消，并不引起载流子数量上的变化. 但若存在过剩载流子，由于 $n>n_0$ 和 $p>p_0$，电子空穴复合的机会增多，复合速率将超过产生速率，于是过剩载流子数量逐渐减少，直到恢复平衡.

在 Δn，$\Delta p \ll n_0+p_0$ 的小信号情形下，过剩载流子通常按指数方式衰减：

$$\Delta n(t) = (\Delta n)_0 \mathrm{e}^{-\frac{t}{\tau}} \tag{5-1-6}$$

$(\Delta n)_0$ 为 $t=0$ 时的过剩载流子浓度，τ 为衰减时间常量. 由上式容易证明，τ 就等于过剩载流子的平均存在时间，即寿命. 由 t 到 $t+\mathrm{d}t$ 之间复合掉的过剩载流子为

$$-\mathrm{d}(\Delta n) = \frac{(\Delta n)_0}{\tau}\mathrm{e}^{-\frac{t}{\tau}}\mathrm{d}t \tag{5-1-7}$$

作时间加权积分并作平均，可得 $\bar{t}$(下面用 τ 表示)：

$$\bar{t} = \frac{\int_0^\infty (\Delta n)_0 \frac{t}{\tau}\mathrm{e}^{-\frac{t}{\tau}}\mathrm{d}t}{(\Delta n)_0} = \tau \tag{5-1-8}$$

请注意，这里我们引入的寿命 τ 和第4章引入的动量弛豫时间具有不同意义. 但复合过程确实也可同时被看成一种散射过程. 不过，由于寿命通常比其它散射机制的动量弛豫时间要长得多，因此，复合-产生过程对动量弛豫的贡献通常微不足道.

下面说明，$1/\tau$ 代表过剩载流子的复合率 P：

$$P=\frac{1}{\tau} \tag{5-1-9}$$

复合率可理解为每保持一个过剩载流子，单位时间内发生净复合的次数. 若过剩载流子浓度为 Δn，则单位时间内发生的净复合次数为 $P\Delta n$. 在无外因(例如光照)激发过剩载流子时，它应等于 Δn 减少的速率 $-\mathrm{d}(\Delta n)/\mathrm{d}t$

$$-\frac{\mathrm{d}(\Delta n)}{\mathrm{d}t}=P\Delta n \tag{5-1-10}$$

由此可得过剩载流子的衰变规律：

$$\Delta n(t)=(\Delta n)_0\mathrm{e}^{-Pt} \tag{5-1-11}$$

与式(5-1-6)对比，可见 $P=1/\tau$ 成立.

寿命的测量

对于不同的半导体材料，材料不同的制备条件，以及不同后加工条件，过剩载流子的寿命可在很大范围内变化. 一般为微秒量级，短的可为纳秒量级，长的可达毫秒量级，甚至更高.

可以通过测量光电导的衰变，来确定过剩载流子的寿命. 光致附加电导正比于过剩载流子的数量，因此光电导和过剩载流子以相同的规律衰变. 如图 5.2 所示，在样品上通以恒定电流. 在光照停止后，可在样品两端观测到电压的变化 $\Delta V(t)$，它直接正比于样品电阻 R 或电导 G 的改变：

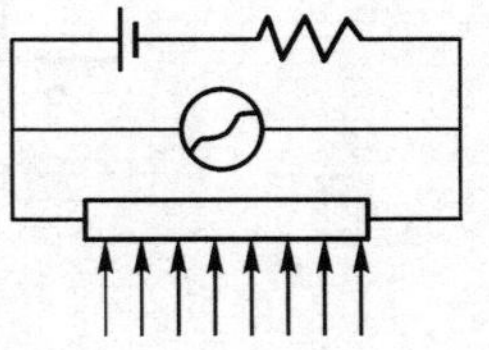

图 5.2 用光电导法测量寿命的示意图

$$\frac{\Delta V(t)}{V_0}=\frac{\Delta R(t)}{R_0}\doteq-\frac{\Delta G(t)}{G_0} \tag{5-1-12}$$

式中 V_0，R_0，G_0 为平衡时，样品上的电压、电阻和电导值；$\Delta R(t)\Delta G(t)$ 为电阻和电导值的改变量. ΔG 可表式为：

$$\Delta G=(\Delta G)_0\mathrm{e}^{-\frac{t}{\tau}} \tag{5-1-13}$$

$(\Delta G)_0$ 为光照停止时($t=0$)和平衡时($t\to\infty$) G 的差值. 因此有

$$\frac{\Delta V(t)}{V_0}\propto-\mathrm{e}^{-\frac{t}{\tau}} \tag{5-1-14}$$

由电压随时间的变化，可以得到过剩载流子的寿命. 发展了许许多多测量寿命的方法[2]. 其中漂移法在§5.3 中介绍，光磁法在§5.5 中介绍.

准费米能级

在平衡情形下，我们可以用一个统一的费米能级 E_F 来描述包括导带、价带在内的所有能级上的电子分布．在非简并情形下，所得电子和空穴浓度的乘积是确定的：$n_0p_0=n_i^2$．但在有过剩载流子的情形下，此式不再成立．这时，显然不再存在统一的费米能级．但可从形式上对电子（导带）和空穴（价带）分别引入准费米能级 E_{Fe} 和 E_{Fh}，来描述各自的浓度：

$$n=n_i e^{\frac{E_{Fe}-E_i}{k_BT}}=N_C e^{-\frac{E_C-E_{Fe}}{k_BT}} \tag{5-1-15}$$

$$p=n_i e^{\frac{E_i-E_{Fh}}{k_BT}}=N_V e^{-\frac{E_{Fh}-E_V}{k_BT}} \tag{5-1-16}$$

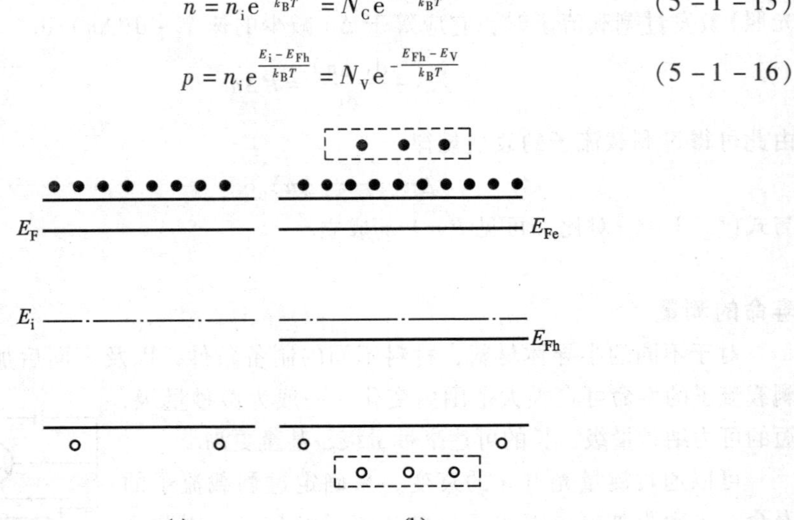

图 5.3 准费米能级示意图

（a）平衡情形 （b）存在过剩载流子

设电子为多子，由于 $n>n_0$，$p>p_0$，与平衡费米能级相比，E_{Fe} 和 E_{Fh} 分别更靠近导带边和价带边．不过对电子来说，变化并不显著，其准费米能级 E_{Fe} 仍可近似看作与平衡时的 E_F 重合．但少子空穴的准费米能级的变化却可十分显著，如图 5.3 所示意．以 n 型 Si 为例，若掺杂浓度和注入水平分别为 $N_D=10^{15}\,\text{cm}^{-3}$，$\Delta n=\Delta p=10^{10}\,\text{cm}^{-3}$，则根据式(5-1-16)容易看出，$E_{Fh}$ 几乎变到禁带中央（Si 中 $n_i\approx10^{10}\,\text{cm}^{-3}$）．

但准费米能级的意义常常并不限于描述电子和空穴的浓度．当包括过剩载流子在内的电子和空穴子系分别与晶格处于平衡时，E_{Fe} 和 E_{Fh} 通过费米分布函数分别描述导带和价带的电子和空穴分布．设想用能量较高，$(\hbar\omega-\epsilon_g)>>k_BT$ 的光子脉冲在半导体中激发电子空穴对．在一开始，所产生的电子、空穴的能量可以比原有的电子、空穴的高得多．但这些电子、空穴在很短的时间后，就可通过晶格散射，把多余的能量逐渐交给晶格，并通过载流子之间以及和晶格的散射使自身的能量达到平衡分布．这个时间为能量弛豫时间 τ_ϵ 的量级——$10^{-11}\sim10^{-12}$s，通常远小于过剩载流子的平均存在时间——微秒量级．在这种情形下，在过剩载流子在其存在的绝大部分时内具有平衡分布，即可视为是平衡的.*

认识这一点具有实际意义. 因为描写载流子近平衡输运性质的参数，如弱场迁移率和后面就要介绍的扩散系数，都是和平衡分布相联系的平均量. 若过剩载流子是近平衡的，则这些参数同样可用于过剩载流子. 在这个意义上，式(5-1-4)才严格成立.

上面的所谓平衡，是一种准平衡. 电子子系和空穴子系分别和晶格达到平衡，但子系之间尚未建立平衡. 电子和空穴的准费米能级就是两个子系的化学势. 可从化学势的角度来理解复合和产生的现象. 存在过剩载流子时，由于E_{Fe}高于E_{Fh}，电子要由化学势高的子系——导带“流向”化学势低的价带，即发生复合. 但若由于某种原因造成少数载流子——设为空穴——的欠缺，则由于E_{Fh}高于E_{Fe}，电子就要由化学势高的子系——价带“流向”化学势低的导带，即有电子空穴对产生，直至恢复平衡. 可见电子“流动”的方向并不是由它们所处的能级的高低决定，而是决定于准费米能级的惯低. 这一观点对于理解许多非平衡过程是有帮助的.

过剩载流子也常称为非平衡载流子. 这时，“非平衡”仅指电子在各子系的数量分配上偏离平衡，其能量分布仍可是平衡或近平衡的. 相反，在有些情形下，载流子在数量上虽未发生显著改变，但其能量分布却可是非平衡的. 强电场下的热电子就是这种情形.

§5.2 过剩载流子的扩散

除了电场下的漂移以外，载流子还可通过另一种输运形式形成电流：扩散. 这是一种和载流子的不均匀分布相联系的运动形式. 通过扩散，载流子由高浓度区流向低浓度区.

扩散定律

扩散是通过热运动实现的. 由于热运动，不同区域之间不断进行着载流子的交换. 若载流子的分布不均匀，这种交换就会引起扩散. 实验证明，扩散流的大小正比于载流子的浓度梯度 dn/dx 或 dp/dx. 对于一维情形，电子扩散流

---

* 认识上述弛豫过程对于认识强激发条件下的半导体的性质具有重要意义，但载流子的能量弛豫时间并不总比寿命短. 在相反的情况下，将可通过光激发产生热载流子. 例如在掺铜的 Ge 中在低温下可出现这种情况[3].

J_n 和空穴扩散流 J_p 可分别表示为：

$$J_n = -D_n \frac{dn}{dx} \tag{5-2-1}$$

$$J_p = -D_p \frac{dp}{dx} \tag{5-2-2}$$

式中 D_n，D_p 分别为电子和空穴的扩散系数，负号反映了扩散流指向浓度降低的方向这一事实. 可见，扩散流的大小和载流子的绝对数量并无直接联系. 对于三维情形，上述扩散定律可表述为矢量形式

$$\boldsymbol{J}_n = -D_n \nabla n \tag{5-2-3}$$

$$\boldsymbol{J}_p = -D_p \nabla p \tag{5-2-4}$$

在存在过剩载流子的均匀半导体中，由于 $n = n_0 + \Delta n$，$p = p_0 + \Delta p$，且 n_0，p_0 不随 x 改变，式(5-2-1)，(5-2-2)的扩散流可改写为

$$J_n = -D_n \frac{d\Delta n}{dx} \tag{5-2-5}$$

$$J_p = -D_p \frac{d\Delta p}{dx} \tag{5-2-6}$$

在各种晶体中，电子和空穴一般有不同的扩散系数. 它的常用单位是：cm^2/s.

要着重指出的是，对于过剩少子，扩散具有特殊的重要性. 在一般条件下，和多子相比，由于少子数量极少，其漂移电流微不足道. 而且数量极少的平衡的少子也不会形成显著的梯度，因而也不会形成显著的扩散电流. 但过剩少子的浓度可比其平衡值增加若干数量级，而且它们通常是不均匀分布着的，因而可以形成显著的扩散电流. 可以说扩散电流是少子的主要电流形式. 在那些电场很小，因而多子电流可以忽略的地方，少子的扩散电流甚至可以成为电流的主要成分.

一维稳定扩散分布

下面通过讨论一个简单的一维稳定扩散问题来了解过剩少子扩散的基本特点.

设有 $\hbar\omega > \epsilon_g$ 的光子入射到均匀的 n 型半导体；设入射光在表面极薄一层半导体中被吸收，因而可近似认为，过剩载流子产生于表面这一几何平面内. 光产生的少子通过扩散向内部流动，一边扩散，一边复合. 设样品足够厚，以致在到达底面以前已全部复合掉. 在稳定光照下，会在表面以内建立起稳定的过剩载流子分布，如图 5.4 所示意.

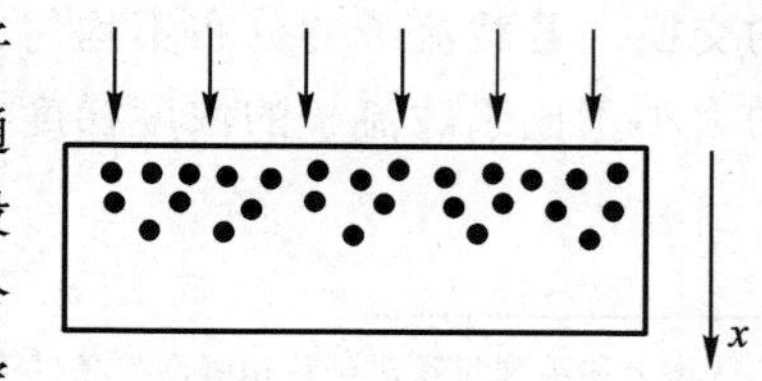

图 5.4 光产生的过剩载流子的分布

问题的中心是求出光照下的稳定分布

$\Delta p(x)$．由之，由式(5－2－2)可得到扩散流．对于少子空穴，我们可只考虑其扩散．通过考虑复合和扩散流造成的积累之间的平衡来建立支配扩散分布的方程．少子的复合速率 R 可写作

$$R = P\Delta p = \frac{\Delta p}{\tau} \tag{5-2-7}$$

扩散流随 x 的变化可引起少子的积累，积累速率 A 可由流 $\boldsymbol{J}_{\mathrm{p}}$ 的散度得到：

$$A = -\nabla\cdot \boldsymbol{J}_{\mathrm{p}} = D_{\mathrm{p}}\frac{\mathrm{d}^2\Delta p}{\mathrm{d}x^2} \tag{5-2-8}$$

由于不存在产生过剩少子的其它因素，在稳定的条件下扩散积累和复合之间保持平衡 $R=A$：

$$D_{\mathrm{p}}\frac{\mathrm{d}^2\Delta p}{\mathrm{d}x^2} - \frac{\Delta p}{\tau} = 0 \quad 或 \quad \frac{\mathrm{d}^2\Delta p}{\mathrm{d}x^2} - \frac{\Delta p}{L_{\mathrm{p}}^2} = 0 \tag{5-2-9}$$

式中 $L_{\mathrm{p}} = (D_{\mathrm{p}}\tau)^{1/2}$．这是一种简单的体现粒子守恒的连续方程．方程的普遍解为

$$\Delta p = B\mathrm{e}^{-\frac{x}{L_{\mathrm{p}}}} + C\mathrm{e}^{\frac{x}{L_{\mathrm{p}}}} \tag{5-2-10}$$

由边界条件 $x\to\infty$，$\Delta p\to 0$，可确定 $C=0$；给定 $x=0$，$\Delta p=(\Delta p)_0$ 可得到 $B=(\Delta p)_0$．于是得到

$$\Delta p = (\Delta p)_0\mathrm{e}^{-\frac{x}{L_{\mathrm{p}}}} \tag{5-2-11}$$

上述按指数方式衰减的分布如图 5.5 所示意．在 $x=L_{\mathrm{p}}$ 处，Δp 衰减为其表面值 $(\Delta p)_0$ 的 1/e.

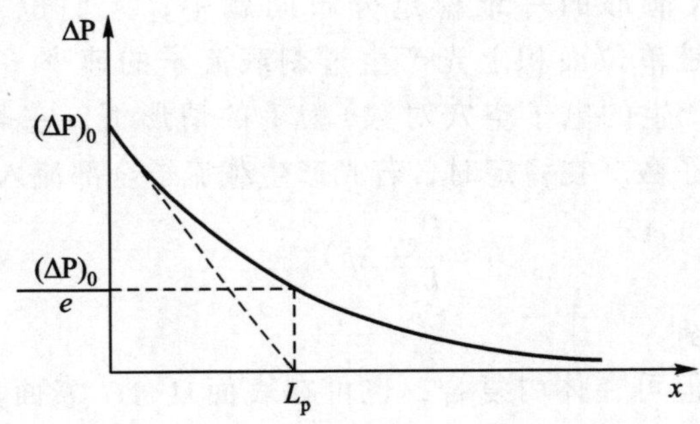

图 5.5　过剩载流子的一维稳定分布

扩散长度

上面的 L_{p} 称为扩散长度，由下式给出：

$$\begin{aligned} L_{\mathrm{p}} &= (D_{\mathrm{p}}\tau)^{1/2} \\ &= 7.07\times 10^{-3}\left(\frac{D_{\mathrm{p}}}{50\ \mathrm{cm^2\cdot s^{-1}}}\right)^{1/2}\left(\frac{\tau}{\mu\mathrm{s}}\right)\quad [\mathrm{cm}] \end{aligned} \tag{5-2-12}$$

L_p 代表过剩载流子通过扩散深入样品的平均距离 $\bar{x}$

$$\bar{x}=\frac{\int_0^{\infty}x(\Delta p)_0\mathrm{e}^{-\frac{x}{L_p}}\mathrm{d}x}{\int_0^{\infty}(\Delta p)_0\mathrm{e}^{-\frac{x}{L_p}}\mathrm{d}x}=L_p \tag{5-2-13}$$

由关于 L_p 的式(5-2-12)可见，少子扩散系数愈大和寿命愈长，其深入样品的距离愈深.

虽然实际样品的厚度 d 是有限的，但只要 $d>>L_p$ 样品就可看作是半无穷的.

扩散速度

将式(5-2-11)的分布代入式(5-2-6)可得扩散流 J_p 为

$$J_p=\frac{D_p}{L_p}(\Delta p)_0\mathrm{e}^{-\frac{x}{L_p}}=\frac{D_p}{L_p}\Delta p(x) \tag{5-2-14}$$

式中 D_p/L_p 具有速度的量纲，称为扩散速度. x 点的扩散流等于该点的过剩少子浓度 $\Delta p(x)$ 和扩散速度的乘积，即各点的电流就好像是由各点的载流子以扩散速度运动所产生的一样. 当然，此空穴流仍然来源于扩散. 只要把 $(D_p/L_p)\Delta p(x)$ 改写为 $D_p(\Delta p(x)/L_p)$ 就可看出这一点. $\Delta p(x)/L_p$ 代表了该点少子的梯度，就像过剩空穴在的 L_p 长度内线性衰减.

不同边界条件

其实，在光注入情形的一维稳定分布问题中，人们也并不直接知道 $(\Delta p)_0$，直接知道的是单位面积上光产生过剩载流子的速率 G. 在量子效率(每个被吸收的光子产生的电子空穴对数)为1的情形下，它等于单位时间、单位面积被吸收的光子数. 在稳定时，若光产生载流子全部流入体内，则有

$$G=\frac{D_p}{L_p}(\Delta p)_0 \tag{5-2-15}$$

这时 $(\Delta p)_0$ 可由 G 得到.

但过剩载流子不但可在体内复合，也可在表面复合. 表面复合速率 R_S 可以如下作唯象的描述

$$R_S=S_p(\Delta p)_0 \tag{5-2-16}$$

G 和 R_S 有相同量纲. 对比式(5-2-15)和(5-2-16)，可见，S_p 具有速度的量纲，称为表面复合速度，即可把表面复合形象地比喻作浓度为 $(\Delta p)_0$ 的载流子以速度 S_p 流向表面以外所产生的效果. 在稳定时，应有

$$G=\left(S_p+\frac{D_p}{L_p}\right)(\Delta p)_0 \quad 或 \quad (\Delta p)_0=\frac{G}{S_p+\frac{D_p}{L_p}} \tag{5-2-17}$$

即$(\Delta p)_0$值还会受到表面复合的影响．在 $S_p >> D_p/L_p$ 的极端条件下，$(\Delta p)_0$将直接依赖于表面复合速度 S_p

在薄样品 $d \approx L_p$ 的条件下，如给定边界条件 $x=0$，$\Delta p=(\Delta p)_0$；$x=d$，$\Delta p=(\Delta p)_d$，则可由式(5－2－10)解出系数 B，C，得到

$$\Delta p(x)=\frac{(\Delta p)_0\sinh\left(\frac{d-x}{L_p}\right)+(\Delta p)_d\sinh\left(\frac{x}{L_p}\right)}{\sinh\left(\frac{d}{L_p}\right)} \tag{5-2-18}$$

在光产生的条件下，若表面复合速度已知，则可由以下条件解出系数 B，C

$$-D_p\left.\frac{\partial \Delta p(x)}{\partial x}\right|_{x=0}+S(\Delta p)_0=G \tag{5-2-19a}$$

$$-D_p\left.\frac{\partial \Delta p(x)}{\partial x}\right|_{x=d}=S(\Delta p)_d \tag{5-2-19b}$$

式(5－2－19a)代表光产生速率和扩散流及表面复合流之间的平衡；式(5－2－19b)代表背面处扩散流与表面复合流之间的平衡．

若光的吸收不是发生在极薄的表面层，而是发生在和扩散长度可比拟的表面薄层内，则必须引入体产生速率 $G(x)$．它不再出现在边界条件中，而将进入方程．连续方程(5－2－9)修改为

$$G(x)+D_p\frac{\partial^2 \Delta p}{\partial x^2}=\frac{\Delta p}{\tau} \tag{5-2-20}$$

边界条件(5－2－17)相应地修改为

$$-D_p\left.\frac{\mathrm{d}\Delta p}{\mathrm{d}x}\right|_{x=0}+(\Delta p)_0 S_p=0 \tag{5-2-21}$$

方程的解将依赖于 $G(x)$的具体形式．

若不限于讨论和光注入相联系的一维稳定扩散问题，则式(5－2－11)可推广应用于$(\Delta p)_0$为负的情形．事实上不管$(\Delta p)_0$为正还是为负，式(5－2－11)都是方程(5－2－9)的解．$(\Delta p)_0$只作为边界条件出现．只是当 $\Delta p<0$，即少子欠缺时，方程(5－2－9)中的 $-\Delta p/\tau$ 应理解为产生速率．前面已经说明，载流子的欠缺导致载流子的产生．这时，式(5－2－14)的扩散流具有负值，这意味着体内所产生的载流子通过扩散输送出去．

爱因斯坦关系

在近平衡条件下，在扩散系数 D 和迁移率 μ 之间有如下关系：

$$D=\frac{k_B T}{e}\mu$$

$$=25.85\left(\frac{T}{300\ \mathrm{K}}\right)\left(\frac{\mu}{10^3\,\mathrm{cm}^2/(\mathrm{V}\cdot\mathrm{s})}\right)\quad[\mathrm{cm}^2/\mathrm{s}] \tag{5-2-22}$$

称为爱因斯坦关系．这里的正比关系是因为两者受一共同的因素：动量弛豫时间所制约．动量弛豫时间大，则载流子可在浓度差更大的两点之间实现交换．

下面通过考察一平衡的不均匀半导体中扩散电流与漂移电流之间的平衡来导出爱因斯坦关系．图5.6表示一不均匀半导体．平衡体现于水平的费米能级；不均匀则表现在E_C和E_F之间变化的距离上．E_C的变化，通常是其中电势变化所引起，表明其中存在电场．在平衡条件下，在各处，电场所引起的漂移电流应正好抵消电子浓度梯度引起的扩散电流．

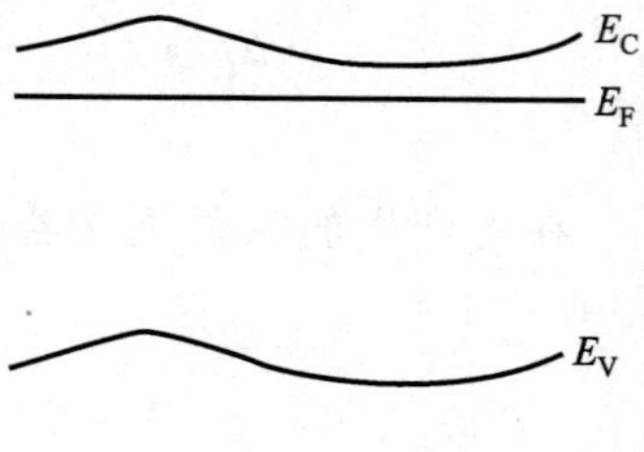

图5.6 不均匀半导体的平衡能带图

设在x点电子浓度为$n(x)$，可表示为

$$n(x)=N_C\mathrm{e}^{-\frac{E_C(x)-E_F}{k_BT}} \tag{5-2-23}$$

在平衡条件下，即E_F为水平时，可得x点的扩散流为

$$n(x)\frac{D_n}{k_BT}\frac{\mathrm{d}E_C(x)}{\mathrm{d}x}=-n(x)\frac{eD_n}{k_BT}E(x) \tag{5-2-24}$$

由漂移电流和扩散电流为零可得：

$$\left(n(x)e\mu_n-n(x)e\frac{eD_n}{k_BT}\right)E(x)=0 \tag{5-2-25}$$

由之可得式(5-2-22)的爱因斯坦关系．但严格说，此关系只适用于非简并近平衡情形．非简并条件体现在式(5-2-23)中．

利用爱因斯坦关系可将一维稳定扩散情形光照表面的少子扩散电流可写作

$$j_p=\frac{eD_p}{L_p}\Delta p(0)=\frac{k_BT}{eL_p}\mu_p e\Delta p(0) \tag{5-2-26}$$

即扩散相当于势k_BT/e在L_p长度内产生的电场所引起的过剩载流子的电流．势k_BT/e有时称为扩散势．

在包括简并在内的一般情形下，不难证明[4]

$$D_n=\frac{k_BT}{e}\mu_n\frac{F_{1/2}\left(\frac{\zeta_n}{k_BT}\right)}{F_{-1/2}\left(\frac{\zeta_n}{k_BT}\right)} \tag{5-2-27}$$

$F_{1/2}(\eta)$和$F_{-1/2}(\eta)$为由式(4－3－27)所定义的费米积分．当η为较大负值时(对应于非简并统计)，积分的比值趋于1．$\eta=0$时，两积分的比值为1.27；$\eta=5$时(强简并)比值可达3.58.

严格说来，在存在电流的条件下，电子分布会在一定程度上偏离平衡．但只要相对平衡分布偏离不大，就可以认为爱因斯坦关系成立．在扩散引起电流的条件下，若有j/ne远小于平均热运动速度v_T，即

$$\frac{j}{nev_T} \ll 1 \tag{5－2－28}$$

可认为平衡条件得到满足．在某些载流子浓度很低的界面附近，当电流很大时，分布可显著偏离平衡．

热电子情形下的扩散将在第14章中讨论．

§5.3　过剩载流子的漂移和扩散

上节中讨论了在表面或某一界面处维持稳定注入时少子的扩散问题．实际当中还存在另一类典型情况：在样品某处注入少子，使其在电场下作漂移运动，通过观察注入少子的运动和变化，测量寿命和迁移率．这种实验方法称为漂移实验，或海因斯－肖克莱实验．[5] 由于注入少子的分布总是不均匀的，在漂移的过程中，总不可避免伴随着扩散．因此要正确分析实验结果，需要同时考虑少子的漂移和扩散．下面分别就注入少子脉冲在电场下的运动和注入少子在电场下形成稳定的分布这两种情形分别进行讨论．

注入少子脉冲的漂移和扩散

设在某一时刻，通过光注入或通过探针(图5.7)，向n型样品内注入少子空穴的脉冲．注入少子在外施电场E下由一端向另一端漂移．在距脉冲注入点

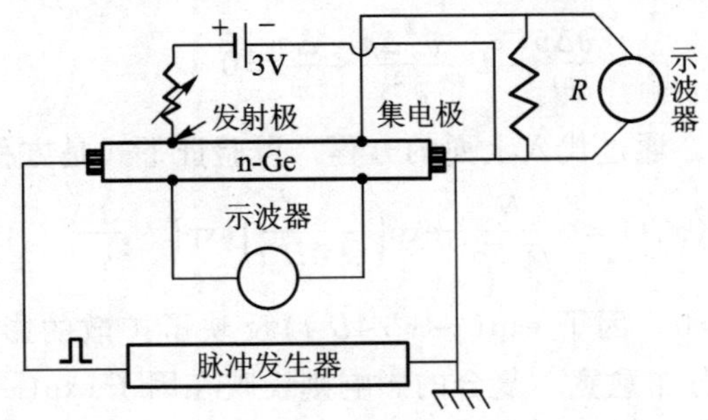

图5.7　漂移实验装置的示意图

d 处设置一收集探针，少子脉冲到达探针时，由于收集到少子，流过探针的电流将增大. 设 t 为脉冲由注入点到达收集探针的时间，原则上可由 $\mu E = d/t$ 得少子漂移速度，或迁移率

$$\mu = \frac{d}{Et} \tag{5-3-1}$$

这样得到的迁移率称为漂移迁移率.

但少子在漂移过程中的扩散和复合，可对测量的准确性带来不利影响. 载流子脉冲刚一注入，分布十分集中，可用 δ 函数近似. 但脉冲在到达收集探针的过程中，扩散使分布不断扩展，复合则使注入载流子总量不断减少. 这些都对测量带来不利的影响.

上式基于以下假设：脉冲到达的时间可以准确地加以测量. 考虑到脉冲的空间扩展，所谓脉冲到达的时间，严格地说应该是注入载流子分布的空间最大值到达探针的时间. 但我们在探针处测量的是时间信号，它对应于不同时刻到达探针的分布. 在探针处时间信号达到最大值的时间要比分布的空间最大值到达的时间早. 因为，由于扩散和复合引起的少子分布的扩展和衰减，在空间分布的峰值到达收集探针时，它的幅度已变得比早先到达的注入少子的更小. 因此为了由此方法得到准确的迁移率，必须了解电场下因扩散和复合分布随时间和位置的变化规律.

先考察无电场时扩散引起的过剩少子分布的变化. 注入少子的变化遵守下面的连续方程：

$$\frac{\partial \Delta p}{\partial t} = -\frac{1}{e}\frac{\partial}{\partial x}[j_{\mathrm{p}}(x)] - \frac{\Delta p}{\tau} \tag{5-3-2}$$

右面第一项代表不均匀的电流分布引起的少子积累. 对于单纯扩散，j_{p} 可表示为

$$j_{\mathrm{p}} = -eD_{\mathrm{p}}\frac{\partial \Delta p}{\partial x} \tag{5-3-3}$$

将上式代入式(5-3-2)，可得

$$\frac{\partial \Delta p}{\partial t} - D_{\mathrm{p}}\frac{\partial^2 \Delta p}{\partial^2 x} + \frac{\Delta p}{\tau} = 0 \tag{5-3-4}$$

若把注入点定为 $x=0$，通过代入上面的方程，可验证下式是方程的解

$$\Delta p(x,t) = \frac{N}{\sqrt{4\pi D_{\mathrm{p}} t}}\exp\left(-\frac{x^2}{4D_{\mathrm{p}}t}\right)\exp\left(-\frac{t}{\tau}\right) \tag{5-3-5}$$

分布的中心保持在 $x=0$. 因子 $\exp(-x^2/4D_{\mathrm{p}}t)$ 反映了扩散的影响，D_{p} 和 t 的积愈大，少子的空间分布愈宽. 复合的影响则反映在因子 $\exp(-t/\tau)$ 中，即扩散分布同时以时间常量 τ 衰减. 若在 $t \ll \tau$ 时间内考察上述分布，则包含 τ 的指数项可以略去. 解可近似写作

$$\Delta p(x,t) = \frac{N}{\sqrt{4\pi D_p t}} \exp\left(-\frac{x^2}{4D_p t}\right) \tag{5-3-6}$$

这相当于略去了复合的作用. 若就上式对 x 积分, 则结果为 N, 不随时间变化. 因此 N 实际是 $t=0$ 时注入样品单位截面积的空穴数. 式(5-3-6)是在粒子数守恒条件下的扩散分布: 高斯分布. 分布随时间的变化如图 5.8 所示意. 因子 $\exp(-t/\tau)$ 所代表的复合的影响是使图 5.8 中曲线下的面积随时间减少. 显然注入少子总数随时间的变化为

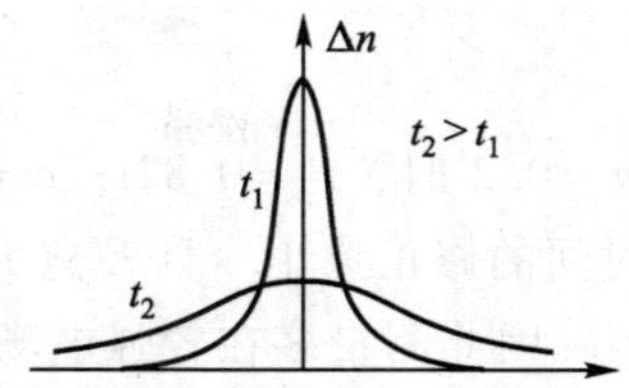

图 5.8 注入少子脉冲的扩散

$$N(t) = N\mathrm{e}^{-\frac{t}{\tau}} \tag{5-3-7}$$

有外电场 E 时, $j_p(x)$ 中增加了漂移项

$$j_p(x) = -eD_p \frac{\partial \Delta p}{\partial x} + e\mu_p pE \tag{5-3-8}$$

相应地, 连续方程(5-3-4)修改为

$$\frac{\partial \Delta p}{\partial t} - D_p \frac{\partial^2 \Delta p}{\partial x^2} + \mu_p E \frac{\partial \Delta p}{\partial x} + \frac{\Delta p}{\tau} = 0 \tag{5-3-9}$$

但从物理上看, 电场的影响表现为使空间分布的中心(即最大值)连同整个分布, 以速度 $\mu_p E$ 漂移. 在 t 时, 脉冲中心的位置是: $\mu_p Et$. 因而, 只要以 $x-\mu_p Et$ 代替式(5-3-5)中的 x 就可以得到分布 $\Delta p(x,t)$

$$\Delta p(x,t) = \frac{N}{\sqrt{4\pi D_p t}} \exp\left(-\frac{(x-\mu_p Et)^2}{4D_p t}\right) \exp\left(-\frac{t}{\tau}\right) \tag{5-3-10}$$

上式所代表的分布随时间的变化如图 5.9 所示意.

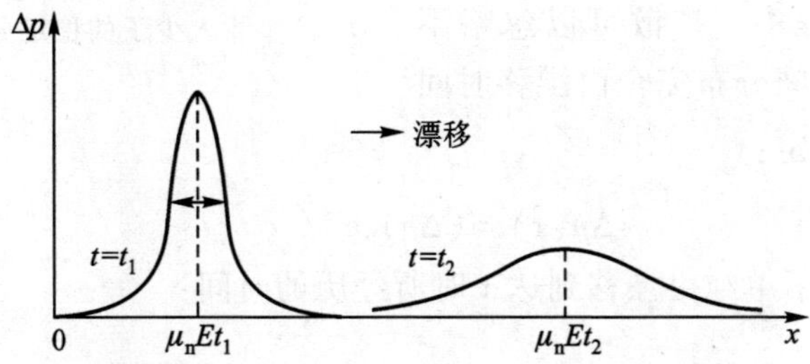

图 5.9 在电场作用下, 注入少子脉冲随时间的变化

现在容易由式(5-3-10)得到在探针 d 处信号 $\Delta p(d,t)$ 达到最大的时刻 t'. 它可由 $\mathrm{d}\Delta p(d,t)/\mathrm{d}t=0$ 得到. 可求得 t' 和 t 之间的关系为[6]

$$t' = (\sqrt{1+a^2} - a)t \tag{5-3-11}$$

$$a=\left(1+\frac{2t}{\tau}\right)\frac{k_{\mathrm{B}}T}{eEd} \tag{5-3-12}$$

在 $a=0.2$ 时，$t'=0.82t$；$a=1$ 时，t'只有 0.40 t. E 愈大(t 愈小)，a 愈小，对时间的修正愈小. 且 E 愈大，漂移中分布的空间扩展愈小，更易于较准地确定 t'. 因此测量多在较强电场下进行. 为了减少样品发热，通常以脉冲形式施加漂移场，在电场脉冲的时间范围内进行少子脉冲的注入和观测.

漂移法也可用于测量寿命. 在离注入探针不同距离处，放置两枚收集探针 1 和 2，信号分别在 t_1 和 t_2 出现. 粗略地说，信号的积分量 s_1 和 s_2(面积)正比于 t_1 和 t_2 时过剩少子的总量. 因而有

$$\frac{s_1}{s_2}=\frac{N\mathrm{e}^{-\frac{t_1}{\tau}}}{N\mathrm{e}^{-\frac{t_2}{\tau}}}=\exp\left(-\frac{t_1-t_2}{\tau}\right) \tag{5-3-13}$$

可求得

$$\tau=\frac{t_2-t_1}{\ln s_1-\ln s_2} \tag{5-3-14}$$

电场下漂移和扩散的稳定分布

漂移实验有时在稳定的条件下进行. 若通过探针或光激发在 $x=0$ 处维持稳定注入，则在注入点的两侧形成的稳定分布和上节讨论过的一维稳定分布问题相同. 但在存在外电场时，由于电场的牵引，在 $x>0$ 和 $x<0$ 范围内，分布会变得不对称，如图 5.10 所示意.

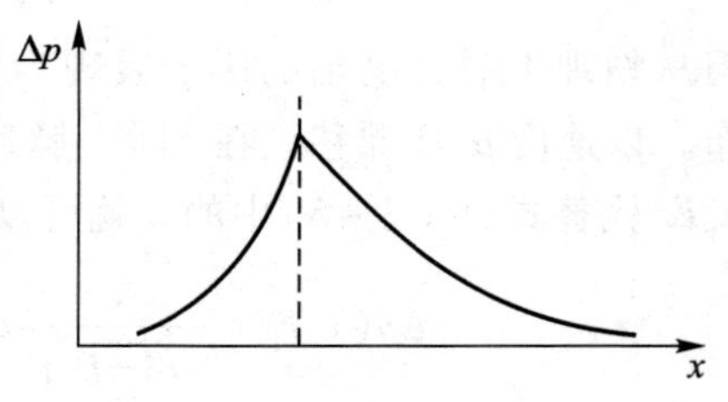

图 5.10 在电场作用下注入少子的稳定分布

若在漂移过程中，扩散可以忽略不计，则载流子的空间分布完全由漂移时间内载流子的复合决定：

$$\Delta p(x)=(\Delta p)_0\mathrm{e}^{-\frac{t}{\tau}} \tag{5-3-15}$$

式中 t 为注入载流子单纯由漂移到达 x 时所经历的时间：

$$t=\frac{x}{\mu_{\mathrm{p}}E} \tag{5-3-16}$$

代入式(5-3-15)，可得

$$\Delta p(x)=(\Delta p)_0\mathrm{e}^{-\frac{x}{\Lambda_{\mathrm{p}}}} \tag{5-3-17}$$

式中 Λ_{p} 为

$$\Lambda_{\mathrm{p}}=\mu_{\mathrm{p}}E\tau \tag{5-3-18}$$

称为**牵引长度**．它代表在寿命时间内注入载流子在电场牵引下所走过的距离．

式(5-3-17)所代表的是一种极端情况．在实际情况下，在漂移过程中，注入载流子或多或少要进行扩散．令连续方程(5-3-9)中的$\partial\Delta p/\partial t=0$，可得支配电场下稳态分布的方程：

$$D_p\frac{\partial^2\Delta p}{\partial x^2}-\mu_p E\frac{\partial\Delta p}{\partial x}-\frac{\Delta p}{\tau}=0 \tag{5-3-19}$$

利用扩散长度L_p和牵引长度Λ_p可将方程改写为

$$L_p^2\frac{\partial^2\Delta p}{\partial x^2}-\Lambda_p\frac{\partial\Delta p}{\partial x}-\Delta p=0 \tag{5-3-20}$$

方程的通解有以下形式：

$$\Delta p(x)=A\mathrm{e}^{\lambda_1 x}+B\mathrm{e}^{\lambda_2 x} \tag{5-3-21}$$

λ_1和λ_2由以下代数方程给出：

$$L_p^2\lambda^2-\Lambda_p\lambda-1=0 \tag{5-3-22}$$

容易得到解为

$$\begin{matrix}\lambda_1\\ \lambda_2\end{matrix}=\frac{\Lambda_p\mp\sqrt{\Lambda_p^2+4L_p^2}}{2L_p^2} \tag{5-3-23}$$

其中$\lambda_1<0$．用λ_1和λ_2的倒数定义两个长度L_1和L_2：

$$\begin{matrix}L_1\\ L_2\end{matrix}=\begin{matrix}-1/\lambda_1\\ 1/\lambda_2\end{matrix}=\frac{2L_p^2}{\sqrt{\Lambda_p^2+4L_p^2}\mp\Lambda_p} \tag{5-3-24}$$

由于$\lambda_1<0$和$\lambda_2>0$，显然，λ_1和λ_2及相应的L_1和L_2分别适合于描述$x>0$和$x<0$范围内的分布：

$$\Delta p(x)=\begin{matrix}(\Delta p)_0\mathrm{e}^{\lambda_1 x}\\ (\Delta p)_0\mathrm{e}^{\lambda_2 x}\end{matrix}=\begin{matrix}(\Delta p)_0\mathrm{e}^{-\frac{x}{L_1}} & x>0\\ (\Delta p)_0\mathrm{e}^{\frac{x}{L_2}} & x<0\end{matrix} \tag{5-3-25}$$

$L_1>L_p$；$L_2<L_p$．当电场很强，即$\Lambda_p\gg L_p$时，$L_1\to\Lambda_p$，$L_2\ll\Lambda_p$：

$$L_1=\frac{2L_p^2}{\Lambda_p\left[1+\frac{1}{2}\left(\frac{2L_p}{\Lambda_p}\right)^2+\cdots\right]-\Lambda_p}\approx\Lambda_p \tag{5-3-26}$$

$$L_2\approx\frac{L_p^2}{\Lambda_p}\ll L_p \tag{5-3-27}$$

若测出L_1和无外场时的L_p(其中含D_p)，则可由它们得到Λ_p．由$L_p^2(=D_p\tau)$及$\Lambda_p(=\mu_p\tau E)$的比值可得D_p和μ_p的比值*：

---

* 在载流子不被显著加热的条件下．

$$\frac{D_p}{\mu_p}=\frac{L_p^2}{\Lambda_p}E \tag{5-3-28}$$

曾用此方法验证了爱因斯坦关系.[7] 在不同的电场下测得的 D_p/μ_p 比值均相同，为 k_BT/e.

§5.4 双极扩散和双极漂移

在前两节中，我们讨论的是少子的扩散和漂移. 讨论中实际上假设过剩载流子的注入不会引起足以影响少子运动的电场或电场修正. 下面我们将会看到，由于两种载流子扩散和漂移的差异，电场分布会发生一定的变化. 电场的变化可通过它所引起的附加的漂移电流影响两种载流子的运动，使两种过剩载流子在运动中保持同步. 不过在两种载流子数量相差悬殊的情形下，电场的变化对少子的影响可以忽略不计，但它可影响多子运动，使多子和少子保持同步. 在电子和空穴的浓度可比拟时，电场的变化对两种载流子的运动都可产生显著的影响. 我们将说明，在此情形下，可以通过引入双极扩散系数和双极漂移迁移率，来描述注入过剩载流子的漂移和扩散. 为了得到关于双极扩散和双极漂移的清楚的物理图像，我们先就双极扩散作单独的讨论.

双极扩散

进一步考虑§5.2中的一维稳定扩散问题. 在那里，我们认定了注入少子只作单纯的扩散运动，即假定不存在可影响少子运动的电场. 在下面的讨论中，我们将不再把某一种载流子指定为少数载流子，即电子和空穴的数量可有任意的大小. 在通常电子迁移率大于空穴迁移率的情形下，电子的扩散常超前于空穴. 这会产生一定的电场 $E(x)$. 在种情形下两种载流子的电流都会包含扩散分量和漂移分量:

$$j_p=pe\mu_pE-eD_p\frac{\mathrm{d}\Delta p}{\mathrm{d}x} \tag{5-4-1}$$

$$j_n=ne\mu_nE+eD_n\frac{\mathrm{d}\Delta n}{\mathrm{d}x} \tag{5-4-2}$$

式中 E 为电场. 但在样品开路的条件下，晶体中并不存在电流. 因此各处的电场应正好满足

$$j=j_p+j_n=0 \tag{5-4-3}$$

将式(5-4-1)，(5-4-2)代入式(5-4-3)，可解出电场 E 为

$$E=\frac{D_p-D_n}{n\mu_n+p\mu_p}\frac{\mathrm{d}\Delta p}{\mathrm{d}x}+\frac{D_n}{n\mu_n+p\mu_p}\frac{\mathrm{d}(\Delta p-\Delta n)}{\mathrm{d}x}$$

$$\doteq \frac{D_p - D_n}{n\mu_n + p\mu_p}\frac{d\Delta p}{dx} \tag{5-4-4}$$

第二个等号略去了含($\Delta p-\Delta n$)的项，即略去了 Δn 和 Δp 的差异. 后面将证明，只要 n 或(和)p 足够大，定有 $|\Delta p-\Delta n| \ll \Delta p$. 在 $D_n \neq D_p$ 的一般情形下，由于上述电场的存在，两种载流子都既有扩散又有漂移. 将上面的电场 E 代入式(5-4-1)的 j_p 可得：

$$j_p = \left(peD_p\frac{D_p - D_n}{nD_n + pD_p} - eD_p\right)\frac{d\Delta p}{dx} = -eD\frac{d\Delta p}{dx} \tag{5-4-5}$$

上式中已利用爱因斯坦关系将迁移率改写为扩散系数. 第二步引入了等效的扩散系数 D. 由于 $j_p+j_n=0$，$j_n=-j_p$. 事实上，若将 E 代入式(5-4-2)进行计算，也可得 $j_n=eD\mathrm{d}\Delta p/\mathrm{d}x$. 系数 D 可表示为

$$D = \frac{D_pD_n(n+p)}{nD_n + D\mu_p} \tag{5-4-6}$$

D 综合了扩散和电场引起的漂移，描述互相牵制着的两种载流子的扩散运动，故被称为双极扩散系数.

容易证明，当 $n \ll p$ 或 $p \ll n$ 时，D 分别约化为 D_p 或 D_n，即约化为少子扩散系数. 因而，对于少子，调整电场的影响可忽略不计；但对于多子，正是该电场调整其运动，使之与少子保持同步. 可见，在两种载流子数量相差悬殊的情形下，是少子的扩散支配着扩散分布. 在此情形下，常把过剩载流子的扩散就叫做少子扩散.

扩散分布中 $\Delta p=\Delta n$ 成立的条件

上面我们看到，由于电子空穴扩散系数的差异，电子扩散分布和空穴的分布略有差异. 我们想知道的是：在什么条件下可略去过剩电子和过剩空穴浓度的差异.

对于 n 型半导体，由式(5-4-4)，调整电场和 Δp 的关系为：

$$\frac{dE}{dx} = \frac{D_p - D_n}{n\mu_n}\frac{d^2(\Delta p)}{dx^2} = \frac{k_BT}{e}\frac{\mu_p - \mu_n}{n\mu_n}\frac{\Delta p}{L_p^2} \tag{5-4-7}$$

另一方面，通过空间电荷密度 $\rho=e(\Delta p-\Delta n)$，调整电场和过剩空穴、过剩电子浓度的差值($\Delta p-\Delta n$)有如下联系：

$$\frac{dE}{dx} = \frac{e(\Delta p - \Delta n)}{\varepsilon\varepsilon_0} \tag{5-4-8}$$

上两式可用来比较($\Delta p-\Delta n$)和 Δp 的大小，可得($\Delta p-\Delta n$)/Δp 为

$$\frac{\Delta p - \Delta n}{\Delta p} = \frac{\mu_p - \mu_n}{\mu_n}\frac{\varepsilon\varepsilon_0 k_BT}{e^2n}\frac{1}{L_p^2} = \frac{\mu_p - \mu_n}{\mu_n}\frac{L_D^2}{L_p^2} = \frac{\mu_p - \mu_n}{\mu_p}\frac{\tau_d}{\tau} \tag{5-4-9}$$

式中 L_D 为德拜屏蔽长度

$$L_D = \left(\frac{\varepsilon\varepsilon_0 k_B T}{e^2 n}\right)^{1/2} \tag{5-4-10}$$

$$= 0.131\left(\frac{\varepsilon_S}{12}\right)^{1/2}\left(\frac{T}{300\ \mathrm{K}}\right)^{1/2}\left(\frac{10^{15}/\mathrm{cm}^3}{n}\right)^{1/2}\quad [\mu\mathrm{m}]$$

从物理上看当多子的屏蔽长度远小于少子扩散长度时，两种载流子分布的差异自然可以忽略. 式中还引入了 τ_d

$$\tau_d = \frac{\varepsilon\varepsilon_0}{ne\mu_n} = \frac{\varepsilon\varepsilon_0}{\sigma} \tag{5-4-11}$$

在§5.10中我们还要对它的物理意义进行讨论. 在通常条件下，与寿命 τ 相比 τ_d 很小. 例如若 $\sigma = 0.3\Omega^{-1}\cdot\mathrm{cm}^{-1}$，$\varepsilon = 15$ 可得 $\tau_d \approx 0.4\times10^{-11}$ s. 可见，除非对于高阻、短寿命的样品，$\tau_d/\tau = L_D^2/L_p^2$ 是个很小的数，因而有 $(\Delta p - \Delta n)/\Delta p \ll 1$.

双极漂移

在注入脉冲的漂移和扩散中也存在注入载流子引起电场的调整. 现在我们不再假设空穴或电子为少子. 假设样品是均匀掺杂的. 在注入脉冲中，不仅电子和空穴的扩散能力不同，而且电场使电子和空穴向相反方向漂移. 因此电场将会发生微小的调整，以保持电流连续并使脉冲中的电子和空穴的运动保持同步.

两种载流子仍应遵守各自的连续方程(式(5-3-2)). 但电流漂移项中的 E 不再能看作常量. 容易把方程中所包含的 $\partial j_n/\partial x$ 和 $\partial j_p/\partial x$ 分别写作

$$\frac{\partial j_n}{\partial x} = eD_n\frac{\partial^2\Delta n}{\partial x^2} + e\mu_n E\frac{\partial\Delta n}{\partial x} + e\mu_n n\frac{\partial E}{\partial x} \tag{5-4-12}$$

$$\frac{\partial j_p}{\partial x} = -eD_p\frac{\partial^2\Delta p}{\partial x^2} + e\mu_p E\frac{\partial\Delta p}{\partial x} + e\mu_p p\frac{\partial E}{\partial x} \tag{5-4-13}$$

上两式中各具有一含 $\partial E/\partial x$ 的项. 关于空穴和电子的连续方程可分别写作：

$$\frac{\partial\Delta n}{\partial t} - D_n\frac{\partial^2\Delta n}{\partial x^2} - \mu_n E\frac{\partial\Delta n}{\partial x} - \mu_n n\frac{\partial E}{\partial x} + \frac{\Delta n}{\tau} = 0 \tag{5-4-14}$$

$$\frac{\partial\Delta p}{\partial t} - D_p\frac{\partial^2\Delta p}{\partial x^2} + \mu_p E\frac{\partial\Delta p}{\partial x} + \mu_p p\frac{\partial E}{\partial x} + \frac{\Delta p}{\tau} = 0 \tag{5-4-15}$$

可以证明，只要 n 或 p 足够大(从而 $\tau \gg \tau_d$)，就可忽略 Δn 和 Δp 的微小差异. 这样，可用 Δp 代替式(5-4-14)中的 Δn. 将以上两式分别乘以 $\mu_n n$ 和 $\mu_p p$，相加后可消去含 $\partial E/\partial x$ 的项，得到以下关于 Δp(也是关于 Δn)的连续方程：

$$\frac{\partial\Delta p}{\partial t} - D\frac{\partial^2\Delta p}{\partial x^2} + \mu E\frac{\partial\Delta p}{\partial x} + \frac{\Delta p}{\tau} = 0 \tag{5-4-16}$$

上式和式(5-3-9)相同，只是用式(5-4-6)的双极扩散系数D代替了少子扩散系数D_p，用双极漂移迁移率μ代替了少子迁移率μ_p，它由下式给出

$$\mu=\frac{(n-p)\mu_n\mu_p}{n\mu_n+p\mu_p} \tag{5-4-17}$$

因此，在$n\approx p$的一般情形下，漂移实验中所测得的迁移率是由上式给出的双极迁移率. 当$p\ll n$时，μ约化为少子迁移率μ_p；$n\ll p$时μ约化为$-\mu_n$，不过仍应取正值. 这就是说，注入载流子引起的电场微小的调整对少子运动的影响可以忽略不计.

§5.5 丹倍效应和光磁效应

这是两个关于光注入载流子的效应. 其中丹倍效应的起源我们已在上节中讨论过.

丹倍效应

在讨论双极扩散时，我们已经看到，由于电子和空穴的扩散系数不同，在有过剩载流子存在时，会产生适当大小的电场，以调整两种载流子的运动，使两者保持同步. 这个电场称为丹倍电场. 在类似一维稳定扩散的光照条件下，在样品的光照面和背面之间，将可建立起一电势差，称为光扩散电势差. 这个效应称为丹倍效应.

设仍为$d\gg L_p$的n型样品. 就上节已求得的电场，式(5-4-3)进行积分，可得到光扩散电势差ΔV为

$$\Delta V=-\frac{D_p-D_n}{n_0\mu_n+p_0\mu_p}\frac{(\Delta p)_0}{L_p}\int\exp\left(-\frac{x}{L_p}\right)\mathrm{d}x \tag{5-5-1}$$

考虑到$n_0\mu_n\gg p_0\mu_p$，并利用了爱因斯坦关系，积分后可得到

$$\Delta V=\frac{k_BT}{e}\left(\frac{\mu_n-\mu_p}{\mu_n}\right)\frac{(\Delta p)_0}{n_0} \tag{5-5-2}$$

可见在小信号条件下，由于$(\Delta p)_0\ll n_0$，有$\Delta V\ll k_BT/e$. 由式(5-5-2)可见，光扩散电势差ΔV正比于表面过剩载流子浓度$(\Delta p)_0$，它是由入射光通量G，扩散速度D_p/L_p和表面复合速度S决定. 带入式(5-2-17)的$(\Delta p)_0$，可将ΔV表示为

$$\Delta V=\frac{k_BT}{e}\left(\frac{\mu_n-\mu_p}{\mu_n}\right)\frac{G}{n_0\left(\dfrac{D_p}{L_p}+S_p\right)} \tag{5-5-3}$$

可见，丹倍效应可用来测量表面复合速度. 但测量对电极要求很高，必须是非整流的，否则接触的光生电动势(参看§6.7)将会掩盖光扩散电势差.

光磁效应

如图5.11，若在前面一维稳定扩散的光照条件下，平行于光照表面施加磁场(z方向)，则在和光照方向(x方向)和磁场垂直的y方向将产生电势差. 这个效应称为光磁效应.

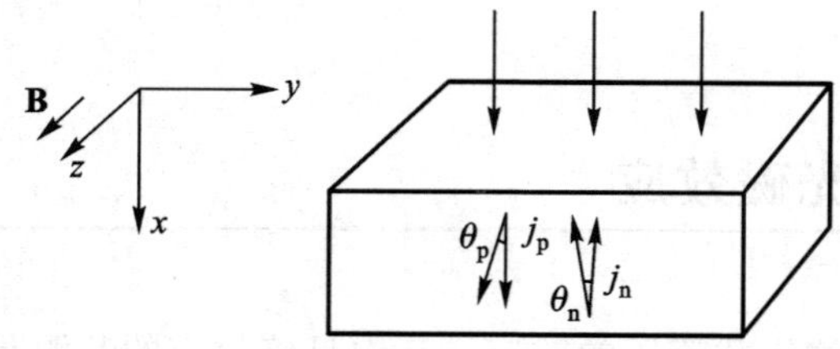

图5.11 光磁效应示意图

产生光磁效应的原因很容易理解. 在光照条件下，虽然在x方向总体上不存在电流，但由于过剩电子、空穴的扩散，存在指向x方向的空穴扩散电流和指向$-x$方向的电子扩散电流，它们大小相等方向相反. 这两股电流在磁场中都要发生偏转. 前面在§4.1中看到，方向相同的空穴电流和电子电流在磁场下的偏转电流是互相抵消的. 对于这里的方向相反的空穴和电子扩散电流，磁场引起的偏转电流自然是互相加强的，都指向y方向. 在样品沿y方向的两个端面短路的情形下，将有短路电流流过. 电流密度j_y应是x的函数，利用空穴和电子的扩散电流j_{px}和j_{nx}和它们的霍尔角，可将j_y表示为

$$j_y = -(j_{px}\theta_p + j_{nx}\theta_n) \tag{5-5-4}$$

利用$j_{px} = -j_{nx}$，$\theta_p = r_H\mu_p B$，$\theta_n = -r_H\mu_n B$，可得j_y为

$$\begin{aligned} j_y &= -r_H(\mu_p + \mu_n)Bj_{px} \\ &= -er_H(\mu_p + \mu_n)B\frac{D_p}{L_p}\Delta p(x) \end{aligned} \tag{5-5-5}$$

设沿z方向样品宽度为w，由沿x方向对j_y积分，可得沿y方向的光磁电流I_{PM}为

$$\begin{aligned} I_{PM} &= -ewr_H(\mu_p + \mu_n)B\frac{D_p}{L_p}\int_0^\infty \Delta p(x)\,dx \\ &= -ewr_H(\mu_p + \mu_n)BD_p(\Delta p)_0 \end{aligned} \tag{5-5-6}$$

在开路情形下，光磁电流将在y方向的样品的两端积累起电荷，形成电势差$V_{PM} = -I_{PM}R$. R为沿y方向样品的电阻. 若样品沿x方向的厚度为d，沿y方向的长度为l，$R = l/wd\sigma = l/wdn_0e\mu_n$. 则可得光磁电动势$V_{PM}$为

$$V_{PM}=\frac{k_BT}{e}\left(\frac{l}{d}\right)r_HB(\mu_p+\mu_n)\frac{\mu_p}{\mu_n}\frac{(\Delta p)_0}{n_0}\tag{5-5-7}$$

上式中 k_BT/e 为扩散势，室温下约为 26 mV，它来自 D_p 向 μ_p 的转换．其它诸因子都是量纲为 1 的．其中因子 $r_H(\mu_p+\mu_n)B$ 体现了磁场的作用，在弱磁场下它远小于 1．另外，对于小信号情形 $\Delta p/n_0\ll1$．因此，光磁电动势 V_{PM} 是远远小于 k_BT/e 的．但可适当增加 l/d 比值作为补偿．

光磁效应和光电导效应可以结合起来用于测量寿命．在同等光照但无磁场条件下，在 y 方向施加电场 E，可得光电流(光照引起的电流增量)I_{Ph}

$$\begin{aligned}I_{Ph}&=we(\mu_n+\mu_p)E\int\Delta p\mathrm{d}x\\&=wL_pe(\mu_n+\mu_p)E(\Delta p)_0\end{aligned}\tag{5-5-8}$$

在 I_{PM} 和 I_{Ph} 中都包含$(\Delta p)_0$，它同时包含了体内复合和表面复合的影响(参看式(5-2-17))．由两者的联合测量，可消去$(\Delta p)_0$，将 I_{PM} 和 I_{Ph} 的比值表示为

$$\frac{I_{PM}}{I_{Ph}}=\frac{D_pr_HB}{L_pE}=\frac{r_HB}{E}\sqrt{\frac{k_BT}{e}\frac{\mu}{\tau}}\tag{5-5-9}$$

上式中右边含有 τ，它来自式(5-5-9)的 $L_p=\sqrt{D_p\tau}$.

在 τ 很短，从而表面复合影响可排除的情形下，$I_{PM}\propto(\Delta p)_0\propto\tau^{1/2}$ 或 $I_{Ph}\propto L_p(\Delta p)_0\propto\tau$．原则上可通过单独测量 I_{PM} 或 I_{Ph} 得到 τ．但在 τ 减小时，I_{Ph} 比 I_{PM} 衰减更快，因此 I_{PM} 比 I_{Ph} 更适合用于短寿命测量．光磁效应也可用来测量表面复合速度(参看式(5-2-17))．

文献[8]详细讨论了各种情形下的光磁效应.

§5.6 表面复合对寿命的影响

在§5.2 中，我们已经介绍过表面复合．表面复合不仅可以影响过剩载流子的稳态分布，也会影响它们的衰变过程．实验表明，由经过不同表面处理的样品所测得的寿命可以在很大范围内变化．样品愈小，表面处理的影响愈大.

表面复合和后面要介绍的间接复合相似，是通过分布在带隙中的表面或界面能级进行的．表面复合的强弱取决于表面能级的分布以及表面的势分布．这些我们将在§7.5 中进行讨论．这里我们只是在按式(5-2-16)引入的表面复合速度的基础上分析它对过剩载流子衰变过程的影响.

我们先在一简化模型下作定性的讨论．设想通过光照在不太厚的样品中均匀地产生过剩载流子．若表面复合速度为零，则过剩载流子在随后的衰变过程中应仍会保持均匀分布．但若存在表面复合，则在表面附近过剩载流子的复合

显然要进行得更快些．样品中，包括体内复合和表面复合在内的总的复合速率必将增大．过剩载流子的分布也将逐渐变得不均匀，表面处的过剩载流子浓度将低于体内．所形成的载流子的梯度，将通过它所产生的扩散流向表面提供复合所需的过剩载流子．这种情况如图 5.12 所示．若样品较厚且表面复合速度很小，则样品中载流子的变化不会很显著．对于厚度为 A 的片状样品，单位时间内在单位面积的样品中复合掉的过剩载流子，可近似写作 $A\Delta p/\tau + 2S\Delta p$．第二项中的 2 计入了两个面上的复合．除以 A 后可得平均复合速率为

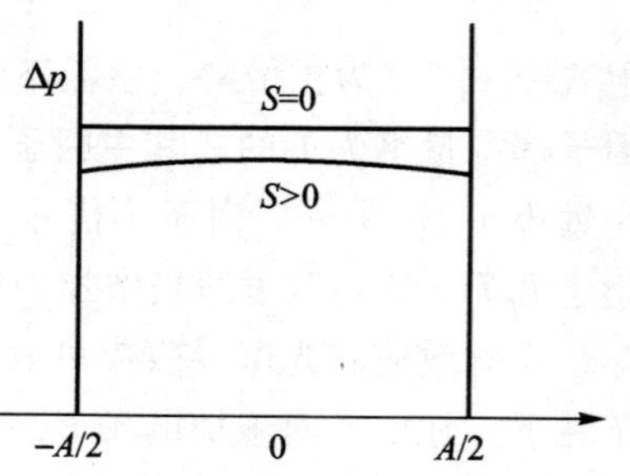

图 5.12 表面复合对过剩载流子分布的影响

$$R = \left(\frac{1}{\tau} + \frac{2S}{A}\right)\Delta p = \frac{\Delta p}{\tau_{\text{eff}}} \tag{5-6-1}$$

式中我们用了一个等效寿命 τ_{eff} 来代替体寿命．显然，表面复合速度 S 愈大，样品的厚度 A 愈小，表面复合对 τ_{eff} 的影响愈显著．

上面的简单图像可以帮助我们理解表面复合如何影响寿命．但实际情况要更为复杂．因为表面复合对过剩载流子分布可产生显著的影响，Δp 一般并不能被看成是常量．

下面我们通过解以下的连续方程来分析注入少子 Δp 的变化：

$$\frac{\partial \Delta p}{\partial t} = -\frac{\Delta p}{\tau} - \boldsymbol{\nabla} \cdot \boldsymbol{J} \tag{5-6-2}$$

式中 $\boldsymbol{J}$ 为扩散流密度．为了简化，我们讨论一维情形，即设样品为片状，厚度为 A．若将垂直于表面的方向规定为 x，则有

$$\begin{aligned}\frac{\partial \Delta p(x,t)}{\partial t} &= -\frac{\Delta p}{\tau} - \frac{\partial J_x}{\partial x} \\ &= -\frac{\Delta p}{\tau} + D_{\text{p}}\frac{\partial^2 \Delta p}{\partial x^2}\end{aligned} \tag{5-6-3}$$

我们可以得到满足该方程的一系列的独立的解为

$$f_{1n}(x,t) = c_{1n}\mathrm{e}^{-\frac{t}{\tau_{a_n}}}\cos\frac{x}{a_n} \tag{5-6-4}$$

$$f_{2n}(x,t) = c_{2n}\mathrm{e}^{-\frac{t}{\tau_{a_n}}}\sin\frac{x}{a_n} \tag{5-6-5}$$

式中 c_{1n} 和 c_{2n} 为常量，τ_{a_n} 和 a_n 之间受方程(5-6-3)的制约．将上两式代入该方程可得

$$\frac{1}{\tau_{a_n}}=\frac{1}{\tau}+\frac{D_p}{a_n^2} \tag{5-6-6}$$

a_n 的大小并不是任意的，它们要受到边界条件的限制，即和表面复合有关. 关于这一点我们将在后面讨论. 原则上，满足过剩载流子初始分布的解可由 f_{1n} 和 f_{2n} 叠加得到. 系数 c_{1n} 和 c_{2n} 可由初始分布确定. 但通常我们并不需要这样做. 在附加电导的衰变问题中，我们关注的往往只是样品中过剩载流子的总量. f_{2n} 类型的项是 x 的奇函数，对样品中载流子的总量没有贡献. 考虑到 f_{1n} 类型的项，在对样品进行体积分后，样品中过剩载流子总量可表示为以下的形式：

$$\text{过剩载流子总量}=\sum_n B_n \mathrm{e}^{-\frac{t}{\tau_{a_n}}} \tag{5-6-7}$$

式中的 τ_{a_n} 由式(5-6-6)根据 a_n 来确定. 可见，一般来说过剩载流子并不以一确定的时间常量衰减.

下面我们由边界条件得到确定 a_n 的条件. 在边界处，流向表面的扩散流应等于表面复合速率：

$$-D_p\left.\frac{\partial \Delta p}{\partial x}\right|_{x=A/2}=S\Delta p(A/2) \tag{5-6-8}$$

$$D_p\left.\frac{\partial \Delta p}{\partial x}\right|_{x=-A/2}=S\Delta p(-A/2) \tag{5-6-9}$$

这里假设两个表面具有相同的表面复合速度. 将式(5-6-4)的 f_{1n} 代入边界条件，可以得到确定 a_n 的条件

$$\tan\eta=\frac{1}{\eta}\left(\frac{SA}{2D_p}\right) \tag{5-6-10}$$

式中

$$\eta=\frac{A}{2a} \tag{5-6-11}$$

由式(5-6-10)确定的 η 必定和 $\tan\eta$ 具有相同的符号，这是因为 $SA/2D_p$ 具有正值. 因此，在 $n\pi$ 和 $(n+1/2)\pi$ 之间存在 η 的解 η_n

$$n\pi<\eta_n<\left(n+\frac{1}{2}\right)\pi \tag{5-6-12}$$

相应地可以得到一系列满足边界条件的 a_n 值，τ_{a_n} 可表示为

$$\frac{1}{\tau_{a_n}}=\frac{1}{\tau}+D_p\left(\frac{2\eta_n}{A}\right)^2 \tag{5-6-13}$$

由式(5-6-12)可见，η_n 至少是 η_0 的两倍以上. 因此在表面复合显著影响衰变过程的情形下，式(5-6-7)中含 τ_{a_0} 以上的诸项要比含 τ_{a_0} 的项衰变得快得多. 最后决定衰变过程的只是该式中含 τ_{a_0} 的一项. 因此可得到等效寿命 τ_{eff} 为

$$\frac{1}{\tau_{\text{eff}}}=\frac{1}{\tau}+D_{\text{p}}\left(\frac{2\eta_0}{A}\right)^2 \qquad (5-6-14)$$

对于二维情形，即棒状样品情形，可得到

$$\frac{1}{\tau_{a_n}}=\frac{1}{\tau}+D_{\text{p}}\left[\left(\frac{2\eta_n}{A}\right)^2+\left(\frac{2\zeta_n}{B}\right)^2\right] \qquad (5-6-15)$$

A，B 为两个方向的厚度．类似于式(5－6－10)，ζ_0 可由下式确定

$$\tan\zeta=\frac{1}{\zeta}\left(\frac{SB}{2D_{\text{p}}}\right),\quad 0<\zeta_0<\pi/2 \qquad (5-6-16)$$

在表面复合速度很小，$SA/2D_{\text{p}}$，$SB/2D_{\text{p}}\ll 1$（因而 $SA/2D_{\text{p}}\approx\eta_0^2, SB/2D_{\text{p}}\approx\zeta_0^2$）时，有

$$\frac{1}{\tau_{\text{eff}}}=\frac{1}{\tau}+2S\left(\frac{1}{A}+\frac{1}{B}\right) \qquad (5-6-17)$$

这就是我们前面得到过的结果．在 $S=0$ 时，衰减时间常量就等于体寿命．而在 $SA/2D_{\text{p}}$，$SB/2D_{\text{p}}\gg 1$ 的另一极限下，有 $\eta_0=\zeta_0=\pi/2$，于是，有效寿命为

$$\frac{1}{\tau_{\text{eff}}}=\frac{1}{\tau}+D_{\text{p}}\left[\left(\frac{\pi}{A}\right)^2+\left(\frac{\pi}{B}\right)^2\right] \qquad (5-6-18)$$

若保持样品表面处理的条件相同（即使样品有相同的表面复合速度）改变样品的线度，τ_{eff}将发生改变．适当选取 S，D_{p} 和 τ 值，使由式(5－6－15)计算出的 τ_{eff}和由实验测得的一致，可以同时确定以上诸量．

在 Ge 中，视处理条件不同，表面复合速度通常在 $10^2\sim10^6$ cm/s 之间．经过吹砂处理的粗糙表面复合速度最大．对于经过热氧化处理的表面覆盖有 SiO_2 的 Si 表面，表面复合速度可在 100 cm/s 上下．最低的表面复合速度曾达0.25 cm/s.[9]

§5.7 复合机制和直接复合

复合机制

电子和空穴的复合总是通过具体跃迁过程实现的．就电子、空穴复合过程中电子（空穴）所经历的状态而言，复合过程可分为直接复合和间接复合．

在**直接复合**中，导带电子直接跃迁至价带的某一空状态，直接实现电子和空穴的复合，如图5.13(a)所示．而在**间接复合**中，电子在跃迁到价带某一空状态之前，还要经历某一（或某些）中间状态．间接复合通常可看作由两步组成：(1)电子跃迁至杂质或缺陷中心的空能级上；(2)中心上的一个电子跃迁至价带的空状态（或可看作价带空穴被中心所俘获）．这两步并不是同时进行

的，但两者合在一起，实现了一对电子和空穴的复合，如图5.13(b)所示. 能有效地促进电子和空穴实现间接复合的杂质和缺陷称为复合中心.

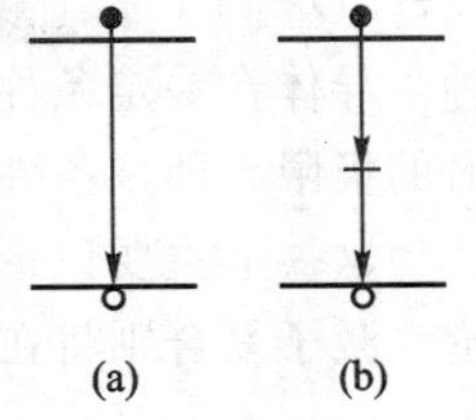

图5.13 (a)直接复合和(b)间接复合

电子和空穴在实现直接复合之前，也可因库仑相互作用先结合在一起，形成一种相互束缚的状态——激子. 电子可在激子状态中直接跃迁至和空穴对应的价带空状态，实现复合，称为激子复合. 这可视为另一种形式的直接复合.

在直接复合，激子复合和间接复合中的任何一步跃迁及逆跃迁中，都会释放或吸收一定的能量和动量. 根据跃迁中释放或吸收能量和动量的形式，可区别为辐射跃迁，声子跃迁和俄歇跃迁.

辐射跃迁 通过和电磁辐射相互作用实现跃迁，跃迁中多余的或所需的能量和动量由发射或吸收适当的光子来补偿. 这种跃迁又称为光跃迁. 但在间接禁带半导体的带间光跃迁中，由于所涉及的光子动量很小，需要同时发射或吸收声子，或经杂质协助，以补偿跃迁中大的动量变化.

声子跃迁 通过和晶格振动相互作用实现跃迁，跃迁中能量和动量变化由发射或吸收声子来补偿. 通常跃迁中所涉及的能量补偿要比单个声子的能量大得多，必须同时发射或吸收多个适当的声子，称为多声子过程. 这是一种无辐射跃迁. 但在带隙能量较大的带间直接复合跃迁及其逆过程中，需发射或吸收为数很多的声子，是一种很难发生的过程. 通常认为直接多声子复合并不重要.

俄歇跃迁 在复合跃迁中通过碰撞将多余的能量和动量传递给邻近的另一个电子或空穴，是另一种无辐射跃迁. 这是一种三粒子过程. 只有在参与过程的粒子在空间上相距较近时，才有较大的跃迁率：或者是有较高的载流子浓度，或者是有关的载流子局域化于某种束缚状态中，例如束缚于中性施主或中性受主的激子(在这种状态中，包含着相距很近的两个电子和一个空穴，或相距很近的两个空穴和一个电子). 在半导体中可能存在多种多样的俄歇过程.[10]

考虑到直接复合，激子复合和间接复合和以上几种跃迁过程的组合，具体的复合过程可是多种多样的. 但在一定的具体条件下，往往只是其中一种或少数几种起主导作用. 在Si和其它间接禁带半导体中，间接复合通常是决定寿命的主要过程. 但对直接带隙的情形，带间辐射复合可起主导作用. 而在窄禁带的和高掺杂的半导体中，带间俄歇复合也可占支配地位.

一般来说，直接复合和间接复合一起决定着材料的寿命. 带间辐射复合和俄歇复合都是本征的复合过程. 若用$1/\tau_d$表示包括各种辐射和无辐射复合在内的总的直接复合的复合率，用$1/\tau_i$表示间接复合的复合率，则寿命τ可表示为$1/\tau = 1/\tau_d + 1/\tau_i$. 减少复合中心的数量使寿命$\tau_i$增长，从而$\tau$增长. 因此，一种半导体在一定条件下(一定的温度,载流子浓度等)的直接复合寿命代表了寿命的极限，即该条件下能达到的最长的寿命.

这一节主要讨论直接辐射复合和直接俄歇复合. 间接复合在下一节中讨论. 激子复合则将在第10章中讨论.

直接辐射复合

在§5.1中已经指出，复合是一种统计性的过程，是晶体中不断进行着的各种微观跃迁过程的结果. 在平衡条件下，就辐射跃迁而言，一方面，电子空穴不断复合，产生辐射；另一方面，晶体中黑体辐射也不断被吸收，激发新的电子空穴对. 在平衡时，两者相等，电子和空穴的浓度以及黑体辐射的密度，平均来说，都保持不变. 但在存在过剩载流子的非平衡情形下，复合的机会增加，复合将超过产生，导致载流子的净复合，并伴随着复合发光.

以下我们用R，G和R_N分别表示复合，产生和净复合的速率. 单位时间和单位体积内复合掉的电子空穴对数R应正比于电子浓度n和空穴浓度p

$$R = rnp \tag{5-7-1}$$

r称为直接辐射复合系数. 它实际上是对各种能量的电子和空穴的平均值. 在非简并情形下，电子和空穴在不同浓度下都具有相同的能量分布，r应与电子和空穴的浓度无关. 平衡时的R值为

$$R_0 = rn_0p_0 = rn_i^2 = G_0 \tag{5-7-2}$$

在热平衡时，应有$R_0 = G_0$.

一般来说，产生速率G应与导带和价带的填充情况有关. 但在非简并条件下，导带状态的电子占有概率和价带状态的空穴占有概率都接近于零，可分别视为全空和全满，而不依赖于n和p，从而G就等于其平衡值G_0. 故有$G = G_0 = rn_i^2$. 因此，在有过剩载流子时，净复合速率$R_N = R - G$为

$$R_N = r(np - n_i^2) \tag{5-7-3}$$

平衡时R_N为零. 将n，p写作$n_0 + \Delta n$，$p_0 + \Delta p$，并考虑到$\Delta n = \Delta p$，可得R_N为

$$\begin{aligned} R_N &= r(n_0 + p_0 + \Delta p)\Delta p \\ &= \frac{\Delta p}{\tau} \end{aligned} \tag{5-7-4}$$

得到寿命τ为

$$\tau = \frac{1}{r(n_0 + p_0 + \Delta p)} \tag{5-7-5}$$

在一般情形下，τ 随 Δp 增加而变小．但在小信号条件下，Δn，$\Delta p << (n_0 + p_0)$，对于 n 型，p 型情形分别有

$$\tau = \frac{1}{rn_0};\quad \tau = \frac{1}{rp_0} \tag{5-7-6}$$

τ 的大小和载流子浓度成反比．多子浓度愈高，寿命愈短．在本征情形下则有

$$\tau = \frac{1}{2rn_i} \tag{5-7-7}$$

和 n 或 p 较高的情形相比，由于 n_i 很小，本征情形的带间辐射复合寿命 $1/2rn_i$ 代表在给定材料中能获得的最大的寿命值．

显然，对于了解直接辐射复合来说，系数 r 是最关键的．对于一个半导体，只有 r 已知，才能得到辐射复合速率．而且，和其它无辐射复合相比，r 越大，直接辐射复合在复合中所占比重越大．因此，r 值的大小，对于发光器件至关重要．

直接辐射复合系数 r 可由本征光吸收的实验数据导出．[11] 在任何处于热平衡的物体中，都存在与之平衡的黑体辐射．类似于求晶体中电子态的密度，容易求得晶体中的单位能量间隔内的光子模密度为 $\omega^2\eta^3/\pi^2\hbar c^3$．$\eta$ 为复折射率 $n=\eta - \mathrm{i}k$的实部．考虑到光子为玻色子，能量为$\hbar\omega$ 的光子密度 $\rho(\hbar\omega)$可写作

$$\rho(\hbar\omega) = \frac{\omega^2\eta^3}{\pi^2\hbar c^3}\frac{1}{\mathrm{e}^{\frac{\hbar\omega}{k_B T}}-1} \tag{5-7-8}$$

$\rho(\hbar\omega)\mathrm{d}(\hbar\omega)$代表能量间隔 $\mathrm{d}(\hbar\omega)$内的光子密度．频率足够高的黑体辐射($\hbar\omega > \epsilon_g$)在其传播过程中，不断被吸收，产生电子、空穴对．式(5-7-2)中的 G_0 正是通过晶体吸收黑体辐射而激发的．它应等于单位时间，单位体积内因本征激发所吸收的黑体辐射的光子数：

$$G_0 = \int_{\epsilon_g}^{\infty} P(\hbar\omega)\rho(\hbar\omega)\mathrm{d}\hbar\omega \tag{5-7-9}$$

表 5.1 若干半导体室温直接辐射复合的数据

半导体	禁带性质	$r/(\mathrm{cm^3 s^{-1}})$	本征寿命/s	非本征寿命/s
GaAs	直接	$(1.2\sim7.2)\times10^{-10}$	5.4×10^{2}	$(8.3\sim1.4)\times10^{-7}$
GaN	直接	1.1×10^{-8}		0.91×10^{-8}
InP	直接	$1.26\times10^{-9}\sim6\times10^{-11}$	58	0.79×10^{-7}
InAs	直接	8.5×10^{-11}	7.1×10^{-8}	1.18×10^{-6}
GaSb	直接	2.39×10^{-11}	2.2×10^{-3}	4.2×10^{-6}
InSb	直接	4.6×10^{-11}	7.3×10^{-7}	2.18×10^{-6}
CdTe	直接	1×10^{-9}	19	1×10^{-7}

续表

半导体	禁带性质	$r/(\mathrm{cm^3 s^{-1}})$	本征寿命/s	非本征寿命/s
Si	间接	$(1.8\sim3)\times10^{-15}$	3.9×10^{4}	$(3.3\sim5.5)\times10^{-2}$
Ge	间接	5.25×10^{-14}	0.4	1.9×10^{-3}
GaP	间接	$(0.3\sim5.27)\times10^{-14}$	3.4×10^{12}	$(1.9\sim33)\times10^{-3}$

注：非本征寿命由 $\tau=\dfrac{1}{rn}$ 得到，假设 $n=10^{16}\mathrm{cm^{-3}}$

$P(\hbar\omega)$能量为$\hbar\omega$的光子的吸收率，可用吸收系数 α 和群速度 v_g 表示为

$$P(\hbar\omega)=\alpha(\hbar\omega)v_g=\frac{\alpha c}{\eta} \qquad (5-7-10)$$

吸收系数 α 可用复折射率中的 k 表示为 $\alpha=4\pi k/\lambda=2k\eta\omega/c$（参看 §9.2）. 考虑到以上诸式，式(5-7-9)的 G_0 可表示为

$$G_0=\frac{2(k_BT)^4}{\pi^3\hbar^4c^3}\int\frac{\eta^3ku^3}{e^u-1}du \qquad (5-7-11)$$

式中 $u=\hbar\omega/k_BT$. 对积分的贡献主要在$\hbar\omega=\epsilon_g$以上. 辐射复合系数 r 有时也可从分析时间分辨的发光过程得到.[12]

表5.1给出了由本征光吸收数据得到的几种材料的 r 值. 可见，直接禁带半导体的 r 比间接禁带的要大得多，要大3~4个数量级. GaN的较大的 r 值可能和它的电子和空穴有效质量较大有关. 在间接禁带半导体中，单单光子不可能为导带底的电子（波矢为 $10^8\mathrm{cm^{-1}}$ 量级）向价带顶（波矢接近于零）的跃迁提供必要的动量补偿. 因为能量为1eV左右的光子的动量很小，波矢只有约 $3\times10^4\ \mathrm{cm^{-1}}$. 因此，这种跃迁不仅需要发射光子以释放能量，而且要吸收或发射一个适当的声子以满足晶体动量守恒. 这种有声子参与的光跃迁是一种二级过程，跃迁率自然要小得多. 通过施加流体静压力，把GaAs中的卫星谷降至中心谷以下，使带隙变为间接的，可直接观察到发光效率的降低.

在表5.1中，本征寿命为本征情形的辐射复合寿命，由式(5-7-7)给出. 如前所述，它代表寿命能达到的极限. 在 n_i 和 r 均小的间接禁带的GaP和Si中，本征辐射复合寿命比实际可达到的寿命要高得多. 表中的非本征寿命由 $\tau=1/rn$得到，假设电子浓度为 $10^{16}\mathrm{cm^{-3}}$. 在此浓度下，Si目前实际达到的寿命约 0.9×10^{-3}s.[13]似仍为间接复合寿命.

另一方面，在适当掺杂的直接禁带半导体中，根据式(5-7-6)计算出的辐射复合寿命可以比较低，可达μs量级. 例如在GaAs中，辐射复合可占支配地位，参看图5.14.[14]

带间俄歇复合

如前所述，电子、空穴在直接俄歇复合过程中，通过碰撞把能量和动量给予另一个电子，将称之为 eeh 过程；或空穴，ehh 过程，如图 5.15(a)，(b)所示意．和直接辐射复合相似，俄歇复合也和它的逆过程同时存在．俄歇复合和将在§6.8 和第 14 章中要介绍的碰撞电离互为逆过程．在碰撞电离过程中，能量足够高的电子或空穴通过碰撞产生一对电子和空穴，如图 5.15(c)，(d)所示．在平衡的半导体中，总存在极少数的高能量的电子和空穴，它们可以产生电子空穴对；另一方面电子和空穴的复合又不断地产生高能量的电子和空穴．平衡时，两种过程互相抵消(细致平衡)．下面我们先对带间俄歇复合作唯象描述，然后再介绍微观理论的一些结果．

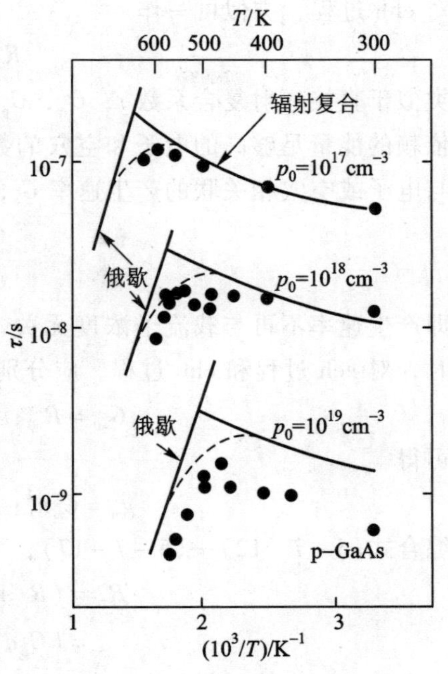

图 5.14 非本征 p 型 GaAs 少子寿命作为温度的函数．实线为计算值，较低温度部分决定于辐射复合

对于能量传递给另一个电子的 eeh 过程，复合速率 R_e应正比于 n^2p，而不是 np．在非简并情形下，可引入电子俄歇系数 C_n 把复合速率 R_e 写作

$$R_e = C_n n^2 p \tag{5-7-12}$$

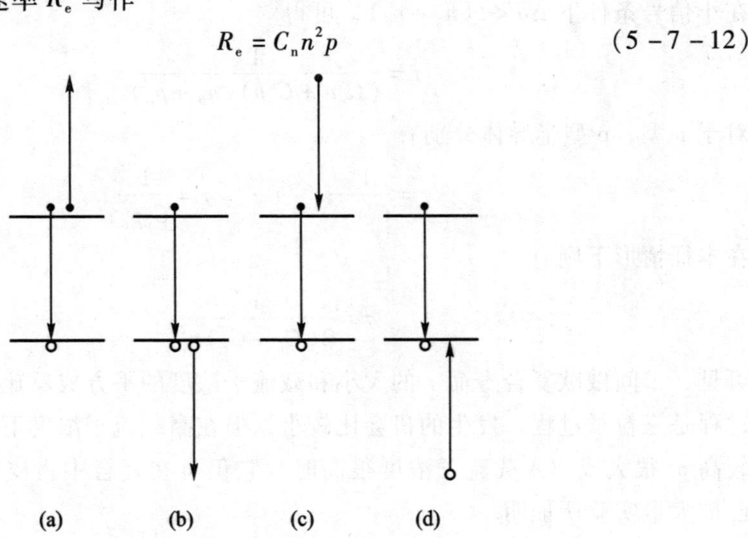

图 5.15 带间俄歇复合(a)，(b)和碰撞电离(c)，(d)

对 ehh 过程，类似可写作

$$R_h = C_p n p^2 \tag{5-7-13}$$

类似于直接辐射复合系数 r，C_n，C_p 显然也是平均量. 另一方面，碰撞电离所依赖的能量足够高的电子和空穴的数量显然正比于电子和空穴的浓度. 因此，与电子或空穴相关联的产生速率 G_e，G_h应可分别表示为

$$G_e = g_n n \tag{5-7-14}$$

$$G_h = g_p p \tag{5-7-15}$$

即产生速率不再与载流子浓度无关，而是正比于相应的载流子浓度. 在平衡时，对 eeh 过程和 ehh 过程，应分别有

$$G_{e0} = R_{e0}; \qquad G_{h0} = R_{h0} \tag{5-7-16}$$

可得

$$g_n = C_n n_i^2; \qquad g_p = C_p n_i^2 \tag{5-7-17}$$

综合式(5-7-12)—(5-7-17)，可得

$$\begin{aligned} R_N &= (R_e + R_h) - (G_e + G_h) \\ &= (C_n n + C_p p)(np - n_i^2) \end{aligned} \tag{5-7-18}$$

这个结果和直接辐射复合的式(5-7-3)的结果很相似，这里的$(C_n n + C_p p)$对应于那里的 r，和 r 有相同的量纲. 代入 $n = n_0 + \Delta n$，$p = p_0 + \Delta p$，并设 $\Delta n = \Delta p$，类似于式(5-7-5)，可得

$$\tau = \frac{1}{(C_n n + C_p p)(n_0 + p_0 + \Delta p)} \tag{5-7-19}$$

在小信号条件下 $\Delta p \ll (n_0 + p_0)$，可得

$$\tau = \frac{1}{(C_n n + C_p p)(n_0 + p_0)} \tag{5-7-20}$$

对于 n 型，p 型半导体分别有

$$\tau = \frac{1}{C_n n_0^2}; \qquad \tau = \frac{1}{C_p p_0^2} \tag{5-7-21}$$

在本征情形下则有

$$\tau = \frac{1}{2(C_n + C_p) n_i^2} \tag{5-7-22}$$

可见，带间俄歇复合寿命 τ 的大小和载流子浓度的平方成反比. 尽管由于俄歇过程是三粒子过程，发生的机会比较小，但在高载流子浓度下，例如，当温度较高 n_i 很大或注入载流子浓度很高时，它仍可在复合中占支配地位. 这一点已被大量实验所证明.

对于直接俄歇复合来说，俄歇系数 C_n 和 C_p 是最关键的量. 不同材料的俄歇系数可有较大的差异. 对于极值位于 $\boldsymbol{k}=0$ 的具有直接禁带的简单能带，由

量子力学计算可得到 C_n 为

$$C_n = \frac{A_n}{N_C N_V}\left(\frac{k_B T}{\epsilon_g}\right)^{3/2} \exp\left(-\frac{m_n}{m_n + m_p}\frac{\epsilon_g}{k_B T}\right) \quad (5-7-23)$$

式中的 A_n 为

$$A_n = \frac{2(2\pi)^2 e^4 m}{h^3 \varepsilon^2 \varepsilon_0^2 (1 + m_n/m_p)^{1/2}(1 + 2m_n/m_p)} B_n \quad (5-7-24)$$

B_n 是数量级为 1 的系数. 可见 C_n 包含有激活能. 这说明，对于上述直接禁带情形，由于能量守恒和动量守恒的限制，只有具备一定的动量和相应的动能的载流子，才能实现俄歇复合，如图 5.16(a)(b)所示意. 容易看出，处于 $\boldsymbol{k}=0$ 的、动能和相应的动量为零的一对电子、空穴，在复合过程中不能提供必要的动量来激发出另一个高能量的电子，以实现俄歇复合. 显然 ϵ_g 愈大，俄歇复合阈能愈大. 阈能的大小还和电子、空穴有效质量的相对大小有密切关系. 对于 C_n，其激活能为 $m_n\epsilon_g/(m_n+m_p)$. 若 $m_n=m_p$，则激活能为 $0.5\epsilon_g$；但若 $m_p=10m_n$，则激活能只有 $0.09\epsilon_g$. 这是因为，为使有效质量小的电子获得高的能量，并不需要提供太大的动量. 参看图 5.16(b)不难看出，能量不太高的空穴就能提供所需的动量. 对于包含激活能的俄歇过程，俄歇系数是依赖于温度的，高温下有较大的俄歇系数.

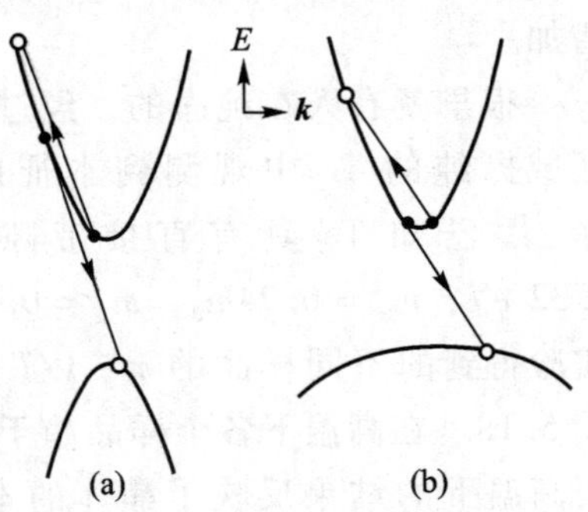

图 5.16 带间俄歇过程中的能量守恒个动量守恒

通常 eeh 过程涉及三个导带状态和一个价带重空穴带状态，又称作 CCCH 过程.

由于价带在 $\boldsymbol{k}=0$ 处简并，并且存在自旋－轨道耦合分裂的带，ehh 过程存在几种可能性：复合所释放的能量可将一重空穴激发至重空穴带的另一状态，也可将其激发至轻空穴带或自旋－耦合分裂带. 但除了自旋轨道耦合分裂值 Δ 大于或接近于 ϵ_g 的半导体(InSb, InAs, GaSb)以外，涉及自旋轨道耦合分裂带的 ehh 带间俄歇过程，又称为 CHHS 过程，通常更为重要.[15] CHHS 过程如图 5.17 所示，C，H，L，S 分别代表导带、重空穴带、轻空穴带、自旋轨道耦

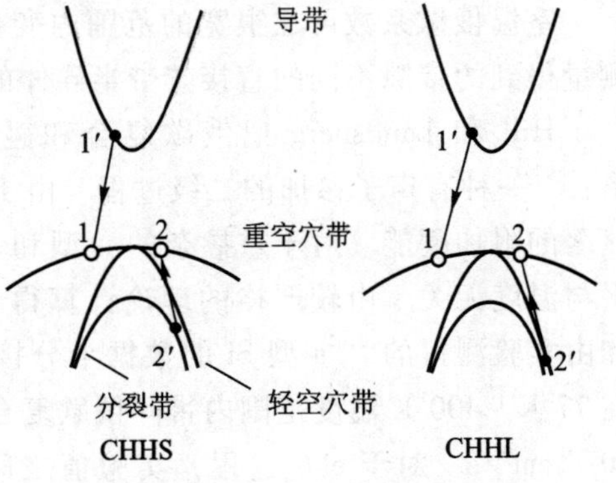

图 5.17 涉及自旋轨道耦合分裂带和轻空穴带的 ehh 带间俄歇复合

合分裂带. CHHS 过程的激活能不仅比 CHHH 过程的小得多，而且其作用也超过有轻空穴带参与的 CHHL 过程.

可见，由于带间俄歇复合涉及能量较高的载流子，对能带的高能量部分的正确描述对于计算俄歇系数十分重要.

由于激活能和有效质量及 ϵ_g 之间关联，可以预期，在窄禁带半导体中带间俄歇复合(及俄歇产生)具有重要的作用. 这对于长波光电子器件是个不利的因素. 它可导致量子效率的下降和激光器阈电流的增加.

很早就有人在纯净的，经过 500 多次区域提纯的 Te 中观测到本征的俄歇寿命.[16] 已知 Te 具有直接带隙,[17] ϵ_g = 0.32 eV，$m_n = 0.24m_0$，$m_p = 0.75m_0$. 由实验得到的不同样品的 $\tau - 1/T$ 曲线示于图 5.18. 在高温下各个样品趋于一致，说明高温下的结果反映了晶体的本征性质，和由理论计算得到的带间俄歇复合寿命 τ_{Ai} 一致. 在窄禁带 $HgCd_{1-x}Te_x$ 中，由于小的激活能和高的载流子浓度，带间俄歇复合不仅在高温，而且在低温，也占支配地位.

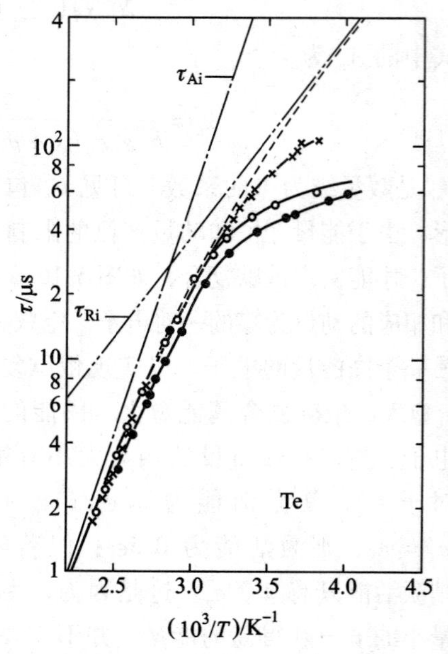

图 5.18 纯净的 Te 中的过剩载流子的寿命的温度关系

在带隙较宽的 GaAs 中，当电子浓度高于约 $2.5\times10^{19}\,cm^3$ 时，带间俄歇复合才有显著作用.[12]

室温俄歇系数可在很宽的范围内变化. 图 5.19 所示为由理论计算和实验测量得到的带隙不同的直接禁带半导体的俄歇系数的变化范围.[18]

Hill 和 Landsberg 把俄歇复合和碰撞电离的理论推广于间接禁带的情形:[19]一种有声子参加的二级过程. 由于有声子提供动量，并不要求载流子有显著的附加阈能. 对于重掺杂的 n 型和 p 型 Si 的实验研究表明，俄歇系数几乎与温度无关. 由较严格的理论计算得到的声子协助的 eeh 过程俄歇寿命[20]和由实验测得的[21] n 型 Si 的数据十分接近，如图 5.20 所示. 当 $n>5\times10^{18}$，在 77 K ~ 400 K 温度范围内带间俄歇复合是支配性的. 室温俄歇系数为 $2.8\times10^{-31}\,cm^6/s$. 对于 ehh 过程，实验值之间以及和理论之间还存在相当大的分歧.[22,23] 另一方面，由理论计算得到的 Si 中无声子协助的俄歇系数比实验值小得多.[24] 对于 ehh 过程，需要约 1 eV 的激活能.

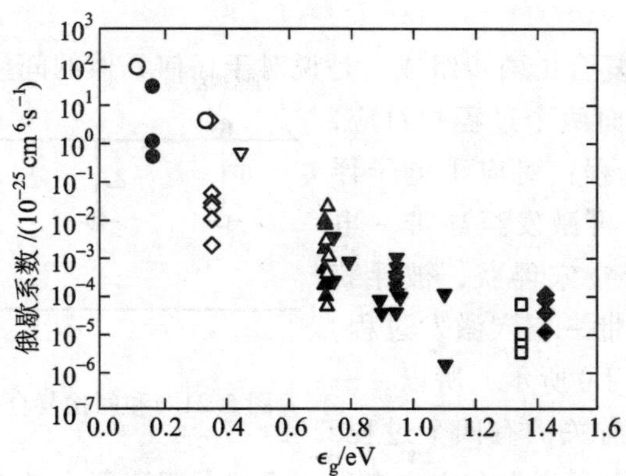

图 5.19 由理论计算和实验得到的直接禁带半导体的俄歇系数随带隙的变化

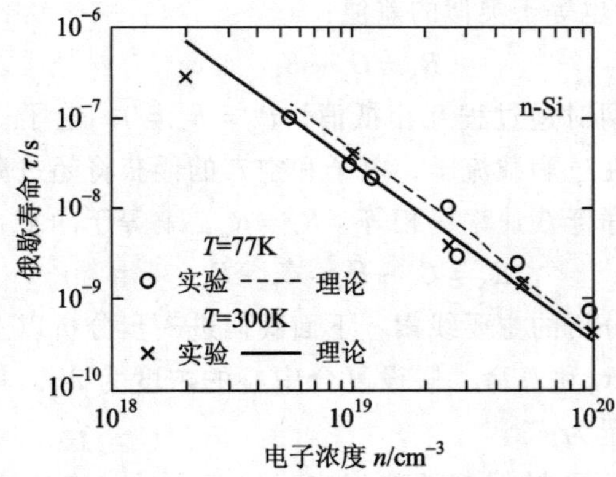

图 5.20 n－Si 中的空穴寿命随电子浓度的变化

§5.8 间接复合

上节中已经提到，过剩载流子还可以通过杂质或缺陷中心完成复合. 这种过程在 1939 年在磷光体中被认识到，[25] 1952 年应用于半导体. [26] 在许多半导体中，特别是在间接禁带半导体中，间接复合常常是支配复合的主要过程.

能有效地起复合作用的杂质或缺陷称为**复合中心**. 通过中心的复合由两步组成：一个电子由导带跃迁至空的中心，称为**电子俘获**；一个电子自中心跃迁至价带，称为**空穴俘获**(图 5.13(b)). 这两步的结果是一对电子和空穴实现复合.

复合中心理论

上面我们说间接复合由两步组成，是说对于任何具体的间接复合这两步是必不可少的. 但与上面两个过程相对应，同时存在它们的逆过程：对应于电子俘获，被俘获的电子可再激发至导带－电子激发过程；对应于空穴俘获，被俘获的空穴可再激发至价带－空穴激发过程，分别如图5.21(乙)(丁)所示. 所以，一般来说，和间接复合有关的有四个过程.

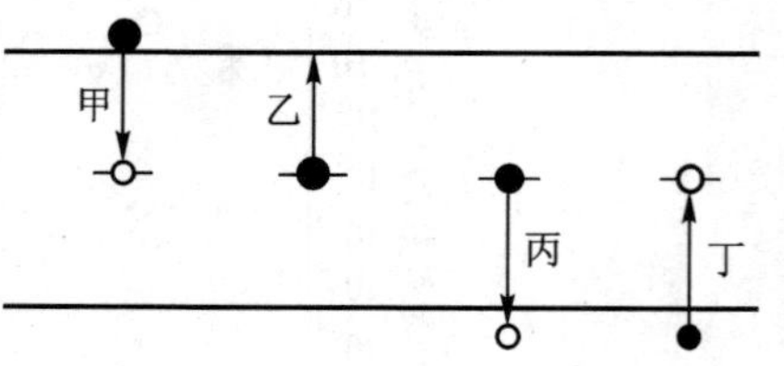

图5.21 和间接复合有关的诸过程

后面的两个过程，即电子激发和空穴激发，显然起阻碍复合的作用. 俘获电子的净速率 R_n 等于电子俘获速率 C_n 和电子激发速率 E_n 之差：

$$R_n = C_n - E_n \tag{5-8-1}$$

俘获空穴的净速率 R_p 也等于类似的差值：

$$R_p = C_p - E_p \tag{5-8-2}$$

在热平衡条件下，这两对逆过程互相抵消，$R_p = R_n = 0$，电子，空穴浓度保持平衡值不变. 但若存在过剩载流子，电子和空穴的俘获将超过激发. 在稳态条件下，电子和空穴的净俘获速率应相等，$R_n = R_p$，就等于净复合速率 R_N

$$R_N = C_n - E_n = C_p - E_p \tag{5-8-3}$$

以上三式是我们进行分析的主要线索. 下面我们进一步分析以上四个过程. 然后由之得到复合速率 R_N 和寿命. 假设复合中心的浓度为 N_t，其上的电子浓度为 n_t，中心的能级位置为 E_t.

(甲)电子俘获. 电子被俘获的速率应正比于空的复合中心浓度$(N_t - n_t)$和电子浓度 n 本身，即可写作*

$$C_n = r_n n(N_t - n_t) \tag{5-8-4}$$

r_n 为电子俘获系数，它是关于各种能量的电子的平均值. 类似于直接复合系数，在非简并情形下，r_n 与电子浓度无关. 它和直接辐射复合系数 r 的量纲相同，一般是温度的函数. nr_n 可解释为空的复合中心的电子俘获率.

(乙)电子激发. 此过程的速率 E_n 应正比于中心上的电子浓度 n_t

$$E_n = s_n n_t \tag{5-8-5}$$

(丙)空穴俘获. 引入空穴俘获系数 r_p，可将 C_p 写作

$$C_p = r_p p n_t \tag{5-8-6}$$

---

* 对于某些俄歇过程，俘获过程还要求有另一个电子或空穴参加. 因此还应正比于该种载流子浓度. 参看后面关于俄歇俘获过程的讨论.

$r_p p$ 可解释为被电子占据的中心的空穴俘获率.

(丁)空穴激发. 此过程的速率 E_p 应正比于空的复合中心浓度(N_t-n_t)

$$E_p=s_p(N_t-n_t) \tag{5-8-7}$$

一般来说，s_n 和 s_p 应与导带和价带被电子和空穴的占据情况有关. 但在非简并情形下，由于f, $f_p \ll 1$，可视 s_n 和 s_p 与 n, p 无关.

系数 r_n，r_p，s_n 和 s_p 不是无关的. 由热平衡时 $R_n=C_n-E_n=0$，$R_p=C_p-E_p=0$，可得

$$r_n n_0(N_t-n_t^0)=s_n n_t^0 \tag{5-8-8}$$

$$r_p p_0 n_t^0=s_p(N_t-n_t^0) \tag{5-8-9}$$

n_t^0 为 n_t 的平衡值. 利用费米分布函数容易求得

$$\frac{n_t^0}{N_t-n_t^0}=\mathrm{e}^{\frac{E_F-E_t}{k_BT}} \quad 或 \quad N_t-n_t^0=n_t^0\mathrm{e}^{-\frac{E_F-E_t}{k_BT}} \tag{5-8-10}$$

带入式(5-8-8)，(5-8-9)可得 s_n 和 s_p 为

$$s_n=r_nN_C\mathrm{e}^{-\frac{E_C-E_t}{k_BT}}=r_nn_1 \tag{5-8-11}$$

$$s_p=r_pN_V\mathrm{e}^{-\frac{E_t-E_V}{k_BT}}=r_pp_1 \tag{5-8-12}$$

n_1 和 p_1 分别为

$$n_1=N_C\mathrm{e}^{-\frac{E_C-E_t}{k_BT}} \tag{5-8-13}$$

$$p_1=N_C\mathrm{e}^{-\frac{E_t-E_V}{k_BT}} \tag{5-8-14}$$

在数值上它们分别等于费米能级位于 E_t时的电子和空穴浓度，应有

$$n_1p_1=n_i^2 \tag{5-8-15}$$

于是 E_n 和 E_p 可重新写作

$$E_n=r_nn_1n_t \tag{5-8-16}$$

$$E_p=r_pp_1(N_t-n_t) \tag{5-8-17}$$

$s_n=r_nn_1$，$s_p=r_pp_1$ 为中心的电子激发率和空穴激发率，即 n_1 和 p_1 的大小直接和 E_t上电子和空穴激发率的大小相联系. E_t的位置对 n_1 和 p_1 的大小有决定性的影响. 例如，E_t 越靠近导带，激发电子需要的能量愈小，n_1 越大；而相应的 p_1 则越小. 还要注意到，n_1 和 p_1 的大小也强烈依赖于温度，温度愈高，n_1 和 p_1 愈大，愈易于发生电子和空穴的激发.

但至此，我们还不能由以上诸式得到复合速率，因为在 C_n，C_p，E_n 和 E_p 中尚包含 n_t. 在有过剩载流子的情形下，n_t 会偏离其平衡值 n_t^0. 由稳定条件，式(5-8-3)可得关于 n_t 的以下方程

$$r_nn(N_t-n_t)-r_nn_1n_t=r_ppn_t-r_pp_1(N_t-n_t) \tag{5-8-18}$$

可解出 n_t 为

$$n_t=\frac{N_t(r_n n+r_p p_1)}{r_n(n+n_1)+r_p(p+p_1)} \qquad (5-8-19)$$

n_t 显然取决于 $r_n n$，$r_n n_1$，$r_p p$，$r_p p_1$ 诸量中的较大者. 在实际情形下，其中一项或两项以致三项可以略去.

现在我们暂时离开主题，对决定 n_t 的因素略加讨论. 例如，在 n 型半导体的情形下，若 E_t 靠近导带，则在 r_n，r_p 接近的条件下，$r_p p$，$r_p p_1$ 可以略去. 这就是说，价带和中心之间的电子交换可以忽略不计. 这时我们可以得到

$$n_t=\frac{N_t n}{n+n_1}=\frac{N_t}{1+e^{(E_t-E_{Fe})/k_B T}} \qquad (5-8-20)$$

式中 E_{Fe} 为电子的准费米能级. 我们看到，在这种稳态准平衡的情形下，由于中心和导带之间通过电子的俘获和激发存在密切的联系，中心上的电子分布可由导带的准费米能级来描述. 对于 E_t 靠近价带的 p 型半导体，情况类似. 对于 E_t 靠近导带的 p 型半导体以上结论不适用. 这时中心和两个能带都存在电子交换. 不过这时我们仍可忽略其中的两个过程：电子俘获和空穴激发.

将已得到的 n_t 代入式(5-8-18)的任一边，可得复合速率 R_N 为

$$R_N=\frac{N_t r_n r_p}{r_n(n+n_1)+r_p(p+p_1)}(np-n_1 p_1)$$

$$=\frac{N_t r_n r_p}{r_n(n+n_1)+r_p(p+p_1)}(np-n_i^2) \qquad (5-8-21)$$

我们将在上式的基础上讨论间接复合寿命. 以 $n=n_0+\Delta n$ 和 $p=p_0+\Delta p$ 带入上式. 在**小信号**条件下，Δn，$\Delta p \ll (n_0+p_0)$，可略去 $\Delta n\Delta p$ 项，将 R_N 写作：

$$R_N=\frac{N_t r_n r_p(p_0\Delta n+n_0\Delta p)}{r_n(n_0+n_1)+r_p(p_0+p_1)} \qquad (5-8-22)$$

由于中心上的电子数可随过剩载流子的数量变化，一般来说，电中性要求 $\Delta n+\Delta n_t=\Delta p$，因此 Δp 可以不等于 Δn. 这时两种过剩载流子可有不同的寿命($\Delta n/\tau_n=\Delta p/\tau_p$). 在电子为多子，$n_0\Delta p \gg p_0\Delta n$，或空穴为多子 $p_0\Delta n \gg n_0\Delta p$ 时，上式中分别保留 $n_0\Delta p$ 或 $p_0\Delta n$，即**复合速率只与过剩少子数量有关**，由之得到的寿命应为**少子寿命**. 但在通常条件下有 $\Delta n \doteq \Delta p$，可将上式表示为

$$R_N=\frac{N_t r_n r_p(p_0+n_0)}{r_n(n_0+n_1)+r_p(p_0+p_1)}\Delta p \qquad (5-8-23)$$

于是，可将小信号寿命 τ 写作

$$\tau=\frac{r_n(n_0+n_1)+r_p(p_0+p_1)}{N_t r_n r_p(p_0+n_0)} \qquad (5-8-24)$$

寿命随费米能级位置的变化

我们将在上式的基础上讨论寿命的变化. 为简化讨论，设 $r_n \approx r_p$；为确定起见，设 E_t 位于禁带下半部，即有 $p_1 >> n_1$，上式中和 n_1 有关的项可忽略. E_F 位置的变化将通过改变 n_0 和 p_0 的大小影响中心对电子和空穴的俘获率，从而影响复合. 我们将针对 E_F 在图 5.22 中的几种不同的位置，来考察寿命和它的变化. 图中，对应于 E_t，在禁带上半部，对称地给出了 E_t'，作为比较 p_1，n_0 和 p_0 大小的参考. 不同区域的名称，如强 n 型区，是参考 E_t'，也就是参考 p_1，有条件地规定的. 不一定在强 n 型区电子浓度就非常高.

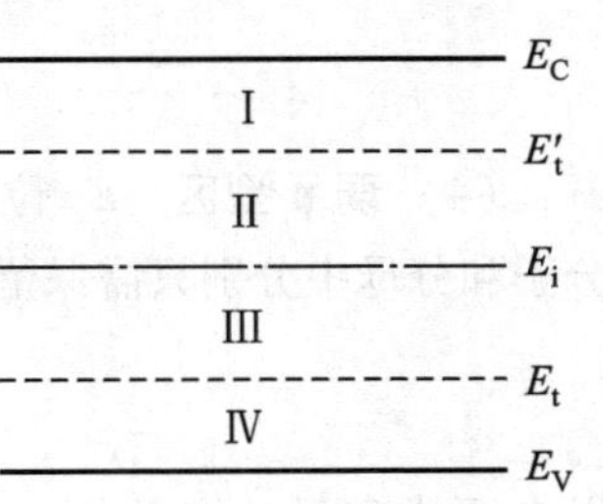

图 5.22 E_F 位置的四个不同的区段

（1）**强 n 型区** E_F 位于图 5.22 中的 I 区. $n_0 >> p_1$，即 E_C 和 E_F 的距离小于 E_t 和 E_V 的距离. 因而有 $n_0 >> p_1 >> n_1 >> p_0$. 式(5-8-24)分子和分母中都只需保留最大的和 n_0 相联系的一项. 于是可得：

$$\tau = \frac{1}{N_t r_p} \tag{5-8-25}$$

（2）**强 p 型区** E_F 位于图 5.22 中的 IV 区. $p_0 >> p_1$，因而有 $p_0 >> p_1 >> n_1 >> n_0$. 类似地可得

$$\tau = \frac{1}{N_t r_n} \tag{5-8-26}$$

以上两式说明，在 $n_0 >> p_1$ 或 $p_0 >> p_1$ 时，即再激发可忽略的条件下，寿命决定于少子被复合中心俘获的俘获率 $N_t r_p$ 或 $N_t r_n$. 考虑到两种情形下中心上的实际电子分布，则以上结果是不难理解的. 例如在强 p 型情形下，复合中心能级基本上是空的，电子的俘获率为 $N_t r_n$. 在出现过剩载流子时，只要因俘获少子电子，中心上电子数有微小的增加，为数众多的空穴的俘获速率就足以和电子俘获相平衡. 中心仍基本上是空的. 以速率 $N_t r_n \Delta n$ 被俘获的过剩电子，将不会被再激发，因而全数复合. 由此立刻得到式(5-8-26).

在室温下，掺杂的半导体通常属于强 n 型或强 p 型情形. 若和直接辐射复合的式(5-7-6)比较，容易看出在间接复合起主要作用的情形下，必定有：

$$N_t r_n >> n_0 r \quad (\text{n 型}) \tag{5-8-27a}$$

$$N_t r_p >> p_0 r \quad (\text{p 型}) \tag{5-8-27b}$$

复合中心的浓度通常比多子浓度(即掺杂浓度)小得多. 上面两式显然意味着，对于有效的复合中心

$$r_n, r_p >> r \tag{5-8-28}$$

（3）**弱 n 型区** E_F 位于图 5.25 中的Ⅱ区，$p_1 \gg n_0 \gg p_0 \gg p_1$. 式(5－8－24)分子和分母中分别只需保留最大的和 p_1，n_0 相联系的一项. 可得

$$\tau = \frac{1}{N_t r_n}\frac{p_1}{n_0} \tag{5-8-29}$$

（4）**弱 p 型区** E_F 位于图 5.22 中的Ⅲ区. $p_1 \gg p_0 \gg n_0 \gg n_0$. 式(5－8－24)分子和分母中分别只需保留最大的和 p_1，p_0 相联系的一项. 可得

$$\tau = \frac{1}{N_t r_n}\frac{p_1}{p_0} \tag{5-8-30}$$

以上两式和强 n 型及强 p 型情形相比，分别多了一个 $r_p p_1/r_n n_0$ 和 p_1/p_0 因子. 两式中都有 p_1，即包含了空穴再激发的影响. 由于 $p_1 \gg n_0$ 和 $p_1 \gg p_0$，这两种情形的寿命比前两种情形的大. 这是因为 p_1 所代表的大的空穴再激发率，阻碍了复合，造成了寿命的增加. 以弱 n 型为例，中心被电子占满，以速率 $N_t r_p \Delta p$ 俘获少子空穴. 但被俘获的空穴面临两个竞争过程：以激发率 $r_p p_1$ 激发回价带；以俘获率 $r_n n_0$ 俘获电子，完成复合. 因此每个被俘空穴只有 $r_n n_0/(r_n n_0 + r_p p_1) \doteq r_n n_0/r_p p_1$ 的概率实现复合.

若 E_t 的位置在禁带上半部，则有 $p_1 \gg n_1$ 代替式(5－8－29)和(5－8－30)有

$$\tau = \frac{1}{N_t r_p}\frac{n_1}{n_0} \quad （弱\ n\ 型） \tag{5-8-31}$$

$$\tau = \frac{1}{N_t r_p}\frac{n_1}{p_0} \quad （弱\ p\ 型） \tag{5-8-32}$$

寿命随电子浓度变化的情况如图 5.23 所示意. 该图说明在复合中心的种类及浓度保持不变的条件下，少子寿命如何随电子浓度变化. 曲线的右侧和左侧分别对应强 n 型和强 p 型. 中间的隆起部分对应于弱 n 型和弱 p 型. 实验大体与上述分析一致.[27]

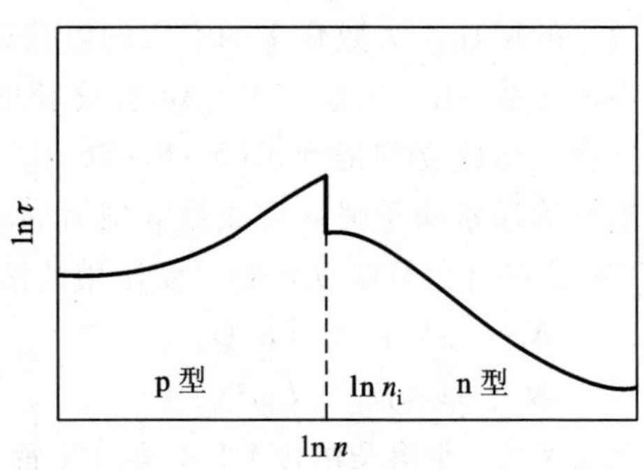

图 5.23 少子寿命随电子浓度变化示意图

图 5.23 中，在 n 型和 p 型的转变点处，曲线发生突变. 这是因为图中的寿命是少子寿命，n 型一边为 τ_p，而 p 型一边为 τ_n. 在转变点附近，由于 $\Delta n \neq \Delta p$（参看 §5.9），因而 $\tau_n \neq \tau_p$.

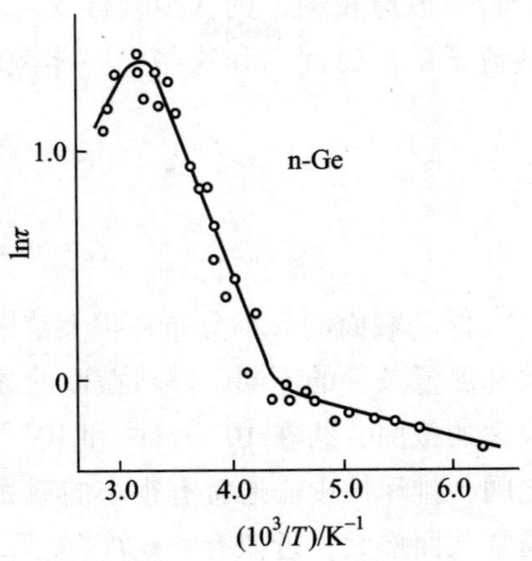

图 5.24 n 型 Ge 的少子寿命随温度的变化

上面费米能级的变化和相应的寿命变化是由不同程度的掺杂所引起. 对于掺杂固定的同一半导体，温度的变化会引起费米能级的位置的变化，并因而引起寿命的变化. 若半导体为 n 型，E_t 在禁带上半部，则当温度增高，E_F 会逐渐由导带边附近，经过 E_t，移向禁带中央，即逐渐由上面定义的强 n 型变为弱 n 型，但在进入本征区以前，电子浓度实际保持不变. 据此不难说明图 5.24 所示的由实验得到的 $\tau - 1/T$ 曲线.[28]

有效的复合中心

在以上讨论的基础上不难说明有效的复合中心为深能级. 前面我们已经强调说明，电子和空穴的再激发起阻碍复合的作用. 再激发的强弱决定于 n_1，p_1 的大小，即决定于能级的深浅. 被深能级俘获的电子和空穴，由于小的 n_1，p_1，不易被再激发，从而能有效地实现复合.

对于较深的能级，E_t 和 E_t' 之间再激发强的高阻区较窄，因而图 5.23 中曲线的隆起部分也较窄，较低. 这样，在电阻较高或温度较高时，可仍处于“强 n 型区”，因而通过中心的复合不会因再激发而减弱. 可见深能级有利于中心在不同的条件下都能作为有效的复合中心起作用.

不过针对某一具体情况来说，能级的深浅是相对的. 在低温下，当 E_F 位于浅施主能级以上，即相对浅施主能级处于强 n 型区时，浅施主也是“深”的，可作为复合中心起作用.

作为复合中心，我们不仅要了解它们的能级位置，同样重要的是它们在不同荷电状态下对电子和空穴的俘获系数. 有效的复合中心的 r_p，r_n 值约在 $10^{-6} \sim 10^{-9} cm^3 s^{-1}$ 范围内. 在间接带隙半导体中，只要这类中心的含量超过 $10^{12} cm^3/s$，寿命就会小于约 $10^{-6} \sim 10^{-3} s$，它们在复合中的作用就会超过甚至显著超过带间辐射复合. 在 Ge 中，Cu，Ni，Fe，Mn，在 Si 中，Au，Fe，In，Zn 等都是有效的复合中心.

常常形象地用俘获截面 σ_n，σ_p 代替俘获系数 r_n，r_p 来描述复合中心俘获电子和空穴的能力. 把中心设想为截面为 σ 的圆球，截面为零的运动的载流子若与该球相遇，则认为被俘获. 若单位体积内含一个中心，以热速度运动的载流子单位时间内和这些中心相碰的机会，即 r_n，r_p 为

$$r_{\mathrm{n}}=\sigma_{\mathrm{n}}v_{\mathrm{n}} \quad \text{或} \quad \sigma_{\mathrm{n}}=\frac{r_{\mathrm{n}}}{v_{\mathrm{n}}} \tag{5-8-33}$$

$$r_{\mathrm{p}}=\sigma_{\mathrm{p}}v_{\mathrm{p}} \quad \text{或} \quad \sigma_{\mathrm{p}}=\frac{r_{\mathrm{p}}}{v_{\mathrm{p}}} \tag{5-8-34}$$

俘获截面的大小分布在很大范围内，从 $10^{-12}\mathrm{cm}^2$ 到 $10^{-22}\mathrm{cm}^2$.[29] 由于测量方法和测量条件的不同，俘获截面的数据通常有很大的分散性. 吸引性中心通常有较大的截面，约在 $10^{-12}\mathrm{cm}^2$ 和 $10^{-16}\mathrm{cm}^2$ 之间. 中性中心约在 $10^{-14}\sim10^{-17}\mathrm{cm}^{-2}$ 之间. 排斥性中心通常有很小的截面，小于 $10^{-17}\mathrm{cm}^2$. 对于吸引中心，温度降低通常截面增大，近似有 $\sigma\propto T^{-n}$ 关系. n 约在 2 ~ 4 之间.

除杂质以外，位错和辐射造成的损伤也可以显著促进复合. 在发光二极管中，位错可显著影响发光效率.[30]

间接复合的机制

组成间接复合的各跃迁过程原则上可以是辐射跃迁，也可以是无辐射跃迁. 在有些情形下，间接复合中的某些跃迁可以是辐射跃迁，例如在直接禁带半导体中，在较低温度下，带间直接辐射复合可让位于通过施主或受主的复合. 其中电子由导带底向空受主的辐射跃迁或施主上的电子向价带顶的辐射跃迁都可以是起支配作用的跃迁过程(参看§10.3). 在间接禁带半导体，如 SiC 中，发光往往是由通过杂质的辐射跃迁来实现的，但辐射跃迁并不占优势. 通过杂质的辐射跃迁在第 10 章中我们还要讨论.

这里我们只是介绍几种通过杂质的无辐射跃迁. 无辐射跃迁关系到半导体的发光效率，多年来一直为人们所关注. 通常认为，下面几种无辐射跃迁在不同条件下可起重要作用：多声子跃迁，俄歇跃迁和级联过程.

(1) **多声子跃迁** 由能带向中心或由中心向能带的跃迁可通过和晶格交换能量来实现，也就是通过发射或吸收若干声子来实现. 上述跃迁过程和局域中心的晶格弛豫效应密切联系着. 杂质和缺陷的局域电子态和周围晶格之间存在着相互作用. 当电子处于不同状态时，电子云在周围有不同的分布，从而可使周围的晶格产生不同程度的畸变. 在位形坐标图中，这种畸变用位形坐标描述(参看§2.6). 电子和周围的晶格作为一个系统，总能量是位形坐标的函数. 电子处于不同状态时，对应于平衡状态的能量极小值具有不同的位形坐标，如图 5.25 所示.

按照上述图像，有可能发生不发射光子的无辐射跃迁. 例如，当电子处于

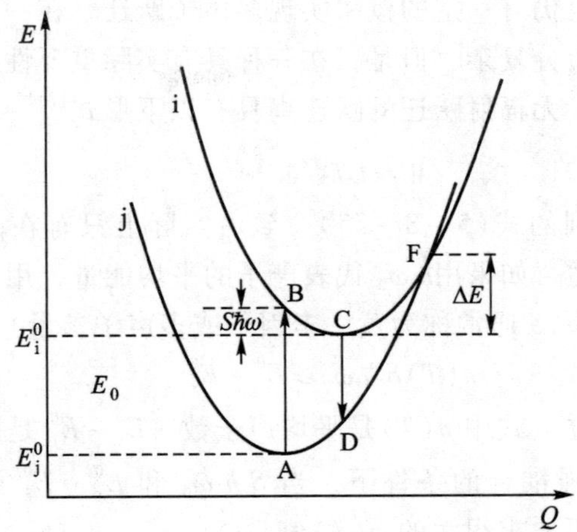

图 5.25 位形坐标图

激发态 i 时，由于涨落，晶格热振动可获得足够高的能量，以至系统可以达到位形坐标图中 i 和 j 两条曲线的交点 F. 这时，对于两个电子态，系统能量相同. 若发生跃迁，这时没有多余的能量，故而并不发射光子. 若以 ΔE 表示 F 和 C 之间的能量差，那么晶格原子依靠热涨落获得 ΔE 振动能的概率为 $\exp(-\Delta E/k_B T)$. 因此这种无辐射跃迁的过程是依赖于热激活的. 跃迁率 W 将密切依赖于温度：[31]

$$W \propto e^{-\frac{\Delta W}{k_B T}} \tag{5-8-35}$$

显然，在上述无辐射跃迁过程中，两个电子态的能量差最后转化为晶格振动能. 可以把过程解释为激发了为数很多的声子.

但是上面的图像基本上是定性的和半经典的. 弗兰克－康登原理把原子的坐标看成是经典的参量. 这样做实际上要受到测不准关系的制约. 不难证明，由弗兰克－康登原理导出的光子能量其能量测不准量必然大于声子能量. 实际上局域中心的光谱由于可以同时发射若干个声子，常可以看到若干个相应的“声子峰”. 这样的量子现象，在弗兰克－康登原理中都被能量的测不准所掩盖了. 对于这样的问题，必须发展包括原子运动在内的全面的量子理论.

从晶格弛豫出发，黄昆和李爱扶[32] 以及别卡尔[33] 在 1950 年分别提出了以绝热近似为基础的光跃迁理论. 他们的理论就是包括原子运动在内的量子理论. 在同一文章中，黄昆和李爱扶还提出了无辐射的多声子跃迁理论. 此后多声子跃迁的理论得到进一步的发展.[34] 黄昆还统一了多声子无辐射跃迁的理论发展中所出现的矛盾.[35]

在量子力学理论中，由于晶格弛豫效应的存在，无辐射多声子跃迁的可能性甚至更为明显. 按照量子力学理论，即使在低温下，当晶格只是在平衡位置附近作零点振动时，也仍有一定的概率实现多声子跃迁．在一般情形下，计算无辐射跃迁的跃迁率十分复杂．但是，在一种具有实际重要性的，可称为强耦合高温极限的情形下，无辐射跃迁的跃迁率具有以下形式[34]

$$W \approx CT^{1/2} e^{-\frac{\Delta W}{k_B T}} \tag{5-8-36}$$

即与由半经典图像得到的式(5-8-35)一致．实际上只有在高温下才可以对晶格振动作经典的描述．如果用$\hbar\omega_0$代表声子的平均能量，用$S\hbar\omega_0$表示晶格弛豫量(标在图5.25中，S通常称为黄-李因子或多声子参量)，那么当

$$n(T)S\hbar\omega_0 \geqslant E_i^0 - E_j^0 \tag{5-8-37}$$

时，式(5-8-36)成立．式中$n(T)$是平均声子数．$E_i^0 - E_j^0$是跃迁所涉及的两个状态的能量差．在强耦合的条件下，当$S\hbar\omega_0$和$E_i^0 - E_j^0$可以比拟时，式(5-8-37)的成立并不要求很大的$n(T)$值．

实际上在无辐射跃迁的过程中所发射的声子属于各种不同的振动模式．黄昆的研究结果表明，所发射的各种声子服从一定的统计分布．[36]

有越来越多的实验证据，说明多声子无辐射跃迁对于通过深能级进行的复合过程的重要性．[34]实验上观察到了与深能级相联系的显著的晶格弛豫．[37]对于GaP和GaAs中许多深能级杂质所测得的俘获截面的温度关系确实遵守前面所给出的指数关系．[38]早期关于Ge中Cu和Ni的测量，也曾得到俘获截面的上述指数关系．[39]

在上述无辐射跃迁中所释放出来的晶格能量可导致缺陷的产生和运动．这是一种可导致器件老化的机制．[40]

(2) 俄歇过程

卡拉西尼科夫[41]和Landsberg等[42]提出了无辐射碰撞跃迁机制：载流子被俘获时所释放的能量传递给另一个邻近的载流子，如图5.26所示．和图中四种过程相对应的俘获速率应分别为

$$\begin{aligned} C_{ee} &= t_{nn} n^2 (N_t - n_t) \\ C_{eh} &= t_{np} np (N_t - n_t) \\ C_{he} &= t_{pn} np n_t \\ C_{hh} &= t_{pp} p^2 n_t \end{aligned} \tag{5-8-38}$$

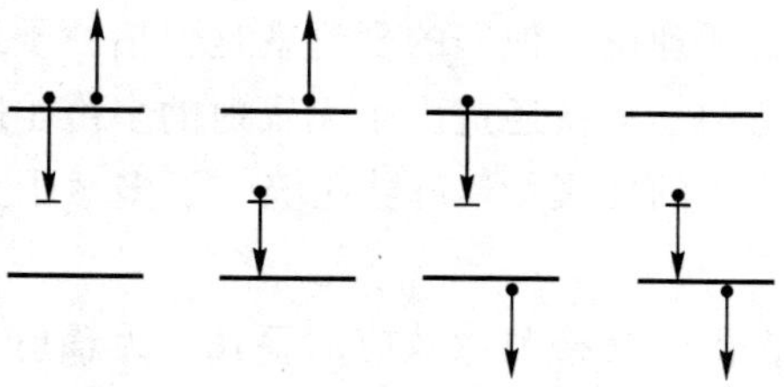

图5.26 俄歇俘获过程示意图

存在相应的逆过程，中心的碰撞电离．载流子被俘获和激发的速率不仅与中心的浓度有关，而且和参与过程的载流子浓度有关．上述诸过程对俘获和激发的贡献应该分别包括在前面定义的 C_n，C_p，E_n，E_p 中．考虑上述俄歇过程的结果是 r_n，r_p 分别被 r_n^*，r_p^* 代替：

$$r_n^* = r_n + t_{nn}n + t_{np}p \tag{5-8-39}$$

$$r_p^* = r_p + t_{pn}n + t_{pp}p \tag{5-8-40}$$

高的载流子浓度有利于这种过程的发生．

Sheinkman 提出了另一种可能存的通过多能级中心的俄歇过程，[43] 如图 5.27 所示．图 5.27(a)说明，在一个空穴被中心俘获的同时，中心上另一个电子被激发至导带(如果空穴俘获所释放的能量足够激发它上面的另一个电子的话)．这里所涉及的粒子有两个都处在同一局域中心上，有利于该过程的发生(在第十章中,对于束缚于施主或受主的激子,我们还会看到另一类似的俄歇过程)．

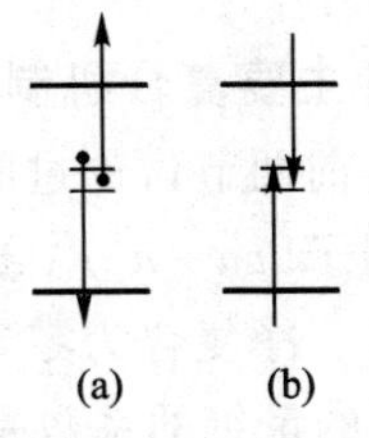

图 5.27 涉及多能级中心的俄歇过程

按上述模型，在 p 型 Ge 中的 Zn^0，Cd^0，Cu^0，Mn^0，Co^0 等中，p 型 Si 中 Zn^0，Au^+ 等中，应可发生上述对电子的俘获．这些杂质的 σ_n^0 约在 $10^{-15}\,cm^2$，$10^{-16}\,cm^2$ 上下．而另一方面，中性的单能级受主，如 Ge 中的 Ga 和 Al，Si 中 Ga 和 B，σ_n^0 却很小．Sheinkman 认为这种差别可能是因为后者不可能发生上述类型的俄歇俘获．但从实验上对上述俄歇俘获进行鉴别较为困难．

(3) 级联过程

前面已经说明，由实验测得的各种荷电状态的杂质对电子和空穴的俘获截面分布在很广的范围内，从 $10^{-12}\,cm^2$ 到 $10^{-22}\,cm^2$．例如在 4K 时 Ge 中的 Sb^+ 对电子的俘获截面达 $10^{-12}\,cm^2$．这种大于杂质态的线度的特别大的俘获截面，通常是和吸引中心相联系的．为了解释上述现象，拉克斯提出了一种无辐射跃迁模型－级联过程．[44] 载流子首先跃迁到有较大截面的高激发态，然后再通过一系列能量间距很小的向下跃迁到达基态，如图 5.28 所示意．由于到基态的跃迁不是一次完成的，每次跃迁并不需要发射数量很多的声子以释放能量．对于 Ge 和 Si 中的类氢吸引性中心，在低温下上述模型的计算结果与实验值有某种程度的一致．[45] 许多吸引性中心的截面在低温增大这一事实在一定程度上也可能反映了级联

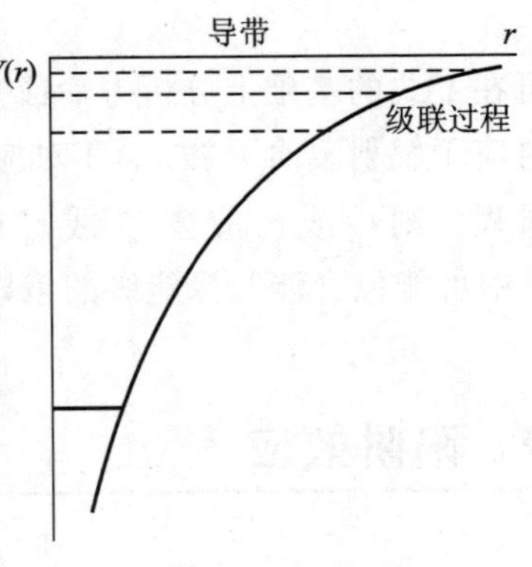

图 5.28 级联过程示意图

过程的作用.

但级联过程并不能解释深能级的无辐射复合. 深能级类氢高激发态系列的电离能通常小于类氢杂质的电离能，最低的激发态和带边的能量间距在50 meV以内，但最低的激发态和基态之间的能量差比最高的光学声子能量一般还要大得多. 因此最后一步俘获仍需通过多声子跃迁或光跃迁来实现. 此外，排斥性的和中性的中心并不存在上述激发态. 因此，级联过程只能在某些特定条件下起作用.

三种主要复合机制的比较

前两节讨论过的三种主要的复合机制的净复合速率的表示式中，有一个共同因子$(pn-n_i^2)$. 这个因子反映了一个共同的客观现实：当$pn=n_i^2$时，即平衡时，净复合为零. 这个因子以外的系数体现了这三种复合的差异. 这三个具有r的量纲的系数是：$N_tr_nr_p/[r_n(n-n_1)+r_p(p-p_1)]$，$r$和$(C_nn+C_pp)$. 对于掺杂的半导体，例如n型半导体，这三个系数进一步约化为N_tr_p/n，r和C_nn. 于是间接复合、直接辐射复合和直接俄歇复合的寿命τ_I，τ_R，τ_A，可分别写作：

$$\tau_I=\frac{1}{N_tr_p},\ \tau_R=\frac{1}{nr},\ \tau_A=\frac{1}{n^2C_n} \qquad (5-8-41)$$

可见，间接复合寿命并不直接依赖于多子浓度. 而直接辐射复合寿命和直接俄歇复合寿命则分别随多子浓度的一次方和二次方下降. 这表明三者在复合中的相对作用依次随载流子浓度的增加而增加. 因此在某些半导体中应可出现以下情况：掺杂浓度较低时，间接复合起支配作用；随着掺杂浓度的增加，间接复合逐渐让位于直接辐射复合；多子浓度更高时，直接辐射复合又让位于直接俄歇复合. 一般来说可将复合率$1/\tau$写作

$$\frac{1}{\tau}=A+Bn+Cn^2 \qquad (5-8-42)$$

可在上式的基础上分析寿命或复合速率的实验结果. 式中C对应俄歇系数. B对应于辐射复合系数r，A对应于N_tr_p或N_tr_n. 但若存在有深能级参与的俄歇过程，则r_p或r_n应被r_p^*或r_n^*（参看式(5-8-40),(5-8-39)）所取代. 因此B中可能包含涉及深能级的俄歇过程的贡献.

§5.9 陷阱效应

在半导体中，杂质和缺陷除了可起施主、受主和复合中心的作用外，在有

些情形下，还能起陷阱作用．这里我们所说的陷阱是指杂质或缺陷中心对一种过剩载流子的俘获和收容的效应．陷阱效应对过剩载流子的行为可有多方面的影响．

在§5.8我们已经看到，由于过剩载流子的存在，能带和局域能级之间通过俘获和激发交换载流子的原有平衡被打破，中心上的电子数 n_t 可随过剩载流子的数量而变化．从这个意义上说，任何杂质或缺陷中心对过剩载流子都有一定的收容效应：或收容电子，$\Delta n_t>0$；或收容空穴 $\Delta p_t>0$（Δp_t 代表中心上的空穴增量，$\Delta n_t=-\Delta p_t$）．这里，我们所关注的是，在什么条件下可出现显著的陷阱效应．有效的电子和空穴陷阱应分别满足以下条件：

$$\frac{\Delta n_t}{\Delta n}\geqslant 1 \tag{5-9-1}$$

$$\frac{\Delta p_t}{\Delta p}\geqslant 1 \tag{5-9-2}$$

过剩载流子陷阱的条件

为确定起见，我们讨论空穴陷阱．所得结果易于推广于电子陷阱的情形．显然，陷阱作用所涉及的诸过程和间接复合中的相同．参考式(5-8-19)，可把一般情形下中心上的空穴数 p_t 写作

$$p_t=\frac{N_t(r_n n_1+r_p p)}{r_n(n+n_1)+r_p(p+p_1)} \tag{5-9-3}$$

考虑到 $n=n_0+\Delta n$；$p=p_0+\Delta p$；$\Delta n=\Delta p+\Delta p_t$；$N_t=n_t^0+p_t^0$，由上式可得到：

$$\frac{\Delta p_t}{\Delta p}=\frac{r_p n_t^0-r_n p_t^0}{r_n(n+n_1+p_t^0)+r_p(p+p_1)} \tag{5-9-4}$$

在得到上式时，未作任何近似．可见，作为空穴陷阱，分子必须大于零．即必须满足

$$r_p n_t^0>r_n p_t^0 \tag{5-9-5}$$

就是说，平衡时，中心对过剩空穴的俘获能力大于对过剩电子的．另外，作为有效的空穴陷阱，中心应大多被电子所占据，从而有具有收容空穴的能力．即应有

$$n_t^0\gg p_t^0 \tag{5-9-6}$$

下面我们将假设：费米能级 E_F 在 E_t 之上足够高，即有

$$\frac{E_F-E_t}{k_B T}>1 \tag{5-9-7}$$

从而 $n_t^0\approx N_t$，式(5-9-5)，(5-9-6)同时能得到满足．于是，在下面的分

析中可近似用 N_t 代替 n_t^0，在小信号条件下，有效空穴陷阱条件可改写为

$$\frac{\Delta p_t}{\Delta p}=\frac{r_p N_t}{r_n(n_0+n_1+p_t^0)+r_p(p_0+p_1)}\geqslant 1 \tag{5-9-8}$$

至此，我们已经可以得到以下结论(考虑到 $p_t^0 \ll N_t$)：

在常温下的高阻半导体中易于出现陷阱效应．在这种情形下，只要陷阱能级足够深，$r_p N_t > r_n n_0$，$r_n n_1$，$r_p p_1$，$r_p p_0$ 的条件都较易于得到满足．视 E_t 相对 E_F 的不同位置，可表现为电子陷阱或空穴陷阱．事实上这种情形我们在上一节讨论寿命随费米能级位置的变化时就已见到过．寿命曲线在本征情形附近出现不连续，参看图5.22，就是因为陷阱效应．在那里由于 $\Delta n \neq \Delta p$，两种载流子具有不同的寿命．

在低温下易于出现陷阱效应．在低温下，两种载流子的数量 n_0 和 p_0 都可以很小．即使是普通的浅能级杂质，例如当施主能级 E_D 位于 E_F 以下时，p_1 和 n_1 也可以非常小，施主本身也可作为空穴陷阱起作用．

但在正常情形下的非本征半导体中，通过比较式(5-9-8)的分子和分母可见，若空穴为多子，通常有 $p_0 \gg N_t$，陷阱条件不可能得到满足．只有当空穴是少子，$N_t/p_0 \gg 1$ 时，才可能出现显著的空穴陷阱效应．由于 E_F 的位置满足式(5-9-7)，通常有 $n_0 \gg n_1$．于是陷阱的条件还可简化为

$$\frac{\Delta p_t}{\Delta p}=\frac{r_p N_t}{r_n n_0+r_p p_1}\geqslant 1 \tag{5-9-9}$$

是否能成为少子空穴的有效陷阱，还要比较下面三个过程：空穴俘获 $r_p N_t$，空穴再激发 $r_p p_1$ 和电子俘获 $r_n n_0$．显然后二者是阻碍空穴在中心上的积累的．电子的俘获使被俘获的空穴实现和导带电子的复合．因此，$r_n n_0$ 和 $r_p p_1$ 愈小，愈有利于空穴积累．即应满足 $r_p N_t > r_n n_0$ 和 $r_p N_t > r_p p_1$．对这两个条件作进一步讨论是有益的．

先看条件 $r_p N_t > r_p p_1$．p_1 的大小直接反映了空穴由中心再激发至价带的能力．$N_t > p_1$ 要求 E_t 离开价带边 E_V 足够远．若假设 $N_V \approx 10^{19}\ \text{cm}^{-3}$，$N_t \approx 10^{13}\ \text{cm}^{-3}$，则应有 $(E_t - E_V) \geqslant 14k_BT$，在室温下约为0.36 eV．但在低温下，更浅的能级也能满足上面的条件．陷阱效应是一种在禁带较宽的半导体中才较易于出现的效应．在窄禁带半导体中，在除低温以外的正常条件下，不存在 n_1 和 p_1 很小的深能级中心．

再看条件 $r_p N_t > r_n n$．这个条件比较苛刻．因为，对于空穴作为少子的n型半导体，通常有 $n \gg N_t$，要满足此条件，空穴的俘获系数 r_p 必须远大于电子的 r_n，即有 $r_p \gg r_n$．例如，当 $N_t \approx 10^{13}\ \text{cm}^{-3}$，$n_0 \approx 10^{15}\ \text{cm}^{-3}$时，要求 $r_p/r_n > 100$．但由于中心在不同的荷电状态下俘获电子和空穴，电子和空穴的俘获系数有时确实会出现很大的差异．在此情形下，在正常掺杂的半导体中，常温下

也可能出现显著的少子的陷阱效应.

对于典型的少子陷阱，其 r_p，r_n 的差别可足够大，以至可忽略它们对复合的贡献. 这时可有

$$\frac{\Delta p_t}{\Delta p}=\frac{r_p N_t}{r_p p_1}=\frac{N_t}{p_1} \tag{5-9-10}$$

在上面的讨论中，我们实际上作了小信号的假设. 在不略去 Δp 的更一般的情形下，$\Delta p_t/\Delta p$ 可改写作

$$\frac{\Delta p_t}{\Delta p}=\frac{r_p N_t}{r_n n+r_p(p_1+\Delta p)} \tag{5-9-11}$$

当 Δp 足够大，以至 $\Delta p > N_t$，陷阱作用逐渐消失. 因为越来越多的中心被空穴所占据，因而趋于饱和.

一种杂质或缺陷究竟主要作为施主或受主、复合中心还是陷阱起作用取决于它们的能级位置、数量以及对两种载流子俘获系数的大小，有时还和温度及其他条件有关.

在同一条件下，一种杂质或缺陷的作用也可能不是单一的. 例如，对于空穴陷阱，如果 $r_n n$ 项不可忽略，它对复合也可有一定贡献. 另外，在上一节中我们也已看到，复合中心有时也可同时具有的陷阱作用.

杂质或缺陷在不同条件下也可能表现出不同的作用. 例如，在 n 型 Ge 中，在室温下可起复合中心作用的杂质，如 Cu，Ni 等，在低温下可作为典型的陷阱起作用.[46] 它们作为多重受主，在 n 型半导体中荷负电. 对于空穴是吸引性中心. 在俘获一个空穴后，仍带负电，对于电子来说则是排斥性中心，俘获系数很小，且随温度的降低而下降. 这有利于形成大的 r_p/r_n 比值.

陷阱对稳态光电导的影响

陷阱对光电导和它的衰变过程都可产生重要影响. 下面的讨论针对一 n 型半导体. 假设复合通过能级位于 E_r 的复合中心进行，能级位于 E_t 的陷阱中心只起陷阱作用，对于复合没有贡献. 这两者分别表示在图 5.29 中.

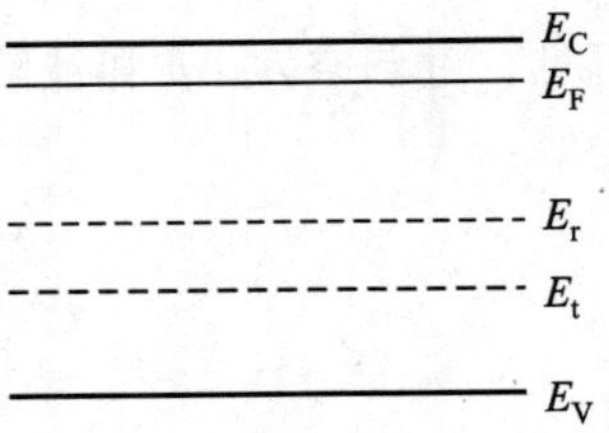

E_C

E_F

E_r

E_t

E_V

图 5.29 分析陷阱对光电导的影响所采用的模型

首先分析陷阱的存在对稳态光电导的影响. 设想存在两个样品，一个含有陷阱，而另一个不含陷阱. 但两者所含有的复合中心的性质和数量完全相同，因而具有相同的少子寿命 τ_p. 若对两者施以完全相同的光照：两者有相同的过剩载流子的产生速率 G. 在稳态条件下，复合速率和产生

速率之间的平衡由下式给出：

$$\frac{\Delta p}{\tau_{\rm p}}=G \quad 或 \quad \Delta p=\tau_{\rm p} G \tag{5-9-12}$$

由于陷阱并不参与复合，少子数量 Δp 并不因是否存在陷阱而受到影响(参看式(5-8-22)及相关说明)*. 陷阱的作用表现为使多子的数量增加. 由式(5-9-10)可得收容在陷阱上的空穴为

$$\Delta p_{\rm t}=\frac{N_{\rm t}}{p_1}\Delta p \tag{5-9-13}$$

当 $N_{\rm t}/p_1$ 有较大比值时，$\Delta p_{\rm t}$ 可比 Δp 大很多. 被陷落在陷阱上的额外空穴可使过剩多子的浓度增加许多倍. 过剩多子浓度 $\Delta n=\Delta p+\Delta p_{\rm t}$ 可表示为

$$\Delta n=\left(1+\frac{N_{\rm t}}{p_1}\right)\Delta p \tag{5-9-14}$$

由于陷阱的存在使光电导变为：

$$\begin{aligned}\Delta\sigma &= e\Delta p\left[\mu_{\rm p}+\left(1+\frac{N_{\rm t}}{p_1}\right)\mu_{\rm n}\right]\\ &= e\tau_{\rm p} G\left[\mu_{\rm p}+\left(1+\frac{N_{\rm t}}{p_1}\right)\mu_{\rm n}\right]\end{aligned} \tag{5-9-15}$$

和无陷阱的情形相比，多子电子的光电导增加了 $N_{\rm t}/p_1$ 倍. 可见，陷阱的存在可显著增加稳态光电导的灵敏度.

对光电导衰变的影响

光电导的衰变时间也可能因陷阱的存在而显著增长. 少子空穴的衰变由下面的方程描述：

$$\frac{{\rm d}\Delta p}{{\rm d}t}=-\frac{\Delta p}{\tau_{\rm p}}-r_{\rm p}N_{\rm t}\Delta p+r_{\rm p}p_1\Delta p_{\rm t} \tag{5-9-16}$$

右侧的第二、第三项描述价带和陷阱中心的空穴交换. 陷阱上的空穴的变化由下式描述：

$$\frac{{\rm d}\Delta p_{\rm t}}{{\rm d}t}=r_{\rm p}N_{\rm t}\Delta p-r_{\rm p}p_1\Delta p_{\rm t} \tag{5-9-17}$$

可见，过剩空穴 Δp 和被陷空穴 $\Delta p_{\rm t}$ 的衰变是互相耦合的. 它们具有指数形式的解：

$$\Delta p\propto \exp\left(-\frac{t}{\tau}\right) \tag{5-9-18}$$

---

* 当式(5-8-22)中的另一项 $p_0\Delta n$ 和 $n_0\Delta p$ 相比不能忽略时，则少子的寿命将因陷阱的存在而有所降低.

$$\Delta p_t \propto \exp\left(-\frac{t}{\tau}\right) \tag{5-9-19}$$

若将 $r_p N_t$ 和 $r_p p_1$ 分别表示为 $1/\tau_t$ 和 $1/\tau_g$，则衰减时间常量 τ 可用下式近似

$$\tau = \tau_p + \tau_g + \frac{\tau_p \tau_g}{\tau_t} \tag{5-9-20}$$

被陷空穴自陷阱激发的时间常量 τ_g 一般比少子寿命 τ_p 长的多．它们只有在被激发出来以后才能实现复合，因此光电导衰变时间将首先取决于 τ_g．上式中的第三项是由多次陷落引起的．一个自陷阱激发到能带的载流子仍然面临着两个平行的竞争过程：复合，复合率为 $1/\tau_p$；或重新被陷获，俘获率为 $1/\tau_t$．当 $1/\tau_p \gg 1/\tau_t$ 时，由陷阱释放出来的载流子基本上都可以实现复合．这时第三项可以略去．但若 $1/\tau_t \gg 1/\tau_p$，则每个被释放的载流子只有 $\tau_t/(\tau_t+\tau_p) \ll 1$ 的概率实现复合.多数情形是,激发以后又被重新俘获了.这将使衰变时间增加为 $(\tau_t+\tau_p)/\tau_t$ 倍，变为 $(1+\tau_p/\tau_t)\tau_g$.

图 5.30 所示为 p 型 Si 附加光电导衰变的实验结果.[47] 具体分析表明，该 p 型 Si 中存在深浅两种陷阱．由于信号较大，在衰变开始时，浅陷阱和深陷阱基本上都被电子填满，即陷阱处于饱和．图中(1)，(2)，(3)三部分分别对应于自由电子、浅陷阱中的电子和深陷阱中的电子衰变的过程．若激发水平减弱，曲线按(1)，(2)，(3)的顺序消失，反映了深、浅陷阱在不同的光激发水平下的填充和饱和．对实验的进一步分析表明，存在多次陷落现象．浅陷阱的激发时间常量 τ_g 为约 50 μs，而相应的附加光电导衰变时间常量为 10^{-2} s．深陷阱的电子激发时间常量为约 1 s，但附加电导的弛豫时间为几百秒，电子在复合前平均被陷落了几百次.

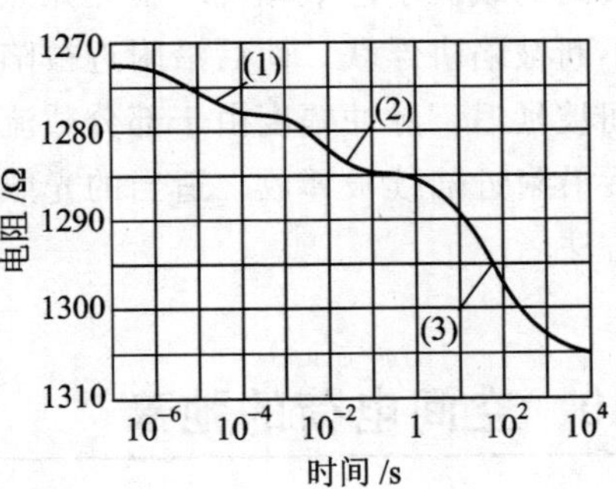

图 5.30　p 型 Si 的光电导衰变

红外淬灭现象

如果在激发本征光电导的同时，用适当的红外光照射半导体，可能导致光电导显著下降．这是一种和陷阱效应相联系的现象．在无附加的长波辐射照射时，陷阱中的被陷载流子只能依靠热激发回到相应的少子带．其跃迁率 $r_p p_1$（或 $r_n n_1$）通常很小．但长波辐射的存在，可使被陷少子依靠光激发离开陷阱．因此在式(5-9-10)的分母中除了热激发项 $r_p p_1$ 外，还增加了一光激发项．当光激发率比热激发的 $r_p p_1$ 大的多时，Δp_t 和与之相联系的多子附加光电导都将显著下降．由于这个原因，在相同的本征激发条件下，用自然光激发比用单

色光激发有较小的灵敏度.

陷阱对漂移实验的影响

在室温下用p型Si或在低温下用n型Ge做漂移实验时，由收集探针得到的信号可能是不对称的. 如图5.31所示，[47] 信号的后沿拖有较长的余尾. 但若用适当的光照射样品，那么所得到的信号将与正常情形相同，如图中的虚线所示. 将两种情况进行比较，可见，有光照情形信号到达较早，峰值较高，并不拖有余尾. 但两种情形下由收集电极得到的信号对时间的积分，即收集到的载流子总数相同. 在无光照情形下，注入少子脉冲在前进过程中，前沿不断被陷阱俘获，而后沿附近被陷载流子又陆续被释放. 如此，脉冲到达的时间被延迟，脉冲幅度由于部分载流子被陷而降低. 余尾则对应于被陷载流子在后沿附近陆续被释放. 适当的光照可使陷阱饱和，是一种消除陷阱影响的有效方法.

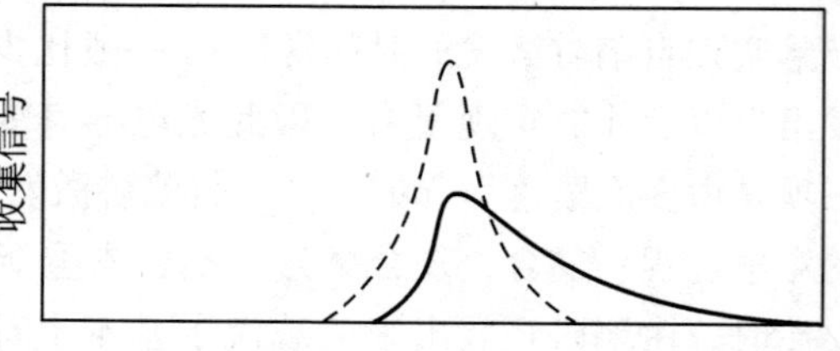

图5.31 漂移实验中的陷阱效应

§5.10 空间电荷的弛豫

在前面关于过剩载流子的讨论中，我们总是假设在半导体内部保持电中性，即在没有陷阱的情形下有：$\Delta n=\Delta p$. 设想有任何原因使 Δn 偏离 Δp，从而形成空间电荷，那么，空间电荷所形成的电场必迫使载流子流动，直至重新有 $\Delta n=\Delta p$，这时空间电荷消失. 空间电荷的这种弛豫自然也是在一定时间内完成的. 不过在电阻率不很高的半导体中，这种弛豫所需时间极短，在一般过程中无须加以考虑. 但在电阻率很高的材料中，空间电荷弛豫的时间可以相当长. 在这种情形下，注入载流子的行为可以很不相同.

空间电荷的弛豫

不难由泊松方程和连续方程求得弛豫时间. 设过剩电子和过剩空穴的分布分别为 $\Delta n(\boldsymbol{x},t)$，$\Delta p(\boldsymbol{x},t)$. 空间电荷密度 $\rho(\boldsymbol{x},t)$ 可表示为

$$\rho=e(\Delta p-\Delta n) \tag{5-10-1}$$

其所产生的电场 $\boldsymbol{E}$ 应服从

$$\nabla\cdot\boldsymbol{E}=\frac{\rho}{\varepsilon\varepsilon_0} \tag{5-10-2}$$

电场所产生的电流又通过连续方程引起电荷密度的变化

$$\frac{\mathrm{d}\rho}{\mathrm{d}t} = -\nabla \cdot \boldsymbol{j} \tag{5-10-3}$$

设为 n 型半导体. 设 Δn, Δp 很小, 可略去它们对电流的贡献. 上式中的电流 $\boldsymbol{j}$ 可表示为:

$$\boldsymbol{j} = n_0 e \boldsymbol{v}_{\mathrm{d}}(E) \tag{5-10-4}$$

于是可得

$$\nabla \cdot \boldsymbol{j} = n_0 e \frac{\mathrm{d}v_{\mathrm{d}}}{\mathrm{d}E} \nabla \cdot \boldsymbol{E} \tag{5-10-5}$$

由式(5-9-3), (5-9-5)和式(5-9-2)可得

$$\frac{\mathrm{d}\rho}{\mathrm{d}t} = -\frac{n_0 e}{\varepsilon\varepsilon_0}\frac{\mathrm{d}v_{\mathrm{d}}}{\mathrm{d}E}\rho = -\frac{\rho}{\tau_{\mathrm{d}}} \tag{5-10-6}$$

式中 τ_{d} 为

$$\tau_{\mathrm{d}} = \frac{\varepsilon\varepsilon_0}{n_0 e \dfrac{\mathrm{d}v_{\mathrm{d}}}{\mathrm{d}E}} \tag{5-10-7}$$

称为介电弛豫时间. 在弱电场条件下, $\mathrm{d}v_{\mathrm{d}}/\mathrm{d}E = \mu_{\mathrm{n}}$, 可写作

$$\begin{aligned}\tau_{\mathrm{d}} &= \frac{\varepsilon\varepsilon_0}{n_0 e\mu_{\mathrm{n}}} = \frac{\varepsilon\varepsilon_0}{\sigma} \\ &= 1.063\times10^{-12}\left(\frac{\Omega^{-1}\cdot\mathrm{cm}^{-1}}{\sigma}\right)\left(\frac{\varepsilon}{12}\right) \quad [\mathrm{s}]\end{aligned} \tag{5-10-8}$$

容易由式(5-10-6)解出 ρ 随时间的变化:

$$\rho = \rho_0 \mathrm{e}^{-\frac{t}{\tau_{\mathrm{d}}}} \tag{5-10-9}$$

ρ_0 为 $t=0$ 时空间电荷的分布. 上式描述空间电荷的消散过程, 可见, τ_{d} 为空间电荷衰减的时间常量. 若空间电荷由多子集聚造成, 上式描述多子电荷的消散; 若空间电荷由少子的过剩造成, 则上式反映多子向过剩少子处集聚. 若 $\varepsilon=15$, $\sigma=0.1\Omega^{-1}\cdot\mathrm{cm}^{-1}$, 可得 τ_{d} 为约 1.3×10^{-11} s. 和载流子的寿命 τ 相比, 这通常是一个很短的时间, 因此无须考虑电中性的建立过程.

由上可见, 在 $\tau_{\mathrm{d}} \ll \tau$ 的条件下, 由于可以有反型多子在电性上的补偿, 局部少子的数量可以有很大的增加而不至于破坏电中性. 相比之下, 在金属中, 由于只有一种载流子, 载流子的过剩将因自身的排斥电场而消散. 由于金属大的电导率, 电荷消散的弛豫时间 τ_{d} 要比半导体中的短得多.

式(5-10-7)还可以说明, 当微分迁移率 $\mathrm{d}v_{\mathrm{d}}/\mathrm{d}E$ 为负值时, τ_{d}具有负值, 空间电荷随时间不是消失, 而是增长. 对于存在负微分迁移率的半导体, 若将其偏置在负微分迁移率的范围内, 只要样品足够厚, 则一旦在半导体中出现微

小的电耦极层，则它将在载流子运动过程中不断成长，形成所谓高场畴. 畴在样品中能够充分成长的条件是：渡越样品的时间足够长：$L/v_d >> \tau_d$. 这导致以下条件：

$$nL >> \frac{\varepsilon\varepsilon_0 v_d}{e\,|\,dv_d/dt\,|} \tag{5-10-10}$$

高阻半导体和空间电荷限制电流

在电阻很高的半导体，如半绝缘的 GaAs 等以及非晶态半导体中，τ_d 可以很长. 例如，当电阻率为 $10^8 \Omega \cdot cm$ 时，τ_d 可达 10^{-4} s，可比过剩载流子寿命长得多. 如用电学方法向其中注入任何一种载流子，在远小于 τ_d 的时间内，将不会有另一载流子来得及前来补偿，使空间保持电中性. 另外，若用任何方法向其中注入少子，则在寿命时间内，少子和多子会通过复合建立的新平衡，可使多子数量急剧下降. 这些现象和我们常见的、实际是 τ_d 很小情形的图像很不相同. 可见在更广的视野中，τ_d 是半导体的一个重要的特性参量.

在高阻条件下可形成所谓空间电荷限制电流. 设想向高阻的半导体薄片注入任一种载流子，设为电子，如图 5.32(a)所示. 图中 n^+ 层为高掺杂的 n 型层，ν 层为高阻层. 设注入的载流子在数量上远超过本底载流子，并在外加电压下形成稳定的分布和电流. 只要该半导体的介电弛豫时间 τ_d 远大于注入载流子渡越样品的时间，将不会有另一种载流子在数量上足以对其进行电性上的补偿. 因此，这些注入载流子在样品中的分布必定会对其中的电场分布产生影响. 由阴极到阳极，电场必定逐渐增强；由于电流连续的要求，注入载流子的浓度则逐渐减小，如图 5.32(b)所示. 电流可表示为

$$j = n(x)e\mu E(x) \tag{5-10-11}$$

电场的空间变化由下式描述

$$\frac{dE}{dx} = -\frac{en}{\varepsilon\varepsilon_0} \tag{5-10-12}$$

由以上两式消去 n，可得关于电场的方程

$$\frac{dE^2}{dx} = \frac{2j}{\mu\varepsilon\varepsilon_0} \tag{5-10-13}$$

对上式积分，并考虑到阴极附近高的电子

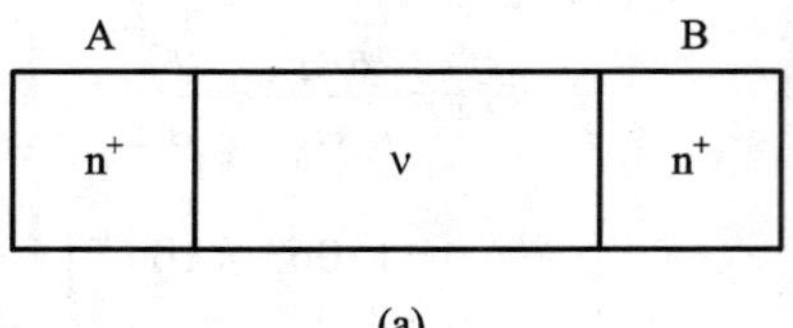

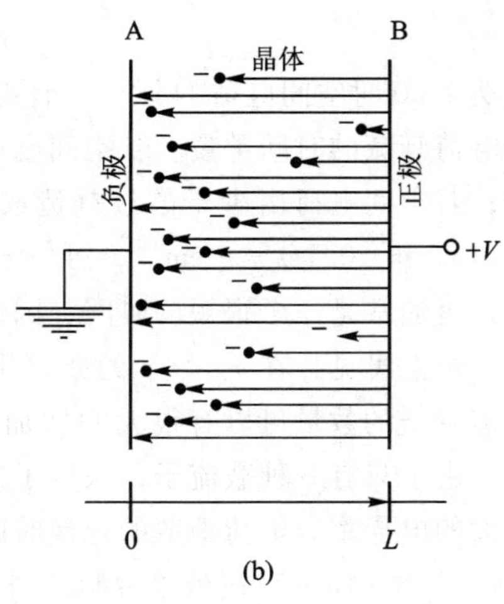

图 5.32 (a)$n^+\nu n^+$ 结构(b)由注入的电子形成的空间电荷

浓度，将边界条件近似取为 $E(0)=0$，可得

$$E^2=\frac{2jx}{\mu\varepsilon\varepsilon_0} \tag{5-10-14}$$

解出电场，对 x 积分后可得 V

$$V=\int_0^L E(x)\,\mathrm{d}x=\int_0^L\left(\frac{2j}{\mu\varepsilon\varepsilon_0}\right)^{1/2}x^{1/2}\mathrm{d}x$$

$$=\frac{2}{3}\left(\frac{2j}{\mu\varepsilon\varepsilon_0}\right)^{1/2}L^{3/2} \tag{5-10-15}$$

于是得到

$$j=\frac{9}{8}\mu\varepsilon\varepsilon_0\frac{V^2}{L^3} \tag{5-10-16}$$

这是空间电荷限制电流的基本电流 - 电压关系. 可见电流随电压的平方变化. 当 ν 层的电场很强，以致漂移速度饱和时，上式将由下面的电流电压关系代替[48]

$$j\propto v_{\mathrm{st}}\varepsilon\varepsilon_0\frac{V}{L^2} \tag{5-10-17}$$

此外本底载流子[49]、陷阱[50]、扩散等都会对伏安特性有一定影响. 在单极性固体器件，如转移电子器件、结型场效应晶体管、MOS 晶体管、势垒注入渡越时间二极管及硫族玻璃开关等器件中都可能出现空间电荷限制电流. 空间电荷限制电流还可以用来测量半导体材料的某些参数. 关于这个问题的评述可参看[51].

第 5 章参考文献

[1] 黄昆，谢希德. 半导体物理学. 北京：科学出版社，1958：第五章.

[2] Milnes A G. *Deep Impurities in Semiconductors*. New York：John Wiley and Sons，1973：Chap. 10.

Runyan W R. Semiconductor Measurement and Instrumentation. New York：McGrow-Hill，1975.

[3] Godik E E. *Phys. Status Solidi*，1968，30：K127.

Norton P，Levinstein H. *Phys. Rew. B*，1973，6：478.

[4] Smith R A. *Semiconductors*. Cambridge：Cambridge University Press，1978：174.

[5] Haynes J R，Shockley W. *Phys. Rev*，1951，81：835.

[6] McKelvey J P. *J. Appl. Phys.*，1956，27：341.

[7] Рывкии С М. ЖТФ, 1954, 24: 2136.

[8] Garreta O, Grosvalet J. *Progress in Semiconductors*, Vol. 1. Ed. by Gibson A F, Burgess R E, Aigrain P. London: Heywood and Company LTD, 1956: 164.

[9] Yablonovitch E, Allara D L, Chang C C, et al. *Phys. Rev. Lett.*, 1986, 57: 249.

[10] Landsberg P T, Robbins D J. *Solid-St. Electron*, 1978, 21: 1289.

[11] Van Roosbroeck W, Shockley W. *Phys. Rev.*, 1954, 94: 1558.

[12] Strauss U, Rühle W W, Köhler K. *Appl. Phys. Lett.*, 1993, 62: 55.

[13] Pang S K, Rohatgi A. *Appl. Phys. Lett.*, 1991, 59: 195.

[14] Varshni V P. *Phys. Stat. Sol.*, 1967, 19: 459; *Phys. Stat. Sol.*, 1967, 20: 9.

Kressel K. *Semiconductors and Semimetals*, Vol. 16. Ed. by Willardson R K, Beer A C. New York: Academic Press, 1981: 1.

[15] Gel'mont B L. *Zh. Eksp. Teor. Fiz.* 1978, 75, 536; *Sov. Phys. JETP*, 1978, 48: 268.

[16] Blackmore J S. *Proc*, *of Int. Conf on Semicond. Phys*. Prague, 1960. Prague: Publishing House of Czechoslovak Academy of Sciences, 1961: 193.

[17] Rigaux C, Drilhorn G. *Proc. Int Conf. Phys. Semiconductors*, Kyoto, 1966. *J. Phys. Soc. Japan*, 1966, 21: Suppl. 193.

[18] Charache G W, Baidasaro P F, Danielson L R, et al. *J. Appl. Phys.*, 1999, 85: 2250.

[19] Hill D, Landsberg P T. *Proc. Roy. Soc.*, 1976, A347: 547.

[20] Laks D B, Neumark G F, Hangleiterand A, et al. *Phys. Rev. Lett.*, 1988, 61: 1229.

[21] Dziewior J, Schmid W. *Appl. Phys. Lett.*, 1977, 31: 346.

[22] Lochmann W, Haug A. *Proc. 15th Int. Conf. Phys. Semicond.*, Kyoto, 1980. *J. Phys. Scc. Japan*, 1980, 49: Suppl. A, 643.

Lochmann W. *Phys. Status Solidi* (a), 1978, 45: 423.

Haug A. *Solid-St. Electron*, 1978, 21: 1281.

[23] Schroder D K. *IEEE Trans. Elecron Devices*, 1997, 44: 160.

[24] Huldt L. *Phys. Status Solidi* (a), 1971, 8: 173.

[25] Rielhl, Sihon. *Z. Physik*, 1939, 114: 682.

[26] Shockley W, Read W T. *Phys. Rev.*, 1952, 87: 835.

[27] Statz H, Davis L, Demars G A. *Phys. Rev.*, 1955, 98: 450.

[28] Рывкин СМ. в*Полупроводники в науке и технике*, *Том* II (Издателъство Академии Наук СССР 1958) Стр. 495.

[29] 数据取自 Kalasnikov S G. *Proc. Int. Conf. Semiconductor Phys.*, *Prague*, 1960. Prague: Publishing Hause of Czechoslovak Academy of Sciences, 1961: 243 及[2]中的第一本书.

[30] Vink A T, Werkhoven J C, Opdorp C V. *Semiconductor Characterization Techniques*. Princeton, New Jersey: *Electrochem. Soc.*, 1978: 259.
或参看 Kressel K. *Semiconductors and Semimetals*, Vol. 16. Ed. by Willardson R K, Beer A C. New York: Academic Press, 1981: 1.

[31] Mott N F. *Proc. Roy. Soc. London*, 1938, A167: 384.
或参看 Mott N F, Gurney R W. *Electronic Processes in Ionic Crystals*. London: Oxford Univ. Press, 1953. 中译本, 离子晶体中的电子过程. 潘金声, 李文雄 译. 北京: 科学出版社, 1959: 241.

[32] Huang K, Rhys A. *Proc. Roy. Soc.*, 1950, A204: 406.

[33] Пекар С И. 1950, ЖЭТФ 20: 510.

[34] 参看黄昆. 物理学进展, 第一卷, 第一期(中国物理学会), 1981: 31.

[35] Huang Kun (Huaug K), *Scientia Sinica*, 1981, 24: 27. 黄昆. 中国科学, 1980, 12: 949.

[36] Huang K, Gu Z Q. *Communication in Theory Physics*, *China*, 1982, 1: 535.

[37] Messmer P P, Waltkins G D. *Phys. Rev. Lett*, 1970, 25: 656.
Kukimoto H, Henry C H, Merit F R. *Phys. Rev. B*, 1973, 7: 2486.

[38] Henry C H, Lang D V. *Phys. Rev. B*, 1977, 15: 989.

[39] Baum R M, Battey J F. *Phys. Rev*, 98, 1955: 923.
Shulman R G, Wyluda B J. *Phys. Rev.*, 1956, 102: 455.
Battey J F, Baum R M. *Phys. Rev.*, 1955, 100: 1634.

[40] Bourgoin J C, Corbatt J W. *Radiation Effects*, 1978, 36: 157.
Kimerling L C. *Solid-St. Electron.*, 1978, 21: 1391.
Stonehem A M. *Adv. in Physics*, 1978, 28: 457.

[41] Karpova I V, Kalashnikov S T. *Proc. 6th Int. Conf. on Phys. Of Semicond. London*: Inst. of Phys. and Phys. Soc., 1962.
Bonch-Bruevich V L, Gulyaev Yu V. *Soviet Phys. Solid State*, 1960, 2: 431.

[42] Landsherg P T, Evans D A, Rhys-Roberts C. *Proc. Phys. Soc.*, 1964,

86: 325.

[43] Sheinkman M K. *Sov. Phys. Solid State*, 1965, 5: 18.

[44] Lax M. *J. Phys. Chem. Solids*, 1959, 8: 66.

[45] Brown R A, Rodriguez S. *Phys. Rev.*, 1967, 153: 890.

[46] Shulman R G, Wyluda B J. *Phys. Rev.*, 1956, 102: 1455.

Tyler W W, Woodbury H H. *Phys. Rev.*, 1954, 96: 874; 1957, 105: 84.

Tyler W W. Newman R, Woodbury H H. *Phys. Rev.*, 1955, 97: 669.

Tyler W W, Newman R. *Phys. Rev.*, 1955, 98: 961.

Dunlap W C Jr. *Progress in Semiconductors*, Vol. 2. London: Heywood, New York: Wiley, 1957, 165.

[47] Hornbeck J A, Haynes J R. *Phys. Rev.*, 1955, 97: 311.

[48] Dascalu D. *Rev. Roum. Phys.*, 1972, 17: 675.

[49] Golder J, Nicolet M A, Shumka A. *Solid-St. Electron.*, 1973, 16: 581.

[50] Lampert M A. *Phys. Rev.*, 1956, 103: 1648.

[51] Van der Ziel A. *Semicond. and Semimetals*, Vol. 14. Ed. by Willardson R K, Beer A C. New York: Academic Press, 1979.

第 6 章

接触现象

在不同的半导体之间以及在金属和半导体之间常可形成整流性接触. 由 p 型和 n 型半导体所形成的接触, 称为 pn 结. pn 结可以在同质半导体之间, 也可在异质半导体之间形成. 由于各类接触具有重要的电学性质和光电性质, 它们在半导体技术中, 占有极其重要的地位.

半导体接触的独特性质与在界面附近的半导体中形成的势垒有着密切的联系. 这种界面势垒多来源于接触电势差. 一种最早的半导体器件——晶体检波器, 就是由金属探针接触在半导体表面形成. 但 pn 结通常由在连续生长的晶体中进行不同类型的掺杂得到.

把几种不同的接触放在一章内讨论, 有利于比较它们的共同点和差异, 有利于认识的深化. 异质结的能带图将和同质结一起在 §6.1 中讨论. 两种不同类型的异质结电流将分别放在 §6.3 和 §6.4 中, 分别和同质 pn 结电流及肖特基势垒电流一起讨论. 各种接触的电容都放在 §6.5 中讨论. 隧道电流都放在 §6.6 中讨论. 另一种金属和半导体通过绝缘体形成的接触——MIS 结构, 将在第七章中进行讨论. 调制掺杂异质结构将在 §8.2 中讨论.

§6.1 同质和异质 pn 结势垒

功函数和接触电势差

功函数 W 通常定义为: 有关材料内部能带平直时, 表面真空静止电子能量 E_0 和费米能 E_F 的差值

$$W = E_0 - E_F \tag{6-1-1}$$

金属中 E_F 处在能带之中, E_F 以下的能级基本被占满. 功函数大致等于金属中的电子逸出金属表面所需的最低能量. 对于给定的金属, 其功函数可以看作是

固定的[*]．半导体的功函数可表示为

$$W = \chi + E_C - E_F \tag{6-1-2}$$

式中χ为

$$\chi = E_0 - E_C \tag{6-1-3}$$

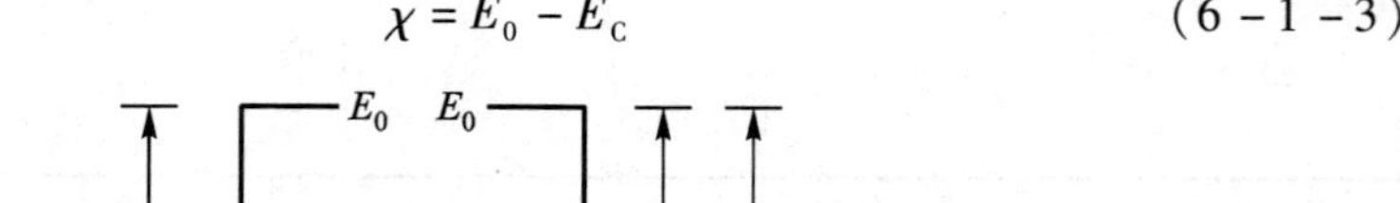

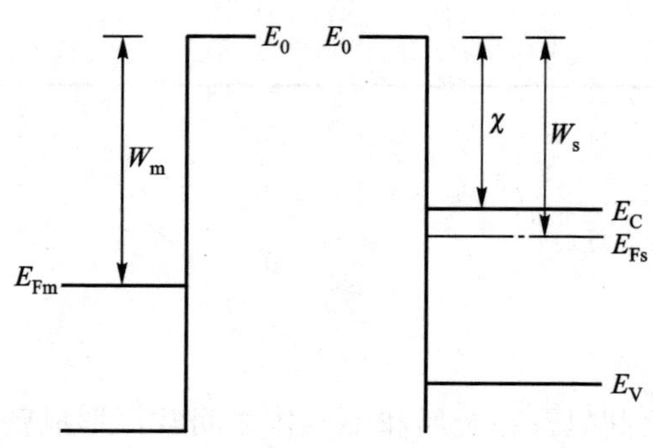

图 6.1 金属和半导体功函数

称为电子亲和能．对于给定的半导体，χ 值是相对固定的，但半导体中的费米能级 E_F，从而其功函数的值 W，随掺杂的类型和数量而改变．图 6.1 用来说明金属和半导体功函数的定义．

当功函数不同的两种晶体形成接触时，由于费米能级 E_F 不在同一水平，将有电子自 E_F 较高一侧的表面，流向对方表面，在两侧晶体的表面形成电荷层，从而在两者之间形成电势差．直到费米能级达到同一水平时，将不再有电子流动．这时在两者之间形成的电势差，称为接触电势差．接触电势差应正好补偿两者费米能之差．

由于半导体中只有较小的电荷密度，半导体表面的电荷层常常有相当的厚度．其中的电场将导致势垒的形成．对此，下面我们将联系 pn 结作进一步的分析．

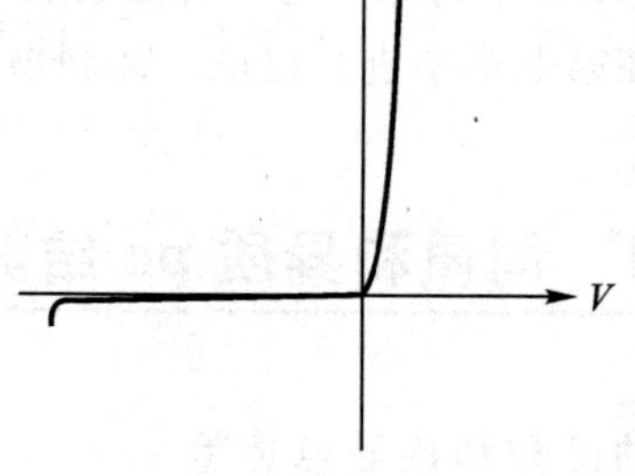

图 6.2 pn 结的伏－安特性示意图

pn 结的接触势垒

先讨论一种最简单的情形：在同质的 p 型和 n 型半导体之间形成的接触——同质 pn 结．由图 6.2 所示的 pn 结的电流－电压关系（$I-V$ 特性）可见，在正向电压下（p 区电位高于 n 区），电流随电压迅速增长，在不大的电压下（通常为伏特量级，对 Ge，Si，GaAs 分别约为

---

[*] 但同一金属的不同晶面的功函数有时可相差 1eV 以上

0.3 V,0.7 V 和 1 V)，电流就可达到较大值. 但在反向电压下(n 区电位高于 p 区)，电流却很小，而且随电压增长得也很慢，一直到某一电压下，电流迅速增大，即发生击穿. pn 结的上述整流特性与在其界面附近形成的势垒密切相关.

对于同质 pn 结，由于两者的亲和能相同，在界面处导带边和价带边是连续的(参看图 6.3(a)). 可以借助两者的费米能级 E_{Fn}，E_{Fp} 来讨论平衡 pn 结的能带图. 设想在形成接触的某一时刻，结的 n 型一侧的费米能级 E_{Fn} 高于 p 型一侧的 E_{Fp}. 这对应于某一非平衡情形. 费米能级的差异将导致界面附近电荷的再分布，即电子将由费米能级高的 n 型一侧向 p 型一侧转移. 在界面的 n 型一侧留下正电荷，它们是电离施主；而在 p 型一侧形成负电荷，它们是电离受主，如图 6.3(b)所示. 界面两侧的正负电荷总量应相等. 其所形成的电场由 n 侧指向 p 侧，使 p 区电子位能升高. 因而，相对于 n 区，p 区的 E_C 连同其费米能级 E_{Fp} 一起升高. 界面附近电荷的再分布一直持续到整个 pn 结具有统一的费米能级，即费米能级保持水平. 这时系统达到平衡，如图 6.3(c)所示. 于是，在界面附近形成了势垒.

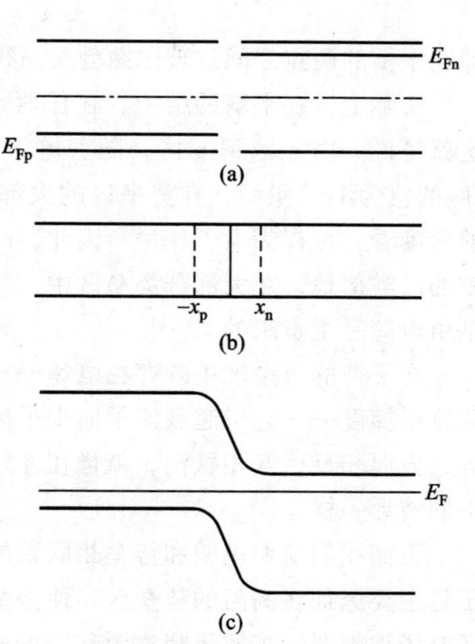

图 6.3 pn 结的空间电荷区和势垒

这里，和平衡势垒对应的电势差就是接触电势差，但它常被称为自建势(或内建势)，常用 V_D 表示. eV_D 为平衡势垒的高度，它可表示为：

$$\begin{aligned} eV_D &= (E_{Fn} - E_i) + (E_i - E_{Fp}) \\ &= k_B T \ln \frac{n_n^0 p_p^0}{n_i^2} \\ &= k_B T \ln \frac{n_n^0 p_p^0}{N_C N_V} + \epsilon_g \\ &= k_B T \ln \frac{n_n^0}{n_p^0} \end{aligned} \tag{6-1-4}$$

以上第二步和第三步利用了式(3-3-6)，(3-3-7)和(3-2-20). 第三个等式说明，对于比值 $n_n^0 p_p^0 / N_C N_V$ 接近的两种不同半导体的同质结，ϵ_g 越大，eV_D

越大. 例如，GaAs 的结比 Si 的有更大的 eV_D值，其差值约为两者 ϵ_g值之差.

第四步利用了式(3-3-5). 利用第四个等式可将势垒顶的(即 p 区)平衡电子浓度 n_p^0 用 n 区的 n_n^0 表示为

$$n_p^0 = n_n^0 e^{-\frac{eV_D}{k_B T}} \tag{6-1-5}$$

即在平衡的两点之间，玻尔兹曼关系得以保持.

实际上，在平衡的结中，在任两点之间，类似的玻尔兹曼关系均应成立. 这就是说，由 n 区到 p 区，随着电子势能的升高，电子浓度迅速下降. 由于 eV_D的值为 1eV 量级，在势垒区的大部分范围内，电子极为稀少，从空间电荷的角度看，可视为电子耗尽. 因此，n 侧电荷区中的电荷基本上是电离施主贡献的. 类似地，在大部分势垒区中，空穴也耗尽. p 侧电荷区中的电荷基本上是由电离受主贡献的.

在平衡的势垒区中既存在电场——它引起载流子向多子区的漂移；又存在载流子梯度——它引起载流子向少子区的扩散. 但扩散电流和漂移电流大小相等，方向相反，互相抵消，就像在§5.2 中讨论过的处于平衡的不均匀半导体中的情形一样.

下面我们简要说明和势垒相联系的单向导电性. 考虑施加正向电压 V. 电压将主要施加在高阻的势垒区，使势垒高度由 eV_D降低为 $e(V_D-V)$. 由于势垒区电场被削弱，扩散将超过漂移，形成正向电流. 该电流对应于载流子由多子区流向少子区，并不受到载流子来源的限制，可以形成大的正向电流. 另一方面，在施加反向电压 V_R时，势垒将升高为 $e(V_D+V_R)$. 由于其中电场增强，漂移将超过扩散. 但由于所形成的反向电流所对应于载流子由少子区流向多子区，电流的来源受到严重的限制，只能形成很小的电流. 关于 pn 结伏-安特性理论的基本方面是由肖克莱提出的[1] pn 结的电流的理论将在§6.3 中讨论.

空间电荷区及其中的电场和电势分布

下面，我们将在耗尽近似下，采用所谓突变结模型，来研究势垒区电场和电势的分布. 突变结模型假设两边掺杂均匀，只在界面发生突变. 耗尽近似则假设两边的电荷层中载流子是耗尽的，因而其中的正负电荷密度分别为 eN_D和 $-eN_A$，如图 6.4(a)所示. 两侧耗尽层厚度 d_n，d_p 应满足电荷总量相等的条件，即有

$$eN_D d_n = eN_A d_p = Q \tag{6-1-6}$$

因此，两侧空间电荷区的厚度反比与相应的掺杂浓度. 由于两侧电荷总量相等，发自正电荷的电力线全部终止于另一侧的负电荷，因而电荷区以外电场为零. 由于两边的电荷是均匀分布的，由耗尽层边界至 p，n 界面，电力线密度

和电场都线性增加，在界面处达到最大，如图 6.4(b)所示. 由任一侧单位面积电荷总量，可得电场最大值 E_M：

$$E_M = \frac{Q}{\varepsilon\varepsilon_0} \tag{6-1-7}$$

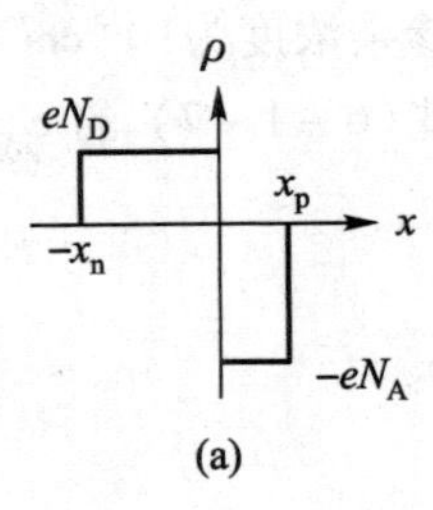

势垒区的电势变化，如图 6.4(c)所示意. 空间电荷区边缘处变化斜率趋于零，对应于零电场；界面处斜率最大，对应于最大电场. 由最大电场值容易算出，结电势差 $V_D - V$ 分配在 p 区和 n 区的份额分别为：

$$V_{Dp} - V_p = \frac{Q}{2\varepsilon\varepsilon_0} d_p, \quad V_{Dn} - V_n = \frac{Q}{2\varepsilon\varepsilon_0} d_n \tag{6-1-8}$$

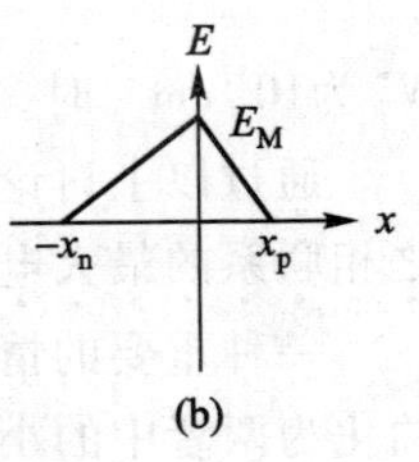

即两侧电势降落的份额正比于空间电荷区宽度；因而反比于两边的掺杂浓度. 掺杂浓度高的一侧电荷区的宽度小，电势将更多地降落在低浓度一侧. 由式(6-1-6)，可得以下 d_n，d_p 和电荷区总厚度 d 之间的关系为

$$\frac{d_p}{d} = \frac{N_D}{N_D + N_A}, \quad \frac{d_n}{d} = \frac{N_A}{N_D + N_A} \tag{6-1-9}$$

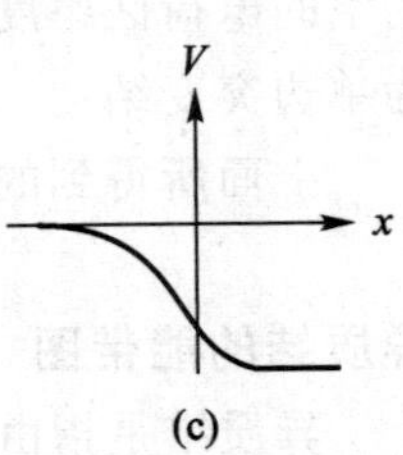

图 6.4 pn 结空间电荷区内的电荷、电场和电势分布

若将两式分别乘以 eN_A 和 eN_D 则可得

$$eN_A d_p = eN_D d_n = eN^* d = Q \tag{6-1-10}$$

式中引入了**折合浓度** N^*，它可表示为

$$N^* = \frac{N_D N_A}{N_D + N_A} \tag{6-1-11}$$

利用式(6-1-8)，(6-1-10)，可将 $V_D - V$ 表示为

$$V_D - V = \frac{eN^* d}{2\varepsilon\varepsilon_0} d_p + \frac{eN^* d}{2\varepsilon\varepsilon_0} d_p = \frac{eN^* d^2}{2\varepsilon\varepsilon_0} \tag{6-1-12}$$

可得 d 为

$$\begin{aligned} d &= \left(\frac{2\varepsilon\varepsilon_0 (V_D - V)}{eN^*}\right)^{1/2} \\ &= 1.15 \times \left(\frac{\varepsilon}{12}\right)^{1/2} \left(\frac{V_D - V}{1\ \text{V}}\right)^{1/2} \left(\frac{10^{15}\ \text{cm}^{-3}}{N^*}\right)^{1/2} \quad [\mu\text{m}] \end{aligned} \tag{6-1-13}$$

可见当掺杂浓度为$10^{15}\ \text{cm}^{-3}$量级时，d 为 μm 量级. 可将式(6-1-6)的 Q 表示为

$$\begin{aligned} Q &= eN^* d = [2\varepsilon\varepsilon_0 eN^* (V_D - V)]^{1/2} \\ &= 1.15 \times 10^{11} \left(\frac{\varepsilon}{12}\right)^{1/2} \left(\frac{N^*}{10^{15}\ \text{cm}^{-3}}\right)^{1/2} \left(\frac{V_D - V}{1\ \text{V}}\right)^{1/2} \quad [e/\text{cm}^2] \end{aligned} \tag{6-1-14}$$

掺杂浓度为$10^{15}\,\mathrm{cm}^{-3}$量级时，两边空间电荷的面密度约为$10^{11}$电子电荷/$\mathrm{cm}^2$. 式(6－1－7) 的$E_M$可表示为

$$E_M=\frac{Q}{\varepsilon\varepsilon_0}=\frac{eN^*d}{\varepsilon\varepsilon_0}=\left(\frac{2eN^*(V_D-V)}{\varepsilon\varepsilon_0}\right)^{1/2}$$

$$=1.74\times10^4\left(\frac{12}{\varepsilon}\right)^{1/2}\left(\frac{N^*}{10^{15}\,\mathrm{cm}^{-3}}\right)^{1/2}\left(\frac{V_D-V}{1\ \mathrm{V}}\right)^{1/2}[\mathrm{V/cm}] \tag{6-1-15}$$

N^*为$10^{17}\,\mathrm{cm}^{-3}$时，$E_M$可达$10^5\,\mathrm{V/cm}$.

通过以上讨论可以看到，空间电荷区的宽度 d，相应的电荷面密度 Q 和与之相联系的最大电场 E_M都和掺杂浓度密切相关，都随外加电压而变化.

一种重要的情形是 $N_A\gg N_D$(或 $N_D\gg N_A$)，N^*就约化为 N_D(或 N_A)，即约化为两者中的小者. 这时由于 $d_n/d_p\gg1$，势垒区的厚度就等于低掺杂一侧的空间电荷区厚度. 结电势差也基本上降落在低掺杂一侧. 常把这种突变结称为单边突变结.

上面所得到的结果，对于均匀半导体表面或界面的耗尽层都是适用的.

异质结的能带图

异质结是指由两种不同半导体构成的接触. 对于晶态异质结，形成结的两种半导体通常具有相近的结构，在界面处结构上连续过渡. 在Ⅳ族元素晶体，Ⅲ－Ⅴ化合物，Ⅱ－Ⅵ化合物以及其它一些化合物之间，可以形成多种多样的异质结.

不同的材料对可以形成许多性质不同的界面(在第 8 章中我们将作更仔细的讨论). 这为器件的设计提供了多种选择，并为发展新器件提供了很大的空间. 时至今日，异质结在电子器件和光电子器件上已经获得许多重要应用.

这里，我们将主要限于讨论一种比较典型的异质 pn 结：组成结的一种半导体的带隙较另一种的小，且其带隙处于宽禁带材料的带隙之中，这种异质界面称为Ⅰ型界面. 假设为突变结，带隙和掺杂浓度都在界面处发生突变. 还要作一理想化的假设：在异质界面不存在界面态，因而在界面处不存在电荷.

为了构建异质结能带图，假设在界面处，两种异质材料的导带边 E_C的能量差 ΔE_C决定于两者亲和能χ之差. 这一模型称为 Anderson 模型[2](又称为电子亲和能模型,我们将在§8.10 中对它作进一步讨论). 按照上述模型，材料对的界面性质的差异主要表现在电子亲和能χ 和带隙 ϵ_g的不同上.

组成异质结的两种半导体的能带图示于图 6.5(a). 这里分别用下标 W 和 N 来表示宽禁带和窄禁带. 前面关于两种半导体带隙位置的假设要求

$$\chi_W<\chi_N \tag{6-1-16}$$

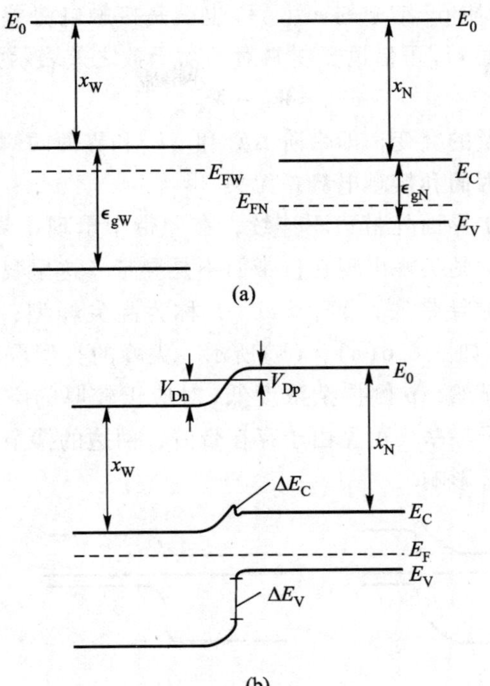

图 6.5 异质结的能带图

$$\chi_W + \epsilon_{gW} > \chi_N + \epsilon_{gN} \tag{6-1-17}$$

在形成接触后，在界面处 E_C^W 比 E_C^N 高出 ΔE_C

$$\Delta E_C = \chi_N - \chi_W \tag{6-1-18}$$

E_V^N比 E_V^W高 ΔE_V

$$\Delta E_V = (\chi_W + \epsilon_{gW}) - (\chi_N + \epsilon_{gN}) \tag{6-1-19}$$

ΔE_C和 ΔE_V通常称为带阶或带边偏移*. 因此，在突变的异质结中，导带和价带边在界面处发生阶跃式的改变，这是它区别于同质结的主要的一点.

设宽禁带的为 n 型，窄禁带的为 p 型，且 E_{Fn}^W高于 E_{Fp}^N. 这样，在形成结时，界面两侧的电荷再分布和电势变化都和同质 pn 结中的相似. 平衡时，两边费米能级在同一水平上. 如此形成的异质 pn 结的平衡能带图示于图 6.5(b). 为了看清结构中电势的变化，图中给出了 E_0 作为参考. E_0 在形成接触后的界面是连续的. 在晶体内部，E_0 只代表比 E_C^W，E_C^N分别高 χ_W，χ_N的能量水平. 这样，贯穿整个结构并连续变化的 E_0 曲线对应于结构中电势变化. 因此，

* 带边偏移(Band-edge offset)的名称虽更准确，但带阶却更简短和形象. 在使用带阶一词时，我们应了解它指的是带边的阶.

两边 E_0 之差对应于同质 pn 结中的 eV_D. V_D也就是接触电势差，它全部降落在两侧的半导体中. 因而 eV_D可借助于材料对的功函数之差表示为

$$eV_D = W_N - W_W \tag{6-1-20}$$

应注意界面处带边能量的突变，即带阶 ΔE_C和 ΔE_V和界面两侧的电荷再分布引起的电势改变无关，因而和接触电势差无关.

我们注意到，由于界面处带边不连续，在导带中出现了尖峰. 容易看出，若窄禁带材料为 n 型，则尖峰出现在价带而不是导带. 这里我们可区别两种情形：尖峰高于 p 型一侧导带底，$\Delta E_C > eV_{Dp}$，称为高尖峰型；或相反，$\Delta E_C < eV_{Dp}$，称为低尖峰型，如图 6.6(a)，(b)所示. 尖峰的类型取决于 V_D分配在 p 型一侧份额的大小. 显然，p 侧掺杂浓度低(对应于较厚的空间电荷区)，有利于形成低尖峰型电子势垒. 可见由于存在带阶，两边的掺杂类型和掺杂浓度都可对能带图产生显著影响.

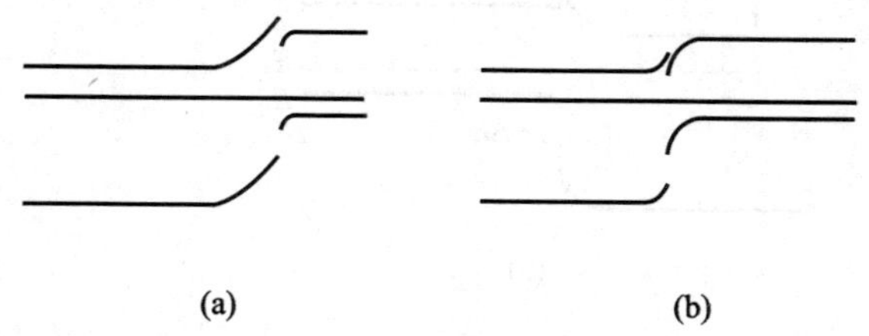

图 6.6 不同高度的导带尖峰

我们还注意到，由于带边的不连续，eV_D 一般不再代表结的势垒高度. 在此情形下，两种载流子所面临的势垒高度是不同的. 在多子区和少子区的电子平衡浓度 n_n^0，n_p^0 之间的关系不再由式(6-1-5)描述. 由于带阶的存在，应有

$$n_p^0 = n_n^0 e^{-\frac{eV_D - \Delta E_C}{k_B T}} \tag{6-1-21}$$

$$p_n^0 = p_p^0 e^{-\frac{eV_D + \Delta E_V}{k_B T}} \tag{6-1-22}$$

值得指出的是，在同型异质结中也可形成显著的势垒，在图 6.7(a)所示的异质 nn 结中，在界面的一侧为多子的耗尽层，带正电；另一侧靠近界面处，由于电子势能下降，为电子积累区，荷负电. 若右侧掺杂浓度很高，则和下面就要介绍的肖特基势垒十分接近.

异质结中电场和电势分布

对于突变异质 pn 结势垒区的电荷、电场和电势分布的分析，要强调的是，和同质 pn 结的差别仅在于，这里两侧可能有不同的介电常量. 带阶的存在对于电势分布的分析并无影响. 因此，这里我们只关注哪边是 n 型，哪边是 p

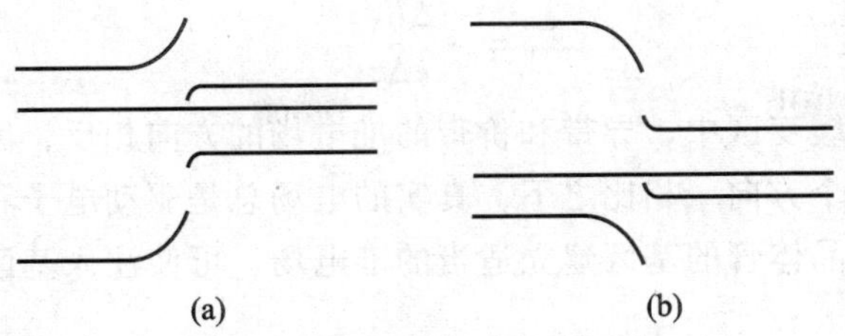

图 6.7 同型异质结的能带图

型，以及两边费米能级的相对位置．由同质结得到的结果，除了含有介电常量的以外，都是适用的．

由于两边介电常量不同，结两边的最大电场不再相等，可分别表示为

$$E_{\mathrm{M}}^{\mathrm{n}}=\frac{Q}{\varepsilon_{\mathrm{n}}\varepsilon_{0}};\ E_{\mathrm{M}}^{\mathrm{p}}=\frac{Q}{\varepsilon_{\mathrm{p}}\varepsilon_{0}} \tag{6-1-23}$$

在有外加电压 V 的一般情形下，电势差在两侧的分配和两边介电常量有关，式 (6-1-12) 的 $(V_{\mathrm{D}}-V)$ 应改写为：

$$\begin{aligned} V_{\mathrm{D}}-V&=\frac{eN^{*}d}{2\varepsilon_{\mathrm{n}}\varepsilon_{0}}d_{\mathrm{n}}+\frac{eN^{*}d}{2\varepsilon_{\mathrm{p}}\varepsilon_{0}}d_{\mathrm{p}}\\ &=\frac{eN^{*}N_{\mathrm{A}}}{2\varepsilon_{\mathrm{n}}\varepsilon_{0}(N_{\mathrm{D}}+N_{\mathrm{A}})}d^{2}+\frac{eN^{*}N_{\mathrm{D}}}{2\varepsilon_{\mathrm{p}}\varepsilon_{0}(N_{\mathrm{D}}+N_{\mathrm{A}})}d^{2}\\ &=\frac{eN^{*}d^{2}}{2\varepsilon^{*}\varepsilon_{0}} \end{aligned} \tag{6-1-24}$$

第二步利用了式(6-1-9)，N^{*} 仍由式(6-1-11) 给出．第三步引入的约化介电常量 ε^{*} 为

$$\varepsilon^{*}=\frac{\varepsilon_{\mathrm{n}}\varepsilon_{\mathrm{p}}(N_{\mathrm{A}}+N_{\mathrm{D}})}{\varepsilon_{\mathrm{p}}N_{\mathrm{A}}+\varepsilon_{\mathrm{n}}N_{\mathrm{D}}} \tag{6-1-25}$$

当两侧掺杂浓度相差悬殊时，ε_{*} 约化为低浓度一侧的介电常量．只要把 ε 换成 ε^{*}，前面关于同质结的式(6-1-13) 和(6-1-14) 对异质结仍都是正确的．

以上的讨论都是在突变结假设下进行的．现代的外延技术能够制作成带隙的缓变区．pn 结中带隙的缓变性质可能对结的能带图产生重要影响，势垒尖峰可能降低，带边的不连续可以消失[3]，如图 6.8 所示意．

混合晶体的成分变化引起的带边能量的变化的作用可以视为准电场．[4,5] 导带和价带的准电场可分别表示为

$$\mathscr{E}_{\mathrm{C}}=\frac{\Delta E_{\mathrm{C}}}{e\Delta z} \tag{6-1-26}$$

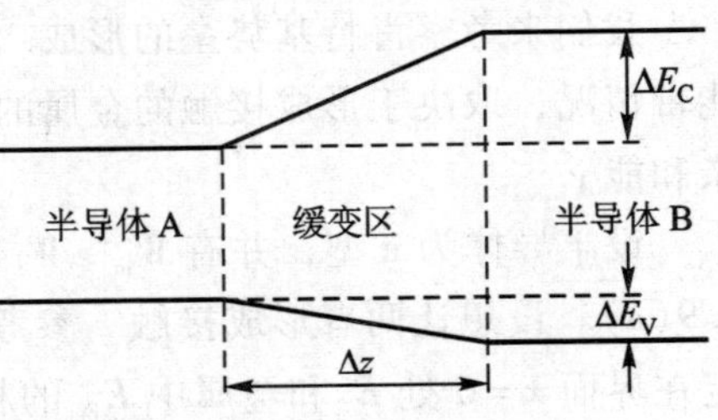

图 6.8 带隙缓变的异质结的能带图

$$\mathscr{E}_{\mathrm{V}} = -\frac{\Delta E_{\mathrm{V}}}{e\Delta z} \tag{6-1-27}$$

在上图所示的线性缓变区中，导带和价带的准电场的方向相反，因此电子和空穴将可被驱向同一个方向．相比之下，真实的电场总是驱动电子和空穴流向相反的方向．如果在晶体管的基区建立适当的准电场，可使注入基区的少子加速通过基区．

最后我们提一下异质界面的晶格匹配问题．为某种目的被采用的材料对常常具有不同的晶格常量．如在§1.4中已说明的，这将导致异质界面的大量失配位错．这些位错通常作为复合中心存在，对器件是十分有害的．[6]

界面的价键密度 N 应和 a^2 成反比，可表示为

$$N = A\frac{1}{a^2} \tag{6-1-28}$$

当晶格常量改变 δa，键密度改变量 δN 为

$$\delta N = -2A\frac{\delta a}{a^3} = -N\frac{2\delta a}{a} \tag{6-1-29}$$

若 a 为5.5Å，N 可达 $\sim 10^{15}/\mathrm{cm}^2$．晶格失配若为0.5%，则在无应力的异质界面，失配的键密度可达 $\sim 10^{13}/\mathrm{cm}^2$．晶格失配通常会在界面形成失配位错．

用混合晶体代替单质晶体有助于解决晶格匹配问题．三元系和四元系如 $\mathrm{Ga}_x\mathrm{In}_{1-x}\mathrm{As}_y\mathrm{P}_{1-y}$ 常常是解决实际问题的一种选择(参看§2.4)．采用应变层异质结构则是另一种选择(参看§8.12)．

§6.2 金属－半导体接触：肖特基势垒

金属半导体接触 肖特基势垒

金属和掺杂浓度不很高的半导体形成的接触也具有整流特性．这种特性也和在半导体一侧形成的势垒有密切联系．由之制成的二极管称为肖特基二极管，相应的势垒则称为**肖特基势垒**．

我们来考察肖特基势垒的形成．按照**肖特基模型**[7]，界面附近半导体中的能带情况，取决于形成接触的金属的功函数 W_m 和半导体的功函数 W_S 以及电子亲和能 χ．

设半导体为n型，并有 $W_m > W_S$，χ．孤立的金属和半导体的能带图示于图6.9(a)．设想让两者形成接触．参考真空能级 E_0，不难根据 W_m 和 χ 的大小确定在界面 $x=0$ 处 E_C 和金属中 E_{Fm} 的相对位置．由所给条件，界面处 E_C 的能量 E_C^I 显然高于 E_{Fm}．我们用 ϕ_m 来表示两者之差：

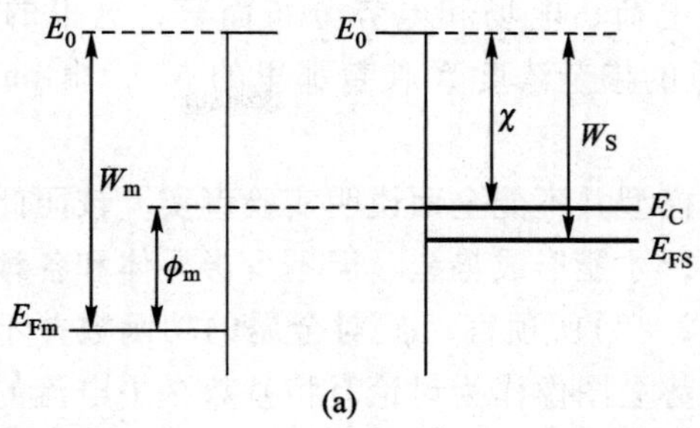

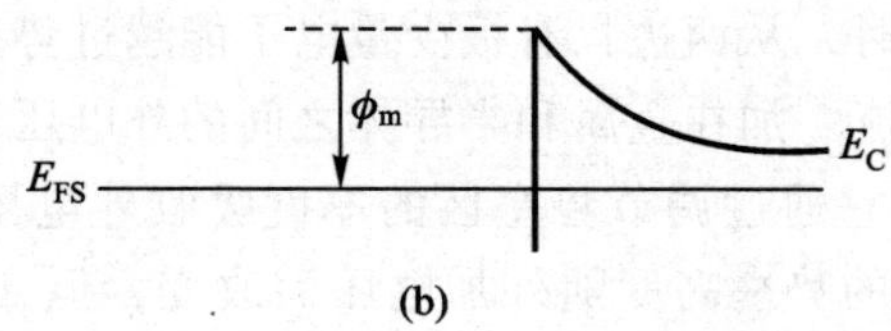

图 6.9 接触势垒的形成(a)孤立的金属和半导体能带图(b)接触势垒

$$\phi_m = E_C^I - E_{Fm} \tag{6-2-1}$$

ϕ_m代表金属中E_{Fm}处的电子所面临的势垒高度，通常把ϕ_m称为肖特基势垒的高度. 按肖特基模型应有

$$\phi_m = W_m - \chi \tag{6-2-2}$$

称为肖特基-莫特律.

两者一旦接触后，必然会通过载流子的重新分布使E_{Fm}和E_{FS}调整到同一水平上. 一开始，由于E_{FS}高于E_{Fm}，半导体中的电子必定要流向金属，从而在半导体表面层中留下荷正电的电离施主. 在上述正电荷和流到金属表面的负电荷之间形成电场，其方向由半导体指向金属. 由于金属中高的电子密度，电荷只分布在10^{-10}量级的表面层中. 而在半导体中，空间电荷层的厚度可达到微米或亚微米的量级. 因此电场引起的电势差主要在半导体中，它使半导体表面附近的能带发生弯曲：使半导体内部的E_C连同E_{FS}一起下降，直至E_{Fm}和E_{FS}达到同一水平，如图 6.9(b)所示. 结果在半导体表面形成高度为eV_D的电子势垒. eV_D补偿E_{Fm}和E_{FS}之差：

$$eV_D = W_m - W_S \tag{6-2-3}$$

即按肖特基模型，V_D就是接触电势差. 显然，eV_D和ϕ_m通过下式互相联系：

$$\begin{aligned}\phi_m &= eV_D + (E_C - E_F)_{\text{内部}} \\ &= eV_D + k_B T \ln \frac{N_C}{n}\end{aligned} \tag{6-2-4}$$

n为半导体内部的电子浓度.

就肖特基势垒中的电荷、电场和电势分布而言，这里的情形和单边突变pn结相似．只要用这里的掺杂浓度 N 代替那里的 N^*，由pn结得到的结果都可以用在这里．

要强调的是，上述模型并不能全面说明实验事实．按照此模型，只有金属功函数满足一定条件时，才能形成势垒．但不少半导体和各种金属都能形成势垒，而且并不如式(6－2－2)所预言，ϕ_m对金属的功函数并不敏感．不过，这并不影响把上面得到的势垒图像作为讨论肖特基势垒中电流的基础．

势垒层阻碍半导体和金属之间的电子交换，因此又称为阻挡层．势垒层显然是个高阻层．在平衡时，从两边只有极少量电子能越过势垒流向对方，而且互相抵消，不产生净电流．加在金属和半导体之间的外电压，主要降落在半导体中高阻的势垒层上，它通过调节势垒区的厚度吸收外电压(参看式(6－1－13))．结果是半导体中的势垒高度随外加电压而改变，但 ϕ_m 却保持不变．通常把使半导体中势垒降低的偏置称作正向的，如图6.10(a)所示．对于上述金属和n型半导体的接触，这相当于金属接电源正极．

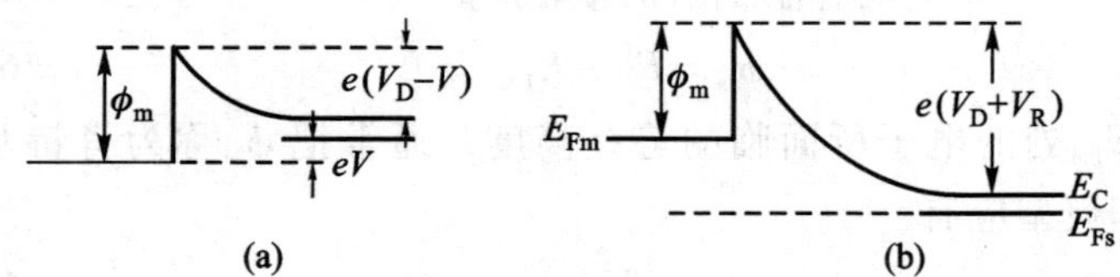

图6.10 (a)正向偏置和(b)正向偏置的肖特基势垒

在正向偏置下，由于半导体中的电子势垒降低，其中能越过势垒流向金属的电子数显著增加．结果可形成较大的正向电流．但对于反向，由于 ϕ_m 保持不变，金属中能流向半导体的电子仍然很少．可见，肖特基势垒也具有整流特性．

按照肖特基模型，在具有适当功函数的金属和p型半导体之间也可形成空穴势垒．上面的讨论对它也是适用的．

我们讨论过的三种接触，同质和异质的pn结以及金属－半导体接触，具有的共同点是：在界面附近的半导体中都可形成势垒；外加电压可改变半导体中的势垒的高度；当外电压使势垒降低时，可形成大的电流；反向电压所能驱动的电流都受到了限制．

肖特基势垒－巴丁模型

如上所述，肖特基模型并不能满意地说明实验事实，功函数对势垒高度的影响并不显著[8]．图6.11给出了不同金属和n－Si之间接触势垒的高度随功函数的变化[9]．按肖特基模型，$\phi_m = W_m - \chi$ 应成立，即图中各个点应在斜率

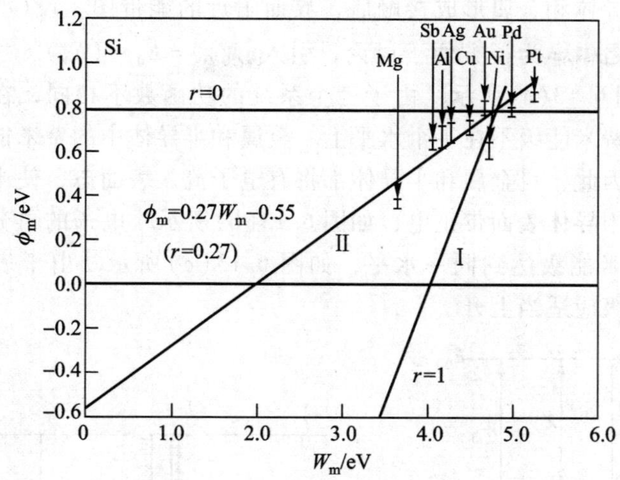

图 6.11 不同金属和 n 型硅之间的势垒高度

为 1 的直线上，且直线在横轴上的截距应等于硅的电子亲和能 $\chi_{Si}=4.05$ eV. 而且按上述模型，当金属功函数 W_m 小于半导体亲和能 χ 和功函数 W_S 时，应可在半导体表面形成积累层，称为反阻挡层，如图 6.12 所示，并导致非整流接触，但事实并非如此.

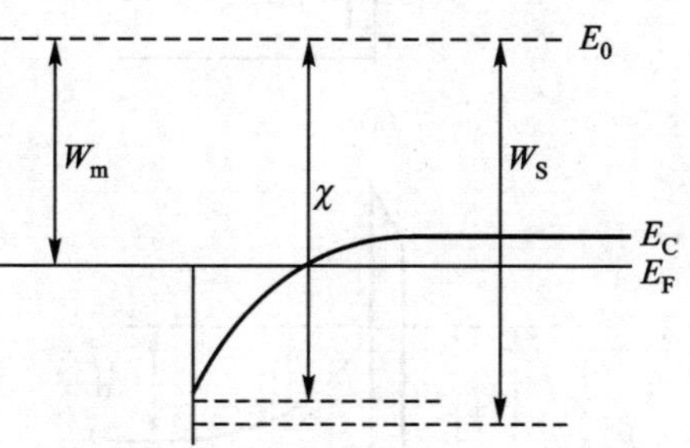

图 6.12 反阻挡层示意图

为了说明势垒高度对金属功函数不敏感这一事实，巴丁很早就提出应考虑到半导体表面可存在密度相当大的本征表面态[10]. 高密度的表面态可对势垒高度起到钳制作用.

按照巴丁模型，现在我们面临三个电子系统，金属、表面态和半导体. 设三个系统各自为电中性时，费米能级分别为：E_{Fm}，$(E_F)_S^0$，E_{FS}. 设表面态在禁带中连续分布. 表面态系统电中性时，$(E_F)_S^0$以上的能级是空的，而$(E_F)_S^0$以下的能级则是满的，和金属中的情况相似. 不同的是，金属中 E_{Fm} 在能带中的位置是固定的，而表面费米能级的位置$(E_F)_S$可以发生变化：$(E_F)_S$高于$(E_F)_S^0$时表面带负电，$(E_F)_S$低于$(E_F)_S^0$时表面带正电. 常把$(E_F)_S^0$称为表面中性能级. 用 N_{SS} 代表$(E_F)_S^0$附近单位能量间隔中的表面态密度，则表面电荷密度 Q_{SS} 可表示为：

$$Q_{SS}=-eN_{SS}\Delta(E_F)_S \qquad (6-2-5)$$

式中 $\Delta(E_F)_S=(E_F)_S-(E_F)_S^0$.

考虑 n 型半导体和金属形成接触后，界面附近的能带图. 设$(E_F)_S^0$位于远离导带边的禁带之中. 为了方便于讨论，引入$(W)_S = E_0 - (E_F)_S^0$. 并设 $W_m < W_S < (W)_S$，如图 6.13(a)所示. 由于三个系统的功函数不相同，在刚形成接触时，各系统的费米能级不在一个水平上. 金属和半导体中的费米能级都高于表面中性能级. 因此，自金属和半导体都将有电子流入表面态，使半导体表面带负电，金属和半导体表面带正电，如图 6.13(b)所示. 电子的再分布一直要持续到三者的费米能级达到同一水平，如图 6.13(c)所示. 由于表面态被填充，表面费米能级应适当上升.

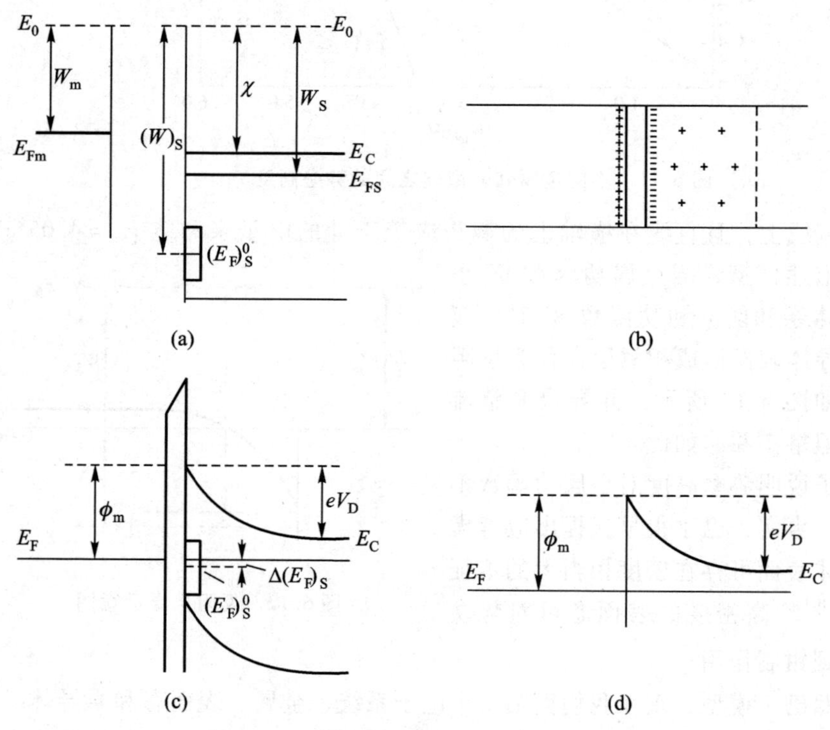

图 6.13 表面态对费米能级的钳制作用

为了看清表面态的作用不妨做一极端假设：在$(E_F)_S^0$附近 N_{SS}可视为无限大. 这时尽管有电子由金属和半导体流入表面态，但由于很大的表面态密度，$(E_F)_S$ 仍保持在$(E_F)_S^0$处不变. 结果金属和半导体的费米能级都被钳制在$(E_F)_S^0$的水平上，称为费米能级钉扎效应. 在这种极端情形下，半导体中势垒的形成并不依赖于金属与之接触. 半导体中的势垒 eV_D等于$(W)_S - W_S$，V_D 不再等于半导体、金属之间的接触电势差. 金属对半导体的影响被表面态屏蔽在半导体之外. 显然，在这种极端情形下，间隙 δ 处存在一电荷偶极层，由$(E_F)_S$和 E_{Fm}之差形成的“接触电势差”完全降落在间隙 δ 之中. 由于金属半导体表面之间的间隙 δ 很小，其中的势垒高度又是有限的，电子仍可自由地隧道穿透该势垒(参看 §6.6)．因此，就电流传输而言，可把图 6.13(c)的能带图简化为图 6.13(d)．可见，在这种极端的情形下，势垒高度 ϕ_m 就等于表面处的 E_C^I 和 $(E_F)_S^0$ 之差 ϕ_0

$$\phi_m = \phi_0 = E_C^I - (E_F)_S^0 = (W)_S - \chi \tag{6-2-6}$$

这种情形称为巴丁极限，这里表面态的地位相当于肖特基模型中的金属(参看式(6-2-2))．由上可以看出，只要表面态密度足够大，就能说明 ϕ_m 对金属功函数的变化不甚敏感这一事实．

在态密度有限的一般情形下，ϕ_m 应写作

$$\phi_m = \phi_0 - \Delta(E_F)_S \tag{6-2-7}$$

$\Delta(E_F)_S$ 的大小决定于功函数差异引起的电荷再分布．先假设半导体为平带，以考虑金属功函数 ϕ_m 的影响．平衡时，间隙中的电子势能差 eV_δ 和 $\Delta(E_F)_S$ 之和应正好补偿 $(W)_S$ 和 W_m 之差

$$(W)_S - W_m = eV_\delta + \Delta(E_F)_S \tag{6-2-8}$$

eV_δ 来源于金属和半导体表面之间的电场 $Q_{SS}/\varepsilon_\delta\varepsilon_0$，由 Q_{SS} 和 $\Delta(E_F)_S$ 之间的关系可得

$$eV_\delta = -e\frac{Q_{SS}}{\varepsilon_\delta\varepsilon_0}\delta = \frac{e^2N_{SS}\delta}{\varepsilon_\delta\varepsilon_0}\Delta(E_F)_S \tag{6-2-9}$$

由以上两式可解出 $\Delta(E_F)_S$ 为

$$\Delta(E_F)_S = \frac{(W)_S - W_m}{1 + \dfrac{e^2N_{SS}\delta}{\varepsilon_\delta\varepsilon_0}} \tag{6-2-10}$$

代入式(6-2-7)可得 ϕ_m 为

$$\phi_m = \phi_0 + \frac{W_m - (W)_S}{1 + \dfrac{e^2N_{SS}\delta}{\varepsilon_\delta\varepsilon_0}} \tag{6-2-11}$$

实际上我们无须进一步考虑表面态和半导体之间的电子交换引起的 $(E_F)_S$ 的变化，因为半导体中空间电荷区比间隙 δ 通常要宽得多．因而为了补偿 W_S 和 $(W)_S$ 之差，半导体和表面态交换电子的数量通常比金属和表面态交换的电子数量要少得多．略去上述影响，上式就是我们的主要结果．令

$$r = \frac{1}{1 + \dfrac{e^2N_{SS}\delta}{\varepsilon_\delta\varepsilon_0}} \tag{6-2-12}$$

可将 ϕ_m 表示为

$$\phi_m = \phi_0 + r\left[W_m - (W)_S\right]$$

$$=(1-r)\phi_0+r[W_m-\chi] \quad (6-2-13)$$

第二步考虑$(W)_S=\phi_0+\chi$. r的大小反映了表面态影响的强弱. 当$N_{SS}\to 0$，$r\to 1$时，上式约化为肖特基模型的式(6-2-2). 可把这种情形称为肖特基极限. $N_{SS}\to\infty$，$r\to 0$则对应于巴丁极限的式(6-2-6). 若利用式(6-2-11)对图6.10的实验结果进行分析，可以得到$N_{SS}\approx 4\times 10^{13}/\mathrm{cm}^3\cdot\mathrm{eV}$，$\phi_0=0.77\ \mathrm{eV}$.

以上我们关于巴丁模型的讨论，都假设了连续分布的表面态. 但原则上，高密度的集中分布的表面态也可把半导体和金属的费米能级钳制在表面态能级附近.

实验表明在许多表面态控制的半导体中，ϕ_m接近于$(2/3)\epsilon_g$，即中性能级大致位于价带顶以上$\epsilon_g/3$处[11]. 图6.14所示为实验测得的势垒高度ϕ_m随半导体ϵ_g的变化. 按此，由p型半导体形成的肖特基势垒有较小的空穴势垒高度. 对于同一金属，n型接触和p型接触势垒高度之和大致等于禁带宽度. 这说明两种情形下表面态的情况几乎是相同的[12].

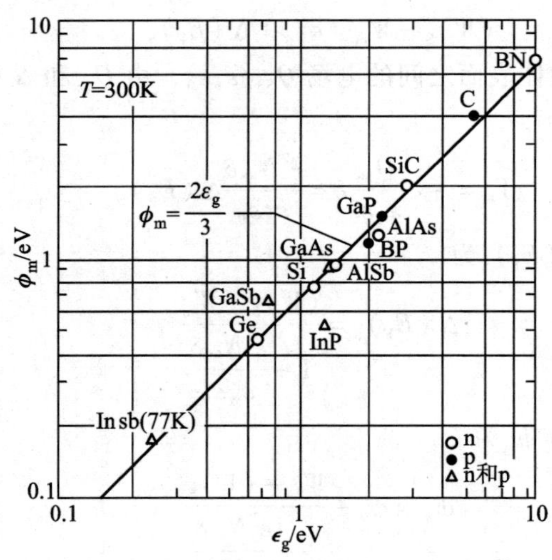

图6.14 由金和一些表面态控制的半导体的接触测得的ϕ_m随ϵ_g的变化

实验表明，并不是所有半导体的势垒高度都受表面态控制. 例如，一些离子性很强的半导体和绝缘体，接近于肖特基极限的情形. 图6.15给出了一些材料的$d\phi_m/dX_m$(对应于r,但这里的X_m是金属的负电性)随化合物中元素负电性差$\Delta X=X_A-X_B$的变化[13]. ΔX可作为化合物离子性强弱的量度. 可见对于离子性强的化合物，肖特基极限适用. 有实验说明，GaN也属于这一类化合物[14].

若异质界面存在高密度的界面态，应可引起类似的钉扎效应. 若界面电中

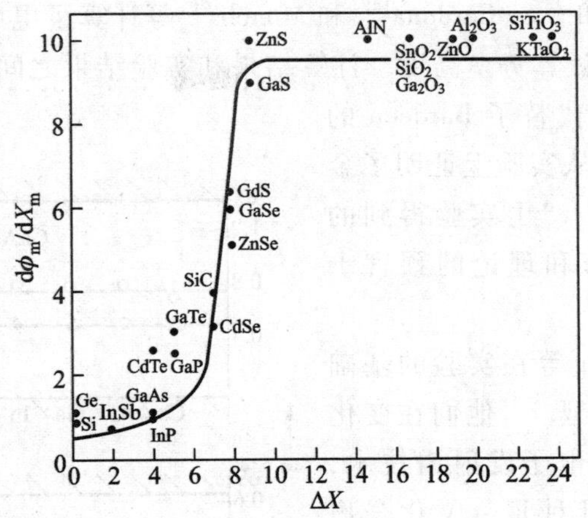

图 6.15　$d\phi_m/dX_m$ 随化合物组成元素负电性差的变化 $d\phi_m/dX_m$

性时的费米能级为$(E_F)_I^0$，则系统的费米能级将被钳制在$(E_F)_I^0$上下．例如，对于 nn 结，应有可能形成图 6.16(b)所示的界面势垒．

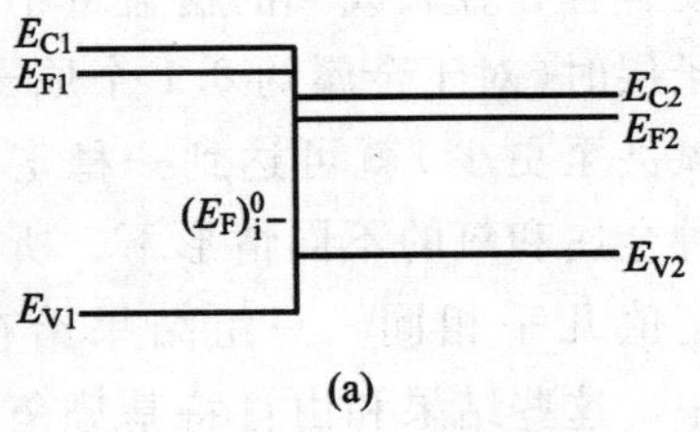

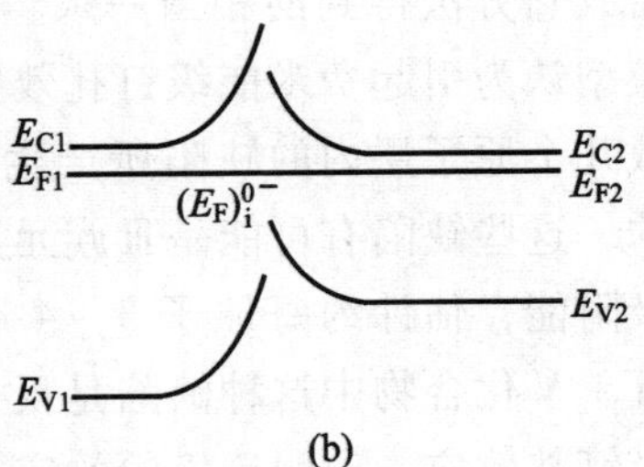

图 6.16　界面态的费米能级的钉扎效应及其对界面附近电势分布的可能影响

表面态的性质

尽管巴丁模型曾被人们所广泛接受，但理论研究以及 20 世纪 70 年代以后对在超高真空中制备的清洁表面上形成的紧密接触的研究表明，这里的表面态不应是巴丁提出的本征表面态．如在§2.8 中已经说明的，GaAs 等的弛豫的(110)面在禁带中并不存在表面态，但却存在费米能级钉扎效应．有理由设想，金属和半导体界面附近的电子的行为和冶金性质都比较复杂．

在理论上 Heine 首先提出[15]，当金属和半导体表面形成紧密接触时($\delta\to0$)，由于金属和半导体之间的相互作用，金属中的电子波函数将渗入半导体的带隙，形成表面隙态，后来称为**金属感生隙态**．Louie 和 Cohen[16] 对 Al-Si(111)界面的计算证实了 Heine 基于简单的物理概念所得到的结论．Tejedor 等[17]指出在半导体表面存在电荷中性能级：在该能级以下，半导体界面带隙中的电荷和价带中的电荷欠缺互相抵消．它实际上不依赖于与之形成接触的金属的性质. Tersoff[18], Cardona[19]和 Mönch[20]等计算了电中性能级. 可在电荷中性能级基础上计算势垒高度. 计算结果和实验结果之间有良好的一致. 这里, 金属感生隙态代替了 Bardeen 的本征表面态. First 等从实验上证明了金属感生隙态的存在[21]. 由实验得到的隙态衰减长度的分布和理论的预言十分一致.

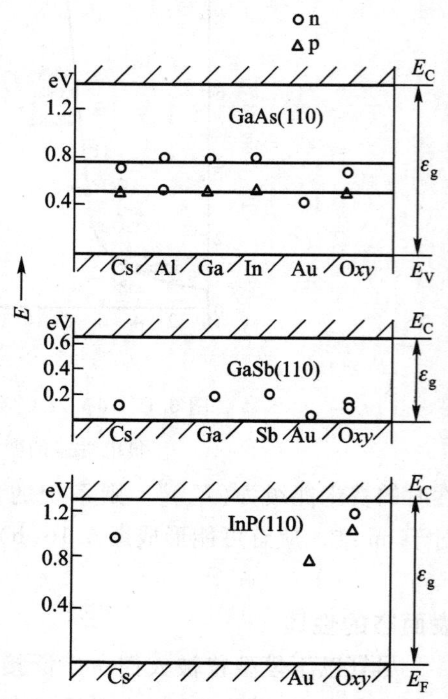

图 6.17 不同金属和氧添加在 n 型和 p 型 GaAs, GaSb, InP 表面后的表面费米能级的位置

另一方面, Spicer 等在实验的基础上提出了统一缺陷模型.[22]他们在变化的表面条件下, 用光电子发射谱技术, 直接测量了 GaAs 等几种Ⅲ－Ⅴ化合物的(110)表面费米能级的位置. 实验证明, 对于完整的(110)表面, 确实并不存在费米能级钉扎效应. 但若表面添加金属或氧, 则表面费米能级将发生移动, 且在金属或氧的覆盖量小于一个原子层时(对于金属约 0.1 个原子层,对于氧甚至更少)就可达到一稳定值. 在各种金属和氧的不同情形下, 所达到的稳定值几乎相同. 一组结果给在图 6.17 中. 这些结果和由肖特基势垒高度以及由其它方法得到的相当一致. 统一缺陷模型认为引起费米能级钉扎效应的是非本征表面态, 由半导体中紧靠表面的少数几个原子层内的缺陷所产生. "统一" 是指产生表面态的晶格缺陷是相同的. 这些缺陷有可能是Ⅲ族元素或Ⅴ族元素的空位. 添加金属或氧时所释放的吸附能, 估计约每原子 3 ~ 4 eV, 可激发上述缺陷. 但后来的研究倾向于在Ⅲ－Ⅴ化合物中这种缺陷是反位缺陷[23]. 少量的氧或金属的吸附产生费米能级钉扎效应, 说明这里的效应不是由金属感生隙态所引起. 但统一缺陷模型还缺少关于缺陷的直接实验证据.

有一种观点认为, 统一缺陷模型的实验结果之所以和金属感生隙态的计算结果一致是因为两者实质上都来源于半导体中的悬挂键.[24]当然金属感生隙态的密度比缺陷引起的非本征表面态要大得多. 值得提到的是: 强的电子辐照引入的缺陷可使半导体晶体中的费米能级达到稳定位置. 对于几种半导体的测量表明, 这样达到的体内费米能级位置和由肖特基势垒测量得到的表面费米能级位置以及金属感生隙态的中性能级的计算结果也十分一致.[25]

近年来，利用弹道电子发射显微术发现肖特基势垒的横向不均匀性.[26]

镜像力和其它因素对势垒高度的影响

在前面的讨论中，我们假设当半导体中不存在空间电荷时能带是平直的（参看图 6.18）. 但在界面另一侧存在金属时，载流子会受到镜像力的作用. 镜像力引起的附加势能可使表面能带向下弯曲，从而使势垒降低. 这个效应称为肖特基效应.

当半导体中的电子到达金属－半导体界面时，该电子将在金属表面感生正电荷. 由于金属中的电力线垂直于界面，感生电荷的作用必定等价于金属中镜面对称位置上的一个正的镜像电荷，如图 6.18(a)所示. 因此在距界面 x 处的电子所受到的镜像力的大小为

$$F=-\frac{e^2}{4\pi\varepsilon'_{\mathrm{S}}\varepsilon_0(2x)^2} \qquad (6-2-14)$$

$\varepsilon'_{\mathrm{S}}$为高频介电常量. 因为以热运动速度飞向界面的电子，其电场来不及使介质充分极化. 镜像力引起的附加势能为

$$-\int_x^{\infty}F\mathrm{d}x=-\frac{e^2}{16\pi\varepsilon'_{\mathrm{S}}\varepsilon_0 x} \qquad (6-2-15)$$

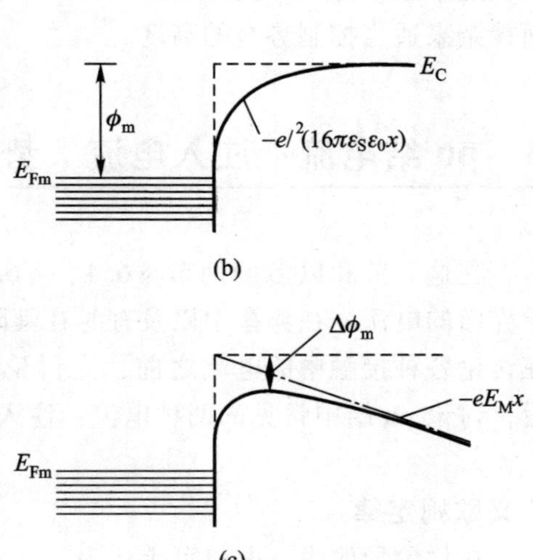

图 6.18　镜像力引起势垒降低的示意图

如图 6.18(b)(c)所示. (c)对应于原来存在势垒的情形，可见镜像力可导致势垒的降低. 作为近似，可认为界面附近由半导体中空间电荷引起的电场恒为 E_{M}. 在镜像力 F 和 eE_{M} 相等处 $x=x_{\mathrm{m}}$，电子有最大势能. 在 x_{m}处有

$$eE_{\mathrm{M}}=\frac{e^2}{16\pi\varepsilon'_{\mathrm{S}}\varepsilon_0 x_{\mathrm{m}}^2} \qquad (6-2-16)$$

由之可解出 x_{m} 为

$$x_{\mathrm{m}}=\frac{1}{4}\left(\frac{e}{2\pi^2\varepsilon'_{\mathrm{S}}\varepsilon_0 N(V_{\mathrm{D}}-V)}\right)^{1/4} \qquad (6-2-17)$$

当 $V_{\mathrm{D}}-V\approx 1$ V，$N\approx 10^{16}/\mathrm{cm}^3$，$x_{\mathrm{m}}$ 约为 20Å. 电场 E_{M} 和镜像力都使 x_{m} 处电子势

能降低，降低的量 $\Delta\phi_m$ 为

$$\begin{aligned}\Delta\phi_m &= eE_M x_m + \frac{e^2}{16\pi\varepsilon_S'\varepsilon_0 x_m} = 2e\left(\frac{eE_M}{16\pi\varepsilon_S'\varepsilon_0 x_m}\right)^{1/2} \\ &= \left(\frac{e^7 N_D(V_D - V)}{8\pi\varepsilon'^2_S\varepsilon_S\varepsilon_0^3}\right)^{1/4} \\ &= 25.7\left(\frac{N_D}{10^{16}\,\mathrm{cm}^3}\right)^{1/4}\left(\frac{V_D - V}{1\ \mathrm{V}}\right)^{1/4}\left(\frac{12}{\varepsilon_S'}\right)^{2/4}\left(\frac{12}{\varepsilon_S}\right)^{1/4}\quad[\mathrm{meV}]\end{aligned} \tag{6-2-18}$$

第三步代入了式(6－1－15)的界面最大电场值．可见可引起10meV量级的势垒降低．降低的量随外加电压而变化．反向电压下，镜像力对势垒高度有较大影响．这是因为势垒愈陡峭，镜像力的影响愈显著．对于反向特性，通常应考虑上述修正．另一方面，由上式可见，掺杂浓度较高，修正较大．应可通过表面掺杂来适当控制势垒的高度．

§6.3　pn结电流：注入电流　势垒区产生复合电流

在这一节和以后的两节§6.4、§6.6中我们要讨论上面各种接触中垂直于界面的电流．在势垒中以及有时在其附近，载流子的分布是不均匀的．因此在讨论各种接触中的电流之前，先讨论支配不均匀半导体中电流的规律．然后，讨论pn结中常见的两种电流：注入扩散电流和势垒区产生复合电流．

广义欧姆定律

在均匀导体中，电流可表述为

$$j = ne\mu_n\left(-\frac{\mathrm{d}V}{\mathrm{d}x}\right) = n\mu_n\frac{\mathrm{d}E_C}{\mathrm{d}x} \tag{6-3-1}$$

第二步因为 E_C 的变化由电场引起．在均匀的中性导体中，E_C 和 E_F 之间的距离保持不变，可把上式改写为

$$j = n\mu_n\frac{\mathrm{d}E_F}{\mathrm{d}x} \tag{6-3-2}$$

但上式具有更基本的意义．因为它反映了一个基本原理：费米能级的差异引起载流子的流动．

在非均匀半导体中，不仅存在由式(6－3－1)描述的漂移电流，而且还存在扩散电流．电流可一般表示为

$$j = n\mu_n\frac{\mathrm{d}E_C}{\mathrm{d}x} + eD_n\frac{\mathrm{d}n}{\mathrm{d}x} \tag{6-3-3}$$

载流子浓度 n 的变化伴随着 $E_C - E_F$ 的改变

$$n(x) = N_C e^{-\frac{E_C(x) - E_F(x)}{k_B T}} \tag{6-3-4}$$

于是可得

$$\frac{dn}{dx} = \frac{n(x)}{k_B T}\left[-\frac{d(E_C - E_F)}{dx}\right] \tag{6-3-5}$$

将上式代入式(6-3-3)，并考虑到爱因斯坦关系，可得式(6-3-2).

和式(6-3-3)相比，式(6-3-2)大大简化了对电流的描述. 该式说明，一般来说，是否存在电流并不单纯取决于是否存在电场，而是取决于dE_F/dx是否为零，即E_F是否存在梯度. 式(6-3-2)还说明，由于电流连续，E_F梯度的大小与该处载流子浓度 n 的大小密切相关：在 n 大的区域E_F变化平缓，E_F主要降落在载流子浓度低的地方. 因此该式能帮助我们分析势垒区E_F的变化，有时甚至可利用它求得通过势垒的电流(参看§6.4 中的扩散理论).

同质 pn 结的注入扩散电流[1]

先就正向偏置下的pn结中载流子的流动和分布情况作一些讨论. 正向电压使势垒降低，从而使势垒区电场减弱. 结果是，势垒区中电子和空穴的扩散超过漂移. 于是将有电子和空穴自多子区注入对方. 进入对方的载流子，只要数量不是很大，作为少子存在. 这些注入中性区的少子，依靠梯度向纵深扩散. 在稳定条件下，这里少子的扩散问题和§5.2 中讨论过的一维稳定扩散问题相同：注入的载流子，边扩散，边复合，形成指数衰减分布. 对于小注入，即在势垒边界 x_p 及 x_n 处(参看图 6.19)，$\Delta n(x_p) \ll p_p^0$，$\Delta p(x_n) \ll n_n^0$，x_p 及 x_n 处电子和空穴扩散电流 j_n 和 j_p 可分别写作

$$j_n(x_p) = e\frac{D_n}{L_n}\Delta n(x_p) \tag{6-3-6}$$

$$j_p(x_n) = e\frac{D_p}{L_p}\Delta p(x_n) \tag{6-3-7}$$

在§5.2 中已说明过，不管$\Delta n(x_p)$，$\Delta p(x_n)$为正抑或为负，上式都是正确的.

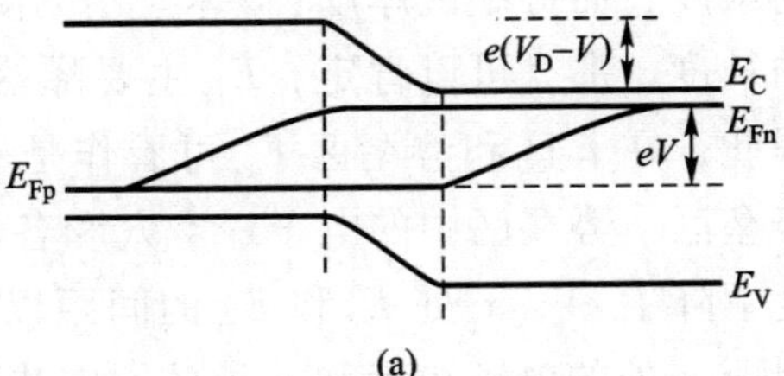

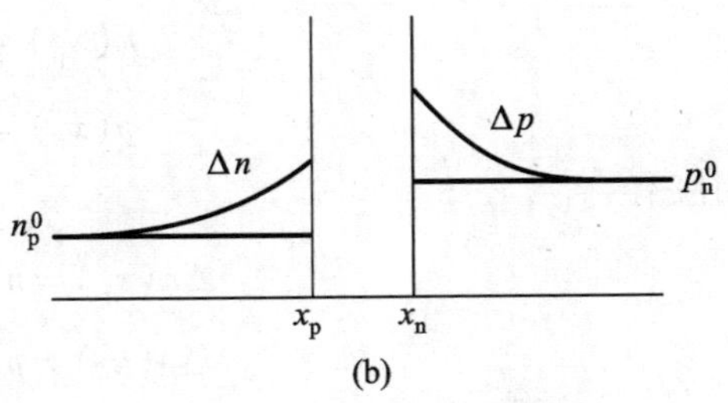

图 6.19 (a)正向 pn 结的能带图(b)注入少子的分布

通过 pn 结的总电流可以写作通过同一截面的电子电流和空穴电流之和：

$$j = j_n(x) + j_p(x) \tag{6-3-8}$$

如果忽略电子和空穴在势垒区的复合，即在势垒区内电子电流和空穴电流都保持不变，则有 $j_p(x_p) = j_p(x_n)$. j 可改写作：

$$\begin{aligned} j &= j_n(x_p) + j_p(x_n) \\ &= e\frac{D_n}{L_n}\Delta n(x_p) + e\frac{D_p}{L_p}\Delta p(x_n) \end{aligned} \tag{6-3-9}$$

于是 pn 结电流问题便归结为求 x_p 及 x_n 处，即势垒边界处少子浓度的问题.

下面通过分析势垒附近 E_F 的变化，来得到势垒边界处的 $\Delta n(x_p)$ 和 $\Delta p(x_n)$. 注入少子的存在说明在势垒区附近已不存在统一的费米能级. 引入电子和空穴的准费米能级 E_{Fe} 和 E_{Fh}. 在离势垒区很远，注入过剩少子消失的地方，两者仍应分别统一于 n 区的费米能级 E_{Fn} 和 p 区的费米能级 E_{Fp}，如图 6.19(a)所示. 由于外加电压主要加在高阻的势垒区，势垒区以外的多子区 E_C，E_V 连同 E_{Fn}，E_{Fp} 一起可看作是平直的. 因而有

$$E_{Fn} - E_{Fp} = eV \tag{6-3-10}$$

势垒高度则由 eV_D 降低为 $e(V_D - V)$. 于是，从 n 区到 p 区，准费米能级 E_{Fe} 和 E_{Fh} 逐渐降低，作为推动电子和空穴流向对方的动力. 但式(6-3-1)说明，准费米能级主要降落在载流子浓度最低的地方. 作为例子，考察 E_{Fe} 的变化. 如果考虑到势垒的大部分区域内的电子浓度远高于作为少子在 p 区的浓度；而势垒区厚度(微米、亚微米量级)又远小于势垒以外电子扩散区的长度，那么可以肯定，E_{Fe} 主要降落在势垒区以外的注入电子的扩散区. 因此，在 n 区和势垒区 E_{Fe} 可看作是平直的. 同理，E_{Fh} 也水平穿过 p 区和势垒区. 势垒区中的电子、空穴和各自的多子区处于准平衡. 由于势垒高度下降了 eV，x_p 处 E_C 和 E_{Fe} 的间距以及 x_n 处 E_{Fh} 和 E_V 的间距都下降了 eV. 因而 x_p 处的电子浓度和 x_n 处的空穴浓度分别增加为

$$n(x_p) = n_p^0 e^{\frac{eV}{k_B T}} \tag{6-3-11}$$

$$p(x_n) = p_n^0 e^{\frac{eV}{k_B T}} \tag{6-3-12}$$

相应有

$$\Delta n(x_p) = n_p^0 \left(e^{\frac{eV}{k_B T}} - 1\right) \tag{6-3-13}$$

$$\Delta p(x_n) = p_n^0 \left(e^{\frac{eV}{k_B T}} - 1\right) \tag{6-3-14}$$

以上的讨论和结果对于反向偏压也适用. 只是对于反向偏压，由于势垒升高，$\Delta n(x_p)$ 和 $\Delta p(x_n)$ 具有负值.

将以上结果代入式(6－3－9)，可得：

$$j=\left(\frac{D_{\mathrm{p}}p_{\mathrm{n}}^{0}}{L_{\mathrm{p}}}+\frac{D_{\mathrm{n}}n_{\mathrm{p}}^{0}}{L_{\mathrm{p}}}\right)\left(\mathrm{e}^{\frac{eV}{k_{\mathrm{B}}T}}-1\right)$$

$$=j_0\left(\mathrm{e}^{\frac{eV}{k_{\mathrm{B}}T}}-1\right) \qquad (6-3-15)$$

对于正向，当 $eV/k_{\mathrm{B}}T\gg1$ 时，括号中的 1 可略去，电流随电压指数式增长．对于反向，当 $eV/k_{\mathrm{B}}T\ll1$，指数项可以忽略，电流值趋向饱和值 j_0．在实际 pn 结中，往往一边的掺杂浓度远高于另一边，因而是一种载流子电流占优势．例如，若 $n_{\mathrm{n}}^{0}\gg p_{\mathrm{p}}^{0}$，从而 $n_{\mathrm{p}}^{0}\gg p_{\mathrm{n}}^{0}$，则电子电流占主导．

可将 j_0 表示为以下不同形式：

$$j_0=e\left(\frac{D_{\mathrm{p}}p_{\mathrm{n}}^{0}}{L_{\mathrm{p}}}+\frac{D_{\mathrm{n}}n_{\mathrm{p}}^{0}}{L_{\mathrm{n}}}\right)$$

$$=e\left(\frac{L_{\mathrm{p}}}{\tau_{\mathrm{p}}n_{\mathrm{n}}^{0}}+\frac{L_{\mathrm{n}}}{\tau_{\mathrm{n}}p_{\mathrm{p}}^{0}}\right)n_{\mathrm{i}}^{2}$$

$$=e\left(\frac{L_{\mathrm{p}}}{\tau_{\mathrm{p}}n_{\mathrm{n}}^{0}}+\frac{L_{\mathrm{n}}}{\tau_{\mathrm{n}}p_{\mathrm{p}}^{0}}\right)N_{\mathrm{C}}N_{\mathrm{V}}\mathrm{e}^{-\frac{\epsilon_{\mathrm{g}}}{k_{\mathrm{B}}T}}$$

$$=e\left(\frac{L_{\mathrm{p}}p_{\mathrm{n}}^{0}}{\tau_{\mathrm{p}}}+\frac{L_{\mathrm{n}}n_{\mathrm{p}}^{0}}{\tau_{\mathrm{n}}}\right) \qquad (6-3-16)$$

第二个等式可由 $n_{\mathrm{n}}^{0}p_{\mathrm{n}}^{0}=p_{\mathrm{p}}^{0}n_{\mathrm{p}}^{0}=n_{\mathrm{i}}^{2}$ 得到．它说明在掺杂大体相同的情形下，不同半导体的反向电流取决于 n_{i}^{2} 的大小．n_{i}^{2} 和比值 $\epsilon_{\mathrm{g}}/k_{\mathrm{B}}T$ 密切相关．因此，ϵ_{g}较大的半导体 Si，GaAs 的结比 Ge 的结可在更高温度下工作．宽禁带的半导体 GaN，SiC 等具有更好的高温特性，也是受到重视的重要原因．Si 和 GaAs 结可在 200，300℃工作，而 GaN 和 SiC 结的工作温度则可高于 350℃～500℃．[14,26] 结的高的工作温度，加上它们大的热导率，意味着器件能承受更高的功率．

第三个等式可由关于 n_{i} 的式(3－3－4)得到．此式可以用来说明 ϵ_{g}对正向伏安特性的影响．当 $eV/k_{\mathrm{B}}T\gg1$ 时，在大体相同的条件下，正向电流的大小取决于因子 $\exp[-(\epsilon_{\mathrm{g}}-eV)/k_{\mathrm{B}}T]$．可见，$\epsilon_{\mathrm{g}}$大的材料要在更高的电压下，才能得到大体相同的电流，如图 6.20 所示．

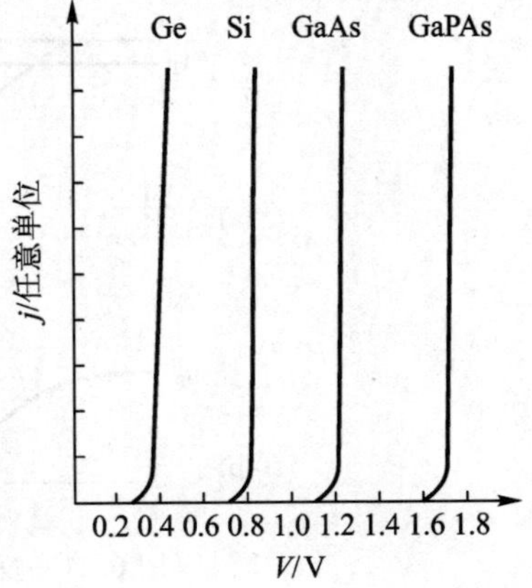

图 6.20 Ge，Si，GaAs，GaPAs pn 结的正向特性

第四个等式可由第一个等式括号中的两个因子上下各乘 L_{n}，L_{p} 并利用 $L^2=D\tau$ 得到．

乘以 $\exp(eV/k_BT-1)$后，其中电子项的分子 $L_n n_p^0[\exp(eV/k_BT-1)]$为单位面积注入的电子总数．除以 τ 则得到单位时间内在扩散区内复合掉的电子总数．可见，在正向偏压下，通过扩散注入的少子全部复合掉了．

式(6－3－15)的结果只适用于小注入情形．但注入的载流子数量和多子可比拟时，施加在势垒区外的电压不再能够忽略．注入载流子的运动不能再按少子处理．对于这种情形我们不作进一步讨论．

前面在导出式(6－3－15)的伏安特性的每一关键步骤我们都说明了，它对于反向电压或对于边界处 Δn，Δp 具有负值的情形都是适用的．这里我们进一步对反向电流的性质作一些说明．反向偏压下的 pn 结能带图示于图 6.21(a)．和正向的情形相似，E_{Fe}和 E_{Fh}仍水平通过势垒区．反向电压的作用是对少子进行抽取．这使势垒边界 x_p和 x_n处及其外的扩散区中的少子浓度低于平衡值(这反映在图 6.21(a)中少子的准费米能级离开带边更远)，在其中将不断有载流子产生．参看图 6.21(b)，不难看出，所产生的载流子通过越来越大的梯度输运至势垒边界．因此，在 x_p处和 x_n处被抽取的少子全数是扩散区内所产生的．当反向电压逐渐增大，由式(6－3－13)，(6－3－14)(其中 V 具有负值)可见，$\Delta n(x_p)$，$\Delta p(x_n)$趋向于恒定值 $-n_p^0$，$-p_n^0$，因而 x_p和 x_n处电子和空穴的产生速率也趋于恒定，分别为 n_p^0/τ_n 和 p_n^0/τ_p．可见，反向电流实质上是少子扩散区的产生电流．j_0/e 就等于以上述产生速率，在一个扩散长度的范围内，单位时间所产生的载

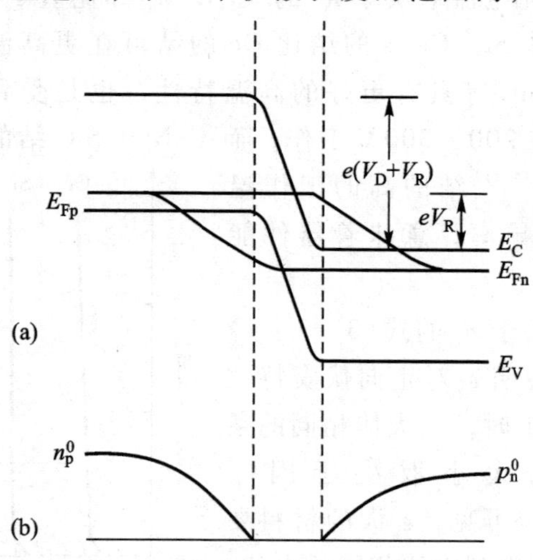

图 6.21 反向 pn 结能带图(a)和少子分布(b)．图中的 V_R 表示反向电压

流子数. 因此，由 j_0 所代表的反向电流的饱和正是受到了有限的热产生的限制. 如果有任何外因可向扩散区约一个扩散长度的范围内注入(光注入或电注入)少子，则这些少子都将会被势垒区强场所抽取，形成附加的反向电流. 双极晶体管、光电池等重要的半导体器件都利用了这一点.

Ge 的 pn 结的伏－安特性能够由式(6－3－15)加以描述，如图 6.22 所示.

现在我们再从另一个角度总结一下对 pn 结电流的认识. 远离界面的 n 型一边的深处全部为多子电子的漂移电流. 另一边 p 型深处则全部为多子空穴的漂移电流. 电子电流和空穴电流的转换是通过电子和空穴在结附近的复合(正向)或产生(反向)来实现的(参看图 6.23). 复合或产生和载流子的过剩或欠缺的非平衡状态相联系. 这种非平衡状态可通过施加电压改变势垒高度来形成. 正向电流的大小直接和过剩载流子的存储量的大小联系着.

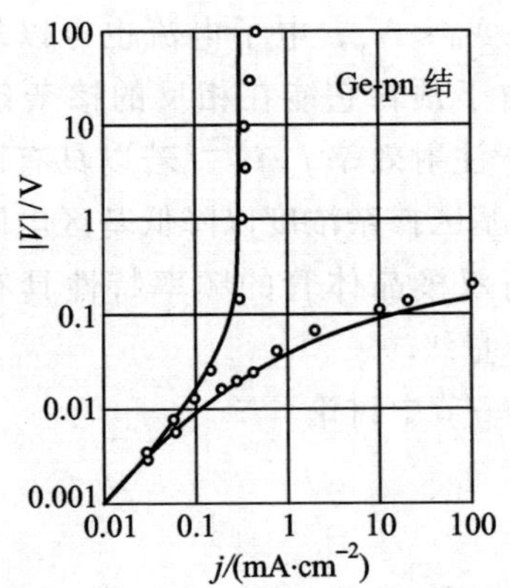

图 6.22 Ge 的 pn 结的伏－安特性与理论曲线的比较

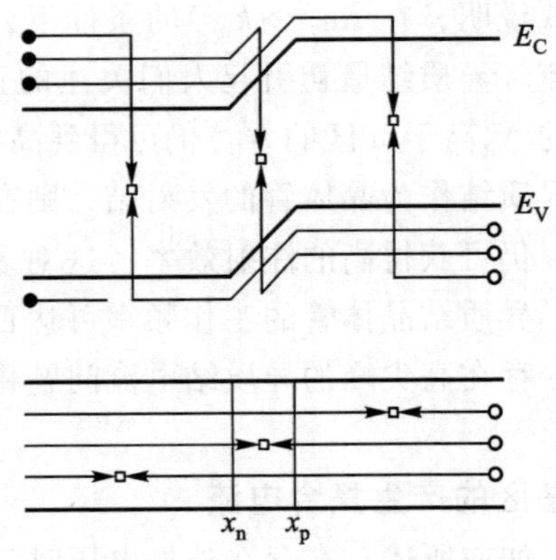

图 6.23 正向偏置的 pn 结中电子电流和空穴电流的转换

最后我们要强调，注入过剩载流子是 pn 结的一个极为重要的性质. 双极晶体管，半导体发光二极管和半导体激光器等都是利用了 pn 结的这一性质.

低尖峰异质 pn 结的注入扩散电流

我们来考察图 6.6(b)所示异质 pn 结中的电流. 假设导带中的尖峰的高度在所讨论的电压范围内低于 p 型区的导带底，因而可略去尖峰在电子传输中的阻碍作用(关于这一点,在下一节还要作进一步的说明)，即仍可认为电子准费米能级 E_{Fe} 水平通过包括尖峰在内的势垒区. 在此情形下，对于同质 pn 结得到的，借助于 n_p^0 和 p_n^0 表述的式(6－3－15)仍然是正确的. 但是，联系 n_p^0 和 n_n^0 的式

(6－1－5)不再成立．由于导带的带阶使电子的势垒降低了 ΔE_C，式(6－1－5)应修改为

$$n_p^0 = n_n^0 \exp\left(-\frac{eV_D - \Delta E_C}{k_B T}\right) \tag{6-3-17}$$

类似地，由于价带的带阶使空穴势垒上升了 ΔE_V，p_n^0和 p_p^0之间的关系变为

$$p_n^0 = p_p^0 \exp\left(-\frac{eV_D + \Delta E_V}{k_B T}\right) \tag{6-3-18}$$

在写出以上两式时略去了两种半导体导带和价带等效态密度的差异．由于空穴面临的势垒比电子高 $\Delta\epsilon_g = \Delta E_C + \Delta E_V$，在借助于两边的多子浓度 $n_n^0 = N_D$和$p_p^0 = N_A$来比较电子和空穴注入电流时将比同质结多一个指数因子 $\exp(\Delta\epsilon_g/k_B T)$：

$$\frac{j_n}{j_p} = \frac{N_D D_n L_p}{N_A D_p L_n} \exp\left(\frac{\Delta\epsilon_g}{k_B T}\right) \tag{6-3-19}$$

上式说明，在 $\Delta\epsilon_g \gg k_B T$ 的条件下，即使 $N_D < N_A$，电子电流也可以超过空穴电流．异质结最初引起人们关注的正是由于预料它能在相反的掺杂条件下(p区的 N_A高于 n 区的 N_D)仍可得到高的电子注射效率 j_n/j.[27]若以具有以上特性的异质结作为晶体管的发射结，则在提高基区掺杂浓度以降低基区电阻的条件下，仍可获得高的注射效率．这对于提高双极晶体管的频率特性具有重要意义．异质结晶体管的工作频率可达百 GHz 量级．

存在高尖峰的异质结电流问题将在下一节中讨论．

势垒区的产生复合电流[28]

如前所述，在存在外加电压时，pn 电流决定于电子、空穴的复合或产生．但我们在上面的讨论中，略去了在势垒区的产生和复合．这样做并不总是正确的．

例如，对于 Ge 由上述近似得到的式(6－3－15)能很好地描述其伏安特性，但对 Si 则不然．这是因为，在宽禁带的半导体中，势垒区中的产生或复合可比扩散区的大得多．因此，在一般情形下，应将 pn 结电流表示为

$$j = j_n(x_p) + j_p(x_n) + j_{rg} \tag{6-3-20}$$

式中 j_{rg}代表势垒区正向情形的复合电流 j_r，或反向情形的产生电流 j_g．前两项则是电子和空穴扩散区的产生复合电流．

下面我们先讨论正向的 j_r．可以利用复合速率 R 把复合电流表示为

$$j_r = e\int_{x_p}^{x_n} R\,\mathrm{d}x \tag{6-3-21}$$

复合通常通过复合中心进行．R 由式(5－8－21)给出．为了简化讨论，下面假

设 $r_n = r_p = r$，$E_t = E_i$，因而有 $n_1 = p_1 = n_i$. 用 $1/\tau$ 表示 $N_t r$，τ 对应于势垒区以外的寿命. 于是式(5-8-21)可简化为

$$R = \frac{1}{\tau} \frac{np - n_i^2}{n + p + 2n_i} \tag{6-3-22}$$

由于 E_{Fe} 和 E_{Fh} 水平通过势垒区，并有恒定的间距 eV，np 可写作：

$$np = n_i^2 \, e^{\frac{eV}{k_B T}} \tag{6-3-23}$$

在包括边界在内的整个势垒区，np 值不随位置变化. 在 $eV \gg k_B T$ 的条件下，可以略去分子中的 n_i^2，但分母中的 n 和 p 是随位置变化的，因此在势垒区的不同点 R 的大小不同. 在势垒区边界，$n = n_n^0$ 或 $p = p_p^0$ 很大，R 相对较小. 但在进入势垒区后，电子和空穴浓度迅速降低，R 迅速增加. 由于在势垒区 np 不变，当 $n = p$ 时，$n + p$ 最小，R 达最大值. 在这一点 E_{Fe}，E_{Fh} 和 E_i 有相同的间距，为 $eV/2$，这时 $n = p = n_i \exp(eV/2k_B T)$，因而 R 的最大值 R_M 为：

$$R_M = \frac{n_i}{2\tau} e^{\frac{eV}{k_B T}} \tag{6-3-24}$$

对复合电流的贡献，主要来自该点附近的一个薄层. 因此 j_r 可近似写作

$$j_r = R_M e\delta = \frac{n_i e\delta}{2\tau} e^{\frac{eV}{2k_B T}} \tag{6-3-25}$$

式中 δ 为一等效厚度. 在 R 达到最大处，载流子的势能变化为 $k_B T$ 量级的空间范围为有效复合区. 因为在此范围内，$n + p$ 仍较小因而仍有较大的 R 值. 等效厚度 δ 约为势垒区厚度的几十分之一.

与扩散电流相比，上式给出的电流对电压有不同的依赖关系，随电压上升得比较缓慢. 因此，势垒区复合电流有可能在小偏压下占优势. 扩散电流会在大的偏压下占优势.

现在我们将势垒区复合电流 j_r 和相同电压下的注入扩散电流 j_D 进行比较. 假设电子注入电流远大于空穴注入电流，只取电子项，并略去括号中的 1. 可以得到

$$\begin{aligned} \frac{j_r}{j_D} &\approx \frac{\delta}{2L_n} \frac{n_i}{n_p^0} e^{-\frac{eV}{2k_B T}} = \frac{\delta}{2L_n} \frac{N_A}{n_i} e^{-\frac{eV}{2k_B T}} \\ &\approx \frac{\delta}{2L_n} \frac{N_A}{\sqrt{N_C N_V}} e^{\frac{\epsilon_g - eV}{2k_B T}} \end{aligned} \tag{6-3-26}$$

第二步利用了 $n_p^0 = n_i^2/N_A$. 综合起来看，在 $eV < \epsilon_g$ 的较小偏压和较低温度下，j_r 可以占优势. 在图 6.24 关于 Si pn 结的 $I-V$ 特性[29]中，正向特性的(a)段对应于势垒区复合电流. 在 GaAs - GaAlAs 结中，在小偏压下，复合电流也可起重要作用.[30]

考虑反向电压下的产生电流 j_g. 对于 V 具有负值的反向偏置，在 E_{Fe} 及 E_{Fh} 和

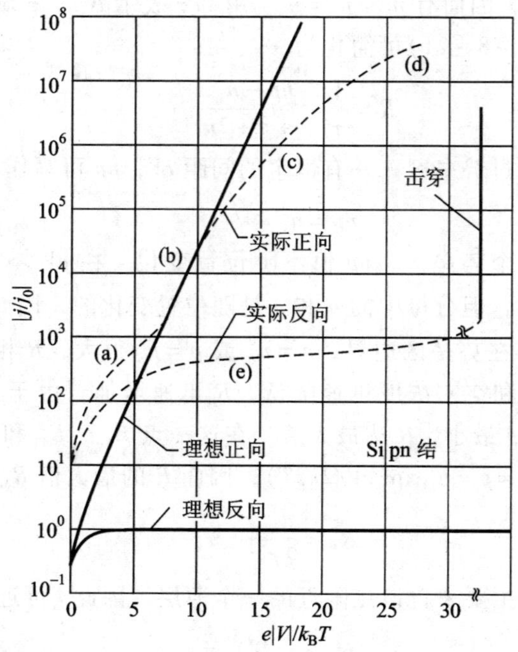

图 6.24 Si pn 结的正反向电流

E_i 相交的两点之间的势垒区的大部分，有 $n,p \ll n_i$ *. 可略去式(6-3-22)R 中的 n 和 p. 在一般情形下，和 n，p 相联系的中心的俘获，可部分抵消电子和空穴自中心上激发，因而可抑制电子空穴对的产生. 而反向偏置的势垒区所特有的这种深度耗尽 n，$p \ll n_i$，意味着抑制产生的过程消失，这可使势垒区的产生速率增大若干数量级. 于是可把 $G = -R$ 粗略地近似写作：

$$G \approx \frac{n_i}{2\tau} \tag{6-3-27}$$

可得势垒区产生电流 j_g 为

$$j_g \approx \frac{en_i d}{2\tau} \tag{6-3-28}$$

式中把少子产生区的有效厚度近似取为势垒区厚度 d. 由于势垒区厚度 d 随反

---

* 严格地说，针对某一定复合中心，应将 G 写作 $G = r_n r_p N_t n_i^2 / (r_n n_1 + r_p p_1)$. 若同时存在浓度和俘获截面都相近的两种深能级杂质时，E_t 离 E_i 愈远，$r_n n_1 + r_p p_1$ 愈大，G 愈小，从而可导致较小的反向电流. Pt 在 Si 中产生的深能级比 Au 在 Si 的深能级离 E_i 更远[32]. 在需要掺适当深能级杂质控制寿命时，掺 Pt 比掺 Au 可导致更小的反向漏电流. 此外铂的固溶度随温度的变化比较平缓其浓度更易于精确控制[33]

向电压而缓慢增加，由势垒区的产生所贡献的反向电流不会饱和．和扩散区的产生电流 j_0 比较，若只取其中和电子有关的项，则有

$$\frac{j_g}{j_0} \approx \frac{n_i d}{2n_p^0 L_n} \approx \frac{N_A d}{2n_i L_n} \qquad (6-3-29)$$

第二步 n_i 由分子转移到分母同样是因为 $n_p^0 = n_i^2/N_A$．对于 n_i 小的情形，例如 Si 或 GaAs[31] 的 pn 结，即使 $d \ll L_n$，通常仍可有 $N_A d \gg n_i L_n$，即产生电流 j_g 占优势．在图 6.24 关于硅 pn 结的 $I-V$ 特性中，对考虑及未考虑势垒区产生的反向电流作了比较．关于硅 pn 结中产生复合电流的重要性还可参看 §7.5 中关于栅控二极管的讨论．

这里虽然 $j_g \propto n_i$，不同于前面讨论过的 $j_0 \propto n_i^2$，但两者的大小都取决于比值 $\epsilon_g/k_B T$．因此，前面关于宽禁带半导体有利于在高温工作的结论仍然有效．

要指出的是，在导出式(6-3-15)的注入扩散电流时，我们并没有就产生复合的机制做任何假设．但在空间电荷区的产生复合的讨论中，我们一开始就锁定了通过复合中心的产生、复合．这是因为对于其它机制，空间电荷区的贡献通常比较小．在势垒区只有通过复合中心的复合才是重要的．

异质结中一种可能的复合电流将在下一节中介绍．

6.4　肖特基势垒电流　尖峰发射

在通常条件下，肖特基二极管的电流是由多数载流子通过尖峰的发射形成的．但在有些情形下，少子注入电流，势垒区复合电流和隧道穿透电流也可以有重要贡献．这一节中我们主要讨论通过尖峰的发射电流，并将所得结果和少子注入电流及势垒区复合电流进行比较．有关肖特基势垒的隧道穿透将在 §6.6 中讨论．在具有高尖峰的异质结中，电流问题也涉及尖峰发射，和肖特基势垒的电流问题相似，也放在这里讨论．

早在 20 世纪 30 年代末和 40 年代初就发展了两种理论：两极管理论和扩散理论．这两种理论对应于不同实际条件．下面我们先一般讨论尖峰发射电流是如何形成的，然后分别介绍上述两种理论，并进而介绍两者的综合理论，在此基础上讨论两种理论的适用条件．

尖峰发射电流的形成

为了更好地了解这两种理论，我们来考察一下图 6.25(a)中的正向偏压下的肖特基势垒．正向偏压使半导体内部的费米能级 E_{FS} 比金属中的 E_{Fm} 高出 eV，驱动电子由半导体流向金属．半导体中的载流子流向金属可分为两步．首先要

通过势垒区到达金属半导体界面；然后在界面附近向金属发射. 为驱动电子由半导体内部扩散到表面，在势垒区费米能级要有一定的降落 $E_{FS}-E_{FI}$. E_{FI}代表半导体在界面处的费米能级. E_F变化的斜率反比于载流子浓度，在界面附近载流子浓度最低处变化斜率应最大. 一般说，在界面两边，即在半导体和金属之间，费米能级也应有一定降落 $E_{FI}-E_{Fm}$，其作用在于提高界面处半导体中的电子浓度，使界面处电子由半导体向金属的发射超过由金属向半导体的发射，从而形成正向电流. 界面处费米能级降落的大小应正好使由内部传输来的电子都能在界面处发射到金属中，而不造成积累. 这就是说，费米能级在体内的降落 $E_{FS}-E_{FI}$和在界面两侧的降落 $E_{FI}-E_{Fm}$的大小受电流连续调节.

现在我们来考察两种极端情况. 一种情况是：为使电子扩散到半导体表面，阻挡层内的费米能级降落 $E_{FS}-E_{FI}$可以忽略不计，费米能级水平通过势垒区. 阻挡层厚度 d 小于平均自由程 l 的薄势垒就属于这种情形，如图 6.25(b)所示. 在这种情形下，处于势垒边界处能量足够高的电子，可以自由通过势垒区，在界面发射到金属中. 外加电压完全用于提高半导体中能向金属发射的电子浓度. 两极管理论[34]最初正是针对这种情形提出的. 问题归结为计算在半导体中有多少能量足够高的电子能发射到金属中.

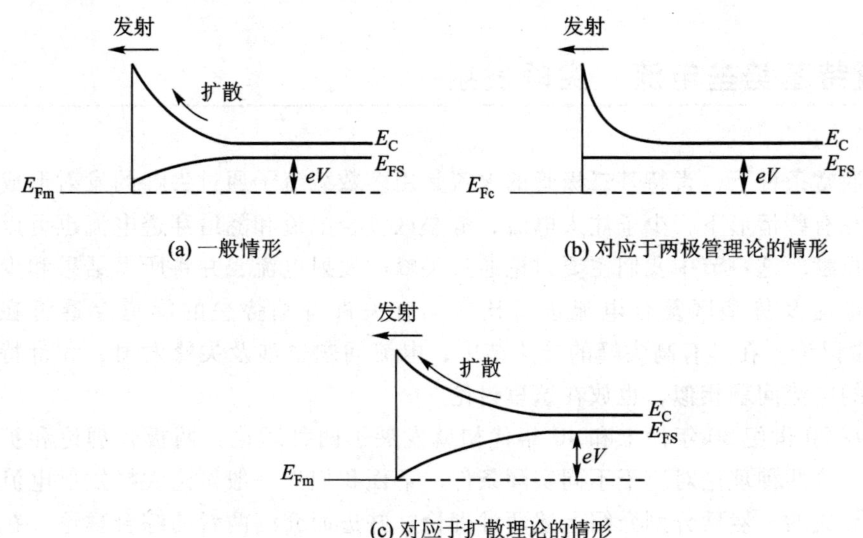

图 6.25 不同情形下势垒区中费米能级的变化

另一种极端情况是：费米能级降落在势垒区，驱动载流子扩散到半导体表面. 而界面处 E_F降落可忽略不计. 这时，可近似认为在界面处金属和半导体具有相同的费米能 $E_{Fm}=E_{FI}$，如图 6.25(c)所示. 扩散理论[35]是针对这种情形提出. 问题归结为费米能级在势垒区的降落 $E_{FS}-E_{FI}$能引起多大的电流.

以下先介绍这两种理论．然后再讨论这两种理论的适用条件的问题．

电子热发射理论[34]

即两极管理论．如前所述，这种理论的提出最初基于以下假设：势垒足够薄，以至半导体中处于势垒边缘的能量足够高的电子能够不经碰撞地发射到金属中．这里我们先把它作为充分条件来接受．按上述物理图像，电子通过势垒区没有阻力．可以把计算电流的地点设定在离金属－半导体界面一个自由程内的任何一点，例如，我们选在和界面的距离为 d 的势垒区边缘．

设发射沿 x 方向．在外加电压为 V 时，半导体中的势垒高度为 $e(V_D-V)$．只有那些向 x 方向运动且相关的动能超过势垒高度，即满足以下条件的电子

$$\frac{\hbar^2k_x^2}{2m}>e(V_D-V) \tag{6-4-1}$$

才能越过势垒．由上式可得能越过势垒的电子的 k_x 的下限：

$$k_x>\left(\frac{2me\,(V_D-V)}{\hbar^2}\right)^{1/2} \tag{6-4-2}$$

由对满足条件的电子求电流，可得到由半导体向金属发射的电流 j_{sm}：

$$j_{sm}=\frac{2e}{(2\pi)^3}\iiint\frac{\hbar k_x}{m}f\,dk_x\,dk_y\,dk_z \tag{6-4-3}$$

式中 $\hbar k_x/m$ 给出 v_x，f 为分布函数：

$$f=e^{-\frac{\hbar^2(k_x^2+k_y^2+k_z^2)}{2mk_BT}}e^{-\frac{E_C-E_F}{k_BT}} \tag{6-4-4}$$

代入上式积分可得：

$$\begin{aligned}
j_{sm}&=\frac{2e}{(2\pi)^3}e^{-\frac{E_C-E_F}{k_BT}}\left[\int_{-\infty}^{\infty}e^{-\frac{\hbar^2k^2}{2mk_BT}}dk\right]^2\int_{k_D}^{\infty}\frac{\hbar k_x}{m}e^{-\frac{\hbar^2k_x^2}{2mk_BT}}dk_x\\
&=\frac{4emk_B^2T^2}{h^3}e^{-\frac{E_C-E_F}{k_BT}}\left[\int_{-\infty}^{\infty}e^{-\xi^2}d\xi\right]^2\int_{\frac{e(V_D-V)}{k_BT}}^{\infty}e^{-\eta}\,d\eta\\
&=\frac{4\pi emk_B^2T^2}{h^3}e^{-\frac{E_C-E_F}{k_BT}}e^{-\frac{eV_D}{k_BT}}e^{\frac{eV}{k_BT}}\\
&=A^*T^2\exp\left(-\frac{\phi_m}{k_BT}\right)e^{\frac{eV}{k_BT}}
\end{aligned} \tag{6-4-5}$$

写成上式时考虑到对 k_y 和 k_z 的积分相同．第二步变换了积分元．第四步利用了式(6－2－4)．式中 A^* 为有效里查孙常量：

$$\begin{aligned}
A^*&=\frac{4\pi emk_B^2}{h^3}\\
&=1.201\times10^2\left(\frac{m}{m_0}\right)[\mathrm{A\cdot cm^{-2}\cdot K^{-2}}]
\end{aligned} \tag{6-4-6}$$

由于相反方向的电流 j_{ms} 大小等于 $V=0$ 时的 j_{sm}，可得总电流为

$$j = A^* T^2 e^{-\frac{\phi_m}{k_B T}} \left(e^{\frac{eV}{k_B T}} - 1\right) = e\frac{\bar{v}}{4} N_C e^{-\frac{E_C - E_F}{k_B T}} e^{-\frac{eV_D}{k_B T}} \left(e^{\frac{eV}{k_B T}} - 1\right) \tag{6-4-7}$$

式中 $\bar{v}$ 为平均热运动速度．$\bar{v} = (8k_B T/\pi m)^{1/2}$．第二个等式的表述方式对于半导体中的电子发射问题更为方便．进一步的理论还要考虑电子在界面的量子力学反射和界面附近的光学声子的散射[36]等因素．考虑所有这些因素，我们用 v_r 代替 $\bar{v}/4$．于是 j 可写作：

$$j = ev_r n \exp\left(-\frac{eV_D}{k_B T}\right)\left(e^{\frac{eV}{k_B T}} - 1\right) = ev_r n_I^0 \left(e^{\frac{eV}{k_B T}} - 1\right) \tag{6-4-8}$$

n_I^0 代表平衡时峰顶，即界面处的电子浓度：$n_I^0 = n\exp(-eV_D/k_B T)$．它和 pn 结电流中的 n_p^0 的地位相同．因此第二个等式，在形式上和 pn 结中的电子扩散电流极为相似．两者的电流的大小都正比于势垒顶部的电子浓度，都是受势垒高度控制的．重要的差别是，这里用具有热运动速度量级的 v_r 代替了那里的扩散速度 D_n/L_n．扩散速度通常为 $10^3 \sim 10^4$ cm/s 量级，远小于具有 10^7 cm/s 量级的 v_r．可见，在相近的条件下，肖特基势垒的电流密度要比 pn 结的大得多．

肖特基二极管的一个重要优点是，由半导体发射到金属的电子（或空穴）直接进入导电性能极好的金属的导带中，在其中不会形成电荷积累，并不伴随电荷的存储．因此，肖特基二极管有很好的高频特性．

前面给出的肖特基势垒电流似乎说明其反向电流应趋于饱和．但由于镜像力的影响，反向电流随反向电压的增加而增加，不会趋于饱和．

在上面的计算中，我们假定了半导体中各处的电子都具有平衡分布．实际上由于热发射的影响，在靠近边界处的电子会显著偏离平衡分布．有人通过蒙特卡罗方法对此进行了考察．[37]结果表明，速度分布接近于单方向的麦克斯韦分布．平均速度约为两级管理论中的两倍，但相应的电子浓度只有平衡值的一半．所得电流密度和两级管理论相差甚微．

扩散理论[35]

如前所述，扩散理论基于以下假设：费米能级的降落全部在半导体中，推动电子由半导体内部流向界面．在界面处半导体的费米能级 E_{FI} 和金属费米能级 E_{Fm} 重合．

我们在式（6-3-2）的基础上计算电流：

$$j = \mu n \frac{dE_F}{dx} \tag{6-4-9}$$

用 $N_C\exp[-(E_C-E_F)/k_BT]$ 代替 n，可将上式改写为

$$j\exp\left(\frac{E_C}{k_BT}\right)dx=k_BT\mu N_C d\exp\left(\frac{E_F}{k_BT}\right) \tag{6-4-10}$$

由界面 $x=0$ 到势垒边界 $x=d$，对上式积分，可得

$$j\int_0^d e^{\frac{E_C}{k_BT}}dx = k_BT\mu N_C e^{\frac{E_{FI}}{k_BT}}\left(e^{\frac{E_{FS}-E_{FI}}{k_BT}}-1\right) \tag{6-4-11}$$

左侧积分中的被积函数是关于 E_C 的指数函数. 在界面 $x=0$ 处，E_C 最高，为 E_C^I. 对积分的贡献，主要来自 $x=0$ 附近. 因此，可对 $E_C(x)$ 作如下近似：

$$E_C(x)=E_C^I-eE_Mx \tag{6-4-12}$$

E_M 是界面处势垒区最大电场. 将上式带入左侧积分中，容易求得该积分值为

$$\int_0^d e^{\frac{E_C}{k_BT}}dx = e^{\frac{E_C^I}{k_BT}}\int_0^d e^{-\frac{eE_Mx}{k_BT}}dx$$

$$=\frac{k_BT}{eE_M}e^{\frac{E_C^I}{k_BT}} \tag{6-4-13}$$

将以上结果代入式(6-4-11)后，可得 j 为

$$j=e(\mu E_M)N_Ce^{-\frac{E_C^I-E_{FI}}{k_BT}}\left(e^{\frac{E_{FS}-E_{FI}}{k_BT}}-1\right) \tag{6-4-14}$$

对于扩散理论，由于界面费米能级降落可忽略，应有 $E_{FI}=E_{Fm}$. 因此 $E_C^I-E_{FI}=\phi_m$，$E_{FS}-E_{FI}=eV$. 可得

$$j=e(E_M\mu)N_Ce^{-\frac{\phi_m}{k_BT}}\left(e^{\frac{eV}{k_BT}}-1\right) \tag{6-4-15}$$

和两极管理论的结果相比，这里用 μE_M 代替了那里的 v_r. 由关于界面最大电场的式(6-1-15)可见，E_M 中可包含外加电压的影响.

但是要说明的是，不像 pn 结电流中的扩散速度 D_n/L_n 和两极管理论中的 v_r，这里的 μE_M 不能解释为电子流向金属的漂移速度. 这里的电流并不单纯决定于电场下的漂移，事实上这里的电场方向对应于驱动电子流向晶体内部. 但 E_M 的大小反映了晶体内部输运阻力的大小. 由式(6-4-9)可知，界面附近由于小的载流子浓度，阻力最大. 大的 E_M 意味着高阻区有较小的空间扩展. 因此，μE_M 是一个反映阻力大小的等效速度.

下面以 GaAs 为例，来考察应该采用哪一种理论. 考虑势垒厚度为 1 μm 左右的肖特基势垒，E_M 可达 $\approx 10^4$ V/cm，其中电子的自由程只有几百埃. 因此，两极管理论似不能应用. 但如果求助于扩散理论，则由于 GaAs 中电子迁移率接近 10^4 cm²/V·s，μE_M 值可高达近 10^8 cm/s，比两极管理论中的 v_r 还要大. 即扩散理论预言比两极管理论更大的电流. 这显然是不合理的. 因为两极管理论略去了内部输运阻力，所得到的电流应该最大. 但如果我们注意到扩散和尖峰发射是形成肖特基势垒电流两个必要的串联环节，那么我们就会认识到

在这里使用忽略尖峰发射阻力的扩散理论是不适当的. μE_M 比 v_r 大只能说明内部扩散输运的阻力比尖峰发射的阻力小. 看来，两极管理论会适合于 GaAs. 这一点会在下面的讨论中看得更清楚. 但对于一般情形，需要把载流子的扩散和界面发射这两个串联环节一并加以考虑.[38]

在导出扩散理论的结果时，假设了势垒区迁移率恒定. 但在电场很强的势垒区中并不严格成立. 当载流子的运动方向对应于被加速，可自电场获得能量被加热；反之，载流子被冷却.[39]

肖特基势垒电流的综合理论

在一般情形下，我们假定金属和半导体间的费米能级差 eV 在势垒区和界面都有降落. 相应的值为：$E_{FS}-E_{FI}$和 $E_{FI}-E_{Fm}$，E_{FI}仍代表半导体在界面处的费米能级.

将两级管理论中代表界面费米能级降落的 eV 直接写作 $E_{FI}-E_{Fm}$，可将尖峰发射电流写作

$$j=ev_rN_C\exp\left(-\frac{\phi_m}{k_BT}\right)\left(e^{\frac{E_{FI}-E_{Fm}}{k_BT}}-1\right) \tag{6-4-16}$$

在内部，由 $E_{FS}-E_{FI}$驱动的扩散电流可由式(6-4-14)略加改写得到：

$$\begin{aligned} j&=e(\mu E_M)N_Ce^{-\frac{E_C^I-E_{Fm}}{k_BT}}\left(e^{\frac{E_{FS}-E_{Fm}}{k_BT}}-e^{-\frac{E_{FI}-E_{Fm}}{k_BT}}\right)\\ &=ev_DN_C\exp\left(-\frac{\phi_m}{k_BT}\right)\left(e^{\frac{eV}{k_BT}}-e^{\frac{E_{FI}-E_{Fm}}{k_BT}}\right) \end{aligned} \tag{6-4-17}$$

这里，v_D用来表示 μE_M. 由于电流连续，以上两式的电流应相等. 由之可解出界面处的费米能级降落，或解出$\exp[(E_{FI}-E_{Fm})/k_BT]$. 将结果代入上面任一式,可得

$$\begin{aligned} j&=e\frac{v_Dv_r}{v_D+v_r}N_C\exp\left(-\frac{\phi_m}{k_BT}\right)\left(e^{\frac{eV}{k_BT}}-1\right)\\ &=e\frac{v_Dv_r}{v_D+v_r}n_I^0\left(e^{\frac{eV}{k_BT}}-1\right) \end{aligned} \tag{6-4-18}$$

n_I^0为峰顶平衡电子浓度. 上式可用于一般情形. 在 $v_D\gg v_r$的条件下，即界面发射为限制因素时，上式约化为两极管理论的式(6-4-8)；而在 $v_D\ll v_r$的条件下，即势垒区扩散为限制因素时，则约化为扩散理论的式(6-4-15).

以上结果说明，用 $d<l$ 作为两极管理论的适用条件是过于苛刻了. 实际上只要迁移率和界面电场足够高，以致 μE_M大于或接近 v_r，两极管理论就是适用或接近于适用的. 对此，有人曾从实验上进行过验证.[40]对于 Si，Ge，GaAs 等高迁移率半导体，势垒区费米能级降落可以忽略不计.[41]但在大的正偏压

下，μE_M值下降，这时单纯的两极管理论不适用.[42]另一方面对于低迁移率半导体，如 Cu_2O[43]、无定型硅[44]、CdS 多晶薄膜[45]等则扩散理论适用.

肖特基势垒的少子注入电流和产生复合电流

利用金属－半导体接触可以进行少子的注入和抽取. 以下我们将假设，对于尖峰发射电流，两极管理论适用.

在金属和 n－半导体的接触的肖特基势垒中，在正向偏压下，除了多子电子的尖峰发射电流以外，还存在少子空穴的注入电流. 在金属和半导体界面处，由于界面两侧有较高的空穴浓度，E_{Fh}不应有显著的降落. 类似于 pn 结中的情形，空穴准费米能级 E_{Fh}水平通过势垒区，降落发生在势垒区以外的少子扩散区，如图 6.26 所示. 设界面处的空穴浓度为 p_I^0，参看式(6－3－15)和(6－4－8)，可将空穴注入电流 j_p 和电子发射电流 j_n 之比写作：

$$\frac{j_p}{j_n}=\frac{(D_p/L_p)p_0}{v_r n_I^0}=\frac{(D_p/L_p)p_I^0}{v_r n_0} \tag{6-4-19}$$

n_0，p_0 为半导体内部平衡载流子浓度. 通常有 $p_I^0 \ll n_0$. 如前所述，D_p/L_p 远小于 v_r，因此，上面的少子的注入比例通常很小.

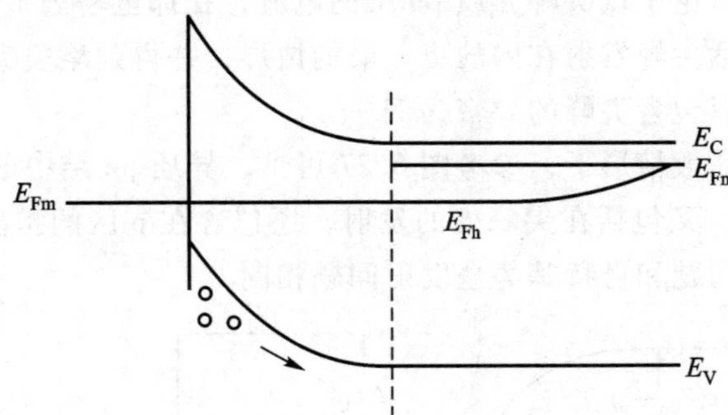

图 6.26 正向偏压下肖特基势垒中的准费米能级

较低的多子浓度有利于提高少子注入比. 半径很小的点接触也是有利的. 由于注入少子在沿径向扩散时被迅速稀释，这将大大增加少子的径向梯度，从而显著提高注入比. 计算表明，扩散速度 D_p/L_p 应被 $D_p/L_p+D_p/r$ 所代替，[46] r 为金属探针的尖部的曲率半径. 在漂移实验中少子注入就是这样实现的. 大的偏压下，由于 μE_M下降，有效的 v_r值下降，也会有利于提高的注入比.[47]

简单的分析表明，类似于 pn 结，反向偏置的肖特基势垒也可以抽取(收集)少子. 半导体中出现在肖特基势垒附近的过剩少子可导致额外的反向电流，电流的大小正比于过剩少子的浓度. 漂移实验中收集探针的作用正是基于上述现象.

类似于 pn 结的势垒区，在肖特基势垒中同样存在产生复合电流. 利用势垒区复合电流 j_r 的式(6－3－25)和发射电流的式(6－4－8)，可得两者之比为

$$\frac{j_r}{j} \approx \frac{\delta(n_i/2\tau)\exp(eV/2k_B T)}{v_r N_C \exp(-\phi_m/k_B T)\exp(eV/k_B T)} \tag{6-4-20}$$

若有 $\phi_m \approx (2/3)\epsilon_g$，并考虑到 $n_i \approx \sqrt{N_C N_V}\exp(-\epsilon_g/2k_B T)$，则有

$$\frac{j_r}{j} \approx \frac{\delta}{2v_r\tau}\left(\frac{N_V}{N_C}\right)^{1/2}\exp[(\epsilon_g/3 - eV)/2k_B T] \tag{6-4-21}$$

可见在高 ϵ_g、短寿命、小偏压和低温下，复合电流可有重要作用. 在 n 型 GaAs 肖特基二极管中，在室温以下可以观测到复合电流.[48] 在反向下，利用式(6－3－28)可以得到反向产生电流和发射电流之比为

$$\frac{j_g}{j} \approx \frac{d}{2v_r\tau}\left(\frac{N_V}{N_C}\right)^{1/2}\exp[(2\phi_m - \epsilon_g)/2k_B T] \tag{6-4-22}$$

上式说明，低温下产生电流可占相对较大比重.

异质结中的扩散－尖峰发射电流

如前所述，在理想的突变异质 pn 结的势垒区中，导带(或价带)可能包含尖峰. 上一节我们讨论了低尖峰异质 pn 结的电流，在那里略去了尖峰的影响. 这里我们将讨论包括尖峰发射在内的更一般的情形，并得到略去尖峰发射的条件. 我们的讨论将以包含尖峰的导带为例.

在包含尖峰的一般情形下，参考图 6.27 可见，异质 pn 结中的电子输运既包含在 n 区的扩散，又包括在尖峰处的发射，还包含在 p 区的扩散. 电子由 n 区通过尖峰发射的问题和肖特基势垒发射问题相同.

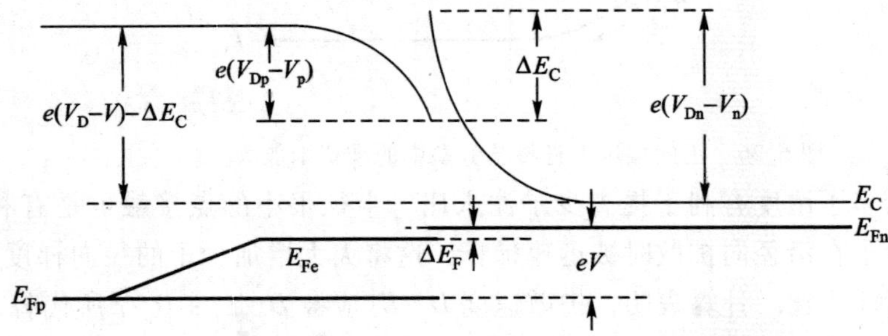

图 6.27 在包含尖峰的异质结中电子费米能级的变化

下面我们将假设两极管理论适用，因此将略去 E_F 在 n 区的降落，即假设 E_F 水平通过 n 区. 因此，我们只需考虑 E_F 在尖峰所在的界面处的降落和 p 型一侧注入少子扩散区的降落. 设界面处 p 区费米能级为 E_{FI}. 于是界面两侧的 E_F 降落可表示为：$E_{Fn} - E_{FI}$. 在 p 区，从界面到内部，E_F 的降落为 $E_{FI} - E_{Fp}$；

由上节关于同质 pn 结的讨论可知，E_F 将水平穿过势垒，主要降落在势垒区以外的少子扩散区，用以驱动电子扩散．这两部分降落的相对大小显然也是由电流连续来调节．

先考虑尖峰发射电流．尖峰处由 n 区向 p 区的发射电流 $j_{n\to p}$ 可借助外加电压下 n 区峰处的电子浓度把电流写作：

$$j_{n\to p}=ev_r n_n^0\exp\left[-\frac{e(V_{Dn}-V_n)}{k_B T}\right]$$
$$=ev_r n_I^0\exp\left(\frac{eV_n}{k_B T}\right) \tag{6-4-23}$$

式中 n_I^0 为电子在尖峰处的平衡浓度．参看图 6.28 容易看出，$e(V_{Dn}-V_n)$ 代表偏压下的尖峰高度．在界面另一侧，由于 E_F 下降了 $E_{Fn}-E_{FI}$，电子浓度下降．因此，由 p 区发射到 n 区的电流下降为

$$j_{p\to n}=ev_r n_I^0\exp\left(\frac{eV_n}{k_B T}\right)e^{-\frac{E_{Fn}-E_{FI}}{k_B T}} \tag{6-4-24}$$

于是通过尖峰的净电流可写作

$$j_I=ev_r n_I^0\left(e^{\frac{eV_n}{k_B T}}-e^{\frac{eV_n}{k_B T}}e^{-\frac{E_{Fn}-E_{FI}}{k_B T}}\right) \tag{6-4-25}$$

如果尖峰比 p 区价带顶高很多，因而电子通过尖峰的阻力成为瓶颈时，费米能级将全部降落在界面，即有 $E_{Fn}-E_{FI}=eV$．于是上式可写作常见的形式：

$$j_I=ev_r n_I^0\left(e^{\frac{eV_n}{k_B T}}-e^{-\frac{eV_p}{k_B T}}\right) \tag{6-4-26}$$

对于一般情形，我们还是应该把通过尖峰的发射以及电子在 p 型区的扩散着两个串联环节一并加以考虑．参考关于 pn 结电流的讨论，在 p 区费米能级降落 $E_{FI}-E_{Fp}$ 所驱动的扩散电流 j_D 可表示为：

$$j_D=ev_d n_p^0\left(e^{\frac{E_{FI}-E_{Fp}}{k_B T}}-1\right)=ev_d n_p^0\left(e^{\frac{eV-(E_{Fn}-E_{FI})}{k_B T}}-1\right) \tag{6-4-27}$$

n_p^0 代表 p 区平衡电子浓度．上式中 v_d 代表扩散速度 D_n/L_n．由以上两式相等可解出 $\exp[(E_{Fn}-E_{FI})/k_B T]$，代入以上任何一式，可得

$$j=\frac{ev_d n_p^0}{1+\dfrac{v_d n_p^0 e^{\frac{eV}{k_B T}}}{v_r n_I^0 e^{\frac{eV_n}{k_B T}}}}\left(e^{\frac{eV}{k_B T}}-1\right) \tag{6-4-28}$$

若满足以下条件

$$v_d n_p^0 e^{\frac{eV}{k_B T}}\ll v_r n_I^0 e^{\frac{eV_n}{k_B T}} \tag{6-4-29}$$

则由式(6-4-28)可得到 § 6.3 中低尖峰情形的结果

$$j=ev_d n_p^0\left(e^{\frac{eV}{k_B T}}-1\right) \tag{6-4-30}$$

它和同质结的情形相似，但式中 n_p^0 由式(6-3-17)给出．但若

$$v_{\mathrm{d}} n_{\mathrm{p}}^{0} \mathrm{e}^{\frac{eV}{k_{\mathrm{B}}T}} \gg v_{\mathrm{r}} n_{\mathrm{I}}^{0} \mathrm{e}^{\frac{eV_{\mathrm{n}}}{k_{\mathrm{B}}T}} \tag{6-4-31}$$

则式(6-4-28)约化为高尖峰情形的式(6-4-26).

上面所进行的比较，实际上是比较尖峰处和价带顶的电子浓度和速度的积．粗略地说，也就是较尖峰和价带顶的高低．这里要指出的是，它们的相对高低是可以随外加电压 V 改变的．这体现在式(6-4-28)括号前系数的分母中含 V 和 V_{n} 的项上．例如若零偏压时尖峰低于价带顶，正偏压有可能使尖峰高于价带顶．例如若 n 区掺杂较高，则外加电压更多的降落在 p 区．p 区价带底随正偏压下降得更快．另一方面，在适当的反向偏压下，低尖峰的条件总会得到满足.

综合式(6-4-26)和(6-4-30)可把正向扩散电流一般表示为(可略去第二项时)

$$j = C\,\mathrm{e}^{\frac{eV}{nk_{\mathrm{B}}T}} \tag{6-4-32}$$

异质结中的发射-复合电流

在异质结中，可能存在因晶格失配引起的大的界面态密度．界面态引起的产生和复合电流可以是结电流的主要成分．Dolega 提出的复合电流模型[49]正是针对这一情形．按照这个模型，异质结相当于两个串连的肖特基势垒，如图 6.28 所示．结电势按一定比例分配在两个势垒上．其中较高的势垒应有高的发射阻力．可得以下的电流-电压关系：

$$j = C\,\mathrm{e}^{\frac{eV_{\mathrm{D}}}{\eta k_{\mathrm{B}}T}}\left(\mathrm{e}^{\frac{eV}{\eta k_{\mathrm{B}}T}} - 1\right) \tag{6-4-33}$$

式中 η 在 1 和 2 之间.

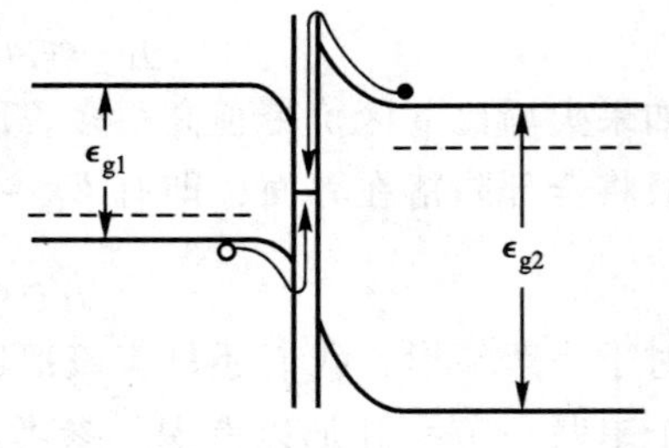

图 6.28 异质 pn 结电流的发射-复合模型

§6.5 势垒电容和扩散电容

如在 §6.1 中已经说明的，对于各种情形下所形成的势垒，其宽度以及其中的电荷量，都会随外加电压而改变，因而存在电容效应，通常称为势垒电容．这种电容的充放电在空间电荷区的两侧进行，和平行板电容很相似．但由于势垒厚度随外加电压而改变，电容的大小是随外加电压而改变的，因而只能定义微分电容 $\mathrm{d}Q/\mathrm{d}V$.

对于正向偏置的 pn 结，伴随着正向电流，存在注入电荷，其数量亦可随外加电压而发生显著改变，相应的电容称为扩散电容. 这是一种特殊形式的电容.

同质 pn 结，异质 pn 结和肖特基势垒的势垒电容问题是类似的，都放在这一结中讨论.

势垒电容

以下的讨论都针对突变 pn 结：n 型和 p 型半导体都是均匀的，有效掺杂浓度和掺杂类型在界面处发生的突变. 相应的浓度仍分别用 N_D 和 N_A 表示. 仍将采用耗尽近似. 因而可在§6.1 中得到的关于电场和电势分布的结果的基础上，讨论有关势垒电容问题. 从§6.1 中的分析可以看到，在界面任一侧的半导体的势垒区中，电场和电势分布都是相似的：在界面处电场最强(参看图 6.3)；离开界面，电场逐渐下降；在空间电荷区边界处电场下降为零. 而且，我们已经看到，对于突变的同质和异质 pn 结，电场和电势分布的问题也是相似的. 因此，这里我们只对异质 pn 结求电容，而把同质结只看作 $\varepsilon_n = \varepsilon_p$ 的一种特殊情形. 所得结果也易于推广至肖特基势垒情形.

由于两边的半导体可能有不同的介电常量，我们把势垒电容看作p 型层电容 C_p和 n 型层电容 C_n的串联. 于是有：

$$\frac{1}{C} = \frac{1}{C_n} + \frac{1}{C_p} = \frac{d_n}{\varepsilon_n \varepsilon_0} + \frac{d_p}{\varepsilon_p \varepsilon_0} = \frac{d}{\varepsilon^* \varepsilon_0} \tag{6-5-1}$$

最后一步利用了关于 d_n，d_p和电荷区总厚度 d 之间的关系 $d_n = N_A d/(N_A + N_D)$，$d_p = N_D d/(N_A + N_D)$. 上式中约化介电常量 ε^* 为

$$\varepsilon^* = \frac{\varepsilon_n \varepsilon_p (N_D + N_A)}{\varepsilon_n N_D + \varepsilon_p N_A} \tag{6-5-2}$$

异质 pn 结的厚度 d 可由式(6-1-24)得到

$$d = \left(\frac{2\varepsilon^* \varepsilon_0 (V_D - V)}{eN^*} \right)^{1/2} \tag{6-5-3}$$

于是，可得

$$\begin{aligned} C &= \left(\frac{\varepsilon^* \varepsilon_0 e N^*}{2(V_D - V)} \right)^{1/2} \\ &= 9.23 \times 10^3 \left(\frac{\varepsilon^*}{12} \right)^{1/2} \left(\frac{N^*}{10^{15}\,\text{cm}^{-3}} \right)^{1/2} \left(\frac{1\,\text{V}}{V_D - V} \right)^{1/2} [\text{pF/cm}^2] \end{aligned} \tag{6-5-4}$$

上面的结果也可由就阳极电荷 $-Q = -eN^* d$ 对电压 V 求微商得到. 对于同质结有 $\varepsilon_n = \varepsilon_p = \varepsilon$，$\varepsilon^*$ 约化为 ε. 对于 $N_A \gg N_D$的单边突变异质 pn 结情形，N^* 约化为 N_D；ε^* 约化为 ε_n. 这时由于 $d_n \gg d_p$，p 型区的厚度可忽略，因而 pn 结空间电荷区厚度和电容实际上都只决定于 n 型一侧.

肖特基势垒的势垒厚度和电容的问题和单边突变结极为相似．肖特基势垒的金属一侧对应于 pn 结中的高浓度一侧．在金属中的电荷层甚至更薄．因此，肖特基势垒的电容完全取决于半导体中的电荷层，它和 pn 结中 p 型一侧或 n 型一侧的势垒电容问题是相似的．

缓变结电容

由扩散法制作的 pn 结为缓变结，其中施主和受主的掺杂浓度 N_D 和 N_A 如图 6.29 所示意．其中有效掺杂浓度 $N_D - N_A$ 随位置连续变化．在曲线交点的左侧和右侧有不同的导电类型．界面两侧不远处空间电荷密度随距离线性变化．在线性缓变区内，电荷密度 ρ 可用杂质浓度梯度 G 写作

$$\rho = Gx \tag{6-5-5}$$

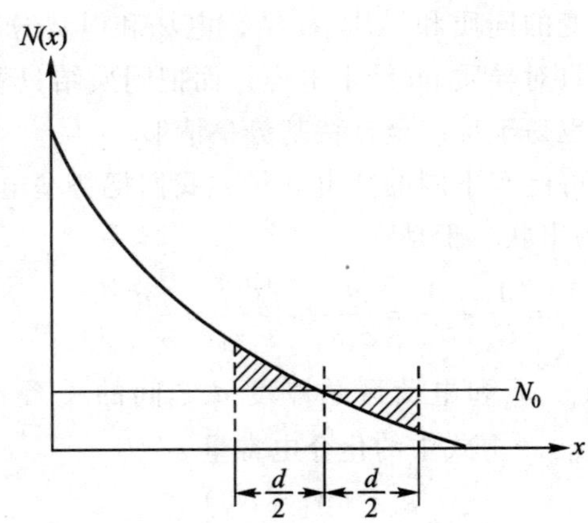

图 6.29 扩散法制作的 pn 结中的杂质分布示意图

正负电荷总量为零要求

$$d_n = d_p = d/2 \tag{6-5-6}$$

不难求得 V 和 d 之间的关系为

$$V_D - V = \frac{G}{12\varepsilon\varepsilon_0} d^3 \tag{6-5-7}$$

由之可得电容 C 为

$$C = \left(\frac{\varepsilon^2 \varepsilon_0^2 G}{12(V_D - V)} \right)^{1/3} \tag{6-5-8}$$

不同于突变结的 $(V_D - V)^{-1/2}$ 关系，它正比于 $(V_D - V)^{-1/3}$，随电压变化更为缓慢．这是因为在线性缓变区，$V_D - V$ 愈大，杂质浓度愈高，电荷区的扩展愈缓慢．

随着电荷区的变宽，有效掺杂浓度的变化不再是线性的．特别是在高反向

电压范围，即 V_D-V 很大时，左侧电荷区进入高杂质浓度区，厚度变化不再显著；而右侧则逐渐进入有效掺杂浓度恒定的区域. 这时从大的空间范围看，又好像一个单边突变结. 因此，扩散结的电容有从 $(V_D-V)^{-1/3}$ 关系变为 $(V_D-V)^{-1/2}$ 关系的趋势.

线性缓变结的电场分布如图 6.30(b)所示. 容易得到一侧的空间电荷的面密度 Q 为

$$Q=\frac{Gd^2}{8} \tag{6-5-9}$$

电场分布则可表示为

$$E(x)=\frac{G(d^2/4-x^2)}{2\varepsilon\varepsilon_0} \quad -1/2<x<1/2 \tag{6-5-10}$$

对于相同的最大电场和结宽，线性缓变结比突变结能吸收更大的电压.

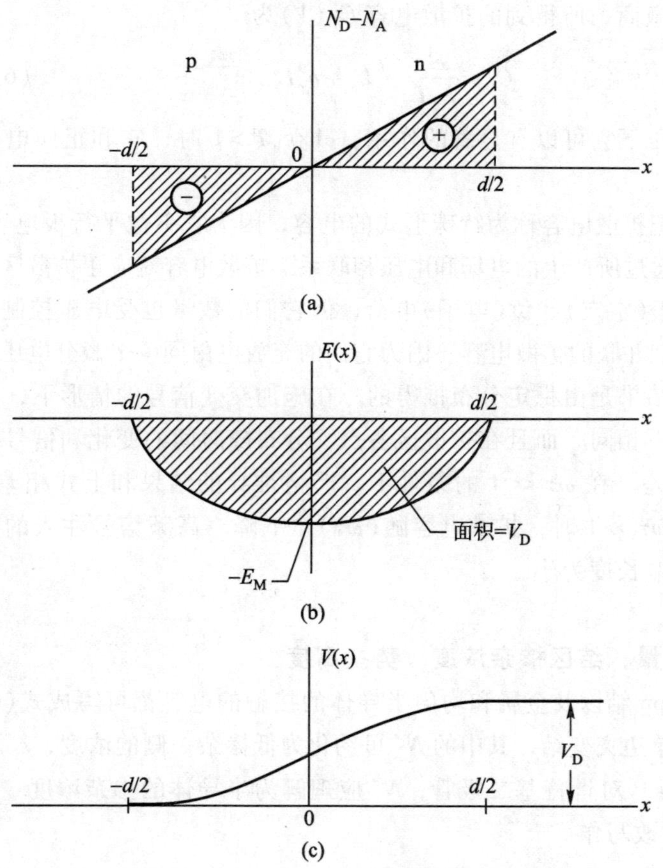

图 6.30 线性缓变结的电场分布示意图

扩散电容

pn 结在正向偏压下，在势垒区两侧的扩散区内存储有过剩载流子. 过剩载流子的存储量显然随正向电压的增加而增加. 存储电荷 Q_D可写作

$$Q_D = \int_{p区} e\Delta n \, dx + \int_{n区} e\Delta p \, dx \tag{6-5-11}$$

考虑到电流的复合性质，电流可借助于注入电荷总量和寿命表示为

$$j_n = \frac{1}{\tau_n}\int_{p区} e\Delta n \, dx \tag{6-5-12}$$

$$j_p = \frac{1}{\tau_p}\int_{n区} e\Delta p \, dx \tag{6-5-13}$$

因此，Q_D可表示为 $\tau_n j_n + \tau_p j_p$. 参考式(6-3-15)可得

$$Q_D = e(p_n^0 L_p + n_p^0 L_n)(e^{\frac{eV}{k_B T}} - 1) \tag{6-5-14}$$

由上式对 V 求微商，所得到的扩散电容 $C_D(V)$为

$$C_D = \frac{e^2}{k_B T}(p_n^0 L_p + n_p^0 L_n)e^{\frac{eV}{k_B T}} \tag{6-5-15}$$

只是在正向偏压下它可以有显著的作用，$eV/k_B T > 1$ 时，它和正向电流有相同的电压关系.

前面我们把扩散电容称为特殊形式的电容，因为它不像平行板电容器那样：极板上的电荷通过所产生的电场和电压相联系. 扩散电容对应于扩散区中重叠在一起的等量的正(空穴)、负(电子)电荷，但它们的数量也受电压控制. 两个扩散区对应于两个并联的扩散电容，因为它们的充放电由同一个微分电压引起.

但以上的结果是由稳定分布推得的. 在施加交变信号的情形下，实际分布与稳态分布并不相同. 而且在扩散区各点，分布随时间的变化和信号之间有大小不同的相位差. 在 $\omega\tau \ll 1$ 的条件下，严格推导的结果和上式相差一个 1/2 的系数. [50] 当 $\omega\tau \gg 1$ 时，扩散电容随$(\omega\tau)^{1/2}$下降. 高频信号注入的载流子的深度将远较扩散长度为小.

势垒电容的测量：结区掺杂浓度 势垒高度

各种突变 pn 结以及金属和均匀半导体的接触的电容都可写成式(6-5-4)的形式. 对于单边突变结，其中的 N^* 可约化为低掺杂一侧的浓度，ε^* 可改写为低掺杂一侧的 ε. 对肖特基二极管，N^* 应理解为半导体的掺杂浓度. 以下我们将式(6-5-4)改写作

$$\frac{1}{C^2} = \frac{2}{\varepsilon\varepsilon_0 eN}(V_D - V) \tag{6-5-16}$$

若在不同电压 V 下测量电容 C，作 $1/C^2 - V$ 曲线应为直线. 图 6.31 所示 [51] 的结

果是由肖特基势垒得到的. 由曲线的斜率可得到杂质浓度 N, 由截距可得 V_D.

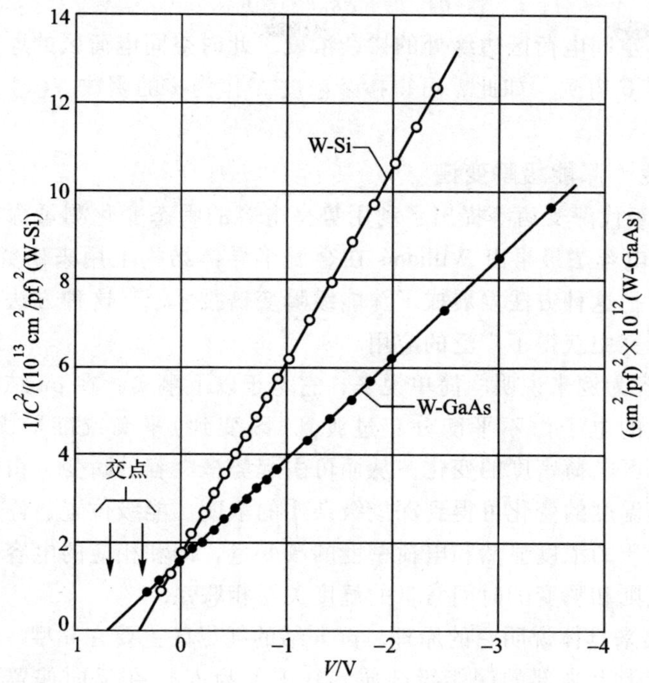

图 6.31 W - Si 和 W - GaAs 肖特基势垒的 $1/C^2 - V$ 曲线

对于肖特基势垒, 由测量所得的 N 值, 可计算出 $E_C - E_F$. 它和 eV_D之和给出肖特基势垒的高度 ϕ_m. 但实际处理时, 应考虑对耗尽近似等的修正.[52]

对于理想的突变同质 pn 结, 类似地可由 $C - V$ 特性测量提取到 eV_D. eV_D的大小取决于两侧费米能级之差. 对于同质 pn 结, eV_D主要决定于两边的掺杂浓度. 对于异质 pn 结, eV_D中包含了带阶 ΔE_C或 ΔE_V. 对于图 6.5 所示的异质 pn 结可得

$$eV_D = \Delta E_C + \epsilon_{gp} - (E_{Cn} - E_{Fn}) - (E_{Fp} - E_{Vp}) \qquad (6-5-17)$$

因此, 对于均匀掺杂的理想突变异质 pn 结, 只要两边的掺杂浓度已知, 就可由 $C - V$ 特性提取到的 eV_D得到 ΔE_C或 ΔE_V.[53]

肖特基势垒的电容可用于测量均匀或不均匀掺杂的半导体薄层, 如外延层的杂质分布. 设电压为 V 时空间电荷区的厚度为 x. 当其厚度增加 $\mathrm{d}x$ 时, 增加的电荷 $eN(x)\mathrm{d}x$ 产生的电场为 $eN(x)\mathrm{d}x/\varepsilon\varepsilon_0$. 它所引起的电压增量$\mathrm{d}V$ 为

$$\begin{aligned}\mathrm{d}V &= \frac{eN(x)}{\varepsilon\varepsilon_0}x\,\mathrm{d}x = \frac{eN(x)}{2\varepsilon\varepsilon_0}\mathrm{d}x^2 \\ &= \frac{\varepsilon\varepsilon_0 eN(x)}{2}\mathrm{d}(1/C^2) \qquad (6-5-18)\end{aligned}$$

最后一步利用了 $C = \varepsilon\varepsilon_0/x$. 由测量得到的 $1/C^2 - V$ 曲线的斜率

$$\frac{\mathrm{d}(1/C^2)}{\mathrm{d}V}=\frac{2}{\varepsilon\varepsilon_0 eN(x)} \tag{6-5-19}$$

可得该电压 V 下空间电荷区边缘处的掺杂浓度．此时空间电荷区的厚度可由该电压 V 下的电容 C 得到．如此，可得掺杂浓度 N 作为 x 的函数 $N(x)$．

势垒电容的瞬变　深能级瞬变谱

20 世纪 60 年代萨支唐等提出了利用势垒电容的瞬态变化测量深能级杂质的性质．[54] 瞬变电容法最早由 Williams 在金属半导体结构上用来研究 GaAs 的深能级．[55] Lang 把这种方法发展成了深能级瞬变谱技术．[56] 这种方法在深能级杂质和缺陷的研究中获得了广泛的应用．

以 pn 结电容为例来说明．简单说来，它基于以下事实：在 pn 结的耗尽区中，当深能级上的电子由不平衡分布过渡到(瞬变到)平衡或准平衡分布时，必然伴随着耗尽区电荷密度的变化，从而可引起势垒电容的瞬变．由测量这种瞬变过程及其随温度的变化可得到深能级杂质的浓度、能级位置、俘获截面等知识．深能级杂质的浓度显然和电荷密度的改变量，即和相应的电容改变量相联系；能级位置则和瞬变的时间常量的温度关系相联系．

通过 p^+n 结来具体说明它的原理．p^+n 结的耗尽区主要在 n 型一侧．设其中包含有位于禁带上半部的深能级杂质，其浓度为 N_t．在反向偏置下，由于它的能级位于电子准费米能级以上，在准平衡的情形下它们将不被电子所占据，如图 6.32(a)所示．若 n 区的正电中心的密度为 N，则结电容可表示为

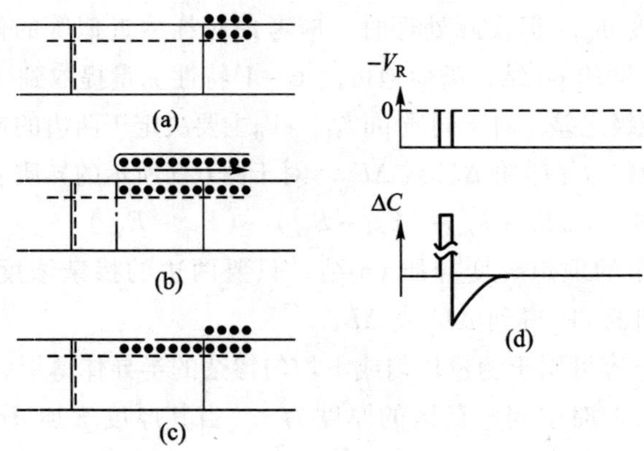

图 6.32　反向偏置的 p^+n 结在零偏压多子脉冲下电容的瞬变

$$C_0=\left[\frac{Ne\varepsilon\varepsilon_0}{2(V_D+V_R)}\right]^{1/2} \tag{6-5-20}$$

施加零偏压脉冲(多子脉冲)可使势垒变薄，因而可对原耗尽区中的深能级充以

电子，如图6.32(b)所示. 脉冲过后结仍恢复反向偏置. 但这时耗尽区深能级中充有电子(图6.32(c))，电荷密度会因此而下降：有效正电中心的密度下降为$N-N_t$. 在足够大的反向偏压下，势垒区宽度远大于零偏压时的宽度. 因此，为简化分析，可近似认为多子脉冲后，整个势垒区的深能级均被电子占据. 这样，在$N \gg N_t$的条件下，反向偏压V_R下的结电容将由C_0下降为C，改变量ΔC为

$$\Delta C = C - C_0 = -\frac{\partial C}{\partial N}N_t = -C_0\frac{N_t}{2N} \tag{6-5-21}$$

最后一步利用了式(6-5-20). 由测得的C_0，ΔC和已知的N值，可得到N_t.

下面扼要分析瞬变过程. 设恢复反偏V_R的时刻为$t=0$，这时深能级上充满电子，$n_t=N_t$. 如在上一节讨论势垒区通过深能级的产生时已经说明的，在大部分耗尽区，n，p均很小，中心对电子、空穴的俘获可以忽略；由于能级位于禁带上半部，$p_1 \ll n_1$. 因此实际上只有电子发射过程是重要的. 于是深能级上电子数的变化由下式描述：

$$\frac{\mathrm{d}n_t}{\mathrm{d}t} = -r_n n_1 n_t \tag{6-5-22}$$

可以得到以下的解

$$n_t(t) = N_t e^{-\frac{t}{\tau}} \tag{6-5-23}$$

衰变常量τ为

$$\tau = \frac{1}{r_n n_1} \tag{6-5-24}$$

衰变过程如图6.32(d)所示. 如果测得$\tau = 1/r_n n_1$作为温度T的函数，并略去r_n随温度的变化，则由$\ln\tau - 1/T$曲线的斜率可得$E_C - E_t$. 上面讨论的电容瞬变中，深中心涉及的是对多子的俘获和发射，常称为**多子陷阱**. 若中心涉及的是对少子的俘获和发射，则称为**少子陷阱**.

深能级的瞬变也可用于测量俘获系数r_n. 例如对于电子陷阱，可施以不同时间宽度t的电子脉冲，使电子陷阱充以不同数量的电子$n_t(t)$. $n_t(t)$随脉冲时间t的变化遵循

$$\frac{\mathrm{d}n_t(t)}{\mathrm{d}t} = (N_t - n_t) r_n n \tag{6-5-25}$$

可得

$$n_t(t) = N_t(1 - e^{-\frac{t}{r_n n}}) \tag{6-5-26}$$

在瞬变谱中，n_t的大小正比于ΔC，因而正比于信号的高度. 由峰的高度和脉冲宽度的关系可以得到时间常量$\tau = r_n n$，由已知的n可得r_n.

深能级瞬变谱(DLTS)技术通过设置**率窗**使仪器只对具有一定发射率的深能级引起的电容瞬变作出响应，当发射率等于率窗所设定的数值时，仪器输出峰值信号. 瞬变谱指的是通过温度扫描测量输出的信号作为温度的函数. 对于

不同深度的能级，其发射率一般在不同温度下达到率窗所设定的数值，将在不同温度下作出响应，如图 6.33 所示意. 图中两条斜率不同的曲线对应两个深度不同的能级的发射率 $r_n n_1$ 随温度倒数 $1/T$ 的变化.

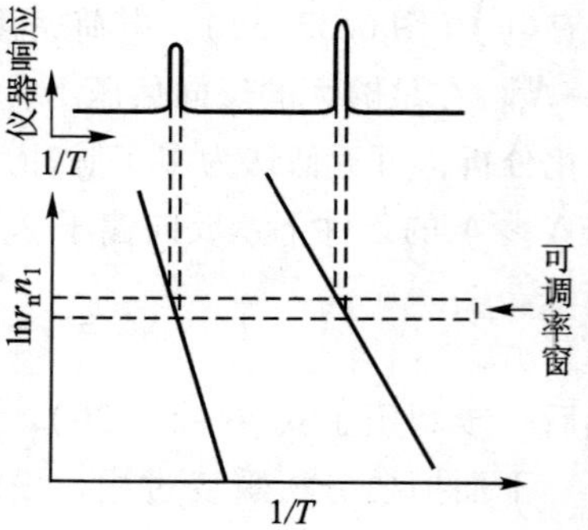

图 6.33 上图说明对于给定的率窗，不同深能级有不同的响应温度. 下图说明由改变率窗的设定可得到不同能级的发射率随温度的变化

率窗的设置基于以下原理：以时间常量 τ 指数衰变的量在给定时间 t 的时间变化率随 τ 的变化，在 $\tau = t$ 时达到最大. 因此若使仪器在固定的两个时间 t_1 和 t_2，对衰变中的电容取样，并给出其差值 $\Delta C = C(t_2) - C(t_1)$：

$$\Delta C = C(t_2) - C(t_1) = \Delta C(0)\left(e^{-\frac{t_2}{\tau}} - e^{-\frac{t_1}{\tau}}\right) \tag{6-5-27}$$

通过求 $d\Delta C/d\tau = 0$，可得信号达到最大的电容衰变常量 τ_M 为

$$\tau_M = \frac{t_2 - t_1}{\ln(t_2/t_1)} \tag{6-5-28}$$

τ_M 应在 t_1 和 t_1 之间. 这种情形如图 6.34 所示意.

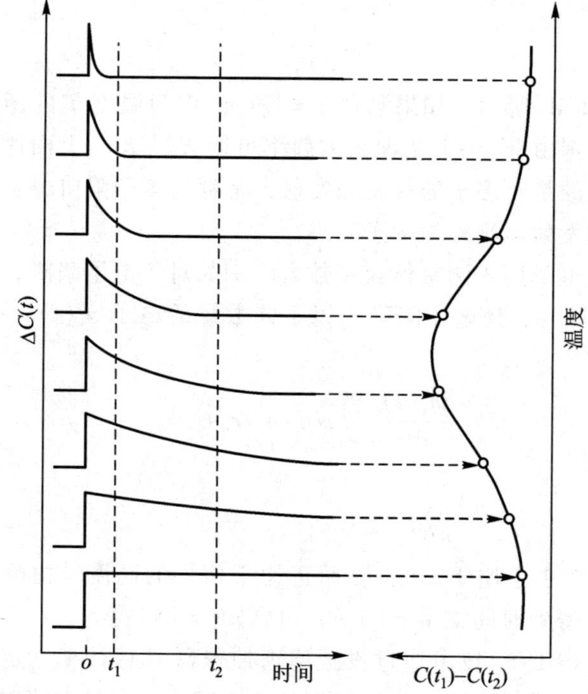

图 6.34 率窗的原理示意图

深能级瞬变谱的测量也可以是在保持电容不变的条件下，测量深能级填充状态的瞬变引起的结电压的改变，[57]称为恒定电容法. 测量所用的样品也可是金属-半导体接触或 MOS 结构. 也可以通过光激发改变深能级的填充状态，测量电容的瞬变，称为光电容法. 深能级瞬变谱具有高的灵敏度. 能够检测到浓度低至$10^{11}\,cm^{-3}$的深能级杂质. 这种方法也可用于半导体-绝缘体界面附近的电子态的研究.[58]

§6.6 隧道穿透势垒——隧道电流

隧道效应是指能量低于势垒的电子有一定的概率由势垒的一边穿透到势垒的另一边，如图 6.35 所示. 这纯粹是一种量子力学效应. 从经典的观点看，这种过程是不可能发生的. 但隧道穿透也只是在一定条件之下才能发生. 这就是，足够薄的有限高度的势垒. 在各种半导体接触中，当势垒区的掺杂浓度足够高时，可出现这种有限高度的薄势垒. 在技术上获得了重要应用的有隧道二极管. 金属和高掺杂的半导体之间的低阻接触——欧姆接触，广泛应用于各种半导体器件. 当隧道过程有其它元激发参与时，隧道效应也可用于研究有关的元激发，相关的技术称为隧道谱.

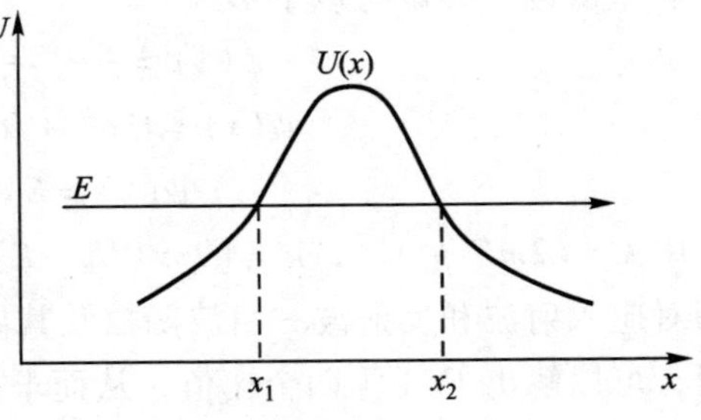

图 6.35 势垒穿透示意图

隧道效应

从量子力学看，隧穿过程是不难理解的. 例如，按照经典观点，一个能量上处在势阱中的电子，在空间上不可能逾越势垒的边界. 但量子力学的计算表明，电子在有限势阱以外有一定的概率出现(参看 §8.1). 但在阱外出现的概率随距离指数式地衰减. 若有两个方形势阱相距很近，以至于两个势阱中的电子波函数在两阱之间的空间发生交叠，则电子实际上可穿过其间的势垒由一个阱到达另一个阱.

根据量子力学计算，一个能量为 E 朝势垒方向运动的电子穿透势垒的概率为[59]

$$T = \exp\left\{-\frac{2}{\hbar}\int_{x_1}^{x_2}(2m)^{1/2}\left[U(x)-E\right]^{1/2}\mathrm{d}x\right\} \qquad (6-6-1)$$

可见，隧穿概率的大小取决于面临的势垒的厚度和高度．小的有效质量也有利于隧穿．对于半导体中常见的势垒高度和有效质量值，只要势垒宽度小于约10 nm量级，隧道效应就会显著．

我们通过以下简单的模型势来求解波动方程，以得到穿透概率：假设势垒为方形的，高度为 U_0，厚度为 d．电子运动由一维有效质量方程描述：在势垒区以外有

$$\frac{\hbar^2}{2m}\frac{\mathrm{d}^2}{\mathrm{d}x^2}\psi = -E\psi \quad x\leqslant 0, x\geqslant d \tag{6-6-2}$$

势垒区以内有

$$\frac{\hbar^2}{2m}\frac{\mathrm{d}^2}{\mathrm{d}x^2}\psi(x) = (U_0 - E)\psi(x) \quad 0\leqslant x\leqslant d \tag{6-6-3}$$

在势垒区内、外解有以下形式：

$$\psi(x) = A\,\mathrm{e}^{\mathrm{i}kx} + B\,\mathrm{e}^{-\mathrm{i}kx} \quad x\leqslant 0 \tag{6-6-4}$$

$$\psi(x) = C\,\mathrm{e}^{\kappa x} + D\,\mathrm{e}^{-\kappa x} \quad 0\leqslant x\leqslant d \tag{6-6-5}$$

$$\psi(x) = E\,\mathrm{e}^{\mathrm{i}kx} \quad x\geqslant d \tag{6-6-6}$$

式中 $k=(2mE/\hbar^2)^{1/2}$，$\kappa=[2m(U_0-E)/\hbar^2]^{1/2}$．第一式中的第一、第二项分别对应入射波和反射波．由波函数及其导数在 $x=0$ 和 $x=d$ 的连续可得四个方程，可以解出 E/A 等四个比值，从而求得代表隧穿概率的 $(E/A)^2$ 为

$$\left(\frac{E}{A}\right)^2 = \left[1+\frac{U_0^2\sinh^2\kappa d}{4E(U_0-E)}\right]^{-1} \approx \exp\left[-\frac{2d}{\hbar}(2m)^{1/2}(U_0-E)^{1/2}\right] \tag{6-6-7}$$

上式和式(6-6-1)是一致的．

隧道二极管

在§6.3中讨论pn结电流时曾经指出，通过pn结的任何电流在离开结较远的地方都是多子电流．例如，对于正向电流，n区的电子和p区的空穴迎面向界面方向流动．电子和空穴通过在界面附近非平衡的积累或欠缺，及与之相联系的复合或产生，来实现电子电流和空穴电流的转换．在这种电流机制中，电流的变化必定伴随着过剩载流子的适当弛豫．这必定会使结的高频特性受到限制．

存在着原则上不同的另一种电流机制：pn结一边的导带的电子通过隧道效应隧穿到对面的价带，或相反．隧穿过程只涉及两个带中多子数量的变化，无需也不会造成载流子的非平衡积累．至于隧道穿透所需要的时间，实际上是微不足道的．* 因此，基于隧道效应的器件，高频性能应是极好的．

---

* 隧道穿透的时间可由 $\tau\approx\hbar/U_0$ 估计．对于高度为0.5eV的势垒，只约为 10^{-15} s.[60]

江崎首先用隧道效应解释了以前常被人们观察到的反常伏安特性.[60]这种伏安特性如图6.36(a)所示.[61]与正常pn结特性(图6.36(b)中的点划线)相比，在正向低偏压区出现了显著的反常电流：在小偏压下反常电流一开始随偏压增加，达到一个峰值，继而下降. 这里出现了$dI/dV<0$的负微分电导区. 但在更高的电压下，逐渐与正常pn结特性趋于一致. 具有上述特性的二极管称为隧道二极管. 负阻区可利用来进行微波放大或微波振荡.

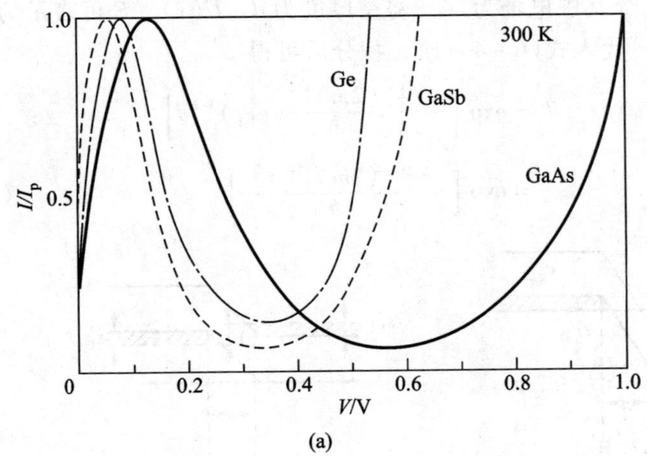

(a)

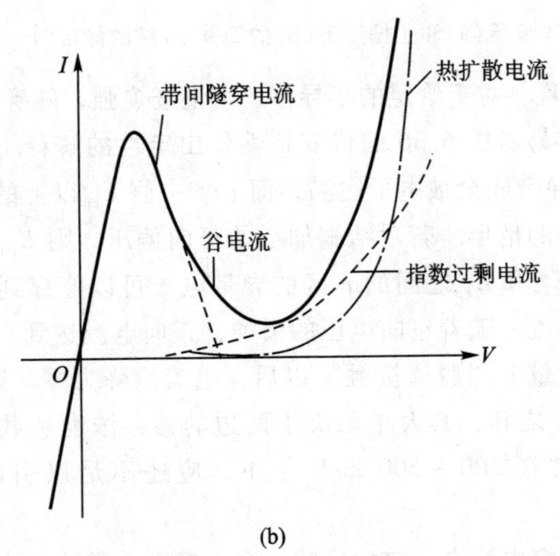

(b)

图6.36 (a)隧道二极管的伏安特性(b)各电流分量的示意图

具有上述特性的pn结的两边都是重掺杂的. 在这种pn结中，费米能级分别进入导带和价带. 这相当于§3.6中所说的强简并情形. 在这种简并pn结中，p区的价带顶和n区的导带底在能量上发生了交叠. 重掺杂的另一个重要结果是：**结的势垒十分薄**. 例如若两边的掺杂浓度达到 $5\times10^{19}/\mathrm{cm}^3$，势垒宽度只有约几 nm(参看式(6－1－13)). 隧道过程正是在薄势垒情形下才能发生. 在制备上，要求这种结是十分"突变"的，要防止在界面附近形成低浓度的缓变区.

对于图 6.37 所示的 pn 结，只要 A，B 之间的间距足够小，电子可以由 A 点的导带底直接隧穿到 B 点的价带顶. 势垒高度约等于禁带宽度 ϵ_g. 以三角形势垒作为近似，令其中电场为 $\mathscr{E}$，势垒厚度为 d，$U(x)-E$ 可表示为 $ex\mathscr{E}$，因此有 $eV_b=ed\mathscr{E}$. 代入式(6－4－1)，积分后可得

$$
\begin{aligned}
T &= \exp\left[-\frac{4}{3}\frac{(2m)^{1/2}}{\hbar}(eV_b)^{1/2}d\right]\\
&= \exp\left[-\frac{4}{3}\frac{(2m)^{1/2}}{\hbar}\frac{\epsilon_g^{3/2}}{e\mathscr{E}}\right]
\end{aligned}
\tag{6-6-8}
$$

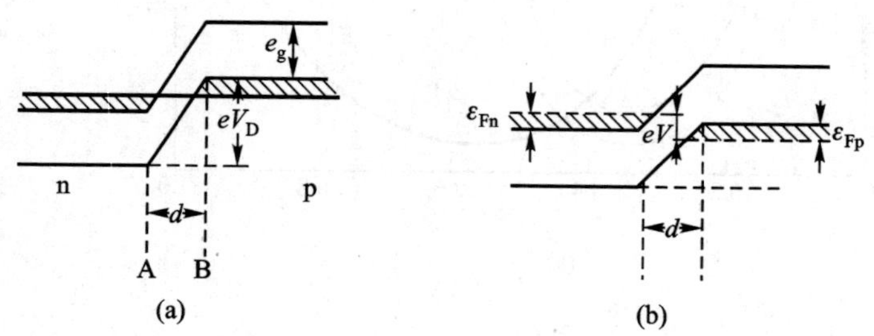

图 6.37 零偏压(a)和正偏压下(b)的简并 pn 结的能带图

第二步用 ϵ_g 代替了 eV_b. 对于给定的半导体，结电场愈强，隧穿概率愈高.

用隧道效应很容易对图 6.36 的伏安特性作出定性的解释. 可以近似认为 n 型一侧 E_{Fn} 以下的导带底全被电子占满，而 p 型一侧 E_{Fp} 以上的价带顶则是全空的. 这相当于低温的情形. 若对结施加小的正向偏压，则 E_{Fn} 将超过 E_{Fp}(图 6.37(b))，能量在 E_{Fn} 和 E_{Fp} 之间的 n 区的导带电子可以隧穿到 p 区价带的空状态中，形成正向电流. 随着正向电压的增加，正向电流达到一个极大值. 当导带底和价带顶在能量上"脱离接触"以后，电流应降为零. 这时的 eV 对应于 $E_{Fn}-E_C$ 和 E_V-E_{Fp} 之和，其大小取决于两边的掺杂浓度和载流子的有效质量. 这个电压值通常在 100 ~ 300 meV 上下，应还不足以引起显著的热扩散电流.

温度的变化对隧穿电流有一定的影响. 温度升高，带隙变小. 这倾向于使隧道电流增加. 另一方面温度升高，载流子在 E_{Fn} 和 E_{Fp} 上下的部分占据的过渡区变宽，可导致峰值电流的下降. 峰值电流随温度是上升还是下降视以上两个因素哪个影响更大. 不过和热扩散电流相比，隧道电流对于温度的变化相对并不敏感.

以上的简单模型说明了伏安特性的主要特征．但实际上当电流似应降为零时，却仍存在一定的电流．它比该电压范围内的热扩散电流大得多．这部分电流被称为过剩电流．为了较全面地说明伏安特性，需要对能带图像作出修正．如在§2.7中已经介绍过的，在重掺杂的半导体中，带边并不是界限分明的，存在着由能带向带隙中延伸的带尾．[62]带尾的存在至少能部分说明过剩电流的存在．

隧道二极管本身的注入发光光谱就能说明带尾的存在．[63]图6.38(a)为不同正向偏压下Ge隧道二极管的复合发光光谱．光谱随注入电流的变化十分显著．在小注入下，光谱的能量在ϵ_g以下．注入增加，高能量范围的发光增加，并在高能量端出现新的发射带，其能量对应于禁带宽度ϵ_g．注入发光的条件是在空间的同一地点同时存在注入电子和注入空穴．随着注入水平的提高，电子空穴逐步填充到更高的水平．结中首先出现能带中的过剩电子(空穴)和带尾中的过剩空穴(电子)同时存在的区段；然后在高注入时，会出现导带中的过剩电子和价带过剩空穴同时存在的区段．这时会出现新的发射带．

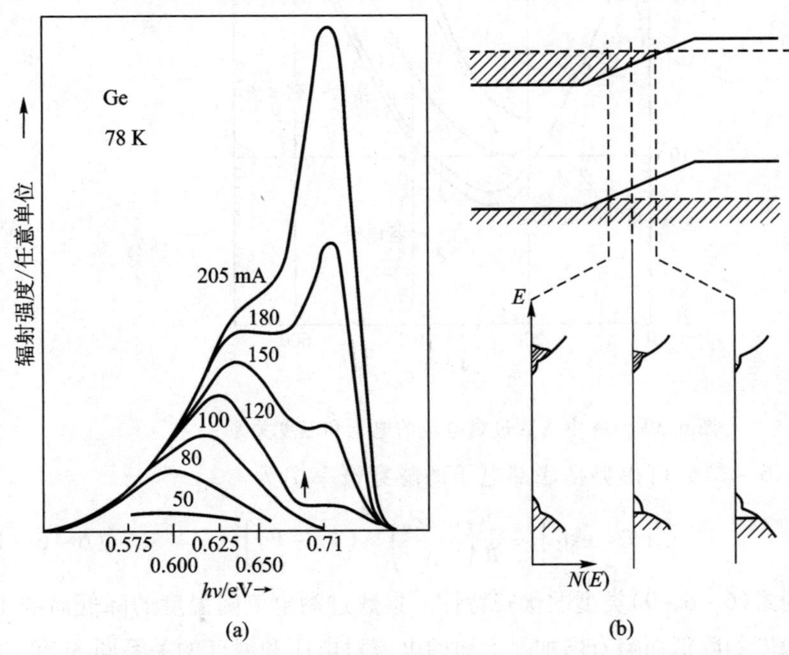

图6.38 Ge隧道二极管不同正偏压下的注入发光光谱

对不同温度下测得的隧道二极管的伏安特性的分析表明，在过剩电流中存在一个随电压指数增长的电流分量．它可表示为

$$j = A\,e^{BV} \tag{6-6-9}$$

在低温下，当热扩散电流很小时尤其明显．它对温度的依赖比热扩散电流弱，

随温度的增加而增加；而且在半对数坐标中，其斜率基本不随温度而改变，如图6.39所示.[64]这部分电流称为指数过剩电流. 通常认为它是由通过带隙中的能级发生的隧穿引起的.[65]有可能发生多种类型的这种隧道过程，如图6.40所示. 参考式(6-1-13)可知势垒区的电子势能变化可由下式描述：

$$U(x)=\frac{e^2N}{2\varepsilon\varepsilon_0}(d-x)^2 \tag{6-6-10}$$

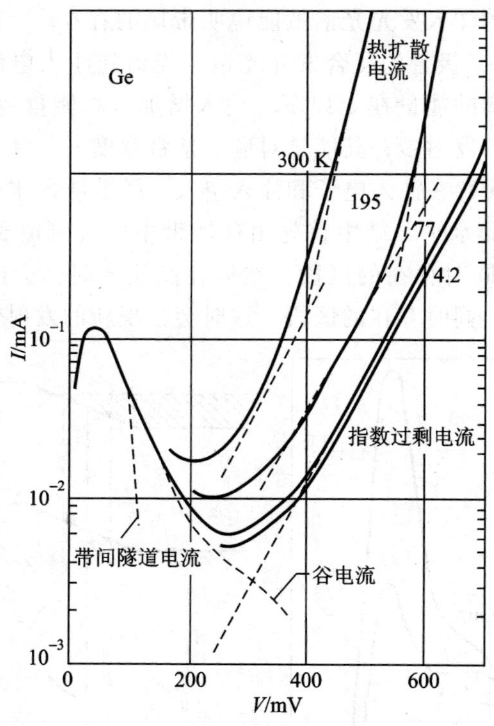

图6.39 Ge中指数过剩电流的电压和温度关系

代入式(6-6-1)，可得势垒底部电子的隧穿概率 T 为

$$T=\exp\left[-\frac{2}{\hbar}\left(\frac{m\varepsilon\varepsilon_0}{N}\right)^{1/2}(V_D-V)\right] \tag{6-6-11}$$

于是可得到式(6-6-9)类型的伏安特性. 指数过剩电流随温度的降低而减小是因为 ϵ_g 随温度的降低而略有增加. 上面的电流对电压和温度的关系同Si和GaAs等隧道结的实验结果是一致的. 这种类型的电流在异质结中也常可观察到.

隧道二极管的反向电流和反向二极管中的相似. 在接近简并的条件下可得到反向二极管，如图6.41(a)所示意. 结的一侧也可以是简并的. 在这种二极管中，势垒也很窄，略施反向电压，就可使价带电子隧穿到导带的空状态，形成显著的反向电流. 反向电压愈高，价带和导带间的交叠愈多，结电场也愈

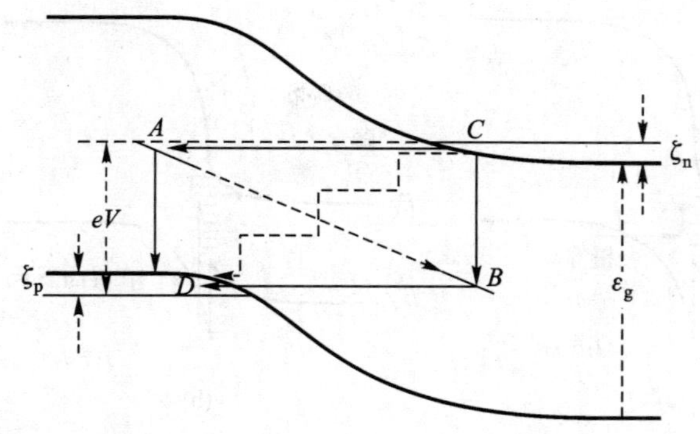

图 6.40　产生指数过剩电流的机制

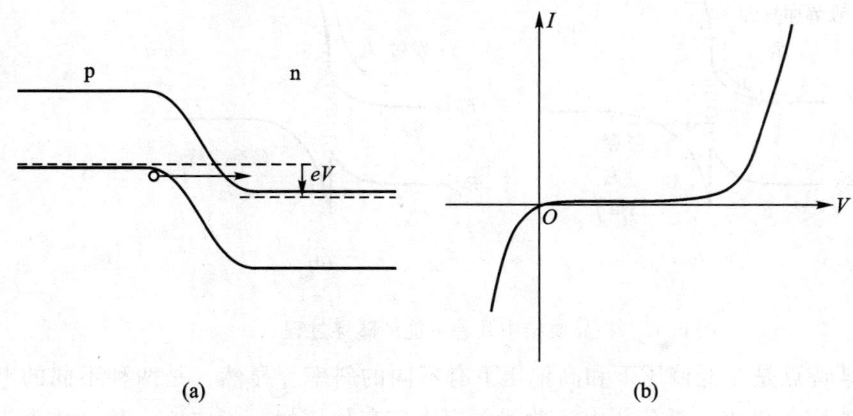

图 6.41　(a)反向二极管在反向偏压下的隧道穿透
(b)反向二极管的伏安特性

强，因此电流会随反向电压单调上升. 但相对来说，要在较大的正向电压下才会有显著的热扩散电流. 参看图 6.41(b)的伏安特性可见，它的正、反向特性和正常二极管的正好相反. 这种二极管中的正向电流也是多子电流，因此结也具有良好的高频特性.

异质结中的隧道过程

在异质结中可以发生各种类型的隧穿过程，如图 6.42 所示.[66] 在不少情形下，完整的电流过程由几个串联的过程组合而成. 电流的大小由阻力最大的过程决定. 隧道电流也可以是两个并联过程之一，如图 6.42 中的(d). 在诸过程中，不少都是以界面态作为中转. 这是因为在异质结的界面常常存在大量的界面态.

图 6.43 所示为由实验测得的 pn Ge - Si 异质结在不同温度下的伏安特

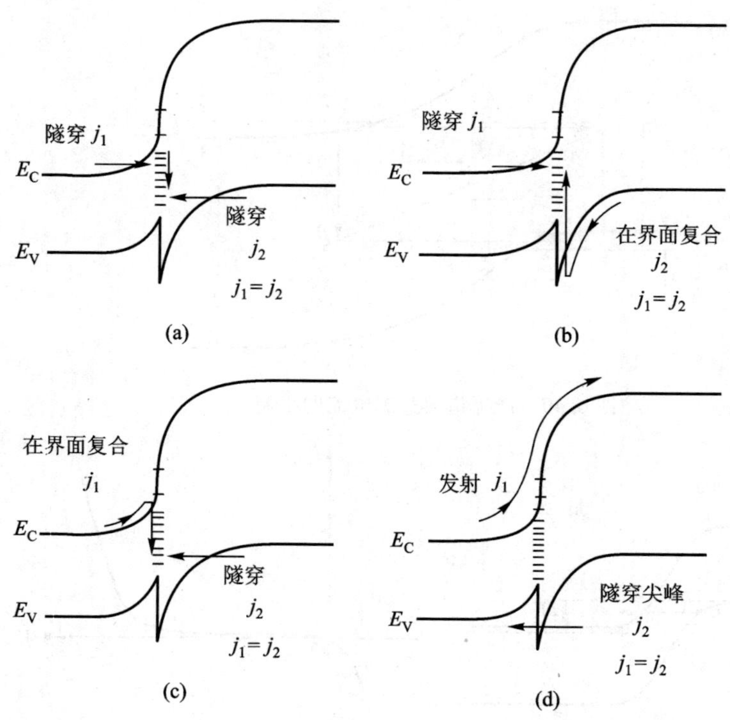

图 6.42 在异质结中几种可能的隧穿过程

性.[66]其特点是在低偏压下和高偏压下有不同的斜率. 显然，是两种不同的电流机制决定了电流. 低偏压电流曲线斜率大于高偏压的，相应地，其电流小于高偏压电流在低偏压区的延伸线. 这说明高、低偏压下的两种电流机制是串联的. 低偏压电流曲线斜率与温度有关，和式(6－4－32)所描述的一致，即和热扩散或热发射相联系. 高偏压下的斜率基本不变，温度降低电流下降，这和隧道机制相一致. 若结电势分配在结中发生隧穿的一侧的比份为 K，则关于指数过剩电流的式(6－6－11)，经修改后可借用于此：

$$T=\exp\left[-\frac{2}{\hbar}\left(\frac{m\varepsilon\varepsilon_0}{N}\right)^{1/2}K\,(V_D-V)\right] \qquad (6-6-12)$$

图 6.44 给出了一个 GaAs－Ge pn 结的正向特性.[67]在高、低偏压下决定电流的也是两种机制. 但由它们在高、低偏压下斜率的大小可判断，这两种电流是并联的. 低偏压下的电流也是隧穿性质的.

欧姆接触

实践表明，金属能和高掺杂的半导体形成良好的欧姆接触. 和在简并 pn 结中相似，在金属－半导体接触中，当势垒足够薄时，能量低于势垒的载流子

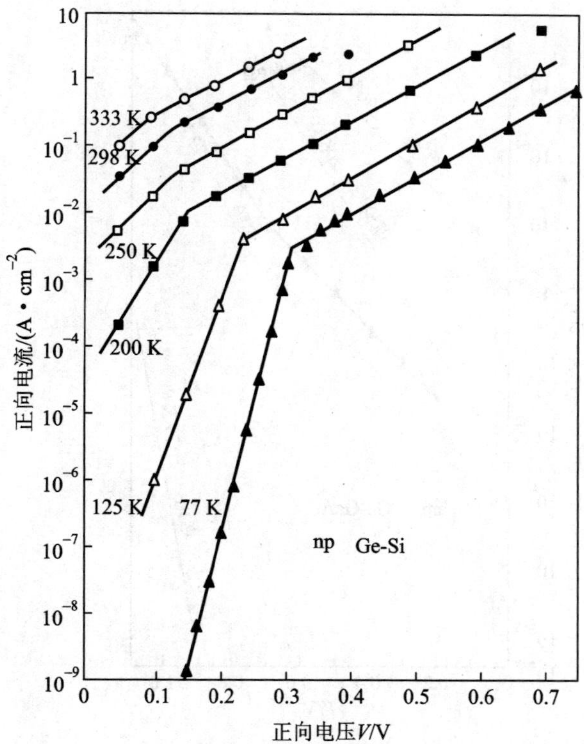

图 6.43　Ge－Si pn 结不同温度下的正向特性

也可以隧穿势垒进入金属，形成电流．当半导体的掺杂浓度增加时，肖特基势垒逐渐变薄．首先是顶部的部分载流子可以隧穿至金属中．逐渐有更多能量较低的电子能够隧道穿透．一种极端情形是，各种能量的电子的隧穿电流都占优势，如图 6.45 所示意．这时接触电阻应有较低的值．接触电阻定义为：

$$R_C = \left(\frac{\partial I}{\partial V}\right)^{-1}\Bigg|_{V=0} \qquad (6-6-13)$$

引入特征能量 E_{00} 可将式(6－6－11)的隧穿概率 T 表示为

$$T = \exp\left[-\frac{eV_D}{E_{00}}\right] \qquad (6-6-14)$$

E_{00} 为

$$\begin{aligned} E_{00} &= \frac{e\hbar}{2}\left(\frac{N}{m\varepsilon\varepsilon_0}\right)^{1/2} \\ &= 5.36\times10^{-3}\left(\frac{m_0}{m}\right)^{1/2}\left(\frac{N}{10^{18}/\mathrm{cm}^3}\right)^{1/2}\left(\frac{12}{\varepsilon}\right)^{1/2}\ [\mathrm{eV}] \end{aligned} \qquad (6-6-15)$$

因而有

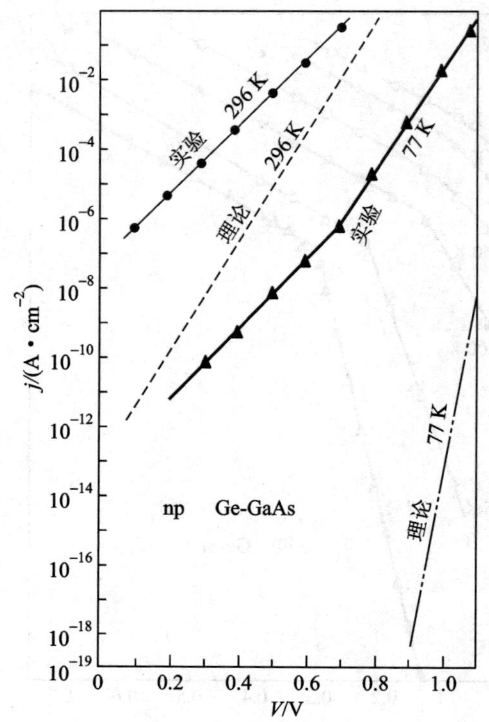

图 6.44 GaAs－Ge pn 结不同温度下的正向特性

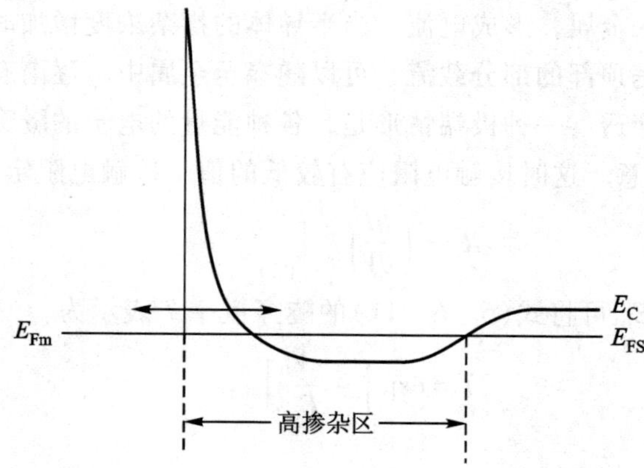

图 6.45 欧姆接触及其中载流子隧道穿透势垒示意图

$$R_{\mathrm{C}} \propto \exp\left(\frac{eV_{\mathrm{D}}}{E_{00}}\right) \qquad (6-6-16)$$

可见 N 愈高，有效质量愈小，势垒愈低，则隧穿概率 T 愈大，R_{C} 愈小. 例如掺杂浓度为$10^{19}/\mathrm{cm}^2$，$\varepsilon=12$，$V_{\mathrm{D}}-V=0.8$ V时，应有较大的隧穿概率. 由式

(6-1-13)，势垒宽度约为100Å. 图6.46为PtSi，Al和Mo在n型Si上的肖特基势垒的接触电阻随掺杂浓度的变化.[68]可见掺杂浓度增加，R_C迅速降低.理论计算和实验结果相当一致. 通常空穴势垒低于电子势垒，因此在p型半导体上应更易于制作低阻的欧姆接触.

在非表面态控制的情形下(肖特基极限)，功函数适当的金属和半导体之间可形成反阻挡层，也可形成欧姆接触. 例如在n-GaN和Al之间可形成欧姆接触[14].

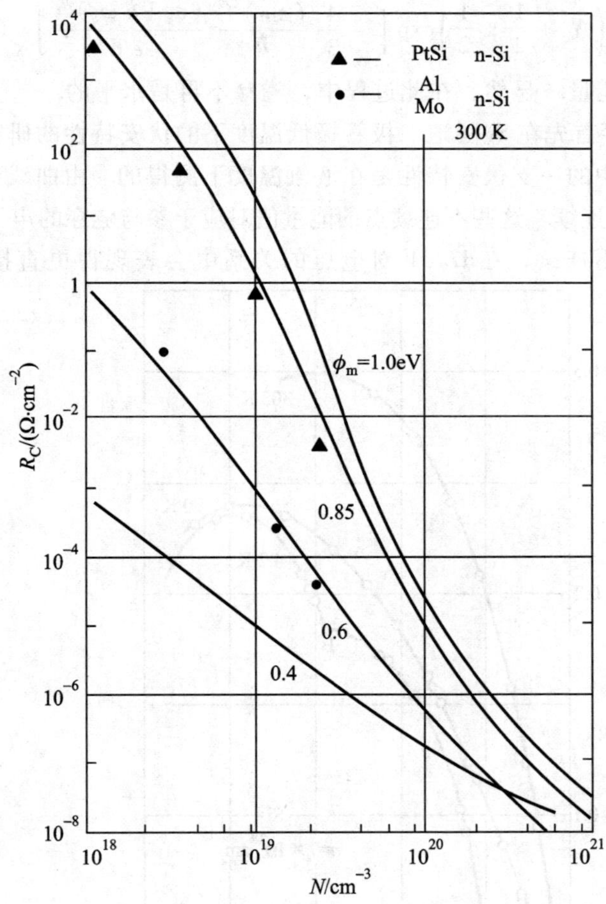

图6.46 不同掺杂浓度的n型Si和金属的接触电阻

隧道谱

前面我们在说明隧穿过程时，认为只要结一边的导带电子与另一边价带空穴能量相等就可以发生隧穿，即认为隧穿过程只需要满足能量守恒. 这实际上只是对于直接禁带半导体才是正确的. 但隧穿过程实际上是处于结的一边的导带状态中的电子在结电场的作用下向另一边的价带电子状态的量子跃迁．就像在带间辐射复合跃迁中一样，隧道跃迁也要求同时满足能量守恒和动量守恒．在 Ge，Si 这类间接禁带半导体中，由于导带底和价带顶具有不同的 $\boldsymbol{k}$ 值，因此隧穿过程包含晶体动量的改变．声子和杂质都可提供这种动量．例如导带底的电子可以通过发射或吸收一个声子使自身的动量调整为零，以实现向价带顶的跃迁．这种过程称为声子协助隧穿．对于由导带向价带发射或吸收声子的过程，隧穿概率应作如下的修正：[69]

$$T \propto \left(N_q + \frac{1}{2} \pm \frac{1}{2}\right) \exp\left[-\frac{4}{3}\frac{(2m)^{1/2}}{\hbar}\frac{(\epsilon_g \mp \hbar\omega_q)^{3/2}}{e\mathrm{E}}\right] \quad (6-6-17)$$

式中$\hbar\omega_q$为声子能量．显然，在此过程中，隧穿不再是水平的．

声子协助隧穿首先在 Si 隧道二极管极低温度下的伏安特性的研究中得到了肯定．[70]图 6.47 中的一支伏安特性是在液氦温度下测得的．由曲线可见，在有些点微商$\mathrm{d}I/\mathrm{d}V$不连续．这些不连续点的能量值对应于参与隧穿的声子的能量．

上述斜率的不连续，在$\mathrm{d}I/\mathrm{d}V$对电压的关系中会表现得更直接．图 6.48

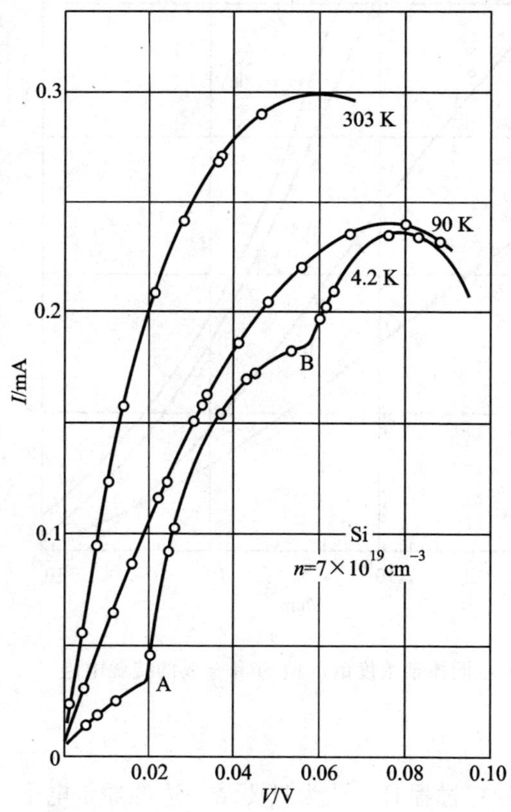

图 6.47 不同温度下 Si 隧道二极管的正向带间隧穿电流

为由掺不同杂质的 Ge 的隧道二极管测得的$\mathrm{d}I/\mathrm{d}V$曲线.[71] 由之确定的纵、横模声学声子和光学声子的能量分别为，TA：8.0 meV，LA：27.7 meV，LO：31.3 meV，TO：36.3 meV，与由中子散射得到的声子谱在〈111〉方向布里渊区边界处的声子能量十分接近. 由图 6.48 可见，除声子协助的隧穿电流以外，在声子阈值以下仍有一定的电流. 它是杂质协助的隧穿过程引起的. 在掺 P 和 As 的 Ge 二极管中，实验观测到的该电流分量大于声子协助隧穿电流. 这是因为 P 和 As 对电子有更强的近程散射作用. 甘子钊对于 Ge 隧道结中的隧道过程进行了详细地分析和计算.[72]

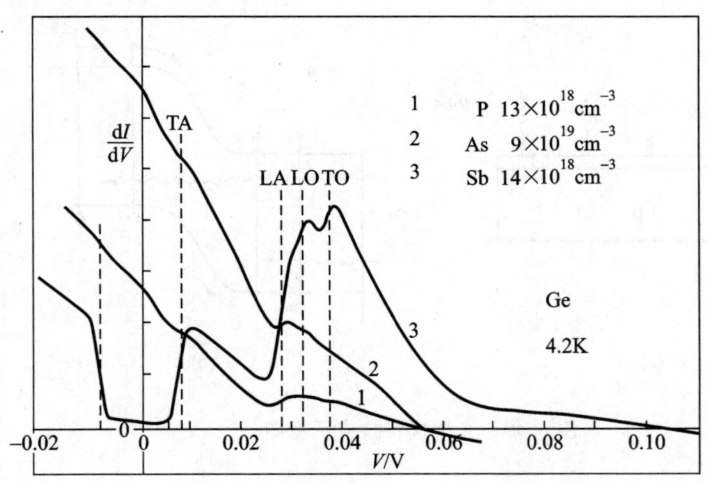

图 6.48 掺 P，As 和 Sb 的 Ge 隧道二极管的$\mathrm{d}I/\mathrm{d}V-V$曲线

用上面的方法不仅可以研究声子，也可用于研究参与过程其它元激发，如等离子振荡激元等. 为此发展了$\mathrm{d}I/\mathrm{d}V$以至$\mathrm{d}^2I/\mathrm{d}V^2$测量技术. 在掺 Sb 的 Ge 隧道结的$\mathrm{d}^2I/\mathrm{d}V^2-V$曲线中，声子能量直接表现为相当锐的峰，能够以相当高的精度测量声子能量随应力的变化.[73] 这种研究方法称为隧道谱（关于这方面的评述参看[74]）. 研究所用的结构可以是半导体隧道结，金属－半导体接触，或 MIS 结构. 隧道谱也可用于研究态密度，如强磁场下的朗道能级和深能级[75] 表面量子能级[76] 等. 证明表面量子能级的存在的实验证据最先由 InAs 的隧道谱得到.

§6.7 光生伏特效应

如用光子能量$\hbar\omega$大于ϵ_g的光照射具有 pn 结构的半导体表面，如图 6.49 所示，那么只要结深在光的透入深度范围内，光照将在光照面和暗面之间产生光电压．这个效应称为光生伏特效应．

入射光在其透入深度范围内激发电子空穴对．在离势垒边界约一个扩散长度的范围内的光生少子，将可被势垒区的强电场抽取到对方，如图6.49所示．在短路的情形下，将会形成光致电流，称为短路电流．这个电流显然和pn结反向电流的方向一致．在开路的情形下则将在光照面和暗面之间形成一定的光致电压，称为开路电压，它使pn结正向偏置．在达到稳定时，该电压所产生的正向电流应正好抵消光致电流．在包含负载的回路中，该光生电动势将可引起电流，从而向负载输出一定的功率．利用此效应可制成太阳能电池．

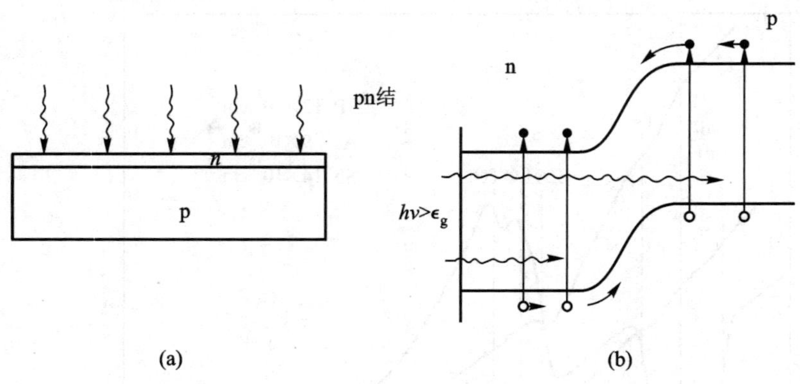

图6.49 光生伏特效应示意图

伏安特性

若以V表示pn结上的正向电压，I表示通过结的正向电流，则在光照条件下，应有

$$j=j_0\left(e^{\frac{eV}{k_BT}}-1\right)-j_L \tag{6-7-1}$$

式中第一项为理想pn结电流；j_L为光致短路电流密度，它的方向对应于反向电流．上述特性相当于把无光照的pn结$I-V$特性下移了j_L，如图6.50(a)所示．

若把电流的方向规定为和结的反向电流一致，可得输出$I-V$特性．它正好是pn结$I-V$特性的倒置，如图6.50(b)所示．能输出的最大功率和输出特性的形状密切相关．

开路对应于$j=0$，由式(6-7-1)可得开路电压为V_{op}

$$V_{op}=\frac{k_BT}{e}\ln\left(1+\frac{j_L}{j_0}\right) \tag{6-7-2}$$

开路电压V_{op}主要决定于比值j_L/j_0．参看式(6-3-16)，在同样的j_L的条件下，ϵ_g大的半导体，j_0小，有利于产生较大的开路电压．参考图6.20的伏安特性不

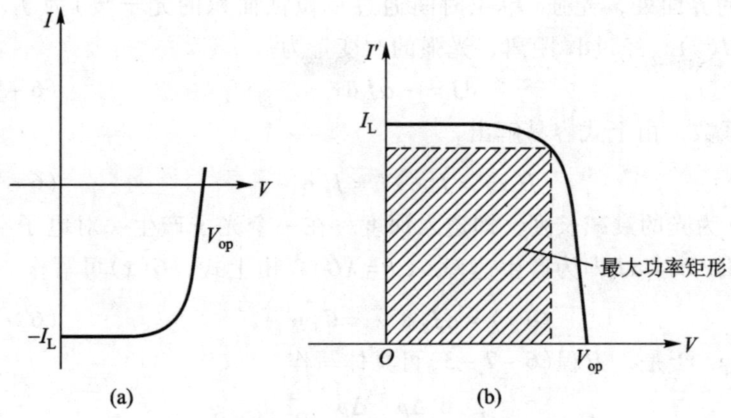

图 6.50 光照 pn 结的伏安特性

难看出，为产生抵消大小为某一 j_L 的正向电流，ϵ_g 越大的材料所需电压越高. 开路电压所能达到的最大值受到自建势 V_D 的限制. 当光照很强，开路电压接近 V_D 时，结电场大大减弱，逐渐失去抽取光生载流子的能力.

短路电流和开路电压，对实际应用来说是两个重要的参数. 由图 6.50 可见，它们直接关系着功率输出.

短路电流

对于 pn 结的伏安特性我们已在 §6.3 中进行了讨论，以下将着重分析短路电流 $j_L = j_{Lp} + j_{Ln}$. 短路电流问题就是光照条件下界面两侧的过剩少子分布问题. 知道了两边的少子分布，就能由之得到电流.

设结离开表面的距离，即结深，为 d. 略去空间电荷区及其中光产生载流子对电流的贡献. 为方便起见，把结的位置设为 $x=0$. 于是，两侧的关于少子的方程为：

$$G(x) + D_n \frac{d^2 \Delta n}{dx^2} - \frac{\Delta n}{\tau} = 0, \quad x > 0 \qquad (6-7-3)$$

$$G(x) + D_p \frac{d^2 \Delta p}{dx^2} - \frac{\Delta p}{\tau} = 0, \quad x < 0 \qquad (6-7-4)$$

$G(x)$ 为光产生率. 我们将只在 $x>0$ 的范围内（设为 p 型区）对 Δn 求解方程.[77] 在光的透入深度 λ 显著大于结深 d，并且结深 $d \ll L_n$ 时，能形成短路电流的光生载流子主要在 $x>0$ 的范围内，所得结果应能反映实际短路电流的大小. Si 作为间接禁带半导体，吸收较弱. 对于光子能量不很高的光，透入深度可达 10 ~ 100 μm 量级；只要结深约为 μm 左右，应大体符合上述情形.

下面在考察光的衰变规律的基础上写出 $G(x)$. 设光垂直入射到表面；在

$x=0$，即结的界面处，光强(单位时间通过单位截面积的光子数)为 J_d. 设 x 处的光强为 $J(x)$. 经过$\mathrm{d}x$ 距离，光强的改变量为

$$\mathrm{d}J = -\alpha J\,\mathrm{d}x \tag{6-7-5}$$

α 称为吸收系数. 由上式容易解出

$$J(x) = J_d\,\mathrm{e}^{-\alpha x} = J_d\,\mathrm{e}^{-\frac{x}{\lambda}} \tag{6-7-6}$$

式中 $\lambda = 1/\alpha$ 为光的衰减长度，即透入深度. 在一个光子产生一对电子空穴的情形下，$-\mathrm{d}J/\mathrm{d}x = \alpha J$ 即为产生速率 $G(J=\lambda G)$. 由上式，$G(x)$可写作

$$G(x) = \alpha J_d\,\mathrm{e}^{-\frac{x}{\lambda}} = G_d\,\mathrm{e}^{-\frac{x}{\lambda}} \tag{6-7-7}$$

式中 $G_d = \alpha J_d$. 于是，方程(6-7-3)可具体写作

$$G_d\,\mathrm{e}^{-\frac{x}{\lambda}} + D_{\mathrm{p}}\frac{\mathrm{d}^2\Delta p}{\mathrm{d}x^2} - \frac{\Delta p}{\tau} = 0,\quad x>0 \tag{6-7-8}$$

方程的通解为

$$\Delta n = A\,\mathrm{e}^{-\frac{x}{L_{\mathrm{n}}}} + B\,\mathrm{e}^{\frac{x}{L_{\mathrm{n}}}} - \frac{G_d}{D_{\mathrm{n}}\,(1/\lambda^2 - 1/L_{\mathrm{n}}^2)}\mathrm{e}^{-\frac{x}{\lambda}} \tag{6-7-9}$$

由边条件 $x\to\infty$，$\Delta n\to 0$ 可得 $B=0$；由 $x=0$ 处，$\Delta n=0$ 可得 A. 于是可得 Δn 为

$$\Delta n = \frac{G_d}{D_{\mathrm{n}}\,(1/\lambda^2 - 1/L_{\mathrm{n}}^2)}\left(\mathrm{e}^{-\frac{x}{L_{\mathrm{n}}}} - \mathrm{e}^{-\frac{x}{\lambda}}\right) \tag{6-7-10}$$

由 $x=0$ 处求 $eD_{\mathrm{n}}\,\mathrm{d}\Delta n/\mathrm{d}x$ 值，可得 j_{Ln}为

$$j_{\mathrm{Ln}} = \frac{eL_{\mathrm{n}}\lambda G_d}{(\lambda + L_{\mathrm{n}})} = \frac{L_{\mathrm{n}}}{(\lambda + L_{\mathrm{n}})}eJ_d \tag{6-7-11}$$

上面的结果物理意义非常明确. J_d 是进入 p 侧的光子流密度，即单位时间内 p 侧光产生的电子空穴对数，$L_{\mathrm{n}}/(\lambda+L_{\mathrm{n}})$为能扩散到势垒边缘，形成光电流的少子所占比例. 当 $\lambda \ll L_{\mathrm{n}}$，即光产生的少子都位于一个扩散长度的范围内，可得到$j_{\mathrm{Ln}}\approx eJ_d$，即 p 侧光产生的少子几乎全部可转化为短路电流. 因此一般来说，长的寿命，和相应的长的扩散长度，有利于对光生载流子的收集. 另一方面，当 $L_{\mathrm{n}} \ll \lambda$ 时，有 $j_{\mathrm{Ln}}\approx e(L_{\mathrm{n}}/\lambda)J_d$，即在光的全部透入深度中只有扩散长度范围内的少子能转化为短路电流. 注意这里的 J_d 是经过了衰减的，它和在表面进入的光子流密度 J_0 之间的关系为 $J_d = J_0\,\mathrm{e}^{-d/\lambda}$，但如果 $d \ll \lambda$，应有$J_d\approx J_0$.

在开路条件下，由边条件$\mathrm{d}\Delta n/\mathrm{d}x=0$ 求得

$$\Delta n(0) = \frac{L_{\mathrm{n}}^2\lambda G_0}{D_{\mathrm{n}}(\lambda + L_{\mathrm{n}})} = \frac{L_{\mathrm{n}}j_{\mathrm{Ln}}}{D_{\mathrm{n}}e} \tag{6-7-12}$$

即开路电压 V 所形成的势垒边缘的少子浓度 $\Delta n(0)$所对应的扩散电流 $e(D_{\mathrm{n}}/L_{\mathrm{n}})\Delta n(0)$的大小正好和光致电流 j_{Ln}抵消.

在以太阳光作为光源时，其中包含各种频率的光，这些光有不同的透入深度. 它所产生的过剩载流子空间分布，应是各种波长的光所产生的分布的叠加. 比较有利的情形是，积分的产生速率的空间分布 $G(x)$ 的大部分被扩散长度所覆盖.

对于直接禁带半导体，$\hbar\omega$ 大于 ϵ_g 的光的吸收系数很快上升到 $10^4\ \mathrm{cm}^{-1}$ 量级，透入深度将为 1 μm 量级. 在这种情形下，在结的表面一侧所吸收的光子数将占重要的比例. 必须考虑它们对短路电流的贡献. 由于结的表面一侧通常掺杂浓度很高，扩散长度有时只有微米量级，结深 d 不能太大，否则靠近表面产生的大部分光产生少子将不能被收集. 结深 d 太小又会产生串联电阻问题，大的串联电阻会使输出特性变坏.

对于这种类型的问题，须求解方程(6-7-4). 由于必须同时考虑不均匀产生速率和表面复合(作为边界条件)，计算结果比较复杂，[78] 这里不作介绍. 但显然的是，大的表面复合速度会显著降低结对光生载流子的收集效率；长的寿命则有利于降低复合损耗.

异质结光电池 窗口效应

异质 pn 结有利于解决上述串联电阻问题. 如图 6.51 所示，结的右侧为窄禁带半导体. 若宽禁带和窄禁带材料的禁带宽为 ϵ_{gW} 和 ϵ_{gN}，则 $\epsilon_{gW} > \hbar\omega > \epsilon_{gN}$ 的光只在窄禁带一侧被吸收，并产生电子空穴对. 可见，宽禁带材料对上述范围内的光起窗口的作用. 这一重要的光学性质称为窗口效应. 图 6.52 所示为 Ge-GaAs 异质结的光电流响应. [79] 这个效应显然有利于解决短的透入深度和串联电阻之间的矛盾. 可制成 GaAs-AlGaAs，GaAs-InGaP 等高效率的异质结光电池. [80] 异质结的窗口效应在光电二极管和光电三极管中也有应用.

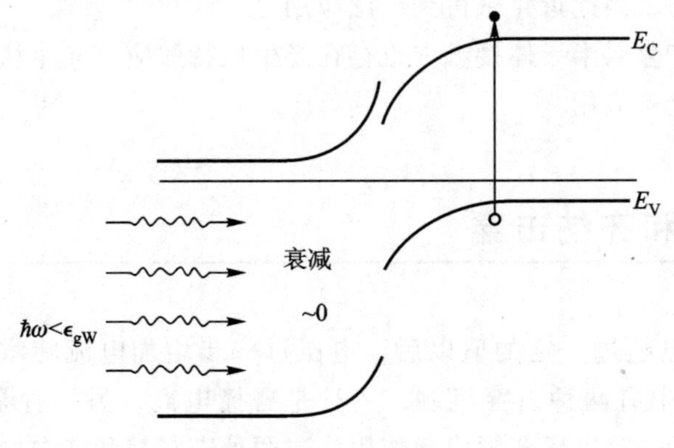

图 6.51 异质结的窗口效应

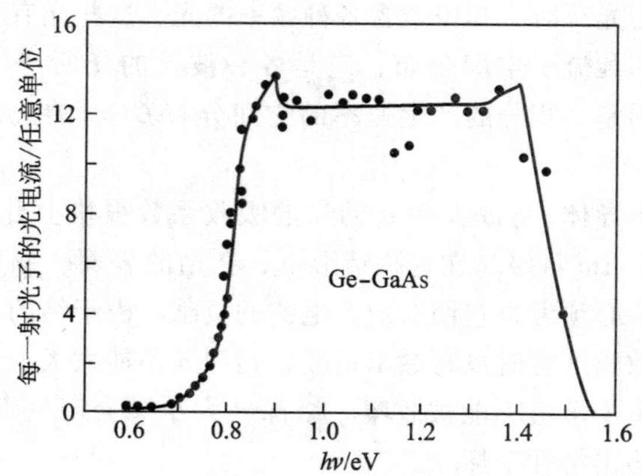

图 6.52 Ge - GaAs 异质结的光电流响应

太阳能电池

入射到样品表面的太阳光只有其中$\hbar\omega$大于ϵ_g的那部分能激发电子空穴对. 而每对能转化为短路电流的电子空穴又最多能向外释放eV_D的能量. 由于eV_D和材料ϵ_g之间的密切关系，ϵ_g大有利于每对电子空穴释放更大的能量. 但大的禁带宽度只允许$\hbar\omega > \epsilon_g$的一小部分光被吸收并激发电子空穴对. 另一方面，在窄禁带材料中，虽然大多数光子能产生电子空穴对，但所产生的电子空穴对能向外电路释放的能量却很低，大部分能量都通过载流子和晶格的碰撞，白白转化为热能. 因此半导体ϵ_g的大小适当对太阳能电池十分重要. 较理想的情况是ϵ_g适当低于太阳光能量分布的峰值，约2.7eV. Si，GaAs，CdTe都是较好的太阳电池材料. 非晶态硅的ϵ_g和晶态硅的接近，但非晶态硅太阳电池的制作成本远低于晶态硅的，因此近年来得到广泛应用.

不难理解，在金属半导体接触中也存在光生伏特效应. 光生伏特效应在红外光检测等方面也有应用.

§6.8 雪崩击穿和齐纳击穿

pn结在反向电超过一定的值以后，电压进一步增加电流陡增，即发生击穿. 半导体pn结中有两种击穿机制，一种是碰撞电离，另一种是齐纳击穿. 它们分别在不同的击穿电压范围内起作用. 这两种击穿都和势垒区中的强电场相联系，因此类似的击穿也可以发生在其它的势垒中.

齐纳击穿

先对齐纳击穿作一简单介绍．这是一种在掺杂浓度较高的非简并 pn 结中的击穿机制．它由隧道效应引起．反向偏压下 pn 结的能带图以及其中的齐纳过程如图 6.53 所示．结中的 A 点价带中的电子要隧穿到 B 点的导带，面临高度为 ϵ_g 宽度为 $d=\epsilon_g/eE$ 的势垒．这里我们假设了势垒为三角形势垒，带边能量随坐标线性变化．当结中的最大电场超过某一临界值，也就是 d 小于某临界宽度，就会发生击穿．对于突变结，按式(6-1-15)，最大电场 $E_M \propto [N^*(V_D+V_R)/\varepsilon]^{1/2}$．若齐纳击穿发生于相同的临界电场，则很粗略地看，击穿时应有 $N^*(V_D+V_R)$ 为常量．因此击穿电压 V_B 大体反比于约化浓度 N^*．对于 ϵ_g 约 1 eV 的半导体，当势垒宽约 10 nm 上下时，电场强度为约 10^6 V/cm．击穿的临界场强应与此相去不远．

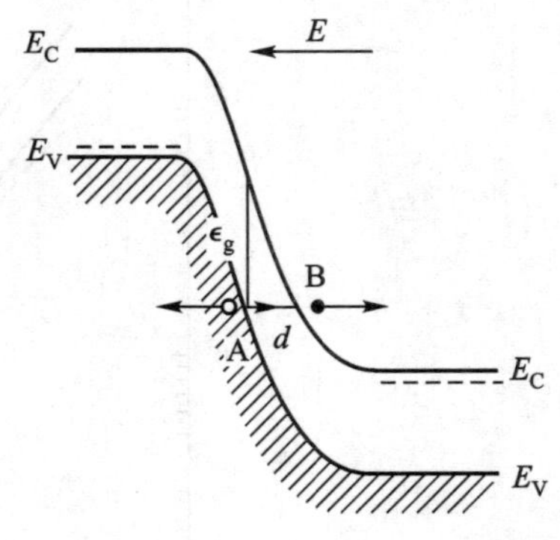

图 6.53　pn 结中齐纳过程示意图

由于在具有金刚石结构、闪锌矿和纤锌矿结构的半导体中，ϵ_g 随温度的升高而下降．因而，齐纳击穿的电压随温度的升高而下降．

雪崩击穿

雪崩击穿发生在可引起显著的碰撞电离的强电场条件下．少量载流子在强电场下可具有高于 ϵ_g 的能量(参看 §5.7 中有关带间俄歇复合的内容)．它们可将价带的电子激发至导带中，即引起碰撞电离．这样产生的电子和空穴在其通过结的强场区时，又可能获得足够高的能量，产生新的电子空穴对，如图 6.54 所示意．因此，在一定的强场条件下，可发生载流子的雪崩倍增，从而导致结电流的剧增．这就是雪崩击穿．

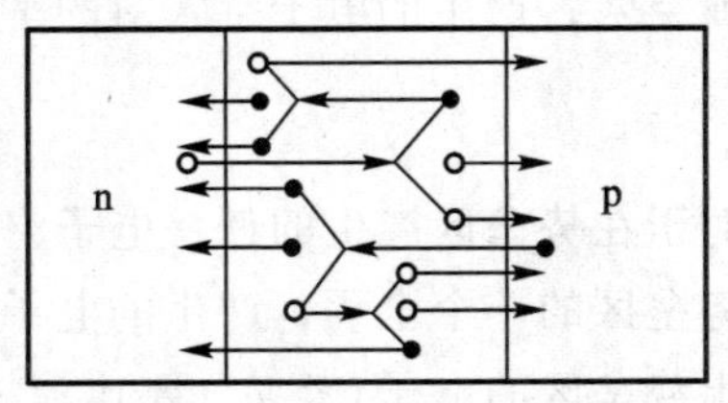

图 6.54　雪崩倍增过程示意图

可以用电离率来描述上述碰撞电离过程．电离率定义为一个载流子在单位长度的路程上通过碰撞产生的电子空穴对的平均数．碰撞电离依赖能量足够高的载流子的存在．因此，电离率的大小依赖于电场强度．图 6.55 所示为 Si 和 GaAs 的电子电离率 α 和空穴电离率 β 随电场倒数的变化．[81] 可见，α 和 β 对电场的依赖十分强烈．

在势垒区中电场的大小通常是不均匀的．若已知电离率 α 和 β 对电场的依赖关系，则可计算出一个电子或空穴通过势垒区所产生的电子空穴对的数目．

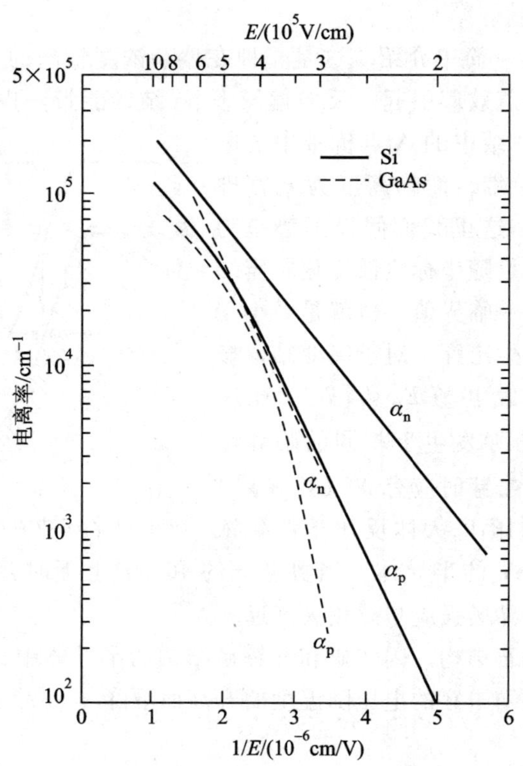

图 6.55 Si 和 GaAs 电子电离率和空穴电离率

下面我们作简化假设：设 $\alpha=\beta$. 这样，对于一个流过势垒区全程的电子或空穴，产生的电子空穴对的平均数目相同，设为 C. 于是，可将 C 写作

$$C=\int_0^d \alpha(x)\,\mathrm{d}x \tag{6-8-1}$$

对于在势垒区产生的任一电子空穴对，两者从碰撞点走出势垒区，共同走过了势垒区的一个全程，产生的电子空穴对的平均数也应是 C. 由于碰撞电离，流出势垒区的电子(空穴)要比流入势垒区的电子(空穴)多. 从而使电流倍增. **倍增因子**为

$$\begin{aligned}M&=1+C+C^2+C^3+C^4+\cdots\\&=\frac{1}{1-C}=\frac{1}{1-\int_0^d \alpha(x)\,\mathrm{d}x}\end{aligned} \tag{6-8-2}$$

当电场足够强，以至于

$$\int_0^d \alpha(x)\,\mathrm{d}x\to 1 \tag{6-8-3}$$

即当通过结区的每个载流子，平均产生一对电子空穴，就可使 $M\to\infty$. 这对应

于发生雪崩击穿(一般情形下的雪崩倍增请参看§14.6).

击穿条件，式(6-8-3)中的积分值取决于 α 作为 E 的函数，以及 E 作为 x 的函数，后者依赖于 pn 结中杂质的具体分布情况. 在一般的 pn 中，电场是不均匀分布的. 对上述积分的贡献主要来自电场最强，从而 α 最大的区域，但积分值不仅和结中的最大电场强度有关，而且也和 α 足够大的强场区的宽度有关. 这个宽度应正比于势垒宽度. 一般来说，掺杂浓度愈高的结，势垒区愈窄，达到雪崩击穿的临界电场愈高. 但由于 α 随电场 E 的变化十分迅速，上述临界电场对掺杂浓度的依赖性比较弱.

图 6.56 所示为根据电离率作为 E 的函数，由计算得到的 Si 和 GaAs 单边突变结的击穿电场随掺杂浓度的变化[82]. 可见，当掺杂浓度由 $10^{14}/cm^3$ 变到 $10^{17}/cm^3$，击穿电场仅增加到约两倍. 若近似将击穿电场看作恒定，则击穿电压正比于空间电荷区宽度，反比于掺杂浓度. 考虑到击穿电场随掺杂浓度 N 略有增加，可粗略地将击穿电 V_B 压写为 $V_B \propto N^{-b}$，b 略小于 1. 图 6.57 为几种半导体的单边突变结的击穿电压随掺杂浓度的变化，[82] 由计算得到. 也可计算出缓变结的击穿电压作为杂质浓度梯度的函数.[82] 在功率整流器常采用的 pin 结构中，在本征的 i 层中空间电荷密度可忽略不计，电场可看作是均匀的. 在这种情形下，对积分的贡献可认为来自整个 i 层，其中电离率可看作常量. 容易看出这种情形下，为使积分等于 1 所需的最大电场比普通 pn 结所需的更低. 粗略地看，pin 结的击穿电压可看作 i 层厚度的函数.

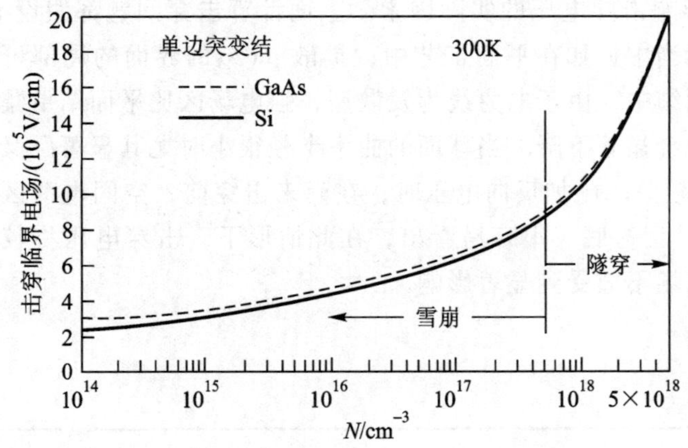

图 6.56 Si 和 GaAs 的单边突变结的击穿临界电场随掺杂浓度的变化

前面我们已经提到，齐纳击穿电压随温度的升高而降低；与此相反，雪崩击穿的电压随温度的升高而升高，这是因为温度升高载流子会经受更为频繁的碰撞，因而电离率降低. 这种差异可用来识别这两种击穿机制.

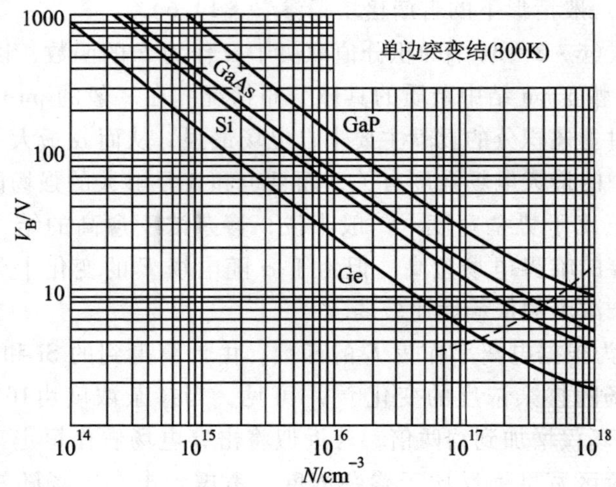

图 6.57 Ge，Si，GaAs 和 GaP 的单边突变结的击穿电压随掺杂浓度的变化

由于齐纳击穿的击穿场强对掺杂浓度的依赖比雪崩击穿稍弱，因此在掺杂浓度较高的结中它可比雪崩击穿有更低的击穿电场．因此，齐纳击穿起作用的范围是掺杂浓度较高的 pn 结，具有低的击穿电压．在 Si 和 GaAs 的 pn 结中，当击穿电压低于 $4\epsilon_g/e$ 时，为齐纳击穿；当击穿电压高于 $6\epsilon_g/e$ 时，为雪崩击穿．

存在一些影响击穿电压的实际因素．上面计算击穿问题都假设 pn 结界面为平面．但实际当中，如在平面工艺中，扩散 pn 结的界面的局部可以是柱面或球面．在球面结中，由于电力线为发散型，强电场区比平面结更集中于界面附近，击穿电压会显著下降．当球面的曲率半径很小时尤其显著．又如在有些 p^+n 结中，n 层较薄．施加反向电压时，在尚未击穿前，空间电荷区的扩展就达到高浓度的 n^+ 型衬底．很容易看出，在此情形下，击穿电压将较正常的结为低，但击穿电场不应受到显著影响．

第6章参考文献

[1] Shockley W. *Bell Syst. Tech. J.*, 1949, 28: 435.

[2] Anderson L R. *Solid-State Electron*, 1962, 5: 341.

[3] Oldham W G, Milnes A G. *Solid-St. Electron*, 1963, 6: 121.
Cheung D T, Chiang S Y, Pearson G L. *Solid-St. Electron*, 1963, 18: 263.

[4] Kroemer H. *RCA Rev.*, 1957, 18: 332.
[5] Kroemer H. *Rev. Mod. Phys.*, 2001, 73: 783.
[6] Oldhem W G, Milnes A G. *Solid-St. Electron*, 1964, 7: 153.
Vink A T, Werkhoven J C, Opdorp C V. *Semiconductor Characterization Techniques*. Princeton, New Jersey: Electrochem. Soc., 1978: 259.
Kressel K. *Semiconductors and Semimetals*, Vol. 16. Ed. by Willardson R K, Beer A C. New York: Academic Press, 1981: 1.
[7] Schottky W. *Naturwissenschaften*, 1938, 26: 843.
Schottky W. Z. *Phys.*, 1939, 113: 467; *ibid*, 1942, 118: 539.
[8] Meyerhoff W E. *Phys. Rev.*, 1947, 71: 727.
[9] Cowley A M, Sze S M. *J. Appl. Phys.*, 1965, 36: 3212.
[10] Bardeen J. *Phys. Rev.*, 1947, 71: 717.
[11] Mead C A. *Solid-St. Electron*, 1966, 9: 1023.
[12] Turner M J, Rhoderick E H. *Solid-St. Electron*, 1968, 11: 291.
Smith B L, Rhoderick E H. *Solid-St. Electron*, 1971, 14: 71.
[13] Kurtin S, McGill T C, Mead C A. *Phys. Rev. Lett.*, 1969, 22: 1433.
[14] Lester L F. *Appl. Phys. Lett.*, 1996, 69: 2737.
[15] Heine V. *Phys. Rev.*, 1965, 138: A1689.
[16] Louie S G, Cohen M L. *Phys. Rev. B*, 1976, 13: 2461.
[17] Tejedor C, Flores F, Louis E. *J. Phys. C* (*Solid State Phys.*), 1977, 10: 2163.
[18] Tersoff J. *Phys. Rev. Lett.*, 1984, 52: 465; *Surf. Sci.*, 1986, 168: 275.
[19] Cardona M, Christensen N E. *Phys. Rev. B*, 1987, 35: 6182.
[20] Mönch W. *J. Appl. Phys.*, 1996, 80: 5076.
[21] First P N, Stroscio J A, Dragoset R A, et al. *Phys. Rev. Lett.*, 1989, 63: 1416.
[22] Spicer W E, Chye P W, Sheath P R, et al. *J. Vac. Sci. Technol.*, 1979, 16: 1422.
Skeath P, Lindau I, Chye P W, et al. *J. Vac. Sci. Technol.*, 1979, 16: 1143.
Spicer W E, Lindau I, Skeath P, et al. *Phys. Rev. Letters*, 1980, 44: 420.
Spicer W E, Skeath P, Su C Y, et al. *Proc. 15th Int. Conf. Physics of Semiconductors*, Kyoto, 1980. *J. Phys. Soc. Japan*, 1980, 49: Suppl.

A. p. 1079.

[23] Sankey O F, Allen R E, Dow J D. *Solid State Commun.*, 1984, 49: 1.
Lohez D, Lanoo M, Masri P, et al. *Surf. Sci.*, 1980, 99: 132.

[24] Flores F, Ortega J, Pérez R. Proceedings of the School of Physics "ENRICO FERMI" Course CXVII. Amsterdam: Horthholland, 1991: 5.

[25] Walukiewicz W. *Phys. Rev. B*, 1988, 37: 4760.

[26] Kaiser W J, Hecht M H, Fathauer R W, et al. *Phys. Rev. B*, 1991, 44: 6549.
Ludeke R, Bauer A. *Phys. Scr.*, 1994, T55: 90.
Niedermann P, Quattropani L, Solt K, et al. *Phys. Rev. B*, 1993, 48: 8833.
Palm H, Arbes M, Schulz M. *Phys. Rev. Lett.*, 1993, 71: 2224.
Gosso F, Marsi M, Berger H, et al. *Phys. Rev. B*, 1993, 48: 17163.

[27] Shockley W. *U. S. Patent* 2. 1951, 569, 347.
Kroemer H. *Proc. IRE.*, 1957, 45: 1535.

[28] Sah C T, Noyce R N, Shockley W. *Proc. IRE.*, 1957, 45: 1228.

[29] Moll J L. *Proc. IRE.*, 1958, 46: 1076.

[30] Henry C H, Logan R A. *J. Appl. Phys.*, 1978, 49: 3530.
Henry C H, Logan R A. *Appl. Phys. Lett.*, 1977, 31: 454.

[31] Grove A S. *Physics and Technology of Semiconductor Devices*. New York: John Wiley and Sons, Inc., 1967: 183, 185.

[32] Baliga B J, Sun E. *IEEE Trans. ED* – 24, 1977: 685.

[33] So L, Whiteley J S, Ghandhi S K, et al. *Solid-St. Electron*, 1978, 21: 887.

[34] Bethe H A, *M. I. T. Radiation Lab. Rep.* 43 – 12, 1942.

[35] Schottky W. *Zeit. f. Phys.*, 1939, 113: 367.
Mott N F. *Proc. Camb. Phil. Soc.*, 1938, 34: 568.
Давыдов В И. *ЖЭТФ*, 1939, 9: 451.

[36] Crowell C R, Sze S M. *Solid-St, Electron*, 1965, 8: 673; *ibid*, 1965, 8: 979.

[37] Baccarani G, Zzone A M M. *Electron. Lett.*, 1976, 12: 59.

[38] Crowell C R, Sze S M. *Solid-St. Electron.*, 1966, 9: 1035.

[39] Stratton R. *Phys. Rev.*, 1962, 126: 2002.

[40] Rhoderick E H. *J. Phys. D: Appl. Phys.*, 1972, 5: 1920.

[41] Crowell C R, Beguwala M. *Solid-St, Electron*, 1971, 8: 395.

[42] Wilkinson J M, Wilcock J D, Brinson M E. *Solid-St. Electron*, 1977, 20: 45.

[43] Henish H K. *Rectijfying Semiconductor Contacts*. Oxford: Oxford University Press, 1957.

[44] Wronski C R, Carlson D E, Daniel R E. *Appl. Phys. Lett.*, 1976, 29: 602.

[45] Köjler R, Wauer L. *Solid-St*, *Electron*, 1971, 14: 581.

[46] 黄昆，谢希德. 半导体物理学. 北京：科学出版社，1958: 203.

[47] Scharfetter D L. *Solid-St. Electron*, 1965, 8: 299.

[48] Yu A Y C, Snow E H. *J. Appl. Phys.*, 1968, 39: 3008.

[49] Dolega U. Z. *Naturf*, 1963, 18a: 653.

[50] Sze S M. *Physics of Semiconductor Devices*. New York: John Wiley and Sons, Inc., 1969: chap. 3

[51] Crowell C R, Sarace J C, Sze S M. *Trans. MET. Soc. AIME*, 1965: 233, 478.

[52] Goodman A M. *J. Appl. Phys.*, 1963, 34: 329.

[53] Brillson L J. *Handbook on Semiconductors*, Vol. I. Ed. Landsberg P T. Amsterdam: North-Holland, 1992: 281.

[54] Sah C T, Forbes L, Rosier L I, et al. *Solid-St*, *Electron*, 1970, 13: 759.

[55] Williams R. *J. Appl. Phys.*, 1966, 37: 3411.

[56] Lang D V. *J. Appl. Phys.*, 1974, 45: 3023; *J. Appl. Phys.*, 1974, 45: 3014.

[57] Goto G, Yanagisawa S, Wada O, et al. *Appl. Phys. Lett.*, 1973, 23: 150; Pal J A. *Solid-St. Eleciron*, 1974, 17: 1139.

[58] Wang K L, Evwaraye A O. *J. Appl. Phys.*, 1976, 47: 4574.

[59] Smith R A. *Wave Mechanics of Crystalline Solids*. London: Chapman and Hall, 1961: 49.

[60] Esaki L. *Phys. Rev.*, 1958, 109: 603.
Roy D K. *Tunneling and Negative Resistance Phenomena in Semiconductors*. Oxford: Pergamon Press, 1977: 26.

[61] Sze S M. *Physics of Semiconductor Devices*. New York: John Wiley and Sons, Inc., 1969: 181.

[62] Kane E O. *Phys. Rev.*, 1963, 131: 79.
Logan R A, Chynoweth A G. *Phys. Rev.*, 1963, 131: 89.

[63] Pankove J I. *Progress in Semiconductors*, Vol. 9. New York: John Wiley and Sons, 1965: 46.

[64] Chynoweth A G, Feldmann W L, Logan R A. *Phys. Rev.*, 1961, 121: 684.

Meyerhofer D, Brown G A, Sommers H S. *Phys. Rev.*, 1962, 126: 1329.

[65] Esaki L. *Solid State Physics*, 1 pt. 1. London-New York: Acad. Press, 1960, 514.

[66] Donnely J P, Milnes A G. *Proc. IEE(London)*, 1966, 113: 1468.

[67] Riben A R, Feucht D L. *Solid-St. Electron*, 1966, 9: 1055.

[68] Chang O Y, Fang Y K, Sze S M. *Solid-St, Electron*, 1971, 14: 541.

[69] Кельдыш Л В. *ЖЭТФ*, 1957, 33: 994; 1958, 34: 962.

Kane E O. *J. Phys. Chem. Solids*, 1960, 2: 181.

Kane E O. *J. Appl. Phys.*, 1961, 32: 83.

[70] Holonyak N, Lesk I A, Hall R N, et al. *Phys. Rev. Lett.*, 1959, 3: 167.

[71] Hall R N. *Proc. Int. Conf. Semiconductor Physics, Prague*, 1960. Prague: Publishing House of the Czechoslovak Academy of Sciences, 1961: 193.

[72] 甘子钊. 物理学报, 1963, 19: 25.

甘子钊. 物理学报, 1963, 19: 49.

[73] Payne R T. *Phys. Rev. Letters*, 1964, 13: 53; *Phys. Rev.*, 1965, 139: A570.

Fritzsche H. *Tunneling Phenomena in Solids*. Ed. by Burstein E, Lundgrist S. New York: Plenum Press, 1969, 167.

[74] Wolf E L. *Solid State Physics*, Vol. 30. New York: Academic Press, 1975: 2.

Tsui D C. *Handbook on Semiconducturs*, Vol. I. Series editor: Moss T S. Volume editor: Paul W, Amsterdam: North-Holland, 1982: 661.

[75] Fistul' V I. *Soviet Phys. Solid State*. 1965, 6: 2999.

Andrews M, Holonyak N, Jr., *Solid-St. Electron*, 1972, 15: 601.

[76] Tsui D C. *Phys. Rev. B*, 1973, 8: 2657.

[77] 参看[46] p. 307.

[78] Wolf M. *Proc. IRE*, 1960, 48: 126.

[79] Anderson R L. *Solid-St. Electron*, 1962, 5: 341.

[80] Woodall J M, Hovel H J. *Appl. Phys. Lett.*, 1977, 30: 492.

Kavnath G S. *IEEE Tran.*, 1977, ED-24: 473.

Olsen G H, Ettenberg M, D'Aiello R V. *Appl. Phys. Lett.*, 1878, 33: 606.

[81] Sze S M. *Physics of Semiconductor Devices*, 2nd ed. New York: Wiley, 1981.

[82] Sze S M, Gibbons G. *Appl. Phys. Lett.*, 1966, 8: 111.

第 7 章

半导体表面层和 MIS 结构

实际半导体表面常覆盖有氧化层或其它绝缘层. 绝缘层中的电荷、绝缘层半导体界面的电荷，以及界面态等对于半导体表面层的性质可以产生重要影响. 半导体器件的某些性质以及它们的稳定性往往与表面情况有密切的联系. 金属－绝缘体－半导体结构(MIS 结构)对于了解绝缘层中的电荷，绝缘体－半导体界面的性质以及半导体表面层的性质都是一种很方便的结构. MIS 结构也是重要的器件 MOS(金属－氧化物－半导体)晶体管、电荷耦合器件(CCD)的基本组成部分. 这种结构具有实际的重要性.

本章 §7.1 介绍表面电场或表面附着电荷对半导体表面层的影响. §7.2、§7.3 介绍 MIS 结构的电容效应. 后面两节讨论表面层电导和表面复合.

§7.1　半导体表面电荷层

表面感生电荷层

外界可以通过在半导体表面建立垂直于表面的电场或(和)附着于表面的电荷对半导体表面层产生影响. 这种影响表现为在半导体表面形成一电荷层，使半导体内部保持电场为零，从而使外电场的影响得到屏蔽. 若外场为 E_i，则在半导体表面层内的电荷密度 Q_S(单位面积电荷量)和 E_i之间的关系为

$$E_i = -\frac{Q_S}{\varepsilon\varepsilon_i} \qquad (7-1-1)$$

ε_i为半导体表面以外的介质的介电常量. 若半导体中表面处的电场为 E_S，则由电位移连续可得

$$\varepsilon_i E_i = \varepsilon_S E_S \qquad (7-1-2)$$

由于半导体中电荷密度较小，在其表面感生的屏蔽电荷层会有一定的厚度．在屏蔽电荷层内，电场逐渐由表面处最大值 E_S下降为零，即外电场是在表面电荷层内逐渐被屏蔽的．以上情况如图 7.1 所示意，图中电力线最密的地方电场最强．由以上两式，Q_i又可表示为

$$Q_S = -\varepsilon_i\varepsilon_0 E_i = -\varepsilon_S\varepsilon_0 E_S \tag{7-1-3}$$

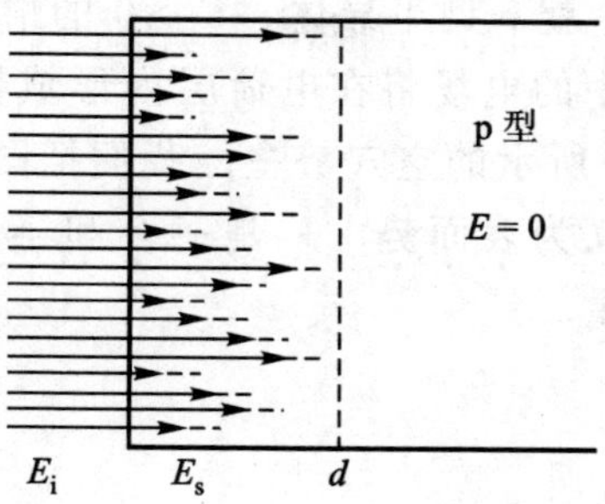

图 7.1 表面电荷层对外电场的屏蔽

若同时存在外电场 E_i 和表面附着电荷 Q_i，则半导体中的感生电荷 Q_S可表示为

$$Q_S = -Q_i - \varepsilon_i\varepsilon_0 E_i \tag{7-1-4}$$

也可以完全等价地认为外电场 E_i 被感生电荷 Q_S和表面附着电荷 Q_i所共同屏蔽：

$$Q_T = Q_S + Q_i = -\varepsilon_i\varepsilon_0 E_i \tag{7-1-5}$$

可见外界的影响可归结为在半导体表面内侧建立一面密度为 Q_S电荷层．

在不同情形下，感生电荷层的性质可以是不同的．对于 $E_i > 0$ 的情形，表面感生电荷虽然总是负电荷，但在 n 型半导体中，这层负电荷是依靠吸引多子电子至表面形成的，如图 7.2(a)所示．这个电荷层是多子**积累**层．而对于 p 型半导体，感生电荷层依靠排斥多子空穴形成．这时，电荷层主要是由带负电的电离受主构成，称为**耗尽**层，如图 7.2(b) 所示的情形．后面还可以看到，在 E_i 足够大时，表面还可以**反型**，即表面可有显著数量的“少子”电子，形成所谓反型层．

对于 $E_i < 0$ 的情形，不难看出，在 n 型半导体表面形成耗尽层，而在 p 型半导体表面则形成积累层．

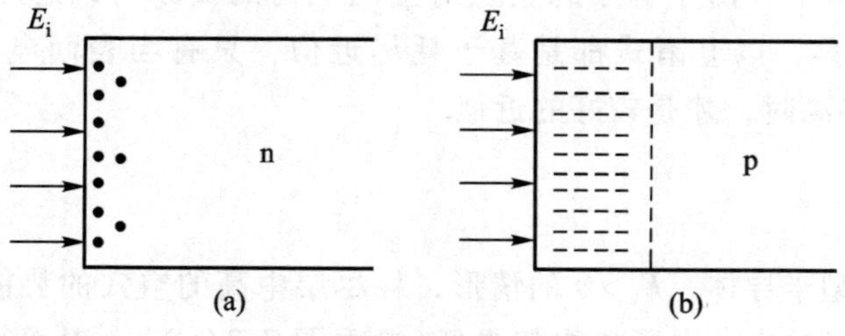

图 7.2 (a)积累层和(b)耗尽层

许多实际问题都涉及耗尽和反型．以下着重就这两者进行讨论．以下我们将用 Q_S**表示表面层中电离杂质、电子和空穴所贡献的电荷面密度** Q_B，Q_n，Q_p **的总和**．

耗尽情形

就p型半导体，$E_i>0$ 的情形进行讨论．如上所述，这时形成耗尽层．其中的电场将在电荷层内形成图7.3(b)所示的电势分布．对应于图7.3(c)所示的空穴势垒．我们把图7.3(b)中半导体表面相对体内的电势差 V_S 定义为表面势．V_S是一个和半导体表面和表面层性质有密切联系的重要参量．

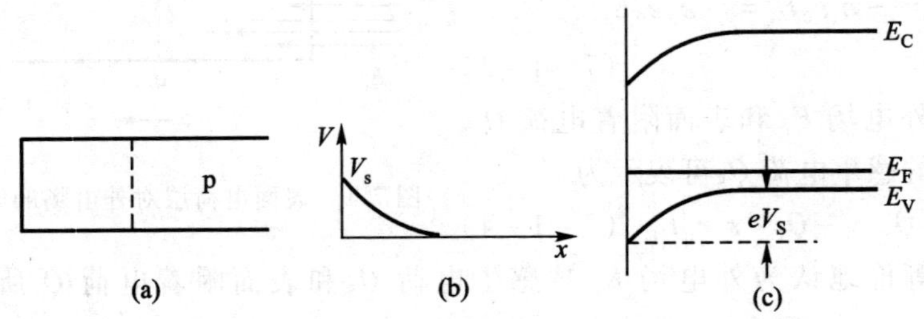

图7.3 耗尽层(a)中的电势分布(b)和能带弯曲的情形(c)

这里的耗尽层和pn结的p型一侧的电荷层相似．这里的 E_S对应那里的 E_M；V_S对应于结电势在p型区的降落 $V_{Dp}-V_p$．在相同的条件下($V_S=V_{Dp}-V_p$ 或 $E_S=E_M$；掺杂浓度 N_A相同等)，两者的电荷、电场和电势分布完全相同．

这样，在改换符号以后，那里的结果都可应用于此：

$$d=\left(\frac{2\varepsilon_S\varepsilon_0 V_S}{eN_A}\right)^{1/2} \tag{7-1-6}$$

$$Q_B=-(2\varepsilon_S\varepsilon_0 eN_A V_S)^{1/2} \tag{7-1-7}$$

$$E_S=\left(\frac{2eN_A V_S}{\varepsilon_S\varepsilon_0}\right)^{1/2} \tag{7-1-8}$$

这里 d 代表空间电荷区厚度，Q_B 代表单位面积电离受主(或电离施主，+号)电荷量．在耗尽情形下，由于电子和空穴对空间电荷的贡献可以忽略，Q_B就等于 Q_S．要说明的是，以上诸式都是基于耗尽近似，只有当表面电场足够强，因而势垒 eV_S足够高时，才是较好的近似．

反型情形

对于上述p型半导体，$E_i>0$ 的情形，耗尽层中高的空穴的势能使多子空穴耗尽．但在耗尽层内，电子势能却更低(参看图7.3(c))，因而其中电子浓度却高于体内．当表面势 V_S足够大，以至于在表面处 E_F高于本征费米能级 E_i 时(如图7.4(a)所示)，则该处的电子浓度会超过空穴浓度，从而导致表面反型．若以 eV_F表示体内本征费米能级 E_i 和 E_F 之差：

$$eV_F=(E_i-E_F)_{\text{体内}} \tag{7-1-9}$$

则可把表面反型的条件表示为 $V_S > V_F$. 利用 p_0 和 n_i 之间的关系可把 V_F表示为

$$V_F = \frac{k_B T}{e}\ln\frac{p_0}{n_i} = \frac{k_B T}{e}\ln\frac{N_A}{n_i} \qquad (7-1-10)$$

但若在表面处 E_F只是略高于 E_i，表面处的电子浓度 n_S比耗尽区电离受主的浓度 N_A^+或体内空穴浓度 p_0 都要小得多，不足以显著影响空间电荷密度，也不会在表面层形成显著的导电能力.

但当 V_S足够大，以至表面处的电子浓度 n_S可与 N_A^+及 p_0 比拟时，表面反型载流子的影响不再可以忽略. 这种情形称为强反型，如图 7.4(b)所示. 若以 $n_S > p_0$ 为强反型条件，则表面能带弯曲量 eV_S必须大于 $2eV_F$，即有

$$V_S > 2V_F \qquad (7-1-11)$$

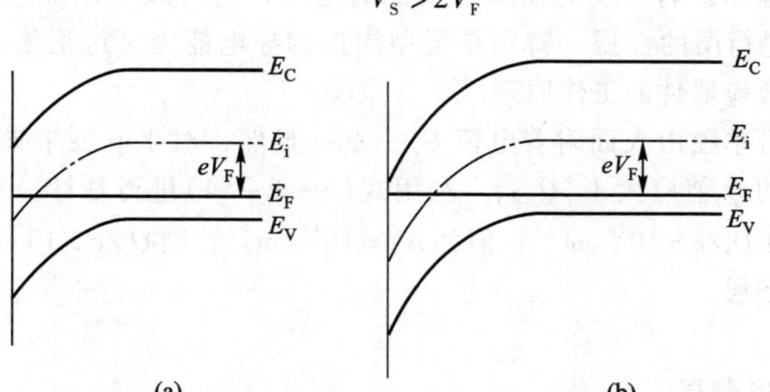

图 7.4 (a)弱反型和(b)强反型

相应地，可把 $n_i < n_S < p_0$，即

$$V_F < V_S < 2V_F \qquad (7-1-12)$$

的情形称为弱反型. 但在此范围内，只要 V_F足够大，表面电荷层仍可视为是耗尽的.

强反型是一种具有重要实际意义的情形. 反型载流子主要分布在表面势能最低的一个狭窄的范围内. 通常把这一反型导电薄层称为导电沟道. 在反型沟道和体内导电区之间隔着一个高阻的耗尽层. 对于我们考虑的 p 型衬底，这里的反型沟道为 n 型的，称为 n－沟道. 在 n 型半导体中，在适当的条件下可形成 p－沟道.

进入强反型以后，随着 V_S进一步增大，沟道中的电子数增加的十分迅速；与之相比，耗尽层电荷 Q_B的变化却很不显著. 这时，对外场的屏蔽主要依靠紧靠表面的反型载流子. 可近似认为，在 $V_S = 2V_F$时，耗尽层宽度 d 和相应的电荷 Q_B都达到最大值：d_M，Q_{BM}. 它们可由令式(7－1－6)，(7－1－7)中的 $V_S = 2V_F$得到：

$$d_M = \left(\frac{4\varepsilon_S\varepsilon_0 V_F}{eN_A}\right)^{1/2} \qquad (7-1-13)$$

$$Q_{BM} = -(4\varepsilon_S\varepsilon_0 eN_A V_F)^{1/2} \tag{7-1-14}$$

若把反型的电子电荷的面密度写作 Q_n，则屏蔽条件(7-1-4)可改写作

$$Q_S = Q_n + Q_{BM} = -Q_i - \varepsilon_i\varepsilon_0 E_i \tag{7-1-15}$$

或

$$Q_n = -Q_{BM} - Q_i - \varepsilon_i\varepsilon_0 E_i \tag{7-1-16}$$

可见，改变外场 E_i，可改变 Q_n，即可控制反型沟道的导电能力.

上面的讨论容易推广于 n 型半导体 $E_i<0$ 的情形.

在实际当中，通过下一节要介绍的金属-绝缘体-半导体结构，很容易对半导体表面层施加影响. 改变金属电极上的电压，就可改变绝缘层中的电场 E_i 及表面感生电荷层的性质，特别是反型沟道的导电能力. 这正是 MOS 场效应晶体管等场效应器件的工作原理.

强反型也可单独由表面附着电荷 Q_i 引起. 显然，对于 p 型半导体，这要求引起强反型的 Q_i 值应大于 $|Q_{BM}|$. 利用式(6-1-14)进行估计，对于 $N_A = 10^{17}\,\text{cm}^{-3}$，需有 $Q_i/e > 10^{12}\,\text{cm}^{-2}$；但如 $N_A = 10^{15}\,\text{cm}^{-3}$，则 $Q_i/e > 10^{11}\,\text{cm}^{-2}$ 就可在表面感生反型层.

表面势和表面电荷层

前面我们强调，表面势是一个重要的物理量. 因为，对于给定的半导体，表面势的大小决定了表面层中的电荷、电场和电势分布.

表面电荷层中的电场分布由以下泊松方程支配：

$$\frac{d^2V}{dx^2} = -\frac{\rho}{\varepsilon_S\varepsilon_0} \tag{7-1-17}$$

电荷密度 ρ 只决定于载流子浓度 $p(V)$，$n(V)$ 对于中性情形的平衡值 p_0，n_0 的偏离. 它们的平衡值可用 n_i 和 V_F（由式(7-1-9)定义）表示为：$p_0 = n_i\exp(eV_F/k_BT)$，$n_0 = n_i\exp(-eV_F/k_BT)$. 于是在非简并情形下可有：

$$\begin{aligned}\rho &= e\left[p_0\left(e^{-\frac{eV}{k_BT}}-1\right) - n_0\left(e^{\frac{eV}{k_BT}}-1\right)\right]\\ &= en_i\left[e^{\frac{eV_F-eV}{k_BT}} - e^{\frac{eV_F}{k_BT}} - e^{-\frac{eV_F-eV}{k_BT}} + e^{-\frac{eV_F}{k_BT}}\right]\end{aligned} \tag{7-1-18}$$

式中第一项、第二项是空穴的贡献；第三和第四项来自电子. 当 $V_F>0$ 时，半导体是 p 型；当 $V_F<0$ 时，半导体是 n 型. 下面我们把半导体内部的电势 V 规定为零. 半导体内部电场 E 也为零：$dV/dx=0$.

由附录 7.1 可见，只要给定表面处的另一边界条件，如给定表面势的值 V_S（或表面电场值 E_S）就可由以上方程得到 E_S（以及和 E_S 相联系的 Q_S）作为

V_S的函数. 原则上也可唯一确定势分布 $V(x)$. [1] 不过求解 $V(x)$须求助于数值方法.

由求解方程得到的掺杂浓度为 $4\times10^{15}\ \mathrm{cm}^{-3}$的 p 型半导体的 Q_S-V_S关系示于图 7.5. [2] 在 $V_S>2V_F$范围内的虚线代表 Q_B，虚线和实线之间的部分代表反型电子贡献的电荷 $Q_n=Q_S-Q_B$. 可见，作为粗略的近似，在式(7-1-14)中把强反型范围的 Q_B看成相对固定是可以接受的.

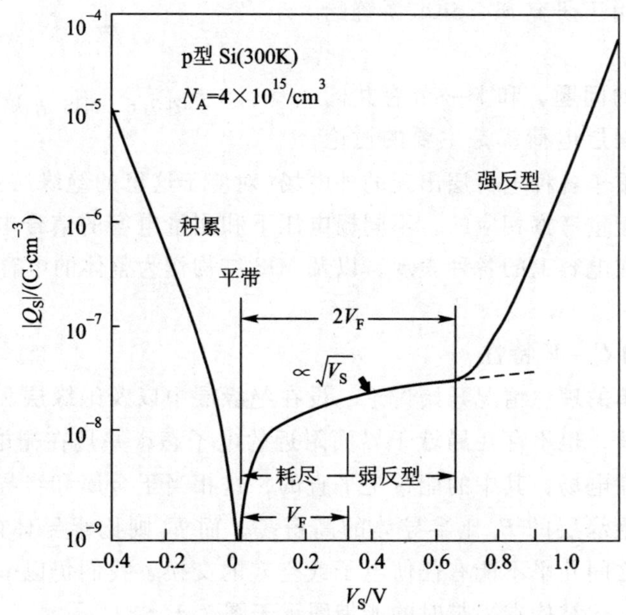

图 7.5 p 型半导体表面层电荷 Q_S随表面势 V_S的变化

这里我们要强调，Q_S随 V_S的变化是单调的，两者有一一对应的关系. 给定了 V_S，表面层的势分布就完全确定，因而 Q_S也完全确定.

§ 7.2 MIS 电容[3]

由金属、绝缘体和半导体所形成的结构简称为 MIS 结构，金属电极通常称为栅极，如图 7.6 所示. 它和由金属和介质形成的平行板电容器十分相似. 但两者之间又有重要区别：由于半导体中的荷电粒子的密度要比金属中的小得多，因此半导体中的充电电荷，将分布在具有一定厚度的表面层内. 在许多实际问题里，半导体表面电荷层的厚度和绝缘层的厚度有相同数量级. 类似于 pn 结，半导体中感生电荷层的厚度，随施加在 MIS 结构上的电压变化. 因此 MIS

结构的电容是随栅偏压而变化的. 一般只能定义微分电容

$$C=\frac{\mathrm{d}Q_{\mathrm{G}}}{\mathrm{d}V_{\mathrm{G}}} \qquad (7-2-1)$$

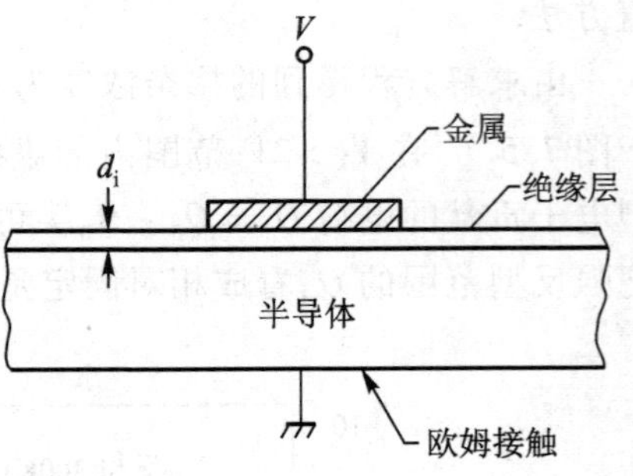

图 7.6 MIS 结构

式中 Q_{G}为栅电极上电荷的面密度，V_{G}为加在 MIS 结构上栅相对于衬底的电压. 在这里和后面的讨论中，C 都是单位面积电容，在一般情形下，它是 V_{G}的函数. MIS 电容曾被十分有效地用于研究 Si－SiO_2 系统的性质.

这一节讨论的问题，和上一节有共同之处：半导体表面层电荷都是主要的讨论对象. 上一节着重于各种电荷层出现的外电场(对应于这里的绝缘层中的电场)条件. 这一节则着重考察相应的，不同栅电压下和测量电容的信号电压的条件下，表面层电荷在电容上的各种表现，以及 MIS 结构作为整体的电容.

理想 MIS 结构的 $C-V$ 特性

先从一种简单的理想情况开始讨论. 设在绝缘层中以及绝缘层和半导体的界面都不存在电荷，也不存在局域于界面附近的电子态；并且在栅电压 $V_{\mathrm{G}}=0$ 时半导体中不存在电场，其中的能带是平直的，这相当于金属和半导体的功函数相同的情形；绝缘层的 E_{C}比半导体的高得多，而 E_{V}则比半导体的低得多，在金属和半导体之间几乎不能有任何电子或空穴的交换. 我们仍以 p 型半导体为例进行讨论. 上述结构在平带时的能带图示于图 7.7(a).

我们所关注的对象是结构的电容 C 和与之相关联的 V_{G}. 结构的电容可视为由绝缘层电容 C_{i}和半导体表面层电容 C_{S}串联而成：

$$\frac{1}{C}=\frac{1}{C_{\mathrm{i}}}+\frac{1}{C_{\mathrm{S}}} \qquad (7-2-2)$$

栅电压 V_{G}则可表示为绝缘层上的压降 V_{i}和半导体的表面势 V_{S}之和：

$$V_{\mathrm{G}}=V_{\mathrm{i}}+V_{\mathrm{S}}=\frac{Q_{\mathrm{G}}}{\varepsilon_{\mathrm{i}}\varepsilon_0}d_{\mathrm{i}}+V_{\mathrm{S}}=-\frac{Q_{\mathrm{S}}}{C_{\mathrm{i}}}+V_{\mathrm{S}} \qquad (7-2-3)$$

第二步是因为 V_{i}是 Q_{G}在绝缘层中的电场所产生的压降，即电场 $Q_{\mathrm{G}}/\varepsilon_{\mathrm{i}}\varepsilon_0$ 和绝缘层厚度 d_{i}的乘积，第三步是因为 $Q_{\mathrm{G}}=-Q_{\mathrm{S}}$. C_{i}为绝缘层电容

$$C_{\mathrm{i}}=\frac{\varepsilon_{\mathrm{S}}\varepsilon_0}{d_{\mathrm{i}}}$$

$$=3.37\times10^3\left(\frac{1\ \mu\mathrm{m}}{d_{\mathrm{i}}}\right)\left(\frac{\varepsilon_{\mathrm{S}}}{3.8}\right) \quad [\mathrm{pF/cm^2}] \qquad (7-2-4)$$

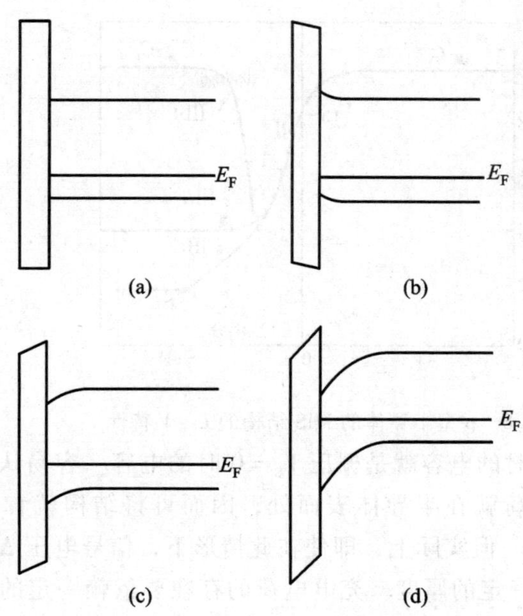

图 7.7 $V=0$(a) $V<0$(b) $V>0$(c) $V>V_T$(d)

时 MIS 结构的能带图

若已知 $Q_S(V_S)$，则给定 V_S，可得半导体表面层电容 C_S为

$$C_S=\frac{dQ_G}{dV_S}=-\frac{dQ_S}{dV_S} \tag{7-2-5}$$

于是由式(7-2-2)可得结构的电容作为 V_S的函数. 相应的栅电压则可由式(7-2-3)得到. 从而可得到 C 和 V_G的对应关系.

尽管可以通过更严格的数学计算得到 $C-V$ 特性(参看附录式(7-A1-6))，但以下我们还是在上一节对半导体表面电荷层讨论的基础上，分积累、平带、耗尽、强反型等几种情形，对 MIS 结构的 $C-V$ 特性进行分析，以求对它有一个更具体的物理上的了解. 下面以 p 型半导体为例进行讨论.

(1) 积累情形

对应于绝缘层中 $E_i<0$，因而 $V_G<0$，在半导体表面层形成空穴的积累，如图 7.7(b)所示. 表面处的空穴浓度 p_S可表示为 $p_0\exp(e|V_S|/k_BT)$，当$|V_G|$较大，因而$|V_S|$较大时，p_S 可远超过 p_0. 这时，微小的$|V_S|$增量可导致$|Q_S|$的急速增加，并且所增加的电荷主要集中于表面附近. 这就是说，随着负栅压的增加，C_S趋于很大的值，因而 C 趋向于 C_i，如图 7.8 中 I 段所示.

(2) 平带情形

在微分电容的问题中，我们都会涉及偏压 V_G和用于测量的小的信号电压 ΔV_G这两者. 在通常情形下，偏压 V_G的变化是缓慢的；ΔV_G则是交变的. 对于

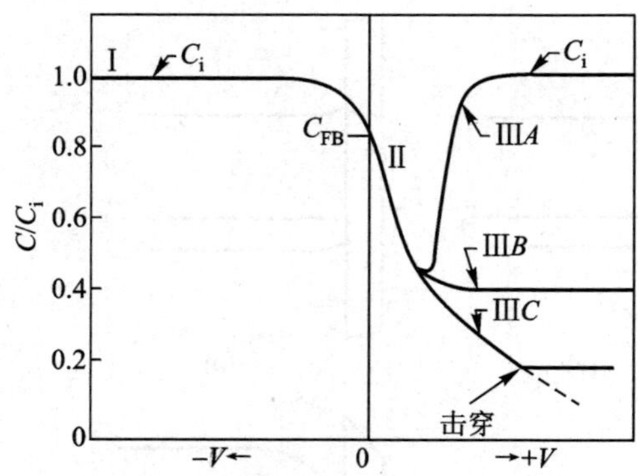

图 7.8 p 型半导体的 MIS 结构的 $C-V$ 特性

理想 MIS 结构，平带时的电容就是栅压 $V_G=0$ 时的电容. 容易认为，平带情形下半导体中充放电电荷就在半导体表面处，因而可将结构就看作平行板电容器. 这相应于 $C_S\to\infty$. 但实际上，即使在此情形下，信号电压 ΔV_G 引起的半导体中的充电电荷也有一定的厚度. 充电电荷的存在要依赖一定的表面势，而表面势只能在适当厚度的电荷层中才能积累起来. 因此，即使是栅压对应于平带，半导体表面层电容 C_S 也是有限的.

ΔV_G 在半导体表面引起表面势 ΔV_S. 在下面的讨论中，由于 $V_G=0$，和 V_G 相对应的 V_S 也为零，因此，为了讨论的方便，将用 V_S 表示 ΔV_S.

在平带情形下，耗尽近似不再成立，泊松方程中的 ρ 由空穴数量 p 相对 p_0 的小的偏离 $p-p_0$ 引起，可写作

$$\begin{aligned}\rho &= e(p-p_0)=ep_0\left(e^{-\frac{eV}{k_BT}}-1\right)\\ &=-\frac{e^2p_0V}{k_BT}=-\frac{\varepsilon_S\varepsilon_0V}{L_D^2}\end{aligned} \tag{7-2-6}$$

第三个等号考虑到测量信号是小信号，满足 $eV\ll k_BT$，因而对指数项可作近似展开，并略去高次项. 在第四个等式中引入了由式(4-2-28)和(5-4-10)定义的德拜长度，$L_D^2=\varepsilon_S\varepsilon_0k_BT/e^2p_0$. 将以上的 ρ 代入泊松方程中，可得以下方程

$$\frac{d^2V}{dx^2}=\frac{V}{L_D^2} \tag{7-2-7}$$

把半导体表面的坐标定为 $x=0$，把半导体内部电势规定为 $V=0$，则若给定表面势 V_S，可得方程的解为

$$V=V_Se^{-\frac{x}{L_D}} \tag{7-2-8}$$

ρ 可表示作

$$\rho(x)=-\frac{\varepsilon_S\varepsilon_0V_S}{L_D^2}e^{-\frac{x}{L_D}}=\rho(0)e^{-\frac{x}{L_D}} \tag{7-2-9}$$

可见表面层电荷分布的平均深度为 L_D. 表面层电荷 Q_S 可写作 $\rho(0)L_D$:

$$Q_S = -\frac{\varepsilon_S\varepsilon_0 V_S}{L_D} \tag{7-2-10}$$

可得半导体表面层的平带电容 C_{SFB} 为

$$C_{SFB} = \frac{\varepsilon_S\varepsilon_0}{L_D} \tag{7-2-11}$$

系统的平带电容 C_{FB} 可由 C_{SFB} 和 C_i 串联得到

$$C_{FB} = \frac{1}{\dfrac{d_i}{\varepsilon_i\varepsilon_0} + \dfrac{L_D}{\varepsilon_S\varepsilon_0}} = \frac{C_i}{1 + \dfrac{\varepsilon_i L_D}{\varepsilon_S d_i}} \tag{7-2-12}$$

可见若已知绝缘层厚度 d_i 和掺杂浓度 N_A，则 C_{FB} 可以计算出来. 若引入 MIS 结构的一个特性参数 V_0

$$V_0 = \frac{\varepsilon_S\varepsilon_0 e N_A}{C_i^2} \tag{7-2-13}$$

$$= 0.150 \times \left(\frac{\varepsilon_S}{12}\right)\left(\frac{N_A}{10^{15}\,\text{cm}^{-3}}\right)\left(\frac{3.8}{\varepsilon_i}\right)^2\left(\frac{d_i}{0.1\ \mu\text{m}}\right)^2 \quad [\text{V}]$$

则 C_{FB} 可写作

$$C_{FB} = \frac{C_i}{1 + \left(\dfrac{k_B T}{eV_0}\right)^{1/2}} \tag{7-2-14}$$

可见 d_i 和 N_A 愈小，即 V_0 愈小，则 C_{FB}/C_i 愈小. 例如，容易算出，对于 $d_i = 0.1\ \mu\text{m}$，$N_A = 10^{15}\,\text{cm}^{-3}$ 的 Si 的 MOS 电容的室温 C_{FB} 约为 $0.7C_i$. 图 7.9 给出了不同掺杂浓度情形下的 Si 的 MOS 电容的 C_{FB}/C_i 随 SiO_2 厚度的变化[4]. 平带电容可用来

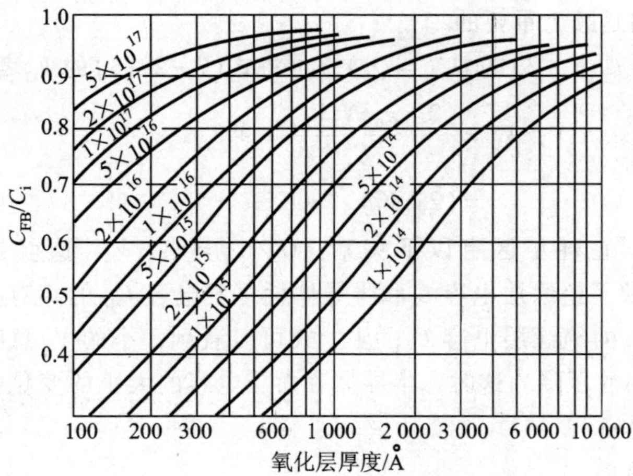

图 7.9 Si 的 MOS 电容的 C_{FB}/C_i 随 SiO_2 厚度的变化

识别 $C-V$ 特性中半导体为平带时的电压.

由上面的讨论联想到在pn结空间电荷区边缘，在大约德拜长度的范围内，电荷和电势分布情况和上面讨论的情况类似，耗尽近似不成立. 但德拜长度通常比耗尽层厚度小得多，所以常略去由此产生的影响.

(3) 耗尽情形

当 $E_i>0$，因而 $V_G>0$ 时，半导体表面逐渐耗尽. 能带弯曲情况如图7.7(c)所示. 当 V_S 足够大时，Q_S 基本上由电离受主电荷 Q_B 组成. 这时半导体表面层电容 C_S 就等于耗尽层电容 C_D，Q_S-V_S 关系由式(7-1-7)给出. 可得 C_D 为

$$C_D=\left(\frac{\varepsilon_S\varepsilon_0 eN_A}{2V_S}\right)^{1/2} \tag{7-2-15}$$

取 $1/C$ 的平方：

$$\left(\frac{1}{C}\right)^2=\frac{1}{C_i^2}\left(1+\frac{2C_i}{C_D}+\frac{C_i^2}{C_D^2}\right) \tag{7-2-16}$$

利用前面由式(7-2-13)定义的特性参数 V_0 和式(7-2-15)可得 $C_i/C_D=V_i/V_0$；$C_i^2/C_D^2=2V_S/V_0$. 代入式(7-2-16)可得

$$C=\frac{C_i}{\left(1+\dfrac{2V_G}{V_0}\right)^{1/2}} \tag{7-2-17}$$

上述诸结果对于耗尽近似成立的弱反型也是适用的. 上式说明，随着 V_G 的增加，结构的电容 C 下降，如图7.8中Ⅱ段所示. 下降的幅度和特性参数 V_0 有密切的关系. V_0 愈小，C 随 V_G 下降的幅度愈大. 在 d_i 很厚，N_A 很高，因而 V_0 很大时，MIS电容退化为平行板电容器，$C-V$ 特性将失去其中的结构. 而在利用MIS电容进行有关绝缘层和绝缘层-半导体界面性质的测量和研究时，$C-V$ 曲线中的上述结构是颇为重要的.

利用 V_0 和式(7-1-7)的 $Q_B(=Q_S)$，可将式(7-2-3)的 V_G 表示为

$$\begin{aligned}V_G&=\frac{(2\varepsilon_S\varepsilon_0 eN_A V_S)^{1/2}}{C_i}+V_S\\&=(2V_0V_S)^{1/2}+V_S\end{aligned} \tag{7-2-18}$$

前面我们曾提到，在耗尽区有以下关系：$C_i^2/C_D^2=2V_S/V_0$. 这就是说，比值 V_S/V_0 的大小，反映了绝缘层电容 C_i 和半导体耗尽层电容 C_D 的相对大小. 小的 V_0 意味着相对较大的绝缘层电容 C_i，从上式可以看到，小的 V_0 意味着绝缘层电容 C_i 上相对较小的压降. 这时，半导体表面层电容的大小的变化会对结构的电容产生较大的影响.

(4) 强反型情形

当 V_G 进一步增加，以至 $V_S\geqslant 2V_F$ 时，表面达到强反型，结构的能带图如图

7.7(d)所示．达到强反型时所需的栅压通常称为阈值电压．将强反型时的 Q_{BM} 及 $V_S=2V_F$ 代入式(7-1-16)可得阈值电压 V_T 为

$$V_T=-\frac{Q_{BM}}{C_i}+2V_F$$

$$=2[(V_0V_F)^{1/2}+V_F] \qquad (7-2-19)$$

在强反型区，视偏压和信号电压的不同变化速度(或频率)，$C-V$ 特性有颇为不同的表现，如图 7.8 中的曲线ⅢA，ⅢB，ⅢC 所示．

如在 §7.1 中已说明的，达到强反型后，耗尽层厚度的变化不再显著，感生电荷，即充放电电荷，将主要是贴近半导体表面的反型载流子——电子的电荷．这时，系统的电容又重新回到 C_i．但这对应于低频的电容曲线，如图 7.8 中ⅢA 段所示．这对应于以下情况：对于信号电压的变化，反型层电子数量来得及达到统一的费米能级 E_F 所要求的数量．即对于变化的表面势，表面层每一点的电子浓度都能达到平衡浓度．这要求信号电压的变化是缓慢的，即信号是低频的．因为在体内电子是少子，提供电子和疏散电子的能力都很弱．在 n_i 小的半导体，如 Si 中，反型层的充放电主要依靠势垒区电子空穴对的产生和复合．例如，每产生一对电子空穴才有一个电子流向反型层．通过严格计算得到的 $C-V$ 特性由式(7-A1-6)给出，它对应于图 7.8 中包含ⅢA 的那一支．

但对于高频信号，情况则不然．当信号电压变化十分迅速，以至反型载流子数量的变化微不足道，那么高频信号所要求的充放电只能在耗尽层的边缘进行．对于信号电压来说这是一种非平衡情形．但对缓慢变化的偏压来说，§7.1 中关于强反型情形的讨论仍然适用，即这时空间电荷层的厚度不再随 V_G 和 V_S 发生显著变化，而近似达到一个最大值 d_M(式(7-1-14))．结构电容由耗尽层最小电容 C_{Dm} 和绝缘层电容 C_i 串联而成：

$$C_m=\frac{1}{\frac{1}{C_i}+\frac{1}{C_{Dm}}}=\frac{C_i}{1+\frac{\varepsilon_i d_M}{\varepsilon_S d_i}} \qquad (7-2-20)$$

如图 7.8 中曲线ⅢB 所示．类似于耗尽情形，可将 C_m 写作

$$C_m=\frac{C_i}{\left(1+\frac{2V_T}{V_0}\right)^{1/2}} \qquad (7-2-21)$$

强反型情形下低频和高频充电的差异，可借助于等效电来说明．对于我们所讨论的 p 型半导体的表面层，存在并联的两个电容：与少子电子增减相联系的反型层电容 C_I 及和多子空穴的进退相联系的耗尽层电容 C_D．但 C_I 在达到强反型前微不足道．但在强反型后，由于其电荷随 V_S 增加十分迅速，C_I 可变得远大于 C_D 和 C_i．但 C_I 的充放电依靠少子的产生复合，即只能形成很小的充放电

电流，这相当于在充电回路中串联有一个大的电阻 r_g，如图 7.10 的等效电路所示. 当信号角频率 ω 很低，以至 $r_g \ll 1/\omega C_D$时，考虑到 $1/\omega C_I \ll 1/\omega C_D$，电容 C_D被 $r_g - C_I$支路所短路，结构电容表现为绝缘层电容 C_i；而当 ω 很高，以至 r_g 相对很大时，对 C_I的充电变得不可能，充电只能对耗尽层电容 C_D进行.

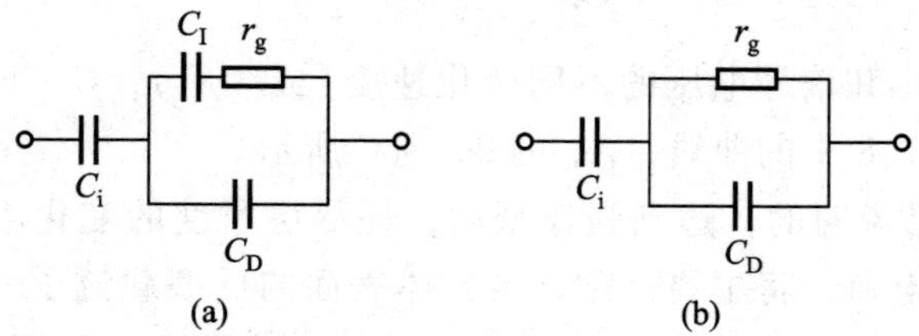

图 7.10 强反型情形下 MIS 结构的等效电路

可以求得 r_g为[5]

$$r_g \approx \frac{N_A}{n_i}\frac{\tau}{C_D} \tag{7-2-22}$$

由 $r_g \ll 1/\omega C_D$可得低频条件为

$$\omega\tau \ll \frac{n_i}{N_A} \tag{7-2-23}$$

如前所述，在进入强反型以后，充放电电荷主要是贴近半导体表面的反型层中的 Q_n，因此超过阈值的电压 $V_T - V_G$将被反型电子电荷 Q_n 在绝缘层中产生的电场所吸收，即有：

$$\frac{V_G - V_T}{d_i} = -\frac{Q_n}{\varepsilon_S\varepsilon_0}\text{或 } Q_n = -C_i(V_G - V_T) \tag{7-2-24}$$

但这要求偏压变化足够缓慢，以至于在每一偏压下系统都可视为处于平衡.

但如果栅电压以极快的速度达到一个大于阈值 V_T的电压，以至在某一时段内，在耗尽层中所收集到的电子数远小于形成强反型需要的数量时，超过 V_T的那部分电压的充电将仍以耗尽层展宽的形式进行，其宽度不再被限制为 d_M，与此相应，表面势 V_S也将可显著超过 $2V_F$. 这就是所谓**深耗尽**状态. 在深耗尽状态下，耗尽层的宽度 d、电荷 Q_B、表面电场 E_S、电容 C_D、系统的电容和电压等仍可由耗尽情形的诸式描述. 电容的变化如图 7.8 中的ⅢC 曲线所示. 图 7.11 为由实验测得的 MIS 结构的 $C-V$ 特性.[6]

显然，**深耗尽是一种非平衡状态**. 若将 $V_G > V_T$的偏压维持较长的时间，则通过产生过程，在半导体的表面将会逐渐积聚足够多的反型载流子. 超过 V_T的外加电压又将逐渐为反型电荷所吸收并伴随着表面势逐渐下降，最后达到平衡. 若耗尽层产生速率近似取为 $n_i/2\tau$（式(6-3-27)），当其中产生的电子的平均浓度 $n_it/2\tau$ 和 N_A可比拟时，即反型电荷和耗尽层电荷可比拟时，深耗尽不再成立. 这

一时间 t 约为 $2N_A\tau/n_i$ 量级. 由于通常 $N_A/n_i \gg 1$，在 Si 中，这个时间可达秒的量级. 一类基于 MIS 结构的器件——电荷耦合器件（CCD 器件），就是在深耗尽状态下工作的.

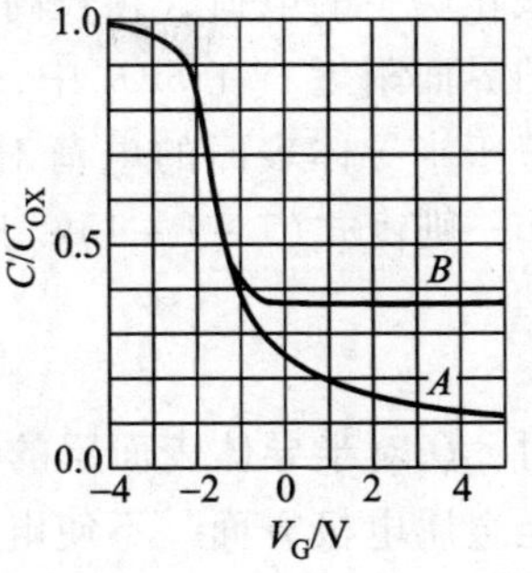

图 7.11 由实验测得的深耗尽的 $C-V$ 特性

实际 MIS 结构的 $C-V$ 特性

在上面关于 MIS 电容的分析中，我们假定了 $V=0$ 时半导体中能带平直，并且在绝缘层中和界面处不存在电荷. 实际情况并非如此. 尽管各种因素的影响使得对 $C-V$ 特性的分析变得复杂一些，但却可以通过对特性的分析得到有关结构的一些重要知识. 以下分析各种实际因素的影响. 界面态的影响将在下一节讨论.

（1）功函数差异的影响

对金属和半导体的功函数我们已在 §6.1 中作了定义. 构成 MIS 结构的金属和半导体的功函数一般并不相同. 这就是说，如果金属和半导体表面的静止电子能量相同，则金属和半导体的费米能级 E_{Fm} 和 E_{Fs} 一般不在同一水平，如图 7.12 所示. 在此情形下，若把金属和半导体短路连接，则在金属和半导体之间将出现补偿两者功函数之差的接触电势差

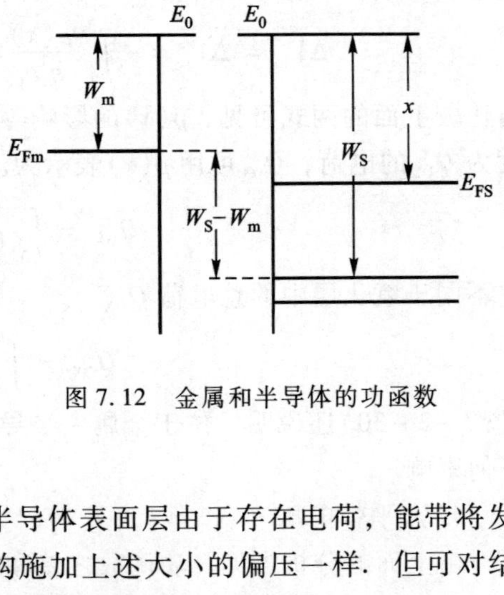

$$V_m - V_S = \frac{W_S - W_m}{e} \tag{7-2-25}$$

图 7.12 金属和半导体的功函数

使两者的费米能级达到同一水平. 这时半导体表面层由于存在电荷，能带将发生弯曲. 弯曲的情况就像对理想 MIS 结构施加上述大小的偏压一样. 但可对结构施加适当的偏压 V_{mS}，使半导体表面的能带恢复平直. 这个偏压的大小应为

$$V_{mS} = \frac{W_m - W_S}{e} \tag{7-2-26}$$

这就是说，施加大小为 V_{mS} 的栅压，结构中半导体的能带就回到了相当于理想 MIS 电容 $V_G=0$ 的情形. 于是，$V_G - V_{mS}$ 就等效于理想 MIS 电容上的 V_G. 因此，只要以 $V_G - V_{mS}$ 代替理想结构中的偏压，前面关于理想 MIS 电容的分析仍然适用. 接触电势差的影响是使 $C-V$ 特性沿电压轴平移了 V_{mS}.

（2）绝缘层中电荷的影响

在绝缘层，如 Si 表面的 SiO_2 层中，实际上存在着各种电荷. 有些分布在氧化层中的电荷，在较高温度下可以移动. 有些电荷则固定于绝缘层和半导体的界面附近. 在 SiO_2 中，这些电荷通常是正电荷. 如在 §7.1 中已说明的，附着于半导体表面的电荷对半导体表面层会产生影响. 如固定电荷的面密度为 Q_f，则由式(7-1-4)，只有当

$$E_i + \frac{Q_f}{\varepsilon_i \varepsilon_0} = 0 \quad 或 \quad E_i = -\frac{Q_f}{\varepsilon_i \varepsilon_0} \tag{7-2-27}$$

时，Q_f对半导体表面层的影响才能消除. 该电场把 Q_f所产生的电力线全部吸引至金属电极方面，不使电场透入半导体表面层. 这时，半导体表面层不存在感生电荷，能带为平直. 这要求在金属电极上施加适当的偏压

$$\Delta V_G = \Delta V_i = -\frac{Q_f}{\varepsilon_i \varepsilon_0} d_i = -\frac{Q_f}{C_i} \tag{7-2-28}$$

于是 Q_f的存在又使结构的 $C-V$ 特性沿电压轴平移了 $-Q_f/C_i$.

对于以密度 $\rho(x)$ 分布在氧化层中的可动电荷，通过类似的考虑，容易得到消除其影响的氧化层压降为

$$\Delta V_G = \Delta V_i = -\int_0^{d_i} \frac{\rho(x)}{\varepsilon_i \varepsilon_0} x \mathrm{d}x = -\frac{1}{C_i} \int_0^{d_i} \rho(x) \frac{x}{d_i} \mathrm{d}x \tag{7-2-29}$$

由比较上面的两式可见，$\rho(x)$ 的影响等价于一片位于绝缘体-半导体界面、密度为 Q_{OX}^*的电荷，Q_{OX}^*可用 $\rho(x)$ 表示为

$$Q_{OX}^* = \int_0^{d_i} \rho(x) \frac{x}{d_i} \mathrm{d}x \tag{7-2-30}$$

它不同于氧化层中的总电荷 Q_{OX}

$$Q_{OX} = \int_0^{d_i} \rho(x) \mathrm{d}x \tag{7-2-31}$$

式(7-2-30)还说明，位于金属-半导体界面的电荷并不会对 $C-V$ 特性产生任何影响.

(3) 平带电压

由上面的分析可见，功函数之差和绝缘层中的电荷都可对 MIS 结构的 $C-V$ 特性产生影响. 但它们的影响都可通过施加适当的偏压加以消除. 为使半导体中的能带保持平直所需施加在金属电极上的电压称为平带电压. 考虑到上面所讨论的各个因素可将平带电压 V_{FB}写作

$$V_{FB} = V_{mS} - \frac{Q_f}{C_i} - \frac{Q_{OX}^*}{C_i} \tag{7-2-32}$$

因此，上述诸因素的影响集中表现为：实际 MIS 结构的 $C-V$ 特性相对于理想特性平移了 V_{FB}. 上式说明 V_{FB} 中包含了诸多信息.

在实验上，可根据平带电容来确定平带电压. $C-V$ 曲线上 $C=C_{FB}$ 的电压，

就是平带电压，如图 7.13 所示．根据 C_i 和 N_A 的测量值，可由式(7－2－12)或(7－2－14)得到 C_{FB}.

对于由理想 MIS 结构所导出的结果，只要以 $V_G - V_{FB}$ 代替其中的 V_G，就仍然适用．例如，阈值电压可修改为

$$V_T = V_{FB} - \frac{Q_{BM}}{C_i} + 2V_F = V_{FB} + 2\left[(V_0 V_F)^{1/2} + V_F\right] \quad (7-2-33)$$

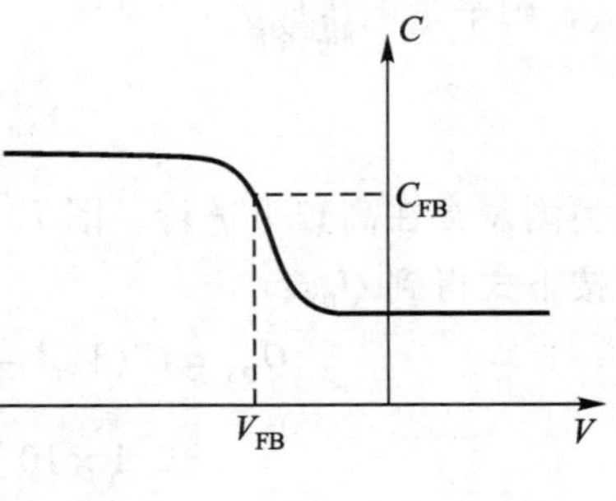

图 7.13　由平带电容确定平带电压

耗尽区电容则可写作

$$C = \frac{C_i}{\sqrt{1 + 2(V_G - V_{FB})/V_0}} \quad (7-2-34)$$

$Si - SiO_2$ 系统中电荷的实验研究[7]

$Si - SiO_2$ 系统对于硅器件和集成电路来说具有极大的重要性．多年来，一直为人们所关注．如前所述，在平带电压中包含关于 MIS 结构的诸多信息，而平带电压又可从 $C-V$ 特性加以确定．因此可以通过测量 MIS 结构的 $C-V$ 特性，来认识结构有关的性质．在历史上，$C-V$ 测量对于认识氧化层中的电荷作出过重要贡献，对目前已高度发展的硅平面工艺[8]有过很大的促进．

$Si - SiO_2$ 系统中的固定电荷主要分布在 $Si - SiO_2$ 界面附近很薄的一个过渡层中．说它是固定的，因为这些电荷不能在氧化层中自由移动，而且，固定电荷的数量也不会随表面势的变化而改变．研究表明，[9—11]热生长的 SiO_2 和 Si 的界面，存在非化学比的过渡层，厚度为单原子层量级．一般认为固定电荷由过量硅的离子构成．[7]固定电荷的数量和氧化及退火的条件有关．[12]

可动电荷多为 SiO_2 中的碱金属离子，最常见的是 Na^+ 离子．钠离子的存在不仅影响器件的性能，而且由于它的可动性，可使器件的性能发生蜕变．在平面工艺发展的初期，它曾造成很大危害．

在 SiO_2 中还存在陷阱．由辐射产生的载流子或因热电子效应进入其中的载流子可被陷阱俘获而成为氧化层电荷．

可以从 $C-V$ 测量了解 SiO_2 中可动离子的存在以及它们的数量．例如，在升温的条件下(150℃～200℃)对 MOS 结构施加负偏压(称为温度－偏压处理或 B－T处理)，可将 SiO_2 中的可动离子驱至金属和 SiO_2 的界面．在降温后由测量 $C-V$ 特性得到的平带电压中，应无可动电荷的贡献：

$$V_{FB}^{(1)} = V_{mS} - \frac{Q_f}{C_i} \quad (7-2-35)$$

随后升温施加正偏压，将可动离子驱至 Si－SiO_2 界面．若可动电荷的面密度为 Q_{OX}，则平带电压应为

$$V_{FB}^{(2)} = V_{mS} - \frac{Q_f}{C_i} - \frac{Q_{OX}}{C_i} \qquad (7-2-36)$$

这类测量常在高频下进行．图 7.14 所示为一个测量结果．由 $V_{FB}^{(1)}$ 和 $V_{FB}^{(2)}$ 的差值可按下式得到 Q_{OX}：

$$\begin{aligned} Q_{OX} &= C_i(V_{FB}^{(1)} - V_{FB}^{(2)}) = \Delta V_{FB} \qquad (7-2-37) \\ &= 2.1\times10^{10}\left(\frac{1\ \mu m}{d_i}\right)\left(\frac{\Delta V_{FB}}{1\ V}\right)\left(\frac{\varepsilon_i}{3.8}\right) \qquad [e/cm^2] \end{aligned}$$

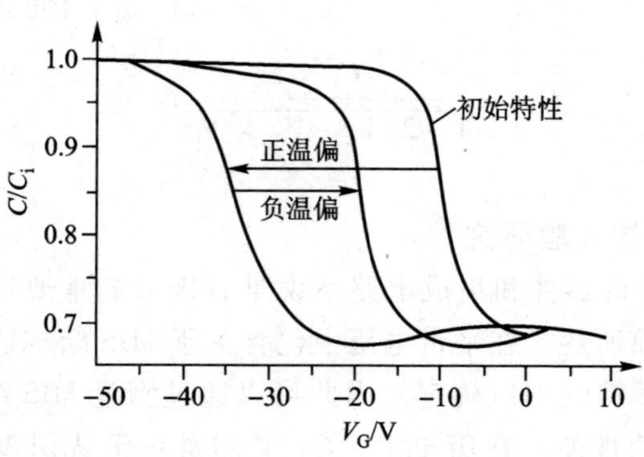

图 7.14　正、负偏压处理后的 $C-V$ 特性

若已知 V_{mS}，$C-V$ 测量可用来研究 Q_f 随工艺条件的变化．正是通过这种类型的研究，人们找到了能有效地降低 Q_{OX} 和 Q_f 的优化的工艺条件．例如，人们发现，在 HCl 等含 Cl 的化合物的气氛中对 Si 进行氧化可显著降低 SiO_2 中的钠离子和固定电荷的含量，从而使 Si－SiO_2 系统的质量得到显著的改善．[13—14]

§7.3　界面态及其电容效应

在 MIS 结构的半导体－绝缘体界面，通常或多或少存在所谓界面态，也常称为界面陷阱．这些电子态是界面附近的局域态．界面态可在多方面影响 MIS 结构的性质．界面态具有电容效应．它还可使 MIS 结构的 $C-V$ 特性的形状发生变化．在 §7.5 中将讨论它在表面复合中的作用．

界面态的电容效应

图 7.15(a) 示意地表示了连续分布在表面禁带中的界面态．对于低频信

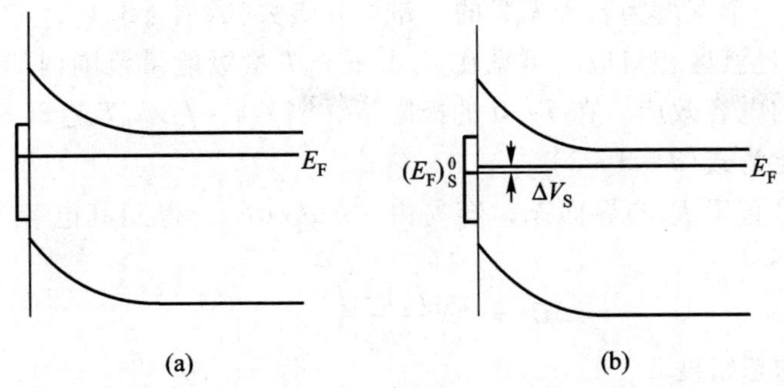

图 7.15　界面态中电子的填充水平随表面势的变化

号，界面态可表现为电容．在平衡情形下，界面态中的电子填充同样也决定于费米能级 E_F．E_F以下的界面态能级基本上被电子填满．当表面势 V_S发生改变时，界面态的填充水平要发生变化．因此，界面态中的电荷 Q_{it}也是表面势 V_S的函数 $Q_{it}(V_S)$，从而界面态的作用表现为电容．表面态电荷 Q_{it}和半导体表面层电荷 Q_S都受表面势 V_S的控制，相应的电容 C_{it}和 C_S是并联的．

界面态的充放电只能通过和能带交换电子才能实现，因而有较长的充放电时间常量．只有在信号电压缓慢变化的低频情形下或所谓“准静态”情形下，它的电容才会在结构的电容中表现出来．在电压变化足够缓慢的低频下，在每一时刻，系统都可以看作是平衡的，界面态中的电子分布可由统一的费米能级描述．因此，表面势的微小变化dV_S将使表面处费米能级 E_F在表面的带隙中移动dE_F

$$dE_F = edV_S \tag{7-3-1}$$

设界面态连续分布，以 $N_{it}(E)$表示能量为 E 处单位能量间隔内的界面态的面密度．在低温极限下，当 E_F上移dE_F（参看图 7.15(b)），界面态中就会增加 $N_{it}dE_F = eN_{it}dV_S$个电子．也就是界面态电荷 Q_{it}的增量dQ_{it}为 $-e^2N_{it}dV_S$．于是界面态电容 $C_{it} = -dQ_{it}/dV_S$为

$$C_{it}(E_F) = e^2N_{it}(E_F) \tag{7-3-2}$$

因此可通过测量 C_{it}确定 $N_{it}(E)$．

但在 E_F上下有 f 由 0 变为 1 的过渡能区．若由电容测量通过上式确定 $N_{it}(E)$，则 E_F上下 k_BT 量级能量范围内的界面态密度的“结构”将被“抹平”．低温下的电容测量有利于分辨 N_{it}中的结构．

考虑到各能级中电子占有概率 f 随 E_F的变化，可通过对各能级的积分将电容写作

$$C_{it}(E_F) = e^2\int N_{it}(E)\,\frac{df}{dE_F}\,dE$$
$$= e^2\int N_{it}(E)\,\frac{f(1-f)}{k_BT}\,dE \tag{7-3-3}$$

$f(1-f)/k_BT$ 是一个宽度为若干 k_BT 的"准"δ 函数(参看 §3.1). 它的宽度和 f 由 0 变为 1 的过渡区相对应. 可见在 E_F上下 k_BT 量级能量范围内的界面态都可表现出一定的电容效应. 在 $T\to 0$ 的极限下，当 $f(1-f)/k_BT$ 趋于 $\delta(E-E_F)$ 时，上式可约化为式(7-3-2).

对于集中分布于 E_{it}的界面态，容易由 $e^2N\mathrm{d}f/\mathrm{d}E_F$，得到其电容 C_{it}作为费米能 E_F的函数为

$$C_{it}=e^2N\frac{f(1-f)}{k_BT} \tag{7-3-4}$$

N 为单位面积的态密度.

由低频 $C-V$ 特性确定界面态[15]

由实验可以测得 C 作为 V_G的函数. 如上所述，由于表面态电荷 Q_{it}和半导体表面层电荷 Q_S都受表面势 V_S的控制，表面态电容 C_{it}和表面层电容 C_S是并联的. 因此由实验测得的 MIS 结构的电容 C 和绝缘层电容 C_i以及 C_{it}和 C_S之间的关系为

$$\frac{1}{C}=\frac{1}{C_i}+\frac{1}{C_S+C_{it}} \tag{7-3-5}$$

另一方面，对于已知的 C_i和半导体中的掺杂浓度，可以计算出无界面态的结构电容 C_C作为 V_S的函数：

$$\frac{1}{C_C}=\frac{1}{C_i}+\frac{1}{C_S} \tag{7-3-6}$$

对于相同的表面势 V_S以上两式中的 C_S有相同的值. 因此通过比较相同 V_S下的电容 C 和 C_C，可提取 C_{it}. 由两式消去 C_S，可得

$$\frac{C_{it}}{C_i}=\frac{\dfrac{C}{C_i}-\dfrac{C_C}{C_i}}{\left(1-\dfrac{C}{C_i}\right)\left(1-\dfrac{C_C}{C_i}\right)} \tag{7-3-7}$$

但由实验测得的是 $C-V_G$关系，须将它转变为 $C-V_S$关系后才能进行比较. V_G和 V_S之间有以下关系：

$$\mathrm{d}V_S=\left(1-\frac{C(V_G)}{C_i}\right)\mathrm{d}V_G \tag{7-3-8}$$

图 7.16 为由实验测得的 C/C_i-V_G曲线. $C/C_i=1$ 的直线和实验曲线之间的距离就是 $1-C(V_G)/C_i$. 由上式对$\mathrm{d}V_G$积分可得 V_S

$$V_S=\int\left(1-\frac{C(V_G)}{C_i}\right)\mathrm{d}V_G+\text{常量} \tag{7-3-9}$$

但这里尚包含一个未定常量. 由于 C/C_i-V_S曲线和 C_C/C_i-V_S曲线在强反型和强积累区应趋于一致，因此若将两者叠置，使两者在强反型和强积累区密合，如图 7.17 所示，则可消除积分中包含未定常量的困难. 若从高频 $C-V$ 特性已

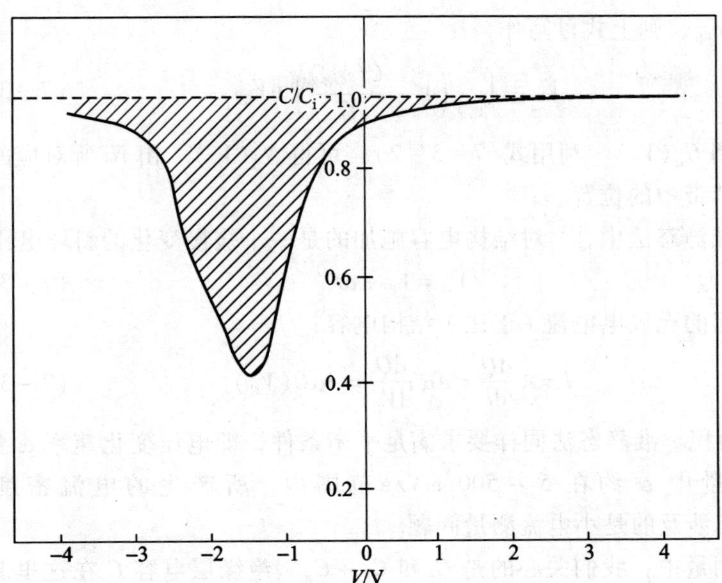

图 7.16 由低频法或准静态法得到的 C/C_i 作为偏压 V_G 的函数

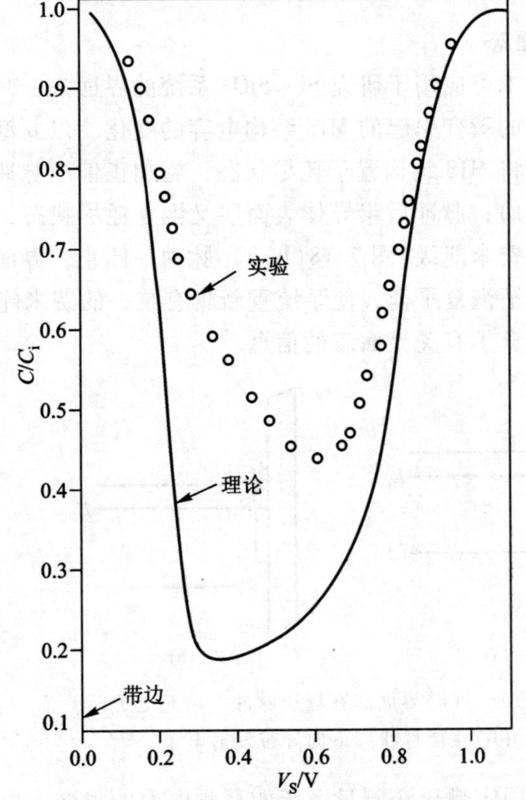

图 7.17 $C/C_i - V_S$ 曲线和 $C_C/C_i - V_S$ 曲线的叠置

知平带电压 V_{FB}，则上式可写作

$$V_S = \int_{V_{FB}}^{V_G} \left(1 - \frac{C(V_G)}{C_i}\right) dV_G \tag{7-3-10}$$

于是，可得到 $C_{it}(V_S)$. 利用式(7-3-2)，可得 $N_{it}(V_S)$. 由 N_{it}所对应的 V_S不难得到它在禁带中的位置.

在所谓准静态法中，[16] 对结构电容施加的是一个缓慢变化的斜坡电压：

$$V_G = V_0 + \alpha t \tag{7-3-11}$$

电压变化引起的充放电电流 I 正比于结构电容：

$$I = A\frac{dQ}{dt} = A\alpha\frac{dQ}{dV_G} = A\alpha C(V_G) \tag{7-3-12}$$

A 是电容的面积. 准静态法同样要求满足平衡条件，即电压变化速率 α 要足够小. 实际测量中 α 约在 5 ~ 500 mV/s 范围内，所产生的电流密度小于 10^{-10} A/cm^2，涉及的是小电流测量问题.

在上述测量中，我们关心的是 C_S和 $C_S + C_{it}$. 绝缘层电容 C_i在这里起窗口的作用. 窗口太厚(d_i太大，或 C_i太小)则难于看清 C_S和 $C_S + C_{it}$的差异.

瞬变电容法测量界面态

深能级瞬变谱技术可应用于研究 Si - SiO$_2$ 系统的界面态.[17] 此种方法所测量的是界面态中电荷的瞬变引起的 MIS 结构电容的变化. 以 n 型半导体为例来说明. 它的要点是：将 MIS 结构置于耗尽状态；施加正偏压脉冲使界面陷阱填充以电子(图 7.18(a))；脉冲后半导体表面层又恢复耗尽状态，这使界面态填充水平高于导带的准费米能级(图 7.18(b)). 脉冲一停止，界面态中的电子将通过向导带的发射逐渐恢复平衡，使系统重新具有统一的费米能级. 上述过程引起的电容的瞬变包含了有关界面态的信息.

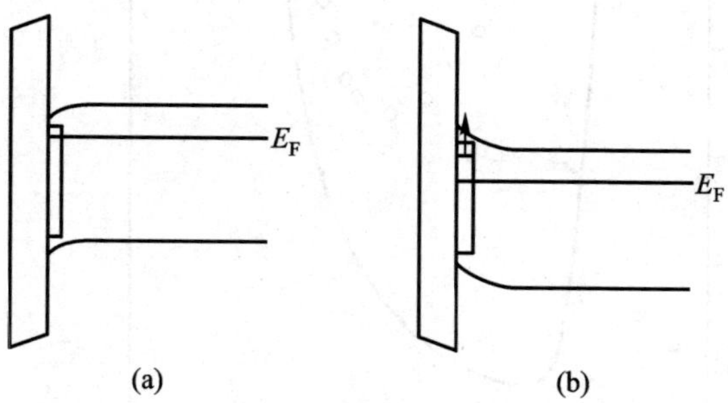

图 7.18 (a)界面态在栅压脉冲下填充电子
(b)在耗尽状态下向导带发射电子

下面我们考察用固定栅压法测量系统的高频电容的瞬变，由之得到界面态

密度．在固定的栅压下，界面陷阱中电荷的变化 δQ_{it} 在绝缘层中引起的压降 $-\delta Q_{it}/C_i$ 将由半导体空间电荷的变化 $N_D e\delta x$ 所产生的压降 $-N_D e\delta x/C$ 所补偿

$$-\frac{\delta Q_{it}}{C_i}-\frac{N_D e\delta x}{C}=0 \qquad (7-3-13)$$

空间电荷区厚度的变化 δx 必伴随系统电容的改变 δC．可利用式(7－2－2)得到

$$\delta C=-\frac{C^2}{\varepsilon_S\varepsilon_0}\delta x=\frac{C^3}{N_D e\varepsilon_S\varepsilon_0 C_i}\delta Q_{it} \qquad (7-3-14)$$

第二步利用了式(7－3－13)．

类似于§6.5 中在深能级瞬变谱中说明的，可设置率窗：在时间 t_1 和 t_2 测量瞬变中的电容改变量，并得到两者之差 $\Delta C(t_1,t_2)$．另一方面我们可将 $\Delta C(t_1,t_2)$ 表示为

$$\begin{aligned}\Delta C(t_1,t_2)&=\frac{C^3}{N_D e\varepsilon_S\varepsilon_0 C_i}\Delta Q_{it}(t_1,t_2)\\&=\frac{C^3}{N_D e\varepsilon_S\varepsilon_0 C_i}\int N_{it}(E)\left(e^{-\frac{t_2}{\tau(E)}}-e^{-\frac{t_1}{\tau(E)}}\right)dE\end{aligned} \qquad (7-3-15)$$

参考式(6－5－26)，(6－5－27)可知，积分中的($\exp[t_2/\tau(E)]-\exp[t_1/\tau(E)]$)在 $\tau(E)$ 为

$$\tau_M=\frac{t_2-t_1}{\ln(t_2/t_1)} \qquad (7-3-16)$$

时具有峰值，并在 k_BT 量级的能量范围内迅速下降．因此只要 $N_{it}(E)$ 变化平缓，可将它置于积分号外．可用该极大值和下降到极大值的一半时的能量宽度的乘积来近似该积分．对于 $t_2=2t_1$ 的情形，可以求得对指数项的积分为 $k_BT\ln 2$．于是可得 $\tau=\tau_M$ 处的界面态密度 N_{it} 为

$$N_{it}\Big|_{\tau=\tau_M}=\frac{N_D\varepsilon_S\varepsilon_0 C_i\Delta C(t_2,t_1)}{\ln 2C^3k_BT} \qquad (7-3-17)$$

进行温度扫描可得 N_{it} 作为温度的函数．可用以下方法来确定 N_{it} 和能量的关系．调整脉冲高度使界面态填充到一定水平．在由低温向高温作温度扫描时，由于填充水平以下才有电子发射，在某一温度 $\Delta C(t_1,t_2)$ 将出现阶跃．这就将温度和能级位置联系起来．利用双脉冲法[18]可直接得到 N_{it} 和能量的关系．[19]

也可用恒定电容法研究界面态的瞬变．[20]此方法通过反馈维持 MIS 结构的电容值不变．在此情形下，由于电容和相应的 V_S 值保持不变，界面电荷的瞬变，通过它在于是绝缘层上产生的压降，直接表现为 MIS 结构上电压的变化：

$$\Delta V(t_2,t_1)=\frac{e}{C_i}\int N_{it}(E)\left(e^{-\frac{t_2}{\tau(E)}}-e^{-\frac{t_1}{\tau(E)}}\right)dE \qquad (7-3-18)$$

可得 N_{it} 为

$$N_{it}=\frac{C_i\Delta V(t_2,t_1)}{\ln 2ek_BT} \tag{7-3-19}$$

当 N_{it} 为 $10^{10}\,cm^{-2}eV^{-1}$ 时信号电压可达 mV 量级. 即使对于 $10^8\ cm^{-2}eV^{-1}$ 量级的界面态, 信号也可达若干 μV. 也可用光电容法研究界面态.[21]

界面态对 C-V 特性的影响

界面态的存在可对 $C-V$ 特性产生影响. 尽管在高频 $C-V$ 特性中并不包含界面态对电容的贡献, 但随 V_S 变化的界面态电荷 $Q_{it}(V_S)$ 可通过它在绝缘层上产生的压降 $-Q_{it}(V_S)/C_i$, 对 $C-V$ 特性产生影响.

首先说明, 若有集中分布的界面态, 则可在 $C-V$ 特性上形成台阶, 如图 7.19 所示. 在一定的 V_S(它对应确定的系统电容)下, 当费米能级扫过界面态能级时, 该能级的填充情况发生突变. 于是在 V_S 和相应的电容值保持不变的条件下, 由于界面态的充电, 栅电压发生相应的改变.

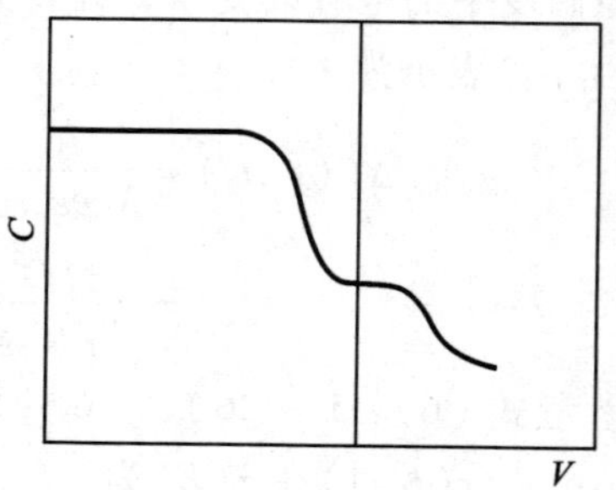

图 7.19 集中分布的界面态在 $C-V$ 特性中引起的平台

如果界面态在禁带中连续分布, 由于界面态电荷 Q_{it} 随 V_S 变化, 它可通过在绝缘层上产生的随 V_S 变化压降 $-Q_{it}(V_S)/C_i$ 使 $C-V$ 特性产生畸变, 如图 7.20 所示.

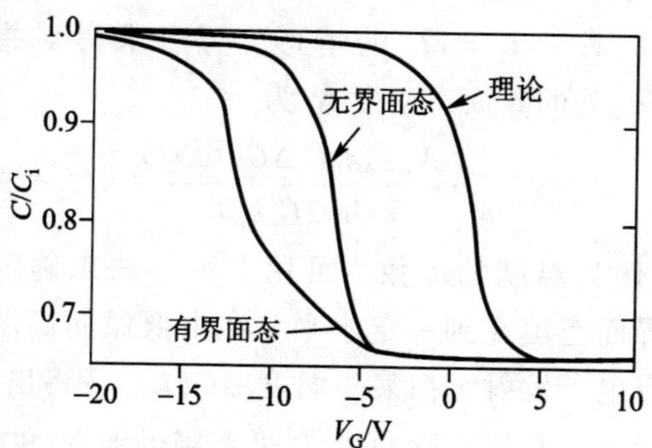

图 7.20 界面态对高频 $C-V$ 特性的影响

界面态的来源

在不同条件下生长的 $Si-SiO_2$ 界面上通常存在面密度为$10^9\sim10^{12}\,cm^{-2}$量级的界面电子态.[8,22,23] $Si-SiO_2$ 的一个重要的优点是可以达到低的界面态密度. 通常认为界面态可有以下原因引起. 半导体和绝缘层界面处的悬挂键，例如Si－SiO_2界面上的Si的悬挂键；界面附近绝缘层中荷电离子的库仑势；以及界面附近半导体中的杂质.

在Si－SiO_2界面，Si表面原子的外向键绝大部分与氧结合. 但仍可存在少量悬挂键，如图7.21所示意. 悬挂键可看作一种界面缺陷. 在400 ℃上下在氢气氛中进行退火，可使Si－SiO_2界面的界面态数量显著降低. 通常认为这是氢使得悬挂键饱和的缘故.[7]

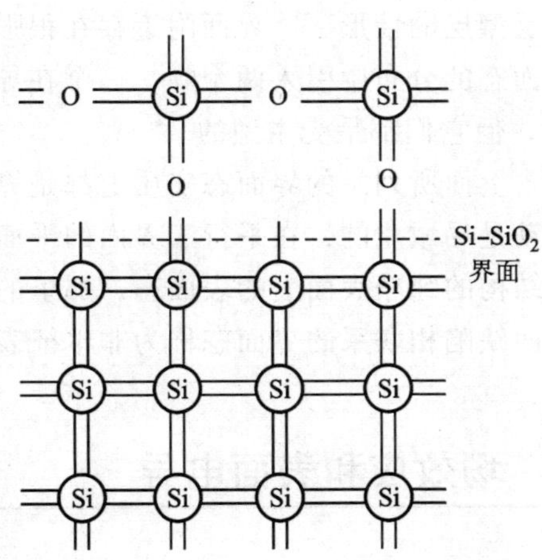

图7.21 Si－SiO_2界面处Si悬挂键示意图

绝缘层中距界面足够近的荷电中心(距离小于类氢玻尔半径)，其库仑势可在半导体的禁带中产生电子的束缚态，[24]如图7.22所示. 这可以说明在Si－SiO_2界面上的电荷密度和界面态密度之间通常存在的联系：界面电荷密度大时，界面态密度也大. 当界面附近的钠离子数量增加时，可使界面态密度有明显增加.[25,26]图7.23所示为界面处含不同数量的钠离子时测得的界面态密度的分布.[25]曲线3所对应的钠离子数量最少.

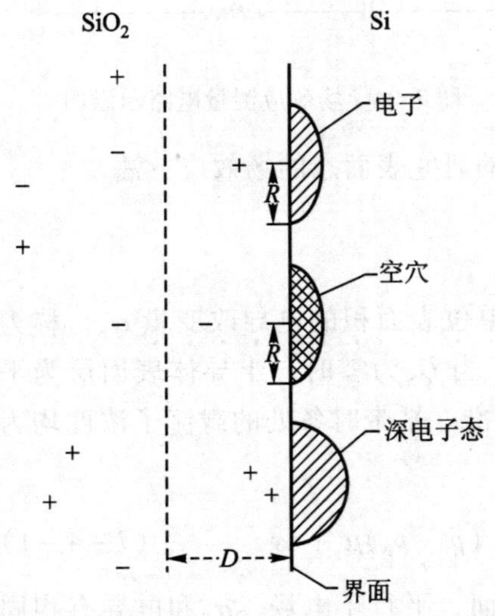

图7.22 界面附近氧化层中的荷电中心对载流子的束缚示意图

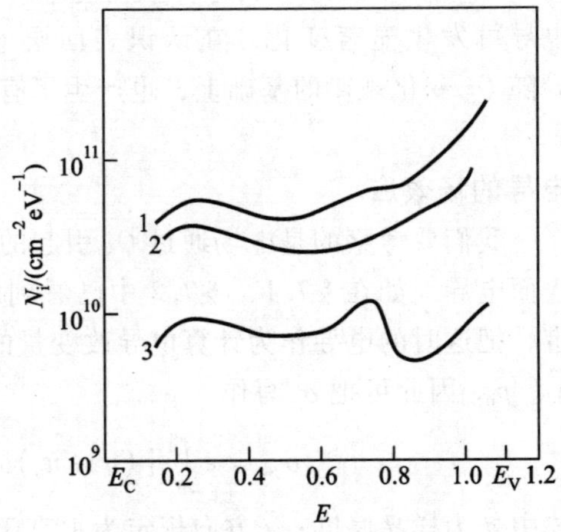

图7.23 界面附近的Na离子对界面态密度的影响

界面附近半导体中的杂质也可对界面态有一定的贡献. 它可在界面态分布中产生一定的峰. 但其能量位置和性质并不一定和同一杂质在体内的情形相同. 因为在界面附近杂质上的电子所处的势环境可以和体内很不相同. 例如, 在反型层的情形下, 界面附近存在很强的电场. 从背面扩散金可以在 Si - SiO_2 界面态的分布中引入两个峰, 一个在导带以下 0.13 eV, 一个在价带以上 0.09 eV, 但它们都是受主型的.[27]

上面所列举的界面态实质上都是界面的缺陷态. 不仅在垂直于界面方向的运动是局域化的, 在平行于界面的平面内也是局域化的. 这不同于具有严格周期结构的纯净表面上的表面态, 那里的表面态可称为本征表面态. 可把和各种界面缺陷相联系的界面态称为**非本征表面态**.

§7.4 场效应和表面电导

在 §7.1—§7.3 中我们着重研究了表面电场感生的表面层电荷 Q_S, 在此基础上讨论了半导体表面层电容和 MIS 结构电容的问题, 并讨论了研究半导体的实际表面, 如 Si - SiO_2 系统的实验方法. 这一节我们从另一角度研究电场对半导体表面层的影响. 如在表面施加电场, 如图 7.24 所示, 则在半导体表面层感生电荷 Q_S 的同时, 也改变了表面层的电导. 如果样品足够薄, 平行于表面的电导可发生显著变化. 在认识表面层电导随 Q_S 变化规律的基础上, 也产生了有效的研究表面态的场效应方法.

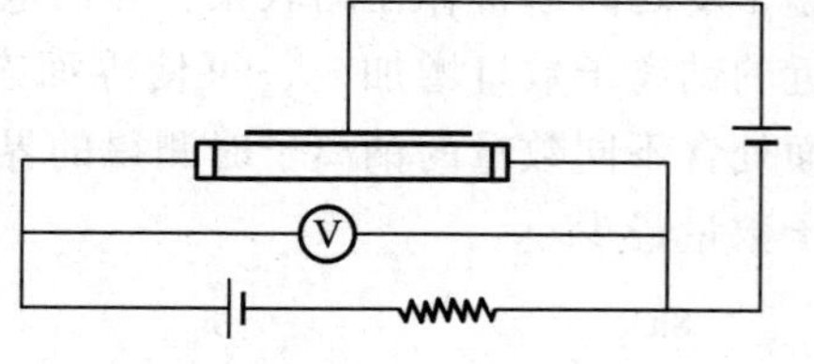

图 7.24 场效应测量电路示意图

电导的场效应

我们要考察的是电场通过 Q_S 引起的, **单位表面积的电导改变量** σ_S, 称为**表面电导**. 如在 §7.1、§7.2 中已看到的, 当 Q_S 为零时, 半导体表面层为平带, 把这时的电导作为计算电导改变量的基准. 平带时各处的载流子浓度均为 n_0, p_0. 因此可把 σ_S 写作

$$\sigma_S = e\int_0^d [(n-n_0)\mu_n + (p-p_0)\mu_p]\,dx \tag{7-4-1}$$

式中 d 为样品厚度; x 方向规定为垂直于表面, 平行于电场. σ_S 和电导有相同的量纲. 它对应于长宽相等的薄层的电导.

对于给定的 Q_S, 表面势 V_S 和半导体表面层内的势分布 $V(x)$ 完全确定(参看§5.1)，从而各处的电子浓度 $n(x)$ 和空穴浓度 $p(x)$ 也完全确定. 如果电子和空穴的迁移率已知，则 σ_S 也完全确定. 因此，在表面电导 σ_S 和 Q_S 之间存在完全确定函数关系 $\sigma_S(Q_S)$. 后面我们将说明如何计算 $\sigma_S - Q_S$ 关系.

另一方面，场效应实验是测量表面电导 σ_S 随加在半导体表面的电场 E_i 的变化，即测量 $\sigma_S - E_i$ 关系. 电场 E_i 和金属极板上的电荷 Q_G 之间有着直接的关系：

$$Q_G = \varepsilon_i \varepsilon_0 E_i = -Q_T \qquad (7-4-2)$$

Q_G 在半导体表面感生符号相反的等量电荷 Q_T. 在一般情形下，半导体表面可存在附着电荷 Q_i，应有

$$Q_T = Q_S + Q_i \qquad (7-4-3)$$

于是，可把 $\sigma_S - E_i$ 变为 $\sigma_S - Q_T$ 关系. 通过和由计算得到的 $\sigma_S - Q_S$ 关系进行比较，可得到表面附着电荷 Q_i 随 Q_S 的变化，并进而得到 $Q_i - V_S$ 关系. 这里的附着电荷实际是表面态电荷. 显然，只有在半导体表面不存在附着电荷 Q_i 时，由实验的 $\sigma_S - E_i$ 曲线得到 $\sigma_S - Q_S$ 关系才可能和由计算得到的 $\sigma_S - Q_S$ 关系重叠.

$\sigma_S - Q_S$ 关系

下面具体研究表面电导 σ_S 随 Q_S 的变化. 我们将假定 μ_n 和 μ_p 不随 Q_S 的变化而改变. 引入电子和空穴浓度改变量的积分量 ΔN 和 ΔP：

$$\Delta N = \int_0^d [n(x) - n_0] \mathrm{d}x \qquad (7-4-4)$$

$$\Delta P = \int_0^d [p(x) - p_0] \mathrm{d}x \qquad (7-4-5)$$

表面电导 σ_S 可表示为

$$\sigma_S = e(\Delta N \mu_n + \Delta P \mu_p) \qquad (7-4-6)$$

于是，σ_S 可表示为

$$\sigma_S = -\mu_n \Delta Q_n + \mu_p \Delta Q_p \qquad (7-4-7)$$

这里我们把 σ_S 和电子的 $\Delta Q_n = -e\Delta N$ 及空穴的 $\Delta Q_p = e\Delta P$ 联系了起来. 这两者合起来构成 Q_S：

$$Q_S = \Delta Q_n + \Delta Q_p \qquad (7-4-8)$$

就 $\sigma_S - Q_S$ 曲线的定量计算而言，关键是计算 ΔN 和 ΔP. 可以得到 ΔN 和 ΔP 作为 V_S 的函数. 可以把关于 ΔN 和 ΔP 的式(7-4-4)，(7-4-5)改写为

$$\Delta N = \int_0^{V_S} \frac{n(V) - n_0}{-\mathrm{d}V/\mathrm{d}x} \mathrm{d}V \qquad (7-4-9)$$

$$\Delta P = \int_0^{V_S} \frac{p(V) - p_0}{-\mathrm{d}V/\mathrm{d}x} \mathrm{d}V \qquad (7-4-10)$$

式中 $E(V) = -\mathrm{d}V/\mathrm{d}x$ 由式(7-A1-4)给出. 一旦得到 $\Delta N(V_S)$ 和 $\Delta P(V_S)$，

就可由式(7-4-6)得到 σ_S作为 V_S的函数. 再由 Q_S-V_S关系可以得到 σ_S-Q_S曲线. 图7.25就是就由一n型半导体计算出来的 σ_S-Q_S曲线.[28] 我们注意到曲线具有一最小值 σ_{Smin}.

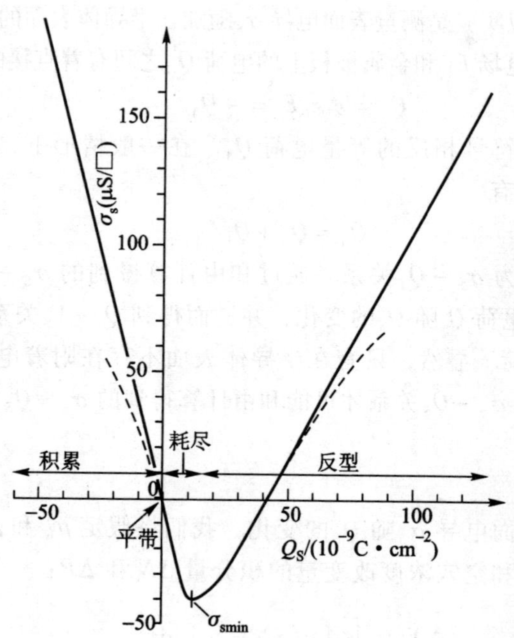

图7.25 n-Ge的表面电导 σ_S随 Q_S的变化.
实线假设表面迁移率与体内相同

我们就这一曲线作简单说明：在左侧 $Q_S<0$ 的区域，为电子积累区，空穴数量及相应的电荷可以忽略，σ_S和负电荷 $Q_S=\Delta Q_n$ 由超额的电子所贡献. 因此负电荷的增加伴随着 σ_S的增加，曲线的斜率为 $-\mu_n$.

图7.25中，在 $Q_S>0$ 的范围内，一开始 σ_S随着 Q_S的增加而下降，并具有负值. 这对应于 $V_S<0$，表面能带向上弯曲的情形. Q_S的增加和 σ_S的下降都和表面附近电子的耗尽相联系. 这时空穴电荷 ΔQ_p 仍可忽略，电荷 Q_S由电离施主构成，它就是§7.1中定义的 Q_B.

随着表面能带进一步向上弯曲，半导体表面将在 $Q_S=Q_{BM}$时进入强反型. 此后 Q_B将大体稳定在 Q_{BM}附近，Q_S的增加量主要由反型的空穴电荷 $\Delta Q_p=e\Delta P$ 所贡献. 因而 σ_S在达到一个最小值以后又由于 ΔP 的增加而增加. 由式(7-4-6)，σ_S随 ΔQ_p 增加的斜率为 μ_p.

σ_S-Q_S曲线具有极小值 σ_{Smin}这一特点，在实验上有重要应用. 它在场效应实验中的作用类似于 $C-V$ 测量中的平带电压. σ_{Smin}的大小和半导体的掺杂浓度电子、空穴迁移率有关. 粗略地看，它大体等于 $-Q_{BM}\mu_n$. 由 Q_{BM}的表示

式可知，掺杂浓度愈高，$|\sigma_{Smin}|$愈大. 由$d\sigma_S/dV_S=0$，可得σ_{Smin}发生的条件. 若略去迁移率的变化，则由式(7-4-6)可得以下条件：

$$\mu_n \frac{d\Delta N}{dV_S} = -\mu_p \frac{d\Delta P}{dV_S} \tag{7-4-11}$$

利用(7-4-9)，(7-4-10)，上式可化为

$$\mu_n[n(V_S)-n_0] = -\mu_p[p(V_S)-p_0] \tag{7-4-12}$$

代入$n(V_S)$，$p(V_S)$值后，可得到

$$\mu_n n_0\left[e^{\frac{eV_S}{k_BT}}-1\right] = -\mu_p p_0\left[e^{-\frac{eV_S}{k_BT}}-1\right] \tag{7-4-13}$$

对于n型样品，在发生强反型的σ_{Smin}附近，应有$|V_S|\approx 2|V_F|$，因而$|eV_S/k_BT|\gg 1$，上式可进一步化为

$$V_S\Big|_{\sigma_S=\sigma_{Smin}} = -\frac{k_BT}{e}\ln\frac{n_0\mu_n}{p_0\mu_p} \tag{7-4-14}$$

由此V_S值，利用式(7-4-6)，(7-4-9)，(7-4-10)可计算出相应的σ_{Smin}.

在实际情形下，表面沟道中载流子的迁移率小于相应的体迁移率，且随载流子浓度的增加而减小. 因此表面电导随Q_S的变化实际上如图7.25中的虚线所示.

表面态的实验研究

表面电导的场效应历来是研究半导体表面的一种有效方法，可用于测量没有绝缘层覆盖的“清洁”表面，如在真空解理的半导体表面的表面态. 施加电压的极板和半导体表面的距离会远大于表面电荷层的厚度，因此，由式(7-2-13)定义的$V_0=\varepsilon_S\varepsilon_0 eN_A/C_i^2$很大. 在此情形下，栅压引起的系统电容的变化将很微弱，因而电容方法的效用受到限制. 相比之下，只要能施加适当的电压，表面电导的场效应总能表现出来.

我们用Q_{SS}表示表面态电荷，它相应于前面引入的表面附着电荷Q_i. 如前所述，由比较实验得到的σ_S-Q_T关系和计算得到的σ_S-Q_S关系可得$Q_{SS}-V_S$关系. 实际上，在测量中由于并不知道表面平带时样品的电导，因此由一次电导测量并不能分离出与表面能带弯曲相联系的表面电导σ_S. 但在宽阔的电场范围内测量电导，应可出现电导的极小值，它应与σ_{Smin}相对应. 由此可以推得和每一电导相对应的σ_S值.

图7.26给出了一个实例，[29]样品是p型的. 理论曲线上所标数值为和σ_S值对应的表面势V_S，以k_BT/e为单位. 如前所述，可以从实验的σ_S-Q_T曲线和理论计算的σ_S-Q_S曲线的对比得到$Q_{SS}-Q_S$. 利用Q_S-V_S关系，可进一步得到$Q_{SS}-V_S$关系.

在场效应实验中，有时能观察到两种表面态：一种对电场能很快作出反应，称为快态；另一种则很慢，称为慢态. 这通常由于半导体表面存在绝缘

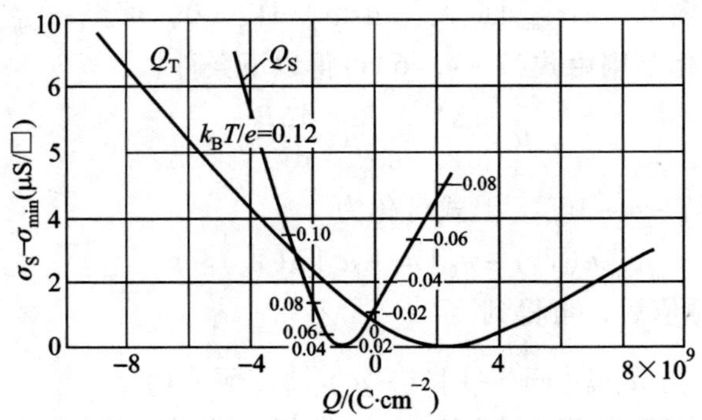

图 7.26 实验测得的表面电导 σ_S 和随表面总屏蔽电荷 Q_T 的变化

层，快态位于半导体-绝缘体界面. 而慢态为位于绝缘层表面的表面态，通常有很大的密度. 视绝缘层厚度的不同，慢态的响应时间可在很大范围内变化.

§7.5 表面复合

在第 5 章，我们在讨论光生过剩载流子分布的边界条件时，曾涉及表面复合，并在表观上引入了表面复合速度. 在这一章，要对表面复合作进一步讨论. 在微观上，表面复合通过表面态(或界面态)进行，表面复合的速率密切依赖于表面势. 下面我们先对它作一般的讨论，然后借助栅控二极管说明表面复合对 pn 结特性的可能影响；最后将表面复合速度和微观机制联系起来.

通过表面态的产生和复合

通过表面能级进行的表面复合和第 5 章中介绍的间接复合相似. 设表面复合中心能能级位于 E_t，面密度为 N_t，表面的面复合速率 R_S 可表示为

$$R_S=\frac{N_t r_n r_p(n_S p_S-n_i^2)}{r_n(n_S+n_{1S})+r_p(p_S+p_{1S})} \qquad (7-5-1)$$

式中 n_S，p_S 分别为表面处的电子、空穴浓度；r_n，r_p 分别为能级对电子和空穴的俘获系数；n_{1S}，p_{1S} 可分别表示为

$$n_{1S}=N_C e^{-\frac{E_C-E_t}{k_BT}} \qquad (7-5-2)$$

$$p_{1S}=N_V e^{-\frac{E_t-E_V}{k_BT}} \qquad (7-5-3)$$

由(7-5-1)可见，R_S 的大小和 n_S，p_S 以及 n_{1S}，p_{1S} 等诸量有关，n_S，p_S 的大小

密切依赖于表面势V_S. 以下我们将进一步假设表面复合中心能级位于E_i处*. 并且，为突出主要因素，假设$r_n = r_p = r$. 于是R_S可改写为

$$R_S = \frac{N_t r(n_S p_S - n_i^2)}{n_S + p_S + 2n_i} \tag{7-5-4}$$

在表面层和体内处于准平衡条件下，应有

$$n_S p_S = np = n_0 p_0 + (n_0 + p_0)\Delta p \tag{7-5-5}$$

式中Δp为体内紧靠表面层处的过剩载流子浓度. 可将式(7-5-4)改写为

$$R_S = \frac{N_t r(np - n_i^2)}{n_S + p_S + 2n_i} \tag{7-5-6}$$

在同样的激发条件下，即对于同样的$np - n_i^2$或$n_S p_S - n_i^2$值，分母中n_S和p_S的大小对复合速率R_S有重要影响. n_S，p_S通过表面势和体内的载流子浓度n，p相联系：

$$n_S = n e^{\frac{eV_S}{k_B T}} \tag{7-5-7}$$

$$p_S = p e^{-\frac{eV_S}{k_B T}} \tag{7-5-8}$$

可见，表面复合速率对于V_S是敏感的. 外界可通过影响表面势V_S，对表面复合产生影响. 当$n_S = p_S$，即当电子和空穴的费米能级E_{Fe}及E_{Fh}离开表面处的E_i最近时，R_S最大.

表面复合对 pn 结特性的影响 栅控二极管

利用栅控二极管可以方便地观察表面产生复合如何影响 pn 结电流. 栅控二极管由 pn 结二极管和一个邻近的 MIS 结构控制栅构成. 栅下的表面感生电荷层成为pn 结空间电荷层的一部分，如图 7.27 所示. 因此，施加在 pn 结上的电压也会影响邻近的表面电荷层的性质. 栅下表面层中的任何产生复合电流也构成 pn 结电流的一部分. 栅的作用在于可通过改变栅电压V_G来改变栅下的表面势V_S，从而可通过 pn 结电流来展现在积累(7.27(a))，耗尽(7.27(b))和反型(7.27(c))等不同情形下，结附近的表面产生复合的影响.

我们先考察结电压如何影响邻近的表面层的性质，着重考察栅下为耗尽层的情形. 当 pn 结上有外加电压V时，作为 pn 结空间电荷区的一部分，在栅下表面耗尽层中，也不再具有统一的费米能级. 和 pn 结空间电荷区中一样，电子和空穴的准费米能级都是水平的，它们之间的间距为$eV = E_{Fe} - E_{Fh}$. 因此，由于结电压V，在栅下的表面及耗尽层中应有

$$np = n_S p_S = n_i^2 e^{\frac{eV}{k_B T}} \tag{7-5-9}$$

---

* 实际上界面态在带隙中通常连续分布. 那些满足$n_{1t} + p_{1t} < n_S + p_S$的界面态对于复合电流都有贡献. 但是位于$E_i$附近的界面态即使在$E_F$位于$E_i$处，$n_S + p_S = 2n_i$时仍有重要作用.

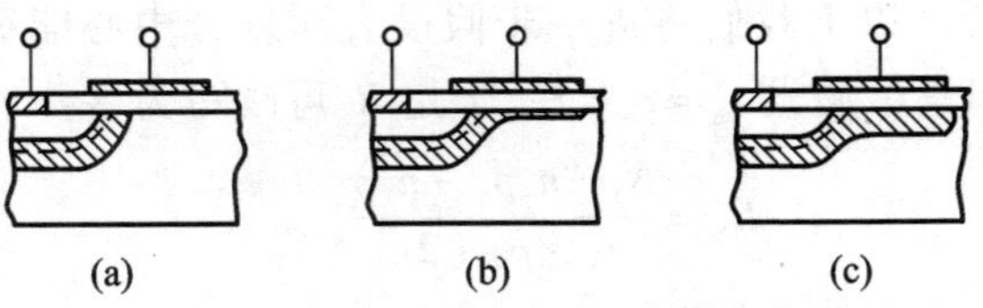

图 7.27 加有不同栅压的栅控二极管

这就是说结电压使栅下的表面和耗尽层偏离平衡，因而会存在产生或复合，并会向 pn 结贡献额外的结电流. 通过界面态的表面复合速率可写作

$$R_S = \frac{N_t r n_i^2 (e^{\frac{eV}{k_B T}} - 1)}{n_S + p_S + 2n_i} \tag{7-5-10}$$

设半导体衬底是 p 型. 先考虑对 pn 结施加反向偏压 $V = -V_R < 0$ 的情形. 反向电压 V_R 使邻近的电荷层中的少子电子的准费米能级比平衡时下降 eV_R. 这是因为结的反向电压对载流子的抽取作用. 参看图 7.28 不难看出，这意味着，要使栅下表面呈强反型，要求半导体的能带多向下弯曲 eV_R，表面强反型的条件由 $V_S > 2V_F$ 变成 $V_S > 2V_F + V_R$. 可见，由于结电压 V_R 的存在，栅电容的 $C - V_G$ 特性和孤立的 MIS 结构不同：在进入和 $V_S > 2V_F + V_R$ 对应的强反型以前，栅下的耗尽层可以持久地保持"深耗尽".

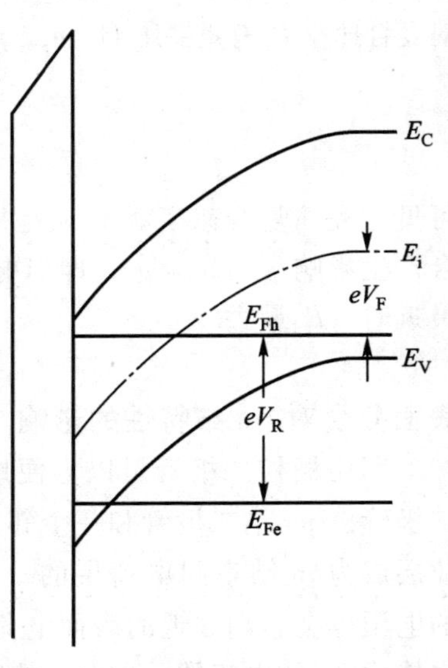

图 7.28 反向偏压下的栅控二极管的栅下电荷层中电子和空穴的准费米能级. E_{Fe} 和 E_{Fh} 的相对位置由二极管的结电压控制. 栅下能带的弯曲有栅电压控制

现在来考虑表面产生电流. 在 pn 结反向偏置时，由与 $n_S p_S \ll n_i^2$，表面产生速率 $G_S = -R_S$ 可表示为

$$G_S = \frac{N_t r n_i^2}{n_S + p_S + 2n_i} \tag{7-5-11}$$

当表面为积累或强反型时，由于分母中的 p_S 或 n_S 很大，表面产生的影响可忽略不计. 但若表面处于耗尽，n_S，$p_S \ll n_i$，即满足 $V_F + V_R > V_S > V_F$ 时，可得

$$G_S = \frac{N_t r n_i}{2} \tag{7-5-12}$$

这时 G_S 有大的值，对结的反向电流可有重要贡献. 图 7.29 示意地描述了 pn 结反向电流及各分量随栅压 V_G 的变化. 可见，当栅下为耗尽时，有相当大的额外的反向电流. 图中 I_{gS} 为表面的产生电流；I_{gj} 代表 pn 结空间电荷区的产生电

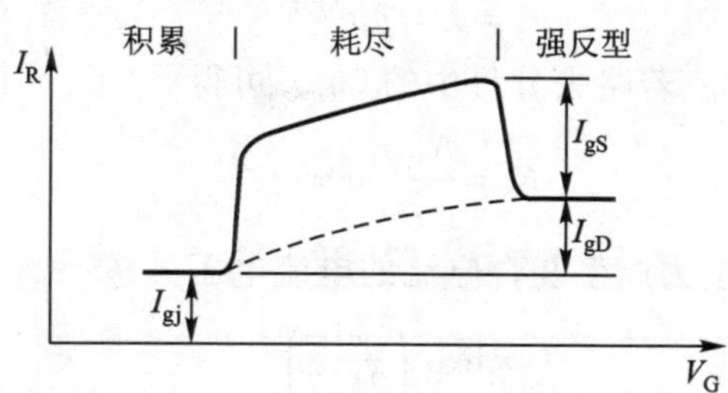

图 7.29 在固定反向电压下，栅控二极管的反向电流随栅压 V_G 的变化

流，在固定的结电压下它是固定的；I_{gD} 代表栅下耗尽层中的产生电流. 随着 V_G 的增加，表面耗尽层变厚，I_{gD} 也随之增加. 但在表面强反型以后，表面耗尽层的厚度和 I_{gD} 都趋向于恒定.

图 7.30 是由实验得到的栅控二极管的 I_R-V_G 特性.[30] 不同的曲线对应于不同的 V_R. 图中同时给出了栅的 MIS 结构的 $C-V_G$ 特性作为比较. 可以清楚地看到反向电流大的区域正好对应于栅电容的耗尽区. 还可看到，使表面进入强反型的 V_G 随 V_R 的增加而增加. 这个结果清楚地说明，如果表面绝缘层中离子沾污足以使 pn 结附近表面耗尽，则结的反向特性将劣化.

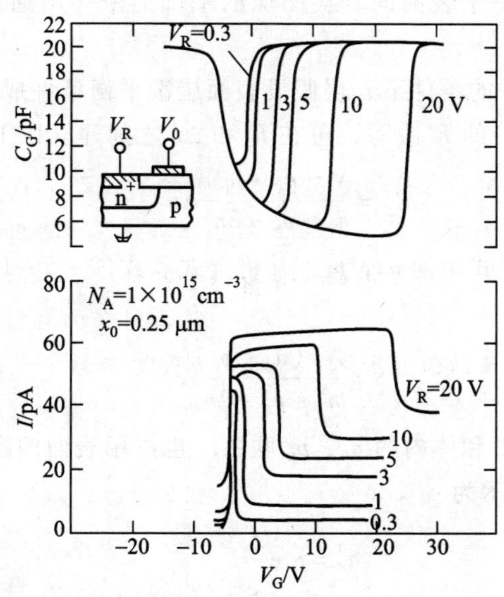

图 7.30 不同反向偏压下栅控二极管的反向电流随栅压的变化

在正向结电压下，式(7-5-10)分子括号中的 1 可以略去. 当栅下表面有

$$n_S = p_S = n_i e^{\frac{eV}{2k_BT}} \tag{7-5-13}$$

时，表面复合速率最大. 若略去分母中的 $2n_i$，可得

$$R_S = \frac{N_t r n_i}{2} e^{\frac{eV}{2k_BT}} \tag{7-5-14}$$

这可导致类似 pn 结势垒去产生复合电流的电流电压关系：

$$I_g \propto \exp\left(\frac{eV}{2k_BT}\right) \tag{7-5-15}$$

表面复合速度

以上我们的分析是基于关于表面的真实图像：在半导体表面，可能发生能带弯曲并存在电荷层. 决定表面复合的是包括表面态在内的、和一定的表面势相联系的一个表面层. 但在 §5.6 表面复合速度的定义式中

$$R_S = S\Delta p \tag{7-5-16}$$

表面复合速度 S 被看成是一个几何表面的性质. 在那里，整个半导体一直到"表面"的都被看成是电中性的，Δp 是"表面"处的过剩载流子浓度. 可见，那里的"表面"对应的是包括表面态在内的、和一定的表面势相联系的一个表面层. 上式中的 Δp 对应于表面电荷层和体内中性区交界处的过剩载流子浓度. 以下在关于表面的真实图像的基础上来导出通过表面态复合的 S 的大小.

在存在过剩载流子的条件下，仍假设表面层准平衡条件成立，利用式(7-5-5)，将式(7-5-1)的 R_S改写，可在 R_S和 Δp 之间建立以下联系

$$R_S = \frac{N_t r(n_0 + p_0)}{n_S + p_S + 2n_i}\Delta p \tag{7-5-17}$$

用平衡值 n_S^0，p_S^0代替上式中的 n_S，p_S，并将上式和式(7-5-16)对比，可得表面复合速度为

$$S = \frac{N_t r(n_0 + p_0)}{n_S^0 + p_S^0 + 2n_i} \tag{7-5-18}$$

已经说明 n_S^0，p_S^0通过 V_S和体内的 n_0，p_0 联系. 也可用表面的本征费米能 E_i^S 相对 E_F 的差值把它们表示为

$$n_S^0 = n_i e^{\frac{E_F - E_i^S}{k_BT}} \tag{7-5-19}$$

$$p_S^0 = n_i e^{\frac{E_i^S - E_F}{k_BT}} \tag{7-5-20}$$

表面本征费米能 E_i^S 随 V_S 的变化而移动. 图 7.31 所示为由 n 型 Ge 测得的复合速度随$(E_F - E_i^S)/k_BT$ 的变化.[31] 复合速度最大值不在零点是因为 r_n 和 r_p 并不相等.

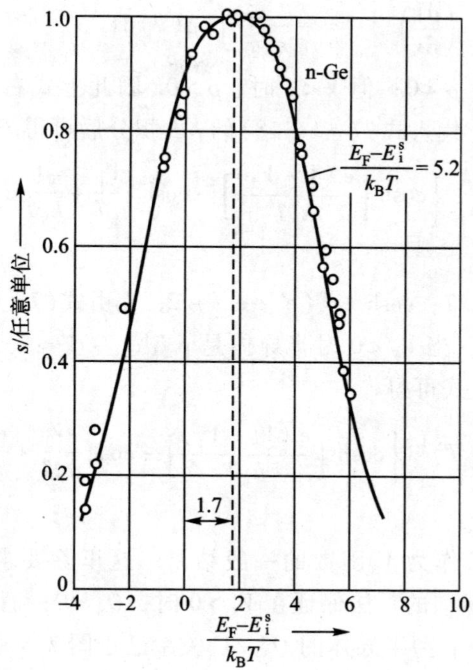

图 7.31　n 型 Ge 的表面复合速度随 $(E_F-E_i^S)/k_BT$ 的变化

附录 7.1　半导体表面电荷层电荷、表面电场和电容作为 V_S 函数的一般表示式[32]

表面势 V_S 是一个重要的物理量. 因为，对于给定的半导体，表面势的符号和大小决定了表面层中的电荷、电场和电势分布. 表面层中的电势分布由泊松方程支配：

$$\frac{d^2V}{dx^2}=-\frac{\rho}{\varepsilon_S\varepsilon_0} \tag{7-A1-1}$$

不难求出各处的电场作为电势的函数 $E(V)$. 若给定 $V=V_S$，则可得 $E=E_S$，即可得 E_S 作为 V_S 的函数 $E_S(V_S)$. 由 $Q_S=-\varepsilon_S\varepsilon_0E_S$，可进一步得到表面层电荷 Q_S 作为 V_S 的函数. 由此进一步可得电容 $C(V_S)$.

将式(7-A1-1)两边乘以 dV/dx 并对 dx 积分，可得：

$$\int\frac{dV}{dx}\frac{d^2V}{dx^2}dx=-\frac{1}{\varepsilon_S\varepsilon_0}\int\rho\frac{dV}{dx}dx \tag{7-A1-2}$$

上式可化为

$$\left(\frac{\mathrm{d}V}{\mathrm{d}x}\right)^2\Big|_0^V = -\frac{2}{\varepsilon_S\varepsilon_0}\int_0^V \rho(V)\,\mathrm{d}V \tag{7-A1-3}$$

不难看出，当 $V>0$ 时，$\rho<0$；但 $V<0$ 时，$\rho>0$. 因此上式右边总大于零. 考虑到 $V=0$，$\mathrm{d}V/\mathrm{d}x=0$，代入式(7-1-18)的 ρ，积分后可得 E 作为 V 的函数

$$E=\frac{2V_S}{|V_S|}\left(\frac{k_B T n_i}{\varepsilon_S\varepsilon_0}\right)^{1/2}\left\{\cosh\left[\frac{e(V-V_F)}{k_B T}\right]-\cosh\frac{eV_F}{k_B T}+\frac{eV}{k_B T}\sinh\frac{eV_F}{k_B T}\right\}^{1/2} \tag{7-A1-4}$$

式中 $\sinh x=(\mathrm{e}^x-\mathrm{e}^{-x})/2$；$\cosh x=(\mathrm{e}^x+\mathrm{e}^{-x})/2$. V_F 由式(7-1-10)定义. 当 $V_F>0$ 时半导体是 n 型；当 $V_F<0$ 时半导体是 p 型. 令 $V=V_S$，可得 E_S. 于是由 $Q_S=-\varepsilon_S\varepsilon_0 E_S$，从上式可得

$$Q_S=-\frac{2V_S}{|V_S|}(\varepsilon_S\varepsilon_0 n_i k_B T)^{1/2}\left\{\cosh\left[\frac{e(V_S-V_F)}{k_B T}\right]-\cosh\frac{eV_F}{k_B T}+\frac{eV_S}{k_B T}\sinh\frac{eV_F}{k_B T}\right\}^{1/2} \tag{7-A1-5}$$

这是表面电荷层电荷 Q_S 作为 V_S 函数的一般结果. 这里除要求非简并条件外，未作耗尽近似. $-V_S/|V_S|$ 的写法保证在 $V_S>0$ 时，$Q_S<0$；而 $V_S<0$ 时，$Q_S>0$. 由求解方程得到的一 p 型半导体的 Q_S-V_S 关系已于图 7.5 中给出.

由 $C_S=-\mathrm{d}Q_S/\mathrm{d}V_S$(式(7-2-5))可求得 C_S 为

$$C_S=-\frac{2V_S}{|V_S|}\left(\frac{\varepsilon_S\varepsilon_0 n_i e^2}{k_B T}\right)^{1/2}\frac{\sinh\dfrac{e(V_S-V_F)}{k_B T}+\sinh\dfrac{eV_F}{k_B T}}{\left\{\cosh\left[\dfrac{e(V_S-V_F)}{k_B T}\right]-\cosh\dfrac{eV_F}{k_B T}+\dfrac{eV_S}{k_B T}\sinh\dfrac{eV_F}{k_B T}\right\}^{1/2}} \tag{7-A1-6}$$

所得到的 C_S 对应于图 7.8 中的曲线Ⅲ A 支，它对应于具有平衡分布的低频情形.

第 7 章参考文献

[1] Kingston R H, Neustadter S F. *Journ. Appl. Phys.*, 1955, 26: 718.
Grove A S, Deal B E, Snow E H, et al. *Solid-St, Electron*, 1965, 8: 145.

[2] Garrett C G B, Brettain W H. *Phys. Rev.*, 1955, 99: 376.

[3] Grove A S. *Physics and Technology of Semiconductor Devices*. New York: John Wiley and Sons, Inc., 1967. 中译本，半导体器件原理与工艺. 齐建译. 北京：科学出版社，1976.

[4] Goetzberger A. *Bell Syst. Tech. J.*, 1966, 45: 1097.
[5] 黄昆，韩汝琦．半导体物理基础．北京：科学出版社，1979.
[6] Zaininger K H, Heiman F P. *Solid-St. Technol.*, 1970, 13: 46.
[7] Deal B E. *J. Electrochem. Soc.*, 1974, 121: 198.
[8] Atella M M, Tannenbaum E, Scheibner E J. *Bell Syst. Tech. J.*, 1959, 30: 749.
[9] Feldman L C, Stensgaard I, Silverman P J, et al. *The Physics of* SiO_2 *and its Interface*. Oxford: Pergomon, 1978: 344.
[10] Helms C R, Johnson N M, Schwarz S A, et al. *The Physics of* SiO_2 *and its Interface*. Oxford: Pergomon, 1978: 366.
[11] Grunthaner F J, Maserjian J. *The Physics of* SiO_2 *and its Interface*. Oxford: Pergomon, 1978: 389.
[12] Deal B E, Sklar M, Grove A S, et al. *J. Electrochem. Soc.*, 1967, 114: 266.
[13] Kriegler R J, Cheng Y C, Calton D R. *J. Electrochem. Soc.*, 1972, 119: 388.
[14] Kriegler R J. *Thin Solid Films*, 1972, 13: 11.
Kriegler R J. *Semiconductor Silicon*. Ed. by Huff H R, Sirtl E. Princeton: N. J. Electrochem. Society, 1977: 363.
Deal B E. J. Electrochem. Soc., 1978, 125: 2024.
[15] Bergland C N. *IEEE Trans*, 1966, ED-13: 701.
[16] Kuhn M. *Solid-St. Electron*, 1970, 13: 873.
[17] Wang K L, Evwaraye A O. *J. Appl. Phys.*, 1976, 47: 4574.
[18] Lefevre H, Schulz M. *Appl. Phys.*, 1977, 12: 45.
Lefevre H, Schulz M. *IEEE Transaction on Electron. Device*, 1977, 24: 973.
[19] Johnson N M, Gold R B, Gibbons J F. *Appl. Phys. Letters*, 1979, 34: 704.
[20] Johnson N M, Bartelink D J, Schulz M. *The Physics of* SiO_2 *and Its Interface*. Oxford: Pergamon Press, 1978: 421.
[21] Kamieniecki E, Nitecki R. *The Physics of* SiO_2 *and Its Interface*. Oxford: Pergamon Press, 1978: 417.
[22] Nicollian E H, Goetzberger A. *Bell Syst. Tech. J.*, 1967, 46: 1055.
[23] Vadasz L, Grove A S. *IEEE Trans.*, 1966, ED-13: 863.
[24] Goetzberger A. Heine V, Nicollian E H. *Appl. Phys. Letters*, 1968,

12: 95.

[25] Wang K L. *Semiconductor Silicon*. Ed. by Huff H R, Sirtl E. Princeton: N. J. Electrochem. Society, 1977: 404.

[26] Schulz M, Klausmann E. *Appl. Phys.*, 1979, 18: 169.

[27] Moghal R G. *Thin Solid Films*, 1978, 55: 329.

[28] Berz F. *Surface Physics of Phosphors and Semiconductors*. Ed. by Scott C G, Reed C E. New York: Academic Press, 1975. 中译本，磷光体和半导体的表面物理. 廖伯显等译. 北京：科学出版社，1982: 162.

[29] Brown W L, Brattain W H, Garrett C G B, et al. *Semiconductor Surface Physics*. Ed. by Kingston R H. Philadelphia: University of Pennsylvania Press, 1957: 111.

[30] Grove and A S, Fitzgerald D J. *Solid State Electron*, 1966, 9: 783.

[31] Many A, Gerlich D. *Phys. Rev.*, 1957, 107: 404.

[32] Ezawa H, Kawaji S, Kuroda T, et al. *Surface Sci.*, 1971, 24: 659.
Ezawa H, Kawaji S, Nakamura K. *Jpap. J. Appl. Phys.*, 1974, 13: 126; *Surface Sci.*, 1971, 27: 218.
Ezawa H. *Surface Sci.*, 1976, 58: 25.

第 8 章

微结构和超晶格

自从江崎和朱兆祥提出超晶格的设想以来[1]，伴随着分子束外延和其它外延技术的发展，各种半导体微结构的研究和应用已经成为半导体科学和技术发展的最主要的焦点，目前正经历着一个迅速发展时期. 另一方面，集成电路目前已达到的纳米量级的加工尺寸对关于集成电路发展的 Moore 律构成了严重的挑战，而半导体微结构的研究正孕育着新一代信息技术的科学基础.

这一章主要讨论有关微结构和超晶格的电子态和输运的问题，光谱现象将在第 10 章中讨论.

§8.1 半导体中的尺寸量子化和低维电子气

在 MOS 器件的 Si/SiO_2 界面的反型层中或在 GaAs/AlGaAs 界面附近的积累层或反型层中，载流子被限制在一个很窄的势阱中. 当它们在垂直于界面方向的活动空间的线度小到德布罗意波波长量级时，沿该方向的运动将发生量子化，载流子的能量只能取分立能值，如图 8.1 所示. 该效应称为尺寸量子化，又称为空间尺寸限制效应. 人们最早就是通过上述界面的势阱认识到尺寸量子化的[2]. 这种量子化也发生在由异质材料构成的窄的方形势阱中. 通常把这类势阱称为量子阱，以强调其中电子运动的量子化性质.

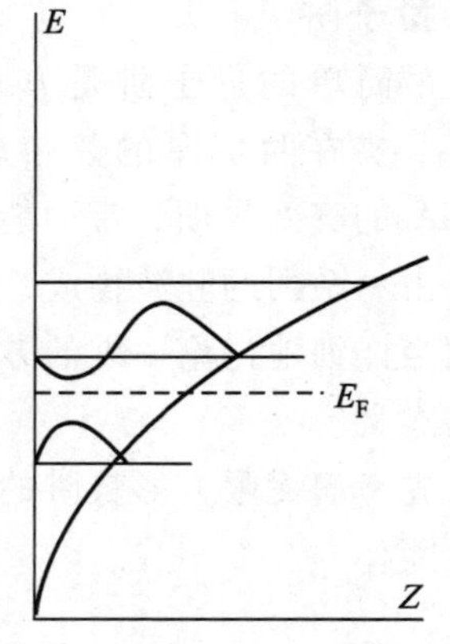

图 8.1　在反型层中，在垂直界面的方向上电子运动的量子化

处在量子阱中的电子受到一维势的约束(量子约束)，但仍具有二维自由度. 其实，后面要

讨论到的量子线和量子点也都是量子阱，只不过平常我们叫做“量子阱”的是层状(片)量子阱，而量子线和量子点是棒状(线)量子阱和盒状(点)量子阱. 在量子线中，电子被约束在二维势阱中，其自由度降低为一维. 而在量子点中，电子被约束在三维势阱中，完全失去空间自由度，常被说成是零维的. 量子阱、量子线和量子点的空间扩展如图 8.2 所示意. 它们以外的空间为起势垒作用的宽禁带的半导体.

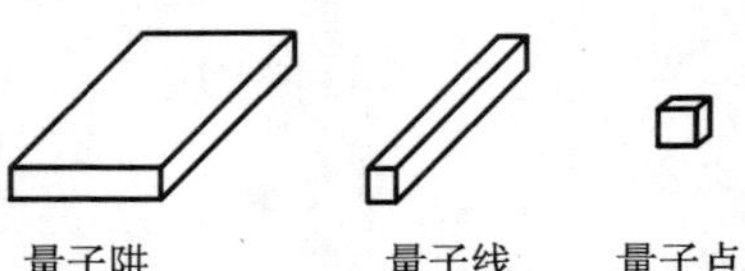

图 8.2 量子阱、量子线和量子点的示意图

上述各种半导体微结构应可视为纳米科学和技术的一部分. “纳米结构”至少在一个方向的尺寸在 1 ~ 100 nm 之间. 半导体中存在尺寸量子化的各种微结构的尺寸在此范围内. 量子线对应于纳米技术中的纳米线、纳米棒、纳米带和纳米管等，而量子点则对应于原子团、纳米球和纳米晶体等. 有些纳米结构是半导体，它们与半导体物理和技术有许多相通之处.

包括半导体纳米微结构在内的纳米结构是介乎宏观结构和微观结构之间的介观结构，它比原子尺度的微观结构大得多，但比宏观结构又要小得多. 这类结构还应包括后面要提到的量子环以及其它介观尺度的复合结构. 介观结构常部分地具有宏观结构和微观结构的某些特点，但又不同于宏观结构和微观结构，是结构的性质可随结构的尺寸发生显著变化的区间. 这正是它们的引人之处.

从应用的角度看，人们对于微结构的兴趣的原因之一还在于：基于微结构的器件将有更高的速度和消耗更少的能量. 量子阱类型的微结构已经相当多地应用在各种半导体器件，特别是光电子器件中.

方形量子阱

最简单的量子阱是方形势阱，例如可由一薄的禁带较窄的半导体，如 GaAs，夹在两层厚的禁带较宽的半导体，如 AlGaAs 中间构成. 在 GaAs 和 AlGaAs的突变界面，带边能量发生台阶形跃变. 阱中电子沿垂直界面方向的波函数由一系列的驻波构成，就像声波和电磁波在共振腔中的表现一样. 我们将会相当详细地讨论一维的方形势阱问题，因为对于半导体微结构来说它具有基本的意义.

先考虑无限方形势阱的情形. 在有效质量近似中，沿 z 方向的量子力学方程可写作

$$\left[-\frac{\hbar^2}{2m}\frac{\mathrm{d}^2}{\mathrm{d}z^2}+U(z)\right]\zeta(z)=E\zeta(z) \tag{8-1-1}$$

式中 $\zeta(z)$ 是实际 z 向布洛赫函数 $\zeta(z)u_0(z)$ 的包络. 如图 8.3 所示，势函数

$U(z)$由下式描述

$$U(z)=\begin{cases}0, & 0<z<L \\ \infty, & z\geqslant L, z\leqslant 0\end{cases} \tag{8-1-2}$$

由于两侧的势为无限，电子将不可能出现在势垒区，对波函数$\zeta(z)$可采用以下边界条件：

$$\zeta(z)=0 \qquad z\geqslant L, z\leqslant 0 \tag{8-1-3}$$

很容易看出，满足方程和边界条件的解为

$$\zeta_n(z)=\left(\frac{2}{L}\right)^{1/2}\sin\frac{n\pi z}{L}=\left(\frac{2}{L}\right)^{1/2}\sin k_n^{\infty}z \tag{8-1-4}$$

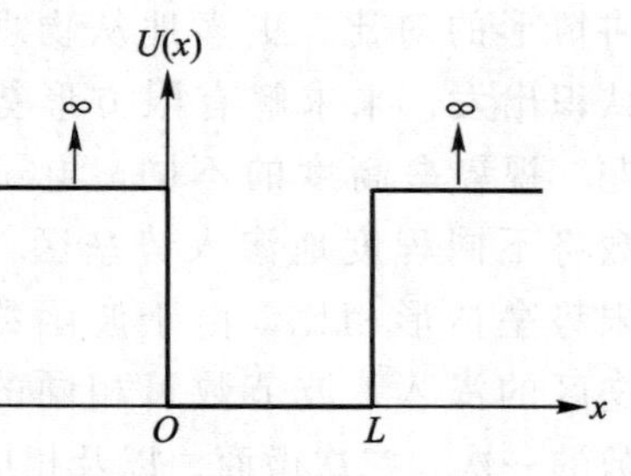

图 8.3 无限方形势阱示意图

$k_n^{\infty}=n\pi/L$ 对应于波矢. 对于 L 为有限的情形，k_n^{∞} 和相应的动能 E_n^{∞} 都是分立的

$$E_n^{\infty}=\frac{\hbar^2 k_n^{\infty 2}}{2m}=n^2\frac{\hbar^2\pi^2}{2mL^2}=n^2\epsilon_0 \tag{8-1-5}$$

上式和晶体能带带底的色散关系完全相同. 这里 ϵ_0 为一特征能量

$$\epsilon_0=\frac{\hbar^2\pi^2}{2mL^2}=3.76\times10^{-4}\left(\frac{m_0}{m}\right)\left(\frac{1\ \mu\text{m}}{L}\right)^2 \quad [\text{meV}] \tag{8-1-6}$$

它集中反映了有效质量 m 和阱宽 L 对能值 E_n^{∞} 的影响. 当 L 减小时，能值 E_n^{∞} 间的间距增加. 但即使 L 小到 1 μm，ϵ_0 也只有 μeV 量级，碰撞增宽 $\Delta E\approx\hbar/\tau$ 却可达到 meV 量级（若 $\tau=10^{-13}$ s, $\Delta E=6.58$ meV)，分立的能级仍是不能分辨的. 但当 L 为 20 nm 时，对于有效质量为 $0.067m_0$ 的 GaAs，ϵ_0 却可达14 meV，它超过了碰撞增宽，也可和热能 k_BT 相比拟. 实际上当 L 达到热能电子的波长的量级时，ϵ_0 将达到 k_BT 的量级. 于是，状态的量子化性质清楚地表现了出来. 对于强简并情形，当结构在一个方向上的尺寸可和费米面上电子的德布罗意波的波长相比拟时，电子沿该方向的运动被冻结。这种依赖于结构尺寸的量子化在微结构中普遍存在.

与分立能级相应的波函数示意地画在图 8.4 中. 我们注意到，量子数为 n 的状态的波函数共有 $n-1$ 个节点.

在上面的势模型中，电子的能量完全表现为动能，它的大小完全决定于波函数的二次微商. 容易看出，量子数 $n=2$ 的波函数的二次微商是量子数 $n=1$ 的波函数的 4 倍. 因此对于方形势阱，尺寸量子化和以下事实相联系：尺寸减小导致状态动能的增加（参看式

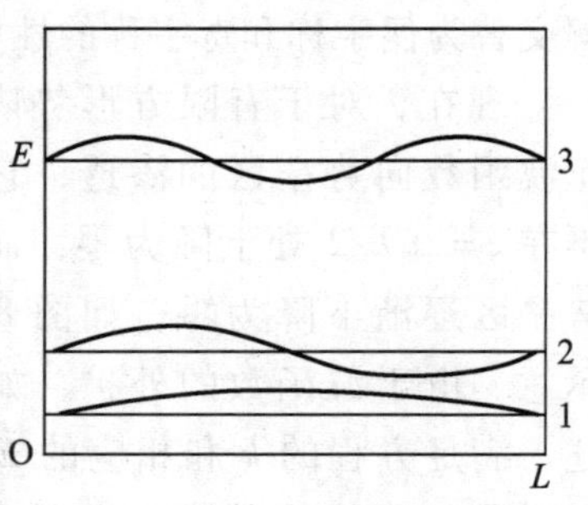

图 8.4 无限方形势阱中的量子化能级和电子波函数示意图

(8-1-1)).

实际势垒高度是有限的，如图8.5所示. 我们将通过和无限方形势阱情形的对比，更多地从物理上的认识出发，来求解有限方形势阱问题. 视势垒高度的不同，电子波函数将不同程度地渗入势垒区. 和无限势垒情形相比，由于波函数向势垒区的渗入，波节数目相同的波函数的一次、二次微商，以及相应的波矢和量子化能值将有所减小.

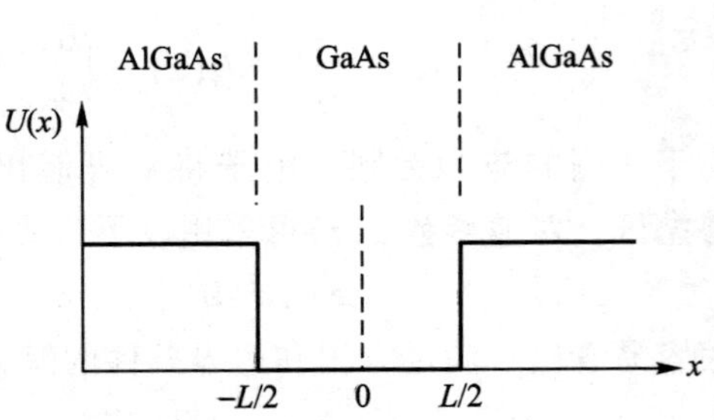

图 8.5 有限方形势阱示意图

利用在界面处波函数及其微商连续的条件，可求得能量本征值及相应的波函数. 在无限势阱的讨论中，我们把边界定为 $z=0$ 和 $z=L$，因而易于得到满足边界条件的波函数和能量本征值. 这里，为了处理边界条件的方便，我们把势阱的中心定为 $z=0$；阱的边界位于 $z=-L/2$ 和 $z=L/2$ 处. 阱的宽度仍为 L. 在势阱区和势垒区，将近似采用同一有效质量. 在势阱区需要满足的波动方程为

$$-\frac{\mathrm{d}^2}{\mathrm{d}z^2}\zeta(z)=\frac{2mE}{\hbar^2}\zeta(z) \qquad -L/2\leqslant z\leqslant L/2 \tag{8-1-7}$$

按现在规定的坐标，对于无限阱，解是交替的偶函数——余弦函数，和奇函数——正弦函数(参看图8.4)

$$\zeta_n(z)=A\cos k_n^{\infty}z \quad n=1,3,5,\cdots \tag{8-1-8}$$

或 $$\zeta_n(z)=B\sin k_n^{\infty}z \quad n=2,4,6,\cdots \tag{8-1-9}$$

它们和式(8-1-4)的解在物理上是等效的，但由对称的势得到的 cos 和 sin 形式的解，更容易看清方程的解交替为偶宇称和奇宇称的性质.

现在，对于有限方形势阱，由于波函数向势垒区的渗透，它们并不在 $z=\pm L/2$ 处下降为零，而是在势垒区逐渐下降为零，如图8.6所示意. 由于波函数的外扩，如前所述，满足方程的 k 和相应的 E 都会比无限势阱情形的要小. 因此，具有 n 个节点的波函数的波矢值 k_{n+1}

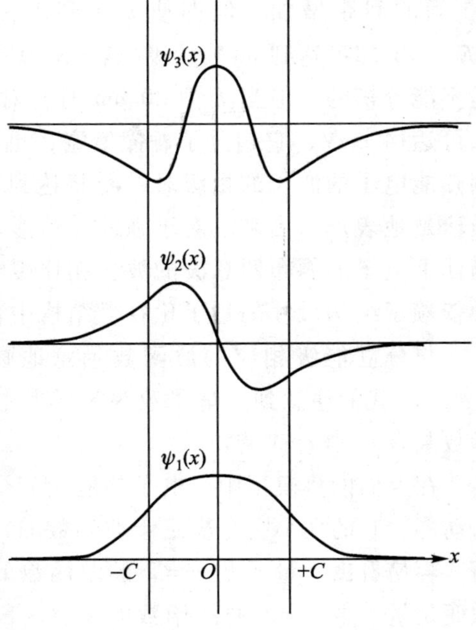

图 8.6 有限方形势阱的最低的三个能态的波函数示意图

在 k_n^∞ 和 k_{n+1}^∞之间. 但 k 和 E 之间仍有

$$k=\left(\frac{2mE}{\hbar^2}\right)^{1/2} \tag{8-1-10}$$

假设势垒的高度为 U_0. 在势垒区需要满足的波动方程为

$$-\frac{\mathrm{d}^2}{\mathrm{d}z^2}\zeta(z)=\frac{2m(E-U_0)}{\hbar^2}\zeta(z) \qquad z>L/2, z<-L/2 \tag{8-1-11}$$

渗入势垒区的波函数应为指数衰减函数

$$C\exp(-\kappa z/2) \qquad z\geqslant L/2 \tag{8-1-12}$$

和

$$D\exp(\kappa z/2) \qquad z\leqslant -L/2 \tag{8-1-13}$$

式中 κ 为

$$\kappa=\left(\frac{2m(U_0-E)}{\hbar^2}\right)^{1/2} \tag{8-1-14}$$

κ 取为正实数，从而在 $z\to\pm\infty$ 时波函数趋向于零. 由在 $z=\pm L/2$ 处波函数及其微商连续，很容易得到以下两个方程：

$$\kappa=k\tan(kL/2) \tag{8-1-15}$$

或

$$\kappa=-k\cot(kL/2) \tag{8-1-16}$$

定义 μ 为

$$\mu=\left(\frac{2mU_0}{\hbar^2}\right)^{1/2} \tag{8-1-17}$$

由式(8-1-14)，μ，k，κ 间有以下关系

$$\mu^2=k^2+\kappa^2 \quad 或 \quad \kappa^2=\mu^2-k^2 \tag{8-1-18}$$

利用 k 和 κ 的上述联系，原则上可由式(8-1-15)和(8-1-16)求得 k.

可通过作图法求解以上两方程. 如图 8.7 所示，以横轴为 k 轴，纵轴为 y 轴. 以原点为圆心，以 μ 为半径作圆，圆上每一点的纵坐标是

$$y=(\mu^2-k^2)^{1/2}=\kappa \tag{8-1-19}$$

依次作曲线

$$y=k\tan(kL/2) \tag{8-1-20}$$

和

$$y=-k\cot(kL/2) \tag{8-1-21}$$

图中实线和虚线分别由式(8-1-20)和式(8-1-21)得到. 容易验证，圆和曲线族的交点 $k_1, k_2, k_3, \cdots$ 就是所求的波矢解. 由式(8-1-10)可得相应的能量本征值 $E_1, E_2, E_3, \cdots$ 当圆的半径 μ 趋于无限(即趋于无限方形势阱)，$k_1, k_2, k_3, \cdots$ 趋于无限势阱情形的 $k_n^\infty=n\pi/L$.

参考图 8.7 可见，有限方形势阱中的局域态的数目是有限的. 数目的多少

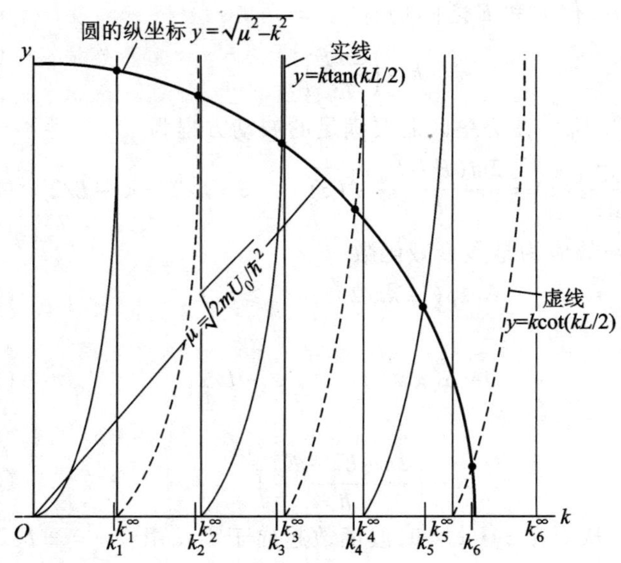

图 8.7 求方程(8-1-15)和(8-1-16)的解的图解法

决定于阱的深度. 当$\mu > k_n^\infty$，即$U_0 > n^2\epsilon_0$时，局域态的数目为$n+1$个. 当$\mu < k_1^\infty$，即$U_0 < \epsilon_0$时，只包含一个局域态. 对于较深的阱，最低的那些能态的能量和无限阱情形的很接近. 图 8.8 右侧外面所标的能级对应于无限势阱.

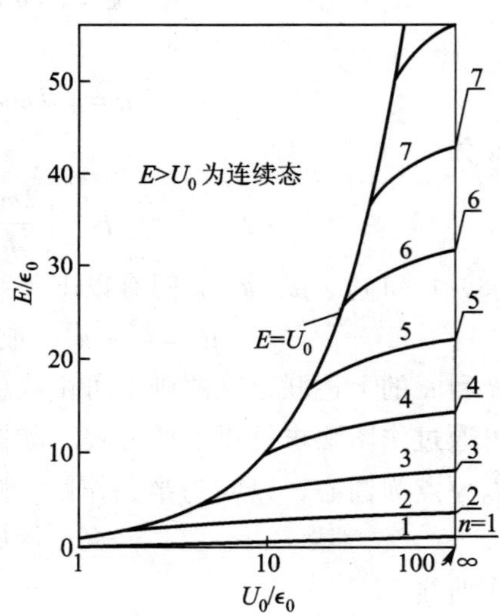

图 8.8 不同深度的势阱中的诸量子能级的能量

由在$z=\pm L/2$处波函数的连续可以得到正弦或余弦函数相对指数函数的系数的比值. 然后由有下面的波函数归一的条件可求得系数的绝对值

$$\int_0^{L/2} |\zeta(z)|^2 \mathrm{d}z + \int_{L/2}^{\infty} |\zeta(z)|^2 \mathrm{d}z = 1/2 \tag{8-1-22}$$

实际上，有限方形势阱常常也只是一种近似. 因为在阱区也常存在电荷分布. 这将引起附加的势分布.

三角势阱及抛物型势阱

在异质界面，如Si/SiO_2界面，GaAs/AlGaAs界面附近的势阱通常都是类三角势阱．这是半导体电子器件问题中最常见的情形之一．

可通过图 8.9 所示的所谓无限三角势阱模型来认识这类势阱的主要特点．[3] 无限三角势阱采用以下势分布：

$$U(z)=\begin{cases}e\mathscr{E}z, & z>0\\ \infty, & z\leqslant 0\end{cases} \qquad (8-1-23)$$

式中 $\mathscr{E}$ 为电场．要求解的波动方程为

$$\left(-\frac{\hbar^2}{2m}\frac{d^2}{d^2z}+e\mathscr{E}z\right)\zeta(z)=E\zeta(z) \qquad (8-1-24)$$

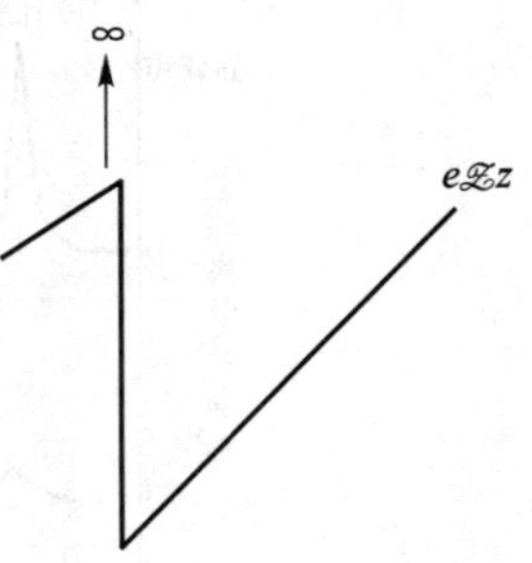

图 8.9　无限三角势阱示意图

相应地要求，当 $z\leqslant 0$ 及 $z\to\infty$ 时，$\zeta(z)\to 0$．和上述势模型对应的波函数为 Airy 函数．由此势模型可得诸能级位置为

$$E_n=\left(\frac{\hbar^2}{2m}\right)^{1/3}(e\mathscr{E})^{2/3}S_n \qquad n=1,2,3,\cdots \qquad (8-1-25)$$

$$=15.6\left(\frac{\mathscr{E}}{10^5\ \text{V/cm}}\right)^{2/3}\left(\frac{m_0}{m}\right)^{1/3}S_n \qquad [\text{meV}]$$

$S_1=2.338$，对其余的 n 值 S_n 可由下式来近似

$$S_n=\left[\frac{3\pi}{2}\left(n-\frac{1}{4}\right)\right]^{2/3} \qquad (8-1-26)$$

由上式得到的 S_1 近似值为 2.320，和 2.338 相比误差小于 1%，在进行估算时仍不失为较好的近似(请注意,早期量子阱中状态的量子数 n 取为 0,1,2,3,…，后改为 1,2,3,…)．对于上述情形，尺寸量子化和界面电场强度相联系，电场强度直接影响沟道的宽窄．视有效质量不同，当电场达到约 $10^4\sim10^5$ V/cm 时，量子化才是显著的．

虽然三角势阱近似可用来估算表面量子化能级，认真的计算需要以实际势分布为基础．表面附近的电场强烈依赖于沟道中载流子电荷的空间分布，因此计算是自洽的．[4] 在反型载流子面密度 N_{inv} 很高时，表面附近的势分布实际由这些载流子自身决定，N_{inv} 成为决定沟道性质的一个重要参数．

尺寸量子化的实验证据最先是由 InAs 的隧道谱得到的，[5] 但多数实验是在 Si 上得到的．对于 Si/SiO_2 界面，表面量子化可由表面对远红外光的吸收观察到．也可通过共振吸收引起的光电导的变化进行观察．测量时，固定光频，改变的表面势 V_S 以改变子带间距．当最低子带中的电子发生共振吸收时，光电导将增加，如图 8.10 所示．[6]

早期对 Si/SiO_2 界面输运性质的研究，是在忽略表面量子化的经典图像基础上进行的，理论和实验之间有明显的差距．只有在表面量子化的基础上才能

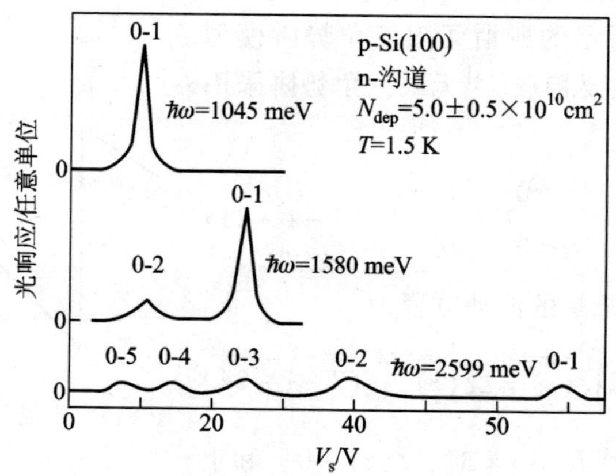

图 8.10 反型层电导对远红外光的响应随 MOS 结构栅压 V_G 的变化
不同曲线为不同光子能量的测量结果

得到正确的结果. 还要指出的是, 由经典方法计算出的沟道电子在垂直表面方向的分布和由量子化状态的波函数计算得到的结果有明显的区别, 如图 8.11 所示. 由于反型层电荷的分布重心离开界面有一定的距离, 由实验测得的 MOS 电容会比按经典分布由氧化层厚度计算得到的电容略小.

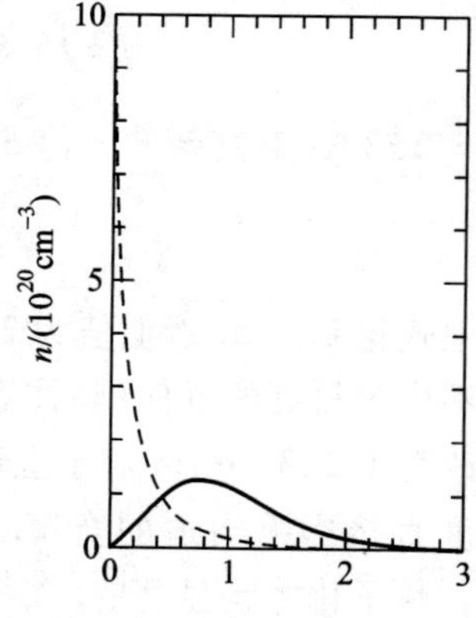

图 8.11 反型层中, 载流子的浓度的空间分布示意图

现代外延技术可以生长出**抛物型势阱**, 其中的电子运动遵循以下方程:

$$\left(\frac{\hbar^2}{2m}\frac{\mathrm{d}^2}{\mathrm{d}^2 z}+Kz^2\right)\zeta(z)=E\zeta(z) \qquad (8-1-27)$$

这是谐振子方程, 其能量本征值为

$$E=\left(\frac{1}{2}+n\right)\hbar\,\omega \qquad (8-1-28)$$

即量子化能级是等间距的, 如图 8.12 所示. ω 和 K 之间的关系为

$$K=m\omega^2 \qquad (8-1-29)$$

请注意, 对于抛物型量子阱, 沿袭谐振子量子数的取法, 最低能级的量子数通常仍取为 0.

二维电子气

以上在讨论电子在一维势阱中的运动时, 我们忽略了电子在 x, y 平面,

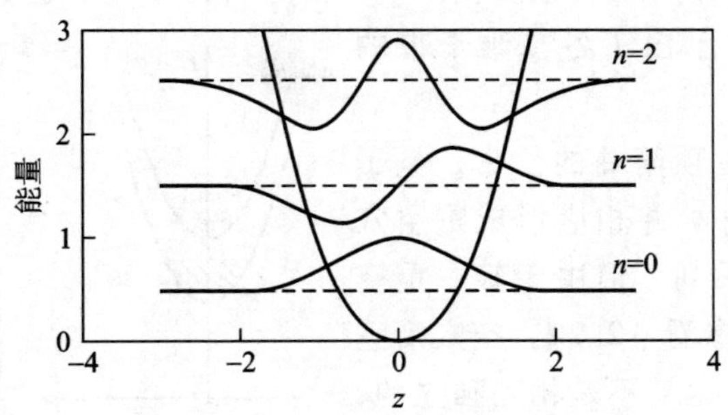

图 8.12 抛物型势阱

即平行于界面的平面内的运动. 设载流子的有效质量可由各向同性的单一有效质量 m 描述，若规定垂直于界面的方向为 z，则关于电子在势阱中运动的有效质量方程可写作：

$$\left[-\frac{\hbar^2}{2m}\left(\frac{\partial^2}{\partial x^2}+\frac{\partial^2}{\partial y^2}+\frac{\partial^2}{\partial z^2}\right)+U(z)\right]f(\boldsymbol{x})=Ef(\boldsymbol{x}) \qquad (8-1-30)$$

式中 $U(z)$ 是 z 方向的势函数，$f(\boldsymbol{x})$ 是真实波函数的包络. 满足方程的波函数有以下形式：

$$f(\boldsymbol{x})=(L_xL_y)^{-1/2}\mathrm{e}^{\mathrm{i}(k_xx+k_yy)}\zeta_n(z) \qquad (8-1-31)$$

实际上 x 和 y 方向的电子波函数并不发生改变. 可分离出关于电子在 z 方向的运动方程

$$\left(-\frac{\hbar^2}{2m}\frac{\mathrm{d}^2}{\mathrm{d}z^2}+U(z)\right)\zeta_n(z)=E_n\zeta_n(z) \qquad (8-1-32)$$

它就是前面已经讨论过的式(8-1-1). 总能量可表示为

$$E=\frac{\hbar^2k^2}{2m}+E_n \qquad (8-1-33)$$

式中 $k^2=k_x^2+k_y^2$. 如图 8.13(a)所示，对应于各个分立的能值 E_n，形成一系列色散关系相同的准二维子带. 称这些子带为准二维带以区别于原子层(如单层石墨原子层)中以及半导体表面的固有的二维能带. 子带中的电子动能 E_k 可表示为

$$E_k=\frac{\hbar^2(k_x^2+k_y^2)}{2m} \qquad (8-1-34)$$

容易求得包括正反自旋的单位面积的二维空间的子带的态密度 $g_{2\mathrm{D}}$ 为

$$g_{2\mathrm{D}}=\frac{m}{\pi\hbar^2} \qquad (8-1-35)$$

对于常量有效质量 m，态密度 $g_{2\mathrm{D}}$ 为常量，它正比于 m. 在平行于界面的有

效质量 $m_{/\!/}$ 和垂直于界面的有效质量 $m_{\perp}$ 不相等的情形下，上式中的 m 应改为 $m_{/\!/}$. 图 8.13(b)示出了各二维子带的态密度.

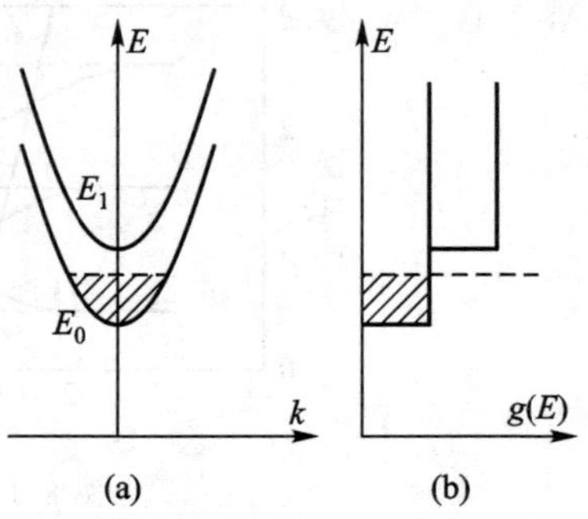

图 8.13 (a)二维子带的色散关系和(b)态密度示意图

对于通常在价带顶简并的价带，量子约束会使其解除简并，并相应形成重空穴子带和轻空穴子带系列. 但由于轻、重空穴带是互相耦合的(参看 §2.2)，空穴沿垂直界面和平行界面的运动不是相互独立的，轻、重空穴各子带的波函数要发生混合，因此子带的结构比较复杂. 关于 GaAs/AlGaAs量子阱轻、重空穴子带的一个计算结果示于图 8.14.[7] HH_1，HH_2 等表示重空穴子带；LH_1，LH_2 等为轻空穴子带.

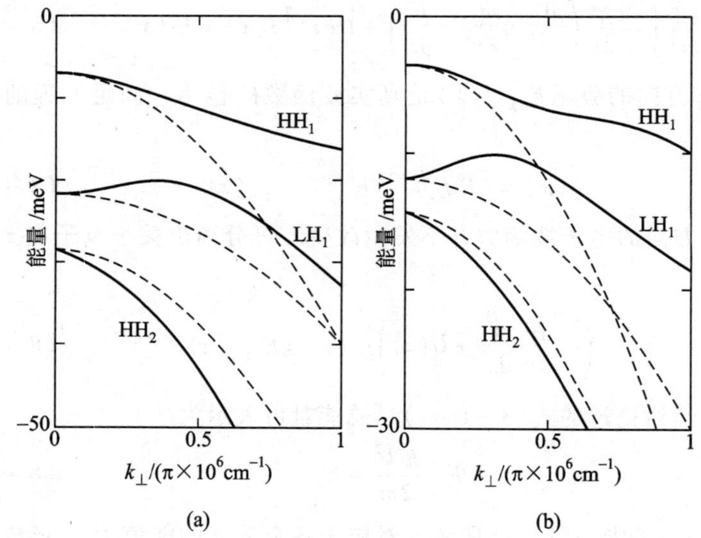

图 8.14 GaAs/AlGaAs 量子阱中轻、重空穴子带的一个计算结果

量子线　量子点　低维电子气

所谓量子线就是在半导体中形成的横向尺寸很小的棒状势阱区. 还可以形成小的盒状势阱区，称为量子点.

在关于量子阱的知识的基础上，从概念上认识量子线和量子点是容易的. 对于无限方形势阱，沿 y 和 z 方向阱的宽度分别为 L_y 和 L_z 的量子线中的电子状态可用量子数 k_x 和整数 k，l 来表征，相应的能量本征值可表示为

$$E_{k_x,k,l}=\frac{\hbar^2 k_x^2}{2m}+k^2\frac{\hbar^2\pi^2}{2mL_y^2}+l^2\frac{\hbar^2\pi^2}{2mL_z^2} \tag{8-1-36}$$

对于三个方向的宽度分别为 L_x，L_y 和 L_z 的量子点，状态可用量子数 k，l，n 表征，其本征能量为

$$E_{k,l,n}=k^2\frac{\hbar^2\pi^2}{2mL_x^2}+l^2\frac{\hbar^2\pi^2}{2mL_y^2}+n^2\frac{\hbar^2\pi^2}{2mL_z^2} \tag{8-1-37}$$

低维半导体的一个重要的特点就在于可以通过适当改变结构的尺寸来调整禁带宽度. 例如，如果电子势阱的地方同时也是空穴势阱，量子阱、量子线和量子点的禁带宽度相对于三维晶体的改变量分别为

$$\Delta\epsilon_g^{W}=\frac{\hbar^2\pi^2}{2m_r L_z^2}$$

$$\Delta\epsilon_g^{WI}=\frac{\hbar^2\pi^2}{2m_r}\left(\frac{1}{L_y^2}+\frac{1}{L_z^2}\right) \tag{8-1-38}$$

$$\Delta\epsilon_g^{D}=\frac{\hbar^2\pi^2}{2m_r}\left(\frac{1}{L_x^2}+\frac{1}{L_y^2}+\frac{1}{L_z^2}\right)$$

式中 m_r 为导带和价带的约化有效质量：

$$\frac{1}{m_r}=\frac{1}{m_n}+\frac{1}{m_p} \tag{8-1-39}$$

在 $L_x=L_y=L_z=L$ 的条件下，量子点的带隙改变量最大. 三种情形下，带边能量的改变量随 $1/L^2$ 的变化示于图 8.15.

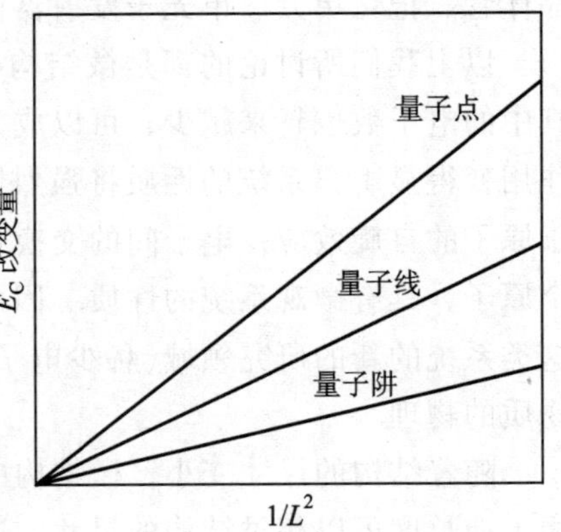

图 8.15 量子阱、量子线和量子点导带带边上移量随 $1/L^2$ 的变化

对于量子线，电子在一个方向是自由的. 容易求出一个一维子带的包含正反自旋的单位长度的态密度为

$$g_{1D}=\frac{(2m)^{1/2}}{\pi\hbar}\epsilon^{-1/2} \tag{8-1-40}$$

可见三维、二维和一维带的态密度分别正比于 $\epsilon^{1/2}$，ϵ^{0} 和 $\epsilon^{-1/2}$. 对于三维约束的量子点，则所有的能级都是分立的. 在确定的能量 $E_{k,l,n}$ 处只有一个量子态，能容纳自旋相反的两个电子(态密度为 δ 函数型的). 各种情形的态密度如图 8.16 所示意. 可见，维数愈低，靠近带边的态密度值愈大. 这对于低维结构的光谱性质必然产生重要的影响，通常会导致更锐的谱带. 约束对激子的性质也会产生显著的影响. 如量子阱中激子的谱线常常在室温下也能观察到.

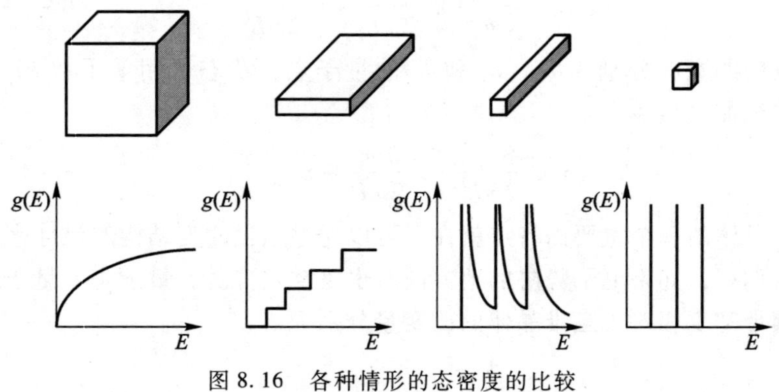

图 8.16 各种情形的态密度的比较

靠近带边有大的态密度对于有些应用相当重要. 强的三维约束导致的分立能级可使量子点和周围环境的相互作用显著减弱，使其中的激子态具有足够长的相干涉时间. 这使得实现对量子态进行量子光学的操作成为可能，这对于研究量子计算和信息的相干处理等基本的量子光学功能至关重要(参看 §10.6). 近年来大力发展的量子点激光器，也和单个分立能级有关(参看 §10.5). 它不仅可导致更小的阈值电流，原则上也可能有高的温度稳定性等. 现已制成室温连续工作量子点激光器，阈电流只有 mA 量级. 利用量子点还可制成单电子晶体管、记忆单元、单光子发射器件、光检测器等.

以上我们所讨论的都是微结构中量子约束的效应. 随着结构的尺寸变小，其中的电子数也越来越少，可以成为所谓的稀少电子系统. 电子间的库仑相互作用变得显著，系统的性质将强烈依赖于其所包含的电子数[8]；而且具有类似于原子的自旋效应；电子间的交换相互作用变得重要等等. 这时量子点又像一个原子，具有微观系统的性质. 因此人们有时将量子点称为人工原子.[9]关于这类系统的新的研究领域(稀少电子系统物理,介观物理)不同于传统的凝聚态物质的物理.

随着结构的尺寸变小，微结构中另一会出现的情况是：在低温下电子波的相干涉长度可以超过结构的尺寸. 这时输运将具有相干的量子输运的性质.

§8.2 微结构和超晶格的生长和形成

近三十多年来，半导体微结构和超晶格的研究和应用迅速发展. 这和微结构生长和形成技术的不断发展和完善密切相关. 生长微结构的基本技术是外延法，和生长大块晶体的熔体生长法相比，外延生长法具有更大的灵活性，有可能在小的空间尺度上控制材料的成分和结构. 而且，这种方法通常在比熔点低得多的温度下进行，因此能制备的材料的范围比熔体生长法要宽得多，有些难于用熔体法生长的晶体，特别是高熔点的宽禁带半导体，大多可以通过外延法方便地得到. 而且由于外延是一种在非平衡条件下生长晶体的方法，有利于克服在用熔体法生长的条件下难于克服的某些掺杂困难.

熔体生长法的出发点是籽晶，新生长出来的大块晶体经切割仍可用来作为生长同一材料的籽晶. 但外延法则不同，外延生长的出发点是“衬底”，但由外延生长出来的很薄的晶体层通常并不能再用作衬底. 对于一种不能用其它方法生长大块晶体的半导体来说，就必须利用结构相近的其它的晶体作为衬底.

问题在于能够经济合理地用作衬底材料的只有有限的几种，如 Ge，Si，GaAs，InP，SiC，蓝宝石等. 因此伴随外延生长的问题常常是晶格失配，对于晶格常量小的晶体，如 GaN 等的外延尤其如此. 这种状况给生长高质量的外延层带来困难. 因为晶格失配可在外延层中引入大量的位错. 关于晶格失配和应变层异质结构的问题我们将在 §8.12 中讨论. 这一节中我们主要讨论微结构的生长和形成法方法.

生长异质结构的外延方法

用来生长量子阱和超晶格的最常用的方法有两种：分子束外延法(MBE)和金属有机物化学气相淀积法(MOCVD). 这些方法也是制备量子线和量子点的基础. 采用什么方法来制备微结构，取决于能否生长出均匀的、高质量的、交替的异质外延层，并能对外延层的结构、成分和杂质含量进行方便的控制. 上面这两种方法都能满足上述要求，但两者又有所区别.

分子束外延是在 20 世纪 70 年代以来发展起来的，是一种精密的晶体生长技术.[10]这种方法可在单层原子的精度下交替均匀地生长界面异常平整的异质原子层. 可用于生长高质量的样品. 这一方面是由于这种方法可对生长过程进行精密控制，另一方面也因为利用了这种方法在生长一个原子单层时的如下固有的特点：首先通过形成小岛成核. 在合理的生长条件下，这些小岛会沿横向铺展，直到单层生长完成.[11]上述铺展过程依赖于吸附于表面的原子的活动性，适当的衬底温度对于激活原子的活动性是重要的. 正负离子间的结合愈强，所需要的温度愈高. 但为此所需的温度，比熔体生长法所需的高于熔点的温度自然会低得多.

分子束外延所用的装置如图 8.17 所示意. 通过直接向衬底定向蒸射有关组分进行外延. 为减少污染，生长在高于 1.33×10^{-9} Pa 量级的超高真空条件下进行.

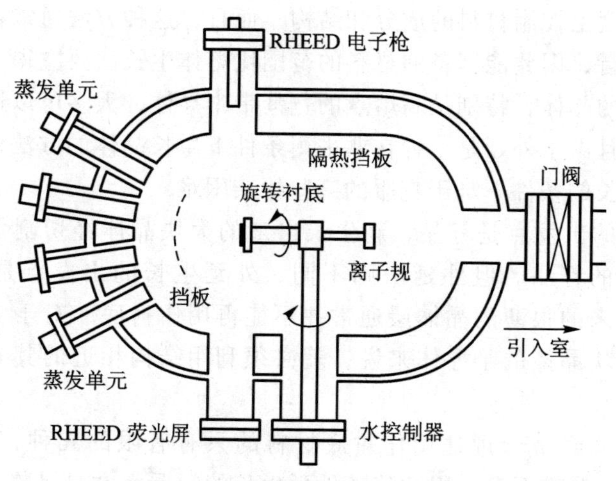

图 8.17 分子束外延装置示意图

MOCVD 是一种化学气相淀积技术. 用作源的是各有关组分的气态有机物, 它们按适当分压力混合, 通过在衬底上进行热分解实现外延. 例如, 对于 $Ga_{1-x}Al_xAs$ 的生长, 反应式如下:

$$(1-x)[(CH_3)Ga]_3 + x[(CH_3)Al]_3 + 3AsH_3 \longrightarrow 3Ga_{1-x}Al_xAs + 3CH_4 + 3H_2 \qquad (8-2-1)$$

对于厚度在几个 nm 以上的异质材料层的生长来说, 在直径为 4 cm 的衬底上, 厚度的涨落可小于 1.5%. 这是一种适合用于大量生产的方法.[12] 在较低的压力下进行淀积可以提高厚度和成分的均匀度.[13]

以上这两种方法都已是高度成熟的. 这里我们不多作介绍. 我们将稍多一点介绍量子点和量子线的生长或形成的方法.

量子点的形成和生长

通过外延法在半导体中形成三维约束的量子点的问题和生长层状异质结构的问题有所不同. 即使用控制最为灵便的分子束外延技术, 也还不能通过控制直接按给定的位置、大小和成分的生长出量子点. 常用的形成和生长量子点的方法有以下几种:

(1) 利用生长过程中异质材料层之间的应力所形成的异质的小岛得到自形成的量子点. 这是一种直接在外延生长过程中自动形成量子点的方法. 如此生长的量子点在几何上、性质和分布上都存在一定的分散性. 由于荧光谱观测技术的进步, 也可对单个量子点进行观测. 这是一种常常应用的方法. 下面还要做进一步的讨论.

(2) 薄量子阱中单层厚度的涨落可导致量子点的形成.[14,15] 不少的测量和研究是在这种量子点上进行的. 理论[16]和实验[17]都说明，这样形成的量子点，有更大的振子强度.

(3) 在形成量子阱(二维电子气)的基础上，借助于适当形状的电极，用静电的方法在二维电子气中形成一定形状的约束，来得到量子线或量子点. 在§8.5中的通过裂栅形成量子线和§8.6通过电极形成量子点都属于这种方法. 通常可以通过调整栅电压来适当改变量子线或量子点的线度. 图8.18所示是一种为形成量子点所采用的电极结构的实例.[18]对图中电极施加负电压可以提高电极下面的沟道的电子势能，从而对电极所包围的区域中的电子形成约束. 为形成纳米量级的量子点或其它微结构，需要采用电子束光刻技术来形成所需的电极.

(4) 倒金字塔形量子点的形成方法[19]例如先通过光刻在GaAs(111)A面上形成图案，用适当的方法腐蚀出凹坑，再用MOCVD方法在带有SiO_2掩模的衬底上选择生长形成InGaAs层，厚度2.5至50 nm不等. 后再覆盖以GaAs层. 图8.19所示为由高分辨二次电子显微镜得到的GaAs(111)A面的图像. 用这种方法得到位置可控制的量子点，但能级结构仍做不到可以重复.

图8.18 通过适当的电极，在二维电子气中形成量子点

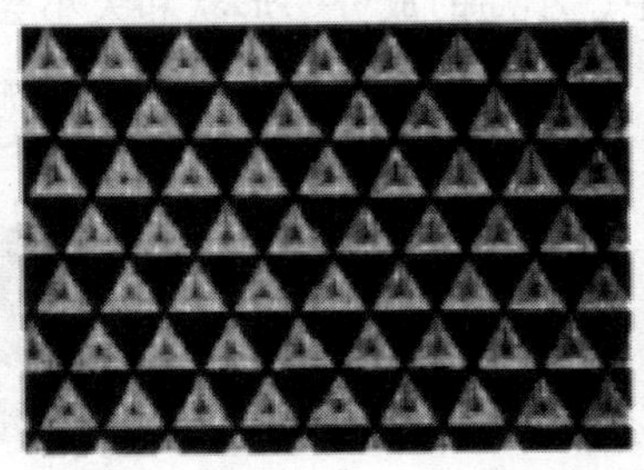

图8.19 生长倒金字塔形的量子点的带有凹坑的GaAs(111)A面的显微图像

不同生长方法各有其优缺点. 例如裂栅技术在实验过程中可对所形成的微结构的参数作适当的调整，被相当广泛地用来形成各类实验所需的特殊结构，包括互相耦合的复合微结构. 但这种方法所提供的约束较浅. 对于进行许多三维约束下电子和激子的物理和器件的研究来说，利用生长过程中的应力的自组构的方法可以得到约束较深的量子点.

下面我们再稍仔细地介绍第一种方法. 一般来说，存在三种异质外延生长模式：逐层生长模式；小岛生长模式；逐层生长加小岛生长模式，也称为Stranski－Krastanov模式.

下面我们结合InGaAs/GaAs量子点的生长来介绍Stranski－Krastanov模式的原理. 在此模式生长过程的某一阶段，会出现自发形成的小岛[20]. 这是缓解应力的一个有效的途径. 这一点最先在研究 GeSi/Si 应变层时得到认定.[21] 由于晶格失配，随着更多的异质单层的生长，在外延层中积累越来愈多的应变能，它正比于应变的平方和层厚. 一开始，应变能通过形成局部的小岛来释放. 在小岛形成之初，其中并不含有位错，但随后将通过形成失配位错来缓释应力. 图 8.20 中的曲线说明，对于每一成分的 $In_xGa_{1-x}As$，存在一临界厚度，超过这个厚度就会形成小岛. 关于临界厚度的问题，我们将在 §8.11 中作进一步讨论.

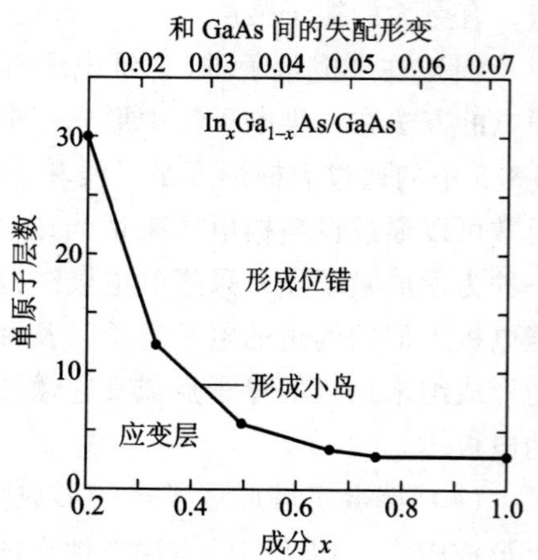

图 8.20 形成小岛的临界层数随成分 x 的变化

就在 InGaAs 层上形成小岛的适当时刻开始生长 GaAs，对 InGaAs 小岛加以覆盖. 最后便形成了掩埋在 GaAs 中的量子点，如图 8.21 所示意. 在覆盖小岛的过程中，小岛的成分、形状和大小会发生很大的改变.

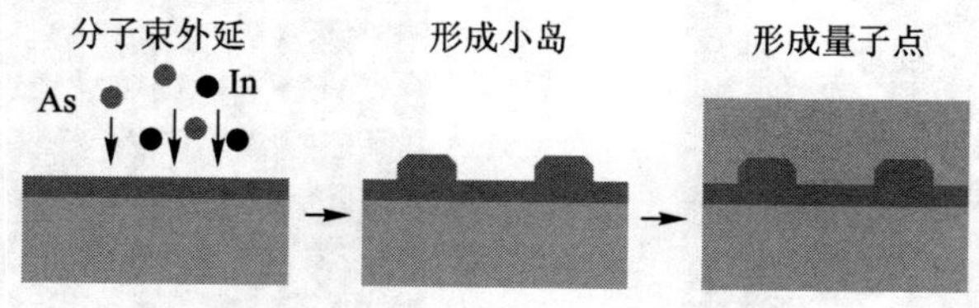

图 8.21 自装配量子点的形成过程

如从图 8.20 的曲线可以看到的，当 In 的成分很低时，InGaAs 的临界厚度较大，InGaAs 层的厚度可以和随后形成的量子点的厚度接近. 这时，量子点和量子阱之间的耦合，会对载流子的约束以及相关器件的特性产生重要影响.

用这种方法生长的量子点有以下几个特点：

① 量子点易于以较高的密度被结合到某种器件结构之中(例如量子点激光器和红外光检测器件. 引入的量子点数可达 10^6 量级). 在量子点激光器中，量子点生长在量子阱中，是所谓"阱中点".

② 这样生长的量子点基本上不会引入外来杂质. 虽然在其中存在一定的应变，但只要生长条件适当，不会引入位错.[21] 因此通常具有高的内量子效率.

③ 这种量子点的形状不是半球形，而常具有截角金字塔形. 分析表明，其中 In 的浓度存在梯度.

④ 主要的缺点是量子点的大小和空间排列都带有随机性. 点的大小的分散度是温度的函数，但通常接近于 10%. 这使它们的物理性质有一定分散度.

有关量子点生长问题的评述可参看[22]中的文献.

量子线的生长和形成

类似于量子点，量子线可通过在二维电子气上面形成适当的电极的裂栅方法得到. 这里不再重复. 量子线也可在二维电子气基础上通过腐蚀的方法或聚焦的离子注入方法得到[23]，但裂栅方法比腐蚀法和离子束损伤法能获得更好的势垒边界[24].

存在许多生长量子线的方法.[25]下面介绍在质量上获得较大幅度改进的两种生长方法：V 形槽方法和解理侧边二次生长方法.

V 形槽方法. 先通过光刻和湿性化学腐蚀在(001)晶面上形成沿[01$\bar{1}$]方向的 V 形槽.[26]在带有 V 形槽的 AlGaAs 层之上，生长 GaAs 量子阱薄层. 再在上面覆盖以 AlGaAs 夹层. 由于 GaAs 量子阱沿〈001〉方向生长得更快，在两个{111}晶面的交汇处，即槽的底部形成新月形的量子阱，如图 8.22(a)所示. 在图 8.22(b)上，新月形的量子阱的几何可以看得更清楚. 它构成对载流子的二维约束. 在此结构上实现了第一个量子线激光器. 为了形成光约束，AlGaAs 的 AlAs 成分从中心往外逐渐增大(参看§10.5). 在新月形量子阱的两侧的AlGaAs层中进行质子植入形成高阻区，以把 pn 结注入电流限制在新月区.

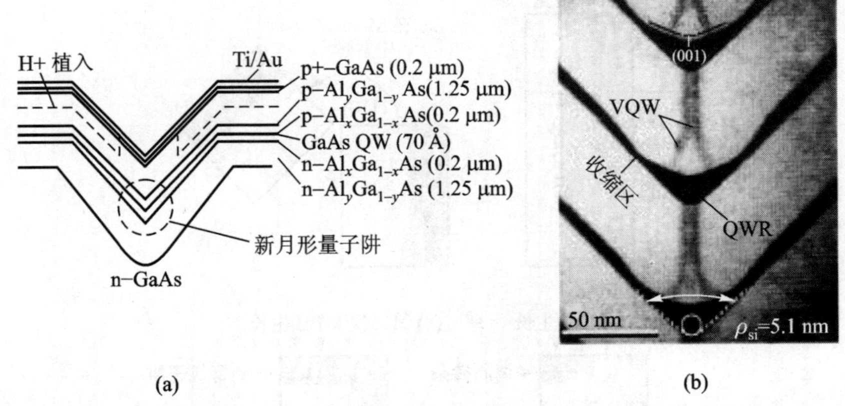

图 8.22 (a)形成量子线的 V 形槽方法(b)一个由扫描电镜得到的 V 形槽截面图[26]

在 V 形槽技术中，光刻线条方向的小的偏差就会在槽面引入台阶. 在较早生长的量子线上虽然观察到了激光的发射，但它们在激子半径的尺度上存在界面的不平整性. 其表现是，在低温下激子大多是局域化的(参看§10.3 中关于激子束缚能的讨论).[27,28]这种结构还不能用来研究一维的扩展态所具有的量子效应. 从这个意义上说，得到高质量的量子线有相当大的难度. Wang 等就提高界面的平整度，对V形槽技术作了重要的改进.[29]质量得到改进的一个重要标志是其中的激子在微米的尺度上是非局域化的. 上述结论是通过用高分辨的，时间分辨扫描微荧光技术(参看§10.3)[23,27]在低温下对样品进行扫描分析得到的. 图8.23所示为由分析得到的第一代V形槽量子线沿线的势分布[23]可见，势起伏的幅度可达10 meV.

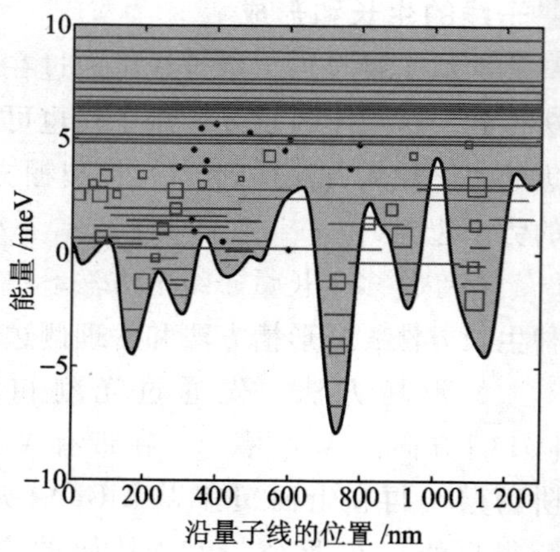

图8.23 由分析得到的第一代V形槽量子线沿线的势分布

解理侧边二次生长方法. 这种方法如图8.24所示意. 通过两次分子束外延生长，在第一次生长的主干量子阱和第二次在新断裂的侧边生长的量子阱的交汇处形成量子线[30].

近年来还出现了一种用阳极氧化的方法形成高质量的微结构的方法. 这种方法借助于原子力显微镜的导电尖端对半导体表面进行局部氧化. 图8.25所示为用这种方法得到的量子环[31]. 氧化的线条使下面34 nm处的二维电子气耗尽. 用这种方法也可以形成量子点[32].

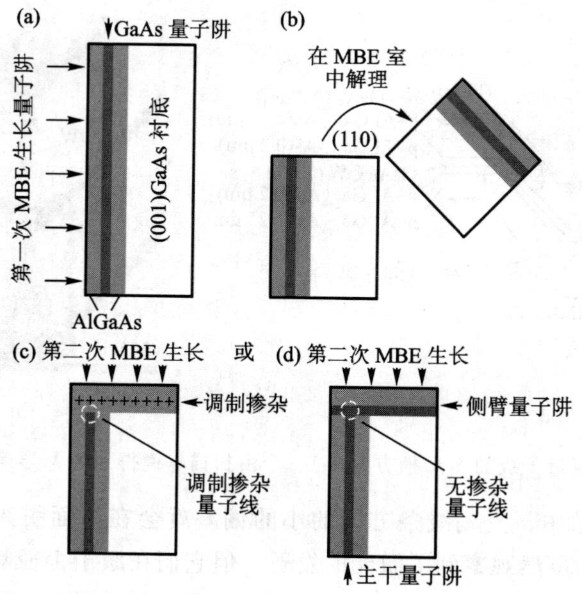

图8.24 形成量子线的T形槽方法示意图

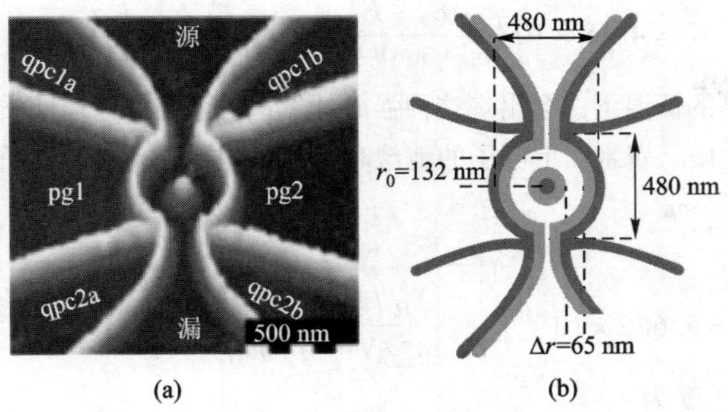

图 8.25 用原子力显微术局部阳极氧化方法形成的量子环

§8.3 二维电子气的电荷输运

在§8.1中已经说明，在三维半导体的一维势阱中，载流子在另外两个方向的运动仍是自由的. 二维子带中载流子的散射和相关的输运问题和三维情形相比在基本方面是相同的，但在具体处理上又有所不同. 由于二维电子气所处的“环境”，存在新的散射机制. 视最低的诸子带的间距和 k_BT 的相对大小，载流子可以处在最低的几个准二维子带中；或者在低温下，绝大部分载流子都处在最低子带之中，这种情形称为量子极限. 在这一节中，在扼要介绍二维电子气散射和输运的一般处理以后，将结合典型的结构的输运问题介绍对几种散射的处理.

二维子带中的载流子、散射机制和散射率

当费米能级 E_F 比第 i 个子带能量 E_C^i 低若干 k_BT，即对于非简并情形，由子带态密度，容易求得该子带中的电子的浓度为

$$n = N_C^{2D} e^{-\frac{E_C^i - E_F}{k_BT}} \qquad (8-3-1)$$

式中 N_C^{2D} 代表二维子带的等效态密度

$$N_C^{2D} = \frac{4\pi m k_B T}{h^2} \qquad (8-3-2)$$

$$= 1.08 \times 10^{13} \frac{m}{m_0} \frac{T}{300\ \text{K}} \qquad [\text{cm}^{-2}]$$

粗略地说，当 $n \approx N_C^{2D}$ 时，将进入简并. 在强简并条件下，有

$$n = g_{2D}(E_F - E_C^i) \qquad (8-3-3)$$

$$=4.18\times10^{11}\frac{m}{m_0}\frac{E_F-E_C^i}{\text{meV}}\qquad[\text{cm}^{-2}]$$

在载流子浓度很高的低温下，会出现这种强简并．这时系统的输运性质就决定于费米面上的电子的性质．费米面上电子的弛豫时间 τ_F 和电子迁移率之间的关系为

$$\tau_F=\frac{m\mu}{e}\tag{8-3-4}$$

$$=5.686\times10^{-10}\left(\frac{\mu}{10^6\text{cm}^2/\text{V}\cdot\text{s}}\right)\left(\frac{m}{m_0}\right)\qquad[\text{s}]$$

费米面上电子的速度为

$$v_F=\left[\frac{2(E_F-E_C)}{m}\right]^{1/2}=\left(\frac{2n}{g^{2D}m}\right)^{1/2}=\frac{\hbar}{m}(2\pi n)^{1/2}\tag{8-3-5}$$

$$=9.177\times10^5\frac{m_0}{m}\left(\frac{n}{10^{11}\text{ cm}^{-2}}\right)^{1/2}\qquad[\text{cm/s}]$$

引起散射的机制和三维情形基本相同．不同的是：散射可以是子带内的，也可以是子带间的．在 Si/SiO_2 界面的二维沟道中，由于 SiO_2 是高度无序的玻璃态，存在大量的局部的不良匹配，表面(界面)粗糙散射是重要的．但在由良好的生长技术得到的晶格匹配的 GaAs/AlGaAs 界面，表面粗糙散射并不重要．在高质量的调制掺杂异质结构中，低温下沟道以外的远程电离杂质的剩余库仑势的散射可有重要作用．混合晶体势垒区的合金无序势可通过和渗入势垒区的波函数的相互作用，引起合金散射．

和三维情形类似，散射率也可由对跃迁率 $W(\boldsymbol{k},\boldsymbol{k}')$ 求和得到

$$\lambda=\sum_{k'}W(\boldsymbol{k},\boldsymbol{k}')$$

$$=\frac{\pi}{\hbar}|M_{\boldsymbol{k}',\boldsymbol{k}}|^2g_{2D}(E'-E\mp\hbar\omega_q)\tag{8-3-6}$$

二维子带的散射率正比于二维子带的单自旋态密度 $g_{2D}/2$．$\mp$分别对应于吸收和发射声子的散射．弹性散射则对应于$\hbar\omega_q=0$.

要指出的是，虽然载流子的运动是二维的，但它们和散射势之间的耦合却是通过三维的波函数达到的．如在§4.2 中已经说明的，耦合体现在散射矩阵元 $M_{\boldsymbol{k}'\boldsymbol{k}}$之中．对于由第 m 个子带的 $\boldsymbol{k}$ 态向第 n 各子带的 $\boldsymbol{k}'$态跃迁，矩阵元 $M_{\boldsymbol{k}'\boldsymbol{k}}^{nm}$ 具有以下的形式：

$$M_{\boldsymbol{k}'\boldsymbol{k}}^{nm}=\iiint\psi_{\boldsymbol{k}'}^*(\boldsymbol{x})f_n^*(z)V(\boldsymbol{x},z)\psi_{\boldsymbol{k}}(\boldsymbol{x})f_m(z)\mathrm{d}\boldsymbol{x}\mathrm{d}z$$

$$=\frac{1}{A}\iiint\mathrm{e}^{-\mathrm{i}\boldsymbol{k}'\cdot\boldsymbol{x}}\zeta_n^*(z)V(\boldsymbol{x},z)\mathrm{e}^{\mathrm{i}\boldsymbol{k}\cdot\boldsymbol{x}}\zeta_m(z)\mathrm{d}\boldsymbol{x}\mathrm{d}z\times\iiint|u(\boldsymbol{x},z)|^2\mathrm{d}\boldsymbol{x}\mathrm{d}z$$

$$\approx\frac{1}{A}\iiint\mathrm{e}^{-\mathrm{i}\boldsymbol{k}'\cdot\boldsymbol{x}}\zeta_n^*(z)V(\boldsymbol{x},z)\mathrm{e}^{\mathrm{i}\boldsymbol{k}\cdot\boldsymbol{x}}\zeta_m(z)\mathrm{d}\boldsymbol{x}\mathrm{d}z\tag{8-3-7}$$

式中的 $\boldsymbol{k}$，$\boldsymbol{k}'$和 $\boldsymbol{x}$ 都是二维的，A 为系统沿平行于界面方向的面积. $\psi_{\boldsymbol{k}}(\boldsymbol{x})$是二维的布洛赫函数. $f(z)$为 z 向波函数，$\zeta(z)$为它的包络函数. $u(\boldsymbol{x},z)$为它们的周期调制因子，略去了它对波矢 $\boldsymbol{k}$ 的依赖. 第三步假设了波函数的包络是缓变函数. 由上式容易看出，对于波矢为 $\boldsymbol{q}$ 的正弦式的微扰势，只有当二维的晶体动量守恒得到满足时，上式中的第一个积分才不为零. 由上式还可看到，计算矩阵元会涉及计算有关子带波函数 $\zeta(z)$的问题. 一般来说，不同子带中的载流子的输运性质会有所不同. 例如，对于 z 向波函数集中分布在界面附近的子带，表面粗糙散射的作用会更强.

由关于二维子带的弛豫时间近似，可得

$$\tau = \frac{\displaystyle\int_0^\infty \tau(\epsilon) g_{2\mathrm{D}}(\epsilon)(-\mathrm{d}f_0/\mathrm{d}\epsilon)\mathrm{d}\epsilon}{\displaystyle\int_0^\infty g_{2\mathrm{D}}(\epsilon)(-\mathrm{d}f_0/\mathrm{d}\epsilon)\mathrm{d}\epsilon} \tag{8-3-8}$$

但在强简并的条件下，$\tau=\tau(\epsilon_{\mathrm{F}})$(参看§4.3). 在不止一个子带参与导电的情形下，迁移率 μ 应是各子带迁移率的平均值.

下面我们介绍两种最常见的结构中的几种特有的散射机制和迁移率.

调制掺杂异质结构和远程库仑势散射

分子束外延和半导体微结构研究的一项重要成果是调制掺杂异质结构的出现.[33] AlGaAs/GaAs 调制掺杂异质结构如图 8.26(a)所示，它在平行于异质界面的方向上可以有很高的迁移率. 这种结构的特点是：只在势垒材料 AlGaAs 中作施主掺杂，而在 GaAs 中不掺杂. GaAs 沟道中的导电电子来自 AlGaAs 中的施主，而在 AlGaAs 中留下了一耗尽层. 由于沟道中电子和其母体在空间上的分离，其所受到的电离杂质的散射大大减弱，迁移率可以得到显著提高. 进一步，若在靠近沟道的 AlGaAs 中留下一个宽约 10~20 nm 的不掺杂的隔离层，如图 8.26(b)所示，[34] 则 AlGaAs 中电离施主的远程库仑势的散射也会得到显

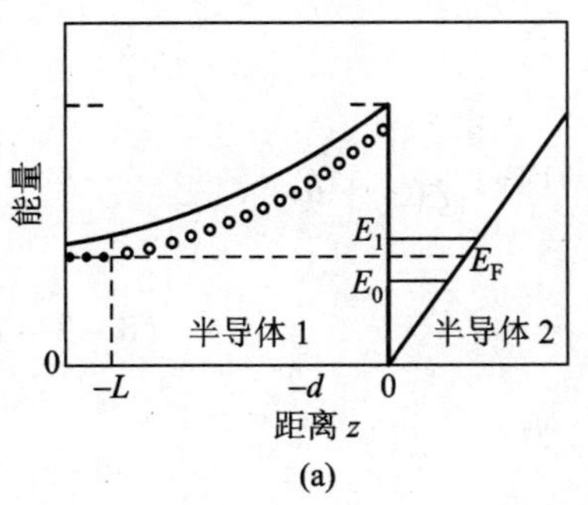

(a)

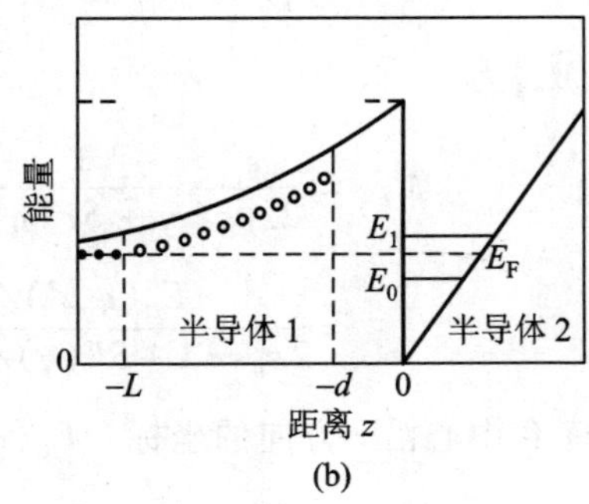

(b)

图 8.26 调制掺杂的异质结构

著减弱，迁移率还会得到进一步提高．由于电离杂质散射在低温下更强，迁移率的改善在低温下尤为显著．

如在§4.2中已说明的，在作为沟道材料的GaAs中，在较高温度下(100 K以上)光学波极化势散射起主要作用，这时载流子的分布及经受的散射可涉及若干子带，迁移率的温度关系和三维晶体接近．在较低温度下(40 K以下)，迁移率由声学波散射决定．值得指出的是，不同于三维情形，在约10 K以上，声学波压电散射的作用通常小于形变势散射．由于二维子带的散射终态态密度恒定，迁移率的大小反比于 T．图8.27所示为晶格散射所决定的迁移率的计算结果.[35]理论和实验间有较好的一致．低温下电离杂质散射起主要作用．

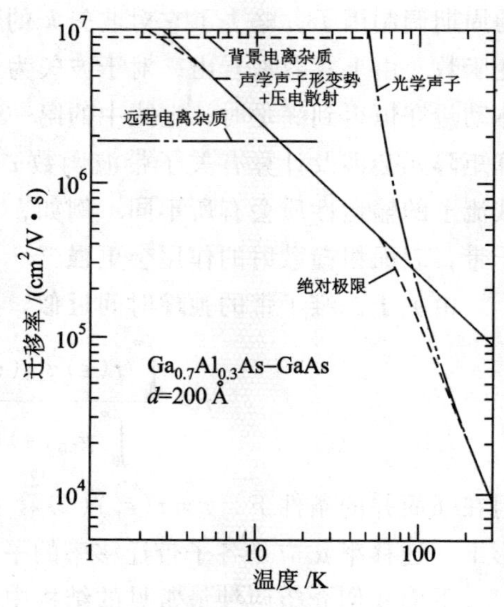

图8.27 AlGaAs/GaAs MDH中晶格散射所决定的电子迁移率

由于库仑势的长程性质，沟道中的电子，要经受远程的剩余库仑势散射．和三维情形相似，由于这种散射中小角散射的优势，沟道中的载流子对这种散射势有屏蔽作用．重要的是得到屏蔽库仑势 $\widetilde{V}(\boldsymbol{x},z)$ 的波矢为 $\boldsymbol{q}=\boldsymbol{k}'-\boldsymbol{k}$ 的傅里叶分量 $\widetilde{V}(\boldsymbol{q},z)$，它通过跃迁矩阵元决定由 $\boldsymbol{k}$ 向的 $\boldsymbol{k}'$ 的散射的跃迁率．鉴于这种散射在低温起主要作用，只需考虑量子极限的情形，即只考虑最低子带的带内散射．屏蔽势的带内跃迁矩阵元可写作[36]

$$\widetilde{M}_{k'k} = -\frac{e}{A}\iiint \mathrm{e}^{-\mathrm{i}\boldsymbol{k}'\cdot\boldsymbol{x}}\widetilde{V}(\boldsymbol{x},z)\mathrm{e}^{\mathrm{i}\boldsymbol{k}\cdot\boldsymbol{x}}\,|\zeta(z)|^2\mathrm{d}x\mathrm{d}y\mathrm{d}z$$

$$= -\int e\widetilde{V}(\boldsymbol{q},z)\,|\zeta(z)|^2\mathrm{d}z \tag{8-3-9}$$

可以求得 $\widetilde{M}_{k'k}$ 为

$$\widetilde{M}_{k'k} = \frac{e^2}{2\varepsilon_0\varepsilon A}\frac{1}{q+SF(q)}\int \mathrm{e}^{-q|z'-z|}|\zeta(z)|^2\mathrm{d}z$$

$$= \frac{e^2}{2\varepsilon_0\varepsilon A}\frac{F_{\mathrm{C}}(q,z')/q}{1+SF(q)/q} \tag{8-3-10}$$

式中 z' 为库仑中心沿 z 方向的坐标．$F_{\mathrm{C}}(q,z')$ 为

$$F_{\mathrm{C}}(q,z') = \int \mathrm{e}^{-q|z'-z|}|\zeta(z)|^2\mathrm{d}z \tag{8-3-11}$$

$F_C(q,z')/q$ 反映了位于 z' 的库仑中心的势的 q 模对沟道电子作用的强弱. 显然，若 $\zeta(z)$ 可视为 δ 函数，电子和中心之间的距离为 l，则 $F_C(q,z')$ 约化为 e^{-ql}. 若势垒区的远程电离杂质的散射起支配作用，则隔离区愈厚，散射愈弱，迁移率愈高.

因子 $1/[1+SF(q)/q]$ 反映屏蔽作用的强弱. S 称为屏蔽常量，在非简并条件下，由下式给出

$$S=\frac{e^2 n}{\varepsilon_0 \varepsilon k_B T} \tag{8-3-12}$$

它具有长度倒数的量纲. n 愈大，S 愈大，屏蔽愈强. 但在强简并条件下，S 趋向于恒定值 S_D

$$S_D=\frac{e^2}{2\varepsilon_0\varepsilon}\frac{m}{\pi\hbar^2} \tag{8-3-13}$$

$F(q)$ 是一个定积分

$$F(q)=\iint e^{-q|z'-z|}|\zeta(z')|^2|\zeta(z)|^2 dz'dz \tag{8-3-14}$$

它反映了按 $|\zeta(z)|^2$ 分布的屏蔽电荷产生的势的 q 模对按 $|\zeta(z')|^2$ 分布的电子的相互作用的强弱. 因子 $e^{-q|z'-z|}$ 的存在说明，$\zeta(z)$ 的空间扩展度愈小和 q 愈小，$F(q)$ 愈大，即屏蔽作用愈强.

引入处于不同位置上的库仑中心的体密度 $N_I(z')$，在面积为 A 的 dz' 薄层中的库仑中心数为 $AN_I(z')dz'$. 通过对不同散射终态 $\boldsymbol{k}'$ 的积分，可得到散射率 λ 为

$$\lambda=\frac{e^4 m}{4\pi\varepsilon_0^2\varepsilon^2}\int_0^{\pi}\frac{\int N_I(z')|F_C(q,z')|^2 dz'}{[q+SF(q)]^2}d\theta \tag{8-3-15}$$

式中 θ 为散射角，$q=2k\sin\theta/2$. 因此入射电子动能的影响包含在关于 θ 的积分中.

在低温强简并的条件下，迁移率决定于能量为 ϵ_F 的电子的散射行为. 和 ϵ_F 相应的电子波矢大小为费米波矢 k_F. 载流子密度愈高，k_F 愈大，散射愈弱（参看式(8-3-11)），因而迁移率愈高. 采用平面掺杂，即 δ 掺杂，可以适当提高载流子的面密度.[37]

上面的分析原则上也适用于其它二维沟道中的库仑中心、界面电荷和远程库仑中心. 在短沟道、薄 SiO_2 的多晶硅栅的 MOS 晶体管中，由于氧化层很薄，甚至多晶硅栅的耗尽层中的远程库仑中心也可影响沟道电子的输运.[38]

图 8.28 所示为 AlGaAs/GaAs 调制掺杂异质结构中电子的霍尔迁移率历年的进展.[39] 在电子浓度为 $2.4\times10^{11}\ \mathrm{cm^{-2}}$ 的条件下，采用 70 nm 的隔离层，在 0.35 K 下，迁移率达到了 $1.17\times10^7\ \mathrm{cm^2/V\cdot s}$. 另有报道：在同样的电子浓度下，采用了 68 nm 的隔离层，在 0.1 K 下，迁移率达到了 $1.44\times10^7\ \mathrm{cm^2/V\cdot s}$.[40] 低温迁

移率的提高直接反映了降低电离杂质散射的作用所取得的进展. 由于 AlGaAs/GaAs 界面的高度完整性，表面粗糙散射的影响不显著.

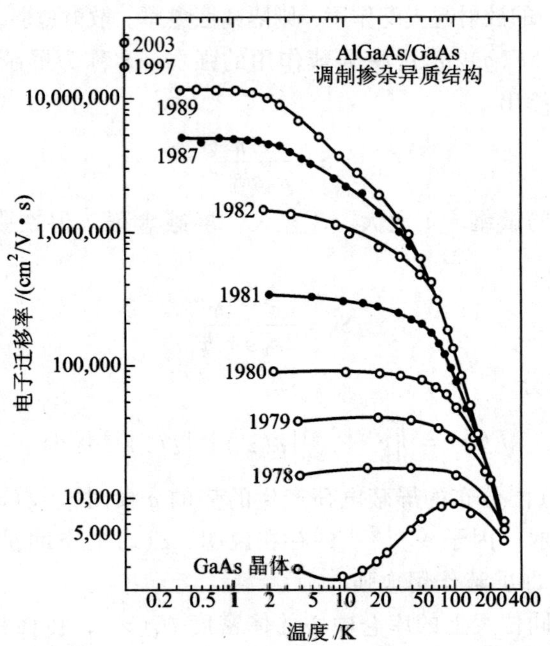

图 8.28 AlGaAs/GaAs 调制掺杂异质结构中电子迁移率历年的进展

这样高的迁移率只有在很低的温度下才能达到. $10^7\ \mathrm{cm^2/V\cdot s}$ 大小的迁移率意味着即使在很弱的 1 V/cm 的电场下，漂移速度也可达到 10^7 cm/s. 但由于受到发射光学声子散射的限制，载流子的漂移速度不会超过 10^7 cm/s 量级. 因此，这样高的迁移率的直接应用意义并不明显. 然而，二维电子气的输运问题仍持续为人们所关注. 低温下的迁移率的大小已成为异质结构的质量的一种量度. 高质量的晶体和异质结构为输运性质等的实验研究提供了一个平台. 例如，人们试图通过对迁移率的研究提取声学波形变势常量，并研究载流子对声学波形变势的屏蔽作用等.[41] 尤其是，高质量的异质结构，作为许多微结构的载体，在介观结构的电子输运的研究中有很重要的作用.

容易由式(8-3-4)和(8-3-5)得到平均自由程 l_F 为

$$l_F = \tau_F v_F = \frac{\mu\hbar}{e}(2\pi n)^{1/2} \tag{8-3-16}$$

$$= 5.218\left(\frac{\mu}{10^6\ \mathrm{cm^2/V\cdot s}}\right)\left(\frac{n}{10^{11}\ \mathrm{cm^{-2}}}\right)^{1/2} \quad [\mu\mathrm{m}]$$

对应于上面的电子浓度 $2.4\times10^{11}\ \mathrm{cm^{-2}}$ 和迁移率 $1.44\times10^7\ \mathrm{cm^2/V\cdot s}$，自由程 l_F 可达到 116 μm.

在发现量子霍尔效应以后[42]，在高质量的异质结构中又发现了分数量子霍尔效应.[43]在高迁移率的 GaAs/AlGaAs 异质结构的量子点接触上，观察到了电导的量子化[44].在高质量的一维沟道中，低温下弹道输运的长度可达到 20 μm(参看§8.5).

最近，在低温迁移率达 $1.5\times10^7\ \mathrm{cm^2/V\cdot s}$ 的特高迁移率的 GaAs/AlGaAs 结构中，又发现了强 THz 辐照场下的零磁阻现象.[45,46]图 8.29 所示为在 103.5 GHz辐照场下，在 1.3 K 的低温下测得的 R_{xx}，R_{xy} 随磁场的变化.[45] R_{xx} 描述电阻，R_{xy} 描述霍尔效应. 图中的 $B_f=2\pi fm/e$，对应回旋频率为 f 的磁场. 可见，在 $B=(4/5)B_f$，$B=(4/9)B_f$ 处出现零磁阻. 图中给出了无辐照时的振荡磁阻作为对比. 量子霍尔效应和强 THz 辐照场下零磁阻现象将在第十五章中介绍.

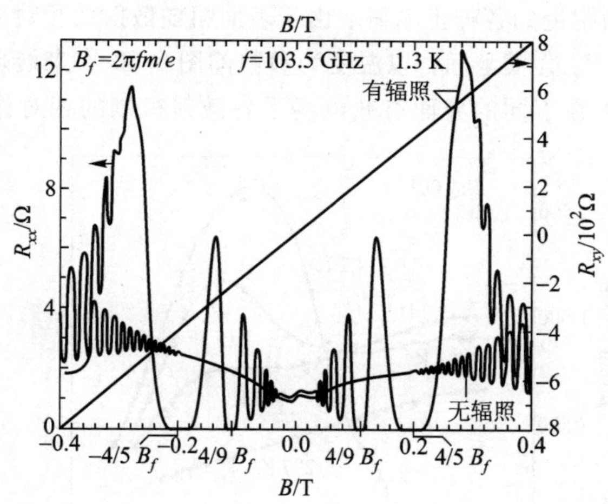

图 8.29 在 103.5 GHz 辐照场下，在 1.3 K 的低温下测得的 R_{xx}，R_{xy} 随磁场的变化

调制掺杂异质结构早已用于工作在微波频率的高电子迁移率晶体管(HEMT)——一种场效应晶体管.[47]调制掺杂的概念在其它异质结构，如 InGaAs/InP和 InGaAs/InAlAs，GaN/AlGaN，InAs/AlSb，GeSi/Si 等许多结构中也得到了应用.[48]

表面粗糙散射和 Si/SiO_2 界面沟道迁移率

MOS 结构的二维电子沟道是最重要的二维沟道之一. 其中的电子迁移率显著低于体内的. 相关的散射问题早就受到人们的关注. 但早期关于沟道迁移率的理论把半导体表面层看作带边缓慢变化的三维半导体，并在准经典运动的基础上计算表面散射的影响，所取得的成功是有限的. 但这些研究还是清楚地

说明和表面相关的散射的重要性.

由于 Si/SiO_2 界面十分粗糙，载流子要经受强烈的表面粗糙散射. 因为表面粗糙引起的微扰势主要分布在界面附近，表面粗糙散射的强弱十分依赖于 z 向波函数的空间扩展. 沟道愈窄，波函数 z 向扩展愈窄，表面粗糙散射的影响愈大.

波函数 z 向扩展和靠近界面处的有效电场的大小有密切联系(参看§8.1中关于三角势阱的讨论). 耗尽层中电离杂质的面密度 N_{dep} 和反型载流子的自身的面密度 N_{inv} 两者决定了界面附近的有效电场. $N_{dep}+N_{inv}$ 和 N_{inv} 都常用作表面有效电场的量度. 特别是当反型载流子的面密度 N_{inv} 较大时. 表面有效电场主要决定于 N_{inv}. 在高的反型载流子密度下，表面粗糙散射对温度并不敏感.

除表面粗糙散射之外，电子也还会受到晶格散射和库仑中心的散射，库仑中心主要是位于界面附近的各种正电荷. 由于表面粗糙散射的相对重要性及它对 N_{inv} 的依赖，可以用 N_{inv} 为横坐标，以温度为参数的图 8.30[49] 来展现几种主要散射机制的作用. 因为在不同的界面有效电场下各散射机制的相对作用不同.

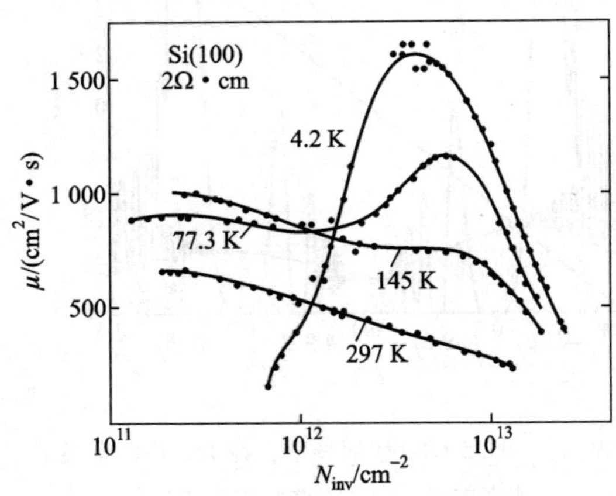

图 8.30 不同温度下，Si(100)反型沟道中的电子的迁移率随 N_{inv} 的变化

在 N_{inv} 很大，因而波函数的 z 向扩展很小时，表面粗糙散射起支配作用. 在高 N_{inv} 的一端，由于表面粗糙散射对温度不敏感，不同温度下的 $\mu-N_{inv}$ 曲线逐渐趋于一致. 在中等 N_{inv} 下，表面粗糙散射的作用相对减弱，μ 对于温度是敏感的. 温度升高迁移率降低. 这是晶格散射的特点. 在更小的 N_{inv} 下，温度升高迁移率升高. 这一特点和库仑散射相联系，在低的反型载流子浓度下，载流子对库仑势的屏蔽减弱，而且散射所涉及的载流子的波矢减小. 这些都会使库仑中心的散射增强.

对于表面粗糙散射有重要影响的 Si/SiO_2 界面沟道，从上面的讨论可以看到：可以在低温下，当晶格散射比较微弱时，通过对 $\mu-N_{\text{inv}}$ 关系的测量对库仑散射和表面粗糙散射进行研究，如图 8.31 所示.[50]

另一方面，可以在低的沟道电子密度下，因而表面粗糙散射的影响可以忽略时，通过对不同库仑中心含量的沟道的 $\mu-T$ 特性的测量，进一步研究晶格散射和库仑中心散射. 图 8.32 所示为由 $N_{\text{inv}}\approx10^{11}/\text{cm}^2$ 的 n 沟道得到的 $\mu-T$ 关系.[51] 可见，所得的结果和体迁移率的变化趋势很相似. 界面电荷密度由 $C-V$ 特性的测量得到. 界面电荷的库仑散射遵循 $\mu\propto T/N_{\text{I}}$. 通过仔细的分离可得晶格散射迁移率 μ_{L}.

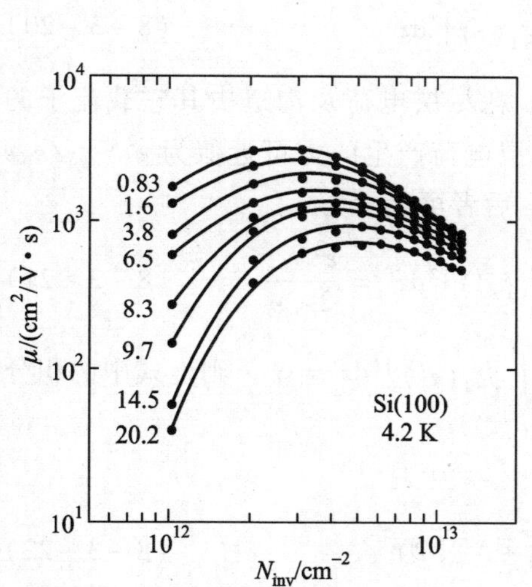

图 8.31　4.2 K 不同的界面电荷密度下(单位是 $10^{11}/\text{cm}^2$)迁移率随 N_{inv} 的变化

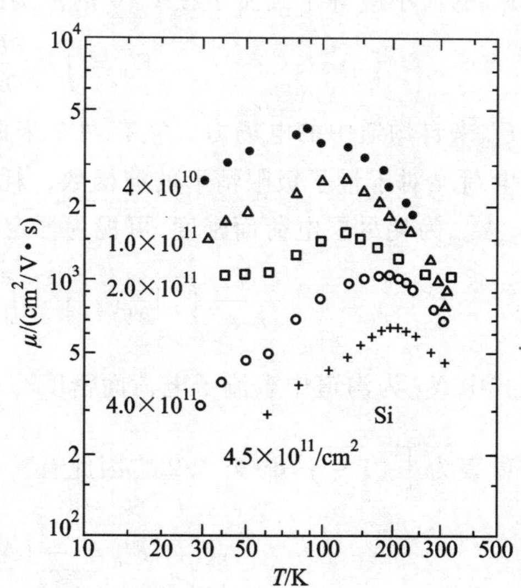

图 8.32　Si 中表面迁移率随温度的变化. 不同曲线对应不同的界面电荷密度

下面对表面粗糙散射的理论作扼要介绍.[52] 设 $\boldsymbol{x}$ 为沟道平面内的坐标，$\boldsymbol{\Delta}(\boldsymbol{x})$ 为 $\boldsymbol{x}$ 处界面沿垂直于沟道方向——z 方向——的位移，用来描述表面粗糙. 对于界面处高度为 U_0 的势垒，位移 $\boldsymbol{\Delta}(\boldsymbol{x})$ 所产生的微扰势可用强度为 $U_0\boldsymbol{\Delta}(\boldsymbol{x})$ 的 δ 函数来描述. 于是，由第 m 子带 $\boldsymbol{k}$ 态向第 n 子带 $\boldsymbol{k}'$ 态的跃迁矩阵元 $M_{\boldsymbol{k}'\boldsymbol{k}}^{nm}$ 可表示为

$$
\begin{aligned}
M_{\boldsymbol{k}'\boldsymbol{k}}^{nm} &= A^{-1}\int \mathrm{e}^{-\mathrm{i}\boldsymbol{k}'\cdot\boldsymbol{x}}U_0\boldsymbol{\Delta}(\boldsymbol{x})\mathrm{e}^{\mathrm{i}\boldsymbol{k}\cdot\boldsymbol{x}}\mathrm{d}\boldsymbol{x}\int\zeta_n\delta(z)\zeta_m\mathrm{d}z \\
&= U_0\zeta_n(0)\zeta_m(0)\int A^{-1}\mathrm{e}^{\mathrm{i}(\boldsymbol{k}'-\boldsymbol{k})\cdot\boldsymbol{x}}\sum_{\boldsymbol{q}}\boldsymbol{\Delta}_{\boldsymbol{q}}\mathrm{e}^{\mathrm{i}\boldsymbol{q}\cdot\boldsymbol{x}}\mathrm{d}\boldsymbol{x} \\
&= U_0\boldsymbol{\Delta}_{\boldsymbol{k}'-\boldsymbol{k}}\zeta_n(0)\zeta_m(0)
\end{aligned}
\tag{8-3-17}
$$

在第二步中将 $\boldsymbol{\Delta}(\boldsymbol{x})$ 表示为各傅里叶分量之和，$\boldsymbol{\Delta}_{\boldsymbol{q}}$ 为 $\boldsymbol{\Delta}(\boldsymbol{x})$ 的波矢为 $\boldsymbol{q}$ 的傅里叶系数，A 为二维子带所涉及的实空间面积. 第三步是因为只有 $\boldsymbol{q}=\boldsymbol{k}'-\boldsymbol{k}$ 的

傅里叶分量对积分有贡献.

对于所有载流子都处于最低子带的量子极限情形，可将 $U_0|\zeta_1(0)|^2$ 解释为在 $z\leqslant 0$ 的范围内由强度为 U_0 的阶梯势函数所产生的 δ 函数型的力函数——$U_0\delta(z)$ 对载流子的有效作用力 F_{eff}

$$F_{\text{eff}} = -\int_{x\leqslant 0} U_0\delta(z)\,|\zeta_1(z)|^2\mathrm{d}z = -U_0|\zeta_1(0)|^2 \tag{8-3-18}$$

于是矩阵元 $M_{\boldsymbol{k}'\boldsymbol{k}}$ 可表示为

$$M_{\boldsymbol{k}'\boldsymbol{k}} = \Delta_{\boldsymbol{k}'-\boldsymbol{k}}F_{\text{eff}} \tag{8-3-19}$$

F_{eff} 的大小应等于载流子在 $z>0$ 的范围内由力函数 $\partial U/\partial z$ 所产生的作用力

$$F'_{\text{eff}} = \int_{z>0}\frac{\partial U}{\partial z}|\zeta_1(z)|^2\mathrm{d}z \tag{8-3-20}$$

F'_{eff} 来自沟道中的电场力，它有两个来源：耗尽层电荷及沟道中其它载流子的电荷. 对于量子极限情形的波函数，耗尽层电荷产生的力可近似为 $e^2N_{\text{depl}}/\varepsilon_0\varepsilon$（$N_{\text{depl}}$ 为耗尽层电荷面密度,可视为恒定）；后者可表示为

$$\frac{e^2N_{\text{inv}}}{\varepsilon_0\varepsilon}\int_0^{\infty}|\zeta_1(z)|^2\mathrm{d}z\int_0^{z}|\zeta_1(z')|^2\mathrm{d}z' = \frac{e^2N_{\text{inv}}}{2\varepsilon_0\varepsilon} \tag{8-3-21}$$

式中 N_{inv} 为沟道中载流子电荷面密度. 设 $\int_0^{z}|\zeta_1(z')|^2\mathrm{d}z' = y$，则上式中的积分可表为 $\int_0^1(1-y)\mathrm{d}y = 1/2$. 因此有

$$F'_{\text{eff}} = \frac{e^2}{\varepsilon\varepsilon_0}(N_{\text{depl}} + N_{\text{inv}}/2) \tag{8-3-22}$$

傅里叶系数 $\Delta_{\boldsymbol{k}'-\boldsymbol{k}}$ 显然和 $\Delta(\boldsymbol{x})$ 的具体形式有关. 通常假设表面粗糙可由高斯型自相关函数描述：

$$\langle\Delta(\boldsymbol{x})\Delta(\boldsymbol{x}')\rangle = \Delta^2\exp\left[-\frac{|\boldsymbol{x}-\boldsymbol{x}'|^2}{\Lambda^2}\right] \tag{8-3-23}$$

平均号〈〉中的量代表距离为 $|\boldsymbol{x}-\boldsymbol{x}'|$ 的任两点 $\boldsymbol{x}$ 和 $\boldsymbol{x}'$ 处的位移的乘积的平均值，这个平均值随 $|\boldsymbol{x}-\boldsymbol{x}'|$ 的增加而衰减，Λ 为衰减长度（相关长度），Δ 则代表 $\Delta(\boldsymbol{x})$ 的平均值. $\langle\Delta(\boldsymbol{x})\Delta(\boldsymbol{x}')\rangle$ 的傅里叶系数是 $|\Delta_q|^2$. 由对上式右侧求傅里叶系数可得到 $|\Delta_q|^2$

$$|\Delta_q|^2 = \frac{\pi\Delta^2\Lambda^2}{A}\exp\left(-\frac{q^2\Lambda^2}{4}\right) \tag{8-3-24}$$

A 为电子沿界面的活动面积. 于是可把平方矩阵元写作

$$|M_{\boldsymbol{k}'\boldsymbol{k}}|^2 = \frac{\pi\Delta^2\Lambda^2}{A}\left(\frac{e^2}{\varepsilon_0\varepsilon}\right)^2\left(\frac{N_{\text{inv}}}{2}+N_{\text{depl}}\right)^2\exp\left(-\frac{q^2\Lambda^2}{4}\right) \tag{8-3-25}$$

因此，只要描述表面粗糙的两个参数 Δ 和 Λ 为已知，可求的散射率 λ. 但至此，

可以看出，散射的强弱是正比于$(N_{depl}+N_{inv}/2)^2$的，在N_{inv}很高时正比于N_{inv}^2.

由图8.31的测量结果分离出来的表面粗糙迁移率μ_{sr}的倒数相对于$(N_{depl}+N_{inv}/2)^2$的关系示于图8.33.[53]

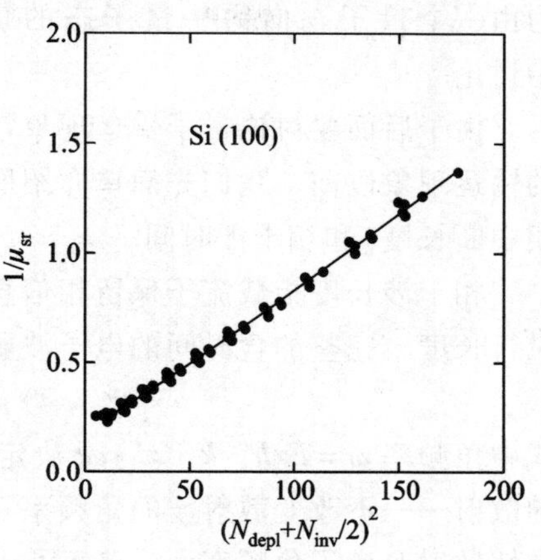

图8.33 由图8.31分离出来的表μ_{sr}随$(N_{depl}+N_{inv}/2)^2$的变化迁移率的单位是$10^3\,cm^2/V\cdot s$

合金散射

除了AlGaAs/GaAs调制掺杂异质结构以外，有些调制掺杂异质结构的沟道材料是混合晶体. 除了上面讨论过的几种散射机制外，合金散射是必须计入的. 二维电子气所存在的空间及其周围常常存在合金无序势. 利用在§4.2中得到的合金散射势和式(8-3-8)可得到

$$|M(q)|^2=\frac{x(1-x)(E_A-E_B)^2\Omega}{V} \tag{8-3-26}$$

对于抛物性二维带，可以求得载流子由第m子个带散射到第n个子带的散射率λ_{mn}为[54]

$$\lambda_{mn}=\frac{mx(1-x)(E_A-E_B)^2}{\hbar^3 N}\int\zeta_n^2(z)\zeta_m^2(z)\,dz \tag{8-3-27}$$

可见散射率和载流子的能量无关. 在此基础上得到的迁移率也和温度无关. 在InGaAs调制掺杂异质结构中，低温电子迁移率受限于合金散射.

虽然在AlGaAs/GaAs界面GaAs一侧的二维沟道中的电子，由于波函数渗入势垒区，原则上也会受到AlGaAs中合金无序势的散射.

§8.4 微结构中垂直于界面的输运 共振隧穿

下面几节关于输运性质的讨论中，会涉及**量子输运**. 量子输运指的是载流子的波动性决定电荷的输运性质的情形. 存在不同形式的量子输运. 通常量子输运问题不再能在求解半经典的玻尔兹曼方程的基础上得到解决.

在第六章中讨论过的隧道穿透就是纯粹的量子输运.

当结构的尺寸很小，而且载流子在低温下经受很少的散射时，电子波在其中以相干的方式传播，表现为相干性的量子输运. 随着结构的尺寸变小，观察到量子相干输运的温度会有所升高.

在不少情形下，如磁量子输运，超晶格的斯塔克量子化等，输运问题归结为由一个量子态向另一量子态的量子跃迁问题. 磁量子输运将在第 15 章中讨论.

由于后面要讨论量子输运现象常和电子波的干涉性质相联系，在讨论具体的输运现象以前，我们先简单介绍所谓相干涉长度(或相弛豫长度,去相长度，相中断长度)和相干涉时间.

相干涉长度指载流子保留相信息的飞行长度，也就是不经受非弹性散射的飞行长度. 完整的含时间的电子波函数可写作

$$\Psi(x,t)=u_k(x)\mathrm{e}^{\mathrm{i}(\boldsymbol{k}\cdot\boldsymbol{x}-\omega t)} \tag{8-4-1}$$

式中角频率 $\omega=E/\hbar$. $\boldsymbol{k}\cdot\boldsymbol{x}-\omega t$ 决定了电子波传播的相. 弹性散射——如杂质的散射——不改变散射波的角频率 ω，散射波和入射波之间仍是相干的. 但非弹性散射改变了角频率 ω，破坏了入射波和散射波之间的相干性. 因此，相干涉时间就等于非弹性散射平均自由时间，它是能量本征态的寿命时间. 在通常条件下，非弹性散射主要是各种声子散射. 但在很低温度下，当声子散射极为稀少时，载流子之间的散射会变得更为重要.

输运问题中常常还会涉及弹性散射的平均自由时间，它是动量本征态的寿命时间，常将它称为弹性平均自由时间，以区别于非弹性平均自由时间.

在微结构中，在垂直于界面的方向，除了在较高温度下，载流子可以热发射的方式越过势垒外，在较低温度下只能以隧穿的方式通过势垒. 在量子点和衬底之间、量子点和量子线之间、量子点和量子点之间，隧穿和共振隧穿成为输运的主要形式. 相关输运过程的研究不仅具有基本的意义，而且和量子器件的工作密切相关.

双势垒结构中的共振隧穿

这是异质结构中沿垂直于界面方向的一种重要的电荷输运方式. 共振隧穿是指电子在隧道穿透一个结构时，在某一能量附近发生共振，穿透系数存在锐的峰值. 在适当的双势垒及多势垒结构中可以观察到共振隧穿.[55,56] 图 8.34 为平衡的双势垒共振隧穿结构及其中的波函数示意图. 势垒由宽禁带的半导体薄层，如 AlGaAs 层构成；而势阱和势垒外的区域则是禁带较窄的半导体，如 GaAs. 如对结构的左侧相对于右侧施加负偏压，则左侧费米能即将高于右侧(参看图 8.35)，倾向于驱动电子自左侧流向右侧. 当势垒外的电子的纵向能量和势阱中的第一个能级对准时，在保持能量守恒和动量守恒的条件下，将发生共振隧穿. 在出现电流峰值后，电流下降. 随后，当电压增加到左侧导带底的电子能量接近第二个能级时，电流再度增加.

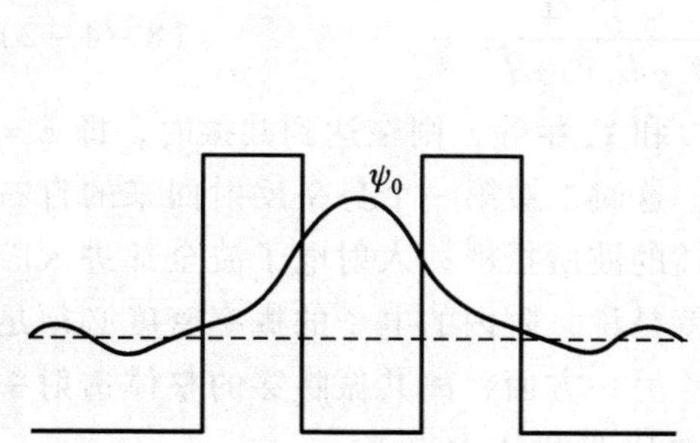

图 8.34 平衡的双势垒共振隧穿结构及其中的波函数示意图

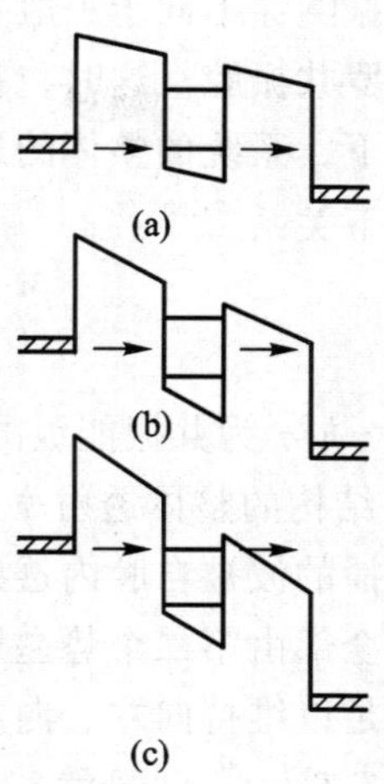

图 8.35 施加不同偏压的双势垒共振隧穿结构示意图

早期的实验在 GaAs/AlGaAs 双势垒结构上，在 77 K 下观察到了共振隧穿现象.[57] 图 8.36 所示为在几个不同温度下得到的 AlGaAs/GaAs 双势垒共振隧穿的 $I-V$ 特性.[58] 和隧道二极管一样，电流最大值称为峰值电流，随后的电流最小值称为谷电流. 峰、谷之间为负微分电导区. 由图可见，在 25 K 时，峰谷比可达到6:1. 在反向偏压下，峰谷比达到 4.5:1. 伏安特性的不对称性可能是由于两个势垒的差异所引起.

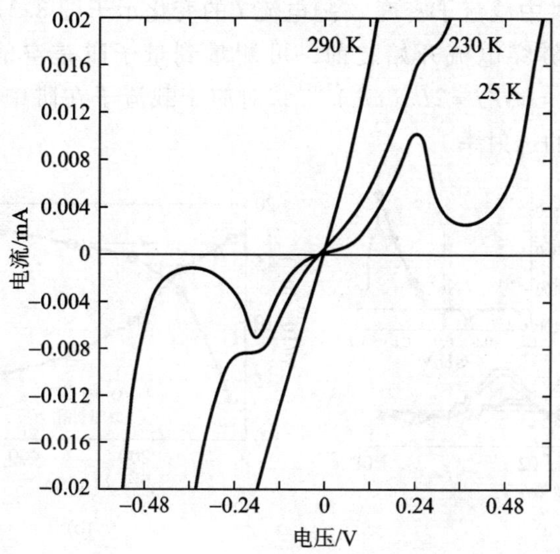

图 8.36 共振隧道二极管的伏安特性

共振隧穿不同于一般隧穿. 在发生共振隧穿时，量子阱的作用类似于法布里-珀罗共振腔. 这时，在腔内形成强度很高的电子驻波. 理论分析表明，一般情形下，系统的整体的透射率 T 和左、右两个势垒的隧道透射率 T_l 和 T_r 之间有如下关系[59,60]

$$T\approx\frac{4T_lT_r}{(T_l+T_r)^2}\frac{\Gamma^2/4}{(E-E_i)^2+\Gamma^2/4} \tag{8-4-2}$$

式中 $\Gamma=\hbar/\tau$ 为共振能级的线宽. 如果 T_l 和 T_r 相等，则在达到共振时，即 $E=E_i$ 时，结构的整体透射率 T 可以达到 1. 这时，被第一个势垒反射回来的自右向左传播的波被自腔内透射出的向左传播的波所抵消；入射电子波全部进入腔内，并全部由第二个势垒透射出去. 这就是说，阱内的电子的概率密度必须足够高，足以维持向左、向右两个透射流. 另一方面，离共振隧穿的整体透射率 T 应为 $T_lT_r/4$[59]. 显然，共振隧穿的 T 要比 $T_lT_r/4$ 大得多.

由上可见，共振隧穿应伴随着阱中电荷量的增加，这可由电容的测量观察到.[61]这里，介绍一组由微分吸收光谱得到的在共振附近双势垒量子阱中电荷的演变的实验结果. 微分吸收光谱[62]测量的是阱中的载流子引起的穿过量子阱的透射率的改变量 $\Delta T/T$. 由于量子阱激子吸收的量子约束斯塔克效应(参看 §10.3)和量子阱中自由载流子对激子吸收的漂白作用，阱中载流子的增加会导致相关透射的增加. 图 8.37(a)所示为 10 K 下测得的 $\Delta T/T$ 随能量的变化[63]. 插图为结构的电流电压关系. 曲线上的 5 个实心点对应于测量 5 条 $\Delta T/T$ 曲线的电流、电压. 可见，随着电流的增加，阱中电荷的数量增加. 由透射改变量得到的阱中载流子密度 N 随电流 I 的变化示于图 8.37(b). 在负微分电导的谷处以及隧穿电流开始之前，可测量到量子阱是空的[62]. 图 8.37(b)中右面的时间 $\tau=eN/J=2L/(vT_r)$[64]，对应于载流子在阱中平均停留的时间. T_r 为右面的阱的透射率.

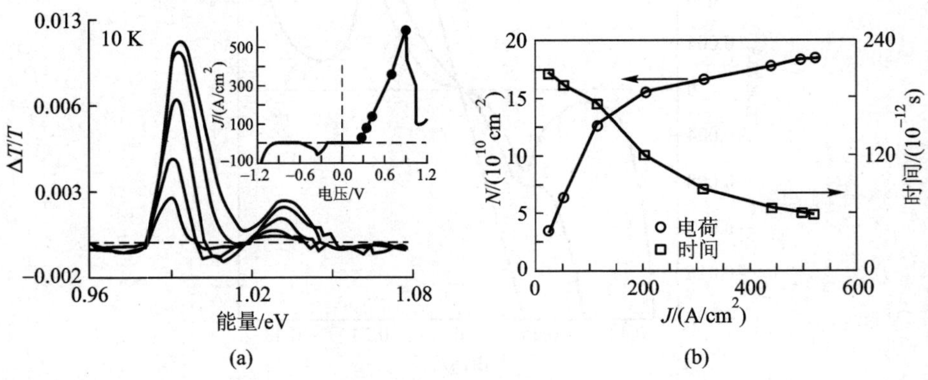

图 8.37 (a)10 K 下在几个偏压下测得的 $\Delta T/T$ 随能量的变化(b)为由透射改变量得到的阱中载流子密度 N 随电流 I 的变化和相应的 τ

由上可见，不同于非共振隧穿，共振隧穿有一个空间电荷的积累的过程. 因此，共振隧穿的响应时间会显著大于非共振隧穿. 尽管如此，这个时间仍是很短的，为 10^{-13} s 量级.

要强调指出的是，即使在零偏压时双势垒结构的两个势垒是完全对称的，在施加电压以后对称性也会被破坏. 共振时两个势垒的透射率不再相等. 由式(8-4-2)，结构的整体透射率 T 接近于单势垒的最小和最大透射率的比值：$\approx 4T_{\min}/T_{\max}$. 两者的差异愈大，$T$ 愈小. 为使共振时有大的透射率，可将两个势垒做成非对称的，但使之在共振时有 $T_r = T_l$. 不过这种方法也并不能同时满足在几个共振峰处都达到 $T_r = T_l$ 的最佳条件. Capasso 等曾建议将对称的双势垒做在三极管的基区，如图 8.38 所示.[65] 可通过改变发射极-基极电压来改变入射电子的能量高度，但同时仍保持基区双势垒的对称性.

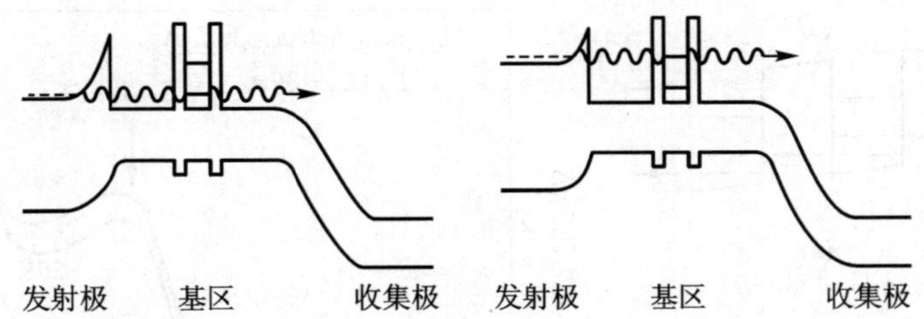

图 8.38　设想中的共振隧穿三极管示意图

我们虽然用单一能量的能级来描述阱中的共振能级，但实际上它具有一定的不确定性. 首先，根据能量-时间形式的海森伯测不准关系，应有

$$\Delta E\tau \geqslant \hbar \tag{8-4-3}$$

这里的 τ 为弹性自由时间[59]. 由此决定的能量宽度称为自然线宽. 式(8-4-2)中的$\hbar/\tau$ 代表的就是自然线宽. 长的弹道飞行时间有利于共振的充分发展和建立，和形成较锐的谱型. 这要求低的温度.

还有其它因素影响共振线宽. 存在不均匀增宽. 阱和势垒的厚度和合金成分的涨落都可以引起不均匀增宽. 此外温度可通过影响载流子的分布影响共振线宽.

在离共振的条件下，在垂直于界面的方向上还可以有非共振的隧穿电流. 不过，如上所说，非共振隧穿电流通常显著小于共振隧穿电流. 此外，视势垒高度和温度的不同，越过势垒的热发射电流也可能有一定的贡献. 因此，谷电流也可以是温度敏感的. 降低温度有利于减小热发射电流.

共振隧穿也可在量子点[66]和量子点的阵列上[67]观察到.

上述没有声子参与的共振隧穿称为弹性共振隧穿. 还存在非弹性的声子协助的共振隧穿.[68]

利用共振隧穿可制成共振隧道二极管,[69]它是一种速度很快的大信号开关器件. 共振隧穿是微结构与另一个由势垒隔开的微结构或连线(电极)之间的一种重要的电荷输运方式.

顺序共振隧穿过程

在多量子阱结构中, 可存在顺序共振隧穿过程.[70]它实际上是由相邻的量子阱之间的共振隧穿和随后阱内的向下跃迁这两者组成的系列所构成, 如图8.39的左图所示. 当相邻的两个阱之间的电压降 eEd 大到量子阱中的激发态和基态的能量间距 E_2-E_1 时, 右边阱中的激发态 E_2 和左边阱中的基态 E_1 对齐, 这时在相邻的两个阱之间可发生共振隧穿. 这里情形虽然和上面讨论过的通过两个势垒的共振隧穿的具体情况有所不同, 但同样可以形成共振.

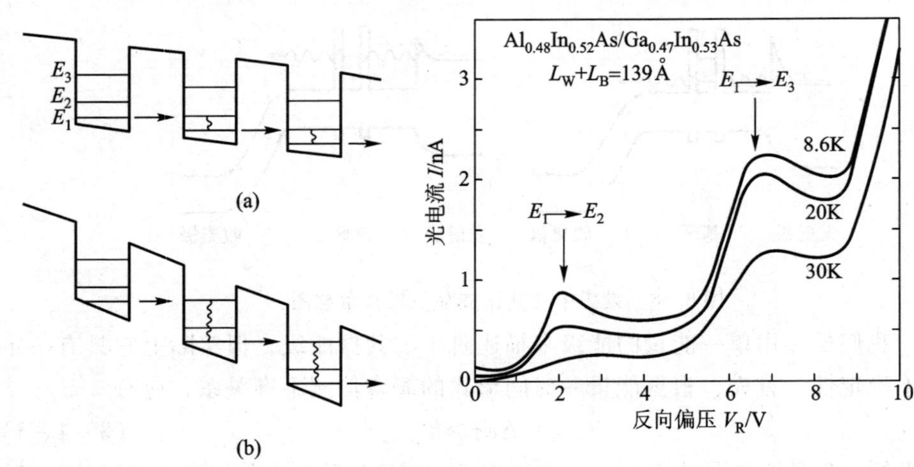

图8.39 左图为顺序共振隧穿示意图(a)基态至第一激发态(b)基态至第二激发态. 右图为共振隧穿光电流随反向电流的变化

这里实验所用多量子阱是具有较厚势垒的紧束缚型的. 不掺杂的多量子阱结构被置于反向偏置的 p^+in^+ 二极管的 i 层中. 由于多量子阱是高阻的, 施加偏压时, 电压在诸量子阱上均匀降落, 而不会产生局部的高场畴(参看§5.10). 少子电子自 p^+ 侧的半透明电极光注入, 光在 p^+ 层中被完全吸收. 图8.39的右图所示光电流随偏压的变化, 电流的两个峰分别对应 $E_1\rightarrow E_2$ 和 $E_1\rightarrow E_3$ 的隧穿. 峰的存在就说明了共振的性质. 但在高于50 K的温度下, 观察不到对应于共振隧穿的结构.

在顺序共振隧穿中, 还观察到了共振隧穿对激子荧光的淬灭作用[71,72]. 实验所用样品为生长在pin结构的i区内的100个周期的5.8 nm/12 nm的 $GaAs/Al_{0.29}Ga_{0.71}As$ 多量子阱. 图8.40为在5 K下由上述结构得到的荧光强度和光电流随二极管偏压的变化[71]. 荧光用 785 nm 的激光激发，吸收率约为 10^{-2}/阱. 光电流用753 nm 的连续激光激发. 计算表明，图中的光电流峰 c，d 对应于导带第一子带向相邻的第二和第三子带的共振跃迁. 由图可见，在出现光电流峰的地方，荧光被淬灭.

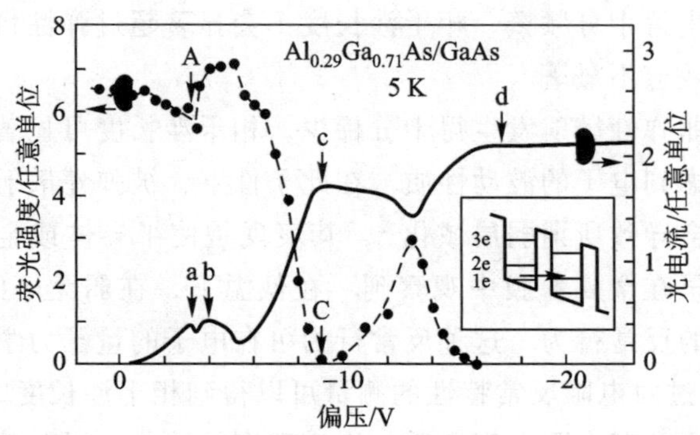

图 8.40 静态光电流和积分荧光强度随 pin 结构偏压的变化

§8.5 一维系统的输运 介观输运

这一节将讨论量子干涉现象在输运中的表现以及介观系统的输运. 将涉及所谓弱局域化及其引起的电导的修正. 所谓介观系统通常是指线度和原子尺度相比足够大，但又显著小于相干涉长度的一维沟道以及相关的复合微结构. 在介观系统中电子不会发生非弹性碰撞，电子波函数是相干的，输运将是相干性的量子输运，甚至可以是弹道性的输运. 常把这类输运问题称为介观输运. 介观输运通常发生在很低温度下，这时电子气是简并的. 有关量子线的讨论也适用于相应的纳米线和纳米管.

用来研究半导体中量子输运的微结构常常在 GaAs/AlGaAs 界面的二维电子气的基础上形成. 在良好的 GaAs/AlGaAs 异质结构及调制掺杂异质结构中，低温电子迁移率可高达 10^5 ~ $10^7\,cm^2/V\cdot s$. 二维电子气所在的界面离开 AlGaAs 的表面通常约几百 nm 至 100 nm，有时甚至只有几十 nm. 可以利用电子束光刻的技术，在表面形成两个或多个适当形状的金属栅. 在栅上施加适当的负栅压，可使栅下的二维沟道耗尽，形成附加的一维或二维约束，从而可得到量子线[73~75]、量子点接触[44]、量子点[76]，量子环以至由量子点构成的一维超晶格等更复杂的结构[67]. 简而言之，这种技术通过光刻形成的电极将二维电子气转变为所需的低维结构. 可以通过调整栅的形状、尺寸和栅电压，适当调整量子线或量子点的线度. 有时把这类技术统称为裂栅技术(有时也称为表面栅技术).

量子干涉效应和弱局域化 相干涉长度

半经典的输运理论通过在玻尔兹曼方程中独立地计入弹性散射和非弹性散射引起的电子状态的变化，来得到输运性质，而不考虑散射中电子波的干涉效应. 这种输运理论能成功地描述固体中的输运，是因为在通常的较高的温度下，非弹性散射发生得十分频繁，相干涉长度不会显著超过弹性自由程，因而散射中的量子干涉效应不显著.

但在低温下，非弹性散射发生得十分稀少，相干涉长度可显著超过弹性自由程. 这时必须考虑到电子的波动性质. 在此条件下，被弹性散射的电子波之间的量子干涉效应会导致所谓弱局域化*，其表现是使半导体或金属的电阻率增加. 弱局域化最早在金属薄膜中观察到. 在低温下，在弱无序的金属膜中，观察到电阻和磁阻的反常行为. 这种反常行为可在电子的量子力学本性的基础上得到认识[77]. 通过对电阻反常特性的测量可以得到相干涉长度.

在导电沟道中通常存在因电离杂质、沟道宽度的涨落，以及其它晶格缺陷引起的无序的静态势的起伏. 上述静态势使电子经受弹性散射，使之作无规则的运动，其所经历的多次散射的路径常称为 Feynmann 路径，如图 8.41(a)所示. 图中的实心点代表非弹性散射中心. 一般来说，两点之间的不同散射路径的电子波的相是随机的，它们之间的干涉效应互相抵消. 因而，就像经典物理一样，两点间的总散射率就等于各分路径的散射率之和.

但电子可以通过封闭的环形散射路径形成背散射，如图 8.41(b)所示. 出现顺时针和反时针环形路径的概率是相同的. 经过这两个散射路径从两个方向回到出发点的电子波具有相同的相. 这里两个路径的同相的量子干涉会导致背散射的增强[79,81]，总散射率(相应于两个分波振幅之和的平方 $|A_1+A_2|^2=4|A|^2$)既包含了经典的两个分路径的背散射率之和(相应于各自的振幅平方之和 $|A_1|^2+|A_2|^2=2|A|^2$)，还包含两路径之间的干涉项(相应于两者振幅的交

---

* 它可视为强局域化或 Anderson 局域化的前兆. Anderson 局域化[78,79]是一种和波有关的现象. 也可视为量子干涉的结果，背散射的概率为1. 在发生强局域化时，电子波不存在扩散. 在三维半导体中，只有在存在强的无序势(幅度大的)的条件下，这种强局域化才会在局部地区发生. 在这些地方存在波函数指数衰减的局域态. 在绝对零度下，处于这些状态中的电子将不参与导电. 但仍可存在扩展态，在扩展态中的电子仍可参与电导. 如果在 $T=0$ 时，在 E_F 附近只存在局域态，直流电导将消失，系统将成为一个绝缘体. 只有当无序势涨落的幅度大于一定临界值，三维半导体中的状态才会全部是局域化的. 在一维的情形下，由于背散射的强度随相干涉长度的增加而增强，在 $T=0$ 时，相干涉长度趋于无限，任何无序势的存在都会导致强局域化. 对于二维系统，由于在 $l_\phi > w$ 的条件下将过渡为一维，在 l_ϕ 趋于无限的绝对零度条件下，也同样会发生强局域化. 关于局域化问题，可参看评述[80].

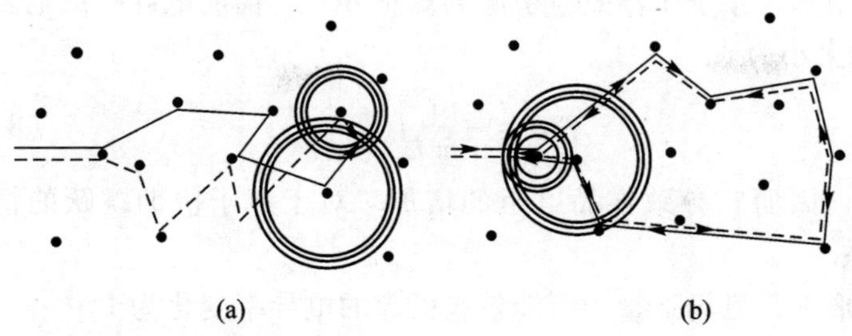

图 8.41 (a)不同的散射路径(b)导致增强性干涉的顺时针的和逆时针的封闭的环形路径

叉项 $2|A_1A_2|^2=2|A|^2$)．所有互补的封闭的环形散射路径对都会产生背散射的干涉增强．这导致反射率的增加和宏观可观测到的效应——电导的减小．因此，量子干涉效应使得半经典输运理论不再适用．

在纯粹的经典无规运动中，对于一开始处于原点的电子，随时间的推移，扩散使其分布概率 $P(\boldsymbol{x},t)$ 按下式随时间变化

$$P(\boldsymbol{x},t)=\left(\frac{1}{4\pi Dt}\right)^{1/2}\exp\left(-\frac{x^2}{4Dt}\right) \tag{8-5-1}$$

但由于量子干涉效应，电子保留在原点的概率是经典扩散问题的两倍，即为 $1/2\pi Dt$；扩散到除了原点附近以外其它点的分波是非相干的，仅仅是散射强度相加(只是概率略有减小，以补偿原点附近概率的增加)．这种情形如图 8.42 所示．由于原点处电子概率的增加，因而被称为弱局域化[77]．

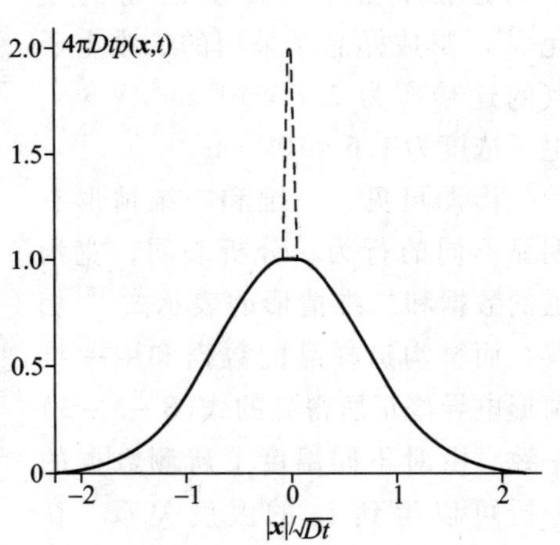

图 8.42 量子干涉效应导致的扩散分布

观察到弱局域化效应的临界参数是相干涉长度 l_ϕ．相干涉长度 l_ϕ 愈长，背散射增强效应愈强．弱局域化导致的电导率的修正在一维系统中比二维系统更为显著．两者的电导率的修正有不同的形式．温度愈低，非弹性散射愈弱，因而相干涉长度愈长．当二维电子气中电子活动的宽度逐渐变窄，以至于相干涉长度 l_ϕ 超过样品的宽度 W 时，输运由二维行为向一维行为过渡[82]．l_ϕ 为电子在相干涉时间 τ_ϕ 内无规扩散的长度[82]，$l_\phi=(\tau_\phi D)^{1/2}$．扩散系数 D 则和弹性散射有关．由于可以有多种非弹性散射，非弹性平均自由程 l_ϕ 由非弹性自由时间 τ_ϕ 最小的过程决定．

对于一维情形，量子干涉效应引起的修正 $\delta\sigma$（下面的电导率或电阻率都是指一维的*）的大小为[83]

$$\delta\sigma = -\frac{e^2}{\pi\hbar}l_\phi \qquad (8-5-2)$$

修正量是负的，因而它导致样品电阻的增加. 对于声子协助跳跃的情形，有 $\delta\sigma \propto T^2$ 的关系.

在一维情形下，磁场下量子干涉效应引起的电导率变化为[84]

$$\delta\sigma(B) = \frac{-e^2}{\pi\hbar}\left(\frac{1}{l_\phi^2}+\frac{W^2}{3L_c^4}\right)^{-1/2} \qquad (8-5-3)$$

式中 L_c 为磁长度，$L_c=(\hbar/eB)^{1/2}$（上式只适用于 $L_c>W$）. 当 $B\to 0$ 时，括号中的量趋向于 l_ϕ，上式约化为式（8－5－2）. 强磁场则会使 $\delta\sigma(B)\to 0$. 可见磁场倾向于消除量子干涉效应的影响. 磁场引起的电阻的相对变化 $\delta R/R$ 为

$$\frac{\delta R}{R} = -\frac{e^2}{\pi\hbar\sigma_0}\frac{l_\phi}{W}\left[\left(\frac{1}{l_\phi^2}+\frac{W^2}{3L_c^4}\right)^{-1/2}-l_\phi\right]^{1/2} \qquad (8-5-4)$$

上式对应于 $\delta\sigma(B)-\delta\sigma$. 图 8.43 给出的是对于宽度为 0.2 μm 和 2 100 μm 的沟道测得的 $\delta R/R$ 随磁场的变化[85]. 形成样品所采用的二维电子气的迁移率为 $2.7\times10^6\ \mathrm{cm^2/V\cdot s}$，电子浓度为 $1.6\times10^{11}\ \mathrm{cm^{-2}}$.

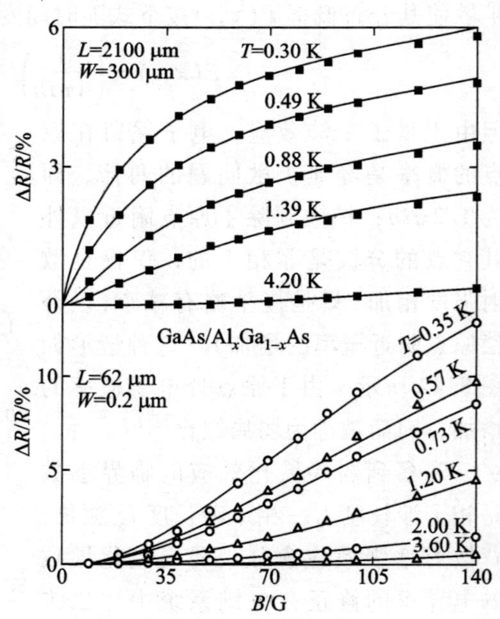

图 8.43 GaAs/AlGaAs 异质结构宽 0.2 μm 和 300 μm 的导电沟道的 $\delta R/R$ 随磁场的变化

由图可见，一维和二维情形有明显不同的行为. 分析表明，宽沟道的数据和二维情形的表示式[86]相符，而窄沟道样品的数据和由一维情形电导修正所得到的式（8－5－3）一致. 由对不同温度下所测数据的分析可以得到 l_ϕ 的温度关系. 在 Li[87]，Al[88]的薄膜中也观察到了类似的磁场依赖关系.

图 8.44（a）中的相干长度 l_ϕ 和相干时间 τ_ϕ 是由分析不同温度下样

---

* 若二维电导率为 σ_0（单位为 S），样品宽度为 W，则一维电导率可表示为 $\sigma_0 W$（单位为 S · cm），W 为样品宽度.

品的电阻的改变量随磁场 B 的变化得到的.

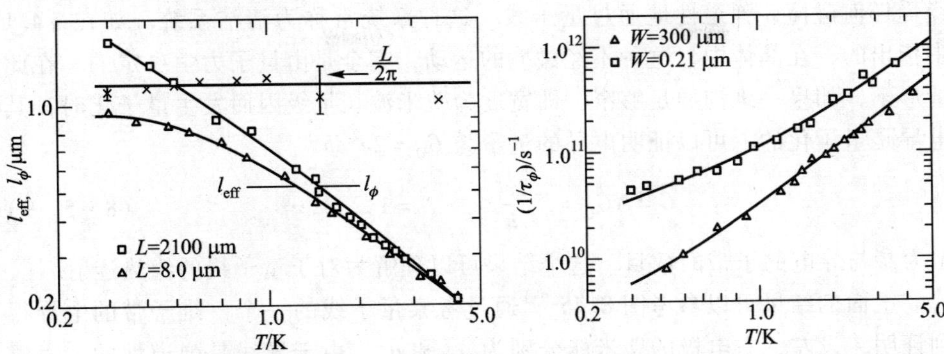

图 8.44 GaAs/AlGaAs 异质结构的电子沟道得到的相干涉长度和相干涉时间随温度的变化

Altshuler 等指出在存在无序时，电子－电子间相互作用也会引起电导率的修正，其作用不一定小于弱局域化效应[89]. 当沟道宽度 W 小于由下式定义的热扩散长度 L_T 时

$$L_T = \pi(\hbar D/k_B T)^{1/2} \tag{8-5-5}$$

电导率修正 $\delta\sigma$ 为[90]

$$\delta\sigma = -\frac{e^2}{\pi\hbar} g_{1D}\left(\frac{\hbar D}{2k_B T}\right)^{1/2} \tag{8-5-6}$$

D 为电子的扩散系数，g_{1D} 为相互作用参数，由下式给出

$$g_{1D} = \frac{4.91}{\pi}\left(1 - 12\,\frac{1 + 1/4F - (1 + F/2)^{1/2}}{F}\right) \tag{8-5-7}$$

F 是直接库仑相互作用参数[91].

局域化效应和电子－电子相互作用修正，当它们很小时，作为一级近似，是相加的[92].

一维弱局域化效应与长度有关. 当样品长度 L 和相干长度 l_ϕ 接近时，代替式(8－5－2)，$\delta\sigma$ 由下式给出[91]

$$\delta\sigma = -\frac{e^2}{\pi\hbar} l_{\text{eff}} = -\frac{e^2}{\pi\hbar} l_\phi\left(\coth\frac{L}{l_\phi} - \frac{l_\phi}{L}\right) \tag{8-5-8}$$

这时电导修正量中的 l_ϕ 将由 l_{eff} 所代替，l_{eff} 不仅和 l_ϕ 有关，而且和样品长度 L 有关. 当样品很长时，$l_{\text{eff}} \to l_\phi$；当样品长度远小于 l_ϕ 时 $l_{\text{eff}} \to L$. 这一效应在实验上已观察到[93].

一维系统的弹道输运

随着小尺寸样品加工技术的进步，越来越多的输运研究在很小的高质量的样品上进行．当一维系统弹性平均自由程长度超过量子线的长度时，电子将不经受任何碰撞，弹道性地通过量子线．这种系统常称为清洁系统．如在§4.1中指出的，在晶体中，这种不经碰撞的运动，完全是由量子力学决定的．在此情形下，如果一维沟导足够窄，即宽度为费米波长量级因而发生量子化时，其电导是量子化的．可以证明电导的量子为 $G_Q=2e^2/h$[94]

$$G=NG_Q=N\frac{2e^2}{h}\qquad N=1,2,3,\cdots \tag{8-5-9}$$

N 为参与导电的子带的数目．这个结果可以理解为对于量子线的绝热透射．

上面的结果可以参考图8.45[95]通过考察量子线的一个一维子带的电导得到证明．设左、右电极的费米能分别为 μ_1 和 μ_2．由于导线是弹道性的，由电极1在 μ_1 和 μ_2 之间向电极2发射的电流 I 可表示为 $ev(\partial n/\partial E)(\mu_1-\mu_2)$．$v$ 为费米速度，$\partial n/\partial E$ 为包含两种自旋但单向流动的载流子的态密度．考虑到 $v=(\partial E/\partial k)/\hbar$，并且在一维情形下，$\partial n/\partial E=1/\pi\hbar v$，$\partial n/\partial k=1/\pi$，电流 I 可表示为

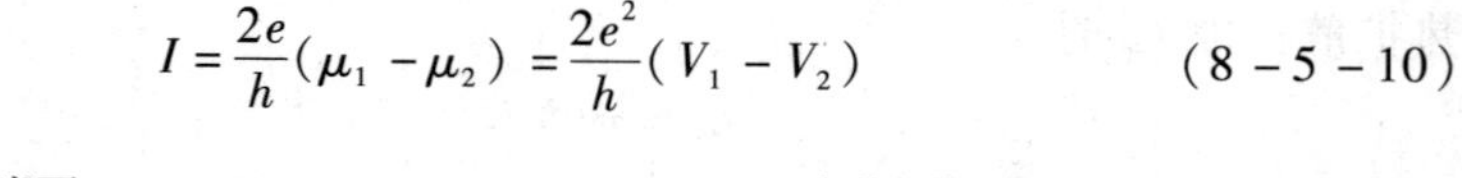

$$I=\frac{2e}{h}(\mu_1-\mu_2)=\frac{2e^2}{h}(V_1-V_2) \tag{8-5-10}$$

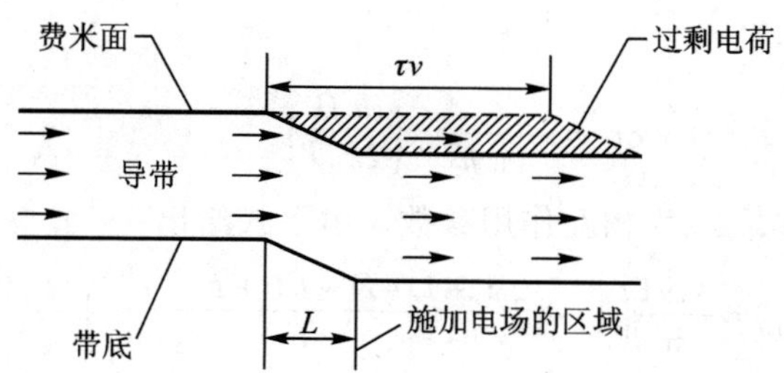

图8.45 一维弹道输运示意图

这样便可由 I/V 得到电导 $G=2e^2/h=0.774\,8\times10^{-4}$ S.

在平均自由程足够长的低温下，在沟道的长度和宽度足够小时，将可出现上述电导性质的量子化．在弹道输运的条件下，定义电导率或电阻率不再具有实际意义．

弹道输运和量子化的电导首先在所谓**量子点接触**中观察到．[74]量子点接触指的是两个导电区之间的小的点状连接，其大小在纳米和微米之间（通常＜0.2 μm）．量子点接触可视为短的弹道量子线[96]．

图8.46为在0.6 K下由量子点接触测得的电导 G 随栅电压 V_G 的变化．量子点接触由高迁移率的GaAs/AlGaAs异质界面的二维电子气通过插图所示的栅极形成．二维电子气的电子迁移率为 $8.5\times10^5\ \mathrm{cm^2/V\cdot cm}$，电子浓度为 $3.56\times10^{11}\ \mathrm{cm^{-2}}$.

当在栅极上施加负电压 V_G 时，栅下的二维电子气耗尽．从而在两个栅之

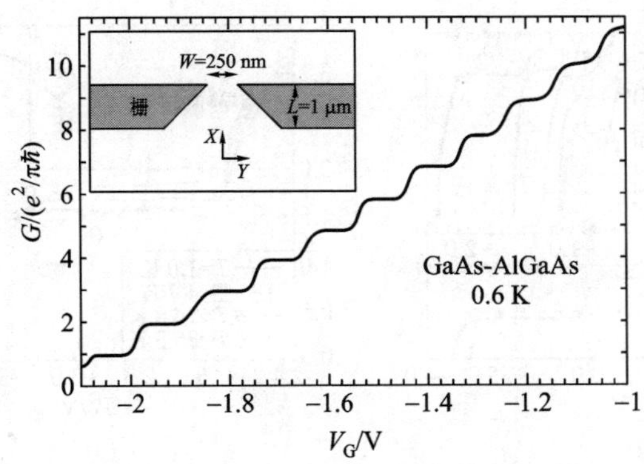

图 8.46 在 0.6 K 下 GaAs/AlGaAs 异质界面量子点接触测得的电导随栅压的变化

间形成一个窄的通道. 通道的宽度可通过栅压适当加以调整. 图中电导显示出了清楚的、高度为 $2e^2/h$ 的台阶. 栅压所包含的台阶数对应于参与电导的一维子带的数目. 可见在上述量子点接触中实现了弹道输运.

几乎同时, 利用裂栅技术在 GaAs/AlGaAs 异质界面的二维电子气中形成的长度为 0.5 μm 的短的一维沟道中也观察到了弹道输运. [97] 裂栅隙的宽度为 0.7 μm. 所用样品的电子迁移率在 2.5×10^5 到 10^6 $\mathrm{cm^2/V\cdot s}$ 之间, 电子浓度在 2 到 5×10^{11} $\mathrm{cm^{-2}}$ 之间. 它们所对应的弹性平均自由程超过 2 μm(参看式(8-3-16)), 远超过一维沟道的线度.

随后, 弹道输运的长度逐渐达到 2 ~ 4 μm[98], 10 μm[99,100] 和 20 μm[101]. 在 InAs 纳米线[102]、GaAs 量子线中的空穴气[103]、InSb 介观结构[104]、PbTe 亚微米结构[105] 以及介观的石墨单原子层[106](graphene)、碳纳米管[107] 等许多结构中都观察到了弹道输运. 人们也试图在很短的 Si 量子线中观察到弹道输运.

但在更低温度下, 所测得的电导台阶并不严格等于 NG_Q, 每个台阶的高度要比 G_Q 略小, 而且大小是随温度改变的, 如图 8.47(a)所示[108]. 台阶的高度随温度的变化情况如图 8.47(b)所示. 由 25.3 K 到 1 K, 减小的幅度达到 25%. 图 8.47(b)中的插图示出了台阶高度随温度的变化情况. 上述现象在测量过的 15 个量子线中都观察到. 还观察到了在 0.7 G_Q 附近的额外的台阶[100,109,110]. 在强的平行磁场下, 在 $0.7(2e^2/h)$ 处的结构发展成为自旋分裂的平台[111], 据信该结构可能和涉及自旋的多体相互作用有关.

介观相干量子输运
——Aharonov - Bohm 效应 普适的电导涨落 Fano 共振

在不存在磁场时, 电子在介观半导体结构中的传输类似于电磁波在波导中

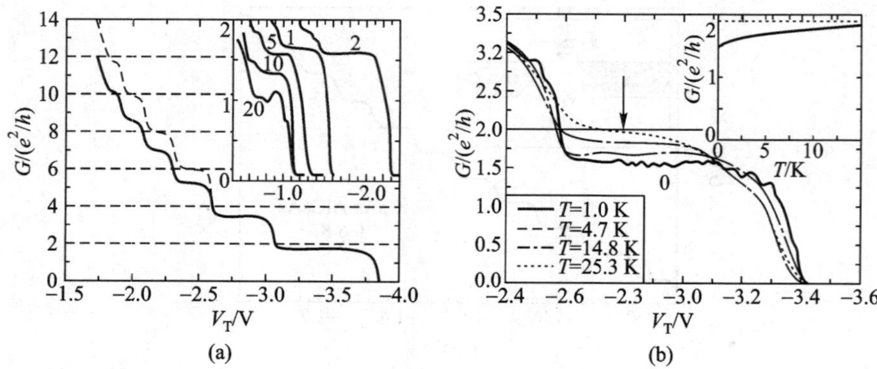

图 8.47 (a)量子线的电导随栅电极电压的变化(b)台阶的高度随温度的变化

的传输. 因此这类微结构也常被称作电子波导. 从上面关于弹道输运的讨论可见，对于高质量的介观尺度的微结构，其线度可显著小于相干涉长度. 即在整个导体的范围内，不存在非弹性散射. 对于这样的介观系统，不论是其中可能存在的杂质，或者在其附近存在和它有一定耦合的杂质、量子点或其它导电体，电子波在其中的传输过程是相干的. 都可能通过干涉影响它的输运性质.

在金属的介观系统中首先观察到的这种相干的输运现象[112]为固体输运问题开辟了一个新的研究领域. 近年来，出现了许多关于介观系统相干输运现象的理论和实验研究工作. 在这种输运现象的基础上，有形成量子器件的潜力. 因此，相干输运日益为人们所关注，发展十分迅速[113].

在量子相干输运中，重要的是在导体中传播的各个分量之间的相的相对移动，这个相对移动决定了各分量之间的干涉. 因此，对于量子输运来说完整的信息应包括相的变化. 在单个平面波入射到一个系统的情形下，电导简单正比于系统的透射系数绝对值的平方[114]. 因此，入射和透射的电子波之间的相的相对改变不能通过简单的、经典输运实验加以确定.

和研究电子波的相的行为相联系，我们要提到 Aharonov - Bohm(常简写为 AB)效应和 AB 环[115]. AB 效应是一个重要的介观物理效应. 上面提到的金属中的输运的干涉现象就是首先在 AB 环上观察到的. 而且 AB 环本身也有作为纳米器件的应用前景. 图 8.48 为 AB 环的示意图.

对于电子的经典运动，它所直接经受的电场和磁场力决定了它的运动状态的变化. 但上述经典描述对于电子的量子力学的状态来说是不充分的. 在 AB 环的实验中，尽管在其能到达的地方电子并没有经受磁力的作用，但在有磁通量穿过的封闭的两臂中的注入电子的波函数的相却发生了方向相反的移动. 由于磁通

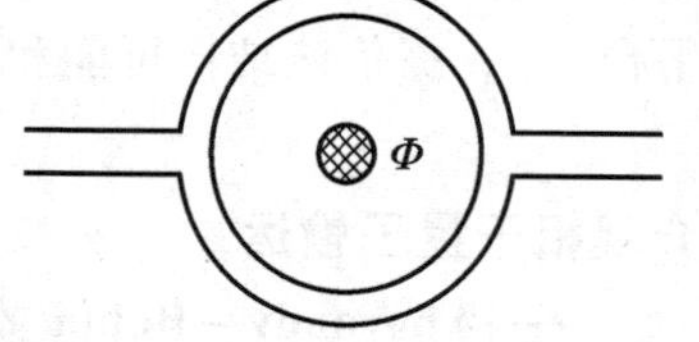

图 8.48 AB 环的示意图

量会引起两臂相反的相移，在两臂中传播的波函数之间的干涉将随磁通量的变化而发生改变. 在上面提到的实验中，观测到了通过两臂的电导随磁通量周期性的振荡. 如理论所预期[116]，振荡的周期等于磁通量量子 $\phi_0 = h/e$，在封闭回路中它引起的波函数的相移为 2π. 对于半径为 R 的 AB 环，振荡周期 ΔB 可表示为

$$\Delta B = \frac{h}{e}\frac{1}{\pi R^2} = 1.3164 \times 10^{-3}\left(\frac{\mu\mathrm{m}}{R}\right)^2 \quad [\mathrm{T}] \qquad (8-5-11)$$

可见振荡周期强烈依赖于环的半径. 对于半径为 1 μm 的 AB 环，振荡周期为 1.32 mT. 设想环的半径为 10 nm，振荡周期将可达到 52.66 T，在实验上尚难以达到.

近年来，利用半导体 AB 环进行了许多相干输运的研究. 例如，通过将一个量子点置于 AB 环的一个臂上，观察到[117]：通过量子点的输运包含相干分量，即通过量子点的输运可以是相干的；在共振峰的小的能量范围内，穿透系数的相的变化为 π，如理论所预期[118]；对于量子点中所有的共振峰，相应的点的相是相同的. 在下一节中将对这一实验做稍微仔细一点的介绍. 上述结果在双缝干涉实验中也观察到[119].

在介观的无序系统中，如在 AB 环的电导实验中，在测量电导作为磁场强度的函数(在其它微结构中，电导作为栅电压或费米能的函数)时，常出现不依赖于时间的、类似噪声的、随样品而异的电导的涨落[120]，涨落的幅度普遍为 e^2/h. 这一现象常被称为普适电导涨落，它也是量子干涉效应的一种表现[121]. 这种随样品而异的涨落反映了不同样品在微观上的无序势分布的差异. 在 AB 环中存在无序的势起伏时，可存在不同的 Feynmann 路径. 样品中任两个 Feynmann 路径之间的干涉都会随磁场的变化而振荡. 不同的 Feynmann 路径对以各自的频率振荡的总和导致电导的涨落.

对于介观输运，另一个应该提到的效应是Fano 共振. Fano 研究了分立的电子态和连续谱的相互作用[122,123]. 研究表明，当分立态能量和连续谱重叠时，两者之间的干涉会在激发谱中产生一个不对称的共振峰. 改进的理论和相应的共振散射建立了联系[123]：在存在分立的和连续谱之间的干涉时，散射到连续谱的跃迁率的能量关系就会出现不对称的 Fano 线型. 总之，Fano 效应是分立电子态和连续谱之间的干涉的结果. Fano 线型不同于常见的 Breit - Wigner 共振所产生的对称的洛伦兹线型，它由不对称的 Fano 函数所描述

$$f(\epsilon) = \frac{(\epsilon + q)^2}{\epsilon^2 + 1} \qquad (8-5-12)$$

式中 ϵ 是量纲为 1 的相对共振能量 E_{R} 的偏离，$\epsilon = (E_{\mathrm{R}} - E)/\Gamma$；$\Gamma$ 是共振线宽；q 是非对称参量或 Fano 参量. Fano 函数的谱形示于图 8.49. 研究表明，

在共振散射中，不对称的 Fano 线型是相当普遍地存在的.

但 Fano 效应在介观输运中的重要性只是在近年来才被认识到[124,125]. 理论研究表明，在准一维电子波导中[123,124]，在含有施主杂质准一维电子沟道中[126]，在和腔耦合的电子波导中[127]，在隐埋有量子点的 AB 环中[128]，在和 AB 环耦合的量子线中[129]，在某些情形下的量子点中[130]，在和双量子点分子耦合的导电体中[131]等许多情形下都会出现电导(作为费米能的函数)的不对称的 Fano 共振结构. 实验上，在包含量子点的单电子晶体管中[132]，包含量子点的 AB 环中[133]，包含侧耦合量子点的量子线中[134]，在超晶格中[135]，以及碳纳米管中[136]都观测到了 Fano 共振. 可见，在介观输运中，Fano 共振相当普遍地存在.

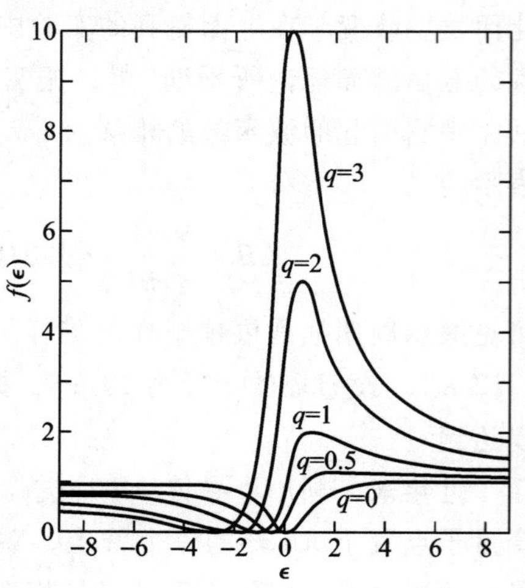

图 8.49 Fano 函数. 不同的曲线对应于不同的非对称参量 q

值得提到的是，Fano 共振有可能被用来探测相的干涉[137]和用作自旋过滤器[138].

相干输运的一个值得提到的特点是，电子在通过介观导体时没有能量损耗，能量损耗只发生在导体以外的，存在非弹性散射的电极之中. 这也是和传统的输运图像不相同的.

Landauer - Büttiker 公式

在上述相干量子输运情形下，即在导体内部不存在非弹性散射的条件下，一维系统的直流电导可借助于穿透导体的概率 T 来描述：[95,139]

$$G=\frac{2e^2}{h}\frac{T}{1-T}=\frac{2e^2}{h}\frac{T}{R} \tag{8-5-13}$$

上式称为 Landauer 公式. Büttiker 把 Landauer 的导电模型发展成为多通道的模型，相应的公式称为 Landauer - Büttiker 公式[140]. 这些公式建立在考虑连续波的透射和反射的基础上，把电导问题和散射直接联系起来，为认识和计算量子系统中基于量子干涉效应的输运现象提供了一个方便的理论框架. 原型的 Landauer 公式和 Landauer - Büttiker 公式在介观输运中的地位类似于宏观输运理论中的玻尔兹曼方程. 它们不仅可用于研究介观器件，对于研究无序系统也是重要的(Landauer 关系式常被视为关于无序的单参数标度理论的先驱之一). 但在利用上述一类方法计算电导时，需要求解在具有势约束的有限的几何条件下的量子力学散射问题[141]*，因此也为量子力学散射理论开辟了一个新的领域. 相应地，在导出上面的公式和处理类似的问题时，我们也应从习惯的、半经典输运理论的观念中解脱出来.

在关于一维输运的 Landauer 的模型中，一维导体被看作一个散射体，它通过两个理想导线和两边的具有化学势 μ_1 的源粒子库和化学势为 μ_2 的漏粒子库相连. 源和漏之间化学势的差异驱动载流子流过导体. 在上述导体中不存在非弹性散射，但可存在弹性散射. 因此粒子库不仅是电子的源和漏，也是能量的源和漏. 相应的导体模型如图 8.50(a)所示.[142]

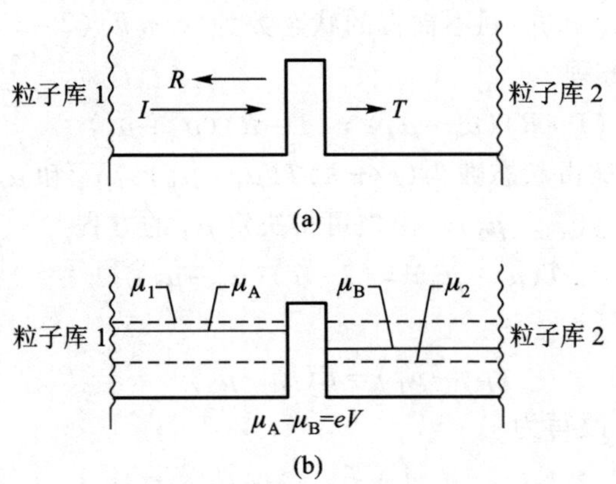

图 8.50 包含传输障碍的一维相干输运模型

在图 8.50(a)中，输运的障碍，即散射中心，由中间的一个势垒示意地表示. 障碍和两侧的两个粒子库之间为两个弹道输运的理想导体 A 和 B. 电子在理想导体的传输过程中不发生散射，即能量和波矢都不会发生改变. 实际上电导样品的形状可以是任意的，但载流子只能通过一维理想导线进出. 假设透过障碍的概率为 T，在障碍处被反射的概率为 R.

设 $\mu_1>\mu_2$，μ_2 以下，各子系都是完全填充的. 因此只需考虑 μ_1 和 μ_2 间电子的填充和相应的电流. 由于障碍处存在透射和反射，在障碍的左、右两侧屏蔽长度范围内分别有电荷积累和电荷欠缺. 在屏蔽长度以外应为电中性.

由前面关于弹道输运的讨论可知，由左粒子库在 μ_1 和 μ_2 间向理想导体 A 净发射的电流可表示为 $(2e/h)(\mu_1-\mu_2)$ 或 $(e/\pi\hbar)(\mu_1-\mu_2)$. 这些载流子具有概率 T 通过样品. 于是，由粒子库 1 发射，并能穿透障碍的净电流可表示为

$$I=\left(\frac{e}{\pi\hbar}\right)T(\mu_1-\mu_2). \tag{8-5-14}$$

---

* 尽管三维的散射理论已经得到相当充分的发展.

这里的$\mu_1-\mu_2$选择的足够小，以至可将T视为常量．下面来确定施加在样品上的电压，即两个理想导线A和B之间的障碍上的电压降．

在两个理想导线A和B中，μ_1和μ_2间的电子态的填充情况和入射电子流及反射和透射电子流密切相关．可分别引入化学势μ_A和μ_B来描述其中的电子的填充．μ_A和μ_B之差是用来克服障碍物的阻力的．显然有$\mu_1>\mu_A>\mu_B>\mu_2$（参看图8.50(b)）．

μ_A和μ_B的大小应使得$\mu_A(\mu_B)$和μ_1间的被占状态数（电子数）等于$\mu_A(\mu_B)$和μ_2间不被占的状态数（空穴数）．在A中，μ_1和μ_A间被占状态数为$(e/\pi\hbar)(1+R)(\mu_1-\mu_A)$．$\mu_A$和$\mu_2$间不被占的状态数为$(e/\pi\hbar)(2-1-R)(\mu_A-\mu_2)$．由之可得决定$\mu_A$的方程

$$(1+R)(\mu_1-\mu_A)=(1-R)(\mu_A-\mu_2) \tag{8-5-15}$$

在B中，μ_1和μ_B间被占状态数为$(e/\pi\hbar)T(\mu_1-\mu_B)$，$\mu_B$和$\mu_2$间不被占的状态数为$(e/\pi\hbar)(2-T)(\mu_B-\mu_2)$．由之可得决定$\mu_B$的方程

$$T(\mu_1-\mu_B)=(2-T)(\mu_B-\mu_2) \tag{8-5-16}$$

由以上两式可得

$$(\mu_A-\mu_B)=R(\mu_1-\mu_2) \tag{8-5-17}$$

于是式(8-5-13)可改写为

$$I=\left(\frac{e}{\pi\hbar}\right)\frac{T}{R}(\mu_A-\mu_B) \tag{8-5-18}$$

如前所述，A和B应是电中性的，这要求μ_A和μ_B之差由两者的导带底的相对移动引起，即由两个导体的电势能差所引起，因而有

$$\mu_A-\mu_B=eV \tag{8-5-19}$$

将上式带入式(8-5-18)，可得式(8-5-13)的Landauer公式．

在高于0 K的情形下，电子分布由费米分布f描述．于是代替式(8-5-9)的是

$$I=\frac{e}{\pi\hbar}\left[\int\frac{-\partial f}{\partial E}T(E)\,\mathrm{d}E\right](\mu_2-\mu_1) \tag{8-5-20}$$

$-\partial f/\partial E$可近似表示为

$$-\frac{\partial f}{\partial E}=[f(E-\mu_1)-f(E-\mu_2)](\mu_1-\mu_2) \tag{8-5-21}$$

由对式(8-5-15)和式(8-5-16)乘以$-\partial f/\partial E$并对能量积分可得

$$\mu_A-\mu_B=\frac{\int(-\partial f/\partial E)R(E)(\partial n/\partial E)\,\mathrm{d}E}{\int(-\partial f/\partial E)(\partial n/\partial E)\,\mathrm{d}E}(\mu_1-\mu_2) \tag{8-5-22}$$

利用式(8-5-14)和式(8-5-15)可得G为

$$G=\frac{e^2}{\hbar}\left[\int\left(-\frac{\partial f}{\partial E}\right)T(E)\,\mathrm{d}E\right]\times\frac{\int(-\partial f/\partial E)v^{-1}(E)\,\mathrm{d}E}{\int(-\partial f/\partial E)R(E)v^{-1}(E)\,\mathrm{d}E} \tag{8-5-23}$$

Büttiker 提出的多通道电导模型如图 8.51 所示. 四个短线中的每一个都表示一个理想导线(图中无阴影的部分), 都和一个粒子库相连, 它们的化学势分别为 μ_1, μ_2, μ_3 和 μ_4. 粒子库作为电子和能量的源和漏, 它们具有下面的性质: 在零度下它们向导线馈以载流子, 一直达到能量 μ_i. 每个由导线到达粒子库的载流子, 不管其相位和能量如何均被吸收. 理想导线是严格的一维的量子沟道, 在费米能处只有两个状态, 一个具有正速度(朝离开粒子库的方向), 而另一个具有负速度. 样品中的散射都是弹性的, 非弹性散射只发生在粒子库中. 样品的弹性散射的性质由概率 $T_{ij}(\Phi)$ 描述, 它代表由第 j 个导线入射的粒子穿透到第 i 个导线的概率. $R_{ii}(\Phi)$为第 i 个导线中的载流子被独立地反射回第 i 个导线的概率. 上述模型中的 Φ 代表磁通量. $T_{ij}(\Phi)$和 $R_{ii}(\Phi)$都表示为磁通量的函数. 因此上述模型也可用来研究 AB 环的相干输运.

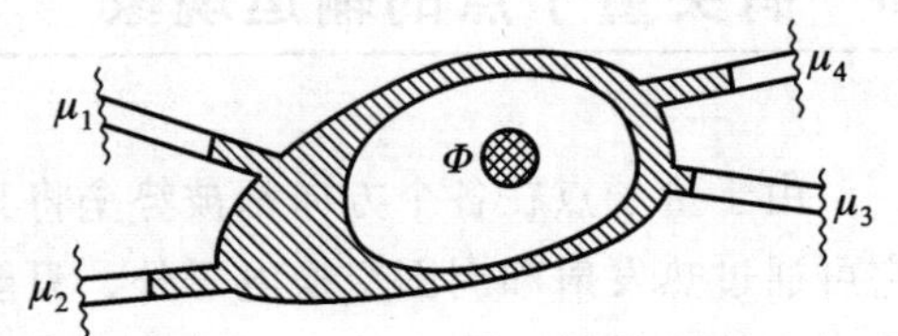

图 8.51 Büttiker 的四端子导体模型

设 μ_i 很小范围内是任意的, 在此小范围内透射和反射概率随能量的变化可以忽略. 引入 μ_0, 它小于或等于诸 μ_i 中之最小者. 在 μ_0 以下, 具有正向和反向速度的状态均已被填满. 我们仅需考虑高于 μ_0 能量范围内, 即 $\Delta\mu=\mu_i-\mu_0$ 范围内的载流子. 第 i 个粒子库发射大小为 $ev_i(\mathrm{d}n_i/\mathrm{d}E)\Delta\mu_i$ 的电流到第 i 个线中, v_i 为费米速度 $\mathrm{d}n_i/\mathrm{d}E$ 为具有正向或反向速度的状态的态密度, 因此由第 i 个粒子库发射的电流为$(e/\pi\hbar)\Delta\mu_i$ 或$(2e/h)\Delta\mu_i$.

现在考虑导线 1 中的电流. 大小为$(2e/h)R_{11}\Delta\mu_i$ 的电流被反射回粒子库 1. 粒子库 2 向导线 2 发射的电流使导线 1 中的电流减少 $-(2e/h)T_{12}\Delta\mu_2$. 类似地由导线 3 和导线 4 可得到 $-(2e/h)(T_{13}\Delta\mu_3+T_{14}\Delta\mu_4)$. 于是可得导线 i 中的总电流为

$$I_i=\frac{2e}{h}\left[(1-R_{ii})\mu_i-\sum_{i\neq j}T_{ij}\mu_j\right] \tag{8-5-24}$$

所得到的电流和 μ_0 无关, 因为和 μ_0 相关的诸项之和为零. 如果将上面的电流写成矩阵的形式, 则矩阵的行或列相加均为零:

$$(1-R_{ii})-\sum_{i\neq j}T_{ij}=0 \tag{8-5-25}$$

以上诸式就是 Landauer – Büttiker 公式. 实际上由 Landauer – Büttiker 公式可以得到 Landauer 公式[143].

Büttiker 还把他的理论进一步发展为包含非弹性散射的情形[144]. 类似的理论还被应用于共振隧穿[59].

§8.6 有关量子点的输运现象

由于量子点在各个方向都被势垒将其和周围的环境隔开，除了较高温度下它可通过热发射和周围交换电子外，只能通过隧穿特别是上一节讨论过的共振隧穿和外界进行电荷交换. 因此涉及量子点的输运通常是量子力学性质的. 这是量子点的输运不同于一维电子气和二维电子气的地方. 在极低的温度下，通过量子点的电子输运性质会被能量和电荷的量子化以及电子的电荷和自旋的相关效应以及交换相互作用所支配.

在§8.1中，我们提到，量子点，特别是其中电子稀少的量子点，行为很像原子，因此常把它们称为人工原子. 这一节要讨论的库仑阻塞现象、量子点的 Fano 效应、Kondo 效应等都与此有关. 由于对于这种人工原子的性质在一定程度上可以人为地加以控制，它们可以成为验证某些理论预言的很好的工具.

库仑阻塞现象

在电子借助共振隧穿通过只含有少数电子的量子点形成电流时，会出现所谓库仑阻塞现象[145,146]. 在示意图，图8.52中，源和漏是两个导电区，它们和量子点之间隔着势垒，假设和量子点存在弱的联系. 在适当的条件下，源、漏之间可通过共振隧穿形成电流. 量子点可在平面的共振隧穿结构的基础上通过电子束光刻形成，[145]这时电流沿垂直异质界面的方向；也可在异质界面的

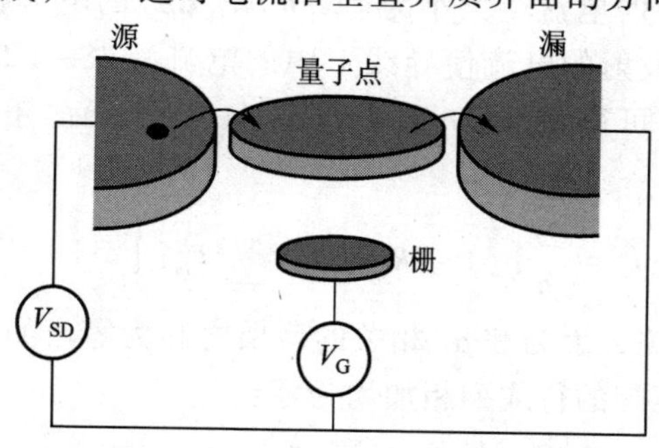

图8.52 用来说明库仑阻塞效应的结构

二维电子气的基础上形成，[75]这时电流平行于异质界面.

在向包含大量电子的大系统增加或减少一个电子时，通常不会引起可测量到的效应. 但在具有少数电子的小尺寸的量子点中，情况就不是如此. 在只包含几个到上百个可移动的电子小尺寸的量子点中，每增加一个电子，电子的静电势能的增量 U 可以是显著的，这个能量通常叫做充电能. 它类似于原子中的电离能. U 可借助于量子点的电容 C 表示为 $U=e^2/C$. 基于海森伯测不准原理的能量的量子力学涨落和能量的热涨落都有可能提供上述能量，从而可导致量子点和源、漏之间的电子交换.

量子点和源、漏之间较大的电阻（导致量子点和源、漏之间弱的联系）可以阻止能量的大的量子力学涨落. 对于充电时间为 $RC\approx\Delta t$ 的回路，基于测不准关系 $\Delta E\Delta t\approx h$，容易得到能量涨落 ΔE 小于 $U=e^2/C$ 的条件为

$$R>\frac{h}{e^2} \tag{8-6-1}$$

即势垒电阻应大于电阻的量子 h/e^2，25.813 kΩ. 小的热涨落要求：

$$U>k_BT \tag{8-6-2}$$

因此，在低温和较高的回路电阻的条件下，由于上述库仑静电能，量子点和源、漏间的电子交换会被抑制. 这就是所谓库仑阻塞. 上面的两个条件可视为量子点中电荷量子化的条件.

但若如图 8.52 所示，设置一个栅，则可通过施加栅电压来连续改变量子点周围的电荷，从而连续改变量子点相对源、漏的电势. 通过适当提高量子点的电势，从而降低其中电子的电势能，可使因库仑排斥而阻塞的电导得到疏通.

自 1987 年以来陆续有一些关于量子点中库仑阻塞效应的报道[147]. 图 8.53 所示为通过量子点源、漏间的电导随栅电压的变化[75]. 电导的峰值系列对应于电子通过量子点的共振隧穿，谷则对应具有固定的、不同的、整数个电子. 上述电导的振荡称为库仑振荡.

可见，量子点可成为这样的人造系统，每向其中增加一个电子或自其中取出一个电子，能够产生可测量到的效应. 因此，通过受控的单电子隧穿，可以探测量子点中不同电子状态的能量谱，就像通过光谱来研究原子的不同状态一样.

共振峰有一定的宽度 Γ. 温度的高低和回路电阻的大小都会影响图 8.53 中的线宽. 当 $k_BT\ll\Gamma$ 时，Γ 就是共振能级的宽度，它决定于量子点和源、漏间隧道耦合的强弱；当温度较高时，共振线宽决定于源、漏中电子在费米能 μ 上下的热分布，电导具有以下形式[148]：

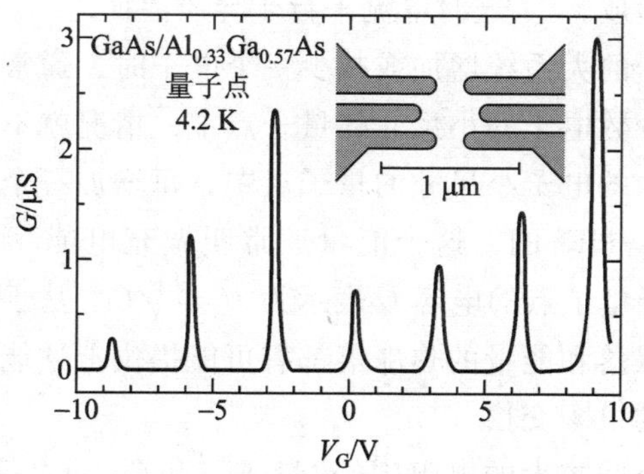

图 8.53 通过量子点的源、漏间的电导随栅电压的变化

$$G(\mu) \propto \frac{\partial f}{\partial E} \propto \cosh^{-2}\left(\frac{E-\mu}{2k_B T}\right) \tag{8-6-3}$$

宽度约为 $4k_B T$. 对于认识量子点中的许多现象来说，U 和 Γ 是重要的参量.

图中的电导峰值的栅压间距初看起来似乎是等距的. 这是因为添加电子时库仑能的增加常是主要的. 实际上，增添的电子依次占据不同的量子能级时，栅压间距也会有小的差异. 自然，添加一个电子所需的充电能的大小和量子点的大小有关. 半径为 R 的孤立圆球的电容为 $4\pi\varepsilon\varepsilon_0 R$. 可估算得相应的充电能 U 为

$$U = \frac{e^2}{4\pi\varepsilon\varepsilon_0 R} \tag{8-6-4}$$

$$= 1.108\left(\frac{13}{\varepsilon}\right)\left(\frac{100\ \text{nm}}{R}\right)\quad [\text{meV}]$$

孤立盘状电容则为 $8\varepsilon\varepsilon_0 R$，相应的 U 为

$$U = \frac{e^2}{8\varepsilon\varepsilon_0 R} \tag{8-6-5}$$

$$= 1.740\left(\frac{13}{\varepsilon}\right)\left(\frac{100\ \text{nm}}{R}\right)\quad [\text{meV}]$$

在两者情形下，U 都反比于半径 R. 若在量子点附近存在源、漏和栅，则量子点的电容会增大. U 会适当减小. 对于线度为 100 nm 量级的量子点，U 为 1 meV 量级. 在这种情形下，10 K 以下才能观察到库仑阻塞. 由 §8.1 关于特征能量 ϵ_0 的式(8-1-6)可估算出，同样线度的量子点的量子能级的间距 ΔE，为几十 μeV 量级，比充电能要小得多. 不过，随着量子点线度的减小，量子能级的间距 ΔE 相对于 U 的大小会逐渐增加.

源、漏和量子点之间的电子交换，也可用各自的化学势来描述. 设源和漏的化学势分别为 μ_S 和 μ_D. 则电子由源向漏流动的必要条件是 μ_S 高于 μ_D，即

要在源、漏间施加一定的电压 $V_{SD}=-(\mu_S-\mu_D)/e$，如图 8.54 所示. 但是否有电流要看量子点的化学势 $\mu_{dot}(N)$ 的高低. $\mu_{dot}(N)$ 代表量子点中有 N 个电子时的化学势. 在绝对零度下是否有电流，取决于是否有 $\mu_{dot}(N)$ 位于 μ_S 和 μ_D 之间的能量窗口之中.[149] 参看式(3-7-17)，(3-7-18)，根据定义，绝对零度时添加第 N 个电子的化学势 $\mu_{dot}(N)$ 是

$$\mu_{dot}(N)=U(N)-U(N-1) \tag{8-6-6}$$

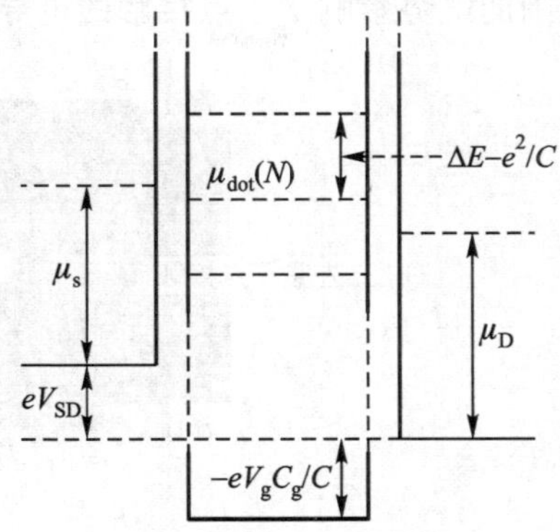

图 8.54 在库仑阻塞效应中，源、漏和量子点的化学势的相对位置

$U(N)$ 是量子点上有 N 个电子时的基态的总能量. 原则上可将它表示为[150]

$$\mu_{dot}(N)=E_N+\frac{(N-N_0-1/2)e^2}{C}-eV_g\frac{C_g}{C} \tag{8-6-7}$$

式中 E_N 为填充第 N 个电子的量子化能级的能量；第二项为库仑能的贡献，电容 C 为量子点和源、栅、漏之间的电容之和；N_0 为量子点为电中性时其中的电子数；第三项描述栅极电压 V_g 对量子点的电势能的影响，C_g 为栅和量子点之间的电容. 由上式可得

$$\mu_{dot}(N+1)-\mu_{dot}(N)=\Delta E+\frac{e^2}{C} \tag{8-6-8}$$

即由于电荷的量子化，量子点中所有电子之间的相互作用体现于单个电子充电能 e^2/C 之中. 填充第 $N+1$ 个电子的化学势 $\mu_{dot}(N+1)$ 比填充第 N 个电子的化学势 $\mu_{dot}(N)$ 高 $\Delta E+e^2/C$. 通过施加适当栅压 V_g，改变 $\mu_{dot}(N)$，$\mu_{dot}(N+1)$ 等相对 μ_S 和 μ_D 的高低，从而可改变量子点中的电子数.

在宽度小于 10 nm 长 100 nm 的 Si 的小尺寸的量子线中在室温下也观察到了库仑阻塞振荡[151]. 除了库仑阻塞以外，电子的自旋也可引起自旋阻塞效应.[152]

基于库仑阻塞现象可制成单电子晶体管(SET). 从原理上，单电子晶体管的结构和图 8.52 所示的结构相同，常常通过类似于图 8.53 的插图所示的裂栅结构来实现. 单电子晶体管本身就可用作一个开关. 为了实现某些功能，单电子晶体管常常和其它功能单元，如另一个单电子晶体管、量子点接触、Aharonov-Bohm 环等结合在一起形成某种功能. 但为了能让这种器件能在室温下工作，结构的线度需要降低到 10 nm 量级. 图 8.55 所示为通过裂栅技术形成的一个包含两个单电子晶体管和两个量子点接触的复合结构[153]，可用来读出量子点的电荷. 中央部分的两个白点代表两个量子点. 通过适当施加各电极上的

电压，可以控制量子点中的单个电子的进出．量子点中电荷的变化将通过影响周围的电势影响量子点接触的电导．

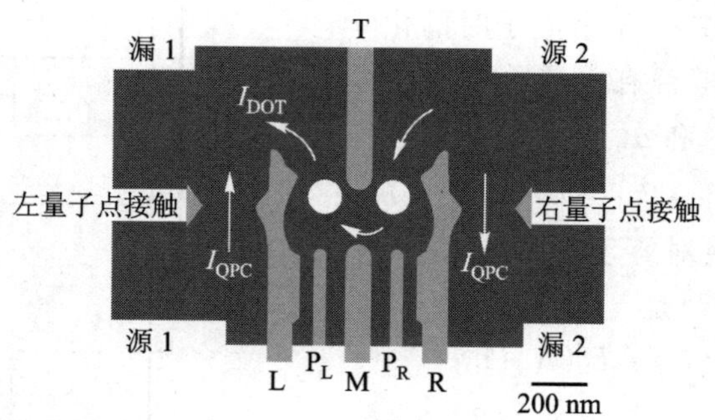

图 8.55 电荷读出电路的裂栅结构的扫描电子显微图像

AB 环中的量子点和 Fano 效应

现在我们来稍仔细一点介绍上一节提到的关于 AB 环中量子点的实验[117]．一个量子点被置于 AB 环的一个臂的通道上．结构的裂栅的示意图如图 8.56 所示．图中 S，D 分别表示源和漏，环的上、下两个缺口为两个量子点接触，通过它们 AB 环和源、漏相联接．环的左臂通过裂栅形成一个量子点．量子点中的电子数可通过中间的电极 P 加以改变，量子点和环臂之间的耦合则可通过电极 P 两侧的两个电极加以调节．形成结构所采用的二维电子气的弹性自由程为约 10 μm，结构的线度约为 2 ~ 3 μm.

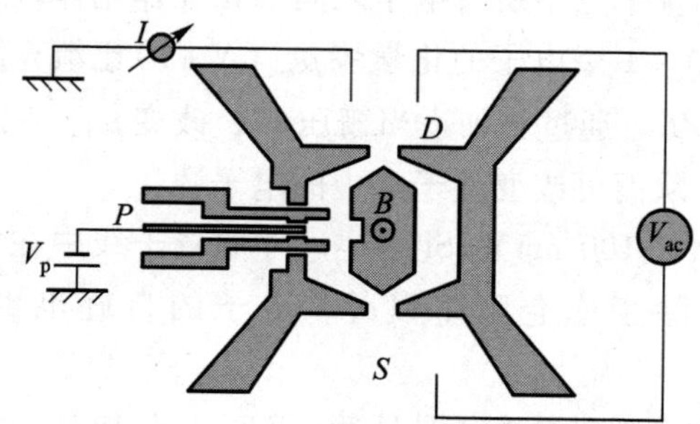

图 8.56 关于 AB 环中量子点的实验的样品的裂栅结构

测量在 80 mK 下进行，实验表明，尽管插入了一个量子点，施加磁场仍会导致一定幅度的 AB 振荡，振荡周期为 20 G，和预期的 AB 环的周期有很好的一致．这说明通过量子点的电子波存在相干分量．

图 8.57(a)所示为环电流随栅电压 V_p 的变化．图中的三个峰对应于顺序的三个库仑振荡峰．A，B，C 三点为三个峰的相似的位置．图 8.57(b)为在

A，B，C 三点所对应的栅压 V_p 下测得的 AB 振荡. 由图可见这三点的 AB 振荡的相是相同的.

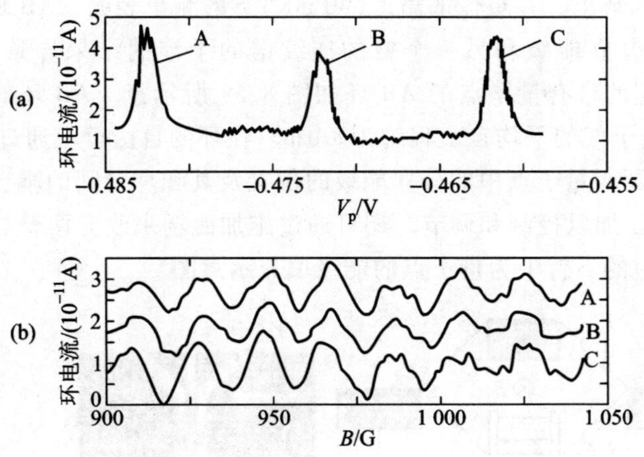

图 8.57 环电流随栅电压 V_p 的变化. 三个峰为顺序的三个库仑振荡峰

图 8.58 所示为沿一个电导峰的相的演变. (a)为环电流随栅压(以 e/C 为单位,充电能为 0.5 meV)的变化. 虚线和点线分别为 0 K 和测量温度下的理论线宽. (b)为不同点的 AB 振荡，由之可以看出不同点之间的相移. (c)为由实验测得的两个峰的相的变化. 可见在峰附近 2 和 3 点之间较小的能量区间内发

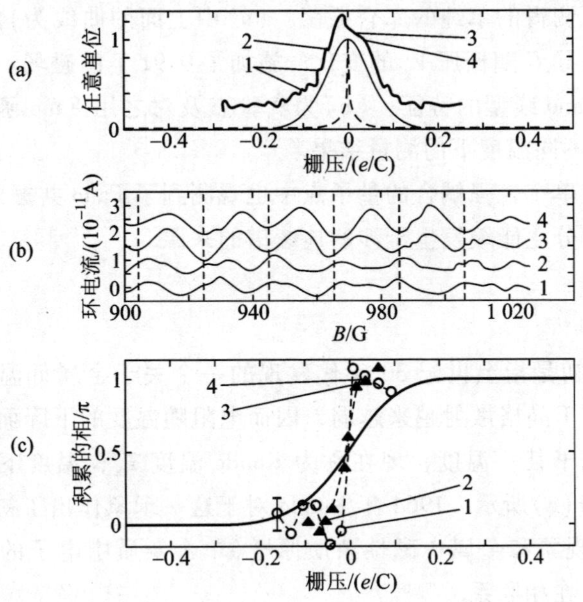

图 8.58 沿电导峰的相的演变

生很陡的、大小为 π 的相的改变. 由此可见，相的改变是发生在电子数发生改变的时候. 这是关于量子点的相的行为的最早的测量.

在更小的 AB 环上，在更低的温度(30 mK)下的测量表明，AB 环的一个臂上的量子点中的分立能级和另一个臂的连续谱的干涉的结果导致了 Fano 共振[133]. 实验所用的带有量子点的 AB 环如图 8.59 所示意. AB 环的线度略大于 1 μm，二维电子气的平均自由程约为 8 μm. 在环的自由臂上通过栅压 V_c 可控制该臂的通或断. 量子点中的分立能级的位置及其和环臂间的耦合则可通过改变 V_g 和 V_L，V_R 加以控制和调节. 还可通过施加磁场来改变两臂之间的相的相对变化. 图(a)的下臂中为量子点的能级填充示意图.

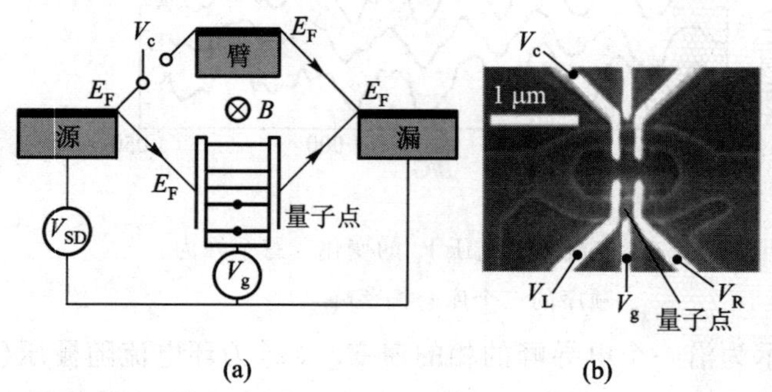

图 8.59 观测到 Fano 共振所采用的 AB 环结构

图 8.60 所示为由上述结构得到的一组测量结果. (a)中下面的曲线为在断开自由臂的条件下测得的单纯的库仑振荡. (a)中上面的曲线为自由臂也导通时测得的结构的电导 G 随栅压 V_g 的变化. 施加了 0.91 T 的磁场. 由图可清楚地看到共振峰的 Fano 线型的特征; (b)为实验点及对之用 Fano 函数进行的拟合的结果; (c)为不同温度下的测量结果.

要提到的是在单个较强耦合的量子点中也观测到了 Fano 共振[132]. 尽管尚不清楚和量子点中分立能级发生干涉的连续谱的来源.

Kondo 效应

Kondo 效应最初是指上世纪 30 年代发现的一个关于金属低温电阻的反常现象. 在低温下由于晶格散射越来越弱，因而电阻随温度的下降而下降. 但在有些情形下，在低于某一温度，现在称为 Kondo 温度 T_K，温度下降，电阻反而上升，如图 8.61(a)所示. 1964 年 Kondo 对于这一现象作出了初步满意的解释. [154]上述反常现象和金属中磁性杂质原子(单个杂质中电子的总自旋不为零,如钴原子)的存在相联系.

在 Kondo 以后，不少理论工作者就这一问题进行了研究. 对于一些磁性杂

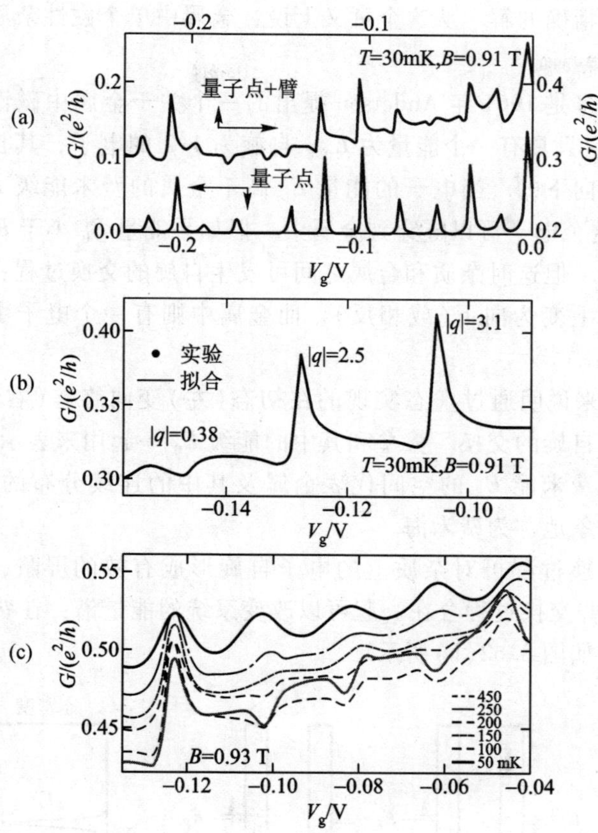

图 8.60 AB 环上一个臂上的量子点的分立能级和另一个臂的连续谱的干涉所导致的 Fano 共振

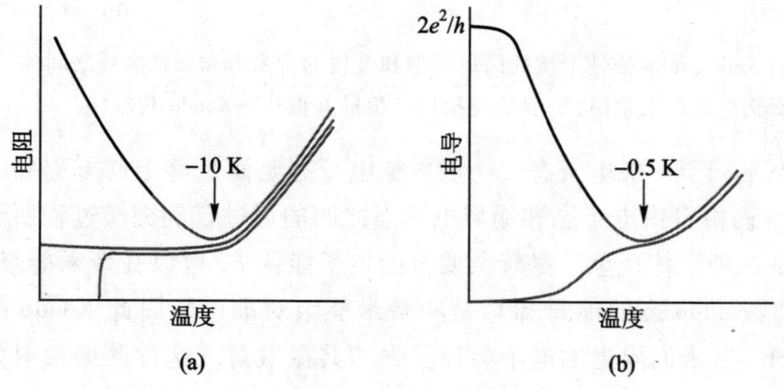

图 8.61 (a)关于金属低温电阻的温度关系的 Kondo 效应
(b)量子点中的 Kondo 效应

质的模型已经得到精确的解. 从这个意义上说, 金属中单个磁性杂质的问题已经得到解决.

人们采用的大多是1961年Anderson提出的一个关于金属中磁性杂质的很简单的模型[155]: 它只具有一个能量为E_0、自旋为1/2的电子, 其自旋的取向可以是向上的或是向下的. 当电子的能量E_0高于金属的费米能级E_F(它就等于费米能μ)时, 这个电子可以隧穿到金属中. 但如果能量E_0小于E_F, 则电子将保持在杂质之中. 但这时杂质和金属之间可发生自旋的交换过程: 杂质上的电子的自旋可从向上变为向下(或相反), 而金属中则有一个电子由向下的变为向上的(或相反).

图8.62(a)用来说明通过虚态实现的在初态(左)变向终态(右)的过程中杂质和金属中电子自旋的交换. 势垒和其中的能级E_0一起用来表示磁性杂质. 两个势垒以外标有费米能E_F的空间代表金属及其中的连续分布的电子状态. 常将其中的电子形象地称为费米海.

频繁的自旋交换过程可对杂质上的电子自旋形成有效的屏蔽, 形成所谓Kondo屏蔽云. 这些交换过程合在一起可以改变系统的能量谱: 在费米能级E_F处产生一个共振, 如图8.62(b)所示.

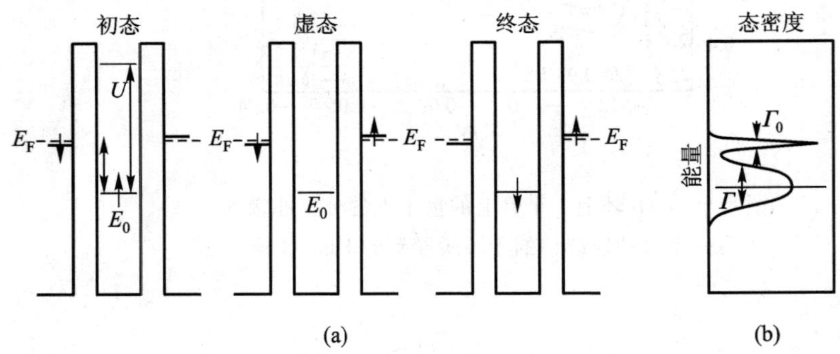

图8.62 (a)Anderson的磁性杂质的简单模型和金属的费米海和磁性杂质之间的自旋交换过程示意图(b)自旋交换所产生的共振——Kondo共振

Kondo态不同于一般电子态. 一般本征电子态是满足薛定谔方程和一定边界条件的波. 而由自由电子态和局域电子态之间的通过自旋交换过程所形成的Kondo态则是一种多体现象. 尽管杂质上的电子能量E_0可以在费米能级E_F以下比较远, 但Kondo态的能量却总是和费米能级对准的, 因此Kondo态总是“在共振”的. 费米面附近的电子会经受强的共振散射. 这种共振散射是使金属电阻增加的原因.

发生Kondo效应的唯一条件是温度要低于Kondo温度T_K. Haldane证明[156], T_K通过下式

$$T_K = \frac{1}{2}(\Gamma U)^{\frac{1}{2}}\exp\left[\frac{\pi E_0(E_0+U)}{\Gamma U}\right] \tag{8-6-9}$$

和 Anderson 模型的参数相联系. 式中 U 是杂质位置上的两个电子间的库仑排斥能, Γ 是因频繁的隧穿所导致的能级展宽. 视不同情形, Kondo 温度可在 0～100 K 之间变化. 而电阻 R 和绝对零度时的电阻 R_0 的比值 R/R_0 只是比值 T/T_K 的函数. 因此参数 E_0, U 和 Γ 可由单个参数 T_K 所代替. 但由理论得到的结果难于在金属中进行检验. 这不仅因为金属中磁性杂质的状态难以改变, 而且测量所得到的结果是许多杂质的平均, 不能反映单个磁性杂质产生的效应.

1988 年以来, 陆续有人预言, 上述 Anderson 关于金属中 Kondo 杂质的模型也适用于量子点, 许多 Kondo 现象会出现在这一单电子器件上[157,158]. 通过隧穿与源和漏耦合的、具有数量较少的奇数个电子的量子点(总自旋必不为零, 至少为 1/2), 如图 8.63 所示意. 对比图 8.54, 8.62 和 8.63, 两者的相似性是不难理解的. 电子在量子点和源、漏间的隧穿可实现自旋的交换耦合. 因此量子点可成为检验关于 Kondo 效应的理论的有效工具.

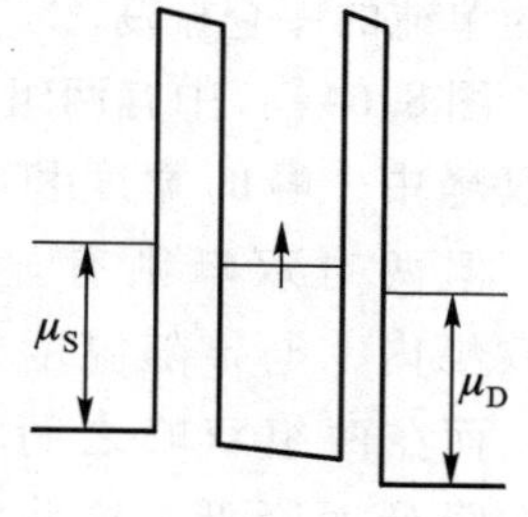

图 8.63 应用于量子点的 Anderson 磁性杂质模型

相比于磁性杂质原子, 具有库仑阻塞效应的单电子晶体管具有以下的优点. 通过改变其中的电子数, 可使量子点在含有奇数个电子的 Kondo 系统和含有偶数个电子的非 Kondo 系统之间进行切换; 上面所说的一些重要的参数, 其中如对应于磁性杂质的单能级位置 E_0, 以及库仑排斥能 U, 都有可能通过调节诸电极上的电压加以改变. Γ 也可通过改变源、漏和量子点之间的耦合加以调整. 即对于给定的量子点, T_K 是可以适当调整的. 而且, 源、漏间电压也可以改变, 以便研究非平衡 Kondo 现象[159].

量子点中 Kondo 共振所产生的具体效应却不同于金属中的磁性杂质原子的情形. 在金属中, 磁性杂质原子产生的共振, 加强了费米面上电子的散射, 因而导致金属电阻的增加. 而在量子点情形下, Kondo 共振却加强了源、漏之间的导电通道, 因而却可导致源漏间电导的增加, 如图 8.61(b)所示. 特别是理论还预言, 随着温度的降低, 量子点的电导最终可达到 $2e^2/h$. 人们把量子点中上述效应也叫做 Kondo 效应, 是因为这一现象和金属中低温下电阻的增加都由同样的过程所引起.

借助 Anderson 模型, 理论成功地说明了量子点振荡峰的反常温度依赖关系.[158] 事实上, 在量子点上确实观察到了 Kondo 效应.[160～161] 图 8.64 所示为在不同条件下, 由同一个单电子晶体管得到的电导 G 随栅电压 V_G 的变化[160],

对于观察 Kondo 效应，量子点和源、漏间有较强的耦合，即有较大的 Γ，较为有利. 重要的是量子点要做得足够小，使量子点中量子能级之间的间距 ΔE 足够大，$\Delta E > \Gamma$. 这样才不致因能量的量子力学涨落使电子溢出量子点之外. 测量所采用的量子点大小约为 100 nm 见方. 图 8.64(a)和(b)对应于 Γ 较大的情形，图中的曲线是 Kondo 效应的表现. 图 8.64(c)则对应于 Γ 较小、弱耦合、窄线宽的单纯的库仑振荡.

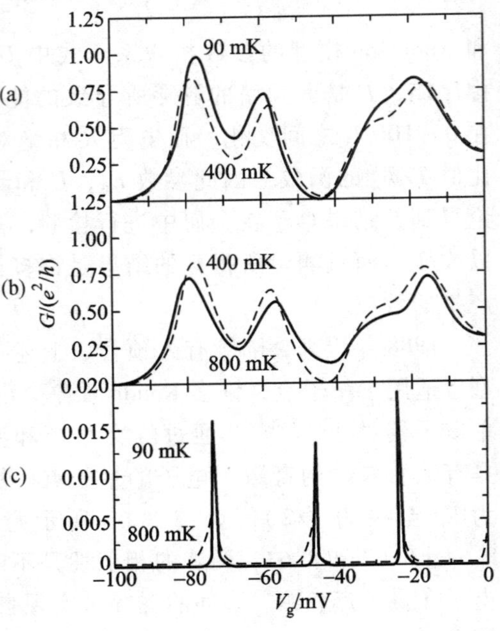

图 8.64 在不同条件下，同一量子点的电导 G 随栅电压 V_G 的变化

图 8.64(a)中有两组双峰. 在一对双峰中，峰的宽度和高度比较接近. 但两对双峰则有显著的不同. 在双峰内，电导随温度的降低而升高；而在两组双峰之间，电导随温度的降低而降低. 这些都说明，在双峰内的两个峰之间，量子点内有奇数个电子；而在两个双峰之间，量子点内有偶数个电子. 这些都和 Kondo 效应相一致.

在低于 Kondo 温度 T_K 的温度范围内，量子点的电导也只依赖于比值 T/T_K. 在量子点上，对此最易于进行验证. T_K 可根据式(8-6-8)计算出来. 式中的 U，E_0 和 Γ 都可以从实验得到.

图 8.65 所示为不同温度下，源、漏电极间通过量子点的电流随栅电压的

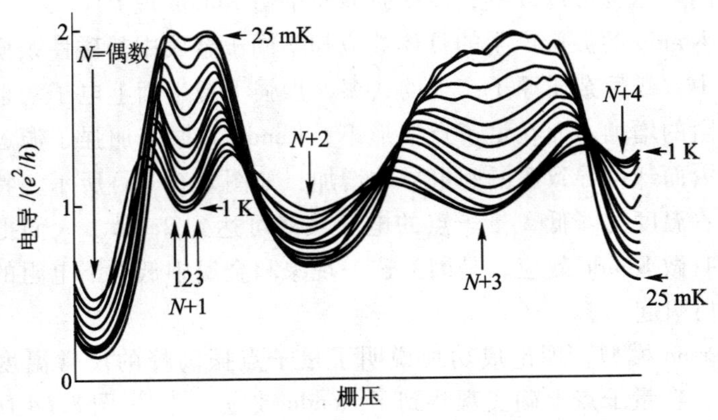

图 8.65 不同温度下量子点的电导随栅电压的变化

变化.[162] 测量温度在 25 mK 和 1 K 之间. 电导的变化规律和图 8.64(a)和(b)中的相似，但有更大的温度范围.

图 8.66(a)所示的曲线对应于图 8.65 中电子数为 $N+1$ 的，标为 1，2，3 的三个不同栅压.[162] 三种情形所对应的 Kondo 温度 T_K 略有区别. 但如图 8.66(b)所示，若将测量结果处理为电导 $G-T/T_K$ 关系，则在 $T/T_K<1$ 的条件下，三条曲线重合，即可用相同的函数关系描述. 在低温下，趋向于电导量子 $2e^2/h$. 这时量子点对于电子是透明的.

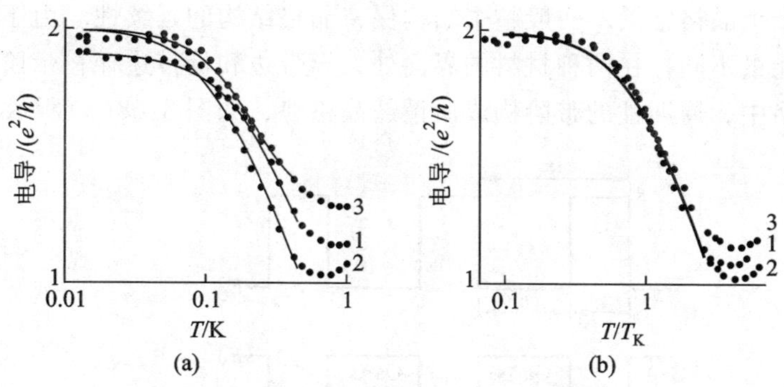

图 8.66 电导随温度 T 及 T/T_K 的变化

施加适当的磁场可对双峰之间的谷电流产生重要影响. 图 8.67 所示为一个双峰的电导随栅压的变化. 温度由 15 mK 到900 mK. 施加 0.4 T 的磁场，谷处的电导显著升高，以至达到极限值 $2e^2/h$[163].

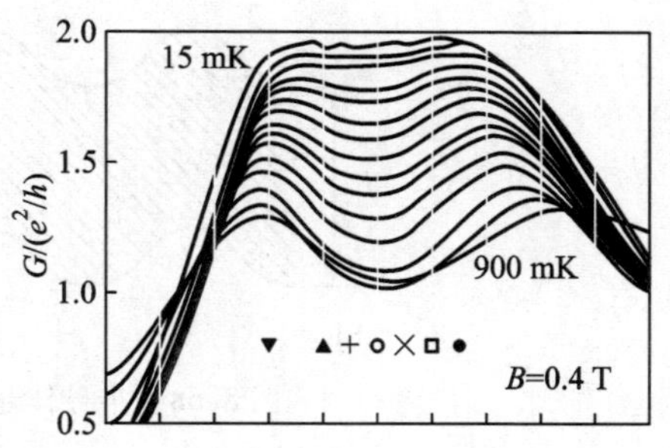

图 8.67 在 0.4 T 的磁场下，不同温度下的 Kondo 共振峰的电导

近期的实验还说明，在电子数量少但数量确定的介观结构中，Kondo 效应是相当普遍地存在的. 理论还预言，在量子点中会存在新的 Kondo 现象[157~158]. 量子点的电子结构也可加以控制. 在大约 1 T 的磁场下，可强迫量子点由自旋 $S=0$ 的单态转变为 $S=1$ 的三重态. 在原子中发生类似的转变要求10^6 T，实验上是不可能实现的. 在三重态情形下，也可发生类似于普通 Kondo 效应的多体效应. 磁场甚至使效应更易于发生.

近来，有人进一步利用两个量子点研究含两杂质的 Kondo 系统[164].

从应用的角度来看，量子点中的 Kondo 效应的重要性在于和自旋相关的输运性质.

§8.7 半导体超晶格

超晶格的概念是由江崎和朱兆祥[1]在1969年最先提出的. 超晶格是由周期性交替生长的两种(或多种)材料构成的人造晶体. 通常用分子束外延法(MBE)或金属有机物化学蒸气淀积(MOCVD)法制备. 每种半导体的厚度从单原子层到几十个晶格常量. 一般整个结构保持晶格结构的延续性. 由于两种材料的带边的能量不同, 在两种材料的界面处, 导带边和价带边存在带阶. 在这种组分超晶格中, 周期性的带阶构成所谓超晶格势, 如图8.68(a)所示.

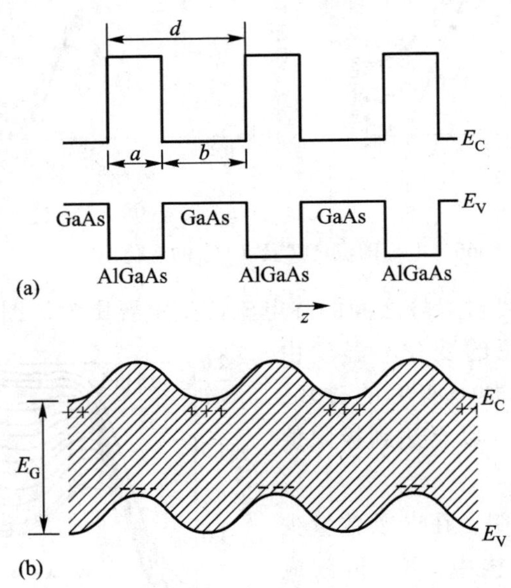

图8.68 半导体超晶格中的势分布

在超晶格和各种微结构中, 存在三种不同类型的界面.[165] Ⅰ型-跨立型, 一种半导体的带隙处于另一半导体的带隙之中; 在Ⅰ型超晶格和微结构中, 导带和价带的势阱是对准的, 因而电子和空穴的空间分布是重叠的. Ⅱ型结构: 两种半导体的导带和价带向同一方向偏移; Ⅱ型结构又可区分为交错型和断隙型, 在断隙型结构中, 两种半导体的带隙完全断开; 在Ⅱ型结构中, 导带和价带的势阱是错开的, 因而电子和空穴的空间分布重心是错开的. Ⅲ型: 半金属-半导体界面. 这三种类型的界面如图8.69所示意. GaAs/AlGaAs, SiO_2/Si, ZnCdSe/ZnSe, ZnSe/GaAs等属于Ⅰ型, AlSb/InAs, $Ga_xIn_{1-x}As/GaAs_ySb_{1-y}$的大部分成分, AlInAs/InP等属于Ⅱ型-交错型, InAs/GaSb属于Ⅱ型-断隙型. HgTe/CdTe属于Ⅲ型.

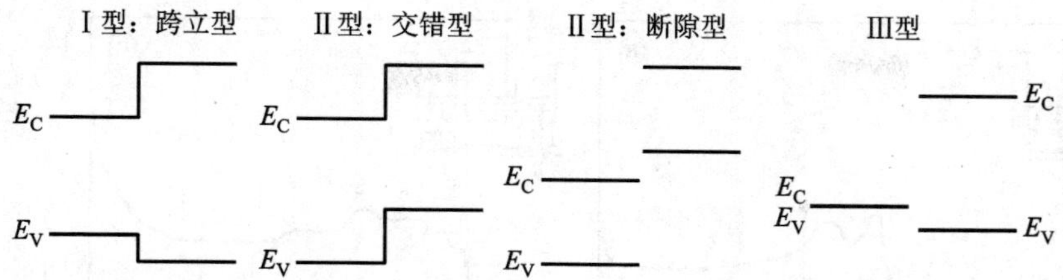

图 8.69 三种类型的异质界面：Ⅰ型－跨立型；Ⅱ－交错型；Ⅱ－断隙型；Ⅲ型

超晶格也可以在同一种半导体中通过交替进行 n 型和 p 型掺杂形成，称为掺杂超晶格，如图 8.68(b)所示．统一的费米能级要求电子重新分布，从而形成超晶格势．显然在掺杂超晶格中，电子和空穴的空间分布重心是错开的．有效禁带宽度会随掺杂以及电子、空穴的激发水平而改变．

超晶格也可通过周期性生长的量子线或量子点的阵列形成，分别称为量子线超晶格或量子点超晶格．

超晶格的能带

量子阱和超晶格之间的关系类似于原子和晶体之间的关系．当完全相同的量子阱彼此相距很远，波函数不发生交叠时，这些量子阱是相互独立的．它们具有完全相同的量子化能级．若将这些量子阱看作属于一个系统，则每个量子能级都是多重简并的．但当各量子阱彼此靠近，以至于相邻量子阱的波函数发生交叠，即可通过隧道效应发生耦合时，则有关的量子能级将解除简并，分裂为多重能级．而且阱的间距愈小，能级间的裂距愈大．这里发生的纯粹是量子力学的效应．上述现象已由早期多量子阱的光吸收谱所证实[166]．

图 8.70(a)所示为由 80 个阱宽约 5 nm，垒宽约 18 nm 的 $Al_{0.27}Ga_{0.73}As$/GaAs 量子阱在 2 K 得到的吸收谱．标为 1 和 2 的峰对应于由 $n=1$ 的重、轻空穴的量子化能级向 $n=1$ 导带量子化能级的跃迁．图 8.70(b)则由 60 个阱宽为约 5 nm、阱距为 1.5 nm 相互耦合的 GaAs 双势阱得到的吸收谱．双阱的间距为约 20.6 nm．耦合的两个量子阱使重、轻空穴和电子原来一个状态都分裂为二，因而出现了四个吸收峰．每个图下方的黑白长条为由有关数据从理论上计算出的能量值．图 8.70(c)由相互耦合的 3 势阱的多量子阱得到；图 8.70(d)则由相互耦合的 10 势阱多量子阱得到．

超晶格可以看作由周期性排列的、通过隧道效应耦合的大量的量子阱构成．当耦合的量子阱数量很多，以至分裂的诸能级形成准连续的带时，结构就由多量子阱过渡为超晶格，如图 8.71 所示意．上面的实验结果是耦合的量子阱形成超晶格的直接证据．量子阱间发生耦合的条件是，超晶格的周期 d 应小于相干涉长度．

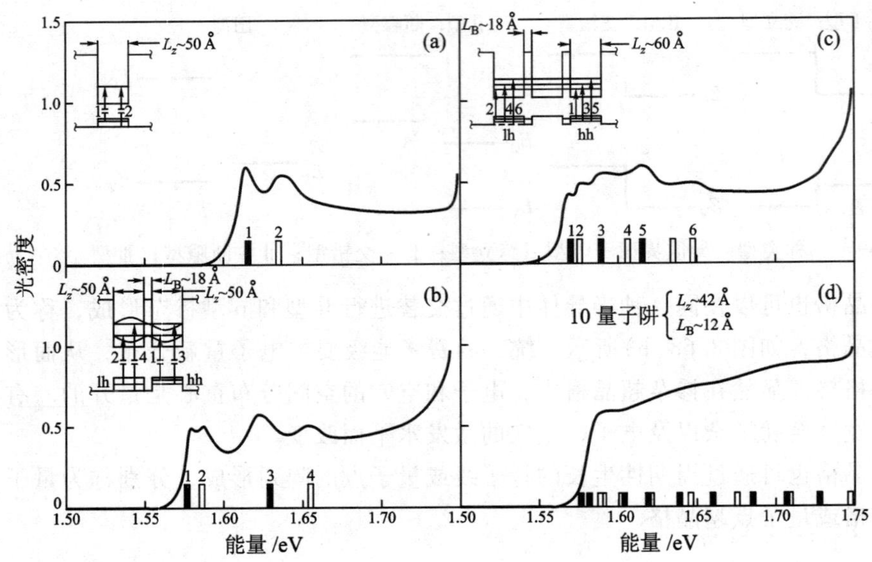

图 8.70 由单阱、耦合的双阱、耦合的三量子阱及耦合的十量子阱得到的吸收谱

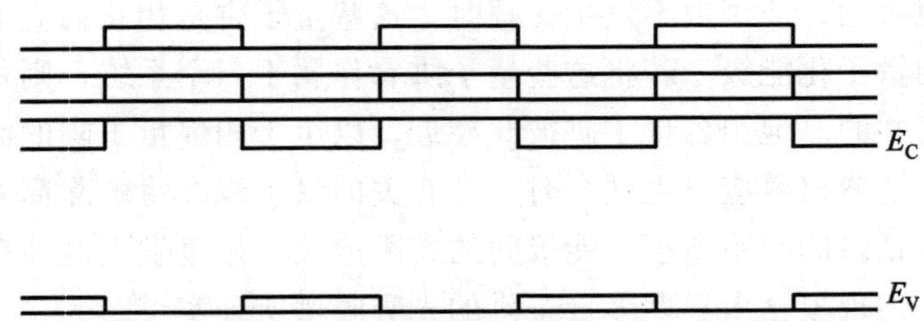

图 8.71 量子阱中的能级演变成为超晶格中的能带

下面考查电子在导带超晶格势场中的行为. 通常将垂直于界面的方向取为 z. 该方向又称为超晶格轴. 设 $U(z)$ 为超晶格势, 采用有效质量近似. 设两种材料导带有效质量相同, 为 m. 有效质量方程为

$$\left[-\frac{\hbar^2}{2m}\left(\frac{\partial^2}{\partial x^2}+\frac{\partial^2}{\partial y^2}+\frac{\partial^2}{\partial z^2}\right)+U(z)\right]f(x,y,z)=Ef(x,y,z) \quad (8-7-1)$$

类似于量子阱情形, 可分离出关于 z 方向运动的方程

$$\left(-\frac{\hbar^2}{2m}\frac{\partial^2}{\partial z^2}+U(z)\right)\zeta(z)=E(k_z)\zeta(z) \quad (8-7-2)$$

不同于量子阱的是, 这里的 $U(z)$ 是周期势. 方程有布洛赫函数形式的解, 本征能量 E 为 k_z 的函数. 图 8.68(a)所示的超晶格势和 Kronig - Penney 模型

势[167]的形式相同. 对于能带极值位于 $k_z=0$ 的情形，和 Kronig - Penney 问题相比，这里的问题只是用有效质量 m 代替了电子质量 m_0. 因此，由方程 (8-7-2) 可得到图 8.72 中的实线所示 $E-k_z$ 关系. 类似于在晶体的周期势场中电子能带的形成，超晶格的周期势也使原来的由有效质量 m 描述的抛物型 $E-k_z$ 关系断裂为许多子能带，又可称为微带. 断裂点在 $k_z=\pm n\pi/d$ 处，如图 8.72 所示. 另一方面，类似于关于量子阱的讨论，电子在平行于界面方向的运动将不会发生变化，于是 $E-k$ 关系可一般写作

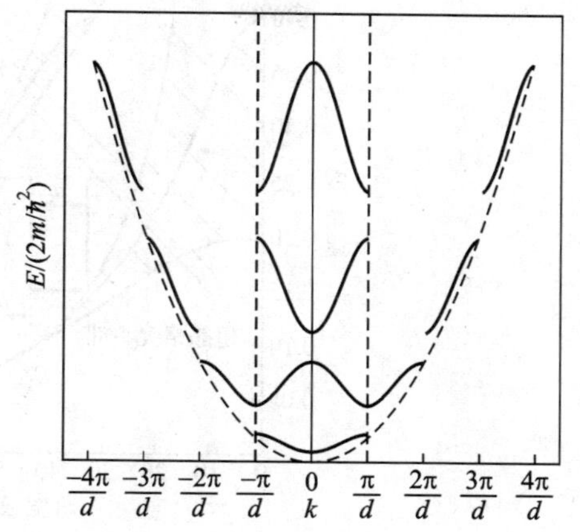

图 8.72 超晶格的 $E-k$ 关系

$$E(\boldsymbol{k})=E(k_z)+\frac{\hbar^2(k_x^2+k_y^2)}{2m} \tag{8-7-3}$$

显然，沿 z 方向和沿 x, y 方向有不同的色散关系.

和普通晶体中电子的 $E-k$ 关系相似，超晶格的 $E-k_z$ 关系也具有周期性. 其周期为 $2\pi/d$. 于是，也可把对超晶格的 $E-k_z$ 关系的描述限制在中央的简约布里渊区中，如图 8.72 所示. 可见，超晶格势把原来宽度为 $2\pi/a$ 的简约布里渊区折叠为较窄的，宽度为 $2\pi/d$ 的简约布里渊区，称为布里渊区折叠. 超晶格的简约布里渊区的宽度为原来晶体的 a/d 倍，有时称为微布里渊区.

图 8.72 所示的 $E-k_z$ 关系只是示意图. 超晶格诸子带的具体 $E-k_z$ 关系，显然依赖于具体的超晶格势. 可以通过对超晶格中两种原子层厚度和成分的调整，来改变超晶格势，从而可在一定限度内适当改变 $E-k_z$ 关系. 这正是提出超晶格的初衷.

第一微带的中心的能量位置和上一节引入的量子阱的特征量 ϵ_0 接近. 类似于量子阱情形，微带的位置主要决定于阱的宽度. 图 8.73 所示为由计算得到的超晶格的最低的四个微带的位置和宽度随阱宽的变化[168]，阱宽和垒宽相同，阱深为 0.45 eV，有效质量为 $0.1m_0$.

带宽是超晶格的重要参量，它的大小主要取决于势垒的宽度，是量子阱之间的耦合强度的一种量度. 早期研究得较多的是 AlAs/GaAs 超晶格. AlAs/GaAs 超晶格的最低导带子带的宽度约在 1 ~ 100 meV 之间改变，但较高的子带通常要宽得多.

由于子带之间的新的间隙，子带的能量范围被压缩，因而平均来说有效质量变大了. 特别是对于紧束缚型的，即宽势垒型的超晶格. 若假设 $E-k_z$ 有以

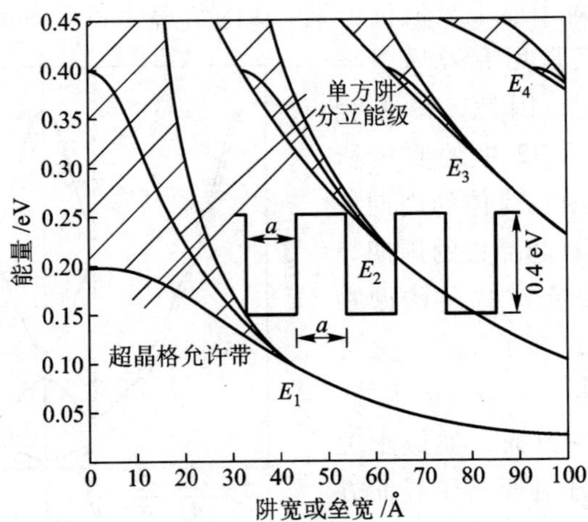

图 8.73 超晶格微带的能量和带宽随阱宽的变化

下的正弦式的关系

$$E(k_z)=\frac{\Delta E}{2}(1-\cos k_z d) \qquad (8-7-4)$$

(式中 ΔE 为带的宽度,d 为超晶格周期)则由上式可得带底有效质量 $m(0)$ 为

$$m(0)=2\hbar^2/\Delta E d^2$$

$$=1.524\times\left(\frac{\text{meV}}{\Delta E}\right)\left(\frac{10\ \text{nm}}{d}\right)^2 m_0 \qquad (8-7-5)$$

上式可用来粗略估计超晶格子带的有效质量. 势垒的宽度增大, 阱之间耦合减弱, 因而带宽 ΔE 减小, 相应地有效质量会增大. 图 8.74 所示为由计算得到的 AlAs/GaAs 超晶格的最低子带的有效质量 m_s 随势垒层厚度的变化.[169] GaAs 层固定为 4 个原子层.

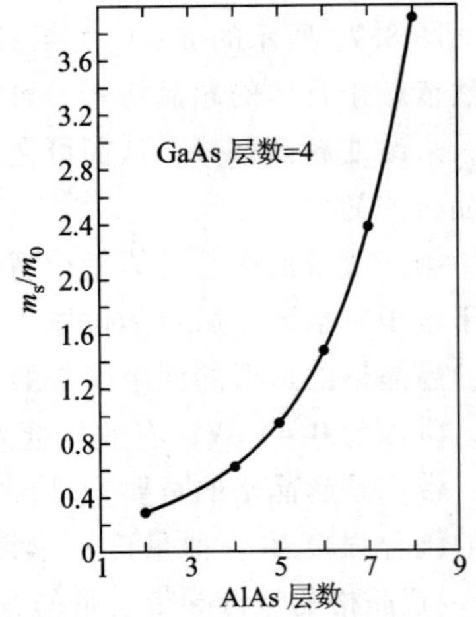

图 8.74 AlAs/GaAs 超晶格的最低子带的有效质量 m_s 随势垒层厚度的变化. GaAs 层固定为 4 层

图 8.75 所示为超晶格的态密度 $g(E)$ 随电子能量 E 的变化. 图中给出了三维晶体的态密度及量子阱中的二维电子气的态密度作为比较. 可见, 它不同于三维晶体的抛物性关系, 也不同于虚线所示的二维电子气情形台阶形曲线. 超晶格的色散倾向于抹掉态密度中的台阶. 但当量子阱距离增大时, 超晶格的子带逐渐退化为一个简并的量子化能级, 回归到对应于量子阱的二维电子气情形. 另一方面, 当超晶格

势消失时，它将趋向于三维情形.

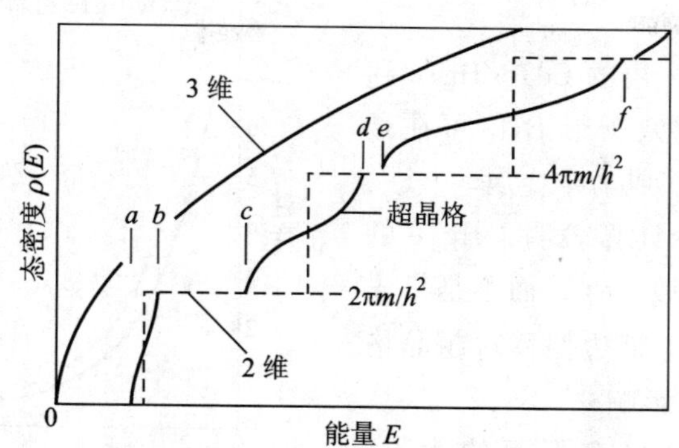

图 8.75 超晶格的态密度 $g(E)$ 随电子能量 E 的变化

对于导带极小值不在 $\boldsymbol{k}=0$ 的半导体，如 Ge/Si，GaAsP/GaP 超晶格子带的能量最小值也可以不在 $\boldsymbol{k}=0$. 选择适当的超晶格周期 d，通过布里渊区折叠，可使导带极小折叠至 $\boldsymbol{k}=0$，从而使超晶格子带带隙由间接的变为直接的.[170] 由于和 Si 技术的兼容性，由 Si/Ge_xSi_{1-x} 超晶格得到准直接禁带的 Si 基材料，长期以来为人们所关注.

我们还要说明，由于价带通常在 $\boldsymbol{k}=0$ 简并，重空穴带和轻空穴带是相互耦合的，空穴沿超晶格轴方向的运动和垂直超晶格轴方向的运动是相互依赖的. 轻空穴子带和重空穴子带的计算并不能独立地进行[171]. 对此我们将不做进一步讨论.

可用于远红外的超晶格

这里我们介绍另一种不同于 AlAs/GaAs 的超晶格：Ⅲ型的 CdTe/HgTe 超晶格，它也是跨立型的. 在 §2.4 中已经说明，CdTe 是半导体，而 HgTe 则是半金属. 可用 CdTe 和 HgTe 的短周期的超晶格替代用于远红外探测的 $Cd_{1-x}Hg_xTe$ 混合晶体.[172] 计算表明，CdTe/HgTe 超晶格的带隙可在相当大的范围内变化.[173] 生长这种超晶格技术上是可行的.[174]

在 CdTe－HgTe 的混合晶体中，改变 CdTe 的含量可改变混合晶体的禁带宽度；而在 CdTe/HgTe 超晶格中，禁带宽度和有效质量可通过改变超晶格周期达到. 作为势垒的 CdTe 的层厚主要影响带宽和有效质量，而 HgTe 的层厚主要影响禁带宽度. 因而，可分别调整有效质量和禁带宽度. 图 8.76 为由理论计算得到的 CdTe/HgTe 超晶格的带隙，即最高重空穴子带 HH_1 和最低导带子带 E_1 之间的间隙随 CdTe 的层数的变化.[172] HgTe 和 CdTe 的层数比取为：虚线，1∶2；实线，1∶1；点线，2∶1. 图中三条横线代表 $Cd_{1-x}Hg_xTe$ 的成分为 x 时的带隙. 计算假设 HgTe 的 E_V 比 CdTe 的高约 40 meV. 图 8.77 为由实验得

到的 CdTe/HgTe 超晶格的带隙随 HgTe 厚度的变化.[175]

此外，在宽 HgTe 层的 CdTe/HgTe 超晶格中，最高的重空穴子带 HH_1 可在最低导带子带 E_1 之上，成为半金属.

不少实验和理论计算表明，HgTe 的 E_V 比 CdTe 的高约 350 meV，而不是早先的 40 meV.[176] 价带的带边偏移对超晶格带隙的大小有一定的影响.[177]

CdTe/HgTe 超晶格有下面的优点. 对于 $\lambda > 10\ \mu m$ 的应用来说，通过控制成分来控制 $Cd_{1-x}Hg_xTe$ 的带隙有一定的困难. 相对来说，较易于控制 CdTe/HgTe 超晶格的带隙变化. 此外，在 $Cd_{1-x}Hg_xTe$ 中，由于 Cd－Te 键和 Hg－Te 键的同时存在导致了 Hg－Te 键的不稳定性和与之相联系的缺陷. 这些可导致其中载流子浓度和光学性质的显著变化. 而在 CdTe/HgTe 超晶格中，Cd－Te 键和 Hg－Te 键在空间上是分开的，Hg－Te 键的稳定性的问题得到缓解. 特别是，在垂直界面方向超晶格子带的有效质量比禁带宽度相同的 $Cd_{1-x}Hg_xTe$ 混合晶体的要大得多，因而可以解决混合晶体红外接收器的暗电流太大的问题. 但 CdTe 和 HgTe 界面易出现原子互扩散问题，这种互扩散可改变 CdTe/HgTe 超晶格的性质.

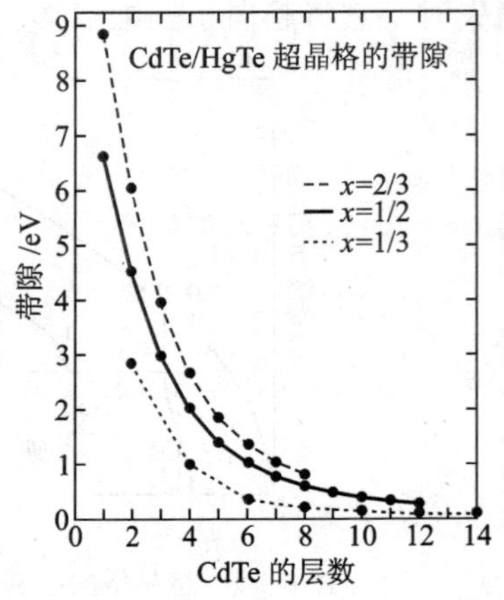

图 8.76 由理论计算得到的 CdTe/HgTe 超晶格的带隙随 CdTe 的层数的变化. HgTe 和 CdTe 的层数比为：虚线，1:2；实线，1:1；点线，2:1

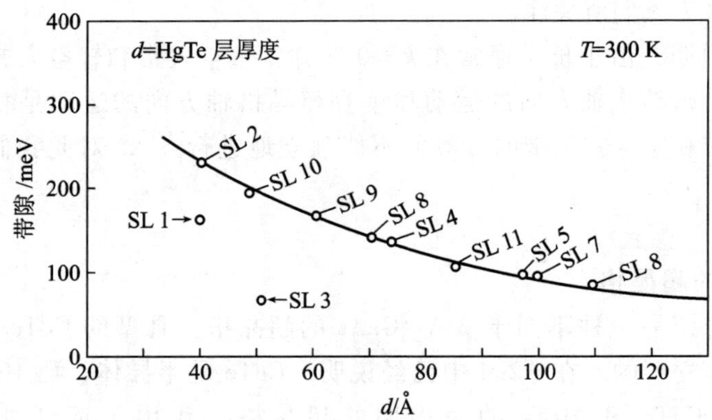

图 8.77 由红外吸收实验计算得到的 CdTe/HgTe 超晶格的带隙随 HgTe 层厚度的变化. 除 SL1 和 SL3 的 CdTe 层的厚度分别为 20 和 17 Å 外，其他样品的 CdTe 层的厚度在 30 和 50 Å 之间

InAs/GaSb 超晶格是另一种可用于远红外的超晶格. InAs/GaSb(和 Ga 含量 x 及 As 含量 y 小的 $In_{1-x}Ga_xAs/GaSb_{1-y}As_y$)的界面属于断隙型：GaSb 价带顶的位置高于 InAs 导带底的位置，如图 8.78(a)所示. 这两种化合物是近乎晶格匹配的.[178] 适当的 InAs/GaSb 超晶格也可用作混合晶体 $Cd_{1-x}Hg_xTe$ 的替代材料[179]. 在这种超晶格中，电子和空穴在空间上的分离对光吸收(参看§10.3)和过剩载流子的寿命有显著的影响. InAs/GaSb 超晶格也可以是半金属.

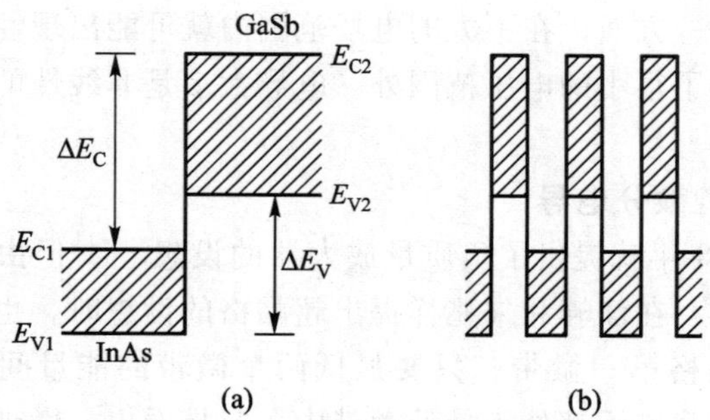

图 8.78 InAs 和 GaSb 的界面及其超晶格

图 8.79 所示为由理论计算得到的 InAs/GaSb 超晶格的各电子子带和空穴子带的能量随超晶格周期的变化,[180] 计算假设了 InAs 和 GaSb 有相同的层厚，InAs 的 E_C 比 GaSb 的 E_V 低约 0.15 eV. 可见，当超晶格周期比较大时，InAs/GaSb 超晶格是半金属. 超晶格的最低电子子带 E_1 和重空穴的最高子带 HH_1 在周期为约 150 Å 处发生交叠，即发生半导体－半金属过渡. 通过改变两种材料的厚度. 可以在很大范围内改变带隙(对应于 3 ~ 30 μm 的光波长范围). 此外，和 CdTe/HgTe 超晶格相比，InAs/GaSb 超晶格有较高的成分均匀性.

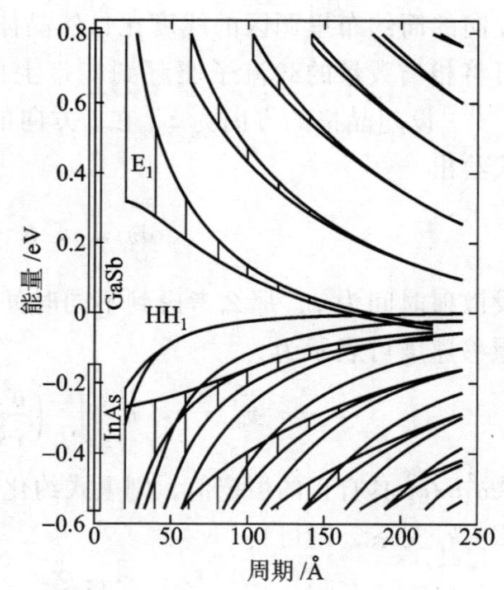

图 8.79 由计算得到的 InAs/GaSb 超晶格各子带能量随超晶格周期的变化

§8.8 超晶格的输运

原则上，沿超晶格轴方向的电子输运和晶体能带有相似之处．但超晶格的特点是具有小的简约布里渊区和窄的微带，以至于在有些情形下微带的宽度和外加电压在超晶格每个周期上的电压降以及能级的碰撞增宽具有同一数量级．窄的微带一方面使得在超晶格中有可能观察到普通晶体中观察不到的现象，如布洛赫振荡等．但另一方面，在不大的电场范围内就可能出现性质或表现不同的输运现象．因此除了很小的电压范围外，电导大多是非线性的．

和负质量相联系的负微分电导

Krömer 早在 1958 年就提出了负质量放大器的设想．[181]但由于各种实际因素的限制并未能实现．在江崎和朱兆祥提出超晶格的设想时，也同时提出了类似的设想．考察超晶格第一微带，只要最低两个微带的能量间距比 $k_B T$ 大得多，就可以近似认为载流子都处于最低微带中．容易看出，微带的中央部分电子具有正的有效质量，而两侧则具有负有效质量．在超晶格中，由于沿超晶格轴方向的简约布里渊区的线度比自然晶体的缩小了几十倍，施加不太大的电场就可将相当数量的载流子驱赶到能带上面的负质量区，从而可出现负微分电导．[1,182]设超晶格的方向为 z．在 z 方向的电场 $\mathscr{E}$ 的作用下，电子的加速可由下式给出

$$\mathrm{d}v_z = e\mathscr{E}\hbar^{-2}\left(\frac{\partial^2 E}{\partial k_z^2}\right)\mathrm{d}t \tag{8-8-1}$$

假设散射时间为 τ，那么考虑到不同时间 t 发生散射的概率为 $\exp(-t/\tau)$，那么漂移速度可表示为

$$v_\mathrm{d} = e\mathscr{E}\hbar^{-2}\int_0^\infty \left(\frac{\partial^2 E}{\partial k_z^2}\right)\exp\left(-\frac{t}{\tau}\right)\mathrm{d}t \tag{8-8-2}$$

如果$\partial^2 E/k_z^2$ 具有正的恒定值，则上式约化为 $v_z = e\tau\mathscr{E}/m$．但若采用式(8-7-4)的 $E-k_z$ 关系，则可得

$$v_\mathrm{d} = \frac{e\tau\mathscr{E}}{m(0)}\frac{1}{1+\left(\frac{e\tau\mathscr{E}d}{\hbar}\right)^2} \tag{8-8-3}$$

d 为超晶格周期．由上式给出的 $v_\mathrm{d}-\mathscr{E}$ 关系中，一开始 v_d 随电场增加；当 $\mathscr{E}$ 达到某临界值 $\mathscr{E}=\hbar/e\tau d$ 时，v_d 将达最大；随后出现 $dv_\mathrm{d}/\mathrm{d}\mathscr{E}<0$，即出现负微分迁移率．

基于微带的超晶格输运的描述称为微带输运．在上述简单模型中，载流子在

xy 平面的运动，以及它们的热分布被忽略. 关于微带输运的综述可参看[183].

图 8.80 所示为由飞行时间技术(参看 §14.2)测得的 GaAs/AlAs 超晶格的电子漂移速度随外加电压的变化.[184] 50 个周期的超晶格构成 pin 二极管的 i 层，因而施加电压时不会出现高场畴. 在 45 K 和 100 K 下，结构的内建电压为 1.54 V 和 1.62 V. 45 K 的曲线上移了 20 m/s，以避免两支曲线发生重叠. 可见，在曲线中清楚地存在负微分迁移率的区段.

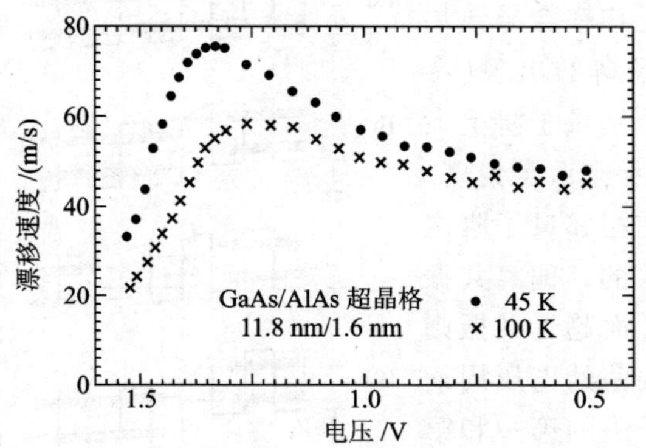

图 8.80 由飞行时间技术测得的超晶格的漂移速度随外加电压的变化. 超晶格位于 pin 结构的 i 层. 45 K 和 100 K 下结构的内建电压为 1.54 V 和 1.62 V

江崎等先在第一微带带宽 E_1 =40 meV 的 GaAs/AlGaAs 超晶格上观察到了弱的负阻(1974),[185] 后来在第一子带带宽 E_1 =5 meV 的紧束缚型超晶格上研究了超晶格的输运性质.[186] 几个不同温度下的微分电导的电压关系示于图 8.81. 一开始电导随电压缓慢单调下降，对应于超晶格微带的电导. 在 65 K 下可观察到负微分电导. 在低于 210 K 时，在稍高的电压下，可观察到微分电导的振荡行为.

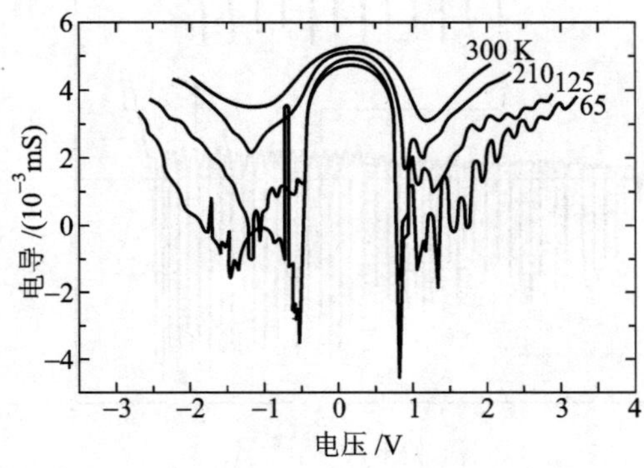

图 8.81 AlGaAs/GaAs 超晶格的微分电导随电压的变化

有报道，在宽微带的 GaAs/AlGaAs 超晶格中观察到江崎和朱兆祥类型的负微分电导[187]并有负微分电导在微波应用的报道.[188]

高场畴和顺序共振隧穿

如上所述，江崎等首先报道，在较低温度下，在出现负微分电导以后，可观察到微分电导的振荡行为[185]. 这是因为负的微分迁移率会导致局部的强场区，即高场畴的出现（参看 §4.6）. 表现为个别量子阱上大的压降，如图 8.82 所作示意说明. 电导的振荡行为是和相邻量子阱之间的共振隧穿相联系的. 偏离共振会导致电导的下降，而趋近共振则导致电导的增加. 振荡的电压周期和由计算得到的量子阱的第一和第二微带的能量间距相符. 这时，超晶格不再能看作一个均匀的整体.

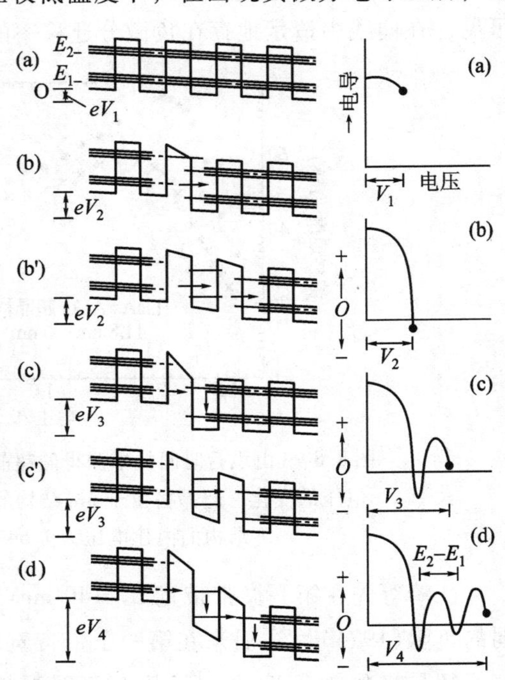

图 8.82 由微带输运向顺序共振隧穿的转变

图 8.83 为在 5 K 下，由一个包含 49 个周期的，最低微带宽度仅为 0.4 meV 的 76 Å/88 Å 的 GaAs/$Al_{0.27}Ga_{0.73}As$ 超晶格上测得的微分电导随所施加的电压的变化.[189] 阱的掺 Si 浓度为 $3\times10^{17}/cm^3$. 这里

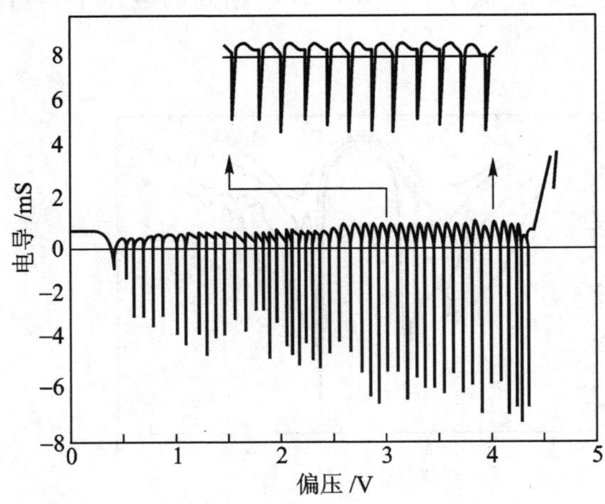

图 8.83 低温下在弱耦合超晶格中观察到的微分电导的振荡行为

微分电导的振荡显然也和逐渐扩展的相邻阱之间的共振隧穿相联系：参加共振隧穿的量子阱的数量随电压的增加而增加，最多达到 48 个. 在测量过的多个样品中，观察到了相同的现象[189].

在上述情形下，微带宽度甚至远小于碰撞增宽. 在此情形下，对于输运问题的讨论和处理，把结构看成是一系列耦合的量子阱更为方便. 贯穿结构的输运可看作是由一系列阱和阱之间的隧穿构成的顺序共振隧穿. 这时应考虑到碰撞导致的状态的能量增宽.

在超晶格的顺序共振隧穿过程中所包含的微带间的向下跃迁（参看图 8.82）可以是辐射的，也可以是无辐射的. 在 $GaAs/Al_{0.3}Ga_{0.7}As$ 超晶格中观察到了通过顺序隧穿所导致的子带间的光发射[190].

虽然在超晶格中出现的常常是上述的稳定的畴区，但也确曾观察到频率超过 100 GHz 的类似于 Gunn 振荡的畴的振荡[191].

布洛赫振荡和瓦尼尔－斯塔克量子化

江崎和朱兆祥在讨论超晶格的负阻问题时还预言，在适当的强电场下，应可发生所谓布洛赫振荡. 布洛赫振荡是一个长久以来为人们所关注的问题.

就像在 §2.2 中描述过的，在电场作用下，电子在 k 空间以下面的速度移动

$$\frac{\mathrm{d}k}{\mathrm{d}t}=\frac{e\mathscr{E}}{\hbar} \tag{8-8-4}$$

若不遭遇散射，电子从简约布里渊区的一端移出，又会从简约布里渊区的另一端进来（参看 §2.3）. 由简约布里渊区中电子速度的正负交替的变化可知，导带中的电子在简约布里渊区的这种周期运动必将伴随着电流的振荡. 这一现象早在 80 年前就为布洛赫所预言.[192]

电子通过简约布里渊区一次所需要的时间为

$$\begin{aligned} t &= \frac{2\pi\hbar}{ae\mathscr{E}} \\ &= 0.827\times10^{-12}\left(\frac{10^5\,\mathrm{kV/cm}}{\mathscr{E}}\right)\left(\frac{0.5\ \mathrm{nm}}{a}\right)\quad[\mathrm{s}] \end{aligned} \tag{8-8-5}$$

式中 $\mathscr{E}$ 为电场，a 为晶格常量. 因此，出现布洛赫振荡的条件是平均自由时间 τ 应大于上述时间 t. 这导致以下条件：

$$\mathscr{E}>\frac{2\pi\hbar}{a\tau} \tag{8-8-6}$$

可把布洛赫振荡的能量量子 $\hbar\omega_B$ 表示为：

$$\hbar\omega_B = ae\mathscr{E}$$

$$= 1.0 \times \left(\frac{a}{10\ \mathrm{nm}}\right)\left(\frac{\mathscr{Z}}{10^3\mathrm{kV/cm}}\right) \quad [\mathrm{meV}] \qquad (8-8-7)$$

与此现象相关，齐纳[193]指出，在施加外电场的周期晶格中，电子还会在实空间振荡. 空间振荡的幅度 L 为

$$L = \frac{\Delta E}{e\mathscr{Z}}$$

$$= 1 \times \left(\frac{\Delta E}{100\ \mathrm{meV}}\right)\left(\frac{\mathrm{kV/cm}}{\mathscr{Z}}\right) \quad [\mu\mathrm{m}] \qquad (8-8-8)$$

式中 ΔE 为能带宽度. 就是说，电子的空间扩展 L 是有限的，它反比于电场强度 $\mathscr{Z}$.

相关的现象还有瓦尼尔在1960年所预言的斯塔克阶梯[194,195]. 沃尼尔-斯塔克阶梯指的是，在存在电场时，如果式(8-8-6)的条件得到满足，无电场时的能带被等距离的分立能级所代替. 分立能级的间距正比于所施加的电场，为 $e\mathscr{Z}a$. 瓦尼尔-斯塔克阶梯的能量 E 可表示为

$$E = E_0 + nae\mathscr{Z} = E_0 + n\hbar\omega_B \quad n = 0, \pm1, \pm2, \cdots \qquad (8-8-9)$$

它对应于中心位置不同的瓦尼尔-斯塔克态在电场中有不同的位能. 可见瓦尼尔-斯塔克阶梯的能量间距就等于式(8-8-7)的 $\hbar\omega_B$. 这一现象类似于磁场中的朗道分裂. 在强磁场下，当电子在磁场中的回旋运动周期小于平均自由时间，电子的回旋运动的轨道就成为封闭的，于是发生朗道量子化(参看§15.1). 这里的量子化的相关图像是：粒子在 k 空间被外电场均匀加速. 由于简约布里渊区的周期性，如齐纳所预言的，粒子的运动轨道也是封闭在有限空间内，因而能量是量子化的. 因此也可把上述效应称为瓦尼尔-斯塔克量子化. 图8.84可用来说明对超晶格施加不同强度的电场时，超晶格中电子状态的演变：(a)无电场时，为超晶格能带；(b)中等电场强度，发生瓦尼尔-斯塔克量子化，但电子态仍有相当大的空间扩展度；(c)强电场，这时电子局域在单个量子阱中.

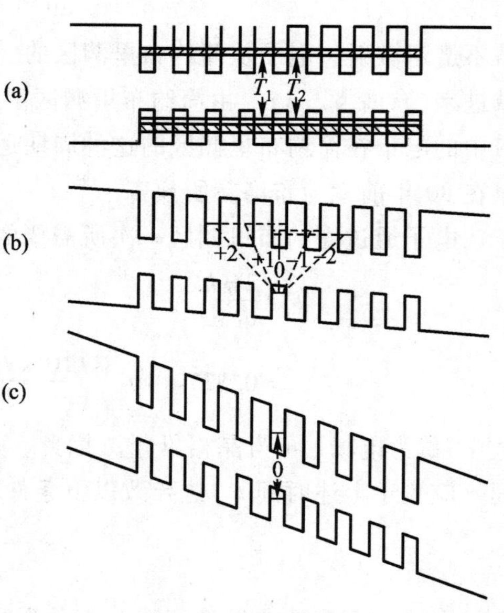

图8.84 瓦尼尔-斯塔克局域化

至此，我们不难看出，布洛赫、齐纳和瓦尼尔所预言的是同一现象在时间上、空间上和频率上

（能量上）的表现，它们是互相补充的.

问题在于，在实际晶体中，产生布洛赫振荡所需的条件并不能得到满足. 对普通晶体，π/a 约为$10^8\ \mathrm{cm}^{-1}$量级，τ 约为10^{-13} s 量级. 这要求电场强度要大于10^6 V/cm. 这样强的电场通常导致介质击穿. 因此，这一涉及固体中基本理论的问题长期以来悬而未决. 在超晶格出现之前，在究竟是否存在上述诸现象的问题上曾存在较长时间的讨论.

江崎和朱兆祥在提出超晶格时同时预言在超晶格中应可发生布洛赫振荡是因为：对于超晶格，式(8-8-6)的晶格周期 a 被大得多的超晶格周期 d 所代替，产生振荡所需的电场会减小几十倍. 若电场强度为 4×10^3 V/cm，$d=10$ nm，则式(8-8-5)所给出的振荡周期为约10^{-12} s. 相应的能量量子约为4 meV.

在 AlGaAs/GaAs 超晶格上，在几十 kV/cm 量级的电场下，已通过荧光谱[196]、光电流谱[197]、反射谱[198]、吸收谱[199][200]等观察到瓦尼尔-斯塔克量子化. 图 8.85 所示为由 30/35 Å GaAs/$\mathrm{Al_{0.35}Ga_{0.65}As}$ 超晶格得到的：(a)5 K 下的荧光谱；(b)4.7 K 下的光电流谱和由之得到的；(c)跃迁能量随电场强度的变化. 其中的 +2，+1，0，-1，-2 对应于图 8.84(b)中的相应跃迁. 这些瓦尼尔-斯塔克态扩展于若干超晶格周期，因此中心位于不同量子阱的电子和空穴间的光跃迁是可能的.

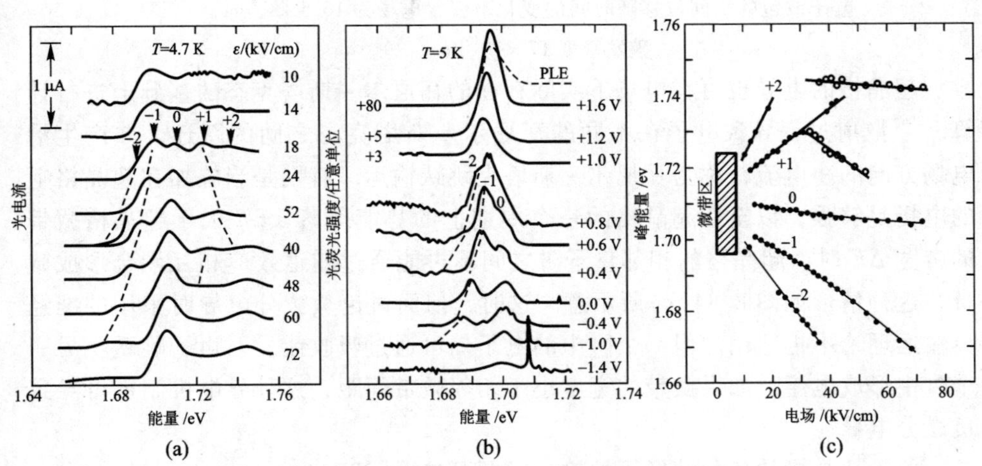

图 8.85 AlGaAs/GaAs 超晶格的(a)光电流谱，(b)光荧光谱
(c)由重空穴局域态向导带最低微带的斯塔克态的跃迁能量

直到 1992 年，通过时间分辨退化四波混合的光学实验，才第一次观察到了布洛赫振荡[201]. 随后陆续有布洛赫振荡的报道[202]. 还在布洛赫振荡频率观测到 THz 的发射[203]，观察到布洛赫振荡的条件是，各个载流子在简约布里

渊区内的来回运动是同步的. 在激发载流子的短脉冲以后，载流子的行为是同步的，但在振荡过程中散射使单个电子的运动不再同步，信号会逐渐衰减.

不久前，通过光学技术直接测量到布洛赫振荡激发后电子波包的位移随时间的变化[204]，如图 8.86 所示. 这一结果证实了齐纳所作的预言：电子在电场作用下作空间的简谐运动. 近年来通过超晶格和 THz 场的相互作用还观察到了负电导[205].

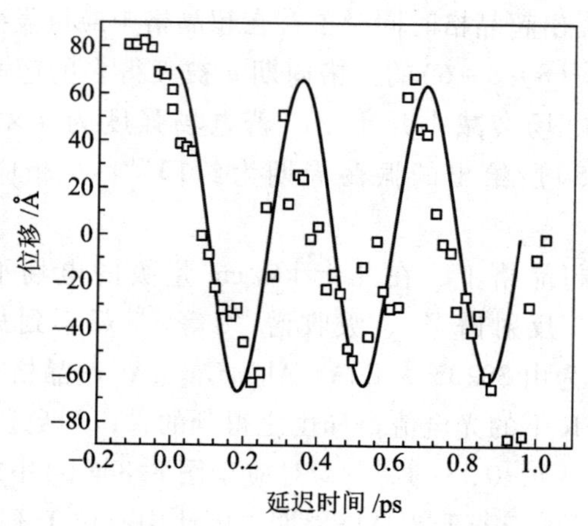

图 8.86 10 K 下，在 67 Å/17 Å 的 GaAs/AlGaAs 超晶格中电子波包的空间位移随时间的变化. 偏置电场为 16.5 kV/cm，激发密度 $17\times10^{10}/\mathrm{cm}^2$

超晶格的电导也可在电场下实际存在的瓦尼尔 - 斯塔克态的基础上进行计算.[206]散射过程导致电子在不同的瓦尼尔 - 斯塔克态之间的跃迁，并产生沿电场方向的净电流，称为瓦尼尔 - 斯塔克跳跃输运. 特别是当施加在超晶格上的电场足够强，以至在超晶格的一个周期上的势能降落 $e\mathscr{E}d$ 大于超晶格微带的带宽 ΔE 时，超晶格的相邻量子阱之间不再能通过隧道效应相互耦合形成微带，这种情形如图 8.84(c)所示意. 这时，前面讨论负微分电导时采用的准经典输运理论不再适用. 但一个阱中的电子仍可通过吸收或发射声子跳跃至另一个阱中形成电流. 如果微带的宽度小于相邻微带间距，这种导电机制也可导致负微分电导.

关于超晶格的各种情形下的输运问题可参看[207].

超晶格的热导

超晶格的一个意外现象是其垂直异质界面方向的热导比成分相同的混合晶体小若干倍. 例如，AlAs/GaAs 超晶格的热导比成分相同的混合晶体的小约十倍.[208]超晶格的热导通常比电导降低得更快.

在晶体中，声子和载流子都可以传导热能. 但在载流子浓度不很高的晶体中，传导热能的主要是声子. 由于高温区比低温区的声子密度更高，在相邻区域之间交换声子时，低温一侧可从高温一侧得到更多的声子，从而得到更多的热能.

超晶格垂直异质界面方向的热导小有下面一些原因：第一，超晶格改变了声子谱，声子谱的布里渊区折叠所产生的新的声子子带间隙使声子谱变得更平缓，对应于较小的声子速度；第二，超晶格的界面可散射声子，这阻碍了声子的传输. 第三在晶格热传导中有重要作用的低频声学声子对于某些晶格周期发生类局域化行为.[209]

超晶格的小的热导这一性质对于温差发电和温差电致冷来说是有利的. 温差电材料的优劣取决于其量纲为 1 的优值 $ZT=\alpha^2 T/\rho\kappa$ 的大小. α，ρ，κ 分别为温差电动势率、电阻率和热导率. 对于温差发电和温差电致冷来说，大的热导会导致高的无用的热损耗和低的致冷效率. 超晶格的低的热导率显然有利于在这些方面的应用. 有些器件，如红外探测器件，需要较低温度下工作. 如果将成分相同的超晶格制成的致冷器和该器件集成制作，则不仅方便，而且也会使成本得到显著降低.

Bi_2Te_3 具有较大的优质，是良好的温差电材料. Bi_2Te_3/Sb_2Te_3 和 Bi_2Te_3/Bi_2Se_3 超晶格，由于低的热导率，可具有更高的优值.[210] 有报导：PbSeTe/PbTe 量子点超晶格可有更高的优值.[211] SiGe/Si 超晶格是可应用于较高温度的温差电材料，它不仅有高的热阻，而且可由超晶格得到较高的温差电动势率. 高温下的优值和 Bi_2Te_3 不相上下.[212]

§8.9 Rashba 效应和自旋晶体管

就像电荷一样，自旋是电子的属性. 在涉及电子的问题中常常会涉及自旋. 但我们尚未涉及过半导体的磁性. 这是因为在普通的半导体中，具有不同自旋取向，但具有相同能量的电子状态的占有概率相同，因而并不存在宏观上的磁性. 在第十五章我们要讨论的强磁场问题中，自旋简并将会解除. 这时自旋取向不同的电子将会有不同的能量，因而占有概率也会略有不同.

但下面要讨论的磁效应本身并不涉及宏观磁场. 电子的自旋可发生零磁场分裂，且分裂可受外电场控制. 这为在技术上利用有关磁化的现象提供了新的可能性. 这是指在后面要作简单介绍的自旋晶体管. 直到目前，信息处理技术主要立足于基于电子电荷的器件，即建立在“电子学”（电荷电子学）的基础上. 自旋晶体管则属于所谓“自旋电子学”[213,214]，自旋电子学通过操作电子的自旋来实现器件的功能. 在低维结构中电子的自旋的效应有明显的表现. 至今，有关效应及其应用的研究主要集中在具有二维约束，有时还有具有一维约束的结构上. 这不仅因为在低维结构中有较显著的效应，更因为未来应用的需要. 这也是我们把这一很特殊的内容放在这一章的原因.

Rashba 效应和 Dresselhaus 效应

在理论[215~218]上和实验上[219,220]已经清楚，在不具有反演对称性半导体中，可存在零磁场自旋分裂. 这种零磁场分裂在体反演不对称的Ⅲ-Ⅴ化合物和Ⅱ-Ⅵ化合物晶体中都可观测到，称为 Dresselhaus 效应[218]. 在异质界面的二维电子气，由于结构引入的反演不对称性，存在更强的有自旋轨道-耦合引起的零场分裂，称为 Rashba 效应. Rashba 效应常常是支配性的. 虽然 Ge，Si 晶体是反演对称的，但在 Ge/Si 异质界面，由于存在结构反演不对称，却可存在零磁场自旋分裂[220].

这种零磁场分裂曾在不同的实验中观测到. 在 GaAs/Al_xGa_{1-x}As 异质结构中曾在自旋共振中观察到[221]. 上、下自旋的零场分裂在 Shubnikov-de Haas 振荡(参看 §15.5)中将表现为两个清楚的频率，这将使 Shubnikov-de Haas 振荡的振幅出现拍节. 在一些Ⅲ-Ⅴ化合物半导体的体样品中，早先已观察到上述效应中所产生的节拍图案. 因此这种节拍图案就成为零场分裂的最直观的证据. 在 $In_xGa_{1-x}As/In_{0.52}Al_{0.48}As$[220]、InAs/GaSb[221]以及空穴[223]的二维电子气中，零场自旋分裂都在 Shubnikov-de Haas 效应中观察到. 图 8.87 所示为对 $In_xGa_{1-x}As/In_{0.52}Al_{0.48}As$ 二维电子气测得的横向磁阻[219]，可以清楚地看到节拍图案. 由实验可得到零场分裂值约为 1.5 ~ 2.5 meV.

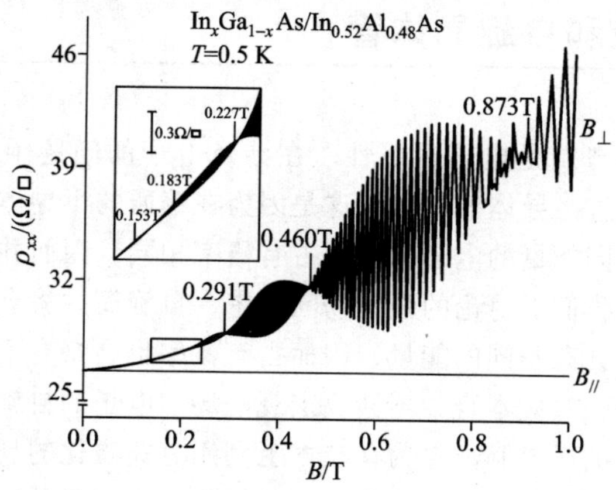

图 8.87 $In_xGa_{1-x}As/In_{0.52}Al_{0.48}As$ 二维电子气的 Shubnikov-de Haas 振荡

由上可见，存在两个竞争的零磁场自旋分裂机制．在禁带较宽的半导体中的 Dresselhaus 效应通过有效质量哈密顿量中的含 k^3 的项，称为 Dresselhaus 项，引起自旋分裂．而在窄禁带半导体中，此项有较小的影响．

而在禁带较窄的半导体中，引起这种分裂的则主要是哈密顿量中的自旋－轨道耦合项 H_R，称为 Rashba 项（也常称为 Bychikov－Rashba 项）．对于被约束在 x，y 平面内运动的电子，H_R 可写作

$$H_R = \frac{\alpha}{\hbar}(\boldsymbol{\sigma}\times\boldsymbol{p})_z = \alpha(\boldsymbol{\sigma}\times\boldsymbol{k})_z = \alpha(\sigma_x k_y - \sigma_y k_x) \qquad (8-9-1)$$

式中 $\boldsymbol{k}$ 为电子沿界面的波矢，$\boldsymbol{\sigma}$ 为用泡利自旋矩阵表示的电子的自旋算符，α 为自旋－轨道耦合系数，它的大小依赖于界面的性质和垂直于界面的电势分布．在 75 Å 的 GaSb/InAs/GaSb 量子阱中的实验表明，分裂主要由 Rashba 项引起，可达 3.7 meV，α 约为 9×10^{-10} eV · cm[224]．Rashba 项使电子的自旋和轨道的运动产生耦合，因而电子的轨道运动可影响它的自旋状态．重要的是，垂直于界面的适当的电场可以对耦合的强度产生影响，这提供了一种对自旋进行操作的方法．自旋轨道耦合来源于运动的电子所产生的有效磁场和电子自旋的相互作用．Rashba 项可借助于一依赖于 $\boldsymbol{k}$ 的等效磁场 $\boldsymbol{B}_R(\boldsymbol{k})$，称为 Rashba 场，加以描述．自旋环绕 Rashba 场以拉摩频率 $\boldsymbol{\Omega}(\boldsymbol{k}) = (e/m)\boldsymbol{B}_R(\boldsymbol{k})$ 进动，$\boldsymbol{B}_R \propto \boldsymbol{E}\times\boldsymbol{k}$．但 Rashba 自旋轨道耦合也为自旋的弛豫提供一个渠道．

自旋晶体管

Datta 和 Das 提出，利用 Rabsha 效应，通过外电场借助自旋－轨道耦合对自旋进行控制，以实现自旋晶体管的设想[225]．Rabsha 效应使得利用栅压改变自旋取向成为可能．图 8.88(a) 是他们所设想的自旋晶体管（现称为自旋场效应晶体管）的示意图．

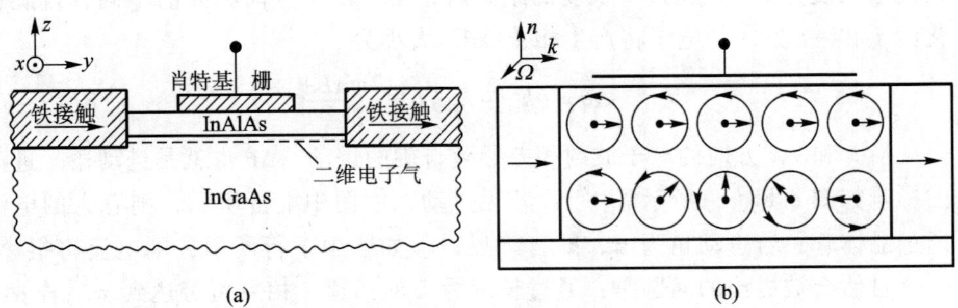

图 8.88　Datta 和 Das 提出的自旋场效应晶体管示意图

这种晶体管的几何结构类似于普通场效应晶体管．代替源极的是由铁磁性金属（例如铁）构成的极化电极．它的作用是使注入到二维沟道中的载流子的

带有适当的自旋极化，即形成自旋取向的不平衡分布．代替漏的则是类似的铁磁性的检测电极，它只允许具有某种自旋取向的电子通过．注入的电子以弹道输运的方式通过沟道．栅极用来改变注入电子的极化．概括地说，自旋晶体管利用Rashba场对于注入电子流的自旋极化的进动效应来控制电流．而普通场效应晶体管是通过栅来控制导电电荷的数量来控制电流．

设想一个 $k_y \neq 0$，$k_x = 0$ 的沿 y 方向运动的电子．这时自旋－轨道耦合项变为

$$H_R = \alpha \sigma_x k_y \tag{8-9-2}$$

设通过源电极注入的电子的自旋沿 y 方向极化，它可表示为极化沿 x 和 $-x$ 方向的电子的线性组合

$$\underset{(+y)}{\begin{pmatrix}1\\1\end{pmatrix}} = \underset{(+x)}{\begin{pmatrix}1\\0\end{pmatrix}} + \underset{(-x)}{\begin{pmatrix}0\\1\end{pmatrix}} \tag{8-9-3}$$

式(8-9-2)的耦合项会使自旋沿 x 方向的电子能量升高 αk_y，而自旋沿 $-x$ 方向的能量降低 αk_y，就好像存在一个大小为 $B_x = \alpha k_y / \mu_B$ 的磁场的作用．这里 μ_B 代表玻尔磁子(参看§15.1)．Rashba项使得能量相同但自旋沿 x 和 $-x$ 方向的电子具有不同的波矢 k_{y1}，k_{y2}

$$E(\uparrow, k_{y1}) = \frac{\hbar^2 k_{y1}^2}{2m} - \alpha k_{y1} \tag{8-9-4}$$

$$E(\downarrow, k_{y2}) = \frac{\hbar^2 k_{y2}^2}{2m} + \alpha k_{y2} \tag{8-9-5}$$

↑和↓用来表示自旋极化沿 x 和沿 $-x$ 方向．因此由以上两式可得

$$k_{y1} - k_{y2} = \frac{2m\alpha}{\hbar^2} \tag{8-9-6}$$

设沟道长度为 L．在通过 L 长度的距离后，由于沿 y 方向波矢的不同，自旋极化沿 x 和 $-x$ 方向的电子将产生相差 $\Delta\theta$，大小为

$$\Delta\theta = (k_{y1} - k_{y2}) L = \frac{2m\alpha L}{\hbar^2} \tag{8-9-7}$$

自旋沿 x 和 $-x$ 方向的电子波的相差导致自旋的进动，$\Delta\theta$ 也就是进动角．进动的影响如图8.88(b)所示意[213]：若无进动，如图中上行所示，则有大的电流通过晶体管；若进动角为 π，即自旋反向，如图中下行所示，则电流将很小．一个自然会被提出的问题是：通过长度为 L 的沟道，相差可否达到 π．若 $\alpha \sim 4 \times 10^{-10}$ eV·cm，相差为 π 要求 L 等于0.65 μm．由于进动是不同自旋的电子波之间干涉的结果；而自旋可因改变自旋的散射而弛豫．因此，这要求自旋弛豫长度大于约1 μm．

从上面的设想可见，对于实现自旋晶体管的功能来说，需要有以下诸条

件：有较强的 Rabsha 效应，能通过栅电压能控制自旋轨道耦合，以改变自旋取向；半导体中需要有足够长的自旋弛豫时间；有自旋注入效率高的电极.

因此，人们关心的主要问题之一是能在多大程度上控制自旋轨道耦合. 对于二维电子气，关于栅电压效应的理论已发展的颇为详尽[226]. α 的典型值在 $(0.5-2)\times10^{-9}$ eV · cm 之间[227]. 栅电场对于 Rabsha 耦合强度的影响可达到 50%[228].

光学实验已确定，在半导体中电子的自旋弛豫很慢[229]. 通常在 ns 量级. 在 Si 量子阱中观测到至今最长的自旋弛豫时间，达 μs 量级[230]. 在(110)取向的 GaAs/AlGaAs 量子阱中，室温自旋弛豫时间可达 20 ns.[231]但在自旋－轨道耦合决定自旋弛豫时间的情形下，长的自旋弛豫时间和强的自旋－轨道耦合之间有时会存在一定的矛盾.

由铁磁源向半导体注入自旋仍是一个挑战[232]. 自铁磁金属发射极向半导体注入自旋的主要障碍是这些材料之间的电导的不匹配. 采用半磁性半导体作为自旋取向器[233]，获得了较高程度的自旋极化[234]. 但对于室温器件，铁磁金属作为源的材料仍是不可缺少的.

和普通的场效应晶体管相比，自旋场效应晶体管有下面一些优点：改变自旋所需要的时间和能量比驱动电子通过沟道要小. 再则，有可能改变源、漏电极的极化方向，从而可增加另一种控制，而在普通场效应晶体管中不可能有这种控制.

曾提出若干利用 Rashba 效应实现器件的不同设想[235]，其中有些是基于量子线的. 经受电磁势的影响的相干的环形半导体中的 AB 效应[236]提供了在介观尺度上控制自旋的适当的方法. 上述可能性应起了对介观 AB 环依赖于自旋的透射性质的广泛兴趣，并对之进行了各方面的研究[237]. 目前尚未有能作实际应用的器件的报道.

§8.10 碳纳米管

在 §8.1 中我们已经指出了半导性纳米结构和半导体微结构之间的共性. 它们之间不仅物性上是相似的，理论上也是相通的. 这就是，纳米结构的性质的主要方面决定于它们的和约束效应相关的电子结构[238]. 例如在发展非线性光学所需材料上，一种含有纳米微晶半导体的硅酸盐玻璃具有潜力. 它们的光学非线性同样是和这些半导体纳米晶体的量子约束效应密切相关. 但不同的纳米结构通常有各自的特点. Si 的纳米晶体，由于其作为发光材料方面的潜力受到极大的重视，将在 §10.4 中作简单介绍.

我们不打算一般讨论半导性纳米结构. 我们将限于介绍具有一定特殊性的碳纳米管. 可把它们视为一种纳米线. 不过, 管状结构本身就已说明它们又不同于半导体量子线和其它纳米线. 但它们的性质也不难在半导体物理的理论框架内得到理解.

碳纳米管具有优异的电学、热学和力学性质以及高的热稳定性(在1000 ℃仍很稳定)和化学稳定性. 事实上碳纳米管场效应晶体管具有优于Si MOSFET的优越性能[239]; 而金属性碳纳米管可以荷载高达10^9 A/cm^{2}的电流密度[240], 比铜所能承担的还要高三个数量级, 可用作集成电路中的超小连线; 碳纳米管的热导甚至高于室温下的金刚石[241], 对于散热也十分有利. 此外, 碳纳米管的弹性模量高达1 Tpa[242]. 因此, 人们预期碳纳米管会有广泛的用途, 特别是对于解决集成电路发展所面临的多方面的问题来说, 碳纳米管器件是最具潜力的竞争者之一.

碳纳米管的结构

碳纳米管是继C_{60}以后发现的一种纳米结构[243]. 它是由石墨"蜂巢"状的六方单原子层(二维石墨片)卷成的空心的筒状大分子, 如图8.89所示. 它可以是单层管, 也可以是多层管. 通常管的直径d在1~3 nm之间, 长度L可以达到若干μm, 以至若干mm. L/d比值可以达到10^4~10^6, 是一种**一维的周期性结构**. 除了碳纳米管以外还可以得到一些其它类似的纳米管, 如GaN, BN, ZnO, ZnS等的纳米管. 常见的纳米管有扶手椅型的和锯齿型的. 类似于石墨和碳纳米球, 碳纳米管也是在sp^2杂化基础上形成的共价结构.

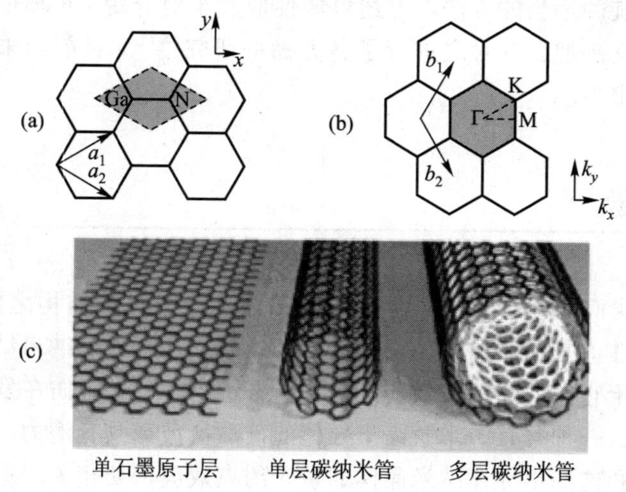

图8.89 (a)石墨六方单原子层的原胞
(b)相应的简约布里渊区

石墨单原子层的结构如图 8.89(a)，(c)所示，其简约布里渊区如图 8.89(b)所示. 由适当的二维石墨单原子层构成的单层纳米管和多层纳米管如图 8.89(c)所示. 碳纳米管的结构可借助于石墨六方原子层的基矢 $\boldsymbol{a}_1$ 和 $\boldsymbol{a}_2$ 定义的所谓手性* 矢量(或手征矢量,又俗称为"卷"矢量)，$\boldsymbol{C}_{\mathrm{h}}$ 来描述[244,245]（参看图 8.90）:

$$\boldsymbol{C}_{\mathrm{h}} = n\boldsymbol{a}_1 + m\boldsymbol{a}_2 \tag{8-10-1}$$

矢量 $\boldsymbol{C}_{\mathrm{h}}$ 的长度对应于纳米管的周长. 可以算出 $\boldsymbol{C}_{\mathrm{h}}$ 的长度为

$$\boldsymbol{C}_{\mathrm{h}} = \sqrt{3}a(n^2 + nm + m^2) \tag{8-10-2}$$

a 为相邻 C 原子的间距. 管的直径可表示为 C_{h}/π. 图 8.90 中的平移矢量 $\boldsymbol{T}$ 垂直于 $\boldsymbol{C}_{\mathrm{h}}$. 由矢量 $\boldsymbol{C}_{\mathrm{h}}$ 和平移矢量 $\boldsymbol{T}$ 所规定的矩形构成了石墨单原子层的一个重复单元. 将它卷起来就可构成纳米管的原胞，平移矢量 $\boldsymbol{T}$ 沿管轴方向. 因此纳米管的结构可用指数(n,m)来表征.

对应不同手性矢量的不同类型的碳纳米管如图 8.91 所示. 由图 8.90 可见，(n,n)是扶手椅型的，$(n,0)$则是锯齿型的. 通常将手性矢量和基矢 $\boldsymbol{a}_1$ 之间的夹角称为手性角 θ. 扶手椅型的纳米管的手性角是 30°. θ 在 0 ~ 30°之间的纳米管是手性的.

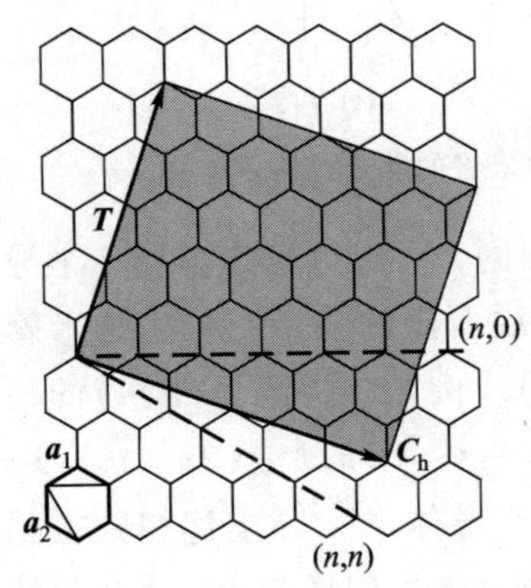

图 8.90 手性矢量 $\boldsymbol{C}_{\mathrm{h}}$ 的定义：$\boldsymbol{C}_{\mathrm{h}} = n\boldsymbol{a}_1 + m\boldsymbol{a}_2$ 手征型

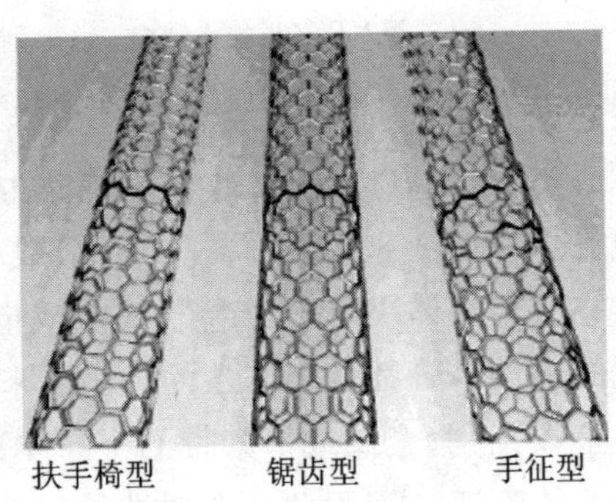

图 8.91 扶手椅型的、锯齿型和螺旋型的碳纳米管

碳纳米管的能带结构

纳米管中的电子只有沿管轴方向的运动是自由的，会形成一维能带. 在垂

* 手性的或手征的(Chiral)是化学中用来描述分子性质的一个术语. 一个分子如果不能和它的镜像重叠，就像左手不能和右手重叠一样，就被称为是手性的.

直于管轴的方向上，电子的运动受到管的有限周长的约束．这种约束表现为，沿 $\boldsymbol{C}_h$ 方向电子波长的整数倍必须等于管的周长．即有 $\boldsymbol{C}_h k_\perp = 2\pi j$．式中 $k_\perp$ 为沿 $\boldsymbol{C}_h$ 方向电子波矢，j 为整数．或可将 $k_\perp$ 表示为

$$k_\perp = 2\pi j/C_h \tag{8-10-3}$$

在单层纳米管中和在石墨的单原子层中电子的行为有类似性．碳纳米管的直径愈大(曲率愈小)，两者愈是接近[246]．在碳纳米管中，电子沿管轴方向的 $E-k$ 关系应和单层石墨简约布里渊区中 $k_\perp = 2\pi j/C_h$，沿 $\boldsymbol{T}$ 方向的 $E-k$ 关系接近．对于给定的 $\boldsymbol{C}_h$，不同的 j 对应于不同的一维子带．因此，粗略地说，对于给定的“卷”矢量，碳纳米管的 $E-k$ 关系可由石墨的单原子层的 $E-k$ 关系推得．石墨单原子层的 $E-k$ 关系如图 8.92(a)所示意[247]，可见它是半金属，而且在六方形的简约布里渊区的六个顶点附近的 $E-k$ 关系是等价的．

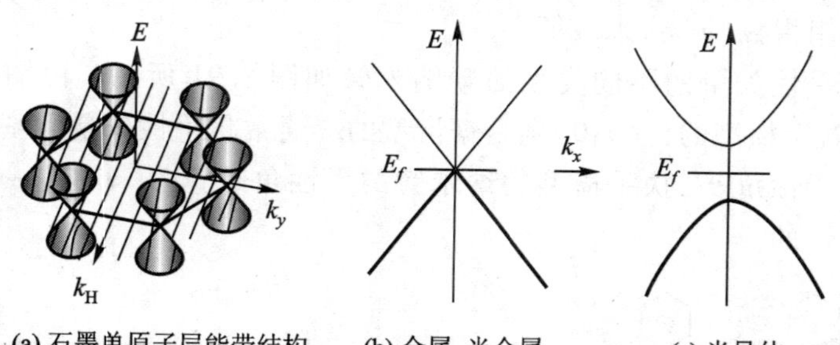

图 8.92 石墨单原子层、金属和半导体碳纳米管的能带结构示意图

类似于三维情形，根据一维能带结构的不同，可以区别为金属、半导体和绝缘体，如图 8.92(b)，(c)所示意．根据单层石墨的能带结构，纳米管是金属亦或半导体决定于“卷”矢量或指数(n,m)．例如，指数为(n,n)的扶手椅型的碳纳米管都是金属性的．一般来说，当 $n-m=3i$ 时(或$(2n+m)/3=i$，i 为整数)，为金属或窄禁带的半导体；否则为半导体．[243,246]上述规则得到了实验上的验证．[248]因此，金属性的和半导性的碳纳米管同样都由 sp^2 杂化的共价结构形成．(n,m)不同的手性矢量和金属及半导体之间的对应关系如图 8.93 所示．

图 8.94 所示为由扫描隧穿显微术得到的半导性的 C(11,7)纳米管的态密度随电子能量的变化．[249]

半导性碳纳米管都是直接禁带的，禁带宽度的典型值为零点几 eV 到约 1 eV．理论上预言，禁带宽度 ϵ_g 随直径的增加而减小，反比于碳纳米管的半径，有以下关系[250]

$$\epsilon_g = 0.9 \times \left(\frac{\text{nm}}{d}\right) \quad [\text{eV}] \tag{8-10-4}$$

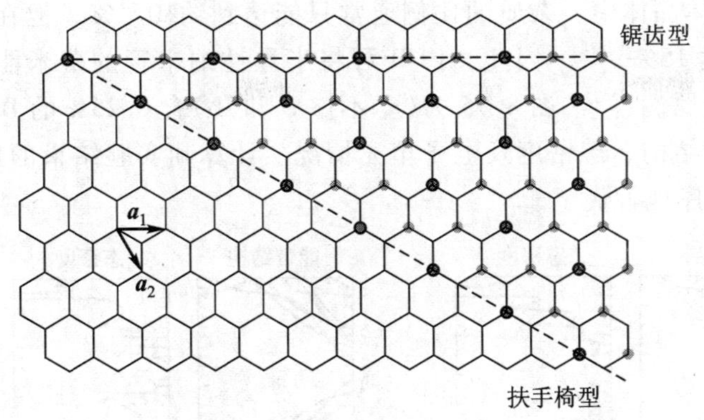

图 8.93 按照 $n-m=3i$ 的规则，手性矢量不同指数(n,m)和金属和半导体之间的对应关系

而与纳米管的手性角无关.

早先预言，当指数满足 $n-m=3i$ 时（i 为整数）碳纳米管为金属. 但实际上，除了所有的扶手椅型的碳纳米管以外，由于由有限的曲率产生的小的带隙，上述碳纳米管，是窄禁带半导体[251]. 带隙大体按 $1/d^2$ 的规律变化.

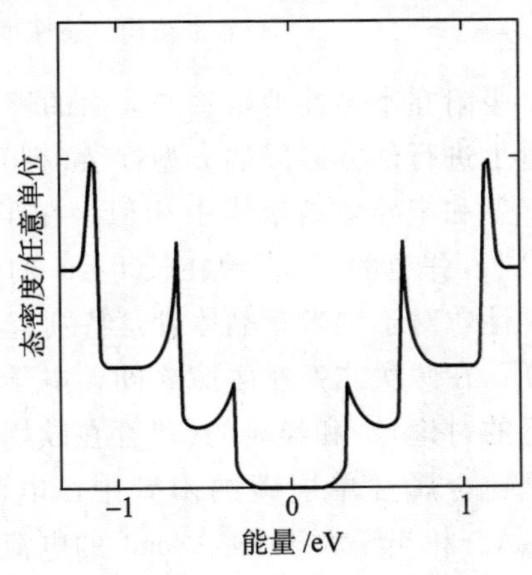

图 8.94 由扫描隧穿显微术得到 C(11,7)纳米管的态密度随电子能量的变化

计算表明，径向形变将可导致纳米管性质的显著变化，特别是能带结构的变化[252]. 横向电场也可对能带结构和输运性质产生显著影响[253].

值得提到的是，若有适当大小的磁通量穿过碳纳米管的管芯，可以引起纳米管的能谱的改变，以致引起金属－半导体的转变——一种 Aharonov－Bohm 效应[254].

碳纳米管的一些其它性质

在空气中，不掺杂的半导型单层纳米管通常呈 p 型. 这是因为纳米管在空气中吸附了氧[255]. 大的表面积和中空的结构使单层纳米管具有强的气体吸附能力. 在室温下在氧中曝露甚至可使之具有金属性. 所吸附的气体可在真空中加热去除.

已知在碳纳米管中可存在代位杂质. 代位杂质 B 可将碳纳米管掺杂为 p

型[256]. 在半导体晶体中，杂质的比例通常只能达到约$10^{-3}\%$，但在碳纳米管中B的比例可达15%[257]. 因此，掺B可将半导性纳米管的费米能级移入价带，使电导呈金属性[258]. 图8.95为(a)不掺B和(b)含6.25%的B的(16,0)碳纳米管的能带结构、态密度及电子填充情况. 计算和实验结果的比较表明，B并不是均匀无序地替代了C.

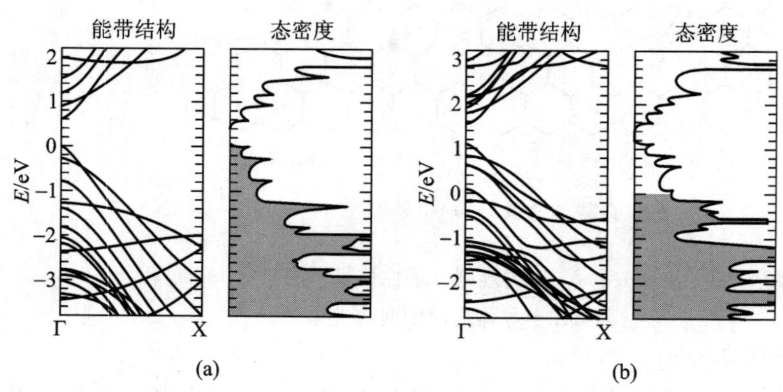

图8.95 (a)不掺B和(b)含B6.25%的(16,0)碳纳米管的能带结构、态密度及电子填充情况

吸附在半导性纳米管的表面的钾可以起施主作用[259]. 曾通过在p型碳纳米管上进行部分区段的n型掺杂(钾)，制成了pn结[260].

就和半导体纳米线中相似，在半导性碳纳米管中也可存在三种类型的输运[261]：弹道的[108]，曾在长1 μm的半导性单层碳纳米管上观察到弹道输运，这一性质对于纳米管晶体管是特别有益的；扩散的，纳米管的长度小于相干涉长度，在两次非弹性碰撞之间，电子作相干的扩散运动(参看§8.5关于介观输运的讨论)；和经典的(可存在欧姆定律,纳米管中可存在能量耗散).

在金属性单层碳纳米管中，电流似受限于声子的散射. 饱和电流可达20 μA，相当于大于10^9 A/cm^{2}的电流密度[239]. 在很短的(<100 nm)金属单层碳纳米管中，甚至观察到弹道输运的迹象[262].

碳纳米管的一个有趣的性质是，引入五原子环和七原子环的缺陷可改变纳米管的旋性(helicity)，将原子结构和能带结构不同的纳米管无缝地连接起来，如图8.96(a)所示. 图中的两段纳米管分别是扶手椅形的和锯齿形的. 如此可以形成分子内部的金属-金属结、金属-半导体结、半导体-半导体结[263].

在碳电弧放电生成碳纳米管时，在实验上观察到纳米管的分岔现象，观察到了T形结、Y形结和L形结[264]. 后来还观察到纳米线所形成的网络[265]，其中包含H形结、Y形结和L形结等. 人们设想也可通过形成图8.97(a)所示的T型结[266]来实现金属-半导体接触(图中上面扶手椅型的是金属,下面锯齿型

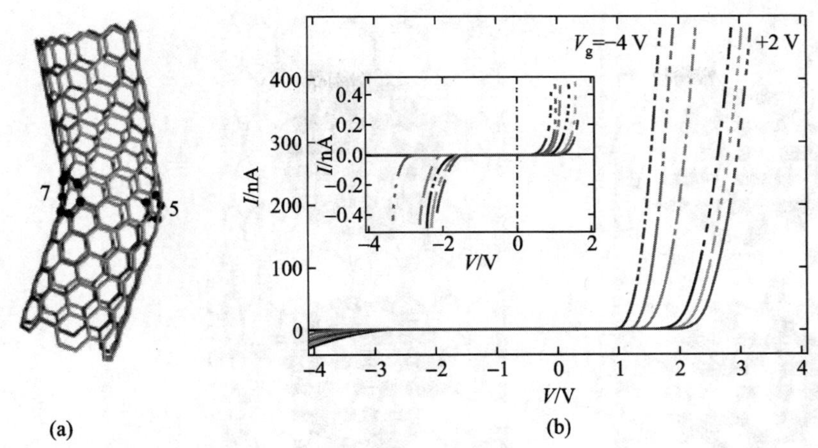

图 8.96 (a)通过五原子环和七原子环形成的分子内部的结
(b)在 100 K 下测得的金属－半导体结的伏安特性

的是半导体)；通过图 8.97(b)所示的 Y 形结来实现电子逻辑电路.

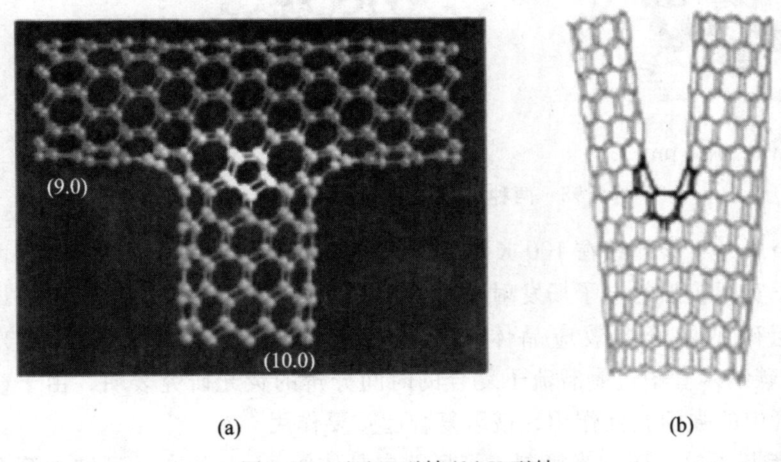

图 8.97 (a)T 型结(b)Y 型结

不久以前还发现了一种被称作“纳米豌豆荚”的自装配的杂化结构，由单层碳纳米管和寓于其中的 C_{60}构成[267]. 在有纳米管和 C_{60}同时存在时，形成豌豆荚结构在能量上是有利的. 图 8.98 所示为两种纳米豆荚：C_{60}@(10,10)和 C_{60}@(17,0)的结构[268]. 计算表明，在(10,10)碳纳米管中，在室温下 C_{60}可以自由转动. 这种转动可对纳米豌豆荚的性质产生影响. 但(10,10)纳米豌豆荚仍为金属. C_{60}在纳米管中的存在使(17,0)的导带和价带发生显著而不对称的变化. 据信，纳米豆荚在数据存储和高温超导方面有应用潜力.

不久前在碳纳米管 pn 结上观测到了整流特性[269,258]. 图 8.96(b)所示为由

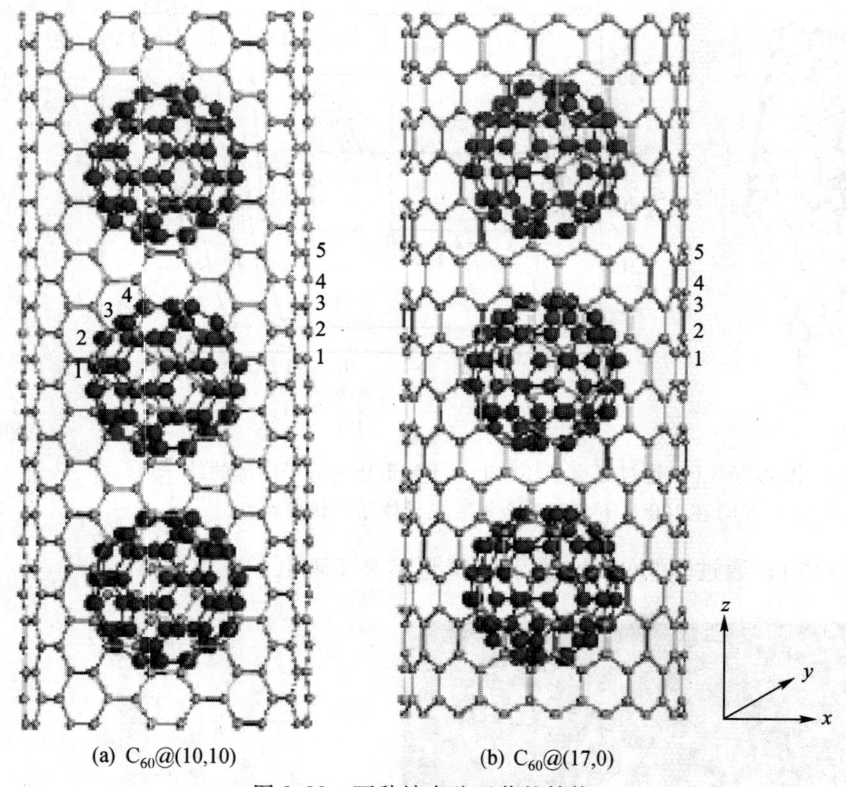

(a) C_{60}@(10,10)　　(b) C_{60}@(17,0)

图 8.98　两种纳米豌豆荚的结构

一个这种金属－半导体结在 100 K 下测得的伏安特性[263]．利用碳纳米管可在较低电压下实现较强的电子场发射[270]，纳米管的尖的端头有利于电子的场发射．在单层碳纳米管场效应晶体管上通过注入电子和空穴观察到了光发射[271]．对碳纳米管中过剩载流子复合的时间分辨的荧光研究表明，由于载流子在纳米管中的强的相互作用，俄歇复合起重要作用[272]．

1997 年基于单个碳纳米管制成了场效应晶体管[273]，是在 p 型纳米管上通过肖特基接触实现的场效应晶体管，如图 8.99 所示意．栅电压施加在整个纳米管的长度上，通过控制肖特基势垒的穿透性控制电流．

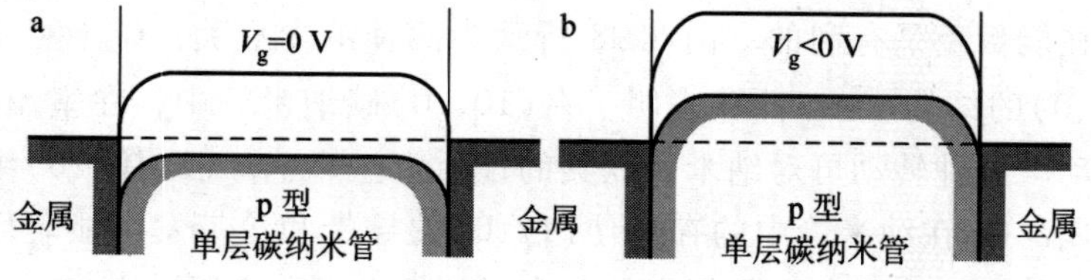

图 8.99　肖特基势垒碳纳米管场效应晶体管的工作的示意图

基于碳纳米管，还制成了化学敏感元件[274]，高迁移率晶体管电荷记忆元件[275].

除碳纳米管以外，不同手性和半径的BN纳米管都是宽禁带半导体(3.5～5.5eV)，也是令人感兴趣的纳米材料，得到颇多的研究[276].

但要在单个碳纳米管基础上实现超小尺寸的高性能的纳米器件，在生长和制作工艺上都面临巨大的挑战.

§8.11 异质结构的带阶

异质结、量子阱和超晶格等都建立在异质结构的基础上. 异质结构有许多独特的性质，如窗口效应、光波导效应等，但对于各种应用，异质结构的最核心的性质是存在带阶. 带阶是关于带边性质的唯一参数. 最初，异质结晶体管的设想就是基于存在带阶. 对带阶的认识有重要的实际意义. 因此，带阶成为大量实验的和理论的研究对象.

关于带阶的实验和理论研究的目的在于精确测定带阶；认识支配带阶的物理机制，以实现对它的预见和控制. 带阶问题就是两种半导体的能带在界面如何对接的问题. 不同带阶的理论模型的区别常在于以什么能量作为两边能带的参考能量来比较两边的能带. 这个看似简单的问题实际上却很复杂，成为固体物理学中的一个重要的课题，人们为此做出了很多的努力. 这一研究已经走过相当漫长的路程.

和金属半导体接触的最早的模型——肖特基模型一样，最初的关于异质界面的电子亲和能模型[277]，即安德森模型，把参考点选为“真空静止电子能量”，并把带阶的大小取为两者的电子亲和能的差值. 电子亲和能模型取得了有限的成功. 但这一模型很快就引起了异议. Frensley and Kroemer[278]和Harrison[279]最先企图从微观模型出发来预言能带在界面如何对接. 此后人们提出了许多理论模型. 关于能带对接的理论模型在概念上大多把问题分成两部分：确定体内带边和某一参考能量之间的能量差；确定在异质界面两边参考能量的差值. 人们也试图总结出关于带阶的经验性的规则.

下面在简单介绍电子亲和能模型及其存在的问题后，扼要介绍感生界面态密度模型、一种第一原理的理论方法、共负离子规则，以及人工改变带阶方面的进展.

电子亲和能模型

关于电子亲和能模型，我们已在§6.1中作了说明. 它采用的原则实际上和金属-半导体接触中的肖特基模型是相同的. 对于异质界面的带阶，电子亲和能模型假设：$\Delta E_C = \chi_1 - \chi_2$(参看图8.100). 但是分开的两个异质表面的情

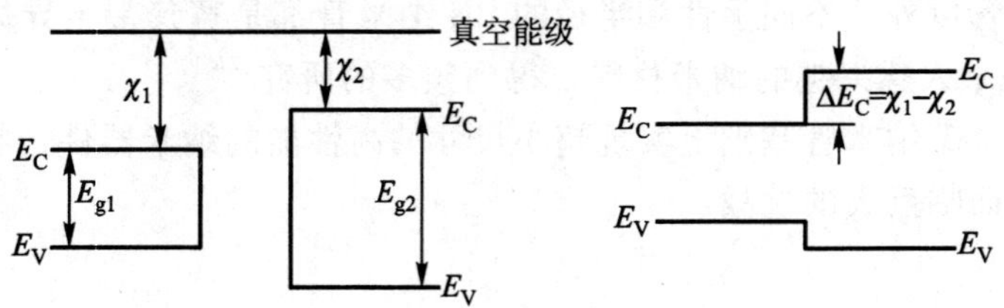

图8.100 关于带阶的电子亲和能模型

况不同于结构上连续过渡的异质界面. 在分开的两个半导体表面，即使在超高真空条件下也要发生表面的再构和相应的电子结构的变化(参看§1.5)，常常涉及表面原子的内移或外移以及电子的重新配置. 因此，和体内情形相比，表面会形成附加的电偶极层. 实验测量的电子亲和能χ应包含了表面电偶极层的贡献. 这种情形如图8.101所示意. 图中假设半导体内部能带平直. $\Delta\phi_S$代表因表面偶极层引起的表面真空能级位置的移动量. 由测量得到的是包含表面电偶极层影响的χ^*. 而在连续生长的异质结构界面的两边，由于成键要求得到满足，当然不存在再构. 但界面两边的原子位置和电荷分布会有所调整，也会出现附加的电偶极层. 这也会对实验测量的带阶有所贡献. 但这两者的效果不是必然等价的. 只有当上述表面和界面的电偶极层的影响可以忽略时，电子亲和能模型才是正确的. 因此，电子亲和能模型虽然对于有些材料对，如InAs/GaSb，Ge/Si，InAs/GaAs，CdS/InP等是适用的，但它取得的成功是有限的. 人们试图通过考虑界面偶极层的影响对电子亲和能模型作出改进. 但更认真的改进还需要扣除表面偶极层的影响. 这并不是很容易的事.

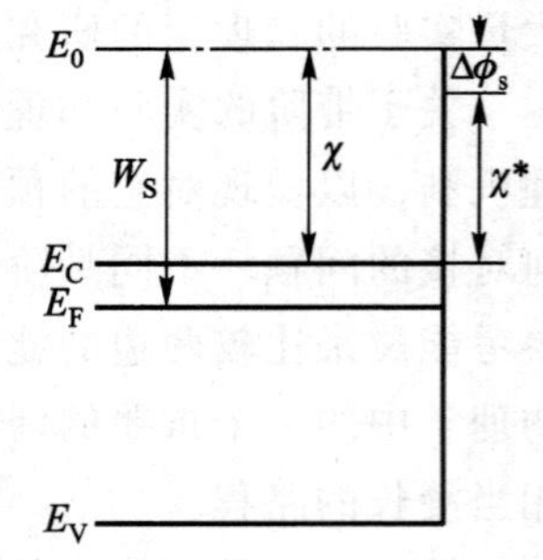

图8.101 表面电偶极层通过改变表面真空能级改变电子亲和能

感生界面态密度模型

Flores和Tejedor提出[280]，可以利用半导体的电荷中性能级的概念来计算带阶，现在称为感生界面态密度模型. 它是§6.2中介绍过的金属感生隙态模型的延伸. 在异质界面，当两边半导体中的电荷中性能级不重合时，异质界面一侧能量落入另一侧半导体的禁带中的电子态会隧穿进入另一侧约一个原子层的厚度，从而产生感生电荷偶极层. 此电荷偶极层D倾向于使两边的电中性能级ϕ_1和ϕ_2对齐，如图8.102所示，但两者又不会完全对齐，因为正是两者

的差值 $\phi_1-\phi_2$ 导致了感生偶极层 D：

$$\phi_1-\phi_2=SD \tag{8-11-1}$$

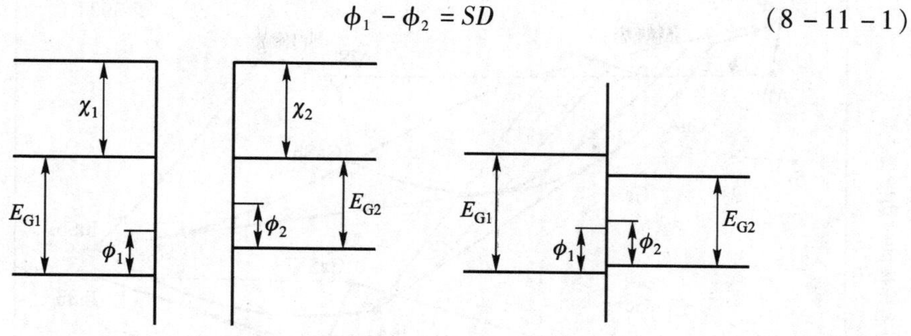

图 8.102 关于带阶的感生界面态密度模型

对于Ⅲ－Ⅴ化合物，S 的典型的值约为 0.1. 由此得到的 $\phi_1-\phi_2$ 值小于 0.1 eV. 由此模型得到的带阶和实验结果之间有较好的一致[281]. 实验结果表明，等价电子的材料 A 和 B 之间的带阶和 B 和 C 之间的带阶之和等于 A 和 C 之间的带阶：

$$\Delta E_{AB}+\Delta E_{BC}=\Delta E_{AC} \tag{8-11-2}$$

这一性质容易在上述模型的基础上得到解释. 可以通过对准各个半导体的电荷中性能级来得到诸半导体之间的带阶. 但对于某些材料对，如 AlSb/GaSb，上述规律不适用[282]. 可能的原因是在 AlSb/GaSb 的界面可发生化学反应.

图 8.103 为根据元素晶体和二元化合物的实验数据作出的导带和价带的带边能量随晶格常量的变化[283]，以金和半导体的肖特基接触的费米能级的位置为参考能量，取为零点能量. 这个能量大致对应于感生隙态模型中的电荷中性能级. 可由此图得到图中任两半导体的带阶，适用于无应变的异质结构.

自洽的第一原理的理论计算方法

在分别计算两个无限的晶体的能带时，不存在可用来比较两个能带带边能量高低的参考能量. 造成这一情形的基本原因是库仑势的长程性质，是表面或界面的电荷分布决定了半导体能带相对于真空或两个半导体的能带之间的相对位置. 但大部分预言带阶的理论都单单基于体内的性质. 如前所述，为了得到带阶，它们都要为半导体确立一个参考能量. 这些理论对于界面的电子分布大多不能提供完全的描述. 对带阶的理论研究的一个重要的进展是 Van De Walle 和 Martin 发展的一种严格的理论方法[284]：一种自洽的、从头开始的非局域赝势的密度泛函方法. 这一方法为研究带阶提供了一个基本的理论框架，可以通过自洽的计算得到电子在界面的环境下作出的调整，从而给出界面附近的电荷分布；并得到正确的静电势的移动. 将其和体能带计算结合起来可得到带阶. 计算的主要问题在于这种结构失去了平移对称性. 平移对称性对于计算十分重

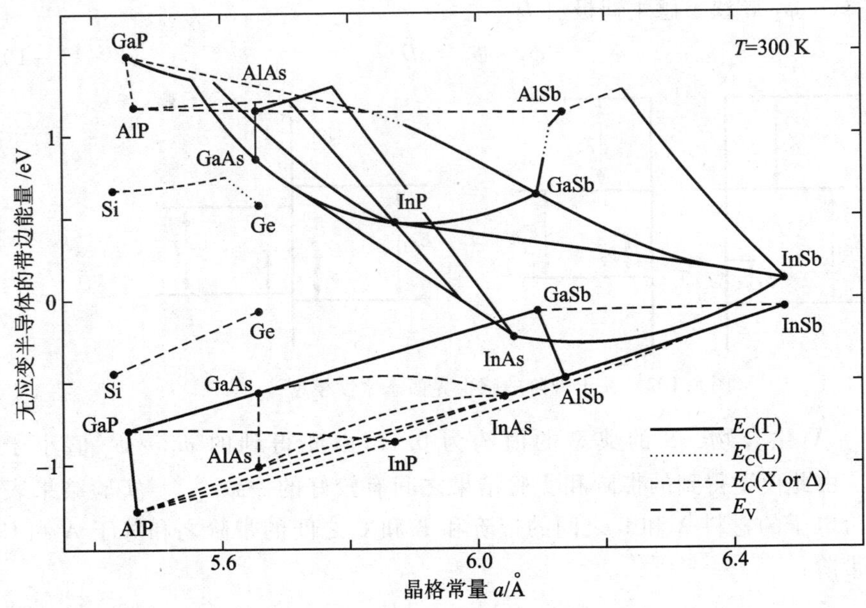

图 8.103 无应变半导体的带阶随晶格常量的变化．零点能量为金和半导体接触的费米能级的位置

要．因此，计算在相应的超晶格上进行．对于 AlAs/GaAs 的(110)非极性界面，计算所采用的超晶胞由十二个原子组成，如图 8.104 所示．

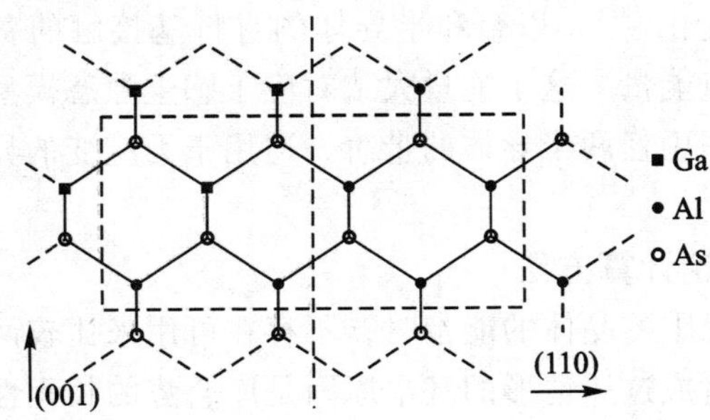

图 8.104 计算 AlAs/GaAs 界面的带阶所采用的超晶胞

这种方法也可用于研究界面的性质、位错、点缺陷等．对于晶格匹配的非极性界面的研究表明，界面附近原子的位移及其影响可以忽略，但极性界面则不然[285]．

图 8.105 为由这种理论计算得到的各种半导体的带边的相对位置[286]．由 Si 得到的导带边的位置大体对应于它的电子亲和能．作者估计，计算误差约为 0.2 eV．

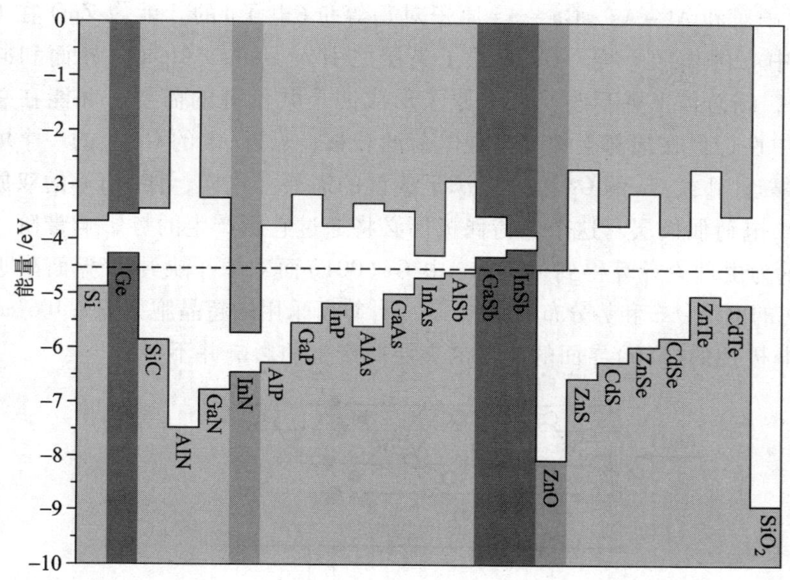

图 8.105 由第一原理的理论计算方法得到的各种半导体的带边的相对位置

共负离子规则

不少材料对具有相同的负离子．如 GaAs 和 AlGaAs 具有相同的 As 离子．在化合物半导体中，价带和导带波函数分别主要由负离子和正离子的原子波函数演变而来．[287]因此具有相同负离子的材料对的价带结构应是相似的，具有相同负离子的材料对的价带带阶应小于导带的带阶．$Al_xGa_{1-x}As$($x<0.45$)/GaAs，$\Delta E_V/\Delta\epsilon_g\approx1/3$；InAs/GaAs 则有 $\Delta E_V/\Delta\epsilon_g\approx1/6$．由图 8.105 可见，还有一些材料对也遵守这一规则．但对于共负离子规则的例外情形也不少．例如 CdTe 和 HgTe 的价带边的带阶达 0.35～0.45 eV．因此，对这一规则是否成立存在异议．[288]

外来原子层的影响和人工改变带阶

一个很自然的问题是：是否能够，以及能在多大程度上调节和改变带阶．因此，对带阶的研究的另一个重要方向是：从理论上和实验上探讨外来原子层的影响．现在，实现对带阶的适当改变，已不再是空想．通过插入不同材料的薄层，曾经改变了很多异质结构的带阶[289]．这为带隙工程开辟了有价值的前景．

极性的 GaAs /AlGaAs(001)界面和同质 GaAs 沿(001)面的 Ge 夹层的作用可能是最容易理解的．作为单个原子，Ge 相对于 Al，Ga，As 都是异价的．但

Ge－Ge 原子对和 Al－As，Ga－As 原子对是等价(电子)的，就像 ZnO 在 GaP 中起等价中心的作用一样．Ge 双原子夹层之引入 GaAs /AlGaAs 界面和同质 GaAs 之中，在总体上并不改变每个原子形成四个共价键的需要，并能在总体上保持电中性，但在局部上却会出现电荷的转移：靠近 As 的 Ge 上的一个电子会转移到靠近 Al 或 Ga 的 Ge 上，以满足成键的需要．这样，伴随 Ge 的双原子层的是一个电荷偶极层．这个电荷偶极层必将通过它所产生的势影响带阶．图 8.106 所示为由理论计算得到的 GaAs 中 Ge(001)面双原子夹层对界面附近沿[001]方向的电荷分布和势分布的影响[290]．计算所采用的超晶胞如图 8.106(a)所示．但沿非极性的(110)界面的类似的夹层所产生的影响并不显著．

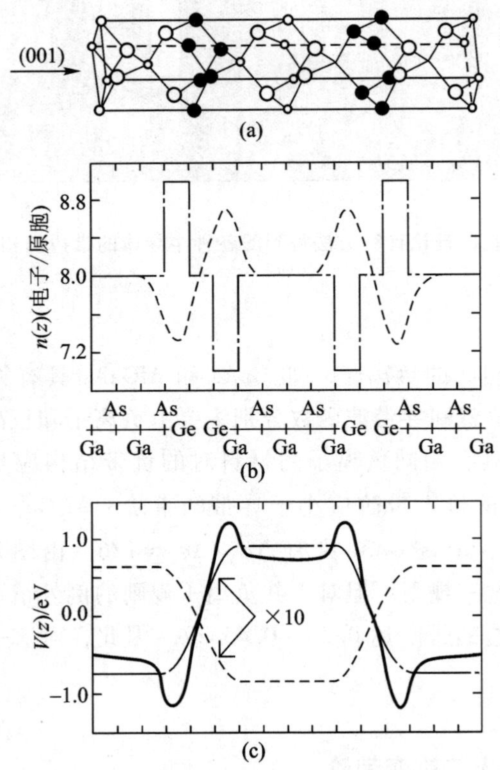

图 8.106 (a)用于计算 GaAs 中 Ge 原子层的影响的超晶胞
(b)电子(虚线)和核(点线)的电荷密度的宏观平均值
(c)总的电势分布以及电子(虚线)和核(点线)的静电势.

实验上，利用 GaAs 作为夹层在 Ge 中产生了 0.35～0.45 eV 人工的带阶.[291]通过插入很薄的 Si 的夹层，可在同质 GaAs 结构中产生 0.27 eV 的带阶.[292]图 8.107 所示为通过人工夹层实现的同质结构中的带阶的示意图.

还可通过和有机分子成键改变表面[293,294]和界面[295]偶极层．有些情形下，

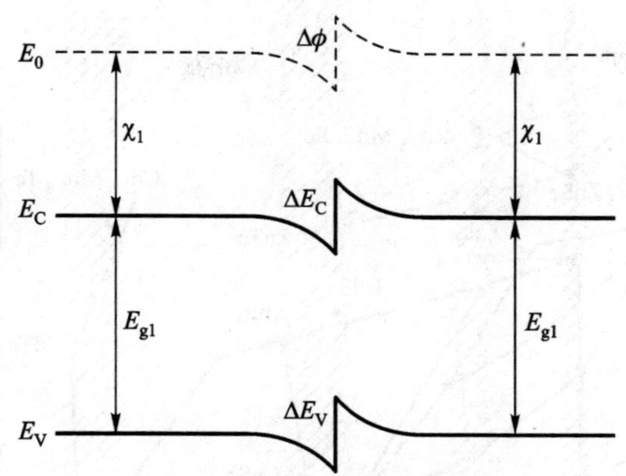

图 8.107　通过人工夹层实现的同质结构中的带阶示意图

界面有时只要受到远小于一个单原子层轻微的污染，就可引起带阶的显著变化[296]．实验上还发现，在半导体界面淀积一层金属也可改变带阶．这一现象也可在感生界面态模型的基础上来认识．例如 ZnSe 和 Ge 之间若淀积一层 Al，则带阶会发生改变．理论计算表明，ZnSe 和 Ge 表面的 Al 会使两者的电中性能级分别由价带以上 1.82 和 0.18 eV 变为 0.53 和 2.65 eV，而价带的带阶则由 1.70 eV 变为 2.11 eV．

正像在金属－半导体界面所发现的情形一样，近年来利用横向分辨的测量技术进行的测量表明，沿界面带阶值可存在大的涨落[297]．显然，这种涨落可对器件性质产生影响．但另一方面，这也可能为认识影响带阶的因素带来启示．

§8.12　晶格失配的异质结构

伴随异质结构的一个实际问题就是晶格匹配．这是人们需要认真面对的问题．恶劣的界面性质将严重影响异质结构的应用价值．

图 8.108 给出了各种半导体的禁带能量(4.2 K)和晶格常量的分布．[298]可以看到，除了少数材料对，如 Ge/GaAs/AlAs，InAs/CdSe，GaSb/ZnTe，InSb/CdTe 等有很接近的晶格常量外，多数半导体之间的异质结构，都存在较大的晶格失配．

在 §1.4 和 §6.1 中已经提到，晶格失配可在界面附近形成大量的失配位错．这些位错通常是有害的．这给可有效利用的材料对带来了严重的限制．例如，人们较早就期望发展较易于和 Si 技术兼容的 $Si/Si_{1-x}Ge_x$ 异质器件[299]，但由于 Si 和 Ge 之间存在较大的晶格失配(达到 4.2%)，这种器件

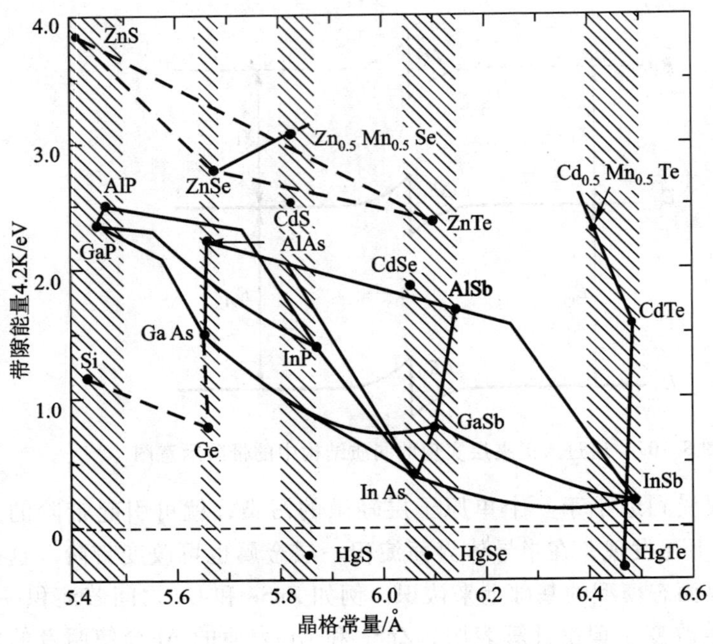

图 8.108 各种半导体晶格常量的分布

较晚才实现.

对于化合物半导体，如在§2.4中已介绍过的，晶格匹配可以借助于三元系和四元系混合晶体来加以解决．另一方面，人们发现，如果衬底和外延层之间的失配不很大(< 5%~7%)，那么最先生长的在一定临界厚度内的少数原子层将会通过弹性应变以达到和衬底的匹配，并不产生失配位错，如图8.109(a)所示意．对于应变层异质结构的这一认识大大拓宽了可利用的材料对的范围，使人们在材料对的选择上有了更大的自由度．而且弹性应变引起的晶体能带结构的变化有时可使晶体性质甚至得到显著的改善.

在对应变层中的应力和应变作初步介绍后，这一节我们将讨论三个问题：应变对能带结构的影响，应变层的临界厚度，异质外延层中应变的弛豫.

应变的外延层

我们先对弹性应变的外延层中的应力和应变作简单介绍．在厚的衬底上生长薄的异质外延层时，应变主要发生在外延层中．外延层受到来自衬底的双轴应力．例如，如果外延异质材料的晶格常量小于衬底，则在外延层中平行于界面的方向存在伸张应变，而在垂直于界面的方向则存在压缩应变.

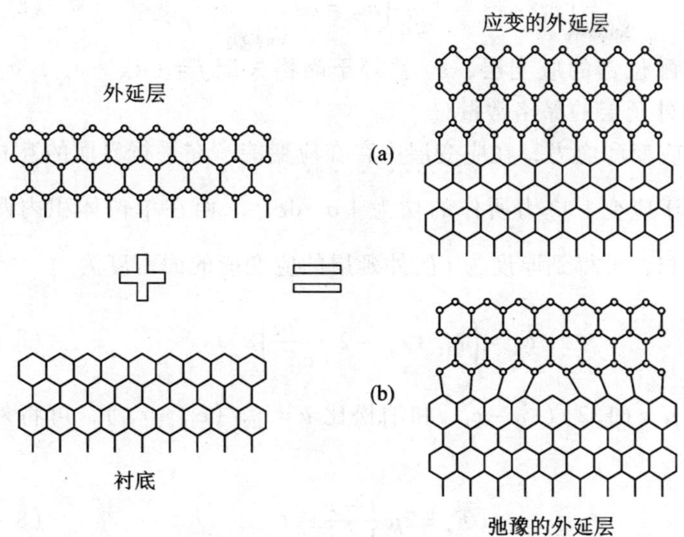

图 8.109 晶格常量不同的晶体间的异质界面

(a) 衬底上面的应变的外延层 (b) 通过界面的失配位错使外延层得到弛豫

应变和应力的问题涉及应变张量(ε_{ij})、应力张量(σ_{ij})和弹性模量张量(c_{ijkl}). 三者之间的关系(σ_{ij}) = (c_{ijkl})(ε_{kl}). 应变张量和应力张量都是对称张量. ε_{11}, ε_{22}, ε_{33}, 描述的是三个方向的伸张或压缩应变. 对于立方晶体, (c_{ijkl})实际上只有三个独立的张量元. 在简化描述中它们是 c_{11}, c_{12} 和 c_{44}. c_{11} 描述一个方向的应变在同一方向引起的正应力, c_{12} 描述一个方向的应变在与之垂直的方向引起的正应力. 正应变和正应力之间有以下关系

$$\begin{aligned}\sigma_{11} &= c_{11}\varepsilon_{11} + c_{12}\varepsilon_{22} + c_{12}\varepsilon_{33}\\ \sigma_{22} &= c_{12}\varepsilon_{11} + c_{11}\varepsilon_{22} + c_{12}\varepsilon_{33}\\ \sigma_{33} &= c_{12}\varepsilon_{11} + c_{12}\varepsilon_{22} + c_{11}\varepsilon_{33}\end{aligned} \tag{8-12-1}$$

对于沿(001)面生长的情形, 外延层受到的是沿(001)面的双轴应力. 由于垂直(001)面的应力 σ_{33} 为零, 由式(8-12-1), 可得垂直方向的应变 $\varepsilon_{33} = \varepsilon_{\perp}$ 为

$$\varepsilon_{\perp} = -(\varepsilon_{11} + \varepsilon_{22})\frac{c_{12}}{c_{11}} = -2\varepsilon_{/\!/}\frac{c_{12}}{c_{11}} \tag{8-12-2}$$

横向的应力 $\sigma_{/\!/}$ 和应变 $\varepsilon_{/\!/}$ 之间的关系为

$$\sigma_{/\!/} = \sigma_{11} = \sigma_{22} = c_{11}\varepsilon_{11} + c_{12}\varepsilon_{22} - (\varepsilon_{11} + \varepsilon_{22})\frac{c_{12}^2}{c_{11}}$$

$$= \left(c_{11} + c_{12} - 2\frac{c_{12}^2}{c_{11}} \right) \varepsilon_{/\!/} = g\varepsilon_{/\!/} \tag{8-12-3}$$

对于无失配位错的应变层，$\varepsilon_{/\!/}$ 就等于晶格失配 $f = (a_{sb} - a_{ep})/a_{sb}$. a_{sb} 和 a_{ep} 分别衬底和外延层的晶格常量.

由于存在应变和应力，在应变层中存在应变能. 在平行界面的互相垂直的每一方向，由于应变，应力所作的功为 $\int \sigma_{/\!/} \mathrm{d}\varepsilon_{/\!/}$. 由在单位体积内两个方向应力所作功之和，可得到厚度为 t 的外延层的应变能的面密度为

$$E_\varepsilon = \left(c_{11} + c_{12} - 2\frac{c_{12}c_{12}}{c_{11}} \right) \varepsilon_{/\!/}^2 t \tag{8-12-4}$$

引入切变模量 $\mu = (1/2)(c_{11} - c_{12})$ 和泊松比 $\nu = c_{12}/(c_{11} + c_{12})$，可将外延层形变能改写为

$$E_\varepsilon = 2\mu \frac{1+\nu}{1-\nu} \varepsilon_{/\!/}^2 t \tag{8-12-5}$$

随着应变层厚度 t 的增加，应变能得到越来越大的积累. 另一方面，如在§1.4中已说明的，位错附近是一个形变区，因而位错具有形变能. 当应变层达到一定的厚度，从而有足够的应变能的积累时，将有可能形成失配位错以使应变得到适当的弛豫[300].

类似于形成异质的应变层，只要晶格失配不很大，也可形成结构完整的一定厚度的应变层超晶格. 但这里的应力问题和单个异质应变层中的应力问题有所不同. 自由的超晶格有自己"固有的"晶格常量 a_s. 相对于两种材料原有的晶格常量而言，两种材料都发生了应变. 但在超晶格"固有的"晶格常量下，两种材料的A，B的应力是互相抵消的. 若两者的厚度分别为 d_A 和 d_B，应有

$$\sigma_{/\!/A} d_A = \sigma_{/\!/B} d_B \tag{8-12-6}$$

若引入两种材料的晶格常量 a_A，a_B 则由式(8-12-3)，上述平衡可写为

$$g_A d_A (a_A - a_s) + g_B d_B (a_B - a_s) = 0 \tag{8-12-7}$$

自由的超晶格沿界面的晶格常量 a_s 应为

$$a_s = \frac{g_A d_A a_A + g_B d_B a_B}{g_A d_A + g_B d_B} \tag{8-12-8}$$

应变对外延层能带结构的影响

应变可使晶体的能带结构发生改变. 在采用应变层异质结构时，这一点是必须加以考虑的. 特别是应变引起的能带的变化可能是有益的.

弹性应变层的禁带宽度可能发生显著的变化. 压缩性双轴应变通常使Γ

带隙增加，但使Δ或X带隙减小．例如，InAs的带隙为0.41 eV，但生长在GaAs上的InAs压缩应变层的带隙几乎增加一倍[301]；生长在InAs上的GaAs由于拉伸形变则带隙显著变窄．而生长在Si上的$Si_{1-x}Ge_x$压缩应变层的带隙也变窄，其带隙随成分x的变化示于图8.110．[302]在光电子器件中，可以利用应变对带隙的影响来改变复合发光的波长．[303]

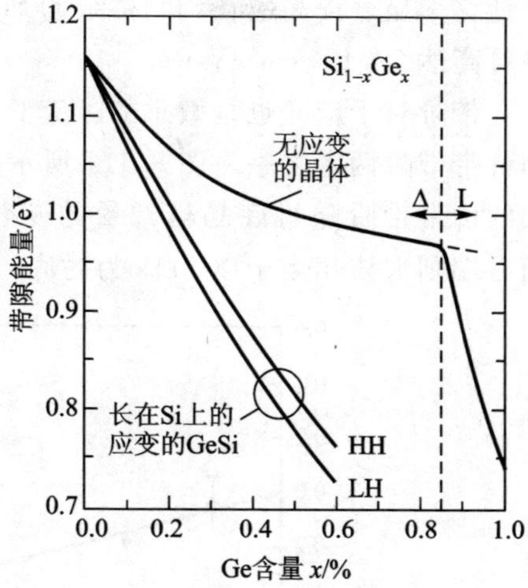

图 8.110 Si上的形变层$Si_{1-x}Ge_x$的禁带宽度随成分x的变化．图中给出了未形变的$Si_{1-x}Ge_x$的禁带宽度

双轴应力会使立方晶体的对称性降低，由立方对称性变为四方对称性．这一变化可使某些简并得到解除．

对于金刚石和闪锌矿结构的半导体，双轴应力使价带解除简并[304]．若外延层沿(001)面生长，双轴应力引起上面三个带的带边的移动，移动的大小可表示为[305]

$$\Delta E_{\mathrm{hh}} = a_v\ (\varepsilon_{xx} + \varepsilon_{yy} + \varepsilon_{zz}) - \left(\frac{1}{2}\right)\delta E_{001}$$

$$\Delta E_{\mathrm{lh}} = a_v\ (\varepsilon_{xx} + \varepsilon_{yy} + \varepsilon_{zz}) - \left(\frac{1}{2}\right)\Delta_0 + \delta E_{001} + \left(\frac{1}{2}\right)\left[\Delta_0^2 + \Delta_0\delta E_{001} + \left(\frac{9}{4}\right)(\delta E_{001})^2\right]^{\frac{1}{2}}$$

$$\Delta E_{\mathrm{so}} = a_v\ (\varepsilon_{xx} + \varepsilon_{yy} + \varepsilon_{zz}) - \left(\frac{1}{2}\right)\Delta_0 + \delta E_{001} - \left(\frac{1}{2}\right)\left[\Delta_0^2 + \Delta_0\delta E_{001} + \left(\frac{9}{4}\right)(\delta E_{001})^2\right]^{\frac{1}{2}} \tag{8-12-9}$$

式中ΔE_{so}为下面的自旋轨道耦合分裂带的带边移动；Δ_0为自旋轨道耦合分裂值；a_v为价带流体静压力形变势常量；$\delta E_{001} = b_V(\varepsilon_{zz} - \varepsilon_{xx})$，$b_V$为价带切变势常量．

在生长在Si上的$Si_{1-x}Ge_x$压缩应变层中，解除了简并的、最上面的价带的沿界面方向的有效质量得到降低[306]，从而使空穴迁移率得到提高．在调制掺杂的Ge的压缩应变层沟道中，在4.2 K空穴迁移率可达到$5.5\times10^4\ \mathrm{cm^2/V\cdot s}$[307]．这一效应在场效应晶体管上已得到应用[308]．

双轴应力会部分解除Si的导带的谷简并．$Ge_{1-x}Si_x$和生长在它上面的Si的应变层的界面是Ⅱ型的[309]，Si的E_C低于$Ge_{1-x}Si_x$的．在沿(001)面生长的Si的伸张应变层中，原来六度简并的Δ能谷中，两个等能面椭球长轴垂直于(001)面的能谷的能量下降，其它四个能谷能量上升．处于两个最低能谷中的电子，不仅沿界面方向具有小的有效质量，而且谷间散射也显著减弱，因而电子迁移率显著提高．在调制掺杂的 Si 的沟道中，低温(约 10 K 以下)电子迁移率可高达 $5\times10^5\ \mathrm{cm^2/V\cdot s}$[310]．

带阶对于应变也是敏感的．应变影响带隙本身就说明应变至少会改变导带和价带带阶两者之一．图 8.111 所示为由实验测量的 InAs/GaAs 应变层异质结构的价带带阶随衬底晶格常量的变化[311]．左端大体相当于以 GaAs 为衬底，而右端则大体相当于以 InAs 为衬底．

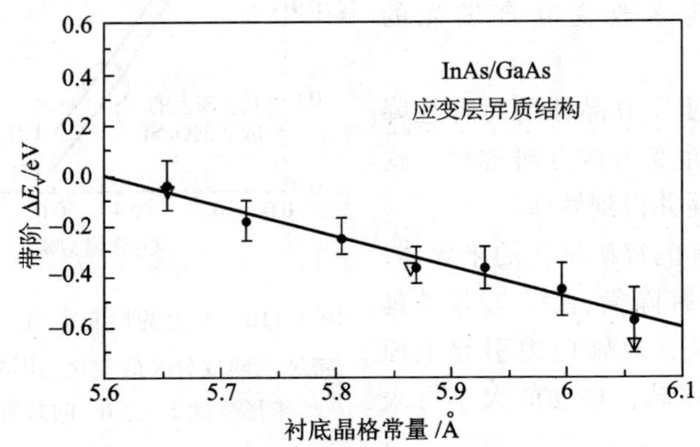

图 8.111 InAs/GaAs 应变层异质结构的价带带阶随衬底晶格常量的变化

应变改变带阶也可利用来得到量子点——应力感生的量子点．图 8.112 所示为这种量子点的示意图[312]．在表面以下靠近表面的地方生长了 GaAs/InGaAs 量子阱．在表面生长了 InP 应力岛．InP 应力岛在它下面引入的张应变对 InGaAs 层中的压缩应变有所缓解，形成一个电子势阱．于是在 InGaAs 中形成了量子点．通过控制表面 GaAs 层的厚度 D 可控制量子点的势的深度．

可见应变可对能带产生多方面的影响．适当引入应变已成为器件设计的一个原则[313]．

无失配位错应变层的临界厚度

实验表明，当外延层超过某临界厚度，将可出现失配位错．失配位错可由来自衬底的位错转变而成，也可通过存在于应变层中的位错的倍增而实现，或通过新位错的成核而形成．在异质外延中，无失配位错的应变外延层的临界厚度显然是人们极为关注的问题．

由于位错不能中止于体内，在衬底表面露头的位错必将延伸到外延层中，称为穿通位错．穿通位错可转变成界面的失配位错．基于对应变层作

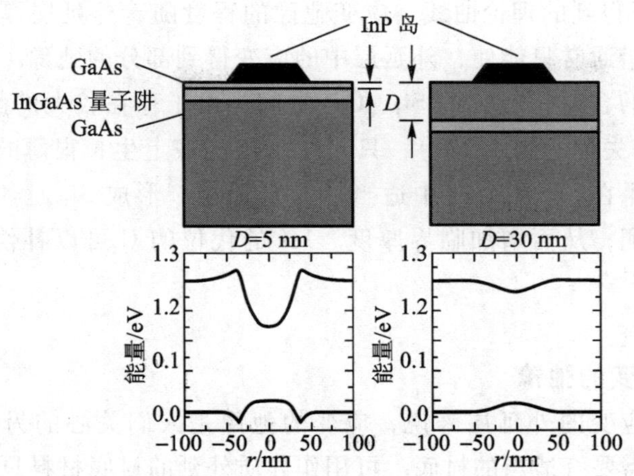

图 8.112 应力感生的量子点示意图

用于来自衬底的穿通位错上的力的考虑，可以得到形成失配位错的临界厚度 t_C[314]：

$$t_C=\frac{b\left(1-\frac{\nu}{4}\right)}{4\pi\left|f_0\right|(1-\nu)}\left(1+\ln\frac{t_C}{b}\right) \qquad (8-12-10)$$

式中 b 为滑移矢量的大小．上式说明，晶格失配 f_0 愈大，t_C 愈小．借助于灵敏的观测技术得到的实验结果说明，超过临界厚度 t_C，就会开始有穿通位错转变为失配位错．[315,316] 图 8.113 为在 GaAs 上生长的 $In_xGa_{1-x}As$ 外延层的临界厚度 t_C 和晶格失配之间的关系．[316] 图中给出了几个不同作者的实验数据．实线为

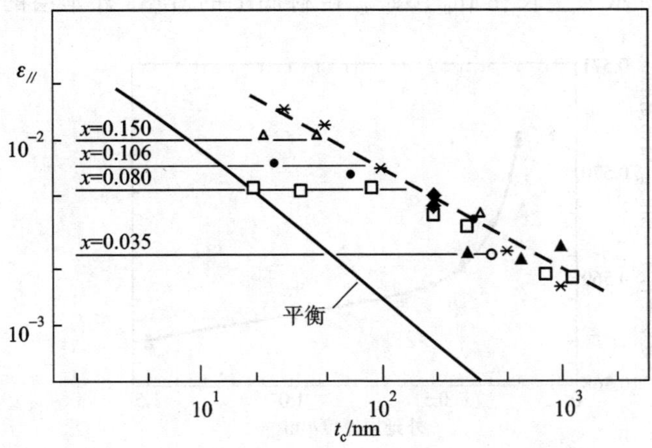

图 8.113 无失配位错外延层厚度 t_c 和形变 $\varepsilon_{/\!/}$ 之间的关系，采用双对数坐标．图中的实线由式(8-12-10)得到

按式(8－12－10)得到的理论曲线．应变弛豫的程度随着外延层厚度的增加而增加．但穿通位错通常只能使，外延层中的应变得到部分的弛豫．

在 Si 和 Ge 的含量 x 较大的 $Si_{1-x}Ge_x$ 之间，由于存在较大的晶格失配(Si 和 Ge 之间的晶格失配达到4.2%)，只允许在 Si 衬底上生长很薄的 $Si_{1-x}Ge_x$ 弹性应变层．但如果在 $Si_{1-x}Ge_x$ 之中适当掺入 C 原子，形成 $Si_{1-x-y}Ge_xC_y$，则有利于减小晶格失配，从而增加临界厚度．1% 的代位的 C 可以补偿 8%～10% 的 Ge 引起的应变[317]．

异质外延层中应变的弛豫

对于生长无应变的外延层来说，应变的弛豫是人们关心的另一个实际问题．生长外延层需要有适当的衬底．可用作异质外延的衬底材料只有为数不多的几种．因此衬底和需外延的晶体之间通常存在晶格失配．为解决晶格失配，需要在正式生长外延层之前先生长一适当厚度的缓冲层，以使应变得到较充分的弛豫．但如前所述，依靠穿通位错的转变并不能使应变得到充分的弛豫．实验表明，存在一个亚稳的厚度区段(参看图8.113) t_c—t_c^*，在此范围内新位错的产生仍受到抑制．只有当应变层的厚度达到一个新的临界值(积蓄更大的应变能)，较快的应变的弛豫过程才开始．通过分析应力的作用，可得发生位错倍增的临界厚度 t_c^* 和失配 f_0 的关系[318]

$$t_c^* = \frac{b\ (2+\nu)}{4\pi\ |f_0|(1-\nu)}\left(\ln\frac{\sqrt{6}\alpha t_c^*}{b}+\frac{\nu-2}{\nu+2}\right) \qquad (8-12-11)$$

式中 α 大约等于4．上式的临界厚度 t_c^* 比式(8－12－7)的 t_c 约大四倍．

图8.114 所示为生长在 $In_{0.7}Ga_{0.93}As$ 衬底上的 GaAs 外延层的晶格常量

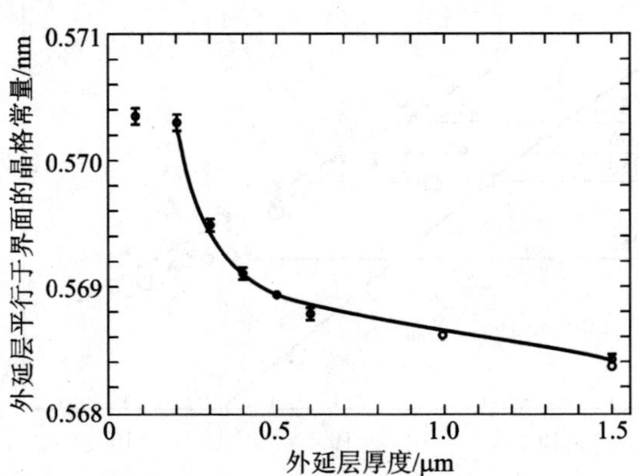

图8.114　生长在 $In_{0.7}Ga_{0.93}As$ 衬底上的 GaAs 外延层的晶格常量和外延层厚度的关系

和外延层厚度的关系的实验结果.[319] 图中的情形说明应变的弛豫需要微米量级的缓冲层. 缓冲层技术对于降低异质外延层中的缺陷密度有着重要的意义.

第 8 章参考文献

[1] Esaki L, Tsu R. *Superlattice and negative conducivity in semiconductors*, IBM Research Note RC-2418, 1969.

[2] Schrieffer J R. *Semiconductor Surface Physics*. Ed. by Kingston R H. Philadelphia: University of Pennsylvania Press, 1957: 55.

[3] Colman D, Bate R T, Mize J P. *J. Appl. Phys.*, 1968, 39: 1923.
Stern F. *Phys. Rev. B*, 1972, 5: 4891.

[4] 详细评述参看 Ando T, Fowler A B, Stern F. *Rev. Mod. Phys.*, 1982, 54: 437.

[5] Tsui D C. *Phys. Rev. B*, 1973, 8: 2657.

[6] 可参看 Koch F. *Surface Sci.*, 1979, 80: 110.

[7] Barstard G, Brum J A. *IEEE J. Quantum Electron*, 1986, 22: 1625.

[8] Johnson N F. *J. Phys.: Condensed Matter*, 1995, 7: 965.

[9] Kasmer M A. *Phys. Today*, 1993, 46: 24.

[10] Cho A Y, Arthur J R. *Proc. Solid State Chem.*, 1975, 10: 157.

[11] Foxon C T, Joyce B A. *Surf. Sci.*, 1975, 50: 534.
Foxon C T, Joyce B A. *Surf. Sci.*, 1977, 64: 293.
Singh J, Bajaj K K. *Superlatt. Microstruct.*, 1986, 2: 185.

[12] Dupuis R D, Dapkus P D. *IEEE J. Quantum. Electron*, 1979, QE-15: 128.

[13] Razeghi M, Poisson M A, Larivain J P, et al. *J. Elctron. Mater.*, 1983, 12: 371.

[14] Zrenner A, Butov L V, Hagn M, et al. *Phys. Rev. Lett.*, 1994, 72: 3382.

[15] Brunner K, Abstreiter G, Böhm G, et al. *Phys. Rev. Lett.*, 1994, 73: 1138. *Appl. Phys. Lett.*, 1994, 64: 3320.
Hess H F, Betzig E, Harris T D, et al. *Science*, 1994, 264: 1740.
Gammon D, Snow E S, Katzer D S. *Appl. Phys. Lett.*, 1995, 67: 2391.

Stievater T H, et al. *Appl. Phys. Lett.*, 2002, 80: 1876.
Guest J R, et al. *Phys. Rev. B*, 2002, 65: 241310(R).
[16] Andreani L C, et al. *Phys. Rev. B*, 1999, 60: 13276.
[17] Hours J, et al. *Phys. Rev. B*, 2005, 7: 161306(R).
[18] Nagamune Y, Sasaki H, Kouwenhoven L P, et al. *Appl. Phys. Lett.*, 1994, 64: 2379.
[19] Sugiyama Y, Sakuma Y, Muto S, et al. *Appl. Phys. Lett.*, 1995, 7: 256.
Hartmann A, Ducommun Y, Loubies L, et al. *Appl. Phys. Lett.*, 1998, 73: 16.
Hartmann A, Ducommun Y, Leifer K, et al. *J. Phys.: Condens. Matter*, 1999, 11: 5901.
[20] Stranski I N, Krastanow L. *Sitzungsber. Akad. Wiss. Wien, Math. -Naturwiss.* K1, Abt. 2B, 1938, 146: 797.
Guha S, Madhukar A, Rajkumar K C. *Appl. Phys. Lett.*, 1990, 57: 2110.
Mo Y W, Savage D E, Swartzentruber B S, et al. *Phys. Rev. Lett.*, 1990, 65: 1020.
[21] Eagelsham D J, Cerullo M. *Phys. Rev. Lett.*, 1990, 64: 1943.
Vanderbilt D, Wickham L K. *Evolution of Thin Film and Surface Microstructure*, MRS
Symposia Proceedings No. 202. Pittsburgh: Materials Research Society, 1991: 555.
[22] Liu F, Lagally M G. *Surf. Sci.*, 1997, 386: 169.
Woll A W, Rugheimer P, Lagally M G. *Mater. Sci. Eng. B*, 2002, 96: 94.
Drucker J. *IEEE J. Quantum Electron*, 2002, 38: 975.
Michler P. *Single Quantum Dots: Fundamentals, Applications and New Concepts*. Ed. Michler P. Berlin Heidelberg: Springer - Verlag: 2003.
[23] *Low - Dimensional Structures in Semiconductors: From Basic Physics to Applications*, Vol. B281 of NATO ASI. Edited by Peaker A R, Grimmeiss H G. New York: Plenum Publishing Corporation, 1992.
Thornton T J. *Superlatt. Microstruct*. 1998, 23: 601.
[24] Thornton T J, Roukes M L, van der Gaag B P. *Phys. Rev. Lett.*, 1989, 63: 2128.

[25] Wang X - L, Viliotis V. *J. Appl. Phys.*, 2006, 99: 121301.

[26] Kapon E, Hwang D M, Bhat R. *Phys. Rev. Lett.*, 1989, 63: 430.
Bhat R, Kapon E, Hwang D M, et al. *Cryst. Growth*, 1988, 93: 850.
Gustafsson A, Reinhardt F, Biasiol G, et al. *Appl. Phys. Lett.*, 1995, 67: 3673.

[27] Bellessa J, Voliotis V, Grousson R, et al. *Appl. Phys. Lett.*, 1997, 71: 2481.

[28] Hasen J, Pfeiffer L N, Pinczuk A, et al. *Nature* (London), 1997, 390: 54.
Vouilloz F, Oberli D Y, Lelarge F, et al. *Solid State Commun.*, 1998, 108: 945.

[29] Wang X - L, Ogura M, Matsuhata H. *Appl. Phys. Lett.*, 1995, 66: 1506.
Wang X - L, Voliotis V, Grousson R, et al. *J. Cryst. Growth*, 2000, 213: 19.
Wang X - L, Ogura M. *J. Cryst. Growth*, 2000, 221: 556.
Crottini A, Staehli J L, Deveaud B, et al. *Phys. Rev. B*, 2001, 63: 121313.
Guillet T, Grousson R, Voliotis V, et al. *Phys. Rev. B*, 2003, 68: 045319.

[30] Chang Y C, Chang L L, Esaki L. *Appl. Phys. Lett.*, 1985, 47: 1324.
Pfeiffer L, West K W, Stormer H L, et al. *Appl. Phys. Lett.*, 1990, 56: 1697.
Goñi A R, Pfeiffer L N, West K W, et al. *Appl. Phys. Lett.*, 1992, 61: 1956.
Pfeiffer L N, Stormer H L, Baldwin K W, et al. *J. Crys. Growth*, 1993, 849: 127.
Motohisa J, Sakaki H. *Appl. Phys. Lett.*, 1993, 63: 1786.
Kurdak C, Zaslavsky A, Tsui D C, et al. *Appl. Phys. Lett.*, 1995, 66: 323.

[31] Held R, Heinzel T, Studerus P, et al. *Physica E*, 1998, 2: 748.
Held R, Vancura T, Heinzel T, et al. *Appl. Phys. Lett.*, 1998, 73: 262.
Fuhrer A, Lüscher S, Ihn T, et al. *Nature*, 2001, 413: 822.

[32] LuÈscher S, Heinzel T, Ensslin K, et al. *Phys. Rev. Lett.*, 2001,

86: 2118.

[33] Dingle R, Störmer H L, Gossard A C, et al. *Appl. Phys. Letters*, 1978, 33: 665.

[34] Witkowski L C, Drummond T J, Stanchak C M, et al. *Appl. Phys. Letters*, 1980, 37: 1033.

Störmer H L, Pinczuk A, Gossard A C, et al. *Appl. Phys. Letters*, 1981, 38: 691.

[35] Walukiewicz W, Ruda H E, Lagowski J, et al. *Phys. Rev. B*, 1984, 30: 4571.

[36] 叶良修. 小尺寸半导体器件的蒙特卡罗模拟. 北京: 科学出版社, 1997: §5.2.4, 5.2.5.

[37] Wood C E C, Metze G, Berrv J, et al. *J. Appl. Phys.*, 1980, 51: 383.

Schubert E F, Cunningham J E, Tsang W T, et al. *Appl. Phys. Lett.*, 1987, 51: 1170.

[38] Takagi S, Takayanagi M. *Jpn. J. Appl. Phys.*, 2002, Part 1, 41: 2348.

Saito S, Torii K, Hiratani M, et al. *Appl. Phys. Lett.*, 2002, 81: 2391.

[39] Pfeiffer L, West K W, Stormer H L, et al. *Appl. Phys. Lett.*, 1989, 55: 1888.

[40] Umansky V, de-Picciotto R, Heiblum M. *Appl. Phys. Lett.*, 1997, 71: 683.

[41] Gorczycat I, Skierbiszewskit C, Litwin-Staszewskat E, et al. *Semicond. Sci. Technol.* 1991, 6: 461.

Walukiewicz W. *Phys. Rev. B*, 1988, 37: 8530.

[42] von Klitzing K, Dorda G, Pepper M. *Phys. Rev. Lett.*, 1980, 45: 494.

Prange R E, Girvin S M Eds. *The Quantum Hall Effect*, 2nd ed. New York: Springer, 1990.

Das Sarma S, Pinczuk A eds. *Perspectives in Quantum Hall Effect—Novel Quantum Liquids in Low - Dimensional Semiconductor Structures*. New York: Wiley and Sons, 1997.

[43] Tsui D C, Strömer H L, Gossard A C. *Phys. Rev. Lett.*, 1982, 48: 1559.

[44] van Wees B J, van Houten H, Beenakker C W J, et al. *Phys. Rev. Lett.*, 1988, 60: 848.

[45] Mani R G, Smet J H, von Klitzing K, et al. *Nature*, 2002, 420: 646.

[46] Zudov M A, Du R R, Pfeiffer L N, et al. *Phys. Rev. Lett.*, 2003,

90: 046807.

[47] Mimura T, Hiyamizu S, Fujii T, et al. *Jap. J. Appl. Phys.*, 1980, 19: L225.

Hiyamizu S, Mimura T, Fujii T, et al. *Jpn. J. Appl. Phys.*, 1981, 20: L245.

Delagebeaudeuf D, Delescluse P, Etienne P, et al. *Electron, Lett.*, 1980, 16: 667.

[48] Gökden S. *phys. stat. sol.* (a), 2003, 200: 369.

Bennett B R, Yang M J, Shanabrook B V, et al. *Appl. Phys. Lett.*, 1998, 72: 1193.

Tezukay T, Hatakeyama T, Imai S, et al. *Semicond. Sci. Technol.*, 1998, 13: 1477.

[49] Fang F F, Fowler A B. *Phys. Rev.*, 1968, 169: 619.

[50] Hartstein A, Fowler A B, Albert M. *Surface Sci.*, 1980, 98: 181.

[51] Sah C T, Ning T H, Tschopp L L. *Surface Sci*, 1972, 32: 561.

[52] 参看[33]p. 387.

[53] Ando T. *J. Phys. Soc. Japan*, 1977, 43: 1616.

[54] 参看[33]p. 386

[55] Tsu R, Esaki L. *Appl. Phys. Lett.*, 1973, 22: 562.

[56] Karazinov R F, Suris R A. *Fiz. Tekh. Poluprov.*, 1971, 5: 797; [Sov. Phys. Simicond. 1971,5:707]; 1972, 6: 148; [1972,6:120].

[57] Chang L L, Esaki L, Tsu R. *Appl. Phys. Lett.*, 1974, 24: 593.

[58] Sollner T C L G, Goodhue W D, Tannenwald P E, et al. *Appl. Phys. Lett.*, 1983, 43: 586.

[59] Büttiker M. *IBM J. Res. Develop.*, 1988, 32: 63.

[60] Ricco B, Ya M. Azbel. *Phys. Rev. B*, 1984, 29: 1970.

[61] Boric O, Tolmunen T J, Kollberg E, et al. *Int. J. Infrared and Millimeter Waves*, 1992, 13: 799.

[62] Bar-Joseph I, Woodward T K, Chemla D S, et al. *Phys. Rev. B*, 1990, 41: 3264.

[63] Woodward T K, Chemla D S, Bar-Joseph I, et al. *Phys. Rev. B*, 1991, 44: 1353.

[64] Weil T, Vinter. *Appl. Phys. Lett.*, 1987, 50: 1281.

[65] Capasso F, Kiehl R A. *J. Appl. Phys.*, 1985, 58: 1366.

[66] van Wees B J, Kouwenhoven L P, Harmans C J P M, et al. *Phys. Rev.*

Lett., 1989, 62: 2523.

[67] Kouwenhoven L P, Hekking F W J, van Wees B J, et al. *Phys. Rev. Lett.*, 1990, 65: 361.

[68] Kouwenhoven L P, et al. *Phys. Rev. B*, 1994, 50: 2019.
Kouwenhoven L P, et al. *Phys. Rev. Lett.*, 1994, 73: 3433.
Blick R H, et al. *Appl. Phys. Lett.*, 1995, 67: 3924.

[69] Özbay E, Bloom D M, Chow D H, et al. *IEEE Electron Device Lett.*, 1993, 14: 400.
Orihashi N, Suzuki S, Asada M. *Appl. Phys. Lett.*, 2005, 87: 233501.

[70] Capasso F, Mohammed K, Cho A Y. *Appl. Phys. Lett.*, 1986, 48: 478.

[71] Tarucha S, Ploog K, von Klitzing K. *Phys. Rev. B*, 1987, 36: 4558.

[72] Tarucha S, Ploog K. *Phys. Rev. B*, 1988, 38: 4198.

[73] Dean C C, Pepper M. *J. Phys.*, 1982, C15: L1287.

[74] Kaplan S B, Harstein A. *Phys. Rev. Lett.*, 1986, 56: 2403.

[75] Thornton T J, et al. *Phys. Rev. Lett.*, 1986, 56: 1198.
Berggren K-F, Newson D J. *Semicond. Sci. Technol.*, 1986, 1: 327.

[76] Weis J, Haug J, Klitzing K V, et al. *Phys. Rev. Lett.*, 1993, 71: 4019.
Weis J, Haug J, Klitzing K V, et al. *Phys. Rev. B*, 1992, 46: 837.

[77] 评述可参看 Bergmann G. *Phys. Rep.*, 1984, 107: 1.

[78] Anderson P W. *Phys. Rev.*, 1958, 109: 1492.

[79] Abrahams E, Anderson P W, Licciardello D C, et al. *Phys. Rev. Lett.*, 1979, 42: 673.

[80] Krameri B, MacKinnont A. *Rep. Prog. Phys.*, 1993, 56: 1469.

[81] Anderson P W, Abrahams E, Ramakrishnan T V. *Phys. Rev. Lett.*, 1979, 43: 718.

[82] Thouless D J. *Solid State Commun.*, 1980, 34: 683; *Phys. Rev. Lett.*, 1977, 39: 1167.

[83] Wheeler R G, Choi K K, Goel A, et al. *Phys. Rev. Lett.*, 1982, 49: 1674.

[84] Altshuler B L, Aranov A G. *Pis'ma Zh. Eksp. Teor. Fiz.*, 1981, 33: 515. [*JETP Lett.*, 1981, 33: 499.]

[85] Choi K K, Tsui D C, Alavi K. *Appl. Phys. Lett.*, 1987, 50: 110.

[86] Hikami S, Larkin A I, Nagaoka Y. *Prog. Theor. Phys.*, 1980, 63: 707.

[87] Licini J C, Dolan G J, Bishop B J. *Phys. Rev. Lett.*, 1985, 54: 1585.

[88] Santhanam P, Wind S, Prober D E. *Phys. Rev. Lett.*, 1984, 53: 1179.

[89] Altshuler B L, Aronov A G, Lee P A. *Phys. Rev. Lett.*, 1980, 44: 1288.

Altshuler B L, Aronov A G. *Solid State Commun.*, 1979, 30: 115; *Zh. Eksp. Teor. Fiz.*, 1979, 77: 2028. (*Sov. Phys. JETP*, 1979, 50: 968).

[90] Altshuler B L, Khmel'nitzkii D, Larkin A I, et al. *Phys. Rev. B*, 1980, 22: 5142.

[91] Al'tshuler B L, Aronov A G, Zyuzin A Yu. *Zh. Eksp. Teor. Fiz.*, 1984, 86: 709. [*Sov. Phys. JETP*, 1984, 59: 415.]

[92] Lee P A, Ramakrishner T V. *Rev. Mod. Phys.*, 1985, 57: 287.

[93] Masden J T, Giordano N. *Phys. Rev. Lett.*, 1982, 49: 819.

[94] van Wees B J, van Houten H, Beenakker C W J, et al. *Phys. Rev. Lett.*, 1988, 60: 848.

Wharam D A, Thornton T J, Newbury R, et al. *J. Phys. C*, 1988, 21: L209.

[95] Landauer R. *Physics Letters*, 1981, 85A: 91.

[96] Fechner A. *Electronic Transport Properties*, Vol. Ⅲ/34A. Edited by Kramer B. Berlin: Springer Press, 2000.

[97] Wharam D A, Thornton T J, Newbury R, et al. *J. Phys. C: Solid State Phys.*, 1988, 21: L209.

[98] Ismail K, Washburn S, Lee K Y. *Appl. Phys. Lett.*, 1991, 59: 1998.

[99] Tarucha S, Honda T, Saku T. *Solid State Commun.*, 1995, 94: 413.

[100] Yacoby A, Stormer H L, Wingreen Ned S, et al. *Phys. Rev. Lett.*, 1996, 77: 4613.

[101] Worschech L, Beuscher F, Forchel A. *Appl. Phys. Lett.*, 1999, 75: 578.

[102] Zhou X, Dayeh S A, Aplin D, et al. *Appl. Phys. Lett.*, 2006, 89: 053113.

[103] Danneau R, Clarke W R, Klochan O, et al. *Physica E*, 2006, 34: 550.

Danneau R, Clarke W R, Klochan O, et al. *Appl. Phys. Lett.*, 2006, 88: 012107.

[104] Goel N, Graham J, Keay J C, et al. *Physica E*, 2005, 26: 455.

[105] Grabecki G, Wrobel J, Dietl T, et al. *Physica E*, 2006, 34: 560.

[106] Peres N M R, Castro Neto A H, Guinea F. *Phys. Rev. B*, 2006, 73: 195411.
[107] Frank S, Poncharal P, Wang Z L, et al. *Science*, 1998, 280: 1744.
Poncharal P, Berger C, Yi Y, et al. *J. Phys. Chem. B.*, 2002, 106: 12104.
Poncharal P, Berger C, Yi Y, et al. *J. Phys. Chem. B*, 2002, 106: 12104.
[108] Takahashi Y, Fujiwara A, Murase K. *Semicond. Sci. Technol.*, 1998, 13: 1047.
Nakajima Y, Takahashi Y, Horiguchi S, et al. *Appl. Phys. Lett.*, 1994, 65: 2833.
[109] Thomas K J, Nicholls J T, Simmons M Y, et al. *Phys. Rev. Lett.*, 1996, 77: 135.
Thomas K J, Nicholls J T, Appleyard N J, et al. *Phys. Rev. B*, 1998, 58: 4846.
[110] de Picciotto R, Pfeiffer L N, Baldwin K W, et al. *Phys. Rev. B*, 2005, 72: 033319.
[111] Thomas K J, Nicholls J T, Simmons M Y, et al. *Phys. Rev. B*, 1999, 59: 12252.
Graham A C, Thomas K J, Pepper M, et al. *Physica E*, 2004, 22: 264.
[112] Webb R A, Washburn S, Umbach C P, et al. *Phys. Rev. Lett.*, 1985, 54: 2696.
[113] *Quantum Coherence in Mesoscopic Systems*. Edited by Kramer B. New York: Plunum, 1991.
Localization and Confinement of Electrons. Edited by Kuchar F, Heinrich H, Bauer G. *Springer Series in Solid State Science* Vol. 97. New York: Springer, 1990.
Beenakker C W J, van Houten H. *Quantum transport in Semiconductor Nanostructures*, Vol. 44 of *Solid State Physics*. New York: Academic Press, 1991.
[114] Landauer R. *IBM J. Res. Dev.*, 1957, 1: 223.
[115] Aharonov Y, Bohm D. Phys. Rev., 1959, 115: 485.
[116] Büttiker M, Imry Y, Landauer R, et al. *Phys. Rev.*, 1985, 54: 2692.
[117] Yacoby A, Heiblum M, Mahalu D, et al. *Phys. Rev. Lett.*, 1995,

74: 4047.

[118] Landau L D, Lifshitz. *Quantum Mechanics(Non Relativistic Theory)*. Oxford: Pergamon Press, 1977.

[119] Schuster R, Buks E, Helblum M, et al. *Nature*, 1997, 385: 417.

[120] Washburn S, Umbach C P, Laibowitz R B, et al. *Phys. Rev. B*, 1985, 32: 4789.

[121] Stone A D. *Phys. Rev. Lett.*, 1985, 54: 2692.

[122] Fano U. *Neuvo cimento*, 1935, 12: 156.

[123] Fano U. *Phys. Rev.*, 1961, 124: 1866.

[124] Tekman E, Bagwell P F. *Phys. Rev. B*, 1993, 48: 2553.

[125] Nöckel J U, Stone A D. *Phys. Rev. B*, 1994, 50: 17415.

[126] Chu C S, Sorbello R S. *Phys. Rev. B*, 1989, 40: 5941.
Bagwell P F. *Phys. Rev. B*, 1990, 41: 10354.
Tekman E, Ciraci S. *Phys. Rev. B*, 1990, 42: 9098.

[127] Sols F, Macucci M, Ravaioli U. *J. Appl. Phys.*, 1989, 66: 3892.
Porod W, Shao Z, Lent C S. *Appl. Phys. Lett.*, 1992, 61: 1350.

[128] Yeyati A L, Büttiker M. *Phys. Rev. B*, 1995, 52: R14360.

[129] Xiong Y - J, Liang X - T. *Physics Letters*, 2004, A330: 307.

[130] Nöckel J U. *Phys. Rev. B*, 1992, 46: 15348.

[131] Ladrón de Guevara M L, Claro F, Orellana P A. *Phys. Rev. B*, 2003, 67: 195335.

[132] Göres J, Goldhaber - Gordon D, Heemeyer S, et al. *Phys. Rev. B*, 2000, 62: 2188.
Zacharia I G, Goldhaber - Gordon D, Granger G, et al. *Phys. Rev. B*, 2001, 64: 155311.

[133] Kobayashi K, Aikawa H, Katsumoto S, et al. *Phys. Rev. Lett.*, 2002, 88: 256806.
Phys. Rev. B, 2003, 68: 235304; *Physica E*, 2004, 22: 468.

[134] Kobayashi K, Aikawa H, Sano A, et al. *Phys. Rev. B*, 2004, 70: 035319.
Johnson A C, Marcus C M, Hanson M P, et al. *Phys. Rev. Lett.*, 2004, 93: 106803.

[135] Holfeld C P, Löser F, Sudzius M, et al. *Phys. Rev. Lett.*, 1998, 81: 874.
Xu1 S J, Xiong S - J, Liu J, et al. Zheng, *Europhys. Lett.*, 2006,

74: 875.

[136] Kim J, Kim J - R, Lee Jeong-O, et al. *Phys. Rev. Lett.*, 2003, 90: 166403.

Yi W, Lu L, Hu H, et al. *Phys. Rev. Lett.*, 2003, 91: 076801.

[137] Clerk A A, Waintal X, Brouwer P W. *Phys. Rev. Lett.*, 2001, 86: 4636.

Xiong Y - J, Xiong S - J. *Int. J. Mod. Phys. B*, 2002, 16: 1479.

[138] Song J F, Ochiai Y, Bird J P. *Appl. Phys. Lett.*, 2003, 82: 4561.

[139] Landauer R. *Philos. Mag.*, 1970, 21: 863.

[140] Büttiker M. *Phys. Rev. Lett.*, 1986, 57: 1761.

[141] Tian W, Datta S. *Phys. Rev. B*, 1994, 49: 5097.

Bagwell P F, Orlando T P. *Phys. Rev. B*, 1989, 40: 1456.

[142] Büttiker M, Imry Y, Landauer R, et al. *Phys. Rev. B*, 1985, 31: 6207.

[143] D'Amato J L, Pastawski H M. *Phys. Rev. B*, 1990, 41: 7411.

[144] Büttiker M. *Phys. Rev. B*, 1986, 33: 3020.

[145] Groshev A. *Phys. Rev. B*, 1990, 42: 5895.

[146] Reed M A, Randall J H, Aggarwal R J, et al. *Phys. Rev. Lett.*, 1988, 60: 535.

[147] Fulton T A, Dolan G J. *Phys. Rev. Lett.*, 1987, 59: 109.

Staring A A M, Williamson J G, van Houtcn H, et al. *Physica B*, 1991, 175: 226.

[148] Meirav U, Kastner M A, Wind S J. *Phys. Rev. Lett.*, 1990, 65: 771.

[149] Averin D V, Nazarov Yu V. *Single Charge Tunneling*. Edited by Grabert H, Devoret M H. New York: Plenum Press, 1991.

Averin D V, Nazarov Yu V. *Phys. Rev. Lett.*, 1990, 65: 2446.

Glazman L I, Shekhter R I. *J. Phys. Conden. Matter*, 1989, 1: 5811.

[150] Kouwenhoven L P, van der Vaart N C, Johnson A T, et al. *Z. Phys. B*, 1991, 85: 367.

[151] Ishikuro H, Fujii T, Saraya T, et al. *Appl. Phys. Lett.*, 1996, 68: 3585.

参看 Zhuang L, Guo L, Chou S Y. *Appl. Phys. Lett.*, 1998, 72: 1205.

[152] Weinmann D, Hausler W, Kramer B. *Phys. Rev. Lett.*, 1995, 74: 984.

[153] Elzerman J M, Hanson R, Greidanus J S, et al. *Phys. Rev.*, 2003, 67: R161308.

[154] Kondo J. *Prog. Theor. Phys.*, 1964, 32: 37.

[155] Anderson P W. *Phys. Rev.*, 1961, 124: 41.

[156] Haldane F D M. *J. Phys. C: Solid State Phys.*, 1978, 11: 5015.

[157] Glazman L I, Raikh M E. *JETP Lett.*, 1988, 47: 452.

[158] Ng T K, Lee P A. *Phys. Rev. Lett.*, 1988, 61: 1768.
Averin D V, Korotkov A N. *Zh. Eksp. Teor. Fiz.*, 1990, 97: 927.
Meir Y, Wingreen N S, Lee P A. *Phys. Rev. Lett.*, 1991, 66: 3048.
Beenakker C W J. *Phys. Rev. B*, 1991, 44: 1646.
Kawabata A. *J. Phys. Soc. Jpn.*, 1991, 60: 3222.
Izumida W, Sakai O, Shimizu Y. *J. Phys. Soc. Jpn.*, 1998, 67: 2444.

[159] Wingreen N S, Meir Y. *Phys. Rev. B*, 1994, 49: 11040.
Ralph D C, Buhrman R A. *Phys. Rev. Lett.*, 1994, 72: 3401.

[160] Goldhaber - Gordon D, Shtrikman H, Mahalu D, et al. *Nature*, 1998, 391: 156.
Goldhaber - Gordon D, et al. *Phys. Rev. Lett.*, 1998, 81: 5225.

[161] Cronenwett S M, Oosterkamp T H, Kouwenhoven L P. *Science*, 1998, 281: 540.
Cronenwett S M. et al. *Science*, 1998, 281: 540.
Simmel F, Blick R H, Kotthaus U P, et al. *Phys. Rev. Lett.*, 1999, 83: 804.

[162] Kouwenhoven L, Glazman L. *Physics World*, 2001, Jan. 33.

[163] van der Wiel W G, De Franceschi S, Fujisawa T, et al. *Science*, 2000, 289: 2105.

[164] Craig N J, Taylor J M, Lester E A, et al. *Science*, 2004, 304: 565.

[165] Esaki L. *Proc. 17th Int. Conf. Phys. of Semiconducors*. Chadi J D, Harrison W A, Eds. New York: Springer - Verlag, 1985, 473.

[166] Weisbuch C, Miller R C, Dingle R, et al. *Solid State Commun.*, 1981, 27: 219.

[167] Kronig R de L, Penney W G. *Proc. Roy. Soc.* ABO, 1931: 499.

[168] Esaki L. *Recent Topics in Semiconductor Physics*. Ed. Kamimura H, Toyozama Y. Singapore: World Scientific, 1983.

[169] Schulman J N, McGill T C. *Phys. Rev. B*, 1981, 23: 4149.

[170] Gnutzmann U, Clausecker K. *Appl. Phys.*, 1974, 3: 9.

[171] Huang K, Xia J B, Zhu B F, et al. *Journal of Luminescence*, 1988, 40: 88.

[172] Scjulman J N, McGill T C. *Appl. Phys. Lett.*, 1979, 34: 15.

[173] Reno J, Sou I K, Faurie J P, et al. *Appl. Phys. Lett.*, 1986, 49: 106.

[174] Faurie P, Million A, Piaguet J. *Appl. Phys. Lett.*, 1982, 41: 713.

[175] Faurie J P. *IEEE Jour. of Quantum Electronics*, 1986, QE-22: 1656.

[176] Kowalczyk S P, Cheung J T, Kraut E A, et al. *Phys. Rev. Lett.*, 1986, 56: 1605.

Duc T M, Hsu C, Faurie J P. *Phys. Rev. Lett.*, 1987, 58: 1127.

Shih C K, Spicer W E. *Phys. Rev. Lett.*, 1987, 58: 2594.

Johnson N, Hui P M, Ehrenreich H. *Phys. Rev. Lett.*, 1988, 61: 1993.

[177] Kraus M M, Regnet M M, Becker C R, et al. *J. Appl. Phys.*, 1992, 71: 5610.

[178] Sakaki H, Chang L L, Sai-Halasz G A, et al. *Solid State Commun.*, 1978, 26: 589.

[179] Smith D L, Mailhiot C. *J. Appl. Phys.*, 1987, 62: 2545.

[180] Chang L L, Esaki L. *Surface Science*, 1980, 98: 70.

[181] Krömer H. *Phys. Rev.*, 1958, 109: 1856.

Krömer H. "Negative effective masses in semiconductors" *Progress in Semiconductors*, 1960, 4: 1-34.

[182] Esaki L, Tsu R. *IBM J. Res. Dev.*, 1970, 14: 61.

[183] Sibille A. *Semiconductor Superlattices, Growth and Electronic Properties*. Grahn H T. Ed. Singapore: World Scientific, 1995: Chapter 2.

[184] Grahn H T, von Klitzing K, Ploog K, et al. *Phys. Rev. B*, 1991, 43: 12094.

[185] Esaki L, Chang L L, Howard W E, et al. *Proceedings of the 11th International Conference on the Physics of Semiconductors, Warsaw, Poland*, 1972. Warsaw: PWN-Polish Scientific Publishers, 1972: 431.

[186] Esaki L, Chang L L. *Phys. Rev. Lett.*, 1974, 33: 495.

[187] Sibille A, Palmier J F, Wang H, et al. *Appl. Phys. Lett.*, 1990, 56: 256.

Sibille A, Palmier J F, Wang H, et al. *Phys. Rev. B*, 1989,

39: 6272.

Sibille A, Palmier J F, Wang H, et al. *Phys. Rev. Lett.*, 1990, 64: 52.

[188] Hadjazi M, Sibille A, Palmier J F, et al. *Electron. Lett.*, 1991, 27: 1101.

[189] Choi K K, Levine B F, Malik R J, et al. *Phys. Rev. B*, 1987, 35: 4172.

[190] Helm H, England P, Colas E, et al. *Phys. Rev. Lett.*, 1989, 63: 74.

[191] Schomburg E, Scheurer R, Brandl S, et al. *Electron. Lett.*, 1999, 35: 1491.

Schomburg E, Henini M, Chamberlain J M, et al. *Appl. Phys. Lett.*, 1999, 74: 2179.

[192] Bloch F. *Z. Phys.*, 1928, 52: 555.

[193] Zener C. *Proc. R. Soc. London Ser.*, 1934, A 145: 523.

[194] James H M. *Phys. Rev.*, 1949, 76: 1611.

[195] Wannier G N. *Elements of Solid State Theory*. Cambridge, England: Cambridge Univ. Press, 1959: 190 - 193.

Wannier G N. *Phys. Rev.*, 1960, 117: 432.

[196] Mendez E E, Agullo-Ruets F, Hong J M. *Phys. Rev. Lett.*, 1988, 60: 2426.

[197] Fujiwara K, Schneider H, Cingolani R, et al. *Solid State Communications*, 1989, 72: 935.

[198] Voisin P, Bleuse J, Bouche C S, et al. *Phys. Rev. Lett.*, 1988, 61: 1639.

[199] Beuse J, Voisin P, Allovon M, et al. *Appl. Phys. Lett.*, 1988, 53: 2632.

Beuse J, Bastard G, Voisin P. *Phys. Rev. Lett.*, 1988, 60: 220.

[200] Bar-Joseph I, Kuo J M, Kopf R F, et al. *Appl. Phys. Lett.*, 1989, 55: 340.

Schneider H, Fujiwara K, Grahn H T, et al. *Appl. Phys. Lett.*, 1990, 56: 605.

[201] Feldmann J, Leo K, Shah J, et al. *Phys. Rev. B*, 1992, 46: 7252.

[202] Waschke C, Roskos H G, Schwedler R, et al. *Phys. Rev. Lett.*, 1993, 70: 3319.

Dekorsy T, Ott R, Kurz H, et al. *Phys. Rev. B*, 1995, 51: 17275.
Shimada Y, Hirakawa K, Lee S-W. *Appl. Phys. Lett.*, 2002, 81: 1642.
[203] Waschke C, Roskos H G, Schwedler K, et al. *Phys. Rev. Lett.*, 1993, 70: 3319.
[204] Lyssenko V G, Valuasis G, Löser F, et al. *Phys. Rev. Lett.*, 1997, 79: 301.
Löser F, Sudzius M, Rosam B, et al. *Physica E*, 2000, 7: 285.
[205] Keay B J, Zeuner S, Allen S J, et al. *Phys. Rev. Lett.*, 1995, 75: 4102.
[206] Tsu R, Döhler G. *Phys. Rev. B*, 1975, 12: 680.
[207] Wacker A. *Physics Reports*, 2002, 357: 1-111.
[208] Capinksi W S, Maris H J. *Physica B*, 1996, 219: 299.
Capinski W S, Maris H J, Ruf T, et al. *Phys. Rev. B*, 1999, 59: 8105.
Bies W E, Radtke R J, Ehrenreich H. *J. Appl. Phys.*, 2000, 88: 1498.
[209] Venkatasubramanian R. *Phys. Rev. B*, 2000, 61: 3091.
[210] Venkatasubramanian R, Siivola E, Colpitts T, et al. *Nature*, 2001, 413: 597.
[211] Harman T C, Taylor P J, Walsh M P, et al. *Science*, 2002, 297: 2229.
[212] Fan X, Zeng G, LaBounty C, et al. *Applied Physics Letters*, 2001, 78: 1580.
Fan X, Zeng G, Croke E, et al. *Electronics Letters*, 2001, 37: 126.
[213] Zŭtic I, Fabian J, Das Sarma S. *Moden. Phys. Rev.*, 2004, 76: 323.
[214] Awschalom D D, Flatté M E, Samarth N. *Scientific American*, 2002, 286: 00368733.
[215] Rashba E I. *Sov. Phys. Solid State*, 1960, 2: 1109.
Rashba E I, Sheka V I. *Landau Level Spectroscopy*. Edited by Landwehr G, Rashba E I. Amsterdam: North-Holland, 1991, 1: 131.
Bychkov Yu A, Rashba E I. *J. Phys.*, 1984, C17: 6039.
Proceedings of the 17th International Conference on Physics of Semiconductors. San Francisco, Aug. 6—10, 1984, New York: Springer, 1984: 321.
[216] Lommer G, Malcher F, Rössler U. *Phys. Rev. Lett.*, 1988, 60: 728.

[217] Eppenga R, Schuurmans M F H. *Phys. Rev. B*, 1988, 37: 10923.

[218] Dresselhaus G. *Phys. Rev.*, 1955, 100: 580.
Pikus F G, Pikus G E. *Phys. Rev. B*, 1995, 51: 16928.

[219] Das B, Miller D C, Datta S, et al. *Phys. Rev. B*, 1989, 39: 1411.

[220] Luo J, Munekata H, Fang F F, et al. *Phys. Rev. B*, 1988, 38: 10142.

[221] Stein D, Klitzing K v, Wiemann G. *Phys. Rev. Lett.*, 1983, 51: 130.
Lommer G, Malcher F, Rössler. *Phys. Rev. B*, 1985, 32: 6953.
Dober M, Klitzing K v, Weigmann G. Phys. Rev. *B*, 1988, 38: 5453.

[222] Stein D, Klitzing K v. *Phys. Rev. Lett.*, 1983, 51: 130.
Lommer G, Malcher F, Rössler U. *Phys. Rev. B*, 1988, 32: 6965.
Mobers M, Klitzing K v. *Phys. Rev. B*, 1983, 38: 5453.

[223] Stormer H L, Schlesinger Z, Chang A, et al. *Phys. Rev. Lett*, 1983, 51: 126.

[224] Luo J, Munekata H, Fang F F, et al. *Phys. Rev. B*, 1990, 41: 7685.

[225] Datta S, Das B. *Appl. Phys. Lett.*, 1990, 56: 665.

[226] Lommer G, Malcher F, Rössler U. *Phys. Rev. Lett.*, 1988, 60: 728.
Santos P V, Cardona M. *Phys. Rev. Lett.*, 1994, 72: 432.
de Andrada Silva E A, La Rocca G C, Bassani F. *Phys. Rev. B*, 1997, 55: 16293.

[227] Nitta J, Akazaki T, Takayanagi H, et al. *Phys. Rev. Lett.*, 1997, 78: 1335.

[228] Grundler D. *Phys. Rev. Lett.*, 2000, 84: 6074.

[229] 参看 *Optical Orientation*. Edited by Meier F, Zakharchenya B P. Amsterdam: North-Holland, 1984.

[230] Wilamowski Z, Jantsch W, Malissa H, et al. *Phys. Rev. B*, 2002, 66: 195315.
Wilamowski Z, Jantsch W, Sandersfeld N, et al. *Physica* (Amsterdam), 2003, 16: 111;
Wilamowski Z, Jantsch W. *Low Dimensinal System and Nanostructures. Physica E*, 2002, 12: 439.

[231] Adachi T, et al. *Physica E*(Amsterdam), 2001, 10: 36.

[232] Todrow P M, Meservey M. *Phys. Rev. Lett.*, 1971, 26: 192.

Johnson M, Silsbee R H. *Phys. Rev. Lett.*, 1985, 55: 1790.
Aronov A G, Pikus G E. *Sov. Phys. Semicond.*, 1976, 10: 698.
Hammer P, et al. *Phys. Rev. Lett.*, 1999, 83: 203.
Gardelis S, et al. *Phys. Rev. B*, 1999, 60: 7764.
[233] Oestreich M. et al. *Appl. Phys. Lett.*, 1999, 74: 1251.
[234] Fiederling R, et al. *Nature*(London), 1999, 402: 787.
Ohno Y, et al. *Nature*(London), 1999, 402: 790.
[235] Hall K C, Lau W H, Gündoğdu K, et al. *Appl. Phys. Lett.*, 2003, 83: 2937.
Koga T, Nitta J, Takayanagi H, et al. *Phys. Rev. Lett.*, 2002, 88: 126601.
Kiselev A A, Kim K W. *Appl. Phys. Lett.*, 2001, 78: 775.
Governale M, Boese D, Zülicke U, et al. *Phys. Rev. B*, 2002, 65: 140403.
Nitta J, Meijer F E, Takayanagi H. *Appl. Phys. Lett.*, 1999, 75: 695.
[236] Aharonov Y, Casher A. *Phys. Rev. Lett.*, 1984, 53: 319.
[237] Loss D, et al. *Phys. Rev. Lett.*, 1990, 65: 1655.
Stern A. *Phys. Rev. Lett.*, 1992, 68: 1022.
Aronov A G, Lyanda - Geller Y B. *Phys. Rev. Lett.*, 1993, 70: 343.
Qian T Z, Su Z B. *Phys. Rev. Lett.*, 1994, 72: 2311.
Nitta J. et al. *Appl. Phys. Lett.*, 1999, 75: 695.
Frustaglia D, Richter K. *Phys. Rev. B*, 2004, 69: 235310.
Aeberhard U, et al. *Phys. Rev. B*, 2005, 72: 075328.
Foldi P, et al. *Phys. Rev. B*, 2005, 71: 033309.
Wu S Q, Sun W L. *Chinese Physics Lett.*, 2007, 24: 1054.
[238] Yoffe A D. *Advances in Physics*, 1993, 42: 173.
[239] Ph. Avouris. *Accounts of Chemical Research*, 2002, 35: 1026.
[240] Yao Z, Kane C L, Dekker C. *Phys. Rev. Lett.*, 2002, 84: 941.
Collins P G, Arnold M S, Avouris Ph. *Science*, 2001, 292: 706.
[241] Kim P, Shi L, Majumdar A, et al. *Phys*, *Rev. Lett.*, 2001, 87: 215502.
[242] Treacy M M J, Ebbesen T W, Gibson J M. *Nature*, 1996, 381: 678.
[243] Iijima S. *Naature*, 1991, 354: 56.
Bethune D S, Kiang C H, de Vries M S, et al. *Nature*, 1993, 363:

605.
Iijima S, Ichihashi T. *Nature*, 1993, 363: 603.
[244] Saito R, Fujita M, Dresselhaus G, et al. *Appl. Phys. Lett.*, 1992, 60: 2204.
[245] Dresselhaus M S, Dresselhaus G, Avouris P. *Carbon Nanotubes*. Berlin: Springer, 2001.
[246] Mintmire J W, Dunlap B I, White C T. *Phys. Rev. Lett.*, 1992, 68: 631.
Hamada N, Sawada S I, Oshiyama A. *Phys. Rev. Lett.*, 1992, 68: 1579.
White C T, Robertson D H, Mintmire J W. *Phys. Rev. B*, 1993, 47: 5485.
Mintmire J W, Robertson D H, White C T. *J. Phys. Chem. Solids*, 1993, 54: 1835.
White C T, Todorov T N. *Nature*(London), 1998, 393: 6682; 2001, 411: 649.
[247] McEuen P L, Fuhrer M, Park H. *IEEE Trans. on Nanotechn.*, 2002, 1: 78.
[248] Hamada N, Sawada S, Oshiyama A. *Phys. Rev. Lett.*, 1992, 68: 1579.
Mintmire J W, Dunlap B I, White C T. *Phys. Rev. Lett.*, 1992, 68: 631.
[249] Wildöer J W G, Venema L C, Rinzler A, et al. *Nature*, 1998, 391: 59.
Dekker C. *Physics Today*, 1999, May: 22.
[250] Crepi V H, Cohen M L, Rubio A. *Phys Rev. Lett.*, 1997, 79: 2093.
[251] Blase X, Benedict L X, Shirley E L, et al. *Phys. Rev. Lett.*, 1994, 72: 1878.
Kane C L, Mele E J. *Phys. Rev. Lett.*, 1997, 78: 1932.
Ouyang M, Huang J - L, Cheung C L, et al. *Science*, 2001, 292: 702.
Ugawa A, Rinzler A G, Tanner D B. *Phys. Rev. B*, 1999, 60: R11305.
Itkis M E, Niyogi S, Meng M E, et al. *Nano Lett.*, 2002, 2: 155.
[252] Gulseren O, Yildirim T, Ciraci S, Kilic C. *Phys. Rev. B*, 2002, 65: 155410.
Kim Y - H, Chang K J, Louie S G. *Phys. Rev. B*, 2001,

63: 205408.

[253] Kim Y - H, Chang K J. *Phys. Rev. B*, 2001, 64: 153404.
Li Y, Rotkin S V, Ravaioli U. *Nano Lett.*, 2003, 3: 183.
Chen C - W, Lee M - H, Clark S J. *Nanotechnology*, 2004, 15: 1837.

[254] Minot E D, et al. *Nature*, 2004, 428: 536.
Zaric S, et al. *Science*, 2004, 304: 1129.
Coskun U C, et al. *Science*, 2004, 304: 1132.

[255] Collins P G, Bradley K, Ishigami M, et al. *Science*, 2000, 287: 1801.
Yamada T. *Phys. Rev. B*, 2004, 69: 125408.

[256] Han W, Bando Y, Kurashima K, et al. *Chem. Phys. Lett.*, 1999, 299: 368.
Golberg D, Bando Y, Han W, et al. *Chem. Phys. Lett.*, 1999, 308: 337.

[257] Fuentes G G, Borowiak-Palen E, Knupfer M, et al. *Phys. Rev. B*, 2004, 69: 245403.

[258] Terrones M, et al. *Appl. Phys.*, 1998, A66: 307.
Wei B, Spolenak R, Kohler - Redlich P, et al. *Appl. Phys. Lett.*, 1999, 74: 3149.
Liu K, Avouris Ph, Martel R, et al. *Phys. Rev. B*, 2001, 63: 161404.

[259] Lee R S, et al. *Phys. Rev. B*, 2000, 61: 4526.
Bockrath M, et al. *Phys. Rev. B*, 2000, 61: R10606.

[260] Zhou C W, Kong J, Yenilmez E, et al. *Science*, 2000, 290: 1552.

[261] Saito R, Dresselhaus G, Dresselhaus M S. *Physical Properties of Carbon Nanotubes*. London: Imperial College Press, 1998.

[262] Park J - Y, Rosenblatt S, Yaish Y, et al. *Nano Lett.*, 2004, 4: 517.
Javey A, Guo J, Paulsson M, et al. *Phys. Rev. Lett.*, 2004, 92: 106804.

[263] Chico L, Benedict L X, Louie S G, et al. *Phys. Rev. B*, 1996, 54: 2600.

[264] Zhou D, Seraphin S. *Chem. Phys. Lett.*, 1995, 238: 286.

[265] Ting J - M, Chang C - C. *Appl. Phys. Lett.*, 2002, 80: 324.

[266] Menon M, Srivastava D. *Phys. Rev. Lett.*, 1997, 79: 4453.

[267] Smith B W, Monthioux M, Luzzi D E. *Nature* (London), 1998, 396: 323.

Burteaux B, et al. *Chem. Phys. Lett.*, 1999, 310: 21.
Smith B W, Monthioux M, Luzzi D E. *Chem. Phys. Lett.*, 1999, 315: 31.
Smith B W, Luzzi D E. *Chem. Phys. Lett.*, 2000, 321: 169.
Hirahara K, et al. *Phys. Rev. Lett.*, 2000, 85: 5384.
Sloan J, et al. *Chem. Phys. Lett.*, 2000, 316: 191.
[268] Chen J, Dong J. *J. Phys.: Condens. Matter*, 2004, 16: 1401.
[269] Lee J U, Gipp P P, Heller C M. *Appl. Phys. Lett.*, 2004, 86: 145.
[270] de Heer W A, Châtelain A, Ugarte D. *Science*, 1995, 290: 1179.
[271] Misewich J A, Martel R, Avouris Ph, et al. *Science*, 2003, 300: 783.
[272] Wang F, Dukovic G, Knoesel E, et al. *Phys. Rev. B*, 2004, 70: 241403(R).
[273] Tans S J, et al. *Nature*, 1997, 386: 474.
Tans S J, Verschueren A R M, Dekker C. *Nature* (London), 1998, 393: 49.
Martel R, Schmidt T, Shea H R, et al. *Appl. Phys. Lett.*, 1998, 73: 2447.
Javey A, Guo J, Wang Q, et al. *Nature*(London), 2003, 424: 654.
[274] Kong J, Franklin N R, Zhou C, et al. *Science*, 2000, 287: 622.
[275] Fuhrer M S, Kim B M, Dulrkop T, et al. *Nano Lett.*, 2002, 2: 755.
[276] Rubio A, Corkill J L, Cohen L. *Phys. Rev.*, 1994, 49: 5081.
Loiseau A, Willaime F, Demoncy N, et al. *Phys. Rev. Lett.*, 1996, 76: 4737.
Suenaga K, Colliex C, Demoncy N, et al. *Science*, 1997, 278: 653.
[277] Anderson R L. *Solid-State Electron.*, 1962, 5: 341.
[278] Frensley W R, Kroemer H. *J. Vac. Sci. Technol.*, 1976, 13: 810; *Phys. Rev. B*, 1977, 16: 2642.
[279] Harrison W A. *J. Vac. Sci. Technol.*, 1977, 14: 1016.
[280] Flores F, Tejedor C. *J. Phys.* C, 1979, 12: 731.
[281] Margaritondo G. *Phys. Rev. B*, 1985, 31: 2526.
[282] Yu E T, Philips M C, Chow D H, et al. *Phys. Rev. B*, 1992, 20: 13379.
[283] Tiwari S, Frank D J. *Appl. Phys. Lett.*, 1992, 60: 630.
[284] Van De Walle C G, Martin R M. *Phys. Rev. B*, 1987, 35: 8154.
[285] Kunc K, Martin R M. *Phys. Rev. B*, 1981, 24: 3445.

[286] Van de Walle C G, Neugebauer J. *Nature*, 2003, 423: 626.

[287] Harrison W A. *Electronic Structure and the Properties of Solids*. San Francisco: Freeman, 1980.

[288] Tersoff J. *Phys. Rev. Lett.*, 1986, 56: 2755.

[289] Franciosi A, Van de Walle C G. *Surf. Sci. Rep.*, 1996, 25: 1.

Margaritondo C, Coluzza C, McKinlwy J T. Physics and engineering of heterojunction band lineups. In: *Proceedings of the Inter. School of Physics "ENRICO FERMI"* Course CXVII. Edited by Stella A. Amsterdam: Elsevier Science, 1993.

Baldereschi A, Peressi M, Baroni S, et al. Semiconductor interfaces. In: *Proceedings of the Inter. School of Physics "ENRICO FERMI"* Course CXVII. Edited by Stella A. Amsterdam: Elsevier Science, 1993.

[290] Christensen N E, Brey L. *Phys. Rev. B*, 1988, 38: 8185.

[291] McKinley J T, Hwu Y, Koltenbahg B E C, et al. *J. Vac. Sci. Technol.*, 1991, A 9: 917. *Appl. Surf. Sci.* 1992, 56 - 58: 762.

[292] dell'Orto T, Almeida J, Coluzza C, et al. *Appl. Phys. Lett.*, 1994, 64: 2111.

Marsi M, Houdre R, Rudra A, et al. *Phys. Rev. B*, 1993, 47: 6455.

[293] Moons E, Bruening M, Burstein L, et al. *Jpn. J. Appl. Phys.* 32, 1992, suppl. 32 - 33: 730.

[294] Cohen R, Zenou N, Cahen D, et al. *Chem. Phys. Lett.*, 1997, 279: 270.

[295] Campbell I H, Rubin S, Zawodinski T A, et al. *Phys. Rev. B*, 1996, 54: 14321.

Dharmadasa I M, Roberts G G, Petty M C. *Electron. Lett.*, 1980, 16: 201.

[296] Niles D W, Margaritondo G, Perfetti P, et al. *Appl. Phys. Lett.*, 1985, 47: 1092.

[297] Gozzo F, Berger H, Collins I R, et al. *Phys. Rev. B*, 1995, 51: 5024.

[298] 引自 *Proceedings of the School of Physics "ENRICO FERMI"* Course CXVII. Horthholland, 1991. Amsterdam: Elsevier Science, 1993: 5.

[299] Kasper E, Herzog H - J, Kibbel H. *Appl. Phys.*, 1975, 8: 199.

[300] Van der Meewe J H. *J. Appl. Phys.*, 1963, 65: 4723.

Ball C A B, van der Merwe J H. *Dislocations in Solids*, Vol. 6. Ed. Nabarro F R N. Amsterdam: North-Holland, 1983: Chap. 27.

[301] Prtor C E, Pistol M-E. *Phys. Rev. B*, 2005, 72: 205311.

[302] Lang D V, People R, Bean J C, et al. *Appl. Phys. Lett.*, 1985, 47: 1333.

Schäffler F. *Semicond. Sci. Technol.*, 1997, 12: 1515 – 1549.

[303] Shan W, Hauenstein R J, Fischer A J, et al. *Phys. Rev. B*, 1996, 15: 54.

[304] Pikus G E, Bir G L. *Symmetry and Strain – Induced Effects in Semiconductors*. New York: Wiley, 1974.

[305] Van de Walle C G. *Phys. Rev. B*, 1989, 39: 1871.

[306] Hasegawa H. *Phys. Rev.*, 1963, 129: 1029.

[307] Xie Y H, Don Monroe, Fitzgerald E A, et al. *Appl. Phys. Lett.*, 1993, 63: 2263.

[308] Nayak D K, Woo J C S, Park J S, et al. *IEEE Electron Device Lett.*, 1991, 12: 154.

Verdonckt – Vandebroek S, et al. *IEEE Electron Device Lett.*, 1991, 12: 447.

Arafa M, Fay P, Ismail K, et al. *IEEE Electron Device Lett.*, 1996, 17: 124.

[309] Jorke H, Herzog H – J. *Proc. 1st Int. Symp. On Silicon*, MBE Proc. vol 85 – 7. Ed. Bean J C. Pennington, NJ: Electrochemical Society, 1985: 194.

[310] Ismail K, Arafa M, Saenger K L, et al. *Appl. Phys. Lett.*, 1995, 66: 1077.

[311] Ohler C, Kohleick R, Föster A, et al. *Phys. Rev.*, 1994, 50: 7833.

[312] Sopanen M, Lipsanen H, Ahopelto J. *Applied Physics Letters*, 1995, 66: 2364 – 2366.

Lingk C, Helfer W, von Plessen G, et al. *Phys. Rev. B*, 2000, 62: 13588.

[313] Kroemer H. *Review of Modern Physics*, 2001, 73: 783.

[314] Matthews J W, Blakeslee A E. *Journal of Crystal Growth*, 1974, 27: 118.

Hull R, Bean J C, Leibenguth R E, et al. *J. Appl. Phys.*, 1975, 34: 123.

Olsen G H, Abrahams M S, Buiocchi C J, et al. *J. Appl. Phys.*, 1975, 34: 1643.
Fischer R, Morkoc H, Neumann D A, et al. *J. Appl. Phys.*, 1986, 60: 1640.
[315] Beanland R. *J. Appl. Phys.*, 1992, 72: 4031.
[316] *Proceedings of the School of Physics "ENRICO FERMI"* Course CXVII. Horthholland, 1991. Edited by Stella A. Amsterdam: Elsevier Science, 1993: 93.
[317] Eberl K, Iyer S S, Zollner S, et al. *Appl. Phys. Lett.*, 1992, 60: 3033.
Regolini J L, Gisbert F, Dolino G, et al. *Mater. Lett.*, 1993, 18: 57.
Brunner K, Eberl K, Winter W. *Phys. Rev. Lett.*, 1996, 76: 303.
[318] Contreras O, Ponce F A, Christen J, et al. *Appl. Phys. Lett.*, 2002, 81: 4712.
[319] Möck P, Tannery B K, Li C R, et al. *Semicond. Sci. Technol.*, 1996, 11: 1051.
Orders P J, Usher B F. *Appl. Phys. Lett.*, 1987, 50: 980.

第 9 章

半导体的光吸收和光反射

光谱研究是半导体的基本研究的一个极为重要的方面. 它是认识半导体的许多基本性质, 特别是能带结构和其它电子状态的重要手段.

早在 20 世纪 30 年代, 人们就通过吸收光谱测量了禁带宽度. 50 年代对吸收光谱研究所取得的最重要的进展是区别了直接禁带半导体和间接禁带半导体, 并测量了一些重要的能带参数. 通过微波范围的共振吸收——回旋共振——相当直接地证明了 Ge, Si 导带的多谷结构. 与此同时, 准确测量了有效质量.

本征吸收阈值以上, 直到约十几 eV 的相当宽阔的能量范围内的光谱, 对于能带结构的认识有着重要的意义. 但在此范围内光的吸收极强, 光谱研究主要是通过反射光谱进行的. 20 世纪 60 年代以来, 相继对许多半导体的反射光谱进行了研究. 配合理论计算, 对半导体的能带结构取得了相当系统的认识.

除了和导带、价带之间的跃迁相联系的基本吸收外, 自由载流子也可在宽阔的红外光谱范围内引起吸收(参看图 9.1). 自由载流子吸收的研究有助于了解电子和晶格相互作用的性质.

与杂质相联系的电子跃迁及晶格振动也可引起吸收. 它们的吸收通常也在红外光谱区, 一般与自由载流子的吸收发生重叠.

除了吸收谱与反射谱以外, 发光光谱的研究也有重要的意义. 但这一章我们将主要讨论吸收和反射. 发光光谱将在第 10 章中讨论, 微结构和超晶格中的光谱现象也将在第 10 章中讨论; 与磁场的存在相联系的光谱现象将在第 15 章中讨论; 非晶态半导体中的光谱现象将在第 16 章中作简单的讨论.

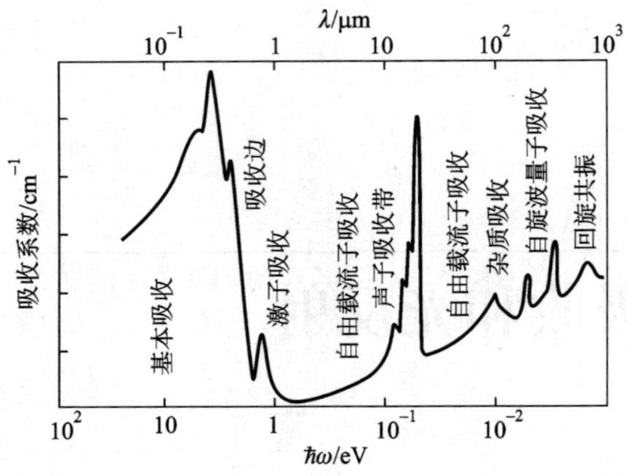

图9.1 半导体的吸收光谱示意图

§9.1 光的吸收和基本吸收边

类似于晶格振动可引起电子在不同状态之间的跃迁，光的作用也可以引起电子在不同状态之间跃迁，并导致光的吸收和发射．这种跃迁可以发生在不同能带的状态之间，或同一能带的各状态之间，也可发生在分立能级和能带之间．在电子由能量较低的状态向能量较高的状态跃迁时，伴随着吸收光子．

通常用吸收系数来描述吸收的强弱．通过厚度为 dx 的薄层，光强的改变量 dI 正比于薄层的厚度 dx 和光强 I 本身：

$$\mathrm{d}I = -\alpha I \mathrm{d}x \tag{9-1-1}$$

α 称为**吸收系数**，它是光子能量的函数．吸收系数对光子能量（波长、波数或频率）依赖关系称为吸收谱．由式(9-1-1)，入射光按指数规律衰减：

$$I = I_0 \mathrm{e}^{-\alpha x} \tag{9-1-2}$$

式中 I_0 为 $x=0$ 处的光强．α 的常用单位是 cm^{-1}．$1/\alpha$ 反映光的平均**透入深度**．若 α 为 10^4cm^{-1}，则透入深度约 10^{-4}cm = 1μm.

对于同一频率，可以有多种过程引起光的吸收．总的吸收系数之和可以表示为诸过程的吸收系数 α_i 之和

$$\alpha = \sum_i \alpha_i \tag{9-1-3}$$

在纯净半导体中，自由载流子和杂质都很少，与它们的存在相联系的吸收过程，如带内的自由载流子吸收、杂质吸收，都很微弱．吸收主要是由价带向导带的跃迁所引起的，称为**基本吸收**或**本征吸收**．基本吸收伴随着电子、空穴对的产生和

相应的光电导．在基本吸收的频率范围内，吸收光谱包含着能带结构的信息．

由于价带和导带之间隔着禁带，引起基本吸收的光子能量$\hbar\omega$必定大于某阈值．这个阈值大体等于禁带宽度ϵ_g．基本吸收阈值附近的吸收谱称为吸收边．图 9.2 给出了吸收阈值以上两种类型的吸收谱[1]，分别属于 Ge，Si 和 GaAs．其中 Ge 和 Si 的属于同一类型．这些吸收谱的共同点是在和禁带宽度相对应的基本吸收阈值以上，吸收系数迅速上升，但两者的细节有所不同．在 Ge，Si 的吸收谱中存在一肩形结构．GaAs 和 Ge，Si 吸收谱的差别是由两者能带结构的差异所引起的．

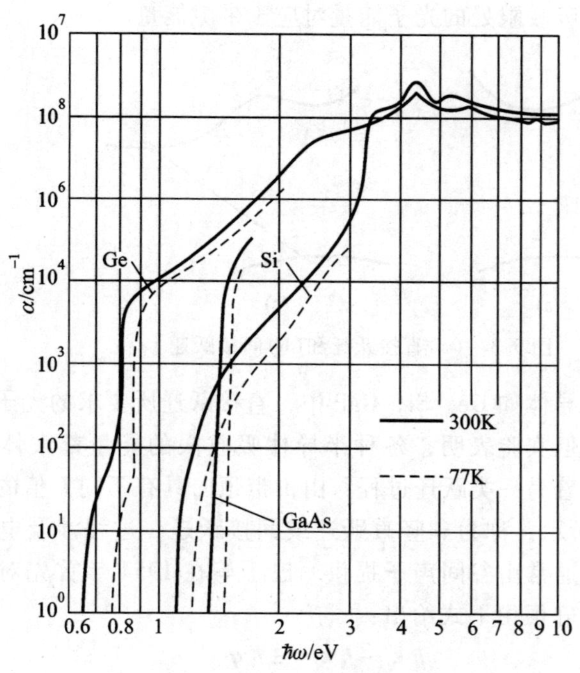

图 9.2　Ge，Si 和 GaAs 的吸收谱

这一节我们先一般讨论吸收边附近跃迁的性质；如何由跃迁率计算吸收系数；然后再分别讨论直接带隙和间接带隙情形的吸收边．

直接跃迁和间接跃迁

在直接禁带半导体和间接禁带半导体中，决定吸收边的跃迁的性质是不同的．如在附录 4.1 中已经说明的，电子在跃迁过程中不但要满足能量守恒，而且要满足动量守恒．在光跃迁中，动量守恒由下式给出：

$$\hbar \boldsymbol{k}' - \hbar \boldsymbol{k} = \hbar \boldsymbol{k}_L \tag{9-1-4}$$

式中$\boldsymbol{k}$和$\boldsymbol{k}'$分别为电子初态和终态的波矢，$\boldsymbol{k}_L$为光子的波矢，它和光子的波

长的关系是 $k_L = 2\pi/\lambda$. 但参与跃迁过程的光子的动量要比电子的动量要小得多. 由 $k_L = \eta\omega_L/c \sim \eta\epsilon_g/\hbar c$(为了区别于载流子浓度 n,我们用 η 表示折射率), k_L 约为 $10^4 cm^{-1}$ 数量级. 与简约布里渊区所涉及的 $10^8 cm^{-1}$ 量级的 k 值相比,它是微不足道的. 因此, 在单纯的光跃迁中, 可以认为满足以下选择定则:

$$\hbar \boldsymbol{k}' = \hbar \boldsymbol{k} \tag{9-1-5}$$

即可近似认为, 在光跃迁中, 跃迁前后电子的波矢保持不变. 从能带图来看, 这相当于电子由价带竖直地跃迁到导带, 称为竖直跃迁或直接跃迁, 如图 9.3(a)所示. 在 GaAs, InSb 等直接禁带半导体中, 吸收边附近的吸收是和直接跃迁相联系的, 吸收限处的光子能量对应于带隙能量.

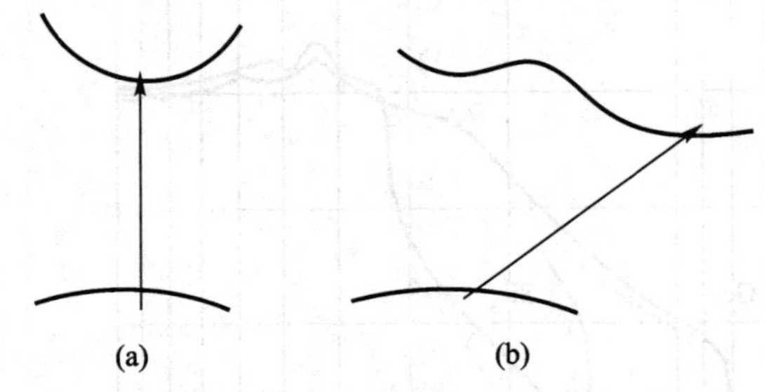

图 9.3 (a)直接跃迁和(b)间接跃迁

在间接禁带半导体如 Ge, Si, GaP 中, 直接跃迁所要求的光子能量一般显著高于禁带宽度. 但实验表明, 各种半导体吸收限的能量都大体等于禁带宽度. 这表明还存在着另一类跃迁过程: 由价带顶向具有不同 $\boldsymbol{k}$ 值的导带底的跃迁, 如图 9.3(b)所示, 称为非竖直跃迁或间接跃迁, 过程涉及电子动量的大的改变. 所需动量通常由谷间声子提供. 巴丁等在 1954 年首先对这种过程进行了讨论[2]. 动量守恒由下式给出:

$$\hbar \boldsymbol{k}' - \hbar \boldsymbol{k} = \pm \hbar \boldsymbol{q} \tag{9-1-6}$$

$\boldsymbol{q}$ 为声子的波矢. " + " 和 " - " 分别对应于吸收和发射波矢为 $\boldsymbol{q}$ 的声子的过程. 上式中略去了光子的动量. 能量守恒可表示为

$$E_{k'} - E_k = \hbar\omega \pm \hbar\omega_q \tag{9-1-7}$$

$\hbar\omega$ 和 $\hbar\omega_q$ 分别为光子能量和声子能量. 谷间声子的能量为几十 meV 数量级. 因此, 所涉及的光子能量 $\hbar\omega$ 常仍与禁带宽度接近.

同时有光子和声子参与的间接跃迁是二级微扰过程, 跃迁率要比直接跃迁的小得多. 图 9.2 中 Ge 的低于 0.8 eV 的吸收, 就是这种间接跃迁所引起, 有较小的吸收系数. 在 0.8 eV 以上则和位于 $\boldsymbol{k}=0$ 的直接跃迁相联系, 吸收系数迅速上升到较高的值. 这就是形成肩形结构的原因. 在 Si 的吸收谱中也存在类似的结构. 在直接禁带半导体中, 吸收边附近的吸收虽然也可由间接跃迁引起, 但由于跃迁率很小, 对光谱形状不会产生重要影响.

原则上可以根据吸收边的位置来确定禁带宽度. 禁带宽度的温度系数、压力系数及其随合金成分的变化等通常都是通过吸收边的测量来确定. 为此必须了解吸收边附近吸收系数的变化规律. 图 9.4 和图 9.5 分别给出了不同温度下 GaAs[3] 和 Ge[3] 吸收边附近的吸收谱. 对于直接禁带和间接禁带半导体来说, 这两个光谱是典型的. GaAs 吸收谱中的尖峰与激子吸收相联系. 许多直接禁带半导体及和 Ge 在 $\boldsymbol{k}=0$ 处的直接跃迁相联系的吸收谱[4]与此相似. Ge 的吸收边附近的多阶结构和声子的吸收和发射相联系. Si[5], GaP[6] 等间接禁带半导体的吸收谱与此相似. 可以根据吸收边的形状判别禁带的类型.

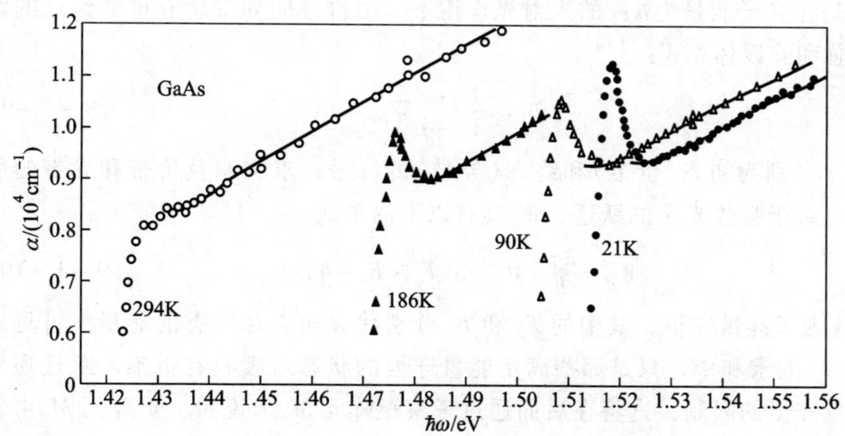

图 9.4 不同温度下 GaAs 的吸收边

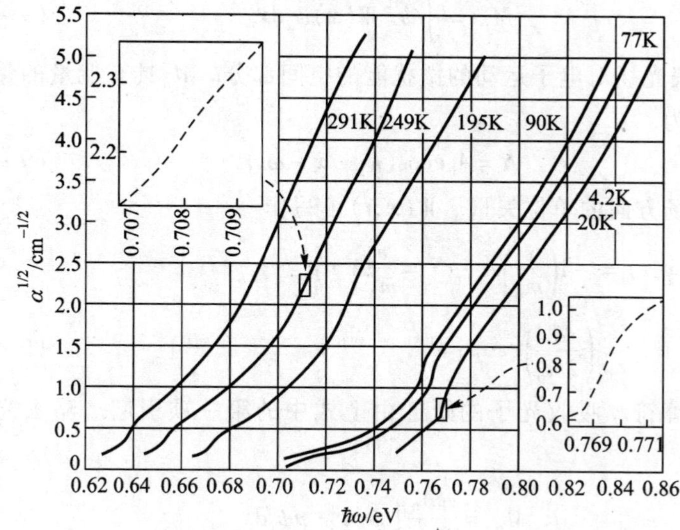

图 9.5 不同温度下吸收边附近 Ge 的吸收谱

下面, 在导出吸收系数的一般表示式以后, 再进一步讨论直接禁带和间接禁带情形的吸收边.

吸收系数

可以通过计算单位体积内吸收入射光子的速率 T 求得角频率为 ω 的光的吸收系数 $\alpha(\hbar\omega)$. 用 S 表示光的能量通量,相应的光子流密度可表为 $S/\hbar\omega$. 应有 $T\mathrm{d}x=S\alpha\mathrm{d}x/\hbar\omega$ 或

$$\alpha=\frac{\hbar\omega T}{S} \tag{9-1-8}$$

$T(\hbar\omega)$ 是在光子能量为 $\hbar\omega$ 的入射光作用下，由价带向导带所有可能跃迁的跃迁率的总和除以体积 V:

$$T=\frac{1}{V}\sum_{i,f}W_{if} \tag{9-1-9}$$

这里 i, f 分别为初态(价带)和终态(导带)的标号. 求和遍及价带和导带的所有状态. 对于吸收光子的跃迁，W_{if}具有以下的形式

$$W_{if}=\frac{2\pi}{\hbar}|M_{fi}|^2\delta(E_f-E_i-\hbar\omega) \tag{9-1-10}$$

δ 函数体现了能量守恒，其中的 E_i 和 E_f 分别代表初态和终态的能量. 可见式(9-1-9)的求和中，只是那些满足能量守恒的状态对吸收有贡献. 跃迁还要受到动量守恒的限制，这将在后面通过考察矩阵元 M_{fi}来说明. 矩阵元 M_{fi}可表示为

$$M_{fi}=\int\psi_f^*W(\boldsymbol{x})\psi_i\mathrm{d}\boldsymbol{x} \tag{9-1-11}$$

式中 $W(\boldsymbol{x})$代表光场对电子运动的微扰能的空间部分. M_{fi}具有能量的量纲. 设入射光的矢势为

$$\boldsymbol{A}=A_0\boldsymbol{e}\cos(\boldsymbol{k}_{\mathrm{L}}\cdot\boldsymbol{x}-\omega t) \tag{9-1-12}$$

式中 $\boldsymbol{e}$ 为沿电场方向的单位矢量. $W(\boldsymbol{x},t)$可写作[7]

$$\begin{aligned}W(\boldsymbol{x},t)&=-\mathrm{i}\left(\frac{e}{m_0}\right)\boldsymbol{A}\cdot\boldsymbol{\nabla}=\frac{e}{m_0}\boldsymbol{A}\cdot\boldsymbol{p}\\&=\left(\frac{eA_0}{2m_0}\right)\boldsymbol{e}\cdot\boldsymbol{p}\left[\mathrm{e}^{\mathrm{i}(\boldsymbol{k}_{\mathrm{L}}\cdot\boldsymbol{x}-\omega t)}+\mathrm{e}^{-\mathrm{i}(\boldsymbol{k}_{\mathrm{L}}\cdot\boldsymbol{x}-\omega t)}\right]\end{aligned} \tag{9-1-13}$$

式中 $\boldsymbol{p}$ 为动量算符. 吸收光子的跃迁由上式中的第一项引起. 略去光子的波矢，可得 M_{fi}为

$$\begin{aligned}M_{fi}&=\frac{eA_0}{2m_0}\int\psi_f^*\boldsymbol{e}\cdot\boldsymbol{p}\psi_i\mathrm{d}\boldsymbol{x}\\&=\frac{eA_0}{2m_0}\boldsymbol{e}\cdot\boldsymbol{p}_{fi}\end{aligned} \tag{9-1-14}$$

式中 $\boldsymbol{p}_{fi}$

$$\boldsymbol{p}_{fi} = \int \psi_f^* \boldsymbol{p} \psi_i \mathrm{d}\boldsymbol{x} \tag{9-1-15}$$

考虑到 $\boldsymbol{E} = -\partial \boldsymbol{A}/\partial t$，$\boldsymbol{B} = \nabla \times \boldsymbol{A}$，$\boldsymbol{B} = \mu_0 \boldsymbol{H}$，$\omega/k_{\mathrm{L}} = c/\eta$ 以及坡印亭矢量 $\boldsymbol{S} = \boldsymbol{E} \times \boldsymbol{H}$，平均能量通量可表示为 $S = \eta\omega^2 A_0^2/2\mu_0 c = \hbar\omega N_\omega c/\eta$. N_ω 代表能量为 $\hbar\omega$ 的光子的体密度. 于是，可将跃迁率 W_{if} 表示为

$$W_{if} = \frac{\pi\mu_0 c^2 e^2 N_\omega}{\eta^2 m_0^2 \omega} |\boldsymbol{e} \cdot \boldsymbol{p}_{fi}|^2 \delta(E_f - E_i - \hbar\omega) \tag{9-1-16}$$

或可引入量纲为 1 的振子强度 f_{fi}

$$\begin{aligned} f_{fi} &= \frac{2|\boldsymbol{e} \cdot \boldsymbol{p}_{fi}|^2}{m_0 \hbar\omega} = \frac{2|\boldsymbol{e} \cdot \boldsymbol{p}_{fi}|^2}{m_0(E_f - E_i)} \\ &= \frac{2m_0(E_f - E_i)|\boldsymbol{e} \cdot \boldsymbol{x}_{fi}|^2}{\hbar^2} \end{aligned} \tag{9-1-17}$$

它的大小决定于参与跃迁的状态对自身的性质，是对电子跃迁积分强度的一种量度. 第三步是因为可以证明，$|\boldsymbol{e} \cdot \boldsymbol{p}_{fi}|^2 = m_0^2(E_f - E_i)^2 |\boldsymbol{e} \cdot \boldsymbol{x}_{fi}|^2/\hbar^2$. 可将跃迁率 W_{if} 表示为

$$W_{if} = \frac{\pi\hbar\mu_0 c^2 e^2 N_\omega}{2\eta^2 m_0} f_{fi} \delta(E_f - E_i - \hbar\omega) \tag{9-1-18}$$

由式(9-1-8)~(9-1-10)和(9-1-15)可得吸收系数 α 为

$$\alpha = \frac{\pi\mu_0 c e^2}{V\eta m_0^2 \omega} \sum_{i,f} |\boldsymbol{e} \cdot \boldsymbol{p}_{fi}|^2 \delta(E_f - E_i - \hbar\omega) \tag{9-1-19}$$

直接禁带吸收边

现在来考察 $\boldsymbol{p}_{fi}$. 对于基本吸收，可以用导带和价带波函数 $\psi_{\mathrm{C}\boldsymbol{k}}$ 及 $\psi_{\mathrm{V}\boldsymbol{k}}$ 代替 ψ_f 及 ψ_i：

$$\begin{aligned} \psi_{\mathrm{C}\boldsymbol{k}} &= u_{\mathrm{C}\boldsymbol{k}} \mathrm{e}^{\mathrm{i}\boldsymbol{k}\cdot\boldsymbol{x}} \\ \psi_{\mathrm{V}\boldsymbol{k}} &= u_{\mathrm{V}\boldsymbol{k}} \mathrm{e}^{\mathrm{i}\boldsymbol{k}\cdot\boldsymbol{x}} \end{aligned} \tag{9-1-20}$$

它们在体积 V 中规一化：

$$\int_V \psi_{\boldsymbol{k}}^* \psi_{\boldsymbol{k}} \mathrm{d}\boldsymbol{x} = \int_V u_{\boldsymbol{k}}^* u_{\boldsymbol{k}} \mathrm{d}\boldsymbol{x} = 1 \tag{9-1-21}$$

根据式(9-1-15)关于 $\boldsymbol{p}_{fi}$ 的定义可得

$$\begin{aligned} \boldsymbol{p}_{fi} &= \int (u_{\mathrm{C}\boldsymbol{k}'}^* \boldsymbol{p} u_{\mathrm{V}\boldsymbol{k}} + \mathrm{i} u_{\mathrm{C}\boldsymbol{k}'}^* \hbar \boldsymbol{k} u_{\mathrm{V}\boldsymbol{k}}) \mathrm{e}^{\mathrm{i}(\boldsymbol{k}-\boldsymbol{k}')\cdot\boldsymbol{x}} \mathrm{d}\boldsymbol{x} \\ &= \left[\int u_{\mathrm{C}\boldsymbol{k}'}^* \boldsymbol{p} u_{\mathrm{V}\boldsymbol{k}} \mathrm{d}\boldsymbol{x} + \mathrm{i}\hbar\boldsymbol{k} \int u_{\mathrm{C}\boldsymbol{k}'}^* u_{\mathrm{V}\boldsymbol{k}} \mathrm{d}\boldsymbol{x}\right] \delta_{\boldsymbol{k}'\boldsymbol{k}} \\ &= \boldsymbol{p}_{\mathrm{CV}}(\boldsymbol{k}) \delta_{\boldsymbol{k}'\boldsymbol{k}} \end{aligned} \tag{9-1-22}$$

第二步考虑到积分中存在 $e^{i(\boldsymbol{k}-\boldsymbol{k}')\cdot\boldsymbol{x}}$ 因子，由于 $\delta_{k'k}$ 因子，只有当 $\boldsymbol{k}-\boldsymbol{k}'=0$ 时，即满足动量守恒时，积分才不为零. 考虑到 u_{Ck} 和 u_{Vk} 之间的正交性，第二项为零. 可得 $\boldsymbol{p}_{CV}(\boldsymbol{k})$ 为

$$\boldsymbol{p}_{CV}(\boldsymbol{k}) = \int u_{Ck}^* \boldsymbol{p} u_{Vk} d\boldsymbol{x} \tag{9-1-23}$$

动量守恒意味着：对于确定的初态，终态只有唯一的选择，即跃迁只能在 $\boldsymbol{k}$ 值相同的价带和导带的状态之间进行. 于是，可把式(9-1-19)中的求和改为对 $\boldsymbol{k}$ 值相同的状态对求和或积分

$$\begin{aligned}
&\sum_{if} |\boldsymbol{e}\cdot\boldsymbol{p}_{fi}|^2 \delta(E_f - E_i - \hbar\omega) \\
&= \sum_{k} |\boldsymbol{e}\cdot\boldsymbol{p}_{CV}(\boldsymbol{k})|^2 \delta(\epsilon_{CV} + \epsilon_g - \hbar\omega) \\
&= \frac{2V}{(2\pi)^3}\int |\boldsymbol{e}\cdot\boldsymbol{p}_{CV}(\boldsymbol{k})|^2 \delta(\epsilon_{CV} + \epsilon_g - \hbar\omega) d\boldsymbol{k}
\end{aligned} \tag{9-1-24}$$

式中用 $\epsilon_{CV}+\epsilon_g$ 来表示 $E_C(\boldsymbol{k})-E_V(\boldsymbol{k})=E_f-E_i$. 因子2计入了自旋简并. 对于球形等能面，$\epsilon_{CV}(\boldsymbol{k})$ 可写作

$$\epsilon_{CV}(\boldsymbol{k}) = \frac{\hbar^2 k^2}{2m_n} + \frac{\hbar^2 k^2}{2m_p} = \frac{\hbar^2 k^2}{2m_r} \tag{9-1-25}$$

式中 m_r 为

$$\frac{1}{m_r} = \frac{1}{m_n} + \frac{1}{m_p} \tag{9-1-26}$$

由式(9-1-19)和(9-1-24)，α 可表示为

$$\begin{aligned}
\alpha &= \frac{\pi\mu_0 ce^2}{V\eta m_0^2\omega}\frac{2V}{(2\pi)^3}\int |\boldsymbol{e}\cdot\boldsymbol{p}_{CV}(\boldsymbol{k})|^2 \delta(\epsilon_{CV} + \epsilon_g - \hbar\omega) d\boldsymbol{k} \\
&= \frac{\pi\mu_0 ce^2}{\eta m_0^2\omega} |\boldsymbol{e}\cdot\boldsymbol{p}_{CV}(\boldsymbol{k})|^2 g_{CV}(\hbar\omega - \epsilon_g)
\end{aligned} \tag{9-1-27}$$

式中 $\boldsymbol{p}_{CV}(\boldsymbol{k})$ 由 $\boldsymbol{p}_{CV}(0)$ 来近似. g_{CV} 具有单位体积状态对密度的含意，称为联合态密度. 对 α 的贡献来自那些满足能量守恒的竖直状态对，如图9.6所示. 因而 g_{CV} 为 $\epsilon_{CV}=\hbar\omega-\epsilon_g$ 处的状态对密度. 类似于式(3-2-7)，对于抛物性带，可由式(9-1-25)求得

$$\begin{aligned}
g_{CV} &= 4\pi\frac{(2\pi m_r)^{3/2}}{h^3}\epsilon_{CV}^{1/2} \\
&= 6.813\times 10^{21}\left(\frac{m_r}{m_0}\right)^{3/2}\left(\frac{\hbar\omega-\epsilon_g}{\text{eV}}\right)^{1/2} \quad [\text{cm}^{-3}\text{eV}^{-1}]
\end{aligned} \tag{9-1-28}$$

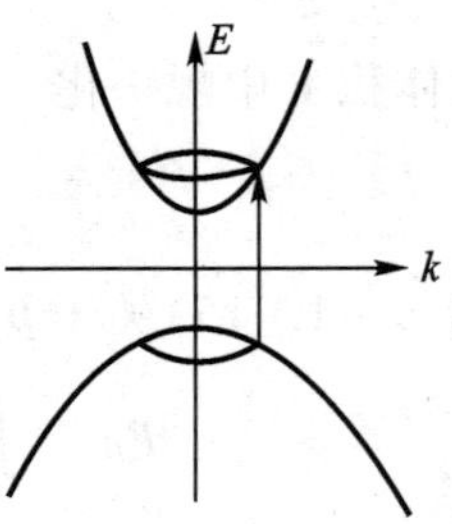

图9.6 直接跃迁中，满足能量守恒的状态对示意图

$\boldsymbol{p}_{CV}(\boldsymbol{k})$ 的值取决于导带和价带的波函数. 在一般情形下，可将 $\boldsymbol{e}\cdot\boldsymbol{p}_{CV}(\boldsymbol{k})$ 在 $\boldsymbol{k}=0$ 展开

$$\boldsymbol{e}\cdot\boldsymbol{p}_{CV}(\boldsymbol{k})=\boldsymbol{e}\cdot\boldsymbol{p}_{CV}(0)+\boldsymbol{k}\cdot\nabla_{\boldsymbol{k}}(\boldsymbol{e}\cdot\boldsymbol{p}_{CV}(\boldsymbol{k}))_{\boldsymbol{k}=0}+\cdots \quad (9-1-29)$$

可以证明，当初态和终态具有相同对称性时，$\boldsymbol{p}_{CV}(0)$为零. 只有在初态和终态具有相反对称性时* 例如 u_{C0} 和 u_{V0} 分别为类 s 和类 p 波函数的情形下，$\boldsymbol{p}_{CV}(0)$ 不为零. 这种情形称为允许跃迁. 这时，在吸收边附近可以略去第二项，把 $\boldsymbol{p}_{CV}(\boldsymbol{k})$看作常量，可写作 $\boldsymbol{p}_{CV}(0)$. 于是对于抛物性带，α 可写作

$$\alpha=\frac{4\pi^2\mu_0ce^2}{\eta m_0^2\omega}|\boldsymbol{e}\cdot\boldsymbol{p}_{CV}(0)|^2\left(\frac{2m_r}{h^2}\right)^{3/2}(\hbar\omega-\epsilon_g)^{1/2} \quad (9-1-30)$$

$$=\frac{2\pi^2\hbar\mu_0ce^2}{\eta m_0}f_{CV}\left(\frac{2m_r}{h^2}\right)^{3/2}(\hbar\omega-\epsilon_g)^{1/2}$$

$$=7.47\times10^5\frac{f_{CV}}{\eta}\left(\frac{m_r}{m_0}\right)^{3/2}\left(\frac{\hbar\omega-\epsilon_g}{\text{eV}}\right)^{1/2} \quad [\text{cm}^{-1}]$$

第二步引入了振子强度 f_{CV}.

类似于原子光谱，在晶体中存在类似的关于振子强度的求和定则[8]：由某一能带，例如价带，向其它各带跃迁的振子强度之和具有 1 的量级. 在导带和价带为允许跃迁的情形下，由于 E_C-E_V 为价带和其它各带的能量差中的最小者，因而它的振子强度 f_{CV} 在诸振子强度中为最大，具有 1 的量级. 若取 $f_{CV}=1$，$m_r/m_0=0.06$，$\epsilon_{CV}=0.2\text{eV}$，$\eta=4$，由式(9－1－30)可得 $\alpha=1.2\times10^3\text{cm}^{-1}$.

考虑到式(9－1－30)分母中的 ω，应有

$$(\alpha\hbar\omega)^2\propto(\hbar\omega-\epsilon_g) \quad (9-1-31)$$

即$(\alpha\hbar\omega)^2$ 与 $\hbar\omega$ 应有线性关系，由$(\alpha\hbar\omega)^2-\hbar\omega$ 曲线的截距可确定 ϵ_g. 但式(9－1－30)的关系只是在 $\hbar\omega-\epsilon_g$ 较大时才是正确的. 在吸收边附近，吸收要受到激子效应的影响. 这个问题将在 §9.3 中讨论.

能带的非抛物性可对 $\alpha-\hbar\omega$ 关系发生显著影响. 图 9.7 给出了 5 K 下得到的 InSb 的吸收特性[9]. 圆点为实验结果，实线 A 为按抛物性带计算的结果，按平方根律变化. 可见，直到 $\alpha\hbar\omega$ 为$10^3\text{cm}^{-1}\text{eV}$，理论与实验符合得很好. 但在更高的光子能量范围内，实验点比计算值高. 但若按 Kane 的理论[10]计入能带的非抛物性，得到的曲线 C 与实验结果符合的程度得到改善. 若进一步计入矩阵元对 $\boldsymbol{k}$ 的依赖关系，可得曲线 D，达到理论与实验间相当满意的一致.

对于禁戒跃迁，即 $\boldsymbol{e}\cdot\boldsymbol{p}_{CV}(0)=0$ 的情形，取式(9－1－29)的第二项，可

---

* u_{C0} 为类 s 的，$u_{C0}(\boldsymbol{x})=u_{C0}(-\boldsymbol{x})$，具有偶宇称；$u_{V0}$ 为类 p 的，$u_{V0}(\boldsymbol{x})=-u_{V0}(-\boldsymbol{x})$，具有奇宇称.

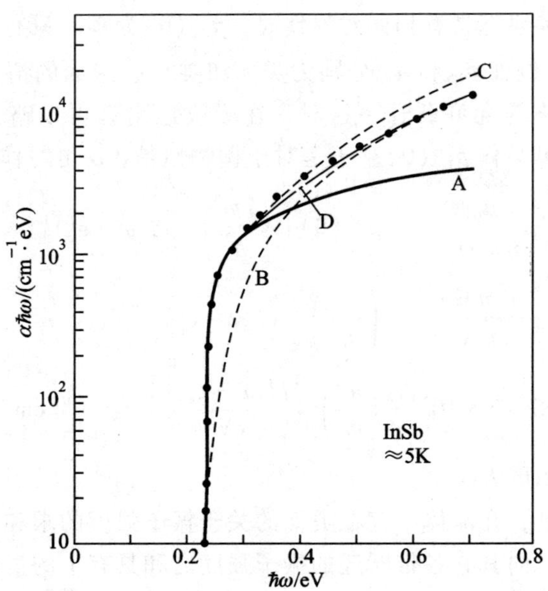

图 9.7 InSb 的吸收边的计算结果与实验结果的比较

以得到

$$\alpha = \frac{16\pi^4\mu_0 ce^2}{\eta m_0^2\omega}\left|\nabla(\boldsymbol{e}\cdot\boldsymbol{p}_{\mathrm{CV}}(\boldsymbol{k}))\right|_{\boldsymbol{k}=0}^2\left(\frac{2m_{\mathrm{r}}}{h^2}\right)^{5/2}(\hbar\omega-\epsilon_{\mathrm{g}})^{3/2} \quad (9-1-32)$$

间接禁带吸收边

对于有声子参与的间接跃迁，微扰可写作以下形式

$$W = W_{\mathrm{L}} + W_{\mathrm{S}}$$

$$= \frac{A_{\mathrm{L}}}{2}\left[\mathrm{e}^{\mathrm{i}(\boldsymbol{k}_{\mathrm{L}}\cdot\boldsymbol{x}-\omega t)} + \mathrm{e}^{-\mathrm{i}(\boldsymbol{k}_{\mathrm{L}}\cdot\boldsymbol{x}-\omega t)}\right] + \frac{A_{\mathrm{S}}}{2}\left[\mathrm{e}^{\mathrm{i}(\boldsymbol{q}\cdot\boldsymbol{x}-\omega_q t)} + \mathrm{e}^{-\mathrm{i}(\boldsymbol{q}\cdot\boldsymbol{x}-\omega_q t)}\right] \quad (9-1-33)$$

式中 W_{L} 和 W_{S} 分别为光和声子的微扰．由初态 i 至终态 f 的跃迁率 W_{if} 可由二级微扰论求出．对于吸收和发射某一种声子的跃迁可以得到：

$$W_{if}^{\pm} = \frac{2\pi}{\hbar}\left|x_{fi}^{\pm}\right|^2\delta(E_f - E_i - \hbar\omega \mp \hbar\omega_q) \quad (9-1-34)$$

$\hbar\omega$ 和 $\hbar\omega_q$ 分别为光子能量和声子能量．设初态在 $\boldsymbol{k}$ 空间 i 带中的 A 点，终态在 f 带中的 B 点，则 $x_{fi}^{\pm}$ 一般可表示为

$$x_{fi}^{\pm} = \sum_m \frac{M_{fm}^{\mathrm{S}\pm}M_{mi}^{\mathrm{LA}}}{E_{f\mathrm{B}} - E_{m\mathrm{A}} \mp \hbar\omega_q} + \sum_n \frac{M_{fn}^{\mathrm{LB}}M_{ni}^{\mathrm{S}\pm}}{E_{i\mathrm{A}} - E_{n\mathrm{B}} \pm \hbar\omega_q}$$

$$-\sum_{o}\frac{M_{fo}^{S\pm}M_{oi}^{LA}}{E_{fB}-E_{oA}\mp\hbar\omega_q}-\sum_{p}\frac{M_{fp}^{LB}M_{pi}^{S\pm}}{E_{iA}-E_{pB}\pm\hbar\omega_q}\quad(9-1-35)$$

M^{LA}和M^{LB}为A点和B点的竖直光跃迁矩阵元，$M^{S\pm}$为吸收或发射声子跃迁的矩阵元，它们的下标为所涉及的能带．上式表明，跃迁是通过中间态进行的．电子先由所在的i带的A点跃迁至某一中间带的状态，再由该中间态跃迁至终态：f带中的B点．式中m，n，o，p表示中间态所涉及的带．m，n对应于所有的空带；o，p则对应于所有的满带．式中的四项对应于四种类型的跃迁．跃迁所经历的每一步并不是独立的，并不遵守能量守恒．能量守恒只在一个完整的跃迁过程中保持，由式(9-1-34)中的δ函数体现．但跃迁的每一步都必须满足动量守恒．下面我们将假设，有实际重要性的跃迁只涉及一个价带和一个导带．上式将约化为四项．其中有两项的光跃迁的初态和终态为同一状态，为禁戒跃迁，矩阵元为零．最后只剩两项

$$x_{fi}^{\pm}=-\frac{M_{CC}^{S\pm}M_{CV}^{LA}}{\epsilon_{gA}-\hbar\omega}-\frac{M_{CV}^{LB}M_{VV}^{S\pm}}{\epsilon_{gB}-\hbar\omega}\quad(9-1-36)$$

略去了分母中的声子能量．这两项对应于以下两个过程：(1)经光子作用由VA→CA，经声子作用由CA→CB，(2)经声子作用由VA→VB经光子作用由VB→CB．如图9.8所示．如果ϵ_{gA}显著小于ϵ_{gB}，则只剩下由第一项所代表的一种过程，其中涉及声子的跃迁在导带的两个状态CA→CB间进行．过程所涉及的声子是一种谷间声子，可以属于不同的声子分支．有关的声子选择定则列在表11.1中．例如对于Ge，Γ谷至L谷的跃迁所涉及的是LO和LA声子．为简单起见，只考虑一种声子．这里的光跃迁矩阵元M^{L}和直接光跃迁矩阵元相同，参考式(9-1-16)可以将相关吸收系数表示为

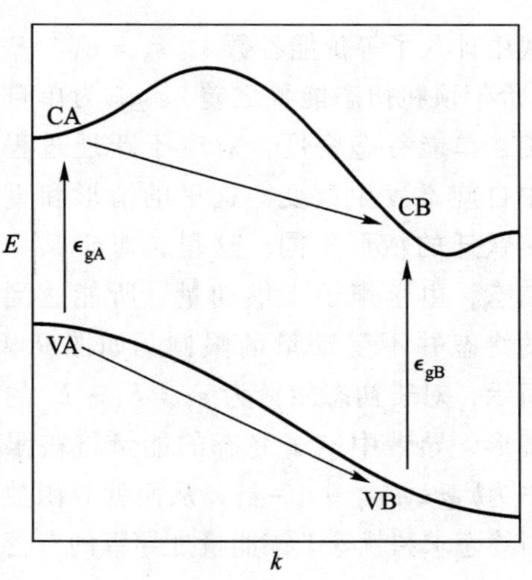

图9.8 带间间接跃迁示意图

$$\alpha=\frac{\pi\mu_0ce^2}{V\eta m_0^2\omega}\sum_{i,f}|\boldsymbol{e}\cdot\boldsymbol{p}_{CV}|^2\times\left[\frac{|M_{CC}^{S+}|^2}{(\epsilon_{gA}-\hbar\omega)^2}\delta(E_f-E_i-\hbar\omega-\hbar\omega_q)\right.$$

$$+\frac{|M_{CC}^{S-}|^2}{(\epsilon_{gA}-\hbar\omega)^2}\delta(E_f-E_i-\hbar\omega+\hbar\omega_q)\Big] \qquad (9-1-37)$$

式中改用 M_{CC}^{S+} 和 M_{CC}^{S-} 分别表示和吸收声子和发射声子相联系的矩阵元，它们和谷间散射矩阵元相同(参看式(11-5-2))，具有以下形式

$$|M_{CC}^{S\pm}|^2=\frac{\hbar D^2}{2\rho V\omega_q}\left(N_q+\frac{1}{2}\mp\frac{1}{2}\right) \qquad (9-1-38)$$

N_q 是平均声子数，由式(4-2-3)给出. D 为谷间形变势常量.

下面的计算假设涉及的初态和终态的能量范围很小，因而可略去矩阵元及声子能量的变化. 这样我们可把 δ 函数前的系数看作常量置于求和号之外. 于是吸收阈值附近的 $\alpha-\hbar\omega$ 关系主要取决于就 δ 函数对初态和终态求和. 先固定初态，对吸收和发射声子的跃迁有

$$\begin{aligned}\sum_{i,f}\delta(E_f-E_i-\hbar\omega\mp\hbar\omega_q)&=\sum_i\frac{V}{(2\pi)^3}\int\delta(E_f-E_i-\hbar\omega\mp\hbar\omega_q)\,\mathrm{d}\boldsymbol{k}\\&=\sum_i Vsg_C\delta(\hbar\omega\pm\hbar\omega_q-\epsilon_g-\epsilon_V)\end{aligned} \qquad (9-1-39)$$

式中计入了等价能谷数 s，$\epsilon_V=E_V-E_i$(价带顶和初态能量之差)，g_C 为单自旋、单能谷态密度，对应于跃迁过程中自旋不发生改变. 这里的情形和直接跃迁的情形不同. 这里，对于某一初态，由于声子提供动量，所能达到的终态并不受动量的限制. 如图 9.9 所示，对于初态能量为 $\epsilon_V=E_V-E_i$ 的情形，导带中电子终态的能量将被限制为 $\hbar\omega\pm\hbar\omega_q-\epsilon_g-\epsilon_V$，从而就 δ 函数对终态求和就等于该能量处导带的态密度 $Vsg_C(\hbar\omega\pm\hbar\omega_q-\epsilon_g-\epsilon_V)$. 把对初态的求和改为积分可将式(9-1-39)写作

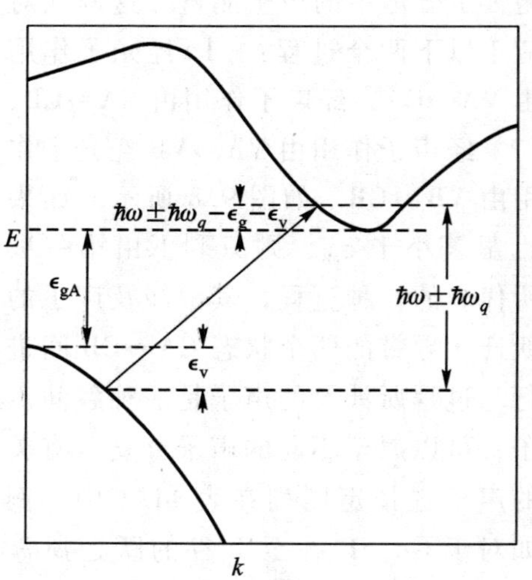

图 9.9 带间间接跃迁中的能量守恒

$$\begin{aligned}&\sum_{i,f}\delta(E_f-E_i-\hbar\omega\mp\hbar\omega_q)\\&=2V^2s\int_0^{\epsilon_{VM}}g_C(\epsilon_{VM}-\epsilon_V)g_V(\epsilon_V)\,\mathrm{d}\epsilon_V\end{aligned}$$

$$= 8\pi^2 V^2 s \left(\frac{2m_n}{h^2}\right)^{3/2} \left(\frac{2m_p}{h^2}\right)^{3/2} \int_0^{\epsilon_{VM}} (\epsilon_{VM} - \epsilon_V)^{1/2} \epsilon_V^{1/2} d\epsilon_V$$

$$= V^2 s \left(\frac{2\pi m_n}{h^2}\right)^{3/2} \left(\frac{2\pi m_p}{h^2}\right)^{3/2} \epsilon_{VM}^2 \qquad (9-1-40)$$

式中的 ϵ_{VM} 代表 $\hbar\omega \pm \hbar\omega_q - \epsilon_g$，是 ϵ_V 所能达到的最大值．最后一步考虑到 $\int (\epsilon_{VM} - \epsilon_V)^{1/2} \epsilon_V^{1/2} d\epsilon_V = \pi\epsilon_{VM}^2/8$．于是，由式(9－1－37)，(9－1－38)和(9－1－40)可以得 α 为

$$\alpha = A\left[N_q \frac{\epsilon_0(\hbar\omega + \hbar\omega_q - \epsilon_g)^2}{\hbar\omega(\epsilon_0 - \hbar\omega)^2} + (N_q + 1)\frac{\epsilon_0(\hbar\omega - \hbar\omega_q - \epsilon_g)^2}{\hbar\omega(\epsilon_0 - \hbar\omega)^2}\right] \qquad (9-1-41)$$

上式中用 ϵ_0 代替了 ϵ_{gA}，常量 A 为

$$A = \frac{\pi^2 \mu_0 c e^2 s m_0 D^2}{\eta h^4 \rho \omega_q \epsilon_0} \left(\frac{m_n m_p}{m_0^2}\right)^{3/2} |\boldsymbol{e} \cdot \boldsymbol{p}_{CV}|^2 \qquad (9-1-42)$$

式(9－1－41)说明，对应于吸收和发射声子，吸收阈值分别为 $\epsilon_g - \hbar\omega_q$ 和 $\epsilon_g + \hbar\omega_q$，等距地位于 ϵ_g 的两侧，它们和直接禁带的吸收有不同的 $\alpha - \hbar\omega$ 关系：在阈值附近近似有 $\alpha \propto [\hbar\omega - (\epsilon_g \pm \hbar\omega_q)]^2$，即 $\alpha^{1/2} - \hbar\omega$ 曲线应有恒定的斜率．斜率的大小通过 N_q 依赖于温度．温度降低，N_q 减小，吸收声子的曲线斜率减小，但与发射声子对应的第二项却变化并不显著．上述情形示意地表示在图 9.10 中．

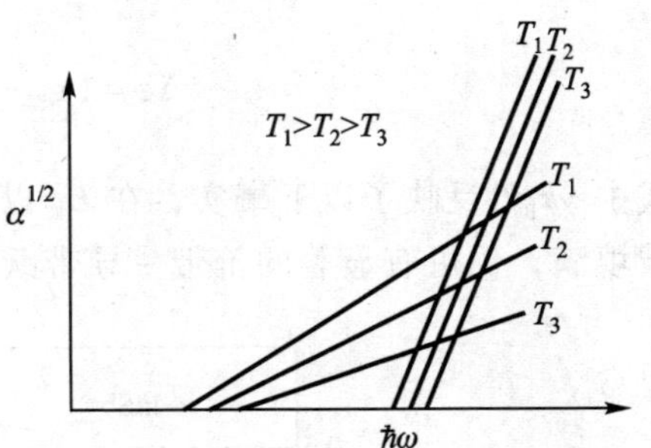

图 9.10　对应式(9－1－41)吸收声子和发射声子的间接吸收示意图

图 9.4 的实验曲线在阈值附近对 $\alpha^{1/2} - \hbar\omega$ 的线性关系的偏离，是激子效应引起的．通过对实验曲线的仔细分析，可以得到禁带宽度、参与跃迁的各种谷间声子能量以及激子束缚能[3-5]．对于 Ge 和 Si 由上述分析得到的声子能量与由中子衍射得到的有极好的一致．但在 Si 中未观察到和 TA，TO 声子相关的吸收，尽管它们是选择定则所允许的[12]．

Burstein 移动

在载流子浓度很高的情形下，费米能级 E_F 将进入带内．这将对吸收边产生影响．例如对于 n 型半导体，当 E_F 进入导带后，在低温下，E_F 以下的状态

将被电子占满．价带电子只能向 E_F 以上的导带电子态跃迁，如图 9.11 所示．因此，随着载流子浓度的提高，吸收阈值将向高能方向移动．该效应首先在 InSb 中观察到[13]．图 9.12 为由吸收边的移动得到的"光学禁带宽度"随载流子浓度的变化．

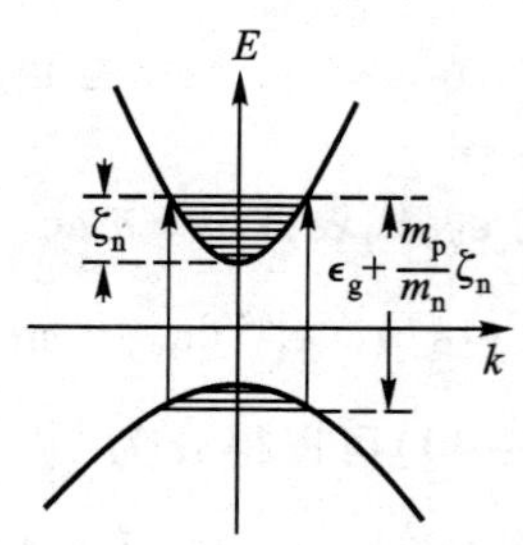

图 9.11 强简并对吸收边的影响

容易求得绝对零度下吸收边的移动量．参考图 9.11 容易看出，引起移动的原因不仅是导带底 E_F 以下的状态全被占满，而且由于跃迁是竖直的，只有低于一定能量的价带状态才能对吸收有贡献．可以把移动量表示为

$$\Delta\epsilon = \frac{\hbar^2 k_F^2}{2m_n} + \frac{\hbar^2 k_F^2}{2m_p} = \frac{\hbar^2 k_F^2}{2m_n}\left(1 + \frac{m_n}{m_p}\right) = \epsilon_F\left(1 + \frac{m_n}{m_p}\right) \qquad (9-1-43)$$

式中 k_F 为费密能级处的电子波矢值，$\epsilon_F = E_F - E_C$．第三步考虑到 $\epsilon_F = \hbar^2 k_F^2/2m_n$．对于给定的载流子浓度，$\epsilon_F$ 可由式(3-5-7)求得．在实际的 $T\neq 0$ 的情形下，吸收边的移动量可由下式近似表示[14]：

$$\Delta\epsilon = (\epsilon_F - \gamma k_B T)\left(1 + \frac{m_n}{m_p}\right) \qquad (9-1-44)$$

式中 $\gamma k_B T$ 反映了以下事实，在 E_F 以下 $k_B T$ 量级的能量范围内，能态并未全部被填满，仍可有显著的价带-导带跃迁．γ 由下式给出：

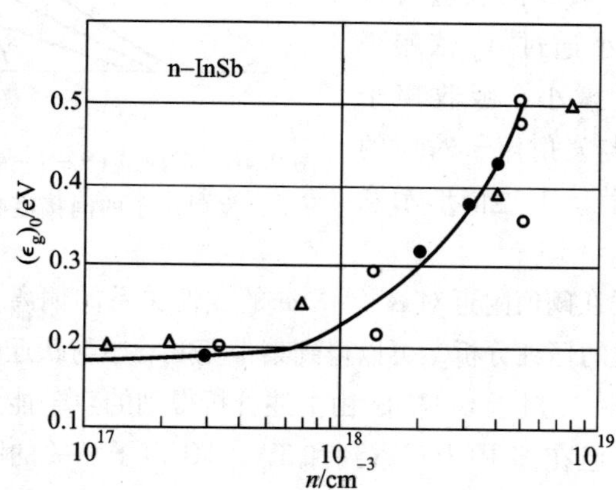

图 9.12 n-InSb 的"光学禁带宽度"随载流子浓度的变化．曲线为 Kaiser 和 Fan 的计算结果；实心点是他们的实验结果[14]；三角是 Hrostowski 等的实验结果[15]；空心圆圈是 Breckenridge 等的结果[16]

$$\alpha = \ln \frac{\alpha_0 - \alpha}{\alpha} \tag{9-1-45}$$

α_0 为导带为空带时的吸收系数.

上述效应在有效质量小的半导体中最为显著. 窄禁带半导体的导带通常有很小的有效质量. 在电子、空穴有效质量比很小的情形下, 因子$(1 + m_n/m_p)$可用1代替.

§9.2 基本吸收与能带结构

在吸收边以上直至约十几 eV 的很宽的能量范围内, 吸收都是和由价带到导带的基本吸收相联系的. 这部分光谱对于认识能带结构的纵深部分有重要意义. 在此范围内, 影响基本吸收的主要是直接跃迁, 吸收很强, α 可达$10^5 \sim 10^6 \text{cm}^{-1}$量级. 这意味着光的透射深度只有大约几十 nm, 因此将难以制备透射测量所需的样品. 然而在此范围内, 反射率却不难测量. 在强吸收范围内, 反射率对于吸收系数的变化是敏感的. 从反射光谱能够推算出光学常量. 因此, 在此光谱区, 反射谱是一个重要的手段.

反射谱

图 9.13 给出了 Ge 和 Si 室温下的反射谱[18]. r_∞ 为垂直入射半无穷样品情形的反射率.

反射率和复折射率 $\bar{\eta} = \eta - \mathrm{i}\kappa$ 通过菲涅耳公式互相联系. κ 称为消光系数, 为区别于波矢 k, 这里用 κ 表示. 对于半无穷样品和垂直入射, 可以得到反射

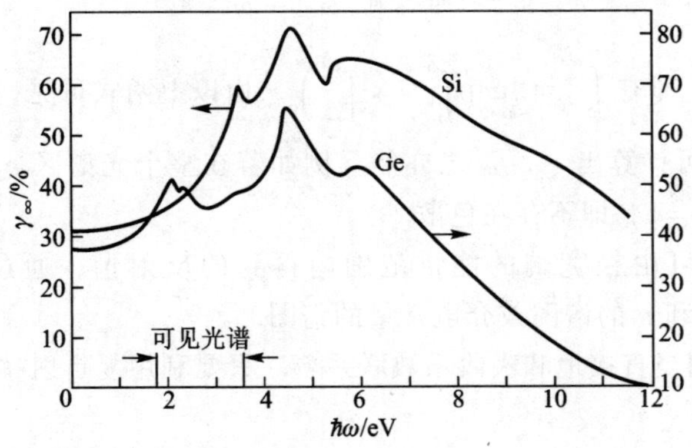

图 9.13 室温下 Ge 和 Si 的反射谱

率 r_∞ 为

$$r_\infty = \left|\frac{\bar{\eta}-1}{\bar{\eta}+1}\right|^2 = \frac{(\eta-1)^2+\kappa^2}{(\eta+1)^2+\kappa^2} \qquad (9-2-1)$$

在 κ 很小时，r_∞ 主要取决于折射率 η. 例如对于 $\eta=3$，$r_\infty=25\%$；$\eta=3$，$r_\infty=36\%$. 但在 k 值相当大的光谱范围内 κ 对 r_∞ 的影响不能忽略. 下面可以看到，与带间直接跃迁相联系的吸收谱属于此范围，r_∞ 与 η，κ 两者都有关. 图 9.14 给出了由反射谱的分析得到的 Ge 的复折射系数的实部 η 和虚部 κ 随光子能量的变化[19].

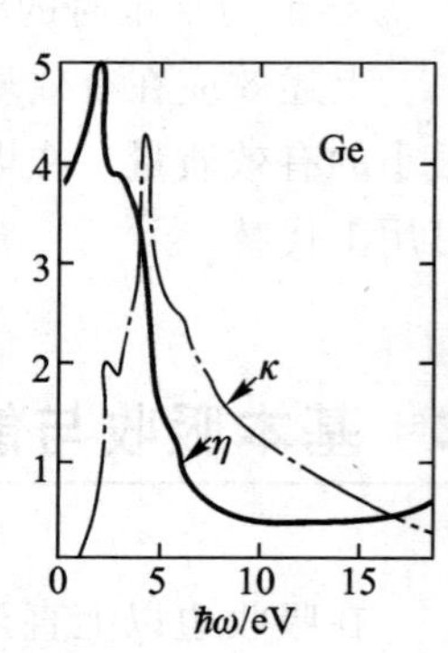

图 9.14 Ge 的 η 和 κ 随光子能量的变化

能由反射谱同时得到 η 和 κ 是因为 η 和 κ 之间并不是无关的. 根据经典电动力学，折射系数和介电函数 ε 之间通过下面两个关系式互相联系

$$\varepsilon_1 = \eta^2 - \kappa^2 \qquad (9-2-2)$$

$$\varepsilon_2 = 2\eta\kappa \qquad (9-2-3)$$

ε_1 和 ε_2 分别为介电函数的实部和虚部. 它们在整个光谱范围内通过 Kramers－Kronig 关系相互制约[20]. 所谓 Kramers－Kronig 关系是指在非导电介质中联系介电常量的实部 ε_1 和虚部 ε_2 的两个积分方程*

$$\varepsilon_1(\omega) - 1 = \frac{2}{\pi} P\int_0^\infty \frac{\omega'\varepsilon_2(\omega')}{\omega'^2-\omega^2}\mathrm{d}\omega' \qquad (9-2-4)$$

及

$$\varepsilon_2(\omega) = -\frac{2\omega}{\pi} P\int_0^\infty \frac{\varepsilon_1(\omega')}{\omega'^2-\omega^2}\mathrm{d}\omega' \qquad (9-2-5)$$

式中 P 代表主值，即有 $\int_0^\infty \equiv \lim\limits_{a\to 0}\left(\int_0^{\omega-a} + \int_{\omega+a}^\infty\right)$. 由以上两式可见，若在整个光谱区 ε_2 已知，则可计算出 ε_1. 反之亦然. 例如若在整个光谱区 ε_2 为零(即不存在吸收)，则 $\varepsilon_1=1$，即不存在色散.

因此原则上可由在宽阔的能量范围内得到的反射谱，通过 Kramers－Kronig分析得到 η 和 κ 的谱图或介电常量的谱图.

消光系数 κ 相当直接地和吸收系数联系着. 只要利用复折射率 $\eta-\mathrm{i}\kappa$ 写出

---

* 它们被称为 Kramers－Kronig 关系是因为 Kramers 和 Kronig 关于 X 射线色散关系的原始工作.[21] 关于 Kramers－Kronig 关系的导出可参看[22].

光波电矢量的空间变化就可以看出这一点. 设光沿 x 方向传播. 电矢量 $\boldsymbol{E}$ 可表示为

$$\begin{aligned}\boldsymbol{E} &= \boldsymbol{E}_0\exp\left[\mathrm{i}\left(\frac{2\pi\bar{\eta}x}{\lambda}-\omega t\right)\right]\\ &= \boldsymbol{E}_0\exp\left(-\frac{2\pi\kappa x}{\lambda}\right)\exp[\mathrm{i}(k_\mathrm{L}x-\omega t)]\end{aligned} \tag{9-2-6}$$

式中 $\omega=2\pi\nu$ 为光的角频率，λ 为真空波长，$k_\mathrm{L}=2\pi\eta/\lambda$ 为相常量，即波矢. 由于光强 I 正比于 E^2，因此有

$$I\propto\exp\left(-\frac{4\pi\kappa x}{\lambda}\right) \tag{9-2-7}$$

和式(9-1-2)比较，可得

$$\alpha=\frac{4\pi\kappa}{\lambda}=4.19\times10^5\kappa\left(\frac{0.3\mu\mathrm{m}}{\lambda}\right)[\mathrm{cm}^{-1}] \tag{9-2-8}$$

由上式可见，在 α 达 $10^6\mathrm{cm}^{-1}$ 量级的基本吸收光谱范围内，κ 具有 1 的量级，足以对反射率产生显著影响.

吸收系数与介电函数 $\varepsilon=\varepsilon_1+\mathrm{i}\varepsilon_2$ 的虚部 $\varepsilon_2(\hbar\omega)$之间有着类似的联系. 由式(9-2-3)和(9-2-8)可以得到 $\alpha=2\pi\varepsilon_2/\lambda\eta=\omega\varepsilon_2/\eta c$. 于是可将介电函数写作

$$\varepsilon_2(\hbar\omega)=\frac{\lambda\eta}{2\pi}=\frac{\eta c}{\omega}\alpha(\hbar\omega) \tag{9-2-9}$$

实际上，吸收系数 $\alpha(\hbar\omega)$与介电函数的虚部 $\varepsilon_2(\hbar\omega)$以及消光系数 κ 都由吸收耗损所引起，都同样包含着能带结构的信息.

范霍夫奇点

在§9.1 中，我们已经说明，对于直接跃迁，只要跃迁矩阵元随光子能量的变化不是很强烈，吸收谱的形状主要决定于式(9-1-27)中的联合态密度 g_{CV}. 在一般情形下，它可表示为

$$g_{\mathrm{CV}}=\frac{2}{(2\pi)^3}\int\frac{\mathrm{d}S}{|\nabla_k[E_\mathrm{C}(\boldsymbol{k})-E_\mathrm{V}(\boldsymbol{k})]|_{E_\mathrm{C}-E_\mathrm{V}=\hbar\omega}} \tag{9-2-10}$$

式中 $\mathrm{d}S$ 为 $\boldsymbol{k}$ 空间 $E_\mathrm{C}(\boldsymbol{k})-E_\mathrm{V}(\boldsymbol{k})=\hbar\omega$ 的等能面上的面元. 若能带的详细结构已知，原则上可以计算出吸收谱的形状. 然而，实际问题常常要求从已知光谱

得到关于能带结构的知识*．为此目的，了解 $E_C(\boldsymbol{k})-E_V(\boldsymbol{k})$ 在 $\boldsymbol{k}$ 空间某些特殊点的性质具有重要意义．在这些特殊点，$E_C(\boldsymbol{k})$ 和 $E_V(\boldsymbol{k})$ 是平行的，即有

$$\frac{\partial(E_C-E_V)}{\partial k_x}=0;\quad \frac{\partial(E_C-E_V)}{\partial k_y}=0;\quad \frac{\partial(E_C-E_V)}{\partial k_z}=0 \tag{9-2-11}$$

这些点称为范霍夫奇点[24,25]．在这些点附近可把 $E_C(\boldsymbol{k})-E_V(\boldsymbol{k})$ 展开为

$$E_C(\boldsymbol{k})-E_V(\boldsymbol{k})=\epsilon_0+\sum_{i=1}^{3}A_i(\Delta k_i)^2 \tag{9-2-12}$$

式中 ϵ_0 为奇点处的 $E_C(\boldsymbol{k})-E_V(\boldsymbol{k})$ 的值．在这些奇点附近，联合态密度随能量的变化具有特殊的形式．例如，当式(9-2-12)中的三个系 A_1，A_2，A_3 均有正值，则在该点 $E_C(\boldsymbol{k})-E_V(\boldsymbol{k})$ 有极小值，联合态密度具有图 9.15(a)的形式，它与导带底附近的单带态密度与能量的关系相似．这种奇点常用 M_0 表示．下标“0”表示式(9-2-12)中的负系数的数目为零．直接禁带吸收边就是这种情形．我们也不难理解，当三个系数均有负值时(M_3 类型的奇点)，联合态密度具有图 9.15(c)的形式．这时，在奇点附近 $E_C(\boldsymbol{k})-E_V(\boldsymbol{k})$ 有极大值，联合态密度的形状与价带附近的单带态密度相似．当系数中的 1 个或 2 个为负时，临界点为鞍点．在鞍点附近联合态密度具有图 9.15 中(c)，(d)的形式(关于各类奇点附近的联合态密度的计算可参看[26])．在奇点处联合态密度的微商不连续．在奇点两侧态密度分布不对称．容易理解，对于上述两类鞍点，联合态密度对能量的依赖关系正好相反．

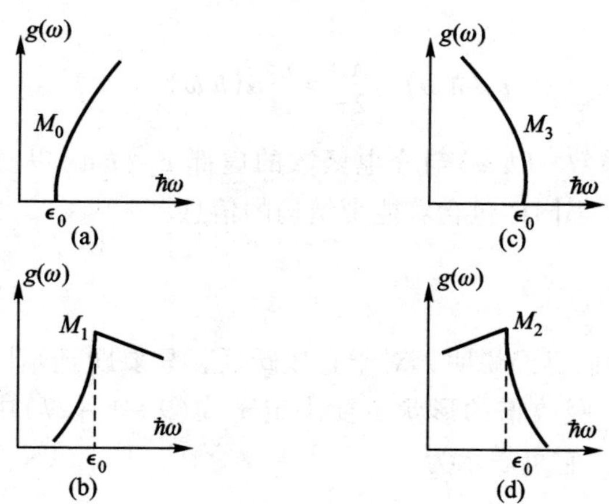

图 9.15 各种奇点附近的联合态密度随能量的变化

---

* Phillips 认识到，晶体势可以由少量的参量加以描述[23]．典型的是三个参量．一旦鉴别出相等数量的光谱结构及其所属的临界点，则计算能带的赝势方法可调整参量，以达到与实验结果吻合，并使计算结果得到改善．

简约布里渊区中那些高对称性的点，如布里渊区的中心和边界的某些点应是上述临界点. 在某些对称方向上也可能出现临界点. Phillips 指出，对于某一给定的晶格，存在一最低限度的临界点数[25].

图 9.16 给出了由反射谱得到的 Ge 的介电常量的虚部随光子能量的变化. 图中 $\Gamma'_{25}\to\Gamma'_2$ 的点对应于 M_0 型奇点，为直接吸收边. $\Lambda_3\to\Lambda_1$ 为 M_1 型的. 该奇点位于〈111〉方向. $\Sigma_4\to\Sigma_1$ 对应于 M_2 型奇点，位于〈110〉方向上. 通过理论和实验的比较可以确定在这些点上有关带之间的能量间距.

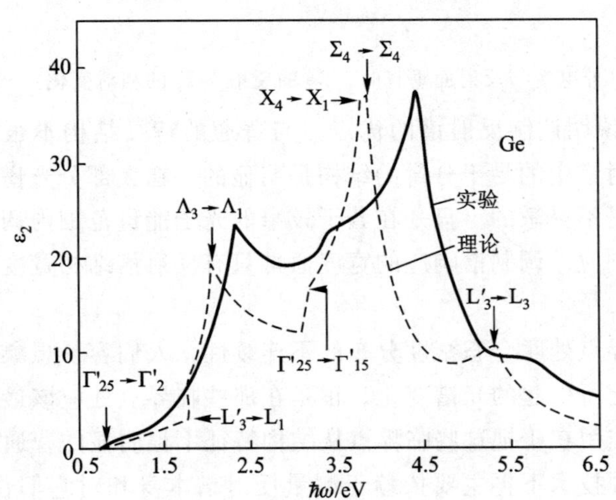

图 9.16 Ge 的介电常量虚部随光子能量的变化. 实线由反射谱得到[27]，虚线由能带结构计算得到[28]

但是理论上预言的光谱结构并不是总会在 ε_2 的实验曲线中出现. 即使在最好的情形下，实验上可断定为临界点的数目常常要比最低限度的临界点数目少得多. 可以判定为临界点的光谱结构一般只有 5 ~ 10 个. 这是因为，尽管临界点可以在光谱中引进特征结构，但是它们的贡献只是简约布里渊区中包括其它可能的但并不具有特征结构的大量跃迁在内的总的贡献的一部分，光谱的对比度因此而降低.

调制光谱[29]

在临界点研究中，调制技术得到广泛的应用. 在此技术中，被研究的晶体经受某种外施作用，诸如电场、应力和温度等. 外施作用使能带结构发生一定变化，从而影响吸收或发射. 与此同时，同步地测量被调制的光谱变化.

图 9.17 所示为在垂直反射面的电场作用下，Ge 的反射率 r_∞ 的相对变

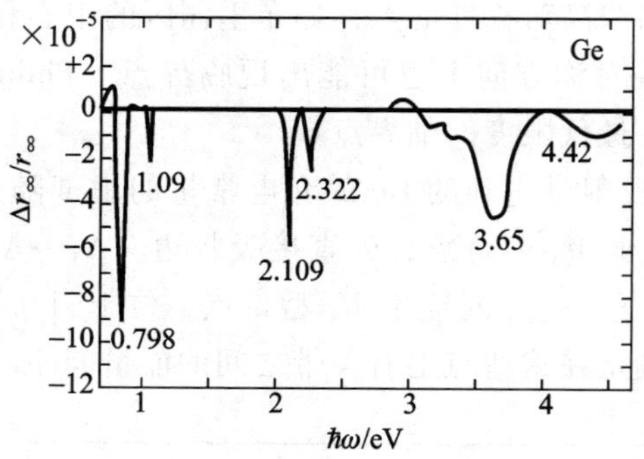

图 9.17 外电场与反射面垂直时，Ge 的反射率 r_∞ 的相对变化

化[30]. 它可用来说明调制反射谱的优点. 与普通的特征结构不很显著的反射谱相比，调制反射谱中的易于分辨的结构是明显的. 在大部分光谱范围内，光谱对电场的响应是不灵敏的. 只是在若干较窄的光子能量范围内调制反射对于电场的存在作出响应. 调制谱响应的宽度通常只有反射谱结构宽度的二十至五十分之一.

考虑到在临界点处联合态密度分布的不连续性，人们容易想象到，由外施作用通过能带变化所引起的光谱变化，正是在那些临界点处应该最为显著. 因此，调制技术的作用在于把这些临界点从结构特征不很明显的普通光谱的背景中区别出来. 这种技术不再主要依赖于测量反射谱本身和对它们作 Kramers - Kronig 分析. 反射谱的测量常可因表面条件不适当而引入误差. 而 Kramers - Kronig 分析也常常由于要进行外推而引入显著的误差.

在吸收限处，电场对光吸收的影响通常称为 Franz - Keldysh 效应[31,32]. 类似于声子协助隧穿，可以得到*

$$\alpha \propto \exp - \left(\frac{4\sqrt{2m}(\epsilon_g - \hbar\omega)^{3/2}}{3eE\hbar} \right) \tag{9-2-13}$$

式中的 E 为电场强度. 上式说明，在给定的光子能量下，吸收随电场强度的增加而增加. 这可解释为吸收边向光子能量较低的方向移动.

§9.3 激子和激子吸收

单个电子和空穴之间存在库仑相互作用，这种相互作用并不包含在单电子

---

* 例如可参看[22]p. 447.

近似的能带理论的图像中．库仑相互作用可导致电子、空穴间束缚态的形成．这种束缚态称为激子．在激子态中，电子和空穴的相对运动是局域化的，但作为整体，激子可在晶体中自由运动．由于它在整体上是电中性的，这种运动并不会引起电流．激子可以通过光激发产生．形成激子所需的光子能量当然比形成自由电子、空穴对所需要的低．这种过程导致吸收边附近的附加吸收——激子吸收．

弗伦克尔首先认识到形成激子的可能性[33]．其基本理论已在七十多年前由弗伦克尔、派尔斯和沃尼尔等给出[33~36]．激子吸收首先由格罗斯等在氧化亚铜中观察到[37]．七十多年来在许多晶体中的大量实验证明，激子参与了光吸收、发光、能量转移和光化学等过程．

根据激子的空间延伸，可以区别为弗伦克尔激子和莫特激子(或瓦尼尔激子)．弗伦克尔激子是指半径为晶格常量量级的激子，或可称为紧束缚激子．莫特激子则有大的半径，为弱束缚激子．在禁带宽度不很大的、介电常量较大的半导体中，主要是莫特激子．它的束缚能和激子半径应能较好地用类氢模型加以描述．

在直接禁带和间接禁带半导体的吸收边附近都存在激子吸收．相应的激子分别称为直接激子和间接激子．由于动量守恒的限制，形成间接激子需要有声子参加．在两种情形下，激子吸收对吸收边附近的光谱形状的影响是不同的．

直接激子

指由能带极值处同一 $\boldsymbol{k}$ 值的电子和空穴所形成的激子．假设能带极值在 $\boldsymbol{k}=0$ 处．只有 $\boldsymbol{k}\approx 0$ 附近的价带电子能够通过竖直跃迁形成直接激子．在其它 $\boldsymbol{k}$ 值处，价带电子在竖直跃迁中形成的电子和空穴的动量的方向相反，不能满足电子、空穴的相对运动局域化的要求．因此引起直接激子跃迁的光子能量受到了严格的限制．考虑到激子态的束缚能，直接激子吸收将在吸收阈值的低能量一边产生一系列的分立吸收线，对应于形成基态激子和各种激发态激子．对于类氢情形，这些吸收线与基本吸收阈值的距离为(参看式(2-5-5))[38]

$$\epsilon_{\mathrm{ex}}^{(n)}=\frac{m_{\mathrm{r}}e^{4}}{8\varepsilon^{2}\varepsilon_{0}^{2}h^{2}n^{2}}=\epsilon_{\mathrm{H}}\frac{m_{\mathrm{r}}}{m_{0}}\frac{1}{\varepsilon^{2}n^{2}} \qquad (9-3-1)$$

式中 m_{r} 为由式(9-1-26)给出的电子、空穴的折合有效质量*．ϵ_{H} 为氢原子

* 在价带简并的情形下，就和受主基态 4 度简并相似(参看 §3.1)，基态激子也是 4 度简并的．激子能量中的约化有效质量应取为 $1/m_{\mathrm{r}}=1/m_{\mathrm{n}}+1/2m_{\mathrm{ph}}+1/2m_{\mathrm{pl}}$，$m_{\mathrm{ph}}$，$m_{\mathrm{pl}}$ 分别为重空穴和轻空穴有效质量．[39]

电离能(里德堡). $n\to\infty$ 时过渡为连续谱，相应于自由电子空穴对的激发. m_r 与 m_n，m_p 中较小者接近. 因此基态激子能量 ϵ_{ex}^0 常和杂质电离能接近但小于杂质电离能. 该能量是属于两粒子系统的，我们不能用禁带中的一个单电子能级来描述激子态.

图 9.18 为 4 K 下的氧化亚铜的激子吸收谱[40]. 继氧化亚铜以后，激子吸收陆续在其它半导体中观察到. 在 1.2 K 下测得的 GaAs 的激子吸收谱示于图 9.19[41]. 在 Cu_2O 中只观察到 $n=2$ 以上的吸收线，这是因为相应的带间跃迁是禁戒的. 在 GaAs 中跃迁是允许的，观察到了 n 为 1，2，3 的峰. 其它吸收线与吸收边合并在一起. 基态激子的束缚能为 4.2 meV. 在 ZnO 和 GaN 中基态激子的束缚能分别高达 60 meV 和 21 meV*. 在 Ge 中也观察到了与直接跃迁相联系的直接激子吸收峰. 上述与允许跃迁相联系的激子谱称为第一类激子谱，与禁戒跃迁相联系的(如 Cu_2O 的)则称为第二类激子谱.

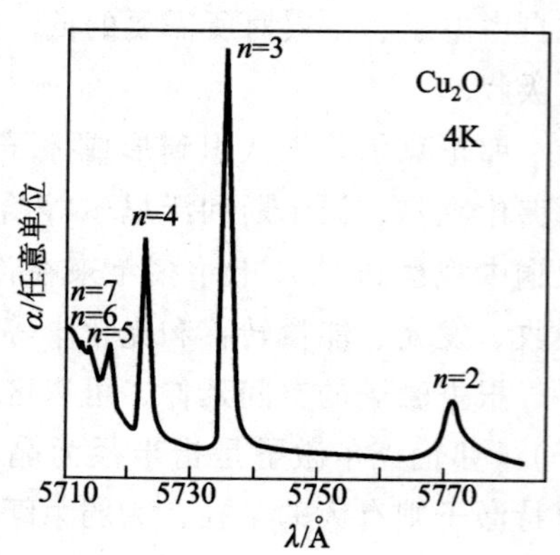

图 9.18 4 K 下 Cu_2O 的激子吸收谱

考虑到激子的动能，可把波矢为 $\boldsymbol{K}$ 的激子的能量表示为

$$\epsilon_{ex}^{(n,\boldsymbol{K})}=\epsilon_g-a_H\frac{m_r}{m_0}\frac{1}{\varepsilon^2n^2}+\frac{\hbar^2K^2}{2(m_n+m_p)} \tag{9-3-2}$$

对应于不同的 $\boldsymbol{K}$，激子有不同的动能，因而形成所谓激子带. 但不应将描述双粒子运动状态的激子带与单电子的能带相混淆. 如前所述，对应于形成直接激子的光跃迁，$\boldsymbol{K}$ 必定等于零，这导致直接激子的分立吸收谱线. 但晶格振动和晶格缺陷都可导致谱线展宽，以至和连续谱汇合.

晶体中的载流子可对激子产生屏蔽效应. 特别是在窄禁带半导体中，由于小的束缚能和大的轨道半径，即使是中等掺杂，也可使激子消失.

激子效应

导致激子形成的库仑相互作用，对于吸收边上面的形成自由电子、空穴对的吸收过程也要产生增强效应[38]. 在 §9.1 中，我们实际上完全略去了这种相互作用. 为了认识这种影响的存在，我们进一步研究电子、空穴对的运动. 定

---

* 参看 Y. Chen, D. Bagnall, T. Yao. *Materials Science and Engineering*, 2000, B75: 190.

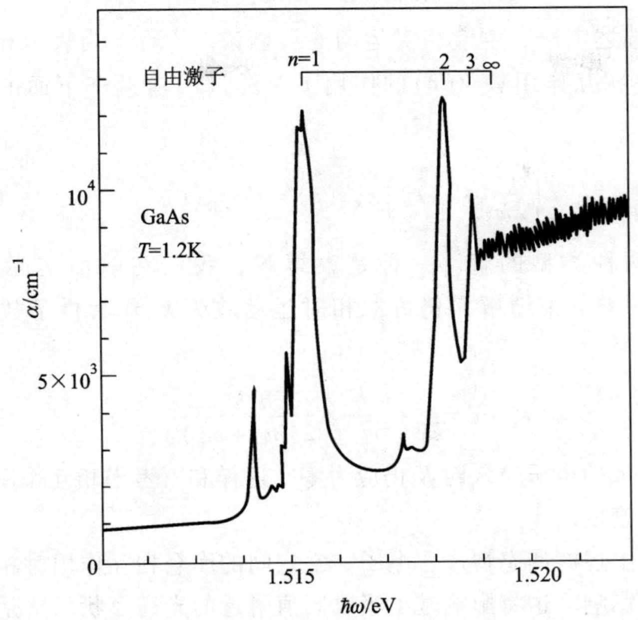

图 9.19 1.2 K 下的 GaAs 激子吸收谱

义电子、空穴间的相对位置 $\boldsymbol{r}$ 和质心位置 $\boldsymbol{R}$ 分别为

$$\boldsymbol{r} = \boldsymbol{r}_n - \boldsymbol{r}_p \tag{9-3-3}$$

$$\boldsymbol{R} = \frac{m_n \boldsymbol{r}_n + m_p \boldsymbol{r}_p}{m_n + \boldsymbol{r}_p} \tag{9-3-4}$$

如果忽略电子、空穴之间的库仑相互作用，则电子、空穴对的两粒子波函数可写作

$$\begin{aligned}\psi_{ex} &= \exp(-\mathrm{i}\boldsymbol{k}_p \cdot \boldsymbol{r}_p)\exp(\mathrm{i}\boldsymbol{k}_n \cdot \boldsymbol{r}_n) \\ &= \exp(\mathrm{i}\boldsymbol{K} \cdot \boldsymbol{R})\exp(\mathrm{i}\boldsymbol{k}_r \cdot \boldsymbol{r})\end{aligned} \tag{9-3-5}$$

第一个等式通过波矢 $\boldsymbol{k}_p$，$\boldsymbol{k}_n$ 为描述空穴和电子单粒子运动，而第二个等式则通过波矢 $\boldsymbol{k}_r$ 和 $\boldsymbol{K}$ 为描述两者的相对运动和整体运动. 容易证明它们和之间的关系为

$$\boldsymbol{k}_r = m_r\left(\frac{\boldsymbol{k}_n}{m_n} + \frac{\boldsymbol{k}_p}{m_p}\right) \tag{9-3-6}$$

$$\boldsymbol{K} = \boldsymbol{k}_n - \boldsymbol{k}_p \tag{9-3-7}$$

式中 m_r 仍为约化有效质量.

库仑相互作用必对电子、空穴的相对运动产生影响. 因此，电子、空穴对的两粒子波函数应一般写作

$$\psi_{ex}^{(s,K)}=\exp(\mathrm{i}\boldsymbol{K}\cdot\boldsymbol{R})\varphi_{\boldsymbol{K},s}(\boldsymbol{r}) \tag{9-3-8}$$

式中 $\varphi_{\boldsymbol{K},s}(\boldsymbol{r})$ 为描述电子、空穴相对运动的波函数. 下标 s 为表示相对运动状态的量子数. 在相互作用势 $V(\boldsymbol{r})$ 的作用下，$\varphi_{s,\boldsymbol{K}}(\boldsymbol{r})$ 应遵守下面的有效质量方程

$$\left(\frac{p^2}{2m_r}+V(\boldsymbol{r})\right)\varphi_{\boldsymbol{K},s}(\boldsymbol{r})=E\varphi_{s,\boldsymbol{K}}(\boldsymbol{r}) \tag{9-3-9}$$

上面的方程有两种类型的解. 一种是束缚解，我们在前面实际上已经给出. 还存在另一类非束缚解，仍可取相对运动波矢 $\boldsymbol{k}_r$ 作为量子数. 总能量可表示为

$$\epsilon_g+\epsilon=\epsilon_g+\frac{\hbar^2k_r^2}{m_r}+\frac{\hbar^2K^2}{2(m_n+m_p)} \tag{9-3-10}$$

对于直接跃迁形成的电子空穴对 K 仍应为零. 这样和不考虑相互作用的情形仍有相同的状态对密度.

然而，对于上述游离态情形，电子、空穴间的库仑相互作用对相对运动波函数可以有显著影响. 这将影响基本吸收阈值附近的光谱形状. 这是因为形成电子空穴对时，电子、空穴必定在同一地点. 因此，若以 $|\varphi_{\boldsymbol{k},\boldsymbol{K}}(\boldsymbol{r})|^2$ 表示游离态的相对运动的波函数，形成空穴对的跃迁必定与电子、空穴的相对距离 $\boldsymbol{r}$ 为0出现的概率 $|\varphi_{\boldsymbol{k},0}(0)|^2$ 有关(形成电子、空穴对的光跃迁要求 $\boldsymbol{K}=0$). 若不考虑电子、空穴间相互作用，则该概率对所有 $\boldsymbol{k}_r$ 值相同(参看式(9-3-5)). 但若考虑该相互作用，电子空穴在同一点的概率 $|\varphi_{\boldsymbol{k},0}(0)|^2$ 增大. 因此在导出吸收系数过程中，在对状态对求和时，应增加 $|\varphi_{\boldsymbol{k},0}(0)|^2$ 因子作为权重. 可以求得

$$|\varphi_{\boldsymbol{k},0}(0)|^2=\frac{\beta\exp\beta}{\sinh\beta} \tag{9-3-11}$$

式中 β 为

$$\beta=\pi\left(\frac{2m_r\epsilon_{ex}^{(1)}}{\hbar^2k^2}\right)^{1/2}=\pi\left(\frac{\epsilon_{ex}^{(1)}}{\hbar\omega-\epsilon_g}\right)^{1/2} \tag{9-3-12}$$

$\epsilon_{ex}^{(1)}$ 由式(9-3-1)给出. 结果可得到

$$\alpha=\alpha_0\frac{\beta\exp\beta}{\sinh\beta} \tag{9-3-13}$$

α_0 为不考虑相互作用得到的吸收系数(式(9-1-27)). 当 $\hbar\omega-\epsilon_g\to0$ 时(即有 $\beta\gg1$)，$\beta\exp\beta/\sinh\beta\to2\beta=2\pi[\epsilon_{ex}^{(1)}/(\hbar\omega-\epsilon_g)]^{1/2}$. 于是在吸收限附近，$\alpha$ 趋于恒定值

$$\alpha = \frac{4\pi^3 \hbar \mu_0 c e^2}{\eta m_0} f_{\mathrm{CV}} \left(\frac{2m_{\mathrm{r}}}{h^2} \right)^{3/2} \left(\epsilon_{\mathrm{ex}}^{(1)} \right)^{1/2} \tag{9-3-14}$$

而不是像式(9－1－27)所预言的 $\alpha \to 0$. 这里仍用 η 来表示折射率. 但在$\hbar\omega - \epsilon_{\mathrm{g}} >> \pi^2 \epsilon_{\mathrm{ex}}^{(1)}$时，$\beta \exp \beta / \sinh \beta$ 将趋于 1，两者趋于一致. 图 9.20 对两者进行了比较.

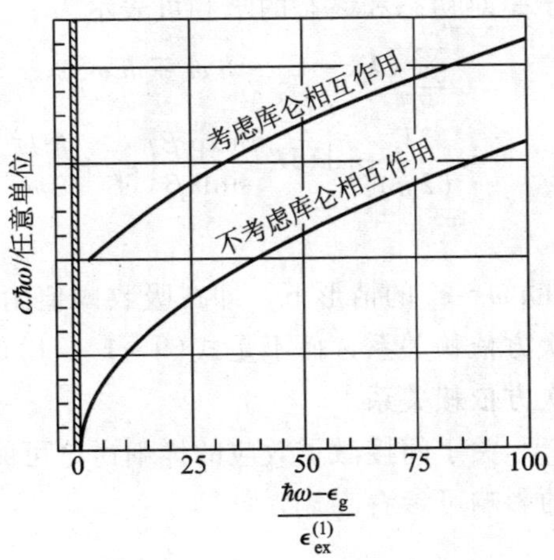

图 9.20 考虑激子效应和忽略激子效应吸收系数的比较(允许跃迁情形)

分立谱线的吸收系数也与相对距离 $r=0$ 出现的概率 $|\varphi_{nlm}(0)|^2$ 成正比. 只有 $l=m=0$ 的 s 态波函数，该概率方不为零

$$|\varphi_{n00}(0)|^2 = \frac{1}{\pi a^{*3}} \frac{1}{n^3} \tag{9-3-15}$$

可以证明吸收系数为[42]

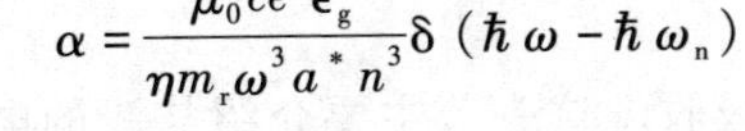

$$\alpha = \frac{\mu_0 c e^2 \epsilon_{\mathrm{g}}}{\eta m_{\mathrm{r}} \omega^3 a^* n^3} \delta(\hbar\omega - \hbar\omega_{\mathrm{n}}) \tag{9-3-16}$$

式中$\hbar\omega_{\mathrm{n}}$ 为激子能量，可由式(9－3－2)令其中 $\boldsymbol{K}=0$ 得到.

对于禁戒跃迁情形，电子、空穴间的库仑相互作用亦将使吸收边附近的吸收加强，有

$$\alpha = \alpha_0 \frac{\beta \exp \beta}{\pi^{1/2} \sinh \beta} \left(1 + \frac{\pi^2}{\beta^2} \right) \tag{9-3-17}$$

当 $\hbar\omega - \epsilon_{\mathrm{g}} >> \pi^2 \epsilon_{\mathrm{ex}}^{(1)}$ 时，附加因子趋于 1，$\alpha \to \alpha_0$.

间接激子

与直接激子不同的是，间接激子形成连续谱. 这是因为对于间接跃迁情形跃迁的状态对不是唯一限定的. 通过适当声子的协助，光激发可实现激子带中的任一状态. 这导致 α 对于能量的 1/2 次方依赖关系. 对于禁戒跃迁可得到 3/2 次方关系.

电子、空穴间的库仑相互作用同样可以影响吸收边. 对式(9－1－39)的求和要增加权重 $\beta \exp \beta / \sinh \beta$(式(9－3－11)). 设导带底具有各向同性有效质量，则式(9－1－39)中的 $E_f - E_i$ 为

$$E_f - E_i = \epsilon_g + \frac{\hbar^2 k^2}{2m_r} + \frac{\hbar^2 K^2}{2(m_n + m_p)} \tag{9-3-18}$$

于是对初态和终态的求和可表示为

$$\sum_{i,f} (E_f - E_i - \hbar\omega \mp \hbar\omega_q)$$
$$= \frac{2V^2}{(2\pi)^6}\int \mathrm{d}\boldsymbol{k}\mathrm{d}\boldsymbol{K}\frac{\beta\exp\beta}{\sinh\beta}\left(\epsilon_g + \frac{\hbar^2 k^2}{2m_r} + \frac{\hbar^2 K^2}{2(m_n + m_p)} - \hbar\omega \mp \hbar\omega_q\right) \tag{9-3-19}$$

在$\hbar\omega \approx \epsilon_g$的情形下，即在吸收阈值附近这将导致 α 对$(\hbar\omega \mp \hbar\omega_q - \epsilon_g)$的 3/2 次方依赖关系，而不是式(9－1－41)的平方依赖关系．对于禁戒跃迁可得 5/2 次方依赖关系．

关于间接激子效应的详细讨论可阅读[4]，[38]．关于有效质量各向异性的影响可参看[43]．

§9.4 杂质吸收

在半导体中，杂质可以引起多种形式的吸收．这一节主要介绍与浅的电离杂质、中性杂质和能带间的电子跃迁有关的光吸收．

电离杂质吸收

电离施主上的空穴或电离受主上的电子可以吸收一个适当能量的光子跃迁到价带或导带，如图 9.21 所示．对于浅施主或浅受主，这种跃迁所要求的光子能量与禁带宽度接近，表现为基本吸收边以下的附加吸收．图 9.22 为在 10K 下测得的与电离浅受主相联系的 InSb 的吸收谱[44]．施主或受主的电离可由补偿达到．一般说用于观察此种吸收的样品应包含较少的自由载流子．否则，此种吸收可以被自由载流子吸收(§9.5)所掩盖．

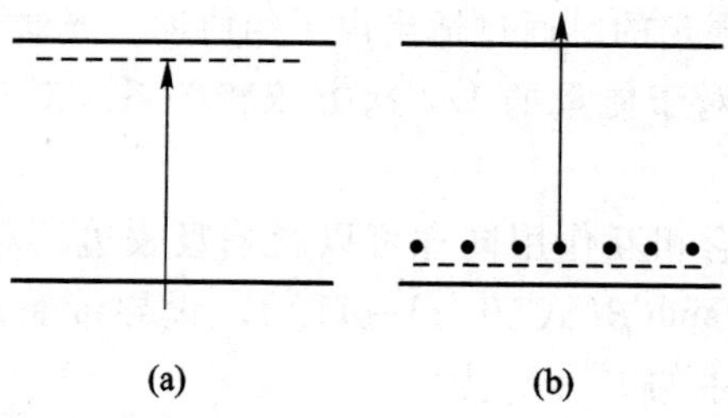

图 9.21 引起电离杂质吸收的光跃迁

电离杂质吸收形成连续谱. 例如，对于电离浅施主，价带中不同能量(具有不同 $\boldsymbol{k}$ 值)的电子都有可能跃迁到施主态上. 如果把施主基态波函数看成是线度为等效玻尔半径 a^* 的波包，那么它大体由导带底(对受主为价带顶)附近 $\Delta k \sim \pi/a^*$ 范围内的 $\boldsymbol{k}$ 值不同状态组合而成. 在此波矢范围内，电子由价带向杂质基态的跃迁矩阵元将不等于零. 施主态和受主态的波矢的扩展范围示意地表示在图 9.23 中. 粗略地看，轨道半径愈小，或电离能愈大，$\boldsymbol{k}$ 值扩展范围愈大，与之相联系的吸收谱带应愈宽. 深能级杂质的电子波函数可以涉及若干带.

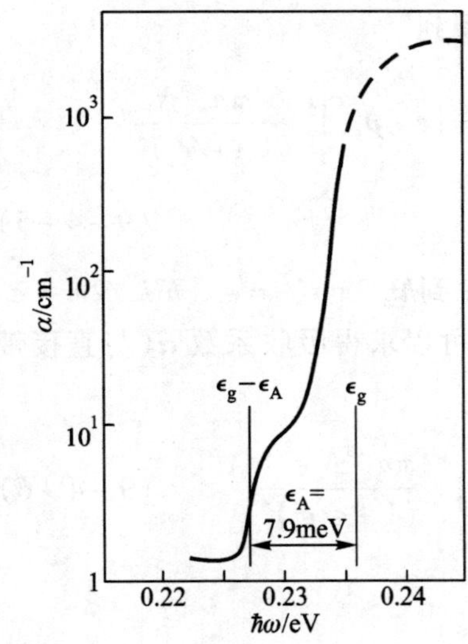

图 9.22 10 K 下的 InSb 中电离浅受主的吸收谱

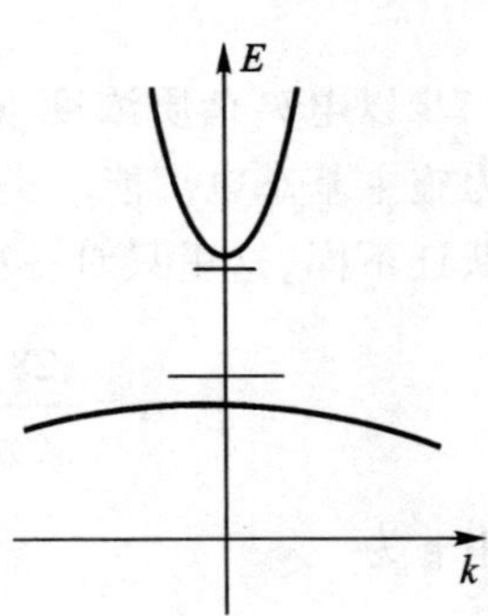

图 9.23 说明杂质态 k 值扩展的能带示意图

对于直接禁带半导体中的类氢杂质，若给定电离杂质浓度，不难求得吸收系数. 可以从式(9-1-19)出发进行计算. 与直接带间跃迁相比不同的是，和杂质态相联系的初态或终态是固定的，δ 函数中和杂质相联系的终态(或初态)的能量也是固定的. 下面我们首先来考察动量矩阵元. 以施主态为例，其局域态波函数可表示为

$$\psi(\boldsymbol{x}) = V^{1/2} u_{C0}(\boldsymbol{x}) f(\boldsymbol{x}) \tag{9-4-1}$$

式中 $u_{C0}(\boldsymbol{x})$ 为由式(9-1-20)定义的导带底($\boldsymbol{k}=0$)的归一化的周期函数. 它的大小反比于 $V^{-1/2}$. $V|u_{C0}(\boldsymbol{x})|^2$ 的平均值为 1. 由式(9-1-15)所定义的 $\boldsymbol{p}_{f,i}$ 可写作

$$\boldsymbol{p}_{fi} = V^{1/2}\int u_{C0}^*(\boldsymbol{x}) f(\boldsymbol{x}) \boldsymbol{p}(u_{Vk}e^{i\boldsymbol{k}\cdot\boldsymbol{x}})\,d\boldsymbol{x}$$

$$= V^{1/2} \boldsymbol{p}_{\mathrm{CV}} \Phi(\boldsymbol{k}) \tag{9-4-2}$$

第二步略去了 u_{C0} 与 u_{Ck} 的差异. $\boldsymbol{p}_{\mathrm{CV}}$ 由式(9-1-23)给出. 式中 $\Phi(\boldsymbol{k})$ 为 $f(\boldsymbol{x})$ 的波矢 $\boldsymbol{k}$ 的傅里叶系数(参看附录4.2).

$$\Phi(\boldsymbol{k}) = \frac{1}{V}\int \exp(-\mathrm{i}\boldsymbol{k}\cdot\boldsymbol{x}) f(\boldsymbol{x})\,\mathrm{d}\boldsymbol{x} \tag{9-4-3}$$

对于类氢情形，有效质量近似波函数 $f(\boldsymbol{x})$ 为

$$f(\boldsymbol{x}) = (\pi a^{*3})^{-1/2} \exp\left(-\frac{r}{a^*}\right) \tag{9-4-4}$$

经多次分部积分，不难得到 $\Phi(\boldsymbol{k})$. 最后可以得到

$$|\boldsymbol{e}\cdot\boldsymbol{p}_{fi}|^2 = |\boldsymbol{e}\cdot\boldsymbol{p}_{\mathrm{CV}}|^2 \frac{64\pi a^{*3}}{V(1+k^2 a^{*2})^4} = |\boldsymbol{e}\cdot\boldsymbol{p}_{\mathrm{CV}}|^2 \frac{64\pi a^{*3} N_{\mathrm{I}}}{(1+\epsilon/\epsilon_{\mathrm{i}})^4} \tag{9-4-5}$$

第二步以电离杂质浓度 N_{I} 代替了 $1/V$，并考虑到 $\hbar^2/2ma^{*2} = \epsilon_{\mathrm{i}}$，$\hbar^2 k^2/2m = \epsilon$. ϵ_{i} 为施主基态电离能. 类似于直接带间跃迁，可以求得吸收系数 α(与直接带间跃迁不同,这里只对一种自旋状态求和)

$$\alpha = \frac{128\pi^2\mu_0 c e^2}{\eta m_0^2 \omega} |\boldsymbol{e}\cdot\boldsymbol{p}_{\mathrm{CV}}|^2 \left(\frac{2m}{\hbar^2}\right)^{3/2} \frac{\pi a^{*3} N_{\mathrm{I}} \epsilon^{1/2}}{(1+\epsilon/\epsilon_{\mathrm{i}})^4} \tag{9-4-6}$$

式中 ϵ 为

$$\epsilon = \hbar\omega - \epsilon_{\mathrm{g}} + \epsilon_{\mathrm{i}} \tag{9-4-7}$$

在 $\epsilon = \epsilon_{\mathrm{i}}/7$ 时 α 具有峰值，如图9.24所示. 与直接吸收相比，α 的大小取决于体积分数 $\pi a^{*3} N_{\mathrm{I}}$. 当 $32\pi a^{*3} N_{\mathrm{I}} = 1$ 时，在 ϵ 很小处，α 的大小与直接吸收的式(9-1-30)相近. 因子 $1/(1+\epsilon/\epsilon_{\mathrm{i}})^4$ 使 α 在高能量方面下降. 当 $\epsilon = \epsilon_{\mathrm{i}}/7$ 时，该因子为0.59；当 $\epsilon = \epsilon_{\mathrm{i}}$，该因子仅为0.0625. 以 N_{I} 除上述 α 可得电离中心对光的吸收截面，这里“截面”的含义与§5.8中介绍的俘获截面的相似(α/N_{I} 具有面积的量纲).

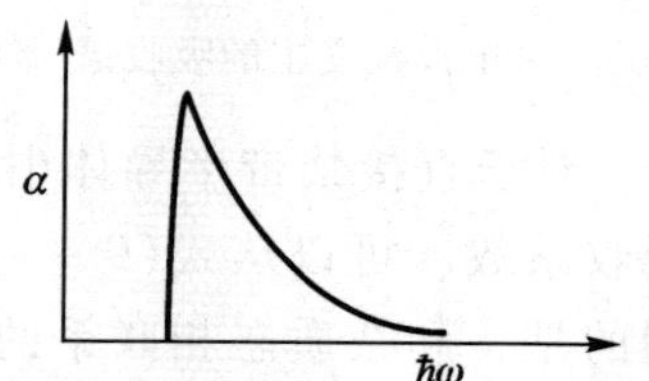

图9.24 式(9-4-6)，(9-4-7)的 $\alpha-\hbar\omega$ 函数关系

中性杂质吸收

中性施主或中性受主上处于基态的电子或空穴，可以通过吸收一个适当能量的光子被激发到一个激发态上，或电离至导带或价带，分别形成线状谱或连

续谱.

视电离能的大小，中性杂质吸收谱可出现在从近红外直到亚毫米波之间. 就浅能级杂质而言，Si 中浅能级杂质的吸收谱所覆盖的波长范围(约几十 μm)适当，最先得到研究. 图 9.25 给出了 Si 中几种受主杂质的透射谱[45]. 吸收线对应于基态到激发态的跃迁. 左端对应于电离连续谱区. Si 中的浅施主的吸收谱与浅受主的相似. 图 9.26 给出了根据谱线位置确定的 P，As，Sb 在 Si 中的基态和激发态的能级位置，能量以导带边为基准[46]. 可见，尽管各种杂质的基态能级的位置有明显差异，但激发态能级之间差异却很小，并与理论值一致. 考虑到 Si 中施主基态电子轨道半径较小，基态能量差异较大是不难理解的. 激发态能级之间的一致说明它们能够很好地用有效质量近似和库仑势加以描述.

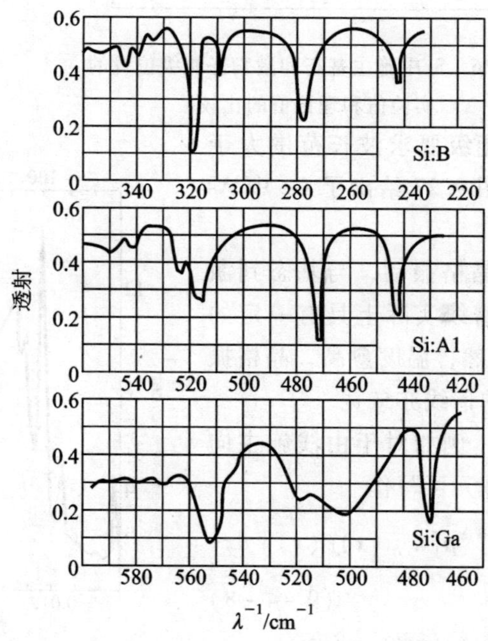

图 9.25 Si 中 B，Al，Ga 的吸收

由于晶格弛豫效应(参看 §2.6)，由光吸收方法测得的杂质电离能 E_0 大于由电学方法测得的电离能 E_i. 对于类氢杂质，晶格弛豫效应通常很小. 即使如此，E_0 和 E_i 间的差异有时也很可观. 例如 Ge 中 As 的 E_i 比 E_0 约小 10%. 对于 GaAs 和 GaP 中的施主也观察到了类似的效应. 对于深能级，E_i 和 E_0 之间的差别可以十分显著[47].

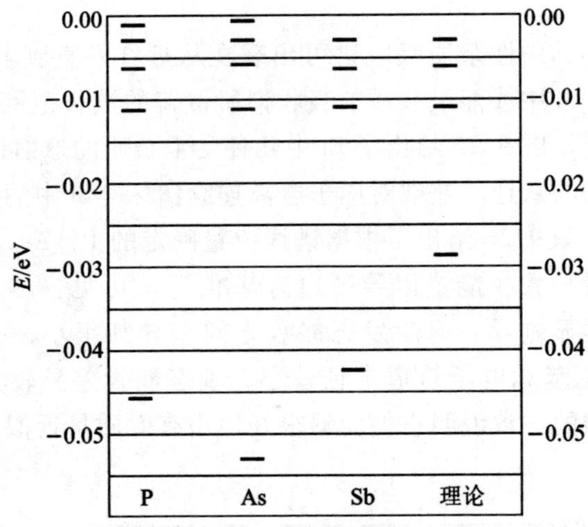

图 9.26 Si 中施主基态和激发态能级位置的实验值和理论值的比较

研究 Ge 中的浅能级要求波长范围大于 100μm 的远红外光．图 9.27 给出了 Ge 中 As 的吸收谱[48].

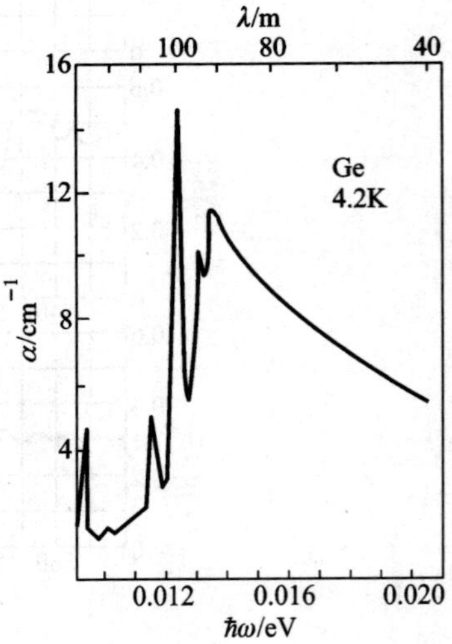

由于晶格弛豫和晶格振动，与基态到激发态的跃迁相联系的谱线实际上具有一定的宽度(参看 §2.6)．显然，温度愈高，晶格振动的振幅愈大，相应的谱线亦愈宽.

对于连续谱问题，例如对于由浅施主向导带的跃迁，动量矩阵元可写作

$$\boldsymbol{p}_{fi} = V^{1/2}\int u_{\mathrm{C}\boldsymbol{k}}^{*}(\boldsymbol{x})\,\mathrm{e}^{-\mathrm{i}\boldsymbol{k}\cdot\boldsymbol{x}}\boldsymbol{p}[u_{\mathrm{C}0}(\boldsymbol{x})f(\boldsymbol{x})]\,\mathrm{d}\boldsymbol{x} \tag{9-4-8}$$

这里 $f(\boldsymbol{x})$ 为施主态的包络函数．或有

图 9.27 Ge 中 As 的吸收谱

$$\boldsymbol{p}_{fi}^{*} = V^{1/2}\int u_{\mathrm{C}0}^{*}(\boldsymbol{x})f^{*}(\boldsymbol{x})\boldsymbol{p}^{*}[u_{\mathrm{C}\boldsymbol{k}}(\boldsymbol{x})\,\mathrm{e}^{\mathrm{i}\boldsymbol{k}\cdot\boldsymbol{x}}]\,\mathrm{d}\boldsymbol{x}$$

$$= \boldsymbol{p}_{\mathrm{C}\boldsymbol{k}}^{*}V^{1/2}\int f^{*}(\boldsymbol{x})\,\mathrm{e}^{\mathrm{i}\boldsymbol{k}\cdot\boldsymbol{x}}\,\mathrm{d}\boldsymbol{x} \tag{9-4-9}$$

这里

$$\boldsymbol{p}_{\mathrm{C}\boldsymbol{k}}^{*} = \int u_{\mathrm{C}\boldsymbol{k}}^{*}\exp(-\mathrm{i}\boldsymbol{k}\cdot\boldsymbol{x})\boldsymbol{p}^{*}[u_{\mathrm{C}\boldsymbol{k}}\exp(\mathrm{i}\boldsymbol{k}\cdot\boldsymbol{x})]\,\mathrm{d}\boldsymbol{x}$$

$$= \int u_{\mathrm{C}\boldsymbol{k}}^{*}(\boldsymbol{p}^{*} + \mathrm{i}\hbar\boldsymbol{k}\cdot\boldsymbol{x})u_{\mathrm{C}\boldsymbol{k}}\,\mathrm{d}\boldsymbol{x} \tag{9-4-10}$$

$\boldsymbol{p}_{Ck}^{*}$为导带波矢为 $\boldsymbol{k}$ 的状态的动量期待值

$$\boldsymbol{p}_{Ck}^{*} = m_0 v = \frac{m_0}{m}\hbar \boldsymbol{k} \tag{9-4-11}$$

式中 m 为有效质量. 对于类氢情形，包络函数仍由式(9-4-4)给出. 于是可得

$$|\boldsymbol{p}_{fi}|^2 = \frac{2m_0^2}{m}\frac{64\ (\pi a^{*3})N_n\epsilon}{(1+\epsilon/\epsilon_i)^4} \tag{9-4-12}$$

在上式中已用中性杂质浓度 N_n 代替了 $1/V$，并将$(\hbar \boldsymbol{k})^2$ 改写为 $2m\epsilon$. 参考式(9-1-19)，可将吸收系数写作

$$\begin{aligned}\alpha &= \frac{\pi\mu_0 ce^2}{V\eta m_0^2\omega}\frac{V}{(2\pi)^3}\int|\boldsymbol{e}\cdot\boldsymbol{p}_{fi}|^2\delta(\epsilon(\boldsymbol{k})+\epsilon_i-\hbar\omega)\,\mathrm{d}\boldsymbol{k}\\ &= \frac{2\pi\mu_0 ce^2}{3\eta m\omega}\int\frac{64\ (\pi a^{*3})N_n\epsilon}{(1+\epsilon/\epsilon_i)^4}g\ (\epsilon)\,\delta\ (\epsilon\ (\boldsymbol{k})+\epsilon_i-\hbar\omega)\,\mathrm{d}\epsilon\\ &= \frac{256\pi^2\mu_0 ce^2}{3\eta m\omega}\frac{(\pi a^{*3})N_n}{(1+\epsilon/\epsilon_i)^4}\left(\frac{2m}{\hbar^2}\right)^{3/2}(\hbar\omega-\epsilon_i)^{3/2}\end{aligned} \tag{9-4-13}$$

第二步考虑到$\boldsymbol{p}_{fi}$与入射光电矢量方向 $\boldsymbol{e}$ 的各种可能取向，取$|\boldsymbol{e}\cdot\boldsymbol{p}_{fi}|^2=|\boldsymbol{p}_{fi}|^2/3$.

和由价带向电离施主的跃迁不同的是，这里在跃迁的终态所涉及的导带电子及电离施主之间存在库仑相互作用. 就和激子效应对直接吸收边的影响相似，这里的库仑相互作用亦将对小 ϵ 范围内的吸收系数产生影响. 在此范围内，吸收系数将增加一因子 $2\pi(\epsilon_i/\epsilon)^{1/2}$(参看§9.3).

研究应力和磁场作用下吸收谱的变化对于认识杂质态的结构有重要作用.

§9.5 自由载流子吸收

自由载流子可以在宽阔的红外光谱区引起光吸收，如图 9.1 所示意. 引起吸收的可以是自由电子也可以是自由空穴. 但由于价带结构的特殊性，两者可以有不同的跃迁机制. 前者通常是带内跃迁引起的，是一种间接跃迁过程. 后者引起吸收的常常主要是带间跃迁，是一种直接跃迁. 上述两种吸收都可在红外波段的激光器中引起吸收耗损.

自由电子吸收及其经典图像

图 9.28 所示为 n-Ge 的 $\alpha-1/\lambda$ 关系[49]. 可见在 $\lg\alpha$ 与 $\lg\lambda$ 之间近似有线性关系，即有

$$\alpha \propto 1/\lambda^n \tag{9-5-1}$$

由短波到长波，即由高能量到低能量方向，吸收逐渐增强. 视样品中杂质含量的多少和入射光的波长不同，吸收系数可在大约 $1\sim10^3\,\mathrm{cm}^{-1}$之间变化. 在不同情形下，$n$ 值在 2 ~ 3.5 之间[50]. 在有些情形下 n 可小于 2.

自由载流子的上述吸收可以从经典图像得到理解. 与低频电场下载流子从电场吸收能量产生焦耳热相似，这里的光频电场也将驱动载流子作漂移运动，而作漂移运动的载流子要从电场吸收能量. 与低频情形不同的是，在光频情形下，载流子对电场能量的吸收将显著依赖于频率(或波长). 这是因为在 $1/\omega$ (~电场的变化周期) $\ll\tau$(动量弛豫时间)的高频情形下，载流子不可能建立和电场对应的稳定漂移速度，它们能够达到的漂移速度与电场的变化周期密切相关，相应的高频电流在相位上将滞后于电场. 显然，频率愈高，能够达到的漂移速度愈小，吸收愈弱.

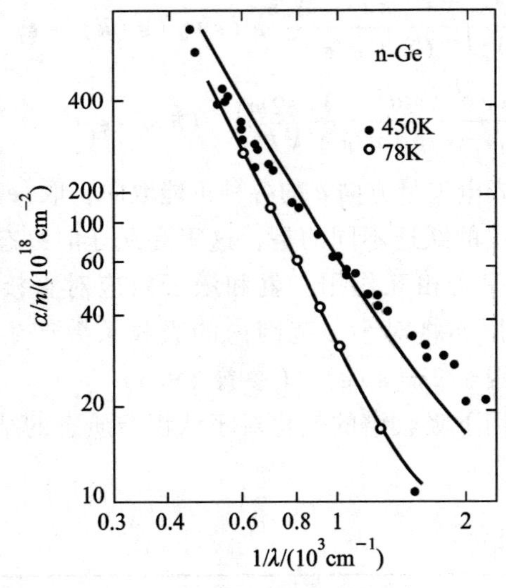

图 9.28 n – Ge 的自由载流子吸收

容易由弛豫时间近似玻耳兹曼方程得到高频电导，从而得到相应的吸收系数. 在 $\partial f/\partial t\neq0$ 的非稳定情形下，式(4 – A2 – 2)可改写作

$$\frac{\partial f}{\partial t}=-\frac{f-f_0}{\tau}+\left(\frac{\partial f}{\partial t}\right)_f \qquad (9-5-2)$$

这里$(\partial f/\partial t)_f$ 为外电场引起的分布概率的变化速率. 略去了与空间分布相联系的项 $-\boldsymbol{v}\cdot\nabla f$. 设电场 $E_x=\exp(\mathrm{i}\omega t)$，可得$\partial f/\partial t\propto \mathrm{i}\omega(f-f_0)$. 考虑到$(\partial f/\partial t)_f=-(\partial f/\partial k_x)eE_x/\hbar$，可得分布函数改变量 $\varphi=f-f_0$ 为

$$\varphi=\frac{eE_x}{\hbar}\left(\frac{\tau}{1+\mathrm{i}\omega\tau}\right)\frac{\partial f}{\partial k_x} \qquad (9-5-3)$$

与式(4 – 3 – 9)的稳态分布函数改变量相比，只是用 $\tau/(1+\mathrm{i}\omega\tau)$代替了 τ. 因

此我们可把高频电导率 $\sigma(\omega)$ 表示为

$$\sigma = \frac{ne^2}{m}\left(\frac{\tau}{1+\mathrm{i}\omega\tau}\right)$$

$$= \frac{\sigma_0}{(\tau)}\left[\left(\frac{\tau}{1+\omega^2\tau^2}\right) - \mathrm{i}\omega\left(\frac{\tau^2}{1+\omega^2\tau^2}\right)\right] \quad (9-5-4)$$

式中 σ_0 为低频电导率，$\sigma_0 = ne^2(\tau)/m$. 对于上述复电导率，电流与电场有不同相位. 只是电导率的实部引起吸收. 可以求得单位体积内载流子自电场吸收能量的速率为

$$\frac{\sigma_0}{(\tau)}\left(\frac{\tau}{1+\omega^2\tau^2}\right)\overline{E}_x^2 = \frac{\sigma_0}{2(\tau)}\left(\frac{\tau}{1+\omega^2\tau^2}\right)E_{0x}^2 \quad (9-5-5)$$

E_{0x} 为电场的幅值. 上式的能量吸收速率，应等于 $I\alpha$. I 为入射光的能量通量

$$I = \frac{\varepsilon_0 c\eta E_{0x}^2}{2} = \frac{\varepsilon\varepsilon_0 cE_{0x}^2}{2\eta} \quad (9-5-6)$$

在 $\omega^2\tau^2 >> 1$ 的高频下，可略去式(9-5-5)分母中的 1，于是得到

$$\alpha = \frac{\sigma_0}{c\eta\varepsilon_0\omega^2(\tau)}\left(\frac{1}{\tau}\right) = \frac{\eta\sigma_0}{4\pi^2c^3\varepsilon_0(\tau)}\left(\frac{1}{\tau}\right)\lambda^2 \quad (9-5-7)$$

$$= \frac{377}{\eta}\left(\frac{\sigma_0}{\Omega^{-1}\cdot\mathrm{cm}^{-1}}\right)\frac{1}{\omega^2(\tau)}\left(\frac{1}{\tau}\right) \quad [\mathrm{cm}^{-1}]$$

$\alpha\propto\lambda^2$ 关系称为 λ 平方律. 但如前面已介绍过的，在实验上有 $\alpha\propto\lambda^n$. n 虽在 2 上下，但并不总严格为 2.

对于 λ 平方律的偏离，可由量子力学的计算得到说明. 按照量子力学处理，n 值和散射载流子的机制有关. 在 $\hbar\omega << k_B T$ 长波极限下，确常有 $n=2$. 但在其它许多情形下，n 对于 2 都有所偏离. 曾就各种半导体的自由载流子吸收进行了研究.[51] 如果适当计入有关散射机制，正确选取和散射有关的量，通常能使实验结果和理论计算吻合.

带内自由载流子吸收的量子力学理论[52,53]

导带自由电子的光吸收是导带有关能谷内波矢 $\boldsymbol{k}$ 不同的电子状态之间的跃迁所引起. 由于光子动量很小，过程需要声子或杂质* 的协助，是类似于 §9.1 中介绍过的间接跃迁的过程，也是二级微扰过程. 只是这里的跃迁的每一步都在导带的同一个能谷中进行. 参考式(9-1-36)，将其中 i 改作 $\boldsymbol{k}$，f 改作 $\boldsymbol{k}'$，考虑到初态、终态都在同一带内，可将跃迁率写作

$$W_{kk'}^{\pm} = \frac{2\pi}{\hbar}\left|\frac{M_{k'k}^{S\pm}M_{k'k'}^{L} - M_{kk}^{L}M_{k'k}^{S\pm}}{\hbar\omega}\right|^2\delta(E(k') - E(k) - \hbar\omega \mp \hbar\omega_q)$$

---

* 对于这里的涉及波矢改变量不大的跃迁过程，库仑势总是有效的.

$$=\frac{2\pi}{\hbar}\frac{|M_{k'k}^{S\pm}|^2\ |M_{k'k'}^{L}-M_{kk}^{L}|^2}{(\hbar\omega)^2}\delta(E(k')-E(k)-\hbar\omega\mp\hbar\omega_q) \tag{9-5-8}$$

这里，$M_{k'k}^{S\pm}$对应于吸收和发射声子从$\boldsymbol{k}$态到$\boldsymbol{k}'$态的散射，$M_{k'k'}^{L}$和M_{kk}^{L}为光微扰矩阵元，分别对应于以$\boldsymbol{k}$态和$\boldsymbol{k}'$态为中间态的跃迁. $\hbar\omega_q$仍表示参与过程的声子能量. 以上我们设想的光跃迁过程是吸收光子的跃迁过程，但在光的作用下，还存在发射光子的带内跃迁过程：感应发射. 因此自由载流子的吸收是由感应吸收和感应发射这两部分构成的，吸收系数可写作

$$\alpha=\alpha_a^{+}+\alpha_a^{-}+\alpha_e^{+}+\alpha_e^{-} \tag{9-5-9}$$

a和e分别代表吸收和发射光子过程的贡献. 实际上，从$\boldsymbol{k}'$向$\boldsymbol{k}$发射光子的跃迁同样可用式(9-5-8)中的矩阵元描述. 参考式(9-1-19)，考虑到初态为$\boldsymbol{k}$的光吸收过程和它的占有概率$f(\boldsymbol{k})$有关，可将$\alpha_a^{\pm}$表示为

$$\begin{aligned}\alpha_a^{\pm}&=\frac{\pi\mu_0 ce^2}{V\eta\hbar^2 m_0^2\omega^2}\sum_{k',k}f(\boldsymbol{k})\,|\boldsymbol{e}\cdot\boldsymbol{p}_{k'k'}-\boldsymbol{e}\cdot\boldsymbol{p}_{kk}|^2\,|M_{k'k}^{S\pm}|^2\\&\quad\times\delta(E(\boldsymbol{k}')-E(\boldsymbol{k})-\hbar\omega\mp\hbar\omega_q)\\&=\frac{\pi\mu_0 ce^2}{3V\eta m^2\omega^2}\sum_{k',k}f(\boldsymbol{k})q^2\,|M_{k'k}^{S\pm}|^2\delta(E(\boldsymbol{k}')-E(\boldsymbol{k})-\hbar\omega\mp\hbar\omega_q)\end{aligned} \tag{9-5-10}$$

第二步采用了下式(参看式(9-4-11))

$$\frac{\boldsymbol{e}\cdot\boldsymbol{p}_{k'k'}-\boldsymbol{e}\cdot\boldsymbol{p}_{kk}}{m_0}=\frac{\hbar\boldsymbol{k}'-\hbar\boldsymbol{k}}{m}=\frac{\hbar\boldsymbol{q}}{m} \tag{9-5-11}$$

为得到各种散射情形下的α，计算过程相当繁杂，我们不作具体介绍. 这里只给出以下的主要结果.

对于**声学波形变势散射**，可得

$$\alpha=\frac{2^{5/2}\mu_0 ce^2 n\epsilon_d^2 m^{1/2}(k_BT)^{1/2}}{3\pi^{3/2}\eta\hbar^3 c_1\omega}\sinh\left(\frac{\hbar\omega}{2k_BT}\right)K_2\left(\frac{\hbar\omega}{2k_BT}\right) \tag{9-5-12}$$

式中K_2为修正贝塞尔函数*，n为电子浓度，ϵ_d为声学波形变势常量，c_1为纵弹性模量. 在$\hbar\omega\ll k_BT$的长波极限条件下，$\sinh(\hbar\omega/2k_BT)K_2(\hbar\omega/2k_BT)\approx\hbar\omega/k_BT$，可得到

$$\alpha=\frac{2^{5/2}\mu_0 ce^2 n\epsilon_d^2 m^{1/2}(k_BT)^{3/2}}{3\pi^{3/2}\eta\hbar^4 c_1\omega^2}\propto\lambda^2 \tag{9-5-13}$$

---

* 关于修正贝塞尔函数，可参看[52]附录B.

在$\hbar\omega >> k_B T$的情形下，可得

$$\alpha = \alpha_{cl}\left(\frac{\pi\hbar\omega}{8k_B T}\right)^{1/2} \propto \lambda^{1.5} \qquad (9-5-14)$$

式中α_{cl}由式(9-5-12)给出的经典极限.

对于声学波压电散射，可以得到

$$\alpha = \frac{2^{1/2}\mu_0 c e^4 n\kappa^2 (k_B T)^{1/2}}{3\pi^{3/2}\eta\hbar^2\varepsilon\varepsilon_0 m^{1/2}\omega^2}\sinh\left(\frac{\hbar\omega}{2k_B T}\right)K_1\left(\frac{\hbar\omega}{2k_B T}\right) \qquad (9-5-15)$$

式中κ^2压电耦合常量(参看§11.4). 在$z=\hbar\omega/k_B T << 1$的长波条件下，$\sinh zK_1(z)\approx 1$，可得$\alpha\propto\lambda^2$；当$z=\hbar\omega/k_B T >> 1$时，$\sinh zK_1(z)\approx(\pi k_B T/\hbar\omega)^{1/2}/2$，可得$\alpha\propto\lambda^{2.5}$.

对于光学波形变势散射，可得到α为

$$\alpha = \frac{2^{1/2}\mu_0 c e^2 n D^2 m^{1/2}[N_q(N_q+1)]^{1/2}}{3\pi^{3/2}\eta\hbar^4\rho\omega_0 (k_B T)^{1/2}\omega^2}\sinh\left(\frac{\hbar\omega}{2k_B T}\right) \times\left\{(\hbar\omega+\hbar\omega_0)^2 K_2\left(\frac{\hbar\omega+\hbar\omega_0}{2k_B T}\right)+(\hbar\omega-\hbar\omega_0)^2 K_2\left(\frac{|\hbar\omega-\hbar\omega_0|}{2k_B T}\right)\right\} \qquad (9-5-16)$$

式中D为光学波形变势常量，$\hbar\omega_0$为光学声子能量. 对于$\hbar\omega << \hbar\omega_0$的长波情形，也可得到$\alpha\propto\lambda^2$，在$\hbar\omega >> \hbar\omega_0$的情形下，可以得到$\alpha\propto\lambda^{1.5}$.

对于光学波极化势散射，可求得

$$\alpha = \frac{2\mu_0 c e^2 n\alpha_p\omega_0^{3/2}[N_q(N_q+1)]^{1/2}}{3\pi^{1/2}\eta\hbar^{1/2}m(k_B T)^{1/2}\omega^2}\sinh\left(\frac{\hbar\omega}{2k_B T}\right) \times\left\{(\hbar\omega+\hbar\omega_1)K_1\left(\frac{\hbar\omega+\hbar\omega_1}{2k_B T}\right)+|\hbar\omega-\hbar\omega_1|K_1\left(\frac{|\hbar\omega-\hbar\omega_1|}{2k_B T}\right)\right\} \qquad (9-5-17)$$

式中α_p为极性常量(参看§11.6)，$\hbar\omega_0$为极性光学声子能量. 对于$\hbar\omega << \hbar\omega_0$的长波情形，也可得到$\alpha\propto\lambda^2$. 在$\hbar\omega >> \hbar\omega_0$，$\hbar\omega >> k_B T$的短波极限情形下，可以得到$\alpha\propto\lambda^{1/2}$.

要指出的是：在低温下，由以上两式给出的和光学波散射相联系的$\alpha-\lambda$关系不是单调变化的. 在$\hbar\omega=\hbar\omega_0$处将会出现吸收峰值. 设想光子能量由小向大变化，由于低温下电子能量很低，在它们能从光子获得足够的能量发射一个光学声子时，吸收将会大大加强.

对于电离杂质散射，

$$\alpha = \frac{\mu_0 c e^2 Z^2 n N_I}{2^{1/2}3\pi^{3/2}\eta\hbar\varepsilon^2\varepsilon_0^2 m^{3/2}(k_B T)^{1/2}\omega^3}\sinh\left(\frac{\hbar\omega}{2k_B T}\right)K_0\left(\frac{\hbar\omega}{2k_B T}\right) \qquad (9-5-18)$$

式中 N_I 为电离杂质浓度. 在非补偿情形下，$n=N_I$，$\alpha\propto n^2$. 在$\hbar\omega>>k_BT$ 的短波极限下，$\sinh(\hbar\omega/2k_BT)K_0(\hbar\omega/2k_BT)\sim(\pi k_BT/\hbar\omega)^{1/2}/2$，$\alpha\propto\lambda^{3.5}$.

自由载流子带间跃迁引起的吸收

由于常见半导体中价带顶结构的复杂性，引起自由空穴的吸收是另一种类型的跃迁：在价带不同分支之间的直接跃迁. 图 9.29 所示为价带中有可能发生在红外的直接跃迁.

就像价带和导带间的带间直接跃迁的吸收相似，各价带之间的跃迁的吸收谱型也决定于两个价带之间的联合态密度，但还和相关价带中的空穴分布概率有关. 吸收系数有以下关系：

$$\alpha\propto f_{pf}g_{if}(\epsilon) \tag{9-5-19}$$

式中 f_{pf}代表终态的空穴占有概率，$g_{if}(\epsilon)$为初态和终态所在的两价带间的联合态密度，它在某一能量处应出现峰值. 对应于图 9.29 所示的三种类型的跃迁，应可存在三个吸收峰. 图 9.30 所示为由 p 型 Ge 得到的吸收曲线[54].

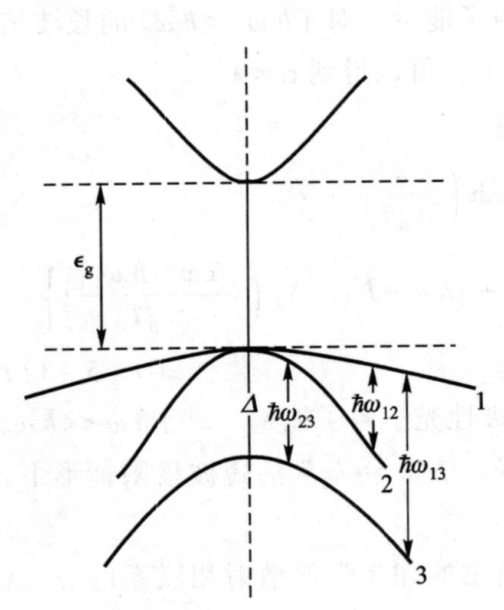

图 9.29 空穴在价带各子带之间的跃迁

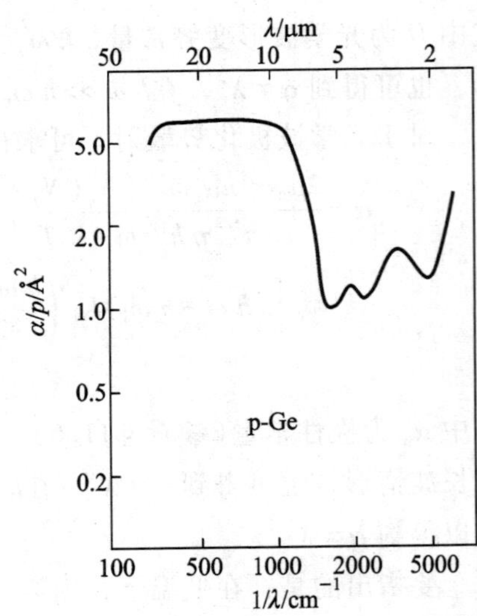

图 9.30 由 p 型 Ge 得到的吸收曲线

如果略去矩阵元随跃迁能量的变化，原则上应可从对吸收峰光谱形状的分析，得到相关价带中空穴的分布函数. 这是一种相当直接的得到分布函数的实验方法. 曾由对应图 9.29 中 1→3 跃迁的吸收峰得到重空穴的分布函数. 在热空穴的情形下，空穴分布的变化应同样可反映在吸收谱中.

在 p 型 GaAs 中也观察到了这种类型的吸收.[55] 只要自旋轨道耦合分裂 Δ 小于禁带宽度，这三个吸收峰应都能观察到. 但在 InAs 中只观察到了一个峰.[56]

在 n 型半导体中，子带间的直接跃迁引起的吸收只在很少数情形下，如 GaP，GaP 和 GaAs 间的混合晶体中观察到.[57,58] 图 9.31 中 n-型 GaP 的自由载流子的吸收谱中存在吸收峰. 其中的电子浓度为 $10^{18}\ \mathrm{cm}^{-3}$. 它被解释为因缺少反演对称性 X 极值附近解除简并所形成的两个带之间的直接跃迁所引起.[59] 对于 GaP 和 GaAs 间的混合晶体，视成分不同，该吸收峰在 0.43 eV 和 0.27 eV 之间变化.

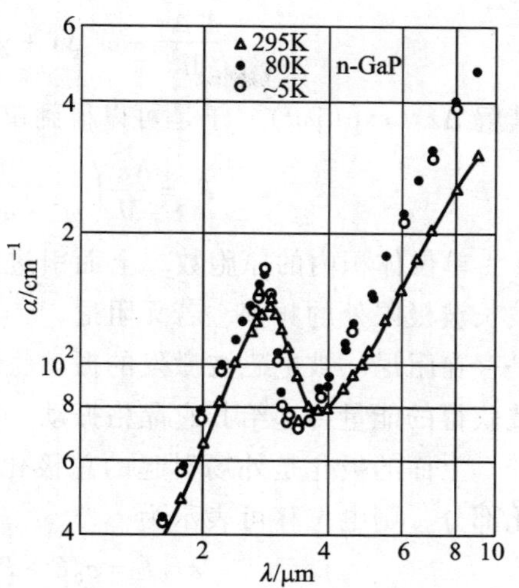

图 9.31 由 n 型 GaP 得到的自由载流子吸收曲线

§9.6 晶格吸收和反射

在离子性晶体中，光学波伴随有极化，因此在电磁波和光学波之间存在强的相互作用，适当波长的电磁波能够激发其中的光学波，事实上光学波的名称正是由此而来. 光学波的这种共振吸收将在此光谱区引起反常色散及强烈的反射带. 受到动量守恒和能量守恒的限制，引起吸收的主要是长波光学振动. 通过对反射谱的测量可以确定长光学横波和长光学纵波的频率，并由此可以得到有关的有效电荷或极性常量. 玻恩和黄昆全面处理了适合于此种情形的色散问题[60].

在下面简单讨论中，我们将把上述问题看作一个经典的极性谐振子在交变电场作用下作强迫阻尼振动的问题. 用 Δx 表示两种原子的相对移动，k 表示弹性恢复系数，γ 表示阻尼常量，则谐振子的运动由以下方程决定：

$$M\frac{\mathrm{d}^2\Delta x}{\mathrm{d}t^2}+k\Delta x+M\gamma\frac{\mathrm{d}\Delta x}{\mathrm{d}t}=eE_0\exp(\mathrm{i}\omega t) \qquad (9-6-1)$$

式中 $1/M=1/M_{\mathrm{A}}+1/M_{\mathrm{B}}$，为折合质量. 上面的方程对应于经典的洛伦兹振子模型. 将上式中的 k 表示为 $M\omega_{\mathrm{t}}^2$，则有

$$\frac{d^2\Delta x}{dt^2}+\omega_t^2\Delta x+\gamma\frac{d\Delta x}{dt}=\frac{eE_0}{M}\exp(i\omega t) \tag{9-6-2}$$

其解 $\Delta x\propto\exp(i\omega t)$．于是可以得到单位体积的离子极化 $P_i=Ne\Delta x$ 为

$$P_i=\frac{Ne^2}{M}\left(\frac{1}{\omega_t^2-\omega^2-i\gamma\omega}\right)E_0\exp(i\omega t) \tag{9-6-3}$$

N 为单位体积内的原胞数．上面引进的振子的固有频率 ω_t 实际上就是横光学波长波极限处的频率．若无阻尼，$\gamma=0$，则在 $\omega\to\omega_t$ 时，$P_i\to\infty$．但实际上总是存在阻尼．被电磁波激发的振动将通过和其它振动模式的相互作用将由电磁波获得的能量传递给其它晶格振动．阻尼将使 $\omega=\omega_t$ 时 P_i 只能取有限值．

上面的极化是外场引起的总极化中的离子极化部分．若用 P_e 表示电子极化部分，则电位移可表示为

$$\varepsilon\varepsilon_0E=\varepsilon_0E+P_i+P_e=\varepsilon_\infty\varepsilon_0E+P_i \tag{9-6-4}$$

离子极化涉及的原子运动惯性比电子的大得多，因此可以认为 ε_∞ 只包含电子极化的贡献．由以上两式可以得到

$$\varepsilon=\varepsilon_\infty+\frac{Ne^2}{M\varepsilon_0}\left(\frac{1}{\omega_t^2-\omega^2+i\omega\gamma}\right) \tag{9-6-5}$$

当 $\omega\to0$ 时（静态），可以得到 $\varepsilon-\varepsilon_\infty$ 为

$$\varepsilon-\varepsilon_\infty=\frac{Ne^2}{m\varepsilon_0\omega_t^2}=\varepsilon_\infty\left(\frac{\omega_1}{\omega_t}\right)^2-\varepsilon_\infty \tag{9-6-6}$$

第二步利用了 Lyddane-Sachs-Teller 关系：$(\varepsilon/\varepsilon_\infty)^{1/2}=\omega_1/\omega_t$（参看§11.6）．于是式(9-6-4)又可表示为

$$\begin{aligned}\varepsilon&=\varepsilon_\infty\left(1+\frac{(\omega_1/\omega_t)^2-1}{1-(\omega/\omega_t)^2+i\omega\gamma/\omega_t^2}\right)\\&=\varepsilon_\infty\left(\frac{\omega_1^2-\omega^2+i\omega\gamma}{\omega_t^2-\omega^2+i\omega\gamma}\right)\end{aligned} \tag{9-6-7}$$

我们将在上式基础上来讨论反射．对于垂直入射，反射率 r_∞ 可表示为

$$r_\infty=\left|\frac{\eta-1}{\eta+1}\right|=\left|\frac{\varepsilon^{1/2}-1}{\varepsilon^{1/2}+1}\right| \tag{9-6-8}$$

考虑一种简单的极限情形，阻尼 $\gamma=0$．这时 ε 约化为

$$\varepsilon=\varepsilon_\infty\frac{\omega_1^2-\omega^2}{\omega_t^2-\omega^2} \tag{9-6-9}$$

由式(9-6-9)容易看出当 ε 为 ∞，0 及负数时（$\varepsilon^{1/2}$ 为虚数），r_∞ 为 1，当 ω 为 ω_t，ω_1 及在 ω_t 和 ω_1 之间时，分别对应上述三种情形，即有 $r_\infty=1$．另一方面，当 $\varepsilon=1$ 时，反射率将下降为零．由上式可得这时的角频率 ω 为 $\omega/\omega_t=[(\varepsilon_\infty\omega_1^2/\omega_t^2)-1]^{1/2}/(\varepsilon_\infty-1)^{1/2}$．这种情况如图 9.32 所示．当 γ 不为零时，

曲线形状有所变化，但仍保留其基本特征，即仍存在一宽反射带．图中曲线 2 和 3 分别对应于 $\gamma/\omega_t = 0.05$ 和 0.1 的情形．图 9.33 给出了几种Ⅲ－Ⅴ化合物的晶格反射谱[61]．注意该图的横坐标为波长 λ，图 9.32 中的是 ω/ω_t．可以看出两者定性上是一致的．

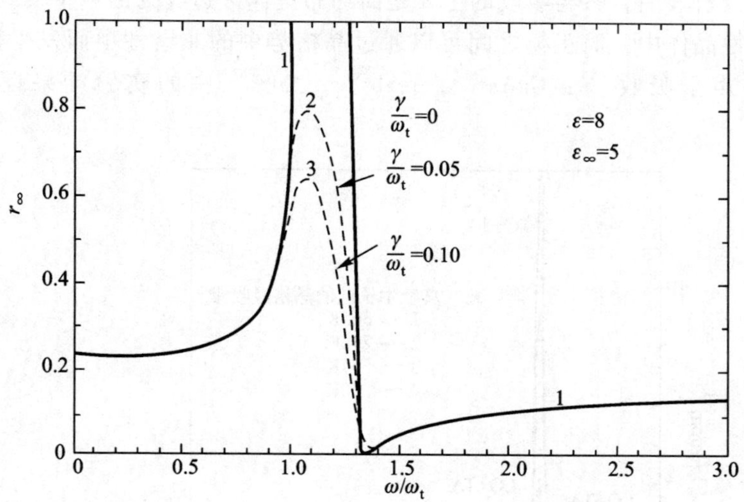

图 9.32　极性晶体的理论反射曲线．不同曲线对应于不同阻尼系数 γ

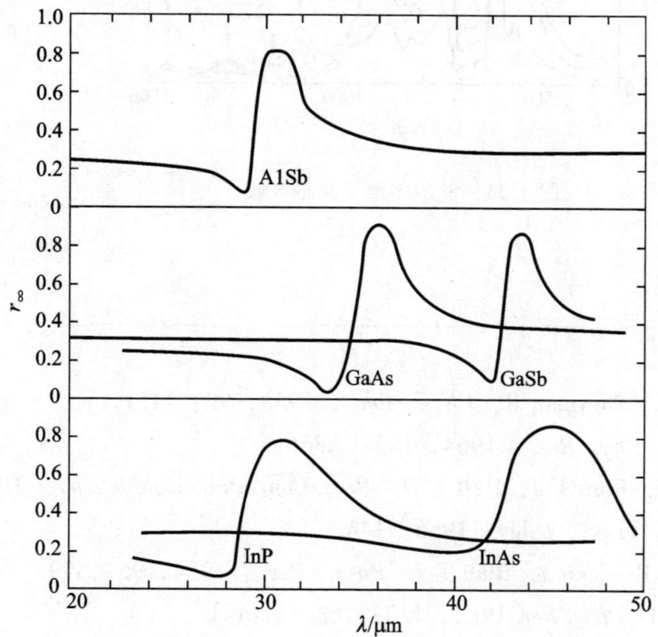

图 9.33　几种Ⅲ－Ⅴ化合物的晶格反射谱

在同极性晶体中，光学波并不表现出一级电矩．但 Lax 和 Burstein 指出[62]，通过高级电矩的作用，可以出现多声子的组合吸收带．Johnson 对 Si 的红外吸收谱的分析证明了这一点[63]．Johnson 的结果示于图 9.34．这些组合吸收带很弱，不能从反射谱中察觉它们的存在．这种吸收过程同样要受到动量守恒的限制，分析表明，参与吸收的主要是简约布里渊区边界处的声子模．

在离子性晶体中，简正模之间可以通过晶格势中的非谐性项而发生耦合，从而引起多声子吸收[64]，GaAs[65]，InSb[66]，CdS[67] 中的实验结果证实了这一点．

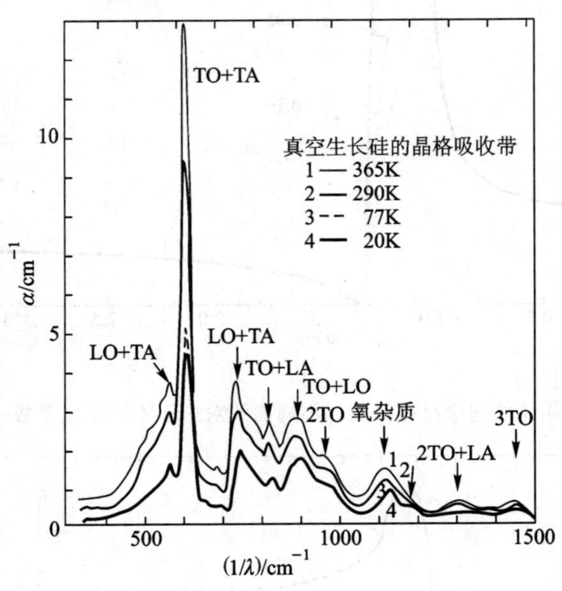

图 9.34 Si 的多声子晶格吸收

第 9 章参考文献

[1] Dash W C, Newman R. *Phys. Rev.*, 1955, 99: 1151.
Hill D E. *Phys. Rev.*, 1964, 133: A866.

[2] Bradeen J, Blatt F J, Hall L H. *Proc. Conf. Photoconductivity, Atlantic City* 1954. New York: Wiley, 1956: 146.
Hall L H. Bradeen J, Blatt F J. *Phys. Rev.*, 1954, 95: 559.

[3] Sturge M D. *Phys. Rev.* 1962, 127: 768. [GaAs]
Macfarlane G G, Mclean T P, Quarrington J E, et al. *Phys. Rev.*, 1957,

108：1377.［Ge］

［4］ Mclean T P. *Progress in Semiconductors*，Vol. 5. Ed. by Burgess R E，Kröger F A. London：Heywood and Company Ltd，1960：53.

［5］ Macfarlane G G，Melean T P，Quarrington J E，et al. *Phys. Rev.*，1958，111：1245.

［6］ Gershenzon M，Thomas D G，Dietz R E. *Proc. Int. Conf. Phys. Semicond.*，*Exeter* 1962. London：The Institute of Physics and the Physical Society，1962：752.

［7］ Schiff L I. *Quantum Mechanics*. New York：McGraw－Hill，1968.
席夫．量子力学．李淑娴，陈崇光译．北京：人民教育出版社，1981：462.

［8］ Wilson A H. *The Theory of Metals*. London：Combridge Univ. Press，1954：46.

［9］ Johnson E J. *Semiconductor and Semimetals*，Vol. 3. Ed. by Willarson R K，Berr A C. New York：Academic Press，1967：153.

［10］ Kane E O. *J. Phys. Chem. Solids*，1957，1：249.

［11］ Smith R A. *Wave Mechanics of Crystalline Solids*. London：Chapman and Hall，1961：444.
Riddley B K. *Quantum Processes in Semiconductors*. Oxford：Clarendon Press，1982：209，213.

［12］ Lax M，Hopfield J J. *Phys. Rev.*，1961，124：115.

［13］ Burstein E. *Phys. Rev.*，1954，93：632.
Tanenbaum M，Briggs H. *Phys. Rev.*，1953，91：1561.
Moss T S. *Proc. Phys. Soc. B*，1954，67：775.

［14］ Kaiser W，Fan H Y. *Phys. Rev.*，1955，98：966.

［15］ Hrostowski H J，Wheatley G H，Flood W F. *Phys. Rev.*，1954，95：1683.

［16］ Breckenridge R G，Blunt R F，Hosler W R，et al. *Phys. Rev.*，1954，96：571.

［17］ Shur M S. *Phys. Letters*，1969，29A：490.

［18］ Greenaway D L，Harbake G. *Optical Properties and Band Structure of Semiconductors*. New York：Pergamon，1968.

［19］ Lavilla R E，Mendlowitz H. *J. Appl. Phys.*，1969，40：3297.

［20］ Stern F. *Solid State Physics*，Vol. 15. Ed. by Sietz F，Turnbull D. New York：Academic Press，Inc.，1963.

［21］ de Kronig L. *J. Opt. Soc. Am.*，1926，12：547.

[22] Anselm A. *Introduction to Semiconductor Theory*. Moscow: MIR Publishers, 1981.

[23] Phillips J C. *Phys. Rev.*, 1958, 112: 685.

[24] Van Hove L. *Phys. Rev.*, 1953, 92: 1189.

[25] Phillips J C. *Phys. Rev.*, 1956, 104: 1263.

[26] Landsberg P T. *Handbook on Semiconductors*, Vol. 1. Series editor: Moss T S, Volume editor: Paul W. Amsterdam: North-Holland, 1982: 359.

[27] Marple D T F, Ehrereich H. *Phys. Rev. Letters*, 1962, 8: 87.

[28] Brust D, Phillips J C, Bassani F. *Phys. Rev. Letters*, 1962, 9: 94.

[29] Serapin B O, Hess R B. *Phys. Rev. Lett.*, 1965, 14: 138.

[30] Seraphin B O. *Optical Properties of Solids*. Ed. by Abeles. London: North-Holland Publishing Company, Amsterdam. 1972: 163.

[31] Franz W. *Z. Naturforsch*. 1968, 13a: 484.

[32] Keldysh L V. *Sov. Phys. IETP*, 1958, 7: 788.

[33] Frenkel J. *Phys. Rev.*, 1931, 37: 17; *Phys. Rev.*, 1931, 37: 1276; *Soviet Phys.*, 1936, 9: 158.

[34] Peierls R E. *Ann. Physik*, 1932, 13(5): 903.

[35] Wannier G H. *Phys. Rev.*, 1936, 52: 191.

[36] Dresselhaus G. *J. Phys. Chem. Solids*, 1956, 1: 14.

[37] Gross E F, Karryev N A, *C. R. Acad. Sci. U. R. S. S.* 1952, 84: 261; 1952, 84: 471.

[38] Elliott R J. *Phys. Rev.*, 1957, 108: 1384.

[39] Baldereschi A, Lipari C. *Phys. Rev. B*, 1971, 3: 439.

[40] Nikitine S, Bielmann J, Deiss J L, et al. *Proc. Int. Conf. Phys. of Semiconductors*, *Exeter* 1962. London: The Institute of Physics and the Physical Society, 1962.

[41] Weisbuch C. *Ph. D. Thesic*. 1977. 转引自 Ridley B K. *Quantum Processes in Semiconductors*. Oxford: Clarendon Press, 1982.

[42] Ъир и Г Г Л, ПикусН. *Симметря боформаъные еффектвт иолуировобнке*. Москва: Наука, 1972: 547 – 548.

[43] Altarelli M, Lipari N O. *Proc.* 13*th Int. Conf. on the Physics of Semiconductors*. North-Holland, Amsterdam: Tipographia Marves, 1986: 811.

[44] Johnson E J, Fan H Y. *Phys. Rev.*, 1965, 139: A1991.

[45] Hrostowski H J, Kaiser R H. *Bull. Am. Phys. Soc.*, 1957, 2(2): 66.

[46] Kohn W. *Solid State Physics*, Vol. 5. Ed. by Seitz F, Turnbull D. New York:

Academic Press, 1957: 257.

[47] Baranowski J M, Grynberg M, Porowski S. *Handbook on Semiconductors*, Vol. 1. Series editor: Moss T S, Volume editor: Paul W. Amsterdam: North-Holland, 1982: 323.

[48] Fan H Y, Fisher P. *J. Phys. Chem. Solds*, 1959, 8: 270.

[49] Fan H Y, Spitzer W, Collins R J. *Phys. Rev.*, 1956, 101: 556.

[50] Fan H Y. *Semiconductors and Semimetals*, Vol. 13. Ed. by Willardson R K, Beer A C. New York: Academic Press, 1967: 409.

[51] InSb: Kessler F R, Sutler E. *Z. Naturforsch*, 1961, 169: 1173.
Spitzer W G, Fan H Y. *Phys. Rev.*, 1957, 106: 882.
Haga E, Kimura H. *J. Phys. Soc. Jpn.*, 1963, 18: 377.
Ge: Pankove J I. *Progress in Semiconductors*, 1965, 9: 47.
GaAs: Osamura K, Murakami Y. *Jpn. J. Appl. Phys.*, 1972, 11: 365.
Spitzer W G, Whelan J M. *Phys. Rev.*, 1959, 114: 59.
InP: Dumke W P, Lorenz M R, Pittit G D. *Phys Rev. B*, 1970, 1: 4668.
InAs: Culpepper R M, Dixon J R. *J. Opt. Soc. Am.*, 1968, 19: 96.
GaP: Wiley J D, DiDomenico M, *Jr. Phys. Rev. B*, 1970, 1: 1655.
Spitzer W G, Gershenzon M, Frosch C J, et al. *J. Phys. Chem. Solids*, 1959, 11: 339.
AlSb: Turner W J, Reese W E. *Phys. Rev.*, 1960, 117: 1003.

[52] Seeger K. *Semiconductor Physics.* Wien New York: Springer - Verlag, 1973. 中译本，徐乐，钱建业译. 北京：人民教育出版社，1980.

[53] Ridley B K. *Quantum Processes in Semiconductors.* Oxford: Clarendon Press, 1982: 217.

[54] Kaiser W, Collins R J, Fan H Y. *Phys. Rev.*, 1953, 91: 1380.

[55] Braunstain R. *J. Phys. Chem. Solids.* 1959, 8: 280.

[56] Stern F, Talley R M. *Phys. Rev.*, 1957, 108: 158.

[57] Spitzer W G, Gershenzon M, Frosch C J, Gibbs D F. *J. Phys. Chem. Solids*, 1959, 11: 339.

[58] Allen J W, Hodby J W. *Proc. Phys. Soc.* (*London*), 1963, 82: 315.

[59] Paul W. *J. Appl. Phys.*, 1961, 32: 2082.

[60] Born M, Kun Huang. *Dynamycal Theory of Crystal Lattices.* Oxford: Oxford Press, 1954.

[61] Picus G, Burtein E, Henvis B W, et al. *J. Phys. Chem. Solids*, 1959, 8: 282.

[62] Lax M, Burstein E. *Phys. Rev.*, 1955, 97: 39.

[63] Johnson F A. *Proc. Phys. Soc.* (*London*), 1959, 73: 265.

[64] Born M, Blackman M. *Z. Physic*, 1933, 82: 551.

[65] Spitzer W G, Kleiman D A. *Phys. Rev.*, 1960, 118: 110.

[66] Fray S J, Johnson F A, Jones R H. *Proc. Phys. Soc.* (*London*), 1960, 76: 939.

[67] Balkanski M, Besson J M. *J. Appl. Phys.*, 1961, 32: 2292.
Balkanski M. *Optical Properties of Solids*. Ed. by Abeles F. London: North-holland Publishing Co., Amsterdam, 1972: 529.

第 10 章 半导体中的发光现象

这一章限于讨论和电子跃迁相联系的发光过程. 光发射是光吸收的逆过程. 在光吸收过程中，处于低能态的电子吸收一个适当的光子跃迁到高能态；而在光发射过程中，处于高能态的电子发射一个适当的光子跃迁到低能态. 原则上说，任何光吸收过程都有相应的光发射过程. 在平衡的半导体中，存在着热辐射. 在其中不断进行着光吸收和相应的光发射，但两者保持平衡. 与此相应，晶体中的黑体辐射密度和载流子浓度都保持不变. 但当晶体中存在超过平衡的过剩的电子空穴时，它们的复合会产生额外的辐射. 这些额外的辐射有可能发射到晶体以外. 这就是我们要讨论的发光现象.

发光现象的研究一直是关于半导体的研究的一个重要方面. 20 世纪 60 年代以来它已发展成为关于半导体的基本研究的一个重要手段. 对于研究杂质电子态和与激子有关的现象来说，这种手段尤其有效. 发光光谱已经成为检验半导体材料质量的重要手段. 关于发光现象的研究还直接推动了发光二极管和半导体激光器的发展. 对于微结构来说，发光光谱甚至更为重要. 因为对于有些微结构吸收光谱和反射光谱都是无能为力的.

§10.1 自发发射和受激发射

对应于电子在两个能态间的向下跃迁，存在两种发光过程：自发发射和受激发射.

自发发射：对于具有上、下两个能级 E_2 和 E_1 的发光中心组成的系统，处于上能级 E_2 上的电子，无需借助外来电磁波的刺激，有一定的概率“自发地”跃迁到下能级 E_1，同时发射能量为 $\hbar\omega_{21}=E_2-E_1$ 的光子. 电子处于上能级 E_2 的诸发光中心的自发发射各自独立地进行. 所发射的光子没有固定的传播方向和偏振，也不存在固定的相位关系.

受激发射：在能量为$\hbar\omega_{21}=E_2-E_1$的入射光子的刺激下，电子由E_2跃迁到E_1，所发射的光子与入射光子有相同的频率、传播方向、偏振和相位.

自发发射、(受激)吸收和受激发射

这里，我们关注的是，自发发射、(受激)吸收和受激发射之间的关系. 自发发射系数可以通过计算受激发射或吸收求得. 我们将在热平衡条件下导出上述关系. 在此情形下，任两个能级E_2和E_1之间的自发发射和受激发射的之和应该和吸收互相抵消.

若用$g_{ph}^{\alpha}(\hbar\omega)$表示晶体中能量为$\hbar\omega$、偏振为$\alpha$的光子模的态密度，用$N_{ph}$来表示能量为$\hbar\omega$的光子模中的光子数，则可将在角元$d\Omega$内传播，偏振为$\alpha$，能量在$\hbar\omega$和$\hbar\omega+d(\hbar\omega)$之间的光子密度表示为$g_{ph}^{\alpha}(\hbar\omega)N_{ph}d\Omega d(\hbar\omega)/4\pi$. 能量为$\hbar\omega_{21}=E_2-E_1$，在立体角元$d\Omega$内传播，偏振为$\alpha$的光使电子在状态对$E_2$和$E_1$之间因受激发射和(受激)吸收发生的跃迁的微分跃迁率dW_{st}^{α}和dW_{a}^{α}正比于$g_{ph}^{\alpha}(\hbar\omega_{21})N_{ph}/4\pi$. 用$f_1$和$f_2$表示能级$E_1$和$E_2$上的分布概率，可将$dW_{st}^{\alpha}$和$dW_{a}^{\alpha}$表示为

$$dW_{st}^{\alpha}=B_{21}^{\alpha}\frac{g_{ph}^{\alpha}(\hbar\omega_{21})N_{ph}}{4\pi}f_2(1-f_1)d\Omega \tag{10-1-1}$$

$$dW_{a}^{\alpha}=B_{12}^{\alpha}\frac{g_{ph}^{\alpha}(\hbar\omega_{21})N_{ph}}{4\pi}f_1(1-f_2)d\Omega \tag{10-1-2}$$

相应的微分自发发射率dW_{sp}^{α}则可表示为：

$$dW_{sp}^{\alpha}=A_{21}^{\alpha}f_2(1-f_1)d\Omega \tag{10-1-3}$$

自发发射率和相应的光子的密度无关. B_{21}，B_{12}，A_{21}称为爱因斯坦系数. A_{21}具有时间倒数的量纲.

对于普通晶体，我们很容易由光子的波矢空间的状态密度得到按能量分布的光子态密度$g_{ph}^{\alpha}(\hbar\omega)$. 不同的光子态可用不同的光子波矢$\boldsymbol{k}_L$来表征. 在有限的晶体中，就像电子的波矢会受到限制一样，光子的波矢也会受到限制. 用η表示折射率. 在单位体积的晶体中，波矢在k_L和k_L+dk_L之间，偏振为α的光子态的数目为$4\pi k_L^2dk_L/(2\pi)^3=\omega^2\eta^3d(\hbar\omega)/2\pi^2\hbar c^3$. 于是偏振为$\alpha$的光子的态密度为：

$$g_{ph}^{\alpha}(\hbar\omega)=\frac{\eta^3\omega^2}{2\pi^2c^3\hbar} \tag{10-1-4}$$

若计入两种偏振，上式还要乘以2. 在普通晶体中，$g_{ph}^{\alpha}(\hbar\omega)$随光子能量$\hbar\omega$是连续分布的，即原则上任何能量的光子都可以在晶体中存在. 但在实际有限的

晶体中，光子模的数量是有限的. 按照上式，不考虑偏振，在能量$\hbar\omega/2\pi$的范围内，共有光子模的数量为$\eta^3\omega^3/\pi^3c^3=(2\eta/\lambda)^3$，$\lambda$为真空波长. 即每个光子模对应于$(\lambda/2\eta)^3$的晶体体积.（因此,在线度为$\lambda/2\eta$光场空间内,只会包含为数很少的光子模.这和宏观的三维晶体的情形很不相同.）

考虑到吸收和发射之间的平衡，即$\mathrm{d}W_{\mathrm{a}}^{\alpha}=\mathrm{d}W_{\mathrm{st}}^{\alpha}+\mathrm{d}W_{\mathrm{sp}}^{\alpha}$，可由式(10-1-1)~(10-1-3)得到

$$\frac{g_{\mathrm{ph}}^{\alpha}(\hbar\omega_{21})N_{\mathrm{ph}}(\hbar\omega_{21})}{4\pi}=\frac{A_{21}^{\alpha}}{B_{21}^{\alpha}}\frac{1}{\dfrac{f_1(1-f_2)B_{12}^{\alpha}}{f_2(1-f_1)B_{21}^{\alpha}}-1}\tag{10-1-5}$$

容易利用关于电子的费米分布得到

$$\frac{f_1(1-f_2)}{f_2(1-f_1)}=\exp\left(\frac{\hbar\omega_{21}}{k_{\mathrm{B}}T}\right)\tag{10-1-6}$$

N_{ph}可用玻色分布代替

$$N_{\mathrm{ph}}=\frac{1}{\exp\left(\dfrac{\hbar\omega_{21}}{k_{\mathrm{B}}T}\right)-1}\tag{10-1-7}$$

于是，式(10-1-5)可化为

$$\frac{g_{\mathrm{ph}}^{\alpha}(\hbar\omega_{21})}{4\pi}\frac{1}{\exp\left(\dfrac{\hbar\omega_{21}}{k_{\mathrm{B}}T}\right)-1}=\frac{A_{21}^{\alpha}}{B_{21}^{\alpha}}\frac{1}{\dfrac{B_{12}^{\alpha}}{B_{21}^{\alpha}}\exp\left(\dfrac{\hbar\omega_{21}}{k_{\mathrm{B}}T}\right)-1}\tag{10-1-8}$$

于是，通过对比可得：

$$B_{12}^{\alpha}=B_{21}^{\alpha}\tag{10-1-9}$$

$$A_{21}^{\alpha}=\frac{g_{\mathrm{ph}}^{\alpha}(\hbar\omega_{21})}{4\pi}B_{21}^{\alpha}=\frac{\eta^3\omega_{21}^2}{8\pi^3c^3\hbar}B_{21}^{\alpha}\tag{10-1-10}$$

可见，虽然自发发射和周围存在的辐射强度无关，但**自发发射的系数A_{21}^{α}和相应的光子态的密度$g_{\mathrm{ph}}^{\alpha}(\hbar\omega_{21})$相联系**. 因此，可以通过改变光子的态密度的谱来改变自发发射系数. 以上两式还说明，一旦B_{21}^{α}或B_{12}^{α}已知，则可由B_{21}^{α}或B_{12}^{α}求得A_{21}^{α}.

由于$B_{12}^{\alpha}=B_{21}^{\alpha}$，受激发射$\mathrm{d}W_{\mathrm{st}}^{\alpha}$和吸收$\mathrm{d}W_{\mathrm{a}}^{\alpha}$的比值为

$$\frac{\mathrm{d}W_{\mathrm{st}}^{\alpha}}{\mathrm{d}W_{\mathrm{a}}^{\alpha}}=\frac{f_2(1-f_1)}{f_1(1-f_2)}=\exp\left(-\frac{\hbar\omega_{21}}{k_{\mathrm{B}}T}\right)\tag{10-1-11}$$

对于$\hbar\omega_{21}=E_2-E_1$为约1 eV的情形，在室温下，该比值为1.6×10^{-17}. 可见，在平衡条件下，和吸收相比，受激发射小得完全可以忽略不计. 只有人为地使f_2大于f_1，即形成所谓**反转分布**时，相应的受激发射才会超过吸收，从而可以

形成光增益.

另一方面，受激发射 dW_{st}^{α} 和自发发射 dW_{sp}^{α} 的比值为

$$\frac{dW_{st}^{\alpha}}{dW_{sp}^{\alpha}}=N_{ph}(\hbar\omega_{21}) \tag{10-1-12}$$

在平衡条件下，$N_{ph}(\hbar\omega_{21})$ 由式(10－1－8)给出. 在室温下，$\hbar\omega_{21}>>k_BT$，可用 $\exp(-\hbar\omega_{21}/k_BT)$ 来近似，它是非常小的. 可见，一般条件下的光发射，如发光二极管的光发射，为自发发射. 只有当人为地使 $N_{ph}(\hbar\omega_{21})$ 大于1时，也就是使有关光子模形成高的光子密度时，相应的光子模的受激发射 dW_{st}^{α} 才会超过自发发射 dW_{sp}^{α}.

自发发射的跃迁率

由于受激发射和自发发射之间通过式(10－1－12)的联系，下面我们通过计算由有两个分立能级 E_2 向 E_1 间的受激发射的跃迁率来得到自发发射率. 它也等于在同样的电磁辐射作用下由 E_1 向 E_2 的跃迁率. 它可表示为(参看式(9－1－10)～(9－1－16))：

$$\begin{aligned}W_{12}&=\frac{2\pi}{\hbar}|M_{21}|^2\delta(E_2-E_1-\hbar\omega)\\&=\frac{\pi\mu_0c^2e^2N_\omega}{\eta^2m_0^2\omega}|\boldsymbol{e}\cdot\boldsymbol{p}_{21}|^2\delta(\hbar\omega_{21}-\hbar\omega)\end{aligned} \tag{10-1-13}$$

N_ω 代表单位体积内能量为 $\hbar\omega$ 的光子数，$\boldsymbol{p}_{21}$ 由下式给出：

$$\boldsymbol{p}_{21}=\int\psi_2^*(\boldsymbol{x})\boldsymbol{p}\psi_1(\boldsymbol{x})\mathrm{d}\boldsymbol{x} \tag{10-1-14}$$

式中 $\boldsymbol{p}$ 为动量算符. 对于两个分立能级 E_1 和 E_2 之间的跃迁，只有当辐射的频率为准连续分布时才能得到有限的跃迁率. 对于在 $d\Omega$ 内传播的能量不同的各光子模积分，可得 dW_a^{α} 为

$$\begin{aligned}dW_a^{\alpha}&=\int\frac{\pi\mu_0c^2e^2}{\eta^2m_0^2\omega}|\boldsymbol{e}\cdot\boldsymbol{p}_{21}|^2\delta(\hbar\omega_{21}-\hbar\omega)\frac{g_{ph}^{\alpha}(\hbar\omega)N_{ph}(\hbar\omega)}{4\pi}d(\hbar\omega)d\Omega\\&=\frac{\pi\mu_0c^2e^2}{\eta^2m_0^2\omega_{21}}|\boldsymbol{e}\cdot\boldsymbol{p}_{21}|^2\frac{g_{ph}^{\alpha}(\hbar\omega_{21})N_{ph}(\hbar\omega_{21})}{4\pi}d\Omega\end{aligned} \tag{10-1-15}$$

和吸收及受激发射相比，自发发射与光子数无关. 可将微分自发发射率 dW_{sp}^{α} 写作

$$dW_{sp}^{\alpha}=\frac{\pi\mu_0c^2e^2}{\eta^2m_0^2\omega_{21}}|\boldsymbol{e}\cdot\boldsymbol{p}_{21}|^2\frac{g_{ph}^{\alpha}(\hbar\omega_{21})}{4\pi}d\Omega \tag{10-1-16}$$

和式(10－1－3)对比，可将爱因斯坦系数 A_{21} 写作

$$A_{21}=\frac{\mu_0c^2e^2}{4\eta^2m_0^2\omega_{21}}|\boldsymbol{e}\cdot\boldsymbol{p}_{21}|^2g_{ph}^{\alpha}(\hbar\omega_{21}) \tag{10-1-17}$$

若将 $|\boldsymbol{e}\cdot\boldsymbol{p}_{21}|^2$ 对各种传播方向和偏振求平均，然后对两种偏振求和并对 $\mathrm{d}\Omega$ 积分，则可得 E_1 和 E_2 之间的自发发射率为：

$$W_{\mathrm{sp}}=\frac{\pi\mu_0c^2e^2}{\eta^2m_0^2\omega_{21}}|\boldsymbol{e}\cdot\boldsymbol{p}_{21}|^2 2g_{\mathrm{ph}}^{\alpha}(\hbar\omega_{21})$$
$$=\frac{\mu_0e^2\eta\omega_{21}}{\pi m_0^2\hbar c}|\boldsymbol{e}\cdot\boldsymbol{p}_{21}|_{\mathrm{AV}}^2 \qquad (10-1-18)$$

第二步利用了式(10－1－4)的 $g_{\mathrm{ph}}^{\alpha}(\hbar\omega)$.

微腔结构和光学超晶格

虽然人们可能习惯于认为自发发射是物质（如原子、分子、微结构）本身的性质，但式(10－1－18)却说明，自发发射的行为和发光体所处的环境所包含的光子模的分布有关. 实际上，自发发射是发光体和涨落的光场相互作用的结果，和真空及普通光学介质相比，在微腔结构和光子晶体中，光子态的频谱会发生显著改变. 相应地，置于其中的发光体的自发发射性质可发生显著改变. 这正是在这里讨论微腔结构和光子晶体的原因.

我们要提到微腔结构和光子晶体还因为它们和半导体技术之间有相当密切的关系. 这不仅因为介电常量较大的半导体材料和成熟的半导体加工技术都适合于用来制造微腔结构和光子晶体，而且因为微腔结构和光子晶体可用来改善光电子器件的性能. 较早就有人设想，利用光子晶体，把半导体激光器中的自发辐射限制在光子带隙内，以压缩自发发射引起的结电流，从而使激光器的阈电流得到降低.[1]

光学微腔是一种品质因子较高、共振波长为光子波长量级的光学共振腔. 例如，可以是由两个反射面构成的法布里－珀罗共振腔. 腔的厚度决定所谓“腔模”，这是指一个能穿透微腔和在其中形成驻波的波长. 类似于量子阱，当腔的厚度小到光的共振波长量级时，光子模能量的分立性质就会明显表现出来. 对于可见光，腔的尺寸通常只有 μm 量级. 微腔可形成如下的透射谱：很宽的波长范围的光被反射，只有近乎单一的波长能穿透. 图 10.1(a)所示为一个由分布布拉格反射器* 构成的高性能微腔的反射特性[3]. 点线为由实验得到.

就结构而言，有柱状微腔和碟状微腔，也可称为微柱(Micropillar)和微碟(Microdisk)等. 它们的具体结构可参看 §10.6.

---

* 分布布拉格反射器是由交替的低折射率和高折射率的介质层构成的高质量的反射器. GaAs、AlGaAs 适合用于分布布拉格反射器，不仅因为它们之间较好的晶格匹配，而且 GaAs、AlAs 间较大的折射率差值有利于减小形成反射器所需要的层数. 反射器的反射谱可以通过计算得到[2]

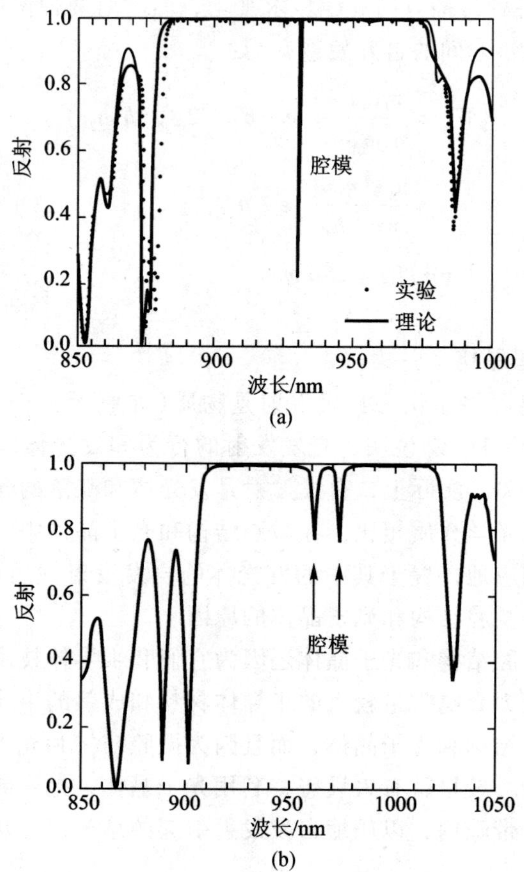

图 10.1 微腔的透射性质示意图(a)为单腔，(b)耦合的双腔

在微腔中，发光体的自发发射率和光学行为会发生改变，称为 Purcell 效应.[4]特别是在高品质的微腔中，还可以观察到光的量子效应. 微腔在光电子器件中有不少应用[5]. 最为人们所熟知的是垂直腔表面发射激光器(VCSEL)[6](参看 §10.5). 在这种激光器中非共振波长的自发发射被压缩，从而可以显著降低阈值电流. 近来通过把量子点置于微腔之中，实现了高质量的单光子源[7]. 目前，和微腔和量子点相关的研究活动十分活跃. *

光子晶体则是一类在光学尺度上介电性质周期性变化的结构. 图 10.1(b)为由耦合的双微腔得到的透射谱[9]. 这里得到了双模. 可见，微腔和光学超晶格

---

* 利用光学微腔控制自发发射光谱的空间和时间的特性构成了一个十分引人的科学领域[8]特别是当腔模和约束于其中的介质的共振能量(如原子和分子中的跃迁能量)重合时的所谓“强耦合”范围已扩展成一个内容丰富的、基本理论和应用研究的领域(参看 §10.6). 其中包括腔量子电动力学.

之间的关系类似于量子阱和超晶格之间的关系. 在光子晶体中, 光子的色散关系发生断裂, 即光子的能带存在能隙, 就像在普通晶体中电子能带存在能隙相似. 在能隙中, 光子态的态密度为零. 能量在能隙中的光子不能在其中传播. 因此, 也可以借助于光子晶体对自发发射加以控制, 以改进光电子器件的性能. [10]

§ 10.2　发光光谱

可以用各种不同的方法来激发半导体发光. 常用的方法有光激发、电激发(最常见的是通过 pn 结注入)、电子束(阴极射线)激发以及 X 射线激发等. 就光激发而言, 又可用不同的光源: 普通光源(例如可见和红外范围的碘钨灯、紫外和可见范围的汞灯,可见范围的氙灯等)、激光光源和脉冲激光光源等. 不同的方法有不同的特点, 用于不同的目的. 例如光激发所产生的过剩载流子通常靠近半导体表面, 其所产生的光谱不会因传播中的选择性吸收而使光谱形状发生严重畸变; 普通光源多用于常规测量; 为产生高浓度的过剩电子空穴对就需要用强的激光光源; 要研究时间分辨光致发光光谱就需要用脉冲激光光源. 此外, 阴极射线激发有较大的透入深度, 但有较高的空间分辨率(1 μm 或更小); pn 结注入发光(发光二极管和激光二极管中的发光过程)简单易行等等.

半导体中的发光过程

在半导体中存在多种多样的和电子跃迁相联系的发光过程, 如图 10.2 所示. 如在 § 5.7 中已经说明的, 被激发的电子 - 空穴对的直接复合(图 10.2 中的 C→V)可以导致复合发光. 但一般来说, 通过带间激发产生的电子、空穴对在它们最后复合之前并不总是作为自由电子和自由空穴存在. 它们可以形成激子(E)(参看 § 9.3)、束缚激子(BE), 通过激子的湮灭而发光. 电子和空穴

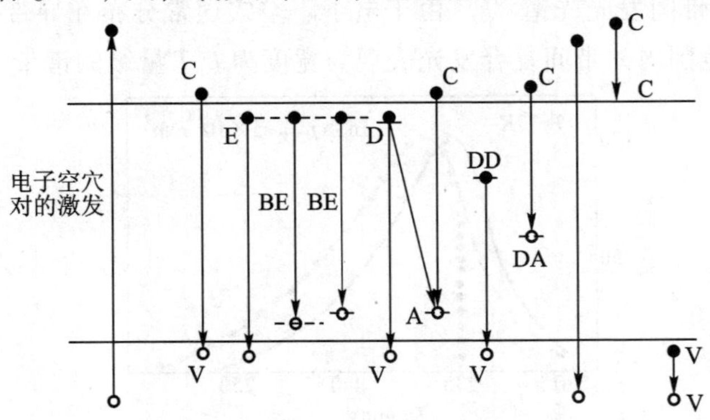

图 10.2　半导体中各种与电子跃迁相联系的发光过程示意图

也可以分别束缚于施主和受主，然后再分别和带中的空穴和电子复合(图中的D→V,C→A)，或由施主向邻近的束缚有空穴的受主跃迁(图中的D→A). 发光也可以通过深施主(DD)或深受主(DA)进行. 在强电场引起的电子空穴对的雪崩倍增的情形下，还可以存在与热电子相联系的发射：显著高于禁带宽ϵ_g的光子的发射以及与带内跃迁相联系的减速发射(图10.2中的C→C,V→V). 这样，一旦激发了电子空穴对，我们观察到的一般将不仅仅是与带间直接复合相联系的辐射. 除了涉及深能级和热电子的跃迁外，其它过程发射的光子能量接近或略低于ϵ_g. 通常把这些发射过程称为边缘发射. 通过吸收光谱往往难以对这些相关的跃迁进行仔细观察. 但低温下的光发射谱却是灵敏的手段. 这一节讨论的光发射主要和边缘发射相联系.

并不是和图10.2中所示的过程相联系的辐射都能同时观察到，在相近的激发条件下，不同温度下的发光光谱一般并不相同. 因为温度会影响过剩载流子在诸能级上的分布. 例如，在较高温度下我们常常可以观察到带间复合发光. 但在低温下带间复合发光却很弱，甚至难以观察到. 这时通过激子或杂质的复合通常占主导地位. 因为在低温下，杂质态和激子态有较大的分布概率. 通过杂质的发光显然依赖于半导体中所包含的杂质的种类和含量. 影响发射光谱的另一重要因素是激发水平. 例如随着激发水平的提高，电子的准费米能级会上移. 因此，随着温度、杂质的种类和含量以及激发水平的不同，发光光谱将表现出多样性. 还有一种光谱方法——光荧光激发谱：改变激发光的频率，在适当的、固定光频下观测荧光. 这种方法和吸收谱有类似之处. 类似的方法还有光电流谱，用测量光电流代替观测荧光.

带间复合发光

如前所述，在较高温度下可以观察到带间复合发光. 图10.3所示为InSb在77 K下的带间发光光谱[11]. 由于电子、空穴通常分布在导带和价带中k_BT量级的能量范围内，带间复合发光表现为宽度为k_BT量级的谱带.

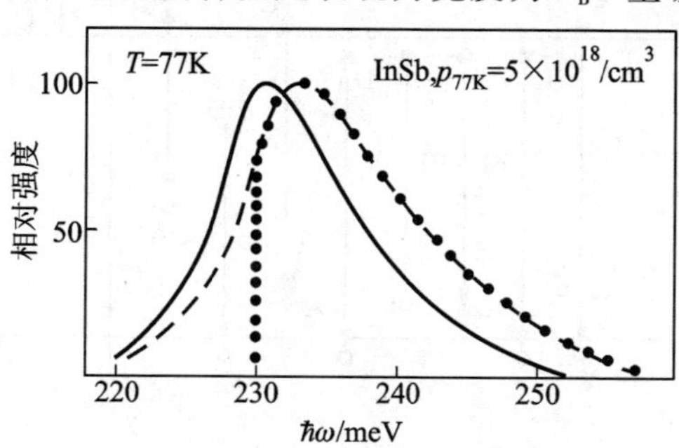

图10.3 77 K下，p型InSb的带间发射谱

发光的光谱分布$I(\hbar\omega)$应正比于单位能量间隔内的自发发射速率$r_{sp}(\hbar\omega)$. 可由式(10-1-18)的状态对之间的自发发射率计算r_{sp}. 状态对之间的自发发射率与电子和空穴占据该状态对的概率$f_C(1-f_V)$的乘积给出该状态对的实际贡献. 在直接禁带半导体中，跃迁受k守恒所限制，能够发生跃迁的状态对由竖直跃迁联系. 在单位能量间隔内，上述状态对数由联合态密度$g_{CV}(\hbar\omega-\epsilon_g)$给出(参看§9.1). 因此可得

$$r_{sp}=\frac{\mu_0 e^2\eta\omega}{\pi m_0^2\hbar c}|\boldsymbol{e}\cdot\boldsymbol{p}_{CV}|^2_{AV}g_{CV}(\hbar\omega-\epsilon_g)f_C(1-f_V) \qquad (10-2-1)$$

式中f_C和f_V为能量间距为$\hbar\omega$的导带、价带竖直状态对的电子占有概率. 如果设f_C和$1-f_V$可用玻耳兹曼分布近似(非简并情形)，则由$I(\hbar\omega)\propto\hbar\omega r_{sp}$应有

$$I(\hbar\omega)\propto\omega^2(\hbar\omega-\epsilon_g)^{1/2}\exp[-(\hbar\omega-\epsilon_g)/k_BT] \qquad (10-2-2)$$

对于抛物性带的情形$g_{CV}\propto(\hbar\omega-\epsilon_g)^{1/2}$. 在$\epsilon_g$以上，由于因子$(\hbar\omega-\epsilon_g)^{1/2}$，$I(\hbar\omega)$随$\hbar\omega$上升. 但在较高能量范围，$I$将由于因子$\exp[-(\hbar\omega-\epsilon_g)/k_BT]$而下降，该因子直接反映了载流子热分布的影响.

对于间接禁带半导体，自发发射需要声子的协助. 例如对发射一个能量为$\hbar\omega_q$的声子的自发发射，对于抛物性带和非简并情形[参看式(9-1-41)]可以得到：

$$I(\hbar\omega)\propto\omega^2(\hbar\omega-\hbar\omega_q-\epsilon_g)^2\exp[-(\hbar\omega-\hbar\omega_q-\epsilon_g)/k_BT] \qquad (10-2-3)$$

存在与吸收和发射不同模式的声子(具有不同的能量)相联系的发射谱带. 在间接禁带半导体中，通常难以鉴别与上述带间复合相联系的发射谱带和自由激子的发射谱带(如在下面可以看到的,在间接禁带半导体中,由于激子复合需要有声子参加,激子带中的任何能量的激子都可以实现复合,因此发射谱表现为一系列谱带)，因为两类带的位置只相差一个激子束缚能. 例如在Si中激子束缚能只有0.008 eV[12]. 因此带间复合发射带和自由激子发射带通常是重叠的.

与直接禁带半导体不同，在间接禁带半导体中，由于要求同时有声子参加以满足动量守恒(参看图9.3(b))，跃迁率相对要小得多(参看表5.1). 因此在间接禁带半导体如GaP和SiC中，上述本征的辐射跃迁很弱，有效的辐射复合通常是通过杂质和激子进行.

但在同样是间接禁带的$GaAs_xP_{1-x}$中，与间接禁带的GaP相比，本征辐射复合可以有一定概率，如图10.4所示. 因为在上述三元系中，不包含声子的本征辐射复合是可能的. 跃迁中的动量守恒可以通过As的散射而得到保持. 随着GaP成分的增加(As含量减小)，散射作用会逐渐减弱.

通过杂质的复合发光

如前所述，半导体中的辐射复合可通过杂质能级进行，它们构成了边缘发

射的一部分. 例如在直接禁带的p型GaAs中，在较低温度下辐射复合主要通过导带、受主能级间的跃迁进行. 因为在低温下，受主上的束缚空穴远比自由空穴多，如图10.5所示意.

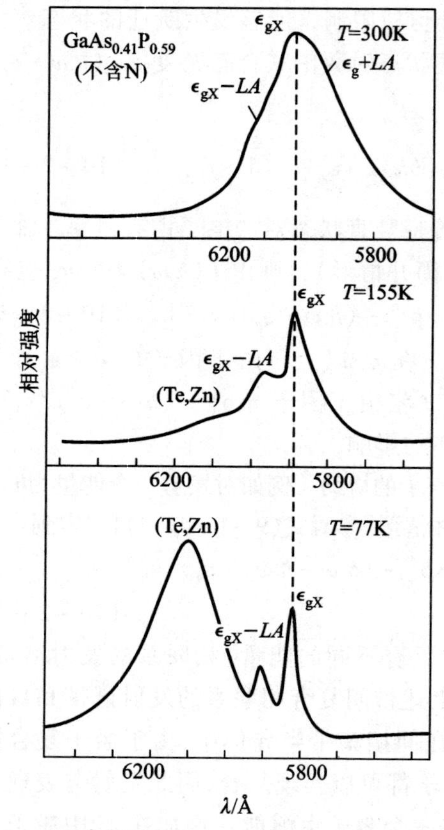

图10.4 间接禁带的、不含N的$GaAs_{0.41}P_{0.59}$二极管在不同温度下的发光光谱. 图中ϵ_{gX}为禁带能量. (Te,Zn)为施主-受主对所引起的谱线

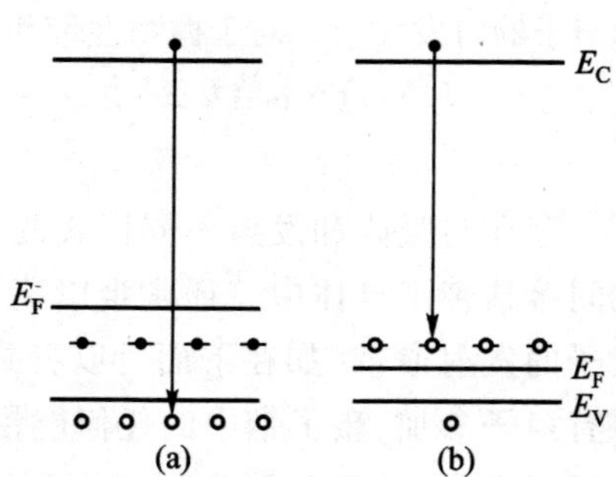

图10.5 不同温度下受主能级上的空穴分布.
(a) 对应于较高温度
(b) 对应于较低温度

图10.6给出300 K，77 K和20 K下掺Cd的GaAs的光致发光中的带间跃迁(BB)和导带、受主间跃迁(BA)所贡献的辐射的比较[13]. 在77 K以上，带间辐射复合占优势. 在低于10 K的温度下，导带-受主间的跃迁和下面要讨论的束缚激子发光可占优势. 但在各种情形下，由于局域化的载流子波函数在$\boldsymbol{k}$空间的扩展主要在能带极值附近(参看图9.23)，因此上述各种跃迁通常仍有相对较高的概率. 导带-受主辐射复合也可以有光学声子参与，但强度要弱得多(参看图10.6中20 K的发射谱.请注意图中不同的峰有不同的放大倍数).

如上所述，在GaP和SiC这类间接禁带半导体中，有效的辐射复合通常是

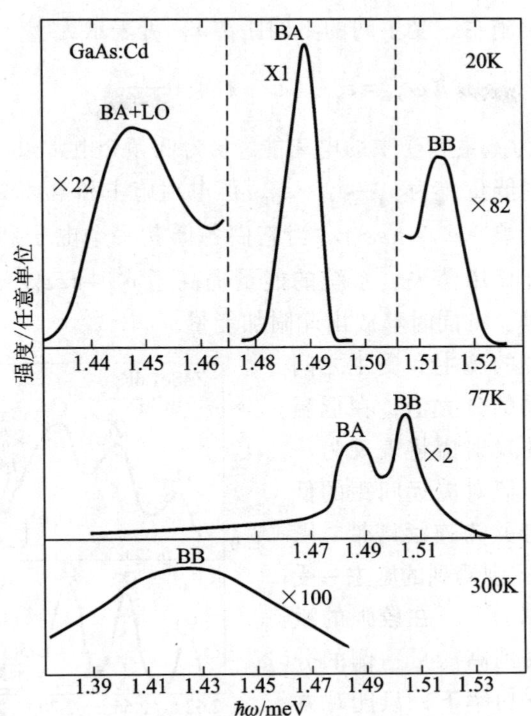

图 10.6 20 K，77 K 和 300 K 下掺 Cd(浓度为 $3.5\times10^{16}/\mathrm{cm}^3$)的 GaAs 中，带间跃迁的发射和导带-受主能级间跃迁的发射的比较

通过杂质，例如由导带向中性受主的跃迁、由中性施主向价带的跃迁，由施主向邻近的受主的跃迁和由复合物向受主(施主)的跃迁，以及通过束缚激子复合等渠道进行. 图 10.7 所示为不含氮的 GaP 在 82 K 的发光光谱[14]. 位于 5 620 Å (2.206 eV)处的绿光带由 S，Zn 浅施主受主对的复合产生. 标有 S 的肩形结构由施主 S 的能级和价带之间的跃迁产生. 椭圆圈内的谱线与有各种声子参与的激子复合相对应. X 代表激子能隙.

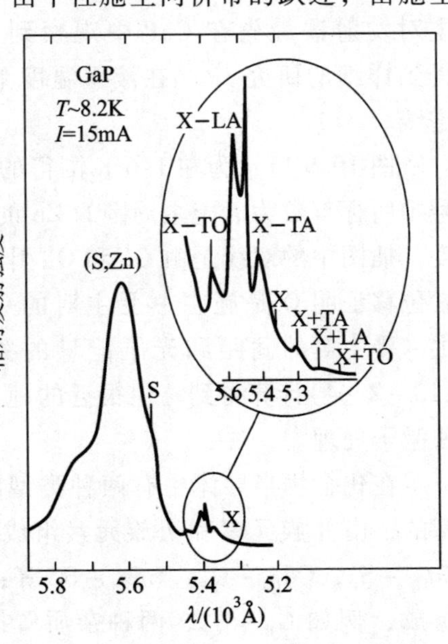

图 10.7 82 K 下 GaP 的光致发光谱

施主-受主对的发光光谱

在通过施主-受主对的复合中，过剩电子、空穴先分别被电离的施主和受主俘获，然后中性施主上的电子隧道跃迁到中性受主并发射一个光子. 所发射

光子的能量依赖于施主、受主间的不同距离 r，可表示为[15]

$$\hbar\omega_{DA}=\epsilon_g-(\epsilon_A+\epsilon_D)+\frac{e^2}{4\pi\varepsilon\varepsilon_0 r} \tag{10-2-4}$$

式中 ϵ_D，ϵ_A 分别为施主和受主的电离能. ε 为低频介电常量. 虽然孤立的施主和受主能级之间的能量差为 $\epsilon_g-\epsilon_A-\epsilon_D$，但电离施主和电离受主之间存在着附加的库仑相互作用能 $-e^2/4\pi\varepsilon\varepsilon_0 r$. 当它们各俘获一个电子和空穴各自转变为中性时，上述相互作用消失，系统的能量提高了 $e^2/4\pi\varepsilon\varepsilon_0 r$. 因此，在电子由施主向受主跃迁时，将同时释放出此附加能量.

由于占据格位的施主和受主之间的间距只能取不同的分立值，在低温下施主-受主对的发射谱将表现为一系列的分立谱线. 但对应远间距的低能量一侧的谱线合并为连续谱带. 图 10.8 所示为由 ZnSe 观测到的施主-受主对发射谱(1.6 K)[16]. 在较强的激发条件下才能观察到高能量一侧的分立谱线. 在低激发功率下，只能观察到标为 Q_0，Q_1，Q_2 的由远间距的施主受主对所产生的发射带，带之间的能量间距为光学声子能量. 施主-受主对发射谱最先在 GaP 中观察到并得到详细的研究[15]. 在液氦温度下，在 GaP 中曾观察到多达 300 条分立的谱线.

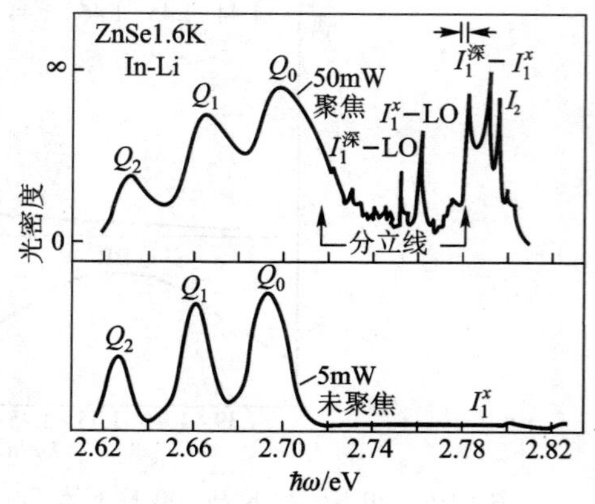

图 10.8 在 1.6 K 测得的 ZnSe 中施主-受主复合发射谱. 上、下图分别对应于高、低激发功率

图 10.9 所示为在 1.6 K 测得的掺有 Zn 和 O 的 GaP 的光致发光谱[17]. 括号中所标整数为氧施主周围的 Zn 的位置的指数. 另一数字为等价格位的简并度. 插图中的双线是由 O^{18} 和 O^{16} 引起的. 同位素 O^{18} 是故意掺入的. 上述同位素位移证明 O 是施主-受主对的一个成员. 由锐线得到的 GaP 中的几种施主-受主对的间距和光子能量的关系如图 10.10 所示. 图中实线为根据式(10-2-4)计算得到. 但很近的施主-受主对上的电子和空穴则必须当作束缚激子处理[18].

在化合物半导体中有两种类型的施主-受主对. 以 GaP 为例：一种是Ⅱ型的，由Ⅱ族元素和Ⅵ族元素组成，分别置换 Ga 和 P，形成例如 $Zn_{Ga}-O_P$，$Zn_{Ga}-S_P$，$Cd_{Ga}-O_P$，$Cd_{Ga}-S_P$ 等；另一类Ⅰ型的，由Ⅳ族元素和Ⅵ族元素组成，例如 C_P-O_P，两种杂质置换晶体中的相同元素 P. 也可以是Ⅳ族元素和Ⅱ族元素同时置换 Ga. 对于后一种情形，施主-受主对之间的零声子

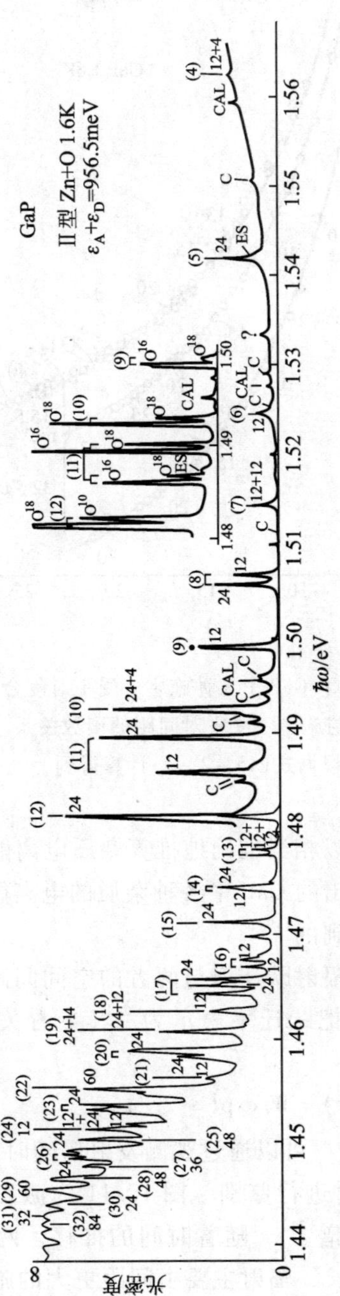

图 10.9 1.6 K 下掺 Zn + O 的 GaP 的发射谱

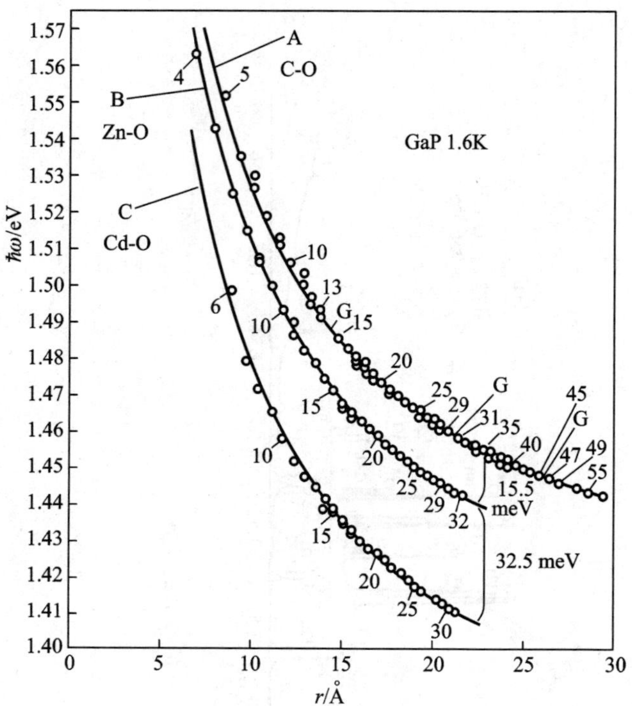

图 10.10 1.6 K 下 GaP 中三种施主－受主对复合辐射谱线的能量与施主－受主对间距的函数关系.实线为根据式(15－2－4)计算得到

跃迁为弱允许跃迁[19].

由施主－受主对发射谱可以相当准确地推算杂质电离能. 作为由发射谱确定电离能的例子，表 2.4 中给出的 GaP 中各种杂质的电离能就是由施主－受主对发射谱和束缚激子发射谱得到的[19,20].

施主－受主对之间电子的辐射跃迁率与两者的空间间距 r 有关. 显然，跃迁率会随 r 的增大而减小. 可把跃迁率表示为[21]（参看关于类氢波函数的式(9－4－4)）

$$W(r) = W_0 \exp(-2r/a^*) \qquad (10-2-5)$$

式中 a^* 为施主的等效玻尔半径. 可以通过观测发射谱随时间的变化(时间分辨发射谱)对施主－受主对的发射进行鉴别. 图 10.11 为激发脉冲后不同时间测得的 CdS 中施主－受主对发射谱[22]. 随着时间的推移，两个发射带的峰向长波方向移动. 这是因为时间愈长，辐射主要由间距更大的施主－受主对之间的跃迁产生.

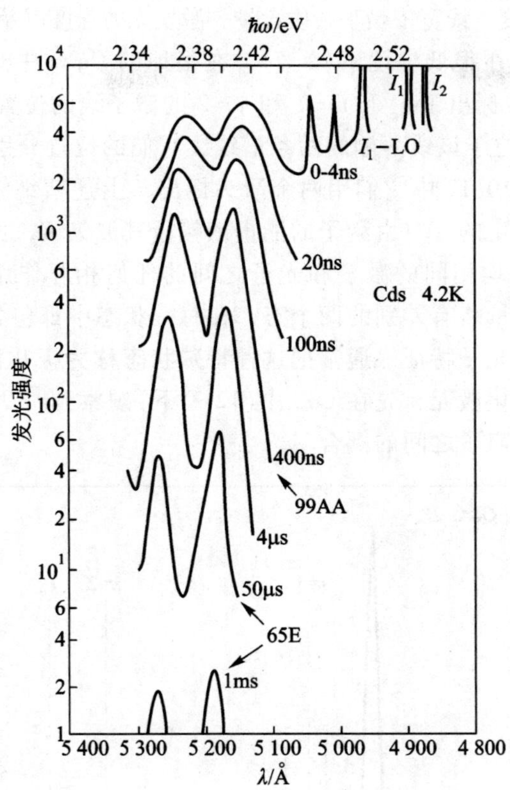

图 10.11 CdS 中施主－受主对复合的时间分辨发射谱. 所标数值为激发脉冲后的时间

激子复合发光

激子发光光谱通常在低温下进行观测. 这一方面是因为在低温下，过剩载流子将导致激子带的显著的布居*，另一方面是由于在低温下激子线(或发射带)有较小的宽度，较易于进行分辨.

在直接禁带半导体，如 GaAs 中，由于选择定则($\boldsymbol{k}$ 守恒)的限制，只有$\boldsymbol{K}=0$附近的自由激子可发生光跃迁，导致复合发光. 因此，在低温下，激子复合发光应导致很锐的谱线. 不过，存在一些高阶过程，如杂质－激子、电子－激子、激子－激子散射以及声子协助的辐射复合等. 它们使 $\boldsymbol{k}$ 守恒的限制放宽了. 实际的自由激子

---

* 类似于等离子体物理中高温氢等离子体，对于三维情形，电子、空穴浓度和激子浓度 N_X 间的关系由萨哈方程给出[14]：$N_X=(np/2)(h^2/2\pi m_e k_B T)^{3/2}\exp(E_X/k_B T)$. 对于 GaAs 的 4.2 meV 的激子束缚能，对于相同的电子、空穴浓度，4.2 K 温度下的激子浓度要比 300 K 高近 6×10^7 倍.

荧光线有一定的宽度. 线宽依赖于杂质含量、激发光的强度以及温度等.[23]

图 10.12 示出在很低温度下(2 K), 在很纯的 GaAs 中观察到的光致荧光谱[24]. 图中用虚线标出了 ϵ_g 和 $n=1$ 和 $n=2$ 的激子线的位置. 这里, 代替$n=1$ 的谱线, 观察到位于该线两侧的两条谱线, 它们的位置分别为 1.514 8 eV 和 1.515 5 eV, 在图 10.12 中它们用两个箭头标出. 上述精细结构是由于激子和光子的相互作用产生的. 自由激子的能量依赖于其波矢 $\boldsymbol{K}$, 由式(9-3-10)给出. 波矢 $\boldsymbol{K}$ 和能量均相同的激子和光子之间的任何相互作用可使这两者发生耦合, 结果形成能量略有差别的两个态, 在每一状态中都包含某些成分的激子特征和某些成分的光子特征. 通常把这种特殊状态称为极化激元*(Polariton). 在半导体中这种极化激元首先在 CdS 中(12 K 下)观察到[25]. 这里的情形类似于光子和长波光学声子之间的耦合**.

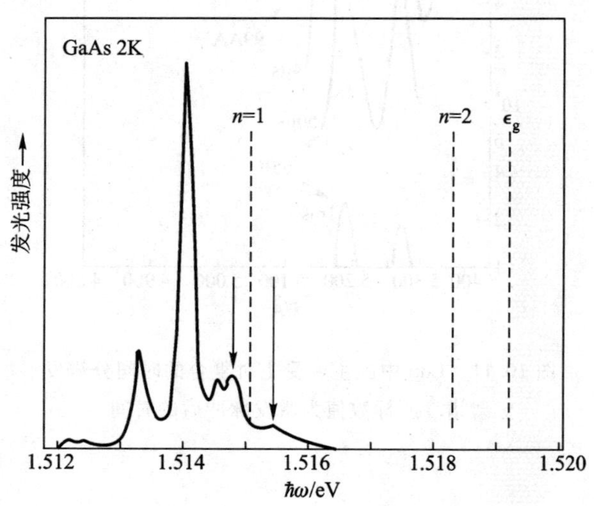

图 10.12 低温下纯净的 GaAs 的光致发光光谱. 虚线标出了基态激子线($n=1$)、第一激发态激子线($n=2$)和禁带宽度 ϵ_g 的位置

不同于直接禁带半导体, 在间接禁带半导体中, 激子复合发光光谱表现为若干谱带. 由于声子的协助, 激子带中能量不同的激子的辐射复合都是允许的. 发射带的带宽决定于激子在激子带中的热分布. 图 10.13 所示为在 18 K 下观察到的 Si 的光致发光光谱[12]. 它由标为 A, B, D, E 的四个谱带组成.

---

* 这种激子极化激元首先在Ⅱ-Ⅵ化合物中发现. [Sell D D, Stokowski S E, Dingle R, et al. *Phys. Rev. B*, 1973, 10: 4568.]

** 黄昆早在 50 年代初就研究了光波和格波之间的耦合问题[26]. 相应的能量量子也称为极化激元(在中文中这种极化激元有时也称为电磁声子).

它们分别对应于发射不同声子的跃迁：E 带对应于发射横声学声子(TA)，D 线对应于发射纵声学声子(LA)．在 18 K，由于声子数很少，观察不到相应的吸收声子的谱带．但在较高温度下，在上述两个谱带以上两倍声子能量处，可以观察到与吸收声子相联系的谱带[27]．B 带和 A 带则与发射两个声子的跃迁相联系．D 带的形状(图 10.13(b)中的实线)，与由光吸收数据计算得到的[28](图中的圆圈)十分一致．

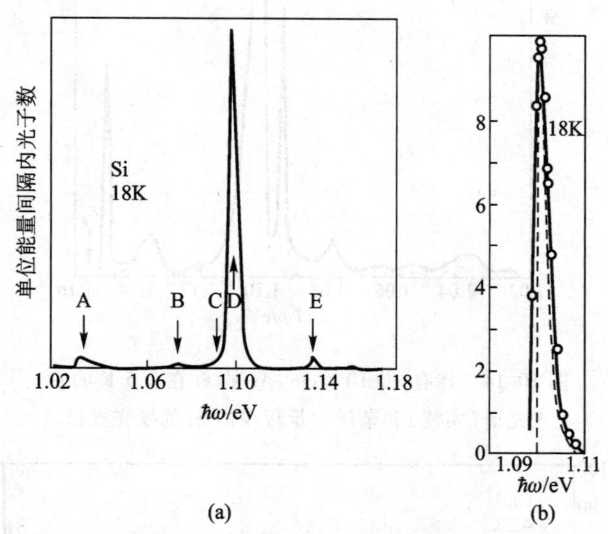

图 10.13 (a)含 P $2\times10^{14}/\mathrm{cm}^3$ 的 Si 在 18 K 下的光致发光光谱(b)D 带．圆圈由光吸收数据计算得到，虚线由玻耳兹曼分布给出

除了自由激子复合发光以外，Haynes 还首先在掺有 $8\times10^{16}/\mathrm{cm}^3$ As 的 Si 中观察到了束缚激子发光[29]．激子可以束缚于中性施主或中性受主．由于束缚激子具有确定的能量，在低温下与之相联系的发光表现为锐线，如图 10.14 所示．图中宽的强发射带为图 10.13 中的 D 带．右侧的锐线为束缚激子的零声子线．不同于自由激子，束缚于杂质的激子在其复合跃迁中可以通过杂质和晶格交换动量，因此复合跃迁可以没有声子参加．左侧的锐线则对应于发射一个能量为 0.058 eV 的 TO 声子的复合跃迁．该线即图 10.13 中的 C 线．

在许多半导体中都观察到了束缚激子发光．例如，在关于 GaAs 的图 10.12 中，位于 1.514 eV 处的锐的强线是由束缚于中性施主的激子的复合引起的．[30] 而位于 1.513 3 eV 处的线，则是由束缚于电离施主的激子或由中性施主向价带的跃迁所引起．[31] 通常束缚激子比自由激子和通过杂质的跃迁有更强的荧光．正是束缚激子发光的研究导致了一类新的杂质——等电子陷阱的发现[32]．

图 10.15 为掺 N 的 GaP 的发射谱[32]．图中的带隙以下约 0.02 eV 的 A 线、B 线、A－LO 线和 A－TO 线等早先在未掺杂的 GaP 中已经被观察到[33]．

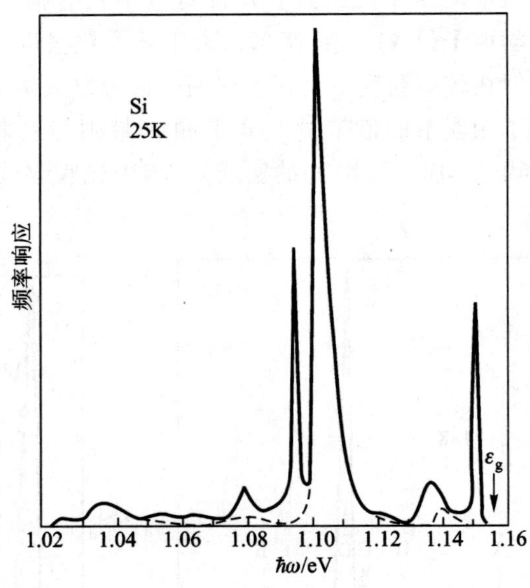

图 10.14 掺有 $8\times10^{16}/cm^3$ As 的 Si 在 2.5 K 的发光光谱(实线)和杂质含量极少的 Si 的发光光谱

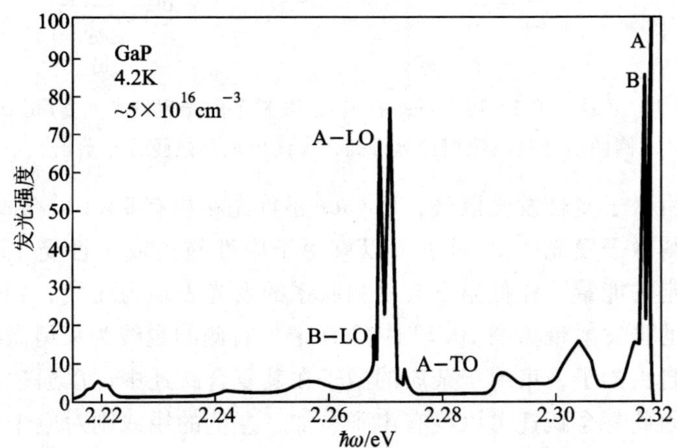

图 10.15 掺 N 的 GaP 的发射谱. A, B 线为束缚于 N 的激子的零声子线

对于鉴别各种情形下的束缚激子谱线来说，塞曼谱是有价值的方法. 对于足够锐的束缚激子谱线来说，有可能对塞曼分量进行分辨. 塞曼谱的研究鉴别出，A，B 这两条线属于束缚于不包含另一载流子的中心(当时设想为电离施主)的激子，它们是零声子线. A－LO，A－TO 则是发射 LO，TO 声子的谱线. A 线对应于总角动量 $J=1$ 的激子态(自旋为 1/2 的电子和角动量为 3/2 的空穴反平行排列)，在磁场中，它分裂为 3 条线. B 线则对应于总角动量 $J=2$ 的激

子(电子的自旋和空穴自旋平行取向)，在磁场中，它分裂为5条线，如图10.16(a)所示[33].

但关于含N的GaP的仔细研究表明[32]，这些谱线实际上是属于束缚于N的激子的. 作为等电子陷阱，N和电离施主一样，本身并不包含另一个载流子.（如在§2.5中已经说明的,在GaP中N代替P占据格位.作为等电子杂质,它并不具有不成键的电子,但它能以其短程势束缚一个电子.依赖束缚电子的库仑势,它还可以进一步束缚一个空穴形成一个束缚激子.在GaP中Bi作为空穴陷阱起作用[34].)

束缚于等电子陷阱，中性施主和中性受主的激子在磁场中有不同的行为. 例如对于中性施主和激子的复合物，其中的两个电子成对处于一单态，因此激子态在磁场中的分裂决定于单个空穴. 此外在复合跃迁中，终态是自旋为1/2的中性施主，如图10.16(b)所示. 而对于束缚于N的激子，其终态为$s=0$的N. 但图10.16(b)的能级图只适用于类s的基态，如GaP中占据P位的Ⅵ族元素如S，Se和Te[35]. 处于Ga位的Ⅳ族元素施主如C，Si，Ge等具有类p的基态. 此外，分析表明，束缚于电子陷阱的激子和束缚于空穴陷阱的激子在声子参与的复合中遵守不同的声子选择定则，应可由声子线确定陷阱的性质.

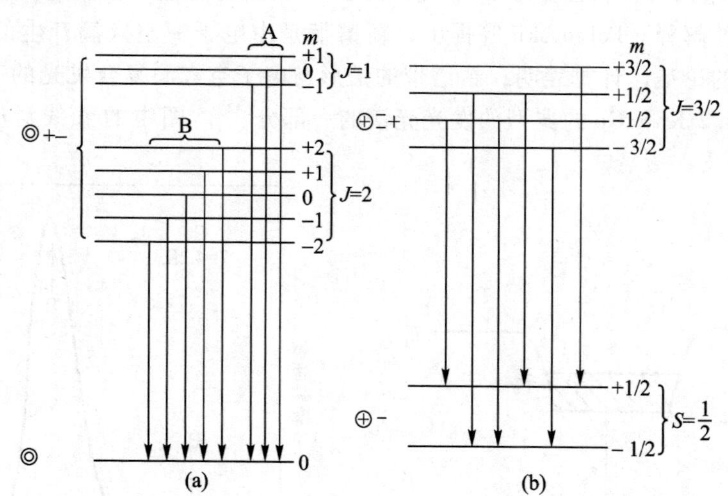

图10.16 (a)束缚于等电子杂质N的激子的塞曼分裂和复合跃迁. ◎表示等电子杂质. + −代表激子(b)束缚于中性施主的激子的塞曼分裂和复合跃迁，⊕ −代表中性施主由低温下束缚激子发光的研究可以得到有关杂质的电离能[33]

关于等电子陷阱对于提高间接禁带半导体GaP的发光效率的重要作用，在§10.4中我们还要作进一步的讨论.

激子分子和电子空穴滴发光

在较强的激发条件下，会出现一些新的发光现象. Lampert 预言，在强激发的固体中可以存在激子分子[36]. 激子形成激子分子和氢原子形成氢分子相似. Haynes 首先报导在 Si 中从实验上观察到了激子分子的发射谱线[37]. 新谱线的强度随激子谱线强度的平方增长. 他提出，激子分子中的一个激子在声子协助下复合，产生上述谱线. 此后在许多材料中都观测到了形成激子分子的类似实验证据[38~41]. 但 Pokrovskii 等的计算表明 Haynes 在 Si 中观察到的新谱线与电子、空穴滴发光相符[42]. 不过后来在施加均匀应力的 Si 中[43]及不施应力的 Si 中[44]都在离开激子线很近的地方确实观察到了激子分子的谱线(参看图 10.19).

低于一定的临界温度，当自由激子浓度超过一定临界值时 n_C 时，自由激子将凝聚成电子 - 空穴滴. 这是 1968 年由凯尔迪什提出来的[45]. 这个凝聚相由自由电子、空穴的中性等离子体构成，类似于液态金属. 由于交换和相关作用，在凝聚相中的电子、空穴对比自由激子有更低的能量，如图 10.17 所示意.

证明电子 - 空穴滴的存在的最早的实验证据是从 Ge 的低温发射谱得到的. 在低于 10 K 的温度下，除了熟知的发射声子的激子谱线外，还观察到了新谱带[46]. 这些谱带比自由激子谱带宽，并具有更低的能量. 但当时并未能对此作出正确的解释. Pokrovskii 等提出，新谱带是由电子 - 空穴滴产生的[47]，并作了有力的论证. 计算表明，新谱带的谱形与电子空穴滴复合发光的一致. 图 10.18 为 4.2 K 下 Ge 的典型的发光光谱的一部分[42]. 图中的 A 线对应于发射

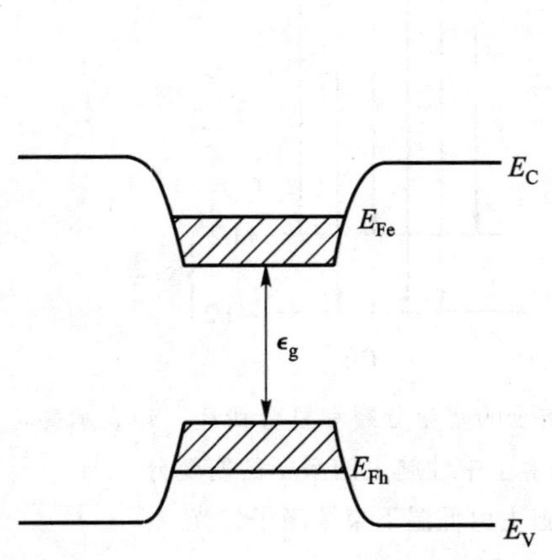

图 10.17 电子 - 空穴滴的能带示意图. 由于交换和相关作用，ϵ_g 降低. 图中 E_{Fe} 和 E_{Fh} 分别为电子和空穴准费米能级

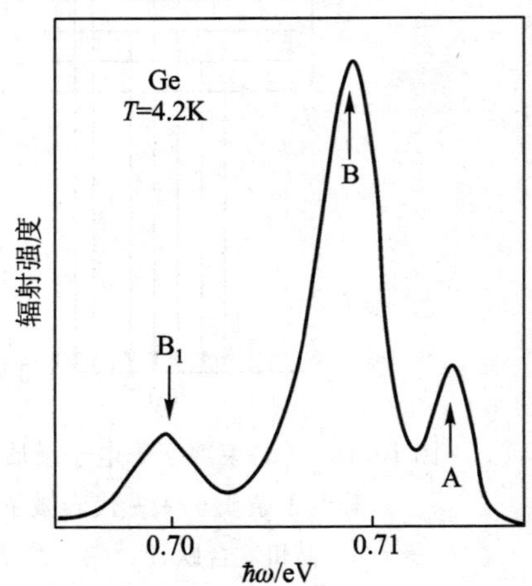

图 10.18 4.2 K 下纯 Ge 的发光光谱

LA 声子的自由激子谱带. B, B_1, B_2 带为新谱带, 分别位于发射 LA, TO, TA 声子的激子带以下约 5 meV 处, 由液滴中的电子、空穴发射 LA, TO, TA 声子的辐射复合产生. 容易按间接禁带情形计算带间发射的谱形. 例如, 发射 LA, TO 声子的跃迁为允许跃迁[48], 相应的电子 - 声子相互作用矩阵元 M^{S-} (参看 §9.1) 可看作常量. 对于这种情形应有

$$I(\hbar\omega) \propto |\boldsymbol{e}\cdot\boldsymbol{p}_{CV}|^2_{AV}|M^{S-}|^2\int g_C(E)g_V(E-\hbar\omega-\hbar\omega_q)$$

$$\times f_C(E)[1-f_V(E-\hbar\omega-\hbar\omega_q)\mathrm{d}E] \qquad (10-2-6)$$

式中$\hbar\omega$ 和$\hbar\omega_q$ 分别为所发射的光子和声子能量. 由理论计算得到的谱形和实验结果符合得很好. 由上式可见, 谱形与 E_{Fe}, E_{Fh} (它们包含在 f_C, f_V 中) 有关. 因此通过理论曲线和实验曲线之间的吻合可以得到电子、空穴准费米能级的位置和相应的液滴中的电子 - 空穴对的浓度. 在 Ge 中这样得到的浓度值约为 $2.4\times10^{17}/\mathrm{cm}^3$.

电子 - 空穴液滴的存在也被其它一些更为直接的实验所证实. 其中之一是利用 pn 结的光生伏特效应进行观察[49]. 当在 pn 结的一侧由光激发产生的电子 - 空穴滴到达结的强场区时, 液滴被强电场分解, 产生脉冲电流. 当温度和激发水平能使 B 谱带出现时, 可以观察到无规分布的电流脉冲. 液滴中所包含的电子 - 空穴对的数目可由电流对时间的积分得到. 利用液滴中电子 - 空穴对的密度值, 可估计液滴的大小, 半径的典型值约在 1 ~ 10 μm 之间.

证实电子空穴滴的存在的另一个实验是散射实验[50]. 电子 - 空穴滴处的折射率不同于晶体其它部分的折射率. 用适当的 3.39 μm 的光透过晶体. 当激发水平还不足以观察到 B 带时, 观察不到散射光. 但当激发水平提高, 当 B 谱带出现时, 同时也可观察到散射光. 根据实验测得的散射光的角分布可求得液滴的平均半径. 在 2 K 下, 这样得到的半径值约在 2 ~ 8 μm 之间.

利用外施"接触力", 可在晶体内部形成"应力阱". 激子、激子分子或液滴聚集在应力阱中. 图 10.19 为 Si 中自应力阱的光致光发射谱.[51] 在较高温度下主要只观察到自由激子复合谱线, 它和发射 TA 声子相联系. 和图 10.13 的 E 线相比, 由于存在应力, 该谱线的位置发生了移动. 随着温度的降低, 可以观察到激子分子的发射. 在更低的温度下, 出现电子 - 空穴滴的光发射. 当出现液滴的发光谱带时, 利用红外观测技术可同时观察到发光亮点体积的陡然的收缩. 在 Si 中, 液滴中电子 - 空穴对的密度为 $3.3\times10^{18}/\mathrm{cm}^3$.

在 Ge 中这样形成的液滴的半径可达 0.3 mm. 利用液滴的复合发光, Wolfe 等用红外电视摄像管直接得到了 Ge 中大的液滴的照片[52].

在相同的激发条件下激子的浓度正比于寿命 τ_{ex}. 在间接禁带半导体 Ge, Si 中 τ_{ex} 比直接禁带半导体中有更大的值, 容易达到形成滴所需的临界浓度 (实

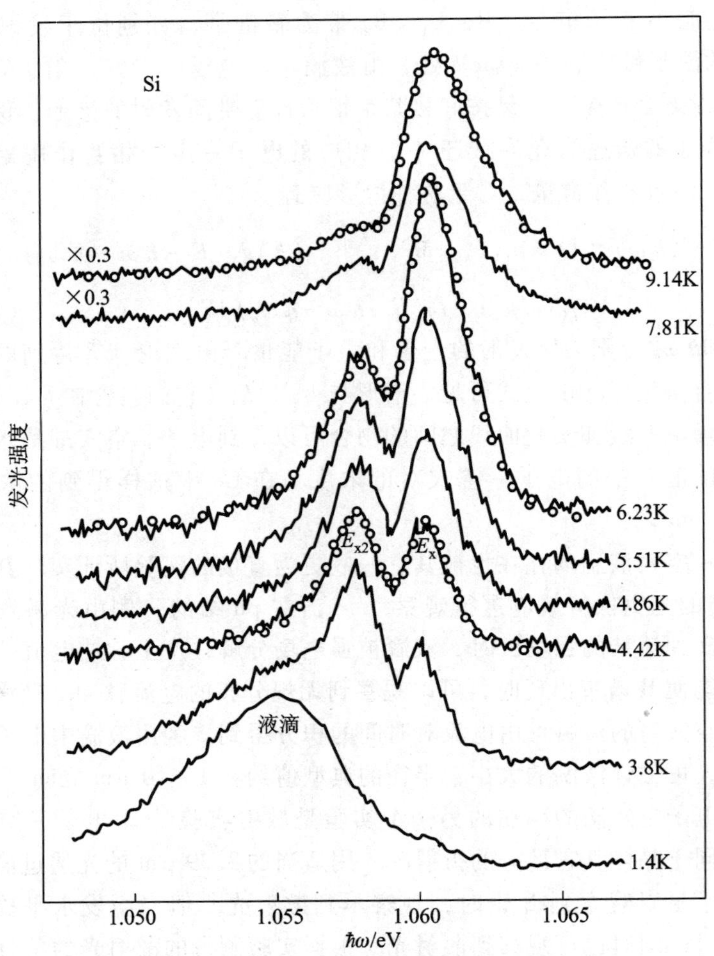

图 10.19 低温下 Si 的光致发光谱. 光自应力阱发出. E_x, E_{x2}分别为激子和激子分子的发射带. 由上述光谱得到的激子分子的结合能为 1.53 meV. 温度进一步降低, 出现液滴. 图中的圆圈为理论计算得到

际上在很低温度下所需阈值浓度也很低. 在 2 K 下, 在 Ge 中约为$10^{12}/cm^3$). 除 Ge, Si 以外, 在 Ge－Si 合金中也观察到了电子－空穴滴.

电子－空穴滴的研究为检验研究多体问题所采用的方法提供了相当好的场地. 与金属不同, 在这里系统中所有的特性参数都是已知的.

§10.3 微结构和超晶格的光谱现象

在这一节中, 我们将讨论微结构和超晶格中的光谱现象. 光谱方法同样是研究量子阱的能带及其中的激子的最重要的手段．光荧光谱、光荧光激发谱、吸收谱是常用的研究手段，有时伴以光电流谱．

在第八章关于微结构和超晶格的讨论中，我们已经了解到微结构和三维晶体中电子状态的差别．这些差别构成了认识微结构的光学性质的基础．了解量子阱中各子带 z 向波函数及布洛赫函数中的周期性函数的特点，对于了解许多光谱现象也是很有益的．

在微结构中，人们预期光谱会有更锐的结构，而且对于阱的宽度是敏感的．量子约束使激子效应得到显著加强．这使得有些相关的效应，如和激子相关的光学非线性等，在量子阱中也得到显著加强．有的现象则是在块状晶体中难于观察到的．

讨论针对直接禁带半导体，大多数情形为 GaAs/AlGaAs 量子阱．量子阱可视为可用来展现量子约束的影响的最简单的结构．在量子阱中观察到的现象，在量子线和量子点中大多存在．讨论仅限于和导带和价带间的跃迁有关的光谱现象．有关带内子带间的跃迁将结合 §10.5 中红外量子级联激光器进行适当的讨论．在下面的讨论中，我们仍将把量子阱中垂直于界面的方向规定为 z 方向．

量子阱和超晶格的带间光吸收

在直接禁带的情形下，由量子约束所形成的二维的空穴和电子子带之间的光跃迁也是竖直跃迁．图 9.6 仍可用来说明跃迁中满足能量守恒和动量守恒的状态对．§9.1 中对于三维情形吸收系数的导出过程，直至式(9-1-24)，对这里都是适用的．只是那里的联合态密度 $g_{\mathrm{CV}}(\hbar\omega-\epsilon_{\mathrm{g}})$ 应换为等效的二维子带之间的联合态密度 $g_{\mathrm{CV}}^{2\mathrm{D}}(\hbar\omega-\epsilon_{\mathrm{CV}}^{n})/L_z$：

$$\alpha_0^{2\mathrm{D}}=\frac{\pi\mu_0ce^2}{V\eta m_0^2\omega}|\boldsymbol{e}\cdot\boldsymbol{p}_{\mathrm{CV}}(\boldsymbol{k})|^2\frac{g_{\mathrm{CV}}^{2\mathrm{D}}(\hbar\omega-\epsilon_{\mathrm{CV}}^{n})}{L_z}\qquad(10-3-1)$$

式中 $\epsilon_{\mathrm{CV}}^{n}$ 为导带和价带第 n 个子带间的能量间隔，L_z 为量子阱的宽度．由上式得到的吸收系数 $\alpha(\hbar\omega)$ 和三维情形有相同的量纲．动量矩阵元可写作（参看(9-1-19)）

$$\begin{aligned}\boldsymbol{p}_{fi}&=\int(u_{\mathrm{C}\boldsymbol{k}'}^{*}\boldsymbol{p}u_{\mathrm{V}\boldsymbol{k}}+\mathrm{i}u_{\mathrm{C}\boldsymbol{k}'}^{*}\hbar\boldsymbol{k}u_{\mathrm{V}\boldsymbol{k}})e^{\mathrm{i}(\boldsymbol{k}-\boldsymbol{k}')\cdot\boldsymbol{x}}\mathrm{d}\boldsymbol{x}\int\zeta_{\mathrm{C}n'}^{*}(z)\zeta_{\mathrm{V}n}(z)\mathrm{d}z\\&\quad+\int u_{\mathrm{C}\boldsymbol{k}'}^{*}u_{\mathrm{V}\boldsymbol{k}}\mathrm{e}^{\mathrm{i}(\boldsymbol{k}-\boldsymbol{k}')\cdot\boldsymbol{x}}\mathrm{d}\boldsymbol{x}\int\zeta_{\mathrm{C}n'}^{*}(z)\,\mathrm{i}\hbar\frac{\partial\zeta_{\mathrm{V}n}(z)}{\partial z}\mathrm{d}z\\&=\left[\int u_{\mathrm{C}\boldsymbol{k}'}^{*}\boldsymbol{p}u_{\mathrm{V}\boldsymbol{k}}\mathrm{d}\boldsymbol{x}\right]\delta_{\boldsymbol{k}'\boldsymbol{k}}\delta_{n'n}\\&=\boldsymbol{p}_{\mathrm{CV}}(\boldsymbol{k})\delta_{\boldsymbol{k}'\boldsymbol{k}}\delta_{n'n}\end{aligned}\qquad(10-3-2)$$

第二步是因为 $\int u_{\mathrm{C}\boldsymbol{k}}^{*}u_{\mathrm{V}\boldsymbol{k}}\mathrm{d}\boldsymbol{x}=0$．对于导带和价带都是简单能带和无限方形阱的

情形，由于 n 不同的 z 向波函数包洛相互正交，可以得到选择定则为 $\Delta n=0$. 实际上，n 相同的导带和价带子带的电子和空穴的波函数有最大的空间重叠. 因此量子阱的吸收曲线应具有台阶形结构.

量子阱的吸收谱的最引人注目的特色是强的激子吸收（将在后面讨论）. 图 10.20 为比较 2D 和 3D 情形的吸收谱的示意图，实线考虑了激子和激子效应.[53].

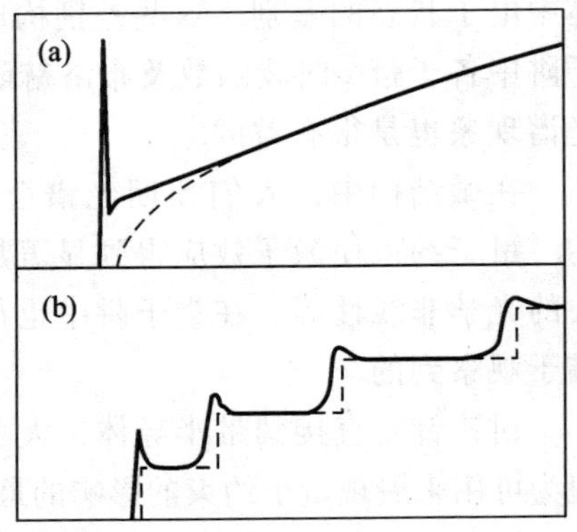

图 10.20 类 GaAs 半导体 3D(a) 和 2D(b) 情形的吸收曲线示意图

由于势垒高度是有限的，实际量子阱的波函数会向两侧势垒区渗透，不再具有正弦函数系列所具有的相互正交的性质，选择定则 $\Delta n=0$ 不再严格成立，代替它的应是 $\Delta n=$ 偶数.

另外，量子约束将使价带解除简并. 因而存在由轻、重空穴子带向导带子带跃迁所引起的吸收，吸收谱中会存在对应轻、重空穴子带的两个台阶系列. 但是由于价带子带波函数的复杂性，对于简单能带所得到的选择定则 $\Delta n=0$ 并不严格成立. $\Delta n\neq 0$ 的跃迁也可能发生.

跃迁矩阵元也决定了偏振的选择定则. 对于偏振沿 xy 平面的入射光，对应重空穴带和轻空穴带的跃迁都是允许的. 对应重空穴带的吸收强度是轻空穴带的三倍. 而对于偏振沿 z 方向的入射光，只有自轻空穴带的跃迁是允许的.

量子阱中增强的激子效应

图 10.21 所示为最早由 GaAs/$Al_{0.2}Ga_{0.8}$As 多量子阱在 2 K 下得到的吸收曲线[54]. 如前所述，曲线反映了空穴和电子子带间的台阶形的联合态密度. 在

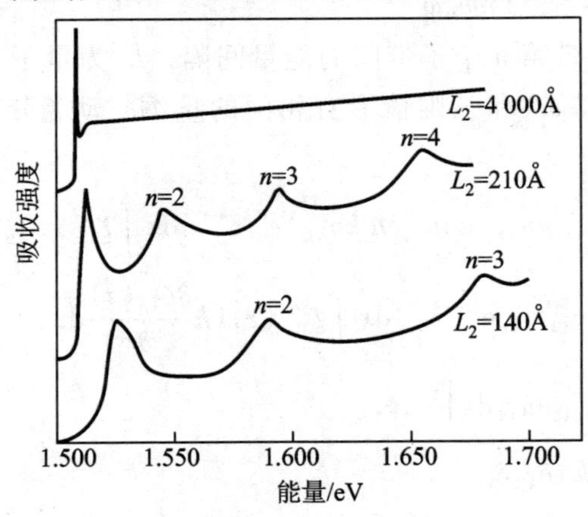

图 10.21 由 GaAs/$Al_{0.2}Ga_{0.8}$As 多量子阱得到的吸收曲线

平行于界面的平面内运动的电子和空穴，通过库仑相互作用，同样可以形成激子，并产生激子效应. 台阶边缘处的吸收峰则由激子吸收所引起. 在像 GaAs/AlGaAs 一类的 I 型量子阱中，构成激子的电子和空穴都局域于 GaAs 中.

和三维情形相比，量子约束使得激子的线度减小. 二维极限情形的扁平激子的半径只有三维情形的 1/2[55]. 图 10.22 所示为由计算得到的 2 维激子的半径随阱宽的变化[56]. 激子中电子、空穴间的距离减小，导致相互作用增强. 它有两个重要的后果：大的激子束缚能和大的振子强度.

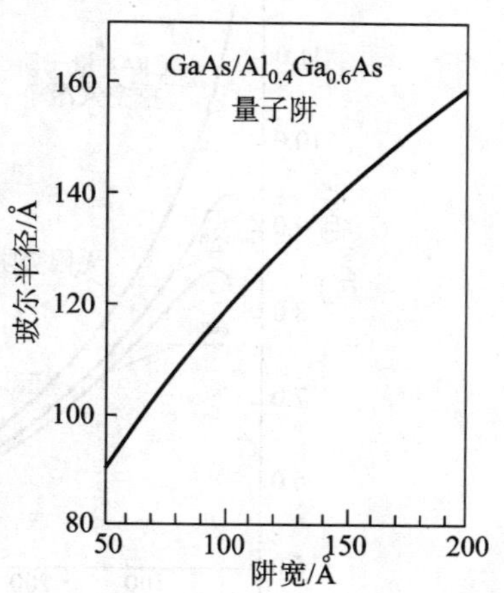

图 10.22　由计算得到的 GaAs/$Al_{0.4}Ga_{0.6}As$ 量子阱二维激子的半径随阱宽的变化

由实验观察到的 GaAs 中 3 维激子束缚能为 4.2 meV(参看图 10.12)，相应的激子的直径约为 300 Å. 由基于简单的能带模型的理论计算，2 维极限下的直接激子的能量为[56]

$$\epsilon_{ex}^{2D(n)} = \frac{\epsilon_{ex}^{3D(1)}}{(n-1/2)^2} \qquad n=1,2,3,\cdots \tag{10-3-3}$$

式中 $\epsilon_{ex}^{3D(1)}$ 为 3 维基态激子能量，由式(9-3-1)给出. 这里基态激子的量子数取为 1 对于二维极限的直接激子，其基态能量为 3 维情形的 4 倍 $\epsilon_{ex}^{2D(1)}=4\epsilon_{ex}^{0}$.

所谓 2 维极限指的是 z 向运动完全冻结的情形. 这相当于量子阱足够窄，因而和 ϵ_{ex}^{2D} 相比量子能级的间距足够大的情形. 这时，激子中的电子和空穴的波函数基本上只由相应子带的波函数组成. 相反，当阱宽可和 3 维激子直径比拟时，量子能级间距较小，激子中的电子和空穴的波函数可涉及若干子带，量子约束的影响逐渐消除. 随着阱宽的增大，阱中的激子逐渐趋向于 3 维激子.

上面的讨论适用于无限方形阱. 对于实际的有限势阱，当阱宽很窄时，阱对于激子中的电子和空穴的约束减弱，电子和空穴的波函数会愈来愈多地渗入到势垒区. 因此在某一阱宽处激子束缚能达到最大值后将会下降，该最大值随阱的深度而变化. 势垒愈低，开始下降得愈早. 当 $L_z \to 0$ 时，在势垒材料中激子重新变为 3 维激子.

对于通常的价带简并的情形，3 维的基态激子是四度简并的. 这类似于受主杂质的情形. 在量子阱中，价带解除简并. 可形成轻、重空穴激子. 由计算得到的 GaAs 中的重、轻空穴激子的束缚能随阱宽的变化如图 10.23 所示.[57] 由图可见，量子约束对轻、重空穴激子有不同的影响. 对于 GaAs/AlGaAs 量子阱，当 $L_z \approx 30$ Å 时，重空穴激子的束缚能达最大. 考虑到能带的非抛物性、

不同子带的激子之间的库仑耦合、阱区和垒区的介电性质的差异，激子束缚能甚至会增加得更多.[58]

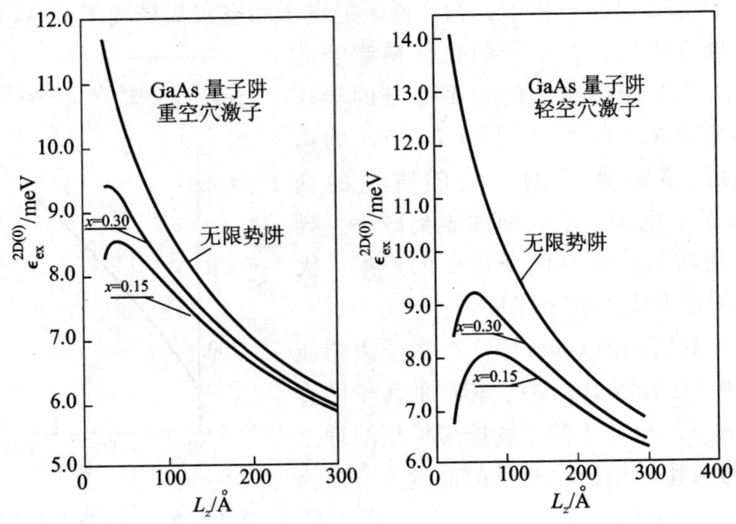

图 10.23 GaAs/AlGaAs 量子阱中轻、重空穴激子的束缚能随阱宽的变化

二维激子的吸收系数正比于激子中电子、空穴在 xy 平面内的间距 $\boldsymbol{r}=0$ 时的波函数值 $\varphi_l(0)$ 的平方

$$\alpha_{ex}^{2D} \propto \left|\boldsymbol{e}\cdot\boldsymbol{p}_{CV}\right|^2 \left|\int \zeta_{ne}\zeta_{nh}\mathrm{d}z\right|^2 \left|\varphi_l(0)\right|^2 \delta_{\boldsymbol{K},0}\delta(\epsilon_{ex}^l - \hbar\omega) \tag{10-3-4}$$

式中 l 为角动量量子数. 因此，激子的振子强度正比于激子波函数幅值的平方，因而正比于激子波函数收缩的倍数. 有人通过测量低温吸收谱中 HH1 - E1 基态激子线的积分面积研究了振子强度随阱宽的变化，[59] 如图 10.24 所示.

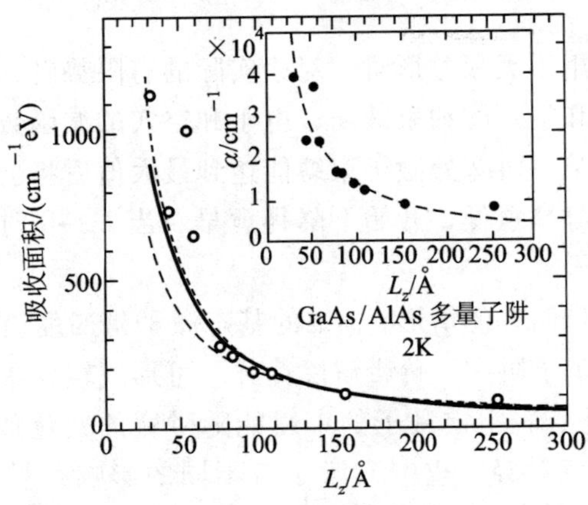

图 10.24 GaAs/AlAs 多量子阱 2 K 下吸收面积和阱宽的关系

振子强度和吸收面积 S 有以下关系：

$$f=\frac{m_0 c\sqrt{\varepsilon}}{2\pi^2 e^2 \hbar}S \tag{10-3-5}$$

图中给出了连续谱的吸收系数随阱宽的变化作为对比. 可见，对于比较窄的量子阱，激子线的吸收相对于连续谱得到显著加强.

正是由于上面两方面的原因，二维情形激子的吸收显著比三维情形的强，更易于观察到. 当束缚能大于线宽时，激子线就能从连续谱分离出来. 在高质量的样品中(有高质量的界面和小的阱宽涨落. 阱宽的涨落、局部应力和界面缺陷等显然会使激子线变宽. 在窄的量子阱中，阱宽涨落等的影响尤其显著)，即使在室温下也能清楚地观察到对应于 $n=1$ 的重空穴和轻空穴激子跃迁的双线. 图 10.25 所示为由 $GaAs/Al_{0.28}Ga_{0.72}As$ 多量子阱在室温下得到的吸收谱.[60] 图中给出了体 GaAs 的吸收谱作为比较.

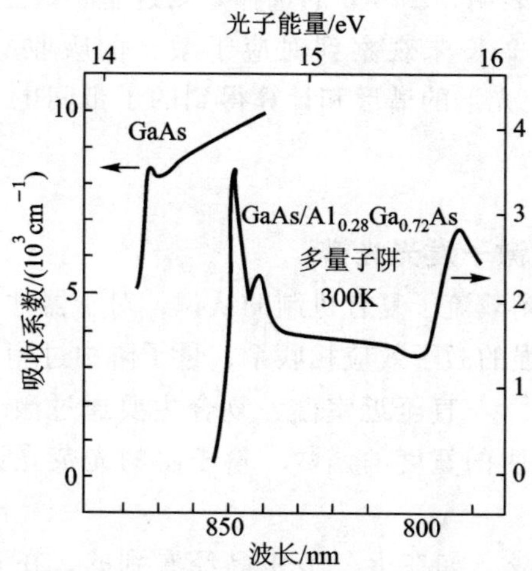

图 10.25 室温下由 $GaAs/Al_{0.28}Ga_{0.72}As$ 多量子阱得到的吸收谱

对重空穴激子的线宽－温度关系的研究表明，线宽 $\Gamma(T)$ 有以下关系[61]

$$\Gamma(T)=\Gamma_0+\frac{\Gamma_{op}}{\exp(\hbar\omega_{op}/k_B T)+1} \tag{10-3-6}$$

$\hbar\omega_{op}$为光学声子能量. 这表明，在一定的温度以上，谱线的宽度决定于光学声子散射.

在 ZnCdTe/ZnTe[62] 和 GaInAs/AlInAs[63] 等量子阱中，在室温下，也都观察到了激子吸收峰.

就和三维情形相似，电子、空穴间的库仑相互作用也会对连续谱产生影响，它会在式(10－3－1)上增加一个因子[56]：$\exp\beta/\cosh\beta$. 吸收系数 α^{2D} 可写作

$$\alpha^{2D} = \alpha_0^{2D} \frac{\exp \beta}{\cosh \beta} \tag{10-3-7}$$

式中 α_0^{2D} 是忽略激子效应的吸收系数，$\beta = \pi[\epsilon_{ex}^{2D(n)}/(\hbar\omega - \epsilon_{CV}^{n})]^{1/2}$. 当 $(\hbar\omega - \epsilon_{CV}^{n}) \to 0$ 时，$\exp\beta/\cosh\beta \to 2$.

在维数降低了的量子线和量子点中，激子效应会相应地得到进一步的加强. 由荧光谱，在T形槽量子线中观察到激子束缚能可达27 meV[64]，是3维激子的约6~7倍. 在室温下也能观察到较窄的荧光峰. 另外，理论计算表明，在低维结构中，可有更大的振子强度[65]. 有报道，量子点的振子强度可高达50[223].

对于Ⅱ型超晶格，如InAs/GaSb超晶格，电子和空穴的空间分布是错开的. 式(10-3-1)的动量矩阵元中所包含的关于电子和空穴 z 向波函数的重叠积分将会很小. 除非超晶格的势垒很薄，将很难观察到对应空穴和电子子带间跃迁的吸收[65]. 计算表明，$\Delta n = 0$ 的选择定则这里不成立. 在势垒很薄InAs/GaSb超晶格中，在4.2 K未观察到对应于激子的吸收. 在300 K下测得的InAs/GaSb超晶格的荧光谱的谱形和计算得到的子带间电子、空穴的辐射复合的谱形一致.[66]

过剩载流子的复合和激子发光光谱

对于量子阱中过剩载流子复合机制的认识，对于器件应用来说是十分重要的. 研究表明，和增强的激子效应相联系，量子阱中过剩载流子的复合动力学和三维情形很不相同[67]. 直至近室温，复合主要通过激子进行. 辐射寿命降低至ns量级，并且是阱的宽度的函数. 量子阱的光荧光谱对于复合机制的认识有重要的作用.

低温下的激子谱线　如在上一节中已经看到的，在直接禁带的、纯净的GaAs的低温发光光谱中，通过束缚于杂质的激子和通过杂质的复合发光常是占优势的. 但在量子阱中，由于激子较大的束缚能和高的振子强度，激子的光发射却易于观察到. 图10.26所示为在1.8 K下，由 $GaAs/Al_{0.3}Ga_{0.7}As$ 多量子阱得到的光致荧光激发谱，并在同样温度下测量了透射谱和光致荧光谱用作比较.[68]三个光谱中低能端的两个(锐)峰对应于1E-1HH，1E-1LH(也常表示为 E_{11h}，E_{11l})激子跃迁. 透射谱中的峰相对激发谱和光致荧光谱中的峰下移了1.5 meV，是因为在作透射测量时样品中存在应力.

虽然由于 $\boldsymbol{k}$ 守恒的限制，激子的荧光谱线应为锐线，但由于实际存在的散射过程，在实验上观测到的荧光谱线具有一定的宽度，难于根据谱线的谱型对它们的性质作出判断. 不过可借助光学自旋取向测量来进行鉴别[69]：在50 K下，通过对于由圆偏振光激发的上述两条谱线进行的偏振性质的分析确认，这

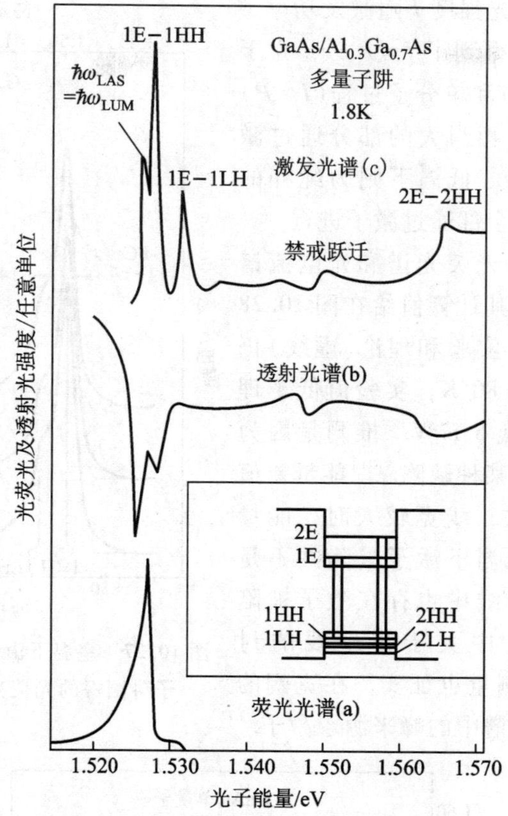

图 10.26　1.8 K 下的 GaAs/AlGaAs 量子阱的荧光激发谱，透射谱和荧光激发谱

两条谱线属于 1E－1HH，1E－1LH 激子.

室温下的激子谱线　在室温下，在 GaAs/AlGaAs 量子阱的光致荧光谱中仍可观察到双峰结构. Fujiwara 等对 GaAs/AlGaAs 单量子阱的光荧光谱(PL)和平行界面的光电流谱(PC)中的双峰结构进行了系统的和仔细的测量和分析[70]. 测量的温度从低温直到室温，激发的载流子浓度最高达到约 10^{17} cm^{-3}.

室温下的测量结果给在图 10.27 中. 光荧光谱的激发波长为 647.1 nm；改变激发功率峰的位置不发生变化；在样品的不同点(图中标为 a,b,c)的光荧光谱中峰的位置完全一致. 对于谱线的偏振性质的测量和分析表明，光荧光谱(PL,实线)中 1.487 eV 处的宽度为 14 meV 的峰和左侧的肩是分别属于 1HH，1LH 激子的；光电流谱(PC,点线)中左侧的两个峰在能量上和它们一致；由理论计算得到的室温下阱中激子的能量(图中由竖线标出)也和它们一致；这里的理论值和先前的理论和实验值也一致.

测量了峰的荧光强度 I 随激发功率 P 的变化，在室温下得到了 $I\propto P^{1.65}$，介于双分子过程($I\propto P^2$)和单分子过程($I\propto P$)之间，因而复合的相当大的部分通过激子的辐射复合进行. 低温下则为纯粹的单分子过程，复合全部通过激子进行.

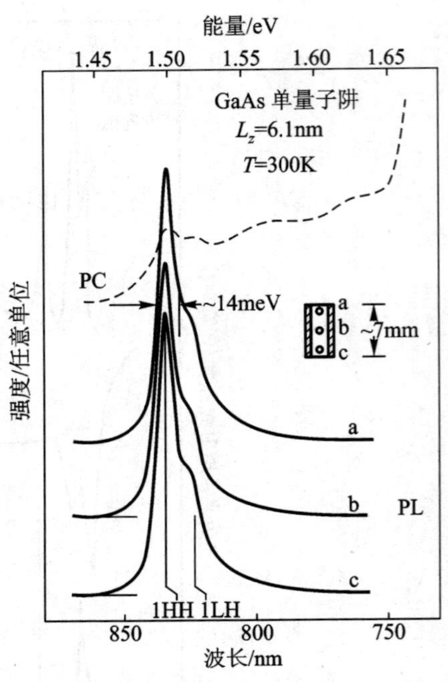

图 10.27 室温下由 GaAs/AlGaAs 单量子阱测得的光荧光谱和光电流谱

不同温度下由光荧光谱和光电流谱得到的激子能量及其计算值给在图 10.28 中. 直到约 80 K，实验和理论(虚线)仍符合得很好. 低于 80 K，实验值低于理论值，10 K 时约低 5 meV. 推测是因为低温下激子被陷于某种缺陷.[71] 能量差值和晶体的质量有关. 线宽较大时，能量差值也较大. 在低温下激子被陷并不是个别现象. 在量子线中也存在激子被陷现象(参看 §8.2 中关于量子线的讨论).[72] 反射谱的测量也证实，在宽阔的温度范围内，荧光谱中的峰来源于激子.[71]

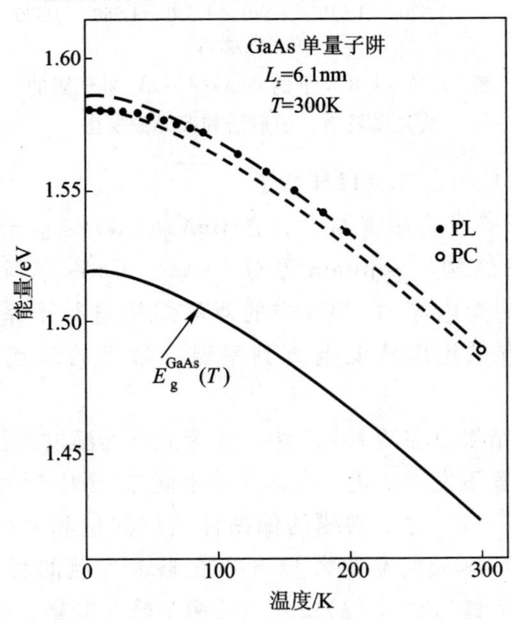

图 10.28 由荧光谱和光电流谱得到的激子能量随温度的变化. 图中的点线仅仅是为了后面说明问题用的

上述所有的测量、比较和分析表明：室温荧光的双峰结构属于重、轻空穴激子；直到室温自由激子复合仍然显著.

早先也有人测量了荧光峰随温度的变化，但低温下的荧光峰被认定为属于自由激子. 他们由此出发，根据禁带宽度的温度关系来外推激子能量，如图 10.28 中点线所示意. 在较高温度下，如此得到的外推值比荧光峰能量的实验值低若干 meV.[73] 由此，对较高温度下的荧光峰是属于激子复合，还是属于自由电子、空穴复合，产生了疑问[73,74]. 上面的结果应能消除这一疑问.

但在室温以上更高的温度下，子带间的复合跃迁逐渐有更重要的贡献. 这可从图 10.29[75] 中几个不同温度下的光荧光谱的比较看得很清楚.

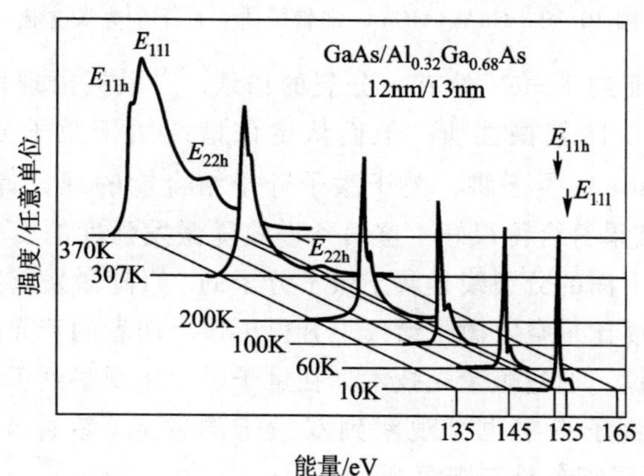

图 10.29 几个不同温度下 GaAs/AlGaAs 多量子阱的光荧光谱的比较

室温激子发光在 GaSb/AlGaSb，InGaAs/InAlAs 多量子阱，InGaAs/GaAs 应变层多量子阱中都曾观察到.

量子阱的低温荧光谱

低温光荧光谱和光荧光激发谱是研究和激子能量相关的问题的有力的工具. 下面是两个例子.

图 10.30 为 4 K 下得到的 GaAs/AlGaAs 多量子阱的光荧光谱.[76] 在低温下可以观察到和不同价带和导带子带相联系的许多激子峰. 对应诸子带对的激子能量决定于阱宽 L_z、导带和价带的带阶 ΔE_C、ΔE_V. 高能量的激子峰对于带阶的大小更为敏感. 由此，可以有效地确定导带、价带带阶的比值.[76]

在 GaAs/AlGaAs 量子阱的荧光谱中可观察到激子分子的谱线. 在较高的 $\approx 10^{10}\,cm^{-2}$ 量级的激子密度下，激子间的平均距离（约 1 000 Å）约为激子的直径的若干倍. 这时，可形成激子分子. 在适当的低温下，Miller 等最先报导在高质量的、$L_z \approx 81 \sim 327$ Å 的 GaAs/AlGaAs 量子阱的低温（~5 K）荧光谱中观

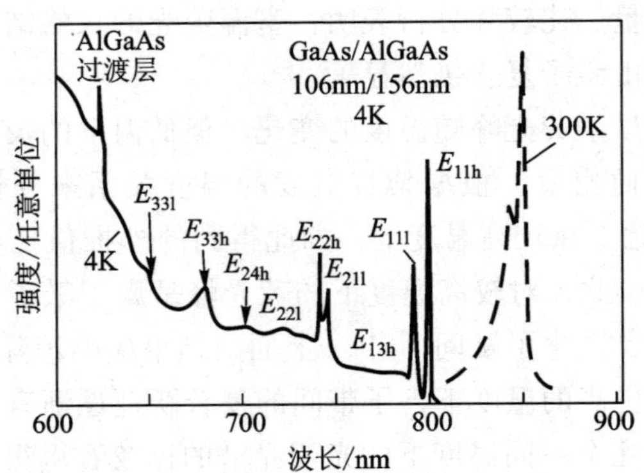

图 10.30 GaAs/AlGaAs 多量子阱 4 K 下的光荧光谱

察到，在 E_{11h} 下面约 1 meV 处有一分裂的谱线.[77] 根据出现该谱线的激发强度、温度以及谱线的偏振性质，他们认定该谱线属于激子分子. 对于 $L_z <$ 25 nm的 GaAs/AlGaAs 量子阱，关于激子分子结合能的理论计算的结果[78] 和 Miller 等的实验结果符合得很好. 这两条谱线随激发强度的变化的不同的速度也支持重空穴线下面的分裂线是属于激子分子的.[79] 随激发强度的增加，激子分子的谱线的强度比重空穴激子谱线上升得更快. 两者的荧光的衰减过程也同样支持上面的结论. 通过微荧光技术，在量子阱中还观察到了 3 维约束的双激子的荧光.[80] 在量子点中也可观察到双激子的发光(参看 §10.6). 但在体 GaAs 中，激子分子现象难于观察到.

低温激子光谱还可用于研究其它一些和激子能量有关的问题.[81] 由低温下的光荧光激发谱观察到了量子线的一维导带和价带的子带间的许多跃迁.[82]

量子约束斯塔克效应

一般而言，斯塔克效应是指外电场引起的谱线的分裂和移动的效应. 这里的斯塔克效应是指在量子约束的条件下电场引起的激子吸收限的显著的红移. 有时也称为光学量子约束斯塔克效应.

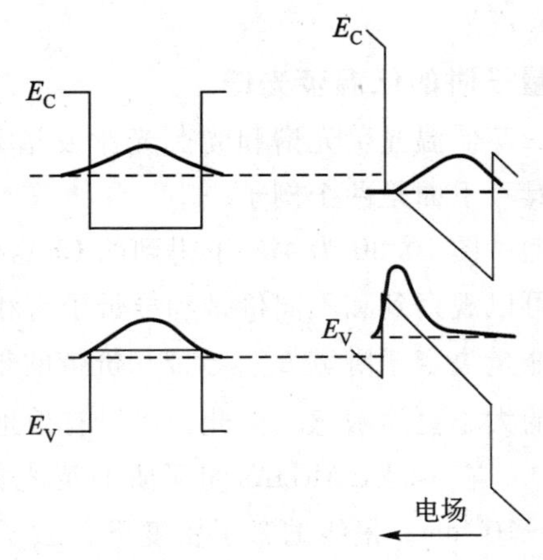

图 10.31 有电场和无电场情形量子阱中的电子和空穴的波函数示意图

就方形势阱而言，在垂直于界面的电场的作用下，阱底要发生倾斜，如图 10.31 所示意.[83] 电场的作用使电子和空穴的波函数各偏向于阱的一侧，变得不对称. 因而电子和空穴子带的能量变得更加靠近，激子能量将会降低. 电场所产生的另一个影响是激子中的电子和空穴的相互作用减弱.

图 10.32 所示为对阱宽为 96 Å 的 GaAs/AlGaAs 多量子阱施加不同强度的电场测得的吸收谱.[84] 为了清楚起见，图中曲线(b)和(c)分别上移了两格和四格. 可见，随着所施加的电场的增加，激子跃迁向低能量方向移动；由于电子、空穴 z 向波函数交叠的程度降低，相应的吸收系数有所减小.

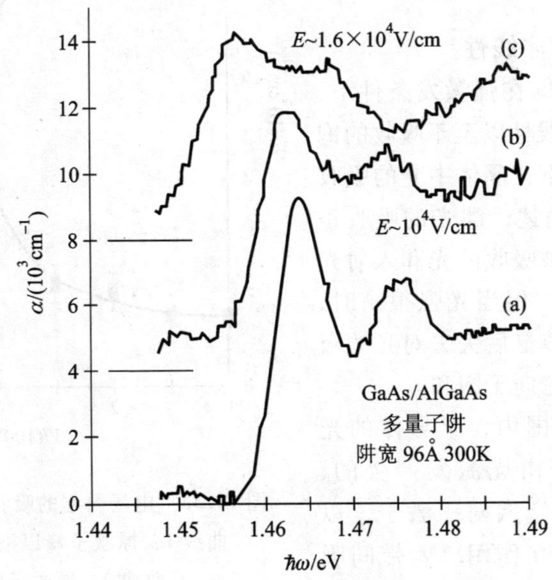

图 10.32 对 GaAs/AlGaAs 量子阱施加不同强度的电场时的吸收谱施加在样品上的电压为(a)400 V，(b)600 V

我们主要关注的是低频端. 由于极子峰的红移，在原来是透明的部分(激子线以下)，吸收逐渐增强. 图 10.33 是电场引起的吸收系数的变化.[84] 曲线 1：原激子峰以下 5 mV 处；曲线 2：原激子峰处. 可见，在 10^4 V/cm 量级的电场下，$\Delta\alpha$ 达到 4×10^3 cm^{-1}量级.

这是一种直流电场的非线性光学效应.* 效应可利用来制作高速光调制器、自光电门等光学器件. 相比之下，在体 GaAs 中，在 5×10^4 V/cm 量级的电场下，$\Delta\alpha$ 只能达到 2×10^2/cm 量级. 这一效应显然和增强的激子效应密切相关.

在量子线和量子点中也存在类似的量子约束斯塔克效应[85]. 实验显示，

* 非线性光学是一门涉及范围相当广的物理学科. 属于非线性光学的各种效应都和极化率 χ 的非线性相联系：$\boldsymbol{P}=\varepsilon_0(\chi^{(1)}\boldsymbol{E}+\chi^{(2)}\boldsymbol{E}^2+\chi^{(3)}\boldsymbol{E}^3+\cdots)$. 常见的、相关的效应有 Pockel 效应、光学整流、二次和三次谐波产生、直流和光频 Kerr 效应(Kerr 棱镜锁模)、四波混合、拉曼散射等近十种. 半导体中光吸收的非线性及电场感生的吸收的变化等和极化率、折射率的非线性存在一定的联系.

在 InGaN/GaN 量子阱中，由于无外加电压时可存在由自发极化和压电极化引起的电场导致的所谓本征量子约束斯塔克效应——激子峰的红移，在施加适当的偏压时，量子约束斯塔克效应可表现为蓝移[86].

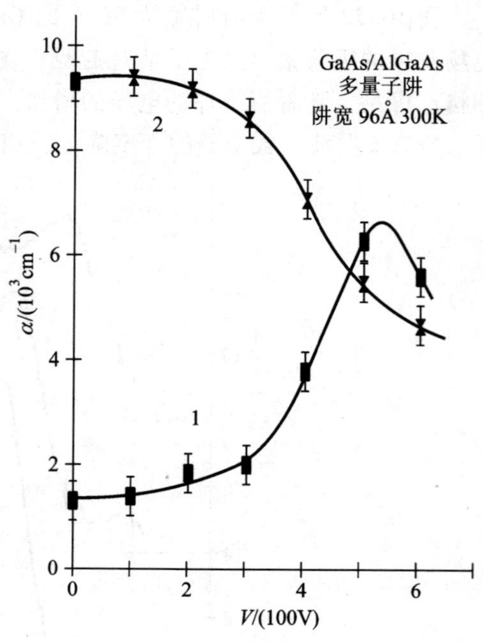

图 10.33 电场引起的吸收系数的变化.
曲线1：原激子峰以下 5 mV 处，
曲线2：原激子峰处

受限激子吸收的非线性

在半导体中，在强激发条件下，会出现吸收的非线性以至于吸收的饱和. 在一般情形下，晶体中光的吸收由式(9-1-1)描述，即光的吸收正比于入射光强：被吸收的光和入射光之间有线性关系. 但当光强很高时，吸收会渐渐减弱，最后失去对光的吸收能力，即吸收趋向于饱和.

在强激发范围内，半导体的光学性质将依赖于由光激发产生的、数量很多的电子空穴对、激子，以及它们之间的相互作用. 就带间吸收的光频而言，强光可造成分布反转，最后可使价带的相关部分被抽空，从而导致带间吸收的减弱.[87]引起激子吸收的非线性的原因不像这样直观. 在强激发条件下，例如当激子的密度达到 $\approx 10^{12}\ \mathrm{cm}^{-2}$ 量级时，激子间的平均间距只有约 100 Å，和激子的直径接近，束缚能逐渐减小. 越来越多的电离的电子、空穴对激子中电子、空穴的屏蔽作用越来越强. 最终，不再存在形成激子的共振吸收. 代替激子的是电子、空穴等离子体. 在此过程中伴随着能带的强的重整化*，带间跃迁的能量逐渐减小. 因此，随着激发强度的增加，激子的吸收将严重偏离线性.

和三维情形相比，在量子阱中，激子波函数受到的约束极大地增强了激子吸收的非线性. 图 10.34 为在室温下由 GaAs/AlGaAs 量子阱观察到的、不同激发条件下的、阈值附近的吸收特性.[88]测量在分布达到平衡以后进行. 吸收特性取决于阱中电子-空穴对的总密度，而和激发在哪一个波长无关. 由图可

---

* 散射实际上总是在有限的时间内完成的，不仅改变粒子的运动方向，而且会引起粒子状态能量(有时称为自能)的扰动.

见，吸收表现出强的非线性. 在 N 达到 $\approx 2\times10^{12}\ \mathrm{cm}^{-2}$ 时，不再存在和激子相联系的特征吸收. 在更高的激发条件下，会在重整化的带隙能量以上形成分布反转.

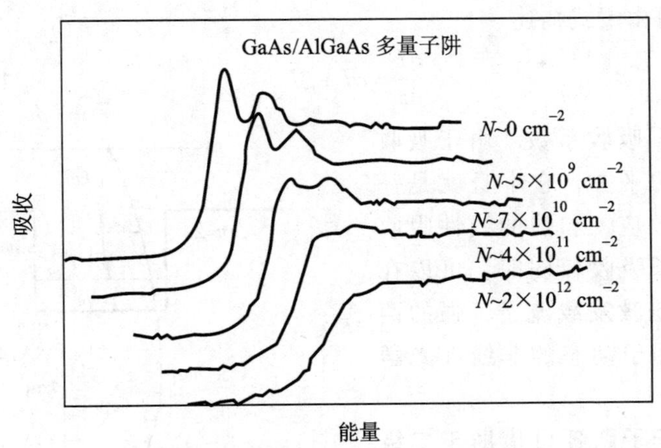

图 10.34 GaAs/AlGaAs 量子阱中激子的吸收谱. N 为阱中激发的电子空穴对的总密度. 测量在分布达到平衡后进行

光吸收的非线性也是一种非线性光学现象. 在强激发条件下，晶体的光学性质不再只决定于一阶极化率 $\chi^{(1)}$，而且和高阶极化率及高阶折射率相关. 吸收的非线性和非线性极化率 $\chi^{(3)}$ 及非线性折射率 n_2* 存在着联系.[61]

一般来说共振非线性要大于非共振非线性. 在高质量的 GaAs/AlGaAs 量子阱中 $|\chi^{(3)}|$ 可达 $8.4\times10^{-6}\ \mathrm{cm}^2/\mathrm{V}^2$ (Si 单位)，n_2 可达 $2\times10^{-4}\ \mathrm{cm}^2\mathrm{W}^{-1}$；InGaAs/InP 量子阱中 $|\chi^{(3)}|$ 可达 $1.12\times10^{-5}\ \mathrm{cm}^2/\mathrm{V}^2$，$n_2$ 可达 $3.5\times10^{-4}\ \mathrm{cm}^2\mathrm{W}^{-1}$；作为比较，GaAs 体材料的离共振的 $\chi^{(3)}$ 为 $10^{-15}\ \mathrm{cm}^2/\mathrm{V}^2$ 量级. 77 K 下 InSb 的近共振的 $\chi^{(3)}$ 为 $10^{-4}\mathrm{cm}^2/\mathrm{V}^2$ 量级.

和量子约束所导致的增强的激子效应密切相关，类似的现象也存在于量子线和量子点中.[89]

对于光学非线性的兴趣不仅在于对它的研究具有基本意义，而且光学非线性可被利用来制作可用于激光器的锁模，剪裁脉冲形状和光学双稳等多种非线性光学器件. 不少高速非线性光学器件对于光信息处理十分重要. 因此对于三维半导体晶体中的光学非线性，从 20 世纪 80 年代以来就进行过相当充分的研究. 对于应用来说，受限激子的强的光学非线性显然具有重要实际意义.

---

* n_2 由下式定义：$n=n_0+n_2I$. n_0 是线性折射率.

两光子吸收和两光子激发谱

两光子吸收是一种可用来在半导体中激发带间跃迁，产生高密度载流子的方法. 参与过程的光子能量处在禁带的透明能区之中. 包括单光子和两光子过程在内，吸收可由下式描述

$$-\frac{\mathrm{d}I}{\mathrm{d}z}=\alpha I+\beta I^2 \tag{10-3-8}$$

式中β为双光子吸收系数. 由于吸收正比于光强I的平方，它本身就是一种非线性光学效应. 和强的线性吸收相比，当两光子吸收较弱时，可以在晶体中较均匀地激发载流子. 强的两光子激发则可用于动态的非线性光学效应的研究.

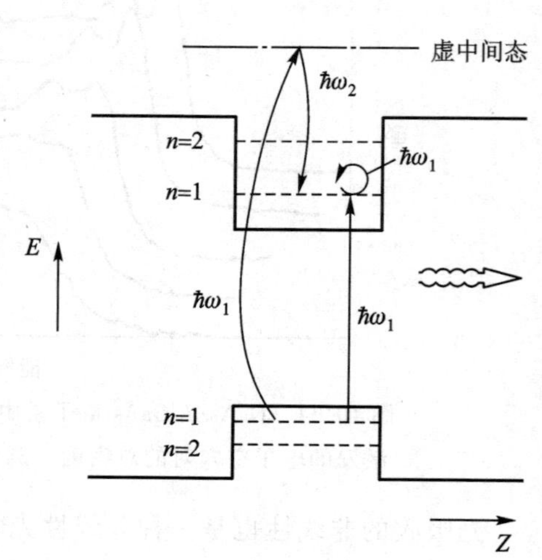

图 10.35 两光子吸收过程示意图

电子的两光子跃迁可借助于二级微扰论计算. 类似于§9.1中讨论过的同时有光子和声子参与的间接光跃迁，两光子跃迁也是通过虚中间态进行的，如图 10.35 所示. 中间态也可以是和初态或终态相同的一个状态，如图中的圆圈所示意. 这里，代替声子的是另一个光子，因此由另一个光跃迁矩阵元

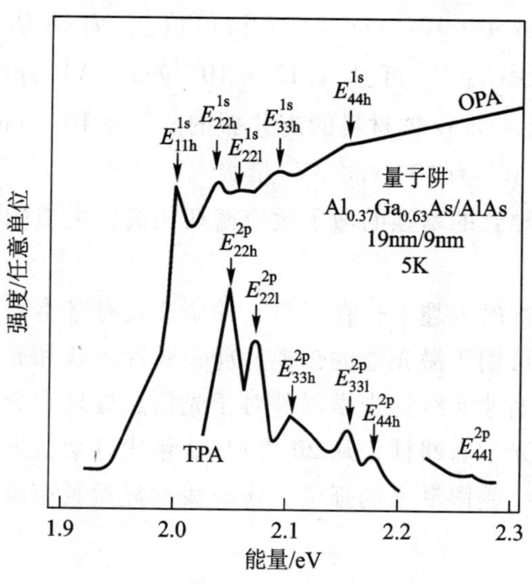

图 10.36 由 $Al_{0.37}Ga_{0.63}As/AlAs$ 量子阱在 5 K 得到的两光子光荧光激发谱

代替了§9.1中的声子跃迁矩阵元(参看式(9-1-37)). 跃迁率可写作

$$W_{\mathrm{fi}}=\frac{2\pi}{\hbar}\left(\frac{eA_0}{2m_0}\right)^4\sum_{\mathrm{t}}\left|\frac{\boldsymbol{e}\cdot\boldsymbol{p}_{\mathrm{ft}}\times\boldsymbol{e}\cdot\boldsymbol{p}_{\mathrm{ti}}}{E_{\mathrm{t}}-E_{\mathrm{i}}-\hbar\omega_1}\right|^2\delta(E_{\mathrm{f}}-E_{\mathrm{i}}-\hbar\omega_1-\hbar\omega_2) \tag{10-3-9}$$

式中f, i, t分别代表终态、初态和中间态. $\hbar\omega_1$, $\hbar\omega_2$ 为参与过程的两种光子的能量. 也可以只用一种频率的光来激发. 这时, 代替 $\hbar\omega_1+\hbar\omega_2$ 的应是 $2\hbar\omega$. 在两光子吸收中, 量子约束同样可导致激子效应的增强.

由于通过薄的量子阱吸收弱, 直接测量两光子吸收是困难的. 因此两光子激发的荧光谱和光电流谱常用来研究两光子非线性吸收.

双光子激发也是研究量子阱中电子状态的有力工具. 因为双光子吸收的选择定则不同于单光子吸收, 通过两光子激发可以观察到单光子过程不能接触到的一些状态. 例如由两光子激发可以直接达到激子的激发态.

图10.36所示为由 $Al_{0.37}Ga_{0.63}As$/AlAs量子阱在5 K得到的两光子光荧光激发谱(图中标为TPA).[19] 图中给出了单光子吸收谱(标为OPA)作为对比. 在两光子谱中, 激子跃迁在激发态 $n=2$ 的p态间进行. 由于p态波函数有大的空间扩展度, 阱宽的涨落导致的谱线增宽效应不像在s态间跃迁那样显著(参看OPA). 两光子激发谱也可用来确定异质界面的带阶.

§10.4 发光二极管及相关问题

发光二极管是通过电光转换实现发光的光电子器件. 最常见的是pn结发光二极管. 在这种二极管中, 通过施加正向偏压注入超过平衡的过剩载流子, 通过过剩载流子的辐射复合实现发光, 如图10.37所示.

过剩载流子可以通过各种途径复合: 直接的带间复合、激子复合以及通过杂质的复合等. 每一种复合的跃迁过程又可以是辐射跃迁或无辐射跃迁(包括多声子跃迁和俄歇跃迁, 参看§5.7). 对于带间辐射复合, 平行的无辐射复合和自由载流子相联系; 与之平行的还可以有通过杂质和发光中心的复合. 相应地, 还存在通过杂质和发光中心的无辐射复合. 可见, 一般来说, 注入的过剩载流子面临各种辐射和无辐射跃迁过程的竞争. 作为发光二极管, 重要的是以所关注的光频发生的辐射复合在全部复合中占有显著的比重, 通常用内量子效率 $\eta_{内}$ 来描述:

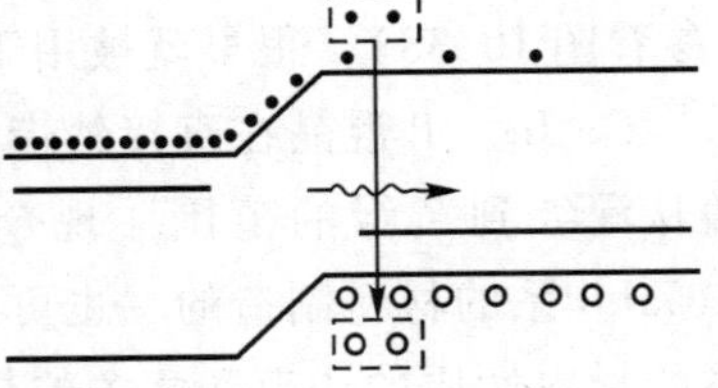

图10.37 pn结注入发光示意图

$$\eta_{内} = \frac{\text{单位时间在所关注的频段内产生的光子数}}{\text{单位时间流过二极管的电子数 } I/e} \qquad (10-4-1)$$

只有当其中至少有一种辐射复合的速率在总复合速率中占有显著比例时，才可能有较高的发光效率. 现在的发光二极管多采用多量子阱结构. 阱区通常为不掺杂或只掺有发光中心的高质量的晶体，以利于压缩无辐射复合，达到高的内效率.

由复合产生的辐射，在由器件内部在向表面传播的过程中，要有一部分被吸收. 在到达表面后，由于半导体和周围介质的折射率不同，在界面处还要有一部分被反射和再吸收. 因此，减少复合辐射在输出过程中的再吸收和反射也是发光二极管的一个重要实际问题. 如果所发射的光子能量显著低于禁带宽度，则吸收可显著降低. 采用多量子阱结构显然有利于降低这种吸收. 界面的反射可以通过对表面的适当处理而得到改善[90]. 最终，二极管的发光效率由外量子率效反映：

$$\eta_{外} = \frac{\text{单位时间在所关注的频段内发射到外部的光子数}}{\text{单位时间流过二极管的电子数 } I/e} \qquad (10-4-2)$$

这一节我们将主要讨论和内效率有关的问题. 先简单介绍适合用于发光二极管的半导体. 然后介绍 S_i 基发光材料，等电子陷阱在发光中的作用，最后简单讨论无辐射复合.

高效率的半导体发光材料

适合于制作发光二极管的主要是禁带较宽的和宽禁带的半导体，首先是其中直接禁带的. 对此我们在 §5.7 中已经作过初步讨论.

直接禁带半导体优于间接禁带半导体. 在直接禁带半导体中，动量守恒易于得到满足. 所以相对于无辐射复合，带间辐射复合有高的概率，以至带间辐射复合可以起支配作用. 因此，一般来说，直接禁带半导体是理想的发光材料. GaAs 和 GaN 是两个最重要的代表.

直接禁带的 GaAs 的带隙为 1.46 eV，所对应的波长在红外 0.85 μm 附近(参看图 10.38)，很早就被用于制作红外发光二极管.

$Ga_xIn_{1-x}P$ 混晶在直接禁带范围内可以从 InP 的 1.33 eV 达到 ~2.2 eV，覆盖从深红到黄绿的范围. 现今最亮的、效率最高的红色的发光二极管是由AlGaInP系的材料制造的. 也可以实现高效率的黄绿光发光器件. 对于 AlGaInP 系的材料性质的认识和相关的技术比较成熟.

近年一个重要进展是，实现了在蓝光范围内发光的 GaN 发光二极管.[91] GaN(w)的带隙为 3.39 eV. n 型 GaN 易于通过掺 O 得到. 在掺 Mg 的基础上可实现 p 型掺杂(参看 §3.8). Mg 是 GaN 中最浅的受主，在价带以上 0.14 ~ 0.21 eV 处产生受主能级.[92] Zn 在 GaN(w)中可用作发蓝光的发光中心. 图 10.39 为最早在掺 Mg 并含有 Zn 的 GaN 中观察到的荧光光谱[93].

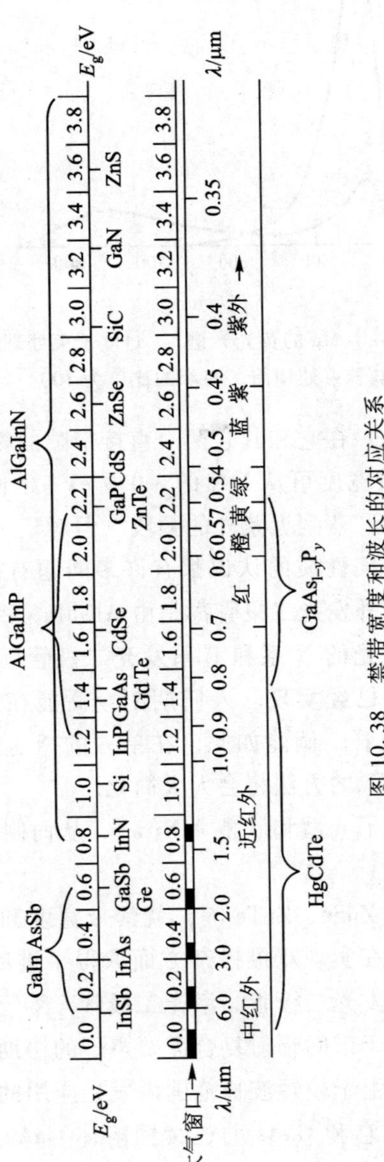

图 10.38 禁带宽度和波长的对应关系

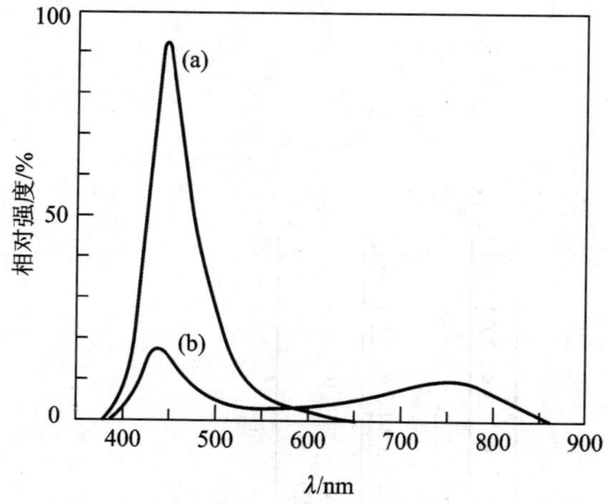

图 10.39 GaN: Mg 的荧光光谱. (a)电子束处理后, (b)电子束处理前. 两峰的比值为 100

GaN 的一个重要优点是：在它和其它两个直接带隙的氮化物 AlN 和 InN 之间可形成的混合晶体，禁带宽度可从 InN 的 ~0.9 eV* 延伸到 AlN 的 6.2 eV，覆盖了从红外、红、黄、绿、蓝到近紫外的频段. 但对于 AlGaInN 系材料的性质，包括对其中的杂质和缺陷性质的认识都有许多问题有待解决. 尽管如此，现今效率最高的绿、蓝和紫外发光二极管都是由 AlGaInN 系的材料制造的[95].

现今，基于直接带隙发光的 N 系和 P 系发光二极管已覆盖了整个可见光范围. 蓝、绿、红三色显示已经实现. 人们期望今后能在 N 系材料的基础上得到高效率的红光发光二极管. 倘能如此，在单一的 N 系材料的基础上，通过三色混合得到白色照明光源的方法将会大大简化.

通过掺 Si 和掺 Mg 获得了 n 型和 p 型 AlN(w)，从而制成了波长为 210 nm 的紫外 AlN 发光二极管[96].

一些Ⅱ－Ⅵ化合物，如 ZnSe，ZnTe 等，就禁带宽度和禁带性质而言，也是理想的发光材料，近年来在实现双极掺杂方面取得了进展(参看 §3.7)，并分别实现了发蓝光、绿光的发光二极管、激光二极管[97].

间接禁带半导体中，由于带间辐射复合需要声子的协助，具有小得多的辐射复合的复合率. 但历史上由于较短波长范围内发光应用的需要，有些间接带隙半导体，特别是 GaP 以及它和 GaAs 的连续固溶体 $GaAs_{1-x}P_x$，曾担当了重要的角色. 一个重要的原因是，等电子杂质的作用使得间接禁带材料 GaP 的

---

* 早先的关于 InN 的带隙的 1.8 ~2.1 eV 的数据是由多晶和非晶的 InN 得到的. 而新的数据是由改进的 InN 单晶层上得到的[94].

发光效率可与直接禁带材料相比美. 关于这一点，后面还要进一步讨论. GaP的室温禁带宽度为 2.26 eV，相应的波长约 0.55 μm，在绿光范围内. 改变混晶中 GaP 的含量可得不同颜色的发光二极管. 由 $GaAs_{1-x}P_x$ 混晶可以获得禁带宽度较大的直接禁带材料. 图 10.40 所示为含有不同成分的 GaP 的 $GaAs_{1-x}P_x$ 混晶的 Γ 谷和 X 谷的带隙的变化情况[98]. 在室温下，在 $x=0.45$ 附近发生由直接禁带向间接禁带的过渡. 在该成分下的带隙约为 1.99 eV，相应的光子能量在红光范围内. 在直接禁带成分的范围内，$GaAs_{1-x}P_x$ 的发光性质和 GaAs 相似.

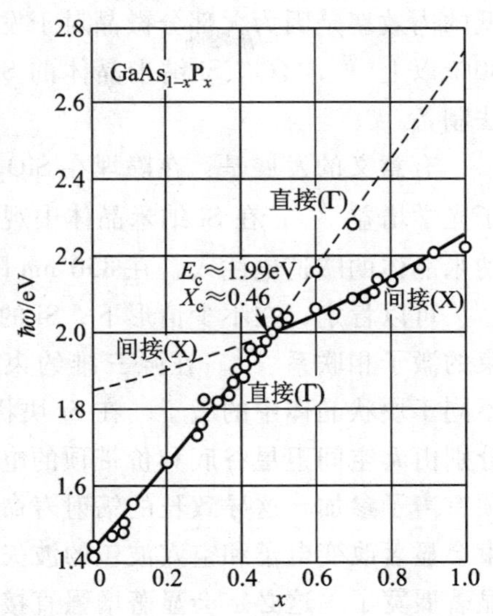

图 10.40 $GaAs_{1-x}P_x$ 的带隙随 GaP 的成分 x 的变化

在宽禁带半导体中，间接禁带的 α-SiC 在发光的应用上有最长的历史. α-SiC 的带隙 ~3 eV. 其所对应的波长为 ~0.4 μm，在紫外区域. 但其发光通常通过杂质进行，所发射的光在可见范围. 这种二极管具有极高的热稳定性，但其发光效率很低，蓝光的发光效率仅达到 0.03%[99].

硅的纳米晶体和多孔硅

Si 是间接禁带半导体，不适合直接用作发光材料. 但由于它和高度发展的 Si 工艺的兼容性，长时间以来，Si 基发光材料的问题一直为人们所高度关注. 设想如能代替 GaAs 和类 GaAs 的材料，实现各种 Si 基的光电子器件，并能使之和 Si 的电子器件集成化，这将是技术上的一个飞跃. 在发现多孔硅室温可见光荧光[100]后，多孔硅和相关的 Si 纳米结构受到广泛的注意，旨在由之获得可资利用的光电性质[101]. 平行于 Si 微电子学，诞生了 Si 微光子学.

多孔硅是在氟氢酸中对 Si 表面进行电化学腐蚀时偶然发现的[100]，这种方法现在仍是多孔硅制备诸方法中的一种. 多孔硅是包含孔径在纳米尺度的无规分布的微孔的一种 Si 纳米结构，可视为由不同尺寸的纳米线和纳米晶体等纳米结构所构成. 研究表明，多孔硅中产生可见荧光的硅纳米晶体的线度在10 ~ 15 Å 之间. 改变多孔硅的孔度(porosity,孔的体积所占百分比)，可改变荧光的波长. 孔度愈高，波长愈短. 孔度达 70% ~80% 时，可发蓝、绿光.

但多孔硅的多孔性可导致高的可反应性和不稳定性. 隐埋在 SiO_2 中的 Si 纳米晶体因具有高的稳定性及较好的 Si/SiO_2 界面受到更多的关注. 但 Si 纳米

晶体荧光所达到的内效率仍然较低. 有实验研究表明，在 Si 的微晶集合中，低的内效率是因为大部分微晶对于发光没有贡献，但小部分微晶的内效率可达 80% 以上[102]. 含有 Si 纳米晶体的 SiO_2 薄膜可通过共溅射法、离子注入等方法制备.

有意义的发展是：在隐埋在 SiO_2 的 Si 纳米晶体中，在 800 nm 处，观察到了光学增益[103]；在 Si 纳米晶体中观察到了受激发射[104]；通过向 SiO_2 中的 Si 纳米晶体的隧道电注入，在 850 nm 附近观察到相当强的室温荧光[105].

可以肯定，在不少情形下，Si 的微晶和多孔硅的可见荧光是和受到量子约束的激子相联系[106]. 在强三维约束的纳米晶体中，激子的辐射复合的性质，不同于块状晶体中的激子. 在 Si 块状晶体中，间接激子的电子和空穴的波包，分别由 $\boldsymbol{k}$ 空间卫星谷底和价带顶的电子和空穴布洛赫波组成，因此辐射复合必须有声子参加. 这导致长的辐射寿命. 纳米晶体中的情形则不同，强的三维约束会显著改变电子和空穴波包的波矢构成，相应的波函数在 $\boldsymbol{k}$ 空间的波矢分布显著展宽了. 这必定会显著增强直接的辐射跃迁. 这里，约束的作用就和等电子陷阱的短程势相似. 强的约束还会导致激子辐射跃迁振子强度的显著增大. 约束的另一个最明显的效应是使辐射波长移向短波.

对于这类材料的开发深度显然取决于人们对于它们认识的深度. Si 纳米结构和多孔硅的问题存在实际的复杂性. 例如它们具有大的表面 - 体积比，表面的影响显著；在不同制备条件下，它们可以是晶态 Si，也可以是无定形 Si；它们的大小和形状都具有分散性；可包含 Si—O—Si，Si ═O 键和 Si—H 键以及其它缺陷等等. 弄清各种实际因素的影响并非易事，虽然进行了大量的实验研究，有许多问题仍等待人们去探索. 例如，尚不清楚，在 Si 纳米晶体中，无辐射复合的机制是什么[102]；尚不能确凿无误地鉴别深红和红外发光的性质[107]；以及由实验得到的荧光频率和单纯基于量子约束的模型的理论预言常常并不一致[108]等等. 最近，一些考虑到硅的微晶的实际复杂性的计算，例如考虑多体效应的存在、表面可存在 Si—O—Si 和 Si ═O 键等因素的计算，取得了较好的结果[109].

掺铒的硅及 SiO_2

另一种受到关注的 Si 基发光材料是掺入具有光学活性的稀土元素铒(Er)的硅[110]和相关的材料. 铒可在红外 1.54 μm 处发光. 这个波长的光放大器和激光器在光通讯中具有重要性. 在掺铒硅上观察到室温荧光并制成了掺铒硅发光管[111]，在 CMOS 工艺基础上实现了掺铒硅发光管和 MOS 驱动电路的集成[112]，并在掺铒硅中观察到了受激发射[113,114].

Er^{+3}离子 1.54 μm 处的荧光是由 f 壳层的第一激发态$^4I_{13/2}$向基态$^4I_{15/2}$的辐

射跃迁产生的．光激发的激光器通常利用0.98 μm的激光激发Er^{+3}离子至f壳层的$^4I_{11/2}$激发态，然后迅速弛豫至$^4I_{13/2}$态．但Er^{+3}的f壳层的光吸收截面只有10^{-21} cm^2量级．因此，光激发Er^{+3}需要较高的激光功率．

人们发现Si纳米晶体可用来作为光激发Er^{+3}离子的敏化剂．Si纳米晶体的光吸收截面要比Er^{+3}的大得多．和纳米晶体的大小和激发波长有关，吸收截面约在10^{-16} ~ 10^{-14} cm^2范围内[115]．当Si纳米晶体的密度很高(10^{19} cm^{-3}量级)，和Er^{+3}相距很近因而两者有较强相互作用时，其中被激发的激子在辐射复合时，可以高速率(可达10^6 s^{-1})和高效率将能量传递给Er^{+3}[116]．所采用的材料可以是同时掺有Er^{+3}和Si纳米晶体的SiO_2薄层(Er^{+3}和Si纳米晶体可通过离子注入掺入)；也可以是隐埋有掺铒的Si纳米晶体的SiO_2薄层．人们期望在此基础上，使掺铒的光放大器和激光器的光激发更为有效，甚至实现Er^{+3}离子的电激发．

图10.41所示为在15 K测得的掺有Si的微晶和不同量的Er的SiO_2的光致荧光谱，由Ar激光器的458 nm线激发．图中所标数字为SiO_2中Er的原子百分比[117]．无Er的曲线为单纯由Si纳米晶体所发射的荧光．宽的荧光谱反映了纳米晶体尺寸的分散性．由图可见，当Er的含量增加时，Er的荧光增强，而纳米晶体的荧光随之减弱．将能量传递给Er^{+3}的激子的比例可达55%．

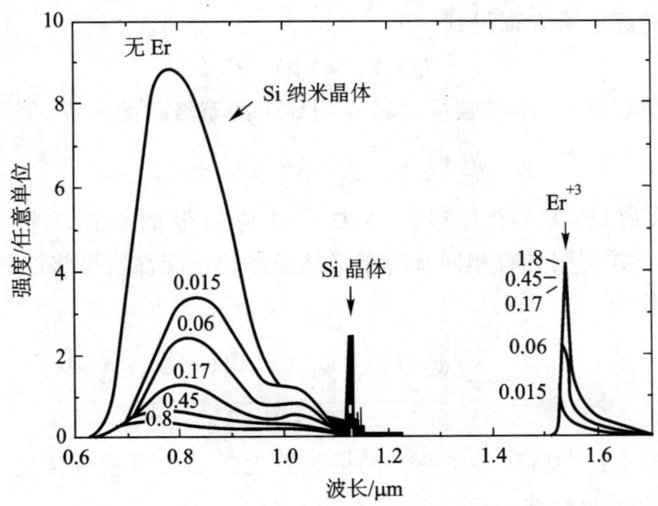

图10.41 在15 K测得的掺有不同含量的Er和Si的微晶的SiO_2的光致荧光谱所标数字为SiO_2中Er的原子百分比

在Si上制成了光激发的、超低阈值的、回音壁模式的掺铒SiO_2微腔激光器[114]．最近，在掺有铒和Si纳米晶体的SiO_2中，在1 535 nm处观察到了光增益[118]．人们试图制成Si纳米晶体敏化的、掺铒的SiO_2激光器[114]．

但由于 SiO_2 大的禁带宽度，通过 SiO_2 向 Si 的微晶进行为激光器所需的大的电注入会存在一定的困难．有人尝试用禁带较窄的 SiN_x 代替 SiO_2 作为 Si 纳米晶体的母体[119]．

GaP 中的等电子杂质 N

如前所述，对于间接带隙的 GaP，N 能够显著提高它的发光效率*．N 在 GaP 中占据 P 的位置而作为等电子陷阱存在．由于 N 比 P 有更强的负电性（还应考虑由于 N 和 P 原子半径的差异所产生的应力场），在 N 中心处存在短程的附加作用势，从而可以束缚一个电子．束缚能 ϵ_t 为 10 meV．被束缚的电子以其库仑势还可以进一步束缚一个空穴，形成束缚激子．若激子束缚能为 ϵ_{ex}，所发射的光子能量为

$$\hbar\omega = \epsilon_g - \epsilon_t - \epsilon_{ex} \tag{10-4-3}$$

等电子杂质引入的附加势的短程性质对电子态的波函数的组成有重要影响．结果是：电子波函数在 k 空间的更大范围内扩展，如图 10.42 所示．电子波函数几乎由整个简约布里渊区内不同 k 值的布洛赫波组成．这一点不难由测不准关系 $\Delta x\Delta k \sim \pi$ 得到了解：当短程势将电子束缚在 $\Delta x \sim a$ 的范围内时，$\Delta k \sim \pi/a$.

略去束缚空穴的相互作用势[120]，束缚于 N 的电子波函数可由包含 N 的短程势 $V_N(x)$ 的薛定谔方程得到：

$$[H_0 + V_N(\boldsymbol{x})]\psi = E_N\psi \tag{10-4-4}$$

式中 H_0 为无微扰时的哈密顿量．将 ψ 用导带的布洛赫函数 ψ_{Ck} 展开

$$\psi(\boldsymbol{x}) = \sum_{\boldsymbol{k}} \phi_C(\boldsymbol{k})\psi_{C\boldsymbol{k}}(\boldsymbol{x}) \tag{10-4-5}$$

这里 C 表示最低的一个导带，略去了更高的带的贡献．将上式代入式（10-4-4），并利用具有相同 $\boldsymbol{k}$ 的布洛赫函数的正交性质可将波矢 $\boldsymbol{k}$ 的展开系数 $\phi_C(\boldsymbol{k})$ 表示为

$$\phi_C(\boldsymbol{k}) = \frac{\sum_{k'} \phi_C(\boldsymbol{k}') \int \psi^*_{C\boldsymbol{k}}(\boldsymbol{x})V_N(\boldsymbol{x})\psi_{C\boldsymbol{k}'}(\boldsymbol{x})\mathrm{d}\boldsymbol{x}}{E_N - E_C(\boldsymbol{k})} \tag{10-4-6}$$

利用简化势模型：杂质势只在一个晶格位置上扩展，可视为强度为 V_0 的 δ 函数．V_N 的矩阵元可写作

$$\int \psi^*_{C\boldsymbol{k}}(\boldsymbol{x})V_N(\boldsymbol{x})\psi_{C\boldsymbol{k}'}(\boldsymbol{x})\mathrm{d}\boldsymbol{x} = \frac{\Omega}{(2\pi)^3}V_0 \tag{10-4-7}$$

---

* 近年来，由于直接带隙的发光材料的发展，GaP 在发光的应用上已不重要．但等电子陷阱作为一种能有效提高间接带隙半导体发光效率的发光中心及相关的原理，仍值得加以介绍．

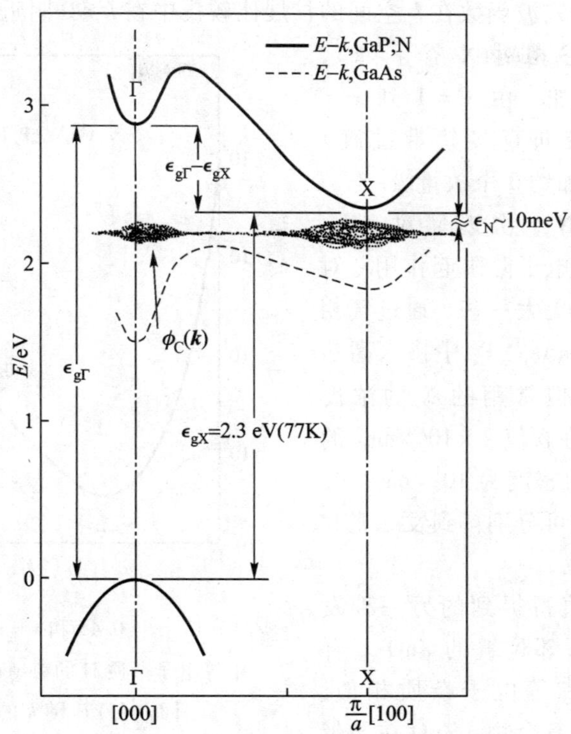

图 10.42　束缚于 N 的电子波函数在 $\boldsymbol{k}$ 空间的扩展示意图

式中 Ω 为原胞体积. 即 V_N 的矩阵元可近似看作常量. 在上述简化假设下，可以得到

$$|\phi_C(\boldsymbol{k})|^2=\frac{A}{|E_N-E_C(\boldsymbol{k})|^2} \tag{10-4-8}$$

A 的大小由归一条件 $\sum_{\boldsymbol{k}}|\phi_C(\boldsymbol{k})|^2=1$ 确定. 这里我们看到 $|\phi_C(\boldsymbol{k})|^2$ 的大小主要取决于波矢为 $\boldsymbol{k}$ 的布洛赫波的能量 $E_C(\boldsymbol{k})$ 和束缚态能量 E_N 之间的间距. 图 10.43 给出了 $x=1.0$(GaP) 及 $x=0.45$ 两种情形下，$GaAs_{1-x}P_x$ 中束缚于 N 的电子波函数的 $\boldsymbol{k}$ 分量 $\phi_C(\boldsymbol{k})$ 在 Γ 和 X 之间的变化[121]. 对于 $x=1.0$ 的情形，$|\phi_C(0)|^2$ 比 $|\phi_C(\boldsymbol{k})|^2$ 在 X 点的相应值要小约 1 000 倍，但它比普通施主(如 S)在 $\boldsymbol{k}=0$ 的值却要大两个数量级. 这使束缚于 N 的激子的辐射复合得到显著加强. 决定此跃迁的矩阵元 $|\boldsymbol{p}_{fi}|^2$ 正比于 $|\phi_C(0)|^2$: 把该跃迁中的初态波函数和终态波函数用导带和价带的布洛赫波展开，可得

$$\begin{aligned}|\boldsymbol{p}_{fi}|^2&=|\boldsymbol{p}_{CV}|^2\left|\int\phi_V^*(\boldsymbol{k})\phi_C(\boldsymbol{k})\mathrm{d}\boldsymbol{k}\right|^2\\&=|\boldsymbol{p}_{CV}|^2|\phi_C(0)|^2\left|\int\phi_V(\boldsymbol{k})\mathrm{d}\boldsymbol{k}\right|^2\end{aligned} \tag{10-4-9}$$

第二步是因为空穴波函数在 $\boldsymbol{k}$ 空间的扩展比较集中在 $\boldsymbol{k}=0$ 附近. 随着 GaAs 成分的增加(Γ 谷相对 X 谷下降), $|\phi_C(0)|^2$ 将增加. 由 $x=1$ 到 $x=0.45$(间接禁带向直接禁带过渡) $|\phi_C(0)|^2$ 可增加约 3 个数量级.

近邻对 NN_1, 次近邻对 NN_2, NN_3 等也作为等电子陷阱起作用. 对电子的束缚能要更大一些. 通过气相外延可在混晶 $GaAs_{1-x}P_x$ 中掺入高达 $10^{20}/cm^3$ 的 N. 但常用的 N 的浓度为 $\sim 10^{19}/cm^3$. 在含氮 $2\times10^{19}/cm^3$ 的材料中 NN_1 对的密度为 $10^{17}/cm^3$[32]. 改变掺 N 的浓度可分别得到发绿光和黄光的二极管.

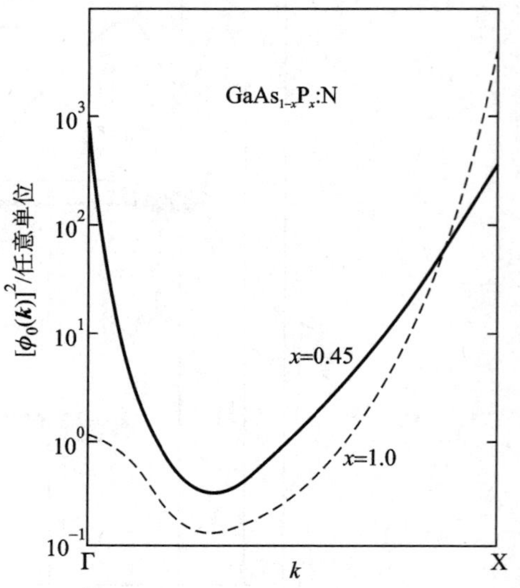

图 10.43 $x=0.45$ 和 $x=1$ 时 $GaAs_{1-x}P_x$ 中等电子杂质 N 的束缚电子状态的 $|\phi_C(k_x)|^2$ 随 $\boldsymbol{k}$ 的变化

在 GaP 中值得提到的另一种发光中心是处于近邻位置的 ZnO 复合物. 它的作用和等电子杂质相似, 可以称为等电子复合物. ZnO 在导带以下 0.3 eV 引入电子陷阱能级. 含有这种发光中心的 GaP 二极管的发光效率可高达 22%(红光)[122]. 达到这样高的发光效率, 除了因为束缚于 ZnO 的激子复合有很高的内效率外(可达 30% ~50%), 还因为 ZnO 复合物的电子能级离开导带较远, 所发射的光子较少被吸收, 因而有更多的光子在经过多次反射后透射出晶体外.

自由载流子的无辐射复合

无辐射跃迁导致发光内量子效率的降低. 有两类无辐射复合过程. 一类是与自由载流子相联系的. 另一类无辐射过程则与发光中心本身联系着. 在载流子浓度很高的半导体中, 过剩载流子的带间无辐射复合可以是俄歇复合(参看§5.7). 在用窄禁带半导体制作的红外发光器件中, 带间俄歇复合可以是重要的. 但是更常见的通过杂质或缺陷等复合中心实现无辐射复合. 通常把这种无辐射复合中心称为猝灭中心(killer center). 相对来说, 目前人们对发光中心了解较多, 而对猝灭中心的了解则仍较少.

深能级杂质可以作为无辐射复合中心起作用. 通过这类中心的复合可以和无辐射的多声子过程或俄歇过程相联系(参看§5.8). 位错则是另一种可显著降低发光效率的猝灭中心. 实验表明, 在 GaP 和 GaAs 中位错可以显著降低少数载流子的寿命，如图 10.44[123] 所示. 在 GaP 和其它半导体中的研究表明，在位错周围约几 μm 的范围内存在一不发光或发光很微弱的暗区[124]. Tasker 和 Stoneham 指出，荷电位错的内电场还能够阻碍发光中心对过剩载流子的俘获[125].

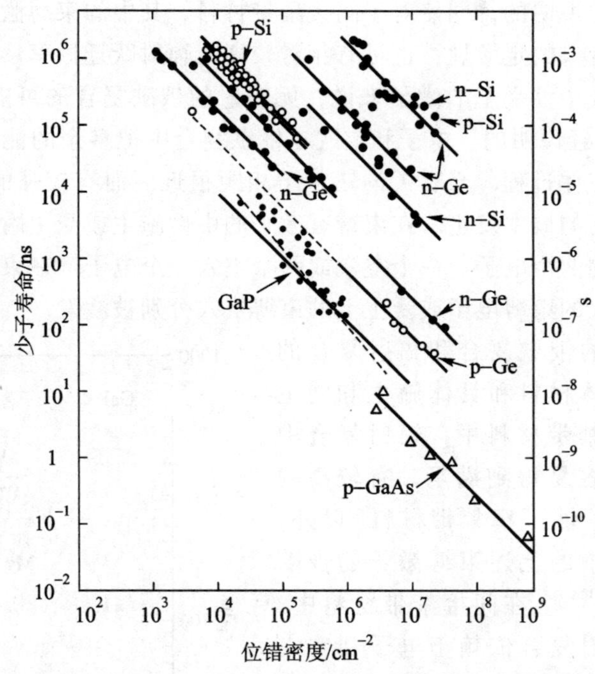

图 10.44 在 GaP 和 GaAs 等材料中位错对少子寿命的影响

许多的工作证明，位错等和晶格失配相关的缺陷可导致恶劣的后果. 除可导致高的无辐射复合以外，金属沿位错的迁移可导致器件的远期的老化.

在 GaN 基的发光二极管中大多用 InGaN 作为有源区，因为用 GaN 作有源区难以得到高效率的发光器件. 但由于只能采用晶格失配很大的蓝宝石(失配 15%)或 SiC 作为外延的衬底，外延层中的位错密度达$10^8 \sim 10^{10}/cm^2$ 量级. 如上面已说明，在常见的半导体 Ge，Si，GaAs 和 GaP 中位错能显著降低材料的少子寿命. 在 GaAs 和 GaP 基的发光器件中位错密度通常不能超过$10^4/cm^2$ 量级. 但有报道，在位错密度超过$(2 \sim 10) \times 10^{10}/cm^2$ 的 InGaN/GaN 二极管中，外效率最大仍可达到 4%.[126] 这说明，在 InGaN 中位错在无辐射复合中的地位或作用和在其它半导体中有所不同. 有作者认为这可能和 GaN 强的离子性有关. 但实验表明，这一现象更可能和 InGaN 中成分起伏相联系. In 在 GaN 中的溶解度并不高. 基于平衡相图，InN 和 GaN 并不能形成连续固溶体. 在 In 的含量较高的 InGaN 中，存在 10nm 量级 InN 析出物. 这些 InN 析出物可作为量子点起作用. 发光过程可能和受限于量子点中的自由激子相联系.[127] 这些受限激子有可能避开了位错的作用.

通过束缚激子的无辐射复合

如前面已经说明的，即使对于间接禁带材料，其中的束缚激子，由于它所包含的电子和空穴的定域性，也可有相对较高的辐射跃迁概率. 但是，对于束缚于中性施主或中性受主的激子来说，无辐射的俄歇复合的可能性也增加了. 如在§5.7中已经说明的，电子和空穴在俄歇复合中把多余的能量交给另一个载流子. 这是三体过程. 当有关的三粒子相距很近因而有较强的相互作用时，该过程会有较高的概率发生. 在束缚有激子的中性施主或受主附近恰好分别包含有相距很近的两个电子、一个空穴或两个空穴一个电子. 在束缚激子的俄歇复合中，施主上的束缚电子或受主上的束缚空穴分别被激发.

束缚激子的俄歇复合和辐射复合的相对作用视具体材料和具体施主和受主而异. 在直接禁带材料中，辐射复合中的 $\boldsymbol{k}$ 守恒要求容易得到满足，有较高的辐射复合概率. 除了窄禁带材料*以外，直接禁带材料中的上述束缚激子的俄歇复合并不重要[128]. 在间接禁带材料中，束缚激子的辐射复合依赖于电子和空穴波函数在 $\boldsymbol{k}$ 空间的扩展或声子的协助，跃迁率较小. 因而俄歇复合可有相对较大的作用. 这种机制首先是由 Nelson 和 Dean 等就 GaP 提出的[129]. 在 GaP 中，束缚于各种受主上的束缚激子的辐射衰变时间差别应不大，预期约50 μm量级. 但实验观察到的衰变时间却要短得多[129]，从 50 ns 到 300 ns；并且表现出对受主电离能强的依赖关系，大致有 $\tau_E \propto E_A^4$，如图 10.45 所示.

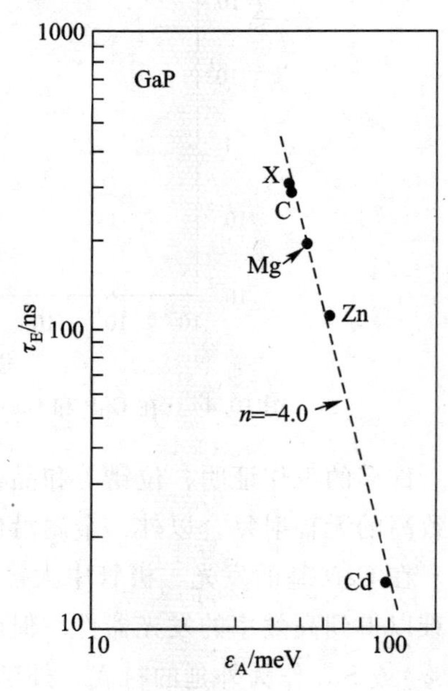

图 10.45 实验测得的 GaP 中束缚于受主的激子的衰变时间 τ_E 与受主电离能 ϵ_A 的关系. 虚线：$\tau_E \propto E_A^{-4}$

* 在窄禁带的直接禁带材料中，束缚激子的俄歇复合所激发的另一载流子能量低，$\boldsymbol{k}$ 小，$\boldsymbol{k}$ 守恒容易得到满足. 另一方面由于辐射复合发射的光子能量较小，有较小的光子态密度，这将降低辐射跃迁的概率，因此俄歇复合可以是上述束缚激子的主要复合机制.

上述依赖关系从理论上可以用俄歇机制粗略加以解释. 首先，俄歇跃迁的概率依赖于激子复合物中两个同类载流子(空穴)的波函数在实空间的重叠. 这两个空穴一个较紧地束缚在受主核附近，另一个较弱地被束缚着. 两者波函数的重叠基本上决定于后者在受主核附近的波函数的值

$$|\psi(r\to 0)|^2 \propto a_x^{*\,-3} \propto \epsilon_{Bx}^{3/2} \tag{10-4-10}$$

式中 ϵ_{Bx} 为激子束缚于受主的能量. a_x^* 为激子等效玻尔半径. 第二，俄歇跃迁中被激发到价带的空穴有很大能量(对于 GaP 约 2.3 eV)，因而有大的终态波矢 k_f. 相应的动量应来自初态波函数. 因而跃迁概率正比于 $|\phi(k_f)|^2$. 这里，$\phi(k_f)$ 为初态波函数，即电离能为 ϵ_A 的束缚态波函数的 k_f 分量. $|\phi(k_f)|^2$ 和电离能 ϵ_A 之间有以下关系(参看式(9-4-2)~(9-4-5))

$$|\phi(k_f)|^2 \propto \frac{a^{*3}}{(1+k_f^2 a^{*2})^4} \propto \frac{\epsilon_A^{5/2}}{[\epsilon_A+\epsilon(k_f)]^4} \propto \epsilon_A^{5/2} \tag{10-4-11}$$

$\epsilon(k_f)$ 为波矢为 k_f 的空穴动能. 第三步考虑到 $\epsilon_A \ll \epsilon(k_f)$. 但 ϵ_{ex} 与 ϵ_A 之间近似有 $\epsilon_{ex} \propto \epsilon_A$[129]，于是导致

$$\frac{1}{\tau} \propto \epsilon_A^4 \tag{10-4-12}$$

在 Si 中也存在束缚激子衰变时间 τ 对 ϵ_A 的强的依赖关系[128]，也是由这种俄歇过程所引起.

相比之下，在束缚于等电子陷阱的激子附近并不存在第三个载流子，不会发生上述类型的无辐射俄歇复合. 作为发光中心，这是等电子陷阱的另一个优点.

§10.5 半导体激光器

最常见的半导体激光器是利用 pn 结的正向注入实现受激发射的固态器件. 它不同于发光二极管. 在发光二极管中，光的发射过程为自发发射，所发射的光子没有一定的位相关系，是非相干光. 半导体激光器的光发射则是受激发射，所发射的光具有高度的单色性和方向性，为相干光.

在结构上，激光器必定包含一个光学共振腔. 如图 10.46 所示意，在半导体激光二极管中，共振腔是由一个有源区(发光区,就是 pn 结界面附近注入载流子集中的区域)和包含有源区的两个反射面构成的法布里-珀罗共振腔，用以实现受激发射所需的高的光能密度. 通常两个反射面由两个解理面构成.

只有当通过二极管的电流超过一定阈值，使有源区有足够数量的过剩载流子，充分形成反转分布时才会发生上述受激发射. 在低电流密度下，二极管的发光过程仍属于自发发射.

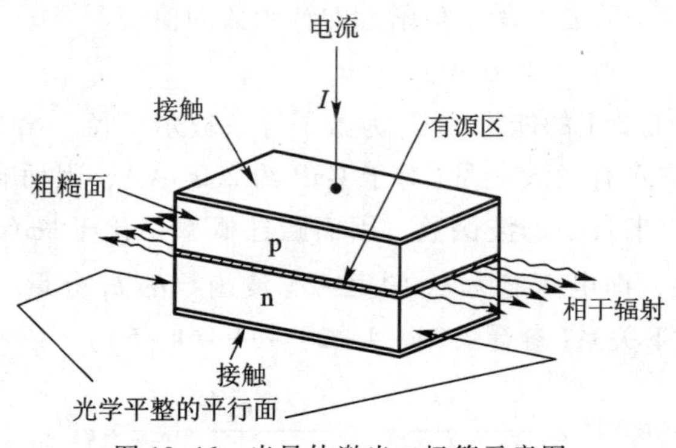

图10.46 半导体激光二极管示意图

尽管半导体激光器的激光性能不如气体激光器和其它固体激光器，但由于它的体积小、结构简单、效率高、寿命长和易于实现高频电调制，在技术上，特别是在光纤通讯和数据存储中获得了重要的应用.

这一节中我们着重讨论与电流阈值有关的光的增益和损耗以及实现受激发射的条件，而不讨论受激辐射的光学性质.

光量子放大和光振荡

我们可借助于一个由具有上、下两个能级 E_2 和 E_1 的粒子组成的系统来了解光量子放大和光振荡的原理. 设处于上、下能级的粒子密度分别为 N_2 和 N_1. 在光子能量为 $\hbar\omega = E_2 - E_1$ 的入射光的作用下，系统将会发生由 E_2 向 E_1 的受激发射跃迁和由 E_1 向 E_2 的吸收跃迁. 发生上述两类跃迁的速率分别正比于 N_2 和 N_1. 当处于上能级的粒子数 N_2 超过下能级的粒子数 N_1，$N_2 > N_1$，也就是形成反转分布时，光子能量为 $\hbar\omega$ 的光将不是被吸收，而是被放大，称为光量子放大. 光增益的大小显然正比于 $N_2 - N_1$. 设想上述过程在共振腔内进行，光在其中经受不断的来回反射，那么只要与 $N_2 - N_1$ 相联系的净增益超过因衍射、其它吸收和在端面的反射等引起的损耗，那么上述频率的光就可在传播中得到放大. 在这种条件下，即使不存在入射光，适当模式的、沿共振腔传播的自发辐射也将由于经受不断的放大而形成光振荡. 激光器输出的受激辐射包含在端面反射的损耗中：在端面处，一部分受激辐射作为输出透出腔外. 在达到稳定时，由反转分布导致的增益和各种损耗达到平衡.

半导体的光增益

与上述简单的两能级粒子系统不同，在半导体激光二极管中，受激发射涉及的向上和向下跃迁发生在电子状态准连续分布的导带和价带之间．我们可以在§9.1中讨论过的本征吸收的基础上来认识半导体中的光增益．代替讨论吸收系数 α，我们将引入光的增益系数 G：

$$G=-\alpha \tag{10-5-1}$$

G 与 α 有相同的量纲．入射光随透射深度 x 的变化可表示为 $I=I_0\mathrm{e}^{Gx}$．在§9.1中讨论光吸收时假设的是一种理想情况：导带全空，价带全满．现在把相应的吸收系数表示为 $\alpha_0(\hbar\omega)$．正向注入使有源区导带电子的布居和价带空穴的布居增加．这时，一方面紧靠带边的吸收跃迁将被减弱；另一方面和导带的电子、价带的空穴相联系，存在受激发射，并导致相关频率的光增益．这时，对净增益 G 的贡献将来自两类跃迁：受激发射所贡献的 G_1 和向上跃迁所贡献的 G_2，后者具有负值．

下面我们考虑的对象是直接禁带半导体．由于跃迁中保持 k 守恒，即只能在图9.6所示的竖直状态对之间发生向上和向下的跃迁．考虑对于 $\hbar\omega>\epsilon_g$ 的单色光的吸收和受激发射而引起的增益．假设导带和价带的电子分布是准平衡的．考虑到导带和价带的占有概率，吸收对增益的贡献 G_2 可在 $\alpha_0(\hbar\omega)$ 的基础上改写为

$$G_2(\hbar\omega)=-\alpha(\hbar\omega)=-\alpha_0(\hbar\omega)(1-f_{\mathrm{Ce}})f_{\mathrm{Ve}} \tag{10-5-2}$$

f_{Ce}，f_{Ve} 是能量间距为 $\hbar\omega$ 的竖直状态对被电子占据的概率．对于一定的 $\hbar\omega$，状态对在导带和价带中的能量位置是完全确定的，因而 f_{Ce} 和 f_{Ve} 也是确定的．由于同一状态对之间的向上跃迁和向下跃迁有相同的矩阵元（相应于§10.1中的 $B_{21}=B_{12}$），向下跃迁所贡献的 G_1 可表示为

$$G_1(\hbar\omega)=\alpha_0(\hbar\omega)f_{\mathrm{Ce}}(1-f_{\mathrm{Ve}}) \tag{10-5-3}$$

设想一种极端的情形：导带能级全满、价带全空，即 $f_{\mathrm{Ce}}=1$，$f_{\mathrm{Ve}}=0$ 的情形．这时有 $G_1=\alpha_0$．这种情形完全类似于讨论过的吸收过程，只是这里进行的全部是向下跃迁．当然，这种情况在实际当中并不存在．但在足够大的正向注入下，使适当高于 ϵ_g 的光频范围的竖直状态对形成反转分布，使增益超过吸收，从而导致净增益，却是可能的．由以上二式，可得 $G=G_1+G_2$ 为

$$\begin{aligned}G(\hbar\omega)&=\alpha_0(\hbar\omega)[f_{\mathrm{Ce}}(1-f_{\mathrm{Ve}})-(1-f_{\mathrm{Ce}})f_{\mathrm{Ve}}]\\&=\alpha_0(\hbar\omega)(f_{\mathrm{Ce}}-f_{\mathrm{Ve}})\end{aligned} \tag{10-5-4}$$

这里 f_{Ce} 和 f_{Ve} 仍为由光子能量为 $\hbar\omega$ 的竖直跃迁所确定．可见，形成净增益的条件可表示为

$$f_{\mathrm{Ce}}>f_{\mathrm{Ve}} \tag{10-5-5}$$

上式与两能级粒子系统的 $N_2>N_1$ 的反转分布条件相对应．

下面我们将用导带和价带电子准费米能级 E_{FC} 和 E_{FV} 描述电子分布

$$f_{Ce}(E)=\frac{1}{1+e^{\frac{E-E_{FC}}{k_BT}}} \tag{10-5-6}$$

$$f_{Ve}(E)=\frac{1}{1+e^{\frac{E-E_{FV}}{k_BT}}} \tag{10-5-7}$$

容易证明，对于能量间距为 $\hbar\omega$ 的状态对下式成立

$$(1-f_{Ce})f_{Ve}=f_{Ce}(1-f_{Ve})\exp\left[-\frac{E_{FC}-E_{FV}-\hbar\omega}{k_BT}\right] \tag{10-5-8}$$

于是由式(10－5－4)可得

$$G=\alpha_0 f_{Ce}(1-f_{Ve})\left[1-\exp\left(-\frac{E_{FC}-E_{FV}-\hbar\omega}{k_BT}\right)\right] \tag{10-5-9}$$

对于能量为 $\hbar\omega$ 光子，净增益大于零要求方括号中的因子大于零[130]，即

$$E_{FC}-E_{FV}>\hbar\omega \tag{10-5-10}$$

上式所给出的反转分布条件容易推广到间接禁带情形[131].

式(10－5－9)的增益 G 作为光子能量的函数只是当 $E_{FC}-E_{FV}>\epsilon_g$ 并且 $\hbar\omega$ 在 $E_{FC}-E_{FV}$ 和 ϵ_g 之间才大于零. 较大的增益要求由光子能量 $\hbar\omega$ 所确定的竖直状态对的 f_{Ce} 和 $1-f_{Ve}=f_{Vh}$ 同时有较大的值，即要求高的电子和空穴注入. 对于室温下的受激发射，注入有源区的过剩载流子浓度通常超过 $10^{18}/cm^3$. 对于具有抛物性 $E-\boldsymbol{k}$ 关系的直接禁带材料，在形成反转分布的情形下，增益 G 随光子能量的变化情况如图 10.47 所示意.

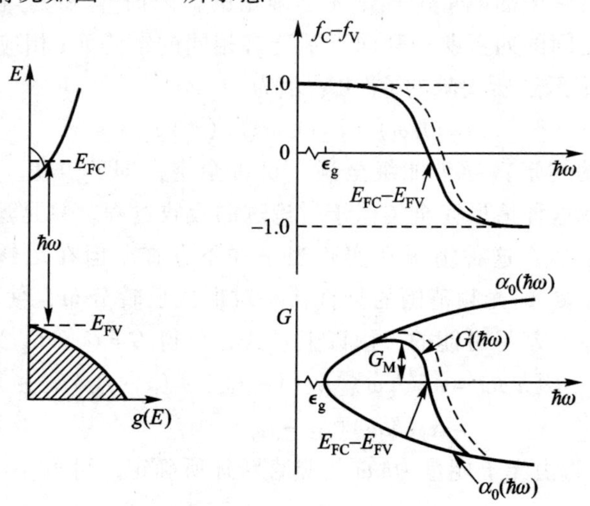

图 10.47 形成反转分布的直接禁带半导体，增益 G 随光子能量的变化. 图中的抛物线代表两种极端情形：导带完全被占据、价带全空时的增益和相反情形下的吸收

由式(9-1-30)的 α_0，式(10-5-9)的 G 可用式(10-2-1)的单位能量间隔的自发发射速率 r_{sp} 表示为

$$G(\hbar\omega)=\frac{\pi^2c^2\hbar r_{sp}}{n^2\omega^2}\left[1-\exp\left(-\frac{E_{FC}-E_{FV}-\hbar\omega}{k_BT}\right)\right] \qquad (10-5-11)$$

若具体给定导带和价带的联合态密度分布，注入水平 E_{FC}，E_{FV} 或相应的载流子浓度及温度，则可具体计算出增益 G 作为 $\hbar\omega$ 的函数[132~134]．要强调的是，函数 G 对于温度是敏感的．温度增高，载流子在导带和价带更大的能量范围内分布，并使 $E_{FC}-E_{FV}$ 减小．因此可达到的最大增益将随温度的增高而降低．

在一定注入水平下所能形成的增益的大小与禁带的性质有密切联系．对于直接禁带半导体，跃迁率比需要声子协助的间接禁带半导体的要大得多，因此有较大的吸收系数和增益．这就是为什么半导体激光器首先在直接禁带半导体 GaAs 中实现，而且至今能用于制造激光二极管的材料仍限于直接禁带半导体的原因．这一点首先是由 Dumke 预见到的[131]．

传播损耗和光振荡条件

在沿共振腔传播时，只有增益 G 足以克服损耗的某些频率的光，才能被放大(增益大于损耗)或维持振荡(增益等于损耗)．传播中的损耗主要有衍射损耗、其它吸收损耗(自由载流子吸收)以及在质量不高的激光器中缺陷引起的散射等．我们将用吸收系数 α' 来概括它们的作用．此外，尚有端面反射的损耗，它的相对大小依赖于反射率的大小和腔的长度．对于 GaAs 和空气的界面，若取 GaAs 的折射率为 3.6，反射率为 0.319．若端面镀金，则可使反射率增至 0.97~0.98．容易看出，对于长度为 L 的腔，初始强度为 I_0 的光在包含两端面各一次反射在内的一次往返中，强度将变为 I'_0

$$I'_0=I_0R_1R_2e^{(G-\alpha')2L} \qquad (10-5-12)$$

式中 R_1，R_2 为两个端面的反射率．维持光振荡的条件为 $R_1R_2e^{(G-\alpha')2L}=1$．通过取对数，可将阈值增益 G_{th} 表示为

$$G_{th}=\alpha'+\frac{1}{2L}\ln\frac{1}{R_1R_2} \qquad (10-5-13)$$

上式中系数 α' 的一个重要来源是自由载流子吸收 α_{fc}．在阈值条件下，在有源区中总包含有大量的载流子．α_{fc} 的大小正比于载流子密度(参看§9.5)．室温下，对于 GaAs，它可经验地表示为

$$\alpha_{fc}=5\times\left(\frac{n}{10^{18}\ \mathrm{cm}^{-3}}\right)\quad[\mathrm{cm}^{-1}] \qquad (10-5-14)$$

这里的载流子浓度 n 应包括本底载流子浓度和阈值条件下注入载流子浓度

$(\Delta n)_{th}$. 当 $n\sim2\times10^{18}/cm^3$ 时，α_{fc}约为 $\sim10\ cm^{-1}$. 在损耗不同的二极管中，达到阈值增益的注入载流子浓度也不同. 损耗越大，$(\Delta n)_{th}$越高，相应的 α_{fc}也越大. 有源区高的本底载流子浓度对 α_{fc}会有较大的贡献.

自由空穴在价带间的跃迁，可在红外引起显著吸收(参看 §9.5). 在红外激光器，特别是中红外以下的激光器中，可以成为 α_{fc}的重要部分.

实际上，在振荡的条件下，光场的能量并不可能完全限制在有源区. 这将导致附加的传播损耗. 对于由折射率为 n_1，n_2，n_3 构成的三层介质波导，只有当对应于有源区的中间一层介质的折射率大于两侧时，即 $n_2>n_1$，n_3，光场才可能被限制在中央的介质层附近[135]. 这相当于可以在中央介质层中发生全反射. 但由于光的波动性质，光场又不可能完全限制在中央介质层中. 通常引入光限制因子 Γ 来描述有源区的光限制性质. 它定义为有源区内传播的光能和总光能的比值. 但是只有在有源区中传播的那部分光才能获得增益. 在有源区以外传播的光非但不能得到增益，还要经受吸收和反射损耗. 在振荡的条件下，这些损耗也必须由有源区的增益来补偿. 若以 α_n 表示有源区以外的吸收系数，R_1'，R_2' 表示有源区以外端面的反射率，则增益和损耗之间的平衡可表示为

$$G_{th}=\frac{1-\Gamma}{\Gamma}\left(\alpha_n+\frac{1}{2L}\ln\frac{1}{R'_1R'_2}\right)+\alpha_{fc}+\frac{1}{2L}\ln\frac{1}{R_1R_2}$$
$$=\alpha_\Gamma+\alpha_{fc}+\frac{1}{2L}\ln\frac{1}{R_1R_2} \tag{10-5-15}$$

式中 α_Γ 用来表示与光限制因子相联系的等效吸收系数

$$\alpha_\Gamma=\frac{1-\Gamma}{\Gamma}\left(\alpha_n+\frac{1}{2L}\ln\frac{1}{R'_1R'_2}\right) \tag{10-5-16}$$

若设 $R_1'=R_1$，$R_2'=R_2$，$\alpha_n\sim\alpha_{fc}$，则有

$$G_{th}=\frac{1}{\Gamma}\left(\alpha_{fc}+\frac{1}{2L}\ln\frac{1}{R_1R_2}\right) \tag{10-5-17}$$

对于光限制作用很强，$\Gamma=1$ 的情形 $\alpha_\Gamma\sim0$，应有 $\alpha'\sim\alpha_{fc}$. 若 $R_1'=R_2'=R_1=R_2=0.32$，$L=500\mu m$，可得 $(1/2L)\ln(1/R_1R_2)=22.8\ cm^{-1}$. 若 $\alpha_n=10\ cm^{-1}$，$\Gamma=0.5$，则 α_Γ 可达 $32.8\ cm^{-1}$. 短的腔可导致更高的反射耗损.

这里顺便指出，在光频范围内，只有满足式(10-5-17)的适当的纵向模式的光(通常是为数不多的模式)能够出现振荡. 振荡意味着在每一次往返中光束保持其频率、幅度、偏振和位相不变. 保持位相不变要求在一次往返中位相延迟为 2π 的整数倍，或光程 $2L$ 为波长 λ/n(n 异质结激光器为折射率、λ 为真空波长)的整数倍：$2Ln/\lambda=m$. 容易求得相邻纵向模的波长间隔 $\Delta\lambda$ 为 $\lambda^2/2Ln$. 对于 $L=200\mu m$，$\lambda=0.9\mu m$ 的情形，可得波长间隔约为几个 Å.

早在 1953 年 Neumann 就在理论上研究了半导体激光器的基本方面.[136]半导体激光器首先是在 GaAs 的同质简并 pn 结上实现的.[137]如前所述，当通过二极管的电流超过阈值时，出现受激发射. 图 10.48 所示为不同电流密度下同质结 GaAs 激光二极管的发光光谱.[138]激光二极管在其早期发展中所遇到的主要问题是在室温下工作时阈值电流密度过大，达 ~5×10^4 A/cm^2 量级，以至只能在低温而不能在室温下连续工作.

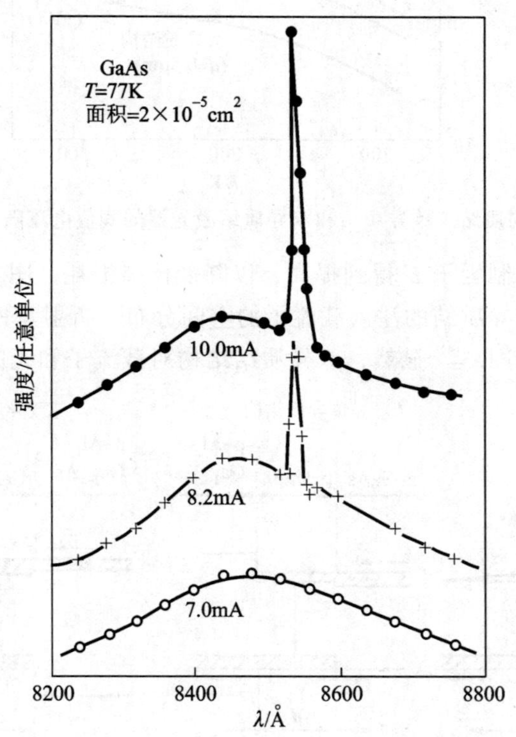

图 10.48　GaAs 激光二极管在高于及低于阈值电流密度时的频谱分布

异质结激光器

Kroemer[139]和 Alferov[140]分别提出了异质结二极管激光器的设想. 以后逐步发展了单异质结构和双异质结激光器. Hayashi 等首先在 GaAs - AlGaAs 双异质结激光器上实现了室温下的连续工作[141]. 在这种双异质结激光二极管中，室温下的阈值电流密度可降至 ~10^3 A/cm^2 量级. 图 10.49 给出了同质结、单异质结和双异质结激光器阈值电流密度 j_{th} 随温度的变化[142].

异质结激光器的主要优点在于能够很好地实现载流子限制和光限制：利用异质结所形成的势垒将注入载流子限制在一个窄的有源区中加以有效的利用；利用从 GaAs 到 $Al_xGa_{1-x}As$ 折射率 n 的突变性的下降，将光场主要限制在有源

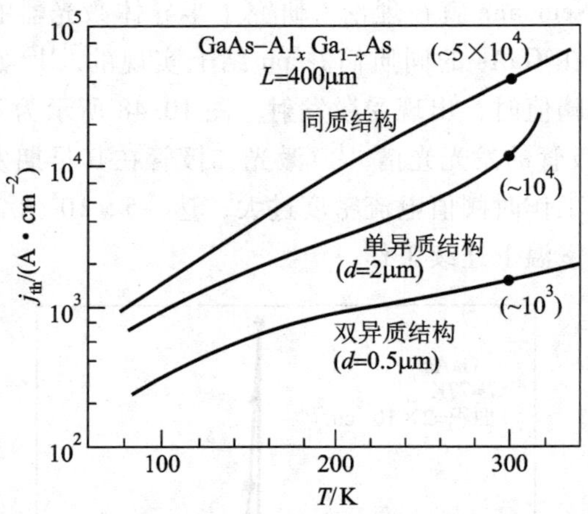

图 10.49 同质结、单异质结和双异质结激光器的阈值电流随温度的变化

区中，从而使光限制因子 Γ 得到提高，以降低传播损耗. 图 10.50 给出了同质结、单异质结和双异质结的注入载流子的空间分布、折射率的变化以及相应的光限制情况的示意图.[141] 显然，双异质结结构对载流子和光的限制最佳.

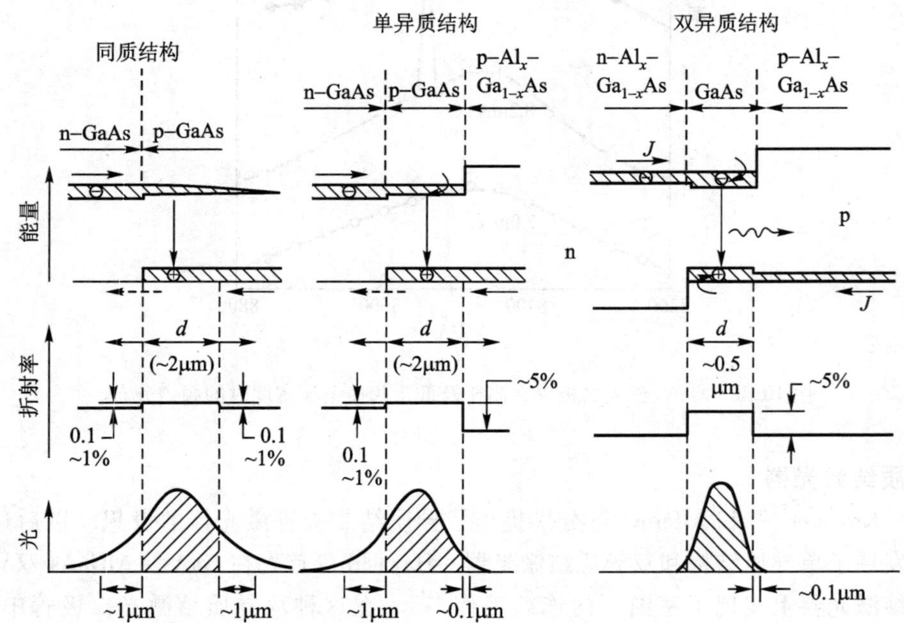

图 10.50 同质结构、单异质结构和双异质结构在正向电流下的注入载流子的分布、折射率的变化和光场分布情况

支持有源区的光增益的正向注入电流应包括有源区和有源区以外复合的贡献

$$j = \int_{有源区} \frac{e\Delta n}{\tau_r} dx + \int_{有源区} \frac{e\Delta n}{\tau_{nr}} dx + \int_{无源区} \frac{e\Delta n}{\tau} dx \qquad (10-5-18)$$

τ_r 和 τ_{nr} 为有源区辐射复合和无辐射复合的寿命. τ 为有源区以外过剩载流子的寿命. 第二项和第三项对于激光作用来说是无效的. 但它却导致了阈值电流的增加. 在同质结中, 注入过剩载流子的扩展范围为扩散长度的量级, 大约为若干 μm. 但有源区宽度通常却只有 1 ~ 2 μm. 而在良好的双异质结激光器中, 由于势垒的限制, 上式第三项通常却可以忽略.

关于光的限制问题的详细讨论可参看有关专著[143]. 这里我们只是指出, 光限制因子 Γ 的大小依赖于异质界面两侧介质的折射率之差 Δn 的大小以及腔的厚度 d. Γ 随 Δn 的增大而增大, 但随有源区宽度 d 的减小而减小. 在同质结中, 折射率的差异主要是由于掺杂的不同, 所引起的折射率的差异很小. 但在 $GaAs/Al_xGa_{1-x}As$ 结中, Δn 可达 5% ~10%. 图 10.51 所示为 x 具有不同的值的 $GaAs/Al_xGa_{1-x}As$ 双异质结的基模的 Γ 随有源区厚度 d 的变化[144]. 由式 (10-5-18) 可见, 对于降低阈值电流密度, 较窄的有源区有利. 但由图 10.51 可见, 这将导致 Γ 的下降, 但 Al 的成分 x 的增加却可使 Γ 增加. 可见, 异质结构折射率较大的差异可有力地支持有源区宽度的减小.

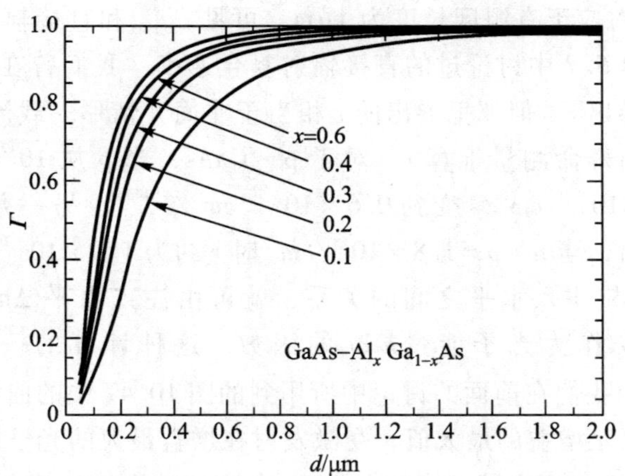

图 10.51 AlAs 的成分 x 不同的 $GaAs/Al_xGa_{1-x}As$ 对称三层介质波导基模的光限制因子 Γ 随有源区厚度的变化

双异质结的另一个附加的好处是禁带较窄的有源区可以是不掺杂的. 这对于降低有源区的 α_{fc} 有利.

阈值电流密度

阈值电流的大小是半导体激光器的一个重要实际问题. 激光二极管阈值电流的计算归结为计算给定温度下最大增益作为电流密度的函数. 阈电流密度对

应于式(10－5－17)的阈值增益.

通常用一定注入水平下的标称电流密度j_{nom}代替实际电流密度j. 用τ_r和τ_{nr}分别表示辐射复合和无辐射复合的寿命，借以引入内量子效率η，

$$\eta=\frac{\frac{1}{\tau_r}}{\frac{1}{\tau_r}+\frac{1}{\tau_{nr}}}=\frac{\tau}{\tau_r} \tag{10-5-19}$$

j和j_{nom}之间的关系为

$$j=\frac{e\Delta n}{\tau}d=\frac{e\Delta n}{\tau_r}\frac{d}{\eta}=j_{nom}\frac{d}{\eta} \tag{10-5-20}$$

式中d为有源区厚度. 低的内量子效率自然会使阈电流增加. 在涉及窄禁带半导体的红外激光器中，俄歇复合可以成为导致域值电流增加的重要因素.

j_{nom}为给定注入水平下单位截面积、单位长度的复合区中辐射复合所引起的电流

$$j_{nom}=\frac{e\Delta n}{\tau_r}=eR_{sp}\approx ernp \tag{10-5-21}$$

式中R_{sp}为自发发射速率，r为直接辐射复合系数(参看§5.7). j_{nom}的常用单位是A/cm^{2}μm，对应于有源区长度为1μm. 可见，j_{nom}和直接辐射复合系数r相联系. R_{sp}就是§5.7中讨论过的直接辐射复合速率. 我们曾在§5.7中介绍过可由吸收系数导出r. 但那里导出的r相当于非简并情形. 载流子浓度增高，r将下降. 可以由寿命测量推算r. 对于p－GaAs，当p从10^{17}/cm^{3}变到10^{19}/cm^3，r从1.3×10^{-10} cm^3/s变到0.6×10^{-10} cm^3/s[145]. 另一方面，对于GaAs有源区曾计算出，当$n=p=1.8\times10^{18}$/cm^{3}时r约为1.0×10^{-10} cm^3/s[133].

确定了j_{nom}与注入水平之间的关系，就可由注入水平Δn或相应的E_{FC}，E_{FV}计算增益G作为光子能量$\hbar\omega$的函数. 这种计算的一个例子给在图10.52[132]. 它和我们在前面的讨论中所用到的图10.47中的曲线相对应. 我们实际感兴趣的只是增益的最大值，受激发射在增益最大的光子能量处发生. 图10.52中的虚线对应于上述最大增益G_M. 由这种类型的计算可以得到G_M作为j_{nom}的函数. Stern计算了不掺杂和各种不同程度掺杂的GaAs有源区的最大增益作为j_{nom}的函数[133]. 图10.53所示为对不掺杂的情形所得的结果. 图中最大增益仍用G表示.

对于300 K情形，在30 cm^{-1}～100 cm^{-1}之间，G和j_{nom}有线性关系

$$G=\beta(j_{nom}-j_0) \tag{10-5-22}$$

由式(10－5－20)和上式可得阈值电流j_{th}为

$$j_{th}=\left(\frac{G_{th}}{\beta}+j_0\right)\frac{d}{\eta} \tag{10-5-23}$$

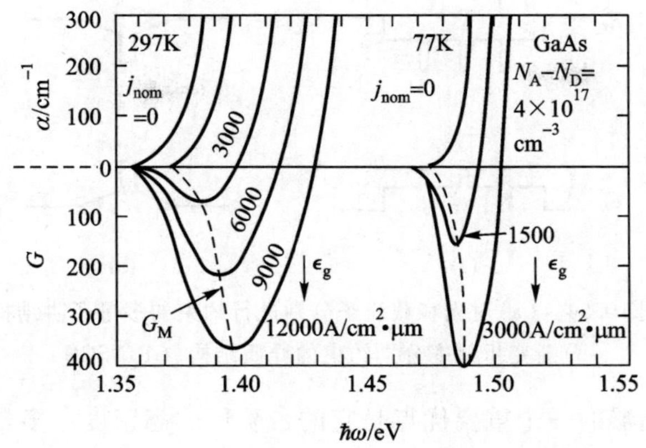

图 10.52　297 K 和 77 K 下，对于几个不同的 j_{nom}，增益 G 作为光子能量的函数

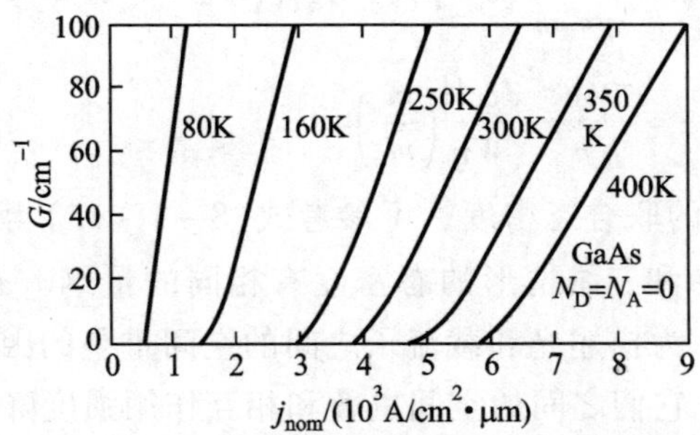

图 10.53　未掺杂的 GaAs 有源区的增益 G 和 j_{nom} 的函数关系在 G 为 30 ~ 100 cm^{-1} 之间近似有线性关系

例如对于 $d=0.2\mu m$，$\eta=1$ 的情形，若 $G_{th}=50\ cm^{-1}$，在室温下可得 j_{th} 为 $1.05\times10^3\ A/cm^2$. 由上式可见，小的有源区厚度 d 可使阈电流密度得到降低，但 d 过小可导致光限制性质的劣化，使阈电流密度重新上升[146].

量子阱和量子点激光器

基于微结构的半导体激光器在性能上可得到进一步改善. 上世纪 70 年代中出现了 AlGaAs/GaAs 量子阱激光器(1975)[147]. 量子阱结构同样可以实现对载流子有效的空间限制. 为了实现对光的有效约束，通常采用对载流子和光分别进行约束的结构. 一种多量子阱结构如图 10.54(a)所示. 浅阱用来约束光，对应有源区；深阱用来约束载流子. 尽管用来约束载流子的深阱的宽度约只有几个 nm，但用来约束光的浅阱的宽度却有 100 nm 量级，只要折射率差足够大，光限制因子 Γ 仍可有接近于 1 的值.

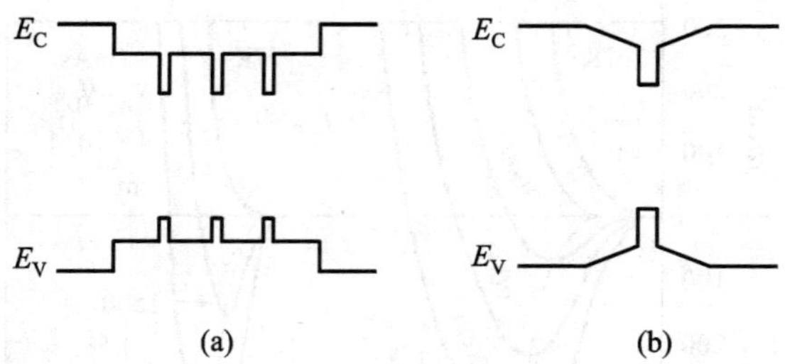

图 10.54 (a)对光和载流子分别进行约束的多量子阱结构
(b)渐变折射率分别约束的异质结构(GRINSCH)

量子阱激光器的一个重要优点是它的台阶形的态密度. 多量子阱的光增益 G 仍可由式(10-5-4)描述. 不过式中的 α_0 应为多量子阱的吸收系数 α_{MQW}. 由关于吸收系数的式(9-1-30), 可将多量子阱的增益 G_{MQW} 表示为

$$G_{MQW}=\frac{\pi\mu_0 ce^2}{\eta m_0\omega}|\boldsymbol{e}\cdot\boldsymbol{p}_{CV}|^2 O g_{CV}^{2D}(\hbar\omega-\epsilon_g)/W$$

$$=\frac{\pi\mu_0 ce^2}{h}\frac{f_{CV}O}{W\eta}\left(\frac{m_r}{m_0}\right) \tag{10-5-24}$$

式中 g_{CV}^{2D} 为二维电子气的联合态密度, 可参考式(8-1-15)得到. W 有源区的宽度, $g_{CV}^{2D}(\hbar\omega-\epsilon_g)/W$ 和三维情形的态密度有相同的量纲. m_r 为约化有效质量, f_{CV} 为振子强度. O 为描述光和载流子之间的空间重叠的因子. 由于对光和载流子分别进行约束, 它们之间的空间重叠和相互作用强度降低了. 粗略地说 O 大体为量子阱的总厚度和有源区宽度 W 之比, 它应小于1.

图 10.55 类似于三维情形的图 10.47. 它示意说明, 随着注入的增加多量子阱的光增益变化的情况. 可见, 由于二维电子气的台阶形的联合态密度, 在较小的注入电流下就可得到较大的增益. 从而可使阈电流密度进一步降低.

图 10.54(b)所示的渐变折射率分别约束异质结构(GRINSCH)可以达到更低的阈电流.

近年来, 制成了 InGaN 多量子阱激光器(1996), [148] 随后很快出现了室温连续工作的 InGaAlN 激光器. [149~152] 工作寿命已可达到大于 1 000 小时(1998). [152~154] 已出现商业化的蓝光激光器(1999) [155]. 主要用于高密度数据的光学存储.

Arakawa 在 1982 年就预言量子线和量子点激光器会有更佳的性能 [156]. 近年来对量子线激光器 [157] 和量子点激光器 [158] 进行了颇多的研究. 图 10.56 给出了几种 GaInAs/InP 结构的增益谱的比较. [159] 对量子点的关注和其分立能级有关. 分立能级导致比量子阱更窄的增益谱. 这可使量子点激光器有更小的阈值电流, 原则上也应有更好的温度稳定性. 但分立能级的优点只有当最低分立

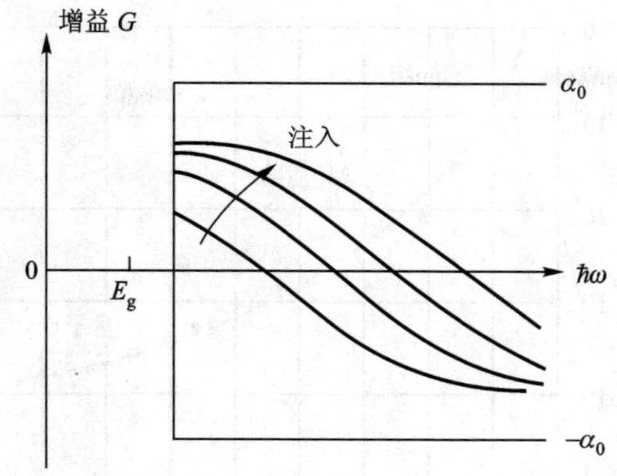

图 10.55 过剩载流子的注入引起的多量子阱的光增益

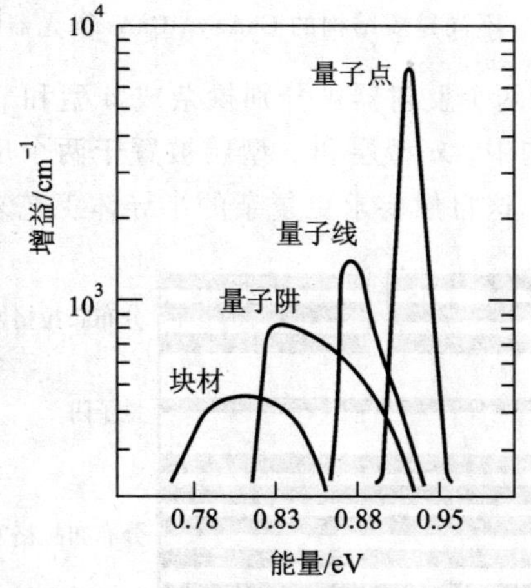

图 10.56 GaInAs/InP 双异质结、量子阱、量子线和量子点的光增益谱示意图. 阱的宽度为 10 nm

能级的间距大于 k_BT 才能充分表现出来. 现已制成室温连续工作量子点激光器，阈电流只有几 mA. 阈电流密度可低至 10 A/cm^2 量级. 但在 1.3μm 的 InAs/GaAs等红外量子点激光器中，由于无辐射的俄歇复合以及量子点以外的电子、空穴的复合随温度增强，阈电流的温度稳定性受到挑战[160].

图 10.57 所示为各种激光器的阈电流密度的逐年变化.[161]

垂直腔表面发射激光器(VCSEL)[162]

这种激光器的有源区被安排在平行于界面的上、下两个分布布拉格反射器之间. 在两个反射器之间形成一个微腔. 反射器有高的反射率，以弥补沿垂直界面方向小的有源区厚度之不足. 有源区由一个或多个量子阱构成，如

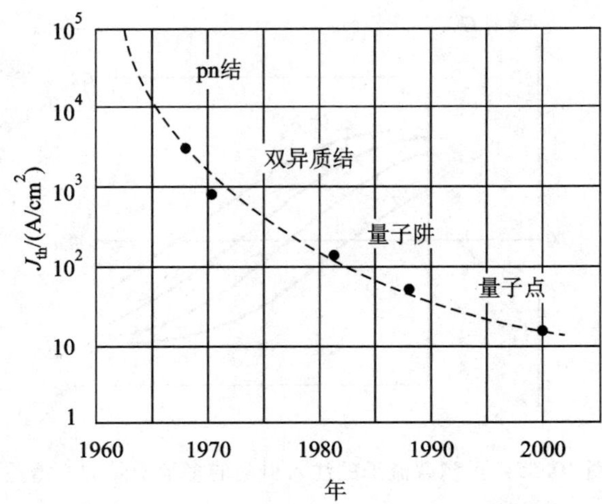

图 10.57 不同异质结构的 GaAs/AlGaAs 激光器的阈电流

图 10.58所示意．上下两个反射器被分别掺杂成 n 型和 p 型，从而形成一个二极管．在更复杂的结构中，n 型层和 p 型层被置于两个反射镜之间，以减少电流通过反射器的功耗．这自然要求更复杂的半导体工艺来形成电极．

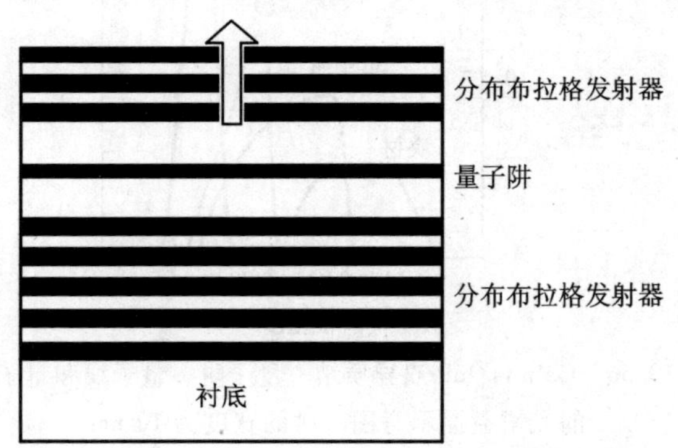

图 10.58 垂直腔表面发射激光器示意图

这种激光器由于具有小的体积，只有少数腔模和介质的增益谱相重叠，因此具有低阈值电流[163]、单模发射的优点．此外还具有高功率、可控制的极化取向等优点[164]．还有一个重要优点：可以做成发射波长不同的表面激光器阵列[165]．红外波段的 GaInAsN[166]垂直腔表面发射激光器尤其受到重视．

红外量子级联激光器

近年来一个有意义的进展是实现了红外量子级联激光器[167,168]．量子级联激光器在原理上不同于普通二极管激光器．二极管激光器通过带间跃迁获得激光．而红外量子级联激光器通过带内的子带间的跃迁实现，由通过隧穿耦合的诸量子阱组成．类似于顺序共振隧穿，电子相继流下量子阱的能量台阶，在台阶处发射一个光子．可通过控制诸隧穿过程来达到量子阱中上、下能级的分布反转．这种激光器只涉及一种载流子，是一种单极半导体激光器．受激发射是载流子电流传输的中一个环节．

由于靠近带边的诸子带有几乎相同的 $E-\boldsymbol{k}$ 关系，子带间的联合态密度是 δ 函数型的.[169] 因而子带间光的吸收和发射应表现为锐的谱带．而且所形成的增益分布对温度不敏感．这优于窄禁带的二极管激光器．

在同一能带中，由于各子带带底的布洛赫函数中的周期函数 $u_0(\boldsymbol{x})$ 都是相同的，对于偏振沿 z 方向入射的光，只有当动量矩阵元中含 $\int \zeta_{n'}(z)(\partial\zeta_n/\partial z)\mathrm{d}z$ 的项不为零时，跃迁才是允许的．这导致以下的选择定则：$\Delta n=$ 奇数．对于这种类型的跃迁，通常有大的振子强度[170]．

所发射的光子能量决定于有关的上、下能级的间距．对于应用来说，比较重要的是导带最低两个子带．利用无限势垒模型进行估计，第二和第一量子能级间的能量间距 E_2-E_1 为

$$E_2-E_1=\frac{3\hbar^2\pi^2}{2mL^2}=1.696\times10^2\left(\frac{0.0665m_0}{m}\right)\left(\frac{10\ \text{nm}}{L}\right)^2\quad[\text{meV}] \tag{10-5-25}$$

典型的子带的间距是 100 meV 量级(12.4μm)．通过适当的设计，这种激光器的波长可覆盖中红外至亚毫米频区(~100 μm,相当 0.3 THz)，这是二极管激光器难以达到的．

图 10.59(a)所示为最早的级联激光器所采用结构[168]．有源区由 25 组耦合的量子阱构成．势垒材料为 AlInAs，势阱为 GaInAs．每组由三个量子阱组成．第一、第二、第三个阱的宽度分别为 0.8 nm，3.5 nm，2.8 nm．它们之间的势垒的厚度顺序为 4.5 nm 和 3.5 nm．

当施加适当的电压后，电子自发射区注入到第一个阱的 $n=3$ 的能级．受激发射在第一个阱的 $n=3$ 的能级和第二个阱的 $n=2$ 的能级之间发生．在施加工作电压时，第二个阱的 $n=2$ 的能级和第三个阱的 $n=1$ 的能级的间距为光学声子能量，$n=2$ 的能级上的电子可通过发射光学声子隧穿到第三个阱中 $n=1$ 的能级．

在 $n=3$ 和 $n=2$ 两个能级间的分布反转是这样达到的：通过使第一和第二个阱之间的势垒有较大的厚度，使上、下两个能级的电子波函数有小的交叠；同时使第二和第三个阱之间的有较小的势垒的厚度，使 $n=2$ 和 $n=1$ 的上、下两个能级的电子波函数有较大的交叠．$n=3$ 和 $n=2$ 两个能级间的弛豫时间为 4.3 ps．发射光学声子的跃迁弛豫时间约为 0.6 ps．由发射区进入第一个阱仅

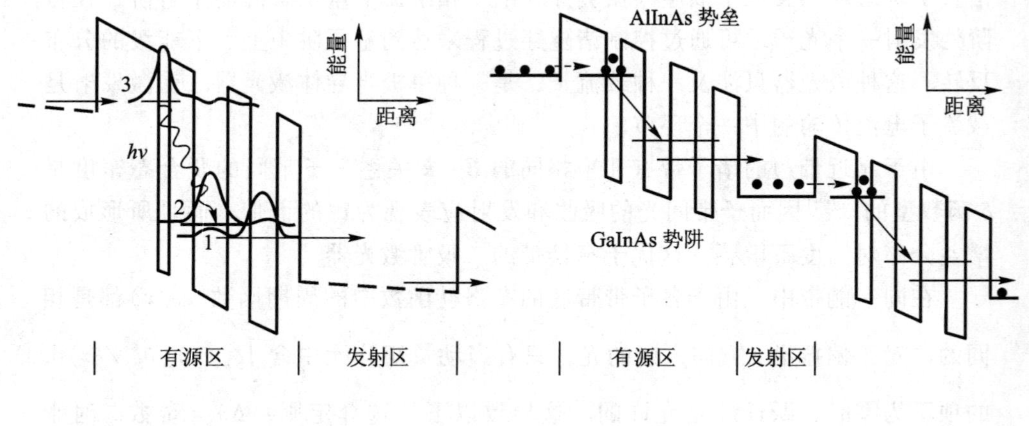

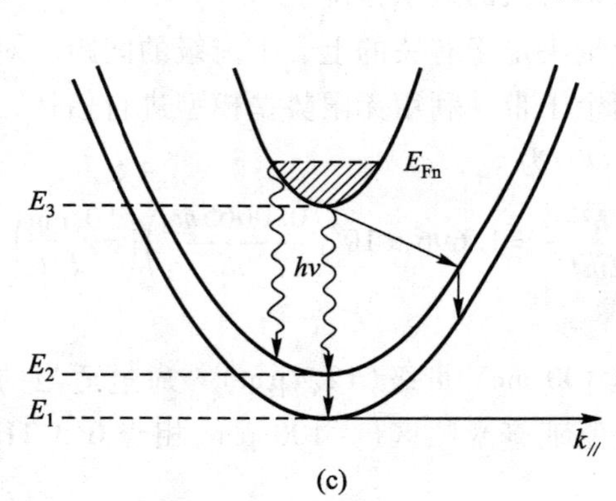

图 10.59 第一个级联激光器所采用的结构

需 0.2 ps. 这样在 $n=3$ 的能级上就易于形成电子的积累，如图 10.59(b)所示意. 可以采用不同的结构来实现上、下能级间的分布反转.[170]

声子引起的向下无辐射跃迁(参看图 10.59(c))，即声子引起的子带间的散射，是和辐射跃迁平行的竞争过程. 当上、下能级间距 E_3-E_2 大于光学声子能量时，上述无辐射跃迁主要由光学声子引起，相应的弛豫时间的典型值为 ps 量级. 当上、下能级间距 E_2-E_1 小于光学声子能量时，导致子带间跃迁的主要是声学声子. 前者通常比后者有大得多的跃迁率. 在后者的情形下，弛豫时间可达 1 000 ps 量级，但这时弛豫时间对温度是敏感的. 因为高的温度可使上面的子带中有更多的电子具有发射光学声子的能量. 子带间距小于光学声子的情形对应的光子频率在 10 THz 以下[171].

自从第一个量子级联激光器出现以来，经历了迅速的发展. 实现了 THz 激光器[172]，在能达到的频率和工作温度，以及对动态过程的认识上都有很大进展．激光频率达到了 1.6 THz[173] 和 1.39 THz[174] 阈值电流密度达到仅 1 A/cm^2[175]．对于载流子的注入，散射过程的认识等都有了深化[174~176]．

关于半导体激光器可参看[177]．

§10.6 单光子发射和量子点－微腔系统

最后我们来介绍一个起步不久的相对较窄的领域．它涉及量子点和量子点－微腔耦合系统．这个领域是宏观物理和微观物理的一个交汇点，也是理论研究和实际应用的一个交汇点(既有应用的潜力，又是从实验上检验理论的有价值的平台)，又是半导体物理和量子光学的一个交汇点．而且仅就实现对单个光子的发射和对其性质的控制而言，本身就具有十分不寻常的意义，它代表了对光的产生过程的终极的控制．因此，这个新的领域不仅会被人们所广泛关注[178]，相信也将会是一个发展较快的领域．

单个量子点中激子的光荧光谱

通常量子点的光荧光谱是结构参数有一定分散性的多个量子点荧光的总和，谱线的宽度由所谓非均匀增宽决定．这妨碍了人们对于单个量子点的电子结构和相关性质的深入认识．近年来出现了多种技术，可用来观测单个量子点的光谱．其中包括减小样品的大小[179]；借助于电子束光刻技术来减小表面受光和发光点的大小(例如通过表面覆盖 Al 层，然后通过光刻形成小孔．这种方法方便于在不同条件对同一单量子点进行实验)[190]；用不同的光学技术减小激发光点的大小[80,181]；采用阴极荧光技术等[182]．有时还伴以形成稀释的量子点，密度可小于 10^8/cm^2[183]．我们把它们统称为微荧光技术．在光谱上它们通常是高分辨的，分辨率可达 30 μeV ~ 70 μeV．结果，就和早年原子光谱相似，改进的观测技术使人们有可能观测到光谱的精细结构．

图 10.60 示出的是对大小不同的光点所观察到的光谱的比较[180]．样品由厚度为 2.8 nm 左右的五个量子阱组成，势垒为 25 nm 厚的 $Al_{0.3}Ga_{0.7}As$ 层．在每层量子阱中都有因厚度涨落形成的许多量子点．可见，在直径为 25 μm 的大的发光点中，我们观察到的只能是挤在一起的、实际包含许多锐线、但不可分辨的“非均匀展宽的”谱线．而当发光点的直径小到 0.2 μm 时，就可以观察到单个量子点中激子的锐的谱线．

在微荧光技术的基础上，观察到单个量子点中双激子和多激子谱线．图 10.61 所示为在约 5 K 下，在 34Å 厚的 $GaAs/Al_{0.35}Ga_{0.65}As$ 量子阱的三个不同部位得到的微荧光光谱[80]．在 1.671 eV 处的主荧光谱线 2D－X 对应于 34Å 厚

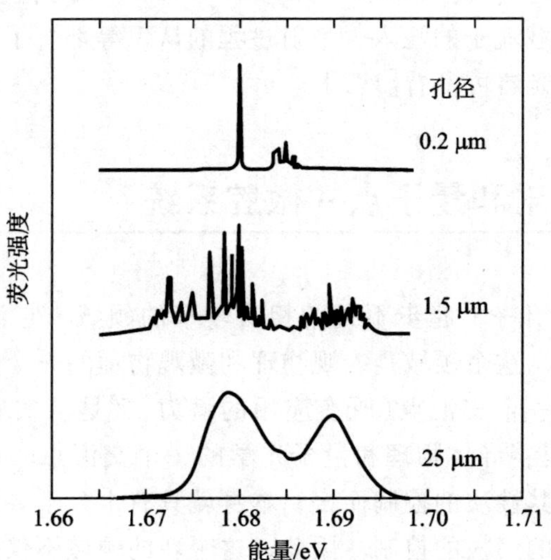

图 10.60 发光区域的大小对荧光谱的影响

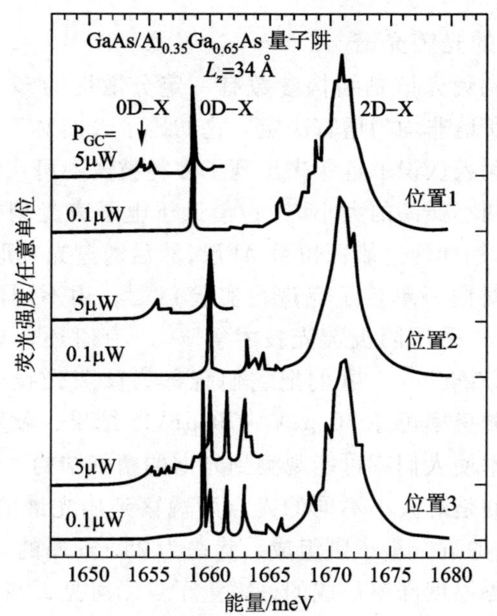

图 10.61 在层厚为 34 Å 的 $GaAs/Al_{0.35}Ga_{0.65}As$ 量子阱的三个不同部位得到的荧光谱

的 GaAs 量子阱中的激子. 在下面约 15 meV 处有标为 0D－X 的清晰的强荧光峰，峰和相关结构的能量位置随探测位置的不同而有所变化. 它们属于局域化在势起伏处的 0 维激子，也可视为该处的一个单量子点中的激子. 当激发光功率由 0.1 μW 增加到 5 μW，在下方约 5 meV 处又出现一个图中标为 0D-XX 结构，它的强度随激发光的强度的平方增加，属于双激子. 理论计算表明，由于激子间因量子约束而增强的净库仑吸引作用，量子点中局域化的双激子有较大的相关能[184]. 这里，双激子中首先复合的激子比随后复合的单激子发射能量较低的光子.

Dekel 等在单量子阱中，在不同的激发水平下，观察到了多条锐的荧光谱线[185]. 通过将实验的和理论计算的谱线位置和跃迁强度进行比较，揭示出量子点中多达 8 个激子的多激子谱线.

必须提到的是，在低温下，对于纳米级 InGaAs 单量子点中受到强约束的激子，测量到的去相干时间达到几百 ps 量级[186]，以至近 ns[187]，对应于几 μeV 的均匀线宽. 在单量子点中，引起非均匀展宽的条件不再存在. 因此，去干涉时间反比于均匀线宽.

如所周知，光跃迁的均匀线宽反比于辐射状态的寿命时间. 各种非弹性散射都可影响均匀线宽，并使辐射状态去干涉. 声子散射可对之有重要贡献(参看式(10-3-6)). 可把基态激子的线宽写作

$$\Gamma(T)-\Gamma_0=\Gamma_{ac}(T)+\Gamma_{op}(T)=\Gamma_{ac}(T)+\frac{\gamma_{op}}{\exp(\hbar\omega_{op}/k_BT)+1} \tag{10-6-1}$$

第一、第二项分别代表声学声子和光学声子散射对线宽的贡献. 式中 $\hbar\omega_{op}$ 代表光学声子能量. Γ_0 来自声子散射以外的贡献，对于基态激子它应主要来自辐射复合. 在高温下 $\Gamma_{op}(T)$ 远大于 $\Gamma_{ac}(T)$；而在低温下，由于光学声子数极少，$\Gamma_{op}(T)$ 远小于 $\Gamma_{ac}(T)$. 当温度很低，$\Gamma_{ac}(T)\to 0$ 时，辐射线宽只受限于辐射寿命[188].

在量子阱等具有能带的半导体微结构中，通常有短的去干涉时间. 但在量子点中，三维约束所导致的类原子的能级的分立性以及声子跃迁的动量守恒和能量守恒，使得激子和其周围环境的相互作用减弱，所受到的声子的散射显著减少. 分立能级的间距依赖于约束的强度. 低温下，强约束的量子点的超长的去干涉时间可比量子点外的电子-空穴对的辐射寿命长若干倍. 图 10.62 所示为由 $In_{0.60}Ga_{0.40}As/GaAs$ 单量子点测得的均匀线宽和相应的去干涉时间随温度的变化[187].

关于强约束的量子阱中激子的弛豫过程和辐射线宽的同时测量表明，还存在一种由声子和激子的相互作用引起的所谓单纯的去干涉过程，它并不影响辐射状态的弛豫，但却可使之去干涉[189]. 由于这种相互作用的存在，在强约束条件下并不会出现声子相互作用消失的所谓“瓶颈效应”[190].

具有长的去干涉时间的单量子点，是研究对量子态及相关的量子力学过程

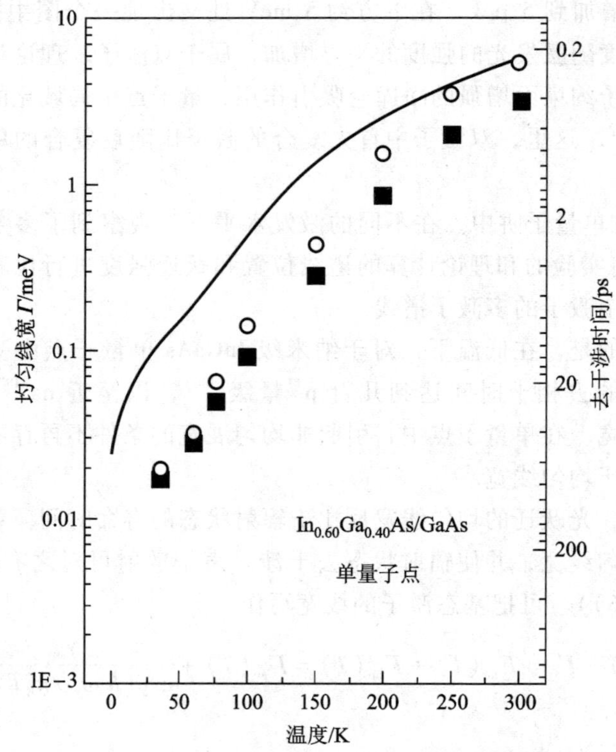

图 10.62 由 $In_{0.60}Ga_{0.40}As/GaAs$ 单量子点测得的均匀线宽和相应的去干涉时间随温度的变化

进行相干的量子光学控制(所谓波函数工程)[191]的一个重要的模型系统. 量子点的观测和生长技术的发展，使人们有可能通过观测光和量子点的相互作用，对其电子结构的动态过程进行深入的研究. 在去干涉时间内，通过施加 ps 的光脉冲，可对量子点进行多于 50 种的相干操作[192]. 这些对于研究量子计算和信息的相干处理等基本的量子光学功能至关重要[193].

量子点的单光子发射

单光子光源可用于量子保密通讯[194]，还可能在量子信息处理和光量子计算等许多方面得到应用[195]. 单光子光源指在给定的时间间隔内发射单个光子的光源. 在通常情形下，即使在很小的晶体中，也会包含许多相同的发光体，它们可以平行地被激发并发射频率相同的光子. 因此在一束光中通常包含许多光子，现在常称它为经典光源. 但是原则上单光子发射是可能的. 因为，处于激发态的单个原子，在两个能级之间的向下跃迁中，一次只能发射一个光子. 只有在被重新激发以后，它才能发射第二个频率相同的光子.

连续的抗成束的* 单光子的发射，相继在被陷的原子、离子上[196]和分子上[197,198]观察到．单个量子点也可用来实现单光子发射．量子点除了和原子一样具有分立的谱线以外，它的优势还在于易于和现有的高度发展的微电子技术相结合，这易于使它的单光子发射功能得到完善．

利用量子点产生单光子发射的方法大多基于脉冲激发和光谱滤光相结合．为使每次脉冲激发能发射一个而且只发射一个对应单激子复合的光子，通常使激发脉冲足够强，使量子点在每次激发中能俘获两个以上的激子．如果量子点中多激子复合的总时间比激发所产生的自由电子空穴对的寿命时间长，则每一次激发最多只能发生一次单激子辐射跃迁，极少可能在单激子辐射复合后在量子点中出现新的激子．如果单激子的辐射复合相对无辐射复合有绝对的优势，那么对于绝大多数的激发脉冲，最后都可由单激子发射一个光子．

图 10.63(a)所示[199]为由 InAs 单量子点得到的不同激发强度下的荧光谱，激发强度可对照图(b)查出．图(b)为单激子复合发射的光子的计数随激发强度的变化．可见单激子发射很快达到饱和．因为对于较强的激发，单激子复合最多也只有一次．

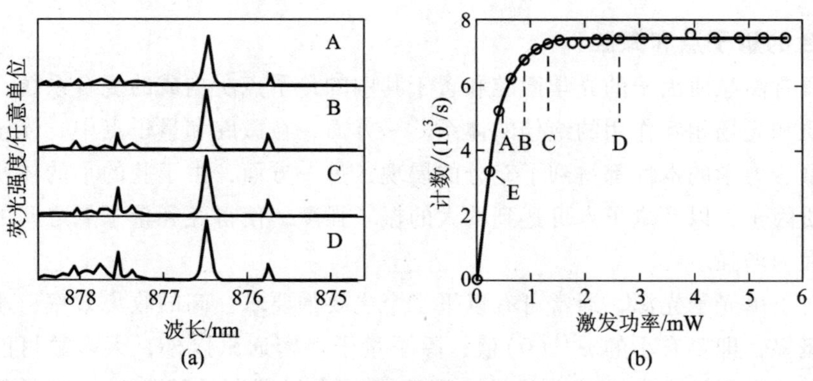

图 10.63 (a)不同激发强度下 InAs 单量子点的荧光谱

(b)单激子复合的光子的计数随激发强度的变化

对于多激子的复合过程，由于先复合的激子所发射的光子能量不同于最后单个激子所发射的．那些先发射的光子可以通过滤光去除．

---

* 对于不同的光场，先后检测到的光子之间有不同的相关性质．相关性质通常由二阶相关函数 $g^{(2)}(\tau)$ 描述，它正比于在检测到第一个光子时间 τ 以后检测到第二个光子的概率．对于通常的非相干光，$g^{(2)}(0)$ 具有最大值，随后随时间减小．这一现象称为“成束”．相干光的 $g^{(2)}(\tau)$ 与时间无关．而量子化的光场，$g^{(2)}(0)$ 具有最小值，这一性质称为“抗成束”．

图 10.64 所示为在室温下由 CdSe/ZnS 单量子点的单光子发射得到的二阶相关函数 $g^{(2)}(\tau)$[200]（参看上页脚注），它正比于在检测到第一个光子时间 τ 以后检测到第二个光子的概率. 可见，在 $\tau=0$ 处有明显的最小值. 这是单光子发射的见证. $\tau=0$ 处的最小值越小，光源的单光子性越好.

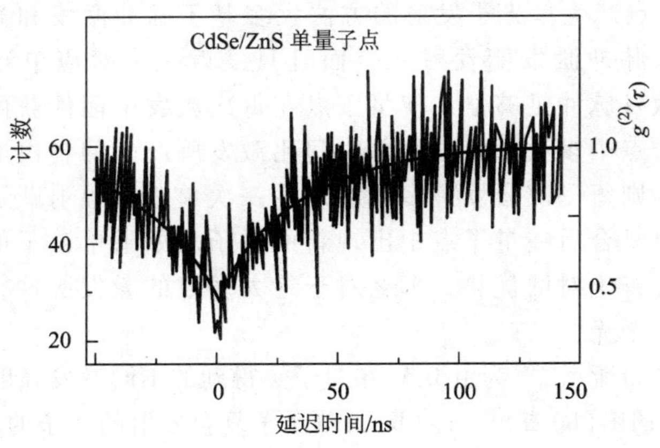

图 10.64 对应单光子发射的二阶相关函数

弱耦合的量子点和微腔

具有高品质因子的光学微腔和置于其中的量子点所构成的复合系统，是研究物质和光场相互作用的绝佳的体系. 一方面，在微腔和量子点中，光子和电子的量子力学的本性都得到了充分的展现；另一方面，由于腔的小的体积和高的品质因子，以及量子点可达到的大的振子强度，使得腔和量子点之间的相互作用大为增强.

对于单光子光源，通常可有以下三个主要的要求：高的收集效率；小的多光子概率，即要有小的 $g^{(2)}(0)$ 值；除了量子保密通讯以外，大多数可能的应用都要求光量子具有不可分辨性，即要求单光子源所连续发射的光子是全同的，可以产生多光子干涉现象. 单量子点和微腔相结合可以满足上面的诸要求.

半导体单光子光源最初的尝试是在 pin 结构中的一个微柱中利用单个载流子间的静电排斥作用实现的[201]. 但因为辐射寿命比去干涉时间长，所发射的光子并不是不可分辨的. 在 4 K 下，去干涉时间为 ~0.9 ns，而单激子的辐射寿命在 1 ns 或 1 ns 以上.

对于确定的量子点，去干涉时间是难以改变的，但微腔可以改变置于其中的量子点的自发发射率. 这是 Purcell 在 60 年前在讨论射频波发射时所作的预言，[3] 通常称为 Purcell 效应. 这一效应已在多年前在原子上观察到[202]. 通过使分立的腔模和发光体在共振或离共振，可以使发光体的自发发射率增加或减小. 作为人造原子，量子点在微腔中应有类似的表现. 量子点中的激子的振子强度可达 10 以上[203]，比原子的大，和腔有更强的耦合，辐射寿命应可发生更明显的改变. 量子点激子低温下长的辐射寿命和相应的小的线宽也有利于清楚地鉴别 Purcell 效应.

很重要的是，微腔还可把所发射的光子纳入到规范化的空间模式，使其沿规定的方向传播，从而可提高收集效率[204]. 这一点对于实际应用来说无疑是重要的. 这样做还可压缩其它耗损.

Purcell 效应属于激子和腔的弱相互作用. 当高品质的腔被调谐到和原子的自发发射频率共振时，可观察到自发发射寿命的缩短. 在腔中，当腔模的线宽远大于自发发射线宽时，在共振条件下，一个理想振子的自发发射率要乘一个 Purcell 因子 F_{P}[205]：

$$F_{\mathrm{P}}=\frac{3Q\lambda^{3}}{4\pi^{2}\eta^{3}\widetilde{V}} \tag{10-6-2}$$

式中 Q 为腔的品质因子，λ 为腔的共振波长，$\widetilde{V}$ 为有效模体积[205]，η 仍为折射率. 不过该因子只表示腔本身的性质. 自发发射率实际增加的倍数与腔和振子的具体耦合情况有关，上式对应于振子位于腔模的电场最大处. 当腔的体积 V 很小，品质因子 Q 很高时，发射率的增加可以是显著的. 但减小腔体积，如减小的微柱直径，会导致 Q 值的降低. 重要的是使 $Q/\widetilde{V}$ 具有最大值. 发射率的增加不仅有可能提高单光子发射的重复率，而且也显然有利于压缩无辐射复合的比例.

早期在置于微柱中的量子点上观察到了明显的 Purcell 效应.[206] 自发发射率增加到 5 倍. 所采用的柱状微腔的扫描电镜的像如图 10.65(a)所示. 它是这样形成的：先由分子束外延形成平面 GaAs/AlAs 微腔，一个波长厚的 GaAs 层置于上面的 15 个周期和下面 25 个周期的 GaAs/AlAs 分布布拉格反射器之间；在 GaAs 腔层中生长 5 排面密度为 $4\times10^{10}\ \mathrm{cm}^{-2}$ 的 InAs 量子点；微柱通过反应离子刻蚀形成. 它实际上是一个三维约束的微腔. 腔的品质因子 Q 接近 2000.

图 10.66 所示为三种不同情形的量子点的单激子的时间分辨光荧光谱(a) GaAs 中的量子点，(b)柱中离共振的量子点，(c)柱中在共振的量子点. 在共振情形的衰减时间(辐射寿命)只有腔外情形的 1/5.

在图 10.65(b)所示的一种碟状微腔和量子点耦合系统中，也实现了对自发发射率的控制.[207] 这种微腔是一种由薄的半导体光学薄层构成的碟状微结构. 它的工作基于微腔和周围介质间大的折射率的差异，光波沿腔的环形边界发生多次全反射，腔模发生在特殊共振波长上[208]，可称为回

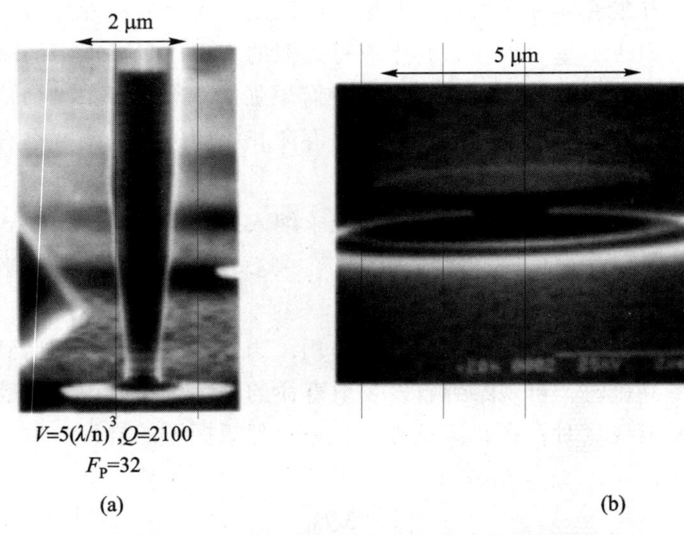

图 10.65 量子点 - 微腔系统常采用的微腔
(a) 柱状微腔 (b) 碟状微腔

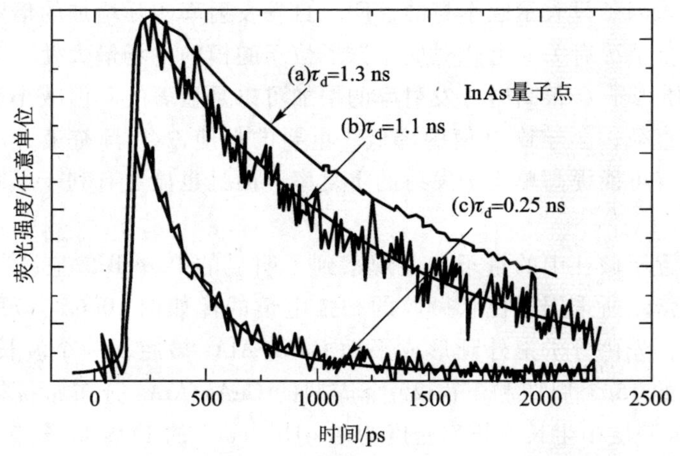

图 10.66 三种不同情形的辐射寿命

音壁模*. 碟区由一层 100 nm 厚的 GaAs, 一层面密度为 $10^8 cm^{-2}$ 至 $10^{10} cm^{-2}$ 的自形成的InAs量子点和一层 100nm 的 GaAs 组成. 碟的直径约为 5 μm(在另外的报道中,碟厚可以做到 100 nm,直径做到 0.3 μm). 柱层

* 这种工作模式是基于 Rayleigh 的“耳语廊”理论,“耳语廊”的称呼来自伦敦的圣保罗大教堂的耳语廊(whispering gallery). 和英文名称对应, 回音壁模也可称为耳语廊模. 在这种模式的 SiO_2 微碟上曾有高达 4×10^7 的 Q 值的报道[114].

为0.5 μm厚的$Al_{0.65}Ga_{0.35}As$层，生长在AlAs/GaAs缓冲层的上面. 柱通过适当的腐蚀形成. 有不少关于单光子发射的报道[209]. 在许多工作中都实现了对于微腔中量子点的自发发射的类似的控制[198,210].

为了增强微腔和量子点之间的偶合，人们一方面努力减小微腔的体积，另一方面设法使量子点和微腔中电场最大值对准. 在最近的报道中，借助于原子力显微镜的帮助，使量子点的90%被置于微腔中电场最大处. 量子点的激子辐射寿命降低了145倍[211].

特别要提到的是，Santori等就单光子光源所发射的光子的全同性进行了重要的实验[212]. 他们的测量说明，在他们的微柱-量子点系统中，连续发射的光子大多是不可分辨的. 这种光源对于各种量子光学和量子信息的实验来说是很有用的.

利用单光子光源还可以产生量子纠缠*的光子对[213]. 光子对是在量子点中双激子经过两个激子态的级联辐射衰变中产生的. Benson等提出，双激子和单激子发射的光子对在偏振上是纠缠的，这种纠缠来源于双激子的自旋[214]. 有实验表明，量子点中的激子的自旋寿命比辐射寿命长[215]. 在禁带宽度为3.4eV的CuCl晶体中通过共振激发双激子，得到了紫外的偏振纠缠的双光子[216]. 在由单光子光源发射的两个独立的全同的光子之间，也可以产生偏振纠缠[217].

纠缠的光子对于量子通讯和量子信息处理甚为重要. 对于应用来说，它们特别令人感兴趣之处在于，这种纠缠并不需要通过其它媒介，而且便于操作.

到目前为止，大部分由InGaAs/GaAs量子点的单光子发射都是在低温下达到的. 不久前，在GaAs中的InGaAs量子实验中，在100K实现了单光子发射[218]. 这对于未来的实际应用来说是重要的. 如果采用约束能量更高的量子点，那么原则上说在室温下工作也是可能的.

强耦合的量子点和微腔Rabi分裂

当两个分立的振子之间存在强耦合时，会发展出两个色散曲线不发生交叉(抗交叉的)偶合模. 这是一个相当普遍的现象. 发生强耦合的这两个振子在性质上可以是很不相同的. 20多年前有人讨论了单个原子和光学腔的强耦合

---

* 量子纠缠是一种量子力学现象. 是指两个或更多的物体的量子状态之间的关联性，尽管它们有可能在空间上是分离的(非本地的)，不存在相互作用. 这导致这些系统的可观测的物理量之间的关联性. 例如，有可能产生出在单一量子态中的两个粒子，当其中之一被观测为自旋向上时，另一个定被观测为自旋向下. 反之亦然. 总之，对一个系统进行测量会影响到与之发生纠缠的另一个系统.

问题[219]．在由原子和光学腔所构成的强耦合系统中，在腔模频率和原子辐射频率重合时，系统的辐射频率会发生 Rabi 分裂．在原子物理中，这种分裂被称为真空场 Rabi 分裂．虽然在激光场中曾观察到过荧光谱线的分裂[220]，但这里的情形和那里的不同．这里的分裂是在不存在腔场的情形下出现的．

在由量子点和光学微腔所构成的强耦合系统中，也会出现抗交叉色散的光谱分裂．这时，组成系统的微腔和量子点不再能单独加以描述，系统的本征态是激子－光子混合态．这种混合态通常称作极化激元(Polariton)．因此，这里的 Rabi 分裂有时也称为微腔极化激元分裂．

在强耦合的条件下，光发射是可逆的．发射的光子可被发光体再吸收．只要腔的能量耗损足够低，发生上述能量交换的周期小于腔的能量耗散时间(去相干时间)，那么，在光子最后在腔中消失之前，在发光体和光子之间可发生若干次相干的周期性的能量交换，称为Rabi 振荡*．上述能量交换过程导致光谱上的抗交叉的 Rabi 分裂．借助于 Rabi 振荡，量子点在量子计算中可用作量子位的载体[221]．

激子－光子间的耦合的强弱可用耦合参数 g 来量度．g 正比于量子点激子的电场下的偶极跃迁矩阵元，因此，正比于激子的振子强度 f，反比于腔的有效体积 $\widetilde{V}$．它的大小和量子点所在的位置有关．当量子点位于腔模电场最大位置时有[205]

$$g=\hbar\left(\frac{e^2}{4\pi\varepsilon\varepsilon_0}\frac{\pi f}{m_0\widetilde{V}}\right)^{1/2} \tag{10-6-3}$$

式中 m_0 分为自由电子质量．由实验上的 Rabi 分裂值可以估算激子的振子强度．对于耦合的激子和微腔，在激子能量 E_X 和腔模能量 E_C 发生共振，即 $E_X=E_C=E_0$ 时，系统的偶合模的能量为

$$E_{1,2}=E_0-\mathrm{i}(\gamma_c+\gamma_x)/4\pm\left[g^2-(\gamma_c-\gamma_x)^2/16\right]^{1/2} \tag{10-6-4}$$

γ_c 和 γ_x 为腔模和激子模的半最大宽度．强耦合要求

$$g^2>(\gamma_c-\gamma_x)^2/16 \tag{10-6-5}$$

在 $g^2<(\gamma_c-\gamma_x)^2/16$ 的条件下，能量的实部简并，对应于在共振的、自发辐射增强的 Purcell 效应．γ_c 和腔的品质因子 Q 的关系是：

$$\gamma_c=E_C/Q \tag{10-6-6}$$

---

* Rabi 振荡(或 Rabi 循环)是一种光和物质的相互作用的相干的非线性光学现象．当一个两能级系统被一个相干光子束照射时，它会循环地吸收和受激发射光子．一次循环的时间的倒数称为 Rabi 频率．系统处于激发态的概率正比于 $\cos^2\omega t$．式中 ω 是 Rabi 频率．这一效应对于量子光学和量子计算都是重要的．

γ_c 常有 100 μeV 量级(对应于 $Q\sim10\ 000$)或更大.(高的 Q 意味着腔模的长的衰减时间.对于 $Q\sim10\ 000$ 的情形,该衰减时间约 40 ps). 而量子点激子的本征线宽 γ_x 为几个 μeV 量级,远小于 γ_c. 因此强耦合条件可近似写作

$$g>\gamma_c/4 \qquad (10-6-7)$$

综合式(10-6-3),(10-6-6),(10-6-7),强耦合要求 $(f/\widetilde{V})^{1/2}Q$ 有大的值. 在半导体中,最早在微腔-量子阱激子系统中观察到 Rabi 分裂[222].

图 10.67 所示为在 5 K~30 K 间不同温度下,由一微柱-量子点系统测得的光荧光谱[223]. 左边的图片为微柱的扫描电镜图像,微柱直径为 1.5 μm,Q 值为 8 800. 所采用的量子点的振子强度高达 50.

在实验上微腔的腔模很少可能和激子的发射波长完全吻合. 但由于带隙的温度关系,温度增加激子能量减小. 在适当的温度下可使激子的发射波长和腔模重叠. 在 5 K 时,光谱由 1.323 35 eV 的腔模 C(能量和腔模重叠的背景发射)和 1.323 65 eV 的量子点的激子线 X 构成. 激子线的发射强度比腔模约小一个数量级. 由于激子和腔的强的耦合,在标为腔模 C 的谱线和标为 X 的激子谱线应该发生交叉时,它们避开了交叉. 左支由下至上由纯粹的腔模逐渐过渡为纯激子模;而右支由下至上由纯激子模过渡为纯腔模. 在过渡点附近,为通过 Rabi 振荡形成的光子、激子混合态.

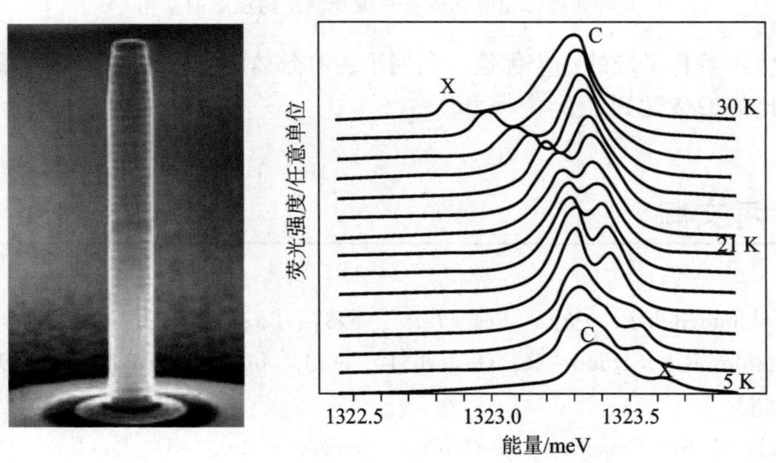

图 10.67 由微柱-量子点强耦合系统得到不同温度下的光荧光谱

在图 10.68(a)的温度关系中,在过渡点附近(约 21 K)的混合态的线宽和荧光强度都不同于纯激子的和纯腔模的. 图 10.68(b)则是弱相互作用的腔和量子点激子系统的相应结果,用作比较.

Rabi 分裂还先后在微碟[224]和光子晶体中观察到[225].

为了对混合态进行相干操作,Rabi 分裂值 Ω 应显著大于单个线宽 δ. 因此

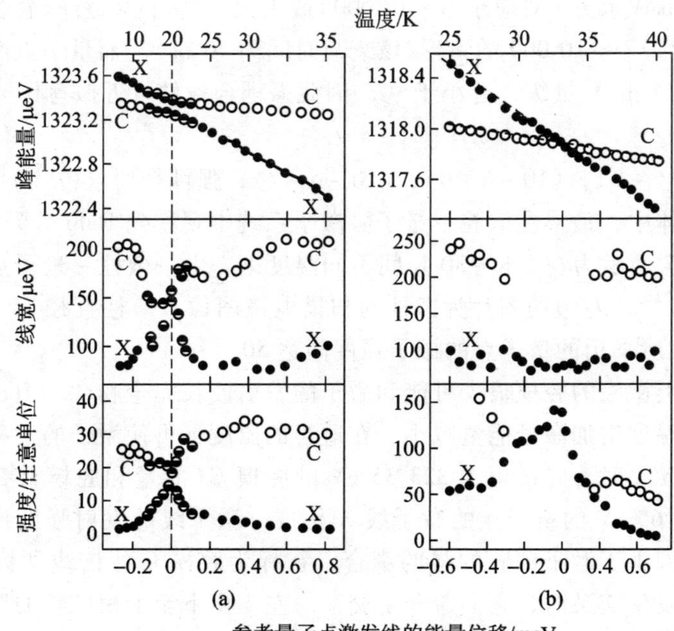

图 10.68　(a)强耦合的和；(b)弱耦合的微腔 - 量子点系统的荧光峰能量，相应的线宽和荧光强度随温度的变化

比值 Ω/δ 可看作系统的一个优值. 利用小的有效体积的微碟和高振子强度的量子点，比值 Ω/δ 达到了 2[226].

第 10 章参考文献

[1]　Yablonovitch E. *Phys. Rev. Lett.*, 1987, 58: 2059.

[2]　Stanley R P, Houdré R, Oesterle U, et al. *Appl. Phys. Lett.*, 1994, 65: 1883.

[3]　Adachi S. *Properties of Gallium Arsenide*. 2nd ed. London: INSPEC, 1990: 125.

Aspnes D E. *Properties of Aluminium Gallium Arsenide*. London: INSPEC, 1993: 157.

[4]　Purcell E M. *Phys. Rev.*, 1946, 69: 681.

[5]　Kishino K, Unlü M S, Chyi J - I, et al. *IEEE J. Quantum Electron.* 1991, QE - 27: 2025.

Hunt N E J, Schubert E F, Kopf R F, et al. *Appl. Phys. Lett.*, 1993,

63: 2600.
Pellat D, Azoulay R, Leroux G, et al. *Appl. Phys. Lett.*, 1993, 62: 2489.
Oudar J L, Kuszelewicz R, Sfez B, et al. *Superlatt. Microstruct.* 1992, 12: 89.
[6] Uenohara H, Koyama F, Iga K. *Electron. Lett.*, 1989, 25: 770.
Jewell J L, Scherer A, McCall S L, et al. *Electron. Lett.*, 1989, 25: 1123.
Chang – Hasnain C J, Maeda M W, Stoffel N G, et al. *Electron. Lett.*, 1990, 26: 940.
Geels R S, Corzine S W, Scott J W, et al. *Photonics Technol. Lett.*, 1990, 2: 234.
Tai K, Hasnain G, Wynn J D, et al. *Electron. Lett.*, 1990, 26: 1684.
Agarwal G P, Dutta N K. *Semiconductor Lasers*. New York: Van Nostrand Reinhold, 1993: 472.
[7] Gérard J – M, Gayral B. *J. Lightwave Technol.*, 1999, 17: 2089.
Santori C, Pelton M, Solomon G, et al. *Phys. Rev. Lett.*, 2001, 86: 1502.
[8] Yokoyama H. *Science*, 1992, 256: 66.
Rarity J G. *Microcavities & Photonic Bandgaps*. Edited by Rarity J G, Weisbuch C. Dordrecht: Kluwer Academic, 1996.
Finlayson C E, Ginger D S, Greenham N C. *Appl. Phys. Lett.*, 2000, 77: 2500.
[9] Stanley R P, Houdré R, Oesterle U, et al. *Appl. Phys. Lett.*, 1994, 65: 2093.
[10] Oder T N, Shakya J, Lin J Y, et al. *Appl. Phys. Lett.*, 2003, 83: 1231.
Oder T N, Kim K H, Lin J Y, et al. *Appl. Phys. Lett.*, 2004, 84: 466.
Orita K, Wierer S J J, Krames M R, et al. *Appl. Phys. Lett.*, 2004, 84: 3885.
Takizawa T, Ueda T, Yuri M, et al. *Jpn. J. Appl. Phys.* Part 1, 2004, 43: 5809.
Kim D H, Cho C O, Roh Y G, et al. *Appl. Phys. Lett.*, 2005, 87: 203508.

Zhang Z S, Zhang B, Xu J, et al. *Appl. Phys. Lett.*, 2006, 88: 171103.

[11] Mooradian A, Fan H Y. *Phys. Rev.*, 1966, 148: 873.

[12] Haynes J R, Lax M, Flood W F. *Proc. Int. Conf. on Seiconductor Physics, Prague* 1960. Prague: Publishing House of the Czechoslovak Academy of Sciences, 1961: 423.

[13] Williams E W, Chapman R A. *J. Appl. Phys.*, 1967, 38: 2547.

[14] Craford M G, Shaw R W, Herzog A H, et al. *J. Appl. Phys.*, 1972, 43: 4075.

[15] Thomas D G, Gersherzon M, Trumbore F A. *Phys. Rev.*, 1964, 133: A269.

[16] Merze J L, Nassau K, Shiever J W. *Phys. Rev. B*, 1973, 8: 1444.

[17] Dean P J, Henry C H, Frosch C J. *Phys. Rev.*, 1968, 168: 812.

[18] Jefferson J H, Hagston W E, Sutherland H H. *J. Phys.* 1975, C8: 3457.

[19] Dean P J, Frosch C J, Henry C H. *J. Appl. Phys.*, 1968, 39: 5631.

[20] Bergh A A, Dean P J. *Proc. IEEE*, 1972, 60: 156.

[21] Thomas D G, Hopfield J J, Augustyniak W M. *Phys. Rev.*, 1965, 140: A202.

[22] Thomas D G, Dingle R, Cuthbert J D. Ⅱ－Ⅵ *Semi-conducting Compounds*. Ed. by Thomas D G. New York: Benjamin, 1967: 863.

[23] Gross E, Permogorov S, Razbirin B. *J. Phys. Chem. Solids*, 1966, 27: 1647.

[24] Sell D D, Stokowski S E, Dingle P, et al. *Phys. Rev. B*, 1973, 7: 4568.

[25] Tait W C, Campbell D A, Packard J R, et al. Ⅱ－Ⅵ *Semiconducting Compounds*. Ed. by Thomas D G. New York: Benjamin, 1967: 370.

[26] Huang K. *Proc. Roy. Soc.*, 1951, A208: 352.

Born M, Huang K. *Dynamical Theory of Crystal Lattices*. Oxford: Oxford Press, 1954: 89.

[27] Haynes J R, Lax M, Flood W F. *J. Phys. Chem. Solids*, 1959, 8: 392.

[28] Macfarlane G G, Mclean T D, Quarrington J E, et al. *Phys. Rev.*, 1958, 111: 1245.

[29] Haynes J R. *Phys. Rev. Lett.*, 1960, 4: 361.

[30] Rossi J A, Wolfe C M, Stillman G E, et al. *Solid State Commun.*, 1970, 8: 2021.

[31] Bogardus E H, Bebb H B. *Phys. Rev.*, 1968, 176: 993.

[32] Thomas D G, Hopfield J J. *Phys. Rev.*, 1966, 150: 680.

[33] Thomas D G, Gershenzon M, Hopfield J J. *Phys. Rev.*, 1963, 131: 2397.

[34] Dean P J, Cuthbert J D, Lynch R H. *Phys. Rev.*, 1969, 179: 754.

[35] Morgan T N. *Phys. Rev. Lett.*, 1968, 21: 819.

[36] Lampert M A. *Phys. Rev. Lett.*, 1958, 1: 450.

[37] Haynes J R. *Phys. Rev. Lett.*, 1966, 17: 860.

[38] Souma H, Goto T, Ohta T, et al. *J. Phys. Soc. Japan*, 1970, 29: 697.

[39] Souma H. Koike H, Suzuki K, et al. *J. Phys. Soc. Japan.* 1971, 31: 1285.

[40] Shionoya S, Saito H, Hanamura E, et al. *Solid State Commun.*, 1973, 12: 223.

[41] Hvam J M. *Phys. Stat. Sol.* (b), 1974, 63: 511.

[42] Pokrovskii Y E, Kaminsky A S, Svistunova K I. *Proc. of 10th Int. Conf. on Physics Semicond.* Mass.: Cambridge, 1970. Ed. by Keller S P, Hensel J C, Stern F. CONF-700801. (U. S. AEC Division of Technical Information, Springfield, Va., 1970): 504.

[43] Kalakovsky V D, Timoreev V B. *JETP Lett.*, 1977, 25: 487.

[44] Thewalt M L W, Rostworowski J A. *Solid State Commun.*, 1978, 25: 291.

[45] Keldysh L V. *Proc. 9 th Int. Conf. Phys. Semicond., Moscow*, 1968. Leningrad: Nauka, 1968: 1303.

[46] Benoit C, à la Guilloume, Paradi O. *J. Electron. Control.*, 1959, 6: 356.
Benoit C, à la Guilloume, Salvan F, et al. *J. Luminescencs*, 1970, 1/2: 315.

[47] Pokrovskii Y E, Svistunova K I. *JETP Lett.*, 1969, 9: 435.
Pokrovskii Y E, Svistunova K I. *JETP Lett.*, 1969, 9: 261.

[48] Lax M, Hopfield J J, *Phys. Rev.*, 1961, 124: 115.

[49] Asnin V M, Pogachev A A, Sablina N I. *JETP Lett.*, 1970, 11: 162.
Asnin V M, Pogachev A A, Sablina N I. *JETP Lett.*, 1970, 11: 99.

[50] Pokrovskii Y E, Svistunova K I. *JETP Lett.*, 1971, 13: 297.
Pokrovskii Y E, Svistunova K I. *JETP Lett.*, 1971, 13: 212.

[51] Gourley P L, Wolfe J P. *Phys. Rev. B*, 1979, 20: 3319; *Phys. Rev. Lett.*, 1978, 40: 526; *Phys. Rev. B*, 1981, 24: 5970.

[52] Wolfe J P, Hansen W L, Haller E E, et al. *Phys. Rev. Lett.*, 1975, 34: 1292.

[53] Dingle R, *Festköperprobleme*, 1976, 15: 21.

[54] Dingle R, Wiegmann W, Henry C H. *Phys. Rev Lett.*, 1974, 33: 827.

[55] Ralph R I. *Solid State Commun.*, 1965, 3: 303.
Shinada M, Sugano. *J. Phys. Soc. Japan*, 1966, 21: 1936.

[56] Andreani L C, Pasquarello A. *Europhys. Lett.*, 1988, 6: 259.

[57] Greene R L, Bajaj K K. *Solid State Commun.*, 1983, 45: 831.

[58] Andreani L C, Pasquarello A. *Phys. Rev.*, 1990, 42: 8928.

[59] Masumoto Y, Matsuura M, Tarucha S, et al. *Phys. Rev. B*, 1985, 32: 4275.

[60] Miller D A B, Chelma D S, Eilenberger D J, et al. *Appl. Phy. Lett.*, 1982, 41: 679.

[61] Chemla D S, Miller D A B, Smith P W, et al. *IEEE J. of Quantum Electron*, 1984, QE-20: 265.

[62] Lee D, Johnson A M, Zucker J E, et al. *J. Appl. Phys.*, 1991, 69: 6724.

[63] Weiner J S, Chelma D S, Miller D A B, et al. *Appl. Phys. Lett.*, 1985, 46: 619.

[64] Wegscheider W, Pfeiffer L N, Dignam M M, et al. *Phys. Rev. Lett.*, 1993, 71: 4071.

[65] Rinaldi R, Cingolani R, Lepore M, et al. *Phys. Rev. Lett.*, 1994, 7: 2899.
Hasen J, Pfeiffer L N, Pinczuk A, et al. *Superlattices Microstruct.*, 1997, 22: 359.
Someya T, Akiyama H, Sakaki H. *Phys. Rev. Lett.*, 1996, 76: 2965.

[66] Chang L L, Esaki L. *Surface Science*, 1980, 98: 70-89.

[67] Volsin P, Bastard G, Goncalves da Silva C E T, et al. *Solid State Communications*, 1981, 39: 79.

[68] Christen J, Bimberg D. *Surface Science*, 1986, 174: 261.
Bimberg D, Christen J. *Appl. Phys. Lett.*, 1986, 49: 76.

[69] Weisbuch C, Miller R C, Dingle R, et al. *Solid State Commun.*, 1981, 37: 219.

[70] Miller R C, Kleinman D A, Gossard A C. *Proceedings of the XIVth Int. Conf. on Physics of Semicond.*, Edinburgh, 1978. Edited by Wilson B L H. London: Institute of Physics, 1979: 1043.

Lampel G. *Proceedings of the XIVth Int. Conf. on Physics of Semicond.*, Stuttgart, 1974. Edited by Pilkuhn M H. Stuttgart: Teubner, 1974: 743.

[71] Fujiwara K, Tsukada N, Nakayama T. *Appl. Phys. Lett.*, 1988, 53: 675.

[72] Weisbuch C, Dingle R, Gossard A C, et al. *Solid State Commun.*, 1981, 38: 709.

Bastard G, Delalande C, Meynadier M H, et al. *Phys. Rev. B*, 1984, 29: 7042.

[73] Wang X - L, Ogura M, Matsuhata H. *Appl. Phys. Lett.*, 1995, 67: 3629.

[74] Dawson P, Duggan G, Ralph H I, et al. *Phys. Rev. B*, 1983, 28: 7381.

Bimberg D, Christen J, Werner A, et al. *Appl. Phys. Lett.*, 1986, 49: 76.

[75] Fouquet J E, Siegmann A E. *Appl. Phys. Lett.*, 1985, 46: 280.

Fouquet J E, Siegmann A E, Burnham R D, et al. *Appl. Phys. Lett.*, 1985, 46: 374.

Fouquet J E, Burnham R D. *IEEE J. Quantum Electron*, 1986, 22: 1799.

[76] Cingolani R, Ploog K. *Advances in Physics*, 1991, 40: 535.

Miller R C, Gossard A C, Kleinman D A. *Phys. Rev. B*, 1985, 32: 5443.

[77] Miller R C, Kleiman D A, Gossard A C, et al. *Phys. Rev. B*, 1982, 25: 6545.

[78] Kleinman D A. *Phys. Rev. B*, 1983, 28: 871.

[79] Charbonneau S, Steiner T, Thewalt M L W, et al. *Phys. Rev. B*, 1988, 38: 3583.

[80] Brunner K, Abstreiter G, Böhm G, et al. *Appl. Phys. Lett.*, 1994, 64: 3320. *Phys. Rev. Lett.*, 1994, 73: 1138.

[81] Moore K J, Duggan G, Raukema A, et al. *Phys. Rev. B*, 1990, 42: 1326.

Song J J, Jung P S, Yoon Y S, et al. *Phys. Rev. B*, 1989, 39: 5562.

Duggan G, Ralph H I, Dawson P, et al. *Phys. Rev. B*, 1987, 35: 7784.

[82] Vouilloz F, Oberli D Y, Dupertuis M – A, et al. *Phys. Rev. Lett.*, 1997, 78: 1580.

[83] Miller D A B, Chemla D S, Schmitt – Rink S. *Phys. Rev. B*, 1986, 33: 6976.

[84] Chemla D S, Damen T C, Miller D A B, et al. *Appl. Phys. Lett.*, 1983, 42: 864.

[85] Empedocles S A, Bawendi M G. *Science*, 1997, 278: 2114.

Raymond S, Reynolds J P, Merz J L, et al. *Phys. Rev. B*, 1998, 58: R13415.

Sugisaki M, Ren H – W, Nair S V, Nishi K, et al. *Phys. Rev. B*, 2002, 66: 235309.

[86] Takeuchi T, Sota S, Katsuragawa M, et al. *Jpn. J. Appl. Phys.*, 1997, Part 2, 36: L382.

Takeuchi T, Wetzel C, Yamaguchi S, et al. *Appl. Phys. Lett.*, 1998, 73: 1691.

[87] Oudar J A, Abram I, Migus A, et al. *Phys. Rev. B*, 1985, 30: 340.

[88] Chemla D S, Schmitt S, Miller D A B. *Optical Nonlinearities and Instability in Semiconductors*. Ed. Haug H. New York: Academic, 1988: 83.

[89] Hanamura E. *Phys. Rev. B*, 1988, 37: 1273.

Takngahara T. *Solid State Commun.*, 1991, 78: 279.

Gotoh H, Kamada H, Saitoh T. *Phys. Rev. B*, 2005, 71: 195334.

Gotoh H, Kamada H, Nakano H, Saitoh T, et al. *Appl. Phys. Lett.*, 2005, 87: 102101.

[90] Williams E W, Hall R. *Luminescence and the Light Emitting Diode*. Oxford: Pergamon Press, 1978.

[91] Fasol G. The Blue Laser Diode; GaN Based Light Emitters and Lasers. Berlin: Springer, 1997.

[92] Strite S, Morkoc H. *J. Vac. Sci. Technol. B*, 1992, 10: 1237.

[93] Amano H, Akasaki I, Kozawa T, et al. *J. Lumin.*, 1988, 40 – 41: 121.

[94] Davydov V Yu, Klochikhin A A, Seisyan R P, et al. *Phys. Stat. Solidi* (b), 2002, 229: R1.

Davydov V Yu, Klochikhin A A, Emtsev V V, et al. *Phys. Stat. Solidi* (b), 2002, 230: R4.

Wu J, Walukiewicz W, Yu K M, et al. *Appl. Phys. Lett.*, 2002, 80: 4741.

Wu J, Walukiewicz W, Yu K M, et al. *Appl. Phys. Lett.*, 2002, 80: 3967.

[95] Mukai T. *IEEE J. on Selected Topics in Quantum Electron*, 2002, 8: 264.

[96] Taniyasu Y, Kasu M, Makimoto T. *Nature*, 2006, 441: 325.

Taniyasu Y, Kasu M, Kobayashi N. *Appl. Phys. Lett.*, 2002, 81: 1255.

Taniyasu Y, Kasu M, Makimoto T. *Appl. Phys. Lett.*, 2004, 85: 4672.

[97] Haase M A, Cheng H, DePuydt J M, et al. *J. Appl. Phys.*, 1990, 67: 448.

Haase M A, Qiu J, DePuydt J M, et al. *Appl. Phys. Lett.*, 1991, 59: 1272.

Qiu J, DePuydt J M, Cheng H, et al. *Appl. Phys. Lett.*, 1991, 59: 2992.

Jeon H, Ding J, Xie W, et al. *Appl. Phys. Lett.*, 1991, 59: 3619.

Sato K, Hanafusa M, Noda A, et al. *Journal of Crystal Growth*, 2000, 214/215: 1080.

[98] Thompson A G, Cardona M, Shaklee K L, et al. *Phys. Rev.*, 1966, 146: 601.

Herzog A H, Groves W O, Craford M G. *J. Appl. Phys.*, 1966, 146: 601.

[99] Edmond J A, King H S, Carter C H. *Physica B*, 1993, 185: 453.

Brander R W. *Proc. Int. conf. On Silicon Carbide*, *University Park*, *Pa*, 1968; *Mat. Res. Bull.* Ed. by Henisch H K, Roy R. Vol. 4. London: Pergamon, 1969: 187.

[100] Canham L T. *Appl. Phys. Lett.*, 1990, 57: 1046.

[101] *Porous Silicon.* Edited by Feng Z C, Tsu R. Singapore: World Scientific, 1994.

Properties of Porous Silicon. Edited by Canham L T. London: Inspec, IEE, 1997.

Bisi O, Campisano S U, Pavesi L, et al. *Silicon based microphotonics*. Amsterdam: IOS press, 1999.

Ossicini S, et al. *Light Emitting Silicon for Microphotonics*. Springer Tracts on Modern Physics, Vol. 194. Berlin: Springer-Verlag, 2003.

Towards the First Silicon Laser. Pavesi L, Gaponenko S, Dal Negro L eds. Dordrecht, The Netherlands: Kluwer Academic Pulbishers, 2003.

Silicon Photonics. Edited by Pavesi L, Lockwood D. Topics in Applied Physics, vol. 94. Berlin: Springer-Verlag, 2004.

[102] Walters R J, Kalkman J, Polman A, et al. *Phys. Rev. B*, 2006, 73: 132302.

Miura S, Nakamura T, Fujii M, et al. *Phys. Rev. B*, 2006, 73: 245333.

[103] Pavesi L, et al. *Nature*. London, 2000, 408: 440.

Khriachtechev L, Novikov S, et al. *Appl. Phys. Lett.*, 2001, 79: 1249.

Dal Negro L, et al. *Appl. Phys. Lett.*, 2003, 82: 4636.

Luterova K, Dohnalova K, Svrcek V, et al. *Appl. Phys. Lett.*, 2004, 84: 3280.

Ruan J, Fauchet P M, Dal Negro L, et al. *Appl. Phys. Lett.*, 2003, 83: 5479.

[104] Negro L D, Cazzane Ili M, Daldosso N, et al. *Physica E*, 2003, 16: 297.

Chen M J, Yen J L, Li J Y, et al. *Appl. Phys. Lett.*, 2004, 84: 2163.

[105] Franzo G, Irrera A, Moreira E C, et al. *Appl. Phys.*, 2005, A74: 1.

[106] Lehmann V, Gosele U. *Appl. Phys. Lett.*, 1991, 58: 856.

Delerue C, Allan G, Lannoo M. *Phys. Rev. B*, 1993, 48: 11024.

Delerue C, Lannoo M, Allan G, et al. *Thin Solid Films*, 1995, 255: 27.

Schuppler S, Friedman S L, Marcus M A, et al. *Phys. Rev. B*, 1995, 52: 4910.

Kanemitsu Y, Okamoto Sh. *Phys. Rev. B*, 1997, 56: R1696.

Kovalev D, Heckler H, Polisski G, et al. *Phys. Status Solidi B*, 1999,

215: 871.

Takeoka S, Fujii M, Hayashi S. *Phys. Rev. B*, 2000, 62: 16820.

Korsunska N, Khomenkova L, Yukhimchuk V, et al. *J. Phys. Condens. Mater.*, 2002, 14: 13217.

[107] Valenta J, Juhasz R, Linnros J. *Appl. Phys. Lett.*, 2002, 80: 1070.

[108] Niquet Y M, Lherbier A, Quang N H, et al. *Phys. Rev. B*, 2006, 73: 165319.

Vo T, Williamson A J, Galli G. *Phys. Rev. B*, 2006, 74: 045116.

[109] Luppi E, Iori F, Magri R, et al. *Phys. Rev. B*, 2007, 75: 033303.

Bruno M, Palummo M, Marini A, et al. *Phys. Rev. Lett.*, 2007, 98: 036807.

[110] Ennen H, Schneider J, Pomrenke G, et al. *Appl. Phys. Lett.*, 1985, 46: 381.

[111] Franzo G, Priolo F, Coffa S, et al. *Appl. Phys. Lett.*, 1994, 64: 2235.

Zheng B, Michel J, Ren F Y G, et al. *Appl. Phys. Lett.*, 1994, 64: 2842.

[112] Michel J, Zheng B, Palm J, et al. *Mat. Res. Soc. Symp. Proc.*, 1996, 422: 317.

[113] Zhao X W, Komuro S, Isshiki H, et al. *Appl. Phys. Lett.*, 1999, 74: 120.

Bresler M S, Gusev O B, Terukov E I, et al. *Mater. Sci. Eng. B*, 2001, 81: 52.

[114] Polman A, Kippenberg T J, Min B, et al. *Proc. OSA topical meeting on Optical amplifiers and their applications*, June 27 – 30, 2004, San Francisco, USA; *Appl. Phys. Lett.*, 2004, 84: 1037.

[115] Kovalev D, Diener J, Heckler H, et al. *Phys. Rev. B*, 2000, 61: 4485.

[116] Fujii M, Yoshida M, Kanzawa Y, et al. *Appl. Phys. Lett.*, 1997, 71: 1198.

Fujii M, Yoshida M, Hayashi S, et al. *J. Appl. Phys.*, 1998, 84: 4525.

John J St, Coffer J L, Chen Y, et al. *J. Am. Chem. Soc.*, 1998, 121: 1888.

Chryssou C E, Kenyon A J, Iwayama T S, et al. *Appl. Phys. Lett.*,

1999, 75: 2011.
Franzò G, Vinciguerra V, Priolo F. *Appl. Phys.*, 1999, A69: 3.
Kik P G, Polman A. *J. Appl. Phys.*, 2000, 88: 1992.
Kik P G, Brongersma M L, Polman A. *Appl. Phys. Lett.*, 2000, 76: 24.
Kik P G, Brongersma M L, Polman A. *Appl. Phys. Lett.*, 2000, 76: 2325.
Franzò G, Pacifici D, Vinciguerra V, et al. *Appl. Phys. Lett.*, 2000, 76: 2167.
Han H S, Seo S Y, Shin J H. *Appl. Phys. Lett.*, 2001, 79: 4568.
[117] Kik P G, Polman A. *Towards the First Silicon Laser*, Pavesi et al. eds. Kluwer Academic Publishers, 2003.
[118] Lee J, Shin J H, Park N. *IEEE J. Lightwave Tech.*, 2005, 23: 19.
[119] Franzò G, Irrera A, Moreira E C, et al. Appl. Phys., 2002, A74: 1.
Wang Y Q, Wang Y G, Cao L, et al. *Appl. Phys. Lett.*, 2003, 83: 3474.
Liu Fang Bian, Zhang C G, Chen W D, et al. *Optical Materials*, 2007, 29: 1071.
[120] Faulkner R A. *Phys. Rev.*, 1968, 175: 991.
[121] Campbell J C, Holonyak N, Jr., et al. *J. Appl. Phys.*, 1974, 45: 4543.
Campbell J C, Holonyak N, Jr., et al. *Appl. Phys. Lett.*, 1974, 25: 44.
[122] Maeda K, Naito M, et al. *Japan. J. Appl. Phys.*, 1969, 8: 817.
[123] Vink A T, Werkhoven J C, Opdorp C V. *Semiconductor Characterization Techniques.* New Jersey: Electrochem. Soc. Princeton, 1978: 259.
[124] Heinke W. *IOP Conf. Lattice Defects in Semiconductors.* Ed. by Huntley F. London: Inst. of Phys., 1974: 380.
Queisser H J. *J. Appl. Phys.*, 1976, 10: 275.
Kishino S, Chinone N, Nakashima H, et al. *Appl. Phys. Lett.*, 1976, 29: 488.
Twamoto M, Kasani A. *Appl. Phys. Lett.*, 1976, 28: 591.
[125] Tasker P W, Stoneham A M. *J. Phys. C. Solid State Physics*, 1977, 10: 5131.
[126] Lester S D, Ponce F A, Craford M G, et al. *Appl. Phys. Lett.*, 1995,

66: 1249.

[127] Chichibu S, Wada K, Nakamura S. *Appl. Phys. Lett.*, 1997, 71: 2346.

[128] Henry C H, Nassau K. *Phys. Rev. B*, 1970, 1: 1628.

[129] Dean P J, Faulkner R A, Kimura S, et al. *Phys. Rev. B*, 1971, 4: 1926.

Nelson D F, Cuthbert J D, Dean P J, et al. *Phys. Rev. Lett.*, 1966, 17: 126.

[130] Bernard M G A, Duraffourg G. *Phys. Stat. Sol.*, 1961, 1: 699.

[131] Dumke W P. *Phys. Rev.*, 1962, 127: 1559.

[132] Stern F. *J. Appl. Phys.*, 1976, 42: 5382.

[133] Stern F. *IEEE Quantum Electron.*, 1973, 9: 290.

[134] Stern F. *Laser Handbook*. Ed. by Arecchi F T, Schulz - Dubois E O. Amsterdam: North - Holland Publ., 1972.

[135] Amnon Yariv. *Quantum Electronics*. New York: John Wiley and Sons, Inc. 1975: 508.

[136] von Neumann J. *IEEE J. Quant. Electron.*, 1987, QE - 23: 659.

[137] Hall R N, Genner G E, Kingsley J D, et al. *Phys. Rhys. Rev. Lett.*, 1962, 9: 336.

Nathan M I, Dumke W P, Burns G, et al. *Appl. Phys. Lett.*, 1962, 1: 62.

Quist T M, Rediker R H, Keyes R J, et al. *Appl. Phys. Lett.*, 1962, 1: 91.

[138] Pilkuhn M, Rupprecht H, et al. *Proc. IEEE*, 1963, 51: 1243.

[139] Kroemer H. *Proc. IEEE*. 1963, 51: 1782.

[140] Alferov Zn I, Kazarinov R F. Inventor's Certificate No. 181737, 1963.

Алферов Ж И. *ФизикаиТеникаПолуровоъника*, 1967, в1: 436.

[141] Hayashi I, Panish M B, Foy P W, et al. *Appl. Phys. Lett.*, 1970, 17: 109.

[142] Panish M B, Hayashi I, Sumski S. *Appl. Phys. Lett.*, 1970, 16: 326.

[143] Kressel H, Butler I K. *Semiconductor Lasers and Heterojunction LEDs*. New York: Academic Press, 1977.

[144] Casey H C, Jr, Panish M B. *Heterostructure Lasers*. New York: Academic Press, 1978.

[145] Hwang C J, Dyment J C. *J. Appl. Phys.*, 1973, 44: 3240.
Acket G A, Nijman W, tLam H. *J. Appl. Phys.*, 1974, 45: 3033.
Namizaki H, Kan H, Ishii M, et al. *Appl. Phys. Lett.*, 1974, 24: 486.
[146] Kressel H, Ettenberg M. *J Appl. Phys.*, 1976, 47: 3533.
[147] Van der Ziel J P, Dingle R, Miller R C, et al. *Appl. Phys. Lett.*, 1975, 26: 463.
Miller R C, Dingle R, Gossard A C, et al. *J. Appl. Phys.*, 1976, 44: 4509.
[148] Nakamura S, Senoh M, Nagahama S, et al. *Jpn. J. Appl. Phys.* Part 2, 1996, 35: L74.
[149] Nakamura S, Senoh M, Nagahama S, et al. *Appl. Phys. Lett.*, 1996, 69: 4056.
[150] Kobayashi T, Nakamura F, Naganuma K, et al. *Electron. Lett.*, 1998, 34: 1494.
[151] Kuramata A, Kubota S, Soejima R, et al. *Jpn. J. Appl. Phys.* Part 2, 1998, 37: L1373.
[152] Kuramato M, Sasaoka C, Hisanaga Y, et al. *Jpn. J. Appl. Phys.* Part 2, 1999, 38: L184.
[153] Nakamura S, Senoh M, Nagahama S, et al. *Appl. Phys. Lett.*, 1998, 72: 211.
[154] Nakamura S, Senoh M, Nagahama S, et al. *Appl. Phys. Lett.*, 1998, 73: 832.
[155] Kneissl M, Bour D P, Van de Walle C G, et al. *Appl. Phys. Lett.*, 1999, 75: 581.
[156] Arakawa Y, Sakaki H. *Appl. Phys. Lett.*, 1982, 40: 939.
[157] Kapon E, Hwang D M, Bhat R. *Phys. Rev. Lett.*, 1989, 63: 430.
评述可参看 Mao S S. *Int. J. of Nanotechnology*, 2004, 1: 42.
[158] Kamath K, Bhattacharya P, Sonowski T, et al. *Electronics Letters*, 1996, 32: 1374.
[159] Asada M, Miyamoto Y, Suematsu Y. *IEEE J. Quantum Electron.*, 1986, 22: 1915.
[160] Marko I P, Adams A R, Sweeney S J, et al. *IEEE J. of Selected Topics in Quantum Electron.*, 2005, 11: 1041.
Sandall I C, Smowton P M, Walker C L, et al. *IEEE Photonic Technolo-*

gy *Lett.*, 2006, 18: 965.

[161] Iga K. *IEEE J. Sel. Top. Quantum Electron.*, 2000, 6: 1201.

[162] Jewell J L, Scherer A, McCall S L, et al. *Electron. Lett.*, 1989, 25: 1123.

Uenohara H, Koyama F, Iga K. *Electron. Lett.*, 1989, 25: 770.

Geels R S, Corzine S W, Scott J W, et al. *Photonics Technol. Lett.*, 1990, 2: 234.

[163] Macdougal M H, Dapkus P D, Pudikov V, et al. *IEEE Photonics Tech. Lett.*, 1995, 7: 229.

[164] Schablitsky S J, Zhuang L, Shi R C, et al. *Appl. Phys. Lett.*, 1996, 69: 1.

Russell T H, Milster T D. *Appl. Phys. Lett.*, 1997, 70: 2520.

[165] Chang-Hasnain C J, Maeda M W, Stoffel N G, et al. *Electron. Lett.*, 1990, 26: 940.

[166] Kondow M, Kitatani T, Nakatsuka S, et al. *IEEE J. Selected Topics in Quantum Electron.*, 1997, 3: 719.

[167] Kazarinov R F, Suris R A. *Sov. Phys. Semicond.*, 1971, 5: 207.

[168] Faist J, Capasso F, Sivco D L, et al. *Science*, 1994, 264: 553.

[169] West L C, Eglash S J. *Appl. Phys. Lett.*, 1985, 46: 1156.

[170] Faist J, Capasso F, Sirtori C, et al. *Appl. Phys. Lett.*, 1995, 66: 538.

[171] Köhler R, IOTTI R C, Tredicucci A, et al. *Appl. Phys. Lett.*, 2001, 79: 3920.

[172] Köhler R, Tredicucci A, Beere H, et al. *Nature*(London), 2000, 417: 156.

[173] Walther C, Scalari G, Faist J, et al. *Phys. Lett.*, 2006, 89: 231121.

[174] Scalari G, Walther C, Faist J, et al. *Appl. Phys. Lett.*, 2006, 88: 141102.

[175] Scalari G, Blaser S, Faist J, et al. *Phys. Rev. Lett.*, 2004, 93: 237403.

[176] Alton J, Barbieri S, Fowler J, et al. *Phys. Rev. B*, 2003, 68: 081303.

[177] Suhara Toshiaki. *Semiconductor Laser Fundamentals*. Marcel Dekker, 2004.

Weng W Chow, Stephan W Koch. *Semiconductor-Laser Fundamentals*:

physics of the gain materials. London: Springer, 1999.
Svelto O, Hanna D C. *Principles of Lasers*. London: Springer, 1998.
Ustinov V M, Zhokov A E, Egorov A Ju, et al. *Quantum Dot Lasers*. Oxford: Oxford University Press, 2003.

[178] Bányai L, Koch S W, Banyai. *Semiconductor Quantum Dots*. World Scientific, 1993.
Woggon U. *Optical Properties of Semiconductor Quantum Dots*. Berlin: Springer, 1996.
Tapash Chakraborty. *Quantum Dots – A survey of the properties of artificial atoms*. Amsterdam: Elsevier, 1999.
Michler P ed. *Single Quantum Dots*, *Topics in Applied Physics*, Vol. 90. Berlin: Springer, 2003.

[179] Marzin J – Y, Gerard J – M, Izrael A, et al. *Phys. Rev. Lett.*, 1994, 73: 716.

[180] Gammon D, Snow E S, Shanabrook B V, et al. *Phys. Rev. Lett.*, 1996, 76: 3005.

[181] Zrenner A, Butov L V, Hagn M, et al. *Phys. Rev. Lett.*, 1994, 72: 3382.
Hess H F, Betzig E, Harris T D, et al. *Science*, 1994, 264: 1740.

[182] Leon R, Petroff P M, Leonard D, et al. *Science*, 1995, 267: 1966.
Grundmann M, et al. *Phys. Rev. Lett.*, 1995, 74: 4043.

[183] Garcia J M, Mankad T, Holtz P O, et al. *Appl. Phys. Lett.*, 1998, 72: 3172.

[184] Hu Y Z, Koch S W, Lindberg M, et al. *Phys. Rev. Lett.*, 1990, 64: 1805.
Kuther A, et al. *Phys. Rev. B*, 1998, 58: R7508.
Bayer M, Stern O, Hawrylak P, et al. *Nature* (London), 2000, 405: 923.

[185] Dekel E, Gershoni D, Ehrenfreund E, et al. *Phys. Rev Lett.*, 1998, 80: 4991.

[186] Borri P, Langbein W, Schneider S, et al. *Phys. Rev. Lett.*, 2001, 87: 157401.
Birkedal D, Leosson K, Hvam J M. *Phys. Rev. Lett.*, 2001, 87: 227401.

[187] Bayer M, Forchel A. *Phys. Rev. B*, 2002, 65: 041308.

[188] Gammon D, Snow S E, Shanabrook B V, et al. *Science*, 1996, 273: 87.

Besombes L, Kheng K, Marsal L, et al. *Phys. Rev. B*, 2001, 63: 155307.

[189] Fan X, Takagahara T, Cunningham J E, et al. *Solid State Communications*, 1998, 108: 857.

Besombes L, Kheng K. *Phys. Rev. B*, 2001, 63: 155301.

Kojima K, Tomita A. *Phys. Rev. B*, 2006, 73: 195312.

[190] Bockelmann U, Bastard G. *Phys. Rev. B*, 1990, 42: 8947.

Benisty H, Sotomayor - Torres C M, Weisbuch C. *Phys. Rev. B*, 1991, 44: 10945.

[191] Bonadeo N H, Erland J, Gammon D, et al. *Science*, 1998, 282: 1473.

[192] Heberle A P, Baumberg J J, Köhler K. *Phys. Rev. Lett.*, 1995, 75: 2598.

Marie X, Jeune P Le, Amand T, et al. *Phys. Rev. Lett.*, 1997, 79: 3222.

[193] Imamoḡlu A, Awschalom D D, Burkard G, et al. *Phys. Rev. Lett.*, 1999, 83: 4204.

Biolatti E, Iotti R C, Zanardi P, et al. *Phys. Rev. Lett.*, 2000, 85: 5647.

Chen P, Piermarocchi C, Sham L J. *Phys. Rev. Lett.*, 2001, 87: 067401.

Lloyd S. *Science*, 1993, 261: 1569.

Barenco A, Deutsch D, Ekert A, et al. *Phys. Rev. Lett.*, 1995, 74: 4083.

[194] Waks E, Inoue K, Santori C, et al. *Nature*, 2002, 420: 762.

[195] Knill E, Laflamme R, Milburn G J. *Nature*, 2001, 409: 46.

Li X, Wu Y, Steel D, et al. *Science*, 2003, 301: 809.

[196] Kimble H J, Dagenais M, Mandel L. *Phys. Rev. Lett.*, 1977, 39: 691.

Diedrich F, Walther H. *Phys. Rev. Lett.*, 1987, 58: 203.

[197] De Martini F, Di Giuseppe G, Marrocco M. *Phys. Rev. Lett.*, 1996, 76: 900.

[198] Lounis B, Moerner W E. *Nature*(London), 2000, 407: 491.

[199] Santori C, Pelton M, Solomon G, et al. *Phys. Rev. Lett.*, 2001, 86:

1502.

[200] Michler P, Imamoglu A, Mason M D, et al. *Nature*, 2000, 406: 968.

[201] Imamoglu A, Yamamoto Y. *Phys. Rev. Lett.*, 1994, 72: 210.
Yamamoto Y. *Nature*, 1997, 390: 17.
Kim J, Benson O, Kan H, et al. *Nature*, 1999, 397: 500.

[202] Goy P, Raimond J M., Gross M, et al. *Phys. Rev. Lett.*, 1983, 50: 1903.

[203] Warburton R J, et al. *Phys. Rev. Lett.*, 1997, 79: 5282.

[204] Moreau E, Robert I, Gérard J M, et al. *Appl. Phys. Lett.*, 2001, 79: 2865.
Solomon G S, Pelton M, Yamamoto Y. *Phys. Rev. Lett.*, 2001, 86: 3903.

[205] Andreani L C, Panzarini G, Gerard J M. *Phys. Rev. B*, 1999, 60: 13276.

[206] Garrett C G B, Kaiser W, Bond W L. *Phys. Rev.*, 1961, 124: 1807.

[207] Gérard J M, Sermage B, Gayral B, et al. *Phys. Rev. Lett.*, 1998, 81: 1110.

[208] Michler P, Kiraz A, Becher C, et al. *Science*, 2000, 290: 2282.

[209] Gérard J M, Gayral B. *J. Lightwave Technol.*, 1999, 17: 2089.
Vučković J, Fattal D, Santori C, et al. *Appl. Phys. Lett.*, 2003, 82: 3596.

[210] Graham L A, et al. *Appl. Phys. Lett.*, 1999, 74: 2408.
Gayral B, Gerard J M, Lemaitre A, et al. *Appl. Phys. Lett.*, 1999, 75: 1908.
Gayral B, Gerard J M, Sermage B, et al. *Appl. Phys. Lett.*, 2001, 78: 2828.
Solomon G, Pelton M, Yamamoto Y. *Phys. Rev. Lett.*, 2001, 86: 3903.
Bayer M, Reinecke T L, Weidner F, et al. *Phys. Rev. Lett.*, 2001, 86: 3168.
Kiraz A, Michler P, Becher C, et al. *Appl. Phys. Lett.*, 2001, 78: 3932.

[211] Hennessy K, Badolato A, Winger M, et al. *Nature*, 2007, 445: 05586.

[212] Santori C, Fattal D, Vučković J, et al. *Nature*, 2002, 419: 594.

[213] Akopian N, Lindner N H, Poem E, et al. *Physica Status Solidi B – Basic Solid State Physics*, 2006, 243: 3900.
Akopian N, Lindner N H, Poem E, et al. *Phys. Rev. Lett.*, 2006, 96: 130501.

[214] Benson O, Santori C, Pelton M, et al. *Rev. Lett.*, 2000, 4: 2513.

[215] Paillard M, Marie X, Renucci P, et al. *Phys. Rev. Lett.*, 2001, 86: 1634.

[216] Edamatsu K, Oohata G, Shimizu R, et al. *Nature*, 2004, 431(7005): 167.

[217] Fattal D, Inoue K, Vučković J, et al. *Phys. Rev. Lett.*, 2004, 92: 037903.

[218] Mirin R P. *Appl. Phys. Lett.*, 2004, 84: 1260.

[219] Sanchez – Mondragon J J, Narozhny N B, Eberly J H. *Phys. Rev. Lett.*, 1983, 51: 550.

[220] Mollow B R. *Phys. Rev.*, 1969, 188: 1969.

[221] Kamada H, Gotoh H. *Semicond. Sci. Technol.*, 2004, 19: S392.

[222] Weisbuch C, Nishioka M, Ishikawa A, et al. *Phys. Rev. Lett.*, 1992, 69: 3314.

[223] Reithmaier J P, Sek G, Loffler A, et al. *Nature*(London), 2004, 432: 197.

[224] Peter E, Senellart P, Martrou D, et al. *Phys. Rev. Lett.*, 2005, 95: 067401.

[225] Yoshie T, Scherer A, Hendrickson J, et al. *Nature* (London), 2004, 432: 200.

[226] Stievater T H, Xiaoqin Li, Steel D G, et al. *Phys. Rev. Lett.*, 2001, 87: 133603.
Kamada H, Gotoh H, Temmyo J, et al. *Phys. Rev. Lett.*, 2001, 87: 246401.

索　　引

D

E

F

G

T

W

重要的物理常量*

光速	c	2.99792458×10^{8} m/s	2.99792458×10^{10} cm/s
普朗克常量	h	6.6260688×10^{-34} J·s	4.135667×10^{-15} eV·s
约化普朗克常量	$\hbar$	1.0545715×10^{-34} J·s	6.5821153×10^{-16} eV·s
真空介电常量	ε_0	$8.854187818\times10^{-12}$ F/m	$8.854187818\times10^{-14}$ A·s/V·cm
真空磁导率	μ_0	$1.25663706144\times10^{-6}$ H/A^2	$1.25663706144\times10^{-8}$ V·s/A·cm
玻尔兹曼常量	k_B	1.380650×10^{-23} J/K	8.6173357×10^{-5} eV/K
元电荷	e	1.6021765×10^{-19} C	
电子质量	m_0	9.109382×10^{-31} kg	9.109382×10^{-35} W·s^3/cm^2
玻尔磁子	$\mu_B=\frac{e\hbar}{2m_0}$	9.274008×10^{-24} W·s/T	5.788381×10^{-6} eV/kG
阿伏伽德罗常数	N_A	6.0221×10^{23}/mol	

* 根据国际科技数据委员会(CODATA)1999 年正式发表的推荐值.